德国统一史

第一卷

Geschichte der deutschen Einheit（Band 1）

科尔总理时期的德国政策：
执政风格与决策（1982-1989）

Deutschlandpolitik in Helmut Kohls Kanzlerschaft:
Regierungsstil und Entscheidungen 1982-1989

图书在版编目（CIP）数据

德国统一史. 第 1 卷, 科尔总理时期的德国政策：执政风格与决策：1982～1989/（德）科尔特（Korte, K. R.）著；刘宏宇译. —北京：社会科学文献出版社，2016.1（2021.7 重印）

（东西德统一的历史经验研究丛书）

ISBN 978 - 7 - 5097 - 8371 - 9

Ⅰ.①德…　Ⅱ.①科…　②刘…　Ⅲ.①德国 - 历史 - 1982～1989　Ⅳ.①K516.5

中国版本图书馆 CIP 数据核字（2015）第 268746 号

·东西德统一的历史经验研究丛书·

德国统一史（第一卷）
——科尔总理时期的德国政策：执政风格与决策（1982～1989）

著　　者 / ［德］卡尔 - 鲁道夫·科尔特（Karl - Rudolf Korte）
译　　者 / 刘宏宇
审　　校 / 刘立群

出 版 人 / 王利民
项目统筹 / 祝得彬
责任编辑 / 刘学谦　赵怀英
特邀编辑 / 欧阳甦

出　　版 / 社会科学文献出版社·当代世界出版分社 （010）59367004
　　　　　 地址：北京市北三环中路甲 29 号院华龙大厦　邮编：100029
　　　　　 网址：www.ssap.com.cn
发　　行 / 市场营销中心 （010）59367081　59367083
印　　装 / 北京盛通印刷股份有限公司

规　　格 / 开本：787mm × 1092mm　1/16
　　　　　 印张：51.25　插页：1.75　字数：845 千字
版　　次 / 2016 年 1 月第 1 版　2021 年 7 月第 2 次印刷
书　　号 / ISBN 978 - 7 - 5097 - 8371 - 9
著作权合同
登 记 号 / 图字 01 - 2013 - 2661 号
定　　价 / 218.00 元

国家社科基金重大项目

中国社会科学院创新工程学术出版资助项目

东西德统一的历史经验研究丛书

德国统一史

第一卷

Geschichte der deutschen Einheit（Band 1）

科尔总理时期的德国政策：
执政风格与决策（1982-1989）

Deutschlandpolitik in Helmut Kohls Kanzlerschaft:
Regierungsstil und Entscheidungen 1982-1989

〔德〕卡尔-鲁道夫·科尔特/著
（Karl-Rudolf Korte）

刘宏宇/译
刘立群/审校

社会科学文献出版社
SOCIAL SCIENCES ACADEMIC PRESS (CHINA)

Geschichte der deutschen Einheit. Bd. 1 Deutschlandpolitik in Helmut Kohls
Kanzlerschaft by Karl – Rudolf Korte

© 1998 by Deutsche Verlags – Anstalt

a division of Verlagsgruppe Random House GmbH, München, Germany

根据兰登书屋德国分支 DVA 出版社 1998 年版译出

东西德统一的历史经验研究丛书

主　　编　　周　弘

编　委　会　　周　弘　　梅兆荣　　程卫东　　陈　新　　刘立群

　　　　　　　杨解朴　　郑春荣　　祝得彬　　胡　琨

顾问委员会　　（以姓氏字母排序）

顾俊礼　　　　　　　　　　（Gu Junli）

黄平　　　　　　　　　　　（Huang Ping）

彼得·荣根　　　　　　　　（Peter Jungen）

李扬　　　　　　　　　　　（Li Yang）

梅兆荣　　　　　　　　　　（Mei Zhaorong）

史明德　　　　　　　　　　（Shi Mingde）

霍斯特·特尔切克　　　　　（Horst Tetschik）

维尔讷·魏登菲尔德　　　　（Werner Weidenfeld）

朱民　　　　　　　　　　　（Zhu Min）

总序一

在人类发展的历史长河中，有一些重大的历史事件，因产生跨越时代的深远影响而受到广泛的关注和不断的挖掘，如罗马帝国的衰亡、民族国家的出现、工业和技术革命的滥觞、苏联的解体、新中国的复兴以及德国的统一（或"德国问题"）等都是为研究者乐此不疲的研究课题。

德国近现代的统一历程分为两个不同的历史阶段。在19世纪末的德国统一和20世纪末的德国统一之间，最主要的区别就在于前次是通过战争实现的，而后者则是用和平方式完成的。在这个和平的统一进程中没有武装冲突，对于外界来说，德国统一似乎就是瞬间发生的，但这并不意味着德国的统一进程中没有其他形式的博弈。事实上，东西德统一经历了一系列跌宕起伏的经济、社会和政治博弈，夹杂着经济危机、社会动荡、移民浪潮、街头政治、外交斡旋、制度兴替等扣人心弦而又耐人寻味的故事。

20世纪末的德国统一进程用和平的博弈方式改变了疆界，实现了民族统一，进而改变了欧洲的力量格局，并通过改变欧洲的疆界而重构了整个世界的力量格局。这个进程中都曾经历了哪些重要事件？牵涉到哪些人物和势力？在这些力量之间发生过怎样的较量或互动？采取了哪些行动和措施？以怎样的方式改变了哪些政策、制度、法律、社会组织、思想观念、行为方式——以至于最终导致了国家疆界的改变？所有这些问题都强烈地吸引着我们的求知欲。

为了满足这一求知欲，为了透过我们所熟知的历史现象，透过宏大的统一仪式和庄严的统一宣示，去挖掘东西德国最终在制度上的衔接、磨合和融合的深层故事，我们于三年多前启动了"东西德统一的历史经验"研究，并受到国家社科基金重大项目的资助。呈现在读者面前的是本项目的第一期成果，五本相关权威著作的中译本：四卷本的《德国统一史》，由慕尼黑大学的维尔讷·魏登菲尔德（Werner Weidenfeld）教授、弗莱堡大学的沃尔夫冈·耶格尔（Wolfgang Jäger）教授和慕尼黑大学的迪特尔·格鲁瑟尔（Dieter Grosser）教授联合主编，以及一卷由当时在德国总理府任职的霍斯特·特尔切克（Horst Teltschik）以当事人的身份撰写的日志。这些著作因为获得了保密档案的特别使用权，并且掌握了大量第一手资料而具有珍贵的史学价值。

《德国统一史》的第一卷为《科尔总理时期的德国政策：执政风格与决策（1982－1989）》（即"政治卷"），由卡尔－鲁道夫·科尔特著，刘宏宇译，刘立群主持审校。该卷从政治的角度梳理了德国统一的进程，详尽地介绍了当时的德国总理科尔在两个德国之间出现统一的可能时，如何通过权力的运用、决策的引导和政策的落实，领导了德国统一的进程。

第二卷为《货币、经济和社会联盟的冒险之举：与经济学原理相冲突却迫于形势的政治举措》（即"经济卷"），由迪特尔·格鲁瑟尔撰写，邓文子翻译，胡琨审校。该卷从经济的角度梳理两德的统一进程，指出虽然从经济规律来看，在东西德之间建立货币、经济和社会联盟的时机并不成熟，但是西德为了统一政治的需要，而东德则因为要"从沉船跳入冷水"，双方都采取了违背经济学原理的政策，结果使德国马克的应用成为"德国统一的基石"（特奥·魏格尔，Theo Waigel）。

第三卷为《克服分裂：1989～1990年德国内部的统一进程》（即"社会卷"），由沃尔夫冈·耶格尔主笔，杨橙翻译，杨解朴、郑春荣等审校。该卷逐一介绍了东西德的各种政治和社会力量，包括西德联邦总理府、东德政府、西德和东德的各个党派、社会组织及社会团体在德国统一问题上的态度、政策和作为，以及这些力量随着统一进程的展开而发生的变化。

第四卷为《争取德国统一的外交政策：决定性的年代（1989－1990）》（即"外交卷"），由维尔讷·魏登菲尔德主笔，欧阳甦翻译，梅兆荣等审校。该卷从外交角度梳理和分析了两德统一的进程，重点讨论了德国与邻国之间的外交沟通，分析了一些主要国家在德国统一问题上的立场和观点，生动地介绍了科尔和密特朗在欧洲经济与货币及政治一体化问题上的交易，苏联对德国经济援助的诉求，以及西德政府与其他西方国家之间就统一问题进行的外交。

《329天：德国统一的内部视角》，由霍斯特·特尔切克撰写，欧阳甦翻译，胡琨审校。该卷可以作为前四卷的简本来阅读，其中汇集了当时西德方面负责统一问题外交谈判的特尔切克在1989年11月9日至1990年10月3日期间撰写的工作日志，再现了德国统一进程的329天中西德联邦总理府的日常工作，特别是科尔总理及总理府工作人员对德国统一进程的思考和决策。

关于东西德国在 20 世纪末叶的统一进程，不同的人群从不同的视角、不同的立场、不同的利益出发，会观察到不同的现象，得出不同的结论。呈现给读者的这五卷本中既有丰富的历史故事，也有很多的结论性判断。在两德统一的问题上还有其他许多不同的结论和判断。作者们的结论和判断尽管不同，但是观察到的现象必然且自然地汇入有关两个德国统一的那段多层面、多角度、立体、庞杂而又能动的历史画面中，使我们对于 25 年前那曾经改变了欧洲乃至世界格局的历史事件有了更加全面和深刻的了解。

如前所述，本套译作的问世只是"东西德统一的历史经验"课题的第一期成果，未来还有很多研究工作要做，很多历史事实需要挖掘，很多问题需要分析和解读。德国统一涉及的领域广，层面多，层次深，而且当事人和研究者分布在俄美英法等多国，还需要集政治史、经济史、社会史、金融史、法律史、思想史、文化史等多领域研究为一体的综合性学术研究，研究工作的难度会更大，内容也会更精彩，需要关心这段历史的同仁们与我们共同努力去探究。

这部卷帙浩繁的翻译丛书为我们提供了德国统一史中很多鲜为人知的内情故事，而翻译难度也超出了我们的预期。回眼望去，三年多的辛苦努力过程中有许多中外人士提供了智慧或付出了努力，我仅在此表达诚挚的谢意。

需要感谢朱民和荣根先生，这套译作的动议来自与他们的思想交流产生的火花。要感谢阿登纳基金会的魏特茂先生，他积极地回应了我们对于资料和审校的要求。

在中国方面，中国社会科学院陈奎元前院长的支持是关键性的，而李扬前副院长则除了资金支持以外，还不断地给予精神鼓励。积极的支持同样来自我在中国社会科学院欧洲研究所的同事们，罗京辉书记、程卫东和陈新，他们的支持和参与坚定了课题组攻坚克难的信心。

这套译作的问世有赖于海内外两个团队的接力式努力：以欧阳甦为首，包括刘宏宇、邓文子、杨橙等在内的译者队伍，他们面对高难度的翻译工作而不却步，为项目的完工奠定了基础。由梅兆荣大使、刘立群教授和他的学生们、郑春荣教授以及我的同事杨解朴副研究员和胡琨副研究员构成的审校团队保证了翻译丛书的质量：他们从头至尾逐字逐句地校订了各卷。需要特别感谢梅兆荣大使，他以 80 岁的高龄，不辞寒暑，字斟句酌地审校了"外交卷"的书稿，还以顾问身份始终关心项目的进展并参与项目的重要决策。感谢刘立群教授在很短的时间内，带领他的学生团队，完成了几乎是不可能完成的"政治卷"的审校工作。感谢郑春荣教授和杨解朴副研究员信守承诺、坚持不懈、善始善终地校订了"社会卷"。感谢我的主要助手胡琨副研究员，除了审校"经济卷"和《329 天》这两部译著外，他还是整个项目不可或缺的联络人，这项工作占去了他大量的时间。还要感谢其他所有参与过翻译和审校的人员，赵柯、张浚、李以所、黄萌萌、李微、孙嘉惠、邹露、刘惠宇、王海涛、李倩瑗、唐卓娅、窦明月、丁思齐、孙浩林、陈扬、詹佩玲、赵飘，等等，有些人我至今尚未谋面，却感觉到他们的投入。

这套译作的问世还有赖于社会科学文献出版社和谢寿光社长的支持。在这里需要特别感谢我们多年的合作伙伴祝得彬编辑，他不仅积极参与了组织策划，还集合了海外翻译团队，并请欧阳甦担任特邀编辑，与他的助手杨潇等社会科学文献出版社的同事们一道，让难度很大的编辑工作在相对较短的时间内完工。

虽然经过了三年多的辛苦努力，但是在这套翻译著作问世之际，我们仍心有惴惴，深知其中错漏在所难免，还望各位方家不吝赐教，以期在后面的版次中予以更正！

周　弘

总序二
德国与欧洲分裂的弥合：一段成功史

德国统一的实现与欧洲分裂的弥合是具有深远历史影响的重大事件。数十年来，人们已习惯事实上的东西对立。一切看来都是那样不可撼动。

德国与欧洲的分裂体现在以下几个基本方面：

- 是世界政治东西冲突的组成部分；
- 是不同人类自我形象的表达：人类是作为自由的个人（西方的人类自我形象）还是作为"类本质"（Gattungswesen），以及与此相关的不同政治与经济秩序景象；
- 陷于争夺政治权力与经济利益的交锋之中。

从这段历史中，我们能够学习到什么呢？即我们在这一克服深刻分裂的历史重大事件之外，还能看到什么？

第一，不以战争武力形式应对危机。人们致力于预防冲突，避免战争发生。

第二，人们尝试借助和解政策保持人员往来，如有可能甚至加强这种往来。

第三，西方生活方式的吸引力有如一块磁铁。自由的生活条件、旅行自由、人员流动、社会市场经济、欧洲一体化——对于那些始终被隔绝于外的数百万人来说，这些充满了吸引力。

1989年11月9日，当作为分裂巨大象征的柏林墙戏剧性地因此而倒塌时，进一步的行动在深思熟虑后得以实施，包括：

1. 采取的战略措施必须符合德意志联邦共和国与德意志民主共和国民众的意愿。

2. 四个战胜国的同意与沟通必不可少，它们仍拥有决定德国地位的权利。这涉及建构关乎整个欧洲的未来框架。

3. 德国与波兰沿奥德－尼斯河边界的有效性在任何时候都不容置疑。两德统一应发生在两个德意志国家的边界之内。

就此而言，须对许多细节作出规范：为统一实施政治结构、经济与行政事务、社会与法律状况的改革，这一切在高明的战略下得以实施：两个德意志国家商定一个货币联盟，以及一份落实政治统一的条约。人们在一体化欧洲的机制之上讨论，德意志民主共和国的辖区应如何整合进欧洲。在与战胜国美国、苏联、法国和英国谈判中确保了所有法律问题的最终解决。1990 年 10 月 3 日，柏林墙倒塌不到一年后，统一的德国作为主权国家成了欧洲和平秩序的一员。

这真可称为一个巨大的成功故事。并且，对于世界历史的其他舞台来说，无疑将从中受益良多。

维尔讷·魏登菲尔德
慕尼黑大学应用政治中心主任
欧洲科学与艺术学院萨尔茨堡总校校长

总序三

在德国统一进程 25 周年之际，中国社会科学院将该时期最重要的文献翻译成中文，并在中华人民共和国出版，在此表示祝贺。

20 世纪，人类经历了两次世界大战，数亿人因此丧命。1945 年，几乎在二战结束的同时，又出现了西方自由民主国家与东方共产主义国家对峙的所谓冷战。这一长达数十年的东西方冲突，伴随着军备竞赛、经济制裁、政治孤立、高墙和铁丝网。而所有这一切，在 25 年前出人意料地结束了。没错，结果是革命性的——一次被所有东西方负有政治责任者所接受的、和平的革命。中华人民共和国领导层也对德国的统一表示赞同。

呈现在读者面前的这一四卷本囊括了那一时期大量的重要政治文件、分析、描述和评估。读者可借此一览当时德国国内与国际层面重要决策过程的全貌，形成自己的判断，并为当下其他热点地区危机的解决找到答案。

德国统一成为可能，得益于国际政治领域之前发生的一些重要变化。1967 年，北约出台所谓《哈默尔报告》，战略出现转向，即面对华约集团，不再对抗，而是在确保安全的基础上，代之以对话与合作政策。安全与缓和政策从此被视为不可分割。尽管苏联在 1968 年 8 月镇压了"布拉格之春"，但在这一新信条的基础上，著名的欧洲安全与合作会议（欧洲安全与合作组织前身）进程并未中断，并最终于 1975 年 8 月在赫尔辛基签订《赫尔辛基最后文件》。如何通过共同的缓和政策塑造未来，是这一东西方共同签署的文件所包含的重要原则。

当然，挫折也曾出现。1983 年，美苏在日内瓦关于削减中程核导弹的谈判失败，新的冷战阴云开始笼罩。然而，在米哈伊尔·戈尔巴乔夫 1985 年 3 月担任苏共总书记后，苏联重启与美国的对话和裁军谈判，并在随后几年促成了迄今为止影响最深远的裁军和军控协定。

国内政治促使戈尔巴乔夫启动深层次的经济与政治改革，并向华约集团的盟国许诺，苏联不再干涉它们的内政。随后，波兰和匈牙利出现改革，并最终波及所有华约国家。这些变化有一个共同的原因：经济与财政问题已经失控，深层次的体制改革无法避免。

民主德国的统一社会党政治局在 1989 年秋认识到，民主德国经济与财政已破产。1989 年借道波兰、捷克和匈牙利等邻国逃往联邦德国的民主德国公民，超过 20 万。统一社会党关于旅行便利化的新决议导致了柏林墙的突然倒塌。

对于联邦政府，尤其是联邦总理赫尔穆特·科尔博士及其联合执政伙伴、外交部长汉斯－迪特里希·根舍来说，重要的是，如何从 1980 年代所有华约国家这些戏剧性变化的背景中，得出必要且正确的结论。避免民主德国出现政治上失控的混乱并演化为暴力行为，是首先须要考虑的。

另外，应对此负责的还包括美国、苏联、法国和英国四个二战战胜国，它们对于德国作为整体仍然负有法律和政治上的责任。庆幸的是，四大国时任领导人，美国总统乔治·布什、苏联总书记米哈伊尔·戈尔巴乔夫、法国总统弗朗索瓦·密特朗和英国首相玛格丽特·撒切尔，均令人信服且富有能力。他们与联邦政府一起，致力于推动德国统一尤其以和平与和谐的方式进行。

对于德国的重新统一，联邦政府毫无现成的预案，即使有，也都会是错的。1989 年与 1990 年之交，主要的工作是为不同层面的决策作准备、与所有伙伴协调并立即落实。在双边层面，主要是联邦政府与不停变换的民主德国领导人以及四个战胜国政府的密集谈判。同时还有美苏两国的双边对话。而多边层面的谈判，则发生在两个德意志国家和四大国代表之间（"2＋4"谈判）。联邦总理利用欧共体（欧盟前身）和七国峰会的机会，为苏联和华约集团国家募集经济援助。经其努力，北约在 1990 年 7 月的峰会上宣布：向华约集团国家伸出友谊之手。

柏林墙倒塌 329 天之后，1990 年 10 月 3 日，德国和平地统一了。次日，联邦总理科尔在联邦议院宣布："所有邻国对此都同意。德国历史上首次不再有敌人。"所有一切都和平地发生：德国统一了，欧洲的分裂结束了，欧洲也因此统一了。对抗的两极世界体系消亡了，新的世界秩序将要开辟。今天，我们称之为一个多极的世界体系，中华人民共和国在其中扮演着关键的角色。没错，这是一次革命，一次和平的革命，在 1989 年与 1990 年之交，没有一枪一弹。

1990 年 11 月，欧洲安全与合作会议 35 国的所有国家和政府首脑在巴黎会晤，签署了《巴黎宪章》。其共同目标在于，建立从温哥华到海参崴的全欧洲和平与安全秩序，所有成员国能因此享有同样的安全。这是一种什么梦想！两次世界大战以降，对于整个欧洲以及北美来说，如此一个历史机遇首次出现。它的实现也将有助于中国和整个亚洲的和平。自那以来，我们浪费了许多时间、错过了许多机会，但是我们为了我们共同的利益，不应放弃这个目标。

霍斯特·特尔切克

代　序

1990 年 10 月 3 日，德意志民主共和国（以下简称：民主德国）按《基本法》第 23 条的规定加入德意志联邦共和国（以下简称：联邦德国），两个德国在分裂了 41 年后终于重新实现统一。

这次德国统一跟历史上的第一次德国统一完全不同。1871 年的统一是奥托·冯·俾斯麦通过三次王朝战争实现的，而这一次统一，如果从赫尔穆特·科尔总理 1989 年 11 月 28 日向联邦议院提出《消除德国和欧洲分裂的十点纲领》算起，到 1990 年 10 月 3 日举行统一庆典，没有放一枪一炮，没死一兵一卒，不到一年即完成了统一。这是以科尔为代表的德国政治家的伟大历史性创举。德国统一，标志着以德国分裂为基础、美苏分治为特征的"雅尔塔体制"的解体，对于今后欧洲和世界局势的发展，乃至德国的和平崛起有着深远影响。

联邦德国历届政府都针对民主德国坚定不移地推行一条反对分裂、实行德国统一的"德国政策"。二次大战结束后，战败的德国被四大战胜国美、苏、英、法分区占领，后来四大国为了其自身战略利益，逐渐把德国分裂成两个国家，并使之分别加入两大军事集团。面对这种人为的分裂，联邦德国政府一再援用四大国"关于击败德国并在德国承担最高权力的宣言"、"关于德国占领区的声明"以及"波茨坦协定"的有关条文作为解决德国问题的法律依据，要求实现在 1937 年 12 月 31 日时德国边界内的德国重新统一。1949 年 5 月 23 日颁布的《基本法》的前言中也强调："全体德国人民仍然要求，在自由的自决中完成德国统一和自由"。

联邦德国的"德国政策"在科尔 1982 年 10 月担任联邦总理之前大致经历了四个发展阶段。1. 阿登纳政府时期（1949.9 ~ 1963.10）的尖锐对立阶段。在这段时期，联邦德国视民主德国为"非法机构"，强调联邦德国"在德国获得完全统一之前是德国人民唯一合法的国家组织"，即通常所谓的"单独代表要求"。1955 年 12 月起，联邦德国推行"哈尔斯坦主义"，目的是在国际上孤立民主德国。2. 艾哈德政府、基辛格政府时期（1963.10～1969.10）的解冻阶段。艾哈德政府虽然无意从根本上改变阿登纳政府对民主德国的强硬政策，但在 1966 年 3 月通过《和平照会》表示对民主德国不使用武力，表现了明显的灵活政策。基辛格政府修正了"哈尔斯坦主义"，为后来的"新东方政策"的成功实施提供了重要经验。但这两届联邦政府在三个重大问题上，即不承认民主德国是主权国家、不承认奥德河－尼斯河线为边界以及关于柏林地位问题上，没有根本改变。3. 勃兰特政府时期（1969.10～1974.5）实施"新东方政策"和两德关系正常化阶段。勃兰特政府创造性地提出了著名的"以接近求转变"的新思想，1972 年 12 月同民主德国签订了《基础条约》；1974 年 3 月，两国各自向对方首都派驻"常驻代表"，从而为两个德国按照和平共处五项原则实现关系正常化奠定了国际法基础。4. 施密特政府时期（1974.5～1982.10）的两德关系平稳发展阶段。这一期间，联邦德国同民主德国签订了一系列关于经济贸易、邮电通讯、交通、科技文化、非商业性支付往来、环境保护、保健等协定。1981 年 12 月，联邦德国总理赫尔穆特·施密特首次访问民主德国，访问虽无令人鼓舞的成果，但两德总理找到了共同点，即"深信再也不允许从德国的土地上发生战争"。

科尔政府时期（1982.10～1989.11）继承并发展了历届联邦政府的"德国政策"，果断抓住历史机遇，迅速实现了德国统一。科尔政府的"德国政策"具有三大显明特色。

首先，对社民党人主政时期的"新东方政策"全面继承，大力推行与民主德国之间的经济、文化和人员的交流与合作，以增进民族统一的感情。

"新东方政策"是社民党人维利·勃兰特的创造，而科尔作为当时的反对党领袖曾对其予以猛烈抨击，挖苦其为"承认政策"。不过科尔执政后抛弃党派偏见，全面继承了"新东方政策"。他在 1983 年 5 月 4 日发表的政府声明中明确表示："联邦德国的德国政策始终基于：《基本法》《德国协定》……《基础条约》……"。科尔在 1984 年 3 月 15 日发表的《处于分裂状态德国的民族形势报告》中强调："目前，在德意志土地上存在着两个国家，但是只有一个民族……德意志民族先于国家的建立，而且存在至今，这对我们的未来十分重要。"在科尔看来，德意志民族并不是通过国家来赢得认同的，而更多的是通过自身历史、共同文化与传统、价值观的发展确认的。所以，他把"德国政策"的重点放在培植民族统一感情上。于是，他对民主德国人道主义措施方面也全面体现了德国政策的连贯性，如继续向民主德国提供经济援助、提高民主德国旅游者的"欢迎费"、放松紧急家庭团聚限制，等等。

科尔在改善两德关系、增进民族情感方面付出了许多努力。例如，他针对民主德国外汇紧缺的困境，力排众议先后于 1983 年和 1984 年分别向民主德国提供了 10 亿马克以及 9.5 亿马克的贷款。他还不惜动用提高"无息透支贷款"、增加无偿经济援助、减免民主德国国债等手段，来推动两德经济贸易。科尔执政期间，两德还签订了许多重要科技、经贸协议。大众汽车公司跟民主德国签订的总值为 5 亿马克的生产线合同即是其中之一。

其次，积极推动两德高层晤谈与访问，激发民族感情，为两德统一寻找共同点。

科尔执政期间十分重视与民主德国领导人的会晤与访问。例如，科尔于 1984 年 2 月和 1985 年 3 月，利用参加苏联领导人葬礼，积极开展"葬礼外交"，先后两次与民主德国领导人埃里希·昂纳克晤谈，达成了"我们的国家是分裂的，但德意志民族继续存在"，有责任"竭尽全力不再在德意志领土上发生战争"的共识。1987 年 9 月，民主德国领导人昂纳克应科尔邀请，对联邦德国进行了自两个德国成立以来的首次正式访问。这次访问诚然是两个德国关系史上的"里程碑"；但更为重要的是，它极大地激发了两个德国人民之间早已存在的民族感情，这种民族感情是实现两个德国重新统一的强大推动力；这次访问还使两个德国找到了更多共同点：双方一致同意要为欧洲的和平共处做出努力，"在德国的土地上永远不应再发生战争，在德国的土地上必须创造和平"。这次访问，实质上是科尔政府"德国政策"结出的硕果。

第三，果断抓住稍纵即逝的历史机遇，迅速推进德国统一。

1989 年秋，在东欧剧变的影响下，民主德国政局发生骤变，11 月 9 日夜晚"柏林墙"倒坍。当科尔得知这一消息时，正在访问波兰的途中，以致他说"自己是在不适当的时候待在不适当的地方"。但是，科尔敏锐意识到这对德国统一来说，是个千载难逢的历史机遇。于是，科尔在事先没有同他的西方盟国美、英、法商量的情况下，便于 11 月 28 日在联邦议院发表了著名的"消除德国和欧洲分裂"的《十点纲领》，即通常所说的"关于德国统一的十点纲领"，公开把德国统一提到了世人面前。由是，科尔以他的睿智和果敢，把德国迅速推上了历史性的统一之路！

1990 年 3 月 18 日，民主德国的自由选举产生了以"尽快实现统一为目标"的民主德国新一届政府，加速了民主德国的自我崩溃和两德统一进程。

中国社会科学院国际学部副主任、学部委员周弘教授要我为她主持翻译的四卷本《德国统一史》的卷 1《科尔总理时期的德国政策——执政风格与决策（1982～1989 年）》写篇序言。恭敬不如从命，于是写了上面一点认识，不足为序。

顾俊礼

2015 年 6 月 30 日

于中国社会科学院太阳宫宿舍　九如斋

目　　录

第一章　德国政策与执政的艺术

德国政策是首脑决断的事情。联邦德国总理赫尔穆特·科尔（Helmut Kohl）执政时期总揽全局，坐拥德国政策的决策中心。本书分析了从1982年10月1日科尔担任总理到1989年11月9日柏林墙倒塌这段时间所发生的相关事件以及德意志内部的政治谈判，并展现了联邦政府德国政策的具体发展过程。其间，联邦政府在德国政策上采取了一系列重大但又有争议的举措，比如为民主德国几十亿马克贷款提供担保、关于德国–波兰边界问题的争论、签署文化协定、埃里希·昂纳克（Erich Honecker）访问波恩、柏林墙的开放。

联邦总理和总理府是政治决策中心。本书的事例展示了科尔如何争得领导权、如何贯彻其决策并且坚持其特有的执政风格。在德国统一前，科尔对于德国政策有着深远的影响。本书首次全面探讨了科尔的执政风格，而这要归功于联邦政府同意提前解密封存期通常为30年的政府档案。书中评述与阐释的素材依据来源于联邦总理府、联邦各职能部门、联邦德国驻民主德国东柏林常设代表处、基督教民主联盟/基督教社会联盟（CDU/CSU）议会党团以及基督教民主联盟主席团的保密文件。此外，查阅私人档案以及对核心政治人物进行访谈为本书补充了大量素材。在此基础上，本书对于当时德国政策的重要决策过程进行了详尽可靠的再现。这同时也是一项有关执政艺术的当代史研究。只有依靠这些丰富的文献资料，本书才得以首次展示科尔执政时期政治实践的内部观点并使人了解幕后发生的事情。

科尔总理在任时间较长，使其成为从波恩（西德）过渡到柏林共和国（德国统一后的德意志联邦共和国）时期的关键人物。因此，问题在于要从政治学角度对科尔总理在柏林墙倒塌前的执政进行适当的阐释。回忆经常会美化现实：重大的历史转折总会改变人们对此前历史的看法。当前的视角存在着这样的漏洞，把德国统一前的历史仅仅视为大变革之前的种种预兆。科尔于 1982 年 10 月 1 日当选为联邦德国总理并不是导致柏林墙倒塌以及德国统一的历史开端。但从另一个角度看，正是科尔总理力排当时时代精神的种种浪潮，"毫不动摇地[1]"坚持德国政策基本立场，当国际形势的发展与民主德国民意相得益彰之时，抓住了统一的大好时机。也正是如此，对于德国统一之前那段历史的分析经常存在这样的缺陷，将科尔作为"统一总理"的功绩完全归结于 1982～1989 年科尔政府的执政经验与政治决策。从回忆的角度看，一些基本事实往往被人们忽略：1989 年初，就在柏林墙倒塌前的几个月内，科尔总理面临着内政上以及来自党内的双重挑战，从而陷入执政的低谷期。基民盟的党内反对者已经开始筹划科尔的卸任。因此，首先应该回答这样一个问题：当时政治家们所面临的政治局势如何？该问题的解答与联邦政府档案资料的整理工作相结合，可以避免那些错误的判断和对历史的美化。

以科学的标准衡量，较难找到一种对科尔执政时期德国政策完全适当的评价，其原因在于德国政策本身也成为历史的一部分，因为问题已经解决了；另外，科尔时代的政治影响还远未结束，目前对其执政风格及治理方式还不能盖棺论定。

有一种批评观点在一开始时就站不住脚，它认为：由于时间上距离较近，所以缺少与研究对象的内在距离感，联邦政府的德国政策只适合当作现实日常政治的炮弹。[2]任何当代史研究都必须经历这样的批评与质疑。德国统一的赢家和输家，参与者与旁观者仍然处于政治生活当中，他们对于辩解、报复抑或和解的需求更加强烈。联邦德国议院成立调查委员会清算德国统一社会党专制的历史及其给德国带来的影响便是当前政治与当代史研究紧密结合的有力证明。[3]另外，由于德国实现统一在时间上距离我们并不远，这使我们可以采访并询问当时的政治参与者，这也为相关分析研究提供了更多的认知视角。

在下面的章节中，首先将详述科尔任总理期间有关德国政策的研究对象与问题。然后，研究将关注联邦德国的行政决策机构，广泛深入地分析科尔政府的相关信息与决策过程。在阐释政治结构框架以及科尔总理的人际网络之后，研究焦点将通过 18 个案例转至有关德国政策发展过程的政府行为。这里将再现如下内容：信息渠道、个人的爱憎情怀、利益与战术上的谋略，我们将再次呈现波恩日常政务的精彩篇章。

总体来看，本书的研究为以"治理"作为核心概念的政府学[4]做出了贡献。[5]"政府行为"应该理解为：方针制定、行为组织、政策执行力。[6]本书将首先阐释四个中心概念：德国政策、决策过程、谈判分析以及执政风格。

德国政策

自 1949 年以来，历届联邦政府的德国政策便以德意志人民自决权以及《基本法》序言为依据，目的在于实现德国的统一与自由。联邦政府的德国政策旨在以自由与和平的方式实现德国的统一[7]。在科尔就任联邦总理之前，政治与法律的整体框架限定了德国政策的基本内容，它们包括《基本法》以及联邦宪法法院对《基础条约》的各项裁决，该条约中的各个文件指明德国问题的关键内容以及德国政策的不同阶段。德国问题与德国政策密不可分。在德国问题上一直存在着互相交织的历史与政治问题，如：国家统一、实力政治格局、不断变化的政治－文化因素以及寻求自我定位等。[8]因此，在政治讨论中很难将"东方政策"的概念界定为联邦德国的东欧政策，[9]因为由于联邦德国没有完整的主权，1937 年属于德意志帝国疆域的奥德－尼斯河以东区域仍然存在领土归属问题。在我们研究的时间段中，《基本法》中有关重新统一的内容、西方盟国对于德国作为整体及柏林所保留的权力与责任以及边界问题经常成为紧张局势中的冲突点，进而影响着政府行为。在此，德国政策包括两个方面：

> －价值规范层面：坚持在自由中统一的目标；
> －操作性层面：减轻分裂状态的后果；增进两个德意志国家民众之间的联系；通过持久的谈判全方位深化各层面关系，因此也称之为条约政策。[10]

从广义上来说，德意志内部关系[11]是指跨越东西德边界以及东西柏林边界的一切关系的总和。从狭义上来说，对德意志内部关系的理解是指联邦德国政府与民主德国政府及政党机构之间国家层面的交往，这种狭义的理解在接下来的研究中至关重要。[12]德意志内部关系是两个独立自主的国家之间互不视对方为外国的一种特殊的法律关系。[13]这种国家关系在条约、协议、协定、备忘录以及声明中被屡屡提及，它也被称为对民主德国的政策。在德意志内部关系的日程上存在很多不同的政治领域，但对于波恩来说，只有一个提纲挈领的总体目标，即减轻分裂的后果，增进人民之间的交往可能性。联邦政府与民主德国政府及政党机构之间的持久谈判便是服务于该目标的手段。[14]

决策过程

本书的研究对象是联邦政府中有关德国政策的决策过程。《基本法》规定联邦总理与联邦部长同属于联邦政府。由于政府决策层在操作层面主管德国政策，本书将其列为分析重点。[15]政府行为在德国政策领域遵循一种特殊的机制，即与民主德国的关系并非是一种对外关系。联邦政府负责德国政策的构建，除个别情况外，一般不受议院立法所监管。联邦政府的决策拥有一定的自由空间，这是指处理所有问题在于德国政策是要由政府所调控的国家事务，而非由法律条文所规定。[16]德国政策如同外交政策一样，相较于其他政治事务允许立法部门较少参与。议院通常很少参与德国政策事务，因为德国政策大多涉及无须联邦议院批准的两个德意志国家政府间的协议。然而，为了确保政策的顺利执行，议院作为有关德国政策的辩论平台，通过德意志内部关系委员会发挥着重要作用。[17]

本书撰写并不遵循任何特定的外交决策理论。为了保证研究类别的丰富性，本书的研究思路以政治参与者为导向。从分析层面来说，所有以联邦总理为核心的决策过程都具有研究的相关性。联邦总理的行为主导是由其政治参与者的功能所决定的，同时他可以发挥对每项政策的评价作用。本书将从联邦总理或者更确切地说是德国政策首席谈判代表的行为出发，探究其基于政治背景而做出的个人决策，并且再现决议形成的过程。此外，这里尤其要探讨联邦总理对于政治局势的认知。[18]必须区分：总理何时亲自介入与德国政策相关的决策过程，何时仅是预先确定政策框架，而在此框架中联邦德国的谈判代表是否可以实施政府行为呢？

谈判分析

除了对于谈判而言必要的政府内部目标确立以及决策过程，解密档案还公开了波恩（联邦德国）与东柏林（民主德国）之间的双边谈判。众多政策领域以及不同政治级别之间的持续谈判就是有关德国政策和条约政策的主要工具。政治谈判的策略在下文的分析中将会详细论述。理想的政治谈判类型一般包括讨价还价和提出理由。[19]商讨的过程不仅仅包括谈判双方互相威胁、相互承诺优惠条件或者寻求第三种解决方案，而且"成功的协商往往是由于谈判双方能够找到共同的利益点并且付之于政治实践。这就意味着，谈判双方对于他们所拥有的共同利益范围了然于心，这与局外人相区别。政治谈判就此而言也是行使权力的一种形式"[20]。

两个德意志国家之间的谈判涉及秘密谈判的类型：秘密外交拥有更高的成功率并且往往是开启对话的前提条件。谈判实力在很大程度上具有集中决策的特点。谈判的准备与执行遵照政治家与公务员之间横向与纵向的自我协调以及上下级协调模式进行。[21]此外，还有特殊渠道：联邦核心谈判领导人物与民主德国谈判负责人亚历山大·沙尔克－哥罗德科夫斯基（Alexander Schalck-Golodkowski）之间，[22]以及民主德国政府各部长与联邦总理府中的联邦部长之间的对话与谈判。

如若下文出现与政治谈判策略相关的概念，不应就此认定政治参与者在此制定一套有长久规划且面向未来的理性政治策略。[23]即使这种情况会出现也纯属偶然。一般而言，政治惯例影响着大多数日常政治决策。下文中出现的策略概念（"谈判策略"）[24]大多是指一种进行谈判的方式以及商谈技术，它们与当时德国政策领域中改善人道主义状况的总体目标息息相关。而从广义上看待这种策略概念，他们与政府执政风格密切相关，特别是经常出现这样的问题，联邦总理的德国政策是否也以某一种策略为基础。从这个意义上来看，并非是目的导向型的长期计划构成概念核心，而是一种政治优先性的考虑：比如，联邦总理为了哪些政治优先性、在何种情况下长期地贯彻执行某种德国政策策略？

执政风格

除了德国政策的内容、政府行为的决策以及谈判过程，联邦总理的个人执政风格也将列入考虑范围。《基本法》和联邦政府议事规程赋予联邦总理较大职权。《基本法》规定政府具有制定方针的专属职能。"总理民主制"[25]是康拉德·阿登纳（Konrad Adenauer）担任联邦总理期间出现的一个概念，这个概念象征着权力扩大以及领导诉求。然而，联邦总理如何履行其制定方针的职能，取决于其个人的领导能力，下文中将其称为执政风格。[26]这种领导能力既不能通过宪法条文规定，也不能通过政府议事规程得以实现。无论哪个联邦总理执政，"领导者制定方针、决定手段策略并且贯彻执行"[27]的理念早已转变成为对于可治理性结构问题的关注。一些关键标志，如党内民主、媒体民主、执政联盟民主以及协调民主构成了总理民主制的对立面[28]：联邦总理的职责大多数是在幕后协调、整合并且负责主持大局。实际的管理者是这些在职官员以及国务活动家[29]，他们了解可能的决策选择并进行斟酌选取。[30]再则，非正式决策的影响范围不断扩大，定期举行的执政联盟会议已经晋升为"准国家决策机构"。[31]

然而决策制定缺乏透明性以及决策过程的不完整性未必是领导不力的表现，特别是当联邦总理正位于所谓党内灰色地带，比如说各机构会议前期的准备工作中时，总理有时能巧妙地按照他的意愿发布指令，这就好像科尔总理在党内拥有强大的权力基础一样。[32]所谓总理领导力是弱还是强经常以阿登纳总理的执政时期为参照标准。如果不是经常在公众面前有效地展示其强势的领导力，那么就容易形成领导力薄弱的表象，比如在联邦议院中的信任案投票或者在联邦内阁中坚持其总理制定方针的职能。如果一位总理真的坐拥制定方针的职能，那么人们也就不用特别引用如下警句了："如果您可以不再大声宣扬，那么您那无可非议的职权便就此证明了……领导者，无须特别强调其领导力，而是直接发挥领导作用即可，并且保持沉默。"[33]政府学的经典标准在分析科尔的执政风格时会奏效吗？科尔总理在"政治局势中的强项反而可能要归功于其批评者无休止地怒斥其弱点"[34]。科尔的"领导力"被认为是一种悖论，这使得其按照传统政治学的标准难以衡量。执政并不只是意味着坐拥权力，而更多的是怎样利用权力去领导，这在美国关于总统职位以及"政治领导力"[35]的文献中有所提及。

事例选取及界定研究内容

本书的研究重点是波恩政府（联邦德国）内部的决策过程，而非民主德国的决策过程。只有当（民主德国的）德国统一社会党（SED）的政府文件对理解联邦德国的决策过程密切相关时，或者作为不同资料用于对比西、东德政要之间的会谈记录时，才会调用这些文件。因此，相较于联邦德国的政治参与者，本书对影响原民主德国政治参与者的决定性因素及其反应仅做了粗浅的分析。本书研究重点是联邦政府在德国政策方面的政府行为，研究思路是从波恩出发延伸至东柏林。此外，本书根据各个题目对日常事件进行归类。在现实中诸过程往往是同时进行的，而政治舞台又是千变万化的。在此背景下，本书对于政治决策过程、谈判策略以及执政风格的问题设置是根据下述主题以及德国政策的手段而得以确定，并以此作为主旋律贯穿于整个研究之中，借以阐明科尔执政时期的政府行为：

　　—德国政策的基础与原则：包括纲领文件以及政府行为的政治影响力；

　　—政府声明："处于分裂状态德国的民族形势报告"，它们代表着政府行为的手段与工具；

　　—条约政策：比如两个德意志国家之间的旅游往来；

　　—一揽子谈判策略：如向民主德国提供十亿西德马克贷款担保、提供贸易结算授信额、管理涌入西德的避难申请者、有关过境费用总价等一系列政策；

　　—职能部门签订具有特殊意义的协议：文化谈判；

　　—高层会晤：特别是联邦德国领导人与民主德国领导人如埃里希·昂纳克、君特·米塔格（Günter Mittag）、奥斯卡·菲舍尔（Oskar Fischer）以及亚历山大·沙尔克之间的会谈和谈判。

　　在千变万化的国际局势中，国际关系具有多层关联，本书根据联邦德国有关德国政策的实时政治，选取的上述主题贯穿了自科尔 1982 年 10 月上任以来进行的第一次会谈到 1989 年 11 月的会谈内容。为了再现政府行为，便于从政治学角度对有关决策选择、谈判策略以及执政风格的问题进行谈论，一些技术与行政层面的细节先被暂时搁置。

文件中呈现的问题

　　对政府行为的分析建立在研究文件的基础之上。每份联邦政府公文都会登记入册。[36]联邦总理府、德意志内部关系部以及常设代表处所提供的分类资料中还是能够发现一些内容的，但有用的信息并不多。与此相反，在整理这些资料时，那些带有技术细节标签的文件夹往往出乎意料地含有某些具有争议性的函件，为决策过程的阐释带来转折。即使是最详细的登记入册，所有的文件夹也必须经过筛选整理，选出那些在最大程度上符合研究时间段、关键问题以及主题限定的文件资料。经过查阅和评估之后，德国政策方面的档案材料被归为与总理府档案室不同的下述各类，如：

　　－联邦总理府部长或相关的国务秘书（1982～1989 年）；

　　－联邦总理府第二司："外交和德意志内部关系、外部安全司"；

　　－第二司中第 22 工作组下设三个分管部门：德意志内部关系部、东德处及柏林处；

　　－德国政策工作组（从行政业务上归入第 22 工作组）；

　　－联邦德国驻民主德国东柏林常设代表处。

　　在有关德国政策的档案库中也有一些资料是由其他部门（例如负责为联邦总理撰写发言稿的第五司）以及联邦部门（如外交部以及德意志内部关系部）负责提供。仅联邦总理府每年就向汉格拉尔（Hangelar）联邦临时档案馆寄送大约 2000 个文件夹。[37] 档案资料涉及所有政治议题，其数量十分庞大，不仅仅包括有关德国政策的档案，还有来自德意志内部关系部需要审核的大量文件。而这些文件尚未进行归档整理，因此本书研究中所拿到的文件标号可能还会发生变化。因此，我们尽可能把每个文件的出处说明都标注到位。对官方文件可以区分如下：

　　－有关德国政策的政府内部协调对话过程、决议以及文字记录（从处长级到公务员系列的国务秘书）；

　　－有关会议准备以及会后总结的大量按语；准备阶段或者附录形式的战略文件；

　　－在民主德国进行会谈或民主德国谈判伙伴来访的信息准备文件包；

　　－为总理府部长或为联邦总理提供的决策和决议草稿；

　　－联邦总理对下属工作安排的谈话批注；

　　－谈判进展报告或针对现有政治问题以纲要形式向总理府部长或联邦总理呈交的实情报告；

　　－关于民主德国经济与政治状况的报告；

　　－信件、相关联络、书信往来、电话记录；

　　－与德国统一社会党领导人的会谈纪要与报告（两个德意志国家领导的高层会晤以及东德常驻波恩代表在联邦总理府内几乎每周定期举行的会晤）；

　　－与德国统一社会党干部谈话的按语；

－对新闻与媒体信息的整理；有关谈判工作的提纲与材料；

－发言提纲以及为联邦总理、联邦总理府部长和联邦部长们准备的发言草稿。

由此获得大量难得的高品质研究材料。因此，我们的研究展示了从决策准备阶段到总理做出决策的详细历程，也就是追踪内部草案、决议阶段最后到行动建议的过程。对于某些主题来说，可以从不同的角度去观察同样的事实，由此下文对档案文件展开了比较分析。通过常规程序，如立法程序，包括问题认知、对信息及问题下定义、问题发展、政府决策、政策实施、监察与监督[38]，不能对有关德国政策的政府行为进行定位，因为大部分内容并不需要立法动议。按照政治问题的定义以及在协商谈判中所确立的问题紧迫性、优先性以及行动必要性的标准，有关德国政策的议题往往属于高层决策的事务，通过特殊渠道的高层会谈（比如朔伊布勒与沙尔克的会谈）得以处理。从联邦政府、民德国家及政党领导人的角度必须提供相应的谈判结果纪要。此外，研究还要利用为德德领导人会晤提前准备的带有谈判策略性质的纲要。会谈之后，沃尔夫冈·朔伊布勒（Wolfgang Schäuble）需要再向联邦总理和其下属机构通报结果。与此同时，政府内部需要对谈判议题进行协调，之后东德和西德的代表团之间进行会晤，并对双方的谈判纪要重新进行整理。一些案例描绘了决策准备体系以及从处长级到联邦总理府部长级的协调情况。由此我们可以获知，一个决策过程如何成为谈判主题并最终发展为核心议题。当然，我们也可以看到不同的谈判委员会所进行的信息筛选、视角差异以及谈判策略的差别。"这到底是什么情况"[39]，我们可以从多个角度来理解出自历史学家兰克（Ranke）的这个关键性问题。重构事实并不是依赖某一重要文件，但是对此可以进行比较观察。

再回到西德－东德档案文件的对比上来：下文表明，东西德之间有关高层会谈纪要的文件具有高度的一致性。总体而言，东西德的会议记录员所描述的会谈内容基本一致。在不能确定实质性区别的情况下，对双方记录可以采用史料批判的方法进行研究。一些在东德不能提及的字眼，如隔离墙、铁丝网、射击指令以及人权，在西德的记录中并未删除。因此，民主德国的会议纪要自然也包含其自身的语言口径（如联邦德国、四方协定[40]）。西德人公认的表达形式在东德的文档中也会被加以强调，但是会以较为弱化的批评口吻出现。同时，东德的记录文档缺少系统性的信息说明，说明西德谈判伙伴在会谈后通常呈交了人道主义方面的个案清单或口述案例。在查阅联系信件时，可以借用历史资料整理工作的方法。即使记录风格有所不一，但是谈话资料内容并无太大出入。文档中存在的较大出入应是写按语的人对于会议纪要的处理[41]。然而，这种情况并不频繁出现，因为本书研究只使用德国统一社会党的最高级别文档。

史料批判方式不仅仅适用于会谈纪要，因为任何文档纪要在一定程度上都存在着记录者的主观因素，也就是说每项注释都围绕着所取得的成就而撰写。这不仅是本书研究中出现的一个问题，同时也普遍存在于史料分析中。本书之所以运用上述不同种类的文档资料，目的是为政府内部的决策过程提供相互比较的可能性，从而也可以对材料的真实性与可靠性进行验证。联邦总理府、德意志内部关系部以及外交部都对共同的协商会议进行了相应记录，这从不同视角为我们进行比较研究提供了广阔的空间。[42]

尽管政府文件不只具有"事实圣殿内约柜"的性质，[43]但就其本身而言，政府文件还无法构成政治史。领导者个人风格、媒体评价以及对历史见证人的采访可以对政府公文进行补充、检验与纠正。由此又引出另一个问题：政府文件并未阐明联邦总理何时以及为何做出亲自决策。尽管如此，阿努尔夫·巴林（Alnulf Baring）的谴责并不可取，他说："文件……只是反映了已完成的政治决策。"[44]对此，本书研究所运用的文件资料展现了不同的政治场景并清晰地包涵了科尔总理决策过程中的多种信息，如目标确立过程中出现的争论与反馈。科尔常常在与联邦总理府部长面谈时以口头形式做出决定。朔伊布勒向他汇报的许多事情需要"总理示意通过"。[45]朔伊布勒接着又在相关委员会中做报告。然而，阿努尔夫·巴林观点的反对立场也不足称道，"阅读与查阅政府文件是一个很好的方法，这种书面形式记载着国家治理内容"。[46]其实，文件档案并不可能还原所有的政治决策，更不用说决策选择的全部过程。政治家们在试探性的会谈中秘密接触、不断增加的非正式会谈，以及由书面文件转变为电话口头联络，这都在一定程度上削减了政府文件的价值。阿登纳总理会让人记录他的茶话会谈话。[47]而科尔总理则恰巧相反，不允许在总理官邸进行晚间会谈的参与者做记录，他甚至要求检查是否有动笔情况。[48]当然，这也属于本书研究的对象，即考察联邦总理科尔的特殊执政风格中的一些非正式因素。

此外，另一种情况为研究带来更大的困难。科尔总理本身就是一位历史学家，他清楚地认识到，最迟在 30 年以后，学者们便会研究这些文件档案。因而他的手写笔记极为简略。大多数笔迹只出现"特尔切克（Teltschik）"或"朔伊布勒（Schäuble）"这样的姓名称呼，学者们日后需要面对如此简单的只带有姓名称呼的标题批注开展研究工作，他们无法在信件或决策草案的空白处找到较长并带有评论意见的批注性文字。[49]联邦总理以及总理府部长私下将随身带往会场的文件与笔记视为神圣之物加以保管，即使面对具有针对性的特殊需求时，他们也会亲自整理筛选。但科尔不会亲自记录谈话内容，[50]其实这种考虑也是出于联邦总理的谋略，未经他签署或写过批注的文件永远会为他日后的申辩留有余地，他可以声称没有收到或并不知道该信息。这种文件资料的处理方式特别符合科尔总理对于巩固权力的极端敏感、做事周全谨慎且行事多疑的战略家形象。然而，这也加大了对科尔总理参与德国政策决策过程中相关立场的研究难度。

最后，对于文件资料带有限制性的批注也与谨慎策略有关。这里指联邦德国与民主德国谈判代表之间的秘密外交。有关东德国情观察以及东德领导人政治立场的材料十分详实，而关于东西德秘密会晤的资料却相当稀少。尽管存有不少首席谈判代表的会谈纪要，但它们也仅是执行联邦总理亲自委派秘密外交任务中的一部分内容。在此，双重档案记录发挥了作用：一份是档案室的官方文件，另一份文件则贴着"阅后请销毁"标签。[51]朔伊布勒对此也颇为注意，偶尔写给联邦总理科尔关于德国政策的按语，总是提醒科尔看完后尽量销毁。[52]其背面写着："附上我和昂纳克会谈的按语，请允许我亲自呈交于你，我相信你会将其归为'秘密'文件，因为我确实不想让其他官员接触到该文件。"[53]

采访与会谈[54]

"灵与肉、氛围与色彩、传闻轶事与传记启发等内容大多来自于会谈。政治参与者与旁观者的复述对于研究来说不可或缺，具有无法替代的地位。"[55]

下文分析与此相连，采访内容以启发性的方式补充信息。采访工作都是将准备好的一系列问题提前发送给被采访人征求其同意，或发送至其工作小组，以便他们对相关事实进行核对。其他谈话内容则更多用于了解背景信息或者描述事实场面。在材料整理过程即将结束时，本书对德国政策的主要政治参与者联邦总理科尔和多年担任总理府部长的联邦部长沃尔夫冈·朔伊布勒进行多次较长时间采访，以便有针对性地填补决策过程中出现的细节漏洞。

美国斯坦福大学胡佛研究所收藏有长达数小时的对民主德国历史核心人物与见证人的采访记录。本书对 1990 年至 1993 年之间所进行的采访进行了系统化的提取利用。只要它们对谈判局势研究及政局判断较为重要，便被纳入本书的研究范围之中。对见证人的采访也并非毫无问题。当被采访者刻意歪曲事实时，本书会批判性地引入采访素材。许多出于保密或对民主德国采取谨慎政策的顾虑而不能公开的事实，在内部文件中也不会被提及。[56]一些政治决策者也经常美化回忆，这也是在回忆文学中常常出现的现象：当政治家们面对自己亲身经历的政治事件时，他们很容易陷入事后为自己辩解的苑围之中。然而，一般情况下，尤其是对非正式的执政因素来讲，采访对于研究的进展或对决策过程评估以及谈判风格的研判都是必不可少的。

"科尔体制" 的组成部分

德国政策是属于特殊的政府实践，因而本书的核心论点应经受实践的检验：联邦总理科尔化身为有关德国政策的决策中心。他那带有个人印记以及与具体人员有关的执政风格与宪法及决策机制所规定的职权相互叠加。在德国政策领域，这种下文称为"科尔体制"的执政风格，其首要目标是确保科尔政府的执政基础。

在此，"科尔体制"概念完全是价值中立的。此概念常以口语形式出现在 90 年代中期的文献中，用以刻画科尔总理的负面形象。与之不同的是，在下文的分析中此概念只具有分析功能，而非遵循之前的负面含义。"科尔体制"的组成要素可以通过观察德国政策领域的决策过程以及谈判分析得以展现。德国政策恰好是"科尔体制"的最佳体现，因为在操作层面，总理府是德国政策的首脑机关。从结构上来看，德国政策领域其实是以联邦总理为中心。在此背景下，联邦总理的特殊执政风格便显而易见。论题关注与具体人员有关的职位安排，而不对其他因素进行前提假设，比如制度影响力以及不发挥影响力的外部政治参与者因素。在我们的论题中还将进一步确认，相较于贯彻执行德国政策的纲领性文件，对于联邦总理来说形成权力和保障权力的过程具有更为重要的意义。但这并不意味着联邦总理掌握权力仅仅是出于个人目的，他很清楚，运用权力是为了制定特定的目标任务。在科尔总理的任期内，运用政治权力投身于德国统一大业是其核心目标，这点毋庸置疑。然而，科尔的总理任期已经创造了纪录，若无强大的经济成就以稳固其权力，这是很难想象的。掌控权力及稳固权力是政治的前提，只是这一事实在德国经常被鄙弃，因为人们很容易将其联想成使权力妖魔化。

第二章 德国政策决策结构中的
行政部门

　　下文将着重分析德国政策领域内行政决策机制中的正式程序、非正式程序以及职权结构。洞察政治结构，特别是正式及非正式的治理模式，是理解下文分析德国政策领域中政府行为过程的前提条件。除了解释行政部门职权以外，执政过程的个人因素也起到重要作用。在本书研究时间段内，贯穿着对于主要政治参与者的概述与特征描写，此外，本书还叙述了潜在的权力斗争以及在德国政策领域中政府行为的构建空间以及限制条件。阐述的重点在于突出强调机制的作用及其比重，德国政策领域也是全部政府行为的一部分。因为从目前的决策分析来看，[1]德国政策不仅是"行政特权"[2]，同时也被纳入外交与安全政策决策体系之中，[3]所以也会涉及外交决策体系的结构框架，必要时将加入对行政结构与外交政策的关系分析。[4]但就此而言，德国政策的特殊性在于它几乎是联邦总理的"专属领域"，这有别于外交政策领域。这当然不是说除总理之外没有其他政治参与者介入决策过程以及目标确定之中。利益确立需要经过从各处室起草方案到总理做出决定等很多级别的程序。[5]在"德意志联邦共和国政体的正式和非正式决策结构"这一节中将对各级别机制程序做进一步的分析，其下将通过七个小节详细阐述联邦总理府内的德国政策机构，这七节分别为：

　　1. 决策中心：联邦总理府中的联邦总理；

　　2. 联邦内阁；

　　3. 德意志内部关系部（BMB）；

　　4. 外交部（AA）；

　　5. 联邦政府内部跨部门协调小组；

　　6. 执政联盟内部协调小组；

　　7. 双边谈判代表团。

正式和非正式的行政决策之间的过渡是顺畅的。[6]特别是在关于联邦总理府、联邦政府以及执政联盟内部跨部门协调小组的章节中，阐述的重点更偏向于展现非正式的目标确立以及决策制定过程。非正式的决策结构包括非正式的联系网络以及临时的组织模式。[7]在细节上还必须要考虑到政党之间的交流、执政联盟会议、议会党团以及政党主席团之间的协调。关于决策的非正式组成部分，由于常常无法找到相关文献的按语批注，因此需要采用访问政治参与者的研究方法。行政决策程序转向非正式的决策结构，比如由行政部门的政治沟通转向政党之间的交流："行政决策程序的政党政治化尤其体现在成立非正式的执政联盟工作小组及其地位的上升，而正式决策机制中所赋予相关职能部门的影响力却逐渐减弱。"[8]在科尔总理执政期间，这种利用宪法之外的非正式决策委员会的趋势越发明显，但这并非科尔任职期间的独创，其实其前任总理已经开始使用非正式的决策模式了。[9]

为了更好地理解联邦总理科尔与民主德国统一社会党领导人之间的会晤，以及分析德德之间的谈判协议，我在后面的章节里也会针对民主德国政体中的行政决策结构进行概述。

第一节　德意志联邦共和国政治体系中的正式及非正式决策结构

决策中心：联邦总理府中的联邦总理

a. 德国政策之职权结构

联邦总理府在德国政策领域处于关键地位[1]：

－它是与德国政策有关的所有职权部门和民主德国主要会谈伙伴的操作中枢。总理府几乎囊括了德意志内部关系的全部职权。根据1974年关于设立常驻代表的备忘录第6条规定，[2]联邦总理府也负责民主德国在联邦德国常驻波恩代表处的相关事宜。

－根据联邦政府议事规程第9条，联邦总理勃兰特于1974年4月25日颁布组织条令，规定联邦德国驻民主德国东柏林常设代表处由联邦总理府部长负责管理，有关德国政策的协调任务也归其负责。

－德国政策工作组是联邦总理府内的一个特殊组织部门。从行政业务上讲，德国政策工作组组长（LASD）是总理府第二司，即"外交和德意志内部关系、外部安全司"中的第22工作组（其下设三个处：德意志内部关系部、民德处及柏林处）的上级。尽管德国政策工作组在行政业务上归总理府第二司，但是该工作组受总理府部长直接领导。

——德意志内部关系部只负责进行筹备工作等协调任务。该处在操作层面上对于民主德国的职权仅限于人道主义问题领域（如家庭团聚、出境、囚犯等）。

——联邦各部只能在两个领域与民主德国进行直接联系。联邦经济部通过下属的信托局可在两德内部贸易问题上独立行事。而德意志内部关系部中具有公务员身份的国务秘书能够直接与东德律师福格尔[沃尔夫冈·福格尔（Wolfgang Vogel）：民主德国律师、人道主义问题谈判代表]商谈家庭团聚、提前赎回俘虏等问题。[3]

——联邦总理府亦将柏林问题纳入职权范围。起初没有一个职权部门负责协调柏林事务。德意志内部关系部、外交部以及联邦经济部只承担部分管辖权。《四国协定》中规定：联邦政府应"在柏林西占区三国（美、英、法）政府机构中以及柏林市政府中设立常驻代表机构"。根据1972年6月2日公告，联邦政府派驻对柏林的全权代表，从而落实该协定。然而联邦各部对该全权代表没有任何指令权。全权代表处也由总理府领导。

上述要点表明，联邦各部对于德国政策领域的权力责任相较于其他政策领域要小很多，这也与联邦议院实际上不参与制定德国政策有关。通常情况下，德意志内部关系即为条约政策中的操作领域，事关政府之间的协议而无须议院表决。德国政策大多数情况下属于行政职权领域，没有必要将政府协议转换为法律条例，因此议院在德国政策领域具有较小的构建空间。[4]当然，德国政策也需要得到议院的确保，科尔总理要代表联盟党和自民党议会党团在议院做"处于分裂状态德国的民族形势报告"，并随后进行有关德国政策的辩论，即作为说明象征性政治的领域。本书一些章节将进一步介绍联邦总理府专属的责任规定，除此之外，80年代联邦总理府中政治家的权力背景在德国政策领域发挥着特殊作用。自从沃尔夫冈·朔伊布勒担任联邦总理府部长以来[5]，从1984年至1989年这段时间内，他作为首席谈判代表掌管有关德国政策的协调事务并具有很大影响力。由于其任职时间长，所以朔伊布勒在本书研究时间段中具有十分重要的意义，而菲利普·延宁格尔（Philipp Jenninger）（曾在联邦总理府中负责德国政策）和鲁道夫·塞特斯（自 1989 年起任联邦总理府部长）在此是无法与之比拟的。延宁格尔在 1982～1984 年曾担任联邦总理府国务部长，而不是以总理府部长的身份管理德国政策事务。朔伊布勒将联邦总理府变成了科尔的执政中心，[6]这也与科尔总理将作为政治家的朔伊布勒[7]任命为联邦总理府部长有关，从而取代了最高公务员瓦尔德马尔·施雷肯贝格尔（Waldemar Schreckenberger）的职位，而且朔伊布勒在联邦内阁中还保留着席位与选票。以下两个小节将围绕联邦总理府作为德国政策决策中心而展开论述。

- 联邦总理的"政治家庭"包括：官方顾问、负责总理府日常工作日程的私人助理以及外聘顾问。
- 由德国政策操作领域的构建者组成的德国政策机构，包括：联邦总理府内德国政策机构的核心行政部门以及总理府内的专属职权部门。

b. 联邦总理的"政治家庭"

在我们的研究时间段内，联邦总理科尔自就职之日起便对各个政策领域确定了固定的优先顺序[8]，这从其第一份政府声明中三个内容明确的目标即可看出：欧洲一体化、与西方结盟以及德国统一[9]。科尔的执政风格具有连续性，长久以来相对稳定。从德国政策领域便可以看出，科尔执政风格的核心特点是：与具体人员和情况有关的非正式的、并非严格遵守特定行政级别的领导方式。对于科尔来说最重要的是能够贯彻执行其政策的官员，要较少关注长期方案或德国政策中具体的技术性细节，更多关注能引起轰动的政治氛围，而非政治结构的分析。[10]为此，科尔总理在联邦总理府有目的地构建了一个紧密的人际关系网。在 20 世纪 80 年代，科尔于总理府内陆续调入自己的亲信人员。

科尔的仕途亨通始终依靠友情支持。多年来科尔的周围有一小群关系密切的顾问和同僚，比如延宁格尔，此外还有一些私交甚好的朋友。[11]依靠这种私人关系，科尔总理当然也有意创造一种彼此之间的依赖性，以此掌控政治事务。[12]科尔在处理文件方面也显示出这种风格，当下属对相关事务提出询问时，科尔不是像他的前任总理施密特（Schmidt）那样按照官方程序对文件做出批注，然后经由主管负责人下传，而是直接给总理府中负责相关事务的处长打电话，至少在其任总理的前几年里，科尔习惯于这样做。[13]若把这种执政风格定位为科尔总理的特征，那么我们的分析自然不能从职能部门的组织结构入手，而应从科尔的"政治家庭"着手。这个"政治家庭"内并不存在特殊的有关德国政策的布局。从晨会开始到晚间的总理官邸会谈，科尔身边围绕着顾问以及私人助理这样的小团体，他们是按照"忠诚、团结、信任"[14]的原则挑选出来的。这个小团体里的每个人都与科尔保持着私人的忠诚与信任关系[15]。谁触犯了这个原则，或者滥用科尔所赋予的权威而对科尔的特殊地位公开加以指责，就将被永远排除在总理的"政治家庭"之外。[16]在我们的研究时间段内，科尔总理的工作同事以及政治小团体中的人员已经发生了变化，然而科尔依靠政治小团体的执政风格却并未发生改变。直至1989年秋天，有关德国政策的日常话题在这个"政治家庭"的会谈中更是属于特殊事务。[17]如有未决之事，科尔总理首先会在"政治家庭"内部进行讨论，这属于他早期预警系统的一部分。"政治家庭"成员是"科尔体制"的组成部分，他们可以表达各种观点，反馈政策评估信息，这不仅对总理具有启发性，同时也有助于总理进一步了解和利用不断变化的政治舆情。从政治学角度是无法衡量"政治家庭"成员对于科尔决策的影响力大小的。然而，科尔周围并没有能够与之进行绝对坦率交谈之人。[18]没有人可以自始至终完全了解底细："尽管存在一个内部的核心小团体，但团体成员并非都相互完全知情。没有固定的几人帮，而是人来人往。"[19]科尔频繁使用电话沟通，还亲自拨通电话而不经他人转接，这种沟通方式也是"科尔体制"的一种手段：电话沟通符合科尔马基雅维利式的基本权术思维："君主每次只与一人谈话，然后和第二个人，最后和第三个人谈话，依此类推。这样就只有君主一人知道全部信息。"[20]科尔从非官方渠道获取信息并检验其价值，即使是科尔最亲近的同僚也对此时常大为震惊。科尔主要利用自上任以来就逐步构建的眼线网（一个预警系统）来收集信息。科尔借助这种双边情报收集并极其耗时的执政方法来对抗那些来自总理府内部的权力要求，他同样以这种方式对待总理府的行政草案，科尔只将那些行政草案当成决策的基础之一，它们对于科尔来说并无特殊的重要性。[21]科尔的政治考量依循的是权力范畴而非办公程序。他始终把政治看作是与具体人员相关的事务。[22]以下是在我们的研究时段内科尔身边具有不同功能的政治圈子：

总理办公室

总理办公室如同一个为总理做准备工作的小组，总人数大约为 25 至 30 人。[23]这个小组要为总理的出访做准备工作，整理总理所有的私人信件及其亲笔信函，协调总理个人事务并且管理礼宾性事务以及总理日程安排。[24]总理办公室就好比通向总理的过滤器。按照公事流程：政务由主管处室开始，经由司长到总理府部长，最终再通过总理办公室到达总理。只有总理的亲信，比如联邦总理府第二司司长特尔切克可以不遵循这个公事程序而直接接触到总理。在本书研究的时间段内，总理办公室主任分别是：沃尔夫冈·布尔（Wolfgang Burr）[25]（任职只有几个月，至 1983 年初）、弗兰茨－约瑟夫·宾德特（至 1987 年）以及瓦尔特·诺伊尔（Walter Neuer）（自 1987 年起）。[26]而掌握信息大权的则是领导总理私人办公室的尤莉娅娜·韦伯（Juliane Weber），[27]自科尔在莱茵兰－普法茨州从政开始，她就一直属于最核心的圈内人物。

晨会（die Morgenlage）

晨会其实并不是决策委员会，而是信息交流会。它仅仅与科尔个人有关，他个人主导着这个被误称为"厨房内阁"[28]的私人性晤谈。但"厨房内阁"这个名称其实并不合适，因为晨会上很少能做出正式决定，晨会主要商议当天政情，但在这个圈子内商议的政情往往能够成为决策的雏形。与会者对于政治局势的最新评估意味着其实已经诞生了一项新决策。1984 年起任总理府部长的朔伊布勒就经常在晨会前和科尔进行私下密谈。[29]同样频繁接触总理的还有负责科尔媒体事务的爱德华·阿克曼（Eduard Ackermann）[30]以及对总理最有影响力的外交顾问霍斯特·特尔切克（Horst Teltschik）。[31]施密特总理执政期间的"小会议圈子"与"政治组合"已被晨会所取代，晨会发展成为具有另外功能的会议。[32]早上 8 点 30 分开始一同坐在总理办公室的人员通常是：[33]

　　－联邦总理府部长（瓦尔德马尔·施雷肯贝格尔，1982～1984 年任联邦总理府部长，此后朔伊布勒于 1984 年 11 月 15 日接任，塞特斯于 1989 年 4 月 21 日接替朔伊布勒）；

　　－历任国务秘书［延宁格尔任职至 1984 年 11 月 5 日，自 1987 年 3 月 12 日起由卢茨·施塔文哈根（Lutz Stavenhagen）临时担任］；

　　－联邦总理府第二司"外交和德意志内部关系、外部安全司"司长：特尔切克；

－总理私人顾问尤莉娅娜·韦伯。

－负责公共关系事务的三位官员：

联邦总理府第五司"交流与公共关系司"司长：爱德华·阿克曼[34]，他在波恩担任科尔总理的新闻发言人。科尔与其大量私下谈话成为政治决策的事先预演。他更像是科尔的服务人员而非政治参与者，阿克曼可以从科尔那里获知需要进一步传达的细节信息。但是出于对信息泄露的担忧，科尔告诉阿克曼的只是有关决策背景的部分筛选信息。科尔也利用他作为"眼线"，阿克曼总是能很快获悉谁在波恩对科尔搞阴谋。例如，基社盟主席施特劳斯就经常在周末通过电话向阿克曼抱怨科尔。参加晨会的还有历任联邦新闻局局长（迪特尔·施托尔策[35]、彼得·伯尼施、1985年6月起接任的弗里德黑尔姆·奥斯特、1989年任职的乔尼·克莱因）以及1986年至1987年担任首席发言稿撰写人的诺贝特·普利尔（Norbert Prill）。

－另外，还有担任联邦政府新闻局国内司司长的沃尔夫冈·贝格尔斯多夫（Wolfgang Bergsdorf）。他是科尔多年的亲信，经常把政府声明的最后发言稿亲自送交外交部长根舍，并且陪同科尔总理进行私人的东德之行。[36]贝格尔斯多夫属于所谓"幕后型"人物，他总是处于隐秘而不显眼的位置，但他在"科尔体制"中很好地扮演了既定角色。

阿克曼首先在晨会上通报当日的新闻报道。之后，科尔总理向各位与会者下达任务。科尔还要向政府发言人阐释当日的政府公告。此外，会上还要协调日程安排并进行其他任务分配。根据每次会议内容的不同需要，不时会有特定领域的专家参加晨会，比如特别受科尔赏识的巴尔杜尔·瓦格纳（Baldur Wagner）司长（1987～1990年任联邦总理府第三司"内部事务、社会以及环境政策司"司长）、约翰内斯·路德维希（Johannes Ludewig）（在本书研究时间段内任联邦总理府第四司"经济和财政政策司"处长及工作组组长，他是科尔总理十分重要的经济政策顾问）、与阿克曼同处第五司的首席发言稿撰写人诺贝特·普利尔（1983～1987年初任职）、自1987年起任职第五司处长米夏埃尔·梅尔特斯（Michael Mertes）以及施特凡·艾瑟尔有时也会出席晨会。总理办公室主任瓦尔特·诺伊尔也不定期地出席会议。有一条原则是共通的，即晨会团队是由科尔的亲信人员所组成。而从行政角度来看晨会团队就出现了异质性。国务部长、司局长与处长同坐一起共商国是，而按照联邦政府的公事程序只能有同级别之间的对话，也就是司长级别或处长级别等同级之间的官员进行商讨。与科尔能够进行私下接触的人员务必满足的重要条件是：对科尔保持无条件的忠诚并拥有专业知识，而该条件并不遵循联邦总理府中的组织结构功能。

总理官邸晚间会谈

总理官邸每周定期举行一次晚间会谈，大多数情况下是安排在周一晚上，与会人员同样属于科尔的政治小团体。科尔本人决定晚间会谈的时间以及人员组成。[37]与会者时常发生变化，然而上文所述科尔政治小团队中的核心人物同样经常到会。晚间会谈的内容比晨会更加具有政治性。政策规划、政局趋势、寻找思路是晚间会谈的主要话题。比如在 1989 年 11 月一次总理官邸晚间会谈中便做出了这样的决策：重新定调对民主德国的政策。

联邦总理的外部顾问[38]

此外，一直存在着准备政府声明或总理重要政治讲话的临时工作小组，在这个工作小组中外部专家可以协同工作。在以下章节中将介绍参与草拟总理讲话的顾问，以更好地领会政府声明内容以及"处于分裂状态德国的民族形势报告"。特别是在新任联邦政府上台之初，这些专家顾问对于总理的发言稿具有重要影响力。很多人长期以来担任科尔总理的业余顾问并且在德国政策领域献计献策，他们的名字将按照字母顺序进行介绍，这与他们对总理的影响力大小无关，因为对于总理的影响力可以说是变化无常，无法精确衡量的。[39]

卡尔·迪特里希·布拉尔教授（波恩大学当代史学家）与克劳斯·希尔德布兰特教授（波恩大学历史学家）：两人为历史纪念日的总理发言出谋划策；伊丽莎白·内勒 - 诺伊曼教授是阿伦斯巴赫民意调查研究所所长[40]，科尔总理从她那里获知有关德国问题的民调数据，这也是当时阿伦斯巴赫研究所的基本研究内容；汉斯 - 彼得·施瓦茨（波恩大学政治学教授），他多次参与总理官邸晚间会谈；米夏埃尔·斯蒂默尔教授是来自埃尔朗根大学的历史学家，[41]直至 1985 年他参与了总理关于处于分裂状态下德国的民族形势报告的准备工作。此后，因为他有关德国政策的论点——"重返民族国家之路是政治和历史的双重误区"[42]，从而导致科尔总理与其公开疏远[43]维尔讷·魏登菲尔德教授（至 1995 年任美因茨大学政治学教授），他那时的研究课题主要与当代史有关，魏登菲尔德教授从 1971 年起就为科尔出谋划策，直至 80 年代初，他还与特尔切克以及康拉德·阿登纳大厦的政治部主任瓦恩弗里德·德特林一同起草了科尔在党代会中几乎所有的发言稿。就连第一份政府声明以及"处于分裂状态德国的民族形势报告"中都有他的笔迹。他多次与科尔就发言稿事宜进行商议，历史因素、德国政策的相关立场以及打造欧洲政策成为有关发言稿讨论的话题。

在我们的研究时间段内，来自科尔家乡路德维希港的普法尔茨朋友圈也属于他的会谈伙伴。[44]科尔有意识地遮护该朋友圈，使其不与波恩的政治舞台相瓜葛。路德维希港友人在周末聚会上的有些意见也会被科尔带进波恩的政治生活之中。同样，多年来科尔也一直全力维护与基民盟内部许多领导人的关系，保持着与基民盟基层党员的私人联系，并且敏锐地感知来自党内领导的愿望与关切。总体来讲，整个基民盟成了科尔的权力根基[45]。科尔在领导党内工作时[46]全力实行维护其自身权力的政策，并成为党内基层的重要维护者，由此成就了其杰出的政党政治家的名声。[47]

总之，科尔牢牢把持着"政治家庭"：尽管有忠诚的助理及亲信，但科尔并不完全依赖这些顾问。[48]他有很多顾问，他们当中有的是同事，有的是政治家，还有的是朋友。他不为任何一个顾问所完全左右。科尔的第一位总理府部长施雷肯贝格尔在一次回忆中曾描述科尔对待其顾问团体的特点：政府首脑需要亲自展现政治业绩，因此加强了他这样的一个意愿，即比起浏览那些不署名的行政草案，总理更希望能够亲自与政府高层中懂行的不同领域的同事详谈。通过这种方式建立起具有特殊地位的一队人马，即在正式行政机构的框架内得以建立一种非正式的工作小组，它可以与政府首脑直接接触。之前按部就班的公事程序问题频出，无法有效地提高所有人的工作积极性。然而，以工作小组方式普遍制约传统的行政结构组织至今仍不太成功。交流方式及筹备工作与历任政府首脑的工作方式息息相关。[49]对于科尔来说，职务关系，也就是每个人员的相应职务范畴，实际上并不重要，选择顾问向来与其行政等级无关。[50]人员的正式职位如何并不重要，重要的是要把对自己重要的关键人物笼络在一起。科尔经常从个人的印象出发来选择顾问，而且只要这个顾问坚守秘密并保持忠诚，就可以获得科尔的信任，科尔也会替这些顾问着想并且支持他们。科尔的亲信团队一直到 1987 年仍然可以紧密合作，然而之后情形发生了变化。其政治小团队不断扩大，彼此间的关系也不似曾经那样紧密。由于政府行政规定以及科尔在总理府中日益扩大的权威，一些在科尔初任总理时与其合作的第一批元老级人物已经离任或调换到总理府之外的部门。似乎自 1987 年以后科尔不再指望他的"政治家庭"成员能够提出更多建议，而是要求他们完成日常工作。同以往一样，科尔在任用新人方面延续了他的执政风格，将他们当作稳固个人权力的工具。科尔的执政风格首先可以使用"政治家庭"的特征加以分析。科尔的领导力体现在挑选顾问并为其在总理府中安排关键位子。科尔总理的决策方向与时机绝非可以事先确定：科尔执政除了需要一个忠诚的政治团队，同时也依靠精湛严密的情报系统。[51]

c. 德国政策机构

以下从六个方面进一步介绍联邦总理府的德国政策机构：

　　– 领导层；

　　– 联邦总理府第二司"外交和德意志内部关系、外部安全司"中的德国政策工作组；

　　– 联邦总理府第五司"社会与政治分析、交流与公共关系司"中的发言稿撰写小组；

　　– 联邦德国驻民主德国常设代表处；

　　– 联邦政府对柏林全权代表；

　　– 联邦总理的私人特派员；

领导层

除了联邦总理及总理府部长之外，联邦总理身边的历任国务部长及其领导的各工作小组与办公室也属于联邦政府的领导层。[52]联邦总理府部长通过管理行政事务以及政治事务行使其领导权，从其工作范畴来看联邦总理府具有双重功能：它既是联邦政府及联邦内阁的中央机构及秘书处，也是联邦总理的行政机构。[53]联邦政府议事规程的第 16 条和第 21 条规定了联邦总理府部长的职责。[54]联邦总理府部长的职位十分重要：他本人负责组织并且出席内阁会议；确定日程安排；组织并执行政府工作决议。他负责总体协调工作，并且对于联邦总理来说是其早期预警系统之一：联邦总理府部长在党内和在占多数的议会党团中的地位越稳固，就越能及时向总理报告，哪些议题具有政治争议性并且亟须做出决议。

科尔在 1982 年至 1983 年间并未在总理府里进行重大的人事变动，这与其前任总理形成鲜明对比。[55]就当时的财政状况来说，科尔无法进行人员扩编。[56]1982 年科尔任命公务员身份的国务秘书瓦尔德马尔·施雷肯贝格尔为联邦总理府部长，[57]而此后所有的总理府部长都不再是公务员身份，而是政治家。从形式上看科尔保留了其前任的领导结构。从政治生涯起步开始，多年的信任将施雷肯贝格尔与科尔联系在一起。施雷肯贝格尔曾担任美因茨州长办公厅主任（1976~1981 年）以及莱茵兰－普法尔茨州司法部长（任职至 1982 年），他陪伴科尔走过其政治生涯的多个阶段。科尔首先把自己的私人朋友安置在总理府部长这个关键职位上。[58]施雷肯贝格尔希望以联邦部长的身份就任总理府部长的愿望并未实现。[59]科尔是 "出于友情而起用他"[60]，并且对其有言在先，鉴于当时的经济状况，职务晋升是不太可能的。这样一来，施雷肯贝格尔就由州部长变成了波恩的国务秘书。同时科尔也扩大了领导层范围，不再像施密特总理时期那样由一名议院国务秘书与总理府部长位列领导核心，而是由三名国务部长担任总理府部长助手从而共同领导。弗里德里希·福格尔（Friedrich Vogel）[61]任联邦参议院事务国务部长，负责与各联邦州协调政府工作事务。彼得·洛伦茨（Peter Lorenz）[62]是联邦政府对柏林的全权代表，这更像是一个象征性的职务，他的继任者是莉泽洛特·贝格尔（Liselotte Berger）[63]与君特·施特拉斯迈尔[64]。然而，这三人都不是与科尔有密切关系的亲信。1982 年科尔总理任命与其私交甚好的菲利普·延宁格尔[65]为联邦国务部长[66]，成为联邦领导层最具有影响力的三人小组之一。国务部长从法律上讲是由联邦总理领导的。[67]延宁格尔担任基民盟议会党团负责人达 9 年之久，他在总理府负责政府与联邦议院之间的协调工作。从狭义上来讲，与我们研究相关的德国政策领域属于一项特殊任务。1982 年起在总理府工作的所有国务秘书及联邦部长中，延宁格尔应该是在德意志内部关系领域中投入时间最多的一位。这也与他在 1982 年上任伊始在德意志内部关系领域经验不足有关，但是延宁格尔在该领域还是缺乏一定的魄力与抱负。[68]出于政府换届的考虑，从执政的基民盟角度来讲，延宁格尔认为他必须将所有与民主德国的联系牢牢掌握在手中。其实他本可以延用由前任总理府国务部长汉斯－于尔根·维什涅夫斯基与民主德国领导人建立的联系的，[69]这样就可以在德德谈判中保持更多的连续性。[70]而延宁格尔同样与德意志内部关系部长莱纳·巴泽尔在德国政策领域产生职权之争。[71]延宁格尔致力于德国政策领域的工作而忽略了与议院的关系。[72]对延宁格尔来说，真正的障碍在于他与施雷肯贝格尔之间没有明确的职权划分。延宁格尔希望留在总理府担任国务部长，但是他犯了一个错误，也就是说他没有坚持要求成为施雷肯贝格尔的领导。[73]即使阿尔弗雷德·德雷格尔（Alfred Dregger）在黑森州的选举中（1982年9月26日）能够获胜或成功当选为议院议长，[74]延宁格尔也有可能成为议会党团主席，尽管他在总理府中还有其自身的政治抱负。

延宁格尔对科尔影响很大，但是在总理府内施雷肯贝格尔限制了延宁格尔的作用。总理府中这样的领导结构只维持了两年。然而，总理个人的领导风格与行政管理学专家施雷肯贝格尔的非政治性作风无法兼容，施雷肯贝格尔对于政治程序的运作另有见解。[75]施雷肯贝格尔与延宁格尔不同，他没有在议院工作的经验，而且对波恩的官场不甚了解。他似乎太过于对事不对人并且按照正式规章行事，这导致决策过程经常过于冗长。施雷肯贝格尔几乎无法理解政治问题的特殊性，这当然也与他的职业操守有关。施雷肯贝格尔的初衷是要稳固行政管理，对他来说，行政程序要比政治运作更为重要。他从国家政策的角度出发，认为政党对政府政策的影响对于政府与议院的目标确立是有危害的，因此他反对将执政联盟会议变成正式的制度安排，为此他也经常招致恶意的批评，指责他忽略了政府管理中的效率性。施雷肯贝格尔把总理府扩建成社会交流中心的想法失败了。他的规划哲学与他以任务为导向的组织纲领一样均未能真正实现，[76]科尔总理那种与具体人员和情况相关的、非正式的领导及工作方式与施雷肯贝格尔那种纲领性规划的路数格格不入。[77]

在一些事件上（如政党献金、布什豪斯燃煤电厂、低尾气排放汽车等）的明显疏漏、政府机构缺乏办事效率、媒体反响不佳等因素，使得更换政府人员成为必然。然而，政府在这些事件上的漏洞与疏忽并没有对1982～1984年德国政策的决策程序产生影响，在延宁格尔的带领下德国政策方面的事务依然得以顺利进行，其主要管理者是德国政策工作组组长赫尔曼·冯·里希特霍芬（Hermann von Richthofen）以及延宁格尔在联邦总理府中的办公室主任托马斯·贡德拉赫（Thomas Gundelach）。尽管存在一些误解与龃龉，但延宁格尔比施雷肯贝格尔更能适应科尔的执政风格。延宁格尔曾说起"科尔从包里掏出许多小纸条，要将它们纳入正式规划方案并非易事。除此之外，科尔常常采用随性的工作方式，比如直接打电话、进行密谈，或者直接将某人叫到一边私语"[78]。然而，总理府内人事变动的时机并非由科尔本人决定，若非出于媒体的压力，科尔不会很快做出人事调整的决定。莱纳·巴泽尔（Rainer Barzel）离任后[79]，科尔最终将延宁格尔调任联邦议院议长一职，并且于 1984 年 11 月 15 日让朔伊布勒出任联邦总理府部长。延宁格尔对于自己失去在总理面前的影响力有些恼火，但他其实很早就察觉到，联盟党议会党团第一干事长朔伊布勒是如何逐步扩大对总理的影响力的，[80]在此期间议会党团主席德雷格尔与朔伊布勒之间长期累积的信任危机也愈发突显。[81]

朔伊布勒于 1982 年当选基民盟/基社盟议会党团第一干事长，1984 年成为联邦总理府部长。[82]在科尔所有的顾问中他的分量最重。早在德雷格尔手下担任议院第一干事长时朔伊布勒就已经展现出其不可或缺性，所以他并非是总理府部长一职的竞聘者而是不二人选。朔伊布勒在进总理府之前早已是科尔的亲信，负责总理府和议院之间的日常事务，如安排总理府和议会党团高层领导之间的电话往来以及在总理府内的经常性会面。在朔伊布勒的周旋下，执政联盟议会党团的高层领导之间〔德雷格尔，1982～1991 年任基民盟/基社盟联邦议会党团主席，米什尼克（Mischnik）1968～1990 年任自民党联邦议会党团主席，魏格尔（Waigel），1982～1989 年任德国联邦议院基社盟州工作组主席，1988 年起任党主席〕形成牢固的轴心。[83]朔伊布勒的政治天分、专业知识以及协调能力是与总理办公室协同工作的最佳条件。正因如此，朔伊布勒提出的几个条件也是可以理解的：他谋求总理府部长一职，但同时希望以联邦部长的身份处理特殊政务。[84]他的权力要求是能够以同级别的身份与各职能部门的联邦部长议事，此前施密特总理手下的艾姆克（Ehmke）也有过类似的想法，然而从联邦德国的政治体系来看，这样的权力要求肯定是有问题的。[85]联邦总理对议院负责，联邦总理府中出现一位部长则打乱了这种布局。此外，联邦部长不能同时担任行政机关首脑，一般而言是由公务员身份的国务秘书担任此职。在一个按照共同决议原则运转的政府体系中，对于朔伊布勒的权力要求产生了如下质疑：总理府的协调任务难道不会沦为由联邦部长主导的政治布局吗？联邦总理府部长同时兼任联邦特别任务部长不会与副总理之间形成权力竞争吗？总之有很多反对朔伊布勒权力要求的言论。尽管科尔刚开始不同意进行这样的改变，但他最终还是批准了，因为在政治权力的核心，他绝不能失去朔伊布勒的支持与帮助。[86]科尔需要一位与他不会产生那么多摩擦与争吵的政府工作管理者，而施雷肯贝格尔在此显然已经不能让科尔称心如意。此外，科尔意欲增强总理府相对于各职能部门的权力。

总理需要为施雷肯贝格尔安排新的任务。施雷肯贝格尔暂时保留了对于欧洲政策、媒体政策、通信技术以及情报工作的管理权。[87]而朔伊布勒则接管了下列职权：负责联邦议院特别是德国政策领域的问题。朔伊布勒对于这两个领域并不陌生。早在基督教民主学生联盟（RCDS）期间他就努力钻研过德国政策。[88]科尔在朔伊布勒职务交接仪式上曾强调，在德意志内部关系部部长温德伦（Windelen）以及朔伊布勒之间不会存在权力斗争。此外，在联邦内阁中，朔伊布勒也不应成为"超级部长"。政治方针的制定者只有一人，这便是科尔自己。联邦总理以此言论缓解其他部长的担忧，朔伊布勒不会成为其他内阁成员的领导。[89]特尔切克依然位居施雷肯贝格尔之下，是联邦总理府副部长。由于特尔切克与朔伊布勒的权力意识都很强，为了避免两个部门领导之间的权力之争，从一开始便应明确界定两人的职责范围。朔伊布勒负责德国政策以及两个德意志国家之间的直接谈判。他把本应由特尔切克领导下的联邦政府第二司负责的德国政策工作尽量纳入自己的工作范围之中，当然，之前联邦总理府部长也可以直接插手德国政策事务。特尔切克则在有关东西方政策的国际事务领域尽可能发挥作用。而欧洲政策以及德法关系则由科尔总理亲自负责。外交部长根舍并不在总理府的任务分配之列，他只负责欧洲安全与合作会议（欧安会）的相关事宜。

与前任总理府部长相比，朔伊布勒作为联邦政府的正式成员其地位与重要性显著提高。朔伊布勒是擅长战术与战略的政治家以及冷静的技术至上论者，他这方面的才能与科尔总理的其他顾问相比甚为突出。朔伊布勒是议员，因此与行政管理人才相比他更加政治化。科尔总理也认为讲究政治性之人与行政管理者相比更加具有影响力。朔伊布勒在相对较短的时间内成功地让新闻头条不再关注总理府，而是把总理府改造成联邦政府的领导中枢，并且让政治家比行政人员更具有优先地位。作为总理府部长，他不仅在行政程序上，而且在政治过程中也设法相互协调。那些施雷肯贝格尔担任总理府部长期间已经着手进行的简单整改继续发挥功效：[90]定期举行司局级领导会议，撰写会谈纪要，从今而后工作小结要记录在档，还必须记录执政联盟的会谈结果。[91]此外，朔伊布勒还让科尔在其批注上签字，当出现争议时，朔伊布勒将借此来证明立场的一致性。朔伊布勒为政治规划界定时限。他首先成功地让各司领导与其下属之间的联系更加紧密。朔伊布勒利用目标明确的信息网，并通过与所有参与者或相关人士进行非正式的双方事前谈话，确保了自己政治构想的成功运行，[92]而该谈话机制的对象也一直包括波恩的政治反对派。[93]

总理府部长同时也兼任每周一定期召开的国务秘书会议主席，[94]这是一项让具有公务员身份的国务秘书参与政府协调工作的调控手段。同时朔伊布勒还负责组织召开内阁会议、委任专家委员会并组织安排特别委员会。朔伊布勒在这些委员会中的地位不再像施雷肯贝格尔时期那样与大家平起平坐，而是凭借部长级的身份高人一等。在与其他联邦部长直接会谈时也是如此。他可以随时邀请联邦部长们来谈话。在联盟党议会党团中的工作经验使其能够很好地协调政府以及议会党团之间的工作。他还出席基民盟/基社盟议会党团会议以及议会党团主席团会议。此外，朔伊布勒被增选为基民盟主席团成员，这与施雷肯贝格尔完全不同。成为基民盟主席团成员主要是为了能够更好地协调联邦与联邦州之间的关系。[95]

1989 年 4 月 21 日，鲁道夫·塞特斯成了朔伊布勒的接班人。[96]他与朔伊布勒一样在担任联盟党团第一干事长期间积累了重要的领导经验。在科尔任总理期间，这个职位逐渐变成了联邦内阁的干部培训处。[97]自 1989 年夏天以来，民主德国发生了占领使领馆等一系列变革事件，使得塞特斯必须积极投身于德德关系事务。尽管他继承了前任的领导方式，并且目标明确地推进政府工作，但是他在各位部长同僚以及科尔总理面前的影响力却不及朔伊布勒。这表明职位的威信还需要借助个人的魅力加以补充。塞特斯更像是贯彻科尔既定政策的执行者。

了解领导层结构对于回答以德国政策为例研究科尔的执政风格问题大有裨益：

　　－自 1984 年起由兼任联邦部长的总理府部长负责德国政策领域，自此德国政策在总理的工作中具有突出地位。总理府部长直接领导的德国政策工作组对此负责。

　　－作为首席协调员的总理府部长得到联邦总理的完全信任。联邦总理和总理府部长每天进行非正式的沟通与协调。任何有关德国政策的行动、秘密外交的细节都可以与总理进行私下密谈而无须文件记录。总理与总理府部长是永远的内幕知情者。

　　－有关朔伊布勒以及之后塞特斯的人事安排为联邦总理也提供这样的一个便利，即总理府部长在联盟党议会党团内也能够得到高度的认可。这样一种职务以及人事上的紧密衔接使得议会党团与政府机构之间的联系更加亲密。这对于德国政策来说具有特殊意义，因为科尔与朔伊布勒经常受到来自议会党团与政党中一些议员对于他们德国政策路线的严厉批评。他们必须敏锐地感知政治局势并摸清形势，何时仅为个别批评，何时又是危及政权的反对抗议。[98]

联邦总理府第二司："外交和德意志内部关系、外部安全司"以及德国政策工作组

联邦总理府第二司的工作任务包括协调联邦各部，这源自于第二司的名称，同时其任务还涉及监督联邦政府制定的整体政治纲领。[99]该司的工作领导按惯例一直由外交部人员担任。科尔打破了这种惯例，他上任后免除了职业外交官加布伦茨（Gablentz）在二司的领导职务，而任命霍斯特·特尔切克担任这一职务。基民盟还处于在野党时期，特尔切克就已经是科尔的外交政策发言稿撰写人，对于科尔而言他是不可或缺的人才。[100]由于科尔自己缺乏外交亮点，所以在接手政府工作后，科尔更加依赖特尔切克的外交专业知识。科尔对于外交部展现出其独立性。对于联邦总理而言，一开始就展示自己的建构力量是十分重要的，特别要针对向来具有影响力的外交部。[101]按照交换程序的组织协议，该司副司长及其他工作人员是由外交部调至总理府第二司工作一段时间。此外，外交部也负责组织安排联邦总理接待外宾的日程。然而不久之后，科尔总理启用原本隶属于外交部的总理办公室主任瓦尔特·诺伊尔来安排接待计划。科尔把访问安排之事托付给礼宾司主任诺伊尔。由此可以看出，相对于"职能部门原则"而言，科尔谋求贯彻的是"总理原则"。这和科尔与来自自民党（FDP）的外长根舍之间的执政联盟政策之争并无太多关联，而是科尔一贯坚持的执政风格，即将自己的亲信人员安插在重要的职位上。其实，特尔切克的职位安排并非是特意针对根舍的，而是科尔总理需要提高自己在外交政策中独立的领导能力与专业知识。特别是在执政初期科尔感到被总理府的党派对手所包围，[102]因此他希望特尔切克在他的工作班子中出任外交顾问。然而，根舍外长成功地阻止了特尔切克进一步升任外交部国务秘书。[103]科尔也并不想因为坚持这样的人事安排而破坏执政联盟的团结，只要特尔切克还可以继续为他在外交政策上出谋划策即可。1972年科尔将特尔切克[104]调到美因茨之前，后者已经在波恩担任议会中基民盟的外交和德国政策工作组组长并富有经验。在波恩，他是科尔作为反对党领导时的办公室主任。[105]特尔切克非常有政治头脑并以此著称。[106]他能够判断什么对科尔来说才是特别重要的事情，而不仅仅是按照纲领文件行事。[107]不受司里制定的纲领草案的约束，

特尔切克建立起一个国际网络并且在国际局势发展中树立了自己的特色。特尔切克并不致力于在外交部建立各种联系，而是直接进入权力的核心地带："如果没有特尔切克，波恩的外交活动就缺少根底。"[108]多数情况下特尔切克不会过分谨慎地反复推敲外交辞令，但是他可以对事务做出明确的判断，这也使他成为媒体中受欢迎的角色。特尔切克在科尔还在美因茨担任州长时，就已经替他召集了智囊团，他不定期地邀请学者、政治评论员以及政治家加入讨论，进行非常规以及非正式的观点交流；[109]科尔日后在联邦总理府官邸也沿用了这种聚会形式。特别是相对于施特劳斯而言，根舍外长在新的执政联盟中把自己想象成联邦德国外交政策稳定的保障，[110]他从一开始就对特尔切克充满了不信任。[111]从 1982 年 10 月开始，外交部长只从副司长处获知来自总理府的信息。特尔切克与根舍的交流仅限于少量的重要信件往来。根舍在他超过千页的回忆录中责骂特尔切克完全无知。[112]在其有关外交政策统一过程的章节中，根舍对特尔切克有关德国统一著作进行了批判性的分析。[113]朔伊布勒注意到此事，一次偶然的机会他对根舍说起："和一个司长（指特尔切克）争吵，您不觉得有点孩子气吗？即使他能力再高，那也比不上您啊。"[114]

在我们的研究时间段内，特尔切克对于德国政策领域的政府行为具有间接意义。在政府声明中有关外交政策的章节以及"处于分裂状态德国的民族形势报告"中有很多内容出自于他。特尔切克曾记录过科尔与昂纳克在莫斯科的重要会谈。特尔切克与科尔在外交政策的基本方针上保持一致，这个基本方针在基民盟内部经常会遭遇阻力。这些阻力有：在与西方无条件结盟的牢固基础上，接受社民党提出的新东方政策原则；将欧盟的义务以及德国统一的目标视为长期任务。[115]特尔切克在德国政策的操作层面上，比如在德意志内部条约谈判事务上的影响力并不大。谈判事务仅由延宁格尔以及后来的朔伊布勒及塞特斯负责，他们也不想让特尔切克在此事上过多插手。联邦总理府中德国政策工作组内部管理位置被架空，加大了司长特尔切克直接插手德意志内部关系事务的难度。然而，为了在国际舞台上强调德国政策的重点，特尔切克又是必不可少的。在 1989 年底德国统一的进程中，他更是在德国政策领域的操作层面中发挥了明显的作用。特尔切克总是可以随时接触到总理，这使他在科尔的顾问团队中有巨大的影响力。科尔总理也将 80 年代中期以来在外交政策上所树立的鲜明旗帜归功于特尔切克的效力。

德国政策工作组

德国政策工作组偏离了总理府内的等级模式。[116]德国政策工作组组长直接受总理府部长领导，或者说 1984 年以前是直接接受负责德意志内部关系政策的国务秘书领导，从而绕开了总理府第二司的直接管辖。所以德国政策工作组直接为延宁格尔、朔伊布勒以及后来的塞特斯工作，而只是间接地为其司长特尔切克工作。这必然导致工作上相互重叠。正如文件档案中所示，信息渠道会出现交叉。特尔切克有时会按照正规程序通过第 22 组对德国政策工作组提出问题与要求，比如让人撰写发言稿草案。而此时这些信息可能已经传递至朔伊布勒，他已经从德国政策工作组那里获知消息。[117] 特尔切克很少能够从德国政策工作组那里获取信息，即使该组成员隶属于联邦总理府第二司。按照正规程序，德国政策工作组组长应该向其司长报告，然而他并没有向司长呈交草案。[118] 从行政结构上来看，其特殊性在于第二司的下属机构（第 22 组）隶属于另一个（组）领导，而两者的领导都是处长，德国政策工作组组长相对于第 22 组组长而言具有命令权。按照这样的规制，应该考虑到德国政策决策领域的特殊性。[119] 负责德国政策领域的职能部门，如德意志内部关系部或者外交部在此并无特殊作用。

德国政策工作组成立于 1977 年。当时西方盟国感到对联邦政府信息以及谈判政策了解程度不足。在此背景下，出现了在总理府内另设工作组的需求，这也是因为当时总理府第二司司长的工作已处于超负荷状态。[120] 此外，联邦总理施密特也想在总理府安插一位政治家来负责德国政策事务。然而外交部及德意志内部关系部部长埃贡·弗兰克（Egon Franke）对此表示反对。[121]

最后采取的是折中方案：由联邦总理府一位国务部长，后来是由总理府部长负责德国政策。德国政策工作组应该听从具有公务员身份的国务部长的调遣，工作组组长始终是外交部的一员。前总理府部长、国务秘书曼弗雷德·许勒尔（Manfred Schüler）发布的组织公告中叙述了德国政策工作组的任务特征：[122] "1977 年 9 月在联邦总理府内成立德国政策工作组。办公室支持国务部长完成关于对民主德国关系及柏林问题的任务（第 21 组负责的外交政策事务除外）。该工作组参与所有涉及对民主德国关系以及柏林问题的相关事务。在此任命布罗伊蒂加姆博士为德国政策工作组组长。总理府第二司中的第 22 工作组服从德国政策工作组组长领导"。[123] 设立德国政策工作组的决定使得总理府部长可以按照正式规定，在有高度敏感性的德国政策领域直接获取私人咨询，这是十分必要的，因为负责民主德国事务的德意志内部关系部并不具备谈判领导人的身份。

德国政策工作组由 15 个公务员和雇员组成，他们大多从外交部借调而来。外交部公务员对其职务的理解与总理府公务员对其职务的理解是有区别的。从外交部借调来的公务员更像是为外交部服务，而不是为总理府尽责。这种工作方式通过改革倡议等"琐碎工作"旨在维持现状稳定。[124] 在日常事务中这意味着，在德国政策工作组中更多地采取外交部那种避免冲突、力求和谐的基调，而非在科尔的亲信中流行的原则分歧上的争论。因此这必然导致与发言稿撰写组产生冲突。

无须耗费过多时间，联邦总理府部长可以随时召请该工作小组进行咨询，特别是针对跨部门的政策领域事务。德国政策工作组的任务范围包括：[125]

    －基本程序工作（准备德德谈判，为联邦总理府部长确定与民主德国会谈的时间）；

    －工具性工作（起草发言稿、撰写条约、协定等）；

    －协调工作（通过联邦德国外交部在四方小组中与三个西方盟国协调德国政策问题；促进波恩与负责德国作为整体和柏林问题及柏林问题的三个西方盟国之间进行协商；[126] 协调与筹划所谓德国政策协商会谈）；

    －行政会谈（针对行政管理与组织技术方面的问题与困难，充当民主德国在联邦德国常设代表处人员的咨询部门）；

    －常规工作（部门管理问题，解答公众、议院以及政党提出的问题）。

德国政策工作组较少介入规划纲领类工作。直到 1989 年，德国政策工作组在历任负责执行德国政策的总理府部长任职期间（如延宁格尔、朔伊布勒、塞特斯），在组织管理问题上保持了连续性。上述三任总理府部长都不具备德国政策领域的突出专业知识。德国政策工作组帮助他们熟悉业务，工作组组长则负责协调并且交接工作，制定出整体建议。[127] 德意志内部关系部部长曾试图取消德国政策工作组，其目的在于为德意志内部关系部争取更多的权力空间，但是总理府遏制了这样的企图。

延宁格尔和朔伊布勒与德国政策工作组组长赫尔曼·冯·里希特霍芬共事。[128] 他是外交部无党派官员，在施密特当总理时就已经在总理府任职。冯·里希特霍芬此时在总理府内有较高的地位，他亲社民党和自民党，并且是社民党人埃贡·巴尔（Egon Bahr）的亲信。冯·里希特霍芬之前在联邦德国驻民主德国东柏林常设代表处工作过，在 1969～1971 年四大国谈判中曾担任西德代表。此人虽有此背景（亲社民党），科尔却仍留用他担任德国政策工作组组长，科尔曾写道："我保留了所有人的职务，在德国政策工作组中也是如此，尽管那里并没有我的亲信。当时我之所以让一切照旧，是因为那时有太多亟须变革的其他事务等待处理，比如财政政策与"北约双重决议"乃是当务之急。"[129]此外，冯·里希特霍芬是名副其实的德国政策专家。冯·里希特霍芬善于制约背离社民党和自民党派所坚持的德国政策的纲领性思想。大量文档批注表明，[130]一旦联邦总理的发言稿中出现了对于民主德国政府过于猛烈的抨击，冯·里希特霍芬便会提出干涉意见。那些哪怕隐藏着一丝可能引起外交争端的语句，都要从发言稿以及谈判策略中删除。冯·里希特霍芬与民主德国打交道时一直保持着谨慎克制，注意所有行动都与《基础条约》保持一致。因此，德国政策工作组与发言稿撰写组一直存在矛盾，只是这种矛盾并没有升级。[131]社会民主派在德国政策工作组中占据主流已成为不争的事实。[132]其中唯一的基民盟成员是吕迪格尔·卡斯（Rüdiger Kass），他后来在塞特斯手下担任办公室主任。冯·里希特霍芬先是设法在总理府中提高自己的地位，但他并没有取得太大成功。延宁格尔的办公室主任托马斯·贡德拉赫显然有干预德国政策操作的自身打算，至少在朔伊布勒来上任[133]之前是如此。因此，延宁格尔也不愿意把与民主德国国家安全机构"特殊使命官员"亚历山大·沙尔克－哥罗德科夫斯基[134]的所有密谈信息都透露给德国政策工作组组长。但另外延宁格尔也需要更为频繁地借助德国政策工作组获取情报，而非通过联邦德国驻民主德国常设代表处。[135]延宁格尔也只是不定期地与代表处负责人汉斯·奥托·布罗伊蒂加姆（Hans Otto Bräutigam）会面。但是总体而言，直至1984年德国政策工作组并未完全整齐划一。特别是总理府国务部长延宁格尔与其办公室主任贡德拉赫在德国政策领域独当一面，而很少用到行政管理方面的专业知识。[136]

1986年冯·里希特霍芬按照规定被外交部召回，他的继任者是克劳斯－于尔根·杜伊斯贝格（Claus－Jürgen Duisberg），他曾经在东柏林、华盛顿、新德里和波恩工作过。他虽然也是无党派人士，但是更亲近联盟党。杜伊斯贝格的任命归功于朔伊布勒的提议。朔伊布勒抵制住了科尔总理以及特尔切克的反对意见，而坚持自己对于杜伊斯贝格的任命建议。[137]当然，1986年朔伊布勒作为总理府部长其地位已经得以稳固，这使得他可以实现杜伊斯贝格担任德国政策工作组组长的愿望，朔伊布勒主要是想让德国政策工作组尽量与自己的联系更加紧密。[138]他定期向该组组长讲述他与沙尔克的谈话以及秘密谈判的情况，但不会透露任何深入的细节。尽管如此，德国政策工作组的工作人员会觉得自己参与其中并且被重用，这再次对他们的工作热情产生了积极作用。[139]

联邦总理府第五司："社会和政治分析、交流与公共关系"司[140]与发言稿撰写组

1982 年科尔在总理府进行的唯一一次组织上的重要调整是解散规划司。[141]从这个司的解散中获益的是爱德华·阿克曼，科尔特意为他安排了新的工作单位。阿克曼开始负责联系政党、协会以及工会，这些本应是总理办公室的任务，此外，他还负责联系媒体的事务。总理府的新闻处归其领导。阿克曼自此领导总理府第五司，然而这是一个棘手的职位，因为第五司的职权与联邦新闻局的职能注定有交叉。[142]但是阿克曼能够很好地与迪特尔·施托尔策（Dieter Stolze）以及彼得·伯尼施（Peter Boenisch）进行协调，这种不可避免的职能交叉并未导致冲突。[143]尽管如此，联邦新闻和信息局在该格局中地位有所下降，总理的代言人不在新闻局，而是在联邦总理府之中。所以，每天晨会负责报告要闻的是阿科曼，而不是新闻局局长。阿克曼最后还帮助总理解决在其非正式执政风格中的一些组织性问题。阿克曼联系与维护科尔所重视的每一条人际关系网，并且还秘密地扩大这种关系网。

相对而言，阿克曼领导的第五司在总理府中主要发挥的是提出创意的作用，而承担较少的协调性作用。科尔总理经常动用第五司的基层力量，这和其他司各处室的待遇完全不同。[144]第五司之所以能够得到总理这样的重视，是因为发言稿撰写组这样一个具有政治敏感性的工作组位于第五司之中。[145]发言稿撰写组享受联邦总理给予的完全政治庇护，即使他们和其他员工一样按照工作法规在形式上受到总理府部长的领导。科尔对他们提出的倡议以及撰写的建议进行分析，而不是盲目听从。本书后面的分析将会提供许多例子，说明发言稿撰写人往往能够抵制住总理府中其他人的反对意见而坚持其在德国政策上的文本措辞建议。通常来讲，1983 年后科尔选出的发言稿撰写班子被当作是总理办公室工作的延伸。发言稿撰写人在国事访问中通常以"友好争论的对手"形象陪伴总理左右。[146]发言稿撰写人的文本必须与总理的基本信念相符。首席发言稿撰写人则必须能够摸清总理的想法。在我们的研究时间段内，科尔总理选用以下几位发言稿撰写人：

　　- 克劳斯·卢茨[147]，在 1983 年和 1984 年颇具影响力；

　　- 诺贝特·普利尔[148]，是发言稿撰写小组的领军人物，他显然能够把总理的政治信念和要求以最佳方式注入政治措辞和表达中去；

　　施特凡·艾瑟尔（Stehpan Eisel）[149]，到 1985 年中叶之前他与卢茨及普利尔一同负责撰写发言稿。卢茨离职后，到 1987 年年初普利尔和艾瑟尔共同负责撰写发言稿。后来艾瑟尔调入总理办公室任副主任。

　　- 从 1987 年年初到 1989 年出现一个新的三人组合：诺贝特·普利尔，米夏埃尔·梅尔特斯[150]（艾瑟尔的继任者）以及赫尔伯特·穆勒（Herbert Müller）。[151]普利尔的影响力有些减弱。梅尔特斯成为新的小组领导，自此他比别人能更频繁地接触到总理。

　　发言稿撰写人在第五司组织体系中级别差异很大，但这不会影响到他们在各自工作领域中所发挥的影响力。[152]首席发言稿撰写人是总理所有发言与底稿的最后编审员：不经发言稿撰写组领导签字，任何发言底稿都不能送至联邦总理手中。因此发言稿撰写组对于联邦总理的每一份稿件都负有责任。尽管科尔在每次争端中都袒护他精心挑选出的发言稿撰写人，但他也会和发言稿撰写组的领导们说清楚，他们对于发言稿内容负有最终责任。[153]普利尔和梅尔特斯在我们的研究中具有双重意义：他们既是科尔有关德国政策发言的撰稿人，同时也是深受总理信任的顾问，他们是联邦总理"政治家庭"的一部分。[154]正如在个例中所显示的那样，他们的工作职责不仅是起草发言稿，同时也要负责协调政府声明的整体脉络。

　　联邦政府新闻局对总理府的影响更多是间接的。而该局的国内司司长沃尔夫冈·贝格尔斯多夫具有显而易见的特殊影响。他负责招聘人员并且将普利尔、艾瑟尔、梅尔特斯推荐送入总理府。[155]然而，联邦新闻和信息局在本书的研究时间段内并未在德国政策领域做出独立的贡献[156]。联邦政府新闻与信息局支持一切必要措施，却未被列入决策机构。

联邦德国驻民主德国东柏林常设代表处

　　联邦总理府也负责管理联邦德国驻民主德国东柏林常设代表处。[157]由于两个德意志国家之间的特殊关系，代表处不属于外交部管辖。1972 年《基础条约》规定设立该代表处。民主德国在联邦德国的常设代表处位于波恩。1974 年 5 月 2 日双方常设代表处开始工作。他们不是外交使节，而是特殊形式的代表，因为两个德意志国家彼此之间都不承认对方为外国。联邦德国驻民主德国东柏林常设代表处的相关问题交由民主德国的外交部负责，而民主德国在联邦德国常驻波恩代表处的有关问题则由联邦总理府设立的咨询部门负责。民主德国代表处的会谈伙伴就是联邦总理府第二司，特别是第二司中的德国政策工作组。[158]这种不相对应的规定展现出两个德意志国家之间的相互妥协，即让民主德国与联邦德国能够按照各自不同的法律行事。联邦政府在此表明：联邦德国不会将民主德国视为外国。有关设立联邦德国驻民主德国常设代表处纪要第6条便是代表团领导人做出的最为可靠的声明。[159]而民主德国则希望："未来民主德国在联邦德国的常设代表处能够由联邦德国外交部负责。"对于联邦德国来说："联邦政府确信，现如今所签署的纪要第6条中的规定只有在双方协调一致的情况下才能变更。"根据达成的协定，不禁止民主德国在联邦德国常驻波恩代表处与总理府以外的其他机构接触，但前提是需要联邦总理府的首肯。民主德国代表处对此可以灵活掌握。

对于联邦德国驻民主德国东柏林常设代表处的指令几乎无一例外是由总理府发布，但指令的颁布是以德意志内部关系部或其他职能主管部门（比如交通部的交通工程项目）的建议为基础，或者说是与上述部门取得协商一致为前提。驻民主德国常设代表处的报告渠道很明确：报告直接送至总理府，复本送交至德意志内部关系部、外交部和相关的职能部门。但在一些特殊情况下，外交部与德意志内部关系部可以直接对驻民主德国常设代表处下达指令：

- 德意志内部关系部的指令涉及家庭团聚事务；
- 外交部的指令包括一般的外交问题，但很少涉及与民主德国的双边关系。

驻民主德国常设代表处在民主德国面前代表的是联邦德国的利益，并且在遵守四大国《柏林条约》前提下也代表西柏林的利益。它为来自联邦德国以及西柏林的人员提供帮助，并在多个领域促进两个德意志国家之间关系的发展。[160]驻民主德国常设代表处的工作人员大部分时间用来与民主德国外交部领事事务总司举行工作会谈，协商常规旅行来往事宜，并就个例问询做出回复。[161]

科尔出任总理后，任命汉斯·奥托·布罗伊蒂加姆为联邦德国驻民主德国东柏林常设代表。自 20 世纪 70 年代以来，布罗伊蒂加姆一直是德国政策领域的专业外交官，他在 1974～1977 年任波恩代表处副主任，后来直到 1980 年在总理府担任德国政策工作组组长，最后于 1982 年重新回到外交部工作，并且于 1982 年 5 月 24 日被任命为国务秘书与联邦德国驻东柏林常设代表处负责人。正如观察家所言，他工作十分努力，却并不张扬。[162] 作为外交家，他致力于推进缓慢而持续的转变，偏向于避免冲突的战略。他丰富的工作经验不言自明，[163] 但却未能与联邦总理建立私人关系。尽管朔伊布勒在很大程度上限制了布罗伊蒂加姆的活动范围，但朔伊布勒冷静而务实的工作方式却很合乎布罗伊蒂加姆的心意。[164] 布罗伊蒂加姆每周在总理府与朔伊布勒进行一次非正式会谈，该会谈是延宁格尔离任后由朔伊布勒发起的。[165]

作为代表处的领导，布罗伊蒂加姆除了较为频繁地与昂纳克进行会晤以外，其会谈与谈判伙伴还包括民主德国外交部副部长库尔特·尼尔（Kurt Nier）、民主德国中央委员会负责经济工作的书记君特·米塔格以及民主德国外贸部国务秘书亚历山大·沙尔克－哥罗德科夫斯基，本书在以下章节中将对布罗伊蒂加姆角色的矛盾性进行分析。他在德意志内部代表团会谈中所拥有的谈判技巧毋庸置疑，比如他可以引领整个谈判过程直到缔结文化协定为止。[166] 但是他在民主德国领导人面前的讲话也过于坦率。他是那种敢于对联邦德国党内斗争以及政治斗争直言不讳的政治家。[167] 直至 1989 年 1 月，布罗伊蒂加姆仍是德德谈判中的重要协调者。1989 年 2 月 2 日弗兰茨·贝特乐（Franz Bertele）接替他成为联邦德国驻民主德国东柏林常设代表处负责人，贝特乐的任期直到德国统一。贝特乐于 1977～1980 年曾作为君特·高斯（Günter Gaus）（1974～1981 年联邦德国驻民主德国东柏林常设代表处负责人）的副手在代表处工作。贝特乐是第一位担任代表处负责人的基民盟党员，[168] 他也是 1989 年所谓布拉格使馆难民离境的组织者之一。

从联邦各部的行政角度来看，代表处是德德关系的连接点，其任务与职责是独一无二的："通常情况下，大使们不进行条约谈判，相关人员从波恩出发来到民主德国。然而联邦德国驻民主德国常设代表一直拥有两个头衔：一是外交使团团长；二是负责谈判的国务秘书，他们在联邦核心决策层共同参与起草谈判纲领。"[169] 上文所提到的君特·高斯，作为代表处负责人直至 1982 年依然拥有政治影响力，但此后科尔和朔伊布勒不断制约其权力。[170] 在所有的谈判过程中，代表处负责人与来自总理府以及德意志内部关系部的官员们并肩而坐。代表处负责人主持不同专业领域（如文化和环境保护）的谈判，许多协议也由他签署。一般而言，如果总理府部长不亲自出席，西德方面的常驻代表将作为谈判领导履行职责。代表处工作人员共同参与谈判，或在不同的委员会中作为联邦德国的代表出席会议（例如过境委员会、交通委员会及边界委员会）。[171]

联邦德国驻民主德国东柏林常设代表处定期将政治分析报告从东柏林发往波恩。除了一些情况概述，在这些报告的最后通常会出现对于民主德国政策形势十分犀利的评估。这些报告包含相当丰富的信息内容，报告会先送至总理府部长以及德国政策工作组组长手中，再从那里分发到外交部和德意志内部关系部。代表处还经常利用与民主德国领导人会面的特殊时机把对会谈的印象报告给波恩。然而，总理府并没有把代表处的报告当作重要的信息来源加以利用，而只是将其视为政治氛围的背景资料，并非是形成决策的基础文件资料。德意志内部关系部经常批评由代表处所传递的报告具有粉饰民主德国内部局势之嫌。直到 1989 年年底，有的报告竟然还描述民主德国内部局势稳定。[172]

联邦政府对柏林全权代表

联邦政府对柏林全权代表拥有议院国务秘书级别，同样在总理府中工作。全权代表的任务和权限包括很多方面：在柏林市政府以及美、英、法三国派驻西柏林的军事指挥官们面前是联邦总理的私人特派员。他负责督促联邦德国派驻柏林的工作机关遵守联邦总理的政治原则[173]。全权代表接受联邦总理的直接领导，这同时表明其职位是联邦总理在柏林的职务延伸。正如我们在"领导层"那一节中所述，以下国务秘书担任该职务：

– 彼得·洛伦茨：1982～1987 年担任联邦政府对柏林全权代表。

– 莉泽洛特·贝格尔：1987～1989 年继任联邦政府对柏林全权代表。[174]

– 君特·施特拉斯迈尔：1989～1990 年接任联邦政府对柏林的全权代表。

全权代表在德国政策机构中更多地具有象征意义，主要是对外展示柏林对于联邦政府的重要意义，在决策过程中并无实质作用。

联邦总理的私人特派员

联邦总理的私人特派员在德国政策决策机构中扮演着重要角色。他们往往作为匿名的会谈伙伴出现在文档资料中，而此时他们是借助特殊渠道成为总理的密使。他们的作用范围和影响力与冷战时期进行秘密外交的游戏规则息息相关，但也受制于媒体民主时代中不断提升的政治透明度要求。联邦总理以及总理府部长只将亲信人员安插在该特殊职位。在 1982 年底，科尔总理在与昂纳克进行第一次电话会谈时便约定设立一个非正式会谈渠道。[175]在第一次会晤时他们对此再次予以确认。[176]当科尔总理赴克里姆林宫访问戈尔巴乔夫时，两人立即约定就特殊问题采用特殊渠道。[177]总理每位私人特派员都超越了各自的行政等级而致力于为总理探明情况。在科尔就任总理之前，瓦尔特·莱斯勒·基普（Walther Leisler Kiep）就已经替科尔访问过民主德国。[178]来自非正式会谈渠道的信息成为决策选择的论据与资料，并传递到德国政策机构之中。然而比起非正式渠道的设立，更加难以证明的是从此渠道获取的信息能否真正成为决策选择的依据。多年来，朔伊布勒和沙尔克之间的会谈展现了一种双重作用：朔伊布勒既是正式负责德国政策事务之人，同时也是非正式的会谈伙伴，因为他并不参与任何德国政策协调小组以及双边论坛。联邦总理则通过特殊渠道把秘密谈判直接与总理府相连，而不用作为沙尔克的谈判对手公开亮相。[179]

联邦内阁

从正规角度来看，联邦内阁是最重要的行政决策机构。第一位政府发言人迪特尔·施托尔策将其称为"好心情的内阁"。[180]联邦内阁是在"行政决策准备阶段对于政治讨论拥有最强影响力[181]的机关。观察家写道，科尔总理显然为部长们在内阁内外进行自我陈述留有较大空间："科尔让讨论持续进行，直到这种讨论接近对其决策最有利的阶段。关于这一点，他想起了维利·勃兰特（Willy Brandt）总理……内阁协商只是根据需要而进行，而且科尔还促使内阁会议加快速度。"[182]联邦内阁会议原则上是每周三上午召开，[183]但是联邦政府中的平行决策机构在科尔治下蜕变成为纯粹的决议机构，跟随当下的时事评论。[184]依据这样的评估，联邦内阁变成了各职能部门既定决策的执行机构，成为一个执政联盟高层的寡头政治。[185]内阁成员奥托·格拉夫·拉姆斯多夫（Otto Graf Lambsdorff）在纪要中写道，联邦内阁"更像是一个公证处，决策在内阁会议之前已经制定"[186]。当然，总理原则、职能部门原则以及内阁原则之间的博弈屡见不鲜。[187]不过"协调民主"经常让位于科尔的权威，政治共识不会在内阁中形成，而是在执政联盟的谈判过程中形成，[188]这同时也减轻了内阁中达成共识的压力。[189]在内阁中能够引起冲突的不再是党派之争，而更多的是各职能部门之争。[190]事实上，施密特内阁结束阶段也曾显示出执政联盟协商的临界点。在缺乏统一目标时，非正式的同僚协商一致原则大多也会落空，一个强有力的内阁只是对政治基础的缺失加以掩饰。[191]科尔执政时期的第一位总理府部长施雷肯贝格尔则认为，这种执政联盟对话机制尤其该为内阁以及政府权力的缺失负责。[192]

从德国政策决策结构问题出发将得出什么结论呢？内阁会议在德国政策问题上给人留下了什么印象？内阁在德国政策问题上是否也是一个纯粹的决议机构？还是内阁会议在此问题上更多地展现出政府行为以及联邦总理的执政风格？内阁会议通常是已经紧密筹备过的会议。[193]从德国政策协调小组，经过相关的职能部门，再到国务秘书会议，形成一种草案文本，只有当所有的参与部门都同意该草案文本时才会进入所谓内阁审议阶段。在联邦政府的文档资料中可以找到筹备以及协商阶段中有关德国政策的法律草案、规定及立场观点，这些资料可在我们的研究中进行分析利用。内阁草案通常包括"内容通知"以及"决议建议"两部分内容。此外，各部长还会得到一张简短的发言纸条，上面列出相关背景信息以及政治评述。德国政策工作组组长为联邦总理府部长朔伊布勒以及后来的塞特斯备好一份"关于内阁通知"的会议要点。做好这些协商细节的铺垫工作，内阁会议中的反对意见以及公开的争吵几乎成为特例，决议建议往往能够一致性通过。当然也出现过这样一些案例，即内阁中没有对草案进行充分协商，所以草案被总理府部长明确驳回[194]。当各部长就一项议题无法达成一致时，那么这项议题也不会成为内阁会议的日程重点，这符合联邦政府议事规程的老规矩。[195]对此，联邦总理府部长需要事前每周与具有公务员身份的国务秘书商定议事日程。温德伦在联邦总理基辛格执政期间就已经成为大联合政府的阁员，他把科尔式内阁会议定性为严格管理，没有冗长报告以及激烈争论的会议。[196]内阁不是辩论的场所，而是就事先已经协商一致的议题给出最终文本。[197]但也有其他观察家回忆起内阁也存在着对原则问题的热烈讨论。[198]

德国政策议题几乎从来没有进入过所谓"重点议程清单"（其中包括各法律草案、规定、表态或联邦政府报告，这些内容均需要内阁做出最终决议，但却不需要就此安排口头会谈。）[199]而德国政策议题更多地被安排成口头讨论的形式，外交政策议题也是如此。[200]在本课题研究的时间范围内，德国政策议题很少作为单独的主题出现，而通常被列入"杂项"类别。在此类会议的简单纪要上，只出现与会者针对各自"重点议程"发表的报告，一旦有其他发言者针对"杂项类"议题做出阐述，则一般只记录发言者的名字。只有当针对"杂项类"议题的发言被其他内阁成员提出不同意见，或补充意见，或事后质询才会被记录在案。关于德国政策的议题，有时由德意志内部关系部部长、有时由总理府部长、有时由职能部门领导做相关报告。针对这些报告，会议期间很少会有人提出质询。

1982～1984 年间内阁会议时间原则上大约为 2～3 小时，到 1988～1989 年会议缩短到约 1 小时，补充性发言减少，议题的范围也明显缩小。内阁会议所需时间的缩短，也体现出科尔主导性的执政风格：他倾向于将有争议的决议推迟到内阁会议之后，在一个非正式的委员会中来进行。利用诸多外围小组的决策，联邦总理降低了内阁集体决策的影响力，此外，科尔提高了以联邦政府工作条例第 20 条第 2 款为依据的工作流程速度。[201] 只有夏季休假前的最后一次会议因为需要商议联邦财政法案而持续了 8 个小时。[202] 内阁会议上总理不提交当前政策周报。因为一旦如此，他便必须确定具体的工作重点，而这不符合他的执政风格。科尔将自己的作用限定为会议的引导者。其他内阁成员发言比他要频繁而且更长。但他经常会在会议纪要之外做出个人表态。这使得会议纪要的意义在整体上被弱化。科尔很少在会议上作引导性的提前发言。他有时在会议开始时呼吁作为集体决策机构的内阁要有团队精神，此举明显是为了遏制联合执政党派内部的互相扯皮和突出个人的做法。科尔几次恼怒地取消了针对某些会议议题的讨论，因为早在会议召开之前，这些议题就已经被视为即将召开的内阁会议焦点而被媒体大肆报道出去了。[203] 此外，当联邦各部事先不能就某个议题达成一致意见时，该议题也会被取消。总理和总理府部长都不相信内阁会议有完全的保密性。在这种前提下，内阁会议上从未提及所有对东德谈判代表进行私下许诺的事实，也就可以理解了。与东德谈判过程中的各个行动从未明确公布。例如内阁对科尔与昂纳克的电话会谈内容或科尔与后者在莫斯科进行的会谈内容一无所知。有时候，当西德联邦部长和昂纳克的会谈在东柏林举行时，则由昂纳克承担信息保密的责任。但与此同时，联邦总理有时也会向内阁传达一些特定信息，希望这些信息由内阁传播到外部。[204] 当联合执政政府举行人数较少、较紧密的会谈时，会进行相应的公开讨论，而这些讨论是不被记录在案的。

内阁首先是一个决策机构。但与此同时，关于德国政策的政治表态口径也会在内阁会议上向所有职能部门提出，例如对昂纳克访问联邦德国的政治归类。首先，主管国务秘书和联邦部长延宁格尔、朔伊布勒或塞特斯会根据自己部门的角色定位做出相应报告，接下来，科尔会支持和补充这些简短的报告。但他并不会涉及政策细节，而仅仅针对相关决策做出政治界定。各职能部门的部长利用内阁会议作为事先或者事后进行双边协调的机会。许多议题应当在内阁会议的议程框架下进行探讨，尽管并不是每次都能得到预想的结果。就这点而言，内阁会议的议程对于政府行为的研究也是具有一定意义的。但与此同时，针对德国民族形势报告内容的信息在内阁中属于例外情况。在大部分情况下，朔伊布勒仅限于提示：这个报告将在同一天的联邦议院上做。他同时呼吁内阁成员作为政府代表尽可能出席议院会议。一旦涉及关于德国民族形势报告的信息，则遵循以下原则：尽量晚的、最好在报告的当天，才让所有人了解报告中更完整的事实。该原则同样适用于所有政府声明。

联邦政府德意志内部关系部

根据联邦德国政府工作条例，联邦政府德意志内部关系部主要负责协调德国政策。在内部关系部财政计划前言中，有一句话经常被联邦部委官员们所引用：[205]"联邦政府德意志内部关系部的任务是，为民族统一服务，加强德意志民族凝聚力，促进德国内部两个国家的关系以及承担联邦政府在德国政策方面的责任；在立法和行政管理方面协调各部门的相关计划。"[206]而作为这种在内部关系部明确领导下的各部门协调能力的体现，在后面"文化协定"一节中要详尽分析其部门职能的相关内容。

内部关系部在联邦议院和联邦参议院德意志内部关系委员会中代表联邦政府。它参与所有与民主德国的谈判，但民主德国并没有将它视为主要的谈判伙伴。对民主德国而言，内部关系部仅在人道问题方面拥有独立运作职能。[207]因此，内部关系部原则上被认可的职能是对德意志内部关系起到实际运作和整体协调的作用，类似于外交部在对外关系领域所行使的职能。但实际上，这种职能在民主德国面前无法施展，因为东柏林不接受任何和内部关系部的谈判，而只愿意与外交部会谈。而对于联邦政府而言，德意志内部关系与一般外交关系不能等量齐观，同时也不愿意民主德国与其他一般外国一样，通过外交部与联邦政府保持往来。折中的办法是进行任务分工：德国政策的运作和谈判由总理府领导，内部关系部则主要根据不同政治议题进行筹备工作，以及对所有德意志内部政策事务进行追踪。内部关系部一直受制于这种先天不足的状态，[208]由于该部一直掌握在总理所在党派的手中，因此缺乏特别的政治威望，同时面对总理府时也欠缺解决冲突的潜能。[209]

　　民主德国多年来一直在坚持一个不切实际的尝试：从官方角度不承认内部关系部的存在。这种尝试当然只在某些情况下获得了成功，并时常会导致一些奇怪的现象，这些奇怪的现象不仅仅表现在民主德国对内部关系部代表团成员的称呼上——他们一直被称为"温德伦部"或"魏姆斯部"代表成员（温德伦于 1983～1987 年任联邦德意志内部关系部部长，魏姆斯于 1987～1991 年任联邦德意志内部关系部部长。译者注）。例如：1986年 6 月 6 日已安排好了民主德国文化部部长霍夫曼与朔伊布勒在波恩的会晤。温德伦也应参加此次会晤，因为他在联邦政府中负责文化交流和文化协议事宜。东柏林得知此事后就没有兴趣参加会晤了。民主德国驻联邦德国波恩常设代表处负责人埃尔文·莫尔特（Erwin Moldt）请求联邦德国，不要因为民主德国拒绝参加会晤而导致双方"关系僵化"。此外，在德国政策工作组组长的备注中也有记录："一旦我方要就会谈未能如期举行一事对外表态的话，他（莫尔特。作者注）请求将此事解释为会谈由于时间原因未能举行……联邦部长朔伊布勒博士对会谈未能如期举行表示遗憾。他解释说，我方没有对外表态的必要。他也不希望引起政治论战。如被问起，他同意解释为，出于时间原因会谈未能如期举行。"这是一个关于政治氛围、外交语言口径和某些注释表述内容的很好例子。[210]

　　民主德国希望绕过德意志内部关系部行事。"德意志内部"一词被认为是复仇主义的概念，被民主德国拒绝接受。根据德国统一社会党的声明，没有"特殊关系"存在的空间。在民主德国的辞令中，内部关系部的名称几乎从未出现。但民主德国必须接受，在所有正式会谈中内部关系部都有人出席。当昂纳克到达波恩时，他必须接受多罗特·魏姆斯（Dorothee Wilms）部长的在场。对联邦德国代表团的邀请函并不直接对内部关系部发出，而是通过总理府转达。自从与民主德国签署《基础条约》后，联邦总理府部长的声明中确定了官方的总理府职能范畴，即总理府的职能仅限于处理"德意志民主共和国常设代表处的相关事务"[211]。但在现实中，总理府的职能被大大扩展了。在德意志内部关系领域，总理府成了民主德国的政治协商伙伴。联邦政府最初的设想是将所有有关德意志内部关系的事务都交由内部关系部来牵头组织，并与相应的专业职能部门进行协调处理，但最终并没有实现。"因此，从一开始，内部关系部的行动就受到其目标的制约：它的目标涉及德国外交关系中的核心问题，而这些核心问题被联邦总理府、外交部视为其职权所在，一部分甚至被联邦经济部和内政部视为其职权范畴的内容。"[212]

80 年代的情形印证了这个判断[213]。内部关系部的主要任务包括履行联邦政府的德国政策责任。由此产生了与联邦总理府职权划分的问题，因为总理府的任务范畴同样包括对德国政策的操作[214]。但在细节问题上，如德国政策问题的筹备和处理等，都是由内部关系部积极参与进行的。它对最终决策肯定有所贡献，因为所有谈判都是由内部关系部开始着手准备的。联邦政府需要借助他们的专业技能，内部关系部虽无法克服总理府的信息垄断，但至少积极参与到了德国政策事务中去。总理府德国政策工作组仅由少数人组成，外交部也仅有一个精英小组负责德国政策。因此，在确定政策内容时，需要不时地借助内部关系部的专业知识。原则上看，内部关系部的部长们与总理府部长都维持一种友好的同事关系。[215]内部关系部长定期得到总理府部长的信息通报，从而被包含在信息交流渠道之中。但这种友好关系绝不可能存在于总理府、外交部和内部关系部三者之间。如果想说明德国政府各部之间存在所谓"负面协调"[216]，即各部内部的"真相"或部门利己主义的话，德国政策领域可以提供大量例证。

内部关系部对德国政策及其与总理府之间关系的影响具有鲜明的部长个人特征。莱纳·巴泽尔自 1982 年起领导这个部门，为时半年。上任之初巴泽尔已经设法改变与波恩其他各部在权限上的重叠问题[217]。他希望他的部门能够得到更多管辖权，在媒体面前他同样如此表态。他援引之前和科尔所做的约定，即由齐默尔曼（Zimmermann）领导的内政部应该放弃被驱逐者与难民司[218]。但科尔保留了这部分职权：总理府国务部长延宁格尔继续掌握这方面的核心权力，而非内部关系部。倘若巴泽尔任职时间再长一点，估计延宁格尔与这位内部关系部长之间会产生更大的职权纠纷[219]。巴泽尔带了三位在社民党－自民党联合政府之前就已经在德国政策领域积累了许多经验的专业人士进入内部关系部：奥特弗里德·亨尼希（Ottfried Hennig）、路德维希·雷林格（Ludwig Rehlinger）[220]和库尔特·普吕克

（Kurt Plück）[221]。他们根据自己的经验，早就清楚对于德国政策的运作在勃兰特总理之前就已经被集中在总理府[222]。雷林格被任命为国务秘书[223]，因此负责领导部里工作；亨尼希任议院国务秘书；普吕克就任第一司司长[224]，负责公共关系、教育和扶助措施[225]。内部关系部第二司是部里的政策司：负责"德国政策原则问题/联邦德国与民主德国之间谈判的协调"。该司司长参加所有与民主德国谈判框架下重要的双边会晤；该司司长首先由迈希斯纳（Meichsner）[226]（在埃贡·弗兰克、巴泽尔和温德伦手下任职）、后由普里斯尼茨[227]（1986年起在温德伦手下任职）、最后由多贝伊（Dobiey，在温德伦手下任职直到1986年12月部门解散）担任。在所有与民主德国的谈判过程中都会召集内部关系部的工作人员参加。他们被安插在所有德德谈判委员会中。内部关系部的日常工作包括，监督所有与民主德国签订的协定与准则及其实施效果。内部关系部与其他联邦部门及西柏林市政府进行合作，针对所有德国政策问题进行协调并提供咨询。

内部关系部第三司（柏林联络办公室）的主要任务是作为联邦政府在西柏林的全权代表机构。Z司则主要在国务秘书雷林格领导下协调处理人道主义事务，其中首要任务是负责赎回俘虏[228]。此外，内部关系部还在"特殊努力"的名目下秘密执行其他任务，具体而言，即为陷入困境的那些民主德国公民提供咨询和援助工作。出于这种职能，雷林格经常与民主德国方面负责该事务的律师福格尔会面，由于他们也会谈论其他政治问题，延宁格尔便通过雷林格这个渠道得到许多来自民主德国的信息[229]。后来朔伊布勒也与雷林格以同样机密的方式频繁地进行协调[230]。

巴泽尔出任联邦议院议长后，科尔总理选择政治家温德伦继任内部关系部长（1983～1987年），他是处理被驱逐者事务的专家[231]。虽然温德伦在被驱逐者事务方面早已取得自己的声誉，但在德德关系领域却并无特殊经验可言。然而科尔欣赏他在联邦议会党团中在德国政策和东方政策之间，特别是关于奥德-尼斯河边界问题上所做的协调工作[232]。他完全不像巴泽尔那样拥有对权力的要求，该部又从重要新闻版面中消失了。他试图把内部关系部改名为德国政策任务部，结果也失败了[233]。朔伊布勒给他的操作空间极其有限[234]。

在1987年[235]联邦议院选举之后，根据所在党派票数比例进行了内阁职位的分配，多罗特·魏姆斯（Dorothee Wilms）出人意外[236]地成为内部关系部部长，并一直出任到1991年1月18日该部解散为止。但是她也未能扩展朔伊布勒所赋予的操作空间。在任期间，她并未过多追求个人的政治愿景，而是努力在德意志内部关系领域寻求一些务实的、就事论事的问题解决方案。对她来说，由哪些司或者哪个部来解决哪个政治问题，都是不重要的。因此，内部关系部的政治功能变得越来越不重要。在德国统一进程开始后，每个人都已经确信：内部关系部的作用微乎其微，作为联邦内政部部长的朔伊布勒在与联邦总理密切磋商协调的前提下，完全垄断了统一过程中所有政治领域的决策过程，甚至包括外交政策领域。[237]

外交部

外交部在德国政策领域中负责处理影响到德国作为整体（包括柏林）的外交政策问题。无论当时科尔和根舍之间的关系如何，德国政策的决策结构之中都包含以下行政特点：

－通过任命霍斯特·特尔切克为总理府外交政策司司长的决定，科尔从一开始便向外交部展现了他鲜明的个人倾向[238]，这个职位第一次不是由一个职业外交官担任。

－一方面，联邦总理科尔将阿洛伊斯·梅尔特斯任命为外交部国务部长（1982～1985年），从而在外交部安插下自己的桥头堡。虽然根舍起初对部门中这种错杂的交叉关系并不习惯，但还是同意了[239]。在1982年联合执政联盟变换之后的几年中，根舍逐渐赢回了政治强势地位，科尔的这种做法便无法继续实施下去了。阿洛伊斯·梅尔特斯不仅是科尔密切的政治亲信，同时在联盟党议会党团中在所有德国政策问题上对科尔来说都相当重要[240]。特别是在联合执政艰难的初期，当许多联盟党议会党团成员都在幻想德国政策发生大转折之时，梅尔特斯成为科尔的坚强后盾。[241]

－另一方面，联邦总理府中第二司副司长以及第21组、第22组的官员（组长和处长）都来自外交部。这里存在频繁的人事调动关系，也因此产生了各机构之间传统的互相约束体系。

－东方政策和德国政策的原则问题在外交部交由第二司处理，第210处负责，该处的主要职能包括"涉及德国作为整体（包括柏林）的外交政策问题"[242]，此处的官员会被借调到总理府相应的工作组中。

－当司长或处长由于待讨论问题的意义而无法在所谓波恩四方会

谈小组中与西方三大盟国进行协调的时候[243]，也由第 210 处负责处理相关问题。

在波恩四方会谈小组和总理府之间（领导层面的工作团队）进行协调时，外交部的工作重点包括德国政策问题。四方会谈小组[244]是联邦政府和三个西方盟国之间最重要的外交信息交流、协调和协商机构。它是根据 1952 年签署的《波恩条约》中所规定的协商责任条款而建立起来的[245]。会晤主要具有信息传达的功能，同时在棘手的柏林问题上开展政治协调工作，例如商讨柏林建城 750 周年庆祝问题，或者如何制定柏林地区飞行时刻表。[246]

四方会谈小组的结构、人员组成和工作方法并没有随着时间流逝而发生实质性改变。它依旧是联邦政府与三个盟国之间进行协商的小组，但并不做出具体决策。该小组就德国政策的方案性和运作性问题进行秘密讨论、共同协调。其协商内容和与会者的名字高度保密。由于小组工作的隐秘性，现在很难重构该小组曾经的行动内容。当时在任的国务部长或总理府部长负责组织四方小组的会谈。外交部一位国务秘书[247]和德国政策工作小组组长会出席该四方小组的会谈；此外，外交部以及柏林市政府也各有一名工作人员列席会议，以提供咨询。在一些档案中，记载了总理府部长朔伊布勒向西方盟国通报联邦政府的德国政策倡议的相关行为。大使们的重要诉求将在本书相应的章节中被提及。由于本研究的重点在于联邦总理的政府行为以及德意志内部关系中总理府的政策操作层面分析，德国外交部在德国政策的决策过程中仅发挥了次要的作用。

政府内部各协调委员会

除了正式的决策模式，在科尔任职期内形成了重要的、几乎已经常规化的、非正式的"准政府决策机构"[248]。对于联合执政政府总理科尔来说，这种在政策及行政决策过程中存在的、不同于那些被《基本法》或联邦政府工作条例所确定下来的正规工作流程的、非正式的咨询和决策机构，具有非常显著的意义[249]。这样的做法不但考虑到了基民盟党员，也同时考虑到了基民盟的联合执政伙伴：基社盟及自民党的政治权力诉求。所有德国政策的决策都必须置于联合执政联盟和协商民主的协调体系中来考量和定夺。然而，每次决策是如何准备和完成的，哪些是有必要事先说明和事先约定的，这些更多取决于联邦总理府的决策过程而不是联合执政联盟内非正式的表决方式。联邦总理在德国政策中拥有不同于其他政治领域的、正式的和事实上的德国政策决策权。

下文将从多个角度展示 80 年代的各个非正式机构，这些机构都曾经对当时的德国政策起到了影响：

科尔和根舍之间进行频繁的非正式会谈[250]，他们在德国政策的操作层面上不存在原则性矛盾[251]。科尔事后回忆说，只要是真正的有德国政策背景的问题，根舍和他之间没有发生过严重的争论。然而，由于在本研究所涉及的时间范围内，波兰西部边界问题不断引发联合执政联盟内部的辩论，因此，在把有关波兰西部边界的讨论和德国政策放在一起讨论时，科尔和根舍之间的意见分歧就清晰可辨了[252]。而根舍与施特劳斯（Strauß）之间的关系则完全不同，两人之间的争吵是司空见惯的。大多数情况下，是由根舍挑起的，或是由施特劳斯挑起的两人之间的争论，都只是在表面上触及了某种德国政策争论的核心议题。但实际上，这些冲突更多的是一种政治斗争的手段，它们富于戏剧化，目的是在执政联盟内部突显各自的外交政策倾向。科尔说道："自民党的德国政策完全被汉斯－迪特里希·根舍所掌握。他之所以被视为权威，是因为他具有来自哈勒市的个人背景，同时掌管着决定德国对外关系的职能部门。对我来说，沃尔夫冈·米什尼克也很重要，即使他受到很大的旧联合执政同盟的影响。"[253]延宁格尔和朔伊布勒也定期与自民党议会党团的德国政策发言人交谈[254]。在科尔与根舍就德国政策问题进行商讨时，其切实、具体的政策部分接近于无。但在确定有关德国政策的重要事件的背景环境时，他们之间会进行更具体的讨论，例如在昂纳克访问联邦德国的时候。在整个研究所涉及的时间段内，根舍对于事先递交的、关于分裂状态下德国民族形势报告中的所有表达都没有异议的接受下来[255]。在 80 年代，联合执政党派之间的商讨或会谈越来越正规化。作为政府、议院、党派之间的连接点，这些会议对于缩小内阁和政府的权力做出了决定性的贡献[256]。自 80 年代中期以来自民党成功地打破了联邦总理最初的计划[257]，将联合执政会议提升为最重要的决策机构。但这只适用于一般政策，并不适用于德国政策。除极个别例外，无论是在小型或大型的联合执政联盟会议上[258]，德国政策问题基本都未被讨论过。而这少数例外到弗兰茨·约瑟夫·施特劳斯去世之后就几乎没有再出现过了[259]。在 1983 年和 1987 年的联合执政协议中，联合执政各党甚至将德国政策的议题完全略去[260]。但是不能据此断言，联合执政党派之间对于德国政策没有任何争议。根据联邦总理的说法，情况恰好相反："在我任职初期，自民党在德国政策领域并非一直同意我的路线，毫无疑义的一致更是无从谈起。"[261]正因如此，也由于在基社盟和基民盟之间就德国政策[262]如何变革存在争论的背景下，人们有意从联合执政协议中删除了这些议题。总体而言，在分析德国政策的调控和决策工具时，任何组织形式的联合执政会谈都可以被忽略。在党派之间的交流层面上，所谓"政治精英"之间的三方会谈[263]或者科尔和施特劳斯之间双边的、几乎定期的会面都体现出了意见交换和观点探讨的风格[264]。施特劳斯从一开始就迫切要求召开这种碰头会[265]，科尔仅仅是勉强同意。许多碰头会涉及的都是对整体政治氛围有净化作用的外交政策议题[266]。施特劳斯和科尔在一次沿特格恩湖（Tegernsee）的漫步中，在几十亿贷款的框架下，做出了与德国政策有关的重要决策[267]。除此之外，这些碰头会主要针对其他国内政策议题[268]。此时，根舍更多地把自己看成是科尔与施特劳斯之间的中间人。[269]

　　除了这些非正式的、对一般性政策进行协调的会谈之外，在科尔总理接掌政府时，一系列正式的、专门负责德国政策的政府内部协调委员会就已经存在了。在很大程度上，各委员会符合总理府和各部领导层面的自我协调要求。政治家和政治官员们在几乎垂直的互动关系中一同讨论政策的现实性、解决方案的可能性、行政上的可行性或技术上的可操作性[270]。在科尔接管政府时，除了一系列德国政策领域的实际考量之外，摆在新政府面前的还有以下问题：究竟已经存在哪些德国政策协调及决策委员会。本研究试图检验哪些委员会如何被哪些德国政策相关人士所采用。来自领导委员会的信息是非常稀缺的，因此它们在日常政治事务中属于重要资源。联邦总理和他精心挑选的德国政策管理层在信息传递之琴上弹奏着完全不同的旋律。在与不同的、不断建立起来的委员会之间进行交流时，不同管理层人员的侧重点各有不同。各协调委员会的领导层、其人员构成及开会地点的选择因此也经常带有特殊的象征意义和权力政治意味。科尔充分信任他的密使延宁格尔、朔伊布勒及塞特斯，他无须了解谈判细节，只要求他们的德国政策符合他的政治协调体系[271]。科尔通过他们传递着每天的信息，也因此间接地参与到协调委员会中，与之保持沟通和交流[272]。他给他的下属留下了巨大的操作空间，而不是亲自参与到协调委员会的活动中去：[273]"沃尔夫冈·朔伊布勒乐于主持这些会议，这也是他这个联邦部长分内的事。另外，我不出现在此类会议上也有很大程度是因为，出席这些会议的与会者有许多并不能得到我的信任。"[274]

以下不同层次的协调委员会被委派过德国政策相关任务：

德意志内部关系内阁委员会

该委员会由联邦总理出任主席，并包括以下成员[275]：外交部、德意志内部关系部、劳工部、内政部、司法部、财政部、经济部、交通部、邮电部，在任的柏林市市长也有权列席。这个协调委员会成立于 1969 年[276]，最后一次会议于 1971 年 7 月 8 日召开。科尔政府也未能使这个委员会重新复活。以 1972 年签订的《基础条约》为基础的德德日常事务使类似委员会显得不那么紧要。但就官方来说，该内阁委员会直到联邦总理科尔接管政府后也未被正式取缔，尽管总理府中曾有过类似意图[277]。直到 1990 年民主德国发生彻底变革之时，才在时任总理府部长的联邦部长塞特斯主持下重新组建起所谓的"德国统一"内阁委员会。

此外还有：

部长会谈

联邦总理主持下的部长会谈会就最新政治问题做出决定。1977 年前有更稳固的部长会谈模式，即"居姆尼希圈（Gymnicher Kreis）"。其参加者为：内部关系部、外交部、财政部，其他相关部长及柏林市市长。内部关系部的目标是，在需要做决策的时候，此类部长会谈应该在联邦总理的主持下进行[278]。在 80 年代科尔很少利用这个委员会来就德国政策做出决定。[279]

最后还包括：

德国与柏林问题国务秘书委员会

该委员会由内部关系部领导，它在阿登纳总理执政时期就已经存在。成员有：联邦总理府部长，外交部、内政部、司法部、财政部、经济及交通部，联邦政府新闻局，柏林州代表处。由于多次出现泄密问题，在 1975 年 1 月 31 日最后一次会议后，总理府部长便再也没有召开过会议。政府换届后，该委员会很少召开会议，它对政府内部决策只有微弱的贡献。[280]

德国政策协调会谈五方小组（由国务部长/联邦部长在总理府中召开的国务秘书会谈）和扩大后的三方小组

自 1976 年起，在国务秘书级别上还存在另外一个委员会，但它比国务秘书委员会的成员要少，且没有正式的成立文件，这个委员会被称为"五方小组"。其参加者为：联邦总理府部长、内部关系部和外交部的国务秘书、常设代表处，以及负责处理联邦事务的柏林市议员[281]。主席通常是联邦总理府国务部长——后来由联邦部长担任。政府换届后这个小组重新恢复工作[282]，它在当时的条件下继续运转。此外，内部关系部的德国政策司司长和总理府德国政策工作小组组长也会出席该会谈，并完成会谈记录。该工作团队的名称经常发生变化，因此，在五方小组的文件中，它也经常被称为德国政策协调会谈。

在延宁格尔担任国务部长的短暂期间，巴泽尔和温德伦在总理府内担任五方小组的主席，不定期召开会议，并可根据需要邀请其他国务秘书出席会议。因为探讨的许多内容涉及经济和交通技术问题，所以经济、财政和交通部的国务秘书常受邀参加会议。会议的基本原则是：本人需亲自而不能委派代表出席会议。多数情况下，五方小组的会议由联邦内部关系部召集并担任会议主席，或者，在其他多数情况下由总理府里的国务部长以及后来的联邦部长召开。但是事先要在总理府部长和内部关系部之间商定会议邀请对象和议事日程。80 年代时，在朔伊布勒的授意下，五方小组的重要性低于所谓的"扩大后的三方小组"[283]。朔伊布勒很少让该小组与国务秘书共同议事。对他来说，只有所谓"核心小组"才是重要的：这个核心小组除了他自己以外，还包括内部关系部部长、柏林市政委员、外交部和经济部各一位国务秘书，以及作为记录员的德国政策工作组组长。在这种情况下，"扩大后的三方小组"成为处理德国和柏林操作性政策[284]问题的中心协调、调控和决策机构。在本研究所涉及的整个时期内，它都是最重要的领导机构。所有值得一提的政治决策，还有那些将作为最终决策呈交至内阁的事务，特别是财政事务，都提交至这个国务秘书会谈上进行讨论，总理府部长和内部关系部部长也都出席该会谈。从该会谈的记录中可以清楚地看到与会各部门间所存在的利益分歧。逐渐的，最初的三方小组有目的地重新变成了五方小组。这样一方面可以使联合执政伙伴与外交部门和经济部门充分合作，使之完全融合到政府行为中来，另一方面，通过外交部的参与，德国政府清楚地表明，西方盟友也能够同样获得相关信息[285]。在这个工作小组中，朔伊布勒在官方层面上坚持他与科尔事先商议好的路线。与此同时，他绝不会毫无保留地向小组成员透露从与民主德国首席谈判代表沙尔克的谈话中所得到的幕后信息。他有目的地透露少量信息，以便使他能够获得更多与民主德国谈判的空间[286]。内部关系部第二司司长、常设代表处负责人和联邦总理府中的德国政策工作组组长经常碰面，为五方小组会谈做准备。这种准备会议上有时还会有一名外交部代表和柏林市代表出席，因此，该会议级别远低于国务秘书会谈。这里涉及的是一种非正式的预处理程序。通过这种预备会议，只有真正重要的德国政策议题才能够进入五方小组的议事日程。自从朔伊布勒就任联邦部长和总理府部长以来，这种协调性会议基本只在总理府举行。

德意志内部关系部举行的代表团团长会谈，也称为与民主德国谈判协调委员会

《基础条约》签订之后，与民主德国在不同专业领域内的后续条约谈判也随即展开。由内部关系部所举行的，与联邦政府不同代表团团长所举行的会谈，其目的在于：通报当前谈判的情况，并使内部关系部部长有机会结识谈判代表。所有谈判原则均应通过协商确定下来。各个谈判程序中的关键性实务问题是会谈的中心内容[287]。施密特政府从 70 年代中期起再没有召集过这个委员会会议。政府换届后，巴泽尔希望在该委员会的第一次新政府治下的会议上向各谈判代表确定话语规则，以定下新政府与民主德国代表进行谈判的基调[288]。整个 80 年代期间，代表团团长会谈不定期地举行。

联邦总理府德国政策工作组组长的处长级接触委员会

处长级接触委员会每隔 4～6 个星期定期举行会议，在科尔执政期间也是如此。与会者包括：来自外交部、内政部、司法部、财政部、经济部、农业部、国防部、青少年/妇女/卫生部、交通部、邮电部以及新闻局里主管德国政策的各位处长。接触委员会是为有关部门交换信息服务的。因为大多数部门都不是单独处理关于德国政策的相关工作，因此，该会议以讨论技术问题、组织问题以及早期的发现问题为主。对政府内部组织来说，这个委员会在工作层面上是非常重要的。只有这样，联邦总理和内部关系部才能尽早对各部门的事务有所了解。人们通过碰头会或电话交流得到的信息是有限的。而且对内部关系部来说，这种碰头会和电话交流的方式也会产生信息交流和参与上的不便，因为许多德国政策相关的职能项目都通过常设办事处开展工作，因此并不一定需要告知内部关系部，只需要告知总理府即可。但这个重要的德国政策协调处长级接触委员会直到 80 年代中期都没有发挥太大作用，其最重要的原因是联邦内部关系部和总理府对职权划分的意见不统一。联邦内部关系部不希望该协调工作最终也由总理府把持。因此在 1987 年重新恢复接触委员会的提议中，内部关系部提议在内部关系部而非总理府召开该委员会[289]。因此，1987 年 12 月初，在内部关系部的主持下，该接触委员会才重新举行会议。

德国联邦议院中联合执政党团代表组成的德国政策会谈小组

自 1987 年起，联邦议院中联合执政各党党团的代表定于每月第一个联邦议院会议周的星期四与总理府部长和内部关系部部长就当前德国和柏林政策问题举行非正式会谈。会谈在早晨进行，因此会议被称为"德国政策早餐会"。在该会谈上经常就"处于分裂状态德国的民族形势报告"的日程安排做出决定。与会人员有：朔伊布勒、魏姆斯、亨尼希、贝格尔（联邦政府对柏林全权代表），以及议员龙内布格尔（Ronneburger，自民党）、霍佩（Hoppe，自民党）、舒尔策（Schulze，基民盟）和林特内尔（基社盟）。[290]

联盟党内部各协调委员会

最后还要考虑到联盟党内部的决策、信息和协调模式：

基民盟/基社盟议会党团[291]之间的德国政策协调体系的建构过程是困难的[292]。这个困难不是指朔伊布勒与议会党团主席德雷格尔及议会党团[293]德国政策发言人之间所定期举行的信息及协调会晤，而是指整个议会党团的协调会谈机制[294]。这主要是由于在社民党和自民党联合执政期间，为了反对其德国政策和新东方政策，联盟党议会党团内部成立了许多不同的政治小组，而它们在德国政策领域及德国内部协定问题上表达出强烈的要求和意愿。与此同时，联邦总理还保留了许多对于联盟党团进行具体决策非常重要的前期信息。朔伊布勒强调，他十分重视联盟党议会党团在思想上同意并支持德国政策的总路线。但是他并没有让议会党团主席积极参与解决实质性的德意志内部关系问题[295]。德雷格尔发表贬低了昂纳克的言论，导致 1984 年昂纳克以此为借口取消了对波恩的访问，德雷格尔为此遭到联邦总理科尔的严厉批评[296]。议会党团主席德雷格尔回忆，总理必须经常地煞费心机地在议会党团内部争得同意意见[297]。在德国重大政策决策的前一天晚上，联邦总理会有针对性地给个别挑选出的议会党团成员打电话，或在全体大会空隙发表简短谈话，以告知他们相关信息。他同时也会利用他与许多议员之间紧密的私人关系。

对科尔来说，直到 80 年代初，基民盟联邦理事会和基民盟主席团都还是重要的协调及决策性机构，作为党主席，他与这两个机构紧密合作[298]。在他任总理期间，权力的天平逐渐向主席团倾斜，因为主席团成员包括基民盟的州长们，这样就可以将他们也纳入决策过程之中[299]。由于该类会议不那么正式，因此党主席做出的详细形势报告对会议的走向具有气氛上和议题选择上的影响。1989 年主席团会议上要求变革，试图解除科尔的基民盟主席职务，同时重新调整主席团成员在不同议题上的职权。这是希望削弱科尔独揽大权的又一次尝试，但最后也以失败告终[300]。基民盟主席团和基民盟联邦理事会都不是德国政策的决策中心。只有当党主席的报告中有涉及联合执政谈判议题时，为了说明联合执政协议情况，才会提及德国政策的话题[301]。各基民盟州长和总理府之间的非正式决策进程倒是对德国政策发挥了一定作用。例如在易北河问题上阿尔布雷西特（Albrecht）州长（基民盟，1976～1990 年任下萨克森州州长。译者注）与总理府之间的交流[302]，以及时任巴伐利亚州州长的施特劳斯（1988 年之前。译者注）与总理府之间的一般性往来都足以证明这一点，此外，各州长的外事访问及他们与昂纳克之间的会谈也属此列。[303]

如果要从政府政策的决策中心角度来谈德国政策，那么以上联盟党内部的各工作委员会都与德国政策的决策机制关系不大。但与此同时，在联合执政政府内部，为促进多数党团中不同政治派别的融合，也必须考虑到整体的政治交流网络。这些非正式的决策模式被视为"科尔体制"中的重要部分：这些决策模式是政治预警系统的组成部分，在联合执政民主体系中，这种预警系统能够使联邦总理在总理府的"堡垒"外也能安然度过潜在的政治危机，因此是非常有必要的。

双边谈判代表团

对行政决策结构来说，德德专门委员会和专家会议也很重要，尽管它们在接下来的研究中只扮演次要角色。因为德德专家会议大多围绕如何解决一些技术上的细节问题，这些问题若从对政府行为和执政风格进行政治学研究的角度来说是可以被忽略的。在两个德意志国家之间签订各个协定之后，成立了三个专门委员会，在 80 年代也定期举行会议：[304]

- 为处理过境协议中出现的难题和意见分歧而成立的过境委员会；
- 交通委员会，负责解决在解释交通条约时出现的意见分歧；
- 边界委员会，主要任务为根据战胜国的相关规定，确定德德边界走向、检查界标并在必要时更换，以及解决其他与边界走向相关的问题。但劳恩堡（Lauenburg）和斯纳肯堡（Schnakenburg）之间近一百公里长边界段上的易北河边界尚未有明确划分。

下面的研究中并没有使用这些委员会的文件档案。但在本研究所针对的时间段内，交通、易北河边界和过境领域中的基本问题越来越多，经常成为重要的政治问题，并需要政治领导层就此进行探讨。就此而言，上述这些问题也出现在本研究的范畴之中。

第二节 民主德国政治体制中的行政决策结构

为了更好地分析和更准确地评价联邦德国和民主德国政治高层的会晤，以及德意志内部关系中多样化的谈判部门，接下来必须——哪怕是粗略地——介绍一下民主德国方面的参与者和决策结构[1]。对于研究西德的决策进程及联邦总理执政风格而言，本章只有间接的意义。但无论如何，所有西德的政治参与者在与民主德国政治家们展开谈判或会谈开始之前都会借助大量人事方面的档案为谈判做好准备，即便联邦总理科尔和总理府部长朔伊布勒对阅读传记式的细节资料兴趣不大。[2]但西德对德国统一社会党支配下的民主德国[3]中权力和决策结构的认知存在巨大的信息赤字。[4]从民主德国领导层的角度看，德德关系是外交政策的一部分。因此，在介绍民主德国中德国政策领域最重要的政治参与者时，必须从重要的外交机构着手。无论是党和政府机构里的决策准备、选择和执行，还是双方机构在行动中所起到的相互作用，都需要进行分析。

党的机构

"德意志民主共和国是一个代表工人阶级和农民阶级的社会主义国家。它是在工人阶级及其马列主义政党[5]领导下的城乡劳动人民的政治组织。"在民主德国政治生活中，这句话的具体含义是，在民主德国，不是由国家机关决定其政治方针——这包括外交和德国政策方针[6]——而是由以马克思列宁主义意识形态为基础的德国统一社会党来决定。[7]党的政治决策中心和民主德国权力体系中心是政治局[8]，它与中央委员会书记处[9]共同合作。当前的研究结果表明，所有外交政策决策（包括德国政策决策）都是在政治局中做出的。与之相对，书记处的工作和决策重心则在内政和经济领域。因此，在本研究中，可以不去考虑书记处的工作。政治局的决策不仅对德国统一社会党，也对民主德国国家机关有效，并由它们贯彻执行[10]。因此，民主德国的国家行政机构（部长会议）并不是人民议院的执行机构，而是政治局的"命令接受者"，按照其指示行事[11]。政治局主席是埃里希·昂纳克，由他制定外交和对西德政策的基本路线[12]。在政治局内，由联邦德国工作小组负责处理德意志内部关系问题[13]。在政治局决议基础上，这个于1976年成立的小组中包括以下政治局委员（或候补委员）[14]：君特·米塔格（组长）、赫尔曼·阿克森（Hermann Axen）、维尔讷·克罗利克夫斯基（Werner Krolikowski）、格哈尔德·许雷尔（Gerhard Schürer）（国家计划委员会主任）、亚历山大·沙尔克－哥罗德科夫斯基（工作小组书记）及库尔特·尼尔（外交部副部长）。

这个政治局工作小组的任务是：评判由各个专业部门和中央委员会书记处交来的草案，一旦这些草案获得工作小组的通过，则呈交昂纳克，由他"审阅、批准或做出其他决策"[15]。如果这些草案得不到工作小组的认可，就必须由各主管部门或中央委员会各相关办公室根据政治局委员们的要求进行修改。联邦德国工作小组的工作由小组书记沙尔克筹备。民主德国商业协调部门第三总司［迪特尔·保罗（Dieter Paul）担任司长］以及其下属的联邦德国/西柏林司负责协助沙尔克的工作。"该司的任务是，为政治局中的联邦德国工作小组会议撰写报告和拟定会议程序。"[16]第三总司还负责协调民主德国对联邦德国进行的经济活动，包括那些不由沙尔克本人而是由各专业部门所举行的各种谈判。第三总司下属的联邦德国/西柏林司的职责在于，把涉及德意志内部关系中经济层面的各项政治局决议交由各专业部门，确保它们得到贯彻执行。统一社会党中央委员会书记处这个机构首先要为政治局做好准备工作[17]。书记处中共有2000多名工作人员。在80年代末，书记处下设40多个部门和工作小组。它们在组织建制和专业归属上往往与政府机关的机构设置保持一致。这些部门承担统一社会党的实质性工作，并制定大部分草案。政治局和政治局书记负责针对这些草案形成决策。总体而言，可以确定党的机构设置与政府机构几乎完全相同。中央委员会内各成员和部门的德国政策权限如下：

－赫尔伯特·黑贝尔（Herbert Häber）：负责国际政治与经济事务

的中央委员会书记和统一社会党中央委员会西方问题部部长（截至1985 年）。接替他的西方问题部部长是贡特·雷特纳（Gunter Rettner）。自 1985 年 11 月起中央委员会内不再设置专职书记主管国际政治与经济事务。

－赫尔曼·阿克森，国际联络处书记。自 1985 年 11 月起，他同时负责监督由雷特纳领导的部门。阿克森同他在书记处的同事们一起负责协调统一社会党的外交关系及德德关系，与外交部有密切联系。[18]

－君特·米塔格：主管经济事务的书记，由沙尔克－哥罗德科夫斯基领导的"商业协调部门"也属于米塔格的职权范畴。[19]

政府机构：国务委员会、人民议院及部长会议

从与德国政策的相关性来说，国务委员会[20]和人民议院[21]这两个政治机构是可以忽略不计的。国务委员会的重要性主要在于该机构的主席由昂纳克担任。昂纳克因此是国家元首和民主德国最高级的外交代表。

部长会议是民主德国政府[22]。根据 1972 年 10 月 16 日制定的德意志民主共和国部长会议法案第 5 条，部长会议负责将"在德国统一社会党决议基础上制定的德意志民主共和国外交政策付诸实际"[23]。具体的措施则由外交部来贯彻实施[24]。外交部没有独立制定政策的权力。原则性的决定不是外交部而是政治局做出的，并以指令方式通过部长会议，或由党的机构下达给东德外交部。这一点有力限制了外交部在东德决策和权力机构中的地位，它的职能只限于作为政策执行上的助手，以贯彻政治局决议[25]。在 80年代，民主德国外交部由奥斯卡·菲舍尔（Oskar Fischer）领导。副部长之一库尔特·尼尔，在外交部负责联邦德国、美国以及其他西方国家事务，直至 1989 年 1 月。外交部里由"联邦德国"司专门负责德意志内部关系，该司至 1988 年由卡尔·赛德尔（Karl Seidel）领导，他的继任者是汉斯·辛德勒（Hans Schindler）。该司负责所有涉及联邦德国的问题，除西柏林和德意志内部贸易/经济事务之外，其他问题都由该司处理。鉴于其工作任务，赛德尔同样遵循党的指示。外交部里有一个特殊的"西柏林"司，负责处理西柏林相关问题[26]。外交部负责处理所有西德谈判代表及联邦德国驻东柏林常设代表的相关事务。根据德国统一社会党对德国政策的理解，东德驻联邦德国波恩常设代表处归外交部领导。截至 1988 年，

该常设代表处由埃尔文·莫尔特（Erwin Moldt）领导。他的继任者是霍斯特·诺伊格鲍尔（Horst Neugebauer）。在面对其他具有外交政策职能的部门时（如外贸部）[27]，外交部则行使其协调功能[28]。此外，外交部有义务向"部长会议各机构提供关于民主德国外交政策的基本问题，以及关于外交政治事件、进展、决议及决策的相关信息，了解这些对他们的工作是十分必要的"[29]。尚未有研究科学地分析民主德国外交部对由霍斯特·泽勒（Horst Sölle）［其副部长是格哈尔德·拜尔（Gerhard Beil），并于1985年5月8日接替他出任部长］领导的外贸部到底产生了何种实质性影响，但如果我们考虑到，外贸部中权力最大的人显然是第一国务秘书沙尔克－哥罗德科夫斯基的话，我们应当认为，外交部对外贸部的影响不会太大，因为沙尔克－哥罗德科夫斯基是直接从德国统一社会党那里接受指令的。

政党和政府机构的联系

民主德国政治体系的设计是以党和政府机构间平行的双轨制为核心。但事实上，民主德国党和政府机构之间的联系十分紧密[30]，在这两个领导层面上存在清楚而明确的"联结点"。这些"联结点"主要包括昂纳克、米塔克和沙尔克。党在政府政策上发挥的影响力是不容忽视的，在民德政治体系中，党的机构处于支配性的地位。首先由政治局决定政策指导方针，政府层面上则由部长会议负责协调各部，贯彻实施其指导方针。由此可以看出，在民主德国政治体系里制定政策（包括德国政策）的参与者均处于党的机构之中（政治局和中央委员会书记处）。从权力政治地位而言，中央政治局的书记们以及德国统一社会党的政治局委员们均比政府或相关党政联系部门的成员们地位更高。因此当一名部长会议成员同时在德国统一社会党相关部门（中央委员会书记处、政治局委员或候补委员）任职时，他会被视为是级别很高的官员，并因此能够参与制定德国统一社会党的基本政治方针，属于领导集团的核心。

民主德国外交部长奥斯卡·菲舍尔（Oskar Fischer）在政治局里没有任何职位。这不仅表明菲舍尔的政治影响有限，从中也可以看出，外交部在民主德国政治体系的权力网内地位不高。从外交部所掌握的德国政策相关职权来看，外交部主要负责日常的、常规化的、与外交利益相关的问题。[31]除此之外，外交部对于德意志内部关系"既不负责纲领上的、也不负责实际操作层面的事务"[32]。外交部联邦德国司司长卡尔·赛德尔直接受到党的领导，接受党的命令，而不是像人们认为的那样，从其直接上司（外交部国务秘书，外交部部长或其代表）那里接受指令。

德国政策参与者及波恩方面对其评价

埃里希·昂纳克在民主德国几乎拥有不受限制的统治权。联邦德国总理赫尔穆特·科尔在同他的接触中，大多时候感觉他是个彬彬有礼、进退有度，但又保持一定疏离感[33]的人。作为中央政治局的总书记，昂纳克是德国统一社会党的党魁，他同时兼任国务委员会主席，是民主德国国家元首兼国际法代表。因此他占据着民主德国政治体系的中心位置。当昂纳克在呈交给他的文件上亲笔批示时（"同意。— E. H. "）（"E. H. "是"埃里希·昂纳克"德文首字母。译者注），这些批示直接具有法律效力。尽管昂纳克不会亲自处理所有政治领域的事务和针对所有问题做出决策，但在德国政策问题上，他从来都是亲力亲为。在这个领域，他坚决地掌握所有实权。他不仅是民主德国政治体系中对德国政策做出最终决策的人，同时也负责制定德国统一社会党及民主德国政府机关[34]德国政策的方针路线。民主德国所有与德国政策相关的机构都被设置为一个模式：任何德国政策在被贯彻实施前，都必须首先告知昂纳克本人。当政治局联邦德国工作小组提出草案后，须由昂纳克做出最终决定。昂纳克授权沙尔克和福格尔负责各自的谈判进程，而米塔格在与昂纳克沟通的情况下负责做出德国政策的相关决策。昂纳克的地位非常稳固，因此，他只需与他最紧密的圈子（米塔格、海尔曼）商议草案内容，在呈交政治局时，政治局只进行表决（以便符合形式上的表决程序），而不能提出咨询建议[35]。但是对于原则性的德国政策问题，例如他对联邦德国的出访，昂纳克必须事先和莫斯科方面进行协商。[36]

除了昂纳克之外，20 世纪 80 年代民主德国政治体系中的重要参与者还包括[37]君特·米塔格。这是出于两个互相关联的原因：君特·米塔格是由昂纳克提拔的，并是他"绝对的密友和亲信"[38]。因此，米塔格在民主德国担任多个重要职位：

- 民主德国国务委员会副主席；
- 中央委员会委员和政治局委员；
- 政治局联邦德国工作小组组长；
- 德国统一社会党中央委员会主管经济事务的书记。

在所有与经济政策相关的问题上，米塔格在民主德国拥有无限制的统治权。在他之下，设置有一系列负责不同经济问题（国内经济、外贸等）的部长们[39]。这些部长需要向他报告，并直接从他那里得到指示。与西德政治家之间举行的以经济政策为主题的官方会谈及谈判主要由君特·米塔格负责。例如借莱比锡博览会或汉诺威博览会之机，西德政治家（以及西德经济界代表）均与米塔格进行会面。在上述博览会期间会谈的背景下，米塔格与科尔定期举行会晤[40]。米塔格是代表东德与联邦德国经济界人士和政治家们联结的桥梁，他自己同样如此认为。"最迟到 80 年代初期，在少数几个实务领导——例如外贸部部长格哈尔德·拜尔的支持下，我基本是一力支撑起了与西德之间的合作。我不能公开做这项工作，但却在实质性的推进建构性合作框架，尤其在西德经济界人士与东德相关经济部长之间的会谈框架下……在由奥托·沃尔夫·冯·阿梅龙根（Otto Wolff von Amerongen）、贝特霍尔德·拜茨（Berthold Beitz）、恩斯特·皮培尔（Ernst Pieper）以及卡尔·霍斯特·哈恩（Carl Horst Hahn）等人（均为重要西德企业界人士。译者注）组成的权威经济圈子进行接触时，我们的对话是内容充实且充满信任的"[41]。朔伊布勒把米塔格描绘成一个实用主义的、对经济问题尤其感兴趣的人[42]。鉴于米塔格是政治局联邦德国工作小组的主任、充分了解德国政策的相关信息，也鉴于民主德国谈判代表沙尔克有义务向米塔格进行汇报，我们可以说，就德意志内部关系这个领域来说，米塔格理所当然是民主德国中最为了解内情的参与者之一。

德国统一社会党内德国政策专家及最重要的西方问题专家是赫尔伯特·黑贝尔。1971 年他被任命为东柏林新成立的国际政治与经济研究所（IPW）教授兼所长。该所的主要工作是为民主德国政府、中央政治局和中央委员会提供相关信息。在黑贝尔任职期间，该所成立了一个特别小组[主任：赫尔伯特·贝尔奇（Herbert Bertsch）]，负责与联邦德国各研究所（领域：学术、政治、经济）展开直接交流。自 1973 年底（至 1985 年），黑贝尔还担任民主德国统一社会党中央委员会西方问题部部长。1984 年 5 月他晋升为政治局委员，并在中央委员会中任"国际政治与经济事务"书记，并专门为他设立了书记处，他还兼任隶属于这个新书记处的西方问题部部长一职。因此，他集中央委员会书记和部长于一身。事实上，这个新设立的负责国际政治与经济的中央委员会书记职位是一种集中的表现：将之前分属不同书记处的德国政策职权集中在一个部门，尤其是集中在黑贝尔手中[43]。除了在德国统一社会党的德国政策事务中起到协调和汇总作用之外，黑贝尔同时还扮演着昂纳克公开的德国政策顾问的角色。这样，"黑贝尔得到晋升一事也可以视为东柏林向联邦政府发出的信号：在民主德国政治局的政策优先顺序中，德国政策拥有不变的重要地位，在形势困难时可以保证德国政策由专业团队继续运作。（通过对黑贝尔的任命，还产生了意料之中的'副作用'：一旦出现政策失误，昂纳克将不负直接责任）"[44]

在任职期间，黑贝尔也是一位受西德政治家们欢迎的官方对话伙伴。例如朔伊布勒于 1984 年 12 月 6 日[45]第一次以联邦总理府部长的身份出访东柏林时，除外交部长菲舍尔之外，他还要求与黑贝尔会晤。鉴于民主德国的政治体系网络，也鉴于民主德国外交部在德国政策方面直接接受党的指示这个事实，可以很清楚地看到，在 1984/1985 年，比起菲舍尔来说，黑贝尔是更重要的对话伙伴。在 1985 年 11 月 22 日第十一届中央委员会全体大会上，黑贝尔卸任政治局委员及中央委员会书记职务[46]，而只作为科研人员在马列主义研究所继续工作。他对此后德国统一社会党的德国政策再未起到任何作用。中央委员会国际政治和经济事务书记处没能再延续下去，他曾经担任部长的"西方问题部"被置于阿克森领导的书记处之下。通过这种安排，德国政策的纲领和战略筹备工作及对民主德国的社会团体及国有机构中对西方（首先是西德）工作的监控也就此转移到了该书记处。

民主德国外交部长奥斯卡·菲舍尔并不属于昂纳克的亲信[47]。从上面所描述的外交部在政府体系中的地位可以看出，他在民主德国权力体系中的地位较低。尽管自 1971 年起菲舍尔就进入了中央委员会，但却一直不是政治局委员。与其他政府成员不一样，他也并未进入国务委员会。所以，他不能与德国统一社会党领导层直接联系。整体上而言，菲舍尔并未做出任何原则性的德国政策表述[48]。表面上，作为外交部长，他是东德方面的官方代表，负责与联邦政府就德国政策事务进行对话。朔伊布勒把他描绘成枯燥乏味的官僚，和他没有什么可谈的[49]。根舍和菲舍尔每年都在纽约联合国全体大会期间举行一次会晤，就多方面议题展开探讨。在多次会晤中，仅有一次涉及德意志内部问题——在布拉格使馆占领事件的背景下[50]。根舍定期将所谓"负面情况"清单递交给菲舍尔。根据菲舍尔对这些难度不等的"负面情况"的解决结果，根舍可以了解到他在统一社会党体系内的政治地位如何。根舍也曾公开与菲舍尔谈到他的这种衡量标准，这当然令这位民主德国外交部长感到不满。

埃瓦尔德·莫尔特自 1978 年 9 月至 1988 年 7 月任民主德国驻联邦德国波恩常设代表处负责人[51]。莫尔特面对的情况和菲舍尔类似，同样类似的还有朔布伊勒在波恩对他的感觉，即莫尔特也同样是那种乏味的官僚[52]。他在党内的政治地位相对较低。自 1981 起他就是中央委员会候补委员，1986 年 4 月成为正式委员。西德文件中的某些部分对他的职权描述包括以下两方面。一方面，针对德意志内部关系形势，莫尔特似乎只掌握来自东柏林的不完全信息，因此经常会导致一些近乎荒谬的事件发生。他甚至有一次不得不通过延宁格尔来获得有关科尔和昂纳克在莫斯科会谈的内容[53]。另一方面，莫尔特只负责德意志内部关系领域的日常事务（出境旅游问题、处理申诉等）。他和他的部门均无权参与双方政府间进行的实质性谈判。在此背景下，朔伊布勒关于"没有必要与民主德国驻联邦德国波恩常设代表处负责人埃瓦尔德·莫尔特进行对话"的指示[54]也就可以理解了。

20 世纪 80 年代德德谈判进程中的一位重要政治家是沙尔克－哥罗德科夫斯基。随着 70 年代和 80 年代德意志内部政府间会谈及谈判次数的增多，他的重要性逐步增大。沙尔克的主要任务在于，在德意志内部谈判进程中官方会谈层面之外，维护和促进非官方层面的对话与谈判渠道。由他负责的与西德政治家之间的交流和沟通是基于互信层面[55]，并经常为联邦德国和民主德国之间的官方会晤和谈判做好前期准备。由于沙尔克与德国统一社会党的领导层——这里主要指米塔格和昂纳克——拥有直接的联系渠道，因此对于西德而言，他是一个有趣的对话伙伴[56]。此外，沙尔克还是外贸部国务秘书、商业协调部门领导人以及政治局联邦德国工作小组书记，因此，他是民主德国党和政府机构之间的核心联结点之一，并在这些职位上得到米塔格和昂纳克的直接指示。沙尔克在多大程度上是德意志内部谈判进程中昂纳克的私人特派员，最后并没有完全弄清[57]。不过沙尔克说他与联邦政府之间进行的秘密谈判均得到昂纳克的授意。沙尔克说，他与联邦政府代表会谈所遵循的谈判方针都得到昂纳克的批准[58]。这样，沙尔克相当于获得了昂纳克在德国政策谈判过程中的全权委任[59]。东德谈判代表的这种情况"在西德在场人士高斯、伯林（Bölling）、布罗伊蒂加姆博士、朔伊布勒博士和塞特斯的阐述中也得到了证明，他们指出，沙尔克博士在谈判中是以德国统一社会党中央委员会总书记昂纳克的代表身份出现的"[60]。但在与西德政府人士进行秘密谈判时，沙尔克并没有完全的决定权。联邦总理府部长朔伊布勒曾说，沙尔克－哥罗德科夫斯基，这位在他看来极其忠诚且公正的谈判代表，曾经在会谈中接电话，以接受来自东柏林的新指示。除了上述与昂纳克的直接交流外，沙尔克与昂纳克之间还存在另外一种间接的沟通模式，即通过君特·米塔格。沙尔克会对他与西德政府人员的会谈内容[61]做好说明并呈交米塔格，然后由米塔格转交昂纳克，让他获得相关信息或由他做出最后决策[62]。"昂纳克会在原始的意见上做出他个人的意见批注和最终决定。"这些批注的副本会转交给沙尔克[63]。在联邦德国联盟党和自民党联合执政期间，沙尔克的谈判伙伴包括布罗伊蒂加姆、延宁格尔、朔伊布勒、塞特斯及施特劳斯[64]。他与朔伊布勒（联邦德国总理府部长及联邦内政部部长）在 1984 年 12 月 5 日至 1989 年 11 月 6 日期间共进行了 21 次会晤。塞特斯和沙尔克于 1989 年进行了四次会谈。[65]

沃尔夫冈·福格尔是一名少见的在东西柏林均拥有律师执照的东德律师（自 1957 年始）。自 1963 年起，他代表东德负责处理东西德之间的人道主义事务，尤其是涉及赎回俘虏的事务[66]。自 1963 年起，历届联邦政府接受福格尔作为谈判伙伴的一个重要标准，被雷林格如此描述："……关键在于，在他背后支持他（福格尔。作者注）的那些人——因为他并不是以个人名义单独行事——是否具备足够的权力，以确保他们的承诺能被兑现。为了能在非常规情况下赎回在民主德国被关押的人员，需要来自'最高级别'的同意。"[67]尽管福格尔在 80 年代才成为德国统一社会党党员，而且并没有在党内获得正式职务，但是他和党之间依然有紧密的联系[68]。在民主德国政府机构里他也没有担任公职。但福格尔仍然是昂纳克的线人[69]。他拥有能快速与昂纳克直接沟通的渠道，受昂纳克的委托负责处理涉及人道主义事务的德德谈判[70]。他的行动从不知会外交部[71]。福格尔是除沙尔克之外联邦政府在民主德国最重要的谈判伙伴之一。联邦德国与这两个人之间举行的会谈和谈判均在一种互信的、非官方的氛围中进行。从官方层面而言，福格尔（人道主义问题）和沙尔克（经济政策问题）均代表东德负责处理德德关系中的不同领域事务。但福格尔对于东德来说还是外汇提供者，因为东柏林在释放每个被关押人员时都要求赎金。与此同时，尽管不像沙尔克那样理所当然，但福格尔偶尔也会受昂纳克的委托与朔伊布勒[72]进行谈判。与福格尔进行谈判的西德方面人员包括德意志内部关系部国务秘书（先是雷林格，后来是普里斯尼茨），以及在特殊情况下（如大使馆占领事件、因第二次世界大战离散家庭重聚问题，以及关于关押人员赎回问题）的总理府部长（先是朔伊布勒，自 1989 年起是塞特斯）。[73]

第三章　政府行为的发展过程

在前文介绍了行政决策结构后，下面 18 个章节将从德国政策的角度分析典型的政府行为。

首先，研究将从 1982 年 10 月 1 日波恩政府更迭展开。

第一节　权力建构过程：波恩政府更迭

下面，我们将以德国政策领域的政府行为为例来阐述从联邦总理施密特到联邦总理科尔的权力更迭阶段[1]以及新政府权力形成[2]的最初进程。对此分四部分进行阐述：

　　– 德国社民党与自民党的联合执政危机以及科尔的联合执政谈判；

　　– 第一个政府声明的拟定：决策过程以及谈判策略；

　　– 政府声明的理念范畴；

　　– 对德国政策各阶段的分析。

开始时存在对总理府权力的争夺。德国联邦议院反对党主席赫尔穆特·科尔希望获得总理府的权力。他对强势的基社盟主席弗兰茨·约瑟夫·施特劳斯表现得不大在意，对仍在职的联邦总理赫尔穆特·施密特所采取的那些策略手段则是毫不退让。1982 年 9 月 17 日德国自民党部长们从联合政府中请辞或者说被辞退之后，赫尔穆特·科尔就成了整个事件的发动者。为获得竞选总理所需要的多数票，他需要得到自民党主席、外交部长汉斯－迪特里希·根舍的支持，他们已经是多年的朋友了[3]，当然他还要获得自民党的支持[4]。自此刻起，科尔和根舍相互依赖，在这段时间内成为彼此政治生涯的权力保障，因为科尔承诺自民党主席根舍，将使自民党在联邦议院中获得新生。德国政策和德意志内部关系与政府更迭没有因果联系。科尔追求权力以及保障权力的目标是整顿财政和预算政策以及贯彻实施"北约双重决议"[5]。这些议题决定了政府的更迭[6]。为此，他需要担任联邦总理一职，实现由反对党领袖到联邦总理的角色转换。

这样，1982 年 10 月 1 日（周五）应德国联邦议院中基民盟/基社盟以及自民党的提案要求，根据《基本法》第 67 条进行了表决[7]。提案的内容是："联邦议院希望做出决议：联邦议院对现任联邦总理赫尔穆特·施密特表示不信任，选出议员赫尔穆特·科尔博士担任下一任联邦总理，并请联邦总统于 1982 年 10 月 1 日解除现任联邦总理赫尔穆特·施密特的职务。"[8] 上午 9 时，联邦议院开始辩论[9]。施密特称自民党没有通过选民授权就争取联合执政政府的更迭是背信弃义的做法。这个建设性不信任案是莱纳·巴泽尔以基民盟/基社盟和自民党的名义提出的。这位议员曾于 1972 年提出联邦德国历史上第一个建设性不信任案，最终以失败告终。当然，1972 年和 1982 年的政治情况与氛围颇不相同。1972 年的政治氛围更为紧张。这不仅是因为当时联邦议院中存在不稳定的议院多数关系，而且 1982 年不存在收买选票之嫌[10]。1972 年时涉及的不只是让勃兰特总理垮台。德国政策以及东方政策的政治原则问题使各党派和整个社会出现分裂。1982 年，争论的重点已经不再是德国社民党的政治纲领，该党在经济、财政或安全政策方面在议院中明显不再占多数，争论更多的则是政府更迭的技术性问题。1982 年 10 月 1 日，魏纳（Wehner）、米什尼克、哈姆 – 布吕歇尔（Hamm – Brücher）、海纳·盖斯勒（Heiner Geiβler）、勃兰特、汉森、科尔、艾姆克以及罗森塔尔针对以下问题进行了发言辩论：倘若没有选民授权，能否允许政府的更迭？在计算选票的同时，科尔还在联邦议院的大厅中与阿尔弗雷德·德雷格尔协商，争取让他成为议会党团主席的继任者[11]。下午 15：10，联邦议院议长理查德·施蒂克伦（Richard Stücklen）公布了选举结果："具有完全表决权的代表总共提交了 495 张选票，这些选票全部有效：256 名代表投了赞成票，235 名代表投了反对票，4 名代表弃权，没有无效票。柏林代表的投票表决结果如下：共有 21 张票，包括 11 张赞成和 10 张反对，无弃权票，也不存在无效票。因此，根据《基本法》第 67 条的规定，基民盟/基社盟议会党团与自民党议会党团的提案获得了联邦议院成员必要的绝对多数选票，从而被通过。我宣布赫尔穆特·科尔博士当选为德意志联邦共和国总理。"[12]

社民党和自民党联合执政危机以及科尔的联合执政谈判

宣布结果后，胜利者的喜悦之情是有所克制的，这使整件事情看起来似乎轻而易举，但实际上却经历了许多困难。1982 年 2 月 5 日，联邦总理赫尔穆特·施密特在联邦议院提出信任案，以此试图整肃他的议会党团。尽管表面上认可了信任案，但社民党和自民党的联合执政自此便迅速走向尽头。施密特希望利用这次表决在联邦议院中通过就业计划[13]，而这项计划是在部分自民党成员反对的情况下确立的。尽管根据《基本法》第 68 条的规定，该信任案的最终投票结果对施密特来说是积极的，但是需要通过信任案的程序则是政府崩溃的明显标志。

联合执政的危机始于 1981 年夏[14]。自 1981 年 8 月始，根舍便谈到了将会发生一场难以避免的转折。联盟党自此抓住这句话大做文章。1981 年 8 月 20 日，根舍在未与本党领导团队进行协商的情况下，向自民党的议员和干部发送了一封函件，提出对政治进行结构性变革的要求，称"我们国家正处于一个十字路口"[15]，说国家和自民党正面临着市场经济的考验，对社会保障支出进行调整势在必行。自此，关于自民党在联合执政中要做出转向的推测就不断增加。1982 年 6 月，针对 1983 年联邦预算的基本数据再次产生了争议。联邦经济部部长格拉夫·拉姆斯多夫受总理委托提出的"克服增长疲软以及降低失业率的方案"最终成为联合执政政府的"离婚协议书"。施密特把拉姆斯多夫 – 蒂特梅耶协议看作一个能够把自民党挤出政府的机会。施密特把自民党的部长们排挤出内阁并把责任推到自民党身上，他的这一"杰作"以及他关于尽快组织联邦议院选举的要求，迫使科尔和根舍展开行动。他们原本对于在何时进行联合政府的更选存在不同意见，但施密特要求自民党"表明自己的颜色"，从而成为政府更选的"最后导火索"。1982 年 9 月 17 日，四位自民党部长级成员根舍、拉姆斯多夫、鲍姆（Baum）以及埃特尔（Ertl）在被施密特革职之前自行辞职。施密特这次不想再用信任案来解决和联合执政伙伴以及本党内部的紧张关系。他决心在内阁中获得绝对多数选票。因此，1982 年 9 月 17 日，他在联邦议院辩论中以解除社民党和自民党联盟为由向所有议会党团提出了一项共同倡议，其目标是提前解散议院并重新进行选举[16]。与此相反，科尔则要求联邦总理辞职。[17]

仅两天后，基民盟和自民党的领导层就决定通过大选表决来实现政权的更选，大选预计将在 1983 年春进行。一开始基社盟希望立即举行新的大选，之后再讨论财政预算问题[18]。因为施特劳斯希望通过更换联合政府把自民党挤出联邦议院。但科尔随即获悉了另一个使施特劳斯希望立刻举行大选的原因：施特劳斯希望立即举行大选，因为他认为，科尔不会为新大选找到宪法及政治的基础[19]。施特劳斯希望科尔失败，以便自己能获得登上总理宝座的机会。1982年9月20日开始了第一轮联合执政会谈：首先，根舍和施特劳斯进行协商直至将近15时，接着科尔、施托滕贝格（Stoltenberg）、施特劳斯以及齐默尔曼于17时开始协商。将近19时，根舍和米什尼克加入其中。何时举行新大选这个问题仍然悬而未决。直到几天后，齐默尔曼在施特劳斯不在场的情况下代表基社盟同意开始做准备工作，于1983年3月份举行联邦议院选举[20]。为了能够通过总理选举改变舆论形势并兑现提前举行联邦议院选举的承诺，新的联合执政党派必须迅速得出结果。到9月27日之前，又进行了三轮联合组阁会谈。公众舆论从1982年9月26日黑森州议院选举开始就发生了变化。社民党通过"倒戈运动"（这里的倒戈运动是指当时社民党在选举中改变了其基本立场并赢得部分选票，这种行为背叛了另一批支持者。译者注）取得了州议院选举的胜利。因此，选举受到了道德的抨击，而自民党则似乎走到了尽头。科尔需要自民党作为他的政府同盟伙伴，因此强烈反对立即举行新大选。此外，科尔认为有根舍和施特劳斯的联合执政联盟是必要的，因为这样能够从一开始就限制施特劳斯过多的权力要求[21]。从基民盟角度看黑森州选举是失败了，这也似乎证实了公民们并不希望通过事先安排好的建设性不信任案这种方式来进行政府更迭。政府更迭的技术环节仍然存在争议，但正如民意调查所显示的，对于需要进行政府更迭是没有争议的[22]。因此，从政府责任的角度出发，而不是从反对党的角度出发，科尔必须提前进行新大选，但绝不能立即进行。

　　在针对德国政策基础的协商中[23]，联合执政谈判进行得十分顺利，因为有其他议题更需要讨论。不同于后来1983年和1987年联合执政的协商内容，这次协商以标题为"德国政策、外交与安全政策"的书面形式固定下来。与德国政策相关的内容是：联邦政府的德国政策是以德意志人民的基本权利，即通过和平方式实现其自决权为基础的。因此，德国政策符合基本法规定的在自由中实现德国统一的要求……德意志内部的协定必须经过慎重考虑，必须通过协议取得可靠的成果和回报，符合处于分裂状态的德国人民的利益。因此，联邦政府坚持要求撤销提高最低货币兑换额。考虑到人权问题，联邦政府将会继续敦促逐步消除德意志内部边界的非人道主义行为。联邦政府将注意维护德意志内部关系的法律和政治地位，以此保持民族问题的对内与对外开放……[24]这些措辞并没有提出独特要求，具有妥协让步的特点，没有表示出德国政策将发生惊人的变化。其内容与联盟党对社民党和自民党联合政府的德国政策所提出的部分批评相符[25]，而另外，这些措辞保持了迄今德国政策的连续性：强调德国问题的开放性及德意志人民的自决权，更多地将德国政策纳入现存的法律结构，坚持联邦德国基本法序言的要求。基民盟/基社盟所特有的表述是要求付出与回报要建立在双方均衡关系的基础之上。对民主德国的直接要求只有撤销提高最低货币兑换额：由于受到"北约双重决议"的威胁，也由于严重的外汇紧缺，东柏林于1980年10月把在民主德国及东柏林进行旅行的最低货币兑换额提高到30马克。这份联合执政文件中并没有体现出与民主德国针锋相对的路线[26]，传达出的信息更多是要坚持法律原则和保持稳定。1982年9月28日，在自民党议会党团与基民盟/基社盟议会党团都批准协议之后，双方在当晚又进行了最后的第五轮会谈，以便相互确认此时已经具备对科尔有利的建设性不信任案前提条件。[27]

第一份政府声明的拟定：决策过程和谈判策略

最终，科尔在周五当选为联邦总理，并于1982年10月1日（周六）在媒体毫无察觉的情况下入驻联邦总理府[28]。同时入驻总理府的还有尤莉娅娜·韦伯、霍斯特·特尔切克、沃尔夫冈·贝格尔斯多夫以及爱德华·阿克曼。总理府行政司司长恩斯特·克恩（Ernst Kern）在周六简要介绍了总理府中的重要设施[29]。在接下来的周一，"中间路线联合政府"惊人的行动速度被展现出来：12时联邦总统任命联邦部长；13时联邦部长在联邦议院宣誓就职；15时在总理府进行总理府移交；16时30分进行新一届内阁会议[30]；18时举行第一次新闻发布会。紧接着，科尔飞往巴黎进行新政府第一次外事出访[31]。科尔想通过这个有代表性的姿态强调与法国的紧密伙伴关系，同时也强调新一届政府在欧洲一体化上的目标定位。

从新政府接管总理府事务到新政府发布第一份政府声明恰好相隔10天。联合执政谈判是迄今为止在波恩政权组阁历史上用时最短的一次[32]。然而，这也是第一个在上届政府执政期间就由于建设性不信任案而进行联合执政谈判的案例，因此也削弱了组阁时间长短的可比性。科尔的团队并没有预先准备好在秋季就入驻总理府，因此不能称之为一场经过精心准备的对波恩权力中心的争夺。科尔必须在没有政府新闻发言人的情况下完成第一次德国联邦当局的记者招待会。迪特尔·施托尔策此时还没有得到任命，他到 1982 年 9 月 30 日之前都还是《时代周报》的共同出版人[33]。由于入驻总理府之后需要立即起草政府声明，科尔必须首先搁置人事任命问题。当时并没有时间考虑各个部门的规划或总理府中职权范围的变化[34]。关于科尔执掌权力的能力及其领导才能的名声和现实之间有多大的差距[35]，从迅畅的、目标明确的联合执政谈判中可以看出。科尔态度强硬，权力意识明确，让施特劳斯这位自己阵营中的竞争对手远离政府，直到 1983 年春才出于重新大选的原因而再次让施特劳斯重新任职[36]。由于感觉到施特劳斯会威胁到自己独自掌权，科尔用计谋将其挫败。此外，科尔从来没有忘记他是怎样得到总理权力的：对基民盟无可置疑的领导是其政府权力的基础。

极少有新政府在自己的党派联盟中存在如此巨大的需要克服的矛盾：自民党困难重重，而基社盟在作为反对党的岁月里对自民党产生的厌恶之情日积月累，难以消除。由齐默尔曼（基社盟）而不是鲍姆（自民党）出任新的联邦内政部长，这一事实进一步展现了冲突的潜在力量和对峙阵营，科尔需要从中调节。为了让自民党的老对手施特劳斯在同一个阵营内与基民盟一起融入新的联合执政时代，进行艰难的平衡是必不可少的。除了政府组阁的时间压力以外，在有严重经济问题的时期进行政府权力更迭，失业率不断上升，负债居高不下，而且短期经济复苏的前景并不明朗，这些因素都给组建政府带来困难。这就是新一届政府起草政府声明时的政治形势。尽管科尔已经在夏末就要求他的同事们把未来政府政策的资料都收集汇总[37]，但是关于政府声明的资料尚未准备就绪。所以，贝格尔斯多夫在阿伦斯巴赫民调研究所进行了联想测试，研究哪些关键概念对政府声明来说能够在民众中获得好感以及赞同[38]，其中包含以下概念："中间路线的联合政府"而不是"新的联合政府"；"革新"，这个概念同时还包含连续性与整顿财政；对德国政策来说："德国问题的开放性、德国问题、欧洲未来的中心问题、全德爱国主义、全欧洲的责任、德国统一的权利、铭记历史面向未来"。

科尔在当选联邦总理之后直接委任霍斯特·特尔切克对起草政府声明进行内容上的协调工作。按规定，此事本应由总理府部长瓦尔德马尔·施雷肯贝格尔负责。但是特尔切克作为联邦总理府第二司的新司长承担起草第一份政府声明中的主要内容。第二司负责总理府中"外交和德意志内部关系、发展政策、外部安全"等事务。这样，他得到了关键职位。他担任起草第一份政府声明的工作小组组长一职[39]。正如联邦总理府第一任总理府部长瓦尔德马尔·施雷肯贝格尔所说，联邦总理府作为政府中心，政府首脑和行政部门之间持续而可靠的交流对总理府工作的成功有着根本的意义[40]。在历时仅几小时的政府更迭过程中如何建立起这样的交流渠道？新的联邦总理对总理府内形式化的信息流通和交流过程究竟赋予怎样的意义？在科尔登上总理府舞台的第一天，总理府中只有少数几个他信赖的人[41]。他还能相信谁呢？几天前，联邦总理府内部的工作人员还忠诚地为联邦总理施密特效力。科尔担任莱茵兰－普法尔茨州州长时形成了一种非正式的领导风格，他现在需要有老练的亲信与其进行面对面的商谈。他试图将其在美因茨任职时期的管理结构和任职人员都转移到波恩来。在美因茨任职时期，科尔担任的是州长一职，与之共事的官员构成了一个紧密的小圈子[42]。面对总理府最初阶段的信任危机，科尔试图延续这一优良传统：他任用对他绝对忠诚且成熟老练的人，并且给予他们很大的操作空间。科尔的团队即他的政治家庭在总理府的最初阶段就像是开拓者在陌生地区那样探索[43]。总理府中各项事务的流程仍然是未知的，部门的专业能力还无法在政治上得到评估而且短期内在很大程度上无法加以利用。但对科尔来说，在这些天里，他的执政风格初步成形，科尔也依照此蓝本处理其他问题和情况。

政府讲话是最重要的政治实践以及体现政府风格的工具之一，具有特定的目的。执政开始时的政府声明是每届政府展现其政治纲领的闪光点之一[44]。正如科尔自己所说，政府声明通常是一种"完美的表述"[45]。一般情况下，总理府要进行大量准备工作，并与所有相关的职能部门进行内部协调，正如之后每次德意志民族形势的报告或执政之初历次政府声明所做的那样。然而，这种一般情况却不适用于联邦总理赫尔穆特·科尔上任的最初几天。用来衡量这个首次政府声明的标准也许高于其他任何声明。什么是科尔所要求的"精神道德转折"[46]？相对于前任总理施密特而言，政策变化的重点在哪里？德国政策的哪些关键表述将成为新的标准？为了回答这些问题，需要首先弄清楚：由哪个部门对政府声明的文本做出决定？当时新总理府第五司"沟通和文件"还未成立科尔的发言稿撰写小组，因此这个问题变得更为重要。从系统的视角来看，可以对科尔/根舍政府第一个政府声明的五个典型步骤进行分析，从中不仅可以清楚地看出决策过程，而且可以看出谈判策略中的特别因素；这些因素在日常生活不同的交流方式中形成了理解、对话和协商决策的方式。

a. 权力参与者在沟通框架内的整合

1982 年 10 月 1 日后的第一个周末，科尔把自己的工作团队召集在一起。他们坦诚并公开讨论了当前形势并对问题进行了定义。对科尔来说，挑选自己的工作团队时，参与者的职务、级别并不重要[47]。对他来说重要的是，将能够解决问题的关键人物召集到一起，圆桌会议的规模并不是固定不变的[48]。在第一次周末交谈后，1982 年 10 月 9 日 ~ 12 日期间，这个工作团队每天都在总理府会面[49]。这个以政府声明为主题的圆桌会谈的固定参与者有：霍斯特·特尔切克，党代表大会发言稿撰写者瓦恩弗里德·德特林（Warnfried Dettling），联邦政府新闻局国内司司长沃尔夫冈·贝格尔斯多夫和维尔讷·魏登菲尔德（Werner Weidenfeld）教授。有时在场的是：联邦总理，国务部长延宁格尔，总理府部长施雷肯贝格尔，政府发言人迪特尔·施托尔策，米夏埃尔·斯蒂默尔教授，联邦经济部经济政策司司长汉斯·蒂特梅耶（Hans Tietmeyer），总理办公室主任沃尔夫冈·布尔，德意志银行董事会发言人阿尔弗雷德·赫尔豪森（Alfred Herrhausen）。这个工作团队的人员是经过精心挑选的，主要包括以下几类：

- 行政部门中多年来深受科尔信任的国家事务顾问；
- 来自外部学术界的顾问；
- 与党派、媒体和经济界有外部联系的权力参与者。

他们之间互相沟通、互相依靠。在这个阶段，科尔的贡献并非在理念上，而是在人员的任命层面。科尔观察对话并提出问题：[50]现在什么是可以实施的？什么是可以在党内实现的？在 1983 年 3 月之前可以实现政府政策的哪些目标？反对党想得到什么？联合执政伙伴以及基社盟允许我们做什么？联邦总理最关心的是确保内政的权力。

b. 对形势做出分析，而非制定方案

从政府声明的文本中看不出科尔的纲领和构想。他的协调和领导成果体现在，他恰逢其时地用自己的话对"圆桌会谈"进行总结，并对结论的要点进行概括，却没有做出自己的评论。他拥有对尚不明确的事物联系做出恰当分析的艺术。科尔没有提出方案，而仅仅是对形势做出评估。因此，科尔的作用大多是在对问题做出普遍性定义以及使气氛保持一致上，并没有对结果做出预估，也没有明确表达自己的纲领想法。随着对参与人员的确定，政府声明的基调也就确定下来。在联邦总理看来，对团队人员的选定事实上就已经保证了最后能够在原则上与他的基本政治信念相一致。如此，科尔的谈判领导方式被形容为气氛轻松，但过程严格[51]。

c. 专门团队的职责：语言与理念内容

在第一次与科尔就演讲稿进行讨论后，圆桌会议与会者赞同地点头预示着一轮头脑风暴宣告结束。科尔将起草第一稿意见汇总的工作交给由特尔切克、德特林、贝格尔斯多夫及魏登菲尔德组成的小组。但政府各部提交的不完整的草案对这个团队来说似乎派不上用场[52]。施雷肯贝格尔正式提交的初步草案完全是完成任务式的，仅仅将各部门的愿望做了罗列，但缺少核心理念。在德国政策方面同样也有相关职能部门提出草案，德意志内部关系部国务秘书雷林格在 10 月 7 日向总理府部长转发了他们的意见[53]。这份文件体现了巴泽尔充满自信的自我定位，即作为德意志内部关系部长，他同样应当参与到政府事务中去[54]。正如下文所证明的，该文件的一些内容确实被发言稿撰写团队所采用。而在接下来 1983 年以及特别是 1987 年执政之初的政府声明中，文件被采用的比例大幅提高。按规定而言，政府部门一旦撰写了初步草案，其所有内容都应该得到考虑。但是在第一次时一切都有所不同。这样便扩展了发言稿撰写组团队的语言表达空间。撰稿组可以创造性地"充分发挥"。行政规定也还未对创新性内容进行限制。

d. 非正式的信息管理

时间点很重要。总理或者他委托的工作人员要将草案给谁看？政治信息管理是政府行为和权力平衡的一个重要工具。而在政府行为的这个阶段，科尔同样没有一个固定的操作模板。多数情况下，科尔有目的地把不同人员召集到自己身边，将准备好的讲话稿给他们看，并要求他们给出可靠的评论[55]。科尔几乎一直有一个人员名单，他会和写作班子对这个名单进行协调。谁在何时得到这篇文章都不是偶然的。正式来说，政府声明必须是和联合执政的盟友协商决定的。贝格尔斯多夫向根舍逐字逐句口述了新政府第一份政府声明报告，外交部长没有提出异议[56]。联盟党议会党团主席阿尔弗雷德·德雷格尔也提前得到了文稿[57]。在根舍与德雷格尔审阅并且批准后，才将演讲稿最终草案提交给内阁。

e. 内阁对政府声明达成一致

1982 年 10 月 7 日，联邦总理在内阁会议中让所有与会者注意紧迫的时间计划。在同一天就必须将所有的草案在傍晚前交到他的办公室[58]。10 月 11 日，也就是周一下午，就要在一个有联合执政各议会党团主席及议院干事长参加的部长会谈中出示演讲草稿。内阁会议同时也考虑到个别愿望，但是这些愿望并未涉及德国政策：

　　–在经济、财政及社会各部拟定的一份共识文件上达成一致。在 10 月 11 日同一天晚上，蒂特梅耶提交了一份 40 页的关于经济和财政政策的文件，该文件在演讲稿撰写组里引起了激烈的争论。特别是施托尔策，他认为该文件由于含有大量经济细节，和演讲的思路不相符合，但第二天，定稿中还是采用了这份文件的核心内容。

　　–关于欧洲议题，内阁删除了有关最新重要欧洲倡议的内容[59]。外交部长绝不想让他的"欧洲文件"计划因科尔的倡议而偏离方向[60]。另外，演讲稿撰写组也没有采用外交部的表述，因为外交部明确赞赏了欧洲文件。此外，应施托滕贝格的倡议，内阁删除了关于对欧共体部长会议中扩大多数表决制的声明[61]。即使面对魏登菲尔德在联邦总理那里的强烈干预，施托滕贝格的倡议也依然得以保留。因此，最终的表述依然是："对共同体条约中所规定的范围，部长理事会必须能够以多数表决的方式通过相关决议。"[62]

在政府声明发布之前的那个晚上，阿克曼、贝格尔斯多夫、特尔切克与经过筛选的记者们在所谓"背景会谈"中详细讨论了政府声明的重点内容。这样，这些记者就知道了对总理来说最重要的内容，可以用于他们的评论文章中。[63]

第一份政府声明的理念

在政府行为中，只有少数行为是具有约束性的。其中包括联合执政协议和日后对此协议的调整，也包括在执政之初发表的政府声明。该声明具有鲜明的政府特征。联邦总理处于中心位置，尽管这类政府声明如上所述是由正式和非正式的文本模板组合而成的[64]。科尔再次援引了联合执政协议中的核心表述。不包含在政府声明中的内容在联合政府中是无法贯彻实施的。人们无法对新联合政府的第一个政府声明抱以太大期望，因为用于为政府声明进行协商的时间太短。1982 年 10 月 13 日[65]，科尔在发言开始时就强调"这不是传统的政府声明"。1983 年 3 月第二份政府声明的风格就变得截然不同了[66]。大多数政府声明都具备整体概括性信息，这可以作为对各个议题领域的补充，但鉴于在执政后短短几个月内就做出一份政府声明这种特殊情况，我们便不能期待政府能够达到这种效果。联邦总理最终于 1982 年 10 月 13 日在联邦议院里发表了报告，其标题是"中间路线的联合政府：政策的革新"。科尔将政府声明分为以下五个重点部分：[67]

1. 经济、精神、道德危机（经济和财政危机以及精神、政治危机）；

2. 中间路线的联合执政（概念定义、回忆阿登纳的功绩及中间路线联合执政的精神基础）；

3. 迫在眉睫的计划（创造新工作岗位、保障社会福利网络、外国人政策、外交政策和安全政策）；

4. 政治前景（建立人性化社会、辅助性原则、青年、家庭、德国政策及柏林问题）；

5. 基本原则（七个主导思想）。

政府声明是以四个主导概念为基础的，这些概念是由之前被问询到的关键概念组成的：中间路线的联合、革新、建立人性化社会、良好的人际关系。前言和结尾的框架性文本是魏登菲尔德和斯蒂默尔[68]撰写的，很少有包含如此多意识形态要求的政府声明，这不仅仅是在克服"精神、政治危机"这一计划中体现出来，也体现在总体表述上。迄今为止的政策被完全废弃，并承诺"有一个新的历史开端"[69]。中心很明确，就是要迅速克服危机："中间路线的联合政府……在德意志联邦共和国建立以来最困难的经济危机中开始了工作。这场危机动摇了许多人和许多公民对我们国家行动能力的信心"[70]，前几句话这样说道。政府的近期目标是整固政府财政、刺激经济以及控制社会保障支出。到 1983 年 3 月 6 日时选民将看到这些目标得以实现。而外交、安全政策以及德国政策的段落明显比经济部分更有概括性，科尔在这些段落中努力保持政策的连续性，同时进行方针调整：

– 联邦德国作为西方世界的一部分，加强并巩固其对内和对外政策的协调。这一点尤其是在和美国的关系中得到了强调："德国外交和安全政策的基础是北大西洋联盟以及与美利坚合众国的友谊和伙伴关系"。

—联邦德国确定要完全贯彻"北约双重决议":"对德意志联邦共和国来说,由于它处于欧洲地缘政治中心,立场摇摆不定会对其产生致命的影响。这个联盟是德国国家利益的中心"[71]。

—联邦德国的目标是成立欧洲联盟。但对这一点只有模糊的表述。

—科尔把德国政策的重点放在民族统一的情感问题上。

人们对根舍坚持外交和安全政策的连续性不会感到惊讶。和施密特不同,其在"北约双重决议"问题上被社民党所孤立,根舍则能够在科尔政府中将双重决议贯彻下去:"联邦政府绝对支持北大西洋公约组织 1979 年的双重决议"[72]。根舍和外交部新任国务部长梅尔特斯将对外政策的章节也纳入联合执政协议中[73]。政府声明中再次展示了这一核心观点。根舍因此自诩为德国政策的连续性及可靠性的体现[74]。

对第一份政府声明中的德国政策段落的分析

德国政策几乎被放在政府声明的结尾部分[75]。由于位置先后也代表着议题的政治优先程度,从表面上看,德国政策的政治地位相对较低。与当时占决定地位的经济与财政危机相比,这个判断也是正确的。但根据演讲的惯例,在报告结尾部分的演讲稿中还要有扣人心弦的高潮部分。因此,草稿撰写班子特意将德国政策放在了结尾部分[76]。政府声明包含了以下有关德国政策的关键段落,此外对结尾部分的不同草案也做了一定的比较分析。

民族统一、历史与认同意识

这组议题和认知定位有关。科尔把德国分裂的原因也归咎于此。联邦总理把民族这一主题理解为具有导向性和综合性的主导概念。所以他在第一次就政府声明召开的共同会谈中主动提出了这一主题[77],并将之与其本人政治理念体系中的其他关键性基本认知联系起来:从历史和民族意识角度讲德意志分裂;欧洲一体化使德国人免受名声不佳的过去的影响;美国是西方价值观以及外部安全的保证。这三个方面几乎涵盖了赫尔穆特·科尔的政治理念。科尔对这些有普遍意义的主题领域十分感兴趣。关于德国主题,科尔的关注点首先便是政治氛围与感情联系。同样重要的还有,科尔对于法律原则的表述以及德意志内部协议的细节也非常关注，这并不是因为涉及科尔本人，而更多是出于他对权力的考虑。有关德国政策的段落较短，并且缺少自 1983 年 5 月 4 日第二份政府声明起便成为标准表述方式的简明扼要的措辞风格，尽管如此，这些段落仍是科尔的德国政策[78]中无可替代的重要文件。开头几句话就使整个演讲与众不同[79]："总统先生，女士们、先生们，对德国历史反思也属于我们的变革。"[80]接着，有两个核心句子："德意志人的民族国家已经分裂了；德意志民族保留下来了，也将会继续存在下去。"第一句话当时遭到了反对。几年后，德国政策工作组组长在准备"处于分裂状态德国的民族形势报告"时的评语清晰地显示了这点。他于 1986 年写道："1982 年 10 月 13 日关于德国民族国家分裂的那句话会给德国社会民主党的左翼留下口实，以此作为要求删除基本法序言的借口。这在当时毫无必要。这一句表述当时在基民盟和基社盟中也是有争议的，在 1983 年 5 月 4 日的政府声明里也未被重提。"[81]魏登菲尔德和斯蒂默尔将这个表述纳入首次政府声明，而这个表述可能会引起误解。联邦宪法法院在 1973 年 7 月 31 日谈到了"德意志民族和国家的统一将继续存在"[82]。民主德国对此提出抗议，这在德意志内部关系中司空见惯。民主德国提到这类表述时将其称作是"波恩政权危险的美梦"[83]。科尔在接下来的语句中明确表达了对民族的理解："我们都知道，克服分裂仅仅在历史的时空中才能实现。"在可预见的时间内是不能克服分裂的。科尔没有把其他同等重要的目标和这个目标放在一起。接下来，科尔提到了 1983 年在历史上有特别意义的纪念日。这种风格在他所有演说中都有所体现：马丁·路德 500 周年诞辰、希特勒上台 50 周年以及东柏林工人的反抗斗争 30 周年。联邦总理提起这些周年纪念并借此表明他的德国政策纲领。同时，这些纪念日也用于再现历史的经验。

如果要回顾所谓转折体现在德国政策上的标志，就不能避免"历史和认同意识"这一话题。经过科尔首肯，声明撰写小组对以下问题的讨论愈演愈烈[84]：哪些议题不仅事关当代，还能影响未来？新政府应为社会团结提供怎样的黏合剂？除了针对克服经济危机所制定的纯技术性紧急计划之外，还应当传达哪些情感方面的信息？历史和认同意识，这两个概念似乎给出了这些问题的答案。联邦总理的三个项目在总理府中被称为"总理计划"[85]：收藏了自 1945 年以来德国历史藏品的波恩历史博物馆，位于柏林的德国历史博物馆以及波恩的联邦艺术馆。而波恩历史博物馆在政府声明的"德国政策"一节中被提到。科尔的德国政策议题在当时不可能赢得选票。在 1982 年底公众关注的排序表中，以下议题排位更加靠前：保障工作岗位、保护环境、削减军备。德国政策对公众而言不太重要[86]。关于德意志人认同意识的提议应是新时代的出发点，而各个历史博物馆则是载着新时代向未来驶去的车轮。没有人能预料到，"认同意识"在 80 年代成为德国问题的核心概念[87]。认同意识这一概念象征性地代表了现代化过程的意义和导向，同时也在探寻新联系的意义。故乡、历史、民族和认同的概念相互关联，这股推力源于一些思潮，这些思潮原本并不是德国政策的本质，但他们将德国政策置于一个新的诠释框架之内：[88]

　　－关于德国竞争力的讨论以及德国在国际政治舞台上的角色，尤其是在欧洲和对美关系中；
　　－与此相关的是文明批判思潮，反对工业社会的冷漠，支持和平的同时拒绝复杂的安全教条；
　　－但各种文化倾向也与之紧密相关：反西方的情绪、中立主义及民族主义。

在此背景之下，目的明确地把德国政策置于对民族议题进行回忆之上。这样既指出了德意志内部《基础条约》的法律基础，也指出了其历史渊源。

法律基础

第一份政府声明中接下来是关于德国政策的历史法律渊源以及无条件划清体制界限。在声明中缺少相关法律基础的信息，而在以后历次政府声明及"处于分裂状态德国的民族形势报告"中都有这类信息。这一次科尔完全援引基本法序言，并援引了 1970 年 8 月 12 日有关《德国统一信函》（1970 年 8 月 12 日苏联和联邦德国签订《莫斯科条约》的同时，联邦德国政府向苏联外交部致函，说明《莫斯科条约》不应影响德意志人民对在自由中统一的愿望。译者注。）（这一点特别引起民主德国的愤怒[89]）。借此，联邦政府公开追求阿登纳确定的德国政策目标，在其中体现了科尔在德国政策方面的连续性。《波恩条约》、1972 年 5 月 17 日的共同决议，或是联邦宪法法院的裁决均未出现在第一份政府声明中，因而受到了联盟党党团的批评。早在 1982 年 9 月 20 日，联盟党党团中被驱逐者代表赫尔伯特·

切亚（Herbert Czaja）就已经将一份对政府声明的诉求清单寄给了联邦总理[90]。而科尔在这封长达十页的信件上仅仅手写批注了"有关政府声明，转呈瓦尔德马尔·施雷肯贝格尔"，之后便将信转交出去。1982 年 9 月 28 日，被驱逐者团体在联邦议会党团会议就联合执政文件进行讨论时了解到，文件中未包含任何与被驱逐者相关的内容，并且文件中积极的和平保障政策很可能是以有争议的《东方条约》为基础，而不是以保障德国利益的《波恩条约》为基础（只有在与民主德国和柏林有关时才提到该条约），于是切亚再次写信给总理，并采用手写的方式[91]。由于受到这种愤怒情绪的警告，施雷肯贝格尔在第一份官方草案中就加入了涉及被驱逐者的语句。演讲稿撰写组总结了官方草案的内容，其中是这样描述的："1200 万被驱逐出家乡的人和难民找到了新的家乡，从而使这个分裂的国家得到了和解，人们提高了对法治国家、民主意识、新的政治文化以及在变革中获得稳定的信任。"[92]演讲稿撰写组用没有情绪色彩的语言表述了这句话："1200 万被驱逐出家乡的人以及难民在这些年里共同建立了德意志联邦共和国。人们提高了对法治国家、民主意识以及新的政治文化的信任。"[93]但只有在这一点上科尔对被驱逐者做出了妥协。科尔不会再扩大对条约基础的列举范围。与之后所有的政府声明相反，关于被驱逐者的内容如此之短不仅仅和缺乏时间有关。科尔是在遵循联合执政协议，此时，他既不想与自民党争吵，也不想挑衅自己党团的部分成员，抑或是再次揭开旧伤疤。

《基础条约》的历史渊源

在提交的官方草案中仍然明确引述了《基础条约》，但演讲稿撰写组却将其删除了，尤其是因为这种表述容易引起误解："1972 年与民主德国签署《基础条约》之后，唤醒了部分人的担忧，直到今天，幸运的是，担忧并未成为现实。同时，这也唤起了另一部分人的希望，而他们一直坚持要将这些希望变成事实。我们将会在这里提醒，我们对此感到不满。"[94]不清楚的是，政府是对谁、以何种形式对此感到不满。但根据总理的理解，对原则的延续应当追溯到 1969 年之前（指回到 1969 年新东方政策之前。译者注）。

因此，文稿中明确指出其德国政策的历史连续性植根于阿登纳时期，而非勃兰特时期。这种历史的联结已经明确宣告了转变。一方面强调划清体制的界限以显示忠实于原则，另一方面也同时指出，德国的法律定位是以保持整体德国的未来尚待正式确定为基础的。同时，西欧的一体化被看作是促成德国统一的一个必要条件。与之后所有的政府声明不同，这些内容只出现在一句话中，并且这句话不是在德国政策的段落中。科尔没有提到重新统一，而是引用了基本法序言以及 1972 年关于德国统一信件的内容。《基础条约》是以这种方式被纳入其中的。在德意志内部关系部提出的草案中，就已经包括了基本法序言以及有关《德国统一信函》的内容。[95]

报告中接下来的段落几乎也与德意志内部关系部的草案相吻合："在与西方伙伴的条约协定以及与民主德国的协定中都体现出了《基本法》的内容。"我们尊重四个国家在整个德国以及柏林的权利和责任（演讲稿撰写组对此进行了补充。作者注）……和东部暂时达成了妥协。我们将对这些协议负责，并且我们会将这个协议作为实现和平政策的重要手段。（演讲稿撰写组将"政策"改为"和平政策"）。民主德国……可以相信我们会履行（草案中原来写的是"所有"，撰写组将其删除）我们所接受的义务。并且我们希望，民主德国同样能够遵守条约的内容以及精神（草稿中原文是"意义和目的"）[96]。"暂时达成了妥协"这一概念来源于联邦议院 1972 年的共同决议，这一概念在联盟党和社会民主党的东方政策之间起到了重要的桥梁作用[97]。民主德国因此询问科尔是否对条件的履行仅仅"承担有限责任"。[98]

同样，接下来的这句话也出现在德意志内部关系部的草案中："从特定的角度来看，汉斯－迪特里希·根舍的话是正确的：德国政策是欧洲的和平政策。"[99]而且外交部、德意志内部关系部的草案及施雷肯贝格尔的概要都援引了根舍的积极和平政策，这些不仅显示了根舍在联合执政政府中的强势地位，也强调了德国政策的连续性[100]。根舍提升为保障西德缓和政策的角色。这本应会招致联盟党的批评。但针对这些可能的批评，科尔早有应对办法。在接下来的段落中，他详细描述了意识形态上的严格界限。

与民主德国划清界限

接下来的一段与之前的风格截然不同，这部分和德意志内部关系部提交的草案文本相同："联邦政府对于忠实履行条约的理解是：在双方缔结条约之时，对已达成的一致意见不应在事后再次提出质疑。此外，还应就以下一点达成一致：与《基础条约》相关的有些重要问题并未得到解决，且这些问题时至今日也无法处理。若将解决这些问题作为德意志内部关系继续发展的前提条件，则不符合我们对忠实履行条约的理解。"[101]科尔强调了德意志内部关系中意识形态的差异、原则性区别和观点差异。联邦总理也隐晦地表达了对昂纳克提出的"格拉要求"[102]（Gera，城市名。译者注）的反对意见。科尔几乎认为"格拉要求"是一种违约行为，他绝不会接受将这个要求作为继续进行对话的前提条件。

同样，在一些风格尖锐的段落中，科尔毫不妥协地指出下述错误行为："高墙、铁丝网以及射击命令不是也不应是在东部与西部之间、在德国、在欧洲以及在全世界的最终手段。人性和理性告诉我们要拒绝接受这些。思想是自由的，人们应当能够自由地从这个德国到那个德国而不受死亡的威胁"。这些内容没有出现在德意志内部关系部的草案中，草案只是提到了"隔离设施"。在科尔的政府声明中，这些尖锐的表达放在了突出位置。同样，德意志内部关系部的领导层也在内部试图尽量减轻草案的语气或者继续采用阿登纳时期的风格。他们希望删除这句话："同时，我们会使用那些过去二十多年来已经证明有效的路线和方法"[103]。最终，演讲稿撰写组并未采用这句话。

德意志内部关系部的草案反复提到"德国内的两个国家"。演讲稿撰写组将其改成了"两个德意志国家间的合作……"。在联合执政文件中则只提到德国统一。演讲稿撰写组很明显在不同党派之间权衡，最后，它既未采纳社民党"德意志国家"或"德国内的两个国家"表述方式，也未将这一表述完全删除。之后的报告中则不再采纳"德意志国家"这种表述。科尔只使用一种说法："德国内的两个国家"。[104]

德意志内部的务实合作

划清体制的界限、双边合作以及政治要求在以下内容中都有所体现："民主德国要表现出改善关系的意愿和决心是很容易的。民主德国政府了解我们对于改善旅行以及探访活动的愿望，尤其是在东西柏林之间。今年，民主德国在这个方面采取了一些小的举措。但是，我们与关系正常化以及基础条约中所追求的睦邻关系之间还有很大距离。"赫尔穆特·施密特也曾经使用过与最后一句几乎相同的表达[105]。出于务实的考虑，科尔将旅行以及探访活动放在最优先的位置。同样，他也提高了双方贸易领域的可操作性。这个领域"（依然是，作者注）双方合作的一个重要领域"。[106]

在下面的报告中，极少出现具体的项目要求。德意志内部关系部的草案只包含了大量类似的要求，例如对继续进行文化条约谈判的指示信息。演讲稿撰写组只采纳了："我们坚持要求撤销提高赴民主德国东柏林旅行者的最低货币兑换额的决定"，但并未采纳联合执政文件和德意志内部关系部草案中关于"付出与回报"的表达方式。科尔在最后几句话中宣布要加强在柏林方面的投入，这就是声明中关于德国政策内容的最后部分。

这样就产生了第一份"中间路线联合政府"的德国政策政府纲领，其中可以看到联合执政党派之间的妥协。此外，就内容而言，政府声明中延续了前任政府的一些元素（在德国政策的务实部分），也包含了一些变革元素（在宣告象征部分）。这些方面对于观察者们来说是颇令人吃惊的。基民盟和基社盟受到批评，被认为缺乏温和态度、对东方政策不信任、与民主德国交涉中无能以及缺乏对历史必然事物的感知力[107]。社民党预测，权力更迭之后，东方政策将进入一个新的冰封期[108]。但是，在第一个政府声明的文本中，联邦总理通过对德国政策规范层面的回顾，对这些猜测做出了反驳。

政府行为结果小结

由于赫尔穆特·科尔联合了自民党作为执政伙伴，他顺利完成了权力的更迭。科尔通过根舍也能把基社盟主席施特劳斯的政治影响限制在一定范围内。但是基社盟在权力更迭后的最初几天没有在德国政策方面要求关键性的立场变动，这与1983年春开始实施的路线不同。他们接受了"与民主德国对峙方针"和"欧洲和平政策的连续性要求"之间的中间道路。联合执政协议中德国政策的内容便是这条道路的证明。

政府更迭一开始是与经济、财政危机以及在施密特/根舍政府时期针对"北约双重决议"的争论有关。德国政策在权力交替中没有什么重要意义。由于时间紧迫，联合执政各党派不得不首先迅速制定出解决经济危机的方案。

但出于对自身权力的保护，科尔不得不从一开始就密切关注德国政策这一政治敏感领域。在德国政策、东方政策和缓和政策中都存在旧的伤疤，这些伤疤是由于联盟党当年作为反对党对《东方条约》以及欧洲安全与合作会议（KSZE）的反对而留下来的。在联合执政条约和政府声明中出现了妥协性表述也是出于这个原因。

政府行为的规范价值观层面必须表述得特别完善，因为联邦总理想借此将他的影响力深入到联盟党内部。一些明确的界限划分，更多不是针对民主德国，也完全不是针对反对党，而主要是作为科尔通过联盟党基层来保障自己权力的手段。

联邦政府通过发表政府声明，在权力更迭后的政府文件中宣告德国政策的法律地位，强调了体制矛盾及政府层面以利益为导向的合作政策。政府行为的这个规范价值观层面是构建权力进程的一部分。

在确定政府声明内容的决策过程中，科尔很少亲自参与措辞的确定，他的贡献更多体现在制订演讲计划的方式上。针对演讲讨论的流程和人员方面的决定就间接展现了演讲的基调。科尔对以怎样的氛围引入对形势的评判以及应提出怎样的问题做出了规定，这样，声明撰写人员可以从中挖掘出所需要的要素。

科尔还通过在总理府内的关键职位上安插亲信来构建权力。这是一个精心挑选的小团队。科尔这种非正式、个性化的执政风格也源于其对政府中枢程式化流程的不信任。

对科尔来说，德国的分裂问题在其政治纲领中具有重要意义。他认为这一议题是民族统一问题，具有连接感情效应的政治内容。政府声明也要传递出这一信息，而不是大张旗鼓地宣布一些关于德意志内部条约的设想。

第二节　冲突调解程序：德国政策立场之争和第二份政府声明

下文将介绍联邦总理科尔在德国政策这一领域中如何行使并巩固其总理权力。本章将分三小节介绍他所采用的不同的冲突调解方式：

- 联合执政谈判和德国政策立场之争；
- 以第二份政府声明为例的政府行为；
- 功能范畴：整合德国政策的立场分歧。

联合执政同盟想快速明确具体任务，以落实1982年10月13日政府声明提出的紧急议程的要求。作为过渡政府，他们的任期只能持续到1983年3月。科尔确信，他在政府中得到的席位将会比1976年选举时得到的席位（48.6%得票率）更多。政府已经把活动的重心明确转移到金融和经济政策领域。1982年11月失业人数增加到两百多万[1]。联邦财政预算出现了约

400 亿马克财政赤字。在第二次内阁会议中，财政部部长施托滕贝格曾断言，仅为维持资产负债表的平衡就仍需 60 亿马克[2]。因此首先通过了一份 1982 年补充预算，提高了净贷款额[3]。1983 年的联邦预算于 1982 年 12 月 16 日提交给联邦议院，其中包含 1983/1984 年度的投资援助税。尽管新政府采取了大量削减社会福利支出的措施，但这些旨在平衡财政的举措几乎没有遭到公众的反对。[4]

但在科尔宣布将解散联邦议院于 1983 年 3 月 6 日举行大选后，则引起了政界的一片哗然。在现政府任期结束前就进行新大选一事是否违宪？这个问题引发了激烈的讨论[5]。解散联邦议院是一种艰难而冒险的行为，它必须满足很多前提条件：只有在组成新联邦的议院或者政府下台后（联邦德国《基本法》第 69 条第 2 款）没有出现能以绝对多数当选新联邦总理人选的情况下（《基本法》第 63 条第 4 款），或者在联邦总理向议院提出信任投票且在表决中没有得到联邦议院多数议员支持的情况下（《基本法》第 68 条）。即使这些条件得到满足，是否解散议院仍需联邦总统来决定[6]。1972 年联邦总理维利·勃兰特曾因党派僵持局面举行了议院信任表决，以便能够进行联邦议院中所有党派都要求举行的新大选。科尔也想按照《基本法》第 68 条的规定提前进行新选举。对于旁观者来说这是一种奇特的局面：基民盟/基社盟和自民党组成的议院多数选举科尔为总理，并在 12 月 16 日以 266 张赞成票通过了 1982 年的财政法案。而仅一天之后，即 12 月 17 日，联邦总理就举行了议院信任投票，议院多数派却宣布他们不再信任科尔（248 张弃权票，218 张反对票和 8 张赞成票）。然而同样是这批议院多数派又把科尔提名为总理候选人参加竞选。

1982 年 12 月 17 日，联邦总理科尔在联邦议院陈述举行信任投票的理由是，他领导的联合执政同盟在时间上和实际运作上都受到了限制。紧急议程已经完成。因此，"联合执政同盟缺少继续执政的议院基础。现在，我们请求选民们能够给予我们权力，以便能够实施中间路线新联合执政同盟的长期政策。"[7]接着科尔去函联邦总统卡尔·卡斯滕斯（Karl Carstens）："我遵照联邦德国《基本法》第 68 条向您建议解散德国联邦议院。"[8]在这种情况下，联邦总统是否赞同这种"人为操纵"的表决，将起到决定性作用。卡斯滕斯的表决并非胸有成竹[9]。在总统府中，他与国务秘书汉斯·诺伊泽尔（Hans Neusel）多次在谈话中产生矛盾与争执，内政部长弗里德里希·齐默尔曼（Friedrich Zimmermann）以及联邦总理府部长、颇具声望的国内法专家瓦尔德马尔·施雷肯贝格尔也对解散联邦议院问题提出了各自的新观点[10]。从 1982 年 11 月起，联邦总统卡斯滕斯开始与各党主席和议会党团主席进行了多次会谈，其重点即为基民盟、基社盟和自民党在 1982 年 9 月宣告的于 1983 年 3 月提前进行新大选的可能性。时任联邦总统府部长的诺伊泽尔按惯例都参加了这些会谈[11]。卡斯滕斯在会谈中清楚地表明，确信下述情况对他而言是何等重要：在 1982 年 12 月通过财政法案之后，联邦政府关于内政和外交重要问题的解决方案将不会在议院中获得多数支持。在各党主席和议会党团主席向他反复表示确实如此之后，鉴于数位议员已向联邦宪法法院提起机构诉讼，诺伊泽尔不仅曾在联邦总统面前，也在其他场合提醒大家考虑，将这种情况向公众阐明是否会对之后的法律审核有所帮助。德雷格尔代表联盟党、霍佩代表自民党分别在 1982 年 12 月 14 日和 17 日联邦议院会议的演讲中向公众公布了这一点[12]。卡斯滕斯担心，倘若联邦宪法法院否决解散议院，从长远来看自己的职位将会受到损害[13]。卡斯滕斯回顾此事时讲道："有人认为我解散联邦议院是因为所有党派都乐见其成，这种强加于我的说法是不对的。在这个问题上，所有党派的一致态度对我而言只是一种推定证据，即没有党派认为解散议院会伤害到他们的切身利益。"[14]

1983 年 1 月 6 日，联邦总统卡斯滕斯做出了在法律上和政治上都充满争议的解散议院的决定，他将其称为任期内最困难的决定。此事让他在 1983 年 1 月初度过了多个"不眠之夜"。他自己也是国内法专家，他的教授同事们的激烈争辩并非没有给他留下深刻印象[15]。他很清楚，联邦总统存在被联邦宪法法院击败的危险，并会产生史无前例的后果。他为将于 1983 年 2 月 16 日在位于卡尔斯鲁厄的联邦宪法法院公布的最终裁决做了两手准备。倘若他在 1983 年 1 月 6 日签署的命令（解散议院和新大选）被裁定为违反宪法，他就撤销这些命令。当然总统府内部也存在着疑问，即对违宪行为的裁决是否会影响到联邦总统的职位并对其个人产生负面影响。但是这个困难的问题却不需要回答了。科尔正是通过这种方式才取得了巨大成功，自其当选为总理以来，一直在朝着这个目标努力奋斗。尽管选战紧锣密鼓地进行了好几周，但正是通过这种方式，科尔的选举之路才通畅无阻。选举分析显示，直到 1983 年 2 月 16 日联邦宪法法院做出裁决之后，才可以确认一种有利于新政府的变化。[16]

大选以基民盟/基社盟的凯旋告终。这两党以 48.8% 的得票率取得了它们在联邦德国历史上第二好的成绩[17]。自 1982 年 10 月起新组建的"中间路线联合执政同盟"获得了压倒性优势：在支持率上，联盟党领先社民党（38.2% 的得票率）10.6 个百分点，自 50 年代以来还从来没有这样大的优势：这是一个全面的优势。自民党的支持率令人惊讶地稳定在 7%。因此科尔能使强化的联合执政同盟延续下去。联盟党取得的成绩比 1980 年施特劳斯的选举成绩还要高 4.3 个百分点，因而，巴伐利亚州州长没有时间，更没有能力来干扰科尔的竞选和选举期限。"绿党"以 5.6% 的得票率进入议院，这引起了国内外特别关注。经济议题和财政金融议题（失业、养老金、价格上升、国家债务）决定了选举走向[18]。在联邦德国历史上又一次不是通过选举，而是通过变更联合执政同盟实现了政府更迭。科尔明显击败了社民党挑战者汉斯－约亨·福格尔（Hans－Jochen Vogel）[19]。他需要这种强有力的地位，以便在选举后马上就调解联合执政同盟党派内部的争斗。

联合执政同盟谈判和德国政策立场之争

1983 年 3 月 14 日，基民盟和基社盟就组阁开始磋商。三天后开始了基民盟/基社盟与自民党之间的联合执政谈判，谈判共持续了十天[20]。联邦总理对此很重视，在他的主持下，有十五到二十人来参加协商[21]。代表团的组成保障了各政党、政府和执政的议会党团之间的联络。党派之间的预备协商在党总部举行，而关于联合执政同盟事务的协商会议在联邦总理府的小内阁厅举行，以此象征性地强调联邦总理的权能和活动区域。对这些会谈投入的管理费用相对很少[22]。只有在涉及准备政府声明和政府纲领时，才允许总理府和联邦各部参与。在联合执政联盟会谈期间，只有大家都认可的结果才会由部长施雷肯贝格尔记录下来，存在分歧的内容不会记录在案。之后党主席在各自议会党团和党主席团内部将会谈结果——联合执政同盟协议——提交表决。在 1983 年 3 月 23 日，科尔向基民盟联邦理事会提交了联合执政同盟的谈判结果，接着布吕姆（Blüm）和施托滕贝格对谈判结果做了进一步解释说明。会议记录客观地记载着，"在接下来的会议进程中，联邦总理科尔阐述了自己在外交政策、德国政策、国防政策以及欧洲政策（包括等待处理的 1984 年欧洲议会选举）等问题上的立场。"[23]

但在记录中却找不到对 1983 年德国政策达成的联合执政协议的准确内容[24]。在会议进程中，与会者还是讨论了东西方关系、外交政策和安全政策[25]。只有在这种背景下，德国政策的内容才得以浮现。施特劳斯和根舍发生了激烈争吵，因为基社盟主席要求在与民主德国开展贸易的过程中必须坚持"付出须得到回报"的原则。根舍预感到这会侵犯到现存的各项协定。他尤其担心柏林的统一会因此受到威胁。科尔要求对民主德国提供更多的经济援助，从而从这种争论中脱身。根舍评论道："我们（指科尔和根舍）交换了一个眼神，悄悄向对方传递了信号，鉴于与施特劳斯的分歧，我们最好还是不要在联合执政协议中加入有关德国政策的语句。联邦德国对民主德国的经济援助在任何情况下都不应冻结，联邦总理和我在这件事上意见一致。"[26]在最初官方公布的联合执政协议中，在"《东方条约》和欧洲安全合作会议《赫尔辛基最后文件》"的标题下写道："这一政策旨在服务于被迫生活在两个国家中我们的人民的利益。"[27]官方措辞是这样叙述的：由于时间的原因我们放弃将德国政策写入联合执政协议。事实上，这种拖延是联邦总理特有的、摆脱政府中政策冲突的处理方法。联盟党内部不同派系之间、自民党和联盟党部分人员之间的争执在权力交接过程中只是延缓了，但并没有消除。科尔和自民党结成了一种功利性的联合执政同盟。科尔并没有隐瞒，事实上在与社民党的组阁中自民党在德国政策上并没有代表科尔所主张的路线[28]。当时联盟党内部存在有关从德国政策向东方政策过渡的争论，确切来说，就是如何确定对于奥德河－尼斯河边界问题的法律和政治立场[29]。70 年代时，联盟党对东方条约和欧洲安全合作会议最后文件中存在的诸多模糊之处表达了激烈的抗议[30]。《基础条约》、《东方条约》和欧洲安全合作会议《赫尔辛基最后文件》都未能为整个德国预先制定一份和平条约。特别是基社盟和基民盟的一部分人希望在执政后能更加清楚地强调这些政府政策的法律地位[31]。确切地说，就是要追问包括 1937 年 12 月 31 日边界线等法律地位对于德国政策还有怎样的价值和意义[32]。此外，立场差异还表现在其他三个领域，它们在之后几年中才更清楚地显现出来：[33]

　　－ 欧洲统一和德国统一的目标孰轻孰重？[34]
　　－ 在安全政策上依靠西方与德国统一的目标之间有何关系？[35]

　　– 在内部承认（东德）德国统一社会党的领导和合法性的情况下，应该采取何种程度的措施来克服德国分裂的后果？[36]

　　在这种背景下，科尔认为很难在联邦议会党团内部进行整合[37]。科尔必须利用政府声明作为调解工具，但之前他还是尝试维持各党主席层面的融洽关系，但是鉴于根舍和施特劳斯之间不可调和的对立，事实上使关系融洽是不可能实现的。两者之间的争执在权力和人事方面持续不断，并且已经无关当时导致冲突的议题本身。科尔希望使基社盟主席更紧密地融入波恩的政策中，因此提议举行三个党主席所谓的"巨头会晤"[38]。通过这种方式，科尔努力为联合执政同盟谈判赢得时间，以稳固其权力。施特劳斯却想在这种三巨头会面中更强势地发挥影响力。与此相对的是，科尔想防止这种"巨头会晤"成为基社盟增强其机制性发言权的手段[39]。科尔不愿其领导权受到任何形式的限制或削弱。为避免在"巨头会晤"中达成任何决议，在第一次会谈中科尔仅将德国政策问题一带而过[40]。但是会谈所营造出的气氛却对科尔很有利，因为在外界看来他至少为团结施特劳斯做出了努力。

　　但议会党团内还是意见纷纭。联邦总理在党团内部划分出了属于不同冲突阵线的团体[41]：

　　　　– 一类是因个人命运而与民主德国议题有敏感的私人联系的议员们，例如约翰·格雷德尔（Johann Gredl），他们致力于对民主德国有利的政策。但也有将民主德国政策视为反苏政策一个分支的议员们。这个团体中的大部分人都将德国的法律地位看作核心问题。

　　　　– 另一类是适应时代精神、和社民党人一起准备放弃德国政策基本立场的机会主义者们，他们希望通过继续提高民主德国的地位来实现在德国境内两个国家间的所谓更紧密的关系。

　　总理府第 22 组的工作清单中列出了在德国政策立场方面代表不同意见的具体个人。此中记录了科尔必须利用自己的职权来解决的潜在冲突：

　　　　– "首先是那些强调现存法律地位并试图加以保全的人；他们一

方面特别强调捍卫重新统一的信条，另一方面却推动与东德划清界限。例如：基社盟的弗兰茨·约瑟夫·施特劳斯、特奥多尔·魏格尔（Theodor Waigel）及洛伦茨·尼格尔（Lorenz Niegel），基民盟的阿尔弗雷德·德雷格尔、赫尔伯特·胡布卡（Herbert Hupka）及赫尔伯特·切亚等。

    — 其次是那些虽然也承认现行法律的有效性，但认为为了推进德国政策却可以对其再加以修正的人。其代表人士是基民盟的福尔克尔·鲁厄（Volker Rühe）、艾伯哈德·迪普根（Eberhard Diepgen）、卡尔·拉默斯（Karl Lamers），等等。"[42]

在"巨头会晤"到来之前，施特劳斯试图和科尔协调立场，以便将科尔更多地引导到基社盟路线上来。在施特劳斯与科尔举行预先商谈的草案文件中就有如下的标题："德国政策的原则：1. 继续承认基本原则：德意志帝国是否继续存在于1937年的国界线中？"[43]此前，基社盟的内政部部长齐默尔曼的一次表态已经在内政方面引发了激烈反应和来自民主德国的抗议。他当时说到，东方条约并不能阻止联邦政府争取重新赢得奥德－尼斯河对岸的土地。他认为，东方条约并没有为整个德国预先设定和平的规则[44]。基社盟在德国政策领域中发现了他们在外交政策中未曾得到过的可以发表意见的游戏场[45]。这一点在基社盟于1983年4月25日公开介绍的德国政策六点要求中清晰可见。这是对德国新联邦政府内部关系部部长海因里希·温德伦的回应[46]。温德伦对施特劳斯提出了最后通牒式的要求，要求施特劳斯最终说明，对他而言德国政策的转折点到底在哪里？难道不应该坚持遵守与民主德国间现行的条约？温德伦以这样尖锐的方式向巴伐利亚州州长提问，从而导致基社盟六点要求的出台[47]。基社盟的要求在联盟党内部很大程度上还是得到了认可，存在分歧的主要是个别派系对基社盟下述要求重要性的看法：

    — 简化边界通关服务的复杂程序；
    — 坚持"付出必须得到回报"的原则；
    — 坚持将联邦宪法法院对《基础条约》的解释作为条约的固定内容；
    — 保持民族统一意识和重新统一目标；

　　– 揭露和谴责民主德国内部的不当行为；

　　– 不质疑统一的德意志国籍。[48]

　　对于德国政策中促进双边关系和开展人道主义合作的内容，联合执政同盟内部则很少异议。但施特劳斯却想展现自己和基社盟的特殊风格，尤其是因为该党在新选举出的联邦议院中比以前要强势得多。根舍也看到了机会，在面对基社盟时展现出自己作为政策连续性保护者的形象。他将这一点诠释为对目的联盟的贡献："强调德国政策的连续性符合联邦总理的利益。在维持德国政策的连续性方面，科尔需要自民党的支持来反对联盟党阵营内部的反对者。"[49]总理府部长要求德国政策工作组制作一份罗列有关联合执政谈判各种立场的清单。据其显示，内部的意见分歧微不足道[50]。在包罗所有德国内政问题的宽广范围内，联合执政同盟只在涉及"德国问题"和易北河边界这两个领域中存在意见分歧：

　　　　– 德国问题："在原则上无可争议、涉及德国政策基础原则的表述上，在基民盟和基社盟之间（特别是：是否应该更加强调关于德意志帝国继续遵守1937年边界线的结论）以及联盟党与自民党之间存在着关于轻重缓急和细微的分歧。"[51]
　　　　– 确定易北河流域边界："基民盟（特别是下萨克森州州长阿尔布雷西特博士）和自民党都没有完全形成自身的意见。联邦部长根舍多年来对此都很克制谨慎。基社盟的立场则更消极。"[52]

　　在联合执政同盟进行对话和准备政府声明的纷争背后隐藏着权力斗争。但是迄今为止科尔只是缓和争执，而没有明确表明立场。他不愿意选边站队。没有哪个联盟党团的派别能够利用科尔的表态来反对其他派别，因为科尔总是引用第一次政府声明中没有遭到党团批评的文字。对于实际操作的政府政策而言，这些讨论似乎没有取得任何立竿见影的效果[53]。通过巧妙地选择议题和讨论的时间，到1983年夏天，联邦总理回避了内阁会议的这些立场分歧。但过境旅行者布尔克特（Burkert）之死却在短期内激化了党派争端。1983年4月10日，布尔克特在受到民主德国海关官员审讯时死于心脏衰竭。施特劳斯将这次意外称为"谋杀"[54]。在此基础上，基社盟要求对民主德国采取更加强硬的举措[55]。几天后联邦德国驻民主德国常设代表处负责人布罗伊蒂加姆在东柏林向赫尔伯特·黑贝尔通报政府和联盟党内部的争执。在一份标记着"E. H."（这是埃里希·昂纳克的亲笔签名，表明他已阅示。译者注）的德国统一社会党 1983 年 4 月 29 日的记录报告中写道："布罗伊蒂加姆对过度情绪化对公众舆论和许多联邦公民直接产生消极影响十分吃惊。他本以为很难会再次爆发像现在这样的针对民主德国的敌对情绪。在基民盟/基社盟议会党团内部也能觉察到这样的影响。有一个人还能够不受传染而继续保持清醒的头脑，他就是国务部长延宁格尔。布罗伊蒂加姆几天前和延宁格尔进行过交谈。而机会属于那些能保持冷静的政治家。科尔尝试保持其方针，为此他首先让很多纷争自行消释。他知道，没有自民党他就无法执政，施特劳斯可没有办法为他争取到必需的议院多数票。"[56]

在德国联邦议院举行总理选举之前的两天，科尔在其议会党团内毛遂自荐。选择这个时刻的目的是能够最大限度发挥他作为德国政策立场分歧调停人的作用[57]。在议会党团内部演讲中[58]首先包括展示政府政策的成果，这就会将注意力从内部冲突核心转移开，以此来加强内部团结。为此科尔选择展示和通报的是他在外国的讲话和与联盟伙伴就安全政策进行的讨论。他的德国政策演讲首先表达了对过境死亡事件的愤慨，然后他就通过一种难以复制的典型方式来讨论德国分裂的整体话题。

（访问邀请的）合理性及其辩护

"现在，女士们先生们，我看到了我的前任对民主德国发出的访问邀请[59]。对此我经过了深思熟虑，也与多位同事进行了商讨。收回已经发出的邀请将是很不光彩的事情，这差不多与拒绝一个邀请的程度相当。"[60]在操作层面上，他表态说，他将延续其前任的政策，并以避免造成更大损害为维持这一邀请的合理依据。

民族统一

"赞成德意志民族统一的人，也必须赞成人民互相交往。很遗憾，我预计我们必须长期处于分裂状态，因此，我们最重要的政策目标是，必须让尽可能多的人互相往来。"[61]这种广泛、长期致力于统一的工作表明政府对民主德国的实际工作是正确的。这是毫无争议的，且将会以民族情感和包容性的态度来激励整个议会党团。

揭露冲突

"这根本不是争论，原则上来说这其实'仅仅是一种蹭痒树，各种各样的人都在上面擦蹭或者跃过它'。今天我要友好地表示：赫尔穆特·科尔不是任何人的'蹭痒树'，谁的也不是，这一点一定要清楚！（持续的鼓掌）"[62]科尔有意在晚些时候才将讲话引到内部的争论上。他将纷争归结为个别好争论者自我炫耀的病态心理，他以此成功地将批评的焦点从内容核心和他本人身上移开。科尔开启了另一个舞台。在内容上，他让一切都保持开放的未决状态，并聚焦于平衡、包容和权威性。

参与感

"我可以向你们预告：你们会对政府声明中'德国政策'的章节非常满意！"[63]联邦总理想以此对党团传递一种对于权力政治来说很重要的参与感。但这里却仅有预告而已：没有关于内容的信息；也没有提及党团中哪些人参与了文本的拟定。

信任

"你们知道，我就这样说吧：你们暂且不要考虑职位问题，就只是看看你们中的一些人7年来在党团中所认识的赫尔穆特·科尔吧，另外有些人在党内和我有几十年的交情了。如果我自己有任何要求：在德意志民族统一的问题上，在这些我们亏欠着自己祖国的问题上，我是不乐意被别人超越的！（鼓掌）……我们有一个完全明确的、完全不容置疑的法律立场、国际法和国内法的立场。这一点也将会再次非常明确地在政府声明中体现出来。"[64]科尔将对德意志民族问题的信念与坚定性与其个人人格密切相连，这样一来，如果有人批评德国政策路线就是向总理挑衅。不过科尔在德国政策内容上的表态只起到了烟雾弹的效果。因为争论只是围绕对东方条约的政治评价，而不在于是否保持条约的基础，这一点是无人置疑的。

以第二份政府声明为例的政府行为

1983年3月29日第十届德国联邦议院召开大会，并于当天再次将赫尔穆特·科尔选举为联邦总理。此时距1983年5月4日对政府声明进行表决还有差不多一个月时间。在声明制定的过程中，决策程序和理念形成阶段的谈判过程再度体现了科尔的执政风格。早在1983年1月30日，科尔就要求内阁同事在4月12日前准备好关于政府声明的建议[65]。在第一轮工作中，由司长科尼希（König）牵头，国务秘书施雷肯贝格尔（Schreckenberger）收集并整理了各部长的草案和其他呈文。此外还启动了第一轮初步规划，贝格尔斯多夫（Bergsdorf）、戈托（Gotto）和彼得·伯尼施（Peter Beonisch）以及《图片报》社论作者和路德维希港有线电视台主席[66]均参与其中[67]。第一轮拟定的草案应于 1983 年 4 月 20 日提交内阁讨论。科尔询问内阁，是否应分两个部分呈送政府声明：一部分是提交给全体大会的简短的口头说明，另一部分是详细的书面阐述。此事最终不了了之，因为内阁表现出抵触的情绪[68]。在内阁会议之后，科尔在总理府中将文稿交给恩格斯（Engels）、斯蒂默尔（Stürmer）和魏登菲尔德（Weidenfeld）三位教授审阅。魏登菲尔德批评了文稿的整体布局和序言部分，带着明显的官僚主义风格表述罗列了部长们的许多具体想法，却掩盖了声明主旨和纲领性表述。精神道德革新这个纲领性要求体现在哪里？一目了然的政府政策体系和政府任期内的核心议题又在哪里？联邦总理委托魏登菲尔德和斯蒂默尔在次日中午前呈交一份新草案，并于 4 月 21 日最大程度地采纳了该草案。任何读了政府声明七点主旨思想的人，都能毫不费力地从中辨识出魏登菲尔德的手笔，其间他特别注意整体构思的归类和分段[69]。魏登菲尔德的贡献除了持续地对政府声明进行整体编排之外，还特别在于否定了第一份草案。因此科尔得出结论，政府声明的后续指定和撰写工作必须由一个新的小组来完成。

与此同时，科尔把施雷肯贝格尔的团队召集到总理府，正式向施雷肯贝格尔和负责政府声明的联邦总理府内部事务司司长科尼希表示感谢，并表示现在只需要将文稿改写成讲话的形式并进行细微的编辑校订就可以了。而真相却并非如此，因为科尔早就把准备讲话的工作从行政部门转移到了政治部门[70]。此外，施雷肯贝格尔参与政府声明并不在于对推动政策形成做出的贡献，而更像是官僚主义的政治组织套路[71]。此后进行了更大范围的讨论，持续参与其中的包括以下人员：施雷肯贝格尔、科尼希、格林、普利尔、特尔切克、贝格尔斯多夫、德特林、伯尼施、斯蒂默尔和魏登菲尔德。曾短期参与的还有施托尔策和阿克曼。1983 年 4 月 23/24 日这个周末，科尔将第一份草稿带回家去阅读[72]。之后，在 4 月 25 日（从 14 点到 16 点）和 4 月 26 日（从 9 点半到 12 点），他们同总理进行了两次会谈。之后，科尔委托了一个小组（斯蒂默尔和魏登菲尔德）在彼得·伯尼施的带领下重新从核心思想和文风两方面对声明进行构思[73]。4 月 29 日

（从 9 点半到 13 点），讨论组又在科尔的领导下对新草案进行了较大范围的会谈和讨论。此后，科尔将其呈交给内阁。而他将这一过程放在一次晚餐会上进行，部长们只有在上菜的间隙匆忙瞥了一眼 40 页的文稿。科尔不想在这个小组里看到造成争执的讨论或个别批评的出现，因此选择了这种非正式的形式来知会内阁成员。4 月 29 日，草案于周末前夕（1983 年 4 月 30 日到 5 月 1 日）递交给施特劳斯审阅[74]。他没有提出实质性的异议，这与他在媒体中掀起轩然大波恰恰相反[75]。最终的大会讨论于 1983 年 5 月 2 日（从 16 点到 18 点）在总理的主持下进行，并对声明完成了最后的润色工作。

职能范畴：整合德国政策的立场分歧

在关于政府声明的演讲措辞中，联邦总理也参与了大部分阶段的工作，这充分显示出政治演讲在政府行为中的重要性。在整个进程的最后阶段，最终得以保留的是那些对所有参与者来说都显得最为恰当的句子，以便兼顾纲领要求和团结各方利益。声明中关于德国政策的内容出自魏登菲尔德之手。他和斯蒂默尔共同参与起草工作，直到完成规划的撰写。下文将介绍以下四部草案，它们之间的对比和区别显示出起草政府声明的过程：

- 联邦政府德意志内部关系部的草案[76]；
- 总理府德国政策工作组草案[77]；
- 魏登菲尔德的文案建议[78]；
- 1983 年 4 月 25 日由演讲稿撰写小组修改过的草案[79]。

指导思想

七点指导思想应当能够决定政府工作，其中第七点关于德国政策的内容是："德意志民族继续存在。我们赞成所有民族的自决权并且赞成终结欧洲的分裂状态。我们会竭尽所能在和平与自由中追求德国统一，并力争实现统一。"[80]最后的指导思想符合在第一次政府声明中强调的德国政策。至此，该纲领听上去更加斩钉截铁：持之以恒地坚持对民族统一的要求；强调在克服欧洲分裂的前提下取得自决权；通过补充"统一不仅是必须要完成的，而且也应由政府政策的主动争取实现"的内容，强调了《基本法》序言中的任务。这比第一个政府声明序言中的表述更加强有力[81]。"德意志民族继续存在"这个说法比引用民族和民族国家历史性的概念更强有力。在魏登菲尔德的草案里面是这样表述的："德意志民族保存下来了，而且仍将继续保存下去。克服分裂的愿望是欧洲统一的象征。在这个框架内德国统一是可以设想的，在这个框架内必须努力追求统一。"[82]其中却还缺少诸如自决权之类的要素。此外，这个建议过于偏离序言的措辞。在该声明中如此重要的位置使用的这种措辞方式（"统一的象征"）可能会引起误解。只有在严格阐述基本文件的范围内，才能让对德国政策立场有分歧的对手们都满意。

序言段落

第六段以"保全民族"[83]为题。德国政策工作组的草案是这样开始的："联邦政府将延续其在1982年10月13日政府声明中所表述的德国政策。该政策着眼于长期，它要求我们具有耐心和毅力、保持清醒并承认现实。"[84]只有这里的最后一句话是工作办公室主任决定加在此前联邦政府德意志内部关系部的版本之上的。这些句子具有典型的外交辞令特征。它们刻意允许其他含义和解释的存在，因为这些辞令有意地与普通公众语言使用习惯相区别。因此它们并不怎么精确（"着眼于长期"），在语调上不具有约束力（没有阐释内容和纲领），并尽可能考虑到民主德国而避免冲突（"耐心和毅力"）。德国的政策持续性与过去的声明内容有关。而第一份政府声明只是有限度地达成了一致，因为它只适用于较短的过渡期。而在最终版本中则存在更有力的纲领性表述："一条危险的边界横亘在德国，也始终位于欧洲的中央。这条边界分隔了德意志人，分隔了欧洲人，分隔了东方和西方。理性和人性不能容忍自决权终止于这条界限之上。"[85]边界是德国政策的核心术语。同时，这条边界也具有欧洲的属性——在1983年10月13日前边界尚不具有这两个属性。在此，"德国"的概念等同于位于德国的两个国家，这点也会使人联想到统一。理智（"理性"）和情感（"人性"）应该联系起来，以便能在欧洲整体发展的大背景下更改不公正的行为。科尔以强烈的申诉性风格总结道："历史经验表明：当前的状态并非不可更改。承认政治现实，但绝不屈从于命运！"[86]科尔以这种引人瞩目的措辞，明确地表达出合作意愿和坚持不同目标的毅力[87]。联邦总理接着再度列举了一些历史数据，不过比在第一个声明中要少得多。一份由撰稿人在1983年4月25日完成的草案称："德国是一个分裂的国家。"[88]

这句话本来是纲领语言的第一句，后来鉴于当时尚未解释清楚的过境途中死亡事件而被替换成了"一条致命的边界横亘在德国，也始终位于欧洲的中央。"[89]因此，这第二句话就在1983年4月25日之后被放到了首句。但是随着过境死亡事件逐渐淡出，措辞也变得和缓，由"致命的"变成了"危险的"。

体制的分野

"高墙、铁丝网、开枪命令和入境刁难。时至今日，这些仍是对人道主义的打击。哪里有这些东西的存在，哪里就没有正常状态。"[90]这个表述是指区分不同体制的极端状态。总理府德国政策工作组的草案版本中写道："只要开枪命令和自动开火装置还在阻碍我们民族的人们……"[91]在联邦政府德意志内部关系部的草案中则可以读到："那些蔑视人类的封锁阻隔设施"[92]，但在另一处却有"我们不会放松去敦促停止边境关卡上的入境刁难。"[93]科尔在1982年10月13日首份声明中三个概念的基础上又增添了第四个即"入境刁难"。这样他就联系上了在过境交通中的死亡事件，并在其中融入了基社盟的立场。在基社盟的六点计划中明确含有"消除入境刁难"。"正常状态"是《基础条约》所要达成的目标。与1982年第一次声明有所不同的只是这里更明确地将尚未实现正常状态的责任归咎于民主德国。

欧洲的德国

"德国政策是欧洲的和平政策"，1982年的声明中还是这样表述的。而这一明确出自根舍的表述此次则不复存在。在结尾文字中则含有："我们知道：单独靠我们自己的力量不能改变德国人分裂的现状。但是，我们能够也必须尽可能使这种状况变得可以承受并降低风险。从长远看，事实上只有在保持欧洲和平秩序的框架下才能改变这种状况。"[94]这后面隐藏着目标冲突问题：克服欧洲分裂和克服德国分裂孰先孰后？对此措辞必须谨慎。在发言稿撰写组4月25日的草案中，开篇之句中少了"单独"这个词。为了对德国的单独行动予以警示，并否定对积极的、有计划步骤的重新统一政策，在最后一轮修改中，在第二句话中加入了"在可能的情况下"这一措辞。为了让联盟党当事人可以接受那些说给外国人听的不温不火的客套话，人们在最后一轮讨论中在第二句中又加入了"而且必须"的字样："但是，我们能够也必须尽可能以可承受的、低风险的方式改变这种分裂局面。"[95]通过这种"亦此亦彼"的策略，很多可能性得以保留，从而为执政同盟政治和联盟党内部的沟通搭建桥梁。

法律立场

此外这次列举出的法律规定更加详细和精确，并详细地罗列出从序言到联邦宪法法院裁决的德国政策的历史连续性。直到1983年4月25日之后的声明中才加入了联邦宪法法院1975年7月对《基础条约》的第二次裁决，在此前所有的草案中都没有该裁决的内容。由此，人们将讲话撰写者之后所称的"神圣连祷文"[96]全部纳入其中。把裁决内容纳入法律草案，使第一次声明中出现的冲突得以缓和。列举法律立场再次纳入之后历次"处于分裂状态德国的民族形势报告"中。但这些报告都有意忽略了基社盟对1937年边界线的要求。但科尔仍表示，所有关于与民主德国关系的法律基础仍然重要。民主德国随即表示抗议[97]。因此，常设代表处负责人布罗伊蒂加姆在数日后再度阐明和解释了其中的关系。按照赛德尔的记录，布罗伊蒂加姆向其对话伙伴表述如下："联邦德国政府有意缓和4月份以来的紧张局势，并在各既定领域内延续实事求是的关系。所以民主德国应从这个意义上看待5月4日的政府声明。该声明打着科尔和根舍的烙印。在政府更迭之后施特劳斯无力让其要求获得通过。布罗伊蒂加姆仍必须承认，在4月份的争论中，科尔让事情纠缠得太久了。慕尼黑方面仍可能继续进行干扰。"[98]但是，人们无法轻易忽视巴伐利亚州州长提出的异议和保留。虽然声明没有引用关于1937年边界线的表述，但是他的立场却仍存在于声明之中。例如发言稿撰写组就加进了一段涉及被驱逐者角色的文字[99]。由此，科尔还是与之前其他社民党的总理采取了不同的立场，之前的总理对德国政策的角色基本上都采取了回避态度。赫尔伯特·胡布卡给联邦总理的一封信也不无作用，他在其中请求总理对被驱逐者表示尊重和同情[100]。而此前在发言稿撰写组的草案和魏登菲尔德的文件中尚无此段落。

德意志内部关系

关于德意志内部关系的这段表述也比1982年第一次声明中的更加尖锐和更有对立性。这次不再明确表示忠实于同民主德国的条约关系。提到更多的则是："我们计划利用和执行与民主德国的现存条约。而现实规则的基础则是坚持付出必须得到回报。"[101]发言稿撰写组的文本中还提到了"忠实于条约"[102]。但德意志内部关系部的草案表达得并不清晰："我们与民主德国的关系基于与民主德国签订的条约和协议。我们坚持保持这种关系。"[103] "付出必须得到回报"的用语已能在基社盟的六点计划中读到。德意志内部关系部的开头强调了统一的德意志公民身份，在发言稿撰写组的草案中也有这点。与1982年的文本相比，这一明确的强调是一个全新的现象。为了区分与前任政府的不同立场，科尔提及"在德国两个国家中的人们"[104]，而不再说"德意志国家的人们"。与德意志内部关系的议程相比，该政府声明尚流于表面，仅提到德意志内部贸易、科学技术和文化交流、环境保护、青年交流等话题而已。科尔将探亲访问和旅游交通作为独立的一章提出，从而再次赋予该议题特别的意义和重要地位。此后，草案则要求"降低货币兑换额[105]。1982年的草案中提到的还只是"撤销提高货币兑换额"[106]。对此，科尔在联邦议院的演讲中对其演讲稿进行了补充，加上了"坚决地"一词："因此，我们继续坚决地坚持降低最低货币兑换额。"[107]工作办公室的草案没有涉及这一话题。德意志内部关系部提及"对已提高的最低货币兑换额予以撤销"[108]。而在政府声明发表前几天，统一社会党总书记昂纳克宣布取消访问联邦德国。在这一背景下，对继续进行德意志内部双方对话重要性的强调就尤为突出。但发言稿撰写组却并未将这两件事明确联系在一起，因为那样就无法成功得出"对话在任何层面都是有好处的"[109]这一结论。直到1983年4月25日还可以读到如下内容："德国的人们希望，如果昂纳克总书记访问联邦德国，我们会更接近睦邻友好的目标。"[110]而当时任统一社会党中央委员会西方问题部部长的黑贝尔宣布昂纳克1983年无法访问联邦德国之时，政府声明的最终版本也并没有采取更加激烈的措辞[111]。承认柏林问题是"双方关系的试金石"决定着德国政策的部分内容。

政府行为结果小结

从德国政策领域存在上述立场分歧出发，无法明确区分赢家和输家。这次政府声明的主要针对方既不是反对党也不是德国统一社会党。这个政府声明更多起到的是融合联盟党内部各派系和联合执政同盟内部不同政策立场的作用，而其成就得益于科尔的政府行为。这一份声明比1982年的政府声明更明确地使用了与以往历届政府不同的语言风格和新词汇，也显示出细微的强化价值规范分歧的倾向。但与此同时，总理再度向民主德国展示了进行对话的意愿。

对第二份政府声明中的德国政策加以总结，可以发现以下三个步骤：

a. 从原则上在价值规范层面拉开与民主德国的距离；

b. 将德国政策置于欧洲统一事业中，特别是在 1983 年上半年联邦德国接任欧共体轮值主席国的情况下；

c. 扩大与民主德国的务实合作，由于拉大了同民主德国在价值规范上的距离，所以务实合作不会招致双方结盟之嫌。

这就是德国政策的实用主义元素，这种实用主义认真谨慎地从原则上划出德国政策的活动空间。德国政策的目标强调自由、统一和自决。科尔总体上承认民主德国的法律地位，但并不承认它的合法性。总体上讲，科尔政府声明的全部七条指导性思想将他与最初两位基民盟总理的立场定位联系在一起："再次尝试艾哈德对充满矛盾的社会进行整合并履行社会约束的要求，以及重申阿登纳与西方结盟这一基本战略决策。与西方结盟不仅应看作是外交事实，而且更应理解为是价值观共同体。"[112]

政府声明是联邦总理调解冲突的一种手段。他遵循着一种"安抚政策"去联合潜在的对手。在政府声明中，科尔的参与体现在组织一个团队来完成讲话的规划，而该团队能最好地将他想通过政府声明传达的讯息转化成文字。文字风格则有意识地摆脱了行政性草案的文风。

在科尔这个阶段的政府行为中，其他冲突调解机制还包括如下要素：

科尔避免亲自确定内容。面对所有提问者，他都拿出第一次政府声明，其中含有他所支持的对民族统一的基本认识。通过这种方法，没有哪一派批评者能将联邦总理为自身立场所用。

拖延冲突（从联合执政联盟谈判中脱离出来）为联邦总理创造了行动空间，以便通过时间策略来寻求妥协方案。

把施特劳斯和根舍一同拉入"巨头会晤"尽管没有实质性结果，但却给人带来一个感觉，即他们对总理发挥了影响。"巨头会晤"只是一个神话。科尔需要联合政府的团结。而科尔的领导才能正是体现在缓和并利用施特劳斯与根舍之间历时已久的冲突之中：这是一种以智取胜的艺术。公众总是会把联合执政伙伴的公开争吵理解为总理的领导能力不足。

科尔的权力使用还包括对内部政治结构的巩固和巧妙的时间安排：只有当对手将立场公开出去的时候，他才会像所罗门国王那样在党团中加以调解。他通过演讲口才将自己置于不受攻击的位置上，从而为平息政治斗争做出自己的贡献。虽然在联合执政同盟内仍然有对科尔德国政策的批评，但是在进行总理选举和制定政府工作计划的重要时刻，他总是能促成暂时的和平局面。

第三节 政府行为的操作层面：就职出访和德意志内部关系谈判日程

波恩的权力更迭对德国政策来说具体意味着什么，这在政治上是有争议的。在蒂莫西·加顿·阿什（Timothy Garton Ash）看来，1982年的转折并不是终结，而是天衣无缝地继承和延续了施密特内阁的政府政策[1]。克里斯蒂安·哈克（Christian Hacke）和马蒂亚斯·齐默尔（Mathias Zimmer）认为这是在发生"重大转变"的情况下对社民党和自民党联合执政政策的延续[2]。海因里希·波特霍夫（Heinrich Potthoff）对"连续性和转变性元素"进行了分析[3]。德国联邦议院"清算德国统一社会党专制历史及其给德国带来影响"调查委员会也反映出对这段历史有不同的政治评判[4]。在德国政策价值规范前提的背景下，迄今的研究能够对其连续性与变化做出分析。但是在此背景下，实际的德国政策是如何构建的？在处理德意志内部关系的初期阶段采取了哪些决策结构和谈判策略？为了研究政府行为的操作层面，下面分五小节介绍德国政策参与者进行的活动：

- 继承和创新；
- 德意志内部关系部部长的政策重点；
- 建立联系和评估形势；
- 部门之间的恩怨；
- 延宁格尔的就职访问。

继承和创新

在政府更迭之际，政府行为在操作层面上起初必须保持连续性。这不仅涉及正在酝酿的德意志内部关系议题，也涉及建立同民主德国代表的对话。从《基础条约》第七条中，联邦政府能够领会到民主德国具有与联邦德国合作的意愿，以换取对其平等地位的认可。其中提到："联邦德国和民主德国将签署协定，从而在协定基础上，为了双方的利益，发展并促进在经济、科学技术、交通、法律事务往来、邮政和通讯事业、健康事业、文化、体育、环境保护和其他领域的合作。"[5] 从这份关系正常化的目录可以看出，联邦总理科尔在处理德意志内部关系的议事日程上，首先保留了尚未通过政府协议商定的所有领域[6]。此外，正如文化谈判所要求的一样，必须重新开启双方对话。每当谈判触及双方核心利益时，总会变得非常艰难，例如关于民族统一的观点、人民的分隔、人道主义任务以及西柏林问题。[7]

对于科尔政府的德国政策来说，国务部长维什涅夫斯基（Wischnewski）[8] 的访问是一次直接操作层面的联系。维什涅夫斯基受施密特总理委派在 1982 年 9 月 12 日至 15 日对昂纳克进行了一次访问[9]。在形式上，维什涅夫斯基在总理府中对德国政策具有权限。这是他在职权移交给新国务秘书延宁格尔之前最后一次正式访问。东部和西部对维什涅夫斯基与昂纳克会谈核心内容的记录是一致的。在德国政策工作组组长的记录[10]中，关于维什涅夫斯基向昂纳克描述波恩的"联合执政同盟形势的真实图景"[11]并没有详细信息。西部记录中对会谈经过的表述比东部记录更加系统和客观，因而会使读者产生这样的印象：西部记录员将谈话过程中多次出现的各个议题进行了归类：

文化协定："昂纳克出乎意料地表示希望与联邦德国在排除普鲁士文化遗产基金会问题的情况下进行文化协定谈判[12]（外交部长菲舍尔此前并不知情），这就发出了一个清晰的信号。国务部长维什涅夫斯基便主张落实韦尔贝林湖（Werbellinsee）会面[13]的成果。"[14]

贷款："双方都十分明白，美国对民主德国的禁运政策会进一步将其推入苏联的怀抱……然而民主德国并不想割断与西方市场的联系。米塔格博士指出民主德国存在着获得金融贷款的严重困难（自 1980 年后贷款就被冻结）。"[15]但米塔格的表态在东部记录中是找不到的。

西柏林：轻轨列车、水域保护和天然气："昂纳克总书记和米塔格博士强调了民主德国准备在韦尔贝林湖会议实现的前期工作基础上继续进行富有建设性工作的意愿。关于柏林水域保护的谈判也很快达成一致。民主德国迫切强调了他们的希望：要么尽快找到解决轻轨列车问题的恰当规则，要么就停运在柏林（西）的轻轨列车。他们同时保证参与柏林天然气项目的建设性合作。"[16] 在东部记录中记载得更确切："应与西柏林一家管理轻轨列车的企业签署合同。否则，铁路就必须被关闭。"[17]

边界："昂纳克并未提出一揽子解决方案，但却提醒到，最低货币兑换额的变动是以"格拉要求"[18] 的变化为前提的……他强调民主德国正着手拆除自动开火装置，使边界变得人性化。"[19] 在东部记录中，昂纳克强烈坚持在"众所周知的原则问题"[20] 上需要变化，却未解释他将相应地做出何种回报。在东部记录中找不到这些关于自动开火装置或将边界变得人性化的表述。对此有多种解释：也许米塔格曾讲到了这些，但是好像这也不太可能；或者担任记录员的冯·里希特霍芬过度诠释了对方的暗示。但最可能的情况是，在当时条件下，民主德国不愿意将波恩谈判代表说辞中特定的核心概念记录在案。

维什涅夫斯基向他的继任者延宁格尔详细介绍了这次峰会的成果[21]。直到这时，延宁格尔在德国政策方面尚无工作经验。他与民主德国的对话伙伴全都素不相识。工作办公室主任冯·里希特霍芬和第 22 组组长施特恩（Stern）一如既往地、像从前在维什涅夫斯基手下一样从事协调德国政策的具体工作[22]。在操作层面上，最初政府工作之所以能够在经过磨合的轨道上继续前进，是因为除了少数政治官员外，这些部门的工作人员都没有更换。这样，总理府在德意志内部关系领域的工作得以延续。在初次公务会谈中，负责德国政策的联邦总理府第二司司长霍斯特·特尔切克请工作办公室主任和第 22 组组长在行政手续和进度方面经常进行告知。因为按照规定，工作办公室主任只需对担任常设国务秘书的延宁格尔汇报，虽然特尔切克不想在德意志内部关系事务中留下参与表态的记录，但他也不想缺少信息交流。

科尔不需要在党务层面上铺设针对民主德国的全新信息网络。在基民盟党内，联邦总理可以利用现有的与民主德国各官员的长期联系[23]。但基民盟和统一社会党之间从未正式进行过党际交流。在党主席科尔的支持下，联盟党的政治领袖们，如瓦尔特·莱斯勒·基普（Walther Leisler Kiep）、格哈尔德·施托滕贝格、彼得·洛伦茨（Peter Lorenz）、奥特弗里德·亨尼希、福尔克尔·鲁厄及奥拉夫·冯·弗兰格尔（Olaf von Wrangel），自 70 年代中期起就和民主德国官员开展对话[24]。这些秘密谈话反复强调了延续德意志内部关系合作以实现基民盟/基社盟获得政府执政权的意愿。通过这些对话，科尔得到了一些他事后评价为"无关紧要"的信息[25]。1982 年 6 月 9 日基普与民主德国统一社会党中央委员会西方问题部部长赫尔伯特·黑贝尔会谈，之后该部长在写给昂纳克的批注中坚持说："我们（德国统一社会党。作者注）完全可以相信，联邦德国对民主德国的政策即便在将来也是完全能够预测并具有连续性的。在波恩发生权力变化的情况下 …… 双方关系还会持续地发展下去，最多只是细节有所变化。"[26]1982 年 11 月 26 日基普和米塔格会面，根据布罗伊蒂加姆的记录，米塔格开始时说，"尽管中央委员会的会议还在进行中，他（米塔格。作者注）还是抽空安排了这次会面，因为众所周知，基普先生多年来为建设性地发展双边关系投入了很多精力。"[27]基普提到，他是以基民盟主席团成员的身份进行会谈的，他"能负责任地说，新的联邦政府非常愿意在各种协定的基础上继续双方的合作"[28]。

新联邦政府完全接受了社民党－自民党联合执政同盟的议程——这是一项受欢迎的继承，因为要借此表现出对话的意愿[29]。双方交换了表达良好意愿的信号。而这一印象又证实了务实的德国政策的连续性。尽管政府声明中存在令民主德国头疼、来自联邦总理的价值规范方面的质疑，德意志内部关系合作还是得到了深化：边界委员会、过境委员会、交通委员会的工作以及大量的专家会谈，关于跨境政策领域（环境、健康事业、文化、科学技术、邮政和通信事业及其他）的谈判都在未受媒体关注的情况下、在务实的气氛中得以推进。[30]

德意志内部关系部长的政策重心

按照外交惯例，在移交政府事务之后应安排对民主德国进行政府最高级别的就职访问。新的联邦政府德意志内部关系部部长莱纳·巴泽尔先于负责安排访问事务的国务秘书延宁格尔飞往东柏林。由于他无权与民主德国政府约定访问日期，因此这次临时决定的出访无须刻意准备。巴泽尔想通过此行着重强调他在关于德国问题的讨论中扮演决定性角色的这一要求。1982 年 10 月 12 日，巴泽尔先正式访问了西柏林。与其 1962 年宣誓就职联邦部长（德国问题负责人）时一样，巴泽尔的柏林之行是他履新之后的首次官方活动[31]。他拜访了时任柏林市长魏茨泽克（Richard von Weizsäcker）。然后，他前往东柏林的常设代表处，他曾有意地称其为"德国的另一部分"[32]。他的前任联邦部长弗兰克从来没有访问过该常设代表处。在这次象征性的访问结束时，他在多个电视摄制组的陪伴下环游柏林东部地区，这在公众中产生了极大影响。[33]

从一开始，巴泽尔就试图以德意志内部关系部长的身份参与制订德国政策的执行方案。他完全不想让总理府独霸这个领域。巴泽尔称，他是一个经验丰富且独立自主的人，很清楚应该如何从事政治事务。正如新任的青年、家庭和健康部部长海纳·盖斯勒一样，他经常在内阁会议上发言，并且对跨部门的每个议题都进行评论[34]。巴泽尔通过努力，坐在了德国联邦议院中政府席的第一排，而不是第二排。在内阁大厅里，他的位置也比他的前任更靠近总理。巴泽尔把自己对工作的投入都归功于联邦总理："科尔曾恳切地让我明白，由阿登纳执政时期的最后一位德意志内部关系部长来负责德国政策是十分重要的。"通过在联邦议院和内阁中的座位次序以及在政府声明的地位，他表达出对德国政策的重视程度。他还补充道："很有必要在国内和国外强调德国政策的连续性，同时也要充分利用自己在民主德国领导层中受到尊敬的优势。"[35]西德一些别有用心的人也为巴泽尔赢得尊敬做出了贡献。1982 年 9 月 24 日，在与曾任联邦德国东柏林常设代表处负责人君特·高斯的会谈中，黑贝尔的记录如下："在谈及大家对波恩新政府组成的期望时，高斯认为，如果联邦政府德意志内部关系部长的职能由巴泽尔而不是由洛伦茨来执行，[36]对我们大家都是好事情。如果巴泽尔成为部长，就能抵挡像曼弗雷德·阿贝莱因（Manfred Abelein）那样的煽动者[37]的影响。当然巴泽尔可能会将对民主德国关系的问题更多揽到自己身上，而联邦总理府将少有可为。"[38]就具体事务、而不是就职权而论，巴泽尔与受总理府委托负责德国政策执行的国务部长延宁格尔之间没有多少争议。两人都属于联盟党内很早就致力于使《东方条约》在党内得到认可的派别。但在权力政治方面，二人对德国政策的组织还是存在一些分歧。在巴泽尔看来，联邦政府内的德国政策涉及权限和责任时就变得混乱不堪[39]。因此，对德国政策进行组织的可能性就受到了限制[40]。巴泽尔在早期工作任务的分派中就希望清晰地了解工作流程和责权范围。他想在政府更迭之后尽快掌握当前的确切形势。为此，他有针对性地通过以下两个问题确定了发展方向：[41]

- 在当前与民主德国的关系中，哪些现象是违反约定的？
- 如今存在哪些德国政策的决策程序？主管的联邦部长怎样才能

更好地协调工作，即要将工作更多地拉向德意志内部关系部？

此外，巴泽尔还责成下属拟定常设代表处的地位问题和工作范围[42]。德意志内部关系部国务秘书雷林格尔列出了一系列问题并呈交第二司："基于与民主德国的条约，哪些内容还未能落实？就你们看来，此外还有哪些事情没有落实？哪些是已经落实了的？哪些现实规则是和民主德国签署的协定相矛盾的？"[43]就此巴泽尔又询问了雷林格尔："雷林格尔：请问在与民主德国的关系中，什么才算是违反约定呢？例如关于强制兑换货币、记者的工作条件？"[44]

随后发生的事情是行政机构对新政治领导层持保守态度的一个很好的例子。此外这个例子还反映出德国政策谈判策略中的不同侧重点：是应该公开抨击还是要保护民主德国？哪条路径能保证成功？在社民党－自民党执政时期就已担任德意志内部关系部第二司司长的迈希斯纳处长（Meichsner）正式回答道："考虑到民主德国领导层对维护面子的要求和他们的敏感度，只有双方关系得到进一步发展并出现了合适的机会时，民主德国的行为才能发生变化……按照经验来说，公开'羞辱民主德国'的做法只能导致民主德国领导层立场的僵化和强硬，主权上的创伤使他们无法对压力甚至是公众压力做出反应。"[45]部门的官僚作风倾向于巩固现状，排斥一切改变现状的提议，认为这些提议会打乱部门的内部权限和利益网络。[46]

巴泽尔亲笔对为德国政策和柏林政策问题[47]设立决策和顾问委员会的要求做出批注：要突出德意志内部关系部长领导下的协调委员会。巴泽尔在批注后打了三个惊叹号，提醒这个委员会已经好几年没有开会了。仅此一点就已显示出巴泽尔是如何寻求新的、将德国政策的执行与德意志内部关系部联系起来的方式。在起草"处于分裂状态德国的民族形势报告"时进行了一次重要尝试[48]，巴泽尔的意图是由德意志内部关系部独立起草报告[49]。此外，他有意将第22工作组从总理府分离出来并入他的麾下。[50]在政府内部德国政策协调机构中，巴泽尔想自己担任"五人小组"主席，而不是将其留给延宁格尔。

事后巴泽尔回顾这个时期时谈道："一段时间后我去找总理并正式向他申明：如果不是3月6日的选举为时不远，我就会请求您，如果不能把事情搞清楚就请接受我的辞职。对这样一种德国政策的执行方案来说，我们既没有良好的组织准备，联邦政府也没有从整体上为其做好纲领性准备。"[51]但是科尔不希望在其总理任期开始后仅数周就调整德国政策的执行组织。他无意在部门之间重新划分职权范围，因为他希望不依赖官员等级来推行其政策。出于德国政策的考量，他特意将延宁格尔调进总理府，他和延宁格尔有着比同巴泽尔紧密得多的联系和接触。如果德国政策需要做出新规定和行动，那么科尔认为延宁格尔就可以去执行。国务部长自己也不认为有必要把职权移交给德意志内部关系部。原常设代表处负责人高斯在同黑贝尔的谈话中甚至推测，延宁格尔曾有目的地向媒体透露巴泽尔争夺权力的信息。"很显然，联邦总理支持延宁格尔，这样一来政府内部因职权争议导致的不安全感就不会蔓延开来，从而能在操作层面延续此前的工作。"[52]1982 年 10 月 27 日，自 1982 年 5 月 1 日起担任联邦德国驻东柏林常设代表处负责人的布罗伊蒂加姆也在与民主德国外交部司长赛德尔的谈话中谈道："相比其前任，巴泽尔更多地希望在政策操作层面中对民主德国施加影响。他要的不仅是名义上的权力，还想要实际政策方面的职能……事情都还没有搞定，新政府还处在探索其工作风格的阶段。"[53]民主德国非常准确地注意到波恩计划重新调整德国政策的管理："基民盟/基社盟接管政权后继续扩大了德意志内部关系部的职能，该部历来是所谓德国政策的指导中心。受该部委托，'全德研究院'必须以高昂的投入按照联盟党的方针来处理所有关于'德国政策'的材料。"[54]

此外，巴泽尔通过激活政府内部的协调机构而释放了一些政治信号。因此，他邀请众人参加一个由德意志内部关系部举行的国务秘书会议，同时又有意识地确保参会成员与延宁格尔的关系网无关[55]。此外，1982 年 10 月 25 日在巴泽尔领导下，国务秘书们第一次和那些与民主德国进行事务性谈判的代表团团长们聚集一堂，一起协调与民主德国的接触[56]。在代表团团长会谈中，巴泽尔首先汇报了联邦总理 1982 年 10 月 13 日政府声明的有关内容[57]。根据记录，在代表团团长们汇报德意志内部关系议事日程的当前形势之前，巴泽尔表示："民主德国期望我们积极参与到邮政和通信网络、韦拉河/威悉河的盐碱化问题、科学谈判以及在过境交通等领域的不同项目中，他们也很可能会继续保持进行文化协定谈判的意愿。"[58]此外，在会谈的总结中有如下内容："在谈到对德意志内部关系有影响的国际形势时，国务秘书冯·施塔登说：联邦政府外交政策的连续性可见于今年 6 月做出的'波恩声明'，特别是在所谓'和平和自由纲领'之中。此纲领被看作是对《哈默尔报告》（Harmel – Bericht）'双重战略'的延续，即是一种包括了稳定性、平衡性以及合作性的政策。"[59]

建立联系和评估形势

在政府更迭之后，联邦德国驻民主德国常设代表处也在操作层面开展特别的德国政策活动。布罗伊蒂加姆 1982 年 5 月 1 日才从外交部调来，他接手了联邦德国驻东柏林常设代表处负责人的职责。布罗伊蒂加姆对民主德国的就职访问和政府更迭本身并没有直接的或因果上的联系。在与哈里·蒂施（Harry Tisch）[60]（1982 年 9 月 27 日）、民德自民党主席格尔拉赫（Gerlach）[61]（1982 年 10 月 11 日）、民德基民盟主席格廷（Götting）[62]（1982 年 10 月 21 日）的谈话中，他强调，从外交角度看，除了"强调可预测性和可靠性的重要意义以及希望在现有条约的基础上延续关系"之外，没有其他的可能。[63]

另外，民主德国在这些对话中表明，那些拟议中的德德关系项目在任何情况下都不可能于 1983 年 3 月 6 日（可能进行联邦议院选举的时间）之前得到处理。民主德国在此问题上持谨慎态度。虽然德意志内部关系没有像反对党所担心的那样遭遇新的停滞，但所有谈判的僵局还是显现出来[64]。直到 1983 年夏，确切地说，直到对第一笔十亿马克贷款提供担保之前，联邦德国和民主德国之间没有取得到任何实质性谈判成果。几个月里民主德国都处于等待状态[65]。虽然双方谈判的气氛出乎意料地友好，但民主德国却犹豫不决。在对边境地区勒登水域的水质问题、环境保护（1983 年 10 月 12 日）问题方面的一致意见、邮政交通改善协定（1983 年 11 月 15 日）和轻轨列车协议（1983 年 12 月 30 日），都是在联邦政府于 1983 年 6 月 29 日确认对第一笔十亿马克贷款提供担保后才取得和达成的。1983 年秋民主德国取消了 6 岁到 14 岁儿童最低货币兑换额的强制义务。这是在核心问题领域取得的第一个成果。[66]

在波恩政府更迭之后，民主德国方面德国政策的论证只发生了细微变化。昂纳克于 1980 年 10 月 13 日在格拉提出的超出修改《基础条约》的原则性要求［承认民主德国国籍，变常设代表处为使馆，撤销设在扎尔茨吉特市的州司法局中央调查处（该调查处专门收集统计民德侵犯人权问题，如边界枪击死伤人数等——审校者注），"根据国际法"规范易北河边界走向］仍是当前的现实问题[67]。双重战略仍继续存在于以下方面：一方面提出最高的要求，另一方面通过警告的方式采取咄咄逼人态势，尽管有"北约双重决议"的存在，也不能中断德意志内部双方对话。因为民主德国并不仅仅潜在地对提升其地位感兴趣，而且还一直对波恩的外汇感兴趣。但是他们能从波恩的新政府那里期待什么呢?[68]

1982 年底到 1983 初冬天的几个月里，常设代表处的电传打字机不停地传来德国统一社会党混乱不一的声音[69]。在研判形势过程中，汇集到波恩的来自民主德国的通报不是统一的。根据联邦政府代表与民主德国领导层进行的会谈所做的汇报，所描绘的图景并不一致。总体来说，东柏林倾向于认为联盟党和自民党联合执政联盟在下一次联邦议院选举中会再度当选[70]。此外，根据布罗伊蒂加姆的判断，当时对民主德国人民来说最沉重的负担是：经济整体缺乏效率及物资供给不足导致的问题激化。此时，对形势的批判主要来自于青年和知识分子。按照布罗伊蒂加姆的报告，波恩的政府更迭加剧了这种情况："波恩的政府更迭在民众中和领导层中引起了对德－德关系未来发展走向的担忧。担忧散布开来，人们估计很有可能会出现困难，而不是放松迄今的限制。"[71]

1982 年 10 月德意志内部关系部国务秘书雷林格在东柏林会见了律师福格尔。雷林格负责联邦政府在人道领域内的特殊任务。他谨慎处理和民主德国之间与政治犯相关的问题。鉴于联邦政府会以提供经济补偿的方式赎买犯人，因此尤其要认真细致地处理这些事务[72]。波恩政府更迭之后的首次双边会谈中，福格尔以一种几近拒绝的语气发表了开场白，他提请西德方面注意政治背景条件[73]。"民主德国虽不想单方面中断关系，但是也绝不会接受任何超出与社民党部长达成协议的内容或容忍其他改动。他明确地说：我们或者接受与联邦政府不加任何修改的约定，或者民主德国将会中断双边关系。福格尔指出，民主德国曾在 1973 年中断过一次人道主义领域的谈判。因此，我方应该非常严肃地看待这些条款。"[74]关于人道事务的对话能否继续，取决于波恩和东柏林之间关系的发展。当被问及他是否期待未来在人道主义合作领域有许多与现状不同的改变之时，雷林格的回答言简意赅："应该遵守条约（拉丁文：Pacta sunt servanda）。"

直到 1982 年 10 月 6 日布罗伊蒂加姆才第一次与沙尔克－哥罗德科夫斯基会面。他们面对的基本问题是：在波恩新政府发表了措辞缓和的政府声明之后，民主德国党的领导层打算继续那些处于准备和谈判中的项目，还是会将其搁置到可能的新选举之后?[75]布罗伊蒂加姆试图和科尔政府一起强化德－德关系[76]。作为常设代表，布罗伊蒂加姆有兴趣继续和沙尔克－哥罗德科夫斯基展开对话。他的前任高斯曾利用过这个特殊渠道安排过重要的政治谈判[77]。总理府德国政策工作组组长因此在延宁格尔就职时建议，布罗伊蒂加姆应继续作为沙尔克－哥罗德科夫斯基的对话伙伴。[78]

延宁格尔却坚决拒绝接受这个建议[79]。延宁格尔作为联邦总理个人的德国政策代表，他想亲自同沙尔克直接对话。联邦总理科尔委托他的国务部长作德意志内部关系的主管。只有在延宁格尔主持同沙尔克这个特殊渠道进行谈判的条件下，他才能利用这个以信任为基础的活动空间来建构政策。然而，对话首先还是通过常设代表处进行的。沙尔克最终实现了更高层次的政治对话：1983 年初与施特劳斯进行政治对话，1983 年中期开始与延宁格尔进行政治对话，1984 年开始与朔伊布勒在东柏林或总理府进行会谈，于是沙尔克和布罗伊蒂加姆之间的联系搁浅[80]。常设代表处只介入例行公事的程序，并被排除在那些影响最终决策的具体运作之外。

部门之间的恩怨

直到 1983 年春，政府内部的德国政策协调都进展得十分迟缓。各部门之间的恩怨阻碍了有力地推动政策执行。在一个新联邦政府组建时期，权力和位置的争夺是无法避免的。各部门会检测自身的影响力并重新划出各自的领地。以下举德国政策领域三个例子：

第一个例子：德意志内部关系部国务秘书雷林格致力于简化联邦政府职能部门、总理府和德意志内部关系部之间的信息处理程序[81]。按照惯例，在公务员身份国务秘书的会议上应该交换有关民主德国邀请联邦政府参加特定活动的信息。这样一来德意志内部关系部就能更好地参与整个程序，因为迄今为止民主德国都只邀请了总理府的代表。雷林格建议，应该通过联邦总理府向民主德国代表处负责人莫尔特申请，以便阐明情况，将来德意志内部关系部也会被邀请参与会议，否则只会有总理府的一位代表受邀参加领导人会议。后来的事实则很快证明这个建议毫无结果。总理府仍旧收到所有的邀请，并只是有选择地将其转给他人。

第二个例子：向民主德国外长菲舍尔发送六十岁生日贺电一事本在计划之中，却横生枝节。此事凸显了新政府上任初期的争权夺利以及德意志内部关系部提高自身地位的尝试。在为期四周的时间里，各相关部门的负责人都为祝贺环节做好准备：按照惯例，应由联邦政府外交部长负责在他国外交部长生日之时送上祝贺。而联邦德国常设代表处却建议除此之外再附上一封延宁格尔的祝福信[82]。总理府又向德意志内部关系部咨询他们对此的意见。德意志内部关系部负责此事的司长迈希斯纳通报总理府德国政策工作组组长冯·里希特霍芬说："虽然同民主德国的关系并不是由联邦外交部长，而是由德意志内部关系部来负责，但鉴于他们之间的私人关系，我对联邦政府外交部长根舍向民主德国外交部长菲舍尔致以祝福一事并没有什么顾虑。但祝福的内容应限于有关幸福安康的私人问候。此外，总理府国务部长附加祝福一事在我看来并不妥当。"[83]该部门希望阻止总理府作用和地位的继续上升。最后，联邦政府外交部在1983年3月16日以根舍名义向东柏林的菲舍尔发送了内容如下的简短电报："在您六十岁生日之际，我谨向您表达我最美好的祝愿"。[84]

第三个例子：1982年12月1日，内阁会议除了常规日程之外本来还计划草拟一份联邦政府对签署《基础条约》10周年[85]的声明。根据巴泽尔的建议，总理在会议开始时取消了这项议程，并且没有征求各方意见就决定推迟有关讨论，因总理府、外交部和德意志内部关系部未能就呈送内阁的草案文本取得一致意见。科尔从施雷肯贝格尔处得知，内阁会议中对该草案的反对意见，与其说是反对它的内容，倒不如说是批评没有经过协商一致的程序。科尔避免了在内阁中引发公开的争议，并且让巴泽尔回去补做"功课"。1982年12月8日总理在部长会谈中再度提出请求："为避免在内阁中进行讨论评议，请在递交内阁批准之前就草案内容达成一致意见。"[86]兰布斯多夫表示，他还希望加入关于德意志内部经济关系的一句话。齐默尔曼提出了修改建议，却未对其进行准确的解释。巴泽尔最终将一份获得各相关人员一致认可的草案提交给内阁。第22组组长施特恩对修改过的草案评注道："新草案已经尽可能简短了；对第一份较长的草案无法再进一步进行精简。它与政府声明保持一致，虽然其中一些段落会让民主德国不悦，但它也包含着合作的要素。"[87]1982年12月13日，内阁根据德意志内部关系部的草案确定了10周年声明文本[88]。声明未对德意志内部经济关系发表任何意见。

联邦总理有意规避了部门之间的职权争夺。他十分信任地将德国政策事务委派给延宁格尔。延宁格尔应该在操作层面推动德国政策向前发展。科尔放手让他去落实政策。因此，在这种背景下，巴泽尔争取更多影响力的权力之争不会有什么结果。尽管如此，在政治上颇为自信的巴泽尔还是努力进行尝试。在 1983 年 3 月议院选举之后，海因里希·温德伦继巴泽尔之后出任部长一职，他就职伊始同样试图去提高德意志内部关系部的地位。他的目标十分明确，要充分利用最稀缺的、能够决定领导者政绩的资源，即各种信息。信息优势提高了其在波恩日常工作中的位次排序和名望。最终温德伦提议改革通讯联络流程。他希望把联邦政府和民主德国领导层之间定期举行的部长会议机制化[89]。1983 年 7 月 20 日他向内阁同事们发出了信件并得到不同的答复，内政部长齐默尔曼和交通部长多林格（Dollinger）表示欢迎。兰布斯多夫则表达了自己的顾虑："……我希望无论如何都必须保证德意志内部贸易的条约基础（即 1951 年的《柏林协定》）不受新机制的影响。这个协定无可争辩地适用于西柏林。根据协定，每 14 天就要举行一次工商信托局（TSI）同民主德国外贸部之间的谈判，会议将持续地讨论德德之间的贸易热点问题。和民主德国高层的经济对话是十分有益的。对这种有约束力规定的特殊口头约定有可能被另一方理解为是在要求进行《柏林协定》之外的额外对话。我希望能避免这种印象。因此我请求在您向联邦总理先生提交的建议中将经济领域排除在外。"[90] 总体上温德伦无力实施其提出的建议。

延宁格尔的就职访问

延宁格尔就职 8 周后，在德国政策工作组完成了例行公事的准备工作并与联邦总理进行了协调[91]，随后于 1982 年 12 月 1 日开始了对东柏林的首次正式访问[92]。这次就职访问对双方而言都展示了对德国政策的肯定。就此而言没有什么特别之处。按照外交惯例，延宁格尔在访问常设代表处之后会见了民主德国外交部长菲舍尔。接着他又会见了政治局成员米塔格，和他讨论了德意志内部经济关系的形势[93]。延宁格尔在总理府任职的短暂时间内，他的主要对话伙伴首先就是米塔格和赫尔伯特·黑贝尔，黑贝尔当时是中央委员会西方问题部部长。延宁格尔拜会菲舍尔和米塔格的就职访问符合一般礼宾惯例。不过这次就职访问如此快速成行且又进展得这么顺畅，在媒体政治报道中掀起了不小的波澜[94]。但无论如何，延宁格尔的访问并不是政府更迭之后与民主德国进行的首次双边高级别会晤。1982 年 11 月 14 日在莫斯科，联邦总统卡尔·卡斯滕斯和外交部长根舍于勃列日涅夫下葬前一天晚上与昂纳克进行了一小时会谈。当时卡斯滕斯开门见山地说，联邦总理科尔请他向昂纳克转达问候，并告诉昂纳克，"科尔仍然邀请他访问联邦德国。"[95] 按照德国统一社会党的记录，联邦总统还说："科尔请他代为解释，他高度重视政策的连续性和对话的继续。"[96]

与联邦总统不同的是，延宁格尔在东柏林访问期间，以政府代表、德国政策主管的身份与民主德国外交部长菲舍尔进行了会谈。这次会谈表现出了此类会谈的所有典型特征。这次外交谈判的友好态度决定了双边对话的整体气氛，因为会谈的首要目的是恢复双边交流。在互致问候之后，延宁格尔强调了他和联邦总理的特殊关系："我和联邦总理在其他岗位上曾共事多年，并能够在现有的职位上继续彼此的友好关系。"[97] 随之而来的是各自对关系基础的声明，就此延宁格尔和菲舍尔简短地回顾和评论了现存的条约和协定，容忍了其中一些小的分歧。在此期间，连续性、可靠性、忠实于条约和可预测性都是常出现的标准词汇。双方也利用这个机会再次总结了最近高层会晤的重点，可以说，此举为后续会谈打下了稳固基础。因此，延宁格尔也提到："联邦总理欢迎民主德国国务委员会主席近期内访问联邦德国。"他说联邦总统已经证实了联邦总理的邀请。他相信，很快就能开启会谈来探讨关于在明年为访问寻找一个合适时机的话题[98]。基民盟/基社盟在野时曾对联邦总理施密特宣布邀请昂纳克访问一事制造摩擦。科尔曾在议会党团会议中说道，出于政府责任，他必须强调政策的连续性，"取消已经发出的邀请将会成为一个特大丑闻"。[99]

在国务部长确认邀请后，随之而来的就是诸多多边议题，这些在与菲舍尔的会谈中占了更多时间。不难想见，会谈被民主德国对北约双重决议的批评这一议题所主导，且民主德国呼吁双方共同承担责任维护和平。延宁格尔短暂讨论了联邦德国的内政形势[100]。紧接着菲舍尔重复了"格拉要求"。延宁格尔毫无疑义阐明了联邦政府的立场："国务部长（延宁格尔。作者注）明确表示，不考虑在这些问题上改变我们的基本立场。"[101] 另外，菲舍尔拒绝了关于调整最低货币兑换额的一揽子建议："外交部长菲舍尔非常明确地表示，不应为继续发展关系预设任何先决条件，必须放弃所有一揽子建议。他指出，国务部长接受《商报》采访时[102]曾表示其他项目的谈判取决于降低最低货币兑换额这一基本前提……而最低货币兑换额问题只能处于民主德国主权框架内。"[103] 延宁格尔清楚，这个问题恰恰会决定他的访问成果。多年来在联邦总理施密特时期，每次会晤都对提高最低货币兑换额表示抗议，但此次延宁格尔弱化了其立场。"关于外交部部长菲舍尔提及的对他的采访，他表示其本意并非将提高最低货币兑换额作为继续谈判的条件。他希望表达的是，联邦政府认为这一现状不符合《基础条约》并要求恢复以前的状态。"[104]延宁格尔表示：希望恢复没有其他谈判的一揽子建议。在东柏林会谈之前，延宁格尔曾在接受《商报》一位编辑采访时毫不妥协地表述了这一建议："我希望在此非常清楚地表明，对联邦政府来说，对任何超出《基础条约》安排的问题的讨论都以开启降低最低货币兑换额的会谈为基本前提。"[105]而面对菲舍尔时，延宁格尔弱化了这个要求。这就招致了施特劳斯对他的辛辣批评[106]，施特劳斯抨击延宁格尔的就职访问，责备这位国务部部长的谈判过于温和。

延宁格尔不得不常常面临指责，他被批评总是使用"最低货币兑换"的措辞，而不是"强制货币兑换"[107]。延宁格尔对菲舍尔说："涉及两个德意志国家政治的民众情绪就是以提高和扩大最低货币兑换额等事宜为导向的。对人们来说，这是一个政治可信度的问题。他并不排除有些人希望利用这个状态，并会出现不合规则及应受到警告的情况。他也收到了许多来信，特别是那些受到牵累的退休者的来信，他特别希望能够将这些来信读出来。如果双方人民对这一问题的处理都能表示满意，那么这也就是对和平本身的贡献。整体的和平就是由这样微小的贡献累积而成。这同各国政府为了和平而参加大型会议一样重要。"[108]

延宁格尔曾这样解释联邦总理的德国政策哲学："共同的历史和共同的文化遗产不容否认。尽管存在着两个国家和不同的政治体系及各自的结盟，这些东西仍将存续下去。联邦总理是历史学家，会在历史范畴中来思考，所以他想强调共同遗产。虽然联邦政府不想干涉民主德国内部事务，但在良好意愿之下还是会继续出现有争议的问题。"[109]菲舍尔对此却不满意，因为他有理由相信他在延宁格尔的言辞中发现了坚持全德国国籍的意图。菲舍尔并没有让自己受到共同历史和民族统一这一层面友好且不受约束观点的诱惑。他说道："'联邦总理是历史学家，但是解释问题时仍站在联邦总理的角度。'国务部长回应道，联邦总理不会将他在莱比锡出生的夫人称作外国人。外交部长菲舍尔反驳说，必须区分这种私人的和公开的表述[110]。当联邦部长根舍在纽约谈及连续性的时候，他表示赞成。但如若他得知根舍几小时后就在德国联邦议院上提及其家乡哈勒和他来自（波兰）里格尼茨（Liegnitz）的夫人，并将哈勒描述为德国的心脏地带时，他就会反驳根舍，因为这些并不是连续性的标志。政治必须以现实为导向。"[111]

双边范围内的许多议题都无法达成协议，会面时机也不甚有利。但无论如何，会谈还是能在环境保护领域（韦拉河/威悉河、易北河水域的货物、废气脱硫）内继续进行，此外，第一轮文化谈判将于1983年第一季度恢复举行的时间也得以确定。但对于波恩和东柏林的各部门来说，双边谈判中的每个字都将影响其后续的谈判进程[112]。对话过程中的话题顺序、描述方式、准确的文字或者还有尚未出现在双边关系议事日程中的备选议题，这些内容是各政策执行部门要从这些谈话中整理出来的。关于对菲舍尔进行的就职访问，工作办公室做出了如下内部结论，延宁格尔原本必须向内阁报告此结论，但因当天日程安排而没来得及进行："民主德国本身已经接受了政府的更替。正如所预料的，会谈在那些悬而未决的问题上没有取得进展，也没有新的观点，但还是取得了一些明确双方立场的结果。菲舍尔和米塔格努力表明他们的立场，并阐明他们继续合作和政治对话所坚持的原则。在接下来的几个月内无法期望发生更大的变动。"[113]

政府行为结果小结

在政府行为的所有操作层面上，政策的连续性都决定着开始阶段的德国政策。如果和1983年夏提供第一笔十亿马克贷款之后的德意志内部关系相比，当时德国政策和德国问题还处于所谓的"休眠"[114]状态。在政府更迭初期互相试探主导了德意志内部双方的谈判。出于谈判策略考虑，没有哪一方给谈判制造新的、不可逾越的障碍。波恩和东柏林都首先强调不向对方提出过分的要求。尽管双方存在对波恩所强调的政治体制方面的分歧，对话和务实合作仍应继续进行下去。新联邦政府维持了邀请昂纳克访问波恩的决定。

对联邦总理科尔来说，延宁格尔从一开始就是德国政策的主要参与者。他得到关于建构德意志内部关系的所有权力。而此时，其他任何德国政策的参与者都没有受到联邦总理如此的信任。科尔通过延宁格尔在操作层面构建德国政策。其他的次要参与者虽然留在任上，却没有亲自和总理沟通的途径。

在德国政策方面，政府核心对于各职能部门的等级权威结构并无改变。总理回避了职权之争。他只在有限的范围内支持巴泽尔提升德意志内部关系部的意图，同时确保政府核心不会因此遭受权限上的损失。这种由德意志内部关系部所推动、更具象征意义和宣言性质的对德国政策地位的提升得到了总理的肯定，因为这格外强调民族统一的重要意义，而这恰恰符合他对该问题的考虑。

第四节　德国政策执行方案成形：
总理个人的贡献

通过对政府声明的分析能够看出科尔在德意志内部关系的政策构建中扮演的双重角色。他按照自己的用人策略，安排亲信延宁格尔处理日常事务。除此之外尚待分析的问题还有：在其任职的最初几个月里，联邦总理涉足操作层面的哪些方面，而且在何种程度上影响了政府内部的协调以及双边关系？

针对这些问题，本节将进一步研究以下两种政府行为的执行工具：

- 总理主持的部长会谈；
- 电话外交：科尔处理事务的基本方式。

总理主持的部长会谈

利用形式上存在的政府内部各协调委员会来处理关于德国政策的问题，是政府更迭的惯例。联邦总理听从延宁格尔的建议召开了部长级德国政策会议[1]。在科尔主持下政治高层所做出的原则决定应成为德国政策的准绳。对延宁格尔来说，在部长会谈做出决定之后五人小组的讨论变得更有效率了。巴泽尔也对总理主持的部长会谈很有兴趣，因为会议突出了总理对德国政策的参与，同时也突出了巴泽尔职位的重要性[2]。德意志内部关系部长巴泽尔希望能进一步提高其政治影响力，联邦总理科尔则更多地把召开部长会谈视为履行义务。对科尔来说，部长会谈从一开始就显得拖沓且浪费时间，不适合成为寻求德国政策解决的渠道。联邦总理偏爱委员会，想在委员会中宣布政策结果和政治形势报告。对于决策程序，他更想以非正式的方式去影响，或者由延宁格尔引导政策制定的方向。还需要提到的是，在科尔任职之初，这些正式委员会里的多数成员还完全没有得到科尔的信任[3]。尽管最初缺乏政府实践经验，他还是迫于现实借助了部长会谈的形式。

1982 年 12 月 8 日联邦总理主持召开第一次关于德国政策的部长会谈，参与者有：巴泽尔、多林格（交通）、根舍、拉姆斯多夫、施托滕贝格、齐默尔曼、延宁格尔、洛伦茨、施雷肯贝格尔、布罗伊蒂加姆、施托尔策、特尔切克和记录员冯·里希特霍芬。以下是当日会议日程的四点内容[4]。这些议题并不是极其迫切的政治议题，本可以在一个更低级别的委员会中讨论决定：

1. 1983 年民主德国的马丁·路德周年活动；
2. 为纪念签署《基础条约》10 周年的联邦政府声明；
3. 准备 6 月 17 日起义 30 周年纪念活动；
4. 邀请政治局委员米塔格博士参加汉诺威博览会。

在巴泽尔做简要介绍之后，部长们就开始争论起关于 1983 年[5]在民主德国[6]举办的马丁·路德年活动。联邦德国的国家代表是否应该去参加活动？昂纳克此前曾经向维什涅夫斯基宣布了对联邦总理和联邦总统的邀请。由于涉及礼宾问题和基本原则问题，部长会谈无法就明确的见解达成一致意见。在记录员的结论评语中可以读到总理的论述："总理认为在当前形势下做出决定是不合适的。在当前形势下，鉴于原则问题和民主德国增加的声望，他的表态是，应保持冷静的头脑并以克制的态度来处理这个问题，同时也要在内部积极地进行审查。他请求与会者重视公众的愿望。联邦政府应当利用教会，尤其是德国新教教会的友好建议，并且在民主德国内部推动事态向着对教会有利的方向发展。他警告说，马丁·路德年不应被政治宣传所利用；应该通过与教会加强联系来使对马丁·路德活动的参与对内具有合理性。他表示了自己的期望，即联邦政府应该支持并出席联邦德国教会举办的马丁·路德年庆祝活动。"[7]科尔决定将关于德国政策的辩论推迟到下一次部长会谈，以使这个有关路德年活动的讨论能够在联邦部长巴泽尔博士建议的德国政策整体会议框架内继续下去。[8]这样巴泽尔在第一次会议中达到了使联邦总理不得不再参加一次"多个小时"会议的目的。

部长会谈的第二个日程是讨论纪念《基础条约》签署 10 周年的联邦政府声明[9]。此项也被推迟，因为文案表述尚未经各职能部门协调一致。同样，关于 1983 年 6 月 17 日活动的人事安排和组织形式的决定也被推迟。巴泽尔建议首先召集联合执政联盟商谈此事[10]。但联邦总理却对邀请米塔格参加汉诺威博览会和访问波恩表示赞同。经济部长兰布斯多夫通报了与此有关的情况[11]。此后几年，协调委员会就不再关心这个问题了。联邦政府的代表每年两次例行公事地在展览会会谈时会见米塔格。

第二次部长会议直到 1983 年 2 月 2 日才召开[12]，这次会议仍旧进行了两个小时。首先要确定的是，应该派谁去参加在西柏林和东柏林举行的、庆祝迈斯纳（Meisner）主教就任红衣主教的礼拜仪式。科尔同意让布罗伊蒂加姆代表联邦政府去参加仪式。紧接着会议就柏林轻轨列车问题展开了长时间争论。与会各方激烈地争辩德意志内部关系的代价和目标的优先主次以及谈判策略问题，由此可见德国政策的重要意义。交通部长多林格建议在两种方案之间进行选择：或者将轻轨列车并入城市的短程交通系统（动物园站和弗里德里希大街站之间的短程连接除外），或者干脆把轻轨列车排除在短程交通系统之外[13]。财政部长施托滕贝格急切地警告说，在未确定制定 1984 年的联邦预算和中期财政计划等预算政策的前提条件下，不要向民主德国给出财政许诺。时任柏林市长的魏茨泽克坚持要尽快解决西柏林的天然气供应问题，和民主德国的新条约必须在 1983 年 4 月前签署。巴泽尔和布罗伊蒂加姆警告说，应尽早就这两个项目向民主德国表达谈判的意愿。[14]

尽管联邦总理未亲自参与讨论，他还是将讨论总结如下："他支持柏林市长的判断，相比轻轨列车的并入项目，更应优先考虑柏林的天然气供应问题。他支持为轻轨列车的融合计划制定一个财政预算上可执行的方案。他最终确定，动物园站和东柏林的弗里德里希大街站之间的轻轨列车线路应保留在民主德国管辖范围内。他赞成在制定 1984 年的联邦预算和联邦中期财政计划的协商中确定预算政策的前提条件。必须通知民主德国 6 月底之前恢复会谈[15]，以便排除单方面持续停止合作的风险。"[16]在德意志内部关系部为 1983 年 6 月 1 日内阁会议准备草案时，施托滕贝格在部长会谈中明确指出，除了轻轨铁路这件事之外，任何来自民主德国其他的财政要求都不会被满足。[17]

在上次部长会谈中还有下列悬而未决的问题：谁应该参加马丁·路德年庆祝活动？6 月 17 日纪念活动如何组织？虽然这次会谈气氛十分融洽，却没有对会谈结果的把握性：联邦政府的代表只应参加民主德国教会举行的马丁·路德年活动，却不能参加民主德国举办的国家级活动。对于这一问题，要到 1983 年 3 月 6 日才做出最终决定。[18]

在联邦议院中，首先应由联邦议院主席团负责安排 6 月 17 日的纪念活动。因此该委员会也计划于 3 月 6 日之后才着手此事。[19]联邦总理只是在任职初期才亲自采用这种在正式委员会中协调德国政策的特殊方式。从 1983

年春起，他就将细节性工作的协调和切实执行政策的任务长期委托给了主管此事的国务部长延宁格尔，再后来，这些工作则交由联邦部长朔伊布勒和塞特斯负责。

电话外交：科尔处理事务的基本方式

只要科尔针对他所处的德德关系"冰冻期"推行一条相反的路线，他就很有必要直接面对昂纳克，亲自参与联邦政府在开始阶段的德国政策实践。1983 年联邦总理一共和昂纳克通了三次电话[20]，之后直到 1989 年他才和昂纳克的继任者埃贡·克伦茨（Egon Krenz）又一次通电话[21]。通话次数之低不仅因为联邦总理缺乏主动性，更多的是因为昂纳克不喜欢电话外交。沙尔克 1985 年在秘密谈话中告诉朔伊布勒说："总书记不喜欢打电话，因为他担心难以恰当应对。"[22]在这一点上科尔和昂纳克相反，因为科尔将电话外交视为其非正式政府行为的一个重要特征。正因为如此，他才在第一次电话通话中鼓励昂纳克说："交谈总是比互相寄书面东西要好。"[23]

与电话联系相反的是，联邦总理和昂纳克一直利用书信外交，这是为了体现书信内容的重要性和正式性，并特别突出强调各自的政治地位[24]。最初，联邦总理于 1982 年 11 月 29 日给昂纳克写了一封私人信件[25]，其中改写或引用了第一次政府声明中的部分内容。在 11 月 29 日的信件中科尔明确指出了新联邦政府重视改善旅行和加强访问交流。因此，他要求撤销提高最低货币兑换额的规定。科尔重申了总理施密特在韦尔贝林湖会面时向昂纳克发出的邀请。最后，科尔将话题转向现有对话接触的连续性问题，这时他提到了延宁格尔和布罗伊蒂加姆的名字。[26]

直到 1983 年 1 月 14 日联邦总理才第一次和总书记进行了私人电话交谈[27]，官方没有公布谈话的内容和起因。这次是科尔促成了双方的电话联系[28]。由于档案的原因，无法对比电话谈话过程中西部和东部的记录。因为联邦总理府没有对通话录音，只存留一份在通话之后由工作组组长立即记录下来的手写评语[29]。延宁格尔在科尔的办公室里聆听了联邦总理和昂纳克之间的电话对话。之后国务秘书长知会了工作组组长。冯·里希特霍芬记录了下述信息。这些信息被与工作组组长给联邦总理将要进行电话时准备的提纲和东部存档的记录进行了对比：

"电话从 10：30 持续到 11 点，气氛是轻松缓和的。联邦总理显得很放松而且……[30]

1. 联邦总理向昂纳克预祝新年一切都好，这一年对两个德意志国家的关系也将是重要的一年[31]。联邦总理想理性地建构德意志内部关系。他想通过电话强调正常状态[32]。联邦总理感谢昂纳克于 12 月 7 日的来信[33]。他也怀着很大兴趣关注了昂纳克的公开表态。对回访的邀请仍然是有效的。访问应在细致的准备之后进行[34]。

2. 昂纳克阐明了民主德国和平政策的立场，提到布拉格声明[35]和葛罗米柯（Gromyko）的访问[36]，其表态听上去像是在朗读文本。葛罗米柯积极通报了他的波恩之行。联邦总理在中间做了一个批示，即该会谈以控制军备为主要目的。联邦总理接着强调说：联邦政府希望减少武器以实现和平。

3. 联邦总理随后谈到了双边问题。对他来说关键是要在一些问题上取得进展，例如旅行交通和最低货币兑换额[37]。昂纳克则将易北河边界问题[38]引入了谈话。

4. 联邦总理和昂纳克达成共识要继续进行接触。他们想看看还能再做些什么。"[39]

特别值得一提的是最后一点，此后东德的记录中多次提及这一表态。科尔非常重视保持委托私人代表这个特别渠道的通畅。民主德国记录的部分内容甚至比冯·里希特霍芬从延宁格尔那里知道的要更多：按照民主德国的对话记录，在双边关系的话题上科尔和昂纳克还谈到促进青年旅行、重新开启文化谈判以及关于在环保领域中进行协调等议题。[40]

在波恩的记录中没有提及，科尔曾婉转地向昂纳克提出了附加复杂限制条件的一揽子建议："在我看来，似乎有这样一种可能，我们在对话的时候也可以同时考虑到有关的经济事务，牵扯经济事务似乎一度有些操之过急，不过，如果真这样做的话，我们当然会相当谨慎。如果我得到的信息属实，我听说在您那边也有类似的想法。今天早上，双方代表在慕尼黑就一揽子协议问题进行了公开接触[41]。如果是这样的话，您应该尽快通过秘密渠道知会我。我相信，您十分清楚我的意思。我也不希望再以这种方式使会谈继续深入。我只想表明我对这类特殊谈话是有准备的。"[42]这里，科尔暗示的是被当作背景信息的、就向民主国提供贷款一事所进行的会谈。这个会谈极为机密，以至于此时连工作组组长应该也对此一无所知。因此延宁格尔没有向工作组组长通报这次谈话。

总的说来，尽管科尔和昂纳克之间的第一次电话通话听上去友好恳切，但双方还是一针见血地点明了对德意志内部关系不同的优先议程、不同的谈判出发点和相反的目标：

> ——联邦政府坚持务实合作和继续提供财政支持要以在旅行交通、人道主义问题和最低货币兑换额等方面的进展为前提条件。
> ——除易北河问题外，昂纳克并未就他的"格拉最高要求"提出新的说法。他花费很多时间解释，出于对关乎民族存续的根本利益的考虑，通过裁军和控制军备来维持和平符合双方的共同利益。
> ——联邦政府旨在强化彼此的联系并从政治上利用加强的双边关系；而昂纳克则在强调分治的同时利用因德意志内部关系而获得波恩在物质上给予的好处。[43]

科尔和昂纳克4月18日的第二次电话则有完全不同的缘由。这次联邦总理是为了解决危机而拨通了东柏林的电话。确切的背景是：1983年4月10日在德列维茨（Drewitz）检查站，西德过境旅行者鲁道夫·布尔克特在接受民主德国海关官员审讯时死于心脏衰竭。由于信息不足，无法确切得知导致其死亡的具体情况[44]。此时正值联邦总理从美国访问归来[45]，他决定直接给昂纳克打电话。此外，他临时取消了原本在政府更迭之后就列入计划的米塔格对总理府的首次访问[46]。针对此次电话谈话的内容，有两份不同的基础文本可供分析：在延宁格尔转达的内容基础上、由工作办公室主任总结出来的领导人会谈结果[47]；以及由德国统一社会党机关记录的电话文字档案[48]。电话会谈围绕着两个明显互不相干的话题进行：抗议过境途中的死亡事件及多边议题。科尔直截了当地要求获得关于过境旅行者死亡事件的信息，并向昂纳克施加政治压力，因为过境途中的死亡事件具有不同寻常的轰动效应。1983年4月26日，联邦总理在议会党团面前作了如下解释："高速公路是由条约保障的领域。正因如此，需要彻底澄清此事，但也不必因此引发不安情绪。"[49]

抗议和解释

通话伊始，科尔就对昂纳克说："'总书记先生，我给您打电话，因为目前出现了很不好的形势。但我不想由此形势就得出总体上的负面观点……这种不好的形势是由布尔科特之死和在德列维茨发生的事件引起的。'

总书记昂纳克：'嗯。'

科尔先生：'我今天本来已经做好了同米塔格先生会面的准备。但这件事情对我们而言是一个非常严重的事件。您知道，死者遗孀向在汉堡拥有授权的法医研究机构递交了尸检申请报告，对死者的尸检已经结束。尸检结果毋庸置疑地显示，死者曾遭受暴力侵害。这是一个非常严重的事件，因此我不得不说，我急切地要求民主德国有关机构对此给予必要的说明[50]。这是在过境通道上首次发生此类事件。'[51]"针对这段对话，工作办公室主任评注如下："联邦总理表达了他对布尔克特悲剧事件的震惊，强调了通往柏林道路自由畅通的重要意义并要求其对该事件做出全面解释，他认为这是一起非常严重的事件。总书记昂纳克同意[52]调查这个意外事故，然后再做出表态。"[53]

关于拒绝接见米塔格

"科尔先生说：'我左思右想，如果我今天和米塔格先生进行会谈，谈话将受到死亡事件的不利影响，这不会是好事。'[54]在西部的附注中还有："联邦总理解释，鉴于这个事件，他还是要避免按原计划接见米塔格。昂纳克表达了在这一年回访联邦德国的兴趣和意愿。联邦总理回答说，访问仍然是可能的，不过要以双方达成谅解为前提条件。"[55]

多边议题

这些议题由昂纳克提及。联邦总理刚刚结束了美国之行，而在莫斯科的会谈也指日可待，在此背景下进一步讨论安全政策对昂纳克来说具有非常重要的现实意义。波恩针对这点的评注不仅总结了谈话的内容，而且还包含科尔的估计："联邦总理和总书记昂纳克也谈及日内瓦中程核武器谈判和马德里欧洲安全与合作会议后续会谈[56]。他向昂纳克清楚表明了联邦政府对日内瓦谈判的立场。他认为，对昂纳克来说最重要的两点是部署潘兴Ⅱ式导弹的时间计划和地点。而昂纳克自己则高度赞扬了在 N + N 国家（中立和不结盟国家）[57]妥协文件的基础上取得丰硕成果的马德里欧洲安全与合作会议后续会谈。"[58]

谈话没有涉及双边议题，因为这些议题应交由拥有授权的专人去讨论。无论是电话谈话的磁带录音还是波恩的记录都没有给出提示说明，在与昂纳克通话讨论了死亡事件后的几天里，联邦总理又从谈话中补充和引申了哪些内容。在议会党团面前时，他阐述道，昂纳克已经让他明白，"他的出发点是，就那些没有经过协商讨论的议题同我本人及本届政府进行会谈，是没有任何意义的"。例如，"格拉要求"之一关于公民身份的问

联邦总理科尔于1982年10月1日在联邦议院议长理查德·施蒂克伦面前宣读《基本法》规定的就职宣誓词。自此开启了科尔时代。

联邦总统卡尔·卡斯滕斯（下面一排左数第三个）迎接联邦总理科尔和新联邦部长们，并将于1982年10月4日在波恩的哈默施密特别墅向他们颁发任命书。联邦总统左边是副总理和外交部长根舍。

联邦总理科尔在联邦总理府中从其前任施密特手里接管了公职。

新联邦总理科尔和他的外交部长根舍于1982年12月7日会见美国外交部长舒尔茨并进行正式意见交流。

新联邦政府进行就职访问。1982年11月18日，在飞往罗马的飞机上，联邦总理科尔和联邦总理府外交政策工作组组长特尔切克为会谈做准备。

新任命的联邦德国常驻民主德国代表、国务秘书汉斯·奥托·布罗伊蒂加姆在东柏林国务委员会大楼前检阅东德仪仗队。

1982年12月2日，波恩和东柏林在政府更迭后首次进行意见交流。联邦总理府国务部长延宁格尔（左）在东柏林会见民主德国外交部长菲舍尔（右）。

为纪念签署德法友好条约20周年，法国总统密特朗于1983年1月20日在德国联邦议院中讲话。他呼吁执行"北约双重决议"。

美国副总统乔治·布什（在市长魏茨泽克和联邦总理科尔中间）于1983年2月1日在柏林墙旁了解德意志内部边界的情况。

不出所料，1983年3月29日，科尔在第10届联邦议院中以486票中得到271张有效票的成绩再度当选为联邦总理。基民盟/基社盟党团主席阿尔弗雷德·德雷格尔（上右）在科尔当选为联邦总理后立即对他表示祝贺。

联邦总统卡尔·卡斯滕斯迎接联邦总理科尔和新内阁的各联邦部长，他将会在哈默施密特别墅中向他们颁发任命书。

1983年6月23日，联邦总理科尔在联邦议院中做他第一个"处于分裂状态德国的民族形势报告"。他说："我们德国人不会甘于容忍祖国分裂。"

经历了两天的辩论，联邦议院于1983年11月22日根据基民盟/基社盟和自民党党团的票数，表决通过了开始在联邦德国部署陆基中程导弹的决议，支持执行北约双重决议。

1985年1月18日，联邦总理科尔在联邦总理府迎接英国首相玛格丽特·撒切尔。

西柏林在洪堡港的占领区边界。在背景中可以看到国会大厦。金属栅栏和瞭望塔代表民主德国的边界保护设施。

联邦总理科尔与美国总统罗纳德·里根于1984年3月5日在白宫椭圆办公室会谈。

为缓和两国人民之间的关系，联邦总理科尔与法国总统密特朗在凡尔登战役旧址上会面。1984年9月22日，在法国杜奥蒙国家公墓的感人仪式中，两人双手紧握。

联邦总理科尔和巴伐利亚州长施特劳斯在一起。

联邦总统魏茨泽克（左）于1984年11月14日向联邦特别任务部新部长兼联邦
总理府部长朔伊布勒（右）颁发任命书。

题就适用这一情况。科尔强调了昂纳克的评估："这是劳而无功的。生命如此短暂；人们不应谈论那些完全没有意义的事情，并以此作为消遣。"[59]显然，联邦总理从昂纳克未在公开场合提及的标准要求中得出结论，他们在未来也不会做向新的联邦政府提出接受"格拉要求"清单的努力。但是电话通话对此只字未提。在德国政策的操作层面，科尔在这个阶段阻止了任何企图在协调委员会中以跨部门的方式讨论"格拉要求"中某一议题的努力。[60]

1983 年 4 月 20 日联邦总理向内阁通报了同昂纳克的电话会谈以及已经得到的关于布尔克特死亡事件的信息[61]。这也突出显示了科尔赋予过境死亡事件的政治意义。在内阁会议中花长时间介绍了死亡事件的背景之后，施托滕贝格提出建议，所有职能部门应该共同清理总结在过境交通、旅行交通和访问交通等领域与民主德国交往过程中到底存在哪些大家公认的问题[62]。延宁格尔和温德伦受委托起草一个总结性报告，并要在内阁会议上顺带将其提交讨论。这个过境途中的突发事件在德国政策操作领域引发了强烈抗议，因为这是政府更迭以来首次可以让公众感受到的德意志内部关系的倒退。针对德国政策未来发展方向的公开辩论在联邦德国内部形成了一种气氛，对昂纳克来说这就意味着，此时具体安排回访显得不合时宜。同时，对于联邦政府来说，鉴于在当年秋天部署导弹的决定，在同一年中安排这个访问同样也不会顺利。在 1983 年 4 月 28 日，也就是同科尔第二次电话会谈之后的第十天，昂纳克通过中央委员会西方问题部部长黑贝尔转达了这样的讯息：他觉得自己将无法成行，而这似乎会使双方关系陷入低谷[63]。但在幕后，民主德国却不断释放他们准备在所有层面上继续对话的信号[64]。与此同时，关于十亿马克贷款的秘密谈判也还在紧张地进行。政府内部对取消访问一事的判断意见几乎是一致的：不能让事态向着戏剧化的方向发展[65]。布罗伊蒂加姆给联邦总理和延宁格尔的信中写道："可以设想的是，取消访问一事对德德关系的影响将会是有限的，因为民主德国并不想危及自身利益。我认为这是最为可能的发展趋势，特别是昂纳克本人的种种努力最能支持这个判断，他恰恰在此时清楚地表现出民主德国对于两德合作的兴趣。自昨天起民主德国的媒体报道也指向这一发展趋势。"[66]这一次布罗伊蒂加姆的评估应该是对的。[67]

政府行为结果小结

联邦总理科尔在其任职初期把部长会谈这一机制当作实现操作层面

的政府运作工具，以便就德国政策决策进行跨部门的协调并圈定执政联盟的影响范围。在几个月时间里他依靠的都是德国政策决策的现存结构。

他亲自投身其中，以此昭告天下：他本人愿意更多地关注德国政策。另外，决策过程的最初机制化也明显带有成立初期政府行为的典型特征：授权的原则没有最终形成；非正式协调渠道还只是初步建立；关于此类委员会会议细节的专门知识尚须积累。除此以外，出于巩固权力的考虑，科尔还有兴趣推动一种由执政同盟伙伴共同参与的公开的意见形成过程以及决策过程，从而尽可能地避免争端。

与昂纳克的电话外交没有改变德意志内部关系中事务性的基础。这些会谈的作用是，在波恩的政府更迭后更加突出强调了彼此准备进行对话的意图。此外，科尔也向昂纳克表达了继续维持私人代表这个特殊渠道的兴趣。

第五节　首脑决策：科尔第一份民族形势报告

人们对科尔的第一份民族形势报告寄予厚望。然而随着该报告逐年推出，人们的兴趣明显减弱。[1]而且随着科尔在位日久，纲领性的分析和评论也使得报告在政治上不再尖锐。其原因不仅在于价值规范方面的内容，在随后数年不断重复的那些基本立场和政策早已为大家熟知，同时也在于报告起草者的写作能力。在完成最初几份报告之后，撰写团队已经江郎才尽，无力提出新的纲领。与政府任期相比，高质量的报告都出现在1986年之前。此后，由于实际工作中的成就微不足道，报告的内容也变得平淡无奇。[2]1983年，联邦议院中的反对党伺机指出，德国政策领域的要求同现实状况之间存在很大差距，迫使联邦总理不得不公开面对指责。通过公开讨论过境死亡事件以及取消昂纳克访问可能导致的后果，那些支持更加坚决地同民主德国划清界限并采取疏远姿态的一派在政治上明显占了上风。联邦总理因此将目光投向自己的政党：怎样才能消除执政联盟内部针对政策内容的立场差异[3]呢？他能提供哪些纲领性意见呢？在与民主德国的谈判中他必须划定哪些回旋空间呢？民族形势报告就成了一个受欢迎的整肃本党的工具。科尔民族形势报告的主要对象是联合执政联盟阵营——他的政治权力的基础。联邦总理此前于1982年10月13日和1983年5月4日两次做出政府声明，并由此如愿以偿地涉险过关：他以声明的方式向自己的阵营证明了德国政策的连续性和变革。政府更迭后的德国政策实践却引发抗议，其中施特劳斯的批评肯定是最有分量的，尤其是因为科尔在初期阶段还比较重视这些意见。[4] 每年的"民族形势报告"是原则性的宣讲，这为联邦总理首次提供了一个在价值规范层面讨论德国政策领域中政府行为的综合性论坛。

就形式而言，民族形势报告属于政府声明一类。[5] 但这些报告是政府声明中的"特殊类别"[6]，不同于联邦政府其他类型的报告（政策领域报告、措施报告）。[7] 在德国，政府声明成了一种纲领性文件[8]，大致相当于政府的一张"名片"。[9] 政府声明用"凝练的语言"为阐释政策、确定基调以及阐明政治立场提供了机会。此外，政府声明还具体体现了联邦总理制定路线方针的职权。[10] 政府声明最重要的功能包括：[11]

    －向反对党提供有关政府政治纲领的信息和公告；
    －向公众提供政治意向声明；
    －通过宣布统一框架约束并整合联合执政伙伴和政府党团；
    －以工作规划的形式为管理政府部门制定指导方针。

"处于分裂状态德国的民族形势报告"具有同样的功能。正如以下分析将显示的，它具有交流信息和整合立场的双重功能[12]：

a. 对内：明确政府内部、党团内部、联合执政联盟内部和行政管理部门内部对德国政策现状、特定的政治术语和德国政策前景的认识；

b. 对外：包括前景展望在内的德国政策年度报告是向反对党和公众提供的一种业绩证明。

因此德国"民族形势报告"成了一种能够在公众中发挥影响且有助于内部协调的政府行为工具。[13] 政府声明是政府各种行为功能的交集。这些声明将时下的各种政治构想"以语言的方式确定下来"[14]并进而成为"推动政治系统向前发展的首要源泉"。[15]这特别能够显示政府行为的领导作用。[16]但是也可以将这些民族形势报告理解成历史性文件。尽管有一些重复，但没有任何一份报告和其他年度的报告是完全一样的。每份报告都重现时间进程。只有在那个时期的历史背景中、在其产生的政治轰动效应中才能理解那些常常极其微妙的暗语。可是总理是怎样使用民族形势报告这个德国政策的领导工具的呢？在报告撰写过程中，决策过程是按照什么模式来进行的呢？政策基调演讲是在哪些具体的手稿之上完成的？在以下三节中会针对这些问题进行论述：

　　－民族形势报告对联邦总理的重要意义；
　　－形式上的流程模式和成稿过程；
　　－报告的构想。

　　民族形势报告作为政府声明在联邦德国的议院体系中有一段特别的发展历程。1968 年 3 月 3 日，联邦总理库尔特·格奥尔格·基辛格（Kurt Georg Kiesinger）向联邦议院提交了第一份《处于分裂状态德国的民族形势报告》。其基础是 1967 年 6 月 28 日联邦议院针对由基民盟/基社盟、社民党和自民党议员共同提出的跨党团提案[17]而通过的决议，提案要求联邦政府在每年第一个季度提交一份关于民族形势的报告。[18]提议人在一致通过的决议中设定了具体的政治目标：[19]

　　－通报德国东西两部分各自的生活状况；
　　－在经济、政治和文化方面向民主德国民众提供帮助；
　　－展示民众间的联系和共性；
　　－为消除德国东西双方之间紧张状态做出贡献；
　　－向世界表明德意志民族不能容忍分裂的意志；
　　－向民主德国的公民通报关于他们自己及联邦德国的真实情况；
　　－突出西柏林与联邦德国其他地区之间的紧密联系。

　　从 1968 年起，每年都向德国联邦议院提交民族形势报告。最初的报告标题是"处于分隔状态德国的民族形势报告"，1971 年到 1982 年间德国联邦议院速记记录显示，标题里没有"处于分隔状态的德国"，这表明了社民党和自民党组成的联邦政府的政治意愿。[20]此外语言运用也不统一：1974 年到 1979 年之间，报告也被称为"联邦政府关于民族形势的声明"。[21]直到德国统一为止，联邦总理科尔在任期内共发布了七份报告，时间分别为：1983 年 6 月 23 日、1984 年 3 月 15 日、1985 年 2 月 27 日、1986 年 3 月 14 日、1987 年 10 月 15 日、1988 年 12 月 1 日、1989 年 11 月 8 日。所有的报告都以"处于分裂状态德国的民族形势报告"为题。

民族形势报告对联邦总理的重要意义

不同于执政初期的政府声明，有些特殊状况对"处于分裂状态德国的民族形势报告"极为重要：参与撰写报告的职能部门较少；报告文本涉及的范围较小；不需要联合执政联盟的决议或在联合执政联盟内部举行表决来确定民族形势报告的全文；内阁绝不会事先得到该报告。联邦总理府部长并不参与撰写报告内容。他只是在总理于联邦议院宣读报告之前阅读最终文本。[22] 这些功能和行政组织方面的背景显示出，这些报告具有独一无二的高层政治特征。

联邦总理与他的撰写团队逐字逐句拟就整个文本，以便能成功体现科尔的执政风格并传达他的政治观点。就撰写团队来看，这样的工作方式非常困难，因为科尔只是笼统地评估形势及表达观点，他既没有明确内容细节，也没有事先草拟文案。在谈论过程中，总理只关注那些以基调演说为出发点的重要信息。[23] 科尔的语言缺乏文采，因此必须由撰写团队代为润色，而且还要避免完全不同于总理的文风。因此，报告的特点就是采用了没有浓墨重彩的精练短句，避免抽象的表述，避免代笔的痕迹。报告的特点是语言质朴、不矫揉造作，并略有慷慨激昂的气息，特别是在表达历史意识的时候。出于策略考虑，那些模棱两可的外交辞令也起到了重要作用。出自第一份"处于分裂状态德国的民族形势报告"中的例子可以说明这一点：科尔几乎是在演讲结尾，不引人注意地用一句简短的话点到："与此相关联，让我想起了我与总书记昂纳克在其推迟对联邦德国访问前后进行接触的情形。"[24]

　　－媒体和政界都因取消访问一事忙碌几周了。现在撰写团队故意将该事件排在次要位置，以此表明这个事件只有很小的政治影响力。
　　－隐而未言的部分隐藏着政治意义：取消访问的理由和原因并没有提到。
　　－使用"推迟"而不是"取消"的概念意味着访问还是有可能的。
　　－撰写团队想把推迟访问一事归咎于民主德国：在这种描述中昂纳克是主动的行动者。
　　－这也是一种友好合作且没有时间限制的表述："之前和之后……

接触……"这指出了关系上的连续性，它与访问是否成行无关。

———联邦总理已经重新发出"邀请"的事实却未被提及，因为一旦出现拒绝邀请的情况，就会给双方关系蒙上阴影。

可以理解的是，恰恰是那些没有提到的内容被反对党当作靶子来批评。[25]

科尔对政治语言所可能产生的影响了如指掌。身为基民盟党主席时，科尔就曾委托专人研究政治的传播效果。[26]他让人对第一份和第二份政府声明的关键概念进行了联想测试。[27]在1984年法兰克福书展开幕式上，总理说道："政治语言也有逃亡现象：可以逃进丰富的词汇里，为了避免空谈。也可以逃进政治语言游戏里。此时许多概念被占用，被重新解释，被虚构，被夸大，被分解。词语的斗争演变为权力斗争。"[28]

语言终归是最重要的政治统治工具。[29]谈话、阅读、书写和谈判，政治家们用语言来完成自己的使命。在德国政策这个极度敏感的领域中，经常会因一言不慎而引发危机，或导致对话中断并使双方关系陷入僵局达数月之久。正因为如此，德国政策属于外交艺术的精华部分，它和秘密会晤展示的谨慎策略有关，也跟那些德国政策中惯用的背景描述、程式化的套话以及含蓄的辞令有关，这些方法与手段在演讲和会谈中必须一再出现，为的是不偏离政治立场，或者它们的任何改动都意味着有新的变化。波恩和东柏林的档案是最好的证据：正在起草的简报里、记录谈话要点及答复建议的纸条上、事后的演讲分析里都既无表态，也没有语言暗示。倘若之前没有掌握德国政策的语言，也就无法再掌握它了。任何政治规划的改变最初都表现在语言上。有时故意挑选不重要的场合，或者有目的地先行派遣科尔的中间人，为了检验演讲的效果，进而检验新政治理念的功效。因此，在有意检验对波兰西部边界法律和政治地位新定义的影响时，科尔总理就把议会党团主席鲁厄（Rühe）推到了德国联邦议院的讲坛上。[30]

科尔很清楚政治语言的作用，虽然他自己从来算不上是语言美学家。"谁能够命名事物，就能控制它。定义创造'真相'。"[31]因此，以民族形势报告的形式呈现的、高度仪式化的演说是经过逐字推敲的，彻头彻尾的合理化，没有留下随意的空间。倘若语言变化可以反映政治变化，那么就可以理解为什么在第一份民族形势报告中科尔亲自增添了含义深远的"处于分裂状态的德国"。科尔想借此表明《基本法》关于重新统一的基本准则在政治上的分量。他在报告开篇也解释了这一点："借助这份民族形势报告，联邦政府重新承担德国联邦议院首倡的任务，即每年提交一份处于分隔状态、"处于分裂状态德国的民族形势报告"。在 70 年代这份报告仅以"民族形势报告"为题，并未提及德国的分裂状况。报告撰写的重点及相关讨论的核心已经逐步转移到联邦德国的政治形势上。"[32]联邦总理在联邦议院"清算德国统一社会党专制在德国的历史和后果"调查委员会听证会上回顾道："众所周知，自 1980 年以来昂纳克提出了所谓的"格拉要求"……其中大家最为关心的是国籍问题和关闭扎尔茨吉特调查处的问题。针对这些问题已经进行了同样激烈且令人痛苦的讨论。我亲身经历了这些讨论，当时我刚刚接任联邦总理并在提交民族形势报告时重新采用了'处于分裂状态德国的民族形势报告'这一概念。说出这点在当时对许多人而言是一种过高的期望。与时俱进的精神已经向前推进了一大步。"[33]

在同他的撰写团队的第一次谈话中，总理自始至终只给出了非常原则性的规定：德国政策的基本立场和民族统一应该成为核心议题。他拒绝一份在含义上类似"联盟中的国家"[34]的报告，就像他的前任施密特那样。科尔不想呈交一份通过官僚式的信息收集汇总而成的关于德国形势的流水账，而完全不关注政治经济方面。因此，他的报告篇幅在最初明显短于施密特所做的报告。[35]科尔不希望采用纯理论的、与经验脱节的方案，而是要脚踏实地把注意力集中在遵循以下前提的德国政策上："不仅要管理分裂状态，还要消除分裂状态。"[36]

只有总理府内部逐渐组建而成的报告撰写团队，才相对具体地领会了这个在撰写第一份民族形势报告之前就确定的出发点。科尔"政治家庭"之外的其他人只能猜测总理正在采取怎样的措施。由于信息缺失，他们开始争执具体词语表达的时候，常常已是在总理府做出决定之后了。例如，1983 年 5 月 26 日德意志内部关系部国务秘书雷林格就第一份报告的文字草案问题致信施雷肯贝格尔，"我也建议今年的报告采用短标题，并加上年份，也就是《1983 年民族形势报告》，因为该报告在主题上包涵广泛，而且联邦总理在欧共体斯图加特峰会上取得的成果也应考虑在内。"[37]雷林格的论证完全不是一种偏离科尔立场的德国政策观念。更准确地说，国务秘书将该报告理解成了普通的政治形势报告。自 1971 年以来报告标题中的附加信息"处于分裂状态的德国"就一直省略，这是有着德国政策背景的。直到签署《基础条约》前，德国东西两部分的政治氛围都是以实现关系正常化为目的。考虑到这样的背景，在当时和在接下来几年里，报告标题中的附加信息都被省略了，因为这个信息将分裂的国家更为尖锐地推到了中心位置。省略的表述方式再次隐藏了政治信息。

然而，赫尔穆特·科尔在1983年想借助附加信息"处于分裂状态的德国"提出德国问题存在的事实，从而有意识地为政策诠释开辟空间。在撰写1985年报告期间还是出现了关于标题的争论。总理府223处处长勒夫克（Löwke）就标题问题在给总理府部长朔伊布勒的批注中写道："联邦议院行政部门已经请示过14处处长，如果将2月27日的主题添加到议程之中并作为联邦议院印刷品出版的话，他们应该在今年采取哪些行动。与联邦议院管理部门和议院国务秘书亨尼希博士（Hennig）的私人代表接触后得到如下情况：议院国务秘书亨尼希博士和德意志内部关系委员会主席雷德曼（Reddemann）都在去年公开指责联邦议院管理部门，不应选择1967年联邦议院决议的相关描述，即不应附加'分隔状态的德国'。"[38]这位处长建议保留科尔添加的内容，朔伊布勒也已经亲笔写下"好的"确认了这个建议。处长接下来又写道："可是我还是建议您先和议院国务秘书亨尼希博士通个电话，因为归于'3）'之下的建议[39]并没有完全达成共识。"[40]朔伊布勒在旁边不留协商余地地批注道："不需要，这事已经这么定了。"[41]科尔和朔伊布勒希望保持1983年以来的状况。任何标题变化都可能引发新的质询，并且需要科尔为新变化的标题进行解释和辩护。这样他就可能会被迫变更其德国政策路线。联邦总理对此毫无兴趣。

形式上的流程模式和成稿过程

每份报告都有自己的故事。这不仅是指准确的文字，而且也指政府内部的成稿过程。虽然从形式上看是总理府工作组组长协调进度，而那些专业职能部门只是承担提供信息的职能。但是，在每份报告的撰写过程中外部顾问就具体内容参与准备或共同起草的情况各不相同。通常在呈交德国联邦议院之前的三到四个月开始撰写工作。一般来说联邦总理应该在每年春季提交报告。但是，由于1983年3月6日举行的联邦大选推迟了时间，联邦议院元老委员会将报告和讨论日期定在1983年6月23日。确定报告日期之前已经进行了深入的组织安排工作：按照规定，在正式接触元老委员会之前，联邦总理府部长还应该在同总理单独协商后知会多数派党团的政治家们。[42]在1983年2月2日科尔主持的部长会谈中，巴泽尔联系到"6月17日起义30周年"纪念活动，同时也提到了"处于分裂状态德国的民族形势报告"，指出报告应同往年一样在春季提交并请求科尔准许他去做必要的准备工作"。[43]科尔"对此表示支持，要求及时做出"处于分裂状态德国的民族形势报告"的工作计划并启动准备工作"。[44]"民族形势报告"的提议应该是德意志内部关系部发出的。这背后隐藏着巴泽尔的政治诉求，即扩大其部门的影响范围。因为从形式上说这本来是总理所做的报告，报告的整个成稿过程都应该受到政府中枢的掌控。但由于随后几年里朔伊布勒领导下的总理府的自主性不断增长、政府中枢提出的权力诉求更多，德意志内部关系部1983年的提议就成为昙花一现的插曲。巴泽尔原本的构想是在他的领导下并在德意志内部关系部里撰写权力更迭后的第一份"民族形势报告"。[45]因此他还强调说，这是"联邦政府的报告"，在形式上应该是政府声明，而不是总理的报告。此外，巴泽尔还计划，就像他在1983年3月10日给科尔的一封信中指出的那样，把"6月17日起义"纪念活动与第一份"民族形势报告"结合起来。[46]但是巴泽尔没有能够保住他在德意志内部关系领域种种行动的胜利果实。1983年3月29日他晋升为联邦议院议长。1983年3月30日海因里希·温德伦接手德意志内部关系部。1983年5月26日，温德伦将其前任起草的第一份"民族形势报告"演讲草案[47]毫无更改地（显然文稿中没有他自己的想法）寄给了联邦总理府部长。司长迈希斯纳在一份清样上面亲笔记录着："非常出色！"[48]联邦部长温德伦则补充道："这是一份非常好的草案。"[49]但是这些自我评价和总理府对文稿的评价正好相反。德国政策工作组批注道："德意志内部关系部的草案，联邦总理府部长对此并不同意（今天'小范围碰头会'的讨论结果）"。[50]

直到1983年5月30日，施雷肯贝格尔才通过电传例行公事地要求各职能部门应于1983年6月3日前将各自所负责的第一份"处于分裂状态德国的民族形势报告"相关内容递交至总理府。"联邦总理将在6月23日做今年的民族形势报告。我请求贵部门在1983年6月3日前递交草案，如果涉及贵部门的话。递交的草案应该言简意赅，并囊括自上次递交民族形势报告（1982年9月9日）以来与民主德国关系发展过程中的重要事件。施雷肯贝格尔教授、博士。"[51]司法部准时提供了关键词为"法律援助谈判"[52]的资料，研发科技部提交了与民主德国涉及科学技术领域合作协定的谈判资料。[53]内政部整理了以"东德文化工作"和"被驱逐者"为关键词的资料。工作办公室主任还必须等待外交部应提交的那部分。[54]至于他自己部门所承担的针对东西方关系和安全政策的内容已由21工作组〔主要是乌韦·卡斯特讷（Uwe Kaestner）〕在与特尔切克密切磋商后[55]依据报告撰写程序拟定完成。施雷肯贝格尔通过电话要求德意志内部关系部国务秘书雷林格提供更多的关于访问交流、体育竞赛和到民主德国旅游、到联邦德国的退休人员旅游及移民的信息；这些报告内容根本没有出现在此前德意志内部关系部草拟的文稿中，因为那份文稿过于原则化了。[56]

工作办公室主任初步拟定出报告提纲，并将其转给延宁格尔：

"I. 序言：在欧洲框架内重建民族的统一。"

"Ⅱ. 欧洲形势：1. 汇报在斯图加特召开的欧洲理事会会议；2. 欧安会马德里续会的状况；3. 联邦总理访问莫斯科的前景。"[57]

其实工作办公室主任根本不用等待第二部分内容，因为科尔把这部分内容全部删掉了。科尔在报告内以较大篇幅讨论外交政策的话题始于1984年，在1987年更加突出。第一份报告则完全局限在德意志内部关系和德国政策基本立场的范围内。21组针对外交政策及涉及德国联邦议院即将通过的安置决议的那部分内容这次全都没有采纳。最后一部分的要点是：

"Ⅲ. 德国形势"。[58]其中包含的要点被撰写团队全部采纳。

工作办公室主任建议在1983年6月7日进行第一次内部编辑加工会谈，在被采纳的各职能部门提供的素材以及工作小组据此起草的文本基础上开始演讲稿的编辑加工工作。就此，工作办公室主任向延宁格尔做出如下建议："参与者，除了第二司司长、德国政策工作组组长、21组负责人、22组组长之外，应该听取我本人并不熟悉的、在5月4日召开的政府声明编辑委员会的意见。"[59]这个"并不熟悉的委员会"是在1983年由外部顾问魏登菲尔德和斯蒂默尔所组建的。这是联邦总理的决定。[60]形式上而言，这两位教授是受当时的撰写团队组长克劳斯·卢茨（Claus A. Lutz）委托参与报告起草工作。[61]这些外部顾问在最终文本的编辑加工过程中到底发挥了怎样的作用，只有总理府当时的撰写团队才能判断。外部顾问参与工作的情况极少能通过撰写团队透露到总理府之外。

针对后续的协调及确定最终文本的工作，工作办公室主任建议道："我们必须要在 1983 年 6 月 14 日召开一次总结性的职能部门会谈。联邦总理应该在 6 月 16 日收到报告草案。由于联邦总理要参加欧洲峰会，在 6 月 20 日前几乎不可能返回；为了能在 6 月 21 日将编辑加工过的草案转交内阁成员，这样安排是有必要的。如果有修改意见可以在 6 月 22 日提出来。因为这是一份联邦总理的声明，应该不需要正式的内阁意见。"[62]事实上科尔从没有将民族形势报告呈交给内阁。[63]联邦总理府部长已得到预先提示，这是迄今为止的习惯做法，"完成了内部编辑加工并经过联邦总理批准之后，草案首先送至外交部和德意志内部关系部，请他们发表意见。"[64]外交部对最终草案没有提出异议。[65]温德伦则坚决要求严格遵循草案撰写流程，以维护他的部门对该报告拥有发言权这个最低要求。[66]

科尔在联邦议院宣读之前到底还会让谁过目最终草案，撰写团队就一无所知了。尽管他们会和总理一道为每个报告开列一份所有应该在事前得到最终草案的人员名单，例如基民盟/基社盟议会党团主席和自民党议会党团主席。但是报告撰写团队并不确知，联邦总理在演讲之前是否还会试探性地悄悄把文稿发送给其他一些亲信以征求意见。[67]

报告的构想

撰写团队的最终编辑定稿小组提出了哪些构想呢？1983 年参加联邦总理主持的历时数小时的文稿讨论会的人员有：卢茨、普利尔、特尔切克、斯蒂默尔和魏登菲尔德。[68]通过对比 1983 年 6 月 14 日草案[69]和最终文稿[70]可以分析出，在这次文稿讨论会上到底做出了哪些方向性的修改。1983 年 6 月 14 日的版本已经非常成熟了，[71]或者更确切地说是"字斟句酌"[72]。考虑到报告听众各种不同的期望，应该通过怎样的措辞向他们传达政府声明的功能要求呢？

a. 关于价值规范性前提

初期纲领

科尔最初建议的报告标题是"在欧洲框架内的民族统一：[73]通过这份民族形势报告，联邦政府重新承担起联邦议院首倡的任务，即每年提交一份'处于分隔状态、处于分裂状态德国的民族形势报告'。"[74]当时，"分裂"这个概念对公众而言比"分隔"使用更加普遍。同时，这第一句话就有意突出德国政策连续性的历史根源，而科尔恰好看到了这种连续性。他在报告里补充了四个纲领性的目标："今天我们再次关注撰写这个报告的原本目的。它关系到德国，关系到民族自治，关系到人权，它还关系到我们处于分裂状态的德意志民族的统一。"[75]草案的最后一句话非常简短："它关系到德国，关系到我们处于分裂状态的德意志民族的统一。"[76]

科尔的德国政策基本立场隐藏在这些简明的概念中：民族自治、人权、民族统一。民族统一这个概念在报告中意义重大。[77]与 1983 年 5 月 4 日的政府声明相反，编辑小组这次直接将这三个概念放在一个句子里，以加强语气。接着科尔以"我们"这个表达集体意识的形式加入了四个排比句："我们不能容忍德意志同胞应有的民族自治权被剥夺，也不能容忍人权受到侵害。我们德国人不能容忍我们的祖国处于分裂状态。我们要坚定不移地力争完成《基本法》赋予我们的任务，'通过自主的民族自治来实现德国的统一和自由'。我们不会放弃，因为我们知道我们的做法符合历史潮流。当前的局面并非无法改变。"[78]草案中这些以"我们"为主语的句子之前还有几句："一条危险的边界横亘在德国，也始终位于欧洲的中央。这条边界分隔了德意志人，分隔了欧洲人，分隔了东方和西方。"[79]这个句子与 1983 年 5 月 4 日政府声明中"保全民族"一节序言中的句子几乎完全相同。但是，关于分裂的观念不应该放在序言部分，而应放到其他部分的具体语境中来讨论。[80]除此之外，还应该使人们充分注意到基本立场中并未包含的观点，即历史的、欧洲视角下的统一进程。因此撰写团队表述道："从历史经验中我们明确意识到，只有在全欧洲和平秩序的框架内，才能够于和平和自由中重建德国统一。"[81]草案也是如此表述的。

值得注意的一点是，科尔所说的是"重建统一"，这虽然会让人联想起重新统一的概念，然而却不是强制性的以一个统一的国家为前提的。在民主德国，民众行使自治权是否会导致国家的重新统一，这对科尔的德国政策纲领而言并不重要。[82]也正是在这一点上，联邦总理并没有给出定论。什么应该是更加重要的呢？国家的统一，民族的统一，或仅限于保证民主德国公民能够自主行使自治权？撰写团队有意排列出多个同样重要的目标，从而呈现出一种和谐的形式，以便使尽可能多的听众能够领悟其中的意味。他们给出了关于策略问题的答案，却没有给出具体的行动任务。在演讲更加靠后的部分，撰写团队深入阐释了科尔具有多重含义的民族概念："德意志民族成形于民族国家之前，而且它已经比民族国家经受了更多的考验，这一点对我们的未来而言非常重要。"[83] 科尔让撰写团队所阐述的民族概念并非要以国家的统一为必要条件，它可以独立于国家而存在。[84] 共同践行自由、民主和民族自治这些价值观显然也能够实现统一的目标。[85]

德国问题和欧洲统一

与草案不同，编辑小组在提出"重建德国统一"之后还进一步将德国问题同欧洲问题等量齐观："女士们、先生们，德国的分裂一直也是欧洲的分裂，因此必须把德国政策视为欧洲统一大业的组成部分，并将其视为欧洲的和平政策。"[86] 草案中对应的内容要简单一些："因此必须始终如一地将德国政策视为欧洲政策和欧洲和平政策。"[87] 将德国的分裂与欧洲的分裂等同起来并同时指明它们之间唇亡齿寒的相互关系，这是科尔德国政策演讲中的固定内容。但是，如何将说辞落实成为政策和战略却仍然是个谜，因为在此方面使用了许多经过重新阐释的、具有更多含义的表述方式，从中无法分辨出欧洲和德国的主次关系。因而也无法制定出任何具体的工作任务。各部门官员对这种行动余地的反应是混乱的和无所适从：在主题为"重提德国问题"的贝尔格多夫谈论圈（Bergerdorfer Gespraechskreis）的评价意见书上［当时的总理顾问魏登菲尔德和斯蒂默尔也列席了会议[88]］，德意志内部关系部一位司长在正文旁边写道："这里的欧洲和德国问题的欧洲化是什么意思呢？这是一块海绵，可以把什么都吸进去，又能很快从中挤出任何东西。欧洲是什么呢？欧洲又在哪儿呢？"[89] 但是，科尔正是通过这种有意的、不分主次的目标列举方式来传达他的信息。

草案中还暗含了一种具有时代特征的观点，由于这种观点的表述是负面的并因此可能导致错误的理解，故而最终被删除了："然而，我们还必须走过一条漫长的道路，直到重建德国统一。从现在起直到那一时刻，我们不会守株待兔，而是会竭尽所能，消除负担，缓解紧张状态，让德国人走到一起来。"[90]

被驱逐者的角色

在这些关于欧洲层面的段落之后，撰写团队有目的地在报告中加入了一个草案中完全没有的部分，它出自 1983 年 5 月 4 日的政府声明："第一批有远见并采取行动的人们，是那些因为第二次世界大战而失去家园的被驱逐者和难民。当时他们怀着巨大的生存勇气将联邦德国视为新的家乡并参加到建设联邦德国的事业中来。"[91] 就这样，联邦总理首次在政府声明的纲领性序言中赞扬了被驱逐者发挥的特殊作用。

共同价值观联系着联邦德国和西方国家

科尔以针对西方联盟和西方价值观共同体的表白结束了他的这段序曲："为消除德国的分裂状况，我们需要大西洋联盟和欧洲共同体的支持。我们比其他人更需要这个联盟和统一的欧洲。"[92] 其具体含义又让人迷惑：向所有合作伙伴所做的表白完全一样；这个在 1983 年 5 月 4 日政府声明中也曾使用过的词汇"支持"意味着自愿联合。草案中这段文字过于强调安全政策方面，编辑小组考虑到增加军备的决定在公众中引发的争议，他们不想在接下来关于德国问题的一般性阐述里提到这些内容：[93] "基于共同价值的大西洋联盟和欧洲共同体是并一直是德国政策的根本。只有在联盟的保护下，欧洲的战后重建才得以完成，只有在它的保护下欧洲才能继续发展。"[94] 总的说来，序言"在欧洲框架内实现民族统一"有意地[95] 遵循了[96] 阿登纳的传统，即"德国问题的自由解决不能依赖民族国家范围内的解决方法，"[97] 而是应该通过在西方价值观共同体背景下的实力政治得到解决。这里突出强调德国政策以自由的、合法的、通过结盟的方式与西方国家相联系，相应的转变已经蕴含其中。[98]

b. 关于务实性德国政策

"处于分裂状态德国的民族形势报告"接下来的内容被分成下面两部分：

– 德国形势：1. 共同的历史，[99]2. 纪念日，3. 柏林，4. 德国内部两个国家的状况；

– 作为欧洲和平政策一部分的德国政策：科尔在序言部分阐述了价值规范前提。他也由于很多表述上的开放性和未确定性在党内得到了广泛支持。务实的德国政策所面临的问题是在进行人道主义合作时必须要顾及价值观的差异。考虑到在他接管政府之后最初几个月里面所发生的一切，尤其是他的政策饱受批评，他到底能够冒险走多远呢？为了回答这个问题，必须更加仔细地阅读"德国内部两个国家的状况"一节。

在 1983 年 5 月 4 日政府声明中，这一节的开始是科尔对统一德国公民身份的认可。[100]这次他与草案文本一样将《基础条约》放在了开头。"在与民主德国签订的《基础条约》生效 10 年后，德国内部的两个国家一如既往地远离条约中表述的目标——'正常的睦邻友好关系'。"[101]引言部分"一如既往"暗示着停滞的关系。从联盟党的角度不能过度称赞《基础条约》。科尔接着详细解释了描述条约目标的两个形容词（"正常的"与"睦邻友好的"）。从中应该能够认识到，谁应对不正常的关系负责以及导致关系不正常的原因到底在哪里："只要在德国内部的边界上还有高墙、铁丝网、枪声和粗暴行为，就无法出现正常化的关系。只要民主德国同胞们——由于他们被剥夺了基本人权——还仍然面临着失去生命和个人自由的风险，就不存在什么睦邻友好关系。"[102]草案原本的表述是"民主德国的人们"[103]而不是"同胞们"，编辑小组最终对此进行了修改，如同"德国内部两个国家"及"德国内部"这些修改后的表述一样，修改稿强调了更广阔的德国这个整体概念。同时，这样的表述也在语言层面表达了对完全承认民主德国持保留态度。就这样，最终版本再度精确表达了双方在民族统一中的共同关联，同时划清了与民主德国政治体系之间的界线。

人权和德国问题是怎样密切相连的，1983 年报告中是这样阐述的："对此我们不能也不会保持沉默；因为藐视人权之处没有持久和平。欧安会《赫尔辛基最后文件》和在所有其他领域中的人权文件（这个扩展的附加成分没有出现在草案里。作者注）也都一再明确了这种相互关系。"[104]

在对操作层面的德国政策进行规范性归并之后得出"三步走"方案："一切表明：现实的德国政策只有通过对话、平衡和合作才能成功。"[105]草案中这个句子的位置原本比较靠后，但撰写团队把它提到前面来，并和草案中的以下原句组合起来："我们希望并不仅仅是管理今天的现实状况。我们想通过具体的步骤使得分裂的状况变得更加可以让人忍受，首先是变得不那么危险。我们这么做是出于人与人之间的责任，他们不仅仅是我们的邻居，还是我们最亲密的人。"[106]联系上下文，"并不仅仅是管理"意味着科尔并不认为这种状态是不能更改的。缓和分裂的状况，体现了这些段落友好合作的语气，此处"不那么危险"是含糊其辞的表述。透过"人与人之间"和"我们最亲密的人"这些惯用于表达博爱的概念可以感受到源自于基督教的义务。科尔的表述不同于勃兰特的表述，取代了后者的曾用

词德意志内部 "共同"[107]而采用了 "并存"：我们要努力超越规则约束下的并存，实现在德国共同生活的状态：

　　－不断发展的关系网变得日益紧密和牢固有助于目标的实现；

　　－那是这样一种状态，双方通过'均衡的给予和接受'公正地履行对民众的责任（在草案中写着：'基于民众利益的给予和接受，以便公正地履行民族的责任'，这听上去有些过于做作[108]）；

　　－那是这样一种状态，双方有互相信任的义务。[109]在草案中还有如下补充成分："而且这些义务是任何一方都不能质疑的，这也符合双方各自的利益。"[110]这个听上去是不容争辩的，而且似乎在描述某种停滞状态。

　　这样，科尔强调指出，德意志内部关系的任何进展都需要双方抱有合作的意愿。单方面行动的可能性被排除了。科尔在第二份政府声明中使用了联盟党惯常使用的概念 "付出和回报"，但是在第一份声明中它被删除了，而在民族形势报告中使用的是意义相对和缓的 "给予和接受"。[111]科尔在谈到具体合作领域之前，还将矛头明确指向了昂纳克："政治领导层必须（在草案中是语气和缓的'应该'[112]）清楚，联邦政府严格遵守《基本法》、《基础条约》的精神和条文以及其他具有法律约束力的协定（草案只提到了《基础条约》，但是联邦总理有目的地囊括了所有法律立场，这是为了明确历史的连续性并通过引用他在 1983 年 5 月 4 日政府声明中曾提供的全部规范准则来让批评者满意）。但是我们当然也期待民主德国方面能信守条约。"[113]迄今为止，联邦总理还没有这么鲜明地表达过立场。

　　编辑小组重新整理了合作领域，与草案不尽相同。按照主次关系，德意志内部关系的详细日程排序如下：

　　－降低最低货币兑换额；

　　－扩大旅行、访问和过境交通；

　　－在环境保护领域的合作；

　　－在文化、教育、科技和体育领域的合作；

　　－法律援助谈判；

－德意志内部双方贸易。

在更具体的阐述中指明了正在进行或在努力争取的德意志内部双方之间的谈判。作为先决条件民主德国首先应该取得哪些进展，这是科尔没有说到的。在随后的章节里，只要议事日程中的某一条对诠释谈判策略来说比较重要，就会在相应的位置附上报告的原文。

政府行为结果小结

方案构想：在这些问题上科尔并没有已经考虑成熟的具体的长期方案。如果说真的有一种针对德国问题的前景展望的话，那也只是紧密地融入西方。核心不是不受约束的、抽象的统一思想，而是自由的优先性。这不仅与德国问题相关，而且与欧洲问题相关，要把欧洲视为共同的西方价值观共同体。对问题的定位是突出德国问题在历史上、法律上和政治上都尚无定论。这些旗帜鲜明的表述以及在价值规范上与德国统一社会党政权的区别标志着德国政策的转变。通过突出双方在德意志内部的差异，联邦政府为进一步强化条约政治和建立互信的措施奠定了基础。其中包括这样的警告：此处的自由和彼处的不自由，人权在西方得到实现而在民主德国没有被实现的情况。尽管如此，该文本还是为务实的德国政策以及与民主德国进行的所有谈判合作搭建起许多桥梁。报告中并没有列举各种要求，因为这样会使政治对手很容易对政策的成效进行批评。历年"处于分裂状态德国的民族形势报告"是科尔德国政策总体构想的风向标。联邦总理没有在任何官方文件中明言德国政策的转折，也没有在他的第一份"处于分裂状态德国的民族形势报告"中谈论此事。当时这个概念可能在执政联盟内部也不能得到多数支持。这份报告的作用应该是团结追随者，而不是使他们两极分化。这份报告反映的不是什么转折，而是经过重新阐释的基本纲领。在原则问题上划清意识形态界限，是为了促进德意志内部双方关系的发展。

对构想框架的分析还显示出，在原则纲领演说中，许多同等重要的目标是如何并列在一起的，或者多层含义的表达方式如何注定起到调和众口的作用。除了相对鲜明的、与民主德国政治体制划清界限的辞令之外，同样引人注目的是不确定的"在欧洲框架内实现民族统一"这个长期计划的目标及其操作实施。在表述纲领时没有使用那些看似深奥、富有新意的用词，而是首先采用了人们熟悉的词汇。科尔的表述是基于中间路线的。在所有不明确的、开放性的纲领性目标后面隐藏着策略性的思考，这与报告的功能密不可分。

功能：对政府而言，总理通过政府声明体现了自我担责。关于这一点，报告有三种功能：报告是总理的领导工具，在报告中他从总体构想方面为自己构建出行动空间；报告确定了立场，并在纲领中反映出对德国政策的自我认识；纲领性演说是政治领域和行政领域的决策准则。最后一点与交往沟通中的话题选择有关，而与通报决策的具体细节无关。

这份报告不仅仅是与所涉及的各处级部门和各职能部门协商、联署和审核过的草案汇总。在谋篇布局、写作风格和词汇选择方面，报告明显地带有科尔组建的撰写团队的风格。通过安排撰写团队、外部顾问及总理府工作人员，科尔躲开了行政机构将撰写报告的职责纳入囊中的企图。他组建了一个能够按照他的观点且最准确传达他意愿的团队。

协调工作主要由政府内部的两个部门来承担，即德国政策工作组和报告撰写团队。其他的部门或职能部门只有提供信息的职能。

这份报告是团队艰辛合作的成果。撰写演讲稿的起点总是知识的获取。没有一句话或一个词是偶然出现的。从最初提出关键词，经过内容不同的多轮头脑风暴，直到与总理一起进行逐字逐句的讨论会商，大多要历时数月，在此过程中还要从政治角度以及最后阶段演讲的技术角度对文本进行大规模的修改。

第六节　务实合作：十亿马克贷款担保和联手施特劳斯

对联邦总理而言"务实的德国政策"[1]到底意味着什么，可以通过1983 年联邦政府给民主德国提供所谓十亿马克贷款担保来加以说明。当时的整体政治气候对此并不有利：

　　- 在党派政治方面，科尔必须谨慎地权衡，他的权力基础到底能在多大程度上同意这个务实合作的具体实施建议。
　　- 在联合执政方面，重要的是保持德国政策的连续性。
　　- 在外交和安全政策方面，1983 年秋季潘兴导弹和巡航导弹的部署决议还有待处理。[2]

　　－在权力政治方面，政策的连续性或政策转变对总理来说都是次要的问题。首要的问题毋宁说是如何才能成功地联手他的死对头施特劳斯。自1982年10月起，施特劳斯在每项德国政策行动中都公开表明令科尔和延宁格尔不快的自己的立场。[3]

　　施特劳斯是德国政策领域的一个参与者，但从体制角度来看，他又没有被纳入行政决策体系之中。十亿马克贷款的谈判[4]给科尔提供了机会，使他能够通过"怀柔政策"[5]把潜在的竞争对手团结起来，从而在就任联邦总理之初就巩固了自己的政治地位，通过把党派政治对手纳入决策进程中来实现对他们的约束。但是这里绝不能由此推测巴伐利亚州州长只是科尔要收编的对象而已。他对十亿马克贷款计划的贡献完全可以称作是具有决定性的推动作用。但是从政府行为的角度看，对政府首脑来说至关重要的是权力政治。对科尔而言，十亿马克贷款的秘密谈判是一种手段，为了从德国政策和权力政治方面将施特劳斯变成联邦总理路线方针的可靠支持者。但是，通过贷款事件不仅能观察到科尔富有权力意识的执政风格这一面，人道主义支出的资金议题和密谋的谈判计划都能呈现出更多的、在谈判分析中值得关注的重要方面。此外，当时同身兼民主德国外汇管理负责人、外贸部国务秘书、商业协调部门（KoKo）负责人和国家安全机构"特殊使命官员"的亚历山大·沙尔克－哥罗德科夫斯基（Alexander Schalck－Golokowski）正在创建的特殊渠道也起到了关键作用，从而使十亿马克贷款行动成为展现德国政策领域初级阶段政府行为的一个样板。

　　然而，针对这个阶段的学术研究却面临着一些特殊问题。一方面已经无法采访到事件中的重要人物。[6]那些曾参与决策的政治家们的回忆录只能再现其中小部分片段。[7]况且，对这段历史已有的追述也因讲述者的政治立场不同而差别颇大。[8]另一方面只有民主德国方面保存了记录着沙尔克、施特劳斯和此后延宁格尔参与的核心谈判过程的完整的会谈纪要。[9]虽然延宁格尔还记得自己曾经做过一些会谈记录，但是据总理府的消息，这些记录都已经找不到了。[10]很多内部批注都在阅后立即销毁。大多数情况下文件首页上都写着"阅后即销"。施特劳斯经常将这样的资料寄给延宁格尔，同时他还会寄那些批注，那些原本应该被正式删除的批注。[11]德意志内部关系部和其他职能部门，例如财政部，在十亿马克贷款的实质进展阶段才得到了有限的信息。尽管如此，在联邦政府的官方档案中还是能够找到一些补充信息，接下来的分析会提到这些信息。在这期间，德国联邦议院[12]和巴伐利亚州议会[13]的两个调查委员会紧锣密鼓研究十亿马克贷款一事，与此同时，沙尔克－哥罗德科夫斯基扮演的角色是事情的关键。

如果以德国政策为例研究政府行为的核心问题，可以分为以下四个方面的内容：

- 预谈判阶段：金钱和政治；
- 策划、决策过程与谈判进程；
- 信息的传递过程；
- 回报和第二次贷款担保。

预谈判阶段：金钱和政治

让我们再回顾一下德国统一社会党领导层的利益出发点：民主德国一如既往争取对自身国际法地位的认可，在这方面已经有一些阶段性成果记录在案。第二个利益点始终是西德的外汇。承认地位和西德马克是理解民主德国的德国政策的两个关键概念。[14]科尔政府如何评估这种金钱和政治之间的利益考量呢？为了回答这个存在于预谈判阶段的问题，应该首先评估当时联邦政府到底掌握了多少关于民主德国经济形势的信息。这些信息既不是统一的，由于当时民主德国经济统计数据弄虚作假已广为知晓，所以这些信息也不是可靠的。[15]根据公开的秘密文件、对当时领导经济工作的民主德国官员的访谈以及各类回忆录，世人才得以用今天的眼光更好地了解当时导致民主德国极其严峻的对外经济形势的重要因素和由此在对外关系领域产生的后果。[16]在1982年延宁格尔对民主德国的正式就职访问中，民主德国的政治家们最初表现得保守而谨慎，这与政府更迭及新一轮大选的不确定形势有关。[17]在迎接来自波恩的密使时，承认民主德国面临金融破产问题不应成为开场白中的话题。1982年9月米塔格还曾经向维什涅夫斯基明确地讲到，民主德国希望得到联邦德国的贷款。[18]

联邦政府在1983年更多地通过非正式渠道了解到民主德国极其严峻的金融形势。[19]虽然总理府、财政部和德意志内部关系部进行过关于民主德国经济形势的调查，但是没有给出明确或统一的结论。[20] 联邦政府在 1982 年底掌握信息的情况在沃尔夫冈·赛费特（Wolfgang Seiffert）[21]《德国档案》发表的一篇文章中有所介绍，此文在各职能部门和总理府中引起了很大的轰动，它多次被亲笔批注，或者说它起到了抛砖引玉的作用。[22] 赛费特的描述可以总结如下：[23] 同西方国家的贸易在民主德国对外贸易中占了超过 30% 的份额，这些贸易大多数是由西方公共或私人金融机构来融资的。民主德国就这样产生了对西方的高额债务。债务规模估算在 100 亿到 130 亿美元之间。在经济互助委员会国家中，民主德国欠西方的债务规模排在波兰和苏联之后，位居第三，其根本问题是债务的结构，因为近 40% 的债务是必须在一年内清偿的贷款。如果没有新的贷款，民主德国就不能偿还旧贷款。[24] 此外，延宁格尔还在事后分析了民主德国错误的经济政策的结果：民主德国对 1982/1983 年的冬天忧心忡忡。他们不得不放弃正在执行的五年计划原定发展目标，进口被削减了，甚至包括生活必需品的进口。取而代之的是，所有能出口的东西都用于出口了。这拖累了国内供应并妨碍了投资。普通民众必须为由此而产生的从外贸赤字到外贸盈余的迅速转变付出高昂的代价。人们的不满情绪在增长。苏联自身难保，无力帮助民主德国渡过难关。1983 年 1 月昂纳克在莫斯科得知，苏联想把对民主德国的石油供应限制在 1900 万吨。[25] 超出限额的石油要由民主德国自己买单。除此之外，民主德国还将石油低价出口给苏联以赚取外汇。随着限制石油供应，这类外汇也就不会再有了。由于西方银行对民主德国的贷款禁令，它也无法指望从其他方面得到什么帮助。[26] 这关系到重建民主德国在国际金融市场上的信誉。倘若不是民主德国采取了缓和对外经济危机的管理措施，也就不会及时出现由联邦德国担保的十亿马克贷款了。不仅在政治上，而且从金融技术的角度来看，这都是惊天动地的事件：联邦政府坚持的原则——或者以结算单位的方式提供贷款，即贷款只用于支付民主德国在联邦德国购买的商品，或者以限定用途的方式来提供贷款，例如用于建设高速公路——在最初阶段即被迫中止。[27] 尽管如此，就是从今天的角度看也不能令人信服地解释清楚，民主德国到底在多大程度上依赖这种形式的贷款。[28]

联邦政府应该如何根据民主德国的债务情况进行调整呢？尽管缺少准确的数据，联邦总理和延宁格尔还是了解到了民主德国的财政情况。[29] 但是在他们看来后果绝没有那么严重，没有像我们用今天的眼光所一厢情愿地认为的那样。[30]例如沙尔克就曾回顾说，当时这"涉及的是民主德国的生存或者毁灭。"[31]尽管如此，事实证明还存在着第二种可能："联邦政府十分清楚：或者波恩帮助民主德国渡过这个艰难时期，或者民主德国就会对联邦德国也包括西柏林关上大门，并进一步倒向苏联和社会主义阵营。这就是讯号……当时联邦政府（已经，作者注）在悄悄地瓦解勃列日涅夫主义。"[32]君特·米塔格同样总结回顾道："80 年代初事态尚在两可之间。可供民主德国提高产出而使用的资源越来越少，石油供应停滞了，为得到等量石油必须多支出好几倍……在这个时期每天都有关于支付形势的报告……民主德国的出路只剩下了同联邦德国更加紧密的联合，而且大家也默默地容忍了这一事实：联邦德国提供帮助的前提始终是在将来重新统一德国。在这一点上他们的政治领导人从不怀疑，也在任何公开场合清楚地体现出来。"[33]科尔曾对德国联邦议院"清算德国统一社会党专制在德国的历史和后果"调查委员会说过："我们当然知道存在异议，提供金钱将意味着我们要冒着巩固德国统一社会党政权的风险。这是，——如果诸位愿意这么想的话——另外一种会招致批评的可能。对我来说这个决定中重要的是——你们还记得联邦政府在 1983 年为一笔银行贷款提供了十亿马克额度的担保——让尽可能多的民主德国人民得到机会来了解与其政治宣传相去甚远的联邦德国的真实情况。"[34]

在当时一次谈话中，延宁格尔和施特劳斯一针见血地指出了西德方面批准十亿马克贷款的动机："批准为银行贷款担保在任何时期都不仅仅是关系到联邦政府的贷款，而是联邦政府以此来推动德意志内部双方关系的发展。"[35]延宁格尔接下来说："充分利用为德意志内部双方关系注入活力的机会，使双方关系能够建立在长期、持续和稳定的基础上，这完全符合东方政策，正如政府声明所说的。贷款应该是向民主德国释放的不容忽视的政治信号。在争论 1983 年秋准备部署导弹时，应该给出一个方向性的信号，以防止双方关系出现令人担心的'冰冻期'。"[36]正如在后面章节中所评估的那样，莫斯科也是这样理解该讯息的。科尔在 1984 年"处于分裂状态德国的民族形势报告"中将其称为一个"明确的信号"[37]。在回顾中延宁格尔也提到："联邦德国的那些政治领导人……已经非常清楚，提供贷款一事可能会与稳定民主德国的形势连在一起。但同时也可以看到机遇，以这种方式为民主德国的德意志人做些事情。"[38]

在事后这些考虑听上去是有说服力的，也是可以实施的。但是在 1983

年夏天，当十亿马克贷款的消息超出秘密谈判的圈子而公之于众的时候，出现了关于金钱、政治以及联邦政府政治敲诈的激烈讨论。毕竟联盟党在野时曾责备社民党人实行了"用金钱交换希望"（巴泽尔）的政策。[39]社民党人不是付出了很多而收效甚微吗？基督教民主党人在接管政权之后不是关心付出和回报的平衡吗？基民盟/基社盟不是从70年代初起就力争实现联邦政府同民主德国之间建设性的贸易政策吗？[40]大家激烈争论的与其说是财政问题，不如说是这个举措的政治后果，甚至在政府内部也是如此。[41]但是，造成最大轰动的恰恰是波恩德国政策及东方政策的长期反对者弗兰茨·约瑟夫·施特劳斯。他不仅成了贷款的铺路人，而且1983年夏天当贷款消息公诸天下后，他在韦尔贝林湖受到昂纳克的私人接见。

策划、决策过程与谈判进程

用今天的眼光可以再现谈判的如下阶段。[42]十亿马克贷款也属于基督教联盟和自民党联合执政联盟从前任社民党－自民党政府继承下来的议事日程。联邦总理施密特从1980年就已经开始面对民主德国希望获得贷款一事，当时也是沙尔克作为东德方面的代表。[43]在政府更迭的前一天，延宁格尔的前任维什涅夫斯基向他通报了同民主德国谈判的进展情况。[44]他也向延宁格尔概述了所谓的"苏黎世模式"。在社民党自民党执政同盟的最后时期，维什涅夫斯基在联邦总理施密特的授意和授权之下同民主德国就此事进行了谈判。穿针引线的是一位生活在瑞士的德国银行家（苏黎世信贷和外贸银行行长[45]）霍尔格·巴尔（Holger Bahl），他与赫尔伯特·魏纳（Herbert Wehner）所委托的卡尔·维南德（Karl Wienand）[46]一起最早联系了东柏林。苏黎世模式看上去是这样的:[47]民主德国可以得到金额为四十亿或者五十亿马克的贷款（不同文件给出的数字不同）。作为回报，应该以条约的方式保证民主德国将居民的旅行许可年龄降低五岁。这可能意味着有一百万德国人获得旅行自由。此外针对退休人员、残疾人和青少年，应该完全免除他们进入民主德国旅行时的最低货币兑换额要求。建议由巴尔主持，在苏黎世共同组建一个银行来处理相关业务。巴尔也希望通过成立一家瑞士融资公司得到可观的收入。联邦德国的信贷经济银行和民主德国的一家机构将向这家融资公司各注资百分之五十。[48]

正如维什涅夫斯基所承认的，在工作交接之时这些谈判还没有达到可以签署或提交给内阁的程度。[49]民主德国拒绝给贷款自动提供回报。在波恩，由于存在着预算赤字，贷款数额似乎也无法实现，特别是这种模式要以联邦预算的资金来为贷款担保。米塔格办公室最后在1983年2月向延宁格尔部长表态，回绝了这个项目。[50]为什么结果是这样？这与第二条谈判途径有关，也就是施特劳斯和沙尔克之间的对话渠道。下文还将详述有关情况。

延宁格尔在德国联邦议院的调查委员会中详细阐明了，在他此后的任职期间内不再商谈苏黎世模式。但这并没有阻止巴尔抓住在波恩、东柏林或者莱比锡和汉诺威博览会上各个适当的时机去推广他的主意。沙尔克在记录中总是将科尔和施特劳斯之间让人捉摸不透的关系归咎于巴尔方面的灵活手段。[51]直到1988年"苏黎世模式"还会用关键词"国家间的游戏"闪现在档案中。[52]而且每次都与巴尔准备用贷款去换取政治妥协的提议有关。最后在1988年1月14日，沙尔克向朔伊布勒征求对此事的意见："沙尔克解释说，民主德国对这种贷款毫无兴趣；这一定是与巴尔先生的提议或与工业信贷有关。他明确地请求，不要再继续传递巴尔先生转交的信件了。"[53]按照巴伐利亚州议会调查委员会的说法，主要是延宁格尔私人事务负责人托马斯·贡德拉赫（Thomas Gundelach）此后多年仍致力于巴尔的方案，[54]这一点也被于尔根·尼茨（Jürgen Nitz）（曾任德国统一社会党外贸部长格哈尔德·拜尔的顾问）所证实。[55]延宁格尔和贡德拉赫两人一起去游说朔伊布勒，说他应该和巴尔谈一次。朔伊布勒和巴尔进行了会谈，但他却宣告说，巴尔的主意"愚不可及"。[56]巴尔的构想据说包含这样的想法：联邦政府应该不惜一切代价地承认民主德国公民的国籍，相应地民主德国则要承认双方相互间的旅行和访问自由。可能确实曾经有过这样的想法，但是直到该研究的最后时刻联邦总理还没有听说过这个思考游戏。[57]档案清楚地显示：科尔没有任何商量余地地拒绝了任何等同于民主德国国籍的东西。在整个80年代，朔伊布勒和沙尔克都对巴尔的想法敬而远之。

当延宁格尔在1982年12月2日就职后访问东柏林并会见君特·米塔格和菲舍尔的时候，他已经从维什涅夫斯基那里得知了苏黎世模式。民主德国外交部长还曾在1982年9月30日恳请维什涅夫斯基不要向继任的基民盟政府提及苏黎世模式。[58]维什涅夫斯基却没有控制住自己。在这样的背景下可以理解，为什么延宁格尔在就职访问时无法得知德国统一社会党希望得到贷款的想法。[59]1983年1月24日联邦总理和昂纳克通了电话。[60]他在电话里拐弯抹角地暗示，他已经得到"南方渠道"正在进行的金融会谈的有关消息。通过这种暗示，科尔希望昂纳克能够抓住机会，明修栈道，暗度陈仓：科尔明确了他的领导权力，尽管这是施特劳斯经常否定的。在电话中科尔也表示了，波恩方面准备将经济援助与民主德国在人道主义方面的回报捆绑在一起。这样科尔也透露出，准备通过秘密渠道听取民主德国信息的想法。但是无论如何总理的表态并不意味着他支持某种特定的融资模式。

与此同时，在科尔所说的"南方渠道"上正进行着下列谈判：通过罗森海姆的肉类生产企业主约瑟夫·梅尔茨（Josef März）的介绍，施特劳斯和沙尔克开始了私人之间的接触。梅尔茨是施特劳斯的竹马之交，并长年担任基社盟司库。梅尔茨兄弟的肉类贸易公司在与民主德国的肉类贸易中积累了多年经验。梅尔茨也因此了解民主德国的贷款需求。在政府更迭之后，沙尔克有意寻求和梅尔茨直接接触，并且想通过他和施特劳斯建立联系。按照施特劳斯自己的记录，早在 1982 年夏天他就已经通过梅尔茨得知民主德国希望得到贷款的想法。[61]在有据可查的 15 次接触中，沙尔克和梅尔茨为与施特劳斯的会面做着准备。[62]梅尔茨的作用是双方的使者。一份沙尔克记录 1982 年 11 月 26 日与梅尔茨谈话[63]的文件中具体指明了第一笔十亿马克贷款的形式，沙尔克首先将其告知了梅尔茨："针对梅尔茨阐述的建议：接受民主德国外贸银行和一个临时性西德银行团之间进行贷款谈判，与此同时由民主德国外贸银行行长发表声明，给贷款的现有要求提供担保，例如从过境费用总价支付。施特劳斯的批注是'他会友好地审查这个建议'。"[64]此时沙尔克开始在他那方面寻求保障并且请求米塔格，使自己得到一个相应的谈判授权。[65]

1983 年 12 月 23 日，科尔和施特劳斯之间进行了一次谈话，[66]基社盟主席向联邦总理通报了民主德国希望得到贷款的愿望以及已经事先开展的试探性接触的情况。[67]两个人在此之前就已经针对十亿马克贷款原则达成一致。这个共同的想法是他们在特格尔恩湖畔的一次远足中产生的。[68]远足的策划者与其说是科尔，不如说是施特劳斯。[69]每次这样的双边会面后施特劳斯都会做内部记录，这里可以证明科尔最初是不想提供贷款的。[70]他拒绝接受此事。在邀请昂纳克访问联邦德国一事上也是这样，需要长时间不间断的游说才能让优柔寡断、谨小慎微的联邦总理相信，这是正确的且在政治上是必要的。在昂纳克访问前夕，朔伊布勒承担了游说工作。在十亿马克贷款一事上，施特劳斯说服了总理，这次显然没有出现其他情况下两人之间常有的激烈争论。[71]此外，施特劳斯还说服了联邦总理，使其继续保持与富有影响力的沙尔克的接触。施特劳斯当然把自己视为这种特殊渠道未来的共建者。

科尔接着请求施特劳斯说，他应该和延宁格尔协调此事。[72]这不仅仅是因为贷款一事与延宁格尔的工作领域有很大关系。除了施特劳斯的特殊原因（后面将深入阐述这一点）之外，科尔更多的是希望将这个特殊渠道与总理府紧密联结在一起。迄今为止，沙尔克先是与常设代表高斯、之后从1982年5月起和布罗伊蒂加姆保持联系。但是，科尔不仅想更快更好地，而且要更加全面地得到双边关系情况的信息。科尔每天都在总理府与延宁格尔会谈，希望能够藉此获得未被删减过的信息优势，而这对于待定的决策来说是重要的。1983年1月24日联邦总理与昂纳克通了电话，并在电话里非正式地提出了一揽子计划，并且就财政援助要求人道主义领域的回报。接下来沙尔克就限制了同梅尔茨的接触。沙尔克在记录中写道："在没提出符合双方利益的政治性一揽子建议之前已启动协商金融贷款的对话，不能再按贵方1月25日提出的政治性一揽子建议继续进行下去了。"[73]乍一看，贷款一事似乎要失败了。尽管如此，由于外汇需求迫在眉睫，沙尔克还是希望能有所作为。因此，他尝试着直接接近施特劳斯。但事实证明这是很困难的。首先，联邦议院选举在即。接着，1983年4月10日在过境通道德列维茨边界检查站发生了上文已经介绍过的死亡事件。[74]施特劳斯公开将其称为谋杀。[75]联盟党和自民党之间关于德国政策未来路线的争执达到了高潮。十二天后昂纳克取消了对联邦德国的访问。此后大约两周梅尔茨通知巴伐利亚州州长，埃里希·昂纳克的一位中间人想和他进行秘密的非正式会谈。[76]显然沙尔克完全无法确定，在当时德国政策遭到热议的形势下施特劳斯是否会考虑此事。但是，1983年5月5日在梅尔茨位于基姆湖的旅馆里，施特劳斯第一次与这位民主德国秘密谈判代表会面。

施特劳斯和沙尔克就第一笔十亿马克贷款总共进行了三轮谈判。[77]1983年5月5日，施特劳斯在阐述了他的德国政策基本立场之后向沙尔克强调："您不能在边界上及在贵国国内将联邦德国公民视为敌国公民，却又想使用联邦德国的货币就像使用友邦的货币一样。"[78]他向沙尔克提出了如下要求："如果我们发现在接下来几周情势有所改观，那么我们就进行第二次会谈，否则我们就忘了这件事吧。"[79]这里所指的是边界事件处理的形势。

沙尔克询问如何"才能在没有针对其他问题的一揽子建议前提下继续进行事关提供十亿马克金融贷款的对话"。[80]施特劳斯的回答是："沙尔克先生，在我与您相识并确认您是可以信赖之人以后，我愿意在5月19日与科尔的谈话中表态，支持联邦德国在不提出一揽子建议的情况下走出第一步，通过一个银行团以两期五亿马克贷款的形式，将资金拨付给民主德国外贸银行。"[81]两个人都心知肚明，这种让步必须得到政治上的回报。因此施特劳斯直截了当地指出，即使没有书面协议，也必须着手调整针对青年和退休人员的最低货币兑换额，使其回到新规则施行之前规定的额度。[82]大约两周后，从联邦边界保护人员那里传来了第一批报告，其中记录了在民主德国的旅行者明显受到了更好的待遇。基于此，就没什么能妨碍施特劳斯和沙尔克再次碰面了，1983年5月25日他们在相同的地点再次会面。

这一次沙尔克是以"德国统一社会党中央委员会总书记……埃里希·昂纳克的代表"的身份现身的。在第二次会谈时施特劳斯再次强调，他准备竭力促成在不附加任何明确的一揽子建议的情况下提供贷款。[83]沙尔克朗读了昂纳克的一封亲笔信，承诺了人道主义领域的回报，但前提是这些回报不能被公开称为贷款的回报，具体措施包括：拆除自动开火装置、简化家庭团聚手续和免除儿童承担的最低货币兑换额。[84]这封信当然应该保密，施特劳斯没能复制原件。施特劳斯方面的回应是草拟了一封信件，这封信本该由民主德国财政部长写给联邦财政部长施托滕贝格的："联邦政府既不需要提供担保，也不需要承担责任。它只需要宣布同意这种模式：在民主德国出现支付延期的情况时，到期应付款将从柏林总支付额里支付并将汇到牵头的巴伐利亚州立银行及银行团其他银行中去。"[85]延宁格尔还首次参与了1983年6月5日举行的第三次会谈。施特劳斯亲自开着路虎车到慕尼黑火车站迎接延宁格尔。施特劳斯在通向民主德国的边界关卡安排了州长办公厅工作人员在沙尔克过境时指挥边界官员的工作。施特劳斯非常高兴，能够又一次成功地在梅尔茨位于基姆湖畔（Chiemsee）农庄的里安排不被公众知晓的聚会。[86]沙尔克最初对延宁格尔扮演的角色心存疑虑，不过施特劳斯在会谈准备阶段尽力让他放下心来。沙尔克在记录中记下了施特劳斯的表述："'至于延宁格尔，他是我的一个学生。他担任联邦财政部长的时候，才是我领导下的一个处长。'施特劳斯为延宁格尔争取到一个选区的支持。'他是我的人，对我言听计从……假如延宁格尔前往民主德国，针对特定综合议题进行官方或非官方的会谈，要认真对待他且应认为他拥有全权代表权，也会行使他的权力.'"[87]三人会谈是以沙尔克通报民主德国严峻的金融形势开场的。延宁格尔开始只是谨慎地参与其间。正如他自己所描述的，他是在履行职责，并强调了那些应该兑现的回报，还有在西德公众间针对这个议题的极其困难的政治讨论。针对回报一事他坚持认为应该有协议：民主德国必须给出信号。什么时候和以什么形式，这是应该由民主德国方面决定的。[88]"以信任换信任"，格言如是说。此外，沙尔克把由施特劳斯授意并事先拟好的致施托滕贝格的信件转交给延宁格尔。这种"以信任换信任"的德国政策策略是政府更迭之后采用的一种新的谈判策略，在政府代表通过官方渠道或非官方私人渠道接触民主德国政府高层人物的过程中这种策略逐渐成形。新的策略性元素在于，大家不愿意一项换一项地去总结德意志内部双方关系发展的成就，而是在一个较长时间段内去总体衡量所有的措施。已经商定的民主德国方面的回报不是立刻，而是在完全协调好的期限内予以兑现。[89]但是怎样在政治层面向公众宣传这种策略呢？沙尔克在任何阶段都未曾染指将贷款和人道主义状况的改善纳入一揽子方案的谋划。但是他接受了施特劳斯和延宁格尔向他明确表达的对贷款回报的期望：拆除自动开火装置和地雷；进一步取消旅行交通限制；降低针对退休人员和青少年的最低货币兑换额。

调查委员会十分确凿地证实：民主德国确实没有应允给予人道主义的或其他回报的正式义务。施特劳斯让延宁格尔坚信，那种习以为常的"我给予，你也给予"形式的协议是行不通的，同意提供贷款应首先改变德意志内部双方间的关系。[90]另外一方面，沙尔克自己也十分清楚，施特劳斯和延宁格尔的一些具体期望是和贷款捆绑在一起的。施特劳斯就把民主德国改善边界官员办理过境手续当作他与沙尔克进行私人谈判的先决条件。民主德国显然遵守了这些条件。延宁格尔向联邦总理详细汇报了基姆湖会面的所有细节。起先科尔犹豫不决。他想确保获得回报要万无一失。于是延宁格尔在1983年6月9日绕过施特劳斯直接和沙尔克通了电话。延宁格尔提出建议，昂纳克应该与科尔通个电话，由昂纳克亲自确认一下沙尔克曾经对施特劳斯承诺过的回报。沙尔克又通知了施特劳斯，两人商议接下来该怎么办。科尔想要正式的、给贷款以回报的承诺。但是沙尔克在与施特劳斯磋商之后表示断然拒绝。延宁格尔又开始尝试，双方通过共同的表述规则在贷款事情和政治回报之间建立起至少可辨认出的相互联系，可能是以一种"非正式签署文件"的形式。但是沙尔克和施特劳斯阻止了修改既有约定的各种尝试。[91]

这样，合同内容中关于十亿马克贷款在技术和行政方面的进展过程如下：[92]提供贷款一事纯粹是商业银行的业务。按照科尔的建议[93]，这笔贷款是无约束金融贷款，由巴伐利亚州立银行牵头的银行团出面与民主德国外贸银行达成协议。但科尔采纳的只是巴伐利亚州州长的提议，因为这位州长希望巴伐利亚州立银行得到领导权。[94]巴伐利亚州立银行行长路德维希·胡贝尔（Ludwig Huber）负责同民主德国的德国外贸银行总行长维尔讷·波尔策（Werner Polze）及联邦政府方面的国务秘书蒂特梅耶一起协商合同具体内容。贷款总额确定为十亿西德马克，并被分为两笔。经协商，贷款条件如下：贷款期限5年，利率按当时市场惯例确定为比伦敦银行同业拆借利率高1%。这笔贷款是在卢森堡的欧洲美元市场上办理的，且绝不会给德意志内部双方资本市场造成负担。国家没有支付任何补贴，也不征收任何税款。贷款和联邦预算完全没有关系。

对参与此事的西德银行来说，这是一笔有利可图的生意。合同获得了德国联邦银行的批准，但同时也必须得到联邦政府对这份银行间商定的合同的认可。但是政府既没有亲自提供贷款，也没有提供任何补贴或承担民法意义上的担保责任。尽管如此，联邦政府还是不得不在1983年7月14日和15日在联邦议院预算委员会前澄清，这次承诺担保是针对"意料之外的、不可抗拒的需求，或者更确切地说，一种紧急情况"。[95]财政部的表态表明，针对贷款一事的进展存在着疑虑。背景原因是，几乎与签署对民主德国贷款一事同时，莱茵兰-普法尔茨州立银行向位于卡塞尔的黑森州行政管理法院起诉德意志联邦银行。法律争议焦点是：西德银行的国外分支机构向民主德国提供无约束的金融贷款时，国内银行如果也参与其中，是否需要得到批准。

批准十亿马克贷款是联邦银行的职责。为这笔无约束贷款提供担保在联邦银行对民主德国的实务中是个例外。因此，联邦银行在1983年9月8日做出如下回复："尽管德国联邦银行批准了此笔贷款，诉讼中[96]阐述的基本原则仍然有效，即向民主德国提供无约束金融贷款所做的担保仍然是不被批准的。基于外汇政策而拒绝的理由一如既往，出于政治和经济原因，民主德国所欠联邦德国的债务规模应受到限制，出于德国政策的考虑，在受限制的债务规模之内发放贷款应能促进双方之间的贸易。"[97]一方面，联邦银行所定义的例外情况是基于联邦政府在德国政策方面的考虑，这一点也已得到联邦银行的认可。另一方面，联邦银行之所以批准了这笔贷款业务是因为：民主德国政府已经公开声明，如果真的出现了民主德国政府无力偿付到期未付款项及利息的情况，民主德国将把同联邦德国签署的过境协约中的权益转让给联邦德国。这样一来，联邦政府——它还重获向民主德国转移支付总额的权力——最后通过东柏林获得了归还和清偿十亿马克贷款的担保。总体上说，这样的安排使得十亿马克贷款并不存在任何贷款风险。这点联邦银行也是承认的[98]，而且最终民主德国债务也不会继续攀升，因为贷款是由东柏林本来就应得到的资金所保障的。确切地说，民主德国政府就十亿马克贷款发表声明并同意，在他们不能履行贷款合同的情况下，他们与联邦德国签署的转移支付协定所确定的应得权益将转让给银行。更加具体地说来这意味着：如果民主德国政府不能或不能及时地将利息和还款转账给银行，联邦政府就必须向银行支付这笔款项，而联邦政府因此会在转移支付协定中约定的、必须向民主德国支付的款项中扣除相同的金额。

信息的传递过程

沙尔克、施特劳斯和延宁格尔秘密并非正式地商定了贷款条件。联邦政府和民主德国的国家领导层[99]还需要做出具有约束力的政治决策。为此必须扩大知情者的圈子。在 1983 年 7 月 1 日将签署第一部分贷款合同之前，延宁格尔 1983 年 6 月 27 日在联邦议院中告知了社民党党团主席汉斯－约亨·福格尔。之前延宁格尔还亲自向德意志内部关系部部长温德伦及另外两位联邦议会党团主席德雷格尔和米什尼克通报了相关信息。[100]施托滕贝格得到消息要早得多，因为他的部门也必须参与到贷款业务的进展之中。根舍也已经在和科尔的一次电话通话中事先得知此事。[101]所有人都表示同意。[102]联邦总理还是一如既往地小心谨慎。他还想在准备阶段就确保得到联邦议院议长巴泽尔的赞成，因为他在德国政策领域还是个举足轻重的人物。因此，科尔亲自到巴泽尔的办公室问他："如果您听说，民主德国向我们请求一笔高达十亿马克的贷款，您会怎么说呢？"巴泽尔回答："我认为，如果连基社盟都同意此事，且贷款能够得到来自民主德国方面的充分回报，贷款是可以提供的。"科尔接下来只是说道："是，我也是这样估计的。"他们没有交流关于担保条件的具体细节。[103]这样科尔就能确认，联邦议院议长也不会对担保提出什么批评意见了。

其他职能部门和政治家们则不得不满足于接受事后的通报。[104]直到最后阶段，在必须要澄清组织方面的问题时，银行行长们才受到委托处理进一步的事务。但是，关于此事仍然众说纷纭，因为无论是科尔还是延宁格尔都没有详细通报与民主德国在人道主义领域内达成的协议。这差点把非官方的一揽子建议搞砸了。这只能是一份君子协定。就算在签署贷款合同前几天，公众对此事的经过还是一无所知。1983 年 6 月 23 日第一份"处于分裂状态德国的民族形势报告"也对民主德国的金融困境只字未提，对联邦可能提供贷款担保一事同样缄口不语。[105]

1983 年 6 月 29 日西德的档案状况发生了突如其来的转变。从那时起，信息传递的途径和进一步的决策过程又开始出现在档案中，没有这些信息的话，编年史作者就只能依靠访谈记录、证人证词和秘密会谈的纪要了。这个日子与《法兰克福汇报》刊发的一篇首次报道十亿马克贷款的文章紧密相关。[106]1983 年 6 月 29 日是基社盟在班茨（Banz）修道院闭门会议结束后的第一天，[107]在会议上，施特劳斯向魏格尔透露了此事。此外，十亿马克贷款一事是在科尔的莫斯科之行前几天公之于众的。科尔将与根舍一道去莫斯科进行就职后首次访问，并探访病中的安德罗波夫（Andropow）。[108]访问期间联邦总理可以在克里姆林宫用十亿马克贷款来证明，尽管联邦德国即将部署导弹，但在德意志内部关系中，联邦德国不会存有任何战争企图。[109]7 月中旬，延宁格尔在德国政策协调会上通报了莫斯科之旅。[110]所介绍的情况与苏联向民主德国党领导人提供的信息相符。延宁格尔讲到："在会谈中苏联方面有一次提到，德意志内部双方关系可能会受到威胁，因为联邦德国可能采取了错误的政治纲领。联邦总理表达了不同看法，并提请苏联方面关注对民主德国十亿马克贷款一事。在异乎寻常地有大批苏联记者出席的国际新闻发布会上，总理遭到了复仇派、被驱逐者联合会这类人的指责。总理的答复十分明确：即使是导弹的藩篱也不能分裂德国，也不能阻止联邦政府用非暴力方式实现它的目标。他——国务部长延宁格尔博士——得到了这样的印象，苏联似乎已经知道了十亿马克贷款一事，却不想过深地介入此事。"[111]但实际上，东柏林只是在结束谈判之后才通知莫斯科十亿马克贷款一事，且民主德国并未就谈判一事同苏联进行协商。[112]

其他的信息渠道如下：联邦内阁首先于 1983 年 6 月 29 日召开会议，例行公事地讨论国家预算。当德意志内部关系部部长海因里希·温德伦被点名汇报该部预算情况时，联邦总理自己接过了话头。[113]这个时候是宣布一个重大事件的最好时机，科尔如是说。科尔先在会议日程之外安排延宁格尔就部长们早上已在报纸上读到的内容做一些说明。国务部长延宁格尔告诉内阁，数周前民主德国领导层曾向联邦政府求助，请联邦政府协调提供一笔总额为十亿西德马克的金融贷款。他们表示愿意保障资金的安全。贷款一事的关键在于，这不仅是经济事务，而且是一个应放在双边关系整体联系中来审视的政治事务。可以看出，民主德国同样认识到了这种联系。联邦总理就委托在巴伐利亚州立银行领导下的一个临时性银行团来办理必要的手续。这些手续现在已经完成，且并不存在金融风险。延宁格尔继续强调，至关重要的还是政治风险。这里必须遵循"信任对信任"的原则。[114]因此他建议批准贷款和担保。一场对内阁来说不同寻常的、漫长且激烈的讨论爆发了，除了科尔之外还有很多联邦部长参与其间。[115]讨论中联邦总理明确指出，这虽然是一个非常困难的政治决定，但是必须考虑到它同整体政治之间的关联，必须把它理解成为传达给生活在另一半德国的民众的信息。此外他还通报说，这个决定表达了各党派领导人的共同政治意愿。

国防部长沃尔内尔（Wörner）追问道：1975 年联盟党曾基于总体政治理由坚决拒绝批准赫尔穆特·施密特政府向波兰提供十亿马克贷款。那么现在的回报在哪里呢？劳动和社会秩序部部长布吕姆解释说：在当前的形势下，在联邦德国境内即将部署新的核导弹之前，同民主德国的这桩生意是一个重要的、寻求政治和解的信号。此外，与 1975 年贷款的重要区别还在于，即使出现了民主德国无力还款的情况，波恩还是有保障的。曾经参与过对波兰贷款一事的经济部长格拉夫·拉姆斯多夫对这项工作表示赞赏，因为它完全符合联合执政同盟保持政策连续性的路线。[116]尽管对贷款形式还存有疑虑（特别是涉及没有附加条件的金融贷款不可知的影响方面），施托滕贝格和格拉夫·拉姆斯多夫还是在内阁会议中强调指出，他们认为这项决定是正确的。珀尔（Pöhl）特别指出，此类贷款必须获得联邦银行的正式批准。他承诺愿意在即将召开的中央银行理事会会议上为贷款一事游说，使其能够获得批准。[117]

内阁最终表示支持贷款一事，并通过了一项声明，这份声明日后由联邦政府新闻发言人伯尼施（Boenisch）在新闻发布会上当众宣读。无论是科尔还是延宁格尔都没有向内阁通报贷款回报的情况，他们在政府内部依靠的也是相互信任。爱德华·阿克曼曾报告说，在民主德国贷款一事中，科尔使用了他制定路线方针的职权。[118]不过在谈话中他表现的不是很确定，因为没有迹象表明内阁拒绝在这一点上支持联邦总理。科尔提前向根舍透露了情况，又把施特劳斯这个主要对手变成了替贷款牵线搭桥的中间人。那么，谁还会反对此事呢？在党团内部也不会出现反对科尔和施特劳斯的意见。这个观点始终贯穿在整个决策过程之中。联盟党议会党团干事长朔伊布勒曾在总理小别墅中的秘密谈话中挑明这一点，并借助这种权力政治的观点说服了开始时犹豫不决的科尔，科尔改为支持提供担保一事。[119]阿克曼对方针决策的提示更多是影射生米已煮成熟饭才提交到内阁来决策的事实。不过，就科尔的执政风格来，说这不是什么例外，倒更像是惯例，因为必要的事前说明和必要的决策都摆不到内阁的会议桌上。

回报和第二次贷款担保

由于缺少对十亿马克贷款可能做出的附加约定的具体信息，这就为猜测留下了广阔的空间。在德意志内部关系部写给国务秘书的一个关于贷款协议形式的信息附注中，德意志内部关系部司长迈希斯纳写道，"鉴于联邦德国拥有担保，"[120]对联邦德国来说，这笔担保并无风险。国务秘书雷林格亲笔写道："拥有哪些担保呢？"迈希斯纳同样亲笔回复道："我相信，可以从部长在6月29日给我的通报中推断出如下结论：民主德国偿付联邦德国的金融款项就等于是担保。"[121]尽管德意志内部关系部没有介入贷款一事，在按语的结尾迈希斯纳还是积极评价此事："就这项贷款业务来说，请允许我再做些评论，政府内部的措施和德意志内部双方的行动（请绝对保密——尽管这对德意志内部关系部来说也是难以接受的，否则可能会招来严厉批评[122]）是这一事件中的亮点。"[123]

即便在1983年7月12日于总理府召开的德国政策协调会议上，国务秘书们也没有得到什么确切的信息，因为延宁格尔明确表示了"严格保守机密的必要性"。[124]显然总理府的德国政策工作组组长也没有得到确切信息。在1983年8月10日一份批注中他正式向国务部长延宁格尔施加压力，要求他澄清情况："您必须尽快以联邦总理的名义与另一方建立联系，着重说明我们对民主德国的期望，并要求他们现在就向联邦总理澄清民主德国将提供哪些回报以及何时兑现这些回报。"[125]对回报的期望使联邦政府备感压力，这是大家都能觉察到的。此外，在1983年7月24日的韦尔贝林湖畔，施特劳斯对昂纳克的私人访问进一步增加了不确定性和不明确性。[126]

在这次访问中，施特劳斯得到两份文件，一份是民主德国领导层表示要继续紧密合作的声明[127]，第二封信件是昂纳克签发的一份公文的复印件，几周前，昂纳克在这份公文中正式通告他的边检机构要更加友好地为西方旅行者办理过境手续。[128]

在此期间，经济部长格拉夫·拉姆斯多夫却试图公开批评提供贷款一事，这同他在内阁中的表态完全不同。[129]他指责贷款协议没有考虑应对此事负责的柏林工商托管局。这个批评针对的是：在提供十亿马克贷款的方式问题上显然并没有充分考虑到柏林。[130]除此之外，经济部长还想使大家注意到，他主管的职能部门虽然拥有管理托管局的职权，但也没有充分参与此事。

在等待民主德国给予明确回报的过程中，关于即将提供一笔新贷款的流言却又开始流传。[131]财政部长施托滕贝格试图将所有期待都扼杀在摇篮里。他在给同事温德伦的一封信中毫不含混地点明在德意志内部双方关系中，联邦政府的金融活动空间十分有限："在我看来，开启一场关于此事（指的是一次新的贷款。作者注）的、有些捕风捉影的公开辩论是不合时宜的，主要有两个原因。我不认为，我们通过具体的讨论能够获得重新商定的、让人满意的保障。此外，东柏林好面子是世人皆知的，因此无法估量一次公开讨论将怎样影响到第一笔贷款中另一方尚未兑现的回报……就此事我想未雨绸缪地做如下说明，以后几年中，在关于资助扩建通往东柏林的铁路过境线路或在民主德国开展的其他类似计划而举行的谈判中，我们将没有任何回旋余地。关于柏林的城市轻轨列车、柏林的天然气供应、维拉河的脱盐项目及其他类似的决议，我们在这个选举周期里已经穷尽了各种可能……由于这些问题至关重要，我已把此信复印件寄给了联邦总理科尔先生。"[132]

但是，有关民主德国需要更多贷款的流言却越传越盛。[133]在1983年秋天就已经出现了一些文件，指出民主德国外债一定会不可避免地导致他们再次请求西德提供贷款。外汇形势越来越不明朗，让人捉摸不透。据传民主德国正在同西德银行进行贷款谈判，这些流言日盛，而民主德国方面需要更多贷款的迹象和征兆也显而易见。[134]尽管如此，1983年11月18日延宁格尔还在德国政策协调会议中不容争辩地说："……此事没有同任何联邦政府成员商谈过。似乎也没有迹象表明，他们同银行进行了接触。按照总理的指示，已经拒绝了那些谨慎的、通过非官方渠道的问询。如果真的打算提供一笔新贷款的话，那也只能在整体经济关系的框架中。"[135]

1983 年 12 月联邦政府又重提之前的要求，即无论如何要将继续提供贷款一事与降低最低货币兑换额捆绑在一起。[136]总理府已经得知，民主德国方面正尽力在巴黎争取得到一笔贷款，以期尽可能不要为获得外汇而必须在人道主义领域做出回报：[137]"因此，为了能够应付来年春天即将出现的金融困境，最终有可能提供贷款的只剩下联邦德国了。"[138]实际上，从 1983 年 12 月起，延宁格尔就直接同沙尔克，还有格哈尔德·拜尔（Gerhard Beil）以及赫尔伯特·黑贝尔（Herbert H·ber），商谈第二笔十亿马克贷款之事。[139]施特劳斯也同沙尔克侧面接触。[140]这笔银行贷款应按照第一次十亿马克贷款的模式得到担保。除此之外，双方还要共同计划原定在 1984 年的昂纳克来访一事。因为如果没有落到实处的让步，大家就不愿接待昂纳克了。[141]而另一方面，昂纳克是否成行还取决于谈判进展的情况。访问最终因莫斯科的反对而取消，昂纳克出访莫斯科之前完全没料到会有这样的结果。[142]1984 年 7 月 25 日，延宁格尔终于在新闻发布会上将再度签署数额为 9.5 亿西德马克贷款一事公之于众。[143]这一次他详细列出了民主德国"基于自身主权"而决定做出的十一点回报。其中最重要的一点，是把所有退休人员、因丧失工作能力而提前退休者以及因工伤提前退休者的最低货币兑换额降到 15 西德马克。1980 年民主德国曾大幅提高这些人的最低货币兑换额。

从 1983 年到 1984 年底，一直期盼的人道主义领域的回报终于兑现了。[144]1983 年 9 月 15 日，昂纳克就已在一次私下会谈中对西柏林市长冯·魏茨泽克说，他计划放弃对未年满 14 岁少年的最低货币兑换额要求。此外，昂纳克还补充道，已经有三分之一自动开火装置被拆除了，其他的应该也会很快被拆除掉，而这"不是为了做给公众看，而是为了联邦总理"。[145]1983 年 9 月中旬民主德国颁布了一项规定，为家庭团聚事务确立了法律基础。家庭团聚带来了第一波移民潮：1984 年民主德国约有 4 万人能够出境。从 1983 年到 1984 年，已登记的来自民主德国的移民总数从大约 1.1 万人上升到大约 4.1 万人。这是自 1964 年以来民主德国输出移民比例最高的一年。[146]而且 1984 年移民潮之后移民数字也没有回落到前一年的水平，而是继续保持着高水平。1984 年民主德国有关部门对出境申请如此宽松，这令负责此事的国务秘书雷林格也感到惊讶。[147]到 1984 年中，也就是第二次贷款公布之前，这些移民的大部分（25000 人）已经抵达西德。人们能够得到这样的印象：民主德国会一直这样慷慨地批准出境许可，直到联邦政府表示满意并准备再次就民主德国希望得到贷款一事举行会谈。1984 年 1 月 20 日的出境大潮开始逼迫国内及驻外的外交代表处实现他们出境的愿望。[148] 这一波出逃浪潮的高潮是逃亡民众占领联邦政府驻东柏林常设代表处，导致代表处暂时关闭。在此之后，民主德国政府才异乎寻常地大量批准出境申请。

自 1983 年春天起，在德意志内部边界上办理旅游的通关手续已明显顺利很多。在进出柏林的过境交通中，旅客因受怀疑而被检查的次数明显减少。1983 年从联邦德国到民主德国的旅游往来比 1982 年增长了大约 18%。在同一时间段内，因紧急家庭事务前往联邦德国的民主德国居民数量甚至增长了 40% 还多。自 1984 年起，居住在双方边界线附近的联邦德国居民能获得长达 6 个月的多次前往德国境内另一部分的许可，而之前许可的有效期只有 3 个月。此外，他们还可以前往 3 个以上民主德国边界地区旅游，而且还可以在那里停留两天。柏林的市内交通（市内交通协议属于有关柏林的《四国协定》的范畴）也要争取实行相似的规则。除此之外，多年悬而未决的城市轻轨列车问题也得以在两个月之内解决：民主德国修正了他们一贯持有的法律观点，即 1945 年受盟国委托负责运营的德意志帝国铁路公司是三个西方占领区内所有城市轻轨列车设施的所有者。此外，民主德国还放弃了从这种法律观点衍生出来的高达数十亿马克的财政要求。因此，德意志帝国铁路公司将全部线路网络无偿移交给柏林的交通企业。[149] 在环境保护领域签署了一些协定，其中包括：关于净化边界河流勒登河的政府协议，这样就能在西德的财政支持下为图林根州松内贝格市（Sonneberg）消除空气异味并解决健康问题[150]；以及在跨边界地带开采钾盐的协议。经过 8 年停顿期之后，1983 年秋天德国境内的两个国家终于开始重新协商文化协议。[151] 邮政和电信通讯协定缩短了信件寄到民主德国境内的投递时间，扩大了远程自动拨号服务范围，还开通了电话和传真业务。在德意志内部边界的自动开火装置也被拆除了，同时被拆除的还有一部分雷区。

德德关系中的这些进步被当作基民盟/基社盟 - 自民党联合执政联盟的特殊成就而予以强调。1980 年 10 月，由于提高最低货币兑换额使双方关系陷入低谷，自此以后，双方关系领域从没有像 1983 年这样硕果累累，之后虽说进展趋缓，但这样的势头一直持续到 1984 年秋。[152] 暂且不谈出人意料的离境潮，联邦政府内部对这一切的认识绝不是那么乐观的，正如内部批注所估计的那样。按照科尔的愿望，在由所有职能部门参与撰写的第十届议院中期总结报告草案上（内阁会议 1985 年 1 月 9 日），德意志内部关系部部长温德伦亲笔补充道："我请求您（主管司长）在工作层面上继续追踪事态进展并随时通知我。我认为我们迄今为止取得的成绩还不足以令人信服！"[153]

政府行为结果小结

内政和权力政治范畴：突如其来的十亿马克贷款在媒体中掀起了巨大的风浪，并招致大量议院质询。[154]对联邦总理科尔来说，贷款一事在内政中最关键的作用是联合并约束了他那个不安分的对手施特劳斯。[155]沙尔克后来也证实说，与施特劳斯联手保证了贷款一事能够在联邦德国的内政中得到落实[156]："在同施特劳斯的第一次私人会面中，科尔就已经阐明在设法促成贷款一事上两人的动机是一致的，施特劳斯也将确保民主德国人民的生活水平视为实现欧洲政治缓和的先决条件，他同时也担心在民主德国爆发骚乱可能会导致无法控制的后果。"[157]科尔曾对延宁格尔说，联手施特劳斯这件事是他身为联邦总理"梦寐以求、最为划算的一件事"。[158]德雷格尔对此事的评论更加尖锐："当时对德国政策的主要争论存在于根舍和施特劳斯之间。在十亿马克贷款一事上，联邦总理科尔将施特劳斯变成了同根舍作对的工具。这是根舍和施特劳斯之间争斗的延续，只是借助了其他途径。"[159]何况不论怎样，科尔身为总理、根舍身为外交部长，他们占据了施特劳斯真正感兴趣的两个职位。在科尔的德国政策筹算中，施特劳斯更多是工具而非决策者。这种权力政治因素的政治效用并不取决于到底是谁以及在何时提出了贷款的动议。施特劳斯本人在促成贷款担保方面发挥的作用估计要远远高出他昔日同僚们今天所能承认的程度。此外，施特劳斯（基社盟主席）也没有为了促成（联邦总理）同基社盟主席联手一事而在联邦总理面前耍花腔。施特劳斯是不会这样想的，因为他觉得自己在智力方面远胜联邦总理。[160]科尔的实力和他的谈判成果取决于跟巴伐利亚州州长的合作。施特劳斯还是介入了这个科尔也投入许多心力的行动，因为只有假总理之手才能保证贷款担保一事逐步推进。对施特劳斯来说，重要的是能够在联邦层面的政治舞台上抛头露面。他想从慕尼黑出发去推动联邦政治乃至外交事务。科尔将党内批评贷款一事的矛头引向施特劳斯。而施特劳斯则在新闻声明中表示："我促成了整个事件，并支持这样的决定，除此之外，我还受联邦总理委托在班茨召开的州工作组会议中将此事通报给工作组主席特奥多尔·魏格尔博士……我想要不遗余力地强调，出谋划策——假如大家想这么说的话——的那个人是我。我似乎已经说过了，那种认为科尔和根舍通盘谋划此事之后将我牵涉进来的说法是完全错误的，与实际情况南辕北辙。"[161] 对于联邦总理来说，谋略是否由他提出并不重要，重要的是能够根据权力政治运筹帷幄，具有那种权力意识的执政风格。德国内政为科尔提供了这样的机会，能够联手施特劳斯且让批评者们把矛头对准这位基社盟主席。

在政府更迭后的最初几个月里，以延宁格尔和施特劳斯为主针对贷款一事的信息通道和谈判渠道很明显在两个不同层面展开。起先还讨论了两种不同的模式。但是当时的观察家们和参与者们都没有否认，联邦总理明明白白地把领导谈判的殊荣归于施特劳斯名下。[162] 然而，这种假手他人的做法大概是由于谈判进程的自身动力才开始变得历历可辨。不过这种说法完全不能证明以下解释的第一部分："这位巴伐利亚州州长之所以筹划了贷款一事，只是因为延宁格尔秘密地在德国统一社会党领导层那里游说，说总理早就决定提供十亿马克贷款，但此事应该在慕尼黑向施特劳斯申请。假如能够考虑到他要出头露面的愿望并给他机会，让他在这件事里出尽风头，那么他将很快放弃那些敦本务实的反对意见"[163] 解释的第二部分当然是关于施特劳斯对于整个论辩过程的作用。第一部分却只是部分地符合事实。

十亿马克贷款一事最初绝非只是由科尔和延宁格尔两个人发起的。施特劳斯作为谈判的"南方渠道"化身，在政府更迭之前就通过他的非正式渠道听说了民主德国希望获得贷款。然后具体的协商就通过他而展开。联邦总理犹豫不决。施特劳斯必须不辞劳苦地说服科尔，使他相信贷款一事具有重要的战略意义。直到由于同施特劳斯携手而使得决策看上去对总理来说没有风险且能够在保障他的权力地位的条件下执行时，科尔才不再迟疑。另一方面，施特劳斯暗示是自己全程策划此事，这并没有让延宁格尔感到不快，倒是施特劳斯没有与科尔商量就冒冒失失地自行决定了将贷款一事公之于众的时间，此举让延宁格尔颇为扫兴。就延宁格尔一方来说，——科尔引文开始部分对此的描述是正确的——他在东柏林同民主德国的最初接触中尽力指明这一点，要将施特劳斯吸纳到德意志内部关系事务之中。社民党和自民党一样继续维护着他们在两党联合政府时期建立起来的、与民主德国的联系。只有基社盟缺少与德国统一社会党或与政府代表之间的党派联系。基社盟在德国政策领域是不可或缺的。显然延宁格尔再三提醒他的所有对话伙伴，并让他们牢记这一点。

那些有兴趣真诚地同科尔政府保持持久联系的人，必须要和施特劳斯坦诚相见，延宁格尔就持有这样的观点。起初民主德国官方感到这么做很困难。最终民主德国必须借入由施特劳斯倡议的十亿马克贷款，这显示出民主德国捉襟见肘的财政状况。因为直到那时为止，施特劳斯还被描画成"对民主德国持敌对态度的人的化身"[164]。针对这个观点，联邦德国常驻代表布罗伊蒂加姆也向赛德尔提供一些辅助信息以助其理解："迄今为止，赢得基社盟对针对民主德国的务实政治路线的支持，对科尔来说一直举步维艰。因此，施特劳斯这么积极地为贷款问题奔走，这对他来说简直就是'上天的恩赐'。这样，他就被纳入科尔的路线中去了。贷款是没有附加任何条件的，联邦德国当然还是对贷款有一些特定期望。"[165]施特劳斯表现得像一个毫无顾忌的实用主义者，他以惊人的速度转变了自己的立场。借助联手施特劳斯一事，科尔把那些针对德国政策路线从"付出与回报"转向"以信任换信任"的批评意见从自己身上引开，指向施特劳斯。在基社盟党代表大会上科尔必须为巴伐利亚州州长做挡箭牌，使其免受指责。科尔展现出了政治家的风范，并因此成功地使基社盟主席效劳于鞍前马后。在此期间，党内对施特劳斯的批评还促成了共和党的成立。基社盟一些成员退党，并重新组成一个右翼政党。如果没有施特劳斯最初的反对，科尔就可能无法落实这笔贷款交易。虽然施特劳斯坚持绝不让步的东方政策，并且是为之奔走的急先锋，但他却没有站在联盟党内部可能存在的、反对贷款一派的立场上。他自己筹划了贷款一事。这种党派内部的局势对科尔来说也是恰逢其时。而弗兰茨·约瑟夫·施特劳斯180度的大转弯也因此在科尔执政的早期阶段具有难以估量的价值。[166]施特劳斯是抵挡保守派批评意见的保护伞。施特劳斯是怎样彰显自己在贷款一事中的业绩的，他也就怎样地引火烧身，成为保守派阵营的批评对象。贷款一事给施特劳斯带来了一段在他自己党内的痛苦经历，此后施特劳斯自己也认识到，他在德国政策领域的野心在党派内部也是受到限制的。如果他自己不愿引咎自责，那么他的对手根舍就会站出来替他公开解释有关问题。[167]

关于决策过程和针对谈判状况的分析：联邦总理通过施特劳斯，也通过延宁格尔得到了关于谈判各个阶段的细节信息。只有科尔认可了这个阶段的谈判结果，下一个阶段的谈判才能开始。他建议协商正式的一揽子方案，以确保提供的贷款担保能够得到人道主义领域的回报，不过这个建议没能实现。他同时需要展示德国政策领域中可见的进展，来证明他的实用主义路线行之有效。他实行了经典的秘密外交，十亿马克贷款便是一个例子。施特劳斯是最重要的"公众视野之外的私人代表"[168]之一，科尔在1983 年 12 月 19 日与昂纳克的通话中就将这种未来的谈判策略描述为秘密外交。德国政策的全部手段就是秘密会谈。施特劳斯的回忆录、沙尔克的文件和延宁格尔的陈述都再现了这样一种密谋的气氛。历史档案中那些难以理解的概念、迂回曲折地安排会面的方式都表明了这一点。

直到所有决策都已尘埃落定，内阁和政府内部的协调委员会才得到信息，而且只是一些政治上的、程式化的介绍，并不涉及非正式的一揽子建议。科尔在通告有关职能部门之前就已经把生米煮成了熟饭。之前他已经让自己万无一失了。科尔加强了联邦德国和民主德国之间当时已经存在的特殊谈判渠道，他也接受了和沙尔克对话的安排。在施特劳斯和沙尔克之间逐渐建立起一种友好的特殊关系。[169]直到朔伊布勒开始在总理府就职以后，[170]科尔才能把这个特殊渠道牢牢地安置在总理府中，此举由于保证了他的信息优势而显著扩展了他在德国政策领域的决策和领导谈判方面的回旋余地。

德国政策范畴：第一笔十亿马克贷款在德意志内部事务范围内的人道主义领域所取得的成果之外还具有一种信号效应。它显示出——尽管存在着一些要孤立德国统一社会党政权的激进言论——新的波恩政府是很认真地准备合作的。它带动了随之而来的一系列谈判，其作用远未止步于"维护友好气氛"[171]。东柏林对 1983 年 3 月联邦议院选举结果及 1983 年的政府声明"处于分裂状态德国的民族形势"两个事件的适度反应清楚地表明了这一点。[172]"以信任换信任"，双方从此依照这种新的模式来实施进一步的政治举措。针对此时增加军备的讨论以及部署新的核导弹问题，科尔和昂纳克表示，他们两人并不热衷于唇枪舌剑地相互指责，而是对实事求是地解决具体问题更感兴趣。

1984 年 3 月 15 日"处于分裂状态德国的民族形势报告"还宣称："联邦政府去年夏天批准了西德银行对民主德国的十亿西德马克贷款，并借此向民主德国领导层释放了一个明确的信号。这个决定同时还是向民主德国的民众发出的信息，他们也已经完全理解了信息的含义：我们要捍卫我们的安全利益和联盟的利益，但是我们当然也准备基于人类的共同利益在德意志内部关系中开展更加理性的合作。"[173]民主德国得到了物质上的帮助，且不需要以书面方式确认政治上和人道主义领域的回报。此举本身就已经是联盟党德国政策立场的一个重要变化，除此之外，各个参与者都很清楚，贷款可能有助于民主德国的稳定。[174]

最后，还需再次强调的是贷款对东柏林具有战略意义。这两次贷款莫斯科都无法阻止。总的说来，民主德国为了获得贷款而进行的种种努力反映了它对外经济和政治领域向西方倾斜的姿态。[175]沙尔克事后说道："那十亿马克的施特劳斯贷款说到底并不是最有价值的，它并没有拯救民主德国。最有价值的是这一事实：这笔贷款得到了世界范围内的公众关注，且其他国家也准备再次向民主德国提供贷款。"[176]这第一笔十亿马克贷款起到了德国政策领域的催化剂作用，并带动了德意志内部双方进一步的条约谈判。

第七节　有关增加军备的辩论：
德德责任共同体

联邦总理科尔在 1982 年 10 月 13 日第一份政府声明中说："结盟是德国国家利益的核心"[1]。接下来，他在政府声明中强调了当前最紧迫的任务："通过……谈判，在尽可能最少的军备基础之上，建立并巩固必要的军事平衡。[2]""不断减少武器的使用来实现和平"[3]，这就是执政联盟此后执政的指导思想。百分百执行北约的双重决议[4]不仅是德国外交政策和安全政策的核心问题，也是内政上产生意见分歧的原因。从施密特到科尔的政府更迭以及和平运动的产生也都和增加军备有关。[5]在 1983 年 3 月举行的联邦议院大选中，联邦总理科尔和外交部长根舍将执行"北约双重决议"和部署导弹的想法付诸表决。[6]他们与基社盟主席施特劳斯在增加军备和双重决议政策上也达成了共识，这与结盟政策及威慑政策的方针相关。

由于夹在两个阵营中间，德国政策历来都与安全政策紧密相关。德意志土地上两个国家的关系从一开始就受到两个超级大国之间政治氛围的影响。[7]本节讨论的重点是德国问题在国际层面上对政府行为的影响。因此外交政策领域的要求会成为更重要的分析视角。以下各节将根据 1982~1984 年有关德国政策的讨论来回答该设问：

－"北约双重决议"影响下的政府行为；

－峰会外交：在莫斯科举行的第一次德德峰会；

－没有特殊道路：分析 1984 年"处于分裂状态德国的民族形势报告"；

－控制损失：科尔在波恩会见米塔格；

－立场问题和拒绝昂纳克的访问。

"北约双重决议" 影响下的政府行为

安全政策经常出现在波恩四方对话的常规议题之中。自签署《基础条约》以来，东德与西德的削减军备代表之间便形成了定期举行双边协商会议的惯例[8]。私人代表之间多种形式的特殊谈判从来就没有提到过这个议题，因为这不属于德国政策操作领域。民主德国外交部代表和联邦德国外交部代表进行磋商时，德意志内部关系部代表也会在场，他们大多数时候是在绍姆堡宫（Palaie Schaumburg）进行磋商。磋商并不需要得到什么结果，只是交流有关维也纳和日内瓦谈判安全政策方面的立场。[9]

自 1979 年签署双重决议以来，民主德国更多地将军备控制和削减军备等问题作为德德对话的议题。民众对美国批评的增多、对战争的恐惧和对核武器的拒绝态度也在联邦德国国内营造了一种政治气氛，即全德国有越来越多的人渴望和平[10]。对于联邦政府而言，由于两德都没有参加日内瓦《中导条约》谈判，因此没有必要对民主德国采取紧急行动。昂纳克曾在信函中提议将德国政策与安全政策整合为一个一揽子方案，联邦总理对此事一直持拒绝的态度[11]。总体而言，从所有的会谈记录中可以看出，民主德国代表在会谈时总是以多边安全政策议题作为开篇，以显示民主德国对和平的愿景，从而使民主德国以和平卫士和缓和局势推动者的身份从中获益。但是，这几乎无法引起西德方面的共鸣。在与昂纳克的会谈中，朔伊布勒认为有关削减军备的议题仅仅是他必须倾听的"开场曲"，以方便民主德国能在谈判之初表明忠实于莫斯科的立场[12]。而民主德国方面在与外交部长根舍和菲舍尔会谈时对议题的安排又有所不用。然而这不会对总理府实际的德国政策产生影响。联邦政府明确表明他们希望在执行"北约双重决议"的同时确保德德关系不受损害。1983 年夏天，给民主德国的十亿贷款起了很重要的作用。双方都同意等待"合作时机"[13]。科尔在联邦议院选举获胜之后，于 1983 年 4 月 26 日迫切地再度对其议会党团说："我在会谈中（指与里根的会谈。作者注）表明了我的立场，我也会坚持这个立场——和平与自由的保障问题、导弹部署问题及'北约双重决议'问题是最关键的问题，也是自由国家今年和制定政策时最重要的挑战——今年和明年大概就是最艰难的时期吧。"[14]对此，他持谨慎乐观的态度："我也不知道这是否会成功（指在日内瓦达成一致的机会）。我的乐观态度是谨慎的，我坚持我的预测，如果苏联知道德国人首先进行部署，如果真是如此，那么苏联将会准备开始行动的。"[15]

新联邦政府努力重获西方的信任，并通过稳定的表现使东方阵营减少对其猜忌，从而为两个德意志国家关系的进展开辟了新的活动空间，至少在短期内是这样[16]。在一次与美国的谈判失败后，苏联决意阻挠联邦德国增加军备[17]。他们示意民主德国通过宣传手段去影响西德公众。昂纳克在给联邦总理科尔的两封信中（1983 年 4 月 29 日和 1983 年 10 月 5 日）将德国政策与安全政策直接联系在一起。他主张"理性联盟"，并威胁说，如果双重决议付诸实践，将会使双方政治关系陷入冰期。[18]1983 年 10 月 24日，科尔用一个与之对立的和平概念做出回应，该概念也曾出现在"处于分裂状态德国的民族形势报告"中。在科尔看来，和平的重要性并不完全等同于欧洲稳定的重要性。他不同意将和平价值与其他价值做出绝对化的对比，也不同意将和平等同于集体安全观念。因为这样阐释和平会掩盖一个事实，即在苏联势力范围内各个国家中生活的人们对"自由"的要求没有得到应有的关注：[19]"和平不是通过建立无核区实现的，和平是一种代表公正性的事业，因此也是保障人权的事业。"[20]科尔将更深层次的和平概念应用于安全政策中，从而使民主德国无法转移人们对其专制政权的注意力，这个做法是合乎逻辑的："在人权得不到尊重的地方，和平便得不到繁荣发展。"[21]

在和平政策方面，民主德国必须采取灵活策略，因为他们在经济上依赖与联邦德国的合作，但同时又与苏联的国家利益原则绑在一起[22]。一方面，面对莫斯科的担忧，可以通过强调和平政策来保障德意志内部关系，另一方面，民主德国也希望通过在和平政策上的积极努力来改善其国际声望[23]。因此，民主德国特别致力于与来自北约国家，特别是三个西方大国的高级代表成为对话伙伴[24]。为此，昂纳克尝试将两个德意志国家的存在塑造成是"人类的福祉"[25]，是实现欧洲力量平衡的重要元素，是和平与稳定不可或缺的力量。这样一来，在涉及德意志内部关系的问题上，和平议题对德国统一社会党也有利用价值，因为所有结束德意志分裂状态的努力都可以被形容为破坏缓和局势。[26]

民主德国这种进取姿态在联邦德国得到的反响越来越大[27]。社民党部分成员希望将两德关系发展为未来的安全伙伴关系。社民党和统一社会党提出签订在欧洲建立无化学武器区（1985 年 6 月）条约的建议以及建立中欧无核武器走廊的若干原则（1986 年 10 月）[28]。然而总理府同样忧虑，实际中是否应果断增加军备，这样做是否正确[29]。特别是在苏联访问期间，与苏联国家主席和总书记安德罗波夫（1983 年 7 月 4 日至 7 日）的会面使联邦政府感觉受到了苏联方面的威胁，甚至是战争威胁。另外，新闻社报道称，如果西德能放弃增加军备，那么莫斯科最终将会同意建立一个德–德邦联[30]。1983 年 4 月 26 日，在莫斯科之行前，科尔向议会党团说："因此苏联肯定也会按照'胡萝卜加大棒'的原则来行事。我们将会听到他们的妥协措施，以及他们在经济政策、贸易政策方面的提议。我估计，我们还会听到有关'民主德国'的提议…… 我们还会听到与柏林和另一部分德国有关的威胁以及方方面面的威胁。"[31]对科尔代表团的成员们来说，这次莫斯科给他们的压力是有史以来最大的一次[32]。但是，科尔自有应对莫斯科的王牌。他说："您到底想要什么呢，我们为民主德国提供了贷款，帮助民主德国摆脱了迫切的支付困境。您不应将战争的意愿强加给我们，当然我们也有办法不让自己单方面受到威胁。"[33]

同样，科尔明确指出他将实现德意志在自由中重新统一的目标，这在莫斯科引起了震惊[34]。然而联邦总理的信念不会因为所谓 1983 年的炎热秋天里迎面而来的威胁、报道和预测而动摇[35]。甚至曾有很短一段时间，内阁成员因担心在部署导弹的情况下会出现类似内战的状态，试图争取让科尔延期导弹部署[36]。然而，政府内部文件对德意志内部局势做出了一致的评估，都认为导弹部署决议带来的损失能被控制在一定范围内[37]。联邦议院通过决议前四天，国务秘书们照例在总理府中会面，召开德国政策协调会议。与会者们在会上达成了共识：虽然德意志内部关系会出现恶化的情况，但这是暂时的。外交部国务秘书梅耶–兰德鲁特（Meyer – Landrut）说道："沟通和联系可能会中止，但不会对相互关系造成紧迫的威胁。"[38]而国务秘书布罗伊蒂加姆的观点是："我们不会面临德意志内部关系的重大危机。民主德国不会损害自己的利益，尤其是经济利益…… 密集的宣传攻势过后……他们必须采取些措施。民主德国可能会通过挑衅或限制东西德交通往来表现双方关系的恶化。"[39]

经过两天的辩论，因执政党议会党团的票数优势，联邦议院于 1983 年 11 月 22 日最终批准了在联邦德国部署陆基中程武器[40]。科尔在他个人悉心准备的发言[41]中强调，中程核导弹问题并不仅仅是一个军备决定，更是涉及许多事情："我们的外交政策方向处于危险的博弈之中。"[42]对于德意志内部关系网，他说道："在与苏联和民主德国的对话和谈判方面，联邦政府编织了一张密实的关系网[43]。与此同时，我们也总是能成功取得进展，先前签署的信件往来协议恰恰体现了这一点，东西部关系不应仅仅局限在导弹问题上……正如我不久前给昂纳克总书记写信谈到的，我坚定地认为，当国际形势变得更加困难时，德意志土地上的两个国家必须投入所有的力量继续发展和扩大双方关系网与合作关系。"[44]一天后，苏联结束了有关中程导弹的日内瓦谈判。"气氛崩塌"[45]之后，两个世界大国进入了无对话时期。[46]

而德意志内部关系却截然不同。联邦总理再度利用了私人信件和电话作为德国政策的工具，他想通过这种方式再次强调一个特别的政治愿望。1983 年信件往来的频繁体现了联邦总理在紧张的安全政治形势下努力维持与东柏林对话的迫切愿望[47]。1983 年 12 月 14 日，联邦总理再次写信给昂纳克。他在信中再次使用了"为了欧洲和德意志人民的责任共同体"的表述[48]。对于双边关系，他考虑了昂纳克的建议，将双边关系"置于正常的发展轨道上"，而且建议尽早开展"全面的对话"[49]。总理府的德国政策工作组在撰写这封信时也采纳了德意志内部关系部提出的建议，修改以后的表述不会给人留下这样的印象，即民主德国不得不等联邦政府方面提出建议。相反，信中提出希望民主德国通过继续推动对话和谈判证明他们的合作意愿[50]。在联邦议院通过了导弹部署决议后，昂纳克说："这个决定……让欧洲的条约体系，包括与民主德国和联邦德国之间关系有关的《基础条约》，都遭受了严重破坏。我们支持尽量控制损失程度……"[51]双方不仅继续保持会谈接触，并且还强化了对话。原则即控制损失。在德国统一社会党中央委员会第七次全体大会上，昂纳克表示要保持双边关系的持续发展，这在当时完全出乎人们的意料[52]。他是华沙条约组织中第一个在当时形势下明确表态的政治领导人。联邦德国驻民主德国常设代表处报告称："昂纳克延续双边关系的声明显得十分急迫且富有责任感。鉴于莫斯科的领导形势并不明朗，统一社会党总书记如此明显地出头露面，这十分引人注意。他似乎投入了全部政治力量，以便在自己党内，也是在莫斯科的压力下来确保双边对话和合作的持续发展。"[53] 接下来，他还说："尽管导弹部署是既定事实，昂纳克总书记还是向民主德国人民清楚明确地表达了他对延续德德合作的意愿。除了在安德罗波夫的声明中已有的军事措施之外，他没有提什么对抗联邦德国的措施。"[54]

谁能预料到这些呢？民主德国再次改变态度，强调共存并表明对话的意愿。相对于民主德国的"控制损失"，联邦政府则使用了两个国家"责任共同体"[55] 的概念。这一切看起来仿佛是形成了一种两德关系的新结构模式：两个德意志国家不受世界政治冲突形势的影响，更紧密地靠拢在一起，并且，相对于意识形态的冲突而言，更看重双方的务实合作[56]。但是其后还隐藏着更多含义。导弹部署决议出台后紧跟着一系列双边会谈，有关这些会谈的内部评语给人留下这样的印象：应采取一切手段来维持一种特殊关系[57]。在国际方面，联邦政府也亮出了解除警报的信号。根据波恩四方对话小组的建议，联邦政府告知西方盟国，迄今为止，没有任何迹象表明，民主德国要针对柏林采取相关措施来回应联邦德国的导弹部署计划[58]。先前昂纳克反对联邦德国的运动也让民主德国的民众感到不安，特别是当民主德国和捷克斯洛伐克有针对性地开始部署短程核武器时。而现在，最初因受威胁而发出警告的人已成为受他人警告的人了。此前在他们要求下由联邦政府官方支持的西方反核运动与和平运动，如今则变成了一个不受欢迎的干扰因素。[59]

为了在新年之前和昂纳克亲自讨论部署导弹决议之后的形势，并向总书记解释他最近的一封信函，联邦总理于 1983 年 12 月 19 日再度拿起了电话[60]。这是一年中联邦总理和统一社会党总书记第三次电话通话。在风格上，这次通话应该更接近 1983 年 1 月 24 日的第一次通话而不是第二次通话。第二次通话的首要目的是讨论过境交通线上的死亡事件及相应的后果[61]。为了让昂纳克放弃形式上的外交辞令，在这次新年前夕的谈话中，科尔做出了很多努力。延宁格尔一同倾听了该通话并于晚些时候向工作办公室主任进行了汇报，他说这次听得出来昂纳克是在念稿子[62]。昂纳克朗读了一份大概长达 20 分钟的关于增加军备问题的声明，联邦政府没有发现内容上有什么新的重点，声明中也包括"格拉要求"。正如延宁格尔在报告中所写，联邦总理没能打断总书记的话[63]。尽管如此，延宁格尔总结道：

"谈话的氛围是轻松的。谈话达到了目的，为消除导弹部署决定的负面影响做出了贡献。"[64]谈话的目的是控制损失。科尔在通话中向昂纳克呼吁，"让我们的某个人到您那边去一次，当然是在完全保密的状态下。如您所知，如果在我们这边的话，当然更困难一些"。[65]而去的时间、方式和目的他们却没有说明。这些信息被秘密地传达了，联邦总理根据实际的工作分配将该工作交给了他的私人代表。按照在私人联系中谈政治的独特的科尔方式，他在电话中再度回忆起自己的战争经历并强调政府领导人的"个人"责任。再次对昂纳克提出访问邀请也是这次通话的礼节。很快，这次通话的续篇在莫斯科上演，这是当时两人都未曾预料到的情况。契机是逝世的苏联国家主席和苏共总书记安德罗波夫的葬礼仪式。

峰会外交：在莫斯科的第一次德德峰会

这次会面是仓促的，而且时间有限。但这次葬礼前夜的会面是有意义的，因为这是科尔和昂纳克第一次私人会面。因此，谈话氛围也很重要。双方都想表明与对方合作和对话的意愿。科尔觉得昂纳克是最严肃的会谈对象，他在谈话中很少表明个人喜好[66]。然而他对昂纳克绝非毫无好感，"因为尽管我们之间有强烈的政治对立，但彼此之间还是存在着某种人与人之间的情谊，即便是有点奇怪的关系"。[67]科尔在会谈一开始回忆起两人都认识的一位来自他家乡普法茨的高级教士，并试图用"魅力"一词[68]来活跃会谈气氛。会谈中他们多数时候都在回忆萨尔州和普法尔茨州的事情[69]。在昂纳克与科尔互相分享年轻时期的记忆的过程中，昂纳克明显变得活跃了[70]。联邦总理成功地在会谈开始后几分钟内就营造了一种融洽的私人谈话氛围，打破了传统的外交套路。对科尔来说，个人的故事里就有世界政治。媒体关于此次会谈的报道称，这次会谈的氛围起到了十分重要的作用[71]。甚至几周后与民主德国常驻波恩代表的会面中，延宁格尔仍说起这次会面轻松、友好的氛围，两位分别来自普法茨州和相邻萨尔州的谈话伙伴的同乡之情推动会谈顺利进行[72]。对联邦总理来说，采用这种形式的会谈开场白，只是为了使谈话能按照他个人喜欢的方式进行下去而已。

德国政策工作组组长在与德意志内部关系部协商后，为总理准备了有关双边关系的谈话便条，在四页纸上罗列了问题要点：旅行交通；人道主义；经济关系；经济框架协议；其他合作领域；回访；边境；柏林[73]。各段落中简要列出了联邦政府的要求、现状及昂纳克的个别表述，这些表述在必要条件下可用作联邦政府的辩词。例如，对于"格拉要求"，第 22 组组长为总理准备的是："1983 年 3 月 13 日，您（这里指昂纳克）在莱比锡春季博览会上做出表态，要求大家不要把当前无法解决的问题摆在首位，而是要着手解决那些能帮助我们推进双边关系发展的问题，对此我非常赞同。"[74]进攻是最好的防御：用对手的话来反击对手，这是一种很有风度的辩论。科尔仔细研究了这个谈话稿。他划线强调的地方几乎都涉及同样问题：关于旅行交通的段落几乎全部划线加以强调，还加上提示，要指派一位私人代表。相反地，关于经济议题的内容都没有划线强调。在下述句子旁科尔批注了"重要"："适当的时间由委任代表来说明。需要周详的准备。"[75]这里指的是昂纳克对联邦德国的回访。在其他有关细节研究和国际议题的准备材料中看不出总理在便条上标注了什么。作为预谈判阶段，会谈准备中的这一步是在飞往莫斯科的飞机上完成的[76]。总理、延宁格尔以及特尔切克没有设定德意志内部谈判的具体目标，而是关心氛围的事情。因为他们觉得，在科尔和昂纳克的第一次会见中，谈判成果应该是双方互相认识。[77]

西德方面的会谈参与者除联邦总理外还有副总理根舍（记录上的官方称呼）、国务部长延宁格尔及司长特尔切克。东德方面的与会者除昂纳克之外还有国务秘书弗兰克 - 约阿希姆·赫尔曼（Frank Joachim Herrmann）（总理府办公厅主任）和大使埃贡·温克尔曼（Egon Winkelmann）（民主德国驻苏联特命全权大使）。特尔切克负责为西德方面做会议记录。[78]东德方面的会议记录由赫尔曼负责。[79]这两份记录都由政府首脑签阅。波恩方便的会谈记录更详细，包含了昂纳克对其故乡萨尔州的叙述以及关于回访联邦德国的具体准备工作的协商。这些信息在统一社会党的记录中是完全没有的。相较而言，双方对国际削减军备协定和安全政策的许多说法都是相同的。两个记录几乎完全相同地写道，科尔称："正是因为它（联邦政府）愿意进行导弹部署工作并且兑现其承诺，所以，今天它以某种特殊的方式得到了道德上为谅解政策辩护的权利。"[80]总体而言，东西方关系和国际安全政策明显是主旋律，包括自 1984 年 1 月 17 日起定期在斯德哥尔摩召开的欧洲建立信任措施和裁军会议（KVAE）或 1984 年 3 月 16 日首次在维也纳举行的关于中欧共同减少部队和军备以及有关措施的相互均衡裁军谈判（MBFR）[81]。在一些基本问题上达成了令人瞩目的一致意见。昂纳克认为，两国在东西方关系中应该扮演一种特殊的角色，双方应该相互扶助，缓解两个世界大国之间的紧张气氛，从而开拓两德关系发展的空间，联邦总理对此表示赞成。科尔表示，他将致力于促成两个世界大国之间召开峰会。两人多次强调了两个超级大国之间保持对话联系的重要性，以及两个德意志国家为维系或支持这种联系做出了哪些贡献。两个超级大国应该留在谈判桌上，这个共同信念贯穿于两德在莫斯科的双边会谈中。这次会谈是两人第一次面对面交换对事情的看法和对形势的判断，没有确切的谈判目的。和上次电话通话不同，昂纳克不再照本宣读其立场了。记录也将其称为一次真正意义上的对话。在对话中，有少数地方根舍和延宁格尔也参与其中。因为双方很大程度上都放弃了单调地宣读对立的两国关系基本立场，所以这些记录读起来十分生动。但客观地来讲，正如预期的一样，双方分歧最大的部分仍是各自对当时安全形势的认识。

为了使人们感受到谈话氛围，应该将谈话的最初内容未加删减地呈现出来。在这一点上，西德记录[82]可以作为参考样本："联邦总理在开场时说，普法茨人和萨尔州人之间的谈话不应该拘泥于形式。尽管是葬礼这种令人悲伤的时候，尽管双方有诸多矛盾，他还是很高兴能借此机会结识总书记。联邦总理非常希望总书记能在不久的将来访问联邦德国并到他（科尔。译者注）的家乡参观。也许他（昂纳克。译者注）还认识萨尔州的州长约德尔（Röder）。昂纳克总书记回答说认识州长约德尔，也很喜欢他，并对他给予了高度评价。联邦总理提到自己与州长约德尔的私交非常好，也提到他已做好充分准备安排其继任者，这些事情并不总是让人舒服。总书记昂纳克答道，州长约德尔为人客观公正，他对约德尔有很高评价。在提出可以不记录下述内容的请求后，总书记详细地谈及他30年代和40年代在萨尔州和普法尔茨的经历。他们在非常轻松的气氛中交流着对地方和人物的记忆。最后，昂纳克总书记说，能有这次会面真的很好。他准备好了可能访问联邦德国。他原则上答应了这件事。但决定性的问题是，他会在怎样的情况下访问联邦德国。访问必须让双方都大获裨益。联邦总理说，他不是出于宣传目的而邀请总书记的。毋庸置疑，有争议的立场已经众所周知了，不必加以重复。重要的是，为了发展对双方都有利的理性关系，双方能一起做哪些贡献。总书记要访问联邦德国，我们当然必须认真准备，不允许出现导致双边关系在访问之后比之前更差的情况。'那我们就顺其自然吧'，昂纳克总书记插话道。联邦总理继续说，总书记的访问应该在他从前的家乡进行。总书记应该有机会再度见到他亲密的故乡。如果总书记愿意，还可以在这之后前往特里尔参观卡尔·马克思博物馆。任何对总书记不利的事情，我们都不应该安排。谈到这里，联邦总理介绍了他担任莱茵兰－普法尔茨州长时是如何让人布置卡尔·马克思故居，以及如何托人在拍卖中竞买到了卡尔·马克思的原始文稿，而且他的出价超过了统一社会党和苏共的竞拍者。"[83]

那时，没有人谈及波恩对昂纳克访问所制定的计划。直到1987年进行访问准备工作时才开始计划。在东德记录中，那些政治上对昂纳克来说尴尬、棘手的对萨尔州乡愁的回忆都没有记载下来，更多的是总书记而不是联邦总理在说话："科尔在开始时表示了他对结识昂纳克的愉快心情。他非常希望，昂纳克在不久的将来对联邦德国进行预期的访问。他并不是为了做宣传才对昂纳克发出访问邀请的。双方都知道他们的立场是对立的。在圣诞节电话通话时他提到了昂纳克不久前的发言：重要的是建立理性的关系以及双方为防止发生分歧可以采取哪些措施。他不想双边关系在访问之后比之前还要差。昂纳克认为，双方能够进行第一次会面，这是很好的。原则上他已经同意了访问；但问题是，应该在怎样的情况下进行访问。起决定作用的是政治气氛；访问必须让双方都大获裨益。"[84]

科尔和他的随行团队当时确信，昂纳克想在1984年访问联邦德国。莫斯科会谈之后，延宁格尔首先秘密地为访问做了大量准备工作，但之后，这次访问却由于莫斯科的压力不得不取消[85]。科尔个人对这些事情的看法，附带着他的历史意识，都在另一份谈话记录中确切表现出来："联邦总理又一次回忆起他与总书记安德罗波夫的会面。当时他同安德罗波夫说过的话是他同里根总统谈过的，一位政治家留下什么遗产，在历史长河中留下何种个人影响，这是很重要的。谁也不会相信，里根总统会希望给后人留下战争魔鬼的印象。就像对待苏联领导人说过的一些话一样，我们也不能过分计较美国总统的某些言辞。联邦总理讲述了他在当选联邦总理之后与苏联副总理科斯坦多夫（Kostandow）的第一次谈话。他们当时谈到在他总理办公室里挂的一幅阿登纳画像。他当时告诉科斯坦多夫，若有朝一日《真理报》为他刊登的悼词能与为阿登纳所写的一样，那么他会非常满意。虽然苏联多年来一直都激烈攻击阿登纳，但为他写的悼词确实刊登在了《真理报》上。"[86]当然在东德记录里没有最后这个评语，里面只是很简洁地写道："每位政治家都有一个对历史、对他遗留下的东西的见解。在里根的桌子上摆放着迄今为止所有美国总统的照片，他不想在这个行列里给自己留下一幅战争魔鬼的照片。"[87]

　　为了能谈到双边关系上去，联邦总理突然转换了话题。在统一社会党的记录中完全找不到关于这个双边关系话题的信息。东德记录仅仅记录了关于裁减军备的对话。在双边关系部分，科尔提出了两个他之前已反复提过的建议：由私人代表进行秘密对话[88]以及列出共同工作计划清单。除了十亿贷款之外，迄今为止科尔政府很大程度上完成了他们从社民党－自民党前政府那里继承的操作层面的德国政策议程安排。双方未来的共同议题或未来几年的德国政策方案还没完全制定好。"联邦总理说，对他而言，最重要的是共同将所有必须解决的问题都一次性列举出来。这件事自然不应公之于众。他设想，例如说可以将那些能够一并推行的措施整合为第一组，第二组是那些有可能推行的措施，第三组则是在将来才能推行的措施。"[89]这听上去像是以下这种解决方案：不表达任何有实质内容的立场，而是通过对解决程序提出建议来管理和协调对话。实质内容方面应该由了解科尔基本立场的私人代表来解决，这样可以保留多种德国政策选项。对于私人代表来说，对解决程序提出建议的基础是与联邦总理的紧密信任关系。莫斯科会谈当天，工作组组长告诉国务部长延宁格尔："国务秘书雷林格尔在与律师[90]谈话后，赞成我们在联邦总理的谈话中主动提出建议，昂纳克总书记可能出于面子的原因不主动提议。重点是约定举行秘密会谈和任命会谈代表。"[91]因此科尔建议："为了秘密地详细讨论共同的工作计划，我将委派国务部长延宁格尔和另一位会谈代表前往东柏林。昂纳克总书记回答说，他会留意此事。"[92]

　　在接下来的晚餐中昂纳克再度提到联邦总理有关举行秘密会谈商讨未来合作事宜的建议。昂纳克说："他会让外交部长来负责发出邀请。"[93]这表现了昂纳克内心改善外交关系的愿望，但波恩对此却无法接受。"联邦总理请求总书记私下完成这个约定，并且不要启动任何机构部门。昂纳克总书记对此表示同意。他会负责寻找相应的对话伙伴。"[94]这一切都促成了沙尔克与延宁格尔之间的特殊沟通渠道。

　　尽管科尔成功拒绝了和民主德国外交部就双边关系这一话题进行谈判，但整件事情还有一个收尾。德意志内部关系部部长温德伦给科尔写了一封正式信函，抱怨说他的部门中没有代表出席莫斯科会谈，更糟的是连根舍都参加了会谈。温德伦写道："民主德国坚持他们的基本立场毫不动摇，两个德意志国家之间不能有特殊关系，他们的目标从未改变，要将与联邦德国的关系发展为与其他所有国家建立的那种外交关系。民主德国尽力维护和强化与联邦外交部长和外交部的联系，同时避免与德意志内部关系部长及该部人员的联系或将联系限制在尽可能小的范围内，这些都体现了他们的想法。基于我们对联邦德国和民主德国特殊关系的理解，我们应当竭力抵制他们这种努力。因此，当民主德国知道我们的外交部长就是副总理，从而使他们在德意志内部关系对话中能与外交部长接触的迫切愿望变得更容易满足时，那么这对我来说不是什么好事。我很理解在莫斯科的特殊情况，但是我很遗憾，在《新德意志报》一篇评论对德意志内部关系部部长发起挑衅甚至是个人攻击后没多久，联邦外交部长就参与了与昂纳克总书记的会谈。本来在这种情况下如果有我们部的一位代表参加这次会谈，那会是一次有力的回应。我很诧异，外交部发布的代号为 Nr. 1029 B/84 的资料中显示，根舍于 1984 年 2 月 17 日接受德国广播公司访谈时说：'您知道，与民主德国的关系由联邦总理府和联邦总理负责，民主德国的常驻代表也由他们任命。'" [95]

接下来，温德伦描述了什么是正确的事实：任命是由联邦总统完成的，不是总理，并且他正式指出其部门管辖权的历史沿革："相应地，德意志内部关系部部长参与了埃尔福特、卡塞尔和韦尔贝林湖的首脑会晤。" [96] 最后，温德伦提醒总理注意职能部门原则："按照我的理解，联邦部长业务范围内的事务只由他们自己来处理或在他们同意的情况下交由党团委员会、联邦参议院、联邦议院和它们的委员会来处理。只有当他们及时全面地参与到所有决策过程中，并了解所有涉及其业务领域的事情，他们才能算承担了自己的责任。" [97]

科尔在这封信的空白处写上"延宁格尔信稿"。延宁格尔又让工作办公室主任去准备稿子。四周后科尔让司机把回复转交给温德伦，他的回复简短却坚决："您的来信让我感到很惊讶。德意志内部关系部长的管辖权是有明确规定的。我没有改变该规定的想法……根舍部长 1984 年 2 月 12 日参加我与昂纳克总书记的会面……是我个人的决定……让副总理，也是联邦德国代表团成员参加与昂纳克先生的会面……" [98] 该决定遵循他奉行至今的方针路线。在德国政策领域，科尔不希望有任何权限变动。他不是从德国政策层面的职务背景来选择自己的会谈代表成员，成员选择属于他个人的决定，所有部长都不容置喙。因此，在特尔切克的记录中，根舍是以副总理而不是外交部长的身份出现。本来在这之前，德意志内部关系部就以怀疑态度关注着 1984 年 1 月斯德哥尔摩会场外根舍和菲舍尔的会面，在一个为当时会谈准备写的评语中坚称，"按照我们的理解，外交部长不是德意志内部关系具体议题的对话伙伴。"[99]然而联邦总理从这种权限斗争中得出了自己的结论，正如他一年之后在契尔年科（Tschernenko）葬礼上所做的那样。1985 年总理拒绝带外交部长一起去莫斯科。[100]然而联邦总理这样做，并不是出于对德意志内部关系部长的同情，而是为了展示他日益扩大的外交权力。

总体而言，科尔和昂纳克这次短暂的峰会还是明显不同于后来的其他会面。会谈中充满着一种非常私人的情谊，但是也没有因此而模糊各自的政治立场。这种气氛远远超越了正式外交谈判中礼貌性的陈词滥调。不仅仅因为这是两人的第一次会面，更是会谈议程内容本身的原因。双方希望美国和苏联都能考虑德国的利益，而且都想努力将超级大国重新带回到谈判桌前。控制双方的损失是会谈的重点。第一次会面并没有改变总理对昂纳克的印象，"不论如何，没有负面影响"[101]。

没有特殊道路：分析 1984 年 "处于分裂状态德国的民族形势报告"

第二份 "处于分裂状态德国的民族形势报告"（1984 年 3 月 15 日）更明确、更详细地阐述了德国政策的国际视角，在东西方对立的大背景下这似乎在策略上是恰当的。与 1983 年第一份报告相比，很明显这次所涉及的国际问题范围更广，总体而言更加多样化[102]。这与此前执行 "北约双重决议" 的争议有直接关系。而与西方结盟政策意义的深入研究也是报告的主题之一。

早在 1983 年 12 月 6 日，工作组就提供了第一份包含内容板块的写作大纲。上面有延宁格尔的亲笔标记："向全体成员做报告的时间定于 1984 年 1 月下次执政联盟会议上。其余方面没有异议。"[103]大纲单调地罗列着一些基本立场、德国政策的讨论要点、各个总结性领域以及对未来的展望。德意志内部关系部只对其中很少一部分内容存有疑虑[104]。在大纲中，唯一从未出现过的政治敏感内容被冠以 "新德意志民族主义？" 标题（主要内容：当我们的邻居们产生了疑惑和忧虑，这会损害德意志利益；吸收国外的讨论；联邦总理在莫斯科、联邦总统在联合国；讨论中立主义趋势；统一、自由、欧洲之间的关系；用明确的信号 '我们是值得信赖的' 来说明结盟对我们的意义）[105]。然而这些也属于德国政策重点讨论的范畴，从中看不出讨论的优先排序。但是当总理呈现最终报告时，人们发现报告的核心观点仍是：在东西方关系的困难时期，联邦德国是值得信任的。

在 1984 年 1 月 12 日执政同盟会议上，执政同盟一致同意向联邦议院建议于 1984 年 3 月 15 日作有关民族形势的报告[106]。一天后，发言稿撰写组从德国政策工作组那里得知此事[107]。1984 年 2 月 17 日，工作办公室在写作大纲基础上完成了第一份发言稿。与此同时，德意志内部关系部得到了一份复件，他们可以提出自己的意见[108]。工作组拟出的第一稿与最终发言稿相比只有很少共同点。发言稿撰写组在普利尔领导下根据发言稿讨论程序（"首脑决策：科尔第一份民族形势报告"一节中已深入介绍过该程序），于 1984 年 2 月 19 日，也就是第一稿完成两天后完成了另一个版本，该版本已经很接近最终版本了。[109]这份发言稿也成为 1984 年 3 月 8 日与联邦总理最终会谈中讨论的版本。在由卢茨（Lutz）和普利尔负责的文稿加工工作中，斯蒂默尔（Stürmer）教授和魏登菲尔德（Weidenfeld）教授参与了多次讨论。[110]

接下来要将两版发言稿的一些核心要素与最终报告的内容[111]进行对比；报告的总体构想不用重新介绍。报告的价值规范性基础完全符合第一份民族形势报告的风格。与对德国问题进行的国际视角分析相反，在部署导弹之后，有关德意志内部关系的议题在本次报告中所占的篇幅比 1983 年的报告明显要少，并且分析的视角很独特[112]。1984 年的报告再度以一个基本纲领作为开篇，其中更多融入了东西方冲突的国际视角分析。工作办公室拟出的发言稿可以称作是一份现实形势报告，它将视线立刻转移到增加军备问题上来："今天我向德国联邦议院做我的第二份'处于分裂状态德国的民族形势报告'。自从我去年 6 月发表首份报告之后，没有什么事情能比开始部署美国新中程导弹更能决定形势的发展，借助导弹部署，应该能排除苏联通过部署 SS－20 导弹在欧洲赢得战略优势的可能。"[113]而发言稿撰写组的版本只将这个具体问题放到了较靠后位置。德国政策的迫切性在于要控制德意志内部关系的受损程度，也在于对忠于结盟的认同。因此，他们将这些内容放在相对更靠近开头的位置。但科尔不想要一份有关导弹部署决议的新的政府声明[114]。他坚守自己的原则，即在"处于分裂状态德国的民族形势报告"中也要首先谈到这个局势（导弹部署。译者注）。他既不想要一份一般政治性政府声明，也不要一份安全政策报告。但在报告的最开始要以一种习惯性的积极方式用历史性原则看待当前形势："我们今天讨论的是民族形势。民族形势的第一个事实就是，德国的分裂对德国人而言是苦涩的现实。而克服这种分裂的愿望也是现实。民族的统一是有希望的，而且这种希望也会保持下去。"[115]联邦总理在发言的结束部分又加入了"苦涩的"这个形容词。

在强调了关系网后，科尔接下来阐述了一种思想，该思想在 70 年代就已出现在科尔的主题发言中[116]，这次它因一句简洁的话变得十分突出，这句话成为贯穿科尔这篇文章的主题思想："自由是德国问题的核心。"[117]联邦总理在文稿中加入了对西方阵营坚定的认同并再度指出自由思想对国家定位和外交关系有着根本意义："与自由民主结盟是我们国家的基础。加入欧洲共同体和大西洋联盟的决定是这种政策的基石。"[118]发言稿撰写组的版本中还有如下内容："加入欧洲共同体和大西洋联盟的决定是我们奉行的国家利益原则的一部分。"[119]然而，自从发表第一份政府声明之后，科尔就再没有用过这句话，因为它听上去太绝对了。

科尔的这份报告认为国外对于德国中立主义潮流的疑虑毫无根据，从而否认了这一说法。[120]然而，对这个事情的处理应该是积极做出声明，而绝不能对别国抱怨非难。工作办公室拟出的发言版本中对此以修辞手法进行描述："法国和美国不禁问道：德国人在搞些什么呢？创造民族神话？寻求真正的认同意识还是提高国际地位？联邦政府和反对党必须应对国外共同的担忧，即我们国家的舆论会从履行对结盟的责任倒向充满着中立主义单独行动的梦想的新彼岸。"[121]对于这一问题，发言稿撰写组的发言版本中表达了积极态度，因此对外国人来说在政治上形成一种缓和的氛围。最后定稿时就采用了他们版本中关于这个问题的阐述："我们知道我们属于哪里；我们知道我们站在哪里，我们站在自由那一边。我们和那些民主法治国家有着同样的基本价值观和政治文化，一个几百年来在时而争斗时而联合中成长起来的共同体。因为我们想在自由的西方继续做自由人，这个问题对我们来说同样没有什么可动摇的……我们在西方的朋友们知道，我们是可靠的。"[122]

在"第四节"标题下，联邦总理更详细地谈到德国政策的相关国际因素："我们想通过加深与民主德国的关系来为欧洲和平做出贡献。"[123]科尔强调，信守条约和可预见性是德意志内部关系政策的两大根本因素。同时，他也提到了联邦议院 1984 年 2 月 9 日共同决议。在国内政治因安全与和平政策的辩论而备受压力的形势下，1984年2月9日，联邦议院在基民盟/基社盟、自民党和社民党的一致赞同下通过了关于民族形势报告和德国政策的共同决议[124]。这是1972年后首次再度公开显示各议会党团在德国政策方面的一致性，这种一致性不是一种理念，而更多是要表明，在决定部署导弹之后，两个德意志国家在欧洲所承担的和平政策层面的责任。这个共识也明显与科尔/根舍政府迄今在德国政策方面的基本路线有关。在社民党看来，这个路线是社民党–自民党执政时期德国政策的延续[125]。在执行"北约双重决议"的背景下，发言稿撰写组有意识地在他们的发言版本中两次使用"责任共同体"的概念来定义德意志内部关系[126]。这个概念在施密特任总理时期就已经出现了。科尔一直在反复使用它，在其与昂纳克往来信函[127]中，它也起到了重要作用，科尔将这个概念与所谓安全伙伴的概念区分开，后者也曾被施密特和昂纳克使用过。然而科尔却对安全伙伴的概念持否定态度，因为它暗含了反对或者是抛弃各自盟友的全德意志的利益。[128]因此，发言稿撰写组用如下方式委婉表达了责任共同体的含义："联邦德国和民主德国有一个共同利益，即有效地利用国际机会来管控和解除危机。这也是我们努力营造更好的东西方关系，例如军备控制和削减军备等的总体原因。"[129]发言稿撰写组版本中的这些段落，同样完整地保留在最终发言稿中。接下来，科尔继续深化所有为军备控制所做的努力。科尔以相互均衡裁军谈判为具体事例，提出三个步骤：1. 确定自身立场，2. 宣示努力结盟中施加影响，3. 对民主德国抱期望态度，以此完成了对责任共同体概念如何操作的论述。除了合作愿景之外，严格划清体制界限几乎已经是发言中一项标准化内容："如果有人认真对待这件事，那么他必须拆除掉高墙和铁丝网（在发言稿撰写组版本中写着'不和平的标志物，例如高墙和铁丝网'）[130]，放弃仇恨和敌对教育，不允许暴力威胁对人权提出要求的人。"[131]最后这一段在发言稿撰写组的版本中听上去少了一些主动性："不得用暴力威胁履行人权的人。"[132]

国际视角的第二部分再次更有力地强调了欧洲联合："我们必须联合欧洲，这样德国也才能在自由中实现统一"，[133]这句话是第五个小标题。

这个小节主要也是对可预见性之重要性的认可："没有什么德国特殊道路能将我们的国家带出中欧。"[134]接着，联邦总理强调了德国的责任是"中欧的稳定性因素"[135]。科尔把"永远不允许再有战争从德意志土地上产生"这句格言稍微修改后变成："和平必须从德意志土地上诞生"[136]。这个表述后来用在科尔和昂纳克在莫斯科第二次会谈的声明中。[137]在报告里有关与西方结盟政策的部分中，科尔的观点已经借由对北约的重视多次表达出来，而在这节里，联邦总理将这个观点直接与欧洲联合联系起来；"我们知道……德国人的民族思想和欧洲意识相辅相成。对我们来说，欧洲政策和德国政策如同一块奖牌的两面。"[138]这方面内容也与发言稿撰写组版本没有什么差异。正如"自由是德国问题的核心"这个表述一样，含有奖牌比喻这个"不仅－而且"立场的句子，成为发言稿的标准句式。

总体来说，1984年这份报告不仅在国内，同时也在国际上获得了积极反响，甚至德国统一社会党领导层的反应也较为平和[139]。这势必会导致某些不安。1984年7月25日，国务部长延宁格尔在有关十亿马克贷款的新闻发布会上觉得自己有必要消除人们对德国特殊道路的担忧[140]："我想强调，我们对民主德国的政策属于一个全面的、将苏联和其他国家囊括在内的整体政策的一部分。从来就没有矫饰的德国特殊道路。对我们来说是这样，对民主德国来说也一样，对我们各自的盟国来说，这两个国家都是且一直是可靠的成员。"[141]苏联以刻薄的方式抗议说波恩"直接干涉了民主德国的事务"，而且他们反对波恩那获得"代表'所有德国人'说话的'权利'"的"荒谬要求"[142]。苏联加强了抨击沙文主义的媒体运动[143]。在政府就职后不久发生的事情现在更加膨胀了：对重新统一问题，以及被驱逐者协会对联邦德国政治影响的讨论[144]，在这个过程中，德国东部边界问题是个关键问题。[145]另外，引人注意的是，民主德国对批评意见隐而不发。他们没有参与讨论，而是将论战留给了《真理报》。[146]

控制损失：科尔在波恩会见米塔格

在这期间，联邦总理科尔继续努力落实德德对话。1984年4月6日，他在民主德国国务委员会委员米塔格访问期间在联邦总理府得到了机会[147]。米塔格前一天参观了汉诺威博览会。到此时为止，科尔和昂纳克已经两次通电话，不久前两人又在莫斯科的葬礼上进行了短暂会谈。米塔格的来访为联邦总理创造了第一次与民主德国高级官员会面的机会。米塔格一年前访问汉诺威博览会时，他们没能在波恩会面，因为此前不久，一位过境旅行者的死亡使出于政治原因的会见变为不可能[148]。这次有拉姆斯多夫、国务部长延宁格尔和特尔切克参与的会谈具备了首次会面的所有要素。在原来为科尔准备的话题清单中只有很小一部分被处理掉了。[149]

在会谈开始和结束时，是说一些平常的礼貌的客套话，表达来自以及致昂纳克的"亲切问候"。德国统一社会党的谈话记录[150]与特尔切克的记录[151]不同，记录内容更加详细，而且包含了很多诸如此类的礼貌性客套话。而特尔切克则是着眼于会谈成果，主要记录了会谈中的实质内容。在西德记录中，科尔只在半句话中提到了之前与昂纳克的会谈。相反，在东德记录中写着："科尔再度提及和昂纳克在莫斯科的会面并强调他们互相结识的意义。上次会面给他留下深刻印象，取得的成果加强了他进行这次谈话的决心。"[152]典型的科尔式谈话是没有一板一眼开场白的。他尽力用一种愉快且充满幽默的语调来活跃会谈气氛。这次就说到了经济部长兰布斯多夫。"科尔从米塔格博士的主要对话伙伴拉姆斯多夫那里得知，在一切都处于对立的情况下，双方经济关系仍会积极发展。他对此非常高兴。国务委员会主席昂纳克在莫斯科的会谈中对拉姆斯多夫做了一番大大的'爱的宣言'。"[153]

此类会面的标准项目还包括表达这样一些话，即大家对现存原则问题上的差异是无法达成共识的。这可以说是开始谈判的基础："大家将来必然也会在部分决定性的原则问题上以强硬态度互相对峙。但总是谈论这种事情也没什么意义"[154]，在西德记录中科尔如是说。在东德记录中则是："在科尔看来，无休止地谈论这些已存在的不同立场没有实际意义。"[155]

大体上来讲，科尔并未针对任何具体事务或具体细节进行谈判。这些事情他委派给谈判代表负责。联邦总理更重视政治上的总体论证，其中大多数内容带有个人特色。科尔先向其对话伙伴表明他的政府拥有"超凡的抗压性"和"广泛的基础"，之后，他试图让米塔格回忆起一些有可比性的历史经验，这也是科尔式会谈的一个典型特征："米塔格博士是1926年出生的那一代人，所以还能在什切青亲身体会到战争的影响。联邦总理的经历是一个出生于1930年的人的经历，主要集中在路德维希港发生的事件中。基于亲身经历这些事情的印象，两人都知道他们必须对欧洲的和平发展承担怎样的责任。"[156]

对于德国统一这件事，联邦总理说："他知道，德意志的核心问题当前并不是世界政治的焦点。然而重要的是，两个德意志国家能够理智地进行对话。双方也必须清楚，相互间对彼此有哪些过高的期待。"[157]而在德国统一社会党的记录中写着："他（科尔。作者注）认为，德国政策的核心问题'德国问题'目前不是世界的焦点，在未来可预见的时间内也不会成为世界的焦点。因此，问题就在于，我们作为理性的人能否在坚持各自不同原则性立场的同时展开对话。此外，我们应该考虑到，在总体政治格局中对彼此提了哪些过高的期望。"[158]这次，对昂纳克的回访只是轻描淡写，而没有集中讨论。在特尔切克的记录中，米塔格的说法是："在这种背景下，他也想指出，总书记的访问必须是在特定前提下方可进行的。"[159]这一表述和德国统一社会党的记录是一致的。

对这次会谈的混搭风格也许可以这样描述：在事实论述中的务实主义和对共同责任的个人呼吁。原则性立场的差异是众所周知的。对科尔来说立场问题是无法协商的，因此他让这方面的不同意见继续存在。双方都选择了以礼相待。为实现对话目的，没有人介入另一个国家的内部事务。整个对话过程中，双方都承认继续发展经济关系是双赢，然而却没有人透露任何一点有关正在进行的第二笔十亿马克贷款谈判的信息，这场谈判正在暗中与本次会谈同时秘密进行着。尽管如此，透过会谈上的德意志内部关系议题人们还是能了解具体的谈判进展。米塔格批准了环境保护领域的一份合作项目清单。有关环境保护协定的谈判也就因此而展开。接下来，延宁格尔于1984年5月2日在德国政策协调会议中报告了与米塔格的会面情况："这次会面[160]没有达成新的共识，主要讨论的是经济问题。汉诺威博览会，尤其是其中展示的环境科技，给米塔格留下了深刻印象。他承认，民主德国在越来越重视环保的道路上压力不断增大。"[161]

定位问题和取消昂纳克的访问

这种务实的声音与国际社会对1984年德意志内部关系的印象形成了鲜明对比。西方盟友对此也表示疑惑。长期以来，观察家们惊讶地发现，寻求德意志民族认同感在两个德意志国家都成为话题[162]。和平运动和增加军备的辩论催生了新德意志形象。立场问题的辩论反映了缓和氛围逐渐消退后已经改变的国际形势。因此，联邦总理在1984年的民族形势报告中重点论述可预见性和与西方的结盟政策。所有对联邦德国要走特殊道路的怀疑都应被消除。西方盟友对联邦政府德国政策的认识以意大利外交部长安德烈奥蒂（Andreotti）的表态为典型："我们一致认为，两个德国必须保持良好的关系……但在这方面不能过度……必须克服这种泛日耳曼主义。现在有两个德意志国家，应该确保两个德意志国家继续存在。"[163]全世界对这种针对泛日耳曼主义思想指责的表态各异——恐惧、担忧、否定、支持[164]。

在这种备受争议的政治环境中，难以想象昂纳克和科尔会召开德德峰会。延宁格尔早已就访问计划进行了数月准备工作。届时昂纳克将会访问特里尔，并在波恩附近的居姆尼希（Gymnich）宫用午餐[165]。1984 年 8 月底，一份明确的访问计划和一份共同公报都已准备就绪。[166]然而 1984 年 7 月 27日《真理报》发表了一篇文章，此文必然产生响雷般的影响。这篇文章同时针对联邦德国和民主德国。由于来自苏联方面的威胁不断增加，延宁格尔打电话询问昂纳克："我听说您不能来了？"[167]昂纳克回答说："民主德国的外交政策是由柏林决定而不是由莫斯科决定的。"[168]两天后，沙尔克－哥罗德科夫斯基打电话给延宁格尔说："苏联不希望昂纳克访问联邦德国，他不会来了。"[169]但官方对整件事的表述却截然相反。现在我们能够接触到的文件印证了延宁格尔的回忆：这次访问因莫斯科的异议而取消。但德国统一社会党政治局直到 8 月中旬还认为，尽管苏联有针对波恩的反对运动，这次访问还是有可能成行[170]。然而 8 月 17 日，昂纳克率领的代表团和苏联领导层全体巨头（包括戈尔巴乔夫）之间的会面终结了所有猜测[171]。1984 年 9 月 4 日，民主德国驻联邦德国常驻代表埃瓦尔德·莫尔特宣布正式取消昂纳克的访问[172]。一天前，总理府还为本次访问举行了技术准备会议。然而莫尔特在会议期间就已秘密知会国务部长延宁格尔，随后要取消昂纳克的访问。为了在媒体面前保存颜面，他们还就那份本应公布访问决定的公报进行了一小时的讨论。然而延宁格尔没有告诉他代表团中任何人关于他的秘密谈话和访问的取消。代表们就公报的细节问题进行着激烈的谈判，而此时，延宁格尔一再试图阻止自己的代表团，这让代表们无法理解。[173]

昂纳克将德雷格尔的一段表态作为取消访问的借口。德雷格尔是基民盟/基社盟联邦议会党团主席，他曾在一次采访中解释称，联邦德国的未来发展并不取决于昂纳克是否会给予波恩"访问的荣誉"[174]。联邦政府努力继续维护对话接触，像以前一样继续协商，以此来降低取消访问带来的负面影响[175]。对即将于 1984 年 9 月 7 日举行的德国政策协调会议，德国政策工作组给延宁格尔的建议是："此外，您须做出一些说明，明确推迟访问之后我们该怎么做：继续奉行当前的德国政策路线，不要表示愤怒和懊恼，而要表现得十分沉着冷静；如果我们受到攻击，要反驳；不要有反苏舆论；邀请还是有效的，不要讨论访问的时间，要平静地等待，直到民主德国给出希望来访的信号。"[176]在 9 月 7 日的国务秘书会议上，延宁格尔基于避免冲突的外交宗旨而接受了这些建议："昂纳克总书记取消访问是总体形势造成的。我们没有理由对这次事件大肆渲染，也不必进行反苏的讨论。应该避免猜测总书记进行访问的时间。重新考虑访问事宜是民主德国的事情。"[177]所有其他的双边谈判完全没有受到取消访问的影响，都在按部就班地进行着。

国际媒体详细报道了昂纳克访问的推延。人们猜测，这次出访在当时那个时间点对苏联不利。此外，人们将昂纳克取消访问看作是对联邦政府的一次打击[178]。很明显，民主德国错误估计了其外交活动空间。昂纳克对克里姆林宫的情况判断错误。安德罗波夫的去世、契尔年科的生病以及非常不受欢迎的监督者阿布拉西莫夫被从东柏林召回[179]，这些事情给民主德国领导层留下的施展空间并没有他们想象的那么大。前大使阿布拉西莫夫（Abrassimow）的领导、外交部长葛罗米柯不想看到东西德过多接触。此外，虽然民主德国在西德通过与反对党、工会和青年组织的接触成功地对舆论产生了影响，但与此同时莫斯科却越来越害怕恐惧，太多诸如此类的接触会使德国统一社会党政权岌岌可危。[180]

政府行为结果小结

德国政策的发展紧随世界政治的整体发展形势。世界政治的整体形势不会对东西德利益关系产生直接影响，更多地是起到间接作用，以至于会出现利益偏差，也会有利益冲突。德意志土地上的两个国家都会因为紧张局势而蒙受巨大损失。科尔和施特劳斯一起力图通过数十亿马克贷款来限制因执行北约双重决议而给德国政策带来的损失。联邦政府达到了他们的主要目标，即在签署部署导弹决议后控制损失程度。对话并未中断。在表态性地将联盟团结放在首位的同时，不应将德国政策狭义地限制在导弹问题上。许多协议的谈判没有受安全政策讨论的影响，仍在继续进行，以期达到预期的谈判目标。

科尔和昂纳克的会面旨在建立互信。它表明了一个想坚持走缓和路线的德国政策的活动空间非常有限。

最迟在1984年夏季第二笔十亿马克贷款之后，双方阵营对可能出现的特殊道路的不信任都将开始滋长。后果就是产生结盟问题。被双方称赞为"理性联盟"或"责任共同体"的合作似乎达到了高潮。一些挫败并不意味着原则性路线的改变。德意志内部关系不能在世界政治的湍流之外营造出一种"氛围轻松的世外桃源"[181]。尽管如此，双方还都象征性地延续着双边关系。

有关增加军备的讨论在这一时期首先对政府行为的主题层面产生了长期影响。但在实际操作方面，科尔也尽了一切努力使双方在德意志内部谈判网络的各个层面上保持对话。和后来几年有所不同的是，科尔和根舍当前在安全政策方面没有异议。鉴于民众强烈反对增加军备，那时有关外交政策的讨论并未对科尔给其政府行为贴上某些标签带来太大帮助。

第八节　扩大政府中枢：特殊渠道谈判和朔伊布勒的代理权

从政府行为的研究角度出发，1984 年末发生了一个重大事件。1984 年 11 月 15 日，沃尔夫冈·朔伊布勒成为负责特别事务的联邦部长和联邦总理府部长（任职到 1989 年 4 月 21 日）。他接管了延宁格尔对德国政策的职权，后者被议员们选举为联邦议院议长。朔伊布勒的履职对政府在德国政策领域的行为带来了重大影响。这不仅涉及德国政策的实际操作层面，也涉及联邦总理府办公厅的职能层面。以下各小节将介绍联邦总理赋予首席谈判代表朔伊布勒哪些活动空间：

- 政府中枢作为操作中心；
- 高度机密：特殊渠道的主要参与者；
- 就职访问及利益关系；
- 葬礼外交和谈判步骤。

政府中枢作为操作中心

朔伊布勒想以联邦部长级别担任总理府部长、执政联盟的协调员以及德国政策首席谈判代表[1]。他从延宁格尔那里了解到，联邦德国有哪些内部执行问题和难以协调的问题是延宁格尔和前任总理府部长施瑞肯贝格在日常工作中必须解决的[2]。朔伊布勒从中得出两个结论：

a. 宏观政策："我说过，这没有任何意义，我也会被卷入这种摩擦之中。为防止这件事发生，我必须成为联邦总理府部长，否则我们就干不了想干的事情。"[3]

b. 德国政策："联邦总理府部长是一个好职位，但是您在处理德德关系时做到了某些联邦总理府部长没有做到的事情，那就是将计划付诸实践。否则，这就只是在政府内的一种协调工作而已。正因为这样，这个职位可以让人亲自参与行动，直接参与计划制定，而不仅仅起协调作用。"[4]

作为政府协调机关和权力中心，总理府需要加强自身职权，所以联邦总理也插手这件事。科尔想把权力更牢固地握在手里，并且为自身利益考虑，他想反击那些自他上台起就强烈批评总理府协调工作的声音。尽管朔伊布勒自己也承认中间有些错误[5]，但科尔还是坚持他的想法。由新任总理府部长朔伊布勒垄断和集中决策过程，使科尔借此掌握政府行为的所有权力。朔伊布勒将科尔的个人主义运用到正式的政治和管理程序中。[6]这种每天并常常是一天多次进行的总理和联邦总理府部长之间的非正式协调为二人提供了获取信息的渠道，不过，这更多是各自对当前形势的评估信息，而非细节上的信息。

联邦总理府职权易主对德国政策领域的政府行为具有深远影响[7]。对科尔而言，朔伊布勒所拥有的政治分量比延宁格尔要重，而且很明显，他比延宁格尔更具政治头脑。另外，朔伊布勒作为联邦总理府部长必须处理的事务领域比延宁格尔时期广泛得多。鉴于这种情况，德国政策工作组的作用也变大了，他们必须处理更多的前期协调工作。此外，朔伊布勒每个月至少在总理府中与常驻东柏林代表处负责人布罗伊蒂加姆会面一次，他把这种会面发展为惯例。[8]更有甚者，朔伊布勒很快就通知了他的下属机构，希望把他们整合在一起。[9]

朔伊布勒会定期知会行政部门，但同时也不泄露秘密。决策之路的结构更清晰了，因为它们总是明确地指向朔伊布勒，但这并不意味着决策变得更透明了。除了对政府机构的严格领导，朔伊布勒大大加强了他自担任联盟党议会党团主席以来所获取的交叉人脉和独立人脉资源。从这种角度来讲，朔伊布勒在总理府中也有一定特殊地位，因为他和总理一样能够通过内部私下交流成为议会党团内的意见中枢。对于与沙尔克的秘密谈判，科尔留给朔伊布勒充足的活动空间，并提供后方支援。对于他与总理之间的协调和决策过程以及科尔的执政风格，朔伊布勒说道："我们本来一直就保持着非常紧密的信任关系，也就是说，他放手让我去做很多事情，当然不能偏离基本方向。这个基本方向没有任何问题，因为从现在的角度来看——但是记忆也有一些差错——可以这么说，我从一开始就基本上能够持有某种原则了。当他了解这个原则并希望我那样去做时，我早已那样去做了。因此，我们之间从来就没有过任何原则性分歧。多数情况下，我在谈话中向他提供信息，不论是在他办公室或是别墅里。你必须清楚他在什么时候想操心什么事情，什么时候不想操心什么事情。但他绝不允许别人让他感觉受到欺骗或被隐瞒什么。他对我从来没有这种感觉，而且永远也不必有这种感觉。当然，我们也讨论了某些问题，对他来说，讨论的时候重要的是，这个问题的路线是清晰的，这样就不必进行那么多讨论了……事后一个普通人完全不能相信，因为就像所说过的，我们并没有商量那么多事情。但是他知道他必须了解什么东西，如果他了解更多，那么所有事情就要按照他的要求来完成，这样才符合他的愿望。"[10]

朔伊布勒在基本政治立场上与总理保持一致、私人间的信任关系，是他在德国政策中获得活动空间的基础。只有在这种前提下，他才能利用自己操作上的自由空间。因此，科尔和朔伊布勒领导下的政府行为的特征并没有显示"实践中的总理朔伊布勒"和"国家主席地位的政府首脑科尔"的印记[11]。朔伊布勒的决定权依赖于科尔的强势领导，这种强势源于总理的权威。在科尔总理以人为重的执政风格中，总理府部长扮演了代理人的角色：除控制总理府的官僚机构之外，其最重要权力的基础是与总理的亲近和直接沟通，并因此有机会参与决定何时将哪些题目呈交总理审阅。[12]

没有程序上的路线变动让德国政策领域的政府行为更有效率。联邦总理府部长的变更没有改变联邦总理的执政风格。有了朔伊布勒，科尔就拥有了一位忠诚且具有权力意识的首席协调官。对总理来说，朔伊布勒是在德国政策领域处理与人打交道及非正式政府工作的最佳人选。因此，自从进入朔伊布勒时期，科尔就开始对德国政策的操作层面更感兴趣了，这绝非偶然[13]。朔伊布勒提升为沙尔克的首席对话伙伴后，这种特殊渠道对德国政策领域的政府行为而言成了决定一切的核心与关键点。朔伊布勒压缩了其他所有人员间联系的重要性，例如沙尔克与施特劳斯保持的持续接触。从施特劳斯对自己地位的认知以及联邦总理拉拢基社盟竞争对手的必要策略来看，这些人员间的联系依旧具有政治意义。在德国政策的操作中，朔伊布勒和沙尔克两人的碰撞是为最后的结果做准备[14]。将德国政策的决定过程直接集中并捆绑到朔伊布勒身上，使联邦总理得到了一个制定德国政策的理想出发点。朔伊布勒需要在一个重要的内政领域实现领导权。

朔伊布勒既了解议会党团内部的意见，这些意见是保障科尔权力的重要基础，也了解民主德国首席谈判代表的议事日程和谈判策略。另外，民主德国领导层通过这种谈判渠道的人员构成和结构组织，有机会让权力中心直接了解他们的关切。沙尔克此前已多次向延宁格尔表示，希望能和国务部长而不是和联邦德国的常驻代表进行谈判[15]，这也符合总理的意愿。这种级别的谈判应该在朔伊布勒－沙尔克时期继续保持下去。对于昂纳克以重视、提高政治地位为目标的政策来说，这种谈判方式再合适不过了。

德意志内部关系部的相关人员预感，朔伊布勒任职后会开启一个新时代。朔伊布勒要兼任联邦总理府部长这个事情，在筹备阶段就已经被质疑过了[16]。因为有人担心，之前德意志内部关系部鉴于与民主德国的协议而无法行使本属于自己管辖范围的职权，但从现在开始总理府不仅想接管这个权力，而且还想剥夺德意志内部关系部对常设代表处的指示权。为了一开始就表明立场，德意志内部关系部认为应尽可能选派一名该部国务秘书陪同朔伊布勒到东柏林进行就职访问。但是这件事情没有实现。朔伊布勒只带了德意志内部关系部政治司司长、常设代表处负责人和总理府德国政策工作组组长到东柏林进行就职访问。尽管如此，在朔伊布勒任职的最初几周和几个月里，他释放的许多信号暗示他至少打算在德国政策的日常问题上象征性地给予温德伦更多权力，而他自己仅仅优先处理"关键事务"。为了证明这点，朔伊布勒的第一次专业事务会谈是和温德伦一起的，而不是和总理府德国政策工作组[17]。1984 年 11 月 23 日，定期举行的德国政策协调会议也首次象征性地在德意志内部关系部举行[18]。此前的会议地点是总理府，由延宁格尔邀请来几乎所有职能部门的国务秘书们，但当时主持会议的还是德意志内部关系部部长。

如此一来，朔伊布勒巧妙地给德意志内部关系部留下这种印象，即他很重视该部的职能，同时也不想放弃该部在行政管理上提供的帮助。但事情很快就露出了本来面目，这种证明性的小变化并没有带来权限的转移。与此同时，朔伊布勒有策略地故意剥夺该部的地位，他再度启动了所谓扩大后三方小组（也称为五方小组）。朔伊布勒在协调会上只讨论纯技术性的细节问题而使会谈陷入空转，从传统意义的权力建构[19]来看，他通过这种办法最终瓦解了德国政策协调会议存在的意义。在小幅扩大后的三方会议上，人们谈论具有争议性的政治问题能更放得开。同时，执政联盟的另一执政党也总会派出两个代表参与其中。在朔伊布勒的领导下，该会议在总理府中举行，成员如下：联邦部长级的朔伊布勒和温德伦、国务秘书雷林格、联邦参议员朔尔茨教授（柏林）、经济部国务秘书冯·伏尔岑、外交部国务秘书梅耶－兰德鲁特和职务为德国政策工作组组长的记录员冯·里希特霍芬[20]。自此以后，朔伊布勒非常重视这种商议方式[21]。扩大后的三方会议成了核心协调机构。相反地，朔伊布勒拒绝组建一个处理德意志内部关系的内阁委员会等其他尝试。[22]

高度机密：特殊渠道的主要参与者

1984 年 12 月 5 日，朔伊布勒第一次与沙尔克见面。沙尔克的名字直到 1986 年才出现在联邦总理府的档案中，之前只将他称作"对话伙伴"。在波恩的记录中，朔伊布勒和沙尔克之间不完整的会谈记录里只有结果评语。而只有在会谈取得具体进展时，朔伊布勒才会写评语[23]。档案中有工作办公室的准备文件，以及朔伊布勒口头通知谈话结果后额外为工作办公室主任做的评语。与此相反，沙尔克却记录得非常详细。[24]

1984 年到 1986 年间，朔伊布勒经常飞往东柏林，与沙尔克在后者的私人住所会面，少数几次是在沙尔克的办公室[25]。直到朔伊布勒问他说，是否由于时间的原因而不能来波恩访问时，沙尔克才于 1987 年春天同意来波恩，但要求满足一个条件：会面必须秘密地在朔伊布勒的总理府办公室进行[26]。包括 1989 年 11 月 6 日最后一次会面，两人见面共计 21 次。朔伊布勒的继任者塞特斯与沙尔克还有四次会面[27]。科尔只在总理府见过沙尔克两次，两次都是在走廊上。但他没有与沙尔克举行会谈[28]。严格保密是与这位民主德国谈判代表进行所有谈话的前提条件。在朔伊布勒第一次见沙尔克之前，为了从施特劳斯那里得到有关这位谈判代表以及谈判进程的一手信息，联邦总理府部长亲自飞往慕尼黑[29]。他们的首次会面也是由施特劳斯安排的[30]。布罗伊蒂加姆同时也负责会谈的安排工作[31]。最初，朔伊布勒会告诉施特劳斯他与沙尔克谈判的各种细节。这种三足鼎立的局面持续了差不多一年之后，在 1985/1986 年才基本上解体。沙尔克意识到，他能够成功地应对与朔伊布勒的谈判，另外施特劳斯也同意降低这种三角关系的重要性。施特劳斯可以与沙尔克继续讨论他的"巴伐利亚州特殊的经济史"，而这对联邦政治没有任何意义。[32]

沙尔克需要官方正式批准他与朔伊布勒进行对话。因此，他给昂纳克写信："我觉得可以这么做，让朔伊布勒去福格尔的办公室，而我则'偶然地'也去那里。但朔伊布勒需要保证谈话的机密性，确保不会将福格尔办公室的'偶然'会面公之于众。"[33]经过昂纳克和米尔克的批准，在朔伊布勒对民主德国外交部长菲舍尔进行正式访问前一天晚上，未来的首席谈判代表沙尔克和朔伊布勒最终在福格尔的律师办公室进行了会面。一天后，沙尔克记录了这次会面："很明显，通过与施特劳斯和延宁格尔谈话，朔伊布勒已经对可能谈到的问题做好了准备，他给人留下了这样的印象：一位雄心勃勃、追求成就的务实政治家，他得到联邦总理的完全信任，甚至在他任旧职和新职时，不但与延宁格尔有私人友谊，而且还与根舍和联邦德国其他重要的政治家建立了直接的、他认为非常有建设性的联系。"[34]沙尔克后来谈及朔伊布勒的谈判技巧，他说："朔伊布勒非常有原则，这是他与众不同的个性。朔伊布勒的能力、知识面和他非常清晰的谈话、思维逻辑令人折服。他出口成章，这让我对他非常敬佩。我和朔伊布勒就易北河边界问题进行了谈判，我必须说，这是给我上了一课。他从不拿一页文件，这也让我折服。我也再不敢谈判时拿着资料了，我的公文包一直关着。我想，如果现在把文件拿出来，他就会认为，你的才智不足。我想，现在千万不能在这里把文件拿出来，最好背出来。那么我认为，这对我是很难的，对所有谈判人员也都一样；你至少必须要知道易北河边界、电气化和所有可能谈到的事情。你不必了解所有细节，但是你必须知道一些情况，当说到一些关键词时，你不能说'这个我不知道'……"[35]

在个人情谊上，朔伊布勒和沙尔克的关系没有什么进展；两人并没有建立特殊的私人关系[36]。这完全不同于沙尔克与施特劳斯的关系，在过去这些年里，施特劳斯与沙尔克建立了深厚的友谊[37]。按照朔伊布勒的说法，他对沙尔克的第一印象是："他是一个可靠，同时也十分机灵、强硬的人。'我当时感觉我仿佛是身处敌国；那时也的确如此。'"[38]在所有记录朔伊布勒在东柏林和波恩会谈的文件中看不到任何政治错误。尽管这些会见是秘密进行的，但他不会因被引诱而泄露波恩的内幕：他讲一些他想讲的事情，实事求是，目的性强，不掺杂自己的感情，而且多数时候毫无修饰，表达很直白[39]。在这方面，施特劳斯、施佩特或布罗伊蒂加姆的谈话记录则截然不同。[40]

就职访问及利益关系

朔伊布勒第一次与民主德国政府代表的正式接触是在波恩。埃瓦尔德·莫尔特在 1984 年 11 月 19 日进行了他的就职访问[41]。为了避免在高度敏感的外交领域引起猜疑，这类访问中双边关系的延续成为焦点："联邦部长朔伊布勒博士宣布，他希望与民主德国常设代表处的接触像此前国务部长延宁格尔在职时一样延续下去。莫尔特先生表示，他也有兴趣这么做。"[42]但是对于莫尔特来说，朔伊布勒的声明听上去并不完全令人信服。在此之前，民主德国了解到的关于朔伊布勒的所有事情，都暗示着德意志内部关系会很难处理。后来，莫尔特又通过黑贝尔向布罗伊蒂加姆再次详细询问，总理府中的变动是否会对双边关系的发展造成实际影响[43]。布罗伊蒂加姆向黑贝尔提出了一次会谈请求，他是为了帮助朔伊布勒了解对方的情况，后者几天之后在东柏林的就职访问期间应该会与黑贝尔再次会面。这一系列协调好顺序的会谈对东柏林和波恩而言都是约定俗成的模式，为的是准备更高级别人物间的会谈。但会谈的报告途径却大不同。布罗伊蒂加姆一直能通过官方途径了解民主德国高级官员在波恩的会谈情况，相反，莫尔特能从官方渠道得知关于东柏林会谈的进展情况是有限的。于是，莫尔特总是找一些微不足道的理由，来约见延宁格尔或朔伊布勒，以便可以从他们那里知道东柏林的会谈结果，同时把握后续会谈中大家的意见[44]。延宁格尔和朔伊布勒对莫尔特的印象经常是，他对东柏林的事情所知甚少[45]。朔伊布勒多次向沙尔克抱怨，与莫尔特的谈话经常是徒劳无功[46]。朔伊布勒第一次与莫尔特在总理府进行会谈的关注点在于他希望借此传达访问意愿。在就事论事的氛围中，朔伊布勒列出了波恩在双边关系中非常感兴趣的领域，他很重视表述的顺序、完整性和特殊词汇。特别重要的还有氛围上的细节。

1984 年 11 月 27 日，德意志内部关系部获知朔伊布勒对东柏林进行就职访问的准备工作情况[47]。内阁会议后，朔伊布勒向德意志内部关系部部长告知了相关情况。接下来，主管的司长按照惯例把此事再次告诉德意志内部关系部部长温德伦："朔伊布勒应向联邦总理府第 22 工作小组指出，他根据实际情况赋予该工作小组的一些职权绝不会使与德意志内部关系部协商的程序变得可有可无。"[48]朔伊布勒最终在 1984 年 12 月 5 日内阁会议上汇报了他即将进行的东柏林之旅以及会谈目标[49]。但内阁却没有得到关于会谈结果的报告。朔伊布勒代表团的成员包括德国政策工作组组长、常设代表处负责人、德意志内部关系部司长迈希斯纳，还有按照朔伊布勒的希望安排的司长阿克曼。阿克曼至少应该受邀去参加正式午餐，但当然不是去参加会谈。[50]

首先，朔伊布勒在他与外交部长菲舍尔和黑贝尔会面的前一天晚上独自会见了沙尔克。关于这次谈话，在西德记录中找不到任何信息。按照沙尔克的记录，在第一次与沙尔克－哥罗德科夫斯基的会面中，朔伊布勒的谈话内容多数都围绕着人道主义问题进行，诸如释放囚犯和所谓使馆事件等[51]。布拉格的联邦德国使馆里有40名民主德国公民，他们在那里等待着离境。朔伊布勒建议福格尔和雷林格前往布拉格，让"在联邦德国使馆中等待的民主德国公民了解，如果他们立即返回他们在民主德国的居住地并等待对申请离开民主德国的回复，那么政府将不会对他们加以追究和惩处。"[52]此外，沙尔克也为他的谈判伙伴提供了一些在正式会谈中可以使用的策略性建议。例如，他绝对不应在明天正式会谈中重点讨论目前发生在边界[53]上的死亡事件，这肯定不会"对会谈气氛带来积极影响"[54]。朔伊布勒在东柏林之旅开始之前就已经向媒体充分陈述了他的这个目的[55]。菲舍尔和黑贝尔当晚又从沙尔克那里了解到他和朔伊布勒的会谈情况。同时，施特劳斯也从沙尔克那里得到了谈话的信息。[56]

但是，朔伊布勒完全没有遵从沙尔克的建议。次日，也就是1984年12月6日，在与菲舍尔和黑贝尔的会谈一开始，他就提到边界死亡事件："联邦部长朔伊布勒博士继续说，联邦政府对在柏林墙再度发生非人道的枪击死亡事件表示最强烈的谴责。这种非人道的枪击事件与竭尽全力维护和平、不断巩固和平的做法背道而驰。它凸显了双方关系的非正常状态以及一直存在的危害因素。"[57]在东德记录中也清楚地写着："柏林墙再度发生的枪击死亡事件受到最强烈的谴责。联邦德国赞赏了民主德国在隔离设施上做的改变和手续办理制度的改善。但是，联邦德国还是要求他们停止使用各种形式的暴力。"[58]在辩论中，朔伊布勒对菲舍尔态度强硬，并且以非外交方式说："他主张彼此开诚布公地交谈，而不只是说一些友好的外交辞令。这样的开诚布公是一种建立互信的重要手段。"[59]朔伊布勒希望在第二笔十亿贷款之后展示强硬态度，并利用首次会谈再次展示波恩的务实合作哲学。民主德国对双边关系有浓厚的兴趣，否则菲舍尔就完全不会参与讨论德德关系的现实问题了。

此外，朔伊布勒利用就职访问来强调，尽管总理府人员有所变动，但德国政策路线依旧延续。他有针对性地引用了政府声明中有关基本立场的标准表述，但并未计划进行具体的谈判[60]。尽管如此，朔伊布勒还是列出了实际合作的愿望清单，从降低最低货币兑换额到邮政和电信通讯。这份愿望清单与科尔和昂纳克第一次会面时共同商定的清单相符。菲舍尔一开始尽可能遵照政治局[61]有关举行会谈的指示来说话，这样一来，他随后就能更具体地应对朔伊布勒的指责。通常菲舍尔和根舍会在联合国大会会场外谈判和讨论多边话题。而面对朔伊布勒，菲舍尔明显表现出了不安，并且在对方说起双边话题的细节部分时完全跟不上。

不出所料，菲舍尔又提出了所谓"格拉要求"，正如他在每次就职会面时都会做的那样。此外，与民主德国的谈判过程呈现出一种结构化模式：一旦德意志内部协议成功缔结，民主德国就会再度利用"格拉要求"[62]。民主德国出于战略性考虑而在谈判中讨论这些要求。但他们清楚地知道，联邦德国没有兑现这些要求的政治意愿。民主德国按照固定的模式进行谈判，也是为了向莫斯科证明其立场坚定不移。[63]

朔伊布勒针对菲舍尔提出的基本要求回应如下，一部分是教条，一部分是妥协："他想对所有现实情况做一个笼统的评价。但事实是：我们在特定的法律问题上坚持不同的立场，其中包括国籍问题。人们必须能够容忍各种不同立场的存在。不同的立场并没有妨碍现实规则。这在法律援助谈判和科学领域的谈判中也是一样的。我们在《基础条约》中未能就关于国籍问题取得一致，将来可能也做不到这一点。不能排除不同立场的存在，但在现实问题中要处理好日常事务。联邦部长朔伊布勒博士继续说，《基础条约》是实现平衡的基石。《基础条约》中曾达成一致的条款，仍保持有效，其中包括对我们常设代表处的等级问题。正如条约中规定的，我们必须遵守《基础条约》。也许对外交部长菲舍尔来说非常重要的一点是，认识到联邦德国是一个联邦制的联邦国家。他不是很确定，外交部长菲舍尔是否认可了联邦州及各州政府领导的重要性……联邦部长朔伊布勒博士继续说，他反驳外交部长菲舍尔关于1975年就已经存在于易北河地段边界走向协议的说法。有人告诉他，没有人在记录的评语部分签过字。这样看来，不存在任何边界走向协议。他想补充，鉴于联邦和各州的职能不同，我们会在联邦德国内部做好准备，尽快在新的一年中在边界委员会内举行讨论易北河问题的会谈。至于扎尔茨吉特（Salzgitter）的事情，可以参考总理有关州长的重要性和针对联邦州职权做的指示。"[64]相关内容的段落在东德记录和西德会谈记录中几乎每字每句都一样[65]。无论如何，朔伊布勒至少还是暗示了准备就易北河边界走向问题进行谈判的意向。[66]

在接下来和黑贝尔的会谈中，黑贝尔交给朔伊布勒一份文件，附带边界委员会于 1975 年 5 月 14 日/15 日作的记录评语，就此来看，他们已经就易北河走向问题取得了所谓一致意见。但确切地说，这是一份未签名的记录。此外，黑贝尔也递交了一份关于尊重国籍的非官方性质的专家论文[67]。正如前文所述，重申"格拉要求"是所有就职访问的例行仪式。应该如何应对这种要求，也完全是波恩的职能部门要考虑的事情。最后，德意志内部关系部司长迈希斯纳试图推动谈判进展，这点与温德伦不一样。他认为，由于民主德国拆除了雷区和自动开火装置，应该将扎尔茨吉特调查处的存续问题纳入讨论范围。然而，温德伦与朔伊布勒都要在这一点上"刹车"："各州司法管理部门未对此表明立场之前，我们不应采取措施。和我一样，朔伊布勒对扎尔茨吉特的事情公开进行了类似的表态。"[68]直到 1984 年 12 月 1 日再度出现枪击致死事件之后，朔伊布勒又搁置了所有针对"格拉要求"的考虑方案，正如他于 1984 年 12 月 10 日再一次在内阁会议后通知温德伦时说的那样[69]。不过，朔伊布勒在当时已经能够谨慎地考虑联邦议院和人民议院开始官方接触的问题。至少，内部应该开始思考这件事情，以便在合适的时机一步步将之付诸实践。[70]

葬礼外交和谈判步骤

直到另一个事件发生后，德意志内部问题议事日程才被整体更改：联邦总理科尔和总书记昂纳克于 1985 年 3 月 12 日在莫斯科举行第二次会晤。这次会晤缘起于苏共总书记契尔年科的葬礼。葬礼外的会晤让两人不用考虑事态、不用耗费巨额开支就再次有机会就复杂的德意志内部关系网络展开最高层次的讨论。这次会晤也为双方提供了彼此都无法预见的延续对话的机会。在 13 个月之内，"葬礼外交"已经第二次将科尔和昂纳克聚在一起了。对于德意志内部的条约谈判而言，这次高端会谈应当比第一次在莫斯科的会谈获得更高的评价。这次会见的主要目的不再是"向对方示好"和相互结识。对波恩来说，更多的是希望通过再度会面改善德意志内部的紧迫局势。

总体来说，联邦政府通过贷款担保也实现了一些目标，包括：最低货币兑换额（儿童没有最低限，降低退休人员的额度）、旅行和访问交流、家庭团聚（1984 年有 4 万名移民）、完全拆除自动开火装置、通过关于净化边界吕登水域的政府协定所实现的环境保护。占领使馆的事件在没有特别引人注目的情况下和平地解决了。但是总理府部长对德国政策的现实成果完全不满意。情况好像是民主德国似乎想绕开联邦德国推行其西方政策。此外，民主德国还留下了这种印象——对于具体的双边协议而言，他们更需要社民党而不是联邦政府[71]。在德国政策协调会议上也很少触及有争议的党派政治话题。但是，1985 年 1 月 14 日则不同，朔伊布勒在记录中写道："民主德国向联邦政府表示，当前不能采取什么重大措施，并且请求联邦政府也采取相应的进程，但同时又向社民党和结交的西方国家表示，民主德国与联邦政府无法取得进展，而且联邦政府没有能力与民主德国达成最终协议，这令他感到困扰（这指的是莫德罗[72]的一次访谈。作者注）。"[73]朔伊布勒在同一天晚上会见了沙尔克，他语气强烈地说："我的抗议是，民主德国领导层一方面要求我们，在处理对公众影响较大的德德关系事务时，务必要保持谨慎低调，但是另一方面却向我们的反对党以及其他西方国家抱怨联邦政府没有能力达成德德之间的协议，其中包括指出与莫德罗的会面。沙尔克回答说，莫德罗并未得到授权，他的说法也没有体现总书记的观点，总书记自己决定所有重要的德国政策问题。总书记已经就这篇访谈训斥莫德罗了。"[74]

联邦政府当时处于内政和外交的压力之下。波兰西部边界的讨论、西里西亚人集会口号（"西里西亚仍然是我们的"）的纷争，以及投降 40 周年纪念活动的政治安排都让联邦政府陷于被动地位[75]。这些话题对德意志内部关系也产生了影响。联邦议院所有党团就"处于分裂状态德国的民族形势报告"达成共同决议落空。报告本身（1985 年 2 月 27 日）有关边界问题的内容受到了国际关注。因此，莫斯科高层会谈中这些特殊话题也无法避免被重点讨论。昂纳克希望给予苏联一个明确解释，来阻止苏联对波恩展开复仇主义宣传运动。另一方面，在多边关系上又出现了缓和迹象。超级大国决定在日内瓦重新开展军备控制对话，这种变化为科尔和昂纳克继续发展德意志内部关系提供了新动力。

科尔与昂纳克此次会晤的预谈判阶段以如下方式进行。科尔在飞往莫斯科之前及飞行过程中与朔伊布勒和特尔切克谈话，以此为即将到来的讨价还价做准备[76]：

a. 自身利益定义："我们的会议日程是什么样？哪些问题有待解决？"[77]

鉴于有利的政治大气候，人们希望就多边议题的协商取得新进展。人们也希望了解，昂纳克如何评价苏联新的国家主席戈尔巴乔夫。在双边关系的议事日程中有两个重要领域：贸易结算授信额谈判[78]以及避难者经由东柏林非法进入联邦德国问题。

通过关于贸易结算授信额的谈判，联邦德国向民主德国保证进口货物免收关税，透支贷款免收利息。出于经济原因，民主德国使用贸易结算授信额的领域愈加广泛，但也因此加深了对联邦德国的依赖性。民主德国获得的好处在于短期内通过这种透支贷款得到了急需的供货[79]。原贸易结算授信额协议在 1985 年就到期了，因此新的谈判迫在眉睫。根据所有政府内部档案的记载，朔伊布勒首先及时降低了相应的期望：联邦政府已经为关于提高贸易结算授信额的建设性会谈做好了准备，但是"这在很多方面依赖于大环境……大环境改善肯定会带来益处，尤其是给柏林"[80]。

第二个紧迫问题与柏林的法律地位有关：民主德国让越来越多来自斯里兰卡的避难者通过东柏林的舍内菲尔德机场前往西柏林[81]。1985 年春季，这个问题戏剧性地成了内政上激化的矛盾。[82]

b. 谈判目标："我们希望达到什么目标？对方希望得到什么？"[83]

在一个简短的会议上，科尔特别重视在一个、最多两个谈判目标上取得一致意见。基本上，联邦总理很努力地想办法为民主德国退休人员降低旅行许可年龄[84]。他脑中想的是将女性的旅行许可年龄降低五年。为了实现这一目标，他们想指出贸易结算授信额协议的总体关联性。这是一种关联交易。科尔希望通过公布这种关联交易让对方在人道主义方面做更多让步。

从民主德国方面来看，鉴于西德在波兰西部边界问题上的公众讨论、同时出于保护苏联权益的责任，民主德国的目标是让联邦政府做出绝不侵犯边界的保证。1985 年 2 月 27 日，联邦总理针对此事在《民族形势报告》中加入了明确的表态[85]。但他没有协商具体的谈判对策。就这点而言，总理会根据现场的具体情况来决定他何时会谈哪些目标，以及谈得有多明确。在这种类型的会晤上，朔伊布勒、特尔切克和总理之间的角色分配不是事先协商好的。总理是会谈主角。当朔伊布勒觉得时机合适时，他可以补充一些细节。

c. 谈判立场的评估："我们的优势和弱点是什么？"[86]

科尔、朔伊布勒和特尔切克将民主德国对波恩资金和外汇的依赖看作自己的优势。在有关避难者的所有问题中，联邦政府却以弱者的立场来进行论证。从这一点来看，他们明显依赖于民主德国的妥协。参与这轮会谈的人怀疑降低旅行者年龄的可行性。

这次莫斯科首脑会晤的预谈判阶段特征通过这些问题框架表现出来。所有这种类型的峰会都对德意志内部关系产生巨大推进作用。第二次莫斯科峰会的特殊性在于组织会晤及准备会谈内容的时间较短，这自然也与葬礼外交这种情况有很大关系。1985 年 3 月 12 日关于莫斯科会面的准备文件显示，会晤组织相对即兴，时间紧迫。正如外交行话对这种情况描述的那样，总理府的官员"约见"了民主德国常驻波恩代表处负责人洛塔尔·格林克（Lothar Glienke）。1985 年 3 月 11 日，也就是在莫斯科会面的前一天，冯·里希特霍芬接见了他。

但格林克并没有因为约见的原因而感到惊讶[87]。正如一年前应该在葬礼以外的时间再度进行会谈一样，这次约见完全在他的意料之中。德意志内部双方的谈判或会晤前的常规准备、预先会谈以及会晤过程的精细计划等，这些绝不是自发和偶然进行的，而在莫斯科的总理会谈则可以描述为临时准备的会谈。会谈之所以能够举行，是因为双方有兴趣再度亲自谈话。格林克并未因此而疏忽，他指出，"对于联邦总理在"民族形势报告"中所表述的欧洲边界不可侵犯，民主德国表示大加赞赏，总书记也会在此话题的基础上回到与联邦部长班格曼（Bangemann）的会谈中来。"[88]科尔得到的用于准备会面的四张会谈便条中，没有一个字是有关边界讨论的[89]。尽管十分仓促，德意志内部关系部还是事先得到了会谈便条，但相关负责小组没有更改便条内容，直接过关[90]。事先准备好的"媒体通告"也只是普通的、在外交上没有说服力的标准叙述："会谈中讨论了联邦德国与民主德国之间关系的现状、发展可能性以及当前的国际问题。会谈在一种实事求是和坦诚的气氛中进行。"[91]

峰会的准备工作也包括确定参加者。联邦总理刻意不让根舍参加会晤[92]。外交部长的官方说法是，他不想中断其南美之行，因为乌拉圭和巴西的领导人可能会把这种行为视为冷落怠慢：[93]"我与科尔通了电话，他也赞成我的意见。因此我就继续我的行程。"[94]根舍确实还是尝试过参加莫斯科之旅，因为这次会谈为他打造自己的缓和政策标签提供了一次绝无仅有的机会：他可以结识克里姆林宫的新主人戈尔巴乔夫，并且在葬礼之外与昂纳克进行一次私人谈话。但是联邦总理科尔阻断了他的道路。他想为自己定下更强势的外交政策调子。根舍当时在自己身上看到了施特雷泽曼

（Stresemann）的影子：帝国议会也同样围绕施特雷泽曼而组建，而联邦内阁则是围绕重视连续性外交政策和缓和政策的政治家根舍而组建。在根舍设定的方案中，联邦总理在国际政治的舞台上是微不足道的。但是科尔就是想在 1985 年证明他在外交政策上并不依赖于根舍[95]。多年后，根舍对科尔不允许他去莫斯科一事依旧十分恼火。

评价莫斯科谈判有一些困难。成果报告出现了三重分歧：

a. 朔伊布勒和科尔一致通报说，在莫斯科，他们是如何在访问和旅行交通方面取得了突破。昂纳克最初并没有准备好处理科尔对降低女性退休人员旅行年龄限制的要求。接着，朔伊布勒建议，对所谓"F 情况"宽容处理[96]。此处指的是在紧急家庭事务情况下的出境。对于赎买，联邦政府区分了"H 情况"（即在困难情况下赎金高昂）和 F 情况下的赎金。昂纳克保证，这一问题可以讨论。但是他没有确定的数字，也没有给出具体的承诺。尽管如此，自此之后，访问和旅行交通的数字便出现了急剧增长，这证明了他们对成果的诠释是完全正确的。

b. 从德意志内部关系部司长迈希斯纳的总结评语中可以了解到谈判成果的官方评论。评语中包含着"首脑会晤的重要内容"等信息[97]。里面所说的特尔切克的书面评语没有保存在总理府。德意志内部关系部的总结性表述是以总理府德国政策工作组组长的口头通报为基础的。该主任又是从朔伊布勒那里得到的关于会谈过程的口头信息，这又表现了一种信息过滤的层级选择关系。在这份德意志内部关系部的评语中没有具体指出关于扩大家庭团聚的非正式协定。能够读到的信息是："人道主义问题：昂纳克宣布，一切都会继续进行下去。他强调，正在进行的东西也会继续执行下去。"[98]在这份评语里，昂纳克没有做出保证，这本身并没有什么不寻常，因为朔伊布勒也向协调委员会隐瞒秘密谈判中达成的次要约定。

在评语中，整体上确定了一种欢快的气氛："在参与者看来，这次会谈是两德关系发展中的一个显著进步。"[99]而且在另一处："按照联邦总理府的观点，德意志内部关系进入了一个新的发展阶段。'民主德国从他们的起跑线上出发了。'但是，民主德国考虑到当时的政治形势和东西方关系，行事依然十分谨慎。民主德国目前也不会有太大的操作空间。"[100]该评语列出的双边会谈成果应该在下文对贸易结算授信额协议[101]、避难妥协[102]和文化谈判[103]的研究背景中再次进行评价。

德意志内部关系部对因克里姆林宫领导变更而形成的具有特殊意义的多边关系记录道："双方用熟悉的方式讨论多边关系问题。联邦总理指出，出于已知的原因，他增加了军备。这件事使他能够影响在日内瓦进行的削减军备谈判。昂纳克进行了适当的表态并放弃指出任何责任人。（这与戈尔巴乔夫的会谈相反，那次会谈据说也是带着尖锐的态度进行的：例如，面对戈尔巴乔夫的指责，说欧洲人在美国人面前立正致敬，科尔尖锐地回应说：联邦总理不会在任何人面前立正致敬。[104]）另一方面也可以看到，昂纳克行事非常小心。他引用了戈尔巴乔夫的大量言论。"[105]

c. 会谈的第三个版本是由约阿希姆·海尔曼所做的民主德国的记录[106]。中间缺少他们最开始对萨尔州选举结果的评论，以及对昂纳克所认识的州长约德尔的回忆[107]。此外，东德记录在会谈结束部分用一小段话总结了双边关系，里面没有提到会有更多人道主义方面的作为："在谈话过程中我们计划：在环境保护领域由专家来制定条约或协定；以积极成果为导向，继续为签署一份文化协定进行谈判；推进经济关系的发展。"[108]记录的主要部分反映了对重新开始军备控制政策、对东西方关系、战略防御倡议影响和对戈尔巴乔夫其人的评估的论述过程。

三种关于会谈成果的诠释因不同的理解方式及不同的政治、管理目标而造成歧异。在由特尔切克和海尔曼协商的所谓"莫斯科声明"中，民主德国看到了联邦政府形式上对其主权的承诺[109]。由特尔切克准备、和海尔曼一起完成的声明并不是会谈的直接内容[110]。这个文本对民主德国来说比对波恩的意义更大。朔伊布勒通过在人道主义事务方面的协议来诠释这个表态性的让步承诺[111]。"莫斯科声明"中的重要政治内容对联邦政府来说完全不是新内容。这些内容的承诺是符合有约束力的法律原则的。但是民主德国在其中总结出双边关系的最新进展，因为这是第一次由在任的联邦政府在一份与民主德国的共同文件中发表相应的内容[112]。此外，在"莫斯科声明"的决定性章节中写着如下内容，民主德国将来会一如既往地与联邦德国保持联系[113]："边界的不可侵犯性和尊重欧洲所有国家在其当前边界中的领土完整和主权是实现和平的一个基本条件。永远不允许再有战争从德意志土地上发源，和平必须从德意志土地上诞生。"[114]

1984年"民族形势报告"的最后章节中写着："和平必须从德意志土地上诞生。"[115]关于昂纳克和施密特于1981年在韦尔贝林湖会面的记录写道："……强调了他们的信念，德意志国土上再也不允许战争发生。"[116]因此，在"莫斯科声明"中，双方在这一点内容上做出了保证。在政治上，更具有决定性的内容则是上文所引用的声明的第一部分。但是，这部分是由波恩迄今的德国政策核心要素共同组成的。在《基础条约》第三条中写着："他们强调他们之间现存边界的现在和将来的不可侵犯性并保证务必会尊重他们领土的完整性。"[117]科尔在1985年2月27日"处于分裂状态德国的民族形势报告"中（也就是在会见昂纳克的前几天）引用了《华沙条约》的序言内容："我们强调，现在和将来，《华沙条约》以及其中关于联邦德国和波兰人民共和国之间确定的'边界的不可侵犯性和尊重领土的完整性及所有欧洲国家在其当前边界中的主权'是'实现和平的一个基本条件'。"[118]

"莫斯科声明"就是这样从波恩的德国政策和东方政策的核心内容中总结制定出来的。之所以能将这些内容纳入声明，是由于昂纳克施加的压力，也因为联邦总理科尔为了共同维护会谈气氛而做的妥协[119]。多年后，该声明在联盟党内还受到了批评[120]。在1987年3月10日的一次议会党团会议期间，科尔必须因为一个质询而再次表明立场："我在那里……所说的……是符合官方政策的。对此，我们完全没有什么反对意见。联邦德国根据条约内容也负有义务；我们不是对将来的全德政府负责，我们对我们自己负责。我们没有边界要求。"[121]

政府行为结果小结

在朔伊布勒的领导下，总理府发展为操作层面政府的核心。在担任总理府部长这个职务后，他依旧像在党团中一样，行事十分小心谨慎。作为管理者，他提出的要求不仅涉及政策的有效管理，还有操作计划。朔伊布勒是"科尔体制"的重要成员。只有在这个体制中，总理府部长才能发挥其代理人的权力。他的政治影响力依赖于其与总理的实际亲密程度和总理允许的亲密程度。这种亲密度的前提是他与总理在基本政策思路一致性上忠诚的、充分信任的合作。朔伊布勒通过集权、收紧、程式化稳固了总理以确保权力为目标的政府行为。谈判的政治目标各式各样，朔伊布勒在谈判中的活动空间首先考虑到的是使总理权力稳固。

为落实德国政策，朔伊布勒让自己成为政府行为操作层面的总负责人。自此，政府内部的协调就只由作为德国政策执行中枢的总理府来指挥。朔伊布勒通过重新启动扩大后的三方小组，成立了一个必不可少的行事高效的委员会。开通他所负责的特殊渠道后，政治上次要参与者的谈判影响力就被限制了。依靠他的实用主义信条和富有策略的谈判手腕，朔伊布勒被提拔为德德关系的负责人。他的中心任务是以结果为导向解决问题，而不是提出纲领性的要求。通过权衡权力使用技巧，而不是通过制定价值规范来推动德意志内部关系的发展。在这一点上，他的行为非常谨慎。

由戈尔巴乔夫 1985 年上台所导致的东西方关系巨变，帮助朔伊布勒在德意志内部关系上取得了进展。鉴于削减军备对话的新形势，所谓葬礼外交是在对外交政策有利的条件下举行的。昂纳克似乎拥有更大的行动空间，但后来因突然增加的出境人数而向波恩做出让步。峰会释放了政治信号，并且促进了正在进行以及即将到来的德意志内部双方一系列条约的谈判。

第九节　贸易结算授信额一揽子谈判方案：首席谈判代表的较量

朔伊布勒将 1985 年与民主德国的贸易结算授信额谈判视为核心杠杆，以经济利益换取人道主义援助[1]。在签订贸易结算授信额协议的背景下，可以从以下三个方面分析政府内部以及德德之间的谈判进程和谈判步骤：

- 将贸易结算授信额作为政治杠杆；
- 决策压力：申请避难者问题；
- 非正式的一揽子方案：扩展后的一揽子事务谈判。

将贸易结算授信额作为政治杠杆

为什么贸易结算授信额谈判可以用作联邦政府的政治和经济工具呢？为了回答这个问题，需要了解一些背景信息，正如这些信息当时也出现在一些内部简报中，作为朔伊布勒谈判所做的准备[2]：德意志内部的贸易不以当时各自的货币结算，而是以结算单位为基础通过两国的中央银行进行，同时，供货和购货以马克结算，它实际相当于结算单位。这种供货和购货在账户系统中相互抵消，从而实现了无现金结算交易。与此同时可以避免出现短期支付问题。在 1966~1969 年大联合政府执政时期出现了一种被称为动态的贸易结算授信额结算方法[3]。这是一种无息透支贷款，实际上相当于一种长期贷款，其额度是经协议双方确认的。实际上，联邦德国只是单方面向民主德国保证了这种透支贷款。因为民主德国一直是借款方，从来都不是贷款方。如果没有这种透支额度，当一方延迟支付时，那么另一方的支付也会立即受限[4]。从 1976 年初到 1982 年末，社民党 - 自民党联合政府的动态贸易结算授信额为 8.5 亿结算单位的贷款限额。在施密特任总理时期，作为一种"惩罚措施"[5]，贸易结算授信额到 1985 年为止逐渐减少到 6 亿结算单位。这对民主德国来说意味着一种限制性贸易政策。联邦总理将有关贸易结算授信额的谈判当作一种政治工具。他将有关贸易结算授信额的谈判与经济问题和人道主义问题联系起来：当时提出的建议是继续执行 8.5 亿结算单位贸易结算授信额，但前提条件是民主德国同时要降低最低货币兑换额，然而民主德国却没有实行[6]。因为贸易结算授信额决定了联邦德国给民主德国提供的无息贷款的规模，因此联邦德国将提高额度与民主德国在其他问题上的妥协让步相挂钩[7]。

同时，1985 年开始实行通过限制性账户向境外汇款的新规则[8]。在此，1983 年到 1985 年期间由民主德国筹措的 6 千万马克[9]平衡金额应得到提高。两个德意志国家就通过限制性账户转移资金达成协议，规定可以从外国人的外汇账户（限制性账户存款）中互相转账/支付。这样一来，联邦德国公民可以从民主德国的账户中支付，民主德国公民也能使用联邦德国的账户。两个国家约定结算是以 1∶1 的汇率来进行，而且支付结算应达到平衡。实际情况却是，民主德国公民使用联邦德国的账户比西德人使用民主德国账户要少得多，其结果就是一个结余逆差。为确保转移账户系统能够继续运行，东柏林在 1978 年 11 月 16 日关于限制性账户存款协议的备忘录中声明，准备实现支付平衡。并且在 1982 年 6 月 18 日信函中承诺了额度为 6 千万马克的平衡支付资金[10]。因为这份协议 1985 年到期，所以就需要进行谈判和做出规定。

科尔和朔伊布勒从一开始就意识到，完全可以利用贸易结算授信额谈判让民主德国在人道主义领域做出妥协。这个方法也是一直奏效的：波恩对于发展德 - 德贸易的政治兴趣和东柏林的经济兴趣一样大。从这个意义上来讲，两人在预谈判阶段就已经为在莫斯科的第二次峰会做好了准备[11]。联邦总理没有具体干预正在进行的贸易结算授信额谈判程序。他将工作任务分配留给了朔伊布勒。不论如何，在和朔伊布勒的对话中，联邦总理还是提出了如下条件：[12]

    － 对他来说，与达成贸易结算授信额协议相比，在政治上来讲，解决避难者涌入问题更为重要。公众在解决泰米尔人问题上对总理府施压了更大的压力。
    － 如果联邦德国提高对民主德国的财务帮助，那么统一社会党政权也应该意识到需要给予一定的政治回报。关于这一点，朔伊布勒应该和议会党团主席德雷格尔进行协调。因为在政治上，提升贸易结算授信额必须通过获得同等东西来补偿。

因为民主德国完全将贸易结算授信额谈判视为西德操控德意志内部关系的杠杆，因此他们在处理贸易结算授信额过程中，行动更为小心谨慎。在80年代中期，联邦德国给予的贸易结算授信额额度，民主德国所用从未超过一半，试图以此限制贸易结算授信额作为政治工具的作用[13]。与1982年的局面不同，民主德国此时处于一种更有利的谈判位置。为了免受勒索与逼迫，他们采取了相关预防措施。1985年，较低的贸易结算授信额利用幅度就是表现民主德国限制政策的一个荒诞例子[14]。尽管有急速增长的外汇问题，民主德国领导层还是避免使用更强有力和更实惠的贸易结算授信额，反而优先选择继续从外国银行贷款，而这点得以实现又是拜联邦德国几十亿贷款所赐。

年初时，政府内不同职能部门之间以怀疑的眼光评价那种认为民主德国想合作的期待[15]。这首先在于越来越多来自斯里兰卡的避难者即泰米尔人不断经由东柏林舍内菲尔德机场进入联邦德国，这严重影响了德意志内部关系。民主德国让成千上万的外国人搭乘其航空公司的飞机，从而获得高额的外汇收入。在1985年初就已经可以预见，贸易结算授信额和运输收入这两个不同金融领域的问题交织在一起。因此，在1985年期间，贸易结算授信额的谈判被工具化，这一点必须在联邦政府的整体观察中进行改变：必须提升贸易结算授信额来阻止避难潮，而不是像最初设想的那样，特别是迫使民主德国在德意志内部旅行交通中做出人道主义妥协。但是，朔伊布勒首先试图在提高贸易结算授信额和缓解人道主义局面之间谋划一种一揽子方案。这一观点的形成和决定进程是如何在联邦政府内表现出来的呢？

扩大后的三方小组[16]于 1985 年 1 月 14 日[17]会议上因立场不同而发生了冲突：经济部国务秘书冯·伏尔岑（von Würzen）希望将 1986 年到 1990 年期间的贸易结算授信额度确定为 6 亿结算单位。他反对提高贸易结算授信额，并且要求，作为回报，民主德国应该每年继续支付 6 千万马克作为转账保证金。联邦部长温德伦赞成这个建议："在即将进行的贸易结算授信额谈判的准备阶段，民主德国已经表示，他们不甘承受他人的压力而放弃利息收益。"[18]一开始，朔伊布勒的回应更加谨慎。他表示反对将谈判与无法执行的要求联结起来，"但是联邦政府还是必须从民主德国那里得到一些什么"。[19]接下来他又说："我们已经默契地达成了一致意见，同意在合适且便利的氛围下，应该通过往来交通管理上的小改善来为贸易结算授信额谈判创造更有利的环境，但同时应确保不将贸易结算授信额与旅行交通领域的要求联系在一起。德意志内部关系部和经济部着手制订一个谈判要点目录，双方已对此取得一致意见。联邦部长朔伊布勒博士表示，他支持营造并保持一种气氛，能够使民主德国放弃一些当前让我们感到不舒服的东西。"[20]此时，朔伊布勒在贸易结算授信额谈判中还看到了一根他不想过度延伸的"小杠杆"，至少他在协调小组里面是这样论述的。

同一天，他在东柏林与沙尔克－哥罗德科夫斯进行了会面。和平常一样，沙尔克受昂纳克的全权委托，与朔伊布勒进行会谈。"沙尔克同志"得到了全权授权，"与联邦总理府部长朔伊布勒进行非正式的高度机密的会面并进行谈话……前提是，这一事件不能公之于众，否则就失去了价值。"[21]朔伊布勒从个人角度强调，联邦总理和他都非常重视非正式的秘密会谈，并与总书记的一位委托人建立了联系。朔伊布勒以总理的名义再次强调，在正式谈判之前的保密工作更便于协调即将面临的问题。只有施特劳斯得知 1985 年 1 月 14 日的会谈[22]。原因在于，施特劳斯请求民主德国采取强有力的措施来限制大批经民主德国前往西柏林的避难申请者，其中大部分又被转移到了巴伐利亚州[23]。在朔伊布勒自己写的评语中并没有这些内容，因为他没有描述谈话的过程，而只是描述了沙尔克的谈判立场。[24]

之后沙尔克就确定了下述要求："应该更新 1986 年到 1990 年的贸易

结算授信额协议。民主德国的设想是，尽早举行冯·伏尔岑和拜尔（Beil）从 2 月 13 日开始的关于 9 亿结算单位额度的谈判。在可能的情况下，可以在减少贸易逆差的情况下，讨论加强使用贸易结算授信额的事项。我指出，民主德国的报酬收入结构在此也非常重要。此外，我声明，即使把提高贸易结算授信额这一问题和其他问题联系起来的做法并不受对方欢迎，提高贸易结算授信额至少应先产生一种相应的氛围。我将以交通问题、环境保护（准备联邦内政部的访问）、文化协定、青年交流以及互相的高层访问（不涉及总书记）为例。沙尔克对此做出回应，他表示理解这些内容，并且会告知总书记。在冯·伏尔岑和拜尔 2 月 13 日会面之前将会给出相应的答复。"[25]朔伊布勒委婉地暗示了一揽子方案，还列出了一个虽然笼统但也很广泛的要求目录作为"前提条件"，该目录的内容已远远超出了他在三方小组里面的立场。也就是说，民主德国希望大幅提高贸易结算授信额。但这一问题与避难问题的联系还没有在讨论中提出。

1985 年 2 月 8 日，在德意志内部关系部举行的德国政策大范围协调会议上，贸易结算授信额问题根本没有列入日程[26]，但国务秘书冯·伏尔岑和联邦部长朔伊布勒同往常一样参加了这次会议。这个议题应在更小的圈子内进行秘密讨论。为了经济部长班格曼和米塔格于 1985 年 3 月 11 日在莱比锡博览会以及班格曼与昂纳克在 1985 年 3 月 12 日所计划的会面，相应的协调准备工作正同时进行着[27]。班格曼也应对贸易结算授信额问题加以讨论[28]。3 月 7 日，朔伊布勒还在扩大的三方小组会议中努力降低由期望值过高造成的压力。在此期间，朔伊布勒并没有获得关于沙尔克的新信息[29]，鉴于民主德国迄今为止的观望态度，他想小心行事。"贸易结算授信额不必在年中之前确定下来。"[30]朔伊布勒还在犹豫。就像往常那样，想要整合一揽子方案，这往往需要正确的时机。对他来说"环境形势"[31]似乎还不是很有利。关于是否以及在多大范围内实行一揽子方案，各职能部门之间还完全没有达成最终意见。

为了于 1985 年 3 月 12 日和 13 日与昂纳克和米塔格进行会谈，经济部长班格曼得到了由国务秘书小组与温德伦和朔伊布勒共同拟定的相应的会谈方案。对经济部长班格曼[32]来说，这同时也是他与昂纳克的首次个人会面。经济部的代表对此表示出很大疑虑，"仅仅通过贸易结算授信额，民主德国就应在经济领域之外再做出重要让步"。[33]班格曼也是就这一方针和昂纳克谈判的。和科尔与昂纳克后来在莫斯科的会谈有所不同，班格曼与昂纳克的会谈中所打造的一揽子方案仅仅是出于公众压力。对他来说，在政治领域，将贸易结算授信额问题与众多大相径庭的问题联系起来并不合适。至少在德国统一社会党的记录中写道："涉及贸易结算授信额问题，他也赞同民主德国的意见，很明显，提升贸易结算授信额是符合双边利益的。他也相信，将有关避难申请者的规定、文化协定或青年交流这些问题与贸易结算授信额问题联系起来并不恰当。但是在联邦德国，公众对此的评判是不同的。在涉及提高贸易结算授信额时，他们马上会问，为此，联邦德国政府能够在其他领域得到什么利益呢？尽管他也同样认为贸易结算授信额应该支持贸易及其发展，但是他必须要考虑到政治环境。"[34]

之后，班格曼通报说，他见到昂纳克已然发生变化，因为在此期间，由于在莫斯科戈尔巴乔夫当选苏共中央总书记，关系已经明朗，他也明显轻松了很多。在对内阁的通报中，班格曼激动地说，他无法想象昂纳克是一位如此坦率的对话伙伴[35]。但是，在关于贸易结算授信额的谈判中并未取得任何突破。昂纳克在与班格曼会谈之后，立即飞往莫斯科。在莫斯科，他与科尔以及朔伊布勒举行了首脑会谈[36]。对这一会谈的成果评语如下："人们就贸易结算授信额问题达成了一致意见，将其看作是发展整体关系的标志。昂纳克说，刚开始，联邦总理施密特犯了错误，降低贸易结算授信额。他本应提高贸易结算授信额，应该在更大范围内利用授信额。这有利于其在西方购买投资性货物，也会使中型企业从中获利。昂纳克让人注意到，他看到了在非商业支付中保证金的重要，并且愿意接受更多的保证金。他没有谈到确切的数字。联邦总理科尔和联邦部长朔伊布勒指出，也必须改变一下整体环境。当昂纳克对此表示不解并且询问这是何含义时，联邦部长朔伊布勒就解释，在其他领域的进展对德意志内部关系有怎样的意义，而且关于贸易结算授信额问题的决定不能完全不考虑整体形势。他也提到，在联邦政府之外做出决定是很有必要的。同时，这也适用于柏林。在这种总体关联中，联邦部长朔伊布勒提醒柏林市政府与民主德国政府关于交换地域的会谈，并提出了对很快继续进行谈判的期望。联邦部长朔伊布勒察觉到，昂纳克总书记也知晓了与避难问题的关联。昂纳克强调，民主德国的态度并不是以经济为基础的。他以一种近乎自负和傲慢的语气问道，从我们的角度是怎样看的，以及从四大国地位的角度该怎样看。他请求得到我们愿望的书面确认，联邦总理答应了该请求。"[37]

在交涉过程中，科尔和朔伊布勒正式谈及了关联贸易。在这种情况下，莫斯科峰会仍然是对所有德意志内部关系议事日程中其他谈判的重要基准点。贸易结算授信额协议的情况也是这样的：

> —金融资助被归类于依赖政治环境条件。此外，一揽子谈判事务的建议也被搁置下来。政治环境条件基本上没有精确表达出来。政治环境条件可以和避难者问题联系起来，但是并非强制的。
>
> —提高贸易结算授信额被认为具有激励作用。
>
> —如果不能很快澄清避难问题，就会出现德意志内部关系恶化的危险。
>
> —对具体建议的承诺：总理宣布会传达关于西德立场的细节信息。

决策压力：申请避难者问题

贸易结算授信额谈判进行得时间越长，申请避难者问题作为关联交易就确实越紧迫。申请避难者问题引发了复杂的法律和政治问题。而且，该问题会决定联邦德国未来几年国内政治和党派政治的争议[38]。这次避难潮主要是来自斯里兰卡的泰米尔人，他们到达东柏林舍内费尔德机场后就搭乘轻轨火车继续前往西柏林，最终选择在西柏林避难。这个问题首先是由柏林的法律地位而产生的。民主德国一再表示，按照他们的观点，如果西方盟国在通往西柏林的边界上进行严格检查，避难问题就很容易解决。这在其他"国际边界"上也是通行的做法。这样一来，西方就要被迫承认"西柏林的特殊地位"。但如此一来，四大国对整个柏林的地位就会遭到破坏。按照民主德国的观点，联邦德国应该自己决定允许和不允许哪些人入境。对此，联邦德国就有必要对辖区边界进行监管，而这又与四大国地位相矛盾。民主德国采用的是过境自由原则。虽然民主德国同意在进一步谈判中只有在出示拥有联邦德国签证的条件下才提供过境签证，不过这种程序对西柏林却不适用。但这个程序是无用的，因为明确选为避难地的恰恰就是柏林。

这里涉及的是法律地位和经济方面的综合观点，就此，昂纳克希望对方能在申请避难者问题上让步。与此同时，朔伊布勒和参与会谈的职能部门也在小心地权衡，他们能够从提高贸易结算授信额方面得到哪些回报。联邦总理在与昂纳克的会谈中以书面形式表达的联邦政府立场和愿望需要尽快传达给东柏林。目前，仍尚未通过特殊渠道来解决这些相互关联的问题。1985 年 3 月 22 日，联邦德国常设代表处将关于申请避难者问题的所谓助手备忘录递交给民主德国外交部[39]。联邦政府清楚表明了其立场并且以友好的态度请求立即加以纠正：

"联邦政府甚为忧虑地指出，近年来外国人的数量急剧增加。虽然不满足入境条件，但他们拿着民主德国政府机构的许可从舍内费尔德机场经由陆路进入中欧和西欧，有些甚至到达联邦德国的北部和西部……仅在 1984 年就有远超过 1 万名外国人通过这种方式入境，这些人主要来自斯里兰卡、加纳、巴基斯坦，最近主要来自黎巴嫩。所有已提到的目标地区，对这些外国人通常都有签证义务。即使短期的访问旅行在这里也不例外。联邦政府请求民主德国，按照国际惯例，只有在拥有旅行目的国所必需的签证或居留许可的情况下，才为希望继续前往所提及地区的旅客颁发过境签证或允许他们继续旅行……"[40]民主德国外交部对这个请求做出了消极的回应。[41]

因此，在德意志内部关系中同时存在两个有待解决的谈判事项。但何时才适合按照联邦政府的意愿推动关联交易呢？为获得针对政治敲诈指责的反面论据，是否应该促成公开解除谈判事项之间的关联呢？1985 年 4 月 15 日，意见上的变化在扩大的三方小组会面中得到体现。[42]贸易结算授信额的谈判代表国务秘书冯·伏尔岑第一次公开为拖延策略辩护。迄今为止他都在催促尽快签署协议。现在他既不想参与讨论贸易结算授信额协议的数额（该数额一直在七亿五千万和九亿结算单位之间波动），也不想参与讨论确切的谈判结束时间。朔伊布勒主张赞成推迟确定申请避难者问题的解决方案并在此后再签署贸易结算授信额协议："协议的签署与民主德国在申请避难者问题上的让步密切相关。通过推迟确定解决方案可以避免达成一揽子方案。"[43]这里所指的是双方都想阻止的正式一揽子方案。此外，朔伊布勒试图避免给公众造成"民主德国领导层可以敲诈联邦政府，而联邦政府为了阻止避难潮得向民主德国付钱"这种印象[44]。人权组织也批评了这项隐性交易，因为这样一来泰米尔人进入西欧国家的唯一逃亡通道就会被切断，而这意味着大部分逃亡者将继续承受政治迫害或死亡[45]。扩大的三方小组融洽地达成了共识，使协议尽量少带一揽子方案色彩。米塔格对波恩的访问是一次切断谈判事项之间关系的尝试，他此前与科尔和朔伊布勒约定了会谈时间。朔伊布勒在扩大的三方小组中对此说道，他将与米塔格博士就约定的方针进行会谈，并和他共同讨论在莫斯科曾谈及过的话题，特别是申请避难者问题、文化谈判、环境保护和青年旅行。他会把贸易结算授信额问题放在最后讨论，并观察米塔格博士如何评价这个问题。之后，联邦总理会在他与米塔格博士的会谈中重新回到这个话题上来。重要的是让民主德国清楚地知道，我们需要的是双方关系的整体发展，而不能孤立地处理单项事务。[46]

1985 年 4 月 18 日，米塔格在与朔伊布勒面谈时，就以惯常的态度直切主题[47]。将近一小时的会谈几乎完全围绕柏林申请避难者管理问题进行。朔伊布勒急切地向米塔格抱怨到，民主德国应该只为拥有目的国签证的外国人颁发过境签证。随后是对法律立场不同解释的交流。在此，民主德国的法律论证无法让朔伊布勒信服。米塔格对此毫不让步并针锋相对。双方同意通过书面方式重新交流建议和法律解释。显然，再度进行论证交流是很难的。朔伊布勒没有将贸易结算授信额话题提出来，因为米塔格在申请避难者问题上没有表现出为达成合作而做出让步的意愿，因此朔伊布勒也绝不想谈及这一问题。

1985 年 4 月 18 日下午，科尔与米塔格进行了一小时的会谈[48]。特尔切克通过官方渠道告知工作组组长："昂纳克高度重视与联邦总理的会谈，也非常重视共同声明。在莫斯科所谈及的事情是可能实现的"[49]，但意思表达得非常模糊。米塔格建议组建一个混合经济委员会，共同制定一个环保框架协议。"关于人际接触，尤其是旅行交通问题，米塔格说，他想就双边关系的各个领域进行讨论后，再讨论于莫斯科谈及的在紧急家庭事务情况下允许更多旅行者入境的问题。这个问题已经在讨论中，而且将越来越易于实施。联邦总理强调，这对双边关系的整体发展来说是好事情，如果在这个领域中也能取得某些进展，在本年讨论的进程中，就能更容易地解决其他问题了。"[50]在谈话结束前，科尔简要介绍了联邦德国稳定的政治形势。关于申请避难者问题和贸易结算授信额协议，他只字未提。科尔不想介入正在进行的谈判，因为他并没有看到对方在申请避难者事务上有妥协的迹象。此前，在朔伊布勒和米塔格之间的谈话中，并没有呈现出解决问题的可能性。因此，联邦总理也无法取得什么谈判成果。按照朔伊布勒的建议[51]，他没有做出不具有约束力的声明，并避免谈及相关政治问题。

非正式的一揽子方案：扩展后的一揽子事务谈判

直到此时，联邦政府在将贸易结算授信额谈判作为政治手段方面的谨慎策略并没有取得成效。相反，相关谈判停滞不前，完全看不出任何进展。此时，无论是科尔提及双边关系整体形势的信件[52]，还是布罗伊蒂加姆对昂纳克的访问[53]，或是其他关于法律立场的书面交流[54]都无济于事。根舍通过外交部成立了有西方盟国三位外交部长参加的四方会谈，请求西方盟国三位外长在申请避难者问题方面对苏联施加影响。[55]直到利用特殊渠道和有了州长施特劳斯的参与，一揽子事务谈判才重新取得进展。1985 年 6 月 3 日沙尔克和朔伊布勒会面。[56]总理府部长在此提到通过舍内费尔德机场和弗里德里希大街快速列车车站前往西柏林的申请避难者入境问题。

朔伊布勒曾两次尝试将申请避难者问题与其他实际问题联系起来，整合为一揽子事务，并促成有利于双方合作的解决方案。为此，他将易北河边界走向的综合性话题（"格拉要求"之一）和重新确定贸易结算授信额的话题选为具有潜在激励作用的话题。对于边界走向问题，这次不再像在莫斯科峰会上那样委婉了。朔伊布勒希望增加谈判的选择并扩展一揽子方案，以推动因亟待解决的避难潮问题而陷入停顿的谈判。在第一次与菲舍尔的会谈中，朔伊布勒就保证了在边界委员会层面就易北河边界问题做好会谈准备。[57]按照沙尔克的记录，朔伊布勒曾说过，"他曾在内部发表他的个人观点（这个观点他请求官方不要使用，并且他在公开场合得否认该观点），即如果能令人满意地解决申请避难者问题，易北河边界走向问题的解决也就更加容易。"[58]在随后几年里，对朔伊布勒来说，对易北河边界走向[59]的解释也越来越频繁地用作改善谈判立场的重要潜在激励因素。朔伊布勒和联邦总理进行了协调，他认为只有在这个问题上，"格拉要求"还有一定的回旋余地，因为人们在这个问题上"能够理性地确定规范，而这些规范也不至于改变整座城市[60]。"[61]

为了这次会谈，昂纳克再次给了沙尔克指示，根据指示，沙尔克拒绝将易北河边界问题和申请避难者问题联系起来。沙尔克也表示拒绝将其与贸易结算授信额等其他问题联系起来。民主德国还没有准备好在其他问题上做出让步。朔伊布勒的策略显而易见：他想在政治或金融上将关于贸易结算授信额的许诺与人道主义议题或高度敏感的政治问题联系起来，如避难潮问题。但是应该如何入手呢？朔伊布勒既没有将这些问题联系起来，也没有利用其他方面的潜在激励因素。此前，由朔伊布勒再度带入会谈进程的施特劳斯也插手进来。施特劳斯和沙尔克于 1985 年 6 月 10 日会面。施特劳斯的话题清单和谈判策略与朔伊布勒相似。施特劳斯呼吁迅速结束贸易结算授信额谈判，因为在他看来，并没有金融技术问题或政治问题可以阻碍协议的签署。沙尔克提出了在七千万保证金前提下提供八亿五千万贸易结算授信额。对此，他还暗示民主德国做出了让步。在沙尔克的记录中，施特劳斯说"他（施特劳斯；作者注）将于 1985 年 6 月 13 日再度与科尔、班格曼和朔伊布勒会谈"，以便迅速解决这个问题。[62]施特劳斯暗示他在联合执政同盟会谈中的地位，想证明他的领导权力。巴伐利亚州长还宣布，在联合执政同盟会谈中还将谈及申请避难者问题："民主德国可以相信，联邦总理和相关部长们很清楚法律形势。这必然导致联邦德国在这一问题上十分依赖民主德国的良好意愿……施特劳斯向科尔要求，在这一问题上也应审视联邦德国当前的法律立场。这一问题也涉及将'柏林州'纳入联邦德国的签证中。在西柏林入境时，对寻求避难者的法律条件进行检查和审核，这也是联邦德国的法律规定。施特劳斯向民主德国提出了其个人请求，希望他们去考察一下，是否存在这样的可能性：使特定人群不能轻易地经过民主德国前往西柏林。"[63]施特劳斯在其请求中，加入了"对现存的法律实践进行审核"这一项。按照沙尔克的解释，施特劳斯的话听起来就好像是要对柏林的法律地位做出变更似的。

1985 年 6 月 11 日，也就是一天之后，在只有朔伊布勒知晓会谈内容而其他人对这次会谈一无所知的情况下，在总理府进行了扩大的三方小组会谈。[64]朔伊布勒和国务秘书冯·伏尔岑发生了争执。朔伊布勒建议，在 7000 万西德马克作为账户转移保证金前提下，重新确定 8.5 亿结算单位的贸易结算授信额，这也是沙尔克建议的数额，但无论如何只有"当民主德国首先解决避难申请问题，以改善谈判环境的情况下，"[65]他才会缔结协议。此时，他不再建议沙尔克综合考虑其他议题了。在协调会谈中，矛盾并没有指向款项的数额，而是针对该一揽子方案。国务秘书冯·伏尔岑主张贸易结算授信额"应根据自身情况来确定……他告诫不要将民主德国在避难申请问题上的让步作为提高贸易结算授信额的理由。"[66]他用经济学的专业知识进行论证。但是，如果完全看不到民主德国的让步，他应该怎样在公众面前为提高贸易结算授信额辩护呢？朔伊布勒没有提供走出这种论证死胡同的方法。他持保留意见。联邦参议员朔尔茨暗示，民主德国只有改善柏林的旅行以及访客交通条件，联邦德国才有可能接受民主德国提高贸易结算授信额的要求。朔伊布勒回答道："他的对话伙伴向他表示，民主德国现在对此无能为力。"[67]雷林格也引证了他与律师福格尔的会谈。会谈显示，尽管有四万来自东德的移民，但是压力非但没有减轻，反而增长得更快了："因此，人们考虑再度采取压制性措施。"[68]局面似乎毫无转机。在1985年6月13日于总理府举行的联合执政同盟党主席会议上，施特劳斯汇报了他与沙尔克的谈判成果[69]。德国政策的操作问题很少在联合执政同盟会议中占有重要位置，但这次施特劳斯却想证明他作为德国政治活动家的地位。这导致了政府内部出现严重的问题。在这次联合执政同盟会议中，朔伊布勒的讲话内容可以证明这一问题："联邦部长朔伊布勒博士强调说，只有他自己一人代表联邦政府对民主德国发言。他也会把这种情况告知国务秘书沙尔克。另一方面，联邦部长朔伊布勒博士也会为民主德国对州长施特劳斯和联邦政府之间的紧密协调做保证。"[70]正如评注所言，朔伊布勒希望在联合执政联盟会议中宣布其谈判授权，并通报给与德国政策有关的部级机关。对施特劳斯而言，朔伊布勒的评论更多还是针对环境问题而不是其本人。在该事务中，施特劳斯没有朔伊布勒所不知道的新消息可资通报。贸易结算授信额问题似乎陷入僵局，民主德国在避难申请问题上坚持其立场毫不动摇。

最后，可能还是时间因素帮助朔伊布勒在避难潮和贸易结算授信额之间达成了非正式一揽子方案。正如施特劳斯如实汇报的那样，谈判双方（冯·伏尔岑和拜尔）在此期间已经就贸易结算授信额协议的内容取得了一致意见，该协议应于1985年7月5日签署。协议已确定了时间上的目标，这便对接下来的谈判造成了压力。因为无论如何，只要民主德国没有对避难申请问题表示让步，联邦总理就不想单独签署这样一份关于贸易结算授信额的协议。[71]沙尔克于1985年6月20日会见了朔伊布勒。朔伊布勒恳请这位全权代表就如何限制避难潮，特别是来自斯里兰卡和加纳的避难潮，提出具体建议。[72]他表示波恩已做好准备，将在1985年7月5日之前就贸易结算授信额问题达成协议。四天后谈判进入了紧张集中的状态。朔伊布勒和沙尔克一天要通好几次电话，同时还要在扩大的三方小组中举行会议，此间朔伊布勒一再因沙尔克的来电被叫出会议室。在贸易结算授信额一揽子事务和与之相关的德意志内部石油制品贸易协议上就不再有分歧了。同时，民主德国对外贸易部与托管局之间也达成一致。因此，沙尔克在电话里说："民主德国正在严格审查有关解决避难申请问题的建议。"[73] 朔伊布勒不同意这种没有约束力的允诺。电话通话的内容反映出当时紧张的谈判情况："主要的问题是（朔伊布勒说。作者注），我们还不能接受他的通报中的第二条规定。这个问题的解决取决于双边关系的整体环境。申请避难者数量与前一年相比增长了一倍。对话伙伴以'个人'的建议对此答复说，联邦部长朔伊布勒博士可以相信，所呈交的建议将进行严格审查，这次审查比此前严格得多。这个话题很敏感，他和其他人都严肃对待、竭力争取解决这一问题。他有个重大请求，即去做现在能做的事情。联邦部长朔伊布勒博士问道，什么时候能向我们通报审查结果。对话伙伴答复道，他自己目前只能说，对移民群体有了非常清楚和确切的设想。然而他却想强调，只有很小一部分外国移民得到了民主德国方面的支持和援助。对此，联邦部长朔伊布勒博士指出，按照我们的信息，约有百分之八十的非法移民是通过民主德国国家航空公司'Interflug'经由舍内菲尔德机场进入的，只有约百分之二十才是通过苏联航空公司'Aeroflot'进入的……对话伙伴答复说，'我们在最前线认真工作'。他完全明白联邦部长朔伊布勒博士的意思。他不想看到，在通过一系列对话营造出良好气氛之后，他们会谈的全部内容再次遭到质疑。联邦部长朔伊布勒博士解释说，如果我方执行通报中的第一条（指的是贸易结算授信额协议。作者注）所包含的全部规定，而关于这一点，在第二条中却仅仅承诺给予审查，那么他将会陷入困境。对话伙伴插言说：'但这是一种一揽子方案'。联邦部长朔伊布勒博士对此表示了否认，他认为这不是一揽子方案，也不应该看作是一揽子方案。"[74] 该方案虽然不是正式的，却也是一种非正式的一揽子方案，这次会谈以及这段时间里的电话交流都明确表示了这一点。正如沙尔克所说的，因为他当时没有可能去"谈及第一条"[75]，因此就不能在谈判中取得突破性进展。同时，朔伊布勒在扩大的三方小组会谈中表示，不同意将贸易结算授信额协议与其他项目看作关联交易，例如关于高速公路彻底翻新问题的谈判[76]。他坚信，必须在避难申请问题上有所改善，只有这样才能使贸易结算授信额协议的签署合理化。另外，他已经在小心翼翼地准备以后可能需要的退路："联邦部长朔伊布勒博士指出了在贸易结算授信额综合事务上的利益格局。这个圈子乐观地显示在夏休期之前贸易结算授信额综合事务将成功完结。而且，在不依赖避难申请问题得以解决的前提下，事情就出现了改善：在紧急家庭事务条件下，旅行数量有所增加，环境会谈得以进行，双向青年交流重新启动。"[77]

在计划签署贸易结算授信额协议的前一天，沙尔克终于屈服了。这次沙尔克打来电话通报说，民主德国将通知其驻外代表，自 1985 年 7 月 15日起，来自斯里兰卡航班的乘客只有在拥有目的国的入境签证情况下，才能得到前往其他地区的民主德国过境签证。[78]但是朔伊布勒不能公开宣传这个通报。应该坚决避免让公众知道申请避难者事件与贸易结算授信额协议之间的关联。朔伊布勒就这一点向他的对话伙伴做了保证，并说明联邦总理将如何把这个结果公之于众："联邦部长朔伊布勒博士告知对话伙伴，联邦总理将于 7 月 4 日召开新闻发布会，联邦总理在会议上将签署贸易结算授信额协议的前提定义为，民主德国的旅行人数达到了预期的数目。联邦总理将对避难申请问题进行简单介绍，并且表达降低申请避难者数量的期望……7 月 5 日，联邦政府将关于贸易结算授信额和非商业支付转移的协议尽可能按照商业方式推销出去。"[79]最后，沙尔克再度请求："在处理此事时应极度小心。在 7 月 5 日和 8 月 15 日将要签署的协议之间不应产生任何关联。"[80]接下来几个月里出现的情况显示，这个突破仅仅是部分成果。因为在几个月之后，民主德国允许来自其他国家的申请避难者经由同样的道路通行。[81]

"与民主德国关于新贸易结算授信额的协定和减轻非商业支付转移困难的协议"[82]将于 1985 年 7 月 5 日按照协议惯例签署。媒体在发布这则消息的同时，也发布了另一则消息，民主德国航空公司"Interflug"已经保证，柏林舍内菲尔德机场将遣返没有有效证件或签证的斯里兰卡乘客。[83]无论如何，在 1985 年前五个月里，已经有一万七千名寻求避难者通过这种方式来到了西柏林。而且，科尔在他 1985 年 7 月 4 日媒体声明中讲到，与民主德国关于环境保护问题的会谈现在已经展开，而且青年交流也将继续进行下去。此外，他提出了在 1985 年有关改善德意志内部关系的整体构想，但却没有确切涉及贸易结算授信额或者泰米尔人问题。从官方角度来说，避难潮问题和贸易结算授信额协议毫无关系。协议签署的时间相同，证明所有的一切都是密切相关的，正如联邦德国驻民主德国东柏林第一任常设代表高斯当时所描述的那样。[84]

政府行为结果小结

用关联交易、增加一揽子事务谈判、潜在激励因素、威胁、时间限制、非正式的和试图进行正式的一揽子方案的讨价还价，都未能使波恩摆脱其谈判中根本的两难境地：可以找到的解决办法对于波恩和东柏林几乎都带来不同的利弊得失。对朔伊布勒来说，在关于贸易结算授信额和避难潮谈判的一揽子事务中达成一致，这只是部分成果。从根本上来说，他必须以放弃追求提高贸易授信额来作为政治信号，以此来换取短期内阻止外国避难者非法入境。德意志内部关系的得与失都保持在可接受的限度内。

联邦总理向他的首席谈判代表阐述了作为预备谈判一部分的有约束力的前提条件。在此，科尔的侧重点在于提高贸易结算授信额的整体政治影响以及避难申请问题导致的决策压力。朔伊布勒应该通过谈判得出符合德国政策迄今为止基本路线的可协调的解决方案。如果有一种解决方案能消除有关"德意志内部关系受避难申请问题拖累"的头条新闻，联邦总理将支持这种方案。科尔在莫斯科峰会中拟定了问题的议事日程。出于对权力的权衡，他并未亲自拟定具体的推进措施。因为这个"戈尔迪之结"太难斩断，对他而言，失败的风险太高了。所以他将自己对解决问题的参与程度，缩减为只是宣布关于贸易结算授信额协议的决定。他将谈判对策完全留给朔伊布勒去处理，朔伊布勒只需在基本路线上与科尔进行协调。

通过特殊渠道的秘密谈判，他们得出了结论。施特劳斯参与到三方会谈中来。扩大的三方小组听从朔伊布勒的指示，但朔伊布勒不会咨询他们的意见。总理府部长又能通过这种内部讨论，总结出所有政治上的反对论证，接着将其应用到沙尔克身上。

第十节 实力较量：科尔的领导风格和德波边界问题

对于联邦政府在德国政策上采取的措施，其复杂性和条件因素可以通过第二次世界大战结束40周年纪念日（1985年5月8日）当天的氛围进行直观地分析。德国政策和东方政策的矛盾交织在一起。在第二个任期的中期阶段，联邦总理科尔强权政治式的领导方式遭到强烈的批评[1]。下面要讨论的，不应是这个具有重大历史意义的时期内科尔的执政方式[2]。也不应该对纪念活动的组织安排、这个时期的失误、误解和误判给予太多关注，每当我们提到比特堡（Bitburg）[3]和贝尔根·贝尔森（Bergen – Belsen），[4]就可以联想起这些[5]。更应该关注的是，对联邦总理来说，在这种环境下，德国政策行动的回旋余地是什么，以及他如何利用这种环境来实施特殊的政策措施。为了在下文揭示科尔是通过哪些政府行为工具和手段对此做出应对的，在这里简单描述一下他所面临的两个挑战。遇到的挑战：

争夺联邦议会党团对"处于分裂状态德国的民族形势报告"的共同决议权；

受到屈辱："西里西亚仍然是我们的"。

联邦总理做出的反应：

志同道合的伙伴作为代理人发言；

将对立的双方聚集到一起；

决定一揽子方案的总理报告。

随着科尔就任总理一职，对他领导风格的公开谴责以及党内评论从未停止过。[6]尤其在 1985 年，在德德关系层面上，施特劳斯[7]和布罗伊蒂加姆[8]在与民主德国领导的会谈中，一再提及联邦总理在内政上的弱点。例如 1985 年 6 月 10 日，施特劳斯向沙尔克通报联邦德国内政形势时说："一年前，他（施特劳斯。作者注）和我们（沙尔克。作者注）共同做出了判断，指出科尔作为联邦总理暴露出严重的领导缺陷，这一判断已经不断得到证实。尤为突出的是，科尔'工作风格肤浅'，不深入广泛地思考问题，认为所有人都言之有理并且不做任何决定。如果在最短的时间内——对他来说仅仅还有几周时间——联邦总理的工作风格未能发生重大转变，尤其是在解决对联邦政府工作有影响的问题上，那么议会党团将不再追随他。当下他和施佩特达成一致。阿尔布雷西特感觉到，即使他现在还勉强追随科尔，但如果他在即将到来的州议会选举中仍面临危险，那么他也必然会放弃追随科尔。那时，联邦总理就会走向穷途末路。现在，他面前正站着一个口蜜腹剑的人——洛塔尔·施佩特"[9]。为了分析施特劳斯所批评的联邦总理在德国政策上的领导作风，首先应该分析德国联邦议院针对"处于分裂状态德国的民族形势报告"共同决议权的纷争。

争夺联邦议会各党团对 "处于分裂状态德国的民族形势报告" 的共同决议权

德国政策纷争的出发点在于，德国联邦议会诸党团尝试根据1985年的民族形势报告拟定一份共同决议。在1984年2月9日就已经形成了一份由基民盟/基社盟联邦议会党团、自民党联邦议会党团和社民党联邦议会党团共同确定的题为 "处于分裂状态德国的民族形势和德国政策报告" 的共同决议[10]。出于同样目的，应于1985年也完成一份共同决议，但这次却以失败而告终。在基民盟/基社盟联邦议会党团内部，原有的德国政策派系斗争再度爆发[11]。这次联盟党内部的分歧并不是围绕操作层面的德国政策（关键词 "延续还是变革"）展开的。在二战结束40周年的背景下和重新统一的要求下，讨论得更多的是领土范围问题[12]。德国问题被搁置多久了呢？自1982年以来，因增加军备而引起了辩论及政府更迭，苏联反复以复仇主义为由指责德国，如今该主义又在联邦德国的内政领域中发生膨胀。尽管科尔在其德国政策演讲中表示，领土问题是排第二位的，因为德意志问题融合了自由问题和民主德国人民的自决权问题。然而和以前一样，在联盟党阵营中出现了一个规模虽小、声势却很大的团体，他们希望根据1937年的边界划分来解决德意志问题[13]。因为当时德国政策和东方政策的捍卫者们未能有效地呼吁公众，对东方政策持怀疑态度者以及被驱逐者的领导人便影响了舆论的基调，包括赫尔伯特·切亚和赫尔伯特·胡普卡。那些迄今为止认为科尔政府并没有在政治上实现变革的人，现在找到了话题。当时一家报纸的大字标题写道："东方政策有何变革吗？"[14]波兰西部边界的法律立场意义问题引发了公开讨论。联邦总理科尔认为1937年的边界划分可以作为一种有约束力的法律基础，但这和他政治上的现实目标并没有关系。

科尔领导的联邦政府在德国波兰边界问题[15]上，将政治形势与法律形势区别开来。在政治上，其代表一直保证，德国领导人在当前或将来都不会质疑波兰的西部边界。在法律上，联邦德国却只能得到类似于1970年《华沙条约》以及《莫斯科条约》中的边界保证。鉴于和平条约的规定，联邦德国不能对一个未来享有主权的统一德国做出最终的保证。因此，联邦政府以和平条约的保留条件[16]为依据最终确定波兰西部边界，该保留条件是在《波茨坦协定》中确立的，《德国条约》对此进行了强调，并且受东方条约影响，重新提起了该保留条件。

德国联邦议院向青年联盟描绘了联盟党 1984 年 11 月 24 日的内部氛围。联邦总统冯·魏茨泽克的新闻发言人弗里德贝特·弗鲁格（Friedbert Pflüger）在担任青年联盟理事会委员时，曾提交了一份关于德国政策的指导性提案，该提案在经过激烈讨论之后并没有得到多数人支持[17]。该提案声称：“青年联盟会为使德国不再质疑波兰西部边界而不懈努力。”[18]该提案的作用应该是对有法律约束力的《华沙条约》中描述并签署的内容进行澄清，即不仅仅在联邦德国时期承认波兰西部边界，而是在任何时候都应如此。提案在文件开头写明了该请求的现实意义：“……因为国家的重新统一在可预见的时间内并不容易实现。”[19]在讨论中，该指导性提案的意图转向了其对立面：很明显，人们还在质疑波兰的西部边界。这次辩论使青年联盟陷入了政治上的混乱时期。最终做出的妥协对于减少损失也于事无补：“青年联盟致力于在和平条约的框架下，使数百万波兰人的居住权不受质疑……青年联盟支持波兰人民的自决权。”[20]联邦总理从这次争论中得到了警告。边界讨论如同一个爆炸性的火药桶，必须小心处理，且加以防范，这样才能防止其对个人政治利益造成损害。指导性提案由联邦总统阵营提供，事实情况也暗示，总理和总统之间存在着隔阂，这种隔阂是总理和总统在充满历史意义的 1985 年形成的。[21]

政府内部的德国政策协调机构也被迫忙于边界问题的讨论。1985 年 1 月 14 日，朔伊布勒在扩大的三方小组中通报：“在接下来的时间里，也要进行关于德国政策和外交政策的会谈，包括关于边界问题的讨论”[22]。这暗示了另一层冲突：与联合执政伙伴自民党的冲突。对关于最终边界目标的公开声明，外交部长根舍比科尔做了更多的准备[23]。总理和外交部长之间的政治观念差异带来的影响，直到 1989 年和 1990 年都未能消除。科尔保持着他一贯采取的立场：联邦德国在预测德国会重新统一的前提下，不能为波兰做出具有法律约束力的边界保证。另外，他也确定：“边界得到认同的时刻就要来到了。”[24]但是科尔此时并不顾及与根舍的冲突。他在 1985 年就尝试比迄今更明显地将外交政策的领导权把控在自己手中。因此，联邦总理将外交部长排除在与昂纳克的峰会会面之外[25]。科尔在总理府的外交政策顾问霍斯特·特尔切克负责 1985 年的庆典活动事务。科尔不想在任何历史性日期错过出席相关国际活动，尽管比特堡和贝尔根·贝尔森的地点选择是有问题的，但据美国记录，这是一个很特别的临时决定。

联邦总理委托外交部国务部长阿洛伊斯·梅尔特斯去试图阐明，对复仇主义的指责并不仅仅针对联邦政府，而是针对整个西方联盟[26]。他明确表示，联邦德国的国家机关对德国法律地位的观点以及对尚待完成的和平条约的观点与西方三国的观点完全吻合，而这三大国与苏联一起对德国整体负有权利和责任。梅尔特斯说，西方三国在 1970 年签署德国－苏联和德国－波兰条约时曾提请注意说，德国重新统一后外部边界的确立并不属于联邦德国的权限，而是属于战胜国遗留的权力，该权力将在和平条约生效之前一直有效。这一法律立场完全不需要重复，但如果东方国家对此表示质疑，则可以予以强调[27]。他进一步清楚地表明：有一种猜想是毫无根据的，即"处于 1937 年 12 月 31 日边界内的战败国德国"或"作为和平条约伙伴的重新统一的德国"的概念可能表达了西方大国的政治意愿，即将来再度变更现行的波兰西部边界。散播这种印象的人都是不严肃、不诚实的。根据 1944 年和 1945 年的战胜国文件，1937 年边界内的德国对西方大国来说是有国际法约束力的初始日期，而不是领土范围目标。对联邦德国来说，《莫斯科条约》和《华沙条约》对奥德－尼斯边界线的规定是有效的，《波恩条约》的规定同样有效。所有北约盟国与联邦德国的政治目标是一致的。文件的标准表述以及《基本法》"序言"写道："德意志人民致力于实现欧洲和平，并在和平的状态下，通过自由的自决重新得到统一"。在评论那些反西方的复仇主义指责时必须如此解释。与此相对，持续的边界讨论成为"政治领域的难题"：费尽心思，却丝毫不见进展，唯有误解在螺旋式发展。梅尔特斯接着总结道："照此推理，德国人在西方理应声名狼藉，因为他们除了要求在自由中实现德国重新统一，还在策划所谓针对波兰的领土变动计划，违反国际法与和平，表现出某种政治上的侵略性。在此，莫斯科理应知道，德意志问题对于联邦德国及其盟国在道德核心上并不是边界问题和领土问题，而是个人人权和民族自决权尚未解决的问题。"[28]

联邦政府反复明确表明德国问题仍没有得到解决，因此国际社会对此仍有讨论的空间。在讨论中没有清楚区分开有关德国政策的两方面的法律立场：首先是 1937 年边界范围内的德意志帝国在法律意义上仍继续存在，此外是各个《东方条约》及《基础条约》在法律上和政治上的资质。这里对德国政策而言重要的问题是，就未来最终的和平条约规定而言，那些基于国际法和国内法而保留的权利是否继续有效，或者是限制这些权利，使它们将来不能再作为边界变动的依据。

复仇主义宣传运动的风波[29]难以平息，特别是在野党社民党出于内政原因始终推波助澜[30]。显而易见，这使得 1985 年在联邦议院各党派中没有达成关于德国政策的联合决议。两个大党的议会党团对此负有同等责任。在这一阶段，就对政府行为的评估而言，重要的并不是冲突的细节，因为这与行政决策机构没有直接关系，而是联邦总理通过对议会党团内部明显积蓄的冲突评估所得出的结论。1985 年初，他们致力于起草一份类似于 1984 年的共同决议，这次又没有绿党参与。由于联盟党议会党团的保守派从中阻挠，直到夏休期草案也没能完成[31]。该草案对边界问题和对两个德意志国家权利平等的描述，与个别联盟党议员的政治纲领并不相符。施特劳斯也表示坚决反对制订草案[32]。总理府里组建了一个工作组，其中有鲁厄、林特内尔、雷德曼和温德伦，他们在朔伊布勒领导下，为议会党团起草了一份新草案[33]。然而在联盟党议会党团内部，对东方政策持怀疑态度者对该工作组并不满意。[34]

温德伦使争论更加尖锐化，以至于"德意志问题尚未解决"这个核心语句不再被所有党团认可。在联盟党对这一核心问题做出让步之前，他便有意在联邦议院中放弃发表共同声明[35]。这与对基民盟和社民党之间意见分歧的单方面诠释相符。可是如果将草案中有关"边界不可侵犯"的段落，与 1985 年 5 月 12 日科尔和昂纳克于莫斯科所宣布的内容，以及 1985 年 2 月 27 日联邦总理在联邦议院中最终宣读的民族形势报告有关段落加以对比，就能发现上述内容几乎完全一致。产生分歧的原因在于，联盟党党团不想坚决拥护这些段落，所以放弃与自民党和社民党的妥协。自民党领导层自负地宣布，鉴于联盟党党团内部的意见分歧，他们放弃了共同决议。[36]

联盟党也想通过拒绝共同决议使人们注意到在他们看来非常重要的、社民党德国政策立场的变化：

  –1984 年 8 月，柏林议会竞选期间，社民党首席候选人汉斯·阿佩尔（Hans Apel）将德意志问题称为"不再悬而未决"。[37]

  –1985 年 6 月，埃贡·巴尔在一个讨论活动中宣称"生活在各自国家的欧洲人建立安全伙伴关系"也是德国政策的目标。他将此称为"在分裂中寻找历史的机遇"。[38]

  –1985 年 5 月，社民党议会党团副主席施穆德就已经在"不可分裂的德国"委员会历史－政治工作小组的报告中提到，《基础条约》与《基本法》"序言"互相矛盾，并且提出，在积累了40年经验后，宪法立法者是否对该序言做出了总结？[39]通过纠缠不休地提问，他对50年代时对德国政策的期望与80年代德国政策的必要性之间是否一致提出了质疑。德国人追求民族国家的解决方案而不是去寻求更多的共同点，这难道不会适得其反吗？党团主席福格尔虽然声明，对《基本法》的改动是不容置喙的，但所谓"施穆德辩论"却标志着社民党基本方向的变化。[40]

在展示共同点的阶段之后，很明显，在党派之间以及在党派内部也掀起了一股新的讨论热潮。1985年，这种讨论再度引发争议。1985年3月初呈交的联合执政同盟的共同工作计划，只在一定程度上缓解了政府阵营的内部争议[41]，但无法向公众呈现清晰的图景：这只是少数派的内部交战呢，还是一支会使德国政策发生转折的先锋队呢？[42]自接任以来，联邦总理在边界问题讨论中，更多是应对而不是做出决策。从他的角度看，这是出于有道理的党内原因[43]。他对媒体的回应完全不感兴趣，因为当他认为一个决定正确时，他的政策可以不追随时代精神的潮流。当科尔在波兰西部边界问题上从政治角度重新诠释法律立场时，他也将国际批评与他在党内可能造成的伤害联系起来。科尔明确地将行动前提建立在他担任的政党主席角色之上，其次才考虑联邦总理的角色。

科尔需要联盟党在权力政治上提供重要支持。在这一点上他却完全看不到清晰的前景。在定期举办的同乡会和被驱逐者联合会的年度集会中，边界问题讨论被列入政治日程，这与历史纪念日无关[44]。在集会中，批评和反批评通常保持平衡状态。比登科普夫、盖斯勒、聚斯穆特、基普、施佩特、鲁厄等联盟党政治家在此与议员切亚、胡普卡、阿贝莱因及耶格尔进行了舌战。科尔将声势浩大的少数派活动空间限制在边界问题上，因为他们的要求必须与全民党的职能相符。温德伦，还有阿洛伊斯·梅尔特斯也经常在冲突中斡旋。科尔的动机却是，不论实际的主题是什么，都要保持党内团结。理想主义的动机对他影响不大，影响他更多的是对权力的思考。如果他善于听取自己党内的言论，他完全能听到那些要求"变革德国政策和东方政策"的声音。为什么他要激怒这些言论的发出者，从而挑起他们来反对他呢？作为联邦总理，他没有将关于奥德－尼斯河边界线的讨论扼杀在摇篮里，并且要求一些被驱逐者协会的干部把握分寸，这并非出于对德国政策的评估，而是一项党务策略[45]。科尔从情感上希望将被驱逐者协会纳入他的政策中。这却没能同时打动被驱逐者协会的发言人。科尔的目标在于，由政党来控制被驱逐者组织的根基。因此，自他第一份政府声明起，科尔就尽可能将所有的法律立场列出详细清单。清单上需特别关注的不是反对党，更不是民主德国。党团内部的意见一致，以及党团之间的意见一致，对他而言更为重要。他的策略是联合而不是分化。从内政角度来讲，科尔希望他少有的威慑性命令在边界事务中发挥作用。毕竟有大约15％的联盟党成员是被驱逐者。因此，科尔应首要关注的并不是全体选民，而是联盟党内部的意见一致。此外，他想避免一些被驱逐者协会干部转移到激进主义路线中去。鉴于党派内部的实力地位，科尔不能毫无风险地忽视这些政治潮流。尽管如此，他也不能有太过大胆的举动，例如下文所述西里西亚同乡会的德国集会因口号而引起的争议。

受到侮辱："西里西亚仍然是我们的"

为什么"西里西亚同乡会"用他们为德国集会（1985 年 6 月 14～16日）[46]提出的口号来挑战联邦总理，并且在联盟党内部为被驱逐者协会干部提供平台，联邦总理的第一反应却显得有些犹豫不决？想要找出原因，了解整体背景是很重要的。这次讨论的导火线是，联邦总理在得知这个口号之前，曾允诺在 1985 年西里西亚人的德国集会上做一次演讲。科尔希望通过这种方式将被驱逐者们与德国政策和东方政策联系起来，自路德维希·艾哈德[47]之后，他是第一位有此想法的总理。1984 年，科尔就已经在由被驱逐者联合会在布伦瑞克举行的家乡日活动中发表过讲话。但是西里西亚同乡会联邦主席赫尔伯特·胡普卡未同科尔协商就打算将德国集会的口号定为："40 年的驱逐——西里西亚仍然是我们的！"该事件引起了世界的关注。西里西亚同乡会全体理事会一致通过此项决定，[48]自 1984 年 12 月 14 日《法兰克福汇报》以四栏的内容质问："'西里西亚仍然是我们的'到底是何含义？"之后，这个口号在媒体上引起了轰动。胡普卡推测，外交部在这里给《法兰克福汇报》提示了文本内容，目的是阻止联邦总理的出席。[49]

科尔对媒体发起了攻势：媒体发言人伯尼施、总理府部长朔伊布勒、部长温德伦、党团主席德雷格尔和国务秘书亨尼希——他也是东普鲁士同乡会的发言人——认为该口号"使用不当、容易引起误解"[50]。科尔最初并未对此公开表态。在党团内部，他为此同盖斯勒发生了激烈的争吵。总理保持沉默，这又被诠释为"消极地等待问题自行结束"[51]。这种沉默也可理解为一种谋略和对时机的估量：何时才是政府行动的恰当时机呢？这由他自己来确定，他不顾及公众的意见，也根本不顾虑其他政治参与者们的催促与逼迫。从一开始，这种态度在公众中就意味着放弃权力，因为他任由争论自由发展。从不同的视角看待这种做法，这种领导行为可以理解为缺乏决断力的表现，也可以是一种巧妙的策略。但是对科尔而言，衡量的标尺却是其权力是否能够得到保障；因此，他在公开场合保持沉默，是为了提升党内凝聚力。将其描绘为无动于衷地消极等待问题自行解决的总理形象，与科尔这段时间在政治舞台幕后紧张地为克服危机而努力其实并不相符。

科尔首先选择了直接谈话。1985 年 1 月 21 日下午，为了准备基民盟/基社盟党团会议，他和胡普卡、朔伊布勒和阿克曼于柏林的国会大厦进行了一小时左右的会谈。在规定时间内达成一致意见的压力，就是这样一种领导技巧。一天前，西里西亚同乡会联邦执行理事会修改了全德大会的口号。现在的口号叫作："西里西亚仍然是我们的家乡"。科尔对这个版本仍然不满意。海因里希·温德伦[52]最终将"欧洲"一词添了进来，从而在与科尔的会谈中将口号确定为："40 年的驱逐——西里西亚仍然是我们自由人民在欧洲的未来"。根据胡普卡的回忆，这次与联邦总理交谈十分和谐。事实上会谈却存在明显的争议，并且还有最后通牒式的要求：西里西亚同乡会要是不改变全德大会的口号，总理就不来参加全德大会。

胡普卡开始与联邦执行理事会讨论新的口号，但他没有参加 1985 年 1 月 22 日的党团会议。因此，德雷格尔只能利用没有约束力的空洞套话，从会议一开始将争议的威胁性降低到最小。他说："对非西里西亚人来说，谈论这些话题当然比西里西亚人要更轻松些。倘若我和我的家人以及同乡从威斯特法伦或者从我新的家乡黑森被驱赶出来，那么我将无法像那些不是来自于西里西亚的人说起西里西亚时问题那样，能够顺利说出这些外交性套话。至于第二点，我想提醒大家——我是西里西亚人和东普鲁士人的朋友：不要伤害你们自己！不要破坏西里西亚的事业！（鼓掌）。"[53]为缓和气氛，德雷格尔温和地同时使用了友好且打动人心的语言和警示语。

直到西里西亚同乡会联邦执行理事会赞同了该口号之后，胡普卡才向媒体公布了新的口号[54]。最后，胡普卡在一封信中向联邦总理通报了决议，科尔明确答复："关于西里西亚人的全德大会，最初口号引起的公众讨论以及您的诠释明显说明，本应该从一开始就格外谨慎地决定该口号。这样也就能尽早避免误解，避免西里西亚人的合法愿望被滥用。这两种情况都不符合西里西亚同乡会的利益。"[55]

之后，科尔重申了联邦政府的立场，正如阿洛伊斯·梅尔特斯已多次传达的那样。对科尔来说，德意志问题的核心并非边界问题，而是自由问题。在对法律立场重要性的权衡中，他与胡普卡是有区别的。胡普卡将德意志帝国在1937年边界内继续存在的法律方面视为重点[56]。不过胡普卡和西里西亚同乡会的观点因势单力薄无法得势。但是这场胜利并不意味着关系已经破裂。科尔希望参加西里西亚人全德大会，以便去反驳东方阵营和民主德国所做的复仇主义指责。现在，全部讨论以及联邦总理持续几周时间的犹豫态度，影响到了联邦政府的东方政策[57]，因为总理考虑到党派策略的必要性，没有针对该口号表示鲜明的立场并同时向党内发出声明。但是科尔还是想参加大会，因为对他来说，与基层的对话要比同被驱逐者协会领导人达成一致更为重要。

在联盟党内部，个别代表人物之间的争执并未停息。围绕这一勉强能接受的口号产生的争执还没过去几天，该协会机关报《西里西亚人》上面就有一篇文章对总理发起了挑衅。一位年轻作者在一篇现实主义风格的报告文学中，描写了联邦国防军通过民主德国向波兰进军，并且一直挺进到昔日东普鲁士。这引发了一股愤怒浪潮[58]。最终，胡普卡也公开与协会机关报中的这篇文章撇清关系，该文章的作者被辞退，德意志内部关系部对《西里西亚人》周刊的资金补助也被取消。但是对科尔承诺在汉诺威全德大会上作演讲的批评却仍未平息。在对内政策、外交政策和德国政策方面，东方政策一系列声明中尚未解决的德意志问题及法律立场决定着整个讨论。科尔现在处于被动地位。在科尔和昂纳克第二次峰会会谈中，《莫斯科宣言》中关于边界的不可侵犯性和保持领土完整的段落，也体现了澄清事实的必要性。

科尔对这一局面从整体上是如何做出反应的呢？他是如何通过权力政治来应对这种因德国政策和东方政策而引起的挑战呢？以下分析政府行为三个特殊的特点，这些特点表明了科尔在做出与德国政策有关的重大决策时的执政风格：[59]

志同道合伙伴的代表发言；

将各方反对者聚集到一起；

作为一揽子决策的总理报告。

志同道合伙伴的代表发言

1985 年 2 月 6 日，联邦议院的"热点质询环节"为联邦政府提供了解释的机会。这要归功于社民党党团的提案，联邦政府应该解释与波兰的关系以及同乡会和被驱逐者协会活动的问题。在联邦议院中，议员施穆德代表社民党党团提出的质询包含如下要点[60]："联邦总理和联邦政府必须明白无误地表明，只要所谓德意志问题仍是悬而未决的，那么该问题就不涉及已经失去的德意志东部地区。否则，从现在开始，我们的邻国将会怀着不信任的态度密切注视我们在德国政策中每一项举措，他们会认为这些举措最终会发展到威胁波兰西部边界的稳定。"[61]基民盟党团中作答的是议员鲁厄，他同时也是党团副主席："我们理解波兰人民的愿望，他们希望边界线能得到确定，他们希望在一个领土安定的国家生活。在《华沙条约》中，联邦德国顾及到了波兰人民的这一合法利益。因此，在法律上，联邦德国在法律上只能以自己的名义行动并且不能逾越和平条约。这是法律方面。但是还要考虑政治方面。任何人如果清醒且实际地思考过，就会知道，和波兰人签订的《华沙条约》起着政治维系的作用，这种作用不能被重新统一后的德国所忽视。（基民盟/基社盟、自民党和社民党人士鼓掌）任何人如果承诺放弃武力，他也必须清楚，如果中欧领土版图发生变动，必须要经过所有参与者的同意。参与者当然也包括波兰。（基民盟/基社盟、自民党和社民党人士鼓掌）"[62]

联邦政府中最后发言的是海因里希·温德伦和联邦总理科尔。然而鲁厄的讲话引起了最大反响，因为他是第一次提到条约起着"政治维系的作用"，这优于迄今为止所有对法律立场的解释。在总理的委托下，鲁厄为党团说明了德国政策和东方政策的重点。由此可见，在这场辩论中，并非只有被驱逐者们奠定了基调。鲁厄成了联邦总理的传话人。鲁厄是在与总理协商后说出了这番解脱性话语[63]。这种协商达到何种程度，对此有不同的说法。科尔承认，他此前就和鲁厄商定了这种表达方式[64]。鲁厄解释说，他没有把他的手稿呈交给任何人[65]。但是在讲话的前一天晚上，他向联邦总理报告了他在华沙的短暂访问。在此，总理和党团副主席显然也对后一天讲话中的角色分配进行了协调[66]。在联邦议院发表短篇讲话期间，科尔持保留意见。他重复了他的标准辞令，即联邦德国对波兰完全没有领土要求，但出于法律原因，这对统一后的德国并没有约束力。因此，明确的表态不是由联邦总理自己做出的，而更多地是由他志同道合的伙伴鲁厄做出的，这完全是对党团承受限度的考验。1982 年秋季，联邦总理克服了党团中的强大阻力，强行将鲁厄任命为联邦议会党团副主席。鲁厄在党团领导层负责外交政策、安全政策和德国政策事务。科尔偏爱鲁厄，是因为这位汉堡议员在与根舍的联盟中使外交政策得到了延续[67]，他的竞争者阿贝莱因则恰好相反。

将各方反对者聚集到一起

1985 年 2 月 26 日，也就是作"处于分裂状态德国的民族形势报告"前一天，基民盟/基社盟党团会议中爆发了激烈的争执。基民盟/基社盟党团内反对鲁厄讲话的人形成了所谓"钢盔派"。对科尔政府的德国政策纲领发出总体批判的带头人是基民盟议员曼弗雷德·阿贝莱因，他是党团内德意志民族保守阵营的代表。1982 年秋天，阿贝莱因在选举联邦议会党团副主席时，以 58 票对 108 票输给了他的竞争对手鲁厄[69]。现在他和格拉夫·许恩、耶格尔（旺根）、切亚以及尼格尔不仅攻击鲁厄，也攻击总理。关于阿贝莱因在党团中的角色有着大相径庭的评价。一方面，自反对党时期起[70]，他就有爱抱怨、找茬和拨弄是非的名声，特别是针对德国政策和东方政策；另一方面，他的提案总是有高度的娱乐价值[71]，因此引起许多议员的特别关注。直到 1990 年，科尔才赐予阿贝莱因欧洲审计院的一个肥差，通过这种"褒扬"的方式摆脱了这个捣蛋鬼。

在举行民族形势报告会的前一天，发生公开激烈争论的直接肇因除了鲁厄关于"政治维系的作用"言论之外，还有国务部长弗里德里希·福格尔于 1985 年 2 月 6 日在联邦议院"热点质询环节"中的发言[72]。福格尔当时通报说，联邦政府将奥德河和尼斯河以东的所有地区都视为国外。德雷格尔曾试图在 1985 年 2 月 26 日党团会议开始时安抚大家。这里指的是"热点质询环节"之后的第一次会议。因此，德雷格尔说："明天联邦总理将作有关当前形势的报告。我确信，听完这个报告后，党团的所有同事都将重新认识自己；因为我读过这篇报告……主席们将代表党团发言，即我、我的同事林特内尔以及部长兼同事温德伦。我相信，在你们听完的这三位演讲人迄今的讲话内容之后，这个预测将得到验证，即所有人将通过这些讲话重新认识自己。"[73]

阿贝莱因的批评直接针对鲁厄和福格尔的讲话。由于联邦总理至少在"热点质询环节"中对温德伦和鲁厄的讲话笼统地表示了支持[74]，阿贝莱因便制造了党团成员与"领导人员"[75]之间的对立，正如他对此描述的："特别触动我的是联邦总理的论述，因为他的论述我还能同福格尔先生和鲁厄先生继续在同一个圈子里共处。但很遗憾，他不在场。我本以为在做民族形势报告的前一天能有机会和他讨论。"[76]实际上福格尔和鲁厄在表态前完全没有和党团商议过，而只是和联邦总理进行了协调[77]。另外德雷格尔提请注意说，科尔当时在联邦议院"热点质询环节"之后的表态只是笼统提到了德意志内部关系部长温德伦和鲁厄的见解，却没有提到福格尔发表的意见，也没有提到鲁厄的个人表述，这确实符合当时发言的具体情况："我的朋友海因里希·温德伦和福尔克尔·鲁厄在他们的简短讲话中，从联盟党的角度再次清楚地强调了我的立场。他们二位讲了一些东西，我只想引用一句话：不考虑法律形势和法律基础的生活已经持续了40年，这期间经历了几代人。我们所有人都认识到了这一点，其中包括我的同事胡普卡、切亚以及被驱逐者们。"[78]联邦总理并没有明确采用鲁厄的进一步考虑，但也没有对其进行否定。

科尔缺席党团会议，这既非出于偶然，也不是因为日程安排的限制。联邦总理知道在党团内部会出现纷争。按照他的风格，就应该让好争辩者在他不在场的情况下先互相讨论，然后让反对者们公开交流他们的观点。他完全不想介入其中，他的策略是让这种讨论发展到一定程度。直到所有内容都讨论过之后，党内的争论扩大和恶化时，多数议员才会意识到需要党内和谐。这往往比给出令人心悦诚服的解释和着手处理分歧的核心内容还要有效。科尔希望通过民族形势分析报告发出强制性命令，同时不必在这件事情中只肯定一方面或另一方面，从而给人留下一种达成最小程度共识的印象。党团会议中每出现一个新的讲话，纷争便会加剧，对调停人的需要便更加强烈。盖斯勒在党团会议中反过来攻击阿贝莱因并且维护科尔。鲁厄和福格尔为他们的讲话辩护。耶格尔（旺根）、格拉夫·许恩和切亚这一方支持阿贝莱因。联邦部长朔伊布勒试图以中立的评论来结束讨论，因此，他列出了更大范围的国际框架，指出实用性德国政策的前景："我们正处于对边界讨论过度强调而被孤立的危险中。我们想在世界上结交朋友和盟友，对尚未解决的德国问题给予支持，这不成问题，但是如果我们过度强调边界问题，并将其作为政治讨论的重点内容，我们就可能因为疏忽而失去这些。"[79]在讨论的结尾，盖斯勒、梅尔特斯和朔伊布勒都表示了对鲁厄的支持和赞同。最后，德雷格尔例行公事地做出了两个论断，赢得了人们的掌声，并消除了德国政策的纷争，也反驳了党团对科尔执政风格的批评。这两个论断虽没有完全解决冲突，但是起到了调停的效果：

> － "我希望在与所有人协商后，在讨论结束时，做一个说明，在这个党团里，联邦总理的执政方式是不存在任何争议的！（鼓掌）我之所以这么说，是因为从路德维希·艾哈德到他任职期间，赫尔穆特·科尔结束了对被驱逐者协会的排斥，而且他将他们重新带回了我们的人民中！"[80]这听上去好像是联邦总理受到某些演讲人的激烈批评后又被恢复了名誉一样。
>
> － 德雷格尔就此还特别感谢了联邦总理，感谢他将尚未解决的德意志问题重新拉回到现实中来。[81]

联邦总理就这样通过政治遥控，为他从未清晰阐明的路线方针赢得了更多的保障和支持。由于他在党团内发生激烈争吵时缺席，所以从哪个方面他都不能通过新的论证为自己辩护。他坚持的原则是：在我必须介入之前，你们要先自己达成一致。时间安排计划也符合他的执政风格。在纷争之后只用了 24 小时，就不负众望地迎来了一个完美的结局，一些人肯定也把该结局看作是解脱性的一锤定音。

决定一揽子方案的总理报告

科尔的"处于分裂状态德国的民族形势报告"（1985 年 2 月 27 日）需要非凡的主持解说能力：他必须在最小共识的基础上，向自己的追随者们提供强有力的论证，并且在此尽可能用另一方面的答复来承认这一方面的合理性[82]；该报告应该同时具有缓和与激励作用。

协调工作的处理程序与之前的报告没什么明显不同。德国政策工作组组长通过与特尔切克的协调，制订出一份划分章节的草案。普利尔于 1984 年 11 月 22 日已将该草案寄给了斯蒂默尔[83]。这是一份稍微修改过且划分了章节的草案，"机遇和边界"被归到了最后一章，朔伊布勒同意该草案，将它转到德意志内部关系部去征求意见。[84]1985 年 1 月 14 日，在扩大的三方小组会谈纪要中包含如下内容："常设代表布罗伊蒂加姆博士的建议得到了肯定，他建议联邦总理应该在民族形势报告中谈一些纲领性的东西，德国政策应该如何继续下去。相应地，应该缩减该报告的一部分内容。联邦部长温德伦提议为 5 月 8 日拟定一份纲领性报告。在描述立场时应当包含对边界讨论的表态。"[85]这次，德意志内部关系部按要求做出的表态更加简短。迈希斯纳对四个章节提交了简短的文稿[86]。但是在最终文本中，这些句子都没有用到。斯蒂默尔未经要求，在一月份提供了一份以"战争结束四十年后，处于分裂状态德国的民族形势报告的准备工作：历史－政治定位"为题的备忘录[87]。这个备忘录中的许多基本思想都纳入了报告，不过只用于纪念战争结束的部分。第一个由德国政策工作组起草完成的草案于 1985 年 1 月 31 日呈交："该草案还采纳了德意志内部关系部、外交部、经济部、内政部、柏林代表处、斯蒂默尔教授以及 21 工作组的建议。"[88]

之后 51 组就在克劳斯·卢茨的领导下，实际上是在诺贝特·普利尔的领导下，与魏登菲尔德教授和斯蒂默尔教授合作完成了草案的修订，该草案是为将于 1985 年 2 月 12 日举行的总理演讲而准备的[89]。呈交给联邦总理的通常只有演讲稿撰写组的最终文稿。和以前所有的报告一样，这个报告也与工作办公室协调拟出的第一个草案大相径庭。最后，在发布政府声明的那一天，朔伊布勒在内阁中呼吁其他部长，尽可能达到在政府席位的最大出席率。在内阁会议中，并没有陈述这个万众瞩目的报告的内容[90]。在联邦议院的演讲开始前，联邦总理将文稿给德雷格尔看了，德雷格尔没有异议。[91]

内容的诠释可以通过不同草案之间的比较理出头绪。在第一次头脑风暴式集体讨论中，魏登菲尔德记下了以下关键词，这些问题在报告中应尽可能予以阐述，或者指出德国政策在实质上和表述上的不足之处：

"方案主旨缺乏魅力；方案主旨处于被动地位；方案主旨构想不对路；
东方政策和德国政策引起了恼怒：德国人打算单独行动吗？
多余的边界讨论；
德国政策和东方政策的多边保证；
文化底蕴不厚；缺少知识分子网络；
个人矛盾：科尔/根舍/特尔切克/施特劳斯；
成果清单：北约增加军备、可靠性、可预测性、德国－波兰协定。"[92]
在所有的草案中，边界问题都放在草案中偏后的位置。联邦总理绝不应在过热的氛围中再造成这种印象：他的报告中最重要的话题是边界问题。与其他演讲的安抚策略基本一样，该演讲中并列设置了许多同级目标（德国统一和欧洲统一；坚持和平条约的保留条款和承认波兰的西部边界），把并列的核心目标（统一是领土问题还是价值观问题？）当作提升为最高的综合性原则。最终涉及的主题如下：

开篇和 5 月 8 日

报告的开头必须涉及一些边界问题之外的内容：边界问题与战争结束40 周年的关系是个很好的选题。只有工作办公室的草案[93]是直接以德国政策作为开篇的，因此将 5 月 8 日的问题放到了报告第二部分。演讲稿撰写组的草案[94]在开篇同时呈现两幅图景，这两幅图景容易记忆且能表现德国政策的张力：一是在韦拉河峡谷上面修筑桥梁，另一个是在柏林墙不远处炸毁了一座砖结构教堂[95]。第一个段落是在最后和科尔进行演讲稿会商中由科尔加进去的。联邦总理打算，无论如何都要以 5 月 8 日以及它为德国政策带来的结果作为开篇[96]："1985 年春天，"处于分裂状态德国的民族形势报告"是在这样一种政治时刻和历史时刻做出的。正如我所想的，在这个时刻，我们的思想很自然地会回溯到 1945 年，也就是回到 40 年前，回到纳粹野蛮暴行的终结，第三帝国终结，帝国瓦解，我们祖国有较大部分获得自由。德国分裂了，但是德意志人民对在自由中统一的意志却没有分裂。"[97]通过历史的关联，他再度在特别鲜明的位置抓住了自由主题这一德意志问题的核心要素。关于 5 月 8 日的具体内容在本研究中就不再继续讨论了。[98]演讲稿撰写组将其在第一个标题下概括为"联结民族和自由——德国政策的标尺"。[99]

简短的目标纲领

作为德国政策简短纲领的那些自 1982 年以来所使用的标准表述都分散在整个文稿中，使那些在德国政策上"吹毛求疵的人"也能感到满意。将德意志问题以及柏林问题纳入欧洲问题中，也是出于这个目的。

德意志内部关系

有关德意志内部关系的内容和以往的报告不同，不再严格集中于某一段，而是和其他部分融合在一起。第五部分写道："我们使德国土地上两个国家之间的关系网变得更加牢固和紧密了"[100]。以往报告的风格是赞扬条约政策各方面的实际情况。在第四部分"我们的德国政策为深化和稳定东西方关系做出了重要贡献"[101]当中，演讲稿撰写组断然将国籍问题包括在内。在工作办公室草案的德国政策部分中，却缺少了相关内容。演讲稿撰写组草案和公开发表的演讲稿内容相同："德意志的国籍问题是不能任意安排的。对我们来说，只有一种德意志国籍。我们不剥夺任何人的国籍。"[102]出于内政原因，[103]科尔在演讲稿会商时坚持把拒绝民主德国"格拉要求"这个部分作为报告必不可少的部分。[104]

边界问题以及与波兰的关系

对此，总理向演讲稿撰写人员提出了两条标准：

a. 他希望措辞表达有"坚实的基础"，也就是说，演讲稿撰写人员应该采用经证实的条约和法律条文。[105]这与基本的文体修辞相矛盾。但是科尔坚决不想用取悦于人的语言表述，而是主张将基础内容条分缕析。[106]

b. 联邦总理要求演讲稿撰写组尽可能比以往更详细地从条约中摘引核心语句。[107]对此，演讲稿撰写人员也只能不情愿地尽力满足这一要求。但是对联邦总理来说，报告的功能性最为重要，在此应忽略报告的美学或修辞方面因素。

在紧张的期待中，与波兰的关系和被驱逐者的角色部分大字标题为："我们的德国政策对深化和稳定东西方关系的贡献"（第四部分）[108]。第一句话包含三重含义，指明了一种趋势："它（德国政策。作者注）是着眼于长期的，是可以信赖的，而且是欧洲实现和平的一个重要因素。"[109]之后紧接着就是德国政策法律基础的完整清单。工作办公室的草案列举了很多对联邦政府政策的公开指责，并且从辩护的角度进行论证："关于我们与波兰的关系，我希望对波兰人民作如下解释：这里特别应该注意的是，我们诚恳地希望达成相互谅解，这一意愿不应因一再出现的质疑而受阻。不要让相对而言并不重要的领域转移我们的注意力（就像对被驱逐者发言人的诽谤一样。作者注），从而不能达成互相谅解的主要目标。你们不要拒绝给予联邦总理向被驱逐者讲话的权利。尽管存在各种令人不快的情况，绝大多数被驱逐者还是融入了我们的国家，并且为重建和平与自由做出了重要贡献。你们要注意德国联邦总理所说的是什么，而且你们也不要在他讲话的内容和由他授权的外交部长讲话之间制造子虚乌有的分歧。"[110]

这里对这次纷争的总结简直太尖锐了。但是联邦总理并不想再次引发争执，而是清晰地诠释法律立场，并且通过对政治立场的描述来消除争执。此外，按照这个草案，科尔是要以一种教训人的口吻通报波兰人，外交部长只能遵守总理制定的方针。演讲稿撰写人员完全删除了这段内容。有些法律依据与德国政策纲领脱钩并且被有意放在有关邻国波兰的段落之前，在罗列了这些法律依据之后，演讲稿撰写组制定出三个具有同等重要性的目标：强调法律立场、坚持和平条约的保留条款、与我们东方邻居进行调解和互相谅解的意愿，"首先就是我们的邻居波兰"[111]。科尔没有只承认哪一方面的合理性。接下来解释的内容，是演讲稿撰写组从现有条约（《华沙条约》）或更早的政府声明中引用的："我们强调，现在和将来，《华沙条约》以及其中关于联邦德国和波兰人民共和国之间确定的'边界的不可侵犯性和尊重领土的完整性及所有欧洲国家在其当前边界中的主权'是'实现和平的一个基本条件'。我们联邦德国和波兰人民共和国彼此都完全没有领土要求而且将来也不会提出这样的要求。"[112]在工作办公室的草案中，此句的语气有所减弱，并采用了带有教训语气的副词"再度"："我们再度声明，我们联邦德国，对波兰人民共和国没有领土要求，而且将来也不会提出这样的要求。"[113]这难道表明，过去的声明都不再有效了吗？"再度"一词贬低了以前所有协议的意义。

尽管科尔对所有边界修正者都说"不"，但他并没有放弃要保留签署和平条约的权利。[114]因此，他也没有给党团内任何派系提供新的口实来攻击他的主张是片面的。保留签署和平条约的权利是将第二次世界大战的战胜国继续与尚未解决的德意志问题联系在一起的手段[115]。按照演讲稿撰写人的草案，联邦总理加入了一个重要的补充："女士们、先生们，在波兰西部边界的对面区域中，现在生活着波兰家庭，他们在那里的山川田园上用两个世代将其发展为自己的家乡。我们会尊重这一点且不会对此产生置疑。我们这些对波兰邻居的话语也属于'处于分裂状态德国的民族形势报告'中的明确定位。"[116]这种措辞比《华沙条约》的内容更胜一筹。通过对波兰人民定居权的声明，科尔对联盟党内关于奥德－尼斯河边界线的争执表现出一种妥协的态度[117]。联邦总理清晰地阐明了他对定居权的态度，而没有再采用鲁厄曾引起激烈异议的政治连接效应表述。

被驱逐者的角色

1982年和1983年的政府声明已经赞赏了被驱逐者融入社会的成果。1983年的民族形势报告对此作了简短的阐述，1984年则再度更详细地进行了阐述。1985年的报告则最广泛地涉及该主题。此外，它还第一次描绘了被驱逐者的状态及其与波兰人和解之间的直接关系。这种对被驱逐者的赞赏，在工作办公室的草案中从未出现过。科尔最终报告的核心再次回到了《斯图加特宪章》上来，总理对该文件给予了高度的赞扬。此外，也通过如下方式对被驱逐者协会表示了适度赞扬：总理提醒被驱逐者当时自己提出的义务，即抵制任何复仇主义发泄。这一警示中也包含了赞扬与肯定，这在涉及波兰部分的结尾内容中尤为明显："我的请求是，每个人，包括那些为被驱逐者发言的人，都应选择适当的措辞，排除所有对取得谅解意愿的疑惑。"[118]联邦总理就这样丝毫没有公开批评被驱逐者协会的干部，但却要求他们有所收敛，如果他们想继续为被驱逐者发言。他们的不当措辞不应在与邻国达成谅解的过程中引起质疑。科尔对他们进行了巧妙的抚慰和警告，完全不会让人感觉到之前的激动与冲突。该报告秉着达成共识的态度，试图在不产生冲突的情况下提供新的突破点。

很明显，这个报告的表述如此严谨和明确，使得联邦议院反对党第一位发言人汉斯·阿佩尔（社民党）也放弃了论战争吵[119]。阿佩尔向联邦总理表示赞成态度，即这里涉及更多的是人权问题而不是边界问题。德雷格尔则代表党团支持这一报告的"所有表述"[120]。通过这个报告，科尔为自己创造了在内政和外交中的行动空间[121]。该报告起到了一揽子决策的作用：政治意图通过紧要议题的表达方式体现出来。若相反想从中寻找指明方向的宣示或纲领性的新见解，那只能是白费力气。

政府行为结果小结

科尔用来证明他领导实力的标准是什么呢？如果是政策的内容，那么在1985年关于德国政策和东方政策的辩论中，科尔决定公开采取克制的态度及实证主义法学的消极态度，都可以作为证明。但是，如果将他以保障权力为目标的执政风格作为标准来评判他的决策行为，那么科尔在决策内容上的弱点反倒成了一种巧妙的策略，而所谓消极等待问题自行解决却成了有特殊融合力的表现。联邦总理在这场围绕德意志问题法律立场重要性的冲突中，明确表明自己要确保在联盟党内部的权力基础，而这又能回溯到领导实力上来。下面对此作进一步诠释：

　　－对于在法律上很明确但在政治上需要诠释的边界问题，联邦总理没有做出决定，而只是思考对策。至少在1985年的争议过后，看上去像是被驱逐者协会的干部们将政治要求提得过高了。虽然联邦总理出于延续政府执政风格的要求，让被驱逐者协会再度有机会重新登上政治舞台，但是经过1985年的事件，对他们的影响范围做出了限制。尽管如此，关于科尔对待被驱逐者协会的态度，以及他们的权力政治立场引发的冲突还是一直延续至1989年，但在这件事情上，联邦德国没有什么真正强大的政治力量[122]否认鲁厄关于《华沙条约》具有政治连接效应的立场。

－对于我们的研究来说，自签署《基础条约》和一系列东方条约之后，出于德国政策原因，对联盟党内部原有的冲突领域进行辩论的意义并不大。这里只是暴露了一种潜在的、可能再度爆发的冲突，其中东方政策的怀疑者和被驱逐者协会干部组成的集团规模很小，但是声势很大，引起了人们的注意。更重要的是冲突本身，因为冲突发生在一个特殊的危机时期，因此典型的以赫尔穆特·科尔为主导的政府行为及其执政风格被记录在案。联邦总理的权力基础受到了挑战。

－科尔试图以妥协退让的方式来缓和冲突。他行动的最高目标完全不是由冲突的外部效应决定，而是由党内策略所决定的。想要在全民党内部取得更多权威人士对他政策的支持，保障权力、促进融合和维持平衡是非常重要的。为了使全民党能够和衷共济，他试图将党派的各派团结起来。成功的前提是，在针对特定问题爆发运动时，他要避免将自己推到风口浪尖。

－他通过有的放矢地采取特殊政府行为手段，来确保自己的领导地位。只要他在行使领导权，他就不必公开依仗这种权力。但他的领导成果不易被人察觉，是媒体民主并不了解的。从确保政治权力的内部规则来衡量，联邦总理懂得，无论被驱逐者们还是鲁厄观点的追随者们，他们在分析过的冲突领域中都要继续受到他的约束。科尔在德国政策中努力将党团再度带回正轨，这暂时缓解了在党内和议会党团内部的冲突，向西里西亚同乡会的干部指出了他们的界线。尽管如此，他还是按原计划在西里西亚人同乡会的全国大会上发表讲话。在这次的权力较量中，联邦总理是权力策略上的胜利者。然而，这种政策在国内外公众中产生的效果在很大程度上却是灾难性的，因为他们历来就有成见，认为德国人骨子里就不平静并对民族问题不满，而在战争结束后 40 年这种成见再度产生了。

科尔在边界问题讨论的案例中采取的政府行为手段包括如下范例：

让一切问题都保持在未解决状态

科尔避免在公众中亲自做出内容上的判定。他指出了现存的法律基础以及此前的政府声明。然而，对保持未解决状态的选择在任何阶段中都没有偏离德国政策的基本立场。

志同道合伙伴的代表发言

借助志同道合者协商的发言内容，总理测试他能在多大程度上执行政府政策的纲领性变化。根据哪些党员对发言内容进行了批评，以及会在党内引起多大的争议，科尔就能相应地做出结论并采取应对措施。通过党内同僚明确表明政治立场的程度，科尔就能精确辨认出支持者和敌对者，并且将这些信息运用到他的策略中。

时机的安排

他公开的观望态度（"完全多余的辩论"[123]）表明了对权力的放弃和政府管理的缺失。但事实上，科尔直到他胜券在握的时刻才运用权力，并且没有公开表现：默默等待、保障所有方面的运行并在暗地里影响着发展。

将反对者聚集到一起

科尔让热衷于争辩的人们相互攻击，直到党团呼唤主席来挽救局面。在此，多数时候他为敌手们规定严格的时间限制，在该时间内他们必须达成一致。他按照他的格言来行动："走向和平——统一你们的意见！"只有当热衷于争辩的人们都疲倦了，而且取得一致意见时，总理才公开地再次进行干预。

冲突调节者

他集调停和主持的功能于一身，接着寻找一种妥协方式，争取在更高的层次上通过"一方面——另一方面"的修辞手段，消除不同政治立场之间的争执。此外，联邦总理再次将"处于分裂状态德国的民族形势报告"作为管理手段。科尔以此表现出了对那些不利于他的政治立场的理解。无论如何，在 70 年代，科尔还是曾致力于批准各东方条约的决定性人物。因此，他觉得联盟党内部对东方政策的辩论是不合时宜的。但是他没有正面表示反对，而是接受了批评者的保留条件，赞赏了他们并且将以和谐的方式消除异议。

第十一节　职能部门原则：文化协定

联邦德国和民主德国之间文化协定的研究重点既不是内政纷争也不是对谈判代表团之间多年来条约谈判的详细分析。有关 1983 年到 1986 年之间十二轮谈判和多次文件编辑会议的档案材料是如此广泛和丰富，以至于仅仅为德国政策的这一部分内容就能提供详尽而又独立的介绍。为了得到用词精确的合同文本而投入大量的时间和人力进行协商，这体现了"精细工作"的严格性[1]，而这也体现出在东西方冲突事件环境下德国政策的特征。由于前文对政府行为提出了疑问，因此，我们应该研究政府内部和德意志内部的谈判策略。对此，本章划分为以下章节：

　　－实际问题和谈判目标；

　　－决策过程：政治活动家及其权限；

　　－谈判进程和事务讨论；

　　－国内批准程序；

　　－联邦政府的评价。

实际问题和谈判目标

联邦总理科尔曾经考虑过继续发展德意志内部关系的议事日程。对此，他在政府声明和内部会议中进行了多次阐述。除了惊人的数十亿马克贷款之外，在实践工作范围内，延宁格尔和朔伊布勒在最初几年更多专注于社民党－自民党的德国政策，而非全新而陌生的领域。就文化协定来说也是如此。1972 年 12 月 21 日联邦德国和民主德国之间《基础条约》第七条的附加纪要中，两个国家就已经强调了在文化上进行合作并在政府谈判中探讨合作原则和合作方式的意愿[2]。这种在文化领域里通过相应的政府协定来约定合作的方式在很久以前就已经存在了。文化协定中涉及的是一种延续性的协定，在 1973 年到 1975 年之间就已经进行了五轮谈判，初次就文化协定进行讨论，但毫无结果。直到 1986 年 5 月 6 日，也就是 13 年后，"联邦德国政府和民主德国政府之间关于文化合作的协定"才得以签署并于签署当日生效[3]。在重新进行谈判之前这件事停滞了多年。科尔继承了悬而未决的文化协定问题，也因此有机会开启谈判的第二阶段。

1982 年 9 月 13 日在东柏林[4]的一次会谈中，昂纳克向在联邦总理施密特下面任职的总理府国务部长维什涅夫斯基传达了民主德国进行谈判的意愿：[5]"昂纳克就此表示同意，但并未把'普鲁士文化财产基金会'的问题考虑在内，并再度开启了关于签署文化协定的谈判"[6]，很显然，民主德国企图在签署协定时强调他们在这个问题领域的法律立场[7]。正如做记录的工作办公室主任了解到的状况一样，外交部长菲舍尔此前并未被告知这个提议[8]。1973 年到 1975 年之间，民主德国一再坚持，首先进行关于当时普鲁士文化财产归属问题的谈判[9]。在当时那个阶段，民主德国要求联邦政府必须将当时的普鲁士文化财产交还给民主德国。这些文化财产 1945 年前的所在地位于后来的民主德国领土范围内，特别是在东柏林的博物馆岛上。施密特政府和科尔政府始终坚持，关于这些文化财产，实际上也是西柏林博物馆库存的大部分财产，在此期间也属于"普鲁士文化财产基金会"的财产，已经在联盟国法律的框架下并通过联邦法律规范确定了符合国际法的最终规定[10]。结果，这些文物便成为柏林普鲁士基金会的财产，因此，联邦政府对此是无法进行谈判的。波恩要求民主德国在普鲁士文化财产的事情上应该尊重战后的既成事实。要求波恩必须接受战后的既成事实并接受德国已分裂为两个主权国家的事实，这是民主德国官方一个惯用的指导原则。因为双方都坚持他们自己的立场不肯妥协，从而导致 1975 年谈判的破裂。7 年后，在民主德国的推动下，重新开启了对话。1982 年秋天，昂纳克并未向维什涅夫斯基表示民主德国放弃收回文物，但没有以此作为签署协定的前提条件。关于文物的问题被推迟了，但却始终没有得到解决，这个问题直到最后一天都妨碍着谈判的进行。

这进而也关系到第二个严重的问题，即对于由战争造成的不属于普鲁士文化财产基金会文化财产库存的文物转移问题，应寻找一般可行的解决方案。这里指的是归还那些由于战争原因而转移的文物，为此需要修订联邦德国的法律[11]，以便能按照国内法归还文物。从一开始，西德方面就希望将这种谈话视为其文化谈判的一部分，但与此同时民主德国却对此严厉抵制。事实上，这两方面的谈判从 1985 年中期起便同时进行着。然而，所有参与者都十分清楚，对于由战争造成的文物转移问题，在这方面的对立立场是不能通过文化协定进行协调并达成一致的。但这一问题不应妨碍条约的签署，相反，文化协定应尽可能通过一个附加条款将其明确排除在外。在这种情况下，从西德视角出发，文化谈判的目标就必须是结束民主德国对普鲁士文化财产基金会的歧视。对此，在谈判开始前联邦德意志内部制订了一份详细的"歧视情况"[12]清单[13]。这里指的是消除民主德国对普鲁士文化财产基金会的封锁抵制。迄今为止，他们对该基金会参与的所有活动都表示歧视。

经证实，在文化谈判中普遍将西柏林包含在内，也是联邦政府的明确指令。因此，柏林属于谈判中技术敏感性较小，但却具有高度政治敏感性的第三大问题群。联邦政府必须在会谈中重点关注德国政策，在协定的各个方面都要把西柏林包含进去，并通过一个详尽的柏林附加条款。1972 年由当时外交部国务秘书保罗·弗兰克（Paul Frank）和苏联大使瓦伦丁·法林为联邦德国和苏联之间的贸易协定所拟定的公式可为此提供参考。自此，命名为"弗兰克－法林公式"的协定模式就保证了将西柏林包含在相应的协定中。在文化谈判中，民主德国建议重新使用"弗兰克－法林公式"，其内容是："与 1971 年 9 月 3 日四大国所定内容相对应，按照约定的程序，这个协定将会把西柏林包含在内。"[14]不过按照当时与华沙条约组织国家签署文化协定的经验，正式的柏林附加条款并不能保证一定会将柏林包含在内。困难源于四大国协定的某些表述中存在矛盾的观点（特别是将柏林联结在联邦中和由联邦德国来对外代表柏林的观点），在弗兰克－法林附加条款中也涉及四大国协定。特别当联邦德国的国家机关在执行协定过程中涉及柏林或柏林人时，则会出现这些困难。在这个背景下，联邦德国方面也就不指望民主德国会出于文化协定的原因而不再考虑这个普遍的柏林问题。协定的目标是必须制定现实可行的规定，以保证西柏林参与进来[15]。在重新开始会谈后，波恩为谈判代表团第一次会议准备了一份战略文件，其中写道："关键在于，在条约签署之时以及之前，为柏林和柏林人未来能够正常参与文化交流提供可引证的依据。由双方努力争取的工作计划、工作纲领、项目清单及其他的手段构成了一项重要依据。"[16]人们希望以此来避免"弗兰克－法林公式"像 1973 年 5 月 19 日与苏联签署的文化协定那样成为一纸空文。该协定之所以停止，是因为苏联拒绝将柏林的特定常驻机构纳入两年计划中。

联邦政府通过德意志内部文化协定看到了加深两国之间文化交流的机会[17]。从波恩的视角出发，文化协定只有在能扩展当前合作领域的情况下，才具有政治影响力：更多的文化交流、更多的体育比赛、更多的青年旅行，但是也包括在科研领域更好的合作，允许按规定提取档案，以及在电影、广播和电视领域的合作。合作领域还包括通讯领域，该领域对民族统一和德国两部分人民的归属意识有重要意义。文化协定应该重新成为改善共同生活的一种手段，同时为民主德国的人们接触多样文化提供一个机会[18]，人们也希望在民主德国加强文化展示。

迄今为止，两德之间的文化交流哪些可行，哪些不可行，都是由民主德国自行决定的。联邦政府在这里看到了通过框架协议来改善交流的可能性。另一方面，联邦政府却又必须面对来自西德文化领域的指责，他们认为，该协定恰恰体现了闭关自守政策和人们对这一政策带来的影响的恐惧[19]。如果存在独立于国家机关和社会组织的文化工作这种前提条件，联邦政府可以放弃这个文化协定，因为联邦政府与瑞士和奥地利也没有这样的协定[20]。由于缺少这样的前提条件，联邦政府正好发现了其中的一种手段来影响这个框架条件。

正如其他决定——如提高最低货币兑换额——所显示的那样，民主德国在70年代和80年代初并没有做好进一步开放的准备。相反，他们越来越把自己封闭起来，访问者人数下降也表明了这一点。这种态度的改变有很多原因：民主德国参与文化协定的谈判是为了防止闭关自守和地方主义[21]。对民主德国来说，摆脱闭关自守必须借助波恩的力量。民主德国赞成新的谈判，还有部分原因与承认其法律地位有关。民主德国想通过即将拟定的协定来证明其为具有同等权利的独立国家，并且将与联邦德国的关系看作是国际外交关系。一位事务专家这样写道："联邦德国确实希望和民主德国展开文化交流，而民主德国首先想要的是一种国家间的协定，因为民主德国在没有协定的情况下也能在联邦德国和西柏林随意进行丰富的、不受限制的文化展示。"[22]最终，民主德国下决心通过条约来保证实现文化合作，包括国家范围之外的合作，离开了此前所实行的闭关自守政策路线。作为欧洲安全与合作会议最终文件的共同签署国，民主德国也尝试与包括"资本主义"国家在内的第三国缔结文化协定。联邦德国文化产品的市场表现对波恩来说是如此令人不满意，以至于波恩愿意接受另一种协议，但协议要继续强调民主德国作为一个享有同等权利国家的地位，这份协议是《基础条约》的直接延续。

决策过程：政治活动家及其权限

与迄今为止本书研究的政府行为过程不同，文化协定谈判有两大特点[23]。在本书所研究的历史的时间范围内，德意志内部关系部第一次也是唯一一次得到了在所有谈判中的领导权。下文中有关职能部门权限的示例清楚地描述了政府行为。在德国政策方面，类似于外交部对外文化关系的权限，人们也确定了联邦和德意志内部关系部的文化政策权限。德意志内部关系部负责协调所有德国政策关系方面的措施。按照既定程序，驻东柏林常设代表处负责人汉斯·奥托·布罗伊蒂加姆领导西德谈判代表团。他的副手是德意志内部关系部的一个成员。所有由德意志内部关系部向布罗伊蒂加姆提交的报告按惯例都要先经由总理府，总理府对常设代表处有指挥命令权。各联邦州都全面参与了谈判准备以及谈判工作。文化部长会议主席任命了两位州代表。[24]

在文化谈判中履行这种职权之后，该职权的履行和行使也应交由德意志内部关系部来负责，这对民主德国来讲是首要的政治事务。第二大特点是，民主德国首次接受德意志内部关系部作为谈判伙伴[25]。若专业职能部门之间能够直接接触，那么在协定签署之后，应在联邦教育和科学部与负责协调德国政策的德意志内部关系部的协调下，并在常设代表处参与的前提下，履行该职权。德意志内部关系部国务秘书在1986年7月7日写给朔伊布勒的信中提到这一点[26]。德意志内部关系部想通过这种方式继续掌握对履行协定的领导权。这也涉及协调财政部预算资金的问题[27]。在开始与民主德国进行具体谈判之前，各职能部门在权限和谈判授权的问题上发生了争执。

德意志内部关系部的领导地位在政府内部引发了争议[28]。联邦德国对文化协定的权限是根据联邦对德国政策的权限确定的。德意志内部关系部认为文化协定的首要目标是深化德意志内部关系，其次才是促进文化交流。不仅在联邦教育和科学部的参与方面[29]、项目清单的商讨方面，而且在与各联邦州的协调中也经常存在一些摩擦。联邦州掌握着文化主权[30]。在这个背景下，必须在谈判开始前以及谈判即将结束时与各州进行会谈。这里的职能部门权力有一定限制。因此，尽管德意志内部关系部有领导权，总理府仍然掌握着操纵权。在施密特政府的最后时期，五方小组在1982年9月21日——也就是维什涅夫斯基和昂纳克会谈8天之后——表达了继续谈判的意愿[31]。当时德意志内部关系部领导官员持保留态度："还不能明确说明发展前景。我们预计会遇到与苏联谈判相似的问题。"[32]在科尔发布第一份政府声明之后，布罗伊蒂加姆在民主德国形势分析中表达了他的怀疑："与此相反，它（民主德国；作者注）应该没有太大兴趣去接受社民党－自民党联合执政同盟在 9 月份提议的关于文化协定的谈判。因为他们很难再将这个提议收回，所以我们估计，民主德国还是会再度宣布同意进行谈判，而在实际情况中则会拖延采取措施的时间。"[33]他说对了一部分，因为民主德国在等待和观望，他们在观望 1983 年春季政府更迭将会如何发展，以便在 1983 年 9 月开始第一轮谈判[34]。这也是因为民主德国方面在 1983 年春季还没有准备好进行条约谈判，因为对后来主导谈判的外交部来说，昂纳克对维什涅夫斯基的建议也是完全出乎他们意料的[35]。1982 年 10 月 26 日，当时的德意志内部关系部部长巴泽尔在与国务秘书们的第一次协调会议中断言："布罗伊蒂加姆博士（应该。作者注）向民主德国表达联邦政府接受以及进一步推动文化协定谈判的意愿。只要我方完成准备工作，民主德国就会提出关于谈判时间的建议。我方的准备工作正在进行中。"[36]布罗伊蒂加姆于 1982 年 10 月 27 日向民主德国外交部联邦德国司司长赛德尔作了口头汇报，赛德尔也暂时领导并管理了东德代表团[37]。为此，外交部长菲舍尔一天后写信给昂纳克说："在接受与联邦德国进行文化协定谈判之前，我们首先应该等待联邦德国方面进一步的提议。谈判不能于 1983 年 3 月 6 日（联邦议院选举。作者注）之前开始。政治局工作小组的谈判文件并不受此影响，应提交谈判文件作为决策的参考文件。"[38]在与联邦总理科尔进行第一次德国政策会谈之后，布罗伊蒂加姆在 1982 年 11 月 9 日向沙尔克通报说："按照联邦总理的观点 …… 当前的现实情况是：需要就签署文化协定开始谈判。"[39]因此，昂纳克在 1983 年 1 月 24 日第一次与科尔通电话时，他也没有遗漏这个话题："'下一个问题就是文化协定问题。我们已经做好了谈判的准备。在选举之前不会出现困难情况。'科尔先生回答说：'没错'。"[40]

在此期间，政府内部组成了谈判代表团。迄今为止，已经签署了初步意向书并看到了谈判的期望。延宁格尔还没做出决定。巴泽尔在就职后马上写信给延宁格尔说，文化谈判的领导职务最好由国务秘书布罗伊蒂加姆来担任[41]。他在论证中提到了 1973 年到 1975 年间的文化谈判。接下来应该由德意志内部关系部、内政部、教育科技部以及常设代表处各派出一名代表——由各部门负责人指派——参与谈判。此外，在谈到以前的谈判时，他建议两位联邦州的代表也应该加入代表团。巴泽尔分别致信给联邦部长魏姆斯和齐默尔曼。接着巴泽尔向延宁格尔强调说，组建代表团的事情是德意志内部关系部的决定[42]。但总理府对组建代表团的决定采取了保留态度。直到 1983 年 1 月 7 日延宁格尔才看到了迅速做出决定的希望。同时，他友好地提醒巴泽尔说，鉴于整个过程的政治意义，应在"政治层面"协调所有准备工作[43]。因此，延宁格尔倾向于反对很快做出临时决定。于是，他首先和联邦总理科尔进行商谈[44]。之后延宁格尔非正式地通知了德意志内部关系部部长，代表团负责人应该与 70 年代的谈判一样由国务秘书布罗伊蒂加姆担任。这也就再度表明联邦总理不希望在德国政策的实践领域发生任何改变，但前提条件是延宁格尔应负责地管理实际工作。对谈判的其他问题，他并未表示出特别关注。[45]

最终在 1983 年 1 月 18 日，在巴泽尔的领导下，在与国务秘书们召开的德国政策协调会议中确定了以下代表团：

- 谈判领导人是常设代表处负责人，他的副手应是德意志内部关系部的一位成员；来自总理府业务部门的除常设代表处负责人之外，还应有常设代表处一位处长参加。

- 此外，德意志内部关系部、联邦内政部和经济部应各派出一名代表并由文化部长会议提名两位联邦州代表参加代表团。[46]

- 由德意志内部关系部负责文化谈判的准备工作。

通过提名布罗伊蒂加姆便能避免与此有关的由哪个职能部门接管常设代表处领导权的争议。西德代表团的专业团队由以下成员组成：汉斯·奥托·布罗伊蒂加姆（团长）、克劳斯－艾伯哈德·穆拉夫斯基（德意志内部关系部）、汉斯·希罗尼穆斯（德意志内部关系部）、卡斯腾·布伦纳（联邦经济部）、格奥尔格·吉拉德特（常设代表处）、洛伦茨·门茨、彼得·迪韦尔（后面两人代表联邦州）。

十亿马克贷款推动了文化谈判进程。在第一次为贷款做出担保及州长施特劳斯和昂纳克在民主德国会谈后的几天，常设代表处便着手设定谈判的开始时间[47]。8 月 15 日，政治局正式决定重新开启谈判[48]。直到 1983 年 9 月 5 日，波恩常设代表处公使辛德勒才在总理府官方通报冯·里希特霍芬，说"他受命邀请联邦德国代表团于 1983 年 9 月 20 日前往柏林来重新进行文化谈判。"[49]

谈判进程和事务讨论

1983 年 9 月 20 日，两个代表团开始了第一次会谈。库尔特·尼尔是外交部副部长，负责领导民主德国的代表团。在德意志内部关系部的领导下，通过跨部门协调，波恩的谈判战术得到澄清："由于民主德国在协定方面的立场摇摆不定，我们不应在第一阶段深入探讨众所周知的政治问题。这些政治问题应该被提到，但是接着应马上来讨论事务性问题。更应主动提及将柏林包含在协定内这一问题及其动机（文化协定的缘由可写入序言），对基金会的法律地位和归还因战争而转移的文物问题，应准备好相应的答复。"[50]在谈判开始时，双方已就秘密进行文化谈判达成了共识。此外，双方就可能的谈判成果交换了意见与想法。对于这三个重要的问题领域，代表团领导人的评论是各方都希望坚持自己的立场。柏林问题应在以后进行单独讨论。为此，从一开始柏林问题就被排除在外[51]。事务性讨论完全符合波恩方面所希望的谈判路线。双方几乎在每次会面中都互相交换文件，这些文件描述了双方的立场，并且后来还包含了为协定条款拟定的具体草案。

西德代表团总是在正式谈判的间隔期间召开有近20人参加的所谓跨部委会议进行内部协调。参与协调的也有德国政策工作组和外交部的代表。所有其他的政府内部协调委员会都会通过公共途径获知当时的实际状况。在1983年11月3日召开的第二次会谈期间，两个代表团取得了一致：双方应以事务为导向采取措施并尽可能不考虑意识形态问题。双方还一致认为"毫无成果的原则争辩"[52]会阻碍双方谈判的进展。如今来阅读当时的相关纪要，就会发现，双方确实是以成果为导向进行谈判。两个代表团固执地围绕协定的各项条款进行争论，并且不以政治原则声明来影响各自的意见。但例外情况是：1984年3月5日，在会议开始时，尼尔发表了一份准备好的关于中程导弹部署问题的声明[53]。尽管如此，人们还是迅速回到日程中并继续讨论了序言和第一个条款的后果。赛德尔作为民主德国代表团团长在1984年5月4日再度阐明："将归还文物问题排除在外是民主德国的一种让步，谈判因此才得以进行。这种让步却完全没有改变民主德国迄今为止的立场。因此，在这种情况下，提出更多的要求是没有意义的。"[54]民主德国提交的文化协定只有三点内容替换了柏林附加条款。序言部分是1984年5月4日的讨论重点。

1984年6月5日[55]和1984年7月30日[56]的协定草案大纲为编辑工作会议指明：虽然已经在很大程度上就第1至10条事务条款的条文达成共识，但双方在内容上还存在一定分歧。波恩和东柏林的人们依然相信，1984年昂纳克即将进行的访问能加速文化谈判进程。莫尔特向温德伦解释说，该协定应该在昂纳克访问时达到可以进行签署的程度[57]。布罗伊蒂加姆在多轮谈判之后，于 1984 年 8 月 16 日向总理府乐观地报告称："民主德国还和以前一样希望能够迅速结束谈判。"[58]与所有的谈判策略一样，在文化协定谈判中，时间因素起到了重要作用。如果 1984 年昂纳克确实对联邦德国进行了访问，估计那时文化协定已经准备就绪。只有在面临重大事件，以及面对在高层会面中达成一致的压力时，双方才能就悬而未决的核心问题快速达成共识。

虽然在 1984 年 9 月 4 日昂纳克取消访问之后会谈仍在进行，但在基本问题方面并没有取得明显进展。在此期间，虽然仍在讨论会谈议题，却没有协商出解决方案。1984 年 9 月 7 日，布罗伊蒂加姆就此向总理府汇报说："在工作计划方面，民主德国撤销了赛德尔提议的关于柏林的声明，其目标仍是将柏林纳入工作计划。双方可以就具体形式进行谈判。民主德国将普鲁士文化财产基金会看作是联邦机构，因此，在与基金会的合作中绝不能继续将其看作是联邦机构。"[59]另外，1984 年 8 月，民主德国同意在文化协定中包含"弗兰克 – 法林公式"[60]。但这并不意味着取得突破，切实将柏林包含在内的问题并没有因为与民主德国协调了两年的工作计划而确定下来（正如协议第 14 条款建议所述）。明文规定中并没有表现出双方立场的任何改变。双方也未就序言部分取得一致意见。双方已经对开篇部分融洽地达成共识，民主德国希望在开篇中补充"国家主权平等和不干涉其内部事务原则"[61]。与此相对，联邦政府不接受任何不包含在《基础条约》或其他共同政府协定中的新概念或新措辞[62]。他们希望表明，文化协定是《基础条约》的延续。在文化协定中列举偏离《基础条约》的原则是根本不可能的。最终波恩还是成功维持了自己的立场。

双方在以下核心问题上依然存在分歧：切实将柏林包含在协定范围内、普鲁士文化财产基金会和归还因战争而被转移的文物。无论如何，人们还是在划分类别上达成了一致："在某些情况下，双方实际上取得了一致意见，但还没有找到符合双方立场的措辞；在某些情况下，双方实际上仍然存在着分歧。因此，我们要尽快做出政治决定"[63]，布罗伊蒂加姆在 1984 年 11 月 22 日第九轮谈判中说道。

正如在德意志内部关系中经常发生的情况一样，这类"政治决定"需要其他谈判层面的协助。引人注意的是，1985 年 1 月 11 日在州长约翰内斯·劳（Johannes Rau）与昂纳克进行会谈之后[64]，谈判取得了进展。总书记向约翰内斯·劳通报说，他估计很快就能订立协定。但是之后并没有采取具体行动。因此，十分有必要进行更多层面的对话，并使用特殊渠道。布罗伊蒂加姆而不是朔伊布勒向沙尔克两次谈及文化协定的事情，说民主德国首席谈判代表认为这"毫无益处"[65]并拒绝进行谈判，沙尔克对此感到十分惊讶。朔伊布勒通过 1985 年 1 月 14 日与沙尔克在东柏林的第二次会面[66]来了解关于文化协定问题的细节信息。沙尔克能告知的新情况却很少："文化协定谈判的难题在于普鲁士文化财产基金会问题"[67]，反过来说，将柏林包含在内并不是难题，因为并没有将这一点作为主题来讨论。为了证实他的解释，1985 年 1 月 22 日，朔伊布勒在总理府对莫尔特重申："如果他得到的消息准确，那么总书记昂纳克对州长劳就文化协定做了一个说明，我们对这个说明是这样理解的：总书记认为双方可以签署这个协定了。"[68]但是民主德国常设代表并不认同朔伊布勒的解释。[69]

此前，在文化协定第九轮会谈中，民主德国代表团取得了部分成果。民主德国与西德代表团融洽地探讨了"归还文物"的一揽子事务：关于普鲁士文化财产基金会议题再次被略过，但波恩的原则——不能将基金会的旧库存作为谈判对象——保持了下来。无论如何，正如尼尔所表述的，还是解决了"一部分问题"[70]，关于这些问题，双方希望"在日常交往中取得一致"[71]。这里指的是那些过去不属于普鲁士文化财产的文物，这些文物因战争而被转移，例如国家及教会的档案。虽然布罗伊蒂加姆最初回绝了这种要求，他指出：这些会谈题目恰恰也来自于文化谈判，因而能打破文化谈判的停滞状态，这使他站在了自己代表团中专业部门人员的对立面[72]，但他最终还是表示同意。对此，他在 1985 年 5 月 21 日德国政策协调会议中获得授权[73]。结果是，从此刻开始直到 1985 年 8 月 27 日，才第一次单独举行关于归还被转移文物的专家会谈[74]。在 1986 年 11 月 12 日，也就是在文化协定签署之后，会谈第一阶段取得成功：由于战争中因预防空袭而被转移的卷宗档案能够归还回来。民主德国却不接受按最初设想让德意志内部关系部来领导西德专家组，而是坚持让常设代表处的赫尔贝克来领导，这次干涉如愿以偿[75]。谈判取得了一些进展，但是其结果却还无法预见。为了重新推动在重要政治问题中陷入僵局的谈判，经过短暂匆忙的准备，联邦总理科尔和总书记昂纳克在莫斯科（1985 年 3 月 12 日）

召开峰会[76]。然而，在文化谈判角度上，为联邦总理准备的讲话内容听起来并不是野心勃勃："我们希望文化谈判尽快结束，并尽快为那些悬而未决的问题找到解决方案。"[77]波恩关于会谈进程的档案[78]记录了下述事实："就文化谈判事宜，昂纳克表达了短期内签署协定的意愿。由于柏林附加条款，柏林也包含在文化协定之内，但文化财产基金会却被排除在外。联邦部长朔伊布勒在这种情况下指出，必须停止对基金会的歧视。昂纳克没有提出异议。他对于归还文物表现出了特殊的兴趣。在文化谈判之后也能举行更多的体育比赛。"[79]联邦总理科尔将协定中有政治敏感性的基本问题作为议题。他将这些悬而未决的问题提升为首脑层面的问题[80]。昂纳克反对继续歧视基金会，并且赞成在现实中将柏林包含在协定范围内，这对谈判而言意味着一种突破，科尔和朔伊布勒对此十分坚信。自此刻起，民主德国就不能不顾及符合西德谈判目标的口头承诺。适用于西柏林的一般延伸条款是否不只是空话，这实际上仍然是不明晰的。君特·米塔格对波恩的访问（1985 年 4 月 17 ~ 18 日）更多是受到贸易结算授信额协议的政治影响[81]，而不是受到文化谈判背景的影响。科尔在他与米塔格的会谈中只是将这一话题一带而过[82]。朔伊布勒向米塔格就此通报信息说："联邦政府正在着手让自己在文化载体交流的问题中获得法律行为能力。"[83]在实践方面，关键问题仍然没有得到回答：不得歧视基金会并切实将柏林包含在文化协定内。对此，昂纳克在莫斯科曾做出口头承诺，朔伊布勒就此在扩大的三方小组里面通报称："这里谈到的问题是，不仅在形式上，而且在实质上，将西柏林包含在协定范围内。"[84]出于政治原因，在缔结文化协定时，必须让波恩方面的每个人都看到柏林确实包含在文化协定之中。如何才能让公众知晓这一问题，我们又该如何对此加以利用呢？[85]布罗伊蒂加姆在第十一轮谈判（1985 年 5 月 22 日）中提出建议，在切实将柏林包含进去这方面，虽然不再要求民主德国方面做出正式声明，但在约定的项目清单中要将西柏林加进去[86]。这听上去像是一个双方都能够接受的让步。当这两人在非正式对话以及在新形式的谈判中会面时，尼尔向布罗伊蒂加姆明确证实，"除了总书记的话之外，没有其他内容了"[87]。

在这个形势下，苏联要求双方停止谈判。苏联驻东柏林大使批评了该协定谈判，因此，布罗伊蒂加姆预测称，"民主德国在两个柏林问题中的回旋余地将会变得很小，而且短期内不可能推动谈判取得进展。"[88]外交部在 1985 年 4 月就已经对此有所预测[89]。在 1985 年 12 月 11 日谈判结束后，外交部长菲舍尔在写给昂纳克的信中也对这一线索做出了诠释。其中说道："苏联方面一直都在关注与联邦德国在文化合作协定方面的谈判形势，商议的协定文本迄今为止还没有移交给对方。在文本经过政治局确认之后，我认为现在是向苏联同志们转达协定详细内容的时候了，因为联邦德国方面已经将有关协定的信息大量公之于众。"[90]菲舍尔未提早向苏联详细告知协定文本和问题领域，明显有其自己的理由。因此，赛德尔在 1985 年 8 月 22 日就向联邦德国常设代表处警告说，不应过早向媒体透露相关信息，特别是在更大范围内——否则"可能会引起抗议"——这里指的是苏联[91]。但在政治行为的策略框架内，这通常也只是一种战术，以便通过在公众中或特定群体中明确指出不利的政治形势的方式，来达到谈判效果。当民主德国方面不再有妥协意愿时，指出"老大哥"或"朋友"也可以看作是谈判中最后的威胁或恫吓。苏联是否事实上进行了干预，这一点无从考证。

但是，从 1985 年 11 月起，也就是在里根和戈尔巴乔夫 1985 年 11 月 19～21 日期间第一次在日内瓦会面之后[92]，整体政治形势最终给民主德国结束谈判留下了回旋余地[93]。很显然，缔结文化协定的时机自夏季以来就成熟了。双边非正式的会谈表明了坚定的目标：双方将最终结束谈判。1985 年 7 月 25 日，朔伊布勒也在德国政策协调会议中敦促，要促使文化协定达到可以缔结的程度[94]。第十二轮谈判[95]于 1985 年 9 月 11 日开始，同时这也应是最后一轮谈判[96]。布罗伊蒂加姆目标明确地按照这个方向进行谈判[97]。双方做出的妥协如下：

> – 在不得歧视普鲁士文化财产基金会方面，民主德国希望做出一个"对谈判纪要的单方声明"："尽管在由战争造成的文物转移问题上以及相关机构上存在不同观点，只要民主德国对文化活动（展览）有兴趣，民主德国仍会参加。民主德国将不会明确阐述其关于因战争造成的文物转移问题的立场。"[98]民主德国偏离了他们最初设定的观点："他们认为，涉及这些问题的机构是不会参加民主德国组织的文化活动的。"[99]因此，联邦政府的要求得到了满足，只是在当时的情况下，与普鲁士文化财产基金会的直接合作是不可能的。该基金会不会再受到歧视了。但对于以文字形式提交这份单方面声明是否已经足够，对

此仍有争议，因为声明和达成的协议不同，它是没有经过签署的。此外，民主德国也拒绝公开发表声明。无论如何联邦政府将在公众中宣布该声明的事实性内容，并且他们也是这样做的，东柏林对此十分清楚。

－此外，协定还应附加一份共同的纪要声明，其中只有声明的第二句话在数周内仍存在争议。这句话在最终版本中是这样的："对于因战争造成的文物转移问题的不同观点，仍然没有被提及。协定伙伴表明了他们的意愿，他们将尽其所能在由战争造成的文物转移领域内寻求解决方案。"[100]

－对波恩来说，切实将西柏林包含在文化协定内这一问题仍未得到圆满解决。在此涉及的是协定中最严重的政治立场问题。联邦总理、朔伊布勒和温德伦也都清楚，将西柏林包含在内这一问题是缔结协定的核心问题。布罗伊蒂加姆在最后一轮谈判中向尼尔再次强调这一点[101]。联邦政府希望切实将西柏林包含在内，并通过如下方法使之有望实现，即在签署协定时在一些项目上达成了共识，其中至少应该有一个是西柏林的项目规划。对此，民主德国并未做出承诺。他们只是象征性地带走一份清单并承诺对其进行审核，但是在签署协定前却未对此做出承诺[102]。直到后来，民主德国才义务性地参与了西柏林文化项目清单的讨论。温德伦就此发表外交声明："将柏林包含在内，就意味着将西柏林的文化潜力和文化领域的工作者包含在内，已经在文化协定中得到确定……和民主德国就一系列项目初步达成有约束力的共识，这些项目在条约缔结后才能执行，其中也有一些涉及柏林的项目。"[103]

国内批准程序

联邦德国能够与民主德国就协定文本和纪要附注达成一致意见。现在需要在签署协定之前征得各联邦州对常设条约委员会（"林岛协定"）[104]的赞同。此外，朔伊布勒想在各州赞同程序开始之前使内阁达成一致[105]。为避免泄密，本不应展示内阁草案，而只是由温德伦进行口头报告，也不应分发协定文本[106]。但朔伊布勒对此并未理会，而是主张在这个阶段就正式展示内阁草案。

联邦政府内部的协调程序是以如下形式进行的：柏林市政委员、协调会议常务委员朔尔茨向柏林市议会通报了情况。1985 年 10 月 23 日，温德伦与联邦议院德意志内部关系委员会各党团负责人进行了会谈[107]。1985 年 12 月 2 日，雷林格在国务秘书会谈中[108]分发了文化协定的文本，为召开内阁会议做准备。内阁会议前一天，党团主席德雷格尔和米什尼克获知了相关信息[109]。在 1985 年 12 月 4 日内阁会议上，温德伦在第七项议程（杂项）中介绍了文化协定[110]。在此，他口头解释了柏林和普鲁士文化财产基金会的相关要点。联邦总理科尔没有向温德伦询问协定的内容细节。科尔对流程问题更感兴趣，他希望了解德意志内部关系部长是否也对执政党团通报了相应信息。温德伦就此对总理进行了保证[111]。几天后，联邦政府在《南德意志报》中读到，外交部长根舍在内阁会议期间催促修订文化协定，并要求在德意志内部关系的人道主义领域妥协让步[112]。根舍明显对自己的事务主动进行了媒体宣传工作。他不想把多年以来通过协商取得的唯一成果留给德意志内部关系部部长和谈判领导人布罗伊蒂加姆。

在很大程度上，联邦总理以及总理府部长在对协定的评论上都保持了克制态度。实际上，内阁会议完全没有就协定产生分歧[113]。根舍在会议期间对会议纪要提出建议，要求从文化协定文本首页"关于联邦部长的个人理解"一句中删去一个词语，温德伦也同意了这个建议。这句话本来是"对于将柏林包含在文化协定内这一问题的'弗兰克－法林公式'，双方形式上取得了一致意见。"外交部长主张删掉"形式上"一词，这也是为了达到切实将柏林包含在内的政治目的。接下来，他阐述了其党团的一个提议，要将协定的草签作为和民主德国讨论关于西柏林人旅行问题的前提条件。温德伦向根舍允诺将会就此进行审核，外交部长大概期望，已经达成了一个在内阁会议中没有提到的非正式一揽子方案。但是与贸易结算授信额协议或贷款担保合同谈判不同，布罗伊蒂加姆和朔伊布勒在文化谈判的任何时刻都没有就附加协议进行谈判[114]。在德意志内部旅行交通方面而言，该协定未对人道主义的改善起到任何作用。而在民主德国公民了解西方信息的层面来讲，该协定则指明了人道主义的目标方向。

在了解到联邦内阁的信息后，各联邦州才同意了关于联邦州常设条约委员会的协定。同时，各联邦州再次就他们将来参与联邦政府与民主德国的谈判进行商讨[115]。联邦总理就时间安排说："正如我所希望的，只要各联邦州都赞成了该协定，我们会在不久的将来签署协定。"[116]1986 年 3 月 20

日，下述各参与部门协商的内阁草案最终进入了成文程序：联邦德国和民主德国之间关于文化合作协定的内阁草案。

联邦德国和民主德国之间关于文化合作的附加协定文本是与民主德国政府共同商定的。联邦内阁于 1985 年 12 月 4 日被告知谈判结束，并得知协定伙伴之间就文本达成了一致，并且了解到已取得各联邦州的同意。所有联邦州在此期间都赞同该协定。联邦德国在与民主德国政府的协商中称拟由双方谈判领导人国务秘书布罗伊蒂加姆博士和外交部副部长尼尔（用手写体填写的：1986 年 5 月 6 日；作者注）在［用手写体填写的：（东）柏林；作者注］签署协定。在此应确认的是，该协定一经签署即生效。文化协定将对联邦预算产生影响。现在还不能确定影响的程度。该草案是经过与各参与部门的协调确定的。

决策建议

联邦内阁赞成由国务秘书布罗伊蒂加姆博士作为代表与民主德国签署文化协定。[117]

各部在国务秘书会谈中批准了该草案，而且内阁这次没有再交谈就对谈判成果表示赞同，因此，签署的过程就简单了。在特殊渠道方面，朔伊布勒和沙尔克在 1986 年 2 月 4 日取得了一致意见，认为双方谈判领导人也应该签署协定[118]。但还未确定具体的签署时间。最后，联邦总理、朔伊布勒与人民议院主席霍斯特·辛德曼于 1986 年 2 月 19 日在波恩的会谈对此产生了决定性影响。科尔和朔伊布勒认为，协定的签署应尽可能在德国统一社会党党代会之前，也就是在 1986 年 4 月 17 日之前完成[119]。此外，辛德勒让东柏林常设代表处注意："文化协定和 SDI（星球大战计划）协议（这里指的是西德公司参与的 SDI 项目。作者注）在同一天签署不太好。"[120]民主德国最终确定了协定签署日期为 1986 年 5 月 6 日[121]。很显然，科尔和朔伊布勒认真处理了这些指示，并且使德国统一社会党可以在党代会上，在确立文化协定的目标方面，用成果来粉饰自己。为了从他的视角出发进行政治评估，科尔在 1986 年 3 月 14 日把"处于分裂状态德国的民族形势报告"作为政府行为的手段来使用。[122]

尽管文化谈判中首次出现结构变化，总理府将德国政策实践和德意志内部关系部之间区分的程度可以通过 1986 年 5 月 6 日签署协定的准备工作中展现出来[123]。对于总理府的德国政策工作组和德意志内部关系部的德国政策司之间角色的争议是典型的：德意志内部关系部坚持，签署协定时，不光是常设代表处的主任布罗伊蒂加姆，而且国务秘书雷林格也应该在场。德国政策工作组组长对此进行了干预并写信给朔伊布勒说："如果联邦部长温德伦打电话来，您就应该尽快劝阻国务秘书雷林格参与此事（我们都认为，国务秘书雷林格自己在这一点上并没有强硬的立场）……在具体签署进程中，即便民主德国不继续制造困难，国务秘书雷林格也可能会遭遇不快。可以想象：他在纪要中将完全不被提及，也不会被外交部副部长尼尔邀请共进午餐……我们不应该通过签署文化协定来突出德意志内部关系部的作用。无论如何民主德国已经同意，在签署协定后，由德意志内部关系部指派一名代表来主持召开一轮关于归还文物的专家会谈。"[124]但这次，温德伦和雷林格并没有被回绝。朔伊布勒将自己置身于这场争议之外。雷林格参加了签署活动，尼尔的代表团并没有觉得反感[125]。这个事例再次说明，工作办公室避免冲突的策略与之前的配合态度是一致的。

联邦政府的评价

联邦总理科尔在 1986 年 3 月 14 日，也就是签署协定之前，在"处于分裂状态德国的民族形势报告"框架内评价了文化协定。他将协定中的德国政策分为以下几类："计划中的'联邦德国和民主德国之间关于文化合作的协定'也提供了改善共同生活的机会。"[126]在倒数第二个演讲草案中还提到："计划中的协定也服务于共同生活的艺术……"[127]最终的措辞是"改善共同生活的机遇"，这源自于与总理的谈话，听上去更确切，也更乐观。在工作办公室最初的协调草案中，以德语的外交辞令和套话写道："我们认为，和民主德国签署文化协定能够推动双方的文化交流并提高就业率。"[128]对于谈判的评价，科尔对自己党内追随者们说得充满自我批评性："联邦政府欢迎就协定达成一致。其中的工作并不简单。我们希望与在民主德国的人们进行多样的文化接触，但并非所有愿望都能实现。"[129]工作办公室的草案涉及了民主德国："这项工作对双方都不容易。该协定是一个妥协。我们，民主德国也一样，都还曾有更多的愿望。"[130]接下来，科尔谈到了协定的部分领域以及将柏林包含在内的重要事务："但是这个协定提供了取得更多一致意见的重大机会。它保护并促进了在许多领域已经存在的文化交流，并使扩展合作变得更容易。从造型艺术和表现艺术到文学、音乐、教育和科学再到文物保护，该协定包含了许多不同的领域。联邦政府认为该协定不是终点，而是起点。协定的所有规定也都对柏林有效。无论是过去还是现在，这都是联邦政府不能放弃的。我们在这个问题上的强硬立场所带来的具体效果主要体现在协定生效之后。例如，可以确信，普鲁士文化财产基金会举办展览时不会再受到民主德国的歧视。"[131]朔伊布勒在 1986 年 4 月 17 日一个报告中对于谈判成果自我批评式地说道："明确地援引共同历史或者共同民族，这一点还无法实现。在这方面谈判如果失败，我们似乎不用承担责任……如果有人情愿放弃该文化协定，有时就会引起误解——认为当前与民主德国文化交流的形式和范围是理所当然的，是得到了保障的。但事实并非如此。民主德国本来有足够的可乘之机来随心所欲地操控文化交流。"[132]鉴于文化协定长期的发展历程，科尔政府理当对自身的行为感到庆幸，因为他们成功地完成了谈判。

政府行为结果小结

与迄今为止本次研究中分析过的所有其他德意志内部协议不同，文化协定在形式上是联邦政府职能部门原则的一个例子。联邦总理在所有谈判阶段都在形式上保持了信息的流通。但职能部门的权限只能根据联邦总理的指导路线进行理解。协定的商讨是在德意志内部关系部的领导下进行的。德意志内部关系部的跨部门协调和专业协调以及编辑定稿会议，都是在西德代表团领导人布罗伊蒂加姆的参与下进行的。朔伊布勒通过在协调会议中发挥作用的德国政策工作组，定期获取关于协定的实时信息。在朔伊布勒的领导下，扩大的三方小组进行了简短的报告和进一步协调。关于谈判战术的决定，很大程度上在部委之间最低级别的协调会议中就已经做出了。

朔伊布勒在每个谈判阶段都获知了以这种方式预先做出的决定。在接下来的决策阶段中，他个人的具体贡献通过其与沙尔克－哥罗德科夫斯基的会谈可以体现出来。在这个政治层面上和在与昂纳克莫斯科会谈的层面上，可以就协定的问题做出相应决定，而不能期待在代表团会谈的专业层面上有所突破。

联邦总理科尔只有在少数具有政治敏感性的谈判领域才主动参与进来。他在莫斯科与昂纳克讨论了切实将柏林包含在内的问题，这也是文化协定中最重要的政治问题。但只有当他自己需要参与这件事情时，他才通过延宁格尔和朔伊布勒了解实际情况。科尔竭力将议会党团纳入其中，并且十分重视在民族形势报告中针对谈判成果做出的自我批评。

文化协定的成果不是通过任何所谓一揽子解决方案取得的。文化协定的缔结与贸易结算授信额协议的情况不同，文化协定的缔结和任何与文化谈判对象相关的回报无关。因为没有附加协定，因此，所有谈判结果都能公之于众。

和所有其他的德意志内部条约谈判一样，谈判策略首先包括搁置争议。此外，双方从一开始就声明，应尽量将那些有原则性差异的政治立场排除在外。在关于序言文字的耗时较长的讨论中，人们最终还是因意识形态不同导致对概念的理解方式不同，从而发生了争执。

在谈判的第一阶段，昂纳克计划于1984年的访问似乎可以加速文化谈判的进程。在不存在时间压力之后，谈判就延迟了。昂纳克也必须等待莫斯科发出的积极信号，以同意草签协定。科尔、朔伊布勒和温德伦都坚持，在缔结协定时将柏林全面包括在内。

尽管德意志内部关系部拥有联邦总理科尔所赋予对谈判进行专业准备和实施的职能权限，但其他参与的各职能部门以及德国政策工作组都不愿错过任何机会来维护自己的权利，不惜以牺牲德意志内部关系部为代价。从谈判代表团的组成一直到协定签署典礼，这一情况贯穿于整个谈判过程之中。

第十二节　决策压力：1986～1987年联邦议院竞选期间的政府行为

签署文化协定而得来的一系列好消息，与对民主德国1986年让更多外国人经民主德国非法进入西德这种行径越来越多的批评交织在一起。由此，联邦总理科尔看到了自己正面临的严峻挑战：内政压力以及民众对外国人继续不断涌入所产生的抵触情绪不断增长，都迫使他要找到快速解决问题的办法。而且，联邦德国此时正处于联邦议院竞选时期[1]。这样使政府面临更大、更紧迫的压力，此时，政府需要取得显著的成果。因此，联邦总理科尔就已经有意将他在1986年3月14日"处于分裂状态德国的民族形势报告"作为政府任期内对德国政策的总结。他在报告中批评道："通过民主德国非法入境的外国人不断给我们制造麻烦。仅去

年一年就有 3.8 万名非法入境者经舍内费尔德机场进入联邦德国。联邦
政府曾多次向民主德国提出要求，应按照相应的国际惯例来处理问题。"[2]
此外，报告中罗列德意志内部关系各项协议占了很大篇幅[3]，协议清单始
于 1985 年科尔和昂纳克在莫斯科的会面和旅行自由权方面的重要成果[4]，
较之以往更彰显出其进取精神，首次将德国政策的"三步走"要求纳入
其中，这是由首席演讲稿撰写人普利尔和文本顾问魏登菲尔德加到德国
政策工作组的演讲草案中的，内容上也有许多其他的原则性变化[5]。在吸
取了前几年的经验教训之后，禁止在其中再包含关于昂纳克可能对波恩
进行访问的暗示。魏登菲尔德这次准备了纲要草案并参与了最终的编辑
加工[6]。普里尔在与魏登菲尔德进行自我批评时说："我们把'去昂纳克
化'做得太过分了吗？"[7]在大选之年，这份报告颇具攻击性风格[8]，这也
体现在对反对党社民党德国政策的批评上："倘若反对党相信能通过另一
套外交政策和德国政策来开启中立主义的大门，这是一个非常危险的错
误。"[9]

1986 年德国政策领域的政府行为所承受的压力体现在：由于经民主德
国进入联邦德国的非法入境者不断增多，联邦政府要在此内政压力下进行
联邦选举。同时，这也对联邦政府行为有一定约束力，因为民主德国没有
兴趣为当政的波恩联合执政同盟的选举做出贡献。在当时形势下，联邦总
理科尔在政府行为中还有哪些机会呢？他使用了哪种政治解决模式呢？为
了回答上述问题，下面分四小节分析当时的客观背景并且从谈判策略的角
度进行描述：

> － 关于经柏林舍内费尔德机场非法入境的客观背景；
> － 毫无成果的预备谈判；
> － 决策压力和"积极反应"；
> － "另一套德国政策"和选举贡献。

关于经柏林舍内费尔德机场非法入境的客观背景

1986 年 1 月至 6 月间有近 3 万名避难者进入西柏林，其中大多数来自
中近东国家，或是来自南亚和非洲。约 19500 人直接在西柏林提交了避难
申请[10]，其余人员则是通过过境通道进入联邦德国境内并提交政治避难申

请，他们都没有有效的入境文件。这些避难者首先通过民主德国航空公司"Interflug"或苏联航空公司"Aeroflot"到达民主德国舍内费尔德机场。两家航空公司都在第三世界国家招揽顾客：只要自己愿意，每人都能经东柏林毫无阻碍地进入联邦德国。他们乘坐巴士从舍内费尔德机场前往弗里德里希大街火车站，然后立即乘坐驶向西柏林的轻轨列车或地铁。

1985年6月，民主德国曾在避难申请者问题上做出了妥协[11]。当时他们声明，不再允许来自斯里兰卡的未持有进入第三国入境签证的游客（这里指的首先是泰米尔人）经民主德国进入联邦德国。民主德国信守了承诺并在1985年12月（自1986年2月1日起生效）向瑞典和丹麦扩大了相关规定范围：来自中东和南亚9个国家的避难者（孟加拉、印度、斯里兰卡、伊拉克、伊朗、约旦、黎巴嫩、叙利亚和土耳其）以及无国籍人士，倘若不持有丹麦或瑞典的有效入境文件，不再被允许前往斯堪的纳维亚半岛[12]。联邦政府之后致力于达成类似协定，当然也应该包括柏林。

为什么民主德国特意让"柏林"成为避难者的庇护所呢？根据当时波恩了解的情况，在民主德国多个声明[13]、联邦情报局的报告[14]和波恩政府内部档案[15]的基础上，可以整理出当时波恩所了解的民主德国的利益视角：

> – 民主德国笼统地引用过境自由原则作为依据。按照他们的观点，这与邻国如瑞典和丹麦签订的双边协定并不矛盾。
> – 民主德国拒绝将西柏林划归到1986年2月1日确定的联邦德国领土范围内，理由是从东柏林转移到该城市西部涉及安全问题和/或法律地位问题。因此联邦德国面对民主德国没有外交上代表西柏林的权力。民主德国无权决定到底谁能入境前往西柏林以及能在西柏林避难，因为西柏林接受《占领法》的管理。在此基础上民主德国宣布，东柏林的基本管辖权归苏联所有，从而也将这个问题提到法律地位的高度上来。民主德国不能决定谁有权入境前往西柏林，这是盟国及其委托人的事务，也就是柏林市政府的事务。
> – 柏林与联邦德国的关系疏远能让民主德国在法律地位方面受益。避难申请潮似乎是可用的手段，会让柏林在法律地位问题上接近他们的政治目标，还可以在国际法层面上将西柏林变为"独立的政治区域"[16]。但是西方占领国和柏林市政府都不能就此与民主德国达成协议，因为这样，柏林的三个西方占领区就毫无疑义地成为"独立的政

治区域"[17]并且可独立于联邦德国与民主德国签订国际法条约。民主德国明显是借此试探西方的态度。

——如果西方占领国在柏林内部的区域边界（东西柏林边界）上设置永久性安全检查站，就可能将该边界升级为国界。

——最后，难民问题似乎也适合作为施压手段来迫使联邦政府就"格拉要求"做出妥协让步。

毫无成果的预备谈判

德国政策工作组组长的按语证明了各种不同的、同时进行的谈判和非正式谈话的关系。除签署文化协定之外（1986 年 5 月 6 日），他还受朔伊布勒的委托与大使赛德尔进行了会谈。他的阐述包含以下内容："我们担心，米塔格博士会被我方误解。米塔格先生在 1986 年 4 月 9 日与联邦总理的谈话中承诺，为联邦部长朔伊布勒就关于难民问题的秘密会谈推荐一名对话伙伴。推荐应该在德国统一社会党党代会之后且在 1986 年 5 月 6 日之前完成，但是至今尚未完成。我们并不想就此会见民主德国常设代表处负责人莫尔特先生，所以首先请您代为转达一下。"[18]联邦总理科尔想利用沙尔克—朔伊布勒这个特殊渠道来解决问题。但是民主德国却阻断了会谈。从 1986 年初起，朔伊布勒定期向联邦总理报告关于该问题的实时情况，因为他感到要出于竞选策略进行"炒作"[19]。从 1986 年 1 月起，德国政策协调委员会又开始集中处理由民主德国造成的难民潮问题。1986 年 1 月 14 日，在职能部门和总理府之间的司长级协调会议上，就以下针对媒体的表态口径达成一致意见："……联邦政府向民主德国提出了要求，在关系到来自特定国家的非法入境者的问题上，民主德国应采取针对来自斯里兰卡的入境者制定的解决方案；民主德国对该问题表示理解，而且我们期望，来自其他国家的避难申请者人数会减少。"[20]

这意味着纯粹的乐观主义：民主德国实际上既没有对此表现出理解，也不能期待难民涌入人数会减少。难民经过柏林大量涌入，民主德国 12 月与瑞典和丹麦缔结的协定完全没有效果。民主德国新闻通讯社德通社 2 月初向西方称："通向西柏林的过境交通将不受规定的影响，因为西柏林受《占领法》管理，它不是联邦德国的组成部分，从而也不该由其管理。"[21]其后果就是：所有不具有联邦德国、丹麦或瑞典入境签证的避难申请人（民主德国鉴于其承诺也确实拒绝避难申请者过境前往其目的国）就又从民主德国的舍内费尔德机场立即转往西柏林了。[22]

从莫尔特 1986 年 1 月 17 日转交给朔伊布勒的非正式文件中可以看出，民主德国对此事毫不妥协[23]。莫尔特明确说道："不能优先考虑对泰米尔人的规定（不允许其在不具备有效签证的情况下入境）。"[24]柏林仍然被排除在该规定之外[25]。尽管如此，人们还是首先拟定了一份以友好态度撰写的非正式文件，并一直期待着民主德国或许会放弃其在柏林问题中的僵硬立场，并且希望是误解了莫尔特的表态[26]。因此在对民主德国非正式文件的回复草案中，新规定得到"赞赏"[27]。但是这份非正式文件留在了波恩，未能交给民主德国，因为民主德国此时毫不让步。1986 年 1 月 23 日，布罗伊蒂加姆在与大使赛德尔的会谈中却得到了更多反面消息。在电传中布罗伊蒂加姆报告了关于会谈的情况："我坚决地向他（赛德尔。作者注）声明，联邦政府必须在规定上得到'完全的保证'，对于从出发国或在柏林舍内费尔德机场声称继续向（西）柏林旅行的人，倘若他们没有联邦德国或（西）柏林的签证，那么他们不应获得民主德国机关签发的过境签证。倘若民主德国政府继续允许难民在没有目的地入境签证的情况下进入（西）柏林，对联邦政府来说，问题不但没有解决，反而在政治上被激化。"[28]鉴于布罗伊蒂加姆间接提到莫尔特的表态，赛德尔答复道，布罗伊蒂加姆声称"……问题很明显：这里涉及的是那些想进入联邦德国的人，却不是那些将旅行目的地定为（西）柏林的人。"[29]赛德尔只是非正式地提供了解决方案，正如他所说的那样："倘若（西）柏林有问题，相关机构知道他们通过什么方式向民主德国反映问题。"[30]这里指的是作为西方占领国委托人的柏林市政府，它应独立于联邦德国并与民主德国签订一份国际法条约：因此，西柏林明显地作为独立的政治区域出现，民主德国将此看作是一项重要政治成果，而联邦政府却不能接受这种法律地位的变更。

1986 年 2 月 4 日，朔伊布勒与沙尔克在其私人住所的会谈也未能走出"死胡同"。对米塔格进行评价的东德记录中包含着朔伊布勒的论述："……对联邦德国来说，如果不将西柏林纳入规定之中，就不能解决任何问题。朔伊布勒向我（沙尔克。作者注）重复了他的立场。"[31]在关于同一次会面的西德记录中，除此段落之外还记录了沙尔克个人提出的解决建议以及对民主德国政府困难情况的说明。出于可以理解的原因，沙尔克要求不要将这类谈话记录进去。对于他个人建议的记录，只是根据他获得的授权，使用相应的官方语言。此外，他完整地阐述了对话伙伴的个人意见。

在解决泰米尔人涌入的问题上，沙尔克明显面对很多不满，首先是苏联因为其航空公司"Aeroflot"的运输量减少而失去了一笔生意；另一方面，他也处于朔伊布勒的压力之下，因为总理府部长对他的对话伙伴明确表示，在泰米尔人的情况解决之后，必须对其他申请避难者提供相应的解决方案。此外，雪上加霜的是在大选之年波恩和东柏林的谈判回旋余地很小[32]。在西德记录中对这一情况评估道："沙尔克回答说，关于泰米尔人的解决方案对他个人没有带来好处。他对此并不承担个人责任，但是在处理与苏联的关系方面出现了困难，苏联握有实权，没有给民主德国更多的解决问题的空间。我们应就此深思，是否还有其他解决办法。例如现任柏林市长能在莱比锡向总书记昂纳克就此征求意见……在这种情况下，他（沙尔克。作者注）强调了严肃对待对话伙伴辛德曼的意义并提出应和他开展会谈，联邦总理能和他讨论在双边关系中出现的所有问题。"[33]

联邦总理科尔委托联邦部长朔伊布勒于 1986 年 2 月 19 日在波恩与人民议院主席辛德曼进行会谈[34]，研究申请避难问题的复杂情况[35]。朔伊布勒在会谈中探讨了细节。尽管沙尔克提出了模糊的期望，这次商谈还是没有取得成功。会谈的官方记录提出："辛德曼先生对于不具备联邦德国有效签证的外国人非法入境问题的解释是民主德国已经采取了措施。"[36]虽然朔伊布勒威胁到："柏林不应成为德意志内部关系发展的绊脚石。迄今为止，尽管双方在柏林法律地位问题上持有不同的观点，但仍有克服困难的可能。倘若民主德国想借此在柏林法律地位上获得好处，就会不可避免的严重拖累双边关系发展。"但辛德曼没有给出任何妥协的信号[37]。该问题的紧迫性在所有高级会谈中都有过表述，然而却劳而无功。

国内舆论对难民问题的讨论非常热烈，联邦政府因此面临巨大压力。西柏林内政厅长海因里希·卢默（Heinrich Lummer）对朔伊布勒[38]在基民盟党代会[39]召开之际提出，建议在柏林引入安全检查，这样便可以最终遏制来自舍内费尔德机场的难民潮。朔伊布勒对此强烈反对："您疯了吗？这违背了我们为维护柏林法律地位所做的一切努力。我们没有建造柏林墙。我们必须以其他方式来解决这一问题，我们必须制造压力，采用压力和刺激相结合的方式。"[40]朔伊布勒利用 1986 年 3 月 11 日联合执政同盟议员会谈的机会，以便在选战开始时能在论证方面起到辅助作用[41]。因为卢默建议的极端解决方式在朔伊布勒看来是纯粹的民粹主义，这种方式不能解决现实问题。这类建议会危及德意志内部对话和政治关系。避难和申请避难问题在舆论中持续发酵。1986 年，在巴伐利亚州议会选举中，一个极右翼党派首次取得了 17 年来最引人瞩目的成功，共和党 3% 的得票率显示了联邦德国排外运动隐藏的风险[42]。联邦总理科尔努力将基民盟中的民族保守派保持在中间政治路线上。

在莱比锡春季博览会会面之际，民主德国提出了一个略有不同的观点。昂纳克对经济部长班格曼和时任柏林市长迪普根说，根据盟国的法律，柏林市政府不具备阻止非法入境者的全权[43]。东德关于这次会谈的纪要由格哈尔德·拜尔撰写。昂纳克亲笔划出对他来说比较重要的段落，并在首页顶端批注："致政治局委员[44]，E. H.（埃里希·昂纳克名字缩写。译者注）"。双方关于避难问题的会谈听上去都很刻板，不过也有一些积极信息："考虑到他在前一天与时任西柏林市长迪普根的谈话，昂纳克同志知会说，民主德国会让国际法专家再次审核这个问题。但是大家应该清楚，西柏林不得纳入联邦德国制订的规定中，因为根据四方协定，西柏林不是联邦德国的组成部分，而且也不能由其管理。西柏林市政府没有主权，一直处于被占领状态。（从此处开始没有再划线强调。作者注）。在入境西柏林时无须进行边检。民主德国严格遵守保证过境自由的国际原则。民主德国也必须根据自身情况，以及在不影响与申请避难者来源国关系的前提下做出决定。"[45]

布罗伊蒂加姆在会谈记录中写道，昂纳克完全认识到了这个问题，但是很明显他也放不开手脚，他对此立场也表示赞同："倘若我（昂纳克。作者注）能帮忙，我会去做的，但是民主德国不是四方协定的缔约国。昂纳克再次制定了需要审核的任务，看看在这里还能做什么。"[46]昂纳克就这样用空话来敷衍他的对话伙伴。1986 年 4 月 9 日，联邦总理科尔和经济部长米塔格之间的会谈也未能带来突破。科尔在事先准备好的、为谈话提出建议的文件导言部分写道："舍内费尔德机场非法入境"[47]。联邦总理在会谈中断然要求制定快速解决方案，因为"通过舍内费尔德机场非法入境的外国人对我们来讲是一个关键问题"[48]。但是米塔格推诿说，这一问题还在审核中。科尔要求最终通过特殊渠道切实开始双边谈判。正如这次会谈所显示的，联邦总理并不仅仅致力于内部准备工作以解决问题，与其 1985 年时的犹豫不决不同，当时他有意识地回避和米塔格讨论泰米尔人涌入的问题，而到了 1986 年，他赞同加强对东柏林施压。内政问题而非德意志内部关系问题对总理产生了一定影响：联邦议院竞选中的两极分化不应受到这一主题的影响。[49]

1986 年 4 月 11 日，在国务秘书的德国政策协调会议上，朔伊布勒对当前状况总结道："民主德国没有准备好因申请避难问题在柏林法律地位上做出改变。泰米尔人问题的解决方案不能作为解决难民涌入问题的范例。在多番催促之后，米塔格博士承诺，会和联邦部长朔伊布勒博士就这个主题进行直接谈判。各职能部门现在就必须考虑，我们能向民主德国阐述哪些论点。"[50]朔伊布勒当时以为，民主德国至少在是否进行谈判这件事上做出了让步，并突破了与柏林市政府单独谈判的模式。对波恩的所有参与者来说，初步形成了一套解决方案。1985 年，朔伊布勒最终还是通过特殊渠道在关于泰米尔人问题的谈判中取得了突破。在这一点上，联邦政府搁置了一项计划内的外交措施。此外，外交部也支持对东柏林施加更大的国际压力："西方盟国也应该继续向苏联方面提及申请避难者的问题。"[51]

对民主德国在申请避难问题上真实操作背景进行猜测的文件塞满了波恩的许多档案夹。他们想测试西方的毅力吗？德国统一社会党随时都可能让步，但对于让步的代价以及让步的时间，他们想自己来确定。让步的动机肯定也是某种尝试，试图按照他们的意愿来影响联邦议院的选举[52]。此时，约翰内斯·劳的访问和奥斯卡·拉封丹于 1986 年 5 月 7 日与昂纳克的会谈似乎带来了一定的积极影响[53]。对此，德国统一社会党的备忘录里说道：昂纳克热情问候了"社民党的联邦总理候选人，他有希望成为明日的联邦总理"。[54]昂纳克进一步补充说，"我们希望约翰内斯·劳在 1987 年 1 月赢得大选。"除了保障和平的国际话题外，对切尔诺贝利反应堆事故的回应也是会谈的一个重要议题。关于计划中的对联邦德国的访问，昂纳克说："他完全没有作为基民盟助选人登场的想法。"[55]按照正式记录，没有任何人提及难民问题。鉴于该问题的紧迫性，这点令人感到吃惊。从现存档案角度出发，其原因就更清楚了：事实上，埃贡·巴尔作为社民党的谈判代表应该在避难申请者问题中做出让步。

民主德国采取拖延策略的另一个标志是，民主德国提议 1986 年 6 月与联邦政府进行专家会谈，并成立一个新委员会来处理这个问题。可以将这种战术描述为争取时间。科尔坚持进行米塔格提出的政治对话而非专家会谈，但却毫无成果[56]。从 6 月起，科尔和朔伊布勒也明显改变了他们的战术。在各种不同层面上的会谈迄今为止都毫无成果。他们开始考虑自己可用的施压手段，但双方都清楚，在涉及经西柏林入境的避难潮的政治博弈中，东柏林拥有更好的底牌。同步进行的环境谈判和科学谈判可以成为施压手段[57]。民主德国依然希望能通过这些协定继续提高自己的地位，但实际上，与避难潮方面的利益进行对比，这种利益到底能有多大呢？避难潮问题无论如何可以为民主德国在提升其地位方面带来可预见的好处。科尔和朔伊布勒这一次也能像贸易结算授信额谈判一样，通过一揽子方案与避难问题联系起来吗？

联邦政府未能就新策略取得一致意见，1986 年 7 月 3 日与总理府的德国政策协调会议便证明了这一点[58]。朔伊布勒主张将避难问题与环境协议的缔结联系在一起。布罗伊蒂加姆和雷林格对此表示反对。他们认为，只有在昂纳克访问成行的前提下，才有彻底解决避难问题的机会。有关环境谈判的新一轮会谈将于 7 月 15 日开始。联邦政府希望在会谈中讨论确切的计划方案。此外，民主德国在此期间也准备同意联邦环境局的工作人员也参与到项目中，并确保事实上将西柏林也囊括到环境问题中，这样科学谈判也就有了突破。当时朔伊布勒却主张采取拖延策略。他表示反对继续进行建设性的环境谈判。此外，他还表示："国务秘书布罗伊蒂加姆博士应该在不提及环境协议的前提下向民主德国表明，解决难民问题是如何紧迫以及这一问题对德意志内部关系发展的重要影响。"[59]在这种情况下，布罗伊蒂加姆再度提到了民主德国对苏联决定的依赖性这个通常说法："民主德国在环境问题方面并没有必须取得成功的压力，因为他们要根据苏联的意见才能确定有关难民的问题。他认为只有在昂纳克进行访问的准备阶段才能解决避难申请问题，而不是现在。"[60]联邦部长温德伦却比较坚决地支持一揽子方案，因为民主德国认为环境协议的政治影响更大。他不像布罗伊蒂加姆那样克制，因为布罗伊蒂加姆看到民主德国行动余地太小，并倾向于等到联邦议院选举之后再采取措施。由于出现了意见分歧，这次协调会议没有做出战略性决定。

朔伊布勒面临的内政压力更大了。为了有所收获，他必须改变谈判策略，提高谈判层次。他早就看清了民主德国的拖延策略，但首先必须弄清楚，是否能在接下来数周内与昂纳克进行私人会面。他让人通过正式渠道去了解，看是否能在 1986 年到民主德国进行一次正式访问。但他的尝试失败了。总理府德国政策工作组组长在民主德国驻波恩常设代表处的非正式询问虽然准确无误地传递到外交部长菲舍尔那里，但菲舍尔写信给昂纳克说："因为这仅仅是联邦德国方面的非正式询问，我建议，在出现新情况之前不要对此做出反应，对避难申请者进行秘密会谈的问题，也不应做出反应。倘若朔伊布勒正式提交了会谈请求，我会就如何回应给出建议。那时，我请求您同意进行会谈。"[61]昂纳克同意了，不动声色地等待对方的进一步询问。

外交部长根舍采用了第二种方案，在避难问题上积极行动。1986年7月22日，他在莫斯科对谢瓦尔德纳泽明确表示，他认为苏联政府对其航空公司"Aeroflot"将避难者送往舍内费尔德机场一事负有责任。尽管谢瓦尔德纳泽再三推诿，根舍还是继续坚持自己的立场[62]。1986年7月23日，外交部长根舍在联邦内阁会议中再次提到了这次会谈[63]。面对美国时，联邦政府在波恩的四方小组也应将自己的忧虑表达出来。他在波恩四方小组的会议中呼吁进行更紧密的协调。倘若不能尽快解释避难申请问题，就应该利用受到严重拖累的东西方关系去威胁苏联。根舍要求减少在民主德国的政治访问以及经贸活动。他甚至威胁将逐步限制相关航空公司在联邦德国飞行和降落的权力。由于盟国对柏林的控制，无论如何是无法解决这个问题的。联邦部长温德伦怂恿根舍提出制裁威胁，因为温德伦通报说，据他所知，联邦政府在避难申请领域所有可能的手段都已经用尽了，但在1986年7月23日的内阁讨论中仍然没有能作出确切的制裁决定。

联邦德国也无法期待一定会从西方盟友方面获得帮助。1986年7月24日，波恩四方小组的会谈反映出了这种两难局面："在接下来的一般讨论中，英国代表声称，伦敦认为三大占领国对到达柏林的申请避难者所采取的措施有问题。人们不能排除，苏联和民主德国都希望通过这一问题改变目前的法律地位。因此不应妥协让步。美国发言人证实了这种立场。在城市内占领区分界线上的每一项检查都会成为他们关于国际边界特性的论据。此外，他还看到了'现实的政治困难'。倘若在柏林阻拦或遣返寻求避难者，这就会导致出现违背意愿的'尴尬场面'。美国代表支持三大占领国针对苏联采取独立的外交策略……法国代表没有做出表态。"[64]这种气氛对解决问题没有多少帮助。尽管如此，三大占领国还是针对苏联在这件事情上继续各自采取行动，四方小组会面的后续记录也证明了这一点。他们通过外交部召见了苏联使馆的负责人，从而给苏联施加压力。[65]

决策压力和"积极反应"

鉴于谈判的紧迫性以及毫无成果的状况，朔伊布勒在不同层面上进行其他类型的谈判。例如，在尝试直接和昂纳克进行会谈和通过西方盟友施加压力之外，他直接和沙尔克联系。但是朔伊布勒通过电话来建立直接联系的尝试失败了，因为据说沙尔克在度假，因此联系不上[66]。总理府部长就此下达了任务，要求商讨出确切的对策来。不是联邦内政部主管下的避难者工作小组，而是德意志内部关系部起草了一份立场文件，并提交给朔伊布勒批准。德意志内部关系部的文件内容包含可能的反应策略的综述概览，总结起来就是："我方反应需（首先）集中在政治领域：公众讨论、与国际社会团结一致、高层会谈，如有可能，还包括政治家的出访。谈判所涉及的所有举措原则上都可考虑，我们有兴趣在环境保护、科学技术、文化财产等方面积极缔结协定。这里首先要介绍一种所谓的'积极反应'措施：谈判将毫无变化地以结果为导向继续进行下去，但同时应注意，目前的总体形势会使联邦德国很难履行其财政义务。"[67]因此，这里建议将不同谈判联系起来，这种关联具有一揽子方案的性质，从而通过非正式的手段与外汇施压手段结合起来，这是与民主德国进行政治谈判的典型化策略。他接下来还说道："除报复措施外，其他方面都应该涉及人员通讯，特别是往来旅行。"[68]

总理府的 22 组组长施特恩对朔伊布勒的记录是："我们的反应首先应集中在公开阐述立场、与国际社会团结一致及与民主德国领导高层的会谈上。在双边的高层访问以及颁发过境飞行许可（这里指对 Interflug 航空公司。作者注）问题上，应该秉承克制谨慎的态度进行审核。谈判应继续下去，但不要给予任何财政上的承诺。在德意志内部贸易、过境交通和往来旅行中的干预均遭到了拒绝。"[69]接下来，朔伊布勒在清单选项中都用一个浓重的"是"字来加以确认。确切地说，波恩的部长们将要对民主德国进行的邀请或访问大多数都被推迟了。一直以来，这可能都是局势升级的第一个阶段。有人建议朔伊布勒，在为他提名一位合适的对话伙伴后，再去民主德国。"与德意志内部关系部的意见相反，我们当然坚持认为，联邦总理当前不是去向总书记昂纳克求助。"[70]将这种德国政策方面的政府行为作为最终手段备用，因为在最高层面上的无效倡议院损害联邦政府。对双边谈判路线的建议是："继续下去，但不要操之过急，不要对民主德国做出明显的（尤其是在财政方面）让步。"[71]

给民主德国传达的信息听上去是清晰明确的：在政治层面上，应该向民主德国通报联邦政府的不满。联邦政府方面所谓的"积极反应"不能与民主德国的原则问题（易北河边界、扎尔茨吉特调查处）混为一谈，而是应该进行物质补偿。但迄今为止民主德国没有任何妥协的迹象，也未通过非正式的途径表示让步。于是正在同时进行的双边环境谈判和科学谈判也陷入僵局。这一次是联邦政府不想缔结协议，只要在申请避难潮的事情上未得到明确回应，联邦德国就不愿签约。在 1986 年夏季休假后第一次内阁会议上，联邦总理科尔通过了一份联邦内政部关于控制外国人经舍内费尔德机场非法入境的立场文件[72]。其中，他首次提到了联邦德国为限制申请避难潮决定采取的重要措施，从而以这种方式在与民主德国进行的会谈中继续施加压力。[73]

布罗伊蒂加姆和苏联驻东柏林的负责人科普捷利采夫之间的直接会谈没有带来任何解决方案。布罗伊蒂加姆更多确认了科普捷利采夫（Koptelzew）的论证——"几乎和民主德国方面的论证完全相同：他（科普捷利采夫。作者注）列出了两点：其一是在涉及西柏林法律地位的问题上拒绝承认联邦政府的代表权。其二，他指出，民主德国过境签证的颁发不会根据是否持有联邦德国对柏林（西）的签证而定，因为他认为联邦德国对（西）柏林的签证是不被许可的……他看起来对其自身论证的吹毛求疵心知肚明，因为该论证完全没有触及原来的问题。为解决问题，他又提到职能部门在三大占领国的委托下为访问柏林（西）签发单独签证。"[74]接下来，布罗伊蒂加姆公布了与美国驻东柏林大使的谈话内容，美国大使明显也持这种态度，"苏联现在将申请避难问题作为称心如意的政治工具，将其用于遏制德意志内部关系的发展。"[75]就这一点而言，也看不到能做出新的评估。雷林格在手稿中评论道："可怜的民主德国根本不能做其他事情！我认为这条论证路线是多余的。"[76]

"另一套德国政策"和选举贡献

朔伊布勒再度倡议并且为访问东柏林提出正式询问。他想尽可能赶在联邦议院选举前迫使民主德国做出让步[77]。这次他至少在实现访问愿望上取得了成功（访问被允许了）。1986 年 7 月 24 日，朔伊布勒与昂纳克秘密会面，尽管联邦政府对此进行了正式否认，但几天后西方媒体却进行了报道[78]。此前数周内，联邦政府多次公开地以及通过内部接触向民主德国通报，德意志内部政治形势由于避难申请问题受到了严重拖累[79]。科尔在与辛德曼和米塔格的会谈中也在寻求解决方案。民主德国自以为是并几乎是幸灾乐祸地驳回了公开谴责。现在朔伊布勒想通过最高层次的会谈向昂纳克阐释联邦政府的立场。尽管当时存在激化的可能，由民主德国外交部联邦德国司代司长汉斯·辛德勒撰写的编号为"E. H. 2. 9. 86"会谈记录，其基调和其他会面并无不同[80]。昂纳克应科尔的请求接见了朔伊布勒。[81]

　　和往常一样，朔伊布勒转达了联邦总理赫尔穆特·科尔的个人问候，接着概述了他对国际形势的评估，并认为这对双边关系的发展具有积极意义："我们的机会在于，在可预见的未来，在环境保护和科学技术合作领域签订协定，在与交通相关领域也有可能取得更大进步。"[82]然后朔伊布勒以外交辞令就法律形势的认识谈及"所谓申请避难问题"，东德的相关记录写道："联邦政府曾尝试，让民主德国摆脱联邦德国国内关于这个问题的公开讨论，但是鉴于所提到的避难者数字，这已经无法实现了。他明确强调，民主德国在许可申请避难者过境旅行这件事上面完全没有违反任何法律。因此，他也没有向民主德国有关机构提出任何要求。倘若它希望民主德国在解决这个问题上能提供帮助，联邦政府认为这也属于睦邻关系的应有之义。它也会对所有邻国提出同样的请求。"[83]朔伊布勒对形势做出了切合实际的评估。除了请求和对共同利益的呼吁之外，他没有什么可做的了："朔伊布勒再次重申，应该在考虑到继续发展双边关系的前提下解决申请避难问题。"[84]制裁威胁采用的表述也是外交辞令。

　　昂纳克进行了反驳，但也没有表达新立场："埃里希·昂纳克同志声明，所谓申请避难问题首先必须由联邦德国来解决。他提到在报纸如《时代周报》和《法兰克福评论报》上最新发表的文章，其中对联邦德国政治家们的立场进行了激烈批评。"[85]在解释了一些数字之后，他说："这表明，申请避难问题是不能通过民主德国和联邦德国取得协调一致来解决的。实际上，多数避难者是通过其他航空公司到达舍内费尔德机场的。埃里希·昂纳克同志强调，把这个问题强加给民主德国，说他们通过在申请避难问题中的立场改变西柏林的法律地位，是完全不合理的。西柏林的法律地位是在四方协定中确定下来的，而且也应该继续保持下去。"[86]联邦德国的媒体新闻报道再度作为论证用于双方博弈。媒体报道很适合于解释参与者的行为，并且使其与自己的表态保持一定距离："朔伊布勒尝试以联邦德国媒体的角色来对联邦德国政治家以及他自己的公开表态阐明理由。他自己将付出很多努力，才会使双边关系不受媒体的拖累。他努力让埃里希·昂纳克同志对他（朔伊布勒）的表态显得无关紧要。"[87]

在这件事情上双方根本无法达成一致。朔伊布勒未能得到任何关于遏制申请避难潮的承诺。在谈判策略中，总理府部长没有提供任何激励方案，而且他对可能发生的对整体关系有影响的暗示似乎对民主德国没有任何作用，而且对方根本不做回应。民主德国有时间进行谈判。环境和科学协议几乎已经完成谈判了。他们不想在联邦议院选举前为科尔/根舍政府的选举做出任何贡献[88]。对于申请避难问题应先保持开放未决的状态，这也符合他们的初衷。在 1986 年 9 月 2 日德国政策协调会上，朔伊布勒完全没有粉饰他与昂纳克会谈的结果。但由于事先约定的保密原则，朔伊布勒在公务员身份的国务秘书和联邦部长温德伦的圈子里也没有传达有关细节[89]。他亲自向联邦总理汇报了他所掌握的信息以及对形势的评估。[90]

在官方层面上，民主德国仍保持其僵硬立场。但是在这段时间里，其内部出现了首先审视自身利益优先性的声音。缺少强制签证是否值得拖累与联邦德国在其他方面都表现积极的关系呢？意见交换的确切背景如今已无法详细描绘，但很明显，最终民主德国也还是顶住了来自苏联的强烈质疑（苏联也担心经济上的损失）并贯彻了自己的意志，这也在 1986 年夏天证明了民主德国对于苏联的独立性[91]。波恩的社民党也对经舍内费尔德机场涌入的申请避难潮进行了消极评价，妥协让步似乎势在必行。埃贡·巴尔与昂纳克在 1986 年 9 月 5 日的秘密会面证实了这一点[92]，埃贡·巴尔曾为了削减军备会谈在东柏林短暂停留。昂纳克的秘密外交部长赫尔曼·阿克森做了会谈记录。不过，巴尔已经和朔伊布勒就昂纳克对难民问题的态度在此之前做过口头交流[93]。这也完全符合对朔伊布勒职务的解释：他也定期向巴尔和福格尔通报德意志内部谈判的情况。

昂纳克向朔伊布勒所隐瞒的东西，总书记现在就提供给巴尔了。会谈首先参考劳和拉封丹与昂纳克在同年 5 月 7 日的商谈。因为当时考虑的主要因素是支持社民党赢得大选胜利。根据民主德国的记录，巴尔说："很明显，民主德国通过这个问题在联邦德国获得了从未有过的影响力，这是第一次对联邦德国内政产生影响。倘若这能够为相互理解的事务服务，将会非常重要。"[94]但他接着谈到他所关注的核心内容："现在的问题是：有没有可能制定一项规定，不是书面协议，而是一项谁都不用做出决定的规定，而且还能为 1987 年 1 月 25 日大选结果带来一定的益处。"[95]和朔伊布勒不同，巴尔并不逼迫民主德国，而是主动向其提供帮助："受维利·勃兰特的委托，特通报如下：我们正式宣布，在由社民党接管政府的情况下，联邦德国的政府将会完全尊重民主德国的国籍，这样将会终结这个话题。"[96]它所产生的现实意义究竟如何，尽管民主德国方面不断要求，但这些年中关于这个敏感话题的讨论始终没有结论。

联邦政府从来都没有否认民主德国公民进入联邦德国旅行并再以民主德国公民身份返回民主德国的权利。但是，对此也从来没有一个官方的政府声明予以证明。社民党明显是希望联邦德国承认民主德国的国籍[97]。民主德国为此应在申请避难问题上和社民党就让步取得一致[98]。另外，不言自明，朔伊布勒也同样想在激烈的选战中去抢到好的起跑位置。但是，他并没有将在德国政策原则立场中的让步作为筹码，而是威胁冻结谈判进程。

昂纳克喜欢社民党的观点，特别是将避难问题与即将进行的联邦议院选举联系起来。他言辞激烈地回应："巴尔先生，在此我想对您用最清楚最坚决的方式说：我在 1985 年和 1986 年没有理会联邦德国访问的邀请，只是因为我不想以基民盟助选人的形象出现。"[99]然后巴尔得到了承诺："无论如何，我们先通过关于欧洲无化学武器区的谈判，现在又通过关于无核走廊的谈判从而强化了社民党的地位。但是我们的帮助太多可能会适得其反，我们将会审视此事。巴尔先生，正如我所说，（我们的）法律地位没有发生任何变动，而是在技术领域实现缓和。"[100]接下来两人意见取得了一致，他们应该如何通过阿克森、劳和巴尔形成一份共同备忘录，然后总理候选人劳应该在波恩通过声明公开这一消息。对联邦德国常设代表处的官方通报在此之前应尽可能延缓[101]。德国统一社会党决定，波恩的反对党面对联邦政府取得了优势，而且还是在他们通常表现得特别顽固僵硬的西柏林的法律地位问题上。[102]

另外，巴尔又秘密知会朔伊布勒会谈的结果，但直到 9 月 18 日才进行通报[103]。朔伊布勒向联邦总理说明了谈判的进展情况[104]。1986 年 9 月 18 日下午，总理候选人劳在杜塞尔多夫对与民主德国协调过的文本做出了说明。之后，国务秘书布罗伊蒂加姆才从民主德国那里得到了官方消息[105]。直到 1986 年 9 月 19 日，总理府官方才从民主德国常设代表处那里口头获知该规定[106]。1986 年 9 月 18 日晚，德意志通讯社发布消息："鉴于西欧和北欧很多国家出于不同原因引入了签证义务，外交部通报称，从 1986 年 10 月 1 日起，只有那些拥有其他国家签证的人员才可以通过民主德国进行过境旅行。来自与民主德国已经约定了免签证自由国家的人员不受本规则的影响。如前所述，本规定不涉及出于政治、种族或宗教原因在其家乡受到迫害、必须离开当地并在民主德国寻求避难的人。"西柏林被包含在该规定之内，自 1986 年 2 月 1 日生效的对经由民主德国过境进入联邦德国人员的规定得以细化。

德意志内部关系部长温德伦在对民主德国与社民党达成新规定一无所知的情况下，于 1986 年 9 月 18 日早上还向民主德国发出呼吁，要求他们与联邦德国合作寻求解决方案。联邦政府直到 1986 年 9 月 19 日才对此做出声明。朔伊布勒否认联邦德国将会为民主德国航空公司"Interflug"的收入损失提供任何经济回报或财政补偿。联邦政府和社民党非常郑重地对此进行了确认，政府和反对党之间就此问题保持着持续的信息交流。尽管不抱有其他希望，还是爆发了一场关于与民主德国的谈判成果归功于谁的争论[107]。档案明确证明，出于竞选战术的考虑，昂纳克目标明确地让社民党宣布了谈判的胜利"果实"，并且让朔伊布勒空手返回波恩。联邦总理科尔和他的演讲稿撰写组事先在 1986 年 3 月 14 日"处于分裂状态德国的民族形势报告"中警告人们留意社民党的"另一套德国政策"，却没有预见到，这种警告在该年的谈判进程中竟逐步成为现实。朔伊布勒回顾说："倘若施加了足够的压力，还是能解决的。他们（指的是民主德国。作者注）搞了这种花样，和社民党进行了一些谈判，但终归还是将问题解决了。这对我来说也都是一样的，是否最后能和社民党达成共识都无所谓，因为这对约翰内斯·劳也没带来任何帮助。"[108]

政府行为结果小结

与第一次和民主德国就避难问题产生的冲突不同，为了促使对方在避难问题上做出妥协，联邦总理科尔多次以私人身份介入谈判。在与辛德曼和米塔格的会谈中他警告说，避难潮问题会全面拖累双边关系。

决定谈判进程的领导人是联邦总理科尔和联邦部长朔伊布勒，他们都试图通过高层会谈取得谈判成功，但却徒劳无果。所有试图建立特殊渠道的努力都失败了，因为昂纳克根本不想制定解决方案。即使试图召开各种不同层面的德意志内部会谈也不能带来任何进展。在国际层面，联邦政府尝试通过施加压力来解决问题，但这仍然没有成效。

出于多种原因，联邦总理需要采取紧急措施：

a. 在内政方面，关于非法移民的争执激起了猛烈的政治风浪，联邦总理亟须证明其领导力和决断力。

b. 在德国政策方面，民主德国试图通过申请避难潮这一杠杆来逼迫柏林的法律地位发生变更。在这个高度敏感的政治领域中，联邦总理必须对民主德国展现其坚定性和毫不妥协的态度。德国政策也始终是柏林政策：即便预料到联盟党内会出现反对声音，科尔也不允许动摇其法律地位。

c. 为了让选举在关键阶段不受避难问题的拖累，在竞选战术上必须迅速做出决定。共和党在州议会选举中的成功迫使政府限制排外运动。

联邦政府的谈判受到了波恩反对党社民党所谓另一套外交政策的影响。当德国统一社会党希望通过社民党取得谈判成果的时候，档案记录证明了联邦政府相对的无能为力。最终，民主德国的让步更多要归功于东柏林的意图和认识，而不是波恩谈判代表自己的功劳。

冲突解决变困难的原因是，与第一次避难问题上的妥协相比，联邦政府在谈判中处于弱势地位。与贸易结算授信额谈判相反，这里无法建立非正式的一揽子解决方案，因为联邦政府方面的经济和财政刺激方案在德国统一社会党领导层的利益权衡中未能扮演重要角色。民主德国为自己和苏联的航空公司兜揽了一门有利可图的生意（接送难民），并同时把联邦政府带入窘境。东柏林甚至能把柏林的避难问题作为改变其法律地位的手段。波恩通过支付外汇来换取政治让步，这种通过施加压力和采取刺激方案的谈判形式不起作用了。互相的关联更多是间接地将环境谈判和科学谈判纳入一揽子计划中。波恩目标明确地拖延缔结这两个政府间协议并实行"积极制裁"。在这种政治局势中，朔伊布勒面对民主德国却无法施加更多压力。

政府内部的德国政策协调委员会每次总是只能如实汇报避难问题的发展状况。一方面因为民主德国并没有向政府的谈判代表发出正式的谈判准备指示，因此未对策略决定或谈判战术进行协调，另一方面，对于联邦政府在可能的一揽子方案中该采取哪一种策略，各职能部门没有达成一致意见。

第十三节 巩固权力的过程：组阁和加强德国政策的主管权限

与避难类似的案例体现了竞选期间政府根据德国政策所采取行动的特殊情况，各政党对内政上关于避难者、难民和移民的问题展开争论。与此相对，在1986～1987年联邦议院选举中，德国政策并不具有特别重要的意义[1]。巴伐利亚州州长施特劳斯对外交部长根舍的攻击及其自我标榜几乎成为老套的手段，其中，德国政策和东方政策在很大程度上都可以忽略不计。总体上，这次竞选并没有惊心动魄的过程，因为它缺少一个具有决定意义的辩论话题[2]。联邦总理科尔却在选举前几天将德意志内部关系提上日程，使其成为关注的焦点。1987年1月4日，科尔在多特蒙德基民盟竞选活动的自由演讲中说道："任何人若在与民众的接触中说'是'，他就必须在与政治领导层的谈话中也说'是'，同时我们一刻也不能忘记，我们是在和谁谈话：谈话对象可以是一个自由选举出的政府，也可以是像民主德国这样的政权，那里的监狱和集中营里至今仍关押着2000名被判为政治犯的骨肉同胞。"[3]

联邦总理在提及与民主德国关系中关键的地方时，使用了不正确而且极端的词语"集中营"，它在多数时候可以理解为"奥斯维辛"的同义词，也就是人权问题[4]。科尔将东方国家看作罪恶政权，这种露骨的体制划分与其他各类关于缓和政策的表述并不相称。第二天，政府发言人奥斯特必须把紧张气氛平息下来，他说：联邦总理对与民主德国及其他东方阵营国家的睦邻关系仍然非常感兴趣。自民党通过他们的秘书长豪斯曼（Haussmann）表示对科尔的表述并不赞同，根舍用政治家的态度警告不要将外交政策和德国政策当作"竞选的冒险乐园"[5]。波恩的反对党在几天内找到了他们的主题[6]。人们猜测总理是否会用这种强硬的表达方式来赢得极右选民的支持，或者他是有目的地批评外交部长的缓和政策？事实上，在基民盟主席的关键记录中没有"集中营"这个词：这只是科尔未加思考脱口而出的一个词，不过，这也不是完全没有战略目标的[7]。从竞选战术上来讲，这个词并非有意使用的。它所带来的损失更多是公众总体上获知了少量关于联盟党为选战安排的重要准备活动的信息。在新闻报道中，所有一切都围绕着总理在介绍德意志内部关系时所选择的词汇。科尔相对低调地参加了星期日的投票选举[8]。1987 年 1 月 25 日，联邦议院选举结果没有出乎意料：选民们认可了联合执政联盟。但在细节上仍发生了一些变化：基民盟/基社盟以 44.3% 的得票率取得了他们自 1949 年以来联邦议院选举的最差成绩。相对而言，自民党（取得 9% 的得票率，超过上次的 7%）和绿党（得票率从 5.6% 上升到 8.3%）可以算取得了胜利。对社民党（取得 38.2% 的得票率，超过上次的 37%）来说，得票率比预期要低。选举之夜联盟党没有表现出高昂的情绪[9]。科尔还是实现了他的主要目标：根据得票数量，由社民党和自民党组成政府是不可能的；基民盟/基社盟在德国联邦议院中保持了他们的战略多数。[10]

为了分析 1987 年联邦议院选举后巩固权力的过程，应该将德国政府根据德国政策采取的行动分为以下四类：

- 决策准备：联合执政同盟谈判及组建政府；
- 政府行为的价值规范层面：针对德国政策的政府声明；
- 政府行为运作：朔伊布勒在东柏林的活动及联手议会党团；
- 部门任务与方针决定权：划分德国政策权限。

决策准备：联合执政联盟谈判及组建政府

科尔的权力地位在联合执政同盟谈判和接下来组建政府的过程中凸显出来[11]。科尔组建第三届内阁耗时 45 天，所用时间之长在联邦德国历史上位列第二[12]。尽管联合执政同盟内的力量平衡发生了变化[13]，而且内政中存在各种有争议的事务性话题，例如税制改革、养老保险和医疗保险制度结构变化，科尔还是在预计时间内在事务和人事问题上成功达成妥协。为较大的法律规划工作设定时间表，也符合他的执政风格：他先确定一个最终结束时间，然后才开始内容上的谈判。他将 1987 年 3 月 15 日确定为新内阁宣誓就职的最后一天[14]，因为 1987 年 4 月 5 日要在黑森州举行州议会选举，因此，由此产生的时间压力也是竞选战术的一个考虑因素。科尔的权力以这种做出重要决定的方式凸显出来。鉴于联合执政同盟内部意见不一的情况，他避免自己在特定的事务性话题内容上做出确定性表述，他也不会提出自己的草案。

在为解决有争议的事务性问题而组建的更小的工作小组中，科尔只参与了外交政策小组。在这个小组中，除联邦总理之外还有：沃尔内尔、德雷格尔、施特劳斯、魏格尔、克莱因、班格曼和米什尼克[15]。重量级人员构成凸显出这个话题在联合执政同盟内的主题和人事政策上的重要性。基社盟在十亿马克贷款之后就不再提出改革德国政策的要求。同样，对贷款担保手段感到意外的自民党在德国政策上还没能重新找到状态。按计划，着眼于实际合作的德国政策不会给他们带来太多可批评的地方。在1987年，科尔必须谨慎使用外交策略以领导联合执政联盟。根舍作为外交部长象征性地参与了1987年联邦议院选举。在选举中，他不放过任何机会来表明，这次选举就像在总理和外交部长间进行的表决。因为1986年，施特劳斯在慕尼黑又发起了关于未来外交部长的讨论[16]。在联合执政同盟中，施特劳斯和根舍之间争论的主题仍然是关于西方对戈尔巴乔夫裁军建议的共同政治回应[17]。当基民盟/基社盟还在将第一个"零解决方案"（指冷战双方完全放弃部署新武器系统的方案。译者注）作为议题进行讨论时，根舍已经开始考虑第二个"零解决方案"[18]。科尔希望通过他对外交政策委员会的领导，在联合执政谈判中向对手的讨论施加温和的影响[19]。对于事务性政策的争论，应该从一开始就将主要对手集合在一起进行讨论以缓和局面。针对这样参差不齐的联合执政联盟，采取综合性策略必然会使各方在政府规划内容上进行妥协。在此意义上，经科尔协调之后，委员会就一份文本的内容友好地达成了一致意见，其内容并未超出科尔1月13日在联邦议院外交政策声明中的表述[20]。其中，科尔提到针对德国另一部分的现实政策。对此，根舍在他的《回忆录》中美言："在1987年联合执政联盟谈判中，外交政策并未起到重要作用。这也完全没有必要，因为对科尔/根舍政府来说，联邦总理和外交部长之间在原则问题上的共同利益和内容保持一致，就像从1974年到1982年的施密特/根舍政府一样。"[21]

在大量的单独协议中（但并没有签署一份联合执政协议）[22]，缺少对德国政策的说明。正如在1983年一样，联合执政联盟把这个话题完全省略了。德国政策工作组为朔伊布勒准备的文件没有派上用场[23]。朔伊布勒在回顾时指出，这种情况下并不存在执行立法程序的强烈需要，因为在议院里没有多数派需要进行组织[24]。在当时的一次采访中，他就联合执政谈判中有关德意志内部政策领域有哪些需要解释的地方描述说："我相信，在联合执政谈判中，这方面内容并不多。德国政策在政府声明中当然扮演着重要角色，但在联合执政谈判中，我们必须首先着手处理的问题是，在两个希望组建联合执政同盟的党派之间，双方在哪些地方存在不同的强调重点。在德国政策问题上，我们的意见在很大程度上都是统一的。我们对此都取得了共识，双方都希望：共同坚持实现自由统一的目标，从而也坚持履行我们照顾和帮助所有德国人的义务；但同时，只要我们的祖国还处于分裂状态，我们就将通过与德国另一部分负责人的合作来减少分裂对德国人的影响。"[25]但是在现实中，联合执政同盟和在联盟党当权内部的阵营并不像朔伊布勒所表现的那样团结统一。

施特劳斯在德国政策和东方政策的问题上谈到，科尔在会谈外向他保证，他再也不会提及东方条约的政治连接影响[26]。联邦总理本人迄今为止从未使用过这种表述[27]。为了在备受期待的重新选举之后详谈基本面，科尔已经于1986年12月与根舍会面。根舍也提前准备了一份与民主德国关系战略要点的文件。没多久，总理府就通过非正式方式获知外交部正准备文件的消息[28]。此外，外交部和总理府部门之间的紧张局面持续存在，双方互不信任、彼此观望，在此背景下，上述信息的传达属于政府部委的官僚主义。作为应对措施，德国政策工作组也拟定了一份文件作为联邦总理与根舍进行会谈的基础[29]。其中包含对民主德国的愿望、待定的有财政影响的项目以及针对民主德国的要求等一系列要点[30]。从1986年11月起开始任职的工作办公室主任克劳斯－于尔根·杜伊斯贝格亲笔为朔伊布勒记录下来："附寄的文件总结了选举之后可能的行动方案。"[31]已经准备的文件派不上用场了。在德国政策问题上，科尔和根舍之间[32]及联合执政同盟谈判的工作圈子内部都未曾有过争论。这个话题被忽略了，但同时也增加了对需要准备的政府声明内容的压力，因为政府声明必须就德意志内部关系进行阐明和讨论。

对科尔来说，做出组成内阁的决定是极其困难的，因为自民党还要求得到第四个部长名额[33]。他们为此推荐了现任外交部国务部长于尔根·默勒曼（Jürgen Möllemann），他是根舍特别信任的人，同时，科尔出于联合执政同盟的原因也必须接纳他。与此相对，施特劳斯拒绝了由他接管财政部、国防部或内政部的提议[34]。科尔帮助自民党增加了一个部，前提是基社盟不会因此而失去一个部委[35]。为了恢复联合执政同盟内的内阁职位比例，基民盟将教育部交给自民党来管理，新部长是默勒曼。此外，根舍在其任期内首次实现了将自民党两位国务部长带入外交部[36]，这是他在一次"与联邦总理充满分歧的谈话中实现的"[37]。科尔与自民党和基社盟轮流谈话，直到 1987 年 3 月 11 日上午才达成全部妥协方案，这也是联邦议院选举总理的日子[38]。人员任职决定在其准备阶段就渐渐传播开来，已经导致了联盟党内的不满和批评，科尔完全清楚这种情况。也正因如此，他在总理选举前几分钟才把完整的内阁名单交由基民盟/基社盟党团对外公开。赫尔穆特·科尔仅以 253 票在德国联邦议院中再度当选为联邦总理。在联合执政同盟党派阵营方面，他这次失去了 15 票，1983 年他才失去 7 票。当然，在总理选举的历史上还从来没有一位被选定的总理能一举夺得政府联合执政同盟内的所有选票。[39]

在基民盟/基社盟中激起的恼怒并不仅仅针对人事任命上的决定，其中，自民党似乎是胜利者，而且也明确针对调离德意志内部关系部长温德伦的决定[40]。对温德伦来说，这样的决定完全出乎意料[41]。他在内阁职位任命中成为牺牲品，一方面是鉴于联合执政同盟的相关考虑，另一方面则特别涉及性别方面，内阁中的女性比例应该得到提高[42]。原教育部长多罗特·魏姆斯现在接管了德意志内部关系部。这种基于完全陌生的业务上的调动明显表明科尔对德意志内部关系部的作用评价很低，但并不是针对其任务范围。联邦总理将该部置于一种相对而言并不重要的地位，这和 1982 年政府更迭时截然相反。当时，他还突出强调将巴泽尔分派给该部。和温德伦不同，多罗特·魏姆斯在德国政策领域完全没有经验。一开始，她缺乏德意志内部事务的工作能力，也不在科尔政治家庭的圈子内。她还需要一些时间来熟悉自己的工作，因为对她来说，总理的决定也完全出乎意料[43]。在党团内，所谓"钢盔派"表示了他们对女部长上任的反对[44]。从权力政治的视角来看，该部确实在进一步失去影响力，而这一结果也是总理府试图在行政管理方面重新规划德国政策职权范围造成的。[45]

联邦总理科尔于 1987 年 3 月 11 日，也就是临近总理选举之前，在党团内介绍了下一任德意志内部关系部女部长。他不能为这位新任女部长确定一个特别的德国政策立场。在对魏姆斯的简短介绍中，科尔挑选了较为平和、不令人为难的政治重点："她满足了我所描述的成为'政策指南针'的前提条件，这一点对我来说是毋庸置疑的。我曾向她请求，如果世界政治按照我和你们所希望的那样发展，那么此时此刻，无论如何我都会看到未来数年里真实存在的机会，看到这个职能部门中的经济政治联系以及其他方面的重要联系。长期来看，我认为更重要和最重要的是：她将把迄今为止她在工作的职能部门所获得的经验应用于此，以便在青年一代的意识中通过这个职能部门的特殊活动重新明确我们国家的分裂问题。我认为这是一项非常重要的决定。"[46]

联邦总理目标明确地瞄准了德意志内部关系部将来需要加强的一个任务领域：在西德人民的国家、民族和历史意识中传达德意志问题。同时，他借此从另一个讨论中转移注意力。在前一天，即1987年3月10日，党团会议中进行了激烈的讨论。议员们要求实施一种战略性的德国重新统一政策。在此，伯恩哈德·弗里德曼[47]作为发言人说道："主席先生，我在这里联想到，您在开始时对于削减军备政策和安全政策所做出的阐述，对于那些，联邦总理先生，您深入补充的那些内容。并且，我还想到我们在11月初所做的讨论，当时我们也是在这里的党团中进行的。"[48]1986年11月4日，弗里德曼首次在党团会议中提出了实行可行性重新统一政策的要求。据他称，此行为源于总理不久前与美国总统里根会面时所做的报告以及里根与戈尔巴乔夫在雷克雅未克进行的裁军会谈[49]。弗里德曼瞄准了安全政策和德国政策之间的直接关系：德国的分裂是东西方关系紧张的最重要原因。解决分裂问题也可以看作为紧张的欧洲关系寻找政治解决方案，同时，这也会在裁军问题上产生特别积极的影响。当时，弗里德曼的理论就已经在公众中引起了广泛关注[50]。联邦总理必须在党团中就此进行解释，虽然对他来说这种事实论证显得非常混乱不清。因为德国的分裂并不是东西方冲突的原因，应该将关系反过来表述，是东西方的意识形态和权力政治的对立造成了德国的分裂。弗里德曼设想过，德国重新统一后成为北约的联合协作成员，并且设想通过民族中立主义，走出一条德国特色道路，然而科尔拒绝了这条道路[51]。3月10日，总理选举的前一天，弗里德曼又重拾这个话题。他在党团会议中阐述到："联邦总理先生，我恳切地请求您：我们现在必须在这里以这种方式讨论一下德国的利益，我们要将德国政策，也就是重新统一，作为安全方案战略纳入政治讨论中！"[52]

科尔在这次议会党团会议中还要面对另一个政治攻击，攻击再度指向德国政策和东方政策之间的联系。议员维尔讷说："这已经是第二次了，在联合执政协议中完全没有涉及德国政策的字样！而且我认为，这一点证明了，在这个领域中，不仅仅是联合执政同盟伙伴们可能不会思考德国统一问题，而且我也感觉，似乎我们行列中的这个人或那个人，对'约束力'的概念、对条约的法律效力及其注解的理解和制定德国政策的政治家们有所不同。"[53]科尔用和蔼的语气进行了谨慎地回答，因为由两位议员提及的棘手问题会在议会党团内引起更多的共鸣。此外，他也不希望在他重新当选的前一天冒险与联盟党党团的议员对抗："维尔讷先生，我的同事，首先，我们在这种由您所提及的原则问题上并未在联合执政同盟中达成一致意见，这种设想其实不存在任何理由。这是完全不能这么说的……为了让大家更清楚地了解这一情况，我将在政府声明中也提及这一问题：涉及法律情况的一切内容，我已经在许多讲话中……明确并清楚地进行了强调。"这不能说"我们会放弃立场降格以求。"[54]对他来说，联邦德国与西方结盟是联邦德国国家利益的一部分，而国家利益是"不能交易的"。对联邦政府而言，"格拉要求"中没有任何一条是可以商讨的："这就是说，在这种原则问题上，我们不会因任何讨论而做出妥协。"他说已经提过，没有人知道苏联现在采取的政策将走向何方。"而且弗里德曼先生说过：'可能存在这样的机会。'倘若有机会，而我们不利用，那么我们就会在历史面前出现失误。我现在还不知道是否会有这种机会，但有一点是完全清楚的：必须坚持基本原则，自由高于统一！（鼓掌）。但在当前时刻，这句话令人感到苦涩。在联邦德国有右翼人士，也有左翼人士，我在翻阅特定的报刊时，已经不再接受这句话了。他们相信，只有'新版的拉巴洛条约'才能提供机会！"[55]

科尔以政府不可改变的原则立场来进行论证，该立场得到了广泛支持，并且又将两位质疑者密切联系起来。此外，他将德国政策再度升格为第一要务。如果有人要对此进行批评，就得以个人的名义面对面跟他争吵，这也就立即提高了议员们对此进行批评的门槛。此外，科尔完全个人化地将其政治路线与德国政策的基本立场和对历史责任的坚定信念联系起来。与他在党团内的原则性讲话类似，总理将其政治信息以高度简化的形式表达出来，这与其坚定的世界观完全一致：联邦德国始终属于西方。他相信这样一句口号："只要我还和你们在一起，我们的德国政策就会沿着历史设定的连续性路线走下去。"

接下来，是其他方面的讲话，其中以同样方式要求科尔解释在德国政策、东方政策和安全政策中的立场。通常科尔也只会不情愿地允许这类原则性辩论；在他自己领导的委员会中则是完全不可能的。但是面对党团，为了试探其政府政策在党团内的反响，他必须面对这些问题与质疑。为了使正在准备中的政府声明能够顾及和考虑到相关内容，他接受了这些质疑，虽然其中很多是固定的党团仪式[56]。在这件事上，他完全不认为弗里德曼的异议是令人信服的[57]。在这样的氛围中，党团会议传达出某种在对德意志问题的原则讨论中需要加以补充的信息[58]。通过信息提示，接下来还将会举行针对德国政策和安全政策的后续特别会议，党团主席为自己创造了行动的回旋余地。有关问题的讨论因而推迟了。党团内的政治分歧或不同意见绝对不应在总理选举前一天被激化或放大。此外，一些议员们也把他们的质询当成了政治工具，以知会科尔，对比在联合执政同盟谈判和组阁进程的情况，他们希望在即将开始的议院任期里，能够更紧密地联结起来。从总理的角度来看，德雷格尔的任务在于，在德国政策和安全政策的主题领域中，不要让其本人享有高度声望的所谓"钢盔派"变成一个团结一致的抵抗阵营。[59]

政府行为的价值规范层面：针对德国政策的政府声明

政府声明的准备工作很早便在总理府部长朔伊布勒的协调下展开了[60]。这次科尔和朔伊布勒比 1983 年更专业地设置了计划程序。1987 年 2 月 9 日，联邦总理在早晨形势碰头会上决定：现在就该开始进行有关政府声明的工作了[61]。这里所指的是一套双轨程序：在正式渠道上，朔伊布勒要求各职能部门提供客观事实的资料；此外，演讲稿撰写人应事先起草一个提纲，这个草案也已通过电话转达给普利尔。当时的首席演讲稿撰写人普利尔已经提前把包含撰写提纲的程序作为一项策略提交给联邦总理。演讲稿撰写组还记得 1983 年政府声明的准备工作是有缺陷的。那时，所有职能部门提供了堆积如山的文字资料，从这些信息中划分重点对于演讲稿撰写组来说是十分困难的。

因此，普利尔和第二位演讲稿撰写人艾瑟尔一起在团队中草拟了一份三页的提纲草案，将政府声明的要点包含在内，并且于 1987 年 2 月 19 日与总理进行了商讨。他们将德国政策放在第四位："1. 我们希望加强价值观意识，特别是有关自由和责任关系的意识；2. 我们希望以高效的经济发展提供社会保障并在物质上支持自由；3. 我们希望让公民在一个充满正义的生活环境中感受到安全并得到更多自由机会；4. 我们希望让所有德国人将来通过欧洲的和平秩序实现自由统一；5. 为了确保和平长期得到保障，我们希望作为西方价值观共同体中的可靠伙伴致力于全世界的人权保卫和不同民族之间事务的公平调解。"[62]

科尔在第一次会谈中主要坚持：就业市场这一主题应该再往前放一放，使其得到更多关注。他没有批评德国政策的排位。将德国政策排名倒数第二会让听众将注意力再次放到这个敏感的话题上来[63]。演讲中多次提及政治文化价值和公民安全保障的字眼。为此，过去数月中在总理府举行了多次头脑风暴式的集体研讨。前任首席演讲稿撰写人克劳斯·卢茨为此付出了很多努力。在多轮研讨中，会谈和报告围绕下列概念展开：基本价值观的展示，社会、政治和公民美德的时代根据，对具体未来任务的关注，德国人的安全需求[64]。在此背景下，由卢茨邀请来的学者们还讨论了德国政策的目标和因素在多大程度上是符合人民的意识状况和利益的问题。民族认同感问题应作为导向性主题进行讨论：为了准确地说明、加强并巩固德国人的认同意识，联邦德国可以做些什么？[65]在顾问圈子里，人们就政府声明的指向性概念达成一致，按照魏登菲尔德提出的建议，这个概念就是"创造"。后来的政府声明便采用这个标题："继续创造－赢得未来。原则和指导性思想－责任和建构的使命。"创造的概念应综合地表现为一种对人生存真相的描述，并同时塑造人类为神的创造物这一印象。

以先期工作、由科尔准许的纲要以及职能部门所提供的资料为基础，普利尔和艾瑟尔拟定了第一版政府声明，并于1987年3月4日和3月12日[66]与科尔进行了关于演讲稿的会谈。在会议桌边上就座的除了联邦总理，还有普利尔和艾瑟尔、朔伊布勒、特尔切克（负责外交政策部分）、贝格尔斯多夫、巴尔杜尔·瓦格纳（在养老金和社会保障事务中提供特别咨询）、约翰内斯·路德维希（负责经济政策部分）和魏登菲尔德（德国政策和整体框架）。在向联邦议院提交政府声明（1987年3月18日）之前的周末，联邦总理在路德维希港单独修订了第三版演讲稿[67]，并于3月16日在内阁大厅里安排了一次部长会谈。其中唯一的日程要点就是政府声明[68]，部长们必须亲自出席。科尔给他们整整60分钟时间来阅读全文，然后他们可以在这次内阁会议中提出对文本的修改意见。然而，对于德国政策部分，大家并没有提出异议。[69]

联邦总理科尔必须抵挡住由于缺少对德国政策的原则讨论、联合执政同盟之间缺乏有约束力的政策协议以及由于任命魏姆斯而引发的本党团个别议员的抗议。在过去已提交了四份"处于分裂状态德国的民族形势报告"之后，"智囊团"对于新的描述方式已经感到辞穷。有约束力的德国政策原则每年都必须对其文字内容进行重新编排，但内容均来自以前的演讲：原则性的问题一个都不能遗漏。政府声明并不适合进行试验，因为科尔希望在德国政策事务中证明联合执政同盟的和睦，正如他对党团口头所表达的那样，对他来说也别无选择，只能采用成熟的表述方式。

将政府声明的文本与 1983 年的声明进行对比，首先引人注意的是[70]，1987 年反而是那些与民主德国不太对立的声音占主导地位。科尔仍然持不妥协态度，接下来的内容也证明了这一点："在第二次世界大战结束 40 年之后，就法律、政治和历史层面而言，德意志问题仍未解决……凡是涉及我们宪法原则的内容，我们是坚决不会妥协的……因此我们将一如既往地坚持德国统一。"[71]但是，科尔不再像 1983 年那样对"危险的边界"、人权缺失和入境刁难进行重点强调。他一如既往地明确表示："我们将永远不会容忍柏林墙、射击命令和铁丝网的存在。"[72]1983 年德国政策部分还是以对"危险的边界"的论述作为开篇的。上届政府任期的确切成果（旅行者数量、文化协定及其他方面）都能证明与民主德国的关系得到了改善。可以理解，这些内容在 1983 年还不能作为文字写入其中。在语调上，而不是在事实上弱化与民主德国在价值规范上的界限，这也是一种回旋余地，这是科尔自十亿马克贷款和施特劳斯与基社盟达成合作后才取得的。当然也可以这样理解，与 1983 年不同，并且和以前的"处于分裂状态德国的民族形势报告"也有一定差异，科尔这次不再逐一列数德国政策的所有法律基础，而是在另外一部分内容中逐字逐句介绍了他和昂纳克于 1985 年 3 月 12 日做出的共同声明。其中，关于被驱逐者在建设联邦德国中起到的作用的内容几乎是相同的。

关于引起党团内冲突的德国政策与安全政策的关系，他说道："同时我们必须认识到，德国的命运是与整体的东西方关系联系在一起的。克服欧洲的分裂合乎德国人在自由中实现统一的意愿。有些人认为，我们的民族问题可以独立于东西方冲突而得以解决。不论这种幻想是来自于右翼还是左翼，我们必须对此坚决抵制。不存在特殊的德国道路！"[73]科尔明确表明了立场：对于将来持有这种想法的任何人，科尔都会让其明显感受到政治上的抵制。他演讲的德国政策部分引起的反响非常小[74]，但这也完全合乎他的利益。朔伊布勒以缓慢的步伐矢志不渝地在操作层面继续推进德国政策，只要它没有成为德国和国际议程的焦点，他就能取得成果。而到 1989 年，科尔和朔伊布勒都对重新统一政策的实际操作持怀疑甚至是反对的态度，因为他们对此看不到任何谈判的回旋余地。

政府行为运作：朔伊布勒在东柏林的活动及联手议会党团

在联邦议院选举后，德国政策同政府声明在政府行为价值规范领域一样，都在不事声张地平稳实施[75]。首席领导仍然是朔伊布勒，正如科尔在政府声明中提到的，1987 年 3 月 26 日和 27 日，朔伊布勒在东柏林考察"所有层面上的政治对话"[76]是否真的在联邦议院选举后对民主德国还有"重要意义"[77]。1987 年 3 月 27 日，朔伊布勒在与昂纳克的会谈中明确考察了是否能"对那些可能加以规范的问题制订一份工作计划或主题目录"[78]。按照东德的记录，赛德尔大使也注意到了同样的事实[79]。接着，朔伊布勒制订了德意志内部谈判中预期的全部议事日程[80]。在没有布罗伊蒂加姆、杜伊斯贝格和多贝伊参与的情况下[81]，他在一次与昂纳克的单独会谈中讨论了即将到来的柏林建城 750 周年庆祝活动这一重大政治问题[82]。其背景情况是：科尔在其政府声明中以外交口吻描述道："这个庆祝活动不应该加深分裂。"[83]因为民主德国在准备阶段就回避共同组织庆祝活动。通过邀请西柏林市长迪普根参加 1987 年 6 月与东柏林市长的会面和在 1987 年 10 月 23 日举行的重要庆典，科尔又提出了一个需要东柏林参与的正式活动。迪普根原则上希望参加这些活动，三大占领国却将其拒之门外，因为它们都将民主德国的周年庆祝活动看作该国试图按照其意图确定柏林法律地位的机会，民主德国希望将东柏林确认为国家的首都[84]。朔伊布勒建议应该向昂纳克发出邀请，让他来参加 1987 年 4 月 30 日西柏林市政府庆典活动。朔伊布勒在波恩的四方小组中必然面对西方盟友的激烈反对[85]。昂纳克在与朔伊布勒的会谈中表示对此并不是非常确定："对他（昂纳克。作者注）来说，市政府的庆典活动关键是要权利完全平等。联邦总统会参加庆典活动，联邦总理会发表主要讲话。对于这种由联邦高层出席的庆典活动，一视同仁是不可能的，他对此表示理解。但是针对这件事还没有做出任何决定，所以我们将继续保持对话。"[86]昂纳克和朔伊布勒之间的会面（1987 年 3 月 27 日）也没有就昂纳克访问波恩的可能取得新进展。[87]

朔伊布勒回来后立即于 1987 年 3 月 31 日在党团内汇报了他的会谈结果。这个行动也强调了科尔和朔伊布勒的愿望：更积极地对党团意见做出反应，从而给他们留下一种印象，让他们感觉已经获得了信息并因此团结一致。

在本文研究的时间范围内，朔伊布勒事先事后都没有在党团内就他在东柏林的会谈做出如此详细的报告。多数时候他在党团内完全不通报，因为涉及的是秘密谈判。朔伊布勒在介绍 1987 年 3 月 27 日会谈结果时强调了四个方面。根据他个人对会谈的诠释，同时也作为其谈判成果的证据，并向党团介绍他就德国政策行动领域回旋余地所进行的考察，其内容如下：

旅行交通

"昂纳克在会谈中提到以下内容，而且我相信，我们能就此达成共识：在德国土地上的两个国家——他不是这样说的，但我们这样说——在世界政治条件困难时期，双边关系取得了很好的成果，其中特别包括民主德国对联邦德国访问人数的增加，这是一项重大成果…… 我们能在不求回报的情况下实现目标。自从赫尔穆特·科尔于 1985 年 3 月与昂纳克在莫斯科进行会谈之后，不到退休年龄的德国人 '在紧急家庭事务情况下'，昂纳克也是这样表述的，进入联邦德国的数量是早年的十倍。我相信，这是我们所取得的进步的最明显体现。"[88]这一切在没有十亿马克贷款和提升贸易结算授信额情况下是否还可能发生，仍然是需要进行推测的[89]。尽管如此，朔伊布勒还是有意使用了"回报"这个词。这一词语具有镇静和安慰作用，并再次获得了认可，因为它是在反对党时期提出要求时使用的固定词汇。

格拉要求

"此外还存在着一系列原则立场问题，我们双方又是如此对立，以至于几乎不值得花时间就此进行谈判。"[90]鉴于这些秘密谈判的紧张气氛，党团应该知道，原则立场问题在任何谈判层面上都决不能拿来交易。

工作计划

"因此，我与昂纳克会谈的目标之一就是，由于很多利害关系方提出了大量议题，在新政府任期开始就应共同制订一份工作计划，并取得一致意见。很高兴我们达成了一致。"[91]德意志内部关系谈判应该在所有领域继续进行下去。接着，朔伊布勒列举了许多议题，以证明谈判是如何多层次、集中进行的。

柏林

"昂纳克明确地承诺，在德意志内部关系领域取得的所有进展中，都必须将柏林包含在内，柏林人必须参与到德意志内部关系的发展进程中来。我确信，这是非常重要的一点。"[92]他接着说，昂纳克是否参加（西）柏林市政府庆祝活动尚未确定。"但他并没有对联邦总统出席庆典活动而且联邦总理在活动中做主要讲话这两点加以批评，我觉得这是值得注意的。这对我们来说要比其他一些事情更重要。"[93]

朔伊布勒通过这些信息暗示，德国政策应该坚决保持在既定路线上，不能指望改变上一届政府任期的路线。朔伊布勒通过他的阐述执行科尔在政府声明中预先强调的路线方针。

部门任务与方针决定权：划分德国政策权限

尽管已表明要延续既定路线，朔伊布勒在新议院任期开始就试图在德国政策操作领域确定新的重点。总理在选举结束重新组阁后[94]，朔伊布勒也试图进行政府内部更多的重组工作。朔伊布勒力图将德国政策的权限更多集中到总理府。通过任命维尔姆斯为新的德意志内部关系部长，他自己看到了充分的活动空间，从而进一步收紧德国政策的权限。通过两个例子可以看出：一个是昂纳克访问（1987 年 9 月）前期，另一个是其访问之后。

有时候一封目标明确的信函就足以让政府机构陷入激动不安。通过1987 年 7 月 16 日的信件，总理府部长通知各部部长们，所有与民主德国公务机关的对话内容，应该更改其正式的官方汇报渠道，这也是一个基本的信息过滤程序[95]。这个例子不仅体现了各部通常力图突出自己的特色，也很好展示了官僚体系中强大的惯性，而这与哪个政府当权完全无关。

在昂纳克对联邦德国访问前，为了抓紧政府内部的德国政策协调工作，朔伊布勒开始行动。但最终他是否要将德意志内部关系部与信息来源分离开来，仍不明确。因此，他在 1987 年 7 月 16 日致信所有联邦部长：

"事由：联邦总理府关于联邦部门与民主德国常设代表处或民主德国政府机关直接接触的通报。

……民主德国常设代表处在个别情况下及在不触及联邦总理府权限的情况下也能与联邦部门进行直接工作接触，这一原则经证明是可行的。各种不同情况却促使我不得不强调，联邦总理府部长在 1974 年 7 月 10 日的信件中提出，要求将此类接触以及此类接触中的所有重要事宜向联邦总理府进行及时通报。此外，倘若这些表态在联邦部门与民主德国常设代表处的直接接触中能起到一定作用，所有的原则性表态都应与联邦总理府进行协调。

倘若与民主德国不存在相应的协议或出现其他不符合惯例的情况，联邦部长与民主德国的部长或其他政府机关之间的直接信件往来应作为例外情况处理。这些信件应主要通过正常程序或通过联邦总理府传达给民主德国驻波恩常设代表处，或通过联邦德国常设代表处传达给民主德国相关负责机构。倘若您注意到这一点，我将不胜感激。在这种情况下应与联邦总理府进行协调，这样做也是为了遵循办事程序。"[96]

朔伊布勒在他的信件中对德意志内部关系部所扮演的德国政策协调特别角色只字未提。该信件对德意志内部关系部来说出乎意料。朔伊布勒虽然提到其前任长官许勒尔的一封信，但在形式上和内容上，都超越了 1974 年的那封信[97]。通过以下表述："所有的原则性表态都应与联邦总理府进行协调……"，将制定一项触及德意志内部关系部特殊职权委任的规定。直到此时，该部也是从形式上将许勒尔的信看作一封与设立常设代表处相关的信[98]。在其他信件中，总理府当时明确强调了德意志内部关系部的特殊意义及其扮演的角色[99]。与此相反，朔伊布勒目前的信函却扩大了联邦总理府在德国政策上的权限，德意志内部关系部当然希望对此加以抵制。因为 1974 年涉及的是一套确切的、关系到民主德国常设代表处与德意志内部关系部进行细致协调的程序，而且还因为负责与民主德国常设代表处进行联络的权限并不归德意志内部关系部，而是归总理府。相比而言，朔伊布勒的信非常概括地谈及政府公务机关之间的接触，而对德意志内部关系部是否参与却只字未提。将来在政府职能部门与民主德国政府机关接触时就不再将信息知会该部门了吗？在一张为国务秘书准备的讲话便条上面写着以下要求："应努力争取确立一套程序，以便使其他职能部门知会德意志内部关系部参与总理府的工作。"[100]这也就对该部门提出了新的要求。在这种背景下，德意志内部关系部针对朔伊布勒的信草拟了一封补充信。多贝伊将草案交给了德国政策工作组组长。此外，国务秘书雷林格应该在这封补充信的基础上与朔伊布勒在 1987 年 10 月 19 日国务秘书会议上展开会谈。这个会谈圈子更适合解决冲突。

德意志内部关系部的信件草案提到："对我（朔伊布勒。作者注）上述信件的补充，请大家注意，按照联邦政府的相关规定，德意志内部关系部部长应担负起制定联邦政府德国政策的责任并协调各职能部门的相应计划。在这个意义上，我请求所有职能部门，首先与德意志内部关系部协调此类计划。这里尚未触及联邦总理府与民主德国官方机构直接接触的权限。"[101]但德意志内部关系部对如何就适当反应进行协调犹豫不决：雷林格对在国务秘书会谈中和朔伊布勒谈及此事有所顾虑，因为"这种规定……在原则上涉及与民主德国的交往，应该获得赞成。会被人挑剔的是联邦总理府，它在未对方针路线权能进行讨论的情况下，力图做出一种触及德意志内部关系部委托权限的规定。"[102]他这样对部长维尔姆斯女士说明相关理由。魏姆斯亲笔写道："尽管有您这些提示，我还是请求您，在国务秘书会谈中与联邦总理就各部门德国政策活动的透明性展开讨论。我会单独与联邦部长朔伊布勒进行谈话"[103]，也许就在内阁会议的外围会议中进行。多比在同一封信上亲笔批注道："杜伊斯贝格想为联邦部长朔伊布勒拟定草案；倘若投票表决的结果是有利于联邦总理府部长的补充信件，该文本将预先与德意志内部关系部进行协调。"[104]反过来，雷林格从他的角度也亲笔写下按语说："我今天在国务秘书会议中尝试与联邦部长朔伊布勒先生就此事进行探讨，但由于时间关系没能实现。"[105]但后来总理府一位处长打电话给德意志内部关系部并通报说，德意志内部关系部拟定的建议超越了1974年就权限问题商定的结果。总理府希望在这一点上提出自己的妥协建议，并在工作层面上与德意志内部关系部就此建议进行协调[106]。这份联邦总理府草案注明的时间是1987年11月3日。其中写道："为了解释现存疑问，请大家注意，上述两封信件[107]都不触及德意志内部关系部对联邦德国和民主德国之间关系问题的权限以及按照联邦部委的共同业务规章与该部进行的协调。"[108]

总理府毫无疑义地表示，在权限规定系统以及与各部协调事务上，任何事情都不应发生改变。随清单附寄的大量"需要考虑的观点"清楚表明，朔伊布勒完全不希望改变例行基本程序。他的目标是让人再次记得遵守这些程序。从此德意志内部关系部的人就不再无休止地追究这件事情了，因为倘若德意志内部关系部继续坚持下去，那么该部本来已经很少的权力很有可能会在收紧的组织框架内继续被削减。

因此，该部的信件草案继续进行下一步。对德意志内部关系部而言，这件事情牵涉太多。直到1988年1月11日，国务秘书的德国政策协调会议之后，德意志内部关系部才满意地读到："联邦部长朔伊布勒……明确表示，无须与德意志内部关系部提前协调。"[109]然而，这仍是一句空洞的套话，后来的冲突证明了这一点。[110]

第二个例子涉及的是昂纳克访问联邦德国后的一个插曲。对于在德意志内部关系全新发展阶段中的政府行为而言，这个示例具有典型性。民主德国希望在德德政府日常工作程序中体现出它通过让波恩接待昂纳克所赢得的政治地位。对此，外交部长菲舍尔通过 1987 年 11 月 30 日的信函发出了试探性信息[111]。菲舍尔祝愿，鉴于即将签署的关于销毁苏联和美国陆基中程导弹的协定，能增加持续政治对话，对此，他并不感到困惑。然后，他提出了一系列建议，建议民主德国外交部和波恩外交部在削减军备问题、联合国问题和欧安会问题等话题外，还能针对"其他欧洲和国际问题定期进行意见交流。"[112]最后他写道："我非常期待您的回答。致以诚挚的敬意（然后是亲笔写的附加内容。作者注）顺致问候。O. 菲舍尔。"[113]这是对德意志内部关系特殊风格的一种改变吗？国务秘书雷林格在 12 月 4 日于信件空白处亲笔记录道："这封信是昂纳克访问期间的会谈成果。我们开始进入了一个新的领域。联邦德国和民主德国之间的关系被赋予了另一种特性。"[114]

自从两个国家建立条约关系之后，在所谓国际领域内，两个国家外交部之间也存在直接联系。外交部在内部也得到特殊优待，因为它是唯一一个能与联邦德国常设代表处保持直接联系的联邦部委。与此相反，德意志内部关系部必须通过总理府将他们的指示递交给常设代表处。因此，在常设代表处和总理府的德国政策工作组中，外交业务官员的数量仍超出常规比例。正如其他国家一样，民主德国也希望将仅仅通过与西德外交部的联系来制定其所谓西部政策。菲舍尔的信件也坚持这一方针：这就存在着造成德意志内部特殊关系的一种实质性风险[115]。为了协调回复信件，魏姆斯部长于 1987 年 12 月 15 日警示性地写信给朔伊布勒："大量需要讨论的话题以及外交部与东德外交部之间的专家大量会面让人们认识到，民主德国正在推动德国内两个国家的外交部之间广泛的直接联系。这种发展势头可能适合在长期内改变特殊的德意志内部关系…… 因此我提议，在三方小组中对民主德国部长菲舍尔的信件回复进行讨论。"[116]但每当事情与民主德国的关系有关时，外交部像平时一样表现得非常有自信。根舍已经在 1987 年 12 月 15 日回复了菲舍尔的来信，同时并没有与德意志内部关系部或总理府进行协调。根舍的回答将菲舍尔的建议简化成三个磋商领域：[117]

　　－削减军备磋商（所有对安全和削减军备问题有重要意义的话题）；

　　－欧洲安全与合作会议磋商（根舍接受对东柏林访问的邀请）；

　　－联合国磋商（根舍邀请了代表团访问波恩，时间是1988年春季）。

　　根舍回复称，若将国防部纳入特殊会谈范围内，还应再进行审核，民主德国对此非常重视。通过将目标缩减简化到现有的对话渠道，根舍减少了德意志内部关系部和联盟伙伴的顾虑。但对于把军方代表也包含在内的会谈，若其审核得到积极的评价，那么双边关系或许能达到一个新高度。但事实上，双方关系还没能走那么远。作为德国政策首席协调员，朔伊布勒在他于1988年1月25日写给魏姆斯的信件中指责了外交部未加协调的行动并再度要求进行更多的政府内部协调工作，之前的许多年中，这也没能阻止各部门与民主德国进行自主谈判。朔伊布勒写道："在收到您的（联邦部长魏姆斯。作者注）信件之日，回信已经由联邦部长根舍递交给民主德国了，也就不可能再进行讨论了。令我感到遗憾的是，我事先并未得到关于递交回信的通报。我已向外交部提出请求，将来在此类回信之前应事先与德意志内部关系部和联邦总理府进行协商。"[118]

政府行为结果小结

　　1987年，两个关于信件往来的事件反映了以德国政策为例的政府行为操作，一个是朔伊布勒写给联邦部委的信，另一个则是菲舍尔的信：

　　－在德国政策领域，德意志内部关系部、外交部和总理府之间的争权行为和强调自身特色的争议普遍存在，而且外交部并不关心德意志内部关系部的存在，1987年的两个例子可以再度证明这一点。

　　－同时也可以认识到，民主德国如何利用每一个机会来达到改变其法律地位进而在外交上提升自身国家地位的目的。虽然两个国家之间的关系完全没有因根舍的回答出现任何进展，波恩不透明的权限在此依旧起到了推动作用。

　　－政府内部关于汇报渠道的插曲表现出行政管理方式的惯性是如何发挥作用的。一度需要进行书面记录的正式流程模式，无论在哪届政府任期内，都会作为重要论据长期发挥作用。然而，德国政策机构的正式渠道经证明是僵硬呆板的。

— 那些在常规情况下涉及许多协作进程的政治问题，按照其官僚式处理方法来说，发展成例行公事的程序是不可避免的。对此，还应包括报告路径和指示路径。例行程序是用来简化决定过程的，这些程序经常是从很久之前发生的事件中推导出来的，已证明其合理性。因此在行政管理的决定程序中例行公事是很常见的。如果有人希望更改某个例行程序，也就启动了另一个程序，该程序表面上虽然是经过行政法论证制定的，但其目的是部委官僚体系内的权力转移，从而是由政治性动机决定的。当该程序据称是关系到提升德国政策合作的透明度时，也触及德意志内部关系部的敏感部位。与这种动机相关的更多是对德意志内部关系部权限的进一步限制与约束，专家很快就清楚地了解到这一点。更多信息应该继续对德意志内部关系部保密。

1987 年联邦议院选举后，在联邦总理科尔推动的确保权力进程的背景下，可以总结概括出更多的结论：

— 在德国政策方面，联邦总理在开始他的第三个任期时没有提出新的重点。各类事务都沿着之前的既定路线发展。在联合执政同盟中及在自己的议会党团中，科尔没有进行改变的操作空间。此外，他在 4 年内取得的德意志内部关系成果也支持他继续坚持此前的路线。

— 党团辩论表明德国政策适于作为批评科尔的工具。不论是现在实事求是地提出依据，还是仅仅作为表达普遍不满的手段，出于维护权力的原因，联邦总理都必须继续将党团团结起来。在第三个任期中这仍然是一个政治要素。

— 虽然科尔并没有直接有意实现这种关联，但他通过更换德意志内部关系部的领导进一步强化了总理府部长朔伊布勒作为德意志内部关系谈判总领导的职权，因为是内阁职位的分配而不是处理德国政策问题的能力在更换部长时起到了决定性作用。对朔伊布勒来说，政治上的意外收获是将由他推动重组工作。总理府作为德国政策的行政中枢，继续彰显其重要地位。

— 尽管选举成绩不佳，但在组建政府过程中，科尔的强势和权力地位还是通过其重要决定的准备方式体现出来。寻求一致意见的机制包括：预先规定时间、排除客观因素（没有拟定关于德国政策的联合执政同盟文件）、推迟讨论（在党团内部）、让主要对手在外交政策的工作圈子内处于他的领导下、实用主义甚至是在内容上毫无规范性（正如政府声明中德国政策部分体现的那样），最后还有人事政策（部长官职和国务秘书官职在联合执政同盟政策方面应实现平衡）。

－鉴于联合执政同盟缺乏政策定位，政府声明对总理来说也就起到了在德国政策领域作为明确的领导工具的作用，包括他借助该声明对待内阁的方式。

第十四节　科尔的权力感：昂纳克访问波恩的政治筹划

昂纳克到底能不能来？关于德国统一社会党总书记兼民主德国国务委员会主席昂纳克访问联邦德国日期的确定，以及他对访问的承诺及取消的内容都已塞满了总理府和德意志内部关系部许多档案架。有关 1987 年 9 月 7 日至 11 日的访问计划包括礼宾安排、内容策划及政治准备工作以及具体实施，这的确需要大量工作人员参与。估计没有任何其他访问的准备工作能达到此次的规模。在签署《基础条约》之后，该访问象征着互相承认彼此政权的巅峰。从联邦德国的角度出发，关于此事的政治评价在当时和现在看来都是非常有争议性的。这难道意味着全面承认德国分裂吗？或者该访问只是一种必要的手段，从而使民主德国的人们得到更多东西？该访问是否开启了民主德国的终结？在研究本课题的背景下，一般事实经过、访问的反响或党派政治的评估并不是本节的中心内容，相反，本节的核心是政府准备工作和具体的实施过程。联邦总理的个人执政风格可以在重要的环节中得到证明：为邀请所进行的准备工作、波恩对方案的制定和会谈的策略。"科尔体制"的重要组成部分能够以这种方式展现出来。为此，本节划分为以下小节：

－预备谈判阶段及先决条件；
－日程安排；

– 礼宾准备工作；

– 具体内容的准备工作；

– 政府内部协调；

– 科尔的表态口径和论证方针：政治信息的传达；

– 文字工作：联合公报及科尔的宴会致辞；

– 接待、会谈和谈判工作；

– 回顾和总结："处于分裂状态德国的民族形势报告"。

预备谈判阶段及先决条件

该访问经历了漫长的过程[1]。1983 年 4 月 29 日，昂纳克推迟了其首次访问计划，并于 1984 年 9 月 4 日再度推迟了访问计划。取消访问的决定性因素是苏联领导的拒绝态度[2]。在此期间，苏联政府对科尔和昂纳克来说扮演着另一个重要角色。这里说的是两位政府首脑在 1984 年 2 月和 1985 年 3 月在苏联总书记安德罗波夫和契尔年科[3]的葬礼上进行的会面。在第一次"葬礼外交"上，联邦总理首次以个人身份会见了民主德国国家元首，并且继施密特在很早以前就向昂纳克发出邀请后再次向其发出访问邀请。在戈尔巴乔夫影响下，政治形势发生改变，这为昂纳克尤所渴望的访问创造了新的条件。1986 年，戈尔巴乔夫对举行德意志内部双方首脑会谈投了反对票[4]，但是在与埃贡·巴尔的会谈中，昂纳克却为自己的决定辩护称："在 1985 年和 1986 年，我没有接受联邦德国对我发出的访问邀请，只是因为我不想以基民盟助选人的形象进行访问。"[5]

昂纳克在何时最终决定访问联邦德国尚不明确。从莫斯科的角度来看，这也许是受到戈尔巴乔夫于 1987 年 5 月 28 日对民主德国进行访问的影响[6]。1987 年 7 月 6 日至 11 日，联邦总统魏茨泽克努力在莫斯科消除因西德联邦议院选战而引发的争端[7]，并且在实现了与莫斯科关系的明显改善[8]后，克里姆林宫最后的保留意见也理应消除了。联邦政府对此则做出了不同的评估[9]。联邦部长和总理府部长朔伊布勒在波恩的四方小组内与西方盟国大使们秘密确认："根据我们的观点，苏联的同意与其 5 月份与华沙条约成员国举行的峰会有关；所以联邦总统对苏联的访问与达成访问协议不存在直接联系。"[10]1987 年 8 月 3 日，德国统一社会党政治局会议进一步明确：呈交给苏联共产党的关于联邦德国形势报告，以及与苏联共同推行的政策中所得出的结论获得了批准。报告提到："昂纳克同志对联邦德国的正式访问将成为民主德国历史上证明其独立自主地位最强有力的行动。阿克森同志说：不应把这次访问理解为宣传鼓动，不过在波恩演奏民主德国国歌的行为在一定程度上是对卡尔·马克思的一种尊敬。"[11]民主德国对联邦德国政治氛围的评估明显是和莫斯科一致的。阿克森同志面对梅德维杰夫同志时，应该消除意见分歧，并避免做出错误的评估[12]。梅德维杰夫是社会主义国家关系部部长。在 9 月份条件成熟时，昂纳克仅仅向苏联领导人知会了个别信息，并且没有再次进行询问和协商，这也证明民主德国对苏联有了更多回旋余地。[13]

在波恩方面，同样也能听到针对该访问的保留意见。政府档案以及对当事人的询问证实了这一点，不过还是有一定程度的偏差[14]。科尔、朔伊布勒以及与他们关系密切的工作人员多年来关于此次决定的表述和纪录如下：[15]

　　－联邦总理科尔几个月以来一直都在表达他对这次访问的排斥态度[16]。用科尔自己的话来说，"该事件是他政治生涯中最痛苦的时刻之一"[17]，"对我来说，这是一个异常艰难的决定，因为我内心一直都在抵触这件事，但我们后来发现这是一件十分重要的事。"[18]

　　－科尔几个月以来都在抵制用国旗、国歌和检阅仪仗队来迎接总书记。此外，他不想让昂纳克也在他（科尔）的办公地点[19]会见联邦总统："就像几年前开始时一样，因为这个问题，双方的访问几乎再次取消。阿克曼在回顾时说道，最终，科尔还是同意了，因为他不想危及民主德国人民即将得到改善的生活，尤其是不想危及旅行程序的简化"[20]。

　　－联邦总理考虑到：何时我也公开地（不仅仅在小范围内）向昂纳克提出我的意见，而且是关于所有我想和他说的内容呢？[21]对此，科尔提出了一个重要的要求：必须保证对宴会祝酒词进行电视实况转播[22]。科尔十分不确定，这次访问尤其是检阅仪仗队会在公众中产生什么效果。因为他非常清楚，民主德国想全面利用这次访问。[23]

波恩和东柏林都对访问的成行非常感兴趣。但是在 1987 年还是存在很多取消访问的借口：

－在柏林750周年建城庆祝活动问题上产生争执，最终西德和东德违背了最初的计划，没有邀请对方高层代表出席，各自举行了庆祝活动；[24]

－1987年4月30日，民主德国提出了拒绝进行关于柏林的会谈（其中涉及地区委员会以及在旅行和互访方面的改善）；

－1987年6月8日，在东柏林勃兰登堡门一次摇滚音乐会上发生了安保人员和青年人之间的冲突，并严重妨碍西方记者的报道；[25]

－1987年7月1日，民主德国政府减少民主德国公民前往联邦德国旅行的货币兑换额。[26]

从波恩的角度出发，倘若是在其他的时期，很早便会有足够多的理由取消访问。但是，科尔总理在多次与朔伊布勒的会谈后决定支持并确定了昂纳克对波恩的访问，因为他期待着在旅行往来的继续发展问题上取得实质性进步[27]。朔伊布勒回忆说："然后我就说，倘若那个人（指的是昂纳克。作者注）自己到这里来一次，他就不能再向他的人民说：'你们是不会想去联邦德国的。'"[28]按照朔伊布勒的回忆，这样的谈话非常罕见，一开始政府首长和总理府部长就对德国政策问题产生了意见分歧[29]。会面最早的时间也要在1987年联邦议院选举和组建政府之后。在科尔与朔伊布勒协调好基本条件后，联邦总理对决定做好了准备，必须确保不会因此在联盟党内部产生激烈的争执，进而削弱他的权力地位。因为联邦总理要从德国政策角度来权衡这样重大的事件在波恩带来的政治影响。他必须施加什么样的影响才能使访问对他的政治地位有利呢？如何才能在准备阶段克服内政以及党内的障碍呢？从战术方面来看，如何安排时间才显得是明智的，并保证其对州议会选举卓有成效呢？联邦总理在原则上确定了实现此次工作访问之后，科尔和朔伊布勒就这些方面进行了商谈[30]，他毫无疑义地将朔伊布勒任命为访问的组织者。总理的行动十分谨慎，这还表现在，朔伊布勒首先必须要检验政治行动空间。总理府部长应首先在联盟党内部和联合执政同盟内部进行试探。因此，组建政府之后朔伊布勒单独[31]与班格曼（自1985年起担任自民党主席）、米什尼克（党团主席和自民党议员，在德国政策方面发挥着重要作用）、财政部长施托滕贝格（因即将在1987年9月13日举行石勒苏益格－荷尔斯泰因州议会选举）、盖斯勒（基民盟干事长）以及基社盟代表施特劳斯[32]进行了谈话。由于时间尚早，他还没有和德雷格尔谈过[33]。为了听取根舍的评估意见，科尔与他进行了协商[34]。从外交政策角度看，外交部长看不到什么风险。按照他的观点，主要的受益者应该是民主德国的民众。直到朔伊布勒向总理报告，那些由他非正式预先知会的圈子都对昂纳克 1987 年访问波恩表示同意之后，科尔才做了最终批准。这样朔伊布勒便能通过特殊渠道开始进行确切的准备和预备谈判工作。获得政治支持之后科尔才确定方向。

除此之外，科尔也必须在战术上考虑到德意志内部关系的状况。当时民主德国率先发出了致力于建立双边信任关系的信号：国务委员会在 1987 年 7 月 17 日做出了三个关于对罪犯进行特赦的决定，特赦令于民主德国建国 38 周年国庆日生效[35]。纳入决定范围的罪犯也包括政治犯。朔伊布勒与沙尔克，以及科尔与米塔格都对这个决议进行了集中协商，最后一次是 1987 年 4 月 1 日在波恩的高层会谈[36]。另外，国务委员会的决定是取消死刑并设立一个针对民主德国最高法院决定的上诉机关[37]。任何档案里都找不到线索和提示信息表明这些决定是波恩方面为实现昂纳克的访问所期待的具体条件代价。朔伊布勒却将特赦看作向波恩发出的建立双边信任关系的重要信号。朔伊布勒一直都在保持和谐的访问氛围，从联邦政府角度看，这很明显是指 1986 年，尤其是 1987 年旅行往来人数的急剧增加[38]。联邦总理 1987 年 4 月 1 日与米塔格会谈中就外交政策发展问题进行了明确强调："同时他（科尔。作者注）请求告诉昂纳克，在两个德意志国家之间的旅行和互访方面取得进展具有十分重大的意义。在这里，他特别关注对内和对外的'心理方面'。他认为，昂纳克提到的关于旅行和互访人数的发展是'非常值得关注的'。尤其是涉及那些不到退休年龄从民主德国进入联邦德国的人……对于他来说，科尔说道，'这是一个能在美国和其他北约伙伴面前巩固其立场的关键点。'"[39]相比而言，波恩的记录是："改善对人们具有重要意义的互访问题发挥了极其积极的作用。由昂纳克总书记提到的数字是非常值得关注的，尤其是年轻人的旅行意向具有更重大意义[40]。联邦总理明确要求向昂纳克总书记告知此事。他补充说，里根总统和密特朗总统也对这个问题很感兴趣。"尽管波恩为昂纳克的顺利访问做出了努力，但联邦总理科尔并没有停止他所说的继续"对民主德国施加压力"[41]。与此相符的还有美国总统里根 1987 年 6 月 12 日在西柏林发表的演讲。在勃兰登堡门前，他大声呼吁："戈尔巴乔夫先生，请您拆掉这道墙！"[42]

外交上其他的重要局势也使访问之路更加平坦。首先是联邦政府在1987年5月底批准了"双零解决方案"。最终联邦政府在1987年6月1日公布了决定："与建立常规武器的平衡及销毁全球化学武器的大环境相呼应，应通过谈判逐步减少欧洲现存的源于美国和苏联的射程在0公里到1000公里的陆基核武器系统，联邦政府对此表示支持……联邦政府坚信，72枚潘兴IA型弹头不是进行谈判的内容，将来也不会。"[43]直到8月底，在商谈《中导条约》时，才最终排除了这个障碍。联邦政府经过长时间内政争执之后，决定放弃潘兴IA型导弹。日程中的"拆除"取代了"现代化更新"[44]。根舍一再催促联邦总理，向莫斯科方面释放裁减军备的信号[45]。但是，基社盟和联盟党党团主席都表示反对[46]。科尔只能通过一个对他来说第一次也是唯一一次的政府行为来结束这种争端。1987年8月26日，自执掌权力以来，他不得不首次在波恩新闻发布会上行使其大政方针职权："我在这里所做的一切，并且很清楚是作为联邦总理，我将在应有的职权范围内，推动在今年完成这些谈判。"[47]

科尔不顾其党团的反对采纳了根舍的安全政策路线[48]。正是在科尔的领导下，特别是不顾基社盟的反对，德国贯彻了放弃对潘兴IA型导弹进行现代化改造的决定，这对戈尔巴乔夫产生了很大影响。从此他就知道，他能和科尔打交道，也正是从那时起双方建立了互信，这也是自科尔由于将戈尔巴乔夫与戈培尔的宣传手段做对比而造成1986年关系低谷之后，双方关系发展的一个重要转折点[49]。就在联邦总理做出完全放弃潘兴IA型导弹的决定之前，戈尔巴乔夫就从昂纳克那里得知了科尔的意图。这也再度证明，这个秘密计划对访问联邦德国具有决定性意义。1987年8月19日，昂纳克在政治局会议上通报说："8月17日和朔伊布勒举行了会谈（这里指的是朔伊布勒和沙尔克之间的会谈。作者注），在此他以备不时之需地说道，关于中程导弹的条约不会因72枚潘兴IA型导弹而终止。昂纳克同志今天将这个消息以书面形式呈交给戈尔巴乔夫同志。朔伊布勒也透露说，易北河边界问题在此期间有可能明朗化。"[50]"以备不时之需"这种描述方式是不受官方表态口径约束的表述。因此，波恩对沙尔克和朔伊布勒之间这次会谈记录中缺少了有关论述信息[51]。另外，昂纳克以及沙尔克对朔伊布勒涉及易北河边界问题进行了错误的诠释。按照西德记录："涉及易北河事宜，民主德国努力将此事与规定联系起来。联邦总理府部长对此说道，民主德国不应该固执己见；这个问题仍然在处理中"[52]，但是这句话在此处并没有确切含义。[53]

1986年2月，人民议院主席辛德曼对联邦德国的正式访问也属于昂纳克访问前的序幕和先决条件。档案中明确指出，这次礼节性访问也是在昂纳克访问前的一种试探[54]。辛德曼的访问应该起到破冰的效果。西德常设代表处负责人布罗伊蒂加姆将辛德曼的访问视为"给日后总书记的访问开路"[55]。辛德曼的访问是在社民党联邦议会党团的邀请下进行的[56]。一年前，联邦议院议长延宁格尔发出邀请试图促成访问，但由于基民盟/基社盟内部以法律地位问题为由反对，从而导致访问计划流产，而这次访问是通过社民党和统一社会党的政党关系促成的。社民党希望通过邀请来推进社会党落实关于建立联邦议院和人民议院之间正式关系的倡议。联盟党党团虽然没有原则上拒绝这个倡议，但是鉴于其他困难，诸如不平等对待柏林的联邦议员以及歧视德意志内部关系委员会成员等问题，他们认为时机"尚不成熟"[57]。在访问的准备阶段，将波恩、杜塞尔多夫、伍珀塔尔（弗里德里希·恩格斯故居）、特里尔（卡尔·马克思故居）和萨尔布吕肯等城市都作为昂纳克访问的可能路线纳入访问计划。同时，人们也在测试此类访问中符合礼宾的准备工作及其在公众中的效果。其结果也只是阻止了人民议院主席去参加德国联邦议院的全体会议。朔伊布勒成功地阻止了联邦总统在哈默施密特官邸别墅迎接辛德曼[58]。受科尔委托，他与联邦总统魏茨泽克进行了会谈。由于魏茨泽克想接见辛德曼，所以导致了一场激烈的争执。但是朔伊布勒在这种事务性问题上并不让步，因为科尔没有给他留下任何谈判的回旋余地。朔伊布勒阐述了联邦政府的官方立场[59]。不论如何，延宁格尔还是以联邦议院议长的身份在他的公务别墅接见了辛德曼。

日程安排

1987年7月16日，朔伊布勒在新闻发布会上公布了正式的日程安排："我希望各位继续注意，我在今年3月27日访问东柏林时和昂纳克先生就其访问进行了会谈，同时也提到了今年可能安排的时间。情况就是这样，米塔格博士先生在访问波恩时，于今年4月1日也在与联邦总理的会谈中提到，他在我谈话的基础上提供了一个时间建议，之后联邦总理予以采纳。"[60]档案内容与此建议相符。对于1987年3月27日朔伊布勒和昂纳克在民主德国的会面，（西德）交流记录中写道："关于对联邦德国进行访问的问题，他（昂纳克。作者注）说道，这件事在原则上已经十分清楚；双方只需找一个在他的日程和联邦总理的日程上都合适的时间。与此相关，他提到米塔格博士对联邦总理的访问，并认为时间约定的问题还应该由外交部长菲舍尔来解释。联邦部长朔伊布勒博士说，双方肯定会找到一个合适的时间，只是在此期间暂时不会在公众中谈及这次访问。昂纳克总书记对此表示赞同。"[61]这在原则上和东德记录一致。但对于应该由外交部长来协调时间安排，记录缺失了有关的提示信息。朔伊布勒鉴于特殊的双边关系和与此相关的法律地位问题，不能接受这种安排。此外，东德的记录还会让人以为，科尔会接受昂纳克方面任何关于会谈时间安排的建议。这份会谈记录由大使赛德尔签署，其中写道："接下来，昂纳克谈及他访问联邦德国的问题，情况是：在原则上是可以的，但问题在于时间上的协调。昂纳克指出他在本年还必须履行的各种职责，因此，他今天不能制定确切的日期。他建议，以后再在时间问题上达成一致。朔伊布勒解释说，倘若昂纳克提出一个对他来说合适的时间，那么联邦总理方面也将会找到一个合适的时间。他们一致同意，将继续对此问题秘密地加以处理。朔伊布勒也同意不对媒体披露任何相关内容。"[62]

这一切听上去都非常模糊和推诿，因为哪位国家元首没有时间安排的问题呢？德国政策工作组组长杜伊斯贝格就此在一次专题讨论会中坚持认为："从昂纳克的周围环境来看，情况很明显，日期应该不会在苏联外交部长对我们进行访问之前，有可能在戈尔巴乔夫访问之后才能开始考虑。"[63]正如朔伊布勒在新闻发布会中准确通报的那样，确切的时间安排只有在米塔格对波恩进行访问之后才能确定下来。但是这一结论既不是直接源于1987年4月1日[64]关于米塔格和科尔会谈的东德记录，也不是源于相应的西德记录[65]。这仅仅是两个人在外围会议中单独协商的结果[66]。具体日期在一份电传的亲笔签字中确定下来："批注：总书记昂纳克的这次访问考虑定在1987年9月7日那一周。"[67]时间安排从4月到7月中旬以来一直处于保密状态，这对波恩方面来说是十分不可思议的。按照最初的计划，访问应该是在1987年7月22日才通过经双方协调的声明进行公布。朔伊布勒和沙尔克是这样说的[68]。但7月中旬关于预期中访问的流言就渐渐传开了，波恩和东柏林在收到苏联的简讯之后，提前采取主动措施并发布了经双方协调的声明。

礼宾准备工作

在形式上，对工作访问的准备符合德意志内部关系的通常做法：不是由外交部，而是由在与民主德国关系中负责牵头的联邦总理府领导访问的准备工作，并与德意志内部关系部密切合作。各方线索都归总到总理府朔伊布勒和德国政策工作组组长杜伊斯贝格那里。联邦总理府在准备和处理礼宾时，得到了联邦政府以及联邦总统特殊任务的礼宾方面支持，这也是由外交部组织安排的。外交部以及德意志内部关系部也参与到波恩方面所有代表团的预备会谈中。通过内容广泛的会谈文件对会谈内容进行了准备，从本质上来讲，这项工作是由外交部（负责有关安全政策内容）和德意志内部关系部（负责所有双边话题）共同完成的。[69]

在通过德意志内部双方特殊渠道进行关于访问计划的会谈之前，联邦总理科尔和朔伊布勒集中对礼宾细节和方案的实质内容进行了交流[70]。联邦总理无奈地被说服，用奏国歌升国旗的形式在总理府前迎接昂纳克。朔伊布勒对此说道，要么让它成为一个恰如其分的工作访问，要么根本就不要接受[71]。科尔最终表示了赞同。此外，访问计划中必须包括对波恩欢迎宴会讲话进行实况转播。科尔对此作了补充并坚称：在任何情况下都不会与昂纳克一起召开新闻发布会，因为这种形式的活动反过来或许会强调这次访问是一次国事访问[72]。科尔预先制定好计划细节，朔伊布勒接下来开始按部就班的执行。访问的礼宾细节还包括：德国政策工作组在总理府撰写一份简短的通报，它能够由外交部在受到质询的情况下提供给德国的驻外使馆。波恩关于访问的态度是具有代表性的："联邦总理科尔安排军事仪仗队在联邦总理府前欢迎昂纳克总书记。与此同时，在通常情况下，那些拥有行政权力的国家元首，考虑到他们的崇高职位，都是由联邦总统先生在其官邸以军事仪仗队来进行欢迎的。（但联邦总统先生还是在一次会谈中接待了总书记昂纳克，在小范围内为他安排了午宴）。"[73]

按照礼宾要求，"当拥有行政权力的国家元首进行工作访问时，他们首先作为政府首脑或作为联邦总理的客人来联邦德国旅行"，他们要以此标准为导向，接下来还有：按照惯例升国旗，放弃在北公墓献花圈；不在波恩市议会中迎接而且不在城市纪念册中题字；不接待外交使团[74]。但两个德国的外围观众对工作访问和正式国事访问之间的明显区别在相当大程度上并不了解。在公众眼里，这就是一次正式的国事访问。[75]

这些具有重大政治意义的礼宾问题的谈判过程又是怎样的呢？首席谈判代表朔伊布勒和沙尔克顺利并毫无疑问地在他们的会谈中商讨了这件德国政策方面的重大事件。在礼宾问题上以及在访问计划问题上，两个人很快达成了一致。第一次关键会面于 1987 年 5 月 19 日在联邦总理府中举行。沙尔克首先开始试探："沙尔克表示希望在 1987 年 6 月初用符合礼宾的仪式来迎接日夫科夫（Schiwkow），也就是说，由联邦总统主持符合礼宾的欢迎和接待仪式。"[76]但是朔伊布勒进行了抵制："联邦总理府部长建议使用更早的约定：具有特殊性、政治性，但不具有代表性的访问；正如其他案例（勃列日涅夫、密特朗）一样，接待和迎接由联邦总理来主持；此外，鉴于具体流程，可以进行灵活处理（会谈的可能情况是第一天在小范围内和联邦总统一起就餐，并由联邦总理府部长在机场迎接）。对于升民主德国国旗没有太多异议；采用军队礼宾也是有可能的。提示波恩和柏林之间的差异；访问波恩的方案必须不受回访计划的制约。沙尔克暗示，民主德国可能最终会赞同我们所建议的礼宾。此外，沙尔克宣布，昂纳克同样也希望正式设宴款待。此外，昂纳克还要对北莱茵－威斯特法伦州、莱茵兰－普法尔茨州（特里尔）、萨尔州和巴伐利亚州进行访问，并且十分希望与州长施佩特举行会面。"[77]接下来沙尔克转交了两份所谓的非正式文件，文件此前已经交给施特劳斯了[78]。文件内容列举了在访问之前应讨论的议题。

正如对访问成果共同拟定联合公报一样，1984 年和 1986 年也开展了广泛的礼宾和访问计划准备工作。朔伊布勒在其回复中谈到了上述内容。这与准备工作有一定联系，但是也有明显区别：

－在延宁格尔的领导下，政府 1984 年还制订了非常复杂的规定，其目的是防止出现对波恩的"正式访问"。联邦总理希望在巴特克罗伊茨纳赫（Bad Kreuznach）接见昂纳克。没有安排与联邦议院议长的会面。联邦总统应在波恩的法尔肯鲁斯特宫（Falkenlust）设午宴款待[79]。由于 1984 年哈默施密特（Hammerschmidt）别墅面临维修，所以必须寻找新地点[80]。起初的意见是在总统官邸接待。在 1987 年的预备会谈中，朔伊布勒对联邦总理提及这个理由。因为不可能要求民主德国接受波恩改变在联邦总统官邸与其会面的承诺，只能再度维修哈默施密特别墅，或者魏茨泽克可以在总理府的临近建筑里接待昂纳克，同时，联邦总理在施派尔或巴特克罗伊茨纳赫与昂纳克举行会谈。朔伊布勒在与科尔的协调过程中提到这种荒唐情况。科尔事后才意识到，倘若从波恩的角度仍然希望这次工作访问能富有成果，那么他1987年必须在波恩的总理府接待昂纳克。

— 直到按计划在1987年进行访问时，联邦总理才建议说，与1984年不同，这次访问的会谈部分应在波恩进行[81]。之前朔伊布勒已经施加了影响。

— 1984年和1987年公报的区别和更新的内容将在单独的章节中进行讨论。和双方代表团在每次访问准备中都必须要交流的公报草案不同，1987年昂纳克访问的准备工作中并未事先就对话清单进行交流。科尔明显地坚持自己制定的谈判战术原则。因为在1984年他曾说过："联邦总理已经做出了决定，除了公报草案之外，现在不给另一方任何其他文件。我们不能事先就将我们的谈判立场全盘托出。会面的时候才能提交这些文件。"[82]

— 文化协定本来也应该在1984年的访问框架内签署，除此之外，1987年访问时讨论的双边话题要比1984年更加广泛且更加雄心勃勃。

与前些年的前提条件相比，昂纳克在1987年访问时的政治范畴完全不同。关于与计划中访问准备工作的差别，第一眼便让人觉得，1987年民主德国在礼宾上比之前得到更多。所有一切都表明，联邦总理和总理府部长从自身情况出发，从一开始就在礼宾问题上更多地考虑了民主德国的愿望。当然民主德国并不需要与波恩代表团对此进行长期谈判。1987年的国际背景条件显得更为有利。联邦政府也更清楚地看到了昂纳克的困境：他对莫斯科十分依赖，而莫斯科尤其是出于安全政策的考虑，经常迫使昂纳克对波恩采取"保持距离"的策略[83]。通过更换地点提高邀请水平，这也意味着增强了对民主德国作为独立国家地位的认同。对提高邀请水平的回报是什么呢？科尔和朔伊布勒试图在内容上，也就是对在改善民主德国人民的境况上能实现些什么呢？他们的谈判战术是什么呢？为此，我们必须进一步审视具体内容的准备工作。

具体内容的准备工作

首先有必要再次回到1987年5月19日朔伊布勒和沙尔克的会面中来。朔伊布勒以书面形式为联邦总理记录了他与所谓"对话伙伴"的会谈内容："我的对话伙伴在此期间通过电话发出了提示信息，称从 9 月 7 日起可以实现符合如下礼宾框架的访问：

    －由联邦总理安排仪仗队进行欢迎（或许由我去机场迎接）。

    －联邦总理与总书记第一次进行简短会谈，接下来，在联邦总统那里举行小范围午宴并进行商谈。

    －下午在联邦总理府进行详细会谈。

    －受联邦总理邀请出席在乐都特宫的晚宴。

    －第二天与党派主席和/或议会党团主席在居姆尼希宫举行会谈。

    －第二天晚上由总书记昂纳克举行答谢晚宴。

    －接下来，对北莱茵－威斯特法伦州、萨尔州、莱茵兰－普法尔茨州和巴伐利亚州进行访问（包括达豪集中营）。"[84]

此外，朔伊布勒从迄今为止与沙尔克的会谈即所谓预备谈判中进行了战略性总结，用于进一步协调昂纳克的访问：[85]

    －礼宾框架是没有争议的，而且对此已解释得很清楚；尽管有军队仪仗队，但这次访问还是不应对回访东柏林的邀请有任何影响。

    －应该签署三份协定：环境协定、科学技术合作协定和核技术合作协定（辐射防护）。相关职能部门的部长负责签字，但他们不属于代表团。

    －所有会谈都应将柏林包含在内。朔伊布勒承认，沙尔克明显理解这个前提条件的重要性。

    －民主德国希望扩展西方旅行范围，并且需要得到财政回报，因为移民申请数量和联邦德国旅行者数量的增加对铁路交通造成了负担。访问和旅行往来的进一步发展首先要取决于财政，在这一问题上，波恩可以得到对方的让步。

    －在民主德国经济问题的背景下，倘若联邦政府也准备提供更多财政帮助，波恩只能在谈判中扶持新项目，例如在轨道交通、保持水域清洁、街道交通和联合供电方面。

    －民主德国明显对访问抱有更高的政治期待：易北河问题。所有其他的要求都不复存在，压力最后集中在与保持易北河清洁相关的复

在负责家庭、青年、妇女和健康问题的新任联邦部长聚斯穆特女士宣誓典礼
（1985年9月26日）上，该部前任联邦部长盖斯勒（左）与联邦总理科尔
在谈话交流。背后是科学部部长魏姆斯女士。

1984年11月20日内阁会议即将开始，联邦总理府的通讯联络和公关部主任
阿克曼将信息告知联邦总理科尔。

1986年2月11日在柏林的格林尼克桥（Glienicker Brücke）上，东西德交换被俘间谍人员。

1984年德国红十字会一位女顾问和一位来自民主德国的移民妇女在一起。

联邦外交部长根舍（中间）于1986年11月在维也纳欧洲安全与合作会议的第三次后续会议结束后与其代表团成员进行讨论。

科尔在波恩联邦总理府的办公室中研究文件（1986年12月）。

1987年9月7日，联邦总理科尔在波恩总理府前接见民主德国国务委员会主席兼德国统一社
会党中央委员会总书记昂纳克（右）。

在当晚由民主德国电视台现场转播的祝酒辞中，总理科尔表态支持民族统一。

法国总统密特朗（中间）于1988年11月1日在亚琛获得查理大帝奖章。联邦总理科尔向获奖者表示祝贺。

联邦总理科尔和美国总统罗纳德·里根在勃兰登堡门前。1987年6月12日，里根在柏林市建城750周年庆祝活动之际发表了获得很多关注的演讲，该演讲以这句历史性的呼吁结束："戈尔巴乔夫先生，请您打开这座城门！"

1988年10月24日，联邦总理科尔在对莫斯科的首次正式访问中，针对德国问题谈道："这种分裂是反自然的。"坐着的是戈尔巴乔夫总书记。

联邦总理科尔和基社盟主席魏格尔（左）一同在联邦总理府主持新闻发布会（1989年2月27日）

联邦总统魏茨泽克（左五）向新部长们颁发任命书并向引退的部长们颁发解职证书。1989年4月21日重新组建了内阁。

1989年4月21日改组内阁后的首次会议。联邦总理科尔与新任联邦总理府部长联邦部长塞特斯（右上）进行谈话。

下萨克森州长阿尔布雷西特（右）与联邦总理府部长兼联邦部长的朔伊布勒会谈。两人就德意志内部易北河边界的话题进行交流。

1989年5月美国总统乔治·布什访问德国期间，联邦总理科尔对布什的新裁军提议表示感谢。布什谈到美国和联邦德国共同担当领导角色。

戈尔巴乔夫总统和联邦总理科尔于1989年6月13日在波恩为他们的联合声明碰杯。苏联首次在一份文件中承认，人的尊严和权利优先于阶级斗争和对峙。这次总统和联邦总理在波恩会面对两个人来说都是一次很重要的经历。

1989年9月和10月期间，数千名民主德国难民在联邦德国驻布拉格大使馆寻求庇护。他们希望通过这种方式迫使政府同意他们离境前往联邦德国。

联邦德国驻布拉格大使馆的花园中正在分发膳食。

洛布科维茨宫（Palais Lobkowitz）成了民主德国难民的帐篷之城。1989年
9月期间那里有5000多名民主德国公民暂住。

1989年10月初，民主德国让使馆难民通过帝国铁路的特别列车从布拉格和华沙前往联邦德国。

逃亡的民主德国公民到达联邦德国后被安置到紧急住所中。自1989年夏天至柏林墙倒塌之日，大约有4万民主德国公民逃往西德。

成千上万名民主德国公民通过"我们想要出去"及"我们才是人民"等此类标语口号与德国统一社会党政权进行对抗。这是1989年10月23日在莱比锡环形大道上的示威游行。

1989年10月在莱比锡乔吉环城路（Georgi-Ring）上的"周一大游行"示威。针对德国统一社会党政权的抗议声势不断壮大。

杂问题上。

出于政治上的长远考虑，朔伊布勒将民主德国的立场作为一个要点：为了实现更多人道主义成果要求资金回报，并且仅仅在边界规则领域提出法律地位上的要求。接下来，谈判进展以及波恩的高端会谈都证实了朔伊布勒评估的正确性。朔伊布勒在这个批注中谨慎克制地对待了自身的要求。他审核并评估了民主德国的立场，但是联邦政府又要求什么呢？虽然在人道主义领域中需谈及项目和目标的清单包含详细的重要改进建议，但是却不包括新的政治方案，也没有独立的草案。人们对高端会谈的期望值很低，因为昂纳克的访问本身就已经是一项谈判成果，甚至还有一种明显的自满情绪，迄今为止，发展缓慢的德国政策路线让民主德国的人们感到了放松和缓解，并且取得了部分成功。没有必要改变路线，但前提是，基本立场是毫无妥协余地的。

朔伊布勒和沙尔克之间涉及实际准备工作的谈判内容与主题目录和工作计划有关，这个工作计划是在1987年3月26日至27日经双方一致同意的[86]；它也涉及德国统一社会党政治局委员米塔格于1987年4月1日对科尔的回访[87]。1987年6月24日，朔伊布勒和沙尔克在一次会谈中提出关于昂纳克访问整体计划方案的最后声明。沙尔克在联邦总理府中声明，他从现在起拥有负责1987年9月7日至11日期间昂纳克访问最后准备工作的全部权力[88]。两人交换了文件：沙尔克转交了一份完整项目方案的草案，朔伊布勒转交了一份含有计划方案基本要点的准备文件，方案中包含一份项目流程概览。朔伊布勒在此期间将文件交给了联邦总理，并且由总理浏览和批准后，朔伊布勒和沙尔克共同签署了项目方案的流程文件[89]。对于联邦总理必须在哥德斯贝格举行的宴会（Godesberger – Redoute）上对他所计划的祝酒词进行现场直播，与民主德国发生较量之事，在这份经过和平商谈的计划方案文件中以及更多特殊渠道的会谈记录中都找不到相关信息。此处的档案也没有记录当事人回忆的内容。通过签署文件，两人完成了对科尔和昂纳克峰会前最重要的谈判准备工作。在项目方案之外，1987年6月24日，双方也在总理府中达成一些重要的附属协定：[90]

－双方一致认为，双方的部长应该签署三个协议（辐射防护、环境、科学和技术），而且联邦部长魏姆斯女士能参加代表团会议。

－相反，应该在不说明地点和时间的情况下宣布邀请联邦总理科尔前往民主德国进行访问。

此外，朔伊布勒提出三个要求，他希望对方能够满足：为了给访问创造良好的气氛而释放卡林·舒曼（Karin Schumann）[91]（所谓困难问题之一），否则，朔伊布勒在会谈中对沙尔克说：可能出现针对昂纳克的示威活动[92]；在柏林重新开启曾被中断的关于缓解旅行往来和互访并为其减负的会谈；改善在柏林（柏林到汉诺威的快速铁路）铁路交通中的具体合作。特别是最后一点，体现了发展双边关系的重要愿望，这一点在所有文件中都重复出现[93]。为实现财政平衡，从而对民主德国提出在铁路交通中提高西德旅行费用的愿望，朔伊布勒这一次自己做出了至关重要的回复："他（朔伊布勒。作者注）暗示希望对此进行审核，并要求民主德国给予回报；倘若民主德国不能对旅行往来提供非正式担保，那么就应该在非商业性的往来支付以及开通额外的电话线路方面做出让步。"[94]鉴于严重的外汇危机，民主德国显然不会赞同。1987年7月1日，他们没有事先通告就对到西德旅行的民主德国公民削减了货币兑换额，这件事尤其触怒了朔伊布勒[95]。迄今为止，到西德旅行的民主德国公民每天能在民主德国以1∶1的汇率将10民德马克兑换成西德马克，最高兑换额为70马克，然而现在，兑换总额度却被限制在15马克[96]。这对在其他方面都顺利进行的准备工作来说仿佛是一个"限位阀"。在没有提出回报要求且存在货币兑换额限制的情况下，朔伊布勒最终在1987年7月8日向沙尔克提议，对因紧急家庭事务而到西德旅行的人以及民主德国退休人员，应该从1987年11月1日起在两国铁路中给予50%的票价优惠。由于从民主德国进入联邦德国旅行往来的增加，德国帝国铁路公司需要对德国联邦铁路公司进行平衡支付[97]，这会给民主德国带来更多负担，联邦政府希望以此控制住日益增加的负担[98]。尽管在不同会谈层面上多次催促提醒，但直到访问时，有关在非商业领域的往来支付和开通额外电话线路的愿望仍未得到回复。

如上所述，1987年7月17日，国务委员会最终做出了三个关于对罪犯进行特赦的决定，也包括政治犯。直到1987年8月17日进行会面，沙尔克才同意，至少应努力争取在昂纳克访问的公报中加入关于开始扩建汉诺威到柏林铁路的会谈内容[99]。从西德的角度来看，这是一个小范围的成功。在政府内部，朔伊布勒扩建铁路线路的建议得到进一步肯定。1987年

8 月 27 日德国政策协调会议的记录证明，在委员会内部并不存在清晰的优先排序：昂纳克访问时应选择哪一个交通项目达成一致[100]。朔伊布勒努力推动之前已与沙尔克达成初步意向的铁路项目。对此，他只是私下简单通报了在场的国务秘书："民主德国在这方面要有所行动。"[101]受联邦总理的委托，他让人转述，不能因双方达成协议而让人认为"昂纳克带着钱回家了"[102]。尽管进行了总结辩护，朔伊布勒在协调会上依旧无法达成一致。他说："联邦部长朔伊布勒果断地主张发出信号，以便明确表明我们的优先权。否则，关于过境总支付的谈判会变得非常困难（此事记录在 1988 年议事日程中[103]。作者注）。整体上，就昂纳克的访问而言，倘若我们希望躲避关于这个问题的讨论，我们也会错失很大一部分我们所希望达到的政治影响。"[104]因为没有取得一致意见，就应该在政治层面上继续着手处理该问题，也就是由朔伊布勒来独立完成，并且在与联邦总理的协调中进行。

在此期间，从 8 月中旬起，在其他领域里也显现出了民主德国的让步。1987 年 8 月 17 日，朔伊布勒和沙尔克的会面记录中写道："沙尔克认为开通额外的电话线路是有可能的，同样，改善交通情况也是有可能的；这些情况应该在部长会谈中进行讨论。联邦总理府部长也督促在非商业往来支付领域做出让步。沙尔克还要对此进行审核。"[105]此外，朔伊布勒利用这次会面再度探讨人道主义问题（出境旅行情况、特赦、监禁情况），并且鉴于联邦总理会在很小的会谈范围内和昂纳克探讨这些情况，让沙尔克对此有所准备[106]。最终，在关于柏林旅行和互访协商方面也开始取得一些进展，朔伊布勒从一开始就把这个问题作为访问的实质性条件之一。8 月 20 日，民主德国的常设代表处负责人莫尔特向杜伊斯贝格明确提出了改善建议，同时也将建议转达给柏林市政府[107]。此外，按照计划还将兴建一条西柏林和联邦地域之间的输电线路。

政府内部协调

从 1987 年 7 月中旬起，除秘密谈判之外，政府内部也同时制订访问的准备计划，其中需要参与的职能部门之间互相配合并与所谓的民主德国先期代表团进行会谈和协调[108]。双方取得了一致意见，都认为时间上更早的协调配合是不可能的，因为首先必须公布约定的访问时间。除了那些事先提到的必不可少的内容（欢迎典礼仪式、项目计划流程）之外，联邦总理科尔个人做出如下规定：

－他想通过朔伊布勒了解所有礼宾细节，包括其他框架方案的问题。

－联邦总理决定让联邦部长魏姆斯女士参加代表团会议，并与沙尔克达成了共识。[109]

－科尔想在第一天访问的晚宴上现场直播祝酒词[110]，这一点还没有包含在所签署的项目计划文件中；对此，在与民主德国先期代表团会谈成果的附注中提到："在宴会开始前通过电视直播致祝酒词，没有国歌，也没有晚宴音乐。"[111]

－外交部应只派一名代表参加小范围会谈[112]。之前外交部曾要求两人出席。德意志内部关系部出于法律地位的原因反对外交部派出一名代表团成员[113]。科尔最终确定了一个妥协方案。

－在两人单独会谈中，不应有记录员在场。只允许朔伊布勒以及代表东德的赫尔曼参加会谈[114]。民主德国的先期代表团再度要求赛德尔作为民主德国的记录员出席，科尔改变了他的决定[115]。科尔决定，杜伊斯贝格也作为记录员参加计划中的小范围会谈。

－科尔确定了联邦总统午宴的参加者；在联邦总理晚宴的参加者中，科尔又增加了老总理基辛格和民主德国律师福格尔，但前提是民主德国也赞成最后提到的参会人士。[116]

－时任柏林市长迪普根也受到科尔的邀请参加晚宴，但民主德国先期代表团把这个邀请看作对双方关系的严重拖累，并在相应的记录中写道："联邦总理：不变。"[117]

－在安排座位时，科尔将联邦参议院主席伯恩哈德·福格尔（Bernhard Vogel）安排在昂纳克右边，联邦议院议长延宁格尔安排在米塔格左边[118]。藉此，科尔就能坐在中间不受干扰地在三个多小时内与昂纳克和米塔格谈话。他想向福格尔和延宁格尔表明，让他们尽可能减少交谈和插话。联邦总理分给他们的任务是将客人与外界隔离。[119]

－在给客人的礼物上，科尔也参与讨论并做出了决定："联邦总理决定将里丁格的版画作为礼物"。[120]

与此相反，在政府内部，联邦总理科尔对昂纳克访问流程唯一置身事外的是选择双方外交部长会谈的地点。在这个礼宾问题上不值得和根舍发生冲突。与民主德国先期代表团进行协调后，决定由根舍在维纳斯山宾馆招待民主德国外交部长。根舍未予采纳并将菲舍尔直接请到他外交部的办公室，他也在那里定期会见其他国家的外交部长。这个决定关系到法律地位问题，因为这意味着民主德国国家地位的提升。此外，德意志内部关系部依旧坚持，菲舍尔与魏姆斯的会谈不应在总理府进行。但是这个愿望没能实现。德意志内部关系部很早就声明反对两个外交部长的会面，不过他们也知道无法阻止。国务秘书雷林格在一份对两位外交部长可能会面的注释旁边写道："照我的估计，这势在必行。"[121]朔伊布勒最终批准让杜伊斯贝格和国务秘书拉夫斯（Rahfus）（外交部）就这个问题进行商谈[122]。朔伊布勒对职能部门的争执没有更多的表态和参与。最终朔伊布勒于1987年8月27日在德国政策协调国务秘书会议上（扩大后的三方小组）就此达成一致，"在外交部举行会谈，并举行欢迎仪式，这全都在联邦总理府中预先安排好，这里涉及的是代表团会谈之外的约定。"[123]但是根舍希望得到更多："国务秘书苏德霍夫（Sudhoff）博士提到联邦部长根舍的愿望：总统对其宴请之后和他进行短暂的私人会谈。联邦部长朔伊布勒博士最终同意，但这个愿望既不应该通过联邦总理府，也不应该通过记录告知民主德国，这个约定应由联邦部长根舍或联邦总统在午宴期间直接去和对方协商。"[124]为避免法律地位问题上升到礼宾层面，只能以这种方式解决。根舍采用了辅助性论证的外交辞令来粉饰他的特殊行动："这个行动的新意就在于，周二上午，我在外交部接见外交部长菲舍尔。这是我们在德意志土地上的第一次会谈，民主德国对我们来说并不是外国，也就是说，与他们的关系也不是外交关系。这种关系只能由联邦总理府负责。然而这一次，菲舍尔却是作为国务委员会主席昂纳克的代表团成员来访。"[125]

科尔的表态口径和论证方针：政治信息的传达

如上所述，1987年4月1日，联邦总统与政治局委员米塔格就昂纳克访问的时间安排取得了一致意见。为了能在当天签署协议，1987年6月23日，昂纳克的全权代表沙尔克为计划方案的确切协议来到波恩。直到1987年7月16日朔伊布勒的新闻发布会上，公众才正式获知这次访问的信息。1987年6月29日，联邦总理府部长联邦部长朔伊布勒秘密向如下人员传达了访问时间："联邦部长魏姆斯博士、联邦部长根舍、联邦部长施托滕贝格博士、联邦部长班格曼博士、州长伯恩哈德·福格尔、州长施特劳斯、现任市长迪普根、德雷格尔博士、盖斯勒博士。"[126]这是从德国政策工作组组长的一份附注中摘引出来的。这些信息涉及确切的计划顺序。杜伊斯贝格不知道的是，朔伊布勒在之前就已经向部分上述政治家咨询过他们对昂纳克访问的意见，从而为联邦总理做决定前进行试探。联邦总统在工作办公室主任进行公务通报之前就已获悉访问时间。7月2日，魏茨泽克收到时间约定的通报。[127]

西方盟友也必须在波恩四方委员会的框架内获知有关访问计划的信息。鉴于1987年春柏林建城750周年庆祝活动之前发生的事故，这并非一帆风顺。当时西方盟国最终阻止了时任柏林市长艾伯哈德·迪普根（Eberhard Diepgen）参加东柏林建城750周年庆祝活动[128]。这一次虽然不是讨论当时备受批评的市政委员独立行动的问题，但昂纳克的访问在礼宾安排上还是触及很多法律地位问题。此外，访问是在北约关于中程导弹的现代化更新等安全政策激烈讨论背景下进行的。7月22日，朔伊布勒向三大占领国的代表通报："他指出直到公开宣布消息之前，必须进行严格保密处理，并且在细节方面探讨了访问的性质（不是国事访问）和回访的问题（没有确定）以及访问联邦议院议长（在议院关系中没有变化）相关的问题。"[129]大使伯特（Burt）（美国）追问的问题最多："他（伯特。作者注）提到当前在美国和苏联削减军备谈判中遇到的困难。为了与反对党共同对联邦政府施加压力，昂纳克将会利用访问，从而让联邦政府放弃潘兴IA型导弹问题的立场。美国大使担心西方公众的反对意见，因为如果不能像开始所期待的那样迅速达到效果，联邦政府就将处于特殊压力之下。"[130]正如上文所提到的，通过联邦政府方面宣布完全放弃潘兴IA型导弹，只有在昂纳克到达之前才能及时缓和这个问题。

1987年8月26日，联邦总理和总理府部长向联邦内阁了解到相关细节信息。但是内阁会议在作出决议之外还有一个目的：它应该为昂纳克的访问确定一个对所有人都具有约束力的政治规定，并消除没有参与准备工作的个别职能部门的最终顾虑。鉴于将要与民主德国签署的三个协定（辐射防护、环境保护、科学技术）的政治意义，内阁没有选择文件流转程序，而是在内阁会议的框架内选择了正式的决议程序。通过解释能保证将柏林包含在内的要求都圆满地解决，这些协议便获得了批准[131]。昂纳克的访问首次出现在内阁会议议事日程"杂项"中。按照固定的任务分配，朔伊布勒首先通报了事务性话题的情况，接着联邦总理通报了一般性政治评估和即将进行的访问安排。两篇论述都算是整个准备阶段精彩政治场面的重要汇编。同时，两篇政治报告的内容也都瞄着外部的效果和反应。因为根据经验，一些与会人员会向已在他们部委会客室里等候的新闻记者通报会议相关细节。

朔伊布勒首先向内阁通报关于访问的计划流程和代表团的构成信息，最初约定在 7 月 22 日公布访问时间。但是在此前一周，媒体上再度出现对访问时间的猜测，为此在与民主德国进行短暂的沟通协商后，我们就公布了协商好的访问时间。在此期间我们与先期代表团解释澄清了其中的细节。他总结性地评估道，在此没有出现什么困难[132]。朔伊布勒总结说，关于可能的公报会谈也有很大进展，但在原则性问题上，双方还是存在着分歧。接下来，朔伊布勒回忆起东西德接触中已经实现或至少可以预见的成果，这些都完全应视为与访问有关。他赋予访问交往，尤其是青年旅行交流的发展一个特殊地位[133]。此外，之前由内阁批准的协议则在很短的时间内达成。他十分支持民主德国的特赦规定、取消死刑和协调那些事实上非常困难的交换事件。朔伊布勒从来都不在内阁中谈及有关困难问题的细节。但朔伊布勒暗示能够找到解决方案，这也完全符合与沙尔克会谈的内容。朔伊布勒显然也把这点看作访问的先决条件。

他没有提到涉及在西德旅行者最低货币兑换额问题上所遇到的挫折，只想积极肯定他的谈判成果。因此他补充说：双方就重新开启关于减少对访问旅行的官僚主义手续和关于开通并扩建现有的通往柏林的通道取得了一致意见，这符合联邦政府的先决条件，这些事项都是不久前才出现的。他进一步通报说，民主德国最终也展望了开通额外电话线路及改善礼品包裹交通服务的前景。从商业角度来讲，双方还将成立一个将柏林也包含在内的供电联盟进行谈判；会谈前景显得十分光明。在论述的结尾，朔伊布勒再一次提请所有内阁成员注意，从礼宾上来讲，此次是联邦总理邀请一位政治领导人的工作访问。因为这位来访者是国家元首，他必须以国际礼宾惯例来对待。

紧接着联邦总理进行了评论[134]。对于因访问预期会出现强烈情绪，他表示深切的理解。在访问过程中，他自己或许也会面临一些对他提出诸多要求的局面，在此，他暗示要在总理府前举行正式的欢迎仪式。无论如何人们还是必须尝试，尽可能为了德国公民的利益利用这类事件，例如此次访问。没有人知道当前的和谐相处还能持续多长时间，因此现在就必须更多地加以利用。但这并不意味着改变在德意志问题中的原则立场。在这次访问中同样需要明确的还有联邦德国属于西方价值观共同体的一部分。在这个问题上，不存在模棱两可的情况。尽管双方之间存在距离，但是必须要保证尊严。通过表达他对这次访问的目标和期望，科尔希望获得更多的政治支持。

联邦总理接着利用访问交往人数的迅速增加作为他的证据，联邦政府将其视为最大的成果之一[135]。鉴于之前对德国土地上两个国家关系发展的预测，他对于加强这种人际接触赋予了更重的分量，接着重复了他的德国政策哲学：来访者交往人数的增加证明即使不放弃德国政策的原则也能取得成果。这对基本问题的原则性没有造成任何影响，例如对射击命令的评价。在这种情况下，联邦总理强调，他认为再次引发关于扎尔茨吉特调查处的讨论是社民党领导下的若干州政府的严重失误。

在访问的准备工作中，民主德国方面没有要求取消调查处，只是在春季新联邦政府诞生之后才在互访中例行公事地提出了这些要求。联邦总理通报说，只有民主德国结束违反法治国家的行为，调查处才会完成其使命。之后，联邦总理提出了一个之前只和财政部长施托滕贝格协商过的建议[136]。这对内阁会议来说是个非同寻常的事件，因为在委员会做出决定之前，通常要事先细致入微地协商需要考虑的所有细节。科尔的建议涉及民主德国来访者的欢迎费。科尔认为，如果不允许民主德国的来访者自己付钱购买一些重要物件，这是对他们的侮辱。因此民主德国来访者的欢迎费应该从迄今为止最多一年两次各支付 30 马克提升为一年一次性支付 100 马克。

科尔知道民主德国为了扩大到西部旅行急需外汇，这是一个反复出现的论点。民主德国从 1987 年 7 月 1 日起执行的削减民主德国公民到西部旅行的货币兑换额正是源于此。他想对此针锋相对。此外，他还考虑到在昂纳克访问之前就签署相关协定，这样人们就不会觉得好像这是民主德国提出的建议。一天后，朔伊布勒在德国政策协调会议中按照这种精神通报了内阁会议的这个内容。[137]

在单独针对这个问题的简短表态中，一些内阁成员（施托滕贝格、魏姆斯、克莱因）同意联邦总理的建议，他们就此达成了共识，因此，联邦总理能够在接下来的新闻发布会上正式通报这个决议[138]。对于与访问相关的可能的示威活动，联邦总理在内阁讨论中提到以前针对其他来访者的示威活动。例如，来自自由世界（如美国）的政治友人就在这种类型的示威活动中遇到一些无理要求。出于对示威权利的尊重，其他人也必须承受这类事件。这种忧虑并非空穴来风，因为在保守派集团里，例如"德国保守派"团体就宣布要对昂纳克访问举行抗议和示威活动。[139]

现在只缺少议院中各委员会有义务提供的信息了。反对此次访问的其他剩余力量主要就在这里。1987 年夏休后的 9 月 2 日基民盟/基社盟议会党团第一次会议中，为了使访问延续阿登纳的历史路线，科尔作了一个长篇发言[140]。他从下面三个角度将关于预期访问的一些不明确信息（对将要签署的条约以及将柏林包含在所有协定的提示信息）串联起来：

> － 对于德国政策原则，他坚持对此毫不妥协（"在下周不会进行任何将导致原则立场变化的会谈。只要我还领导这个机构，任何人都不需要有这种担忧。"[141]）；
> － 这次访问是在国际形势普遍缓和的形势下进行的（"这一切并不是一个'伟大的春天'。我是一个非常冷静的当代人，并且也还会说：苏联的自由化政策是否会成就什么局面或是否会成功，目前谁都不能断言，但还是有机会。"[142]）；
> － 列出最终使访问成为可能的德国政策上的成果。在此，他特别提到十亿马克贷款（"……我们两个人，施特劳斯和我，并不是一直都在自己的党派中得到认可。我们当时说过：'我们必须试图拆毁高墙和铁丝网，以便使人们彼此走得更近。'其成果是众所周知的。"[143]）。

昂纳克访问的消息看起来变得众所周知，在此他首先强调了他个人的不满情绪，以获得众人的理解："在我研究了按照国际礼宾进行工作访问的必要性之后，我就把这件事弃之一隅，三天后，我不断地研究，不断地反问。然后，这一时刻就来临了，此时我必须说清楚，要做必须做的事情！"[144]科尔将自己比作礼宾的囚徒，他让议会党团特别关注他即将在哥德斯贝格做的宴会祝酒词。总体上他压低了过高的期望，但批评的声音并没有停止。议员阿贝莱因是昂纳克访问反对者的发言人，1987 年 9 月 8 日，在昂纳克到达波恩一天后，他在基民盟/基社盟议会党团会议中煽动了一场讨论。时任德意志内部关系部部长至今对这场讨论还留有极其不愉快的回忆[145]。阿贝莱因针对电视画面和代表团会面暗示说："我觉得我回忆起了夏尔·勒布伦的一幅画，这位法国宫廷和历史画家描绘了路易十四的迎接仪式，以及那些代表团是如何低三下四、卑躬屈膝地走到他面前去的。"[146]联邦部长魏姆斯女士用"最激烈的"言辞[147]对这种言论给予了反驳。此处相关记录评注的内容是"鼓掌"[148]。

对朔伊布勒来说，9 月 2 日在联邦议院德意志内部关系委员会中也有得到更多政治信息的机会。他在委员会中宣布，科尔将会收到昂纳克对他前往民主德国访问的邀请。同时，他必须面对委员会的批评；委员会指责，外交部长根舍希望于 9 月 8 日与民主德国外交部长菲舍尔在外交部进行会面。基民盟/基社盟党团发言人林特内尔说，因为必须向外部发表声明，避免让人们认为这里涉及的是"两个相互独立的国家"之间的关系[149]。另一方面，朔伊布勒一天后在媒体前露面；这次露面一方面是为了陈述德意志内部对话的最新进展，另一方面则是表明联邦政府在德意志问题中的基本立场。总理府部长说，昂纳克的访问并没有改变东西德人民的意识，没有让他们认识到他们都属于同一个民族。联邦德国虽然承认民主德国的国家地位，但它们彼此之间还是有着"某种特殊的"关系[150]。倘若昂纳克在他对西德的访问之后到巴黎、伦敦或华盛顿旅行，波恩也完全不会将此看作干扰，因为没有人想追求一条特殊的德国道路[151]。总书记现在到莱茵河访问，朔伊布勒将此看作双方在双边关系中不断正常化的表现。总体来看，在这个阶段，联邦政府试图通过一种经过协调的信息管理政策在公众中以及在联合执政同盟内预先规定对访问的诠释方式。这既是表态口径，同时也是政治管理。

文字工作：联合公报和科尔的宴会致辞

联合公报

与实质内容的准备工作同时进行的还有宴会结束时共同公报的准备工作。按照昂纳克 1984 年[152]和 1986 年[153]的计划，他在初次访问时就已经有一份预先制定的完整草案，现在可以借鉴这份草案。民主德国常设代表处负责人莫尔特在 1987 年 7 月 3 日，也就是访问前大约两个月，在波恩向朔伊布勒转交了民主德国的公报草案。[154]几天后，布罗伊蒂加姆在一次与赛德尔的会谈中得知，倘若出现困难情况，民主德国也准备放弃发表联合公报。但布罗伊蒂加姆明确提出要完成公报，"否则我们根本不能控制民主德国单方面的媒体通报"。[155]联邦总理也想要一份协调过的公报。[156]

联邦政府的第一份草案应该在 7 月末完成，也就是尽可能在朔伊布勒和沙尔克下一次会面之前完成。对此，工作办公室与外交部以及德意志内部关系部共同讨论拟定一份基于此前工作的持续发展草案。在双边关系部分还补充了自 1984 年取得的实质性成果。按照工作分配惯例，国际部分应该由外交部来加以补充。朔伊布勒不想在第一份转交的草案中暗示性地提及当前的以及尚未最终确定下来的谈判结果，例如正在进行中的关于铁路价格和供电线路的会谈。[157] 从一开始朔伊布勒就强调，公报的中心问题必须是双边问题而不是外交部的问题。[158] 按照约定，关于东西方关系的段落内容属于特尔切克的职权范围。为了防止工作办公室仅仅帮助联邦总理府部长做准备工作而没有知会部门领导，特尔切克就通过他的工作人员哈特曼（Hartmann）向杜伊斯贝格询问道："正如我听说的，之前提到过的公报草案目前正在联邦部长根舍那里等待批准。经过与部长特尔切克的协调，倘若您将由联邦部长根舍批准后的文稿转交给我，至少是在其本职范围内的国际问题部分，以便在开始与民主德国会谈之前就能够呈交给联邦总理批准，对此我将不胜感激。"[159] 杜伊斯贝格应该通过特尔切克而不是朔伊布勒将整体草案亲自呈交给联邦总理，这是各参与职能部门在总理府的公报会谈中取得的一致意见。[160] 在这次会谈中，每个参与者都能再次感受到外交部的自信："虽然受到了邀请，但是外交部的代表却根本没有出席；原因是他们认为没有可以商谈的，因为文稿已经获得了联邦部长根舍的批准。"[161]

这里指的是那些关于国际问题的段落内容。由于由德意志内部关系部提出的 11 条修订建议中只有两条没有被采纳，所以该部将这次会议作为一次胜利来庆贺。[162] 对比草案可以发现，总体上缺失了那些激烈的政治争论。正如这种程序中的常见情况，人们追溯之前与民主德国的共同声明或条约的内容和外交辞令（《基础条约》、关于韦尔贝林湖会面的公报、1985 年 3 月 12 日莫斯科声明），通过对正在进行的会谈的描述和措辞，这些内容得以丰富和充实。尽管如此，联邦总理还是拒绝了呈交给他的草案：他明确希望大幅度缩减国际关系部分的内容。这种权重分配在他看来是不合比例的。对于那些在安全政策和裁减军备政策方面的重点国际话题，他没有什么可以批评指摘的。[163]

于是，最后在 1987 年 8 月初，在国际关系部分内容经过删减后，形成了共同撰写并由联邦总理批准的联邦政府的公报草案，并于 8 月 10 日转交给民主德国常设代表处。[164] 紧接着就开始了在朔伊布勒和沙尔克层面上关于公报的谈判，最初是秘密进行的。在转交草案后第一次会面中，沙尔克要求修改两处内容：提及莫斯科声明的部分应做出大幅修改；关系到易北河边界划分部分应在草案中至少将一种规定纳入考虑范围。[165]

相关的背景信息：1985 年 3 月 12 日莫斯科共同声明中写道："边界的不可侵犯性和尊重欧洲所有国家在其现有边界内领土的完整性及其主权是实现和平的基本条件之一。"[166]民主德国对此多次明确而坚决地加以联系、引用。这一表述毫无改动地引自于 1970 年 12 月 7 日的《华沙条约》。最终，科尔在 1985 年 "处于分裂状态德国的民族形势报告" 中采用过这一表述。科尔、朔伊布勒和德意志内部关系部不想在这样一个公报中重复这种关于放弃武力和确定边界的表述，并且这一表述经修改已经被纳入《基础条约》中。应该从政治体制的差异上明确东西德的分隔，而不是强调容易解决的边界问题。因此，联邦政府对此描述称："它们（这两个国家。作者注）强调在 1985 年 3 月 12 日发表的共同声明。"[167]不再提其他内容，而民主德国的版本包含采自于莫斯科的完整文字内容。鉴于昂纳克那些怀着矛盾心情观察其波恩之行的盟友们，总书记也需要再次强调这种 "边界的不可侵犯性"。

在通过特殊渠道进行秘密谈判的同时，1987 年 8 月 20 日成立了一个德–德谈判委员会。西德代表团是由德国政策工作组组长担任谈判领导。双方是在波恩的文本基础上进行谈判的，第一个谈判回合后的情况如下：[168]

– 民主德国坚持要求重申莫斯科关于确定边界的表述。

– 关于人权话题的表述仍存在争议：西德的表述建议："联邦总理科尔和总书记昂纳克在这种情况下就实现人权开放性地交换了意见。" 东德的表述建议："……政治权利、公民权利、社会权利、经济权利和文化权利，它们相互统一并互相制约。"

– 关于民主德国长期以来对德意志内部贸易所要求的有关混合经济委员会这一表述的讨论被推迟了。对此，联邦政府内部尚未形成统一的立场。[169]

– 对关于铁路项目和供电联盟段落的内容也被推迟了。朔伊布勒和沙尔克还在进行关于这两个项目的谈判。

– 民主德国认为波恩对将易北河包含在内的边界描述 "不合理" 并加以驳回。民主德国提出如下建议："双方都指明了在易北河融洽地确定边界走向的意义并强调，对该问题的处理将能够推动其他与易北河相关问题协议的签订。" 这听上去仿佛是波恩不可能参与的最高立场一样。正如上文报告过的，沙尔克在这个事情上只是在开始时对朔伊布勒施加过压力，但后来就放弃了该要求。以后，昂纳克会在首脑会谈中再度提及这个复杂的话题。

在两轮谈判回合之后，双方做出了如下妥协：[170]

　　–在沙尔克和朔伊布勒的会谈两天之后，莫尔特在与朔伊布勒的会谈中提出如下建议：民主德国放弃关于莫斯科声明的表述。为此，波恩应该放弃对边界地区的表述（"对于继续缓和边界地区的形势符合正常发展的睦邻关系的利益这一表述，双方也取得了一致意见"）。此外，莫尔特建议采用如下描述："联邦总理科尔和总书记昂纳克阐述了他们各自对边界问题具体形势的看法，并就此事进行了公开的意见交流。最终，他们一致认为，边界地区具体形势的发展对维护正常的睦邻关系是十分重要的。"[171]但这并不符合波恩的意愿。在很长一段时间内，公报的风格缓解了边界管理问题上的意见分歧。

　　–民主德国在边界委员会框架中的易北河建议最终没有被接受。这两个领域被区分开：正如波恩所希望的那样，已经将易北河问题放到环境保护的相关问题之中；正如民主德国所建议的那样，对边界地区的表述被具体化了。因此，在公报的最终版本中关于易北河的表述是："（双方）一致同意，开始着手审核关于易北河水体保护问题的会谈。"[172]波恩的文本中最初更加明确地写着："他们希望也开始着手准备关于易北河水体保护问题的会谈。"[173]关于边界地区的问题，则在最终版本中写道："双方都赞扬了边界委员会的工作，同时也表达了他们的愿望——只要边界委员会未解散，那么它将按照1978年11月29日的政府记录去完成它的任务。"[174]

　　–对此，朔伊布勒做出了让步，并赞成为促进经济关系的继续发展进行一次关于建立综合委员会的会谈。[175]

　　–在人权方面，朔伊布勒贯彻了他的主张。这里保留了波恩的表述方式。

　　–对于在铁路交通上的表述不存在争议。最终，这些内容还是被补充了进去，因为人们一开始就等待着谈判的进程："双方对此取得了一致意见，这是为了继续改善交通联系，包含往来于西柏林的交通，努力寻求维护双方利益的规定和协议，尤其是在铁路交通领域，同时展开相关对话，旨在显著缩短旅行时间，提高发车频率。"[176]

总体而言，哪一方实现了更多目标呢？鉴于时间压力和一定要完成访问的愿望，双方都准备好做出很大的让步。这里涉及的是一份妥协文件，这份妥协文件中具有长期影响的愿望声明，比有约束力和有法律条文的协议更多。[177]文件中还用了此前共同声明中的关键语句，以至于文件中还描写了在原则立场方面存在各不相同的状况："尽管对原则性问题存在意见分歧，其中包括对民族问题的观点"。与此相对，共同的国际性目标是毫无争议的："再也不允许在德意志土地上发生战争，在德意志土地上必须诞生和平。"[178]公报中完全没有包含令人意外的内容，因此，也不能期待在访问中讨论这些内容。正如在这类外交场合中国际社会都已习以为常的那样，实质内容上的访问成果事先就已经确定好了。有经验的外交人员模糊地说"还要进行会谈"来掩盖不一致的意见，包括改善铁路交通、经济合作或旅游现状的会谈以及还要单独通过特殊渠道达成进行"会谈"的共识。9月4日，双方已取得一致意见的公报文本[179]经联邦总理科尔和总书记昂纳克的批准之后于 1987 年 9 月 8 日 12 点 30 分公布了。这标志着在访问者继续对若干联邦州进行访问之前对波恩访问的结束。

科尔的宴会致辞

倘若需要寻找一种证据来证明语言是一种具有政治影响力的统治工具，那么联邦总理在访问第一天晚上的祝酒词正好就是一个恰当的例子。与联合公报不同，其关键词不是由模式化的外交辞令构成。科尔能通过语言组织将他对被分裂民族政治现实的感受表达出来。因为政治语言同时也是一种制度，这不是未加思索就使用的，而是在两种不同的政治体制间出于语言上的妥协义务而产生的。因此，联邦总理多次回顾性地突出强调了他在 1987 年 9 月 7 日欢迎昂纳克总书记晚宴上祝酒词的意义，当时的讲话现场直播也一同强调了情绪状态的真实性。[180]人们感到，科尔终于找到了一个场合可以让数百万人同时看见他向昂纳克直接表达他的意见。这件让他突出强调的事情[181]对他个人而言是否重要，从学术研究的角度无法验证。但是，从迄今为止对政府行为的分析中能够感受到那种压力，出于内政原因，总理在这种情况下面对着自己党派的追随者，而这时他却正处于这种压力之下。这篇讲话应该表明总理访问的动机、背景、成果和在当代史上位置的理解。鉴于其辩护性的特征，该讲话同时也旨在将敌手们联合并团结到自己的行列中来。在已经研究过的两次关于科尔和昂纳克之间在莫斯科的会谈中，联邦总理也清楚明确地阐述了他在尚未解决的德意志问题上的原则立场。但这在公众看来很大程度上仍然是保密和无形的。"处于分裂状态德国的民族形势报告"虽然也含有对德国政策的核心表述，但是其影响在整个政治领域仍然是有限的。

直到在昂纳克的桌旁，并且面对着开动的摄影机和上百万观众，科尔才有机会开放、坦率地表达了他的不同观点，不是进行清算，而是有关于德国统一社会党的不当行为的明确表述。他不仅仅计划为履行义务而使用"许多激励性词语"；科尔也一直关注着他的言论在内政上的作用。[182]他从各种信息网络中获知在联盟党内广泛散布着对昂纳克访问的不满情绪。偏偏就是在科尔的政府任期中，随着该访问的进行，人们在事实上和从礼宾上承认了民主德国及两个德意志国家的分裂状态。科尔必须坚持自己的原则来面对这种局面。祝酒词的产生进程和该讲话本身证明了显著的意识形态差别以及对原则性区别的强调。昂纳克的访问越是邻近，科尔便越是清楚地意识到，在波恩通过用奏国歌和升国旗的方式来迎接来访者，其象征性意义具有深层次心理效果。因此，他在 9 月 2 日党团会议中描述道："我是主人，作为主人当然得有礼貌。但是人们也必须知道，不仅会谈的内容很重要，会谈给人留下的印象以及人们相互交谈的方式当然也十分重要。而且我只是希望，每个对此需要承担责任的人，不论在联邦德国哪个地方进行访问旅行，都要能清楚地判断由此给人留下的印象并从中得出结论。"[183]

事实上，只有毫不妥协的讲话才能在政治上对抗现实中存在着两个德意志国家的象征意义。科尔也因此才在访问的准备阶段就希望有一次讲话，"这次讲话也能载入教科书"，这是一种联邦总理只有在非常少见的情况下出于特别原因才会对演讲稿撰写组使用的表述。[184]内政条件还包括在 1987 年 8 月 28 日（也就是在访问的几天前）由社民党介绍的社民党和德国统一社会党所谓的共同文件《意识形态争执与共同安全》。联邦总理正是希望不要让自己的选民认为：两种体系的原则立场上不会相互接近；强调两种政治体制的区别且不要使其变得模糊不清；为了减轻分裂给人们造成的影响，有必要在日常问题中进行务实合作，但不要消除在价值规范方面的对立；强调对和平的共同责任。鉴于总理赋予该讲话的政治意义，德国驻外使馆得到了指示，将该祝酒词的文本转交给所在国外交部的高级机关。[185]

演讲稿撰写组在普利尔的领导下开始了工作，工作是根据在德国政策工作组组长领导下遵循运作流程所完成的草案来进行的。[186]最后一个由德国政策工作组协调配合的草案载明的日期为 1987 年 8 月 25 日："这些草案已经考虑到国务秘书布罗伊蒂加姆和我的建议，并已经过再次修订"[187]，杜伊斯贝格在草案中记录道。联邦总理府部长朔伊布勒通过正式渠道得到了这份已经呈交的最终草案，但是它和事实上被宣读的那份文本有显著的区别。这不是一件不寻常的特殊事件。正如在此前章节中多次分析的那样，演讲稿撰写组经常将这种草案作为将来发表不同演讲的"素材"。

就科尔赋予该演讲以多重政治目标来说，一方面，由德国政策工作组组长转交的演讲稿草案在相当大程度上是无法使用的：过于外交式且彼此疏远，到处迎合并暗示昂纳克的个人情感；另一方面，表述缺少感情色彩、表述过程倾向于粉饰冲突。直到预期访问前的最后一个周末，普利尔才将最终文本交给朔伊布勒。当德国政策工作组获知这个最终版本时，他们在周末还尝试通过电话动员朔伊布勒去对总理施加影响，以便从文本中删除那些尖锐的词句。因为若按照约定在波恩访问第一个早上提前收到寄来的这份文件，他们担心昂纳克或许会对这些尖锐的词汇做出非常激烈的反应。但朔伊布勒阻止了这种尝试。[188]该演讲稿保持不变。

此前的草案撰写过程如下[189]：

　　—在 1987 年 8 月 28 日，普利尔在演讲稿会议中将第一个草案呈交联邦总理。其中增加了德国政策工作组文本的部分内容以及来自波恩的教授希尔德布兰特（Hildenbrand）和施瓦茨（Schwarz）[190]的部分草案。联邦总理感觉文本缺乏张力并且篇幅太长而对其进行了批评。其中的主题对他来说总体上显得过于有序，传达的信息又太缺少感情色彩。

　　—在几天后第二次演讲稿会议中，普利尔提交了一篇新文章，将该文章的中心愿望加以区别，并更富有感情色彩地进行了描写。有关国际关系的段落已做了删减。

　　—在联邦总理周末带回去的最终版本中，他只进行了很少的改动：在"我们的所有邻居"一句中，他把"所有"这个词删除了（"德意志问题尚未解决，但问题的解决并未纳入当前世界历史的日程安排中，对此，我们也需要我们的邻居的同意和理解。"[191]）；他不想因自己的立场而激起任何争论。一年后，科尔就不能再阻止此类关于邻国的所谓否决立场（倘若真的实现了重新统一，德国人是否需要事先取得意见一致以及与谁达成一致意见）的讨论了[192]。"在不和"这个词之后他写到"太轻了"，他想要一种更加强烈的表达方式；因此，最终他将这一处重新改写为："我们希望实现德国的和平，对此还包括，在边界上停止使用武器。正是针对毫无防御能力的人的暴力危害着和平。"[193]他多次写道"相聚在一起"，这里所指的是人类相会的含义。科尔更经常使用这种简短的表达形式，但普利尔必须将这些简短的表达组织成句子。因此，人类的联系、共同性和民族统一成为贯穿全文的中心思想："为民族统一的意识"；"……为了实现有规则的共存而努力"；"……但是我们希望克服分裂"；"……通过他们实现更多的接触、共处和自由"；"他们相聚在一起，因为他们属于一个整体"；"一种最大限度的共存和相会"。[194]

"相聚在一起"这个简短表述中隐藏着他对德国政策赋予的使命：在西德和东德之间通过旅行、交换信息和会谈实现的通讯联系的频度越高，民族统一的意识就越能更稳固地发展，从而实现人道主义领域的进步。在此，他并没有考虑到在确定的时间框架内实现民主德国的解体或重新统一的可能性，他也没仔细思考德德条约谈判的技术细节。就这样，普利尔为总理在施瓦茨教授的文本基础上，在讲话结尾描述了一种虽不明确，但开放、乐观的展望："没有人知道，时间的变化和情况的持续发展会给我们和下一代带来什么。但有一点是肯定的：这样的变化将会在德国继续存在。"[195]

演讲的其他核心要素是什么呢？由普利尔工作小组撰写的最终文本与德国政策工作组的草案区别在于哪些内容呢？[196]在开始时：德国政策工作组的草案是针对昂纳克个人的："我很高兴，我们能在这些日子里改变并加深我们之间的认识和了解"[197]科尔完全不想正式承认与昂纳克个人的相识。"我也欢迎您，昂纳克先生，以个人身份开始自己的返乡之旅。您将要拜访您的妹妹，还会看到您父母的坟墓。这对您而言必将是个激动的时刻。"[198]德国政策工作组草案的另一个地方相应地也写道："总书记先生，您在反对纳粹统治的斗争中，也经受过苦难。"[199]科尔虽然在与其他国家元首的会谈中经常引用一些个人事件、历史事件或者故事，这些会在情感上打动他的对话伙伴，同时也会打动他自己。尤其是在首次会面的时候，这种开启谈话的方式如同一种反复出现的模式贯穿于两人的单独会谈。然后，政治就显得好像是他（科尔）的私人事务了，对此他也保持了他个人的尺度。但是这种在德国政策工作组的演讲稿草案中写得太过私人的交往方式，是不应该使用的。在科尔和昂纳克之间不应该有言语上的示好，甚至于私人的好感。科尔更多是目标明确地将开启谈话作为他谈判策略的一部分。开始时赢得好感的尝试已经成为一种谈判策略。昂纳克不应该让听众们感到同情。倘若需要表示同情，就应该对由于统一社会党机关的阻碍而不能出国旅行的民主德国公民们抱有同情。

科尔在哥德斯贝格的宴会上最终采用的祝酒词，其开头部分十分简短而且注意力是指向那种矛盾情感，这种情感是与访问而不是与昂纳克个人联系在一起的："我对您，总书记先生，能够访问波恩表示欢迎。我们能够在一起进行交谈是正确的。百万名德国人的目光都投向了您在联邦德国的访问及我们的会面上，从施特拉尔松德到康斯坦茨，从弗伦斯堡到德累斯顿，还有在柏林。很多人都有一种矛盾的情感：在德国的人都知道，这里存在两个国家，它们必须共同解决很多现实问题。但是他们也知道：这次访问有一种特殊的社会和政治意义。它和通常的在东部和西部的会面不同。"[200]对此草案本来写的是："您从一个德意志国家到另一个德意志国家的旅行对您自身，同时也对那些在我们国家或欧洲之外关注着这次访问的人来说都是一次意义重大的事件。您的访问同对东方和西方的邻国的访问相比，存在另一种人类和政治意义。其特别之处体现在联邦德国和民主德国各种各样的情绪和期望。"[201]在开头这段话之后，科尔描述了他对德国政策的基本立场：[202]

- "对民族统一的意识始终清醒地保持着，维护统一的意志没有动摇过。"[203]
- 序言所提的任务和民族问题的基本分歧，正如《基础条约》开头所坚持的那样："在两个国家对原则性问题的不同观念方面来看，其中包括对民族问题，这次访问不能也不会对其有任何改观。我为联邦政府重申：我们的《基本法》序言是不容修改的，因为它符合我们的信念。"[204]
- 《基础条约》与《德国统一信函》的共同之处是要求放弃暴力。

－"德意志问题尚未解决，但是其解决过程并未纳入世界历史的日程安排中，对此我们也将需要我们邻居的认同。"[205]

－自决权、人权与和平之间的联系："和平基于对每个人在其生活各个领域的无条件和绝对的尊重。每个人都必须能为他自己做出决定。"[206]

在德国政策工作组的草案中缺乏对尚未解决的德意志问题的提示，如下段落也是如此："在德国的人们还在承受分裂带来的痛苦。他们因这一堵墙（柏林墙）受苦，这堵墙完全挡住了他们的道路并排斥他们。倘若我们拆除那些将人们分隔开的东西，我们就承担起了满足德国人不可忽视的要求的责任：他们希望相聚在一起，因为他们属于一个整体。"[207]在德国政策工作组的草案中，这个说法也明显更加温和，并且简直就是友好的："他们（人们。作者注）备受分裂之苦。他们希望能不受阻碍地到彼此的地方去并希望得到彼此相遇和相识的机会。我们不应该阻止人类这种与生俱来的期待。"[208]

当谈及该访问的历史及其前任总理发出的邀请时，科尔并不仅仅履行着编年史作者的义务。他与这次邀请多少保持着一些距离，这样，该邀请更多是出于外交义务而发出的：科尔其实充当了该邀请的执行者的角色。联邦总理施密特最后也应该承担该邀请的政治责任。在德国政策工作组的草案中也缺少这类提示。而联邦总理却将另一种内容列入其政府工作的成果报告："两年半以前，我们在莫斯科的会面中就此深入展开了会谈，在多大程度上，特别是民主德国的年轻人，能得到更多的旅行机会……我非常希望，正如各种迹象所表明的，1987年退休人员访问者以及那些低于退休年龄访问者的人数都能够过百万。这就是说，仅仅在今年就有差不多两百万访客。而且在我们今天的会谈之后，根据您提交的数字，仅仅是今天，就已经超越了这个数字。"[209]最后的表述内容是在访问之日的下午才补充进去的。出于义务性和概括性考虑，三个将要签署的事务性问题协议被移至演讲结尾。

科尔的祝酒词重点放在作为整体的德国上面，昂纳克随后的祝酒词则相反，和所预料的一样重点是讨论和平主题。[210]国家名称（德意志联邦共和国和德意志民主共和国）作为分裂的证明，这在昂纳克那里出现的频率比在科尔那里多两倍以上。昂纳克一次都没有说到"德国"这个词，也一次未提到"德国人"，相反，科尔却多次明确提到了这个词。昂纳克只使用了具有象征意义的表述："从德意志土地上"再也不允许发生战争。总理也在自己的讲话中使用了这种表述。两人也在不同的语境中使用"和平"一词。昂纳克极其抽象地使用了这个概念并将它作为最高的价值。他将这个概念非常精确地与其他可能的附加内容区分开来。与此相对，总理将该概念与人权联系起来。[211]不出所料，两人在表述中存在着对立，而科尔却更尖锐且更有原则性。但他们还是强调了科尔所说的"为了实现一种有规则的共存而努力"，以及昂纳克表达的"合作代替对抗"。

数月后，昂纳克对格拉夫·拉姆斯多夫说："在波恩的宴会上，我安静地倾听了联邦总理科尔的演讲。我们甚至也许能将其发表出版。"[212]昂纳克对演讲完全没有做出任何回应，联邦总理科尔对此也感到十分惊讶。毕竟他在机场就已经通过转交得到了该演讲稿。[213]虽然第一眼看上去是悖论，但是这种严格的意识形态划分对昂纳克却有所帮助。面对东方伙伴，特别是面对苏联霸权，民主德国代表团完全需要以此作为谈判基础和不让人担忧的证明。另外，该演讲并未公开呼吁搞乱民主德国或确切支持反对派的环境保护运动。而且也完全没有对重新统一做出精确计划。从当时的视角看，寻找乌托邦式不符合政治现实的要求是徒劳的，人们只是在统一进程开始后才回过头来寻找这样的要求。若以此标准来衡量，科尔的演讲并不是能够展望远景的杰作，而是受时代局限的外交演讲，是一堂历史课。它清楚明确地用来对友人和敌人做出解释和澄清，尤其是着眼于对将来的历史的撰写。

接待、会谈和谈判工作

鉴于这种环境，每种象征性姿态都被赋予了对政府行为的高度重视，接下来，这种政治上的象征意义也应一同纳入分析。1987年9月7日上午10时，载有昂纳克的飞机在科隆－波恩机场着陆。德国统一社会党总书记在那里受到总理府部长朔伊布勒的迎接。[214]正式来讲，这只是工作访问，若以此来衡量，不出所料，媒体对此表现出了巨大兴趣：2400名记者，其中1700名来自外国（主要来自美国、法国和英国），报名参加了这次访问，[215]并且陪着昂纳克、外交部长菲舍尔、对外贸易部长拜尔、政治局委员兼国务委员会副主席米塔格和外交部长副部长尼尔对波恩和其他联邦州进行访问。在昂纳克乘坐一辆外交专车通过封闭的高速公路来到政府办公区之前，这位德国统一社会党的党首还找机会在西德发表了第一次声明：他乐于接受邀请来访，希望会谈能有利于和平及局势的缓和并推动双边关系的发展，还应继续扩大获得的谈判成果；《基础条约》与科尔1985年3月12日（在共同参加苏联国家主席契尔年科莫斯科葬礼时）发布的声明为此提供了一个很好的前提条件。[216]朔伊布勒介绍了昂纳克是如何在政府办公区突然发生变化的："他的表情变得十分僵硬并且简直无法再与他讲话。我对礼宾流程稍微做了一些解释并且做出了判断，他对此是非常专注认真的。这的确打动了我。而且他已经不再年轻了。这个人内心中到底发生了什么变化呢？"[217]

在联邦总理府内，联邦总理科尔与总书记友好地握手以表示欢迎。在迎接阵容中还有朔伊布勒、联邦部长魏姆斯、政府发言人奥斯特、经济部长班格曼和司长阿克曼。[218]这个欢迎仪式实现了昂纳克一个很久以前的愿望：在75岁时，他能以这样一个事件为他的政治生涯加冕：他是第一个在波恩受到官方接待的民主德国国家元首。奏响两国国歌和夹道的两国国旗可以视作承认民主德国主权的证明，这对昂纳克很重要。但是人们还是能很容易地判断出，这次访问与其他普通国家元首访问有着明显区别。最明显的是联邦德国外交部长根舍未参加欢迎仪式。科尔带着僵硬的表情站在昂纳克旁边，昂纳克则显得焦躁不安。[219]

科尔和昂纳克的首脑会谈

由德意志内部关系部和外交部准备的联邦总理会谈的话题清单，是为联邦总理的谈话做的准备。[220]联邦总理与朔伊布勒协调检查了这些文件并在文件边缘上做了一些勾画。[221]朔伊布勒没有将为两人单独会谈计划好的话题版块通报给民主德国。哪些重要的会谈材料应该由班格曼、魏姆斯和根舍在单个会谈中来处理要在内部讲清楚。[222]科尔也不想在会谈时转交所谓问题清单或愿望清单。例外情况是，对于那些包含困难情况的清单，他将亲自将其转交给昂纳克。作为会谈策略，联邦总理选择了在大范围代表团里为他与昂纳克的第一次会谈发表长篇开场声明，作为与民主德国后续会谈的引证基础。面对公众，科尔也能在单个问题方面引用该声明。[223]1987年9月4日，朔伊布勒通知莫尔特，他将在科隆－波恩机场提前得到这份开场声明。[224]昂纳克在访问的第二天才在大范围代表团的会谈中提交了他准备的声明。接下来对会谈的分析都是建立在双方提交的完整的会谈记录基础之上。而代表团圈子里的会谈评语是由联邦总理府工作小组组长施特恩完成的，民主德国的记录是由外交部联邦德国司赛德尔司长做的。所谓小范围会谈，也就是两人的单独会谈，在波恩方面有详细的会谈记录，这是由德国政策工作组组长杜伊斯贝格完成的。关于此事，东德的评语和平常一样记录为完整的会谈笔记。

代表团的首次会谈：[225]开场序幕

在开始时联邦总理发表了预先准备好的声明。这份声明是原则明确的主旨声明，包含了两国之间众所周知的意见分歧以及共同之处，并且紧接着，这份声明就和昂纳克的开场白一同由新闻发言人向媒体正式发布。[226]科尔提到了所有之前讨论过的双方要继续推进的事务性话题，当然，在这个开场声明中没有包含尖锐的内容。正如预期的那样，昂纳克集中谈论国际性和平保障和削减军备的问题。虽然自从科尔在昂纳克访问前不久缓和了"潘兴 IA 式导弹射程范围"问题，和平问题并没有太多可供讨论的内容。此外，昂纳克还重申了当时众所周知的华沙条约组织的安全政策立场，核心内容是：在销毁中程武器的协议之后，也应该减少短程和远程武器以及化学和常规武器的数量。

总书记通报称，1987 年前八个月中大约有 320 万人从民主德国到联邦德国旅行。这营造了良好的开幕氛围。而联邦政府之前设想的是，访客数量或许直到年底才会达到 3 百万。相应地，科尔积极评价了旅游人数的增长。昂纳克想证明其良好的意愿，因为他对提出要求表现得谨慎而克制，他仅仅提到易北河地区与劳恩堡和施纳肯堡之间的边界走向问题。"他认为，在我们看来，把河流中央确定为边界是很大的让步。与此相对，他觉得这关系到双方的利益。"[227]根据西德的记录，他继续阐述道："双方都能因确定边界而受益。这能避免再次引起摩擦，并且任何人都不会遭受损失。但不能触及法律立场，因迄今为止的意见分歧而导致一系列其他问题也被阻断。对此，他想特别提到关于内河航运、体育运动艇活动、渔业、防洪和水质的协议。"[228]接着，他提到一个重要的句子，这句话关联到各个话题："倘若我们能向前走一步，将自从 1945 年以来实现的成果确定下来，那么一系列其他问题也就能解决了，更何况民主德国也准备广泛缔结协议。"[229]这个文本和东德记录的内容几乎完全相同。[230] 接下来昂纳克转交了两份文件：一份是关于 1986 年过境交通的文件，另一份是截至 1987 年 8 月 31 日的过境交通文件。[231] 文件中表达了对事务性问题的立场，这些问题都涉及双边关系话题。同时，也将那些在准备阶段取得的一致结果进行了总结性的阐述并规定了确切期限。

而后，科尔从他的角度表达了对国际形势的评估。从东德记录中也可以看出，这份符合其语言风格的评估通过他个人的评论而变得更加丰富了："他第一次与昂纳克会面时，双方能理性地进行交谈，并在此取得了一些一致意见，他们都认为从德国历史中学习是十分重要的。他说他再次详细查阅了资料，了解了本世纪是如何开启的以及这个世纪真实的进程。这个世纪被描述为理性的世纪、和平的世纪。对这次访问来说，这本来是他个人的一个决定。"[232] 在西德记录中，这个段落进行了更为客观的表达："尽管有不可克服的对立分歧，我们德国人还是要从历史中学习。德国历史上最长的和平时期是从 1871 年到 1914 年。"[233] 他积极评价了国际削减军备的机遇并希望改善和苏联之间的关系。他希望不会由于预期中的美国总统选举而延迟结束关于中程核武器的谈判。科尔在发言结束时说道："他希望进行开诚布公的谈话，包括那些让人们感到痛苦的话题"[234]。在东德记录中写道：　"在这种意义上，他希望开展开诚布公和充满信任的谈话。"[235] 东德记录以此作为结尾。

西德记录中补充性地写道："针对联邦总理的问题，总书记昂纳克解释说，旅行数字涉及的是旅行的次数（不是旅行者的数量）。直到 8 月底，一共是 320 万人次旅行，其中 86.6 万人次是紧急家庭事务旅行。"接下来是一个决定性的内容补充，科尔将这个补充内容纳入他的晚宴祝酒词中："最后提到的这些人基本上不会多次进行旅行。这种数量的增长是基于当时与联邦总理的约定。双方意见上的交流对更多的发展具有决定性意义。"[236] 第一轮会谈平静地结束了，按照会谈范围的大小和事先协调好的进程模式，原本也没有其他值得期待的内容了。

与联邦总统的谈话

接下来进行的是昂纳克和联邦总统长达一个小时的单独会谈，关于该会谈却只有一份民主德国方面的记录。[237] 该记录的中心议题首先是削减军备问题和联邦总统莫斯科之行的一个简短通报。"昂纳克与魏茨泽克在意见上取得了完全一致。"两人只是简短地讨论了双边话题，联邦总统说："联邦德国偶尔能接受民主德国对德意志问题的表述，反之，人们应该在实践中就（西）柏林问题取得更多进展"。昂纳克对民主德国的人民议院和联邦德国的联邦议院建立正式关系表示支持，对此，魏茨泽克表示"在这里，在人民代表进入议院选举方面的意识形态差异要比在各自行政机关里的意识形态差异要小。"根据这个记录，联邦总统没有提到争议问题，也没有提到伤害人权的问题。因为倘若在首脑会谈中提到此类话题，也完全会收录在东德记录中，所以可以想象，魏茨泽克避免有可能引发冲突的话题。联邦总统未卷入联邦政府正在进行的谈判，这些做法都是符合工作分配的。尽管如此，人们依旧认为，该会谈是在非常友好、甚至和睦亲切的气氛中进行的。在会谈中，人们很快就关于削减军备的共同问题取得了相互理解。"昂纳克在与联邦总统的会谈中感到非常愉快，然而在与联邦总理的会面过程却总是处于紧张状态。"[238]

随后联邦总统府的午宴正式开始，列席午宴的人员除民主德国代表团之外，邀请的客人还有西德方面的反对党社民党领袖福格尔、德意志内部关系部部长魏姆斯、外交部部长根舍、总理府部长朔伊布勒、经济部部长班格曼、驻东柏林的联邦德国常设代表处负责人布罗伊蒂加姆以及联邦总统府部长布雷西（Blech）。再接着，魏茨泽克和昂纳克在别墅花园里一同散步，这次散步并未包括在官方的日程安排中。在祝酒词中，联邦总统对德国统一社会党总书记昂纳克作为"德国人中的德国人"[239]表示了欢迎，称他的访问表现出两个德意志国家在合作上的进步，也表现出两个国家的代表在对话上的进步；双方进行会面既不是为了彼此炫耀，也不是为了"用梦想曲解现实"[240]。历史在未来会给德国人带来哪些影响，这是开放且不可预料的，但是人们能够为未来做好充分的建设性准备。在实际意义上，魏茨泽克主张满足当前的要求，而且要在政治、法律和精神现状的基础之上。为此，他也提到了两个属于不同联盟的独立国家，但是双方也存在共性。因此，两个德意志国家的公民是属于同一个民族的，这个民族并没有随希特勒而消亡。即使在民族问题上存在着意见分歧，也不应该阻止联邦德国和民主德国的政府为其公民的利益共同合作，以便克服德国和欧洲的分裂状态。联邦总统说，德国人在欧洲承担着很大的责任。这个大陆虽然存在着政治分裂，但是在精神上是不可分裂的。对此，还包括由于各方在"特定区域内的共同命运"[241]而产生的这种特殊关系。魏茨泽克指出，应该缓和德意志土地上的紧张局势，增强互信，再也不允许挑起欧洲的战争了。两个德意志国家能够从自己的立场出发并在已有的联系和伙伴关系的框架内对此做出非常重要的贡献。在这种状况下，在斯德哥尔摩召开的欧洲建立信任和安全措施和裁军会议就是一个积极的例子，欧洲安全与合作会议必须继续进行下去，并且能从德国人这里得到决定性的推动力。最后，魏茨泽克阐述道，东部和西部的德国人一样，尽管内心有矛盾的情感，却都期待着像昂纳克访问联邦德国这样的会面。两国的代表们也必须共同努力，"为我们这片大陆上符合人类尊严的自由与和平而奋斗。"[242]。

昂纳克随后做了一个简短的讲话，他与魏茨泽克"完全一致地认为"[243]，确保和巩固和平应得到最高的优先地位。对此，他回应魏茨泽克说，在德意志土地上，应该永远只诞生和平及与所有国家的睦邻关系。这也要求尊重第二次世界大战所带来的后果和战后时期的成果。因此，"缅怀早已灭亡的可耻的'德意志帝国'是危险的，也是毫无意义的"[244]。

两人的单独会谈

从 16 时 30 分起，所谓小圈子就聚在一起，除联邦总理和总书记外，参与其中的人员还有：联邦德国方面的代表朔伊布勒和杜伊斯贝格、民主德国方面的国务秘书弗兰克－约阿希姆·赫尔曼（Frank－Joachim Herrmann）以及民主德国外交部司长赛德尔。除科尔和昂纳克外，主要还是朔伊布勒参与了这次谈话。这次人们不仅以亲切友好的态度进行交流，而且还目标明确地谈及了所有阻碍有规范的共处的话题。针对尚未解决的事务性话题的具体谈判开始了。人们几乎将话题重点仅仅集中在德意志内部关系之上。由科尔提出话题，昂纳克加以回答。在这个过程中，联邦总理以其系统完成的会谈文件的主导思想为导向。[245]因为他扮演的是主人的角色，所以就应该由他来安排议事日程。联邦总理就是这样对待每位国宾的。[246]杜伊斯贝格负责对会谈做记录。[247]在内容上，这份西德记录几乎和东德方面的记录完全相同。[248]对于其中的区别，下文也将加以强调说明。

一开始，科尔就向昂纳克呼吁，要保留在特殊渠道中行之有效的谈判和对话方式。科尔将德德谈判的更多成果归功于决策程序的集中化："联邦总理积极评价了迄今仍然存在着的亲密接触的机遇。这些机遇应继续保持下去；人们必须能随时互相通报，哪些是可能的而哪些是不可能的。一方的措施也不应立即用来应对或平衡另一方的措施；双边关系必须更多地在长期的联系中加以审视。"[249]

话题：

—科尔提到了旅行交通，并对其发展表示了积极的赞赏。他在这次谈话中问到了所谓的"禁止接触"问题。"昂纳克解释说，禁止接触已经取消了。最初只限制了机要保密人员的圈子，但这却出了问题，因为最终导致除了德国统一社会党党员，所有人都可以进行旅行或接待来自西德的访客了。"[250]（西德记录）

—"科尔问道，是否存在着在靠近边界地区改善交通状况的机会，尤其是将汉诺威、汉堡和基尔纳入边境附近的往来中去"[251]（东德记录）。与此相对，在西德记录中听起来就更直接了："联邦总理询问了靠近边界地区问题解决的可能性。"[252]为此，在民主德国转交给科尔上午会谈内容的非正式文件中写道：这三个城市"是作为例外和民主德国的特别让步被批准的"[253]。昂纳克对此提出的条件和上午在大代表团圈子里面提出的要求一样："倘若能在易北河边界确定方面达成积极成果，民主德国对此在原则上是愿意的。"[254]杜伊斯贝格的西德会谈记录则有所偏差："在易北河的河段中，在河流中央确定边界应该是可能的。"[255]

科尔因此做出了一个程序性建议："联邦总理解释说，在当前形势下做出决议还是不可能的。但是，倘若访问旅行如他所希望的那样进行下去，那么他就有可能进行会谈。在形式上，在边界委员会就此事采取相关措施并得出结论之前，有关此事的接触应在适当政治层面上继续下去。双方都有兴趣就此事取得进展。面对公众，现在却不应继续深化这个话题。但他想明确宣布，他并没有想把这件事推迟到一个永远也不会完成的时间点"[256]（西德记录）。在东德记录中也是这样的。一年后，在关于延长过境总支付的对话中，朔伊布勒尝试将易北河的环境保护问题和将三个城市纳入边界地区交通之中联系起来。[257]所谓"适当政治层面"，科尔也许暗示的是与州长阿尔布雷西特的会谈，阿尔布雷西特迄今为止在易北河问题上没有发出任何准备妥协的信号。朔伊布勒在初夏时的估计因此得到证实了：

昂纳克想把易北河边界划定作为取得更多协议进展的轴心和支点。尽管如此，昂纳克还是赞成了科尔接下来对于程序的建议。

——此后，科尔和朔伊布勒要求在柏林制定"两日探访规定"，昂纳克出于安全原因对此加以拒绝。科尔也建议在另一个范围里再度展开会谈讨论这一话题，也就是将"推迟"作为解决问题的策略："联邦总理插言道，在另一个层面上进行关于所有这些问题的其他会谈，这样是不是更有意义"[258]（西德记录）。另外，昂纳克许诺说，倘若波恩共同承担维护费用，他想为过境旅行者开放旧的边界通道施塔肯。

——昂纳克在最低货币兑换额话题上始终都不妥协。在这方面，西德记录明显要比东德记录更加详细："昂纳克为此说道，他在当前的局势中看不到任何改变的可能性……联邦总理回答说，他通过一些渠道了解到这个通报是涉及当前形势的。即使他现在还不想重新讨论最低货币兑换额，这个话题对我们来说仍然是值得探讨的。他也看到了日益增加的旅行者数量问题，在这个问题上确实发生了一些变化。民主德国必须理解，最低货币兑换额对我们来说仍然是一个问题，尤其是对广大公众来讲。昂纳克重复提道，在这个问题上目前不能做什么，但是对于将该话题继续保留在议事日程中，他也没有提出任何异议"[259]（西德记录）。东德记录中对最后一句话却只字未提。

——然后，联邦总理询问了另一个棘手的问题——开火命令："昂纳克解释说，必须改变这种状态……根本上来说是没有开火命令的，而只是有一种枪支使用指令……联邦总理科尔说，他想实事求是地看待这个事情：对双边关系而言，开火命令是最严重的心理负担之一，因为边界上每个事故都会引起人们的不满情绪并导致紧张局面的发生。他也看到民主德国承受的压力；但是他仍然希望表达出急切的愿望，他希望在现在的会谈中探讨对此能采取哪些措施，才能使我们在特殊关系中摆脱开火命令"[260]（西德记录）。昂纳克没有对此继续做出评论。[261]

——在文件的最后部分列举了更多的话题：旅游，尤其是为青年人；城市伙伴关系、航空交通等；犹太人中央委员会的请求和柯尔柏（Körber）基金会开展的奖学金项目。[262]

－在朔伊布勒指出了优先扩建铁路的计划后——这与迄今为止的政府内部商讨有所不同，交通项目方面呈现出一种新的谈判安排。朔伊布勒决定在 1988 年召开高速公路会谈，届时，与过境总支付有关的新谈判也即将开始。此外，朔伊布勒还询问了对保持开放柏林边界通道施塔肯的条件："在他们的立场文件中，民主德国就这个问题的扩展提出了要求，同时也将其和完全更新高速公路路段问题联系起来……朔伊布勒宣布说，绝不能将其（保持边界通道施塔肯的开放。作者注）与道路的完全更新联系起来。昂纳克对此表示同意，道路的完全更新问题不应与此联系"[263]（西德记录）。这种论证也来自于东德记录。此外，昂纳克宣布已准备好就关于边界过境费用和完全更新高速公路分别进行会谈。另外，昂纳克在铁路项目中再没有向朔伊布勒做出具体妥协，只是选择了在谈判策略中保持开放性结果的方针：许诺开启会谈并将上述问题转移到专家级会谈中。但是无论如何，在会谈气氛中还是可以看出，在联邦政府财政承诺的激励下，潜在的吸引力必须保持一定的限制状态。西德记录如下写着："正如所有的交通问题一样（昂纳克所说的。作者注），这个问题也有巨大的负担。具体的要点应该由专家来解释；关于费用必须在很大程度上取得谅解和共识。联邦总理插言道，我们也不允许对我们的财政提出过分要求；因此重要的是要排列出先后顺序。"[264]

－保持易北河的清洁：昂纳克依旧将这个问题与确定边界联系起来，也就是法律地位问题。在尚未解决的易北河边界问题上，昂纳克期望与州长阿尔布雷西特进行会谈，对此，东德记录中缺少此问题的附加内容。

在会谈结束时，昂纳克总书记正式宣布了对联邦总理的邀请。他补充道，随时可以进行私人访问……不管怎样，联邦总理不需要等待正式访问，而是可以提前进行私人联系……联邦总理对私人邀请也表达了自己的感谢。他强调，这对他和他夫人来说，一直都是一个特殊的愿望。"[265]（西德记录）。科尔和昂纳克几乎仪式性地完成了德意志内部关系议事日程并且在部分事务上有所进展。这些进展有时也表现在民主德国在其他层面上的对话意愿。相比 1984 年和 1985 年，这次没那么友好而且略微严肃的语调十分引人注意。正如朔伊布勒所描述的，当时是"讨好人的姿态"[266]。

1984 年时初次结识是最重要的事情，另外还有那些关于萨尔州和普法茨的共识的长篇会谈。1987 年，人们希望以结果为导向进行事务性谈判。对此，联邦总理并不害怕提及那些令人不舒服的话题，他在类似的高端会面中同样与其他国宾们提及这些话题。科尔和昂纳克的会谈和其他会谈相比并没有什么特别之处。激烈争论是这种会谈的一个重要手段。[267]

在时间上同时进行的还有班格曼和米塔格的会谈，以及魏姆斯和外交部长菲舍尔的会谈。在晚上，联邦总理设晚宴款待客人们。席间，科尔发表了前面研究过的祝酒词。科尔在哥德斯贝格的宴会中离席时，德国统一社会党总书记将下萨克森州州长阿尔布雷西特拉到一旁做了交谈，关于其谈话内容，两人事后都保持了缄默。[268]

与联邦议院议长的会谈

周二（9 月 8 日）的日程安排是以与联邦议院议长延宁格尔的会谈开始的。联邦议院议长将他的会谈记录直接寄给了总理府部长进行"个人通报"[269]，这和通常的官方途径有所不同。在与昂纳克进行会谈时，延宁格尔在开场白中提到了他在 80 年代初策划的十亿马克贷款的付出，然后就进入了主题："他（延宁格尔。作者注）只想以这个例子非常坚决地指出，关于柏林人的两日探访问题尚未解决……他不想向总书记陈述一系列详细的要求，而只是一般性地介绍：请您让人们相聚在一起！国家之间的和平政策当然是重要的；但和平不仅仅是由国家之间的条约和国家代表的会面构成的，而首先是由许许多多的人在他们日常生活中体验到的；将人们彼此隔离开的柏林墙不能为和平做出贡献。"[270]

在东德记录中的相应段落未进行精确的描述："他虽然为当时尚未完成对西柏林人的两日游规定感到遗憾，但他希望以后能实现这个目标。当时，民主德国方面承诺将实现旅行交通的增长。今天，这个承诺实现了……他的请求是，拆除障碍和高墙。人们不能改变世界本来的样子，但是人们却能为整个人类做很多事情。"[271]昂纳克急切地希望通过延宁格尔推进人民议院和联邦议院之间建立联系。自 1986 年辛德曼访问之后，完全没有再出现任何新的进展。延宁格尔也处于社民党党团的压力之下，因为社民党党团催促建立官方接触。此外，还有在访问前几天才通过的德国统一社会党和社民党之间的共同原则文件[272]。该文件促使联邦议院议长做出明确的表态："在原则上，他并不排斥与人民议院建立联系，但目前仍有一系列迄今尚未解释清楚的保留条件。作为一个自由选举出来的议院议长，出于自尊，要在这里首先说明一些要点，其中包括对柏林的德国联邦议院成员的平等待遇、平等对待德意志内部关系委员会以及普遍性地解释与柏林法律地位有关的批评性问题。倘若在这些要点问题上取得进展，那么就可以重新提出关于建立人民议院和联邦议院之间官方接触的问题；在他提出相应的建议之后，他很遗憾表示并未得到辛德曼先生的任何回应……对此，联邦议院议长鼓励总书记昂纳克从民主德国方面努力与基民盟/基社盟党团保持更多接触。他强调说，在涉及人民议院的话题时，同样重要的是：必须采取一些对特定事情有帮助的措施，同时也要停止对这些事情造成干扰的措施。"[273]东德记录更多是让人认为延宁格尔希望促进双方的接触，而联盟党党团却一直在阻止这件事："的确存在一些障碍，例如，必须把德意志内部关系委员会完全包含进来，而且也必须实现对西柏林议员的平等待遇。这些前提条件尤其是对基民盟/基社盟党团发挥着重要作用。他希望消除这种障碍。为了克服基民盟/基社盟党团议员的反对，必须让他们更多融入议员之间的交流中。他必须顾及基民盟/基社盟党团。"[274]

两人第二次单独会谈

接下来，昂纳克再度在小范围里会见了科尔和朔伊布勒。会谈内容是继续完成话题清单中的内容。在清单中还有一个亟待解决的核心问题，人们有意将其排除在第一次会面之外，这个问题就是人道主义问题。朔伊布勒询问道，这次特赦的执行能达到何种程度。这次特赦是民主德国国务委员会 1987 年 7 月 17 日决定的，朔伊布勒已经与沙尔克就这次特赦进行了交流。[275]昂纳克再度解释了背景情况并且保证说，关于家庭团聚的会谈将继续进行。此外，他们还讨论了特赦的成果："科尔赞赏此次特赦是一个具有高度政治意义的问题。这对昂纳克而言是一个政治成果。这对整体形势来说也很有意义"（东德记录）。[276]西德记录对此更详细地写道："联邦总理说，特赦对他来讲是一项极其积极的措施。他能想象，这对昂纳克来说也不容易。他自己在这件事情上也不能给出任何建议，但是他想说：'把这次特赦与您的声望联系起来！'一个有权力和自信的人去做这件事，而且真的做到了，这一点很重要。这个措施也帮助了我们，并且也促进了双边关系的发展。"[277]正如他经常在谈判中所做的，科尔针对的是其对话伙伴的虚荣心。但他也隐藏了他的意图，他希望通过公布特赦为民主德国公民创造一种特殊的回旋余地。表面上对昂纳克恭维，从而实现其真正的意图，这是一种谈判战术。科尔转交给昂纳克一份必须解决的困难情况清单，并且以民主德国基督徒的处境作为话题："主教们担心，基督徒们在教育阶段和职业生涯中会遇到强大的精神压力。"[278]

接下来，双方就细节问题展开了讨论，其中部分问题是第一次会谈的内容。其间，会谈开始进行对中期成果的审核。科尔和朔伊布勒第一次提到了在非商业支付往来领域的问题。但是昂纳克对此并未表现出任何回旋余地，并且将责任归咎于在与联邦德国进行清算中不断出现的困难。

对于另一个要点，不同记录展现了不同的结果："科尔问道，是否能公布将要开通的额外电话线路。昂纳克对此表示同意。"[279]西德记录中则写道："联邦总理询问开通额外的电话线路的可能性。昂纳克说，有可能开通，但他同时指出民主德国电话网路的容量限度。"[280]在访问的准备阶段，双方就已经在开通额外电话线路问题上达成了一致，对此，朔伊布勒在接下来的新闻发布会上进行了解释。在谈话中，昂纳克明显不想再就这个话题之外的要求做出任何承诺。

紧接着，科尔再度询问将汉诺威、汉堡和基尔与边境附近的往来连接起来的可能性。因为昂纳克在一天前将这件事情与易北河边界规定联系在一起了，科尔试图再次提起前一晚上州长阿尔布雷西特与昂纳克之间短暂的谈话。[281]谈判的一揽子事务还是紧紧联系在一起的；各个话题有条件地联系在一起：将若干城市融入边界交通中、易北河边界划分问题和保持易北河清洁的环境保护措施。西德记录与民主德国的记录略有差异：朔伊布勒阻止联邦总理和昂纳克对其与州长阿尔布雷西特的会谈进行评估。当时，朔伊布勒没有看到任何行动上的回旋余地。联邦总理在会谈中意识到这一点时，他就放弃了原来的打算，他本来要求将这三个城市与边界交通联系起来，并将这一成果告知公众："面对联邦总理的多次询问，他（昂纳克。作者注）补充说，在他与州长阿尔布雷西特的谈话后，他感觉，易北河问题是可能解决的。按照'将心比心'的原则，现在已经能够公布扩展边界交通的问题了。联邦总理说，就这点而言是毫无问题的。联邦部长朔伊布勒博士汇报了他自己一周前与州长阿尔布雷西特博士的会谈：阿尔布雷西特在谈话中讨论了与埃姆斯－多拉特河规则（Ems – Dollart）[282]相似的解决问题的可能性。他现在不知道，昂纳克和阿尔布雷西特之间谈到了哪些内容。昂纳克认为，这与昨天的讨论是有所不同的。联邦总理就此宣布说，首先不要向公众公布关于将三个城市与边界交通联系起来的事情或许会更好，而（对公众）只是说，我们还在就此进行会谈。而关于易北河边界问题，他将继续与州长阿尔布雷西特博士进行双边讨论。"[283]科尔和朔伊布勒不希望让阿尔布雷希特来干涉德意志内部关系中首脑管理的事务。

在这期间，双方也审核了边界通道施塔肯的问题。朔伊布勒认为非正式文件中提出的修缮费用太高了，所以他对此加以拒绝。不论如何，昂纳克还是再度赞同将边界通道问题与更新高速公路问题区分开来。昂纳克从自身出发做出的唯一谈判建议是关于艾滋病研究和打击毒品两方面的问题。这两个问题应更多地在与联邦政府的合作中加以解决。

代表团范围内谈判的结束

在签署协议及随后在居姆尼希宫进行的与党派和党团主席的单个会谈之前，将再次在代表团范围内举行会谈[284]。在闭幕会谈中，昂纳克首先做了一个开场声明作为会议开始。在声明中，他介绍了他本人对世界和平和双边关系的原则。接下来，联邦总理请求提交关于同时进行的由班格曼、魏姆斯和根舍主持的会谈报告。在此，关于根舍参与的会谈，只由外交部长菲舍尔进行了汇报，因为根舍不属于代表团成员。尤其是在关于班格曼和米塔格会谈的报告中，包含了双方达成一致的详细的项目清单。[285]在东德记录中完全没有提及这些单独报告。

最后，在绍姆堡宫，双方的专业部长们签署了关于辐射防护领域的信息交流协议和环境保护协定以及一份科学协定。关于最后一个协议，迄今已经谈判了 14 年，而且直到找到将西柏林的科研潜能包括进来的解决方案后，才得以签署。最终得出的是一种涉及人员的解决方案：如在德国－苏联科学协议中所写的，联邦机构工作人员的姓名只用一个邮政地址代替。[286]在波恩的布里斯托尔酒店举行的晚宴象征着波恩部分访问的结束。在接下来的日子里，昂纳克将会前往鲁尔区，然后是特里尔、萨尔布吕肯和慕尼黑。

总结："处于分裂状态德国的民族形势报告"

"处于分裂状态德国的民族形势报告"再度成为科尔的领导工具。[287]在与联邦议院主席团的协调中，经过朔伊布勒的安排，该报告在昂纳克访问之后才提交，而不是像最初设想的那样必须在第一季度就提交。[288]这样，科尔就能在 1987 年 10 月 15 日正式通报他对昂纳克的访问。他在报告的开头部分就谈到了本年发生的第二大重要事件——美国和苏联就全球范围内销毁中程核导弹达成了一致意见。[289] 在这种背景下，这份报告也明显包含迄今内容最长的国际主题："德国政策和安全政策绝不能分开讨论。"[290] 科尔认为超级大国希望就此取得一致意见，这离不开联邦政府的不懈努力。在此，他将内容过渡到德国政策："我们也总是从我们的国家责任出发采取行动。"[291] 此外，科尔还详细阐释了与东方国家关系的现状："我们的很多东欧邻国和东南欧邻国已经决心开始经济改革和社会开放的进程。通过我们的对话和合作的建议，我们也寄希望于这些进程。倘若他们准备为所有西欧和东欧国家开启广阔的合作道路，我们也将作为合作伙伴参与其中。"[292] 因此，科尔有意删除了所有联邦总统听上去像是"制度开放的合作"的表述方式。这类"等距离思考"在总理府中遭到了摒弃，因为在这种思考中经常搞不清楚，究竟谁应该对谁开放。

除了这种东西方关系部分的内容扩展，普利尔作为演讲稿撰写人，[293] 还采用了一种不同于常规模式的方式。在与总理进行最后谈话的三天前，他设计了一种方案，将德意志内部关系状态分为两部分。[294] 他将第一个章节放在开头部分诠释原则的后面，并以此过渡到对昂纳克访问的评估。其中分离出有关德意志内部关系的第二个部分，他将这个部分放在德德合作领域概览和国际主题前面。[295] 这样便可以将访问总结到最终成果中。科尔以共同归属感的目标变化作为昂纳克访问段落的开头："这种归属感也通过我领导的联邦政府的德国政策而得到加强，特别是在之前的数周和数月中。"[296] 正如在访问前党团会议中讨论的那样，他接着提到了与该访问相关的忧虑。他反诘了反对党，同时也批评了联合执政同盟中的议员；他既批评了访问的支持者，也攻击了反对者，他们提出了各种完全不同的建议，对此他说道："很多人自问，这次访问是否会加重我们祖国的分裂（联盟党党团内存在这样的质询。作者注），但他们也被一些声音激怒，这些声音表面上好意地劝阻我们不要公开提像柏林墙、铁丝网和开火命令等话题。"[297] 在说完有关该访问的较为消极负面的影响后，科尔将目光投到积极的方面，他将其划分为三个角度："他们同时感觉到了新的希望：提高人们福祉的希望、推进德国内两个国家间政治合作的希望，以及推动东西方整体对话的希望。"[298] 通过再次让人们注意到他在巴德哥德斯贝格（Bad Godesberg）宴会上祝酒词的电视画面，他消解了这些矛盾情感之间的紧张关系，然后他还逐字逐句地重复了祝酒词中的一些内容。[299]该演讲用于为迎接昂纳克的访问提供合理性解释并且作为进行引证的来源。在介绍完德国政策其他的基础（与西方的合作、民主与专制的互不相容性、巴黎条约、被驱逐者宪章）后，接下来是对确切协议的概括总结。

政府行为结果小结

关于德国政策：昂纳克的访问对科尔来说既不是结束也不是新的开始，而是一种"对未来的投资"[300]。通过按照所有礼宾安排接待昂纳克，联邦总理现在也必须象征性地接受并承认了民主德国及其主权。[301]正是这一问题在访问的准备阶段给总理个人造成了很大困难并推迟了他做出决定的进程。尽管该访问对于德国政策意味着历史性的重大转折，在德国政策的法律立场和原则立场上，联邦总理仍然是毫不妥协。双方关系的巩固以及人们在旅行和访问交往中加强接触，这在波恩看来都属于昂纳克访问的成果。因为倘若人们未增加接触与交往，也就根本不可能实现访问。坚持科尔的德国政策路线是访问的前提条件，该路线自1982年就对昂纳克缓和形势的要求给予了物质上的回报。为了使民主德国减轻人们的负担并以加强相互接触为目标而签订的条约政策需要付出金钱代价，昂纳克在首脑会谈中也直言不讳地表达了这一点。对民主德国法律地位的承认明显地与金钱联系在一起，这表明了民主德国针对联邦德国的目标。对每一种人道主义的让步，民主德国都想提出金钱上的要求，尤其是访问波恩似乎还满足了他们在法律地位上的要求。

对昂纳克来说，改善与西方阵营的关系要得到波恩的帮助。因此，对他来说，得到接待本身就是访问的一项重要成果。米塔格回顾说："最重要的是，最终还是进行了访问[302]"。昂纳克在他对政治局的最终报告中写道："昂纳克同志对联邦德国的第一次正式访问对民主德国而言是一项重要的政治成果，是理性和现实主义政策中的一个重要事件。这次访问是自签署《基础条约》之后，在民主德国和联邦德国双边关系发展中最重要的事件，具有广泛的影响和深刻的历史意义。"[303]

该访问现实和直接的影响也体现在接下来的德－德谈判中，尤其是关于在柏林的边界通道施塔肯、关于铁路项目的会谈以及关于过境总支付的谈判中。除非把民主德国的解体也看作该访问的成果，否则，谈判的长期影响是无法确切衡量的，因为协议和演讲最终打破了边界管理制度的不可逾越性，民主德国的公民充分利用这一点，并且它必然带来摧毁民主德国制度的效果。但在 1987 年，当然还没有人确切地预见到会出现这种效果。

科尔通过在访问准备阶段发表放弃潘兴 IA 式导弹的声明使昂纳克的特定话题失去了讨论基础，因此，访问就会明确地以德德双边关系话题为主导。双方在和平愿望上展现出了共同性，但对于和平的概念，双方持有不同的观点。科尔并不赞成将和平价值相对于其他价值绝对化。对他来说，和平是与个人的自决权联系在一起的。科尔也不同意民主德国所解释的德国政策和安全政策的明显联系。对国际形势的评估仍然是附加内容。

决策程序和执政风格：在联邦总理与那些对他很重要的联合执政同盟的主要政治参与者们就此事取得谅解且达成一致后，他才决定实现昂纳克的访问。在他得到足够的政治支持之前，他一直针对该决定摸索探询。对此，他将其总理府部长任命为非正式的使节。直到他得到了足够的权力保障，科尔才表达了对德国政策这一重大事件的支持。联邦总理必须首先在内政上，然后在德国政策上权衡该访问的影响：由于东方条约的影响，他的党派被推入了最激烈的外交危机中。

昂纳克的访问在每个阶段都是首脑事务：联邦总理独自做出关于执行、约定和进程的决定。在与核心参与者们取得了非正式的一致意见后，他仅仅是知会了内阁、议会党团、党内委员会和政府内部的协调委员会关于访问的概括信息，而不是与他们进行磋商。

联邦总理为此也任用了他的德国政策首席领导来传达他的决定。科尔通过他的威望在议会党团中担保原则性的德国政策路线问题绝不妥协。"民族形势报告"确定了表态口径和论证方针，这些口径与方针排除了联盟党内可能存在的疑心并以不会引起过高期望的方式总结了该访问。

科尔的执政实践并不仅仅表现在他是如何为这次访问而准备相关决定的。此外，他还有一种对权力的敏锐辨别力，该权力是从这次接待产生的深层心理影响中发展出来的。此外，科尔密集的信息网络让他对这类形势十分敏感。为了使访问也能成为总理的内政成果，需要对政治进程进行细致敏锐的安排布置，其中总理也要亲自关照所有象征性的礼宾细节，同时这些安排布置也不同于其他的德德条约协议。

总体上，1987 年政府内部的协调准备工作比 1984 年或 1986 年更为顺畅。各职能部门都感觉到自己充分融合了进去。德意志内部关系部在接待民主德国代表团时也完全参与其中。正如该部门内部所描述的那样，德意志内部关系部对访问项目计划的参与得到了"充分的保障"。[304]

关于谈判分析：核心协调准备工作以及重要政治细节的具体谈判仅仅通过沙尔克和朔伊布勒之间的特殊渠道来完成。朔伊布勒无论在预备性谈判阶段还是在谈判阶段中都扮演着主导性角色。若以多年来其他艰苦的德德谈判来衡量，商谈访问细节和公报文本时的迅速和顺畅显然是令人惊讶的。

总体上人们会认为，在朔伊布勒和沙尔克之间也进行了非常客观并且以成果为导向的谈判。重大的政治争议话题，诸如易北河问题和其他的法律地位问题，在这个层面上没有发挥任何作用，而更多是在公报谈判的层面上发挥了作用。为了顺利地确定好等待处理的程序问题，两个人首先排除了这些原则问题。在这件事上，民主德国在昂纳克访问前几个月里对朔伊布勒的许多要求做了让步，这样看来，这些也属于访问事先已经实现的政治成果。

在首脑会谈中，具体的谈判解决方案的回旋余地是很小的。因为朔伊布勒和沙尔克在准备阶段就详细讨论了等待处理的事务性话题并已经准备好了部分解决方案。波恩提出的核心要求，如降低最低货币兑换额、取消射击命令、西柏林人的两日探访规定、将更多城市与边界交通联系起来、减轻易北河的环境负担等，仍然未得到满足，而且在首脑会谈中也无法解决，因为昂纳克没有暗示要做出让步，科尔也没有准备为此在原则立场方面进行妥协。

在两个德意志国家双边关系如此不正常的情况下，议事日程中涵盖了很多愿望和要求。总体上没有发生令人惊讶的事情。全新的话题或未来的大型项目未列入德德会谈议事日程，一部分反对党人因此感叹错失了机会。按照预期，关于"格拉要求"的内容，只是要求承认易北河的边界走向。朔伊布勒早就理解了这一信息，并且知会了科尔。沙尔克没有再进一步深化相关内容，因为对他来说只有在首脑会谈中才能取得进展。

更为密切的谈判仅仅是在科尔－朔伊布勒和昂纳克的小范围进行的。只有这三个人参加了谈判。会谈秉着实事求是的精神进行。科尔作为东道主决定着会谈的走向。双方都放弃了本可以影响谈判结果的威胁手段。

在两次首脑会谈中采取了如下交涉策略：推迟即将举行的处理单个问题的特别会谈（易北河边界问题就是这样的）；

由波恩或东柏林承诺进行审核或表态（在边界通道施塔肯或发放奖学

金问题方面）；

转移到另一个会谈层面上，例如进行专家会谈（旅行问题）或与单个政治参与者进行会谈（例如与州长阿尔布雷希特进行会谈）；

采取一揽子解决方案或与其他议题联系起来（易北河边界问题及将汉诺威、汉堡和基尔与边界交通联系起来的问题）及革新工作（在边界通道施塔肯和完全更新高速公路路段）。科尔和朔伊布勒都没有在访问以及旅行交往的人道主义领域里提出一揽子解决方案。

时间策略：1987 年 12 月 31 日，边界通道施塔肯应该被关闭。昂纳克提请对此加以注意并对谈判解决方案施加压力。正如朔伊布勒在接下来的新闻发布会中所说的，关于重建的会谈应该即刻开始。

除了与相关话题的联结以及对特定话题在时间上的优先安排之外，科尔和朔伊布勒为谈判所提供的鼓励和激励方案几乎都是财政上的让步。然而，这次谈判还是比贸易结算授信额谈判或即将到来的 1988 年过境总支付谈判要谨慎得多。

在谈判期间，科尔经常通过将单个谈判成果整合在一起的方式来结束当时的议题，并由此过渡到一个新话题中去。

第十五节　联邦总理的外交克制：人权与民主德国的相关信息

1983 年和 1987 年出版的"处于分裂状态德国的民族形势报告"单行本的两张卷首图鲜明地展现了所发生的巨大变化[1]：首先，1983 年的图片表现的是设立柏林墙把德意志民族粗暴地分裂开。四年后，图片上展示的则是在一个德国火车站友好的欢迎场面：西德人和东德人之间的会面、交流与重逢。联邦总理科尔用简洁的话语对此加以描述："相聚在一起"。[2] 图片后面暗藏着一种德国政策方案：通过竞争和合作带来革命性的变迁，正如《基础条约》出台之后历届波恩政府所践行的那样。这种历史性的成功转变表现在 1986 年后访客潮的数字中。戈尔巴乔夫掌权后，这种国际关系的解冻明显促进了科尔/根舍政府在政治上的发展。随着昂纳克对波恩的访问，科尔可以将其德国政策方案的两个部分搬上历史舞台。这两部分既包括睦邻友好推动缓解百姓境况的合作，也包括在价值观规范上存在的强烈分歧。平衡利益、尽可能缓解分裂的后果是政府机构在政治上的理性做法，波恩政府的德国政策所采取的工具、手段、沟通方式和目标纲领是以此为导向的。

然而，对于东欧的改革进程或对增强民主德国改革压力的策略，在波恩政府的传统德国政策中是找不到答案的。因此人们会认为：自昂纳克访问之后直到1989年，政府行为都停留在传统舞台上，对此，人们也无助地观察着舞台是如何落幕的。[3]为减轻分裂产生的后果所采取的管理措施依然没有改变。虽然还缺少所谓的大型项目，但之后例如"互赠礼物"，又或者是汉莎航空公司与民主德国航空公司"Interflug"之间协议的话题范围与之前相比更加密集了。德国政策缓慢前行，按部就班地完成了《基础条约》所规定的任务。该条约所涉及的内容已经完成了。大部分新话题和提议都不会引起轰动，但在各种不同的德德谈判层面上都有待讨论和解决。在这些谈判层面上，新话题和提议都能加强德意志内部关系的网络。[4]

联邦政府致力于在人员往来策略上取得长期性成果。该策略应该有助于改善民主德国的生活条件并使人们获得更多自由。作为"诱饵"[5]的外汇能够确保民主德国在人道主义问题上做出让步。联邦政府十分希望通过民主德国对联邦德国不断增加的财政依赖和日益密切的民众交往，特别是通过出境旅行的机会，实现民主德国政治体制的变革。人们一直在寻找这种一次性获得赞同并常年实施的方针政策，但是正如所看到的一样，昂纳克访问后，在政府内部档案中寻找这种政策方针是徒劳无果的。该成果却未令人产生怀疑。因为不可断绝的德意志内部关系应该作为一种手段为民族团结服务。尚未解决的德意志问题，其长期纲领每年都会出现在"处于分裂状态德国的民族形势报告"中。但是从1988年起，民主德国的内部形势逐渐发生改变，而且对很多人来说是不知不觉的变化，民主德国在朝着一种趋于冷酷、强硬的方向发展。

鉴于这种局势变化，政府行为的表现方式将分两节进行分析：

　　－人权：对话意愿；
　　－昂纳克访问波恩后民主德国的形势：接纳、获得款项以及对信息的衡量。

人权：对话意愿

从昂纳克对联邦德国的访问中所得出的结论与观察者的立场有关。回顾过去，民主德国的地位通过对波恩的访问而得到提升，这恰好使昂纳克错误地认为，统一社会党的统治很稳定。不断对现实情况做出错误估计是他在下一个阶段的政策特征，这不仅仅与访问波恩有关。此时，民主德国的内政方面出现了一种损伤。[6]对联邦总理科尔来说，该访问产生了一种自相矛盾的结果：在访问前后对两个国家礼宾上的认可和赞赏促成了更多的合作和团结。在东西德的旅行往来方面，根据统计，至1987年底有大约1000万人次往来于东西德之间。[7]进入1988年时，德意志内部关系发展的前提条件十分良好。随后德国统一社会党公开参与了试验性的对外开放。对此，昂纳克希望得到对其政权合法性的认可和更多国际声望。在这一方面，他在1988年初对巴黎的国事访问中也有所收获。虽然这种整体方案在德国统一社会党内部存在很大争议，但是这种党内的纷争并没有公开传播。[8]

和昂纳克所期望的不同，放宽旅游政策加强了访问的愿望。同时，民众对在民主德国实行社会自由化的呼声也日益高涨。特别是，苏联以及其他社会主义阵营国家的发展和改革运动对民主德国的内部社会关系产生了一定影响。[9]民主德国对人们的封闭和隔离已经不再起作用。这种情况因政府镇压行为而变得更加明显：1987年秋，政府强制搜查了位于东柏林锡安教堂的环境保护图书馆。[10]1988年的一些事例证明了统一社会党政权在这种紧张情况下是如何做出反应的：

－1988年1月17日举行了一年一度的游行，该游行是为了悼念1919年1月遇难的德国共产党领袖罗莎·卢森堡和卡尔·李卜克内西。在这场游行活动中，政府进行了自1953年6月骚乱之后最大规模的逮捕行动。[11]从逮捕行动之后的2月底起，东柏林和民主德国许多其他城市的数百名希望离境的人员遭到审问与警告，有一部分甚至被关押起来。[12]

－在1月17日事件之后，民主德国一些教堂举行了声援被关押者和被驱逐者的活动。多达2500名参加者参与了代祷礼拜，他们给整个行动赋予了统一社会党不愿看到的政治意义。事态的发展主要是受到东德民众能接收到的西德广播电台和电视台的推动。[13]

针对民主德国内政上的强硬态度以及对反抗政权的人们的镇压，联邦政府是如何做出反应的呢？可以预料到的是，没有一项民主德国侵犯人权的行为不会在联邦德国的声明中得到回应。联邦政府在外交方面进行了抗议，但这不会对常规的关于现实问题的谈判产生影响。[14]除了取消个别访问或取消访问邀请之外[15]，联邦政府在原则上准备同民主德国开展双方对话，并且延续迄今为止的德国政策来采取行动。在联邦议院热点问题质询环节，政府代表[16]也可以表达他们对民主德国侵犯人权的不满立场。[17]在大多数情况下，联邦政府通过其政府发言人援引案例来批评民主德国当局对有离境意愿的人员以及被逮捕的人员所采取的具体行为。然而，这些抗议并未从理念上反映出联邦政府有新的方针。另外，与科尔/根舍政府施政的最初几年相比，更引人注意的是，在昂纳克对波恩的访问之后，政府对"关于民主德国政权的镇压特点及其内在合法性的控诉"[18]采用了更谨慎的表达，尽管其中仍不乏激烈的言辞。[19]同时仍需要进一步研究的是，联邦政府除了自身或其密使正式的抗议声明、与统一社会党会谈中的公告之外，是如何在内部采取行动并在会谈中触及侵犯人权问题的。

自昂纳克访问之后，联邦总理在德国政策中采取明显的防守立场。1988年，赫尔穆特·科尔并未与统一社会党的政治家进行任何私人或正式接触，也未进行正式会谈或互通电话，这是自他1982年当选以来的第一次。1987年11月26日，他在波恩最后一次非正式地接见了统一社会党政治局委员、中央委员会书记维尔讷·费尔费（Werner Felfe）。在费尔费与朔伊布勒在总理府会谈之后，联邦总理也与费尔费简短地交换了意见。[20]之后，联邦总理作为德意志内部关系的主要参与者几乎消失在人们的视线中。另外，他必须在1988年积极参与党内事务，以使其党派继续坚持既定的德国政策方针。[21]对于科尔对民主德国的谨慎态度，这里有多种解释：

　　–没有直接采取行动的必要。朔伊布勒和沙尔克负责领导关于增长和提高过境总支付的谈判。对此，在总理明确勾画出的政治范围内，朔伊布勒有自由谈判的空间。[22]联邦总理在更高层次上的政治会谈（例如与米塔格会谈）并不是在协议中取得突破性进展的前提条件。

　　–昂纳克的访问给人留下了一个矛盾的印象。科尔不希望坐实那些认为民主德国被过度重视的批评。1987 年之后，联邦总理在发展德意志内部关系上的努力有所减少，这对于减少批评声音是有帮助的。[23]因此，科尔的回访最早也得安排在下一个任期内。[24]

- 在德国政策领域，联邦总理小心地实施战术。作为有决定权的参与者，只有在显现成果时，他才让别人意识到他的存在。鉴于民主德国内部变化以及统一社会党领导层反应的不确定性，科尔更加小心且谨慎地采取行动，以致他个人对联邦政府的德国政策设想从一开始就是模糊的。

- 科尔通过密使来维持德 - 德双方的接触。因此，许多高级别基民盟议员前往东柏林访问。他们探知形势，传递政治信息并向总理报告。

与联邦德国总理相反，许多西德政治家为了在 1988 年与统一社会党的巨头们进行会谈而全然不采取谨慎行事的态度。"政治旅游"[25]恰好表明了这个时期的特色。对所有西德政治家们而言，与昂纳克握手的画面出现在电视节目中可以在内政中提高威望。联邦德国各个党派的政治家在为德 - 德"第二轨道外交"而奔波忙碌。[26]西德政治家蜂拥而去提醒了朔伊布勒，他必须在扩大后的三方小组中坚定主张，要更好地协调联邦部长们的访问。他发出通知："正如过去一段时间所发生的事情那样，当联邦各部委在与民主德国常设代表处的直接接触中就部长的访问流程、代表团团员构成和陪同媒体人员做出安排时，存在着没有足够重视政治敏感问题的危险。"[27]

这个时期的一些后续事例准确描述了当时的会谈气氛，同时也描绘了在民主德国内部形势的讨论中存在的分歧和影响民主德国改革运动的可能性。对此，除谈判具体细节的特殊渠道之外，会谈总是遵循着相同的程序：问候和转达问候；原则性声明，其中特别包括关于安全政策形势评估的原则性声明，这类声明包含了不同的请求，但鉴于和平愿望，这些声明中也包含着共同的诉求。接着，双边会谈话题围绕着提问和回答展开。最后，大多数西德政治家都提交了所谓困难问题清单。

接下来，本书将继续研究这一时间段的一些会谈，研究它们对民主德国在昂纳克访问之后对其公民进行镇压做出了何种程度的反应。我们选取最具代表性的、涉及政府和联合执政同盟政治家的会谈进行研究。

在镇压了为纪念卡尔·李卜克内西和罗莎·卢森堡遇害而举行的示威活动（1988 年 1 月 17 日）之后 ——这也成为联邦议院一次热点问题质询环节的讨论内容[28]——朔伊布勒打电话给沙尔克并向他传达了自己的担忧：“正如您察觉到的，我们行事非常谨慎小心并打算继续坚持这种立场……我担心在已宣布的诉讼中可能会有无条件服刑的判决。这不会是好事。总还是有缓刑的办法。”[29]统一社会党在解决被关押人员争端问题的过程中也允许波恩政府的政治参与，当然这种参与或多或少要悄悄地进行。[30]于是，民主德国的律师福格尔与德意志内部关系部国务秘书雷林格尔进行了会谈。此外，按计划，昂纳克于 2 月 4 日与兰布斯多夫（自民党）、于 2 月 14 日与迪普根（基民盟）之间的会谈也将讨论这件事。[31]虽然兰布斯多夫当时不再是政府成员，但他与波恩的执政同盟保持着密切的联系，他就人权问题阐述说：“所有这些还包含欧洲安全与合作会议的进程。‘方案三’中包括了人权问题。他坦率地说，联邦德国的人们忧虑地关注着过去数周在柏林发生的事件。人们不禁问道，为什么民主德国要以这种方式做出反应。其实，许多东德人并不情愿来到西德。这关系到民主德国的威望和昂纳克的个人声望。民主德国为此大大提高了其国际声誉。人们希望联邦德国小心谨慎地处理一切，但同时也非常担心其对两国关系的影响。这一切不会像《新德意志报》称记者中混有西方情报人员这种阴谋论那样简单。”[32]

与兰布斯多夫相比，时任西柏林市长迪普根在 1988 年 2 月 11 日会见昂纳克时表现得更为谨慎。按照他自己的记录，他以隐晦的外交语言说道：“过去数周发生的事件引起了很多人的深切忧虑。他担心该事件对德意志内部关系可能产生负面影响。我们会注意到，此时应该通过审慎周密的措施来减少由此产生的不良后果。其中，涉事人的回旋余地在这里尤其重要。虽然他看到了民主德国发生冲突的情况，可他的哲学是：我们所有人都有必要学习如何与冲突和公开的分歧共处。”[33]

1988 年 3 月 21 日，德国政策工作组组长杜伊斯伯格对东柏林一次常规的探索之旅中会见了东德外交部联邦德国关系司司长赛德尔大使并进行了会谈。之后他对朔伊布勒做了如下汇报：“我也从总体上对最近民主德国发生的事件发表了意见，并指出了这些事件对德意志内部关系发展的威胁性。民主德国必须十分清楚，我们在这种情况下不能视而不见，也不能保持沉默。”赛德尔明确称赞联邦政府谨慎的处事方式，但同时也抱怨西德媒体，特别是电视和广播，指责他们进行的片面的攻击性新闻报道，这些报道只针对民主德国……赛德尔继续说，"我们很清楚并不是所有民众都支持共产主义。但是我们国家将对反革命群体和运动采取坚决行动。迄今为止，'他'（这里指的是昂纳克）的克制已达到了极限。"[34]

按照布罗伊蒂加姆的愿望，1988 年 4 月 13 日，他在统一社会党中央委员会的驻地与埃贡·克伦茨举行了一次会谈。昂纳克访问后的中期总结也已提上了当日议事日程。[35]根据统一社会党的记录，布罗伊蒂加姆对波恩政府的策略坦率地说道："即使有时候存在困难，联邦政府还是希望逐步落实那些协议（指在昂纳克访问框架内达成的协议。作者注）。因此，他们在过去一段时间内在公开的表述中保持了比以前更为谨慎的态度。波恩完全不想火上浇油……联邦政府认为它的首要任务是理性地解决人道主义问题上出现的困难情况。"[36]克伦茨阻止了布罗伊蒂加姆对促进旅行交往和民主德国内政的询问。

在与朔伊布勒密切协商后，科尔将基民盟/基社盟党团副主席鲁厄派往东柏林。[37]遗憾的是，西德记录只是总结性地介绍了一些会谈话题。但民主德国保存了一份十分详细的记录。因此，要进行直接对比十分困难。鲁厄在与昂纳克的会谈中首先转达了联邦总理、朔伊布勒和德雷格尔的问候。会谈开始时，鲁厄替数位多次被民主德国取消访问的基民盟/基社盟党团议员抱怨说："民主德国在选择对话伙伴时区别对待是不好的。"[38]在西德记录中就没有采用外交辞令："民主德国不应区别对待受民主德国欢迎和不太受欢迎的议员。"[39]鲁厄在另一个地方说道："民主德国不应歧视基民盟的一些联邦议员或其他党团的议员，例如绿党。"[40]根据东德记录，昂纳克回答说："但是我们必须看到，双方的访问交往应该变得正常化，但是也不允许访问交往被滥用而成为阴谋的温床。当访问交流与某些事产生联系时，例如在埃佩尔曼（Eppelmann）牧师那儿会面，安全部门不允许这些人进入民主德国，这并不令人感到惊讶。"[41]相关背景：1987 年 10 月 13 日，联邦议院议员黑里贝特·沙伦布罗赫（Heribert Scharrenbroich）、维尔讷·施莱伯尔（Werner Schreiber）（两人是基民盟社会委员会成员）和爱德华·林特内尔（Eduard Lintner）在访问东柏林时与和平团体的代表进行了会面。接下来，鲁厄直接谈到了人权问题。[42]东德记录中写着："昂纳克对鲁厄提出的人权问题发表了意见。他强调，苏联建议在莫斯科举行一次人权问题国际会议，但西方至今还没有做出任何回应。"[43]除了禁止议员和曾经的民主德国公民进入民主德国的问题外，在记录中找不到鲁厄还确切提到了哪些问题。西德记录中写着："鲁厄对人权问题发表了详细见解并批评说，民主德国公民在出境问题上出现了困难，人们必须以人道主义为导向。同样的问题还出现在民主德国入境问题上：一些特定的群体，例如难民和曾经的囚犯，不允许进入民主德国旅行……作为回应，昂纳克指出已经在民主德国实现了人权，并提出下述论据：民主德国致力于推动在维也纳会议中提出的在莫斯科举行人权会议的提议；在边境上的开枪命令已经废除，倘若仍有枪击事件发生，那也是出于疏忽才发生的；另外，也不再有地雷了。"[44]

同一天，在与赫尔曼·阿克森进行会谈时，鲁厄更详细地就内政形势和民主德国对持不同政见者的方式发表了意见。阿克森在他提交给昂纳克的会议记录评语中总结道："在联邦德国，没有人有动摇民主德国政权的意图。他（鲁厄。作者注）看重的是切实推动人权问题的开展，使之成为确保和平和建立信任的有利因素……阿克森同志指出了民主德国稳定的内部形势……"[45]西德评语中的内容就没有那么礼貌和尊重了："民主德国承认，人权需要重视，但此事所需的讨论并不比证明核实的问题要少。鲁厄就此插言道，'民主德国可以去问问民众，到底什么是人权。'阿克森指出，民主德国有成百万的往来人流，由此就可看出民主德国是一个向世界开放的国家。对此，鲁厄答复说，'对卡塔琳娜·维特（Katharina Witt）（民主德国花样滑冰世界冠军。译者注）来说世界是开放的，但不是对所有民主德国公民都如此。在人权问题上不应奢谈理想，而要做一些实实在在的事情，这只有看到每个人的人权状况如何才算数。'"[46]

不到四周（1988年5月27日），基民盟/基社盟议会党团主席德雷格尔与昂纳克进行了会谈。对中程导弹进行现代化改装的安全政策考虑是这次会面的中心议题。在会谈的双边关系部分，党团主席说："德雷格尔博士指出，民主德国的民众移民前往联邦德国，这并不是波恩的兴趣所在。民主德国的人口不应该因此而减少。"[47]东德记录中则写着："对于减少民主德国人口这件事情，人们并不感兴趣，当然要支持规模尽可能大的人员流通。人们承认，访问许可的数量显著增加了。然而，离境许可才是问题所在。"[48]对民主德国的内部形势及人权问题——这些内容超出了离境问题的讨论范围，他没有做出明确表态。和许多其他对话伙伴一样，他对此表现得十分谨慎。尽管如此，他在会谈结束时还是向昂纳克转交了所谓困难问题清单。

鉴于民主德国反对派的运动，1988 年 6 月 30 日，朔伊布勒终于在大使们参加的波恩委员会四方会谈中向西方盟友们介绍了联邦政府政策的情况。记录中写道："面对这种情况，我们的政策仍然是一种走钢丝政策：我们必须尝试致力于谋求积极变革，同时也避免造成不稳定的情况。他希望，民主德国能像东方国家那样，整体上不会出现倒退的情况，而他个人却对此感到怀疑。英国大使马拉贝（Mallaby）插言说，他也有这种怀疑。联邦部长朔伊布勒博士继续说，我们对民主德国采取的政策旨在尽量降低这种倒退风险，倘若还发生倒退的情况，我们需要使对方付出尽可能高的代价。就这方面来说，我们的盟友与民主德国保持正常关系也是十分重要的；在国外得到正式接待的民主德国官员会觉得在国内采取镇压措施很难堪。但民主德国存在的主要问题仍然是，希望移民到联邦德国的愿望没有减弱，而且这恰恰是对自身能力有自信和生气勃勃的年轻人群体的愿望……我们对减少民主德国的人口毫无兴趣；联邦政府也多次指出，民主德国的人应该好好考虑，他们是否真的想离开家乡。然而改善自己的环境条件，以减弱人们的离境愿望，这最终还是民主德国自己的任务。"[49]

朔伊布勒同样多次坦率地与沙尔克讨论过波恩政府这种走钢丝的政策状态。[50]一方面，记录清楚地证明，沙尔克很清楚，更多的旅行开放机会能普遍加强人们之间的接触，这会给民主德国带来更多的政治和财政问题，并使民主德国对联邦德国产生更多依赖，因为民主德国公民明确的离境愿望并不会因此而减弱。另一方面，朔伊布勒没有兴趣向民主德国提出过分的要求。例如，1987 年 11 月 23 日，沙尔克简短而委婉地告诉朔伊布勒："沙尔克解释道，他不希望看到旅行机会受到限制的情况。然而，旅行却滋生了经济和政治的问题。联邦部长朔伊布勒博士认为，旅行会使民众加大对民主德国期望的压力；对此我们也清楚，必须采取措施来减小双方的经济差距。"[51]民主德国对这类会谈摘引如下：联邦政府对造成民主德国的不稳定及民主德国的离境潮没有兴趣。[52]然而，这一信息却产生了一种矛盾的效果：尽管民主德国有侵犯人权的行为，并在 1988 年明显增加了对示威者的镇压，但联邦政府还是为民主德国提供了生存保障。如果采取另一种针锋相对的做法，则肯定会导致双方会谈的终止。另一个效果是：这种暗

— 341 —

示使民主德国具有安全感和稳定感。从统一社会党的视角来看，这种感觉最终导致了灾难性的结局，而波恩政府的政策在民主德国的崩溃中所产生的作用很小。但还是要指出，生存保障的概念混淆了两件不同的情况，因为这个概念最初来源于统一社会党和社民党的文件：这里指的不是党派之间的合作，而仅仅是联邦政府和统一社会党领导层之间的合作。联邦政府没有给予统一社会党任何生存保障。

毋庸置疑，这些年朔伊布勒通过直接对话或与沙尔克的通话，清楚地指出了东德侵犯人权的具体事例，例如德意志内部边界的枪击事件，阻挠新闻记者的工作，禁止入境，常设代表处的避难事件等，并催促尽可能予以解决。[53]他转交了困难问题清单并详细讨论人道主义问题中出现的一些紧急情况。朔伊布勒将他自己的语言写入联邦政府的抗议照会并将这些侵犯人权的事例与德意志内部关系的大背景联系起来。他宣布，倘若民主德国不能改变其行为方式，双边关系就不可能得到改善。但大多数时候这也仅限于一种形式上的宣示而已，因为波恩绝不想中断会谈。尽管1988年发生了尽人皆知的侵犯人权事件，民主德国内部的发展状况还是没有对德意志内部关系条约政策中的事务性话题谈判产生可以证明的影响。这些谈判并未受到当时侵犯人权事件的影响，在整个报告期间都按部就班地进行着。朔伊布勒将自己置身于民主德国的内部事务之外。对此，找不到任何证据证明朔伊布勒公开加强民主德国反对派的权利。[54]

昂纳克访问波恩后民主德国的形势：接纳、获得款项以及信息权衡

对波恩政府德国政策的批评集中在：联邦总理科尔是否应当强化对民主德国的改革施压。[55]为了探讨这种分析的背景，应研究总理得到了关于民主德国的哪些信息以及他在这个阶段是如何对此加以评估的。"科尔体制"的成功包含着由其个人建立起来的广泛网络所提供的源源不断的信息以及对正式渠道所提供信息的分析利用。科尔所得到的民主德国信息是否迫使他不得不改变其德国政策呢？

多种信息源在总理府内汇聚成对民主德国情况的认识：

－联邦情报局定期在其报告中提供情报。联邦情报局前任局长汉斯－格奥尔格·维克（Hans－Georg Wieck）就此曾回复说："从1986

年春天起，我们就将一切信息都准确地进行归纳。我们认识到，对于民主德国民众来说，最重要的便是德国的重新统一。在这个领域里，我们当然比其他人获取了更多信息。即便是关于沙尔克－哥罗德科夫斯基，我们也总能获知一切信息。很多信息在政治领域显得不合时宜，因此就被排除了……在移民申请的问题中，我们还总是与联邦政府各部门以及教会之间存在争执。联邦政府之后还是邀请了昂纳克。联邦政府明显认为，这样便能够对在德国两部分（东德和西德）民众中起到一种很好的效果。但这并不符合我们对民主德国舆论倾向的判断。"[56]维克在 1988 年 1 月 31 日就移民问题向联邦总理这样写道："申请者的动机没有发生变化。主要由国家专制导致的对政治体制的不满；申请者做好了可能会发生冲突的准备，他们更做好了为实现移民愿望公开抗议的准备；有大概 100 万到 150 万有移民意愿者提交了申请书。"[57]但即便联邦情报局也没有预料到民主德国的崩溃。联邦情报局完全没有做出这样的结论：重新统一是民主德国民众的第一要务。在报告中也找不到这样的字样。此外，联邦情报局所提供的信息中由于缺少新鲜内容，故其利用价值降低。例如，联邦情报局报告中许多关于可能从 1988 年起撤换昂纳克的大量信息就未包含有价值的秘密内容。许多其他政府部门也都有这样的猜测。这些信息的价值基本为零，因为这些内容甚至在当时的杂志中都能读到。[58]科尔留意到了联邦情报局报告中那些为他特意用彩色标注的文字，但这不会改变他对民主德国的认识。他也没有根据情报工作提供的信息做出对形势的评估。

－常设代表处关于民主德国的形势报告以急电的形式，经由官方途径提交给德国政策工作组组长，最终到达总理府部长手中。借此就能详细了解到民主德国民众中的政治事件和反对派运动的情况。而这类报告在大量细微信息中经常缺乏对各类评估的衡量。哪些内容是更重要的，哪些内容是相对不重要的？哪些是独立事件，哪些行动会产生后续影响？德国政策办公室只是将这些信息原封不动地转交给朔伊布勒。[59]

－德意志内部关系部政治司从他们的角度出发为部长撰写形势报告，部长可以将这些报告运用在德国政策共同协调会议中。

－民主德国被外界认为是在贷款上诚实守信并在经济上可预测的

国家。[60]联邦总理科尔对此说道："这种'世界第十大工业国'的妄想仍在持续发酵。倘若有人对此评头论足，就马上会被诋毁为'冷战斗士'。这是民主德国现代最强有力的公关手段"[61]在常设代表处和德国政策办公室的报告中，这类判断和评估主要来自位于西柏林的德国经济研究所（DIW），他们定期向总理府提供信息。[62]直到1990年后，该研究所才通过修正后的民主德国数据，证实了动摇民主德国立国根本的国际收支灾难性不平衡的规模。[63]东德经济情况明显比东欧其他社会主义国家要好，且相对而言更有效率。这一事实造就了西德政治家和经济专家对民主德国的印象，同样也造就了东德统一社会党政治家声称的民主德国是世界上十大工业国之一的"神话"。[64]

这样就产生了由不同渠道汇集而成的正式背景报告。总理在每次与统一社会党政治人物会谈前均会收到口头或书面的附加信息，这些信息以复杂的形式汇总在一起。由此，在他眼前呈现出基于官方报告而构成的民主德国的图景。

在列出总理府汇集的每个官方信息来源之后，接下来，就应该研究关于民主德国政治情况的信息是如何发挥作用的。因此，我们需要分析政府内部协调委员会的形势报告，并且阐述波恩四方会谈的机密信息。

1988年6月和9月间先后举行了三次四方会谈，其会议记录可以说明，联邦政府当时如何感知民主德国的内部形势以及在德国政策方面得出了哪些结论。这些评估和朔伊布勒在政府内部委员会做出的形势分析相吻合，因而我们几乎可以说，在面对三大国的大使时，他并不只是用外交辞令走个过场。1988年6月10日，朔伊布勒的报告如下："根据他的印象，民主德国的形势在经历一些困难之后终于重新稳定下来了。民主德国表示愿意继续坚持既有的合作政策以及对联邦德国开放的政策路线。我们看到了明确的迹象，尤其是在旅行交通的重要领域。和以前一样饱受批评的是出境问题；申请者的数量持续增加。根据我们掌握的情况，目前申请者已达到10万人，有6万人只向我们求助。福克（Forck）主教曾说：联邦德国和民主德国之间有关于离境人数最高数量限制的协定。这种说法是错误的。[65]民主德国没有能力为500万人进入联邦德国旅行提供相应的财政支持。在我们这方面，一些政治家提出的模型也不堪大用。我们必须意识到，和当今的情况一样，过境总支付会相对再度调高，这就是说，联邦德国将以这种方式在财政上确保与民主德国的关系。"[66]1988 年 6 月 30 日，朔伊布勒更为明确地回答了法国大使布瓦德维（Boidevaix）的询问："他没有看到改弦更张的迹象，看到的只是民主德国领导依然存在着相当大程度的紧张不安，他们正处于快速增长的民众压力之下。这一方面是出访西方国家的效果，另一方面是公众口中的改革讨论。民主德国领导层明显十分担心：如何才能将发展保持在可控范围内……"[67] 在 1988 年 9 月 9 日的四方会谈中，朔伊布勒在形势分析中增加了一个独特的附注："自昂纳克访问之后，德意志内部关系总体上有了良好发展。但民主德国的内部形势在这段时间里恶化了，而且可能不是客观上的恶化，而是民众心中主观意识的变化。民众的不满情绪明显变强了。国务秘书苏德霍夫博士补充说，鉴于东欧的改革浪潮及其反响，民主德国领导层也增添了不满情绪。"[68] 很明显，联邦政府认为民主德国的经济和政治形势要比其国内的舆论氛围更好。

1988 年 11 月初，联邦政府驻民主德国常设代表、国务秘书布罗伊蒂加姆在德国政策协调会议上将民主德国的形势特点描绘为"出于不安全感而表现出强硬态度……这种不安全感来自苏联的改革政策、访问旅行的影响、民主德国领导无法解释的离境压力以及与教会的关系。这就意味着所有一切在德意志内部关系中也变得更困难了。因此，倘若我们能及时解决一些重要事务，例如过境总支付，这将是件好事情。"[69] 他概括了来自于常设代表处的许多报告信息，也参考了教会的信息。自 1988 年初，这些报告几乎每周都有力地描绘了民主德国民众高涨的不满情绪。[70] 除了上面列出的官方渠道信息处理方式和朔伊布勒等人从中得出的政治结论之外，我们还必须知道，这个时期民主德国的舆论形象是什么样的。因为联邦总理也必须将这些传达的信息纳入他的政府行为中去。多年以来，总理府一直资助联邦德国（阿伦斯巴赫民调研究所）和民主德国（Infratest 民调机构）的民意调查统计。[71] 调查结果的简报都定期呈送给联邦总理。下面补充介绍 1988 年两个典型的舆论形象：

- 通过昂纳克对联邦德国的访问，他在西德民众中的声望明显提高了。[72]

- 西德民众中出现了这种潜在的倾向：将联邦德国和民主德国的基本制度和政治社会体制笼统地混为一谈。[73]

恰恰是第二点说明了在民主德国剧变开始之前联邦德国的公众舆论和公开发表的观点。多数人都感到"民主德国被丑化了"。[74]这一形象是通过淡化民主德国的不当行为和美化所谓短缺社会而形成的。民主德国愈加显得像是国民关系融洽并普遍感到满足的正常国家。这种错觉也包含对其体制的生产能力和政治力量的过高估计。恰恰是在80年代，随着可以公开发表各种意见，两个德意志国家的双边关系出现了引人瞩目的好转局面。人们相信民主德国已经变得更强大并且在双边关系中占了上风。其国际声望的提高也对此产生一定的积极影响。民主德国对自身的认知明显趋向于：人们预估民主德国将会变得更加强大。历史的实际情况却正相反：民主德国在这个时期变得更虚弱了，尤其是经济上更加依赖于联邦德国。[75]

这种主导性意见也存在着反对意见，他们对这种错觉提出了警告。这里尤其应该提到那些民主德国过去的学者们，如沃尔夫冈·赛费特（Wolfgang Seiffert）、赫尔曼·冯·贝格（Hermann von Berg）、弗兰茨·勒泽尔（Franz Loeser）[76]，他们是政权的反对者，因而不得不离开民主德国到联邦德国继续著书立说。他们虽然能找到听众，却找不到追随者，他们得到的共鸣十分有限。[77]这些政权反对者们不仅介绍了对民主德国形势的分析评论，而且还提出了政治上的行动建议。1989年春，这些过去生活在民主德国的学者举行了一次会议，参加会议的联邦议院基民盟/基社盟党团德国政策和柏林问题工作组负责人在一份简报中进行了总结，该简报也传到联邦部长多罗特·魏姆斯那里："为了支持民主德国的改革力量，将其体现在西德的德国政策构想的考虑和出发点中，这一点将变得越来越重要。原文：'必须给民主德国的改革力量提供同联邦德国的纲领性思想建立认同的可能；他们必须能在联邦德国的观念中重新发现自己。'……在民主德国发生根本变革是为了民主德国，与这个国家的存亡息息相关……这个简单的关系使民主德国的发展无法和其他经互会国家相比……反对派和改革力量被低估，而民主德国国家机器却一再被过高估计。……联邦德国的政治家应当更多地到教会中寻找对话伙伴并特别重视那些在教堂里工作的基层团体。"[78]

但此时，在支持民主德国反对派力量的事情上，官方政策表现得十分谨慎克制。前民主德国学者圈经常未经要求就将评估意见或观点表态寄给联邦政府[79]，联邦政府只是礼节性地表示感谢并只表示事已知悉。其中一些实质性评估从来没有成功地转达给总理。从研究角度出发便产生这样的问题：总理自己心目中是否也认为民主德国被丑化了？科尔、朔伊布勒和布罗伊蒂加姆在会谈中明确表示，他们当时并没有认为民主德国变得更强。相反，他们很清楚，民主德国是如何因为加强对联邦德国的财政依赖及内部的骚动不安而变得越来越虚弱的。[80]

正如对所有的政治进程一样，科尔对民主德国也有他自己的认识。他将多种多样的信息进行对比，并且绝不会仅仅追随一种建议方向或一种信息来源。他在这一点上始终保持独立。正如他在波恩的政治生活中很少让别人了解他的真实意图，联邦总理参与其中并最终形成其民主德国图景的渠道也是不为人知的。同时，对于数次在民主德国的旅行中所得到的印象，他也非常自信。科尔作为反对党领袖时曾多次到民主德国做私人旅行。[81]担任联邦总理后，他同样在 1988 年 5 月 27 日到 29 日对埃尔福特、哥达（Gotha）、魏玛、德累斯顿和格拉进行了私人访问。[82]在波恩的单独会谈结束时，科尔和昂纳克就进行上述私人访问达成了一致。沙尔克后来告知朔伊布勒，称联邦总理"可以"对民主德国进行私人访问，并且西德方面还将收到正式通知。[83]关于此事，昂纳克在他的《摩亚必特人笔记》中写道："还有一个对很多人来说也许很有趣的事后评论。1988 年科尔总理对民主德国进行了非正式访问，访问了魏玛、德累斯顿等地区。媒体对此信守了承诺，没有对此事进行报道。"[84]联邦总理生动地回忆起在这次私人旅行期间与许多民主德国公民的邂逅，也回忆起在德累斯顿足球体育场表达同情的场面[85]："我们[86]和许多人进行了交谈。随后我们观察到，他们是如何被人盘问的。"[87]民主德国内政部官方报告中写道："联邦总理曾多次试图与民主德国公民攀谈。在此，没有出现人员聚集以及表达同情的情况。在埃尔福特，有两个'著名'的民主德国公民各自向联邦总理递交了一封信……通过及时采取预防措施，尤其是制止示威性和其他挑衅性行为并与国家安全部相关单位紧密合作，防止了扰乱公共秩序与安全的行为。"[88]

昂纳克在向科切马索夫（Kotschemassow）通报这次访问时也号称取得成功。在关于此次会谈的记录中写道："昂纳克同志指出，最近与科尔进行了一次实验：允许他来民主德国进行一次私人访问。他已经三次提出相应的申请。他前往埃尔福特、哥达、德累斯顿和其他城市。除了在有 400位联邦德国游客在场的德累斯顿森伯歌剧院之外，他在许多地方完全没有被认出来，因此他必须做自我介绍，尤其是在他未按照所申请的路线自己去访问商店和餐厅的时候。我们想测试一下，民众面对他是何种态度。总体上看，这次访问对他而言是一次巨大的失败。"[89]

联邦总理在联邦议院调查委员会上针对个人信息状况说道："我在民主德国完全没有亲戚，但和很多访客进行了交谈。正如当时常见的那样，我们在第三方地点进行交谈，这样不会使人陷入尴尬。交谈中有一些个人信息。我也想说，相对而言，很少能从民主德国的访客那里得到有趣的经济信息，但这些信息只是部分行业的部分信息，几乎起不了作用。西德人从莱比锡博览会带回来的更多是歌功颂德，而不是真实形势，因为他们想要得到的是合同。"[90]

这一切向联邦总理传达了哪种图景呢？哪些是他自己臆想出来的呢？他是如何将信息应用于政治之中的呢？由此不能得出清晰地答案。对此，科尔自己在国会大厦调查委员会公开听证会中说："对统一社会党领导层的错误评估：我们自以为了解统一社会党领导层的一些事情。但我事后怀疑，这些事情在多大程度上是严肃可靠的。"[91]对于信息来源，他继续说道："我们所有人对您（指提问人福伦巴赫（Faulenbach）。作者注）所说到的这个时间范围内民主德国的经济形势都或多或少做出了错误的评估，这是无可争议的。但那时我们的社会环境很好。据我所知可能是世界上耗资最大的情报机构，该机构提交了一份关于80年代最后三年多民主德国的经济预测报告。那时人们就开始发问，他们到底把钱用在哪了……我确信，我们所有人都在一定程度上相信了宣传，尤其因为反对的批评声是如此虚弱。"[92]很明显，人们察觉到了民主德国内部的不稳定，并看到了东德因不安全感而采取的强硬措施和镇压行为。这与在报告中描述的1988年形势相符合。但是没有人预料到结果：民主德国的解体。1988年所有的评估都让人感到民主德国政治体制的存续是不容置疑的事情。

政府行为结果小结

在昂纳克访问波恩后到1989年发生剧变这段时间内，尽管民主德国在内政上采取了强硬态度并对反对派进行镇压，联邦德国的政府行为在操作领域却未发生实质性变化。引人注意的是，联邦总理自其任期开始以来第一次在与民主德国领导层的正式会谈中表现得十分谨慎克制。德意志内部会面按照一种固定的套路进行。尽管在外交上波恩的政策制定者们为避免干涉民主德国内部事务而采取了谨慎克制的态度，但他们还是充分利用这些会谈对侵犯人权的行为进行了谴责。但联邦政府代表并没有采取惊人的方式来支持当时已知的反对派。转交困难问题清单成为受欢迎的环节，这时的口号是：小心陪伴，谨慎施压。

联邦政府对民主德国内部形势没有统一的认识。但当时的信息无情地描写了民主德国体制的镇压、民众离境的愿望和公民们的高度不满。这些信息并没有导致具体的结果。联邦政府保持关注并时刻观察。无论是联邦总理还是负责德国政策的主要领导都未做出积极主动的行动。成功签署有效期至1992年的过境协议[93]证明了波恩的德国政策并未偏离其路线。

在政府内部的协调会议中，所有会议中都没有相关文件表示要根本改变与民主德国的关系。

科尔的政治预警系统只对联邦德国起作用，该系统通过大量信息为他的权力保障策略提供有关形势的重要信号和民意调查结果。与此相比，他所了解的关于民主德国的信息是边缘化的信息，他心目中的民主德国形势并不明确。他完全不会了解民主德国内部的戏剧性变化。他的党派基础也同样没有要求他纠正这种一蹴而就的对民主德国的认知。

总体上说，联邦政府在任何时候都没有实行促使民主德国陷入动荡的政策。联邦总理针对"稳定形势的要求"[94]说道："停止我们在人道主义领域所做的努力并致力于制造不稳定，这不是我们的兴趣所在。我们很清楚自己所处的危险环境……我们坚持在人道主义领域提供帮助，但在原则问题上仍保持坚定，这样做是正确的。"[95]朔伊布勒做出了类似的表态："整体而言，我们并未试图让民主德国变得动荡不安，这是今天人们指责我们的一个重点。我总是说，我认为，民主德国凭借自身力量不能、也不想将自己从共产主义阵营中脱离出来，我们对此深信不疑。而且只要我们和民主德国的人们能取得更多进展，并且倘若他们在一定程度上并非处于高压之下，我们就会坚持这种路线。"[96]东西方冲突交界处的每一种动荡不安都意味着高风险，我们不想"火上浇油"。当时尚未清楚的是，戈尔巴乔夫通过其政策将会取得何种成果。联邦政府的观点是：为了维持在德意志内部关系中所取得的成果并防止双边关系再次陷入冰冻期，政治官员有必要保持谨慎克制的态度。公开呼吁对统一社会党领袖进行反抗或许会产生不良后果，毕竟在民主德国还驻扎着多达40万人的苏联军队。人们想通过更大的财政让步为稳定局势做出贡献，人们寄希望于一种自上而下的改革。因此，在德意志内部协议中不能与公民们，而只能与统一社会党的巨头们来推行符合人们利益的政策。布罗伊蒂加姆回顾说："他从来就不相信维持稳定能使民主德国变得自由。但他相信，通过维持稳定起码能让民主德国多一些人道主义因素。"[97]科尔寄希望于演变，而不是革命。

第十六节　对德国政策价值观基础的考验：联邦总理遇到党派政治挑战

昂纳克对联邦德国的访问产生了深刻影响。通过这次象征性的地位提升，统一社会党十分确定自己仍具有足够的能力顺利、有效地压制民主德国境内的一切公开抗议。相反，波恩的基民盟和社民党的政治圈子却开始考虑，是否仍要承认东德的政治现状。从党派政治的角度看，昂纳克西德之行所带来的结果是截然不同的：社民党已经得出结论，认为现今应当放弃不合时宜的德国政策中心立场，并在可预见的时间内承认德国分裂的事实。对重新统一所抱有的希望被描述为第二共和国时期"生存的谎言"[1]。现在，人们试图通过社民党和统一社会党之间关于意识形态之争的文件来对东西德政治体系之间的差异进行模糊化处理。[2]联邦总理科尔极力平息在1988年威斯巴登党代表大会上因德国政策主要提案而带来的混乱。那些支持重新推行积极的统一政策[3]并仅仅将德国统一问题等同于国家安全政策上代价问题的政治家，都被要求在其执政同盟及社民党内恪守本分。[4]对此类积极主动的统一政策，联邦政府认为不合时宜也没有操作空间，这种政策直到1989年11/12月起才开始变得有必要。因为政治气候发生了变化，在德意志内部政策的政府行为方面，科尔认为需要对德意志内部条约谈判采取新手段并开辟新道路。[5]"过渡时期"这个概念体现了时代潮流的特征：时代正处于对抗时期的终结和东西方关系重新开始的过渡时期。戈尔巴乔夫的政治改革和签署《中导条约》的举动使得这种政治气候成为可能。这种党派政治对德国政策价值观基础的宽松化对科尔的政府行为有哪些影响，以及他是如何适应这种改变的？这些内容将会在接下来的三个章节中予以介绍：

- 社民党和统一社会党的文件：意识形态之争；
- 基民盟：概念之争成为科尔和盖斯勒之间的权力斗争；
- 讨论的结语：联邦总理面临改革"1988年民族形势报告"的压力。

社民党和统一社会党的文件：意识形态之争

在德意志内部条约谈判的操作领域中，社民党的另一套谈判让朔伊布勒和科尔十分愤怒。在过去这些年里，社民党多次以他们自己的行政式手段[6] 干扰科尔和朔伊布勒政策的实施。这一点上，最引人注目的是有关1986 年避难妥协的问题。[7] 在联邦总理眼中，这种社民党与统一社会党互相配合的"另一套外交政策"[8] 或"影子政策"[9] 偏离了共同的德国政策基本立场。比如，社民党考虑撤销扎尔茨吉特调查处，并考虑承认民主德国的国籍。这两点都是昂纳克"格拉要求"的核心部分。[10]社民党搞另一套外交政策是联邦德国的内政事务；而且这不仅仅发生在统一社会党试图为社民党进行助选的大选年。[11]朔伊布勒不放过任何机会，公开以及在与统一社会党干部的会谈中批评道："社会民主党与统一社会党进行党派间的谈判就像政府间及国家间的谈判一样。"[12]总理府部长看到，自己作为科尔的德国政策首席谈判代表，活动空间却因社民党在东柏林的会谈而受到限制。这和他由自己主导谈判的设想相矛盾，但是他却不能对此施加影响或予以阻止。

早在 1986 年的民族形势报告中，科尔就将社民党的安全政策及德国政策路线描述为"危险的歧途"，这条路将会开启"中立主义之门"。[13]自1985 年后，与安全政策提案同时进行的还有，社民党与统一社会党的会谈重点逐渐转移到拟定一份具有共同基本价值的文件上。[14]1987 年 8 月 27 日，统一社会党中央委员会社会科学研究院和社民党理事会基本价值委员会的工作小组在波恩和东柏林介绍了以"意识形态之争和共同安全"为题的社民党–统一社会党文件。[15]对跨越体制并就保障和平和人类生存价值观的绝对化达成共同认识构成了该文件的出发点。此外，社民党人和共产党人力图在这份文件中定义和平共处和共同安全的最低条件。[16]他们还提出"争论性政治文化的基本规则"，这种规则应使"新思想"转化为"新行动"。需要强调的是，这份文件的首要焦点并不是针对德意志内部关系，而是针对两种体制和意识形态之间的关系。鉴于对政府行为研究的问题设置，这里不应对该文件进行批评性评价或讨论其对民主德国公民的矛盾性效果。[17]必须提出质疑的是，联邦总理是以何种方式与其进行辩论的？该文件对具体的政府行为有何影响？

在统一社会党中央委员会总书记兼国务委员会主席昂纳克对联邦德国

进行正式访问几天前，社民党通过公布该文件将公众注意力转移到自己身上。[18]查阅德国政策的政府档案可以得知：在政府文件的存档中，只有少量文件是分析和评估社民党和统一社会党文件的。德意志内部关系部撰写的一份内部研究[19]显示，联邦政府对《意识形态之争》的关注是十分明显的。该文件以这样的结论结尾："这份文件留下了两种截然相反的印象。一方面，社民党成功约束了统一社会党，令其使用一种符合（西方）对于无威权话语体系设想的交流态度。另一方面，这种约束却是通过摆脱对联邦政府和整个西方必不可少的、在人权和安全问题上的因果关系而苟得的。鉴于统一社会党和社民党以前就在安全政策领域进行合作（无核武器和无化学武器区），这也是一个不会令人过于惊讶的事实。该文件在东西方产生的效果是不同的。当它在西德由于缺少较大的新价值而很快会被人遗忘的同时，在民主德国的反响将会更加持久，特别在该文件于8月28日在《新德意志报》全文发表后：对民主德国公民来说，该文件的公开发表为增加一点自由创造了新的援引依据。"[20]

上述评论中提到了人权和安全问题之间毫无因果关系的说法，1987年9月7日，在与昂纳克共同参加在波恩－巴德哥德斯贝格举行的正式晚宴期间，科尔在他的祝酒词中直接提到了这一点。这一内容在拟定演讲草稿的碰头会最后阶段也发挥了重要作用。[21]就这样，总理在祝酒词中强调了人权和安全问题之间的根本联系，而且与只是笼统讲到"两种体制"的社民党和统一社会党的文件不同，祝酒词确切地涉及改善德意志内部关系的条件："和平基于对每个人在其所有生活领域的尊严的无条件的绝对尊重。每个人都必须能做自己的决定、能为自己做出决定。因此，欧洲安全与合作会议的最后文件明确承认：尊重人权和基本自由'是实现和平、正义和安康的一个重要因素'。我们希望德国实现和平，这还包括，边界上永远不再使用武器。正是对毫无抵抗能力的人使用武力危害着和平。因此，我们应该通过创造更多的人际接触、彼此相处及和平，来实施给人与人之间带来和平的措施，在这一点上我们绝不能放弃。德国的民众还在承受分裂的痛苦。他们忍受着那堵墙带来的痛苦，它确确实实挡在他们的路上、把他们分开。如果我们拆除那些将人们分隔开的东西，我们才真正了解德国人不可忽视的要求：他们希望相聚在一起，因为他们有共同的归属。"[22]

将社民党和统一社会党的共同文件与科尔于1987年9月7日的祝酒词相比，就仿佛科尔在不止一处要唱唱反调。在社民党和统一社会党的文件中只是笼统提到了要"实现国际关系的转折，制定共同的和平政策、对话和削减军备的政策、妥协政策、平衡及调和利益的政策、合作政策，及重新实现缓和局势的政策"[23]，科尔则清楚地界定了责任："……通过拓展双边合作来改善政治形势，并为在东西方关系中建立信任做出贡献，这是德国土地上两个国家的共同任务。双方政府都应该推动军备控制，并在全局综合性的东西方谈判框架内削减军备，我认为这是理所当然的。确保和平、放弃武力是理性和道德的强制要求。对此，我们都很清楚，在这个领域中，东西方对话的主要责任应该是由美国和苏联来承担的。"[24]

在科尔祝酒词的其他部分，他强调了德意志问题尚未解决，并且强调了以他为代表的联邦政府的立场："两个国家对原则性问题存在不同观点，其中包括民族问题，这次访问不能、也不会对其有任何改变。我们的《基本法》序言是不容磋商的，因为这符合我们的信念……德意志问题仍未解决……"[25]如果考虑到仅仅几天前在社民党和统一社会党文件第四章"争论性政治文化的探讨"中笼统描述的论点，那么科尔表述的分量就更加明显："双方[26]必须做好长期准备，在长时间内要共同存在、互相理解。没有哪一方可以否认另一方存在的合理性。我们不能希望以一个体制代替另一个体制。"[27]

总体上，联邦总理在发表祝酒词期间，同时也在与昂纳克进行小型会谈时，[28]表明了他的德国政策认识的几个基本支柱，并明确表示，对他来说，社民党和统一社会党之间的协议或立场文件都不是任何形式的政治方针或预先规定。1988年底，在"处于分裂状态德国的民族形势报告"中，他再度拒绝了关于这两种体制之间各种类型的价值观相对主义。联邦总理谴责了偏离自身立场而改善双方关系的行为。[29]因此，他在原则上反对与统一社会党进行党派合作，并严格将这种合作排除在政府层面之外。

基民盟：概念之争成为科尔和盖斯勒之间的权力斗争

1988年，科尔对他自己政党内有关德国政策基本价值的讨论所发生的事情十分震惊。那时爆发了一场关于德国政策价值观基础的冲突，虽然科尔最终胜出，但是他必须付出很大努力才能终结这次冲突。在昂纳克访问之后，执政同盟伙伴自民党也开始思考立场变化。[30]根舍在奥托·莱因霍尔德（Otto Reinhold）面前将社民党和统一社会党的文件评价为"非常重要"。[31]

德国政策是总理的政策：科尔确定路线，因为他在执政同盟内和联盟党内协调了基本方针。他的许多政府声明都体现了规范价值观的前提条件，并通过程序化的妥协和让步加以平衡，以使执政同盟中对德国政策有各种见解的阵营都能找到合适的位置。也正因为如此，民族形势报告中除了对德意志内部关系做出的总结部分外，历年报告表达上可以变化的空间愈来愈小了。德意志内部关系的总结部分总是记录落实德国政策的最新情况。联邦总理一方面通过列举旅行交通等成果，另一方面一再强调其基本立场，制止住联盟党议会党团内在德国政策上产生的争执。他用个人信誉保证了这种基本立场的不可动摇性。在威斯巴登党代表大会之前，基民盟内一旦出现关于基本立场的讨论，就必然引发激烈的争论，尤其是因为联盟党议员们并不清楚，这是否与联邦总理进行过协调。因此，这不仅仅是关于德国政策的争执，还是对总理的权力的政治挑战。

这并非偶然。从阿登纳时期开始，基民盟就围绕其德国政策展开了原则性辩论，这种讨论在 1988 年获得了新的动力。现在难道不是因政策在落实中受限而重新考虑德国政策的纲领性基础的好时机吗？昂纳克的访问以及克里姆林宫的改革努力难道不是说明出现路线变化了吗？难道不应该也对德国政策的规范层面的基础进行检验吗？确切地说，讨论中心点包含三个重要方面：

　　－可能的统一顺序：首先是欧洲，然后是德国，或者刚好相反？
　　－重新统一的概念作为民族国家方案和作为德国政策最重要目标的意义；
　　－德国政策在规范层面和操作层面的优先顺序安排。

1988 年 1 月 25 日，联邦部长魏姆斯女士在巴黎的一次讲话成为引发该讨论的外部肇因。她第一次作为联邦德国德意志内部关系部部长在西方国家作了一次纲领性讲话，[32]她想通过此次讲话让人们注意到德国现行的国际法和国内法的地位，同时提醒盟国对柏林和德国作为整体的责任。她在巴黎的讲话使她出乎意料地登上各大媒体头条。[33]她讲话的以下段落成为党内争执的焦点：

"出于自身意愿的民族国家，这既不是《基本法》的任务，也不符合我们的政治意识……我们的宪法，也就是联邦德国《基本法》，对此并未做出特别的规定。它要求实现欧洲统一，而且要求全体德国人民通过自由的自决权，实现德国的统一和自由。换言之：这里涉及的不是对德意志问题采取向后看的解决方案，而是向前看、向着自由的回答。这里涉及的是符合历史经验教训的回答、符合欧洲的意志和价值观的回答……我们排除了通过单独行动来解决德意志问题的方案，也排除了违反邻国意愿的解决方案……因为在我们眼中，民族问题首先是一个自决问题，所以我们将领土方面视为次要问题……必须克服欧洲的分裂，同时也应该结束德意志的分裂……我们知道克服德国的分裂在近期内是不可能完成的，因为欧洲的分裂也还将持续。"[34]

从纲领上来讲，这些语句完全符合联邦总理科尔预先确定好的方针：德意志问题的开放性；自由先于统一；在尚不确定的时期内克服传统民族国家的分裂，只有欧洲的统一才能促成德国的统一。但是魏姆斯女士的描述"必须终结欧洲的分裂，结束德意志的分裂"却预示了一种时间上的顺序：首先是欧洲的一体化，然后才是德意志的统一。此外，这位部长还显然给予了邻国在解决德意志问题上的发言权。科尔对此则更加微妙并更加开放地做出了表达。例如，总理在 1985 年 9 月 9 日一次讲话中也提到了欧洲统一与德意志统一的关系，但回避确定两者之间的顺序："因为德国的分裂也是欧洲的分裂，德意志问题只有在欧洲框架内才能得到解决。"[35]

在民族问题上，联盟党内的保守派[36]预感到在欧洲统一和德国统一之间由来已久的孰先孰后的争执。[37]其他派系认为随之而来的争论话题是"基民盟内'反欧洲者'的进攻"。[38]德国的统一是取决于欧洲邻国的同意（一种否决权）抑或只需要他们的谅解呢？语义上相近的概念有"赞成、支持、共识、同意、知会、默许、一致"等。在巴黎演讲的背景下，一些媒体和联盟党内某些派系得到了关于重新统一和民族国家的新炒作噱头。主张重新开始落实统一政策的政治家们，如议员弗里德曼，他们的建议未得到科尔的重视。[39]但是，他们通过《法兰克福汇报》[40]在新闻界引起了积极而广泛的共鸣，而基民盟/基社盟议会党团也在联邦议院提出了相关质询，这些都是科尔必须面对的。

同样不合情理的是，魏姆斯女士事先根本未和联邦总理就这篇讲话进行协调。[41]但科尔事后在与她的通话中保证，将会对她的演讲表述给予全面赞同和支持。[42]事实上，在民族问题上，某些保守派圈子[43]想通过他们的批评来打击联邦总理，而不是联邦部长。德意志内部关系部部长作为巴黎演讲稿撰写人，她有意识地将欧洲作为讲话的中心内容，这是为了回绝所有关于德国要单独行动的流言蜚语。[44]但是反响如此具有争议，以至于部长在1988年全年期间都觉得有必要在所有公开表态中明确对巴黎的讲话内容做出补充。例如："人们指责我说，我将德国重新统一与欧洲统一联结起来。我所说的是——我自认为这不会产生误解——按照现在的形势，德国的分裂问题只有在解决欧洲分裂的情况下才能得以解决。我在二者的相互关系方面深入讨论了'问题的形势'。这包括我们将德意志问题的核心定义为自由问题……鉴于目前在欧洲的权力政治和意识形态的格局，以及我们不容改变的与自由世界价值观共同体的结合，联邦政府认为德意志问题不应是通过反对欧洲的单独行动来解决，而是携手欧洲共同解决，因为德国的分裂也是欧洲的分裂。"[45]

然而，她的讲话在大众传播中产生的影响、党内由于她的演讲对她施加的压力与接下来发生的事情相比都还在可承受范围之内。1988年2月17日，基民盟/基社盟议会党团第一干事长鲁道夫·塞特斯向党团成员寄出了一份关于外交政策、安全政策、欧洲政策和德国政策的讨论草案。[46]这份由基民盟联邦理事会任命的委员会撰写的讨论草案[47]掀起了"巨浪"。根据该草案，要拟出一份针对将于1988年6月13日至15日在威斯巴登召开的基民盟联邦党代会的主要提案。该委员会由秘书长盖斯勒领导，其成员还包括：鲁厄、朔伊布勒、魏姆斯女士、拉默斯、魏登菲尔德、特尔切克和汉斯－彼得·施瓦茨（Hans – Peter Schwarz）。[48]基民盟总部阿登纳大厦将草案文本转交给了总理府。按照常规程序，该文本也应送交给总理。[49]演讲稿撰写组仓促审核了该文本。因为那些有关德国政策方面的内容都是"规定动作"。在主要提案的草案中，更多的是关于德国外交和安全政策的语句预示着新变革。科尔只是草草地分析了提案，而没有对提议草案提出相应的警示性附加批注。他没有对任何内容提出质疑，也没有任何人与他对此进行详细讨论。[50]就这一点而言，这件事在"科尔体制"中是一个"故障"。这时，还没有任何人看到并担心这个提案在科尔和盖斯勒之间争辩中的作用。

接下来，应该引用草案中的三个段落，因为对内容上的批评是紧紧围绕着这些部分展开的。这些内容被拿来与联邦总理的演讲片段进行对照比较。和所讨论的文件一样，科尔曾经几乎逐字逐句地使用过同样的内容，但是这些内容以前并没有在党派内部引起批评：

只有在邻国赞成的情况下才能实现统一

盖斯勒在草案中写道："德意志民族的统一问题依旧继续存在，但今天，德意志人民仍然要事与愿违地生活在分裂的国家中。但德国人并不准备永远承受这种分裂。基民盟德国政策的核心仍然是维护民族的统一。基民盟坚持实现以下目标：在欧洲创造稳定的和平秩序，让德意志人民能在这种秩序中自由行使自决权，在自由中重新获得德国的统一。在追求这一目标时，基民盟重视如下原则：自由是统一的条件而非代价，统一只能通过非暴力的途径实现，德国人只有在其西方和东方的邻国都赞成的情况下才能实现统一的目标。"[51]

科尔在 1986 年"民族形势报告"中说道："我们希望并且必须在欧洲的框架范围内解决德意志问题。我们知道，只有在我们邻国赞成[52]的情况下才能实现统一。"[53]1987 年，他在"民族形势报告"中的相同位置上描述说："……我们尊重现存的边界，但是我们要通过和平的互相谅解、在自由中以及在与我们所有邻国取得意见一致的情况下克服德国和欧洲的分裂。"[54]

人员往来而非重新统一

在盖斯勒的草案中有如下内容："在德国持续分裂的前提下，与民主德国的对话政策、切实合作和条约性的协议都是在帮助处于分裂状态的德国人找到合适的道路。人性化地减轻负担，尤其是在旅行交通方面，是为了让德国人团结。这种德国政策方案不应被当作日常政治的实用主义来轻蔑对待。并且，这会使德国人更强烈地意识到，他们属于一个民族、一个国家，并且会促进德国重新统一。这种积极主动的德国政策的基础是全力以赴去获取人权和自决权，并将德意志问题纳入议事日程。"[55]

在 1983 年"民族形势报告"中有如下表述："从所有这一切中可以看出：现实的德国政策只能以对话政策、平衡政策以及合作政策才能成功。我们不想只是管理现在这种情况，而是想通过具体措施将分裂控制在可承受范围之内……"[56]报告中还说道："我们从历史经验中获悉，只有在全欧洲的和平秩序框架内，才能重新实现德国在和平与自由中的统一。"[57]

拒绝快速解决方案

在盖斯勒的草案中有如下内容："克服欧洲以及德国分裂的前提条件

是解决东西方冲突。因此，德意志问题的解决目前是无法实现的。德国人的责任在于，完成今天能够完成的事情，承担今天能承担的责任……"[58]

科尔在昂纳克访问时的祝酒词中说："德意志问题尚未解决，但也没有被纳入世界历史的议程之中……"[59]

如果不考虑 1988 年 2 月 23 日党团议院中针对该文件的个别批评——这些批评是由于误解、缺乏对文件的理解或是对之前的基础文件不知情而产生的，那么这次关于草案文件的讨论是来自关于德国政策规范层面或操作层面孰先孰后的争论。[60]现行的德国政策相对于旨在实现重新统一、积极主动的政策来说就显得消极被动了。草案文件对此给出了肇因，因为在关于德国政策的标题中写着："德国的更多人员往来与合作有助于实现自由和统一。"[61]虽然更多人员往来从政治上讲是正确的，但并不能涵盖原来规范性的目标。这种目标的达成完全不会因欧洲邻国的否决而受到限制。[62]基民盟和基社盟的批评者认为该草案与社民党的论证太相似了："……在德国，他们（基民盟。作者注）在很大程度上只想到了人性，人们不仅对实用主义，而且现在也对'德国式话语'感到厌倦了。"[63]虽然草案中缺少德国重新统一的明确提示，截至目前，科尔的讲话中也从未出现"德国的重新统一"这一词语。相反，德国政策的核心内容——"实现民族统一"，在草案中却从未缺失。在基民盟的任何原则纲领文件中，此前也从来没有出现过"重新统一"这个术语。

1988 年 2 月 23 日，像往常一样，科尔在党团会议中介绍了东西方冲突日益变化以及总结了以他为首的政府在德意志内部关系方面取得的成果后，又介绍了德国政策的基本立场。他针对委员会的草案说道："这就是民主的本质。没有任何东西是'恩赐的'。我必须向你们坦率地说：我不这样想，把我等同于委员会还需要商讨的文件并不是背弃。"[64]在其他人发言之后，科尔不得不再次补充说明其缘由："这份文件是委员会拟定的，文件中包含了这样或那样的要点。你们肯定能在理事会为党代会决议准备的草案中看到一份原稿，对于这份原稿，第一，你们是认识的；第二，你们要在上面签字。"[65]

面对攻击，盖斯勒自然必须为自己辩护。首先，他指出该文件已经进入了讨论程序。这样，他一方面用此后形式上的程序来淡化文本草案的意义，另一方面，他指出那些他相信能与总理意见保持一致的内容立场："而且我想迫切地请求你们，现在将这份草案作为联邦理事会任命的委员会的讨论基础，你们会在最后一页上看到委员会的成员组成。联邦总理在另一个场合中将这个讨论草案称作'出色的文件'，这完全是有道理的……"[66]联邦总理本应是盖斯勒论点的权威证人。无论在何处，科尔在他的诠释中都没有否定其内容观点。他也没有为他的干事长辩护。他出于战术性的考虑，在这种情况下十分小心，以避免过早地表态。他对主要提案的草案十分抵制，原因有多种。德国政策上的争议展示了完全不同主题的基本信息：

程序上的原因

除了对那些标题进行笨拙的安排布置、排列各种规定的顺序以及在列举法律基础[67]时缺少一些文件外，单从草案文件中不能体现出重大变革。但从对照的尺度来看，那些批评者很少以科尔先前的讲话和政府声明为导向，而是首先以基民盟有效的原则纲领为导向。[68]与这个文件的差异其实并不是根本性的。但是与科尔所有的讲话不同，代表们要在威斯巴登对关于德国政策的章节进行表决。这里就存在程序上的区别以及一个冲突来源，正如科尔所说："这里存在一种区别：一方面是我的讲话，另一方面是党内文件。而这也是引起争执的原因。当时有一个人对此进行了尖锐的批评，这个人便是卡尔·卡斯滕斯。海纳·盖斯勒的问题是——其实更多是那些围绕在他身边的人的问题——他总是对文件十分痴迷，也就是说他总想制造尽量多的文件。这是盖斯勒和我之间一个永恒的不和谐因素。您是要讨论一件事还是在演讲中报告一件事，或是您要求800名代表举手对一份文件进行表决，这三种方式之间存在着很大区别。"[69]

竞选战术的原因

从原因上看，这条对立的路线也与草案文件的发起者海纳·盖斯勒有关。该项目就是以他的名字命名的。虽然盖斯勒自我辩护说，委员会的很多人都参与其中。但党团首先将该草案文件看作一份盖斯勒文件。党主席科尔一直以来就和他的干事长在内容以及权力政治问题上存在分歧。[70]在总理的印象中，盖斯勒经常动员基民盟的办事处来反对政府政策。作为干事长，他宣传一种路线，尝试以这一路线为基民盟赢得中间偏左的新选民。最终，盖斯勒也按照这个方向为预期的党代表大会调整了总体管理方式。他想通过一批委员会草案来策划一场广泛的讨论。这样，在理想情况下，除了短期轰动效应之外，他还能使基民盟在公众中显得是一个有活力的创新性政党：要将基民盟带到现代化路线上来。[71]很显然，基民盟的形象在波恩政府和联合执政同盟的日常工作中变得苍白无力了。当基社盟和自民党在公众中更多充当反对者的形象时，基民盟作为执政党、"总理的选举团体"和总理的依靠，必须做出妥协方案。他们经常将联盟伙伴之间的争执作为自我展示的平台，并为了相互的利益而发生争执。口舌纷争能让参与其中的每一方都得到关注，而基民盟由于总理坚持缓和克制的路线而缺乏关注度。因此，在这种总体情况下，人们不得不委托盖斯勒的委员会来撰写主要提案。这个委托完全是针对批评性的公众反响，但主要是在外交和安全政策部分，而不是德国政策部分。[72]对议会党团中的某些人来说，盖斯勒现在也想将德国政策作为党派策略的目标，赢得选民并使执政党的方针更加鲜明清晰。[73]这虽然从文件中不能确切地看出来，但那些批评者们推测这是盖斯勒的另一次尝试，以便让基民盟接纳中间偏左的新选民。对于这种转变，干事长在联盟党和联邦议会党团中也有追随者，他们完全是出于传统基本立场的考虑而设想德国政策的改变。[74]但引人注意的是，在议会党团会议上没有人为盖斯勒辩护。[75]因此，科尔和盖斯勒之间的关系明显受到了损害。作为联邦总理，科尔不能、也不想容忍来自阿登纳大厦的新的重大干扰和阻挠，尤其是在对他来说像德国政策这样比较敏感的权力政治领域。党派至上原则和总理至上原则在这个阶段显得有些冲突。[76]科尔的执政方式旨在保障权力，德国政策的政府行为已多次证明这一点。与盖斯勒所推动的纲领性展望和原则性问题分析相比，选举时间、为抵挡竞争者而做出人事决定、对妥协让步进行调停等对总理来说更有意义。科尔作为联邦总理，包容团结是重中之重：让许多人感到满意并尽量少得罪人。是保障权力而非党的纲领决定了他的行为。但从此时起，关于纲领表述的讨论也在发挥着其权力政治的影响力，科尔开始对详细的目标纲领感兴趣。因为该纲领对他来说有着决定性意义。因此，德国政策的目标纲领就变成与盖斯勒的对决和较量。基民盟干事长组织策划了倒数第二次党代表大会。一年后，科尔决定任命福尔克尔·鲁厄为新任干事长。[77]

　　除了作为负责部长的魏姆斯和朔伊布勒之外，没有任何一位党团的德国政策工作小组成员能参与该文件的准备工作，这一情况也造成了联盟党议会党团德国政策工作小组主席爱德华·林特内尔和德意志内部关系部议院国务秘书奥特弗里德·亨尼希（Ottfried Hennig）的抗议。[78]党团希望像往常要求的那样，能更多参与其中。德国统一社会党对争执的背景也十分感兴趣。他们不会错过任何从西德对话伙伴那里获悉党派内部事务的机会。1988 年 4 月 13 日，布罗伊蒂加姆对埃贡·克伦茨说："不应该将基民盟当前对德国政策的讨论作为对立面来加以评估。[79]……这些讨论表明基民盟对这一问题有显著的讨论需求。即使人们希望该需求可以以不同的方式呈现，必须看到基民盟是在向前发展，而不应停留在旧的形式上。"[80]布罗伊蒂加姆在有关联邦德国各党派内部事务上表现出乐于提供咨询，这一点曾多次得到证实，此处也再次印证了这一点，尽管他在其表述的结果中有明显错误的认识。在准备阶段，德国统一社会党在其术语中将修改的德国政策文本称作"基民盟传统的复仇主义立场。很明显，在对最初草案所做的批评方面，基民盟领导层向右翼保守力量和被驱逐者协会干部做出了很大程度的让步。"[81]

科尔从党内讨论中得出了如下策略性结论，由此可以看出他于党内处理冲突、取得权力的工具何在：

－联邦总理必须预警性地做出反应。在党团批评和激烈的指责背后暗藏着总理和阿登纳大厦之间的争执。党对科尔来说具有决定性地位：因为他领导着该党，所以他成为联邦总理。如果追随者发生变化，他就必须采取行动。结果就是，科尔于 1989 年解除了干事长的权力。

－科尔通过党内联邦理事会，成立了一个新的德国政策联邦专业委员会，并任命该文件的一个主要批评者为该委员会主席，这就是奥特弗里德·亨尼希。[82]这样，科尔就间接地将亨尼希与领导党代表大会的任务联系起来，因为该联邦专业委员会最终将完成这份主要提案，以便提交决议。该委员会处于时间压力和达成一致的压力之下。

－科尔通过重组新委员会，让那些现存的为德国政策问题而建立的委员会和理事会在一定程度上失去了价值。他们可以向联邦专业委员会转交他们的讨论稿件。这就为科尔确保责任关系的明确归属、参与者对程序的赞成和一种对他而言能保证成果的局面。因为在主要提案的妥协文件中，各方都要能重新找到自己的立场。这只能通过空洞的套话或重复原来原则纲领中的内容来实现，这些内容不会阻碍科尔的政府政策。

－科尔通过决定接下来的程序并解释人事安排的方法，使自己从更多的讨论中解脱出来。

确切的决议程序和妥协文本如下：在 1988 年 3 月 1 日和 3 月 8 日的会议中，议会党团的德国政策和柏林问题工作组围绕草案进行了深入辩论。[83] 讨论结果也已告知亨尼希。在 1988 年 4 月 12 日的议会党团会议中，科尔再度安抚个别质询者称："您放心，它（该主要提案。作者注）符合我们所有的要求和传统。我们始终坚持着自康拉德·阿登纳时期以来的政策路线。托登赫费尔（Todenhöfer）先生，您也许会在欧洲联合和民族统一中感到矛盾，而我与您相反，我没有这样的感受。我是完全从发展和机会的角度来现实地看待它。"[84]

德国政策联邦专业委员会最终呈交了一份修改过的主要提案，该提案由基民盟联邦理事会 1988 年 4 月 17 日和 18 日为党代表大会做准备的闭门会议上一致批准通过。[85] 标题的变化就表明了其意图：继上个月的争论之后，基民盟希望证明他们对德国政策赋予高度重视并暗示他们迄今为止一直延续着德国政策。题为"我们的世界责任"的主要提案现在添加了副标题"德国政策、外交政策、安全政策、欧洲政策和发展政策的展望"。在盖斯勒的第一个草案中，德国政策被排在最后的位置，也完全没有提到发展政策。闭门会议的参加者们还收到一份联邦专业委员会转交的妥协建议。但事实上，总理府的演讲稿撰写者们也参与了修改润色的工作。科尔向他们预先规定称：应该注意所有的批评意见，同时不要歪曲事实情况。[86] 在闭门会议前一周的基民盟主席团会议上[87]，成员们也对该主要提案进行了讨论，科尔派他的演讲稿撰写者普利尔和外交顾问特尔切克参与其中。如下的更改[88]纳入了最终文本[89]，虽然在这次会议的前期就已经就最终文本达成了共识，但从形式上却在联邦理事会闭门会议上才被批准通过：

－重新统一的概念明确写入了文本中[90]，以强调德国政策的主要目标并减轻分裂的后果。在此引用了一段来自阿登纳的引文并把它放在章节的开头。是阿登纳大厦提出引用这段话的建议。通过借助第一位联邦总理的权威，也就消除了公众否定现任总理的危险。不需要将科尔个人与这个概念视为一体，而确定纲领则需要借助阿登纳的权威。

－将原来的标题"在德国的更多会面和合作有助于自由和统一"改为"在自由的民族自决中实现德国的统一和自由"。

－草案文本中删除了"只有在西方和东方邻国都同意的情况下才

能实现统一的目标"这句话。盖斯勒加入了自己的更改建议："为了让我们的人民能够拥有自决的权力，我们需要得到邻国的理解和支持。"

－委员会草案中"在当前情况下是无法解决德意志问题的"未保留相对应的句子，直接被删掉。

－鲜为人知的是，也有其他要求被用红笔涂抹删除了。为了明确显示与社民党在内政上的不同，草案中去除了任何对"格拉要求"让步的暗示。委员会草案的建议，"德国联邦议院和民主德国人民议院之间应建立联系与接触"的表述被删除，这表明了其坚定的立场。应当打消任何非民主选举出的联邦议院与民主德国议会（人民议院）之间存在合作的怀疑。[91]"联邦政府与民主德国政府在所有层面上轮流主办会议，讨论双方都感兴趣的问题"的建议内容也出于同样的原因被删除。

这份提案的特征在于：它在保持忠实于德国政策原则的基础上采用了传统的话语，并将重点放在可以做的事情上。该提案对民主德国采取了更强烈的语调。那些导语坚持基民盟现行的德国政策原则，1978 年原则纲领中的导语亦是如此。出于对党内讨论失控的担忧，联邦总理在党代表大会前准备阶段中在私下明确说了重话。因为进行重要变革的时机还未成熟，而且在党内，尤其在党团内部，还没有出现一个多数派阵营。也正是在这种对他来说需要进行十分必要的权力平衡的背景下，科尔不再对德意志问题的局势做出新的表述，这种表述形式会被自相矛盾地进行诠释并造成极端局面的出现。他宁愿采用原有的已证明有效和能够达成共识的表述方式，尽管可能会被强加对德国政策缺乏想象力的罪名。他之所以能容忍这种局面，是因为按照他的评估，在德国政策的操作上还有灵活应变的回旋余地。从今天的视角来看，在整个过程中引人注意的是，当被问到这场争执的政治意义时，参与者们都克制情绪。朔伊布勒作为代表说道："我也知道，那时候有争论，因为那个概念（指重新统一的概念。作者注）未包含在纲领中。我相信，我们在之前完全没有认识到，这是从哪里产生的。我在那时说过，我们必须将其纳入纲领之中。"[92]任何参与者都不愿再回忆当时关于德国政策的争执，因为在今天看来，面对至少要在党派政治上坚定基本立场这一要求，这一事件已经不再完全符合党的公共形象了。

讨论的终结：1988 年 "民族形势报告" 中联邦总理面临的改革压力

联邦总理不希望像原来规定的那样在 1988 年第一季度就做"处于分裂状态德国的民族形势报告"。如果那样，与前一份报告相隔的时间就太短了，很难做出总结。1987 年，他在等待昂纳克的访问，以便在更重要的地方诠释这个众人瞩目事件的成果。导致报告推迟到下半年的另外两个原因是：日益激化的民主德国民众的离境潮[93]以及科尔从 1988 年 10 月 24 日到 27 日对莫斯科的访问[94]。人们期待总理这次必须在他的报告中更详细地论述民主德国内部形势，并将访问莫斯科从德国政策的角度一同纳入报告之中。[95]在时间安排上，朔伊布勒与塞特斯达成了共识，塞特斯反过来又接手协调联邦议院日程安排的事务。[96]这一次演讲稿撰写组由梅尔特斯牵头。此外，报告时间推迟也使联邦总理科尔能够将该报告再度应用于多个领域。该报告能起到如下作用：

- 让自己的追随者遵守纪律；
- 向公众和反对派发出信号，表明他的德国政策原则不可动摇；
- 对民主德国内部发生的变化做出适度的反应和定位。

进行纲领性变化的空间很小。能够切实使用参与的职能部门所提供的草案越来越少，因为他们很大程度上仅限于提供数据资料。准备工作僵化成一种仪式，这自然使参与人员受到干扰："报告的结构多年以来就已经固定下来了：成果介绍和问题总结。联邦总理府和第 22 组真的希望加入新元素？或者还是模式化地重复迄今的实践方式？每年都要求德意志内部关系部提供'新思考'之类的东西，最后还是由联邦总理个人交出'久经考验的'德意志内部关系总结，其中很难找到德意志内部关系部提供的内容。"[97]德意志内部关系部提供的报告内容确实已缩减到仅仅提供数据资料，例如提供访问者数量的数据。总体而言，在那些被评估的档案库存中能找到的为报告进行准备工作的材料已经逐年减少了。相应地，对第一次全权负责报告的梅尔特斯来说[98]，挑战和机遇也就更大了。他锁定了一种新的报告方案构想，但同时不会重新激起过去这一年党派中的政治讨论。[99]科尔希望在 1988 年结束争论。[100]在方案构想上，与以前的报告相比，重点内容发

生了如下变化：[101]

- 原则纲领比通常阐述得更长；它不仅出现在报告的开头部分，在国际目标的详细过渡部分也有所涉及。在针对主要提案进行讨论的背景下，这里重新出现那些最重要的德国政策表态。
- 将民主德国的抗议行动和对其镇压的批评直接放在文件开头。
- 德意志内部关系总结的部分缩减到最小程度。在昂纳克访问之后，并没有发生很多新事情。在此，更多是在不重要的部分提到过境总支付协议，该协议已在数月前经特殊渠道通过诸多一揽子方案达成了。
- 在报告结尾处较为详细的综述部分，扩展了国际关系的内容，国际关系由于首脑外交的增多及《中导条约》的签署展现出新的前景。

1988 年报告的段落划分总体上比之前都要少，而且还没有序号。该报告总体上比之前所有报告的修辞效果更好。报告的话题依次从内部观察到外部观察、从人权问题到欧洲内部市场。在简短地提及德意志内部关系的"实质性进步"[102]后，报告开头首次对民主德国的被迫害者公开表示了支持。梅尔特斯就此得到了总理的完全支持。[103]这一次科尔要求就民主德国的内政做出更明确的表态。这份政府声明在评判民主德国内部形势上实现了理念的转变。科尔首次表现出希望至少象征性地加大推动民主德国进行改革的压力，[104]并且在联邦政府的德国政策中对人权赋予比以往更高的重视。科尔在演讲开头明确阐述道："在苏联、中欧、东欧和东南欧多数国家尝试进行经济和社会变革的同时，我们民主德国的同胞却呈现出一幅停滞的景象，他们越来越感觉到这种停滞是一种倒退。更糟糕的是：党的领导层和国家领导层以镇压的方式来应对要求变革的争论和推动。结果导致民主德国内部的失望和紧张。但许多观察家也表示，今天的民主德国比一年前听到了更多批评的声音。"[105]之后他又说："所有这些事情都首先体现了民主德国政治体制的内部困难，这些困难来自于改革意愿和改革能力的缺失。这是与民主德国人民的期望相对立的。这些期望是由在苏联发生的以'变革'、'公开'和'民主化'为标志的改革讨论所唤醒的。这些期望无疑也是通过民主德国对外更大的开放而唤醒的。"[106]

接下来，在操作领域为保障民主德国的稳定而持保留态度："女士们、先生们，我们忧虑地观察着这种发展。我们不希望民主德国的内部困难继续增加。我们并不想让越来越多的同胞希望离开民主德国。我们希望在广泛改革之后，最终能满足人们的合理要求。对教会报纸的审查和禁止、对西方新闻报道的阻止和暴力、对西方报纸和杂志的进口禁令，最近甚至有对东方印刷物的进口禁令，这一切都不能解决问题。我们不能、也不想对此保持沉默，而且我想，民主德国的领导层不能永远逃避已经席卷了中欧、东欧和东南欧的变革趋势。"[107]

不出所料，德通社驻外记者就在《新德意志报》第一次发文，写到"联邦德国严重干涉民主德国的内部事务"[108]。上一次，科尔"处于分裂状态德国的民族形势报告"受到如此激烈的批评还是在 1985 年。一方面，美联社用"科尔指责民主德国进行镇压"作为关于联邦议院会议报道的标题，表明联邦总理已经很久没有如此严厉地攻击昂纳克了。[109]另一方面，科尔必须在辩论中受到绿党议员赫尔穆特·利佩尔特（Helmut Lippelt）的指责，说他与其社民党前任施密特一样，以其德国政策使"民主德国敌视改革的力量"更加稳固了。[110]1988 年末，联邦总理明显地陷入两难境地。因为在 1988 年，双方在德意志内部关系上的不同步更加明显：昂纳克的访问取得的成果是人尽皆知的。科尔提及的"实质性进步"在许多政治领域，是完全合乎实际的，尤其在访问者数量方面。但西方的硬通货却完全没有带来所希望的统一社会党政权内部的宽松政策。民众的不满随着统一社会党的高压也在不断增长。因此，联邦总理在报告的开头部分坦率并极具自我批评意识地表述道："当时的一些期望还没有实现。在轻松的感觉中还混杂着悲伤的感觉。"这也可以说是"无可奈何的感觉"，但没有哪个政府能做出这种官方声明。因此，自上次报告之后，民族形势从总体上看完全没有得到改善。

有批评称，德国政策过度强调了关注日常政治的实用主义，这有损于操作层面的重新统一政策。鉴于这一猛烈的批评，1988 年，梅尔特斯首次从政治角度草拟了一份可操作的旅行交通实施方案。他希望以此明确表现，在旅行交通的背后隐藏着更多的东西，而不仅仅只是"加强人们之间的会面"[111]。科尔不断强调"相聚在一起"的观点，远点贯穿于昂纳克访问时他所作祝酒词，但这一观点却导致在讨论基民盟的主要提案草案时出现了分歧，采取主动澄清的时机却被延误了。梅尔特斯表达称："……过去几年的发展具有十分重大的意义：通过旅行交通，跨越德意志内部边界的人员交往得以恢复，德意志内部之间重新联系起来了，大家互相交流彼此的经验和印象。因此，我们也就有机会来展示和证明自由政治秩序在政治上的合法性和内心的可接受性。我们也完全不需要害怕这个领域中的竞争！"[112]这些话语并没有新鲜价值，但这种一板一眼的表达说明总理坚决坚持这条路线。科尔并没有准备让自己的意志和态度被那些认为其和民主德国的合作走得太远的人所左右。

德国政策的原则纲领[113]在众所周知的三个方面展开：价值观规范领域的分歧、作为德国政策实质性内容的欧洲联合政策以及务实合作。科尔也表示并不认同那些推动价值相对主义的人，也就是将价值观规范的分歧加以弱化。在总理看来，盖斯勒派属于这一类人，至少盖斯勒的草案文件在公众中留下了这种印象。此外还有坚持其基本价值文件、作为反对党的社民党。在介绍民主德国事态发展之后，科尔才谈道："对我们来说，始终都要对民族统一意识保持敏锐。我们不甘心忍受我们祖国的分裂。"[114]这个句子并未包含确切的政治目标，构成内容核心的只是态度的变化。接下来是科尔德国政策两部分的详细内容，在此前讨论过德国政策的规范层面和操作层面孰先孰后的问题，他希望，在当前情况下德国政策的两个部分能够进入大家的视野中："如果有人如此声称（而且是针对过去数月里的对手。作者注），那么他也就没有认识到，负责任的德国政策必须始终同时保留两个目标：克服分裂及在此之前维护民族的团结。"[115]下面语句的内容是针对自身行列中要求实施重新统一政策的德国政策狂热者的："但我们从来没有理由猜测，德意志问题将要解决了。我只能对这些我们偶尔听到的幻想提出警告。"[116]科尔就此对错误的过激行为提出警告并及时制止了过高的期望。这完全符合演讲的风格：不是将存在分歧的立场生硬地并列起来，而是将其纳入后续的、更高一级的视角。因此，在发出这种警告之后，他介绍了不久前完成的莫斯科之旅的成果："在我五周前对苏联的访问中，大家更能认识到，原则上的对立将在这个问题中继续存在。"[117]

科尔通过含糊多义的表述来调和党内的对立：如何具体地实现统一的目标，他没有做出回答。在这种意义上，双关语的使用能够扩大他行动的回旋余地。[118]但还缺少过去数月中的一个讨论话题——德国统一和欧洲联合的辩证关系："有时有人提出质疑，认为联邦政府使德国政策目标从属于欧洲计划。女士们、先生们，这种批评误解了与西方一体化的意义。欧洲层面的德意志问题对我们来说并不意味着德国人的民族统一或欧洲的联合是虚假的。《基本法》更多是让我们对德国统一及欧洲联合都负有义务。我们正努力追求这两个目标。"[119]在《基本法》的意义上，科尔仍保持一种"亦此亦彼"的表述形式，这是他自从 1982 年以来一直使用的表达方式。

但 1988 年的"民族形势报告"还要求终结这种反复出现的原则性讨论。因此，联邦总理又再度使用了阿登纳"磁铁理论"中的简单信息："如果我们继续推进欧洲联合，这并不意味着我们已经不再考虑我们民主德国的同胞或我们在中欧、东欧和东南欧的欧洲邻国了。相反，我们相信欧洲联合事业具有巨大的吸引力。"[120]对德国统一来说，是否需要邻国的赞成、支持或认可，这种说法尚未出现。这里，各方未能就德国统一达成一致意见，因为在以前的争执中，各个概念后面都有某种个人立场。新概念也许会再次引起语义争论及政治争论。因此，联邦总理将他报告的很大篇幅用于对欧洲联合进程的诠释，并从长远看将欧洲联合进程纳入全欧洲进程。这样，这篇政府声明不再仅仅是处于分裂状态德国的民族形势报告了，这一点比一年前还要清楚。以下标题也许更为合适：处于变化中欧洲的民族形势报告。

这次，关于德意志内部关系形势的传统部分突出了一个事件，科尔在措辞上尤其强调了这一事件，因为此前曾经过了漫长的谈判进程："民主德国放弃了迄今为止的抵制，最近宣布已准备好明年初和我们进行关于保持易北河清洁的会谈，对此，我十分欢迎。"[121]然而，这其实是新确定下来的过境总支付的条件，对于这一事实则只字未提。[122]另外，他在易北河边界规定问题上也对社民党明确地表明："恰好是这里展现出，尽管在原则问题中有不同的立场，还是有可能开展符合双方利益的具体合作的。"[123]联邦政府为此要付出何种代价，以及联邦政府在这种形势下是否准备放弃原则立场，这些问题将在下文中说明。列举对此负责的部长们的姓名，听上去几乎像是卸任告别时的致谢："出于良好祝愿，我要提到联邦部长维尔姆斯女士和联邦部长朔伊布勒先生的名字，因为他们做出了特别的贡献，并常常是默默做出努力。"[124]在此之前，科尔从未在报告中向负责的部长公开道谢。但是 1988 年，他也想公开地表明，他清楚明确地支持多罗特·魏姆斯的德国政策立场，自从魏姆斯的巴黎讲话之后，她受到民族保守派媒体和部分自己党团的语言攻击。通过提到朔伊布勒，科尔表态性地支持迄今为止他所践行的德国政策路线。在为总理准备的最后演讲手稿中，这句话是没有的，[125]这是科尔自己口头补充的。

政府行为结果小结

在昂纳克访问的背景之下，西德各党派内部开始了对德国政策路线的反思。戈尔巴乔夫的改革、削减军备政策的信号、民主德国公民的离境潮和民主德国政权的内部镇压都使那些想就德国政策的价值观规范基础展开讨论的人在党内激起了更大的反响。

盖斯勒在策划威斯巴登第 38 届党代表大会的准备阶段就瞄准了这种政治形势。但是对盖斯勒来说，主要目标则是通过充满争议地强调基民盟现代化路线的争论来赢得新的选票。

在党内出现了针对主要提案草案的抗议之后，即从对立的路线在政治上高度敏感并显然有决定意义时起，科尔也被迫关注纲领的细节。科尔低估了少数派的力量，这可以说是"科尔体制"中的一次失误。

从这个时刻起，科尔看出反对草案就是对"盖斯勒路线"的批评，所以科尔面临的是权力问题。因为盖斯勒通过强调两极对立在党团内引发了有关德国政策立场的争执，这种两极对立与他 1988 年在党内的声望地位有关，而与对德国政策的思考仅有次要关联。在这种情况下，科尔既不能与盖斯勒的立场保持一致，也不能与那些批评者保持一致。他虽然没有公开与委员会的工作拉开距离，却也没有坚持该文本。开始时，他在内容上的规定还不够清晰。他不想让自己卷入这场纷争，因为他想坚守他模糊的中间路线。

他完全依照迄今的策略委任了一个新的委员会并注意让他的德国政策的价值观规范基础最后原封不动地得到确认，其实党内本来一直相当一致地认可这种基础。

正如这种激烈的矛盾所展示的那样，科尔不能、也不想改变有关德国政策的政府行为的价值观规范基础。这也许会降低他的支持率并损害他的权力基础。基民盟必须完全保持总理政党这条路线。在科尔看来，突出党派政治特点只能牺牲政府的多数派地位，他理所当然地要坚决抵制。

对于这一切，对立场的感知、归因和预知是中心内容，而不是草案文件的字面现实。因为主要提案的草案与科尔其他德国政策文本的区别并不大，并且在政治上也没有公开反响所表现的那样重要。因此，科尔最后能理所当然地宣称，他在德国政策的基本立场上展现了其坚定性；因为不论是草案还是主要提案的最终文本，实质上都是一致的。但是在人为讨论造成的政治感知中，好像是盖斯勒在强迫党主席接受最新的德国政策方案设想。仅仅是公众怀疑由于盖斯勒想迎合新的选民群体，所以科尔的德国政策接近了社民党的立场，这样就促使科尔不得不有所行动。此外，他还想证明德国政策到底是在何处推行的：是在总理府而不是在阿登纳大厦。

年末，科尔通过在民族形势报告中采用统一的表述而保障了纲领的现状：在与"格拉要求"保持距离方面没有弱化其立场，在价值观规范上的分歧没有改变基本立场，继续推进务实合作以及融入欧洲一体化。基民盟为一年后的事态发展象征性地进行了自我武装并做好了相应准备。而在实际操作方面，政府行为还是呈现出与过去年份相同的景象，尽管从今天的视角出发，我们知道，已经开始了统一的倒计时。

正是关于魏姆斯的讲话和草案文本的党派政治讨论再度直观地证明了在东西方冲突时期，语言对德国政策领域政府行为的力量。科尔的权力恰恰也是和语言有关的。在语义冲突背后，隐藏的是权力政治的冲突。联邦总理将对主要提案最终文本的拟定和"处于分裂状态德国的民族形势报告"作为他的政治统治工具。

第十七节　谈判策略：为人道主义减负的关联交易（以过境贸易协定为例）

延长过境总支付的各项协议被视为柏林墙倒塌之前德意志内部双方最后一次大规模的一揽子方案谈判。这些协议展示了政府内部典型的决策过程、联邦总理科尔非正式的以人为中心的执政风格、德德谈判策略以及通过特殊渠道的非正式一揽子方案。这些谈判是通过一揽子方案解决问题的最后一次成功尝试：以财政支付的方式在不同领域实现人道主义减负。过境谈判一揽子方案划分为以下部分进行分析：

－现实状况和谈判预备阶段；

－与联邦总理的协调；

－谈判阶段：提出一揽子方案；

－以过境总支付为诱饵；

－谈判结束之后的阶段：信息政策管理；

－朔伊布勒对昂纳克的最后一次访问。

现实状况和谈判预备阶段

谈判的出发点在于：有关过境总支付的协议将在 1989 年到期。通过
1971 年 9 月 3 日四大国协定和 1971 年 12 月 21 日两个德意志国家的政府签
署的过境协议，各方达成了关于通往西柏林过境通道的有约束力的规则，
从此小轿车、大客车和火车的过境交通畅通无阻。[1]过境协议第 18 条所确
定的关于通过东德的轿车产生的道路使用总金额和补偿金额的规定，在
1979 年经确定，将在 1980～1989 年这十年间生效。其金额为每年 5.25 亿
马克。昂纳克访问波恩时，在他和科尔两人单独会谈中就过境总支付问题
达成了一致：关于新的过境总支付以及彻底翻新高速公路的谈判应于 1988
年开始。昂纳克既没有将过境总支付与柏林施塔肯过境通道的修缮改造费
用联系到一起，也没有把它与高速公路部分路段的彻底翻新问题联系到一
起。[2]尽管如此，通过此次会谈朔伊布勒还是察觉出，民主德国将尽可能利
用新的过境总支付谈判来抬高过境总支付数额。[3]过境开销的上涨必定导致总
金额的提高。此外，应该协调出一个具有十年有效期的数目，也就是说，在
十年后还可以用来抵偿附加的成本。因此，总金额的提高是毋庸置疑的。但
是准确的数额却不是一开始就确定的。谈判预备阶段产生了如下结果：[4]

显然，联邦政府对该协议的延长很感兴趣，因为规模庞大且正常运作
的过境旅行交通是其自主选定的德国政策成功与否的标准之一。倘若在提
高金额条件下没有同时对协议适当延长，或许会对过境交通造成损害。不
过朔伊布勒还瞄准了除此之外的东西。他有意提出一揽子方案：民主德国
应该提供明显的回报。如果在此协议中民主德国既能收获长期受保障的财
政利益，又不用为此提供例如在人道主义领域内的回报，总理府部长担心
公众会批评这种协议。尤其在昂纳克来访之后，朔伊布勒不得不想办法阻
止这些有利于巩固东德阵营的协议，而东德在主观上已是这次访问的受益
方。此外，朔伊布勒从东德不断镇压反对者的立场中也得出了结论：有必
要在对公众和政府内部协调委员会保密的情况下小心行事。只有通过秘密
谈判，才能确保关于过境总支付的谈判过程不会损害联邦总理的政治利

益：谈判的结果必须在政治上以最理想的形式表现出来。朔伊布勒还提出另一种有关谈判方法的看法："尤其是民主德国没有兴趣再致力于漫长的公开辩论，因为'以人道主义减负来换取外汇'这一立场对民主德国来说已经不再具有那么好的宣传效果。在我看来，对'秘密谈判'兴趣更大的是民主德国而不是联邦政府。对我而言，尤其是要为了一个长达十年时间且款项超过 85 亿马克的支付协议向公众解释其实施理由，如果没有做足够多的准备工作，这个解释会显得乏善可陈。"[5]在权衡这一利弊后，朔伊布勒便只有采取关联交易这种手段。提高过境总支付金额之后应最大化地实现如下谈判目标：

　　　　－关于改善过境交通的具体保证（例如设立新的过境通道地点、在没有额外费用的前提下彻底翻新高速公路部分路段）；
　　　　－更多的人道主义让步；
　　　　－民主德国在保持易北河清洁问题上让步。

在前文提及的贸易结算授信额协议中，朔伊布勒曾尝试过一次将保持易北河清洁的工作纳入谈判的一揽子方案中去，不过毫无成果。[6]迄今为止，联邦德国政府在易北河问题上的潜在压力相对较小，因为民主德国将他们在这个问题上的让步与"格拉要求"中划分的易北河边界所衍生的国内法原则问题联系在一起。朔伊布勒如今在过境总支付一揽子方案中看到了改善在易北河事务中谈判地位的机会。因为如同上一次贸易结算授信额协议那样，他从之前与民主德国签署的类似长期协议中得知，民主德国想要得到更高的支付总金额，同时比以前更加依赖有保障的外汇流。在过境协议一揽子方案中朔伊布勒看到，在联邦政府和民主德国领导层之间可能存在政治利益和经济利益的交集。

然而开始时，沙尔克试图借助威胁手段来改善自己的谈判地位。1987 年 11 月 23 日，沙尔克对朔伊布勒说："民主德国必须像以前一样，为西方旅行事务筹措 8 千万马克外汇。你们必须制定出额外的解决方案来，否则就难以继续执行这一访问旅行政策。"联邦部长朔伊布勒博士对此表示抗议。他表示，旅客往来是双边关系形势的表现，正因为旅客往来，才使得昂纳克的来访成为可能。通过规范火车票价已实现财政上的平衡。此外，我们只是有所保留地批评民主德国这种限制货币兑换的行为，[7]为了实现平衡，联邦德国投入了更多资金用于接待访客。而现在民主德国在事后还会出示账单，这种行为是我们不能容忍的。另一方面，民主德国对旅客来往的限制也会拖累双边关系。从政治角度来看，民主德国对此后果亦无力承担。沙尔克解释说，他们也不想看到旅客来往受到限制。但是旅客来往的确产生了经济上和政治上的问题。联邦部长朔伊布勒博士认为："在民主德国，通过旅行，民众的期望值增大了。我们也很清楚，必须要采取措施来缩小经济上的差距。我们认为，铁路项目能对此有一定帮助。我们也准备在 1988 年就举行过境总支付的会谈。沙尔克欣然接受了这种观点。"[8]在这一论述中，涉及波恩在扩展旅客来往方面的利益及由此对民主德国内部形势的影响与民主德国财政依赖性之间的相互关联。沙尔克强硬要求为减轻人道主义负担需增加更多的外汇。其实这种交换式的交易以前就存在，但是沙尔克的语调却出乎意料地尖锐。显然，沙尔克处在必须取得成果的压力之下。1988 年 1 月 14 日，沙尔克于东柏林的会晤中威胁性地重申了这一相互关联："沙尔克抱怨道，扩展旅行交通给民主德国带来了经济和外汇的困难。联邦部长表示他很理解，他指出了我们的努力并表达了通过经济合作来改善民主德国状况的愿望。"[9]从沙尔克的这些话语中，朔伊布勒能推断出对方不会做出很大让步，正如他自己最初也没有准备做出妥协一样。

与联邦总理的协调

联邦总理科尔在上一次与昂纳克的单独会谈中就表示，要在 1988 年开始过境总支付谈判的意向。[10]在 1987 年 10 月科尔就已经与朔伊布勒进行了一次关于联邦政府的利益形势和谈判目标的长时间谈话。同时，总理府部长解说了他的谈判策略：只有在有明显回报的一揽子方案中才能提高过境总支付，尤其是清理易北河要见成效。联邦总理科尔向朔伊布勒提出如下预定要求：[11]

- 首先，朔伊布勒应该与财政部长施托滕贝格谈话：关于过境总支付的最大数额问题必须达成一致。只有当他和施托滕贝格协商之后，朔伊布勒才能继续进行谈判。
- 必须注重协调后达成的数额本身所具有的政治象征意义。每年过境总支付不得超过无法向公众交代的数额。

　　－只有当朔伊布勒与州长阿尔布雷西特在易北河问题上协调得出统一的解决方案时，他才能通过特殊渠道进行谈判。

　　科尔通过设立这些框架条件，来为朔伊布勒之后的决定做准备。这些前提条件是以共识民主为导向，涉及对流程的建议，其目的是使权力得到保障。在具体事务中他没有规定确切的谈判目标，而是给他的谈判代表留下了很大活动空间。就这样，朔伊布勒首先与财政部长格哈德·施托滕贝格进行了谈话，施托滕贝格原则上表示对德国政策问题兴致盎然。在与民主德国签订带有高昂费用的协议时，朔伊布勒经常在准备阶段与财政部长施托滕贝格进行协调。总理府部长需要取得政治上的支持和庇护来应对与沙尔克的谈判。在此朔伊布勒向财政部长阐释了他的设想：提高费用也是为了表明过境总支付的合理性，因为过境总支付费用预计每年超过 10 亿马克；这个数额客观上是合理的，但无论如何都不适合对外宣布。施托滕贝格知道在过境协议谈判中将要处理哪些主要问题。他主张，朔伊布勒应该将过境总支付控制在 10 亿马克之下才能缔结协议，最好控制在 8 亿马克。[12]另外，施托滕贝格暗示，他希望这一事项能够由一个正式的委员会商榷。他不喜欢通过两人私下交流的方式来预先达成这样一个大型项目的非正式性协调结果。

　　在朔伊布勒与阿尔布雷西特进行协调之前，他先自行寻找一种缓和易北河边界问题的妥协方案。为了让这种妥协能够便于理解，有必要先解释一下当时的背景情况：

　　易北河边界问题是昂纳克于 1980 年 10 月 13 日提出的四条"格拉要求"之一，这几个要求是法律问题和政治问题联结的典型案例。对民主德国来说，在劳恩堡和施纳肯堡（Schnakenburg）之间不清晰的边界划分可用于阻碍以下问题的解决：环境保护问题及边境附近城市（如汉诺威和汉堡）的交通问题。[13]1944 年 9 月 12 日伦敦会议纪要是联邦德国和民主德国之间边界划分的依据。但是该纪要和它附带的地图关于边界的精确走向——在河流中央还是从施纳肯堡至劳恩堡的河段东岸——在一些要点上却表达得不清楚。该纪要内容与它附带的地图描述并不相符。然而州长阿尔布雷西特却毫不妥协地坚持这一法律观点，即沿东岸划定易北河的边界走向。[14]联邦政府也坚持这一立场。边界委员会按照《基础条约》来展开工作，由于委员会的成员很难达成一致意见，这个问题从现在开始应该由两边政府通过直接谈判加以说明。

关于缓和该问题有五个解决方案：[15]

1. 在东岸确定出一条连续的边界，这一方案遭民主德国坚决反对。

2. 在河流中央确定出一条边界，并对实际问题做出规定。这一方案遭到联邦政府坚决反对。社民党认为这一方案是可行的。[16]

3. 确定一种跳跃式的边界走向（某些河段的边界在东岸，某些河段在西岸，某些河段在河流中央），同时制定出解决实际问题的方案。但是将边界走向确定在西岸的方案在政府内部无法通过。

4. 暂且搁置边界划分问题，先对一些实际问题制定相应解决方案。这一方案遭到民主德国的反对。

5. 在边界委员会中就此问题继续谈判。但是协调出一个合理的谈判结果的可能性似乎很低。

朔伊布勒正在寻找一种出路。他设法得到了所有相关资料，以了解边界走向的情况。在他看来，盟国占领区之间的分界线规定正是现在问题的症结所在。根据这一规定，易北河边界线完全是支离破碎的，有时在西岸，有时在东岸和河流中央。在朔伊布勒看来，一个有约束力的边界走向规则在联合执政联盟内于政治上是通不过的，因为这涉及的是一个原则问题。因此朔伊布勒不主张为走向做出一个规定，而只致力于阐释盟国协议。联邦政府尚未从国际法和国内法上对该协议做出阐释，将其作为一个在形式上符合法律的办法，因此朔伊布勒想通过阐释这一协议，来解决实际问题。

联邦德国之前已经和荷兰缔结了一份与朔伊布勒想法不同的协议，也就是所谓的埃姆斯－多拉特规则：在不考虑领土主权问题的前提下，双方达成协议，即两国互相包容对方对整条河流采取的措施。但朔伊布勒恰恰很看重领土主权的问题，因为民主德国似乎并不重视这个问题，他们仅仅是重新阐释了边界线，同时又不确认边界线究竟如何划分。[17]考虑到民主德国在河流中央确定边界线这一要求，即使只是一个非常小的让步，也意味着联邦德国在对民主德国迎合妥协。

在昂纳克来访的准备阶段，阿尔布雷西特就已经向朔伊布勒提出埃姆斯－多拉特河模式。[18]后来阿尔布雷西特与昂纳克在波恩单独会谈时，他也将这一建议传达给了昂纳克。[19]昂纳克反过来在与联邦总理朔伊布勒的会谈中宣称，他从阿尔布雷西特的话语中听出了另一种妥协方案。[20]由此可见，该问题完全没有因为昂纳克访问波恩而变得明晰。[21]也正是因为这样，朔伊布勒必须再次与阿尔布雷西特会谈，以便能达成一种面对东德的统一的态度和表态口径。于是，朔伊布勒带着阐释边界走向的想法，在三次漫长而艰难的会谈中与下萨克森州长对峙。[22]在此，朔伊布勒向阿尔布雷西特解释道，联邦政府不会因为这种对伦敦纪要的阐释而放弃原则立场，但与此同时在保持易北河清洁这一点上，联邦政府却有可能借此与民主德国达成协议。朔伊布勒还相信，民主德国会接受他提出的建议。在阿尔布雷西特赞成这种阐释、施托滕贝格（关于过境总支付问题）也与他达成共识之后，朔伊布勒才能通过特殊渠道继续进行会谈。通过这些谈判保障，才能最大程度降低来自下萨克森州或联邦财政部的干扰。

谈判阶段：提出一揽子方案

具体的谈判阶段可以开始了，从一开始，朔伊布勒就没有通知说要把过境总支付与易北河规则联系起来。这两个话题暂时被分开处理。继昂纳克来访之后，在首席谈判代表朔伊布勒和沙尔克再度会面之前，为了再次说明民主德国的优先事项，莫尔特来到了总理府。显然，民主德国只是在利用易北河边界规定问题借题发挥，为的是使德意志内部关系在其他领域的发展受这一问题的制约。1987 年 10 月 29 日，莫尔特向朔伊布勒表示："在边界走向问题上达成意见一致对双方政府关系正常化来说是具有巨大政治意义的一步。民主德国很乐意完成《基础条约》里相对应的义务。民主德国认为，按照实际形势和法律形势以及在边界委员会的工作形势，在东岸划分边界走向这一方案理应被排除在外。"[23]与此相对，朔伊布勒坚决坚持与联邦政府截然相反的立场，他抗议在公众面前将易北河的边界规定与其他话题牵扯到一起。他不想因为这样给人这种印象，即联邦政府是可以被敲诈勒索的。波恩想把一些可能的话题组合带入谈判中。但这不应受到东柏林的制约。事实上，莫尔特只是一个先行者，民主德国的辩论才刚刚开始。

1987 年 10 月 31 日，沙尔克带着昂纳克的谈判授权来到了总理府。[24]根据沙尔克的记录，与联邦总理的意见达成一致后，朔伊布勒提出建议：由朔伊布勒、阿尔布雷西特和一位民主德国的委派者，在可预见的时间内，于一个秘密地点展开一次高度保密的会谈，以便推进易北河边界问题的解决。[25]但是这种三方会谈是不可能出现的，因为朔伊布勒和阿尔布雷西特先前就协商好，接下来让朔伊布勒通过特殊渠道，作为代表单独出席。1987年11月23日，在与朔伊布勒的会谈中，沙尔克提到了以前阿尔布雷西特提过的建议，但沙尔克却错误解读了这一建议："说到易北河边界问题，沙尔克解释说，人们已经检验过埃姆斯－多拉特条约。如果大家一致认为易北河边界可以设在河流中央，条约里拟定的条例刚好能作为很好的依据。联邦部长朔伊布勒博士指出，《埃姆斯－多拉特条约》恰恰是以不存在关于边界走向的统一意见这一点为基础的。沙尔克强调，对民主德国来说其他决定是不可能的。"[26]由此看来，双方要合作解决这一问题似乎是无望的。因此在1988年1月14日，朔伊布勒向民主德国谈判代表秘密提出了一种妥协建议[27]，正如朔伊布勒和阿尔布雷西特之间协调过的，这一建议含有对边界走向的诠释。沙尔克"保证转达这个愿望"。[28]为了强调联邦政府用这个建议是冒着很大风险的，朔伊布勒清楚地表示，即使是这个建议也会在联邦德国内部引起严重不满情绪。[29]此外，他也通过增加外汇的可能来提升对方进行会谈的意愿："同时他宣布，从春季开始将进行关于更新过境总支付的会谈"。[30]自此，关联交易正式启动。

朔伊布勒承诺财政支付，同时对一个极度重要的问题领域给出了一种妥协建议，他认为，东柏林可以在不丢面子的情况下接受这个建议。但是他的估计至少在一点上出现了错误。在5月份，沙尔克表示朔伊布勒的建议是无法接受的："此外，沙尔克谈到了易北河问题。由联邦总理府部长在非正式情况下提出的建议曾两次长时间地接受审核，但结果却是消极的。沙尔克向联邦总理府部长展示了一份内部批注，其中指出民主德国接受这种建议就等于放弃在易北河中央确定边界以及在其他问题上使用强制手段。联邦总理府部长强调，如果民主德国拒绝这一建议，就等于把自己推到风口浪尖。其他的建议在民主德国一样行不通。然后问题得不到解决，一切保持原状。如果民主德国想借助这个问题对联邦德国施加压力，这绝对是错误的想法。在双边关系中信任是非常重要的。民主德国在另一个领域即过境总支付方面也提出极高的要求。如果民主德国总是施加压力，所有问题都会变得棘手。民主德国还想通过一些表述尝试对朔伊布勒提出的易北河建议只接受一部分，或者违背约定，将关于易北河与边境附近的往来问题的一揽子方案直接公之于众，那么这些表述也是会损害信任的。[31]"由于朔伊布勒至今没有通过以过境总支付当诱饵的方式达到他的谈判目标，于是他现在把对整体双边关系产生的影响作为威胁。达成一个平衡的协议是不可能的了。同时朔伊布勒也意识到，在易北河边界问题中，他没有更多的谈判回旋余地。[32]

通过米塔格的幕后指点和要求，昂纳克决定对边界问题绝不让步，因为任何形式的部分解决或部分妥协都会使民主德国错失继续通过边界问题向联邦政府施压的良机。米塔格对昂纳克提出的论据的详情如下："在得不到实际或政治上的益处的情况下，民主德国必须改变它按照实际形势和法律根据所确定的关于边界走向的立场。民主德国通过对现实存在的一些问题——联邦德国主要感兴趣的问题（内河航运协定、体育运动艇活动、渔业、防洪、汉诺威以及其他边界附近的交通、保持水体清洁）——采取模棱两可的态度，从而为在易北河河流中央的合理界线划分制造压力，这种做法的可能性将会不复存在。相反，联邦德国可以在上述问题上对民主德国施加压力，特别是在保持易北河水体清洁的事务上。"[33]

以过境总支付为诱饵

朔伊布勒只能通过改变谈判策略，来促进关于整治易北河的会谈。在此他必须寻找一种途径，促使民主德国在保持双方国内法边界问题的基本立场前提下，赞成对易北河进行整治。对此应进行一项包含过境总支付的更为紧密的关联交易。在昂纳克访问波恩之前，沙尔克于1987年5月5日转交了一份文件，从文件中可得知，民主德国希望得到一笔每年超过10亿马克的款项。[34]朔伊布勒向沙尔克做出了如下反馈：考虑到联邦德国的公众意见，只有当款项明显低于8亿马克时，才适合公之于众[35]。对此他向沙尔克保证，在这种情况下通过秘密谈判能很快商议出解决结果，而且不会引起联邦德国内政分歧。[36]西德评语中简要地写道："联邦总理府部长指出，10亿马克这个估价绝对是过高的，特别是将扩建铁路的计划也囊括在内。"[37]

在1988年6月6日的再次会谈中，朔伊布勒的态度就更明确了。他同沙尔克分析了总体形势："据联邦总理府部长阐述，目前，我们为过境总支付付出了很高的政治代价，将来还要投入很多筹码。问题是，即使是这样，我们也没有得到什么回报。因此，继续积极发展双边关系，尤其是促进双边旅客的往来，对我们而言至关重要。"[38]（过境总支付）也应该明显与人道主义援助联系在一起："沙尔克表示愿意做出相应的声明。然而，联邦总理府部长提出了协议的约束力问题，并表示出对协议中的访问旅行事宜很感兴趣。相比具体的访客数据，他更看重这一方案的透明度和可预见性，毕竟旅行客流量也可能再度降低。沙尔克证实说，他们将会对此设立一项新规定，但这个新规定必须等双方在欧洲安全与合作会议的后续会议结束后才能公布。"[39]

谈判将就总支付数额问题进一步展开。在此，朔伊布勒谈到了他曾对沙尔克提过的初始前提："关于过境总支付的金额问题，联邦总理府部长解释说，他认为低于8亿马克的数额是可以考虑的。如果把高速公路的彻底翻新也包含进来，可以再提高差不多3千万马克。如果民主德国在柏林修建南部过境通道，也可能达到8.5亿马克；不论如何必须申明，这些费用将不会划入本来的过境总支付中去。"[40]朔伊布勒始终致力于增加和扩展谈判的一揽子方案：整治易北河、以新的旅行条例做出人道主义的让步、在柏林边界建立额外的过境通道。

在1988年7月16日的再次会面中，沙尔克递交了一份有关过境交通费用的报表，显示的总金额为8.6亿马克。该数目囊括了用来彻底翻新高速公路的3千万马克，以及在柏林南部建造一个新的过境通道所需的3千万马克。[41]双方的谈判立场因过境总支付数额而迅速拉近了，对此朔伊布勒再度澄清，他认为8.5亿马克这一数额是在"承受范围内的"[42]。但迄今为止，沙尔克依然拒绝接受这种非正式的一揽子方案："沙尔克有意让对方知道，目前阶段，不论如何双方都不可能在除过境总支付以外的其他领域建立任何联系。"[43]然而这个一揽子方案却是朔伊布勒的交易筹码。朔伊布勒具体说明了他的要求：积极保持双方关系的发展，尤其是在旅行交通方面；明年东德应履行承诺同西德展开保持易北河清洁的会谈；如果民主德国坚持要在易北河河流中央划分边界，可以考虑朔伊布勒提出的非正式性建议，否则这一问题就只能继续陷入僵局。[44]沙尔克所递交的完整的一揽子方案建议由如下部分组成：[45]

过境总支付的额度

除去其他投资部分，仅仅在过境交通方面，民主德国就要了8亿马克。根据联邦财政部的内部核算，到1999年，年平均总额度保持在7亿马克左右是比较合理的。[46]要想让联邦德国接受民主德国要求的差额，理应给予联邦德国一定的政治回报。但是德国政策工作组从沙尔克的文件里看不出明显的政治回报迹象："文件的第一部分，只是逐字逐句重复了1987年9月8日公报的部分内容，提到关于边界通道一些无关紧要的建议。此外，在最后还提出对规定易北河边界的催促警告。"[47]由沙尔克转交的文件结尾处有着明确否决一揽子方案的声明："民主德国的声明只是一个表达良好意愿的象征，还望不要带来误解。过境总支付问题与最后一次会谈中商讨过的其他问题没有任何关联。"[48]

照这个说法，若想提高总支付就只能以募集交通费为由。在与过境总支付问题无关的内部会谈中，朔伊布勒不得不多次面对这样的问题：要付出的代价是否并不太高，政治上的收益是否太少？后来有一次，朔伊布勒在扩大后的三方小组中说道："倘若我们实行的德国政策一直得不到经济回报，这也是不切实际的；这样，民主德国也不能按照我们希望的方式继续发展。"[49]

彻底翻新高速公路路段

维护和彻底翻新过境道路路段是民主德国的事务，联邦政府仍未改变这一观点。按照联邦政府的观点，每年的过境总支付足以补偿这一费用。[50]关于这一点，科尔和朔伊布勒在与昂纳克的会谈中又做了一次解释说明，他们坚决反对将彻底翻新高速公路的费用与过境通道的相关费用联系在一起。现在为了彻底翻新高速公路路段，民主德国要求联邦德国额外补贴 3 千万马克。

柏林的南部通道

为了满足柏林的过境需要，多年前联邦政府就要求在柏林南部另外开设一个通道，以减少过境交通对居民区的影响。尽管沙尔克提议建一个新通道，但是这个通道却位于一个偏东的区域：格罗斯 – 齐腾（Groβ – Ziethen），联邦政府对这个位置并不满意。昂纳克在与时任柏林市长迪普根的会谈中首次透露，民主德国将会在柏林另开设一个更偏远的通道，这将成为第三个过境通道。[51]

公路使用总款项

民主德国要求提高 10% 的公路使用总款项（即每年达到 5.5 千万马克），工作办公室和财政部在经过内部审核之后没有对此提出异议。[52]

在 1988 年 8 月 23 日会谈中，朔伊布勒再度列出他的要求清单[53]，沙尔克就此回应说："民主德国将会根据欧洲安全与合作会议的决议出台一项规则，按照该规则每个东德公民都能申请护照。[54]这并不代表东德公民就此拥有了合法的过境旅行资格，但自此就产生了过境审核的可能性。任何人若希望去西德旅行，就必须自己或由被访问者承担过境费用。"关于易北河一事，沙尔克没有提到新的内容。联邦部长朔伊布勒回应说，暂且抛开易北河边界问题，如果民主德国不能承诺在上半年展开关于保持易北河水体清洁的会谈，那他也不能按双方商议的数额达成过境总支付的协议。沙尔克应允传达这一点并尽可能实现这一承诺。[55]

继此次会谈之后，政治局在 1988 年 8 月 30 日会议上做出了决定。民主德国希望能按照双方之前的协议，提高总款项数额，并同意接受朔伊布勒曾提出的非正式性建议，但这两件事在时间上完全可以分开实行。这是民主德国惯用的伎俩，此前的贸易结算授信额协议也是如此。[56]1988 年 8 月 30 日，朔伊布勒通过与沙尔克电话通话迅速得知了政治局会议的结果。[57]昂纳克在政治局中详细积极地解释了为什么要接受这一谈判结果，因此，朔伊布勒的谈判策略暴露无遗。昂纳克在通报中说："经过非正式会谈，我们希望能达到如下结果：从 1990 年至 1999 年，联邦德国把公路使用总款项提高到一个较大的数目，并将此时间范围内的过境总支付提高至每年 8.6 亿马克，以便促进往来交通或到第三国的过境交通，公路使用费用应保持在每年 5.5 千万马克……"在非正式会谈中已表明，按联邦德国核算，民主德国这样莫名地提高总金额是毫无充分理由和根据的。联邦德国接受了由民主德国要求的过境总支付新数额，并认为这将有利于双方整体关系的发展并在其他领域——不用制定一揽子方案——继续发展双边关系。此外，按照联邦德国的观点，这一高昂的过境总支付应一并偿付民主德国提出的旅行交通和访问交往所产生的费用支出。说到旅行交通和访问交往，联邦德国政府表示，希望目前已达到的水平能保持下去…… 从这一非正式的会谈中还能得知，从当前联邦德国的内政形势出发，并考虑到即将到来的联邦议院选举，对联邦政府来说，启动关于易北河水质的会谈具有重大意义。联邦德国政府传达了急切的愿望："我们希望民主德国能通过非官方形式宣布，他们将于 1989 年上半年与联邦德国举行有关易北河水质问题的会谈，暂且抛开双方对河流边界走向有不同立场这一点…… 因此，出于促进民主德国经济发展的考虑，我们建议民主德国通过非官方方式承诺，将于 1989 年上半年与联邦德国在相关负责部门层面展开关于易北河水质问题的会谈。"[58]

经过长期艰难的谈判后，民主德国终于放弃了他们在保持易北河清洁事务上多年来的强硬立场。外汇压力比坚持顽固的原则立场影响要更大。在国内法上这个协议并不会产生任何法律后果。民主德国拒绝了朔伊布勒诠释国际法的建议，它希望继续将易北河边界问题作为有力的工具来使用，因为它希望正式签订一份有关双边边界协议的主要目标尚未达到。反过来，朔伊布勒不仅在易北河问题上取得了突破，而且还协调得出在他可接受范围之内的总金额数目，这个总金额与谈判前他预想的基本相符。关于易北河边界问题，民主德国和联邦政府之间的意见仍然存在差异。朔伊布勒认为，民主德国希望与联邦政府就边界走向达成协议，波恩却一直对此表示拒绝，因为德国的分裂不应由两方政府达成的某个协议以任何一种形式被确定下来。相比之下，易北河边界走向的问题显然是次要的。

谈判结束之后的阶段：信息政策管理

朔伊布勒向联邦总理不定期且时间间隔较长地通报了这些谈判的信息。[59]在与联邦总理、财政部长以及阿尔布雷西特州长进行基本的预先协调之后，朔伊布勒单独与沙尔克通过特殊途径进行了秘密谈判。他向施特劳斯透露了有关信息，沙尔克也一直在向他通报谈判进程。[60]联邦部长魏姆斯女士并没有事先得知有关细节，而只知道这个协议的基本框架。朔伊布勒在谈判成功后，又再度与施托滕贝格会谈，会谈中向他解说了所设想的关联交易，并希望他对每年过境总支付必需的数额明确表示认同。施托滕贝格对非正式协调的总体程序持很大保留意见，在没有相关负责委员会、职能部门以及专业部门参与的情况下，他还是同意了整体安排。[61]他没有预料到，朔伊布勒能如此高效且顺利地与沙尔克进行了谈判，而且谈判结果正如预备阶段设想的那样，双方达成了一致，如果在这个阶段作为财政部长的施托滕贝格拒绝提供支持，双方就很可能产生严重的信任危机。

直到 1988 年 8 月 30 日，从沙尔克的电话里证实了谈判结果，朔伊布勒才向职能部门通报了相关信息。在政府内部的协调委员会中，没有人提前得知有关过境总支付谈判的消息。8 月 31 日，朔伊布勒向扩大后的三方小组透露了有关谈判结果的详细资讯。联邦部长魏姆斯女士第一个要求发言，以便让人注意到事件的前后关联："谈判中目前仅作为资金问题出现的内容，终将产生广泛深远的政治影响。"[62]朔伊布勒预料到高额的过境总支付会遭到强烈反对。过境总支付由 5.25 亿马克提升到 8.6 亿马克，他有必要预先对此说明理由和依据。财政部国务秘书做出说明，不论如何，以这一数目为基础的协议是难以执行的。对朔伊布勒来说，接下来发生的事情让他无法尽情享受谈判结果带来的喜悦：当费用问题引起轩然大波时，他才在一个批注中声明，关于这个数据，他已经与联邦财政部长达成一致意见。[63]在此之后，大家还能继续辩论些什么呢？在德国政策管理的舞台上到底谁是主角而谁是配角，朔伊布勒通过这个声明已经说得很清楚了。只有在会谈开始阶段才会进行相关的询问："联邦部长朔伊布勒说，这个一揽子方案不能公开，但还是应该在 10 月份做出声明的。不管是什么方案，只要在联邦总理访问莫斯科之前[64]能解决一切问题就是好的方案。"[65]向公众公布这一方案之前，仍然要严格保密。应该会由个别工作人员来拟定和修改协议；但无论如何不会让整个"机构"参与进来。[66]

1988 年 9 月 14 日，朔伊布勒和沙尔克会面签署该协议。[67]当天就向公众宣布过境协议已签署完成。此外，沙尔克向总理府部长发送了一份邀请，希望他能于 1988 年 11 月 10 日与昂纳克以及民主德国外交部长菲舍尔进行会谈。沙尔克再次强调，按照双方约定，对保持易北河清洁的声明应晚些时候公布，确切来说，应等到昂纳克和朔伊布勒的会谈之后。1988 年 9 月 9 日，根据相关义务规定朔伊布勒事先向西方三大国的大使进行了通报[68]。9 月 29 日，联邦德国与民主德国签署协议之后，又正式向他们递交了同样内容的照会。[69]在一份所谓非正式文件中，三位大使预先得到表示他们赞同意见的协议文本。这是考虑到应该不会有针对该协议的异议出现[70]，因为协议和程序都严格遵循 1971 年的过境协议。

在公布过境协议的新闻发布会上，朔伊布勒和德意志内部关系部议院国务秘书亨尼希发生了争执。亨尼希将秘密谈判中的细节透露给了公众："……在最新的关于过境总支付的协议中也达成了完整的一揽子方案。"[71]他还指出，一揽子方案放弃了环境保护措施和易北河边界走向原则。[72]朔伊布勒激烈地进行了反驳，因为他担心，如果将一揽子事务与过境协议的直接联系公之于众，会影响到关联交易的成果。他对此反击道："亨尼希并没有参与会谈，很明显他得到的是错误信息。我公布了会谈的所有内容并已做出解释，会谈只涉及那些关于过境总支付和公路使用费用的话题以及为了改善交通情况的部分投入。关于存在其他协议或附加协定的印象纯粹都是想象。不存在任何附加协定，我对这样的会谈或协议也一无所知。"[73]朔伊布勒面对困境编造的谎言有两个目的：一方面，他想通过这种公开处罚的方式让亨尼希认识到，他在德国政策操作领域没有行动的空间。另一方面，这一信息也指向民主德国的领导层，朔伊布勒想借此表明，他将信守保守秘密的承诺。

按计划，民主德国和联邦德国将于 1988 年 10 月 5 日在谈判结果上签字[74]，在此之前，朔伊布勒在 1988 年 9 月 28 日的会议上向联邦内阁进行了通报。鉴于公众的讨论以及对内政的影响，朔伊布勒在会议中说明了过境总支付大幅提升的原因。[75]在此，他引用了协议的最后一句话："双方都设想，就以上所提到的复杂事务达成的一致意见，能对双边整体关系的继续发展以及其他有待处理问题的解决产生有利影响。"[76]朔伊布勒还特别提到有关双方铁路交通中产生款项结算的协议，在铁路交通中，每年由于旅行交通产生的超过 3.5 千万结算单位的款项应由双方各承担一半。没有内阁成员对此提出疑问或者异议。对涉及整治易北河的附加协定也没有人提出只言片语。

朔伊布勒对昂纳克的最后访问

在缔结过境协定之后，大约过了四周，昂纳克和菲舍尔于 1988 年 11 月 9 日和 10 日在东柏林接见了总理府部长。从朔伊布勒的视角来看，这次访问有一个重要原因：民主德国应当正式宣布开始关于整治易北河的会谈。朔伊布勒希望把这个作为成功之处公之于众。但对他来说，这一点起到的政治效果却是有限的，因为与此同时，联邦议院议长延宁格尔在联邦议院上就水晶之夜 50 周年纪念作了演讲。[77]这次演讲失败了，它被看作是对第三帝国进行粉饰美化，这是延宁格尔始料不及的。他想从加害者的角度来讲述，却误以为是在进行辩护。次日，延宁格尔辞去联邦议院议长一职。这次演讲在全世界引起了广泛反响，湮没了在易北河问题上实现突破的德国政策成果报告。[78]

朔伊布勒希望通过与昂纳克的会谈，推动民主德国在与公众切实相关的具体领域做出明显让步，例如在妨碍旅行、携带礼物、邮寄报纸以及对待西德记者等方面。[79]德意志内部关系谈判的中心内容应该是政治问题，而不是财政问题，在政治领域的一小步就能带动一大步成果。[80]但在民主德国看来，这次访问主要是为了向联邦德国清楚表明，尽管有来自苏联强大的改革压力，德国统一社会党的政治路线仍不会发生任何变化。他们本想展示自身的强势力量，但失败了，原因在于昂纳克在此次会谈中给人留下的印象。从西德代表团的个人角度看，这次会面标志着一个重大事件。[81]迄今为止，昂纳克在会谈中大多时候通过自由演说和记事便条来展示演说口才，对他来说，这些便条足够他精确地展开细节谈判。[82]由此昂纳克获得了大家的积极评价，即使当他照本宣读时，这种积极评价也不会因为他经常念准备好的介绍性独白而受到影响。但这一次，昂纳克几乎只是根据准备好的文件做报告，而且当他自由演说时，也显得不那么专注。[83]朔伊布勒、布罗伊蒂加姆、杜伊斯贝格和多贝伊感觉，几个月来在东柏林流传的关于昂纳克引退的谣言差不多已经得到了证实。[84]在外交部长菲舍尔和朔伊布勒短暂的预备会谈中，外交部长直接切入要点。他表示："在我们这方面，公众不断提出越来越多申诉抗议的理由，这让我们很担心。联邦部长朔伊布勒对此解释说，他打算坦率地讨论所有的问题，但这并不意味着将其公之于众。"[85]朔伊布勒也信守了承诺，对此保密。事实上，波恩和东柏林关于昂纳克和朔伊布勒此次会谈的会议记录并未彼此背离，[86]双方大多数表述都是一致的。

会谈正式开始前，昂纳克做了一段事先准备好的长篇导论，首先引入的重点是国际问题：削减军备和安全保障的相互作用，关于建设无核武器区的辩护。但是根据朔伊布勒所代表的联邦总理的观点，一个能起到核威慑作用的最低量应该得以保持，这也就不排除对现有的核武器潜能进行现代化更新。[87]之后昂纳克提醒，在仍未解决的政治问题中做出一定让步是必要的。朔伊布勒一开始像往常那样转达了联邦总理的问候，然后对昂纳克访问联邦德国之后的双边关系及其中的问题做出了积极的评价总结。在这个保持平静的会谈中，他采用了一种新的语调："说到过境总支付这个问题我也必须提醒注意，为了让公众理解我们对民主德国的政策，我们也是困难重重，尤其是宣布就过境总支付已达成一致意见不久，易北河上就发生了意外事件。"[88]在东德记录中对这一事件的表述更清楚："在公布新的总支付数额一天后，易北河上就发生了枪击事件。"[89]西德记录进一步讲述："对待我们记者的方式也有问题，这必然会对他们的新闻报道产生影响。因此，保证通讯记者良好的工作条件是很有必要的，并且应当让他们完全遵守现存的相关协议。在过去数月中，总体上我们对民主德国的政策反应良好，但在公众的反响中也存在消极的声音。我们应尽全力去改变这些。……因此，朔伊布勒希望对于'能采取的措施'进行会谈，以确保困难不会再扩大，而是能得到解决。这些措施首先就包括在日常生活领域不出现恶化和倒退的情况。"[90]

昂纳克几乎是顽固地做出了回答。从今天的角度来看，他的论述像是命运的讽刺。他固执尖锐地说道：“两个德意志国家实现统一的愿望是不切实际的。[91]这只会导致动荡不安，无论在东德还是西德，因为没有人对改变这种现状感兴趣。因此，诸如魏姆斯女士、霍佩先生和其他人的演讲以及媒体中的表述都是不起作用的。[92]外国使节因为两个德意志国家过于紧密的共同行动而多次表露出担忧。现在存在这种担心，即这种共同行动会在中欧导致中立化。但是两个德意志国家属于不同的结盟和体系，这点也应继续保持下去。我们必须埋葬期待通过苏联的公开性和改革的共同作用改变边界的希望。”[93]（西德记录）在东德记录中最后一句是这样的：“某些人士希望能通过公开性和改革来改变现实状况……但没有任何人对改变欧洲的平衡感兴趣。”不久后补充：“企图通过公开性和改革引入发展并消除边界的所有这类希望都是不真实的。”[94]（东德记录）

人们能感觉到，昂纳克是如何力图阻止进一步依赖联邦德国，因为每个项目都会产生一些效应，这些效应大多都是提升联邦德国对民主德国民众的吸引力，却并不能帮助德国统一社会党政权消除日益增长的合法性赤字。对此，昂纳克说：“那些关于民主德国在外汇方面贪得无厌的流言蜚语实在令人无法忍受。”[95]（西德记录）在对易北河边界划分几乎已经仪式化的声明之后，昂纳克与州长阿尔布雷西特在波恩会谈中对误解、认识、诠释差异、不清楚甚至健忘之处进行交流之后，昂纳克再度展开攻势，进行了一次全方位攻击。这次又涉及媒体新闻报道：“双边关系的发展对世界也有着深远意义。因此，媒体必须尽量客观地进行报道。与此相反的是，他们竟然自己安排编造事件，有记者曾说是高层要求他们这样做的。对于受欢迎和令人愉快的事情，记者们就会展开报道；而对于不受欢迎和令人不快的事情，他们就不会进行报道。例如在1月的游行集会[96]中，某个地方发生了一次聚众闹事，而涉及这次事故的当事人竟是事先与记者约好的。他们试图‘亵渎败坏对我们而言非常神圣的游行集会’。按照法律，这样的事情应该被禁止。‘我们不需要去变成一个法治国家，我们就是一个法治国家！’客观的新闻报道是能够进行的，但宣传不行。”[97]

朔伊布勒的记录人员通过逐字逐句进行标记的方式，来强调突出媒体报道表述的狡猾性。在东德记录中，结尾的句子被修改得缓和了一些：“民主德国支持一种客观的、实事求是的新闻报道，却坚决反对媒体对国家内部事务的干涉。”[98]朔伊布勒冷静回应说：“媒体涉及对人们必须做什么和人们必须放弃什么这两方面进行对话。然而对记者们来说，良好的工作环境才是最基本的。"[99]但正是在这一点上，联邦政府的抗议没有导致任何原则性的改变。1987 年 9 月联合公报中的规定在实际操作中也没有起什么作用。[100]和每次会面一样，在会谈的最后，朔伊布勒转交了一份"急需解决的困难问题"清单。转交这类清单，在德国统一社会党中从来都不会被记录下来。紧接着，朔伊布勒与菲舍尔的私下谈话进一步完善了这次访问。在这次谈话中，朔伊布勒更加明确地进行了表述，并且增加了论据："我们必须思考，相比 14 个月之前，今天我们在媒体中印象更加糟糕的原因何在。这肯定不是由联邦政府造成的，而是存在其他原因。举例而言，亨尼希提起我们曾有意在完全保密的情况下进行过境总支付的会谈，因为这通常会在公众中引发批评性的讨论，但是我们想避免那种错误的印象，即双边关系只涉及金钱利益关系。然而公布结果的第二天就发生了枪击事件，记者们有了新的问题，其他困难也接踵而至。那么这就容易让人认为，我们虽然耗费了高额的资金，但迄今为止那些日常生活中的麻烦仍未得以解决，具体来说比如有因为携带礼物而被征收费用的申诉。我们支付了更高的过境费用，却依然有最低货币兑换额，这招致越来越多的指责。此外还存在这样的问题：是否有可能把那些我们定义为退休人员的人也得到民主德国的承认，从而对社会弱势人员进行小幅度调整。最后在拒绝入境方面也存在许多问题。如果我们能对上述情况进行探讨，那我们就取得了重要的进步。这只是些日常生活中的小事情，但正是这些小事使得我们常常在公众中留下没有取得进展的印象，从而被民主德国抱怨。因此，我们应当特别认真谨慎地关照这些细小而具体的请求和愿望。这样做并不仅是为了列出申诉清单，而是作为建议，帮助我们在公众中获得更好的评价。"[101]然后，他陈述了一项对接下来数月有着特殊意义的决定："自从公布我的访问之后，我发现，表达个人愿望的邮件纷至沓来，其中提到最多的是家庭团聚问题。我们觉得这里存在的问题十分具有现实意义，联邦政府经常说到，我们的政策目标并不是让尽可能多的人从民主德国移民到我们这里来，而是尽可能地让他们留在自己的家乡。"[102]

朔伊布勒于 1988 年 11 月 9 日和 10 日在东柏林进行会谈的结果更多是体现在气氛上的而不是实质上的变化。[103]民主德国放弃了他们对整治易北河的原则性保留意见，尽管公众将此评价为一种突破[104]，但其实谈判代表们在很早之前就已对此达成了一致意见。朔伊布勒指出联邦政府的德国政策与德国内政的强烈相关性：考虑到 1988 年的政治氛围，除了在访问交通和旅行交通方面的情况得到明显改善以外，只有在民主德国对政权反对者的实际处理方法上也有所改变的情况下，联邦德国才能在财政方面对东柏林做出更多让步。

政府行为结果小结

波恩用金钱来换取人道主义的减负：这一策略是朔伊布勒在过境协议签署过程中行为的基础。民主德国对外汇的强烈依赖从易北河整治问题中的妥协就可以看出。过境总支付的大幅度提高促使民主德国愿意谈论易北河的污染问题。民主德国领导层将保持河流清洁问题与原则问题区分开。虽然昂纳克始终将"格拉要求"作为实现更多进展的前提条件，但是到1988 年他已不再将满足"格拉要求"作为缔结其他条约或开始环境谈判的先决条件了。

过境总支付是民主德国在经济和内政困难时期最后的大型稳定器吗？哪些回报能表明该条约在这一数额级别上是合理的呢？或者恰恰就是朔伊布勒所说的这种"甜蜜毒药"发挥了作用，民主德国本想借助它创造喘息的空间，事实上却增加了民怨呢？[105] 对这样的问题没有人能做出准确的回答。另外，从为期十年的过境协议中也能看出，联邦政府没有预料到不久后国家会统一。

过境协议也明确表现出，在德国政策领域总理府对决策拥有垄断权。在特殊渠道中，朔伊布勒充当了占支配地位的主要领导者角色。他对环境部（整治易北河）和交通部（过境和交通道路）的主管权直到协议商讨结束后才生效。朔伊布勒作为首席管理者的前提条件是：他需要与总理协调一致，通过非正式的、以人为中心的方式保障权力结构：科尔并不决定方针的具体内容或谈判策略，而是给出协调情况的前提。在具体事务中科尔和朔伊布勒不是必须进行协调，因为他们在政治上的基本观念是相同的。只有当总理确定自身行列中可能的反对者以支持的态度加入谈判安排中时（施托滕贝格和阿尔布雷西特），科尔的首席谈判代表才能在谈判中有广阔的回旋余地。

在集中而紧张的预备谈判阶段之后，谈判的各个具体阶段都只是通过特殊渠道进行。由于对联邦德国以及民主德国来说，那些可以达成的解决方案在德国政策各个领域中的分配结果总是存在差别，因此需要再次通过关联交易来丰富成果并借此打破谈判僵局。此时的谈判战术应包含讨价还价的所有经典部分：制定激励和刺激方案、同意做出让步、通过对整体关系施压进行威胁以及提出谈判失败的可能——如果诸如易北河协议的重要要求无法达成的话。在易北河边界问题中，民主德国和联邦德国的主要分歧在于，民主德国希望与联邦政府达成边界走向的协议，而波恩方面却一直表示拒绝，因为波恩方面认为，两个政府不应通过某个协议以任何一种方式突出德国的分裂。

朔伊布勒谈判策略的目的在于，能够取得值得夸耀的政治成果。他希望能减弱分裂产生的影响。在秘密谈判的灰色区域中，他采取了实用主义，冷静且不依赖教条主义的方式寻找解决办法。他所提出的建议，即对易北河边界走向做出阐述而非直接确定其走向，并不意味着放弃了德国政策的原则立场。根本上说，联邦德国并没有接受"格拉要求"，因此，民主德国领导层也拒绝了朔伊布勒的建议。如果民主德国接受了这个方案，他们也许就能把这一结果作为联邦德国满足了"格拉要求"之一来进行政治宣传。朔伊布勒可能也就无法阻止这种歪曲的诠释方式。1988 年，联盟党针对德国政策已进行过有关辩论，在这样的背景下，这一协议如果实现，可能会在德国政策上加重联邦总理的负担。在关于清理易北河污染的会谈上达成一致协议的同时，由于在易北河边界走向的问题上没有形成统一意见，民主德国那时就失去了对波恩施压的重要手段。只有在易北河污染的情况越来越糟糕时，民主德国才能将其作为施压手段加以利用。

朔伊布勒对昂纳克的最后访问是此前会谈的延续。昂纳克访问波恩之后的中期总结充满着矛盾：德意志内部双方根据条约建立起来的网络在继续发展，而与此同时，民主德国破坏人权的情况却在增加。朔伊布勒是沿着这条冲突路线来进行论证的。

第十八节　党内及执政同盟的压力：决断之年1989

朔伊布勒在解释 1989 年的政府行为时说："我们像孩子一样坐在圣诞树前，并且揉着自己的眼睛。"[1]这幅图景说明了到 1989 年 11 月初政府行为的基本动向：消极地应对而非积极地行动；更多的是谨慎处理危机，而不是对民主德国的变革主动提供支持。但在 1989 年，"用脚投票"、"由下而上实现重新统一"形成了一种压力，联邦总理不得不对此做出回应。这种挑战不是仅仅通过等待和确保安全就可以解决的。采取主动性

的方案也十分必要。明确管理方向、谨慎掌控发展进程，然而直到 1989
年 11 月初，这些行动才在与东柏林领导人会谈的直接影响范围内得以明
显实施。这是重新衡量内容的依据：对民主德国的财政援助现在不应再
仅仅出于人道主义目的，而且也应与民主德国政治体系可预见的改革联
系起来。这绝不是一种有计划的重新统一方案，更多的是根据当前形势
开展的危机外交。离境潮使分裂中的两德之间的合作关系变得更加复杂，
同时也对政府内部事务的协调配合和国际总体进程的保障提出了全新的
挑战。

与之前章节的主题不同，关于 1989 年这个阶段，已经有许多的科学研
究分析，这些分析从西德的视角、国际的视角以及民主德国的视角出发，
描写了从离境潮到柏林墙倒塌期间的危机过程。[2] 此外，重要的当事人当时
也提出他们对此次事件经过和起因的阐释。[3] 在此背景下，除了要对事件的
历史做必要的梳理之外，首先应该对决定之年中波恩政府的行为特征进行
分析和描述。对这个阶段内幕现有考察中的漏洞以及那些基于政府文件分
析而产生的全新诠释，都值得我们关注。如果将这一动态的变化过程置于
德苏关系中并用国际视角加以审视，接下来要通过这一系列事件对政府行
为的三个阶段进行分析。此后两节中将提出这样的问题：在 1989 决定之
年，科尔总理在德国政策方面实施的具体政府行为是以哪些特殊动机为基
础的？

　　　　－阶段一：职位变化和常规谈判；
　　　　－阶段二：危机管理——大规模离境和使馆逃亡者；
　　　　－阶段三：干预内部事务；
　　　　－科尔的决策行为：内政和党内的影响因素；
　　　　－执政联盟的争执：波兰西部边界问题和"民族形势报告"。

对政府行为的分类首先要考虑的是国际和国内的整体形势。因为这不
仅是发生剧变的重要催化剂，也决定着政府行为的操作空间。民主德国剧
变时所处的国内和国际背景条件非常复杂[4]：人们对社会主义在日常生活中
的实际作用表示不满，经济局面的萧条，对进一步限制旅行自由的抗议以
及德国统一社会党对人权的无视，这些都是发生剧变的重要导火索。如果
没有戈尔巴乔夫在苏联和整个东欧集团主导的社会和政治体制变革，民主

德国不可能得到全面发展，但也正是这种改革导致民主德国在东方阵营中的孤立。

从国际视角来看，有关整个华沙条约组织的基本发展问题，在 1989 年 6 月 12 日至 15 日联邦总理与戈尔巴乔夫于波恩举行的会谈中起到了特殊作用。如果联邦总理将[5]实现"重新统一"寄希望于克里姆林宫，那么他也就必须与戈尔巴乔夫本人就此进行会谈。[6]然而在 1988 年之前，波恩和莫斯科之间关系发展得非常困难。[7]这是由于德国的安全政策立场即联邦总理坚持"北约双重决议"以及部署潘兴导弹所造成的。[8]莫斯科在缔结《中导条约》之后才形成了一种全新的欧洲政策。在这个新欧洲政策框架内，莫斯科自 1987 年起再度执政的科尔/根舍政府之间的对话也具有一定意义。[9]波恩和莫斯科之间的困境不仅是因为议事日程中存在意见分歧，科尔一次未经慎重考虑的表述也严重激怒了对方：联邦总理在 1986 年美国《新闻周刊》一次采访中将戈尔巴乔夫的宣传能力与帝国宣传部长戈培尔的宣传能力相提并论："他（戈尔巴乔夫。作者注）是一个现代的共产党领袖，他对公共关系有一定的理解。而戈培尔，希特勒时期酿成罪行的责任人之一，也是一个公共关系专家。"[10]之后即使联邦政府企图采用政府机构中存在通信故障的说法来加以解释，却也于事无补。[11]苏联政治局因此决定，在一段时间内停止与波恩的往来。但正如谢瓦尔德纳泽对根舍清楚解释的那样，这更多是"表面的步骤"。[12]科尔虽然亲自写了一封道歉信给戈尔巴乔夫，但两人之间的不愉快仍旧存在。因此，后来戈尔巴乔夫在莫斯科首先接待的是波恩的外交部长[13]和联邦总统[14]，甚至还有巴伐利亚州州长施特劳斯[15]，之后才接待了联邦总理[16]。这种会面顺序是通过联邦总统府、外交部和联邦总理府之间的配合行动来统筹规划的。[17]魏茨泽克和科尔在他们的政治生涯中进行协调是具有决定意义的里程碑事件，在当时背景下也是极不寻常的。因为那时两人关系十分紧张，彼此充满猜疑和不信任。[18]按照外交上的常规惯例，本应首先由联邦总理在莫斯科完成他的国事访问，然后联邦总统才跟随他进行访问。尽管联邦政府曾多次尝试进行协调，但都无法实现这种安排，因此，总理府和总统府最后就调整分工达成一致。这虽然颠覆了外交惯例，但是有利于接近戈尔巴乔夫的新政策。在此之前，联邦外交部长夜间从南非给总统府部长布雷西打来电话。根舍在电话里问道："联邦总统已经准备好打破常规，在总理之前去访问莫斯科了吗？"布雷西通报了魏茨泽克，魏茨泽克马上就应允了。作为一个极其了解政府机构的政治人物，根舍十分尊敬联邦总统这一职位。在联邦总统尚未对这件事情给出最后决定的情况下，外交部长不想过早向莫斯科发出信号。另外，联邦总理科尔对这次访问的次序也不会提出任何异议，因为这似乎是唯一能改善他与戈尔巴乔夫关系的机会，而且科尔也想向苏联展示其个人外交特点。迄今为止，根舍在联邦德国的东方政策和缓和政策问题上还明显占有意见上的主导地位。联邦总理发现，由于外交部长的参与，自己在莫斯科的问题上被逼到了被动地位。这对布雷西（总统府）和特尔切克（总理府）之间协调分工的安排也是有一定政治意义的，根舍通过他的事先试探，使角色划分的调整成为可能。在本书所研究的时段内，魏茨泽克和科尔的政治观点在大多情况下是互相冲突的，唯独这次分工协调成了一个例外。但 1989 年访问波兰时，这种颠倒次序的外交访问方式却未能成功。[19]

戈尔巴乔夫回顾科尔 1988 年 10 月 24 日至 27 日在莫斯科的官方访问时说道："当时我们双方都迈出了一大步，由此揭开了德国和苏联关系史上的新篇章。"[20]随后，这个比喻始终贯穿于对双边关系的解释中。就连特尔切克也在他的评价中提及了这个"新篇章"[21]。针对接下来在莫斯科的新闻发布会，他向联邦总理提出并介绍了如下意见：应当强调戈尔巴乔夫说到的不仅仅是德苏关系中新的一页，而是双边关系中的全新篇章。[22]正如特尔切克所报道的，戈尔巴乔夫对晚宴祝酒词在媒体中产生负面反响感到特别吃惊。[23]苏联媒体称双方的合作难以改善，这涉及对德苏合作的普遍评价，此外苏联媒体还对双方关系进行了非难。回顾这次访问，科尔对德国政策上的问题做出了如下尖锐地总结[24]："我们当时也针对德意志问题进行了交谈。[25]戈尔巴乔夫对我在统一事务上的评论答复道：两个德国的现实是第二次世界大战的结果。他虽然能理解德国人民的心情和感受，但是历史不能改写。不过总书记表示，在东西方关系不断发展的整体框架下，他支持联邦德国和民主德国之间加强并改善合作。"[26]

如果我们暂且不考虑已缔结条约中涉及柏林的具体内容[27]——这些内容对德意志内部关系来说是一种进步——这次访问给联邦政府的德国政策带来了什么呢？在德意志问题上，人们当时在实质上"未取得丝毫进展"。[28]特尔切克也记录道："在德意志问题上，没有出现新的立场。"[29]戈尔巴乔夫在科尔到莫斯科之前就为此做好了准备，因为科尔在会谈准备阶段就表示，他希望与戈尔巴乔夫就德意志问题交换意见。在这一点上戈尔巴乔夫给法林分配了一项任务，让他去收集整理科尔相应的表述和可能的答复。[30] 两人第一天单独会谈中，科尔就如预期那样谈到了这个话题。[31] 在为联邦总理举行的欢迎晚宴中，戈尔巴乔夫说道："在过去一段时间里我已多次谈到了所谓'德国问题'。当前的局势是历史发展的结果。试图推翻历史的产物，或者强行实施不切实际的政策是一种盲目甚至是危险的冒险行为。在这里，很适合引用歌德说过的话：'对新的真理来说，没有什么比旧的错误还危险的了'。"[32] 联邦总理科尔在他的讲话中回应说[33]："在治愈欧洲历史创伤并凝聚欧洲人的过程中，必须使德国人和平解决其国家分裂问题成为可能。在签署《莫斯科条约》时，《德国统一信函》便体现了这一点。我们知道，只有得到那些对整个德国负责的大国的支持，才能实现统一的目标。对我们来说，战争和暴力并不是政治手段。尽管如此，我们仍然要面对一个事实：分裂是违背自然的，德国人的凝聚力是历史的、顺应人意的客观事实，即便在政治领域也不能忽略这种事实。我们尊重现有的边界，但是我们希望，所有的德国人能够像其他所有的欧洲人那样，自由选择自己的命运，在共同的自由中和平共处。"[34] 到最后，特尔切克还在莫斯科对此加以补充完善。在德国统一社会党政治局中，克伦茨在宴会上的讲话中提到了"科尔在德意志问题方面的巨大痛苦"[35] 苏联大伯恩达伦科（Bondarenko）向昂纳克汇报戈尔巴乔夫和科尔之间棘手的问题时说道："放弃重新书写历史的尝试"会更好。[36] 如果人们只是把视线投向莫斯科的话，就不会注意到德意志问题上这种戏剧性变化的蛛丝马迹。因为戈尔巴乔夫严格遵守了官方表态口径。世界政治日程表上没有德国法律地位的改变。此外，莫斯科对民主德国的影响似乎没有大到戈尔巴乔夫能暗中确定昂纳克接班人的程度。[37]

尽管德国政策的实施没有取得什么明显成果，但对进一步发展苏联对德政策来说，联邦总理对莫斯科的访问是双边关系发生变化的开端。在访问莫斯科第二天的会面中（1988 年 10 月 25 日），联邦总理热情洋溢地说道，"双方都愿意赋予双边关系一种新的品质。总书记昨天说道'双边关系的坚冰已被打破'，这一描述极其准确也十分重要。"[38] 戈尔巴乔夫回应说："他在心里重温了一遍昨天的会谈并总结说，这是一个伟大的日子。他想明确证实他昨天做出的评价（'双边关系的坚冰已被打破'）……人类已经进入了一个新阶段，在这个阶段中，欧洲的命运和整个世界的命运都要求人们在认清现实形势的前提下寻找解决办法。"[39] 科尔和戈尔巴乔夫之间的关系看来有了初步好转。虽然戈尔巴乔夫回访联邦德国时也取得了有实质性内容成果，但相较这一事实，对后来这些成果的分析都显得黯然无光了。后来，专家们证实了 1989 年 6 月 12 日到 14 日戈尔巴乔夫访问波恩期间，存在人们对其好感上升的浪潮（"戈尔巴乔夫热"）。苏联的总书记不仅赢得了会谈伙伴的好感，也赢得了民众的好感。[40]科尔和戈尔巴乔夫之间的会面成为决定性会面，这次会面对接下来的两德统一进程产生了重要影响。这首先体现在双方共同声明中，共同声明记载了已实现成就的核心政治内容。[41]其中有这样几句话："所有民族和国家都有权自由决定其命运以及在国际法的基础上自主发展相互关系，这种权利必须得到保障。"[42]在 1989 年 6 月 16 日政府声明中，科尔将联邦德国和苏联之间的"共同声明"诠释为一种战略计划："要实现共同声明，要求……整个欧洲的所有民族和国家最终能够拥有自由决定其命运的权利，尊重国际法的原则和标准，尤其是要尊重人民的自决权。"[43]

这个文件在国际上引起了轰动性反响。因为这是苏联首次在政府文件中承认，人类以及人类的尊严和权利应该优先于阶级斗争和对抗。[44]同等重要的是，科尔和戈尔巴乔夫进一步拉近了彼此关系，并且对彼此表现出了信任。[45]科尔遇到的这位谈话伙伴在会谈中同样以亲和的方式来阐述个人观点。为了尽力营造一种友好的会谈氛围，从而更容易达成一致意见，科尔经过考量，也表现出了诚恳和热情，将个人性格应用于政治谈判之中。[46]尤为引人注目的是，对兄弟姐妹及父母家庭轶事的叙述贯穿了第一次波恩会谈。[47]在德国政治环境中，双方也第一次坦率地就民主德国的情况进行了讨论。对此，一段关于第一天会面的较长剪报这样描写道：

> "戈尔巴乔夫总书记继续说，社会主义国家的根本变革将会导致国内关系变得极其紧张。如果有人尝试从外部施加影响，这就必然会导致动荡不安和信任的丧失，而且会危及东西方之间的相互理解沟通。
>
> 联邦总理解释到，他在这一点上与总书记意见一致。这一观点也决定着联邦德国与民主德国的关系。他强调，他对民主德国的动荡不感兴趣。但眼下的情况却是，昂纳克总书记自己助长了民主德国的动荡不安，因为他没有做好准备去推行变革。而且联邦总理在自己国家也遇到了问题，人们一再要求他对民主德国公开施加压力，以便民主

德国能够像苏联、波兰和匈牙利一样推行变革。例如，民主德国禁止印发苏联报纸在联邦德国产生了很坏的影响。很多人都嘲笑此事。联邦总理很清楚，在这方面他正在走钢丝。他在公开表态中秉承克制的态度，但是不能完全忽视其对内政的影响。尽管如此，他还是想再次强调，他并不希望推行会导致民主德国社会动荡的政策。

戈尔巴乔夫总书记解释了如果禁止发行报纸和公开发表文章他们将如何反应。他们坚持认为，每个政党或国家领导人都应该为自己的事务负责并在本国民众面前承担责任。他们不会教训任何人，但也不会去向其他人请教建议。以前经常提到的一个问题是，'勃列日涅夫主义'是否真的存在。从本质上讲，这是西方人自己制造出来的问题。苏联的立场是：在每个国家，更确切地说是在这些国家中存在的具体框架下，各国都要完成变革。所有这些国家的经济和社会水平都是不同的，因此这些国家的改革也会以不同的方式进行。

联邦总理重申了他的观点，表示他将不会做任何可能导致民主德国社会动荡的事情。那将会是一种错误的政策。他的立场非常简单，并且也同样适用于波兰和匈牙利的情况：谁现在想尝试去改变欧洲的平衡状态，谁就会造成发展的倒退。

戈尔巴乔夫总书记对此表示赞同。这对他来说是个非常重要的表态。他也曾希望与联邦总理就这个问题进行会谈，他们需要改革。这种改革政策在多大程度上符合西方的方案，这是西方的事情。因此，他们将会非常镇定地应对西方相关的反应。联邦总理的表态证明了他了解自己对欧洲的责任，这一点至关重要。

联邦总理回应说，发生新运动的可能性是存在的。但现在最重要的，是在立场不同的情况下保持明智和相互理解。因为眼下发生了很多不同寻常的事情。作为欧洲最大的基督教民主主义政党主席，联邦总理在意识形态上与总书记存在很大差异。虽然如此，他还是对总书记的成功很感兴趣。就在上周，他还在纽约外交关系委员会一个非公开活动的发言中提到了这点。这紧接着引起了广泛讨论。这两件事的共同点是，所有人都把他的观点视为唯一合理的政策。他与总书记在德意志问题上并没有达成一致意见，这一点必然是很重要的。"[48]

从与戈尔巴乔夫的三次私人机密会谈中联邦总理得出以下两个重要结论：

－尽管莫斯科避免公开批评民主德国领导人没有做好改革应有的准备，但科尔能从戈尔巴乔夫有所回避的回答中听出来，他是有意跟德国统一社会党政权保持距离。[49]尽管人们反复询问此事，戈尔巴乔夫还是对民主德国的具体事情保持沉默。在宴会席间的讲话中，克里姆林宫一把手还赞扬道："我们的盟国和与我们结交的国家在创造条件促进欧洲的转折性发展，他们在这一过程中所做出的贡献是无可厚非的，其中包括德意志民主共和国的贡献。民主德国所特有的对世界的命运以及进步的特殊责任意识是赫尔辛基进程中一种稳定的、愈来愈重要的因素。"[50]更多的是从戈尔巴乔夫面对提问时躲闪回避的方式中，科尔间接得出了自己的判断：在针对具体事务的公开发言中，戈尔巴乔夫仍然像一个忠于政策方针、具有官僚作风的党政干部，但是在两人私下谈话中，他很明显有保留地表达了对昂纳克的支持。

－科尔感觉到，这段时期对他是有利的。相比于通过反对改革的昂纳克加强德意志内部的联系，如果他能够与戈尔巴乔夫建立信任，他就能在 1989 年的德国政策问题上实现更多收获。

鉴于接下来在总理府花园里进行谈话的私密性，而且由于缺少文字记录作为证据，人们无法科学地考证这次重要外事会面的内容。[51]自从这次会面之后，科尔评价苏联领袖戈尔巴乔夫为一个值得信任的谈话伙伴，并且他相信这位谈话伙伴说的话，这一点对继续分析政府行为很重要。在经历了最初的困难之后，科尔和戈尔巴乔夫从现在起增加了彼此的信任，这对两国关系的进一步发展起到了非常大的促进作用。从 1989 年 10 月起，两人就经常互通电话，探讨有关民主德国的衰退问题，并商讨必要的危机管理办法。这样说来，这次访问的成果是，联邦德国紧密的通信网络向东方扩展了，联邦总理在这一网络中也应用了他的电话外交策略。由于他本来就与西方的伙伴国家处于紧密的联系中，这样，他就能将 1989 年夏天出现的德意志内部关系的进步与伙伴国家的反应协调起来。[52]

因此，可以从联邦政府在德国政策方面的行为出发对这三个阶段进行区别和评价：

阶段一：职位的变化和常规谈判

随着离境潮的出现，民主德国开始走下坡路。但人们还不能预见这会带来怎样的后果。从 1989 年驻东柏林常设代表处毫无保留的报告中，联邦总理府不断得到有关民主德国内部情况的确切消息。通过这些报告以及报告中所包含的私人旅行申请者人数可以推断出，民主德国面对的旅行压力在不断增大。1989 年 1 月只有约 9.5 万份私人旅行申请获得批准，到 5 月时，获得批准的数量已超过 15 万。[53]发生危机的迹象愈加明显，因为尽管到西部旅行的机会得以改善，有离境意愿的人数却并没有减少，反而持续增加。这些报告也证实了民主德国公民普遍对经济条件不满的态度[54]，此外，1989 年春天发生了地方性选举被操控的事件，这之后公民对政治的失望情绪进一步增加。[55]民主德国民众在经济上的需求得不到满足，导致他们对政治的不满情绪高涨。这种不满，首先受到国际政治体系重心发生变化的推动，最终通过公开、和平的大规模抗议活动表现出来。伴随着经济体系崩溃的是人们的自我解放。民主德国政治体系的合法性赤字仍然一直增长，直到大多数人都清楚地认识到，德国统一社会党领导层根本没有为改革做任何准备。[56]这不仅推动了民众背弃民主德国政府的政策，也增强了群众抗议的潜力。

报告一直认为，造成民主德国社会骚动的重要原因是经济困境[57]，但这并不是导致整个体系崩溃的直接诱因，人们因对民主德国经济和政治的不满而对这个体系的认同危机才是促使剧变发生的重要催化剂。[58]这些报告清晰地表明：物质生活条件越差，越来越多的人选择与德国统一社会党政权划清界限。民众对国家经济状况越来越失望，这成了对德国统一社会党统治体系公开进行政治抗议的温床。这一切会产生什么后果呢？关于这一点，这些报告都明智地选择了沉默。民主德国的政治体系看起来在许多方面都经受着挑战，正如总理府从常设代表处一份报告中所推断出来的那样："民主德国领导层仍处于三方压力之下：社会主义联盟国家的改革压力、本国民众（当然也包括党内其他阶层）的急切期望，最后就是西方国家提出的人权要求和变革要求。民主德国领导层却依赖于进攻性的全方位防御策略：一方面，民主德国对那些社会主义联盟国家提出批评，因为到目前为止还是没能看到他们改革努力的成效；另一方面，民主德国宣称自己由于坚持原来路线不动摇，从而保障了其民众的最高生活水平。面对自己的民众，民主德国领导层则摆出所谓的社会优越性，例如失业率低、住房充足以及教育机会有保障等。民主德国将西方的要求理解为干涉国家内部事务而将其驳回，并要求西方国家让他们自己来解决本国社会的弊端。"[59]但民主德国面对的最大挑战是来自于联邦德国的吸引力，正如 1989

年 6 月明显表现出来的那样，从今天的角度来看也的确如此：“与联邦德国的关系状况对民主德国的内部形势来说仍是一项重要指标。联邦德国的吸引力不仅表现在大量的访问申请和有移民愿望的巨大人群数目中，而且也可以从民主德国领导层密集地反对宣传中看出来。”[60]

逃亡浪潮的出现是发生变革的真正预兆，但联邦政府却不这么看待这一现象。1989 年春天，有离境意愿的人数大幅增加，这给两德都施加了更多压力。这时，为减轻人民负担和缓和分裂的影响，仍有必要实行谨慎且切合实际的小步走策略。当时一位批评观察家将此称为“德国式的缓慢爬行”[61]。从一份理智且切合实际的形势评估报告中可以看出，联邦政府的德国政策遵循了其一贯作风：艰难地进行关系正常化、对侵犯人权提出抗议[62]、维持和强调基本立场。这一阶段，在德国政策方面的联邦政府行为就是例行公事，没有展现出任何活力。科尔更多是充满忧虑、而不是充满希望地看待这种形势。在当时，长远的眼光和深谋远虑相对于威胁或警告更为重要。[63]联邦政府内部的协调委员会仍常规性地关注着眼前的事务，例如，关于易北河和韦拉河的边界会谈和环境保护会谈，或者已计划的柏林到汉诺威的铁路项目。[64]朔伊布勒及其后来的接班人塞特斯继续不定期地与沙尔克进行会面。会谈时他们会经常、并且相对坦率地谈论民主德国的财政问题。[65]联邦总理府部长承诺将坚持目前的政治路线，并保持谨慎：“联邦总理府部长声明，我们将不会乘人之危。”[66]在 4 月初和米塔格会谈时，联邦总理还没有理由通过行动表明施加压力。科尔秉持着不激进、实事求是的态度，并以坚定的语气开始了会谈。联邦总理在与德国统一社会党一位干部进行会谈时提出一个新的重点问题，他首次以个人名义对社民党单方面的优先权提出了抗议：“他希望讨论两点，第一点是最近向逃亡者开枪和施行暴力的事件。迄今为止，他在公开场合的表态都是谨慎克制的。但对我们来说，类似事件是完全不能接受的。如果这些事件造成双边关系的恶化，他将表示十分遗憾。他想强调的另一点是，民主德国向我们当中的谁示好当然是民主德国自己的事情，但民主德国的一系列行为引起了批评性反应。他希望民主德国能注意对柏林（西）[67]及对萨尔州的行事方法（冰上歌舞剧在一定程度上是对社民党竞选表示支持）。人们必须对彼此的党派政治做出正确评价，因而首先应等待下一届联邦议院的选举结果。他之前没有公开表态，但是现在他想清楚地表达自己的意见，他不希望出现不愉快的情绪。”[68]联邦议院的选举已经对德－德关系产生了影响。

1989 年 4 月 21 日，新上任的联邦总理府部长鲁道夫·塞特斯也将他对东柏林的就职访问称为"例行公事"[69]。朔伊布勒在他办公室的办公桌上摆放了 15 份档案文件夹。这些文件夹包含所有待解决事项，都是总理府新部长的工作任务。没有一个文件夹带着德国政策的标签。朔伊布勒也顺便提到，沙尔克很快就会给新的总理府部长打电话的。[70]直到 1989 年夏初，德意志内部关系都没有什么特殊的重要意义，以上所述也明显体现了这点。考虑到要维护联邦总理的权力，塞特斯必须首先集中于协调任务和进行危机管理。因为在 1989 年春季，科尔在党内面临着自他接手执政责任后最困难的形势。[71]民间流传着各种政变计划，称科尔应该辞去党主席职务。

塞特斯接管职位后，他并没有将注意力优先放在德意志内部关系网络上。而且对他来说，没有明显的理由让他不延续他前任的路线或是马上确定新的工作重点。在制度上和具体内容上，塞特斯想继续保持原来的路线。作为德国政策的首席管理者，到目前为止，塞特斯还缺少处理德意志内部关系的经验。但是联邦总理在政治上对他的支持程度一如在朔伊布勒时期。此外，在他担任议会党团第一干事长期间，塞特斯对保障科尔权力的联盟党议会党团内部生活有一定了解。如果说朔伊布勒是沉着冷静、采取政治策略行动的管理者类型的代表，塞特斯更多地代表那种处于幕后的管理者类型，这种管理者不引人注目，说话不是挑衅式且更加正式，能够圆滑地处理各项事务。联邦总理任命塞特斯为总理府部长，不是为了让他在德国政策上进行改革创新。科尔想要一位同朔伊布勒一样极其忠诚而又工作高效的组织者和协调者，由他来落实总理非正式的执政风格。在德国政策方面，科尔是通过总理府部长来进行管理统筹。在这点上不应发生任何变化。总理谈到塞特斯时说道："鲁道夫·塞特斯作为联邦总理府部长面临着艰巨任务，但他在最短时间内进入了工作状态。我敬重他，尤其是因为他让人可以完全信赖，因为他拥有可靠敏锐的洞察能力和人性化的言语举止，凭借这些能力他处理解决了很多复杂的情况。"[72]

根据 1989 年春季形势评估报告，德国政策工作组起草了简报并"通报"给塞特斯。其中，1989 年春季德国政策的形势被准确地描述为走钢丝表演，但这种冒险行为变得越来越困难。[73]杜伊斯贝格主张在外交方面保守谨慎："人们对联邦政府的要求明显增多了：要求对民主德国采取一种更强硬的政策，施加更大的压力，尤其是要求联邦政府严格遵守欧洲安全与合作会议的所有义务。事实上，这种路线只会危及迄今实现的成果，而不是促进这些成果的发展。为了取得更多成就，对民主德国我们只能推行务实政策，但前提是民主德国领导层没有感到他们的权力基础受到威胁；就这个方面而言，我们对使民主德国动荡不安并不感兴趣。所以，虽然我们必须对民主德国提出要求，但是不应提出过分的要求；我们必须不断催促他们在人道主义领域取得进步，但是我们所采用的方式要能保持他们对继续合作的兴趣并加以利用。"[74]因此，塞特斯简短地归纳出一句口号：继续坚持原来的稳定路线。联邦政府的德国政策直到被废除为止都应始终坚持其作为对分裂现状修补完善工具的功能，这种分裂在大多数情况下已被人们所接受。那种隐含的可选方案不能向总理府部长推荐，因为那时谁能保证，由于恐惧而持被动态度并拥有权力的统一社会党领导层不会在党内采取更冷酷无情的行为来应对波恩的压力呢？无论是在与沙尔克的会谈中，还是在就职后对昂纳克的访问中，塞特斯都没有去寻找替代方案。

经朔伊布勒介绍，5月11日，塞特斯和沙尔克首次会面。在会面中，他们例行公事地讨论了一些常规话题。[75]4天后，沙尔克通过电话向塞特斯保证，昂纳克将在东柏林与其进行会谈。[76]随后在1989年6月23日德国政策协调会议上，东柏林常设代表处新主任弗兰茨·贝特乐（Franz Bertele）[77]为塞特斯补充了会谈思路。[78]这也是迫切需要，因为德国政策工作组为塞特斯准备的谈话参考证明避免冲突的外交艺术是多么重要："会谈的目标应是巩固迄今所达到的成就，确保当前政策的继续实施，并推动实现更多进步。"[79]这些内容能在任何访问中作为外交辞令使用。塞特斯7月4日在东柏林发表了席间讲话，他的讲话内容没有脱离这种在外交上完全没有约束力的空洞套话。他对当前问题发表了详细意见："今天，我们是欧洲深度变革的见证人。只有通过变革并适应日益变化的环境才能保持社会稳定。新的问题也总是要求有新的解决方式……当然我们也不应忽视，在社会进步的同时，人们的期望也在增长，而且至少是以与社会进步同样快的速度甚至更快的速度增长。如果我们想避免失望、压力及关系倒退，我们必须考虑这个问题。为此双方需要不断加强努力。"[80]这次正式访问及与昂纳克的会谈首先是为了建立私人关系。其目的不在于取得具体成果，而更多的是进行广泛的意见交流。因此会谈记录中包含了塞特斯依次提到的德意志内部关系和安全政策的议题。同时，民主德国的离境潮，或者说直到那时还零星发生有离境意愿的人员逃跑到联邦德国大使馆的事件，只是被委婉地略微提及。所以，参与了与昂纳克会谈的国务秘书贝特乐请求说：“应该给予常设代表处再次就东西方旅行事件进行商谈的机会。虽然对这些状况做出决定是民主德国权利范围的事，但这也涉及到我方成员的利益，他们向常设代表处求助，希望能获得支持。昂纳克总书记对此宣布说，在紧急情况下，这些应是可以实现的。”[81]然而没有任何迹象预示即将到来的戏剧性的德国政治事件。这次访问仍旧是在“德德关系缓慢爬行”的老式背景下进行的。[82]

昂纳克坚持尊重领土完整和独立自主，他借此影射联邦德国重新掀起的奥德－尼斯河边界讨论。他尤其提到了基社盟新主席魏格尔[83]和联邦部长魏姆斯女士在西里西亚人大会上的讲话。[84]塞特斯还是老一套，借用和平条约的保留条款对昂纳克做出回应：“一直以来联邦政府所坚持的法律立场都没有将互相理解的意愿排除在外。但我们仍坚持认为，只要还没有出现最终确定的和平规则，德意志问题就始终没有得到解决。”[85]最后，塞特斯对昂纳克“不再有开火命令”的意见表示了赞同[86]，通过这一说法，民主德国领导层便间接承认了，到那时为止开火命令仍然存在。

阶段二：危机管理——大规模离境和使馆逃亡者

政府行为的第二个阶段开始于塞特斯从东柏林归来之后。鉴于这一阶段中一些有离境意愿的民主德国公民占领了常设代表处以及联邦德国的若干使馆，该阶段被贴上了危机管理的标签。官方将那些在西德代表机构里面聚集的人员称为“使馆逃亡者”。[87]这些进程的加速发展要求通过非正式小圈子以及无数单个谈话的方式进行危机管理，这应该由联邦总理领导或者让其他人来领导。但在这个阶段，联邦总理完全没有压制这种情况的加速发展。整体气氛在希望和忧虑之间来回变化。[88]

逃亡潮包括以下阶段[89]：

－在拆除匈牙利和奥地利边界的边防设施（1989 年 6 月 26 日）之后，民主德国公民就向奥地利逃亡，然后接着进入联邦德国。匈牙利的外交部长霍恩（Horn）在象征性的行动中和他的同事、奥地利外交部长莫克（Mock），在共同边界上一起拆除了一段铁丝网。

－在一百多名有离境意愿的民主德国民众闯入常设代表处之后，1989 年 8 月 8 日，为公众往来设置的东柏林常设代表处不得不关闭。

－出于同样原因，1989 年 8 月 10 日，驻布达佩斯的德国大使馆关闭，驻布拉格的德国大使馆于 1989 年 8 月 22 日关闭。

－1989 年 9 月 10 日午夜后不久，匈牙利就抬起了通往奥地利边界的关卡横杆。[90]

－德意志内部双方进行紧张会谈之后，民主德国决定允许使馆逃亡者们从布拉格（约 5500 人）、华沙（约 800 人）搭载德国铁路公司专列前往联邦德国（1989 年 9 月 30 日到 10 月 1 日）。

－截至 1989 年 9 月底，大约有 2.5 万名移民从民主德国通过匈牙利进入联邦德国。

－根据民主德国新的旅行规定（1989 年 11 月 3 日），民主德国的公民终于可以不办手续，通过捷克斯洛伐克和匈牙利绕过德意志内部边界。到 1989 年 11 月 9 日柏林墙倒塌那天为止，大约有 4 万人选择了这条道路前往联邦德国。

针对这种离境问题及随后发生的民主德国大规模逃亡，科尔政府首先需要克服的是内政挑战，其次才是德国政策的挑战。从 1989 年 8 月 2 日起，联邦内阁每周都对离境问题的实际情况举行一次信息政策性形势评估。[91]直到 1989 年 11 月 9 日，在包括形势评估在内的所有政府档案中，都没有把这种政府行为描述为"为了统一而斗争"[92]。外交是一种出于内政需要的危机管理，在德国政策方面也取得了一定成果，但在当时，没有人把这些成果从重新统一的意义上来加以探讨。鉴于人员大规模外流的紧迫性，波恩的政界表现出深深的忧虑，并呼吁保持克制态度。联邦总理表现得有些犹豫。他解释说："我们不想再增加民主德国领导层的不安。我们对事态的升级不感兴趣。但在东方阵营方面，有些人则期待听到波恩更加尖锐的声音，从而回到冷战时期采用的咄咄逼人的方法。"[93]下面对这种危机管理进行分析。

自 1989 年 7 月 21 日起，联邦总理就住在他位于沃尔夫冈湖旁的圣吉尔根（St. Gilgen）度假住所。[94]考虑到当时的紧张情况，总理府部长塞特斯中断了他的休假。占领使馆事件来得出乎意料，其规模也远远超出以往的事件。正因为如此，联邦总理府与东德领导层想就寻找和平解决方案进行会谈都变得极其困难。直到 8 月 8 日，已有 130 人在东柏林常设代表处寻求避难，这时再也无法保证更多的德国人能居留在符合人的尊严的环境中。处理这类离境事件的民主德国谈判代表一直还是律师福格尔。福格尔8月7日让他的谈判伙伴、国务秘书普里斯尼茨（Priesnitz）[95]（德意志内部关系部）向总理转交了一份重要记录："德通社1989年8月5日发布了一份声明，并造成了一系列影响，我们应当十分严肃地对待这些。声明中清楚表示，只接受由1988年11月30日[96]规定的官方途径做出的保证，而不能由外交机构对这些离境请求做出保证。"[97]

贝特乐和杜伊斯贝格在每次单独谈话中都力图向那些寻求逃亡的人解释这种没有出路的形势："国务秘书贝特乐博士解释说，我们方面将会根据当前情况，为他们在常设代表处里的逗留做最大努力。鉴于当时仍不能预见到解决方法，他呼吁加强集体精神并要求相互体谅。我（杜伊斯贝格。作者注）已经指出，民主德国领导层在这个问题上的立场非常强硬，并表明，按照当前形势，我们不能让他们希望民主德国领导层会准许他们离境。民主德国领导层允诺的只有免于惩罚；根据所有迄今的经验，我们认为，他们会遵守这个承诺。坦率地说，我们也不能给予更多保证。我们不驱赶任何人，但每个人都应该自己好好考虑，在当前情况下是否愿意离开代表处，以免受到惩罚。如果他们离开代表处，也不会被忘记；联邦政府会向民主德国要求尽快先让他们成功离境，把他们放在有离境意愿人员名单的前列。但不论如何必须清楚的是，如果民主德国没做出相关决定，没有人能离开民主德国。"[98]贝特乐和杜伊斯贝格根据实际情况分析了形势。联邦政府寻求人道主义的解决方法时取决于民主德国领导层的政治意愿。

塞特斯在1989年8月8日内阁会议中对前些天关闭负责公众交往的常设代表处做出解释：代表处的容纳能力已达到上限；无法为更多的人提供符合尊严的居留场所；福格尔的通知并不包含进一步保障寻求逃亡者的内容。[99]联邦总理府部长努力争取进行进一步的会谈，并且让杜伊斯贝格在东柏林继续关注形势的发展，因为这个冲突必须得到缓解。在与民主德国外交部副部长尼尔的会谈中，杜伊斯贝格传递了如下信息："我曾解释过，我是在联邦总理的指示下说这些，联邦总理委托我明确说明，他不想以任何形式对民主德国施加压力或把他们逼到墙角。他依然希望能理智地继续发展双边关系。因此，联邦总理也希望能在现有联系中并在双方政府政治层面上寻求解决办法。而且应避免走其他的道路，如纯粹政党政治的道路，因为这会对双边关系产生不利影响。如果民主德国能指派一位对话伙伴，在完全保密的情况下与联邦总理府部长进行必要的会谈，联邦总理认为这将是件好事。"[100] 然而民主德国态度依然保持强硬。

科尔通过信函向昂纳克传达了个人信息，即从沃尔夫冈湖畔直接介入谈判当中。杜伊斯贝格将这封信转交给了尼尔。科尔在信中写道："联邦政府多次表示，联邦德国的目标并不是让尽可能多的人从德意志民主共和国移民到联邦德国。但我们也不会驳回和拒绝向我们请求援助的任何人，也不会使用暴力逼迫其离开我们的代表处。我们的愿望当然是，人们能在他们祖辈世代生活的家乡过着一种对他们来说有价值的生活。但据我们所知，现今不只是个别少数人，而是数量庞大的人群，在现实情况下看不到任何前景，尤其是其中有较多年轻人。只有当德意志民主共和国的领导层勇担责任时，这一现状才能改变。"[101]

科尔明确表示一定要找到解决方法，同时他也首次坦率地将离境动机作为话题进行讨论。昂纳克不得不把科尔这一行为理解为对其内部事务的粗暴干涉，因为迄今为止，波恩在外交上始终较为克制。昂纳克坚持民主德国的独立自主，并重复了他有名的原则：波恩对民主德国的公民没有管辖权。尽管如此，他还是赞成在这件事情上通过秘密渠道举行会谈。[102] 塞特斯先与民主德国外交部第一副部长维尔讷·克罗利克夫斯基进行了谈判。1989 年 8 月 18 日，他们的会谈无果而终。塞特斯采取谨慎的外交策略并指出，民主德国民众占领了联邦德国大使馆，而民主德国领导层这种拒绝寻找出路的做法会对整体关系造成压力。然而塞特斯施加的这种压力太弱了，无法推动民主德国做出让步。他们担心竞相仿效，尤其是波恩无法保证，代表处在确保那些人离境后是否仍对公众交往保持关闭状态。塞特斯的阐述总结如下："我们不会改变我们的立场，这就是说，我们不会驱赶任何不是自愿离开的人。这就意味着，在较长时间内我们都不得不适应当前形势。我们也将坚持下去。但不可避免的是，这会拖累我们的关系，这里并没有威胁的意思，而仅仅是一种确定的判断。"[103]

联邦总理科尔试图与昂纳克通过电话联系，[104] 但是昂纳克不想与他通话，声称是健康方面原因。民主德国希望在东柏林进行一次高层会面，但是塞特斯在与贝特乐协商后，劝阻了科尔对东柏林的访问，因为他们觉得会谈成功的希望十分渺茫。[105] 1989 年 8 月 22 日，科尔公开宣布说，如果这次会面能减轻民主德国民众的负担，他已做好准备与昂纳克会面。[106] 与此同时，一场新的危机即将到来。联邦德国在布拉格、布达佩斯和华沙的大使馆里同样也挤满了来自民主德国的逃亡者。也正因如此，在解决占领东柏林常设代表处的问题上，民主德国想保持绝不妥协的态度。力争找到的解决方法必须对其他使馆也有示范作用。在常设代表处那些想离境的人员给联邦总理写了一封信作为紧急呼吁。他们说明了他们的行为动机，并表达了他们对民主德国政治体系深深的失望："因此，我们所有人都坚定不移地决定，直到出现一种我们都能接受的解决方案，否则我们将一直留在常设代表处。如果没有合适的解决方法，我们永远都不愿踏上回到民主德国的道路。如果我们选择回到民主德国，那对于我们和我们的孩子来说就没有未来可言了。成年公民应有的符合人类尊严的生活对我们所有人来说是不可能的。按照以往经验，民主德国的政府部门很少会遵守他们的承诺。"[107]逃亡运动的起因归根结底在于民主德国。波恩绝不打算通过关闭在布拉格、华沙和布达佩斯的使馆而将柏林墙向东方延伸。[108]

直到 1989 年 8 月 31 日，民主德国才终于向逃亡者们做出保证，称他们在离开德国代表处之后可以通过法律援助提交一份离境申请。民主德国外交部司长辛德勒在 8 月 23 日与贝特乐会谈中详细解释了这点。[109]贝特乐向总理府表示了他的意见，他认为应当接受这种建议，因为很明显代表处还是应对每位访客免费开放。辛德勒说："重要的是，要向民众清楚地表明，通过外交使团离境的做法是不会成功的，这样，人们就不会继续采用这种方式了。民主德国希望在现在选择的辛德勒和贝特乐层面来讨论更多的问题。"[110]但这个建议并不能使大多数有离境意愿的人信服。这对民主德国来说不是有效的辩护策略，逃亡者不断涌入联邦德国驻东方阵营国家的使馆也证明了这一点。

联邦总理科尔在 8 月 24 日的内阁会议中主张在外交上继续保持克制，因为他担心在东欧范围，所有德国大使馆都会产生吸引效应。他表示，在这种背景下，不允许采取会造成动荡不安的政策。[111]但当时，德国政策的首要任务仍是保障所有德国人避难和获得支持的权利，这一点不可动摇，而且不受当时任何情况的影响。[112]将近 4 周后，内阁会议取得了一致意见，即应坚持现有路线：不鼓励任何人逃亡。[113]根舍提到了引发当前逃往联邦德国运动的巨大情感浪潮，这也影响了全世界对德国的看法。但必须明确的是，欧洲一体化和民族利益之间并不矛盾。[114]尽管面对着眼下的形势，波恩还是应该继续保持其作为欧洲一体化框架内推动力量的角色。科尔和根舍已经获悉但还不能公开的信息是：匈牙利已经做好了准备，到 1989 年 9 月中旬就开放边境。匈牙利政府希望从那时起不再违背任何民主德国公民的个人意愿，从而将其从匈牙利遣返民主德国。在波恩居姆尼希宫的一次秘密会面中，匈牙利部长会议主席内梅特（Németh）及其外交部长霍恩在与科尔和根舍的会谈中保证了这一点，[115]但准确时间还未完全定下来。此外，科尔对匈牙利总理能否在华沙条约组织中贯彻执行这一计划表示怀疑。因为该组织的成员有义务移交逃亡者。[116]而在与戈尔巴乔夫进行电话通话之后，科尔平静了下来，因为莫斯科站在了匈牙利这一边。[117]

在这期间，布拉格的德国大使馆必须进行新的危机管理了。到 1989 年 9 月底，停留在大使馆中有离境意愿的人员增加到数千人。由此，占领大使馆事件在国际上也产生了持久影响。反过来，民主德国想避免更多的声誉损失，因为民主德国计划的 40 周年国庆迫在眉睫。对此，戈尔巴乔夫宣布也将参加。一场国家危机、同时也是国际危机开始上演了。[118]接下来的内容只是描述了谈判的几个要点及关键会谈的一些文字片段：9 月 29 日，民主德国常设代表处负责人诺伊格鲍尔向塞特斯通报，希望与塞特斯紧急会谈。[119]诺伊格鲍尔请求在次日早上进行会谈。塞特斯在与科尔磋商之后，两人决定让根舍也参加会谈。[120]几天前在纽约联合国会议期间，联邦德国外交部长根舍已经与其波兰和捷克斯洛伐克的同事以及民主德国外交部长菲舍尔进行了会谈。[121]在总理府会面时，诺伊格鲍尔保证说，布拉格的使馆逃亡者可以经民主德国领土进入联邦德国。考虑到这种归国之行的路线，塞特斯和根舍在与科尔进行协商之后，决定亲自飞往布拉格，目的是消除人们对民主德国政府机关的不信任。联邦政府的官员应作为陪同人员一起前往。

1989 年 9 月 30 日下午，根舍和塞特斯飞抵布拉格。根据在会谈中与诺伊格鲍尔的约定，直到他们到达，都应保持最高级别的保密状态。由于健康问题，科尔未能亲自飞往布拉格。[122]根舍利用这个机会，置身于世界政治的舞台上。在使馆的阳台上，他宣布了关于离境谈判取得成功的消息，这一消息也改写了电视收视率的新纪录。尽管已约定要做好保密工作[123]，但根舍在飞行途中已经向新闻通讯社透露消息，说他正在前往布拉格。根舍和塞特斯对谈判取得突破性进展做出的贡献是相同的，但只有外交部长收获了成功的桂冠。[124]

根舍写道："我很赞赏他（塞特斯的。作者注）与我同行的做法，因为在这种情况下，我也会向外界展现政府和联合执政同盟的同心协力。"[125]

在迪克曼（Diekmann）和罗伊特（Reuth）的记录中写道："根舍本来不想把塞特斯带到布拉格去，但这让科尔生气了。"[126]人们只是间接地从联邦总理那获悉了他对根舍的批评。科尔也从中吸取了教训，因为未来，科尔将与根舍共同开展危机管理。后来，为了防止外交部长再次抢风头，科尔没有向他透露"十点计划"。

第二天早上，总共六趟专列中的第一趟从布拉格出发开往霍夫（Hof）。民主德国在政治上投降了。面对离境压力，他们不得不做出越来越多的让步，首先是保证免除惩罚和提供法律咨询，然后是承诺短期内离境，最后是同意不需要民主德国盖章就可立即离境。民众将每个让步都看作是最后的逃脱机会，因为政治形势，尤其是莫斯科方面将采取的行动将如何发展，仍不明朗。1989 年 10 月 3 日，在向基民盟/基社盟联邦议会党团中所做的报告中，塞特斯诠释说："如果准确地观察，就会发现民主德国从根本上是要继续保持自己在此次行动中的主人身份，这就是其行动计划的意义，他们不想采取匈牙利式的解决办法[127]，根本上他们要由自己批准经由民主德国的领土离境。但因为那几趟列车后来延误了，那些列车不是全部在夜间，有时候是在早上行驶，因此，住宅区的人们并没有在铁路边看到民主德国的'叛徒'，而是看到那些向他们在挥手致意的人们。"[128]但是，当使馆在一天之后再次挤满人群的时候，民主德国驻波恩常设代表再次要求与塞特斯约谈。[129]他抗议联邦政府没有遵守事先的约定。说得更明白些便是：波恩应该禁止各使馆的对外开放。显然，民主德国从联邦德国驻东柏林常设代表处的事件中得出了错误的结论，认为当想离境者自愿离开后，代表处出于技术原因（维修和改建）暂时关闭。但塞特斯明确表示，驻其他国家的使馆在任何情况下都不会关闭。他提出一个问题："如果布拉格使馆前再次出现大规模人群聚集并且该消息传遍全世界，这对谁有好处呢？民主德国也不希望发生这种事吧。"[130]诺伊格鲍尔指出，"周末这次行动是唯一一次人道主义行动，这是不可能再次发生的。"[131]

在 1989 年 10 月 6 日德国政策工作组组长的评语中，详细记录了 1989 年 10 月 3 日、4 日和 5 日的会谈和碰面次序。[132]它表明联邦总理、总理府部长和外交部以及他们各自的工作人员是如何努力为解决问题寻找新方案的。该解决方案应该采取第一次从布拉格离境事件那样的模式。但从联邦总理在与捷克斯洛伐克总理一次通话中获悉的情况表明，事态变得越发紧张："17 点刚过（1989 年 10 月 3 日），联邦总理便与捷克斯洛伐克总理阿达麦茨（Adamec）通话，阿达麦茨解释说，当天的 16 点有 6000 名民主德国公民在联邦德国大使馆中停留，另外 2000 人在周围地区。此外，有 3000 到 4000 名民主德国公民正在前往布拉格的路上。这些公民加起来总共有 10000 到 11000 人。经与民主德国协商，从 10 月 3 日 17 点或从半夜起到 10 月 4 日，民主德国公民可经由民主德国进入到联邦德国境内。"[133] 同时，在 1989 年 10 月 3 日，民主德国和捷克斯洛伐克之间的边界也应被封锁。最终，列车再度带着使馆逃亡者开出布拉格。一天后，列车也从华沙开出，经民主德国领土进入联邦德国。

这次大规模逃亡对推动民主德国剧变也起了作用。这种由逃亡和抗议产生的连锁反应似乎已势不可挡。紧接着是在东柏林、莱比锡和德累斯顿爆发的大规模游行示威运动。[134] 联邦总理府从苏联得到的报告表明，莫斯科一直密切关注离境潮问题，并对此进行了官方谴责，但没有干预。此时，苏联方面对民主德国的支持十分无力。[135]

在波恩，处处都是努力克服危机的迹象。那些有离境意愿的人员应当优先得到帮助。但是针对德国统一社会党领导层，人们还是明显克制了批评和提更多要求的冲动。德国政策的转折时刻，即采取实施重新统一政策的时刻，还远未到来。柏林墙的倒塌在当时显得完全不现实。在这个时期的危机管理中，塞特斯也向社民党主席团通报了有关消息，正如他于 10 月 4 日在内阁中向所有同事所通报的情况那样。在塞特斯作了关于使馆形势的详细报告后，科尔也呼吁不要进一步激化民主德国本来就已极其紧张的局势，而应尽可能去扶持在民主德国存在的具有稳定作用的因素。[136] 所以在未来几天也应该与社民党协商一致，不再就这个话题举行联邦议院辩论。就此，塞特斯的报告称，社民党对在当前形势下采取克制态度表示理解。内阁其他成员则要求获得更多信息。财政部长问道，迄今为止，民主德国仍未发生民主运动，联邦德国对此应采取哪些措施来为这些民主运动提供有限的道义保护呢，正如联邦德国多年来为来自苏联的异见者所做的那样。因此除了克服危机，联邦总理和外交部长在内部首次想共同实施促使民主德国反对派形成的政策性措施。紧接着，根舍发言并呼吁做一切能保证局势稳定的事情。这绝不包括联邦政府在此时对民主德国内部事务进行干预。保持平静、观望等待、表达忧虑、谨慎地行动，这就是此时的行动准则。[137]

阶段三：对内部事务的干预

匈牙利边界于 9 月 11 日开放后发生的大规模逃亡和民主德国的大规模抗议成为柏林墙倒塌的序曲。对民主德国而言，政治改革的话题成为对国家存在的威胁。国家危机在 40 周年国庆时被激化了。但只有少数人预感到，他们会丧失权力并且会导致国家的覆灭。[138]政府因周年庆典而动员公众反倒使抗议活动升级。欢庆变成了公开誓师：大街上的人民呼喊着"戈比（戈尔巴乔夫的昵称。译者注），帮帮我们"，来反对自己国家的领导人。[139]

但是直到 11 月初，对联邦总理而言，德国政策才真正出现观念上的转变：科尔从谨慎的催促民主德国进行明确的政治改革，变成公开要求其民主化；外交上的克制过后是对政治改革的催促，联邦德国愿意为此向民主德国支付外汇以稳定经济。引起这种质变的原因与民主德国内部关系的突然激化密不可分。[140]

在 10 月 17 日还几乎没有这种质变的迹象。这一天，联邦总理在联邦议院联盟党党团作他的形势报告。科尔警告说不要高兴过头。根据来自民主德国的所有信息——尤其是来自教会界的信息——他无法得到结论；我们至今完全不清楚应该去支持谁；在所有的改革力量中也有德国统一社会党的干部，民众还不能信任他们。[141]然后，联邦总理归纳出"三条同等重要的原则"，这些原则应当用来确定接下来的发展道路："以下原则的重要性不分先后，我们的第一条原则是：如果民主德国领导层开始实施改革，并且是在所有领域改革，那么我们乐于提供支持。我特别明确地对你们讲，我很反感这么说：'如果你们做这个和这个，我们就给你们这个和这个。'因为这样会被完全误解。政治改革必须由民主德国决定。在这里，我们没有能力去做出规定或者建议。第二条是，我们随后会尝试在所有领域给民主德国提供帮助……如果民主德国已经准备好做出必要的改革，包括政治自由、政治改革，当然也包括经济领域的发展。……第三点：……我确信，如果我们不能在西方找到促使欧洲联合的力量，现在在中欧、东南欧和东欧发生的事情就不会发生。谁认为这两者是矛盾的，谁就搞错了。谁现在中断欧洲联合的进程，谁就会给整个改革大业带来严重损失。"[142]

面对民主德国发生的事情，科尔仍然是一位观望者。他还迟迟没有发出自己进一步的倡议。当时的形势是难以估量的。[143]原则性地改变他原有的政策需要得到国际上的支持保障，科尔想通过与华盛顿方面通话作为后援来获得这一保障。[144]在任何情况下，为民主德国提供更多财政援助都要与明显的政治改革步骤相挂钩。但是首席谈判代表塞特斯尚未开始对民主德国的内部事务逐渐施加影响。几周以来的双边谈判都只是围绕使馆逃亡者的问题。10 月 17 日晚，政治局一致投票表决，宣布撤销昂纳克德国统一社会党中央委员会总书记的职务。[145]他的继任者是克伦茨，克伦茨除了任总书记一职外，还被人民议院于 1989 年 10 月 24 日选举为国务委员会主席和国防委员会主席。克伦茨在他任职总书记的第一篇演讲中提到了他希望开启"转折"，以便重新获得"政治上和经济上的主动权"。[146]

联邦总理带着一丝希望接受了克伦茨当选的事实。可以感觉到所有的政治参与者在一定程度上都松了一口气。[147]这种感觉更多是来自对变革的期待而不是来自当前形势。科尔收到的对克伦茨演讲的评估报告中写道："这是一篇毫不妥协、强硬并保守的讲话，尤其是它毫不妥协地强调了德国统一社会党的权力和领导要求，绝不向诸如'新论坛'那样的反对派力量开放。总体上的政治路线得以保留，只需要做出些改善……在激烈地攻击联邦德国的同时，又为扩大合作大力宣传，很明显主要是出于对自身经济形势的担忧。…… 总体上看来，对那些寄希望于在民主德国实行政治、经济和社会体制根本改革的人来说，这篇讲话必然是非常令人失望的。"[148]科尔和塞特斯在观望。他们想试验一下，在宣布实施转折之后，是否会有相应的行动。在与美国大使的会谈中，塞特斯对在民主化方面施加影响首次更加积极地表态："……联邦政府将会支持一切在民主德国的改革进展。但是没有人能够预言，这种发展能否一直保持稳定。现在也还不能判断，新的领导层将具体遵循何种政策。克伦茨在 10 月 18 日的讲话更多地带有保守性；但是必须继续观察，看实际上会有什么行动。…… 现在，除了宣布我们'乐于积极地响应实质性的改革步骤，并提供支持'之外，我们也无法做更多的事情。"[149]

鉴于目前出现的无法预估的新形势，联邦总理主张让塞特斯与自 1989 年 4 月 21 日起成为联邦内政部长的朔伊布勒一起同沙尔克会谈。10 月 24 日克伦茨派沙尔克前去试探性会谈。沙尔克具体阐明了民主德国经济形势的紧迫性，所以又进一步要求为联邦铁路支付更多的费用，不是目前的

1.6 亿马克，而是 5 亿马克。[150]在这之前，波恩的民主德国代表处就已告知联邦德国政府，只有当波恩提供大约为 200 亿马克的资金时，才会贯彻执行那项已宣布的新旅行规定。[151]但是，在波恩和柏林都无法看出完全背离现今路线的行为。塞特斯在波恩的四方会议上，安抚那几位大使说："现在的首要问题是为所有德国人争取自由和自决的权利，没有人会对此提出任何异议。我们当然也希望民主德国在实现更多的自由方面每前进一步，便意味着解决德国分裂问题向前进了一步。现在不是准备计划的时候，而是必须观察并小心谨慎地推进进程和发展。"[152]

最终科尔在塞特斯和阿克曼在场的情况下，于 1989 年 10 月 26 日与克伦茨通了电话。[153]双方约定好如果形势必要就通过电话互通信息。此外，特殊的通信渠道应继续保持畅通。科尔首次向克伦茨全力保证，迄今为止的政策会保持连续性，联邦政府没有兴趣使民主德国动荡不安："民主德国不能平静、理智的发展，是不符合我们的利益的。"[154]联邦总理提出如下的具体要求："旅行自由的新规则；[155]对那些在游行示威中被逮捕的民主德国公民，以及那些因为试图向联邦德国逃亡并非法越境而被判刑的人实行特赦；愿意为所谓使馆逃亡者寻求积极的解决方法。"[156]

科尔毫不妥协地坚持德国政策的基本立场："在我们的关系中，有一系列基本问题，出于原则性的原因我们不能取得一致，并且也将永远不会达成一致。"[157]作为合作基础，联邦总理建议不要将原则方面的差异作为讨论话题，而是首先进行那些现实的、有助于达成合作的协作。在会谈后不久，科尔就与戈尔巴乔夫通了电话，从他的话语中可以推断出，克伦茨在莫斯科得不到任何支持。[158]

克伦茨不是改革者。尽管如此，他还是批准了 11 月 4 日在柏林亚历山大广场举行的大规模游行。这成为突破旧政权的顶点和标志性事件。集会讲话的中心是改革体制和扩大政治自决。联邦总理科尔最终也以此为契机，为德国政策赋予了新内涵。而这些在塞特斯、朔伊布勒和沙尔克 1989 年 11 月 6 日于波恩举行的会谈中也得到了证明。鉴于摇摇欲坠、濒临破产的民主德国经济状况，[159]沙尔克向联邦德国索取数十亿款项。[160]同时，他也表示准备好为此付出人道主义之外的代价，即政治上的代价。他以此暗示实质性的政治改革，以及自由选举的可能性。但是塞特斯和朔伊布勒在做出承诺方面却持保守态度。塞特斯暗示，只有旅行外汇基金大约为 40 亿马克时，才需要做出规定。作为条件，塞特斯提出取消强制兑换货币的要求。沙尔克承认，他在等待联邦总理的信息。这一信息将出现在"民族形势报告"中，按照议程，联邦议院将于 1989 年 11 月 8 日[161]作此报告。

在与沙尔克进行会谈的同时，国务秘书们于 1989 年 11 月 6 日在扩大后的三方小组中会谈，而塞特斯未能参加。有关这次会面的记录提供了对柏林墙开放三天前联邦政府政治策略的情况分析，其中显示了其一贯的怀疑态度。不过，三方小组还未了解沙尔克暗示过的信息：政治改革领域的让步与波恩的财政援助相挂钩。在这一天，三方小组里任何人都未激进地要求在民主化改革的道路上采取具体步骤。参会者们在如下形势分析上取得了一致意见：

"由民主德国转达的建议和意愿显示新的领导层：

　　－努力寻求对经济的根本性整顿，也有可能带动经济体制的广泛改革；

　　－但原则上希望避免政治结构的改革，尤其是还未就限制德国统一社会党的权力垄断以及还未在多元化方面的让步做好准备。

他们期待从我们这里获得大规模的财政支持和技术支援，以努力实现他们的整顿改造，同时让我们放弃试图令他们改革政治制度的想法。从客观上讲，民主德国至少在短期和一定时间范围内无法从我们之外的其他人那里获取所需要的经济帮助。实际上，其他可能的选择是一种紧缩政策，但紧缩政策：

　　－一方面会增加民主德国体制变革的内部压力；

　　－另一方面，也会显著提高民主德国因采取镇压性措施导致的突变风险。

无论是出于民族方面原因，还是出于对东西方关系建设性发展的考虑，我们对后者都没有兴趣。此外，还应注意到，经济改革——即使严格地将改革局限于经济领域——也会有其自身的动力，并且在客观作用下促成政治体制的变革。我们希望取得革命性发展，因为这不但会改善民主德国的生活状况，长期而言，还会给它带来更多的自由。因此，我们不应该驳回民主德国的合作愿望。但是这种合作不应定位于为体制和政权的稳定服务，更多的是继续保持对其施加改革压力。因此，联邦德国提供援助的标准在于，首先为普通民众带来利益，其次是在必要时为政权的利益服务。联邦德国的支援将应用于基础设施以及环境保护领域。即便德国没有处于分裂状态，我们也还是会执行这些措施。我们的政策活动范围除了受到财政负荷的限制，也受限于政治层面的接受度。因此，我们的支援必须与民主德国的回报相对应。只有当民主德国开始明显地走向政治改革道路时，我们才（可能）乐于提供更多财政支持。在民主德国的当前发展和短期内很难预见的发展中，无论如何应当采取小心谨慎和克制保守的态度。"[162]

11月6日晚，科尔、塞特斯和朔伊布勒最终在总理的小别墅中决定接受沙尔克的提议，放弃迄今为止保守谨慎的态度。针对科尔总理已呈交并计划于11月8日在联邦议院中发表的"处于分裂状态德国的民族形势报告"，他们当晚写了如下内容："我宣布，如果德国统一社会党的新领导层已经对改革做好了充分的准备，我会支持他们走上变革之路。粉饰性的修修补补是不够的。我们不想维持一种不能再持续下去的状态。但如果民主德国对政治方面的根本改革做出有约束力的规定，我们愿意提供广泛的援助。"[163]为了强调该提议的严肃性，他们采用了"广泛的"、"根本的"和"有约束力的"等关键词。[164]这份报告的新内容在于，实施重大改革可以获得更多援助。这一点，塞特斯在向联邦议院提交该报告之前，就通过电话向沙尔克告知了此事。

在操作层面上，科尔却不想先做出任何改变。他警告对重新统一的过早期待；他将政治体制的改革，而不是将国家统一，作为提供财政支援的前提。无论如何，他具体阐述了新的出发点，并于11月7日在联邦议会党团将其出发点归类为迄今为止德国政策所要求的连续性中："我们的目标过去一直都是，而且现在必须是：多元化，这最终就意味着自由选举。"[165]同时，他警告"现在就应不断要求制定出如下的德国计划：如何才能实现重新统一？"[166]他再度批评了那份德国统一社会党和社民党的文件，按照他的评估，在当今情况下，很多社民党成员就都想与这份文件撇清关系。科尔对不加思考的过激行动提出警告："我们有一条清晰的路线，而且我们也要继续坚持这条路线。但在当前，仔细关注民主德国的形势并继续保持彼此的联络，才是重要的。"[167]

一天之后，柏林墙就开放了。[168]君特·沙博夫斯基（Günter Schabowski）对旅行法和德国统一社会党中央委员会会议的媒体声明被数以千计的人解读为当天晚上边界的开放。[169]他们做出了正确的判断。民主德国边界上的士兵在平复了最初的恼怒情绪之后，就让所有争先恐后的民主德国公民们毫无阻碍地通过边界进入西柏林。柏林墙的开放对波恩的参与者们来说是多么不可思议和出乎意料的，这可以从驻东柏林常设代表处 11 月 8 日的一份记录中看出。其中，代表处答应柏林墙在完成改建措施之后，将在 11 月 9 日重新开放，并且还会考虑如何处理预计出现的新逃亡情况。[170]对于柏林墙的开放，联邦总理科尔评论道："这一切让我完全无语。我们所有人都预想到，11 月 8 日我在联邦议院发出信号之后，旅行自由方面很快会发生一些决定性事件，但是事情发生得如此迅速，并且产生了如此巨大的影响，这让人很难理解。"[171]

科尔的决断行为：内政和党内影响因素

1989 年整体进程的迅速发展，既不能事先预见到，也不是波恩可以操纵的。民主德国公民们自己擢升为剧变的参与者。在当前形势突然被激化的情况下，比以往更多、更紧迫地需要科尔的个人决断。但是，联邦德国对此施加影响并确定方向的过程最初却进行得极其缓慢，正如事实所呈现出来的那样。科尔避免一切可能加快无法估量的变革进程的因素。当他终于宣告将对民主德国的政策采取实质性改变时，则是基于他已经在党内重新赢得强力支持。鉴于在联盟党内部就波兰西部边界敏感的冲突局势，科尔只有在党内支持的相对稳固的基础上，才从 11 月 9 日起开启了对民主波兰的第一次访问旅行。但是联邦总理 1989 年 11 月已展现的领导权力[172]却掩盖了这样的事实：1989 年，科尔必须首先在数月之后夺回权力政治的领地，才能得到新的回旋余地。总理在个人权力及党内支持极度不稳的情况下，经历了离境潮和民主德国突变的高潮。幕后策划者们试图联手将科尔从党主席的位置上撵走。

科尔受到了双重意义上的挑战：在德国政策上，他受到民主德国发生的事件的挑战；在政党政治上，人们严厉批评他作为党主席路线不鲜明。那时，对科尔总理职位的权力质疑达到史无前例的尖锐程度。这方面情况，在呈交的关于 1989 决断之年的分析中，大多数都被完全低估了。科尔的统治既没有获得持续的保障，其统治地位也没有因主席身份而提高。他

所受到的挑战有多层背景：[173]

- 在选举之战中，社民党势力逐渐上升，与此同时，联邦政府却不得不与巨大的困难做斗争。[174]在民意调查中，科尔的受欢迎程度到达了自 1982 年履职以来的低谷。[175]在柏林选举（1989 年 1 月 29 日）、黑森州地方选举（1989 年 3 月 12 日），以及欧洲议会选举（1989 年 6 月 18 日）中，基民盟都以惨败告终。在柏林市政府中，首次有极右翼共和党加入。由于失业和住宅不足等负担加重，以及由于申请避难者和流亡者以及移民涌入而日益增长的排外情绪，共和党的势力进一步增强。

- 共和党表面上站稳脚跟，让人意识到政党体制开始一轮根本性变革。自民党似乎正在丧失传统上的多数派创造者的角色。为了不被卷入每况愈下的旋涡中，自民党在科尔总理面前必须更加清晰地表现自己的独特风格。同样，基社盟在选举再度失利后，对基民盟，尤其是对干事长盖斯勒采取批判性的态度。[176]

- 内政上，无论是在预算整顿、提高未成年子女补贴费问题上提出的妥协方案，抑或是在社会福利政策上采取的措施，科尔都既无法说服本党，也无法让联邦议会党团以及自民党信服。1989 年 3 月 27 日《明镜周刊》评论认为："总理伤了元气，联合执政伙伴潜伏着并随时待命，联盟党的团结受到最大的威胁。这简直是有史以来最糟糕的局面了。"[177]随着选举失利，科尔丧失了其党内主心骨的地位。

-1989 年 4 月，科尔觉得有必要展开一次减负行动（"小规模的解围"[178]）。他重组了联邦政府。[179]科尔通过人员调整，缓解了自由党和基社盟之间因内政部长齐默尔曼而引发的长期冲突，让朔伊布勒接管联邦内政部长一职。科尔评论说："他同时是我最亲密和最宝贵的私人顾问之一。"[180]由此，科尔加强了与基社盟的联系。内阁重组的关键，在于魏格尔同意接管财政部。顽固，同时也不好相处的施托滕贝格被调到了波恩的哈德霍厄（Hardthöhe），接管了国防部。[181]科尔不能将他完全解职。他尝试留住在联盟党中拥有一批不容低估的追随者的施托滕贝格，因为他不想在党内再引起任何其他冲突了。

- 然而，科尔必须集中注意力击败所谓政变企图。盖斯勒、施佩特和阿尔布雷西特不想让科尔在 1989 年不来梅党代表大会上再度参选党主席。[182]巴登－符腾堡州州长洛塔尔·施佩特应成为候选人。在欧洲议会选举中可能出现明显失败后，现任总理就应该准备下台。[183]

－盖斯勒与科尔关系破裂，并非始于他这次政变企图。联邦总理早在 1988 年 11 月 7 日就通过信件通知他的干事长，鉴于在基本政治问题方面缺乏一致性，他将不会在不来梅党代表大会上推荐盖斯勒担任干事长。但前提条件是，两人之间的关系和工作基础不会发生根本变化。[184]

就这样，1989 年夏，科尔几乎处于毫无希望的境地，达到他政治生涯的低谷。自 1989 年春天起，他就开始认真考虑结束他的总理职务。[185]直到科尔在沃尔夫冈湖夏季休假前（1989 年 7 月 21 日到 8 月 18 日），科尔只是防御性地巧妙应对政党政治的问题。在休假期间，他通过密切的电话外交为做出重要决定而做准备，从而加强了权力地位。在外人看来，他又是消极地等待问题自行解决，正如人们普遍指责的那样。[186]实际上，他的行动虽然极为小心，但完全不是拖泥带水动作缓慢。通过他精心打造的人事预警系统，科尔获悉了其党内各派不断变化的新形势。正如他了解盖斯勒的每一步行动那样，他也知道根舍各个背景会谈的结果。有些波恩的记者乐意展现出自己的两面忠诚，以便时而为科尔，时而为根舍所用。整个通信联络体系源源不断地提供信息，并需要随机应变，而不是"消极等待问题自行解决"。对科尔而言，直到 1989 年在沃尔夫冈湖举办的试探性会谈的结果最终确定，政党政治的阻力似乎可以估计，在征求了重要密友的意见，并且对达成妥协的可能性做出评估之后，他才敢于走出隐蔽的状态，并带着他的独自决断转为进攻。这些决定不仅涉及对政党政治的考虑，也涉及对德国政策的考虑，而这些在迄今对这个时间段进行的所有研究中都没有被考虑进去：

－他询问福尔克尔·鲁厄，问他是否准备在不来梅党代表大会（1989 年 9 月 11 日到 13 日）上担任下一任干事长。科尔知道，鲁厄个人不会引起政党政治的路线变化，也不可能在公众中留下这种印象。当鲁厄允诺他愿意担任干事长职务时，科尔就独自定好了计划：他想在休假结束三天后将这一决定告知盖斯勒。主席团应当在 9 月 28 日例行会议上才能获悉这一决定。他不想让任何人参加与此相关的协商，尤其是下萨克森州州长恩斯特·阿尔布雷西特。阿尔布雷西特从圣吉尔根休假归来，顺便来到沃尔夫冈湖拜访科尔。二人谈到了许多过去发生的政治和私人事件，关于未来干事长的问题只是最后才被谈到。虽然科尔感觉到，阿尔布雷西特正是为了这个问题才来到沃尔夫冈湖的，但是阿尔布雷西特直到走下台阶时，才询问科尔，是否还会继续保留盖斯勒。科尔没有向阿尔布雷西特给出明确答复。

——在休假期间，匈牙利总理内梅特也打来电话。[187]他告知科尔称，他将不会违背任何德国人的意愿将其遣返回民主德国。他已经宣布说，他将竭尽全力在9月中旬实现边界的完全开放。科尔也没有公开这一消息。至于到9月中旬，是否能够毫无阻碍地落实这一基本决定，总理当时对此仍持怀疑态度。

政党政治和德国政策这两条决策路线让科尔做出决定：把即将到来的联邦议院竞选用于确定德国议题的走向。[188]他从这两种路线的混合中发现了继续掌权的机会。这必须是一个既能在党派间取得一致意见，又具有未来导向性的议题。只有这样才能解释科尔休假归来后以一种进攻性的态势投入到德国议题中的原因。[189]此时，选举的局势变得更加不乐观了。科尔能够借助德国议题赢得更多选票么？因为在1989年夏天，西德的舆论形势发生了变化：民众从对民主德国移民以及来自东欧的德国裔移民[190]的热烈同情逐渐转为持批判性态度。[191]联邦政府虽然还是坚定不移地为乐于接纳更多民主德国移民造势，但共和党的抗议运动却引起了社会的恐惧。[192]休假过后的科尔成了竞选斗士，他不仅在自己党团内登场亮相[193]，而且高调参加德国联邦议院1989年9月5日的预算辩论。在这次柏林墙开放前不久的辩论中，各大党派针对德国政策的不同立场再次产生了激烈碰撞。[194]

联邦总理科尔强调了他的立场——联邦共和国对逃亡者事件有道义上的责任。[195]科尔和联盟党党团多位演讲者指责社民党人说，他们在与东柏林当权者打交道的过程中，低估了民主德国民众追求自由的意愿。这些错误的感知使他们想要承认民主德国的国籍。[196]福尔克尔·鲁厄在与科尔协调后，尖刻讽刺地指出社民党落伍的党派立场是"通过巴结讨好来求变化"。[197]这对社民党来说如同遭受了一次电击。在接下来9月5日的辩论中，诺贝特·甘索（Norbert Gansel）（社民党）最终成为批评社民党巴尔路线的代言人。社民党的目标是追求稳定、合作和谨慎克制，同时也在"格拉要求"方面做出妥协让步。甘索说，德国政策发展的下个阶段就不再是"以接近求变化"了，"以拉开距离求变化"才是当前最重要的！"与那些思想僵化的德国统一社会党官员合作"只会"对民主德国内部变化帮倒忙。"[198]基民盟只能针锋相对地坚持他们几十年从未改变的原则路线和对法律立场的持守。基民盟与德国统一社会党或东德基民盟之间从来都没有正式的政党接触。

基民盟不来梅党代表大会（1989 年 9 月 11 日到 13 日）展示了政党和竞选策略的发展路线以及德国政策的发展路线这两者最终是如何极为紧密地结合在一起的。在召开党代表大会前一天晚上，在例行的新闻记者招待会上，科尔可以宣布，他刚从匈牙利总理那里得知，从当天零时起，来自民主德国的德国人就能从匈牙利离境前往他们所选择的国家。[199]联邦总理在几天之前就已经获悉，第一个自由离境日应该很快就要来到了；因为 1989 年 9 月 6 日，匈牙利大使霍尔瓦特（Horváth）就已经告知根舍的工作人员弗兰克·埃尔伯（Frank Elbe），9 月 10 日前会制定一种相应的离境规定。根舍马上打电话将这一消息告知科尔、米什尼克和汉斯－约亨·福格尔。[200]科尔在他的回忆录中提到了社民党议员卡斯滕·福格特（Karsten Voigt），科尔表示，对这个日子的到来必须向他表示感谢。[201]因为福格特显然向匈牙利媒体传达了机密信息，这反过来促使内梅特和霍恩短期内推迟约定的时间。此外新闻报道说，离境之所以会推迟，是因为匈牙利想从德国得到更多的钱。[202]根舍同样在他的《回忆录》中描述了这个经过，但是更加谨慎，以保护社民党的名声："按照万霍尔瓦特（匈牙利大使。作者注）的观点，这种说法来自于政府内部。埃尔贝（与根舍关系密切的工作人员。作者注）驳回了这种指责。此后，我们不得不承认，霍尔瓦特是对的。"[203]至于这一消息与泄密的事实相关，还是涉及提前将信息传出去的个人行为，还无法确定。

在离境消息的帮助下，科尔第二天便令人信服地实行了他的建议，将福尔克尔·鲁厄任命为新一任干事长，尽管他自己不得不接受在参选党主席时获得了自 1973 年任期以来最差的选举结果。[204]而代表们以弃权的方式惩罚了科尔的对头洛塔尔·施佩特和海纳·盖斯勒。[205]在党代表大会的演讲中，科尔两次以战斗的姿态论及德国议题。[206]他传递出了个人信息，没有具体论述重新统一，却使人联想到下届联邦议院选举可能出现的吸引人眼球的主题：东西方格局中可能产生的变化还未确定，西德人民对移民遭遇的震惊也未得到缓解，那些安定、富裕的西德人越来越多地面对那些有着不同经历的移民。自再度当选为党主席之后，联邦总理就重新赢回了行动权力，并且也展现了他的领导力；他的对手盖斯勒和施佩特受到了惩罚；施托滕贝格在新部门中的影响力比以前更小了；此外，和国防部长朔尔茨过去的做法相比，施托滕贝格很少去刺激和挑衅外交部长根舍，因为朔尔茨把自己看作是外交部长的竞争对手。[207]在执政同盟方面，调离齐默尔曼也稳定了局势。现在通过魏格尔，基社盟也被稳固地联结了起来。

联邦总理科尔通过9月中旬党代表大会重新清理整顿了党务，将德国议题作为竞选的主题，并展现了他的领导力。在政府行为上，他以联盟党内部的权力作为支持后盾。此后，他能够更多地将注意力集中到危机管理上，这因民主德国发生大规模逃亡而变得很有必要。

联合执政同盟争执：波兰的西部边界问题和民族形势报告

尽管在1989年11月9日柏林墙开放前，联邦总理科尔已重新确保了他的追随者队伍并减少了对手的规模，但是科尔也需要与联合执政伙伴自民党高度协调，以确保从权力政治上有效地施加影响力。尽管在科尔和根舍之间以及在总理府和外交部之间对大规模离境所做的危机管理进展顺利，但根舍试图把解救布拉格的使馆逃亡者作为他个人的功绩，将总理府部长塞特斯象征性地带到布拉格使馆的阳台上，政治上却将他挤到一旁，这些还算是总理和外交部长之间的小摩擦。而更大的不满表现在承认波兰西部边界问题的争论上，这个话题从一开始就影响了科尔/根舍政府的德国政策。[208]科尔个人对这条边界的认可是毫无疑问的。但是自他的任期开始，不时有内阁成员就正式确立边界的问题有针对性地制造一系列误会和不安情绪，科尔对此大多是听之任之。与此相反，根舍成为边界问题缓和政策的担保人。当联邦总理科尔称要在1989年对波兰进行一次官方访问，以便同数十年以来首次民主合法性的波兰政府首脑共同奠定基础时，边界问题却再次引起争执，[209]而且主要不是出自联盟党内部。党团会议中的批评是极其克制的。[210]科尔面对的政治压力主要来自根舍，根舍也将这个问题看作加强自民党在联合执政中地位的有利工具。[211]财政部长魏格尔的演讲可以看作引起这次争执的外因，他在1989年西里西亚人大会上再度提到参照1937年边界内的德国。[212]鉴于共和党在选举上的再度成功，尤其是在巴伐利亚州得到了更多选票，基社盟主席做出此番表态也并非偶然。[213]

在总理对波兰访问的准备阶段，关于行程计划安排出现了严重分歧，因为科尔想在具有象征意义的安娜贝格山（Annaberg）（德国与波兰于1921年曾在这里发生争夺领土主权的战斗。译者注）举行波兰和德国的和解弥撒。[214]在这一点上，外交部和总理府之间也产生了冲突。特尔切克为这次访问做准备，并绕开了外交部设计的行程计划。科尔想将根舍排除在波兰政策之外。通过对政府行为提出问题，可以弄清科尔是如何应对执政同盟方面冲突的。在联合执政伙伴的要求和对联盟党阵营的让步之间，他能起到缓和作用吗？联邦总理再度将1989年11月8日（周三）的"处于分裂状态德国的民族形势报告"作为工具。他专门选在启程飞往华沙前一天做这个报告。[215]这个报告可以说是经过协商后达成的一致成果，也是长期讨论之后的最终结果。

根舍于1989年9月27日——第二次世界大战爆发50年后——在纽约联合国大会演讲中说道："50年前，波兰人民成了由希特勒德国挑起的战争的牺牲者。我们应该知道的是，德国人不论现在还是未来都不会通过领土要求来动摇他们在确定的边界范围内生活的权利。历史的车轮不会倒转。我们要和波兰为了欧洲更美好的未来共同努力。边界的不可侵犯性是欧洲和平共处的基础。"[216]毫无疑问，根舍想以此向国际和国内都表明立场。对此，他几乎一字不差地引用了联邦德国和波兰签署的《华沙条约》中的一句话。在这句话中，双方强调："不管是现在或是未来，德国和波兰之间现存的边界具有不可侵犯性，双方都有义务毫无保留地尊重彼此领土完整。他们宣布，他们不会向对方提出任何领土要求，在将来也不会。"[217]

一方面，根舍所传达的信息存在于他省略的内容中，也就是和平条约保留条款的附属条款。另一方面，其政治影响力在于外交部长坚定有力的演讲时刻和地点。鉴于整个东方阵营的变化，他完全不想将波兰西部边界担保人的角色赋予民主德国，因为在他看来，这可能会使德国分裂的状况更难改变。[218]而且，他又有意说"我们德国人"，这意味着扩大了《华沙条约》的范围。在条约中，只有联邦德国对波兰负有义务。根舍通过"我们德国人"的表述旨在表明，相关条款在未来可能是统一后的德国的条款，也就是超出联邦德国的法律条款，而这却是遵守国际法的科尔一直都想避免的。

科尔只重申历届前任政府都曾主张的法律立场。1985 年，他在民族形势报告中将波兰人的民族权利作为同等重要的目标补充到这些法律立场中去。他想借此听各方解读，这些目标中哪一个目标更重要。至于他并未更加坚决地表达对奥德－尼斯河边界的最终确定，是出于政党政治和内政方面的原因，正如在之前章节中已多次说明的那样。[219] 1989 年，共和党的选举成功也是另一个考虑因素。科尔作为大型人民党的主席，要考虑所有政治思潮和联盟党内各派之间的整合，也必须兼顾与被驱逐者协会干部们及其选民的关系。科尔想为他对波兰的政策获取广泛多数人的支持，所以他就需要获得这些阵营和那些被驱逐者们的支持。[220] 而这件事从一开始就表明了科尔政府行为的特征。但在 1989 年形势就有所不同了，因为自民党将其上升为关乎执政同盟生死存亡的问题。鉴于共和党获得了选举成功，自民党开始担心他们在执政同盟的多数议席创造者的地位。在科尔和根舍之间围绕波兰西部边界问题产生的执政联盟争执，并没有记录在他们的回忆录中；[221] 事后人们回避这一争执的尖锐性。[222] 双方都借助整体的政治大气候或波恩的反对党来为自己辩护。反对党对访问波兰的行程安排以及总理对安排缺乏解释这两方面感到愤怒。

在东方阵营国家的改革运动时期，奥德－尼斯河边界的法律基础前提对科尔在操作层面上有着重大的政治意义。因为德意志问题的悬而未决也在奥德－尼斯河边界复杂的法律立场中表现出来。这种悬而未决是要求联邦德国和民主德国实现重新统一的唯一国际法基础。[223] 因为和平条约保留条款既然还未失效，那科尔为什么要在中欧和东欧发生变革的时期宣告放弃这一条款呢？在民族形势报告发表的前一天，联邦总理再次让党团对波兰之行做好准备，并就报告的最终版本弄清舆论形势。对他所做的形势分析及接下来特尔切克在党团面前对即将缔结的条约所做的诠释，没有人提出异议。科尔解释说：

 －《华沙条约》的一切都是有效的，无论是精神还是内容。
 －《华沙条约》让人清楚认识到，波兰和联邦德国对双方都没有边界要求。
 －但《华沙条约》不仅包括这一条规定，而且还有对双边条约和多边条约的其他规定。[224]
 －而且我们没有和平条约。

谁确实想要实现平衡，谁就不应该让彼此陷入对双方都不利的处境中去。（鼓掌）此外还有需要人性化关怀的真实情况是，我们每个人都知道，如今在这个地区已经有第二代波兰人居住；此外，如果我们想要获得和平，实现和解，那我们在相处时就应顾及这种触及人性最深处的情境。"[225]

科尔没有谈到根舍的要求——同时这不仅仅是波兰人的要求——即联邦总理应当在联邦议院中重复其外交部长在纽约所说的话，也就是那句"波兰人在安全国境内生活的权利，无论现在还是将来都不会受到我们德国人领土要求的危害。"[226]社民党在一份联邦议院决议中采用了根舍的话，自民党也想在11月8日采用这样的表述。米什尼克也向德雷格尔和塞特斯告知，自民党既不会对他们外交部长的话语投反对票，也不会投弃权票。从根舍的角度出发，联盟党拒绝投票将意味着这是对外交部长的不信任投票。科尔打电话通知根舍说，如果自民党在波兰西部边界问题上赞成社民党，那么终结联合执政的时刻也将到来。1989年11月7日，进行到很晚的执政同盟会议拟定出了妥协方案，但那些党主席都没有参加，因为他们想避免一场公开的争吵。[227]自民党虽然想强迫总理更深刻地诠释《华沙条约》，但在当时民主德国危机形势已激化的时刻，根舍和兰布斯多夫也完全不愿为此而牺牲执政同盟。对基民盟/基社盟和自民党的共同决议提案，在联邦议院的共同决议提案中，400名议员中有4张反对票和33张弃权票。从而，该妥协性提案获得了跨党团多数选票。[228]社民党放弃了他们的提案，因为，正如埃贡·巴尔机敏地解释的那样，联盟党还是接受了根舍的社民党式的立场。

虽然这份妥协提案[229]还完整地包含根舍的这句话："这些人（指的是波兰人民。作者注）应该知道，他们要求生活在安全边界内的权利，无论现在还是将来，都不会受到我们德国人的领土要求的危害。"[230]自民党在这方面贯彻了他们的意图，但是这种表述在对《华沙条约》的援引之中，并专门附上和平条约保留条款。此外，联盟党党团自我安慰道，毕竟该决议提案最开始部分有"对联邦德国有效"这样一个限定性附加部分[231]。

联邦总理在11月8日的前一天夜里，没有再对"民族形势报告"中关于德波关系的内容进行改动。正如以前所有的报告一样，该报告仅由他个人负责完成。他毫不让步，没有给自民党任何参与计划的空间。尽管如此，当朔伊布勒、塞特斯和沙尔克就联邦总理传达的信号非正式地达成一致之后，他们认为对报告的补充仍然是有必要的——只要政治改革有所成效，就可以向民主德国糟糕的经济提供财政援助。这一信号还必须写入报告文本中。与此不同的是，对于德波关系以及被驱逐者在联邦德国这两者的独特地位，早在关于"民族形势报告"的第一次会谈中就成为议题了。[232]1989 年的报告长度可以与 1985 年"民族形势报告"相比，但关于这两部分议题的描述，却占了更大的篇幅。1989 年 10 月 21 日，科尔在被驱逐者联和会 40 周年活动讲话中就明确表达了他的个人愿望，"我们不要在边界问题存在和解的机会上'拐弯抹角'。"[233]但随着访问波兰的日程逐步成型，联邦总理承受的压力在不断增加："联邦总理先生和那些从事波兰政策事务的工作人员在计划访问波兰的准备阶段收到大量来自被驱逐者的批评信件。"[234]该评语还进一步阐述说，这些信件在基本内容上往往很少有和解的意图，而是提出一些激进的要求。

　　联邦总理唯有在这些要求与那些需要加以注意的联合执政同盟和联盟党的政治挑战，以及国际上所期待的和解姿态这狭窄的区间内坎坷前行。那种"一方面如何如何，另一方面如何如何"的演讲修辞必须要包含在报告之中。此外，科尔在会谈中[235]，转而反对那种在风格上经过润色的讨好型演讲，因为在关于波兰的段落中，这样做会给人留有太大的遐想空间。[236]因此，演讲稿撰写人员梅尔特斯和普利尔就采用了驾轻就熟，但他们自己并不喜欢的单调列举法律立场的陈述方法。此外，总理要求演讲稿撰写人员不要尝试采用新的表述方式，而要更详细地引用已经签订的条约文本，并且采用 1985 年报告中的内容。这也不会对提高演讲稿的流畅程度和辩论技巧有什么帮助。但是科尔并不想借助新的表述方式来引人注目，而是要去调和执政同盟内部的冲突，且不要为联盟党党团内各派制造新的攻击把柄。这篇关于民族形势的报告再次明确表明了总理的论证型政治的防御路线。这将符合联合执政同盟大多数人的立场。

　　就这样，除了有关即将对波兰的访问以及预期的访问计划外，该报告并不含有任何关于波兰西部边界实质问题的新内容。[237]总理再次强调了他的政策的连续性。他详细引用了德国联邦议院 1972 年签署的共同决议和《华沙条约》。他在引用了上述文件之后说道："我们不能也不想改变任何法律立场"。[238]随之而来的是联邦德国与四大国签署的条约的法律立场。自1985 年以来，他首次专门再次提及和平条约保留条款，而根舍在他的演讲中从未提及这点："女士们、先生们，我们每一个人都知道这意味着什么，也都知道，我们还没有什么和平条约。"[239] 不久之后，为了将德国的这一愿望推广到国际社会，并以此对内政中的竞争对手进行批评，他说道："实现这种权利的要求同样也是为了所有德国人，谁要将此作为'复仇主义'来加以诋毁，实际上谁就是在反对这种民族集体的基本法则。"[240] 科尔呼吁"真相"的到来，《联合国宪章》的"基本法"这一名称，让人联想到波恩的基本法，暗示不坚持和平条约保留条款的人是对宪法的不忠。该段落并没有具体直接地清晰表述对波兰西部边界的个人声明，而是以提及 1985 年报告中的内容作为结束。在 1985 年的报告中，他完全没有质疑波兰人在波兰西部边界那边的定居权。这样他同时满足了政策连续性和合法性的要求。因为当时正确并得到赞同的内容在同样的表述中无疑会再度发挥作用：总理自己不需要在内容上适应各个派别。他将自己置身于由他所创立的连续性路线上。

总体上来说，这最后一篇"处于分裂状态德国的民族形势报告"完全颠覆了迄今为止所有报告的基本结构。它是剧变时期的时代文献。民主德国的政治发展随着现实事件的推动贯穿于报告多处位置。联邦德国对待民主德国的行为方式发生了质的变化，新行为方式的核心思想表现在要求民主德国建构民主意志、自由选举和德国统一社会党放弃权力垄断上。这种对民主化的自由以及对多元化的要求完全不同于此前所有的讲话内容。它首次展现了对民主德国内部事务的具体干预。在德意志内部关系部提供的草案中并未提到这些要求。草案中只是说道："相互隔离是错误的，现在有必要持开放的态度。坚持旧有的模式无法前进。通过改革才能走向未来。……更应将那些经常与教会有直接或间接关系的群体（这里指新组建的反对派群体。作者注）毫无保留地纳入对话中来。…… 我代表联邦政府再次重申，我们愿意为民主德国的实质性变革提供有效的支持，十分愿意为处在分裂中的德国开展有利的建设性合作。"[241] 梅尔特斯和普利尔却想使其表述更为具体，以便精确化表述改革的压力。科尔演讲中的如下几句话体现出一种深刻变化："我们是根据《基本法》来确定政策目标优先顺序的。在自由中实现重新统一的前提条件是所有的德国人都能自由行使自决权。"[242] 这是联邦总理就职以来首次确切且正式地谈到重新统一的问题。[243] 正如已分析的政府行为所体现的那样，重新统一完全不在联邦政府急切期待的范围内，联邦政府在距离开放柏林墙之前仅仅 24 个小时的时候，还没有看到任何柏林墙倒塌的迹象。但是科尔保留了梅尔特斯写进报告中的"重新统一"这个概念。[244]如果参照基民盟威斯巴登党代表大会的历史，在一年前就这样表述将再次揭开旧有的伤口。1989 年 11 月 8 日，这一表述带来的是希望，没有人期待它能如此快地实现。

政府行为结果小结

在 1989 决断之年，德国政策方面的政府行为在价值观规范和操作这两个层面上仍然延续着迄今为止的政策。1989 年夏季之前，冷静、务实以及达成广泛共识这样的态度，似乎仅仅体现在对承认两个德国的修补工作。例行谈判同样在讨论着德国政策议事日程的传统话题，正如在象征性和表态性领域的基调那样没有什么变化。条约、协定和约定所构成的关系网络符合德国政策的基本路线，也就是把精力集中于人道主义减负和处理实际问题这类可以做到的事情上。保持与民主德国的通信和利益关系联系，同时对德意志问题持保留态度，这两者间的平衡状态似乎能够维持下去。

虽然通过安排塞特斯主要负责德国政策，出现了人事上的变化，但是德国政策的路线仍然没有受到影响。塞特斯和他的前任朔伊布勒一样，与总理保持着密切的私人联系。科尔也通过其新任总理府部长推行德国政策，所以该部长在政策推行中不会出现原则性变化。

随着使馆逃亡者和民主德国公民的大规模离境，政府行为进入了一个新阶段。由总理、总理府部长和外交部长所操控、在小范围非正式的决策团队中所协调的危机外交，从 1989 年夏天起确立了新的重点。通过电话外交和诸多非正式的单个会谈，这一路线也在国际范围内得到了保障。总理个人为此殚精竭力。

但这种危机管理并没有使现行德国政策的要点发生变化。科尔和塞特斯更多是带着忧虑而不是希望来看待这些发展。在他们看来，对民主德国的事件进行理智干涉的时机尚未成熟。科尔呼吁采取克制的方式，他极其谨慎地观察着民主德国的政治发展，并且不再对德国统一社会党领导层进一步施压。在德国政策的基本立场方面，他不打算进行任何改变。在总理看来，各种对民主德国的压力都会使民主德国内部变得更加强硬。按照他的观点，这种路线可能不会促进、反而会更多危及迄今所取得的成果。

在 11 月初民主德国大规模抗议达到高潮之时，此时大规模离境已成为国际性问题，科尔在与戈尔巴乔夫和布什在通话中得到确认后，决定对他迄今为止的德国政策采取实质性改变。他公开介入民主德国内部事务中，要求其进行明显的政治变革。他投入了联邦德国强大的经济力量来改变民主德国：他表示如果终结德国统一社会党的权力垄断，联邦德国将提供广泛的财政援助。

有关德国政策的实质性改变，是科尔晚间在其小别墅与塞特斯和朔伊布勒进行非正式会面，并在三人协商后做出的决定。这意味着联邦德国将首次试图从民主德国变革的旁观者转变为进程的参与者。迄今为止的危机管理注重采用与现实情况相称的行动方式。就克服危机这一点来看，在1989年夏季时，科尔还认为指导性甚至是控制性地干预民主德国内部事务不会奏效，因为如同在北京发生的事件一样，事态的升级在德国无法被完全排除。

科尔极其小心谨慎的路线也在逐渐变化着：他再度加强了自己在政党内部的权力，并且以竞选斗士的角色整合自己的阵营，借助德国议题发挥作用。一方面，他的个人声望处在最低点；另一方面，鉴于党内的政变计划，决断之年的他主要处于防守位置。政府在对那些有离境意愿人员安抚工作上的犹豫不决，也与党主席科尔在党内这一弱势时期有关。直到他按照自身想法为政党政治的必要决定做好准备，他才在德国政策上转入攻势。但这种行为却由于执政同盟在承认波兰西部边界问题上的政治纷争而变得黯淡无光。但是他通过在柏林墙开放前一天所做的"处于分裂状态德国的民族形势报告"使德国政策和东方政策的战线实现了和解。具备强大领导力的他找到了统一的良方，既能对民主德国的改革施加更大的压力，也使得对波兰的访问呈现出和解的姿态。回首这一卓有成效的行为，其核心是保障权力。

由于受到政党政治和执政同盟方面的挑战，决断之年政府在德国政策上的作为，展现了总理的迫不得已和对（党团支持）的依赖。尽管面临着各种国内以及国际挑战，"科尔体制"的元素仍然没有变化。1989年11月初以前，科尔既没有体现出带有鲜明魅力和政治形象的主席特质，也没有体现出总理民主制的特殊决策模式和结构模式。相反，该时期的执政风格仍体现出非正式的、隐秘的执政方式，以及优先实施保障权力的政府行为，从而展现出总理对其政党政治权力基础的极端共识民主的依赖。科尔独自决定政府的人员组成。只要决定尚未制定出来，科尔都会对外保密决策进程。当他知道相关决定会得到大多数人的支持并有希望获得成功的时候，他就会宣布这些决定。如果不是靠科尔惯常使用的非正式的预先安排，如果没有紧密的通讯联系网络作为预警机制，他作为党主席可能在1989年就落选了。但是他的对手们却不仅预料到科尔隐含的权力地位，也预料到了他的优势，从而也对他们政变的失败有所预知。如果没有党主席的职位，科尔或许就是一位听任使唤、唯命是从的总理，一个没有权力和影响力的联合执政联盟的玩物。

第四章　总结：科尔总理任职期间的德国政策

第一节　德国政策
——动机、利益、纲领、操作目标、冲突路线

1983 年，联邦总理科尔在他第一篇"处于分裂状态德国的民族形势报告"中对他在整个 80 年代所坚持的德国政策纲领进行了表述。该纲领包括三方面内容：

- 划清与民主德国在价值观规范方面的区别；
- 将德国政策纳入欧洲一体化；
- 与民主德国务实合作的能力。

从本书所研究的执政的各个角度，这三个方面都伴随着科尔在德国政策上采取的政府行为。执政以来，联邦总理科尔强调与民主德国领导层在价值观规范方面的差异，标志着相对其前任政府在德国政策方面的转变。本着对民主德国毫不妥协和对抗性的态度，他将德国政策重新置于更广泛的历史框架中：这一框架容纳了联邦德国的所有法律基础，而不仅仅将东方条约和《基础条约》作为导向和出发点。忠实于原则的科尔坚持将"自由"这一概念作为德意志问题的核心内容，他在法律、政治和历史层面上将德意志问题定义为悬而未决的问题。这完全保证并承认了所有现存的与民主德国的条约和协议。作为合作基础，联邦总理和他的首席谈判代表就保留价值观规范方面的分歧达成了共识：不与民主德国就原则性立场问题进行谈判，同时声明坚定地立足于与西方结盟。

尽管在 70 年代，科尔及其党团中部分成员已声称要采取积极的东方政治条约政策，但联盟党始终声明和突出强调双方在制度上的对立，这一立场是在人们意料之中的。

然而令观察政府更迭的专家和波恩的反对派感到惊讶的是，在德国政策日常事务方面，波恩和东柏林之间形成了务实合作。使双方往来得以延续的因素不仅有联邦德国的利益形势不能让东西方对峙交界处的冲突升级，还有较为弱势的联合执政伙伴在权力政治上的因素。1982 年，科尔为了组建政府需要自民党的支持。对此，政治上的代价就是要继续实施根舍的宽松政策，这种政策建立在与民主德国保持可行的持续性合作的基础之上。另外，同民主德国在意识形态上明确划清界限也恰好为联邦政府的德国政策留下了回旋余地，以便在德意志内部关系领域落实"可行的事务"。因为那些再度强调制度矛盾的对抗性语言，使德意志内部边界两边的参与者免于受到诸如"过于轻率地脱离各自的结盟伙伴"这样的指责。联邦政府在落实"北约双重决议"时信守了承诺，从而提高了其外交政策的可信度并推动了东西方对话及欧洲一体化。因而波恩和东柏林能在他们各自的结盟阵营中更有力地坚守自身利益，同时可以避免脱离结盟走特殊道路的嫌疑，从而避免失去盟友。

民主德国对现实关系层面和价值观规范层面也做了明确区分。东柏林在宣传中谴责联邦德国增加军备和所谓复仇主义潮流，但并未中断相互对话。而且从根本上来说，民主德国除了继续与波恩合作之外，也别无选择。因为这一直是其自身双重策略的一部分：威胁波恩并向波恩提出最大化要求（"格拉要求"），而这些要求是波恩不能接受的；同时，这种要求提供合作的攻势因联邦政府不断催促在一些领域的合作（如访问和旅行往来领域）而得以加强。同样，德国统一社会党领导层呼吁关注共同的安全政策利益（"责任共同体"）。即便联邦政府没有对此做出详细回应，出于对东西方冲突边界线的政治环境的考虑，他们也不能无视这种和平政策和安全政策的政治宣传。对波恩来说，在安全政策问题上不存在与东柏林进行谈判的回旋余地。德意志内部关系的升级可能会对整个欧洲产生影响，但没有人希望产生这种影响。执行北约双重决议及超级大国之间紧张形势的激化都阻碍了德德关系的发展，但是人们尽力降低其损失。

东柏林采用了施加威胁与提供合作并存的策略，其原因也在于民主德国的外汇危机。因此从谈判策略的角度看，联邦政府出于人道主义目的为民主德国提供资金支持，却没有认识到民主德国整个经济已濒临崩溃。波恩施加压力的潜力是长期存在的。这种潜在压力将构建民主德国对联邦德国的依赖性结构。尽管个别谈判会出现一些倒退、停滞的情况，但越来越多的会谈、谈判和协定形成一个日益紧密的网络。为了避免出现问题，两国政府就必须继续进行合作。双方就是这样在德德关系的两难处境中各自适应，并达成了跨党派的共识，即共同支持德国政策的最低要求，从而减少分裂的负面影响。如果不是戈尔巴乔夫实行改革政策以及民主德国邻国迅速变化的形势，科尔到 1989 年秋季为止一贯推行的西德德国政策所带来的常规压力，是不足以导致民主德国公民的大规模离境和民主德国的大规模抗议的。既不是因为合作领域的深化，也不是因为坚持在基本纲领和政府声明中确立的统一纲领导致了民主德国的剧变。直到民主德国领导层看到自己面临莫斯科和波恩的双重压力以及国内的抗议，才有了他们在意识形态和政治上的投降。波恩的外汇投入也为稳定德国统一社会党的政权做出了贡献。至于说如果没有波恩的资金投入，是否更容易导致民主德国的政治崩溃，这只是一种猜测：没有迹象表明为了应对更大的经济压力，民主德国要在内部实现政治自由化。鉴于民主德国坚决拒绝改革，德意志内部关系更有可能僵化。在这个戏剧性的阶段里，波恩更多扮演着惊慌失措的旁观者的角色。

联邦总理科尔的德国政策纲领无疑是着眼于德国在自由中实现统一的长期前景。在这点上，他当然与所有其他前任总理没有区别。然而，科尔/根舍政府的重点一方面涉及制度对立矛盾的尖锐性，另一方面涉及现实的德国政策，这种政策在任何时候都不容许别人对其基本立场中的矛盾提出质疑。这种坚定性最终也使后期来到布拉格使馆中的民主德国逃亡者们免于联邦德国的避难程序：如果他们希望，他们就会自动拥有联邦德国的国籍。而科尔的部分批评者曾要求他在操作层面采取重新统一政策，但他没有这么做。这在世界的意识形态和权力政治分裂的情况下意味着德国要走一条特殊道路并退出西方联盟，这是不符合科尔基本信念的。

着眼于谈判和加强德意志内部利益联系的德国政策是不可能在莫斯科探讨废除民主德国这一话题的，只要在同时无法保障德国扎根于西方。科尔寄希望于欧洲国家体制的稳定。无论如何，解决分裂问题的关键首先在于莫斯科。只有苏联的对德政策松弛下来，才能改变国家体制。尽管德国总理看到了这一点，他还是很晚才与戈尔巴乔夫有更为密切的外交往来。总体上，科尔是忠实于他的政治纲领的：他的目标是在自由中实现德国统一，扎根西方世界，并融入欧洲。

联邦总理科尔在其任期之初就将主要精力集中于减轻民主德国居民的人道主义负担并确保西柏林的安全。他将打开东西德相互来往与访问通道作为其政策成功的标准。他致力于人民、人权和人道主义问题，旨在做出人性化姿态。科尔所赋予德国政策的重要意义与德国政策中固有的意识形态争端的核心没有直接关联。他更加推崇将政治力量投入民族统一议题中，这符合他的中产阶层观念：如果两国不能实现统一，那至少可以使民族相互凝聚团结。他能捕捉到这一主题所释放的情感的及融合的信息。无论是德意志内部双方各种条约还是重新统一的纲领都不触及他的直接利益。在一再出现的各种基本概念和语言形式，其中包括"民族"这一概念，科尔保持着几乎是阿登纳式的沉着淡定。纲领中的词汇是以日常知识为导向的，并不会显得意义深奥，在这种简化的表达中也始终传递着熟悉的内容。同时，受内政的推动，科尔因充满感情而不带有约束性的精确度要求的话语表达，完全响应了其政策所涉及的中产阶层的要求。这就体现了科尔个性化而不做作的德国政策的本质：传达更多的信息而不是计策，体现更多的是以集体为导向的自我认识而非具体的决议选项。人们也能从"处于分裂状态德国的民族形势报告"中读到并解读出相关信息。

要衡量德国所实施的这些政策的价值，必须考虑到整体政治的标准和时代限制。并非所有的德意志内部谈判最终都取得了成功。这其中，有多少是科尔的功劳，有多少是命运使然，又有多少归功于有利的国际局势带来的机遇，人们说法不一。直到1989年，德国政策在波恩的政府政策中仍不占有突出地位，昂纳克出访联邦德国引起轰动则是个例外。德国政策始终处于东西方冲突的大环境中。在执政初期，科尔把其全部注意力都放在落实北约双重决议、恢复外交信任地位、整顿联邦财政预算和克服当时被称为"欧洲硬化症"的问题上。直到朔伊布勒也开始致力于德国政策，科尔自1985年初才开始比执政初期更专注于这一政治领域。这并不涉及像科尔如何认定德国政策这种价值观规范的视角，更多的是因东西方激烈对峙的结束导致行动空间的扩大和政府行为有更多操作上的可能性，联邦总理希望藉此来对外宣传并获得合法化认同。即使东西方冲突在1985年经历了最重要的转折，这可以从美国和苏联重新恢复首脑外交看出，对科尔来说，德国政策仍是较为次要的问题。即便是1989年的危机外交也只是把离境潮作为西德的内政议题。联邦德国所做的仍然是在接受两个国家分裂状态的同时做一些修补工作。在保留德国问题的同时保持同民主德国的利益往来这两者之间的平衡仍在继续。直到1989年11月，与民主德国之间的某种形式的债务延期清偿协定仍然有效。这种协定虽然不能保证当前政治体制永远存在下去，但是联邦政府还是借以表示：联邦德国对民主德国的大规模出境问题并不感兴趣。

发展阶段和重点的转移

在本书研究的时间段内，可具体划分出如下明显的政策重点转移：

－原则上，出于对德国政策和科尔以保障权力为目的的执政风格这两方面的考虑，科尔于1983年向德意志民主共和国提供第一笔十亿马克的担保贷款。这笔钱可以减轻执行北约双重决议时对德意志内部关系的损害。尽管落实了北约双重协议，并执行了严格的界限划分，这次贷款仍表明波恩新政府对德意志内部双方开展真正合作的意愿。这次贷款推动了双方在所有领域的关系，昂纳克拆除了自动开火装置，并加快启动在施密特政府时期就已宣布过的文化谈判进程。新的谈判议题——如科学与技术、健康协定、交通和环境方面各个协议以及城市合作伙伴关系，也列入了议程。对科尔来说，主要内政成就在于他部分无意、部分有意地拉拢和惩戒他颇具影响力的从政对手弗兰茨·约瑟夫·施特劳斯。正是这位巴伐利亚州州长在国内通报了这项贷款的决定，与此同时，施特劳斯也遭到了批评。此后，科尔委任他的对手施特劳斯作为德国政策南方负责人，后者主要负责具有特殊任务的行动领域，这些任务更符合巴伐利亚州德国政策的必要性，而与联邦政府政策的诉求不太一致。

－1985年，科尔和昂纳克在莫斯科高峰会谈后，可以发现德意志联邦共和国和德意志民主共和国之间在互访和往来旅行方面有了显著改善。科尔和昂纳克以快刀斩乱麻的方式解决了两国间的文化协定、贸易结算授信额协议以及避难问题上的妥协。为此，科尔必须用所谓莫斯科声明来象征性地迎合昂纳克。作为回报，东柏林放宽了与家庭团聚有关的旅行。莫斯科的政权更迭为这些协议的达成提供了很大支持。

　　－如果没有出现在波恩看来旅行交通方面的积极结果，没有莫斯科方面的批准，昂纳克对西德的访问是根本无法实现的。从政治角度看，昂纳克的波恩之行是德国政策的历史性转折点。尽管联邦总理科尔表态提到民族的统一，但这一访问象征性地证明联邦德国从政治上承认了民主德国。对昂纳克来说，访问联邦首都波恩是承认民主德国国家存在的最庄重的方式。他为访问所付出的代价在 1987 年时还不能完全看清。联合公报和条约的签订都无法很好地反映出政治上的实质内容。波恩提出的降低最低货币兑换额、废除射击令或废除西柏林人只能访问两天的规定、开放边界附近其他城市交通通道、减轻易北河环境污染等要求都没有兑现。联邦总理科尔与昂纳克的单独会谈没能成功实现这些核心要求。然而从长远看，昂纳克的访问及签署的协议放松了边界管理制度，让民主德国公民从此刻起可以享受一些优惠政策。

　　－波恩德国政策的最后一个重点转移是在柏林墙开放这一背景下出现的。联邦总理科尔很晚，直到 1989 年 11 月初，才放弃对民主德国所发生的事件持克制谨慎的态度，他同意，如果民主德国结束统一社会党的权力垄断，就会提供全面的财政支援，而且打破了作为官方政策一部分的默认约定即不干涉民主德国内部事务。

第二节　决策过程

职能运作模式及制度性和结构性权力分配和权能分配

德国政策在任何时候都是首脑决断的事情。在这一点上，科尔无须与任何人争夺领导资格。这个政府行为领域的人数和所谓参与者向来就不多。总理制定方针的权能同样也扩展到重要的操作细节。总理府在操作层面和规范层面上都大权独揽，构建与民主德国的关系。联邦总理在职权交接时并不想改变上述任何做法。就德国政策而言，由等级制所决定的政府中枢对各部的高度权威性从未发生变化。尽管如此，科尔必须让他在德国政策上的每个决定在占有多数的议会党团和他自己政党中得到支持和保障。

作为主管的专业职能部门，德意志内部关系部的政治地位和解决冲突的能力与在制定德国政策过程中所产生的问题相比，显得十分不足。与外交部长不同的是，德意志内部关系部长与总理来自同一党派。科尔自己置身于总理府与外交部、德意志内部关系部和常设办事处之间因部门利己主义而产生的冲突与矛盾之外。他从不偏袒任何一方。

外交部因其自身要求以及在执政同盟中的特殊分量而十分强势。然而，由于两个德意志国家所具有的特殊国际法地位，外交部在总理府对德国政策的积极操控与决策计划面前显得十分弱势。科尔在领导层面上向根舍知会德国政策的基本原则（"民族形势报告"和政府声明）。外交部长和由总理府领导的波恩四方小组负责对国际社会诠释德国政策。特别是在科尔任总理职务的第一年，四方小组在联邦政府与三大国之间充当了重要的德国政策协调机制。通过不断积累的个人外交经验和人际关系，科尔能够在之后的从政岁月中以直接打电话方式向盟国政府首脑告知自己的决定，并减少正式外交协调机制的必要。同时，这样也可以减少根舍对德国政策的影响，因为这更多涉及德国政策的权力分配而不是德国政策的基本原则。

伴随着朔伊布勒开始担任（1984年11月15日）总理府部长兼联邦特别任务部长，作为政府中心的总理府开始扩张。他协调并集中了所有的决策流程和信息流程。朔伊布勒和后来的塞特斯成为在联邦政府组织过程中的决定性人物。他们是总理最亲密的顾问。这对德国政策产生了直接影响：

a. 与延宁格尔相反，朔伊布勒带来了更多的政治影响力。与前任联邦部长不同，他在地位上已具有一种比他的部级同事们更高的执行权力。

b. 联邦总理府从其德国政策的"沉睡状态"中苏醒过来。对所有其他职能部门来说，可以明显感觉到，直到朔伊布勒时期，总理府才开始接管这种在形式上就归其所有的职能。

c. 朔伊布勒明确了德意志内部关系部、外交部、常设代表处和德国政策工作组之间的管辖界限。总理府不仅始终是操作中心，而且此后亦被接受为操作中心。从根本上说，出于部门利己主义而产生的冲突都是内部斗争。

d. 朔伊布勒协调并执行通过特殊渠道进行的谈判。通过这种方式，他使沙尔克－哥罗德科夫斯基与施特劳斯在南线的所有其他接触都意义有限。在延宁格尔担任总理府国务部长期间，常设代表处也与沙尔克进行谈判。朔伊布勒统管各种接触。

e. 对朔伊布勒来说，总理对他的信任以及他在政府中心的支配地位带来了巨大优势，他因此不必要求沙尔克以及本国政府进行双重反馈，否则十分耗费时间。通过朔伊布勒亲自领导谈判，西德方面就减少了额外的协调层面。朔伊布勒自己直接代表政府立场。

随着总理府部长升格为联邦部长和德国政策的首席执行者，朔伊布勒成为总理在德意志内部关系方面的总管。他的权力地位并不是通过恰当掌控官僚机构或与职能部门恰到好处地打交道而体现出来，而更多是通过他与总理的亲密关系而表现出来。朔伊布勒是"科尔体制"的一部分，而且只有在这个体制中，总理府部长才拥有代理人的权力。与科尔每日直接联系造就了他具有高度政治价值的信息垄断地位。总理与总理府部长之间的非正式谈话是政治决策的源头。

此外，联邦总理通过委托亲信来负责重要的德国政策任务和谈判，并在各个谈判中以非正式方式介入，从而对德国政策决定进程产生重大直接影响：有时他让施特劳斯负责筹划 10 亿马克贷款事务，有时他派鲁厄去了解民主德国的内部腐败程度，有时他让阿尔布雷西特为推动整治易北河与昂纳克进行会谈。

科尔需要建设一个强有力的总理府作为协调政府工作的主管机关，这更多是为了贯彻他的领导要求，而不是将其作为个人顾问。总理府规定的组织管理和人事特权还不足以作为贯彻其领导要求的工具。一方面，大约到 80 年代中叶，科尔才通过有针对性的人事政策将其亲信安排到总理府各个岗位上。另一方面，即使在调整后，政府中枢十分高效、忠诚，但可能还是不能实现总理依赖党派联系的领导要求。朔伊布勒与联邦总理的直接联系总体上减弱了总理府和政府各部的官僚政治影响。

原则上，总理需要区分两种决策领域和沟通领域，即行政领域和政治领域。科尔安排从政治领域挑选出来的行政领导以及非正式地使用科尔政治家庭中有特殊地位的人，而那些虽有正式行政职务的人却不能直接接触到科尔。联邦总理通过建立非正式的、组织系统上未加规定的会谈结构，确保他不依赖于行政草案，他只将这种行政草案作为决策依据之一。相较行政管理部门的草案，他更偏爱个人讨论和会谈，他也会和一些尚未在政治等级体系中固定下来的工作人员进行交谈。此外，科尔也十分乐于选择政府机构外的其他顾问。这方面主要包括政党领导人，但也有来自经济、教会、媒体、科学界和私人领域的人员。

总理府内部的德国政策冲突主要发生在演讲稿团队和德国政策工作组之间。这仅涉及德国政策的价值观规范层面。精挑细选出的演讲稿撰写人是权力中心的一部分，而德国政策工作组却遵循着官僚机构的政治规则。演讲稿撰写团队利用他们的信息优势和信任优势地位来确保总理科尔的统治权。围绕着言辞争论的背后不仅涉及德国政策的纲领要点，而且特别用语的选择或重要内容的省略也暗示着科尔当时的权力地位。德国政策工作组的人员需要对两方面保持忠诚：外交部及总理府。他们经常采用避免冲突的外交策略。在纪要评语和演讲的安排中，他们的表述方式经常要从政治上保护民主德国，确保其表达没有刺激的话语并且不具约束力。

但是德国政策工作组是总理府德国政策操作的中枢，它对当时德国政策的首席管理者来说是不可或缺的。他们负责整体统筹协调与民主德国的接触和谈判，包括通过特殊渠道进行的接触和谈判。

就像科尔很少允许将他的个人信息公开一样，他也努力寻求政治方案的合理化。在德国政策领域没有专门的决策机构。在本研究的时间范围内，总理对做出决定的垄断地位是不容置疑的。

这会造成两种说法，但真相也许就在二者的交集处：

a. 联邦总理独自做出决定以及在与当时德国政策主要管理者（延宁格/朔伊布勒/塞特斯）的单独谈话中共同做出决定。

b. 德国政策的决定是在多种力量共同作用下做出来的，即党派利益、议会党团的考虑、执政同盟的要求、职能部门和内阁的原则、民意测验以及各种形式官僚政治中的积极协调与消极协调相互竞争的结果。

本书所研究的德国政策政府行为的进程提供了许多有关这两种决策方式的例子。对此，在科尔的权力地位中可以找到相应的解释。具体事例多次证明，这一点不是通过他做出重要决定的方式表现出来的，而是体现在他是如何准备这种决定的。虽然当细节决策具有政治迫切性时，他也会专注于一系列的细节问题，但这些对总理来说并不太重要。对他来说，更重要的是将其注意力更多放在正确的启发、合适的时机和实施人员上面，而较少关注具体决定本身。为了能富有成果地运用这种基本模式，科尔依赖于来自其预警系统中多种多样区别化的信息。同时，他必须在早期阶段就让人做好准备进行协调并做出妥协让步。最终，由科尔公布结果。在最终决定中，他参与了哪一部分，除了少数例外，都不是很清楚。

在德国政策领域内，总理的参与程度不依赖于具体的主题范围，而仅仅依赖于当时的目的背景：一个主题在何时具有何等政治重要性，才能引起科尔完全注意呢？在政治上，这种背景首先总是意味着权力政治：执政是一种获得权力和保障权力的艺术，有时包括敏锐微妙的细节决定（在波恩与昂纳克晚宴中的座位安排），有时包括联手政治上的竞争者（在10亿马克贷款期间与施特劳斯合作），有时包括制定出整体方向（文化协定、过境协议和贸易结算授信额协议），有时包括文稿的修辞表达（1988年在威斯巴登党代表大会就用词的争执），但常常也包括有意地拒绝做出决定（在边界讨论方面）。

尽管内阁对前文分析过的德国政策领域的政府协议有形式上的主管权能，但协议内容的预先决定权仍然在非正式的委员会手中。除了在力量上相互制约的非正式决定之外，扩大后的三方小组在政府内部协调委员会中的地位明显上升，成为德国政策的核心操控机构。它不仅确定德国政策实际操作中重要的协调、确定重点、相互通报和确定表态口径，而且也做出许多预先决定，这些预先决定随后就会修改完善提交给内阁。延宁格尔、朔伊布勒和塞特斯向该机构通报信息，并完全利用它来确立自身目标，但只有在例外情况下才向它咨询。三方小组只能选择性地获知特殊渠道的谈判情况。从1984年开始，总理府就是协调会谈的地点。总理只是在其执政时期的第一个阶段亲自主持政府内部的协调委员会。到1984年底，科尔就不再负责这个领导任务并将其移交给了朔伊布勒。

总理府越来越多地将德意志内部关系部作为服务机构，该部门负责"民族形势报告"或整理德意志内部关系条约谈判各个具体议题的专业性文件。原则上主管的德意志内部关系部却不得不经常设法从总理府那里得到关于德意志内部关系谈判的重要信息。在处长层面上，通过成立联络委员会创建了一个新的协调委员会，该委员会位于德意志内部关系部中。这点至少可以视为德意志内部关系部在维护其作用上取得的部分成果。

政府内部对德国政策的协调受到总理府主管的国务部长或联邦部长个

人风格的影响。相对而言，虽然正式的协调机制组织不受政府更迭的影响而延续下去，但是自朔伊布勒上任之后，决策机构明显转移到了总理府。当巴泽尔预料到他将成为接管德意志内部关系部的显要人物时，他曾努力扩展其主管职权范围。他起初急于追求一些对德意志内部关系具有较高象征意义的政治姿态（例如上任后访问常设代表处，在会议大厅中的座位安排）。此后，在温德伦和魏姆斯的领导下，该部门在德国政策政府行为的实施方面本已受限的影响力又再次降低。

联邦议会党团虽然在科尔德国政策的基本方向上拥有相当大的影响力，尤其是在德国政策和东方政策交汇的领域，但在决策过程中却不享有具体的参与权。科尔和他的总管根据具体情况将单个议员作为党团内不同派系的重要代表吸收到决策过程中。

政府行为的工具与手段

无论是政府内部的谈判还是波恩与东柏林之间的谈判，都属于政府在德国政策上使用的基本工具和手段。若要对此做出恰当的评价，就要考虑到当时的时代条件。

回到那个充满冲突的时代是很困难的。当时，除了官方谈判之外，还有一直都在进行的秘密谈判。如果波恩和东柏林之间的确要交流重要事务，政府很少通过官方的外交谈判，更多时候会使用特殊渠道进行谈判。联邦总理科尔积极主动地将这种特殊渠道作为在德国政策上拉近双方关系的工具。他并没有延续上届总理施密特委任常设代表处负责人负责特殊渠道的做法，而是有意将特殊渠道与总理府领导联系起来，让总理府部长负责特殊渠道，从而对其构建产生了直接影响。对朔伊布勒来说，从这种模式中产生了一种手段来加强政府中枢。该渠道越是机密，就越是有成效。该渠道一方面用于开始谈判和准备谈判，另一方面则用来将由于公众纷争而形成的政治隔阂和阻碍尽可能悄无声息地消除掉。因为对政治而言，秘密外交所谓的秘密是针对公众的，但在朔伊布勒和沙尔克之间进行谈判时则很大程度上是开诚布公的。这样能在官方宣布政治意图之前，先悄悄探讨还存在哪些谈判回旋余地。更重要的是，这种方式给予科尔和朔伊布勒提出建议的机会，如果没有事先说明解释以及纳入政治上整体考虑，他们就无法正式批准这些建议（例如在易北河边界问题上）。让人意想不到的是，这种方式更适合民主德国谈判代表的情况，他们恰恰将非正式的一揽子方案作为解决问题的前提条件。

信件外交、科尔和昂纳克之间的电话通话、受党主席科尔委托非官方特使在东柏林打探情况，这些都属于隐秘外交的手段。在政府行为手段方面，联邦总理是如何将政治语言作为政府行为工具的呢？这一点在当时的民族形势报告以及政府声明中都能得到证明。这些报告不仅对当时德国政策形势进行了诠释，而且也是总理的一种领导工具。政府声明对任何总理而言都属于一种让追随者遵守纪律的手段。但科尔在"处于分裂状态德国的民族形势报告"中将关于民族分裂和统一主题的张力发挥到了极致。这与施密特总理所做的经济形势报告不同，科尔将民族形势报告作为他德国政策的原则性和纪律性文件。

第三节 谈判分析

许多复杂的谈判过程是可以进行分析的。在本书研究的时间范围内，议事日程的主题和参与谈判的人员都在发生变化。尽管如此，还是能系统性地提炼出以下谈判策略模式：

鉴于环境条件和决策已预先规定下来，首脑会面（科尔/朔伊布勒与昂纳克或科尔/朔伊布勒与统一社会党高级干部之间的会面）具有突出的价值。会谈准备的信号和对某些特定题目的相关探讨远早于首脑会面，就会为处于僵局的谈判带来转机。在行政谈判层面上，首脑会晤中提到的话题和所做的记录评注可长期作为引证实例。

首脑会晤按仪式性模式进行。在转达了问候之后，双方就给出关于东西方关系的政治形势评估。之后是逐个讨论双边事务性话题，不会对双方存在分歧的基本立场进行讨论。科尔和朔伊布勒经常试图强调现实状况，提出一些可行的方案来打破谈判僵局。德国政策三个步骤的重要内容也在实践中决定着谈判策略。在达成共识进行合作的基础上，彼此不要提出过高的要求且不要将不利于双方合作的内容作为重点，会谈保持客观冷静的态度并着重于解决问题。通常在谈判结束时要递交包含困难情况的若干清单。没有人能要求在事前就达成一致意见，但可以找到缓解冲突的合作方式。争论双方要信守游戏规则，而核心的游戏规则是：遵守条约。

波恩谈判代表所取得的成功绝不能完全归功于自己。只要莫斯科在某些谈判中制约着东柏林，最高明的谈判策略也无法使双方在德意志内部谈判中取得突破。

双方会晤层级越高，一般性政治形势评估和原则报告就越能主导着会谈的方向。科尔多数时候是委托总理府部长来确定议程主题，总理府部长对总理的立场深信不疑。

联邦总理开始会谈的方式与他的首席谈判代表截然不同。科尔总是把个人话题变成政治话题。为此，他经常筛选出自己和谈判伙伴之间在历史上或家庭上的关联。通过这种方式解开历史事迹和历史轶事里的世界之谜。经过慎重考量，联邦总理会采用友好而亲切的语调进行交流，并将此作为他的谈判策略之一有目的地使用。创造一种舒适的会谈气氛也是他的一个权力手腕。会谈一开始就破除了陈规旧俗，营造出一种私人交往的气氛，这种气氛能在谈判过程中为自己加分。

考虑到谈判的阶段性模式，预备谈判阶段对谈判进程以及对联邦总理在决策进程中的具体参与具有最为重要的意义。确定利益和谈判目标、总理与总管之间非正式日常谈话中沟通具体信息，这对在德意志内部关系、内政和党内事务上的相互了解起着特殊作用。

大多数情况，在朔伊布勒和沙尔克通过特殊渠道进行讨价还价，经常含有威胁、许诺之意，有时也会暗示要退出谈判。与此同时，朔伊布勒必须考虑谈判结果对政治和公众的影响。付出和回报必须达到平衡，但这一点经常无法实现，因为非正式的关联交易会让这种策略失效。特别是通过特殊渠道的会谈都是为即将举行的首脑会晤做准备或是做总结的。

第四节　执政风格

联邦总理科尔执政风格的突出特点已经包含在对德国政策决定程序的分析以及对谈判分析的总结性描述中。为了从德国政策方面的政府行为角度来丰富"科尔体制"，最后应该梳理其执政风格特征的关键概念。从梳理中也能清楚地得知，科尔的领导贡献在哪，他是如何维护权力的。他的执政体系首先得由自己建造。虽然科尔对德国政策的领导要求在政治机构中受到限制，但在任期开始时，科尔并没有将那些挑战他权力政治的人和竞争对手们抛之身后。直到1989年，职位优势、个人魅力以及其在德国政策上的声望都未能帮助他稳固权力。起初，他并没有做出如在统一德国的《十点纲领》中那样强劲有力、目的明确、具有治国才能的个人决定，而更多是表现出权力受到限制，这种局面是那些要求变革德国政策的对手造成的。

信任与忠诚：政治与人事

将一切都集中到总理个人身上。科尔将自己作为权力中心。他维护着一种非正式的个性化工作方式。当然，这也是他统治实践的组成部分。但是，科尔首先间接地通过他的人脉来进行治理。他完全从人事的角度来理解政治。对科尔来说，机构的工作永远无法替代直接的对话、会谈、小型的工作小组或电话通话。在德国政策的关键岗位上，他安置了他特别信任并且也确信其个人忠诚度的人，并且更多地与其政治家庭成员之间在政治协商系统中保持一致，这表现在：在决策进程的具体过程中，不再需要针对单个规则进行长期磋商。这是完美的工作分工，因此，其政治风格首先在巧妙的人事政策中表现出来。在此，我们不能假设，科尔在担任总理伊始就掌握了这种能力。这也证明，他是如何需要几年时间通过人事甄选在政治上和行政管理上做出方向性决定的。一直以来，都是由总理来确定参与者的人员安排。在此，科尔优先采用一种不依赖于官僚等级制的人才甄选方式。人与人之间非正式的密切关系比行政管理的责权范围更为重要。在这种极为个人化的政府行为方式背景下，总理在纲领目标和方案设计中的自身参与部分就显得不太清楚了。有针对性地挑选德国政策演讲稿撰写团队成员，这也体现了科尔的战略思维形式。总理无法用语言精确描述和定义的内容，就由演讲稿撰写人选取措辞来表达。科尔也通过这些撰稿人传达出舆论导向和趋势，这两者是政府声明作为整合政府行为工具必须包含的内容。

竞选斗士科尔：执政作为保障权力的艺术

科尔在内政中确保权力的方式总是首先通过确保其政党的议院的席位来进行的。政党政治的支持是他维护权力的保障，因此，这也要求他始终重视和注意政党内关于德国政策的冲突战线和纷争问题。对他而言，获取和维护权力是如此重要，以至于他必须始终关注这种权力的基本保障。他的强势在于对党内机构的有效掌控。他将执政理解为保障权力的艺术，这也就意味着选战局面将持续存在。对权力的追求是总理的中心动力。在所研究的时间范围内，德国政策的讨论焦点以及在条约谈判中他的决策行为证明，总理是如何将获得权力和维护权力进程作为其执政目标的，并且如何将德国政策方面的政府行为与此挂钩。"科尔体制"的特征具有多变性。这点在坚持德国政策基本立场的过程中以及在波兰边界讨论中保持克制态度都能体现出来。在条约谈判中放弃个人的明确目标也能体现这一点。就维护权力而言，总理一直十分成功。但是，若有人尝试以这种方式有策略地执政，就要辛苦费力地在内容上确立方向、提供问题分析或者在方案构想上指明方向。

隐秘执政：整合与主持

科尔是主持者、协调人、公职人员以及隐秘行事大师，隐秘行事使他成功实现了在执政同盟内和在本党内保障其政府行为。就这一点而言，德国政策同样遵守了联合执政民主制的要求、约束和结构条件。这也就不可避免地决定了在所有层面上都要采用非正式协商方式进行隐秘执政。科尔没有从正面与政府阵营内的竞争对手做斗争，而是去包容他们、赞赏他们并将其棱角磨平。隐秘执政的成功秘诀还包括一种柔化的确定方针能力：通过非正式程序改变决定；同时，在事务性问题中展现总理相对坦诚的态度。"科尔体制"成功的原因包括：不公布明确详尽的，但超出《基本法》序言规定的指导路线之外的德国政策长期战略。这样，观察家们常常不由自主地认为，政治对话、谈判和逐步改进的政策缺少宏观设计，而且这些与是否能完成国家统一毫无关系。此外，这种隐秘执政也源于他对他人的极度不信任、过度小心的斟酌权衡和对公开斗争局面的畏惧。科尔小心翼翼地行动着，摸索着本党或多数派党团给他留下的行动余地。并且，只有当他的权力地位看起来不再受到威胁时，他才会做出决定。只有在权衡决定之后，他才会宣布。科尔与根舍共同形成了对自民党需求的敏锐感知。自民党的需求在于：找到强调其自身特征的领域，并巩固其在该领域的选举地位。根舍和施特劳斯之间的争执历时已久，有时甚至体现出执政同盟内的强制特征。同盟伙伴的纷争会使各方认识到相互的益处。科尔未将自己卷入这场争执中去。他将其看作是为政治调停人提供突出个人特征的平台。但从总体上看，这种争执还是损害了一位拥有强势领导力的总理的形象。

为了让政治舞台布景后面相互牵制的各个部门有效运转，科尔采用了微妙的手段：以团结统一为由，将对手们强制性地聚集在一起；采取时间策略：对规划进度施加压力；由志同道合的伙伴代表自己发表讲话，并以此试探其政治倾向；采取"一方面该如何，另一方面该如何"的表达方式；通过推迟讨论、将其转移到机构中去讨论或用和谐的套话去调和矛盾等各种途径来缓解冲突。他经常有一种直觉，认为各方能够达到最小共识。这里展现出科尔真正的作用：团结包容不同的利益和性格，并对工作成果加以总结。当他能作为冲突调停人出场的时候，他就能证明自己强势的领导力。当没有必要去调停或没有冲突可调节的时候，他就会面对针对自己领导力虚弱的指责。这种隐秘执政方式经常有赖于适当的时机：他的决定是在他自己确定的时刻做出的。对此他常常遵循这样的原则：没有什么能比沉默更能提高威信了。

信息垄断：早期预警系统作为制定政策的组成部分

科尔开发出一套程序，通过该程序他成功了解其党派的主要利益形势，不需要通过公开的争议来进行判断。对此，就有必要利用党内各级信息传递人员建立完善的信息网络。这些信息传递人员服务于总理的个性化早期预警系统。早期预警系统的结果形成了总理的决策基础，用于辅助行政管理。这样，他就可以了解当时的局势。这种基本信息联络是其体制的组成部分，因为他需要借此来维持他的权力。这是极耗费时间的，并且需要持续的维护。当表明党内抵抗或党内紧急政治调整需求的迹象有所削弱时，他就尝试自己去联合竞争对手或让他的谈判代表去调解。无论如何，通过早期预警系统渠道传来的每个情报都准确反映了棘手的情况，在这些情况中，事务性的日常运作都会变成有争议的政治问题。尽管科尔建立起了预警系统，但还是有失败的案例。该系统绝不是完美无瑕的，尤其是对发生在民主德国事件的分析方面。

德国政策的政府行为正如同其直观表现出来的，符合其普遍的执政准则：制定方向、行动组织、政策执行能力。德国政策和"科尔体制"同时也受到时代的约束、结构的影响及个人能力的影响：集应对时局与掌控为一体。科尔任总理期间的德国政策既不能仅用政治领域的实际背景，也不能仅用权力问题来解释。政府行为的例子表明德国政策的价值对于科尔来说并不确定：为了获得和巩固权力，有时他会对德国政策需要多一些，有时则少一些。但从中绝不能推断出德国统一的目标对科尔只具有策略价值。恰恰相反，总理行为本身便证明科尔对统一的渴望。但是直到1989年秋天，都看不到德国统一已经临近。

附　　录

研究资料与研究方法理论框架

本章为对学术研究感兴趣的读者补充一些额外信息，以便使读者了解这项研究归于哪种研究方法和理论范畴。首先对档案利用做简短介绍，然后介绍 80 年代对德国政策、决策过程、谈判分析和联邦总理赫尔穆特·科尔的执政风格等领域的研究情况要点。

1. 档案材料[1]

联邦政府的档案

联邦总理府、作为德意志内部关系部法定继承者的联邦内政部及驻东柏林常设代表处公开的档案完整目录都可以充分利用。可以通过科布伦茨的联邦档案馆和汉格拉尔（Hangelar）临时档案馆或直接在总理府查阅并利用档案。此外，也可以研究那些作为机密文件而处于保密状态的档案。这些档案只能在联邦总理府的机密文件档案室查阅。在为研究而利用这些档案之前，必须对每份文件提出单独申请，以降低其保密级别，将其作为公开信息资料。联邦总理府有权支配的所有文件都可以这样做。包括：联邦总理府的档案或总理府对其具有指示权的机构的档案，如联邦情报局或联邦德国驻东柏林常设代表处。一条特殊规定将 1982 年 10 月 1 日至 1989 年 11 月 9 日联邦内阁会议涉及的德国政策主要内容纳入研究范围。

联邦德国政党档案

除了以上政府档案，研究还需选择性地使用政党文件资料。首先是利用本书研究时间范围内的基民盟/基社盟联邦议会党团记录。此外还查阅了基民盟联邦理事会的会议记录。

德国统一社会党的档案

截至 1990 年人民议院选举，民主德国政府的官方档案都没有限制使用说明。对各轮德德谈判或会谈策略有参考价值的文件资料已作为背景信息使用。但是，民主德国内部的决策过程不是本研究的中心。另一个更为重要的背景是：西德当事人与统一社会党干部的会谈记录可用来进行西方和东方资料的对比分析，从而验证其真实性和可靠性。在本次研究期间，在柏林联邦档案馆成立了"民主德国党派与群众组织档案基金会"（SAPMO – BArch）。该项目系统地保存了政治局会议的档案，以及米塔格、昂纳克、库尔特·哈格尔（Kurt Hager）和阿克森的办公室文件。部分会谈记录在此期间已公开出版。

出版物资料来源

除了分析迄今为止很少的有关科尔时期德国政策政府行为的二手学术文献之外，还充分利用了新闻媒体档案。充分系统地利用了新闻媒体（通讯社、日报和周报）对德国政策决策过程的分析报道。但只有部分内容对本次研究有帮助。只有在各部门之间发生冲突或涉及对联邦总理领导行为的批评时，才会提到决策过程。只有同时介绍并描述具体经过和当时政治氛围时，新闻报道才能作为"展示当代历史的主要途径"[2]对本研究有较大利用价值。只有在冷战和 80 年代中叶东西方关系出现对峙的背景下，决策[3]过程、政府行为和德国政策的目标纲领才能恰当地叙述梳理。

除此之外，联邦议院的记录和决议、有关德国政策的讲话、新闻公报、表态、联邦政府和德意志内部关系部的文献资料也都可以作为第一手资料使用。几乎所有此类第一手资料都纳入联邦政府公报或关于德国政策[3]材料汇编中。此外，还有一系列回忆录以及当事人多卷本回忆录或关于这些人的传记，也可以作为基础性材料加以利用。

2. 80 年代的德国政策

德国联邦议院"清算统一社会党在德国的专制历史及其影响"调查委员会的材料从波恩尤其是东柏林的视角出发，对德国政策的内容、结构以及从部分方面看德国政策的进程做了十分全面的阐述[4]。但该研究的中心是围绕德国统一社会党的政治历程，因此只有个别方面可用于本书研究的问题。一项对调查委员会报告的研究将联邦政府于 1982~1989 年期间的德国政策以及党派政治的导向明确而详尽地加以梳理分析。[5]

马蒂亚斯·齐默尔（Matthias Zimmer）对 80 年代波恩的德国政策做了整体描述[6]。但他的出发点是呈现德国政策目标纲领并描述 80 年代德国政策事件，而完全有意忽略了当事人、决策和进程等问题。蒂莫西·加顿·阿什（Timothy Garton Ash）的著作试图对德国政策事件的整体轮廓进行描述。[7]他把重点放在社民党的东方政策和德国政策上。然而，该书只有很少内容涉及 80 年代。他将德国政策纳入东方政策的整体框架中，并很大程度上采用反对党社民党的文献资料来研究其课题。彼得·本德尔（Peter Bender）研究的出发点也类似，他探讨了自 1949 年以来处于分裂状态的德国的历史。[8]

相对而言，一些总结性的年度报告书籍则具有介绍性质，这些书籍主要介绍 80 年代波恩的德国政策所取得的成绩。[9]所有这些著作首先都是以问题为导向来撰写的，不涉及德国政策决策系统的实际操作层面。大量关于德国问题和民族自我认知的学术分析亦是如此。[10]其内容更多的是介绍政治文化领域，而不是以进程为导向。一些关于德国政策国际视角的出版物探讨了联邦德国政策可能的目标冲突、德国政策的安全政策及其在波恩－柏林－莫斯科关系领域中的境况。[11]对于德德关系议事日程单个主题的深入分析更多是特例。[12]只有少量研究描述了各政党在德国政策上的不同特点。[13]此外，还有在西德外交政策[14]整体框架内有关德国政策的研究论文或关于联邦德国政治历史的研究论文。[15]在此期间，已经有了此类文献汇编，其中包含关于德国政策谈判或德德会谈的文件资料。[16]一些著作介绍性地[17]或从部分内容入手，从各个角度出发对 80 年代的德国政策进行了分析评论。[18]

所提到的最后一类是由波恩的德国政策当事人[19]或德国统一社会党的

一些当事人[20]所撰写和发表出版的回忆录。迪克曼和罗伊特对德国统一进程的主要当事人联邦总理赫尔穆特·科尔所进行的数小时采访具有特殊重要价值。[21]它从当代史视角再现了总理的感受看法。尤其是对在德国政策上风起云涌的决断之年 1989 年，有许多相关的政治学研究，大多数是以 1989 年夏季民主德国公民的离境潮为开端，特别从国际视角或民主德国的特定视角分析了波恩的政府行为。[22]但这仅仅涉及政府行为进程的最后篇章。

3. 德国政策的决策过程

由于德国政策的决策过程在执行计划上与总理府的关联及其在国家之间的影响范围，因此，其与外交决策过程有很多共性。在对课题范围进行限定的过程中，就已经提到了这一点。德国政策的决策过程也受非正式的党派政治的普遍趋势影响，但与其他政治领域相比，德国政策的决策过程所受的影响要小得多。[23]政府行为是一群"既存在合作又有冲突的政治参与者们有目标的行为。"[24]决策理论有助于解释这种行为。除此之外，决策理论还可以确定决策过程的阶段、影响因素和限制条件。因此，在研究时期，大量不同的德国政策决策过程可依据所选的决策理论元素系统地加以整理、评判和解释，而不需要在研究中使用一种具体的理论。在诸多适用的决策理论中[25]，从对该研究的分析层次来说，对当事人的深入了解是重点内容。个体当事人的决策过程被赋予一种特殊的意义，因此，研究重点就是当事人与其他个体当事人的互动。[26]原则上作为理论假设，以下三种不同类型成为外交政策不同出发点的基础:[27]

– 它是一种以目标和目的为导向或者从个体当事人或集体当事人的理性行为出发的基本思想。其中包括现实主义学派的诸多基本传统思想[28]以及博弈论的基本思想[29]。按照这种理论，当事人会选择那些可以实现自身利益最大化的策略。博弈论一方面用来诠释外交政策的决策过程[30]，另一方面用来解释互动进程[31]。此外，还有一些基本出发点同时也兼顾了当事人的利益感知观念[32]。但这些理论往往会忽视人物个性变量。

– 第二种基本思想是: 为了解释决策行为而将所谓实践环境如社会、政治和组织结构纳入考虑范围之内。"所有借助社会、政治或组织条件来解释当事人决策行为的做法都称为环境理论，而决策要在这些条件的框架内做出。"[33]这种由于其范围广泛的问题领域而变得受人欢迎和普及起来的决策理论基本思想来源于斯奈德（Snyder）。[34]该思想是以研究决策者的感知观念、诱因动机和态度立场的组成为导向。按照这种出发点，决策的限制就可能存在于信息、通信联络、常规处理、资源和感知观念等领域。[35]但缺少关于某种因素的重要性或因素之间关系的表述。罗森瑙（Rosenau）更精确地描述了内政和外交政策决策过程之间的关系。[36]政治控制论的模型也可归纳为环境理论。[37]在此，也考虑到了决策过程信息处理的认知角度。[38]组织进程和官僚政治模式是另一类环境理论，其中当事人的行为首先由其所处等级体系中的地位来进行解释。在这一模式中，其中心内容是内部的协调进程。[39]在阿利松（Allison）[40]为国家内政层面决策过程制定出的官僚政治模型中，[41]应当确定一个当事人是否能独自进行决策，或者一个当事人是否会得到其内阁同事们的授权做出决策，或者他是否会由于唯一的决策权与某个顾问委员会发生矛盾。[42]只有这样才能确定，哪些经验、能力、责任和问题的定义影响着决策过程。此外，这种模型还提供了依据要点，即决策委员会中的某个派别如何得到对行为策略的支持。最后，在这种模型中，决策过程也必须通过关于西德各部委官僚体制职能部门之间的协调模式而得以充实和丰富。[43]

－借助心理环境解释决策理论。这可以是个体或集体当事人的感知、立场或行为变量。在此，中心问题是：当事人的个性扮演着怎样的角色？他是如何处理和选择详细信息的呢？[44]因此，需要对三个重要的领域加以区分：

a. 信息：同时会考虑到对信息论的认识，在此，选择性和限制性的信息处理起到一定的作用。

b. 感知观念：决策者看待问题的不同方法及其与事实的偏离对此产生了重要的影响。尤其是，杰维斯（Jervis）[45]在这种情况下曾推测，决策者是如何感知其他当事人的行为并如何评判其意图的。这种观点可以借助于大量政府档案中的批注并表现得极其透彻。用于准备会谈的批注经常包含谈判伙伴在内容上的立场及对其论述可能的回复。政治当事人是否遵从了这种路线，这可以通过对谈判进程中会谈记录的分析来加以解释。此外，杰维斯的理论还可解释一些矛盾的信息及不清晰的情况。按照这种思想，当事人明显倾向于将另一方的行动赋予一种主观意义，在此，他们就努力将新信息与现有思维方式融为一体，以避免出现棘手的情况。[46]

　　c. 图像：决策者们勾勒出其谈判伙伴的图像。[47]这种思想基础是通过以下几个要素确立的：分类观点模型[48]、处理思考图像[49]（尤其是在国际首脑外交范围内[50]）以及结合关于偏见的研究结果[51]。与此同时，图像总是涉及个人的观点模型与政治决策之间的关联。

联邦总理及其政府中枢在德国政策中具有垄断地位，这对研究规划造成的影响是：研究必须以决策者和受其环境影响的决策行为为研究重点。鉴于对决策阶段的系统化分类和对影响因素的分类，对于这项时间跨度为七年多的具体德国政策决策系统进行的经验性研究，这些具有高度抽象度且不具备历史观的决策理论的作用就很有限了。鉴于总理和总理府的主导优势，更多采用结构功能方法并强调所有可以想到的决策者、国际局势以及内政影响因素在整体情况下不同分量的决策理论，就显得对这项研究意义不大了。这些环境因素虽然起到一定作用，但只有当决策者在进行具体决策时考虑到这些因素的作用，这些因素才可能发挥作用。因此，这项研究目标明确地从对总理府决策中枢的阐述作为开端。

迄今为止，对德国政策决策机构的案例调研为数不多。并且，大部分内容只涉及 70 年代初的东方政策和德国政策[52]，一些文章还涉及 1990 年德国统一进程研究。[53]但是为了分析具体的西德决策系统，人们可以使用关于外交政策和安全政策决策机关的前期研究成果。[54]

现在对联邦总理府决策中枢的研究已经有了一系列新著作。[55]但这些著作一般来说观察的是总理府的任务和工作方式，很少涉及德国政策决策管理的部分。

4. 谈判分析

在该领域内，没有特别适用于有关德国政策谈判的谈判理论。[56]但是从不同理论出发点来分析，可以回答有关谈判进程的基本条件、模式以及环境因素和谈判策略等问题。原则上，本书研究的政治谈判一方面涉及的是政府内部的谈判，另一方面是联邦政府与民主德国国家领导层及党领导层之间或在双方委任代表之间的双边谈判。如果人们遵循外交中的典型模式，那么这些谈判可以称为双边秘密外交，在特殊情况下，也可称为首脑外交，但几乎都可以称为正式的谈判外交。[57]

一些谈判理论更加重视谈判结构和环境因素的影响，而不太重视对需要调和的利益矛盾进行分析，并且不把那些作为谈判基础的利益视作既成条件。[58]在此，可以用情境结构的理论来对这些谈判理论进行补充。[59]这种理论旨在解释在两个或多个当事人之间发生冲突时的行为方式。

勒博（Lebow）则选择了另外一种方式。他制作出一种三阶段模型[60]对复杂谈判进行分析。三个阶段包括：预备谈判阶段[61]（对自身利益和目标的定义）、谈判阶段[62]（选择谈判策略并论证自身要求）及谈判后续阶段[63]（贯彻执行协议）。对联邦总理科尔的政府行为来讲，恰恰是预备谈判阶段占主导地位，在该阶段，他会去探讨决策框架并向首席谈判代表展示谈判的操作空间。然后，首席谈判代表在谈判阶段就不必与总理进行细节上的反馈商议，而是可以自主地在一定空间内行动。即使联邦总理科尔亲自来做进一步的谈判，也可以对原本的谈判阶段进行研究。

勒博系统将谈判策略分为两种类型[64]：在类型一中，首先，由于找不到任何成果来满足双方谈判伙伴最低限度的要求，因此，不可能达成一致意见。对当事人的挑战在于克服两种立场之间的利益冲突。按照勒博的观点，最为适合的是采用刺激策略：以较少的代价做出妥协让步；一方做出妥协让步，以便促进双方合作。例如，在德国政策上就经常通过提高礼宾规格来实现合作，民主德国对这一点非常重视，但是对联邦德国来讲，这其实并不意味着多少政治让步。在谈判类型二[65]中，由于存在共同的利益交集，因此，有可能签订多份协议。[66]在正常情况下，在这一类型中使用合作策略最为合适，该策略将谈判理解为合作性事业。[67]至少，对德国政策谈判结果的公示排除了这种谈判类型。而事实上，人们通过特殊渠道所寻求的恰恰是共同利益的交集。相对而言，普鲁伊特（Pruitt）制定了三种策略。[68]一个谈判参与者尝试让其他人相信自己目标的正确性，从而使对方放弃原有的计划。第二种选择，他也能够尝试通过放弃自身的要求来达成一种和谐统一的解决方案。第三种方案，他也能提供合作性问题解决方案。按照这种方案所研究出的解决方法会考虑到双方的利益。菲舍尔（Fischer）和乌里（Ury）阐述了两种策略：第一种策略涉及立场的谈判[69]，也是谈判伙伴们采用最多的方式。按照这种策略，当事人处于两种相对的立场中，从这种基础出发进行有利于自身立场的论述并逐渐背离该立场，目的是获得一种更趋近于解决方案的立场。为了最后能达成对自己较为有利的谈判结果，当事人开始谈判时都持有极端的要求。因此，当事人只有通过艰难的努力才能达到目标，所以这种策略要求大量的资源。如果谈判进入公众领域，难度就会上升。菲舍尔和乌里所建议的另一种策略是涉及事务的谈判方法或以利益为导向的谈判方法。[70]当事人们从一致的利益基础出发开始谈判，寻求一种整体解决方案。他们在准备向对方妥协让步的过程中建立互信；他们寻求创造性的方案，在这些方案的帮助下来平衡双方当事人的利益。

在德德关系的日常交往中，以解决问题为导向的行为方式[71]通常属于例外情况。与此相对，谈判的两难局面却更为贴合实际情况：可以达成的解决方案对每个参与者而言几乎都存在差别。例如，经常出现这种情况：当分配结果存在差别，要额外通过补偿性支付和关联交易[72]来加以平衡时，就会对付出与负担的评估发生争议。[73]"在围绕着对合作利益进行分配的争执中，要达到成果就要求采用……策略行为、操纵信息、使用恫吓威胁等手段，简言之就是交涉甚至是对峙的行动方式。"[74]关联交易也称为一揽子建议或打包解决方案，经常出现在德国政策的议事日程上，多数情况下是作为非正式的协议。在此，涉及关于不同政策领域或效益/损失标准的补偿性协议："在内容上，是按照跨领域的补偿平衡标准实现不同政策领域的关联挂钩。通过这种方式，那些不利于在单个政策领域内达成协议的情况就会发生变化。"[75]

富有成效的谈判[76]恰恰是由寻找到共同利益的能力和政治上的执行能力所构成的。原则上来说，在谈判中提出的要求都需要具有可信度。可以根据以下三种格外强调的策略对这些要求加以审查：威胁、许诺和外部选择。[77]

预备性谈判是在更大圈子里进行谈判的前提，在预备性谈判中会详细说明双方中哪些人应该参加谈判。未来的谈判参与者首先应不考虑权力落差，彼此应作为权利平等的对话伙伴。[78]在德国政策领域中，在涉及德意志内部关系部是否可适当参与谈判时，经常会引发政府内部及外部的冲突。但是，确保政治谈判效率的最重要工具不仅包括划分参与者圈子，而且还包括确定公布谈判信息的受众范围以及公开谈判状况的时间。

5. 联邦总理赫尔穆特·科尔的执政风格

德国政策方面的政府行为仅仅是大量政府行为的冰山一角。传统上来讲，政府学关注的都是政府在政治体制所有层面上的工作任务、组织形式和工作方式。这里通过如下三个问题来探讨和细化这个课题范畴，该范畴对当前的研究很重要：执政是如何进行的？联邦总理是如何执政的？赫尔穆特·科尔是如何执政的？

执政是如何进行的？

直到近年，这个狭义政府学的传统问题才在关于联邦德国政治体系的研究文献中扮演了更加重要的角色。[79]迄今为止，没有一种政府学得到公认。[80]以下方法描述了基本研究方向：

秩序政策和制度研究方法[81]

在 60 年代，首先是威廉·亨尼斯（Wilhelm Hennis），还包括埃米尔·纪尧姆（Emil Guilleaume）和托马斯·埃尔文（Thomas Ellwein）着手为政治学的政府学研究或是到那时为止存在的宪法和民主学说[82]赋予一种新动力。[83]作为实践哲学的代表，亨尼斯在他 1965 年的纲领性论文《现代政府学任务》中总结了指导性问题。[84]到那时为止，政府只是被当作制度化的秩序而非一种工作的总和来理解。他想改变这一点并探寻政治机构的意义。在这种背景下，可以确定的是，他的方案主要具有秩序政策及制度化的视角。[85]在方法上，他反对经验性系统分析，认为彻底的操作化是不可能实现的。鉴于资料来源基础不可靠，个人和集体当事人的行为大多是保密的。因此，那些对机构运作方式的经济、社会前提条件的制度研究并未得到扩展。

内容和进程研究方法

这类更多在社会学意义上以现代盎格鲁－撒克逊理论和经验为导向的方法，将政治体系应履行的特定功能、公共任务及这种任务分配的贯彻实行作为研究重点。此外，还从政治学角度研究行政管理问题，这些问题以调控概念为导向，也就是对社会问题的调控能力。[86]当 60 年代末计划需求增长时，进一步激化了关于机构的作用方式问题。管理科学的讨论应为此提供答案，以便掌控政治发展的组织计划性[87]。为了满足计划和建构的需求，政治学的政府研究和管理研究的蓬勃发展，其中一种重要推动力来自政治实践自身[88]。"总结起来可以确认的是，在分析社会进程的基础上，理论性认识恰恰将政府的实践经验和管理作为社会科学研究对象，与其他的学科区别开来，从而也为政治学问题赋予了独立的地位。"[89]

在以行为理论为导向、政治学调控理论的框架内，同时也在围绕"治理"这一概念的比较分析法框架内，有关政府行为能力的问题决定着对政府基础及工作进行分析研究的方法[90]。需要研究的还包括政治规划元素在以德国政策为例的执政风格中占何种角色。

联邦总理是如何执政的？

对这个问题的回答从一开始就与由《基本法》所确立的结构特征有密切关联。联邦总理地位显赫，这是德国议会制政府体系的特点之一。联邦总理是唯一由联邦议院选举产生或通过选举新一任联邦总理而被推翻的政府成员。联邦总统按照联邦总理的建议对联邦部长们进行任命或解职。以下三种原则体现了联邦政府的工作方法及其地位特征：联邦总理制定方针路线的权能（总理原则）、内阁的多数决策（共同决策原则）和部长对其部门的职责（部门职权原则）[91]。《基本法》第65条为此确定了宪法框架："联邦总理决定政策基本方针并对此承担责任。在基本方针范围内，联邦各部部长独立负责地领导其部门。联邦政府裁决联邦各部部长之间的意见分歧。联邦总理根据联邦政府通过的并经联邦总统批准的议事规则来领导其工作。"通过联邦政府议事规则进一步规定联邦总理决定基本方针的权能是一种领导权能，根据这种领导权能，联邦总理在有争议性的情况下可优先贯彻他的方案。该权能的范围是非常模糊的，既涵盖单纯的协调工作[92]，也包含全面的政治领导工作[93]。这一权能与其他职能显然是矛盾的："在第一句中（《基本法》第65条。作者注），该条赋予了总理决定基本方针的权能，从而使总理能充分施展总理原则。第二句则规定每位部长在基本方针范围内独立负责地领导其部门，这样便能实现部门职权原则。按照第三句，尽管有基本方针权能，联邦政府最终应对部长们之间的意见分歧做出裁决，这符合总理原则。"[94]共同决策体制和个人领导在这里相辅相成。

权力集中在联邦总理手中使联邦德国政治体系称为总理民主。

总理民主概念是以波恩共和国第一位联邦总理康拉德·阿登纳的特殊执政技巧为导向的，正是威廉·亨尼斯论证了总理民主范式[95]。此外，在拉开历史距离后产生的更多研究著作进一步区分了总理民主概念与总理的强势地位。[96]在 80 年代末，一些政治学家对阿登纳的总理民主做出了总结。[97]在关于评判执政技巧的适当标准方面他们产生了分歧。[98]在此，促使第一位联邦总理阿登纳形成其特殊执政风格的特定条件就越来越清晰地进入政治学家的视野。首先，沃尔夫冈·耶格尔（Wolfgang Jäger）一再明确强调，总理民主是如何在此期间按照他的观点变成协调民主的。[99]注重合作的主持型领导风格要求将协调能力作为领导工作，这种风格使当今政党民主更顾及执政伙伴并更多在幕后发挥作用。政府首脑最终所失去的总理权力，可以通过他作为政党领导人的职位加以补偿。可以准确确认的是，这种现象不仅存在于联邦德国的政治体系中。[100]协调民主的概念也包含将决策转移到宪法没有规定的机构中，例如筹建执政同盟的谈判。[101]

赫尔穆特·科尔是如何执政的？

尽管赫尔穆特·科尔的总理任期很长，但迄今为止，寻找对这个问题答案的人还未能找到一部篇幅宏大的研究成果。所有全面研究当代史的论著都截止到赫尔穆特·施密特任期结束。[102]那些以比较研究观点来分析赫尔穆特·科尔执政行为的论文和部头较小的著作大多只用很小篇幅来论述他的执政时期。[103]因此，只有大量关于其执政技巧的单个决策和背景的报刊报道及评论。[104]或者，有人试图通过关于科尔的传记来分析其政府行为的各个方面。[105]与此同时，对科尔的执政形成了两种截然不同的观点：一种是不断指责其弱势领导力，也戏称为"坐享其成"；另一种是非难其强势领导力。这两种观点交替出现。[106]

施派尔（Speyer）高级行政学院推出了一批理论分析论文，从总理府过去的工作人员视角出发，介绍了在赫尔穆特·科尔领导下总理府履行任务的情况以及行政管理与政治领导之间的合作。[107]如果有人尝试从其权力基础出发去诠释科尔的执政行为并更重视他保障权力的技巧，那么也有一批主要研究总理和党派之间关系网的成果。[108]

注　释

第一章　德国政策与执政的艺术

1. 1990 年 4 月 3 日《南德意志报》文章《伟大的坚定不移》（Hermann Rudolph：Von monumentaler Unbeirrbarkeit，in：*SZ* v. 3. 4. 1990）。

2. 参见 1994 年 5 月 3 日《法兰克福评论报》文章《当代史学家的责任》（Jürgen Kocka：Von der Verantwortung der Zeithistoriker，in：*FR* v. 3. 5. 1994）。

3. 该结果刊印于：Deutscher Bundestag（Hrsg.）：Materialien der Enquete – Kommission»Aufarbeitung von Geschichte und Folgen der SED – Diktatur in Deutschland«（12. Wahlperiode des Deuts chen Bundestages），Baden – Baden1995。

4. 关于政府学方法论及发展历程的概览还可参阅文献：Stephan von Bandemer/Göttrik Wewer（Hrsg.）：Regierungssystem und Rcgierungslehre. Fragestellungen. Analysekonzepte，Forschungsstand，Opladen1989；Hans – Hermann Hartwich/Göttrik Wewer（Hrsg.）：Regieren in der Bundesrepublik，5 Bde. ，Opladen 1990f。

5. 可参阅 Hans – Ulrich Derlien：Regieren. Notizen zum Schlüsselbegriff der Regierungslehre，in：Hans – Hermann Hartwich/Göttrik Wewer（Hrsg.），Regieren in der Bundesrepublik，Bd. I，Opladen 1990，S. 78 – 88；Emil Hübner 关于相关总体概述参阅 Parlament und Regierung in der Bundesrepublik Deutschland，München 1995；对此概述还可参阅 Axel Murswieck：Regieren，Regierbarkeit，Unregierbarkeit，in：Dieter Nohlen/ Rainer – Olaf Schultze（Hrsg.）：Politische Theorien，Bd. 1，München 1995，S. 533 – 539。

6. 根据 Hans – Hermann　　　　Hartwich：　　Regierungsforschung. Aufriss　　　der

Problemstellung, in: Hartwich/Wewer: Regieren in der Bundesrepublik, Bd. I, Opladen 1990 S 9 – 20，这里 S. 11；此外还有 Karl – Rudolf Korte: Das politische System der Bundesrepublik Deutschland, in: Manfred Mols u. a. （Hrsg.）: Politikwissenschaft. Eine Einführung, 2. Aufl. Paderborn u. a. 1996，S. 71 – 101。

7. 在当时先是使用 "重新统一政策（Wiedervereinigungspolitik）" 的概念；70 年代时 "德国政策（Deutschlandpolitik）" 取代了 "重新统一政策" 这一概念。

8. 原则上可参阅 Karl – Rudolf Korte: Der Standort der Deutschen, Köln 1990。

9. 有关定义领域可参阅 Timothy Garton Ash: Im Namen Europas. Deutschland und der geteilte Kontinent, München/Wien 1993，S. 57 – 67。

10. 在联邦德国和民主德国签订《基础条约》之后，操作层面的问题便受到重视。

11. 此后也将此称为 "德德关系"（deutsch – deutsche Beziehungen），虽然这一称谓在语言上更多强调了分裂视角，但在本研究中将德意志内部关系和德德关系作为同义词来使用。据文献记载，所谓 "德意志内部关系"（innerdeutsche Beziehungen）这一概念的使用是自 1967 年 5 月往返信件规则中而来。此处参阅 Joachim Nawrocki: Innerdeutsche Beziehungen，见: Werner Weidenfeld/Karl – Rudolf Korte（Hrsg.）: Handwörterbuch zur deutschen Einheit, Frankfurt a. M. /New York 1992，S. 383 – 392，hier S. 385。

12. 其中也包括之后使用的概念如 "德国统一社会党领导层、德国统一社会党政权、民主德国领导层" 等。

13. 参阅 Hans von Mangoldt 文章: Staatsangehörigkeit. 见: Weidenfeld/Korte（Hrsg.）: Handwörterbuch zur deutschen Einheit, S. 622 – 630；以及 Eckart Kle 见: Deutschlandsrechtslage, 见: Ebenda, S. 236 – 244。

14. 也可参阅 Garton Ash: Im Namen Europas. S. 221。

15. 关于权限和任务分配可参阅第二章 "德国政策决策结构中的行政部门" 中的细节。

16. Hartwich: Die Bundesregierung, S. 242.

17. 对此也可参阅作者 1996 年 2 月 19 日在波茨坦与布罗伊蒂加姆（前国

务秘书）的谈话。

18. 在分析层面上可参阅 Helga Haftendorn：Zur Theorie außenpolitischer Entscheidungsprozesse. 见：Volker Rittberger（Hrsg.）：Theorien der internationalen Politik. Bestandsaufnahme und Forschungsperspektive，Opladen 1990，S. 401 – 423，这里参见 S. 402。

19. Volker von Pritnvitz：Verhandeln im Beziehungsspektrum von Kommunikation，in：Ders.（Hrsg.）：Verhandeln und Argumentieren. Dialog，Interessen und Macht in der Umweltpolitik，Opladen 1996，S. 47.

20. Volker von Prittwitz：Politikanalyse. Opladen 1994. S. 42.

21. 对此与谈判系统的类型相区别，可参阅 Fritz W. Scharpf：Einführung. Zur Theorie von Verhandlungssystemen，见：Arthur Benz 以及：Horizontale Politikverflechtung. Zur Theorie von Verhandlungssystemen. Frankfurt a. M/New York 1992，S. 11 – 28；还有 Ders.：Koordination durch Verhandlungssysteme. 见：Ebenda，S. 51 – 96。

22. 他在后面多数情况下都被简称为沙尔克（民主德国外贸部商业协调部门领导人）。

23. 关于那些目标指向和以目的为理性，多数情况下隶属于政治规划和政治规划战略概念，政治规划及战略可参阅 Thomas Ellwe：Politik und Planung. Stuttgart 1968；Fritz W. Scharpf：Planung als politischer Prozeß，Frankfurt a. M. 1973。

24. 关于谈判策略可参阅 Richard Ned Lebow：The Art of Bargaining，Baltimore/London 1996，S. 55 – 131。

25. 最后可参阅 1996 年《议会问题杂志》的文章《科尔的总理民主》（Werner Kaltefleiter：Die Kanzlerdemokratie des Helmut Kohl，见：*Zeitschrift für Parlamentsfragen*，1996，H. 1，S. 27 – 37）。

26. 关于风格可参阅 1966 年《政治季刊》文章《联邦德国风格论点的使用》（Klaus Eckhard Jordan：Zur Verwendung des Stilarguments in der Bundesrepublik Deutschland，见：*Politische Vierteljahresschrift*. 1966. H. 2. S. 97 – 118）。

27. Hesse/Ellwe 见：Das Regierungssystem，Bd. 1，S. 265。

28. 对此的概述参阅 Karlheinz Niclauß：Kanzlerdemokratie. Bonner Regierungspraxis von Konrad Adenauer bis Helmut Kohl，见：Hartwich/Wewer（Hrsg,）：

Regieren in der Bundesrepublik. Bd. I, S. 133 – 144；Göttrik Wewer：Richtlinienkompetenz und Koalitionsregierung：Wo wird Politik definiert？见：Ebenda，S. 145 – 150；Axel Murswieck：Die Bundesrepublik Deutschland. Kanzlerdemokratie，Koordinationsdemokratie oder was sonst？见：Ebenda，S. 151 – 169。

29. 对在职政府官员、国务活动家或民众领袖这些政治家类型的区分可参阅 Guy Kirsch/Klaus Mackscheidt：Staatsmann，Demagoge，Amtsinhaber. Eine psychologische Ergänzung der ökonomischen Theorie der Politik，Göttingen 1985。

30. 关于协调和领导行为之间的关系，可参阅 Thomas Ellwe：Koordination in der öffentlichen Verwaltung. Ein Versuch in pragmatischer Absicht，见：Ders 以及（Hrsg.）：Jahrbuch zur Staats- und Verwaltungswissenschaft 1991，S. 99 – 124. Hier S. 121 ff。

31. 可参阅 Waldemar Schreckenberger：Veränderungen im parlamentarischen Regierungssystem. 见：Bracher（Hrsg.）：Staat und Parteien. Berlin 1992. S. 133 – 157，hier S. 152；还可参阅 Helmuth Schulze – Fielitz：Der informale Verfassungsstaat. Aktuelle Beobachtungen des Verfassungslebens der Bundesrepublik Deutschland im Lichte der Verfassungstheorie. Berlin 1984；Hübner 指出，这种赋予非正式委员会更多份量的做法有较长的传统。可参阅 Hühner：Parlament und Regierung，S. 246；对此还可参阅 Jürgen Domes：Bundesregierung und Mehrheitsfraktion，Köln/Opladen 1964. S. 163 u. S. 163. 1997 年 9 月 27 日《法兰克福汇报》文章《伯利克里对一个繁荣昌盛国家的悼词》（Wilhelm Hennis：Totenrede des Perikles auf ein blühendes Land，见：*FAZ* v. 27. 9. 1997）。

32. 关于科尔的权力基础可参阅 Warnfried Dettling：Das Erbe Kohl. Frankfurt a. M. 1994；对此还可参阅 Heinrich Popitz：Prozesse der Machtbildung，Tübingen 1963。

33. Konrad Adam：Kohl und die geistig – moralische Wende，见：Reinhard Appel（Hrsg.）：Helmut Kohl im Spiegel seiner Macht. Bonn 1990. S. 21 – 31，hier S. 30f。

34. 参阅 1990 年 4 月 3 日《南德意志报》文章《伟大的坚定不移》（Hermann Rudolph vonmonumentaler Unbeirrbarkeit，in：*SZ* v. 3. 4. 1990）。

35. 对此的重要观点还可参阅 Jean Blondel：Political Leadership. Towards a General Analysis，Newbury/London 1987。

36. 研究材料的详细清单和分类参见本书附录。

37. 根据联邦总理府 113 处一位工作人员的陈述 。

38. 对此可参阅 Hesse /Ellwe，见：Das Regierungssystem，S. 263。

39. Leopold von Ranke：Geschichten der romanischen und germanischen Völker von 1494 bis 1514. 2. Aufl. . Leipzig 1872，S. VII；对此也可参阅 Reinhart Koselleck：Erfahrungswandel und Methodenwechsel. Eine historisch – anthropologische Skizze，见：Christian Meier/Jörn Rüsen：Historische Methode（Theorie der Geschichte. Beiträge zur Historik. Bd. 5）. München 1988. S. 13 – 61. hier S. 28f。

40. 这里指的是 1971 年 9 月 3 日签订的《四国协定》。

41. 波特霍夫在对东部档案分析利用之后如此诠释；可参阅 Heinrich Potthoff：Die » Koalition der Vernunft «. Deutschlandpolitik in den 80er Jahren，München 1995，S. 88。

42. 这里所指的并不是由记录员呈送给参与的职能部门的官方版本记录，而是与会议讨论有关的评注。

43. Edward Hallett Carr：Was ist Geschichte? 4. Aufl. Stuttgart 1974，S. 16.

44. Baring：Machtwechsel，S. 16.

45. 参见布罗伊蒂加姆（前国务秘书）1996 年 2 月 19 日在波茨坦和作者的谈话；还可参照朔伊布勒 1996 年 6 月 12 日在波恩和作者的谈话；联邦总理 1996 年 8 月 26 日在波恩和作者的谈话中也证实了此观点。

46. 一位工作人员对新上任的联邦部长吕特格斯这样说，参阅 1995 年 2 月 24 日第 8 期《南德意志报（附刊）》文章（见 :» Wolle mer'n reilasse? « SZ *Magazin* v. 24. 2. 1995，Nr. 8. S. 21）。

47. 可参阅 Rudolf Monsey/Hans – Peter Schwarz（Hrsg.）：Teegespräche 1950 – 1963，4 Bde.，Berlin 1984，1986，1988. 1992。

48. 参见梅尔特斯 1994 年 3 月 15 日在波恩和作者的谈话。

49. 艾瑟尔指出，在他担任总理办公室副主任时必须经常通过使用修改液和之后将其复印来清除这类档案修改，以便该过程以未加评注的状态记录下来并到达收件人那里；参见艾瑟尔 1996 年 7 月 27 日在菲斯滕费尔德布鲁克（Fürstenfeldbruck）和作者的谈话。

50. 这与他的对头弗兰茨·约瑟夫·施特劳斯相反，后者会写出自己与科尔双边会谈的记录，参见彼特·西本莫根（Peter Sibenmorgen）1996年10月3日在慕尼黑与作者的谈话。西本莫根目前正根据施特劳斯的个人遗物撰写一部他的传记。

51. 参见延宁格尔1994年6月3日在维也纳和作者的谈话。

52. 参见朔伊布勒1996年6月12日在波恩和作者的谈话。联邦总理1996年8月26日在波恩和作者的谈话中也表达了同样观点。

53. 参阅联邦议院议长延宁格尔于1987年9月16日写给联邦总理府部长朔伊布勒的信件，见：B 136. 20567。

54. 对此参见附录中具体的谈话清单。

55. Baring：Machtwechsel, S. 16.

56. 关于这种想法可参阅 Garton Ash：Im Namen Europas, S. 71。

第二章 德国政策决策结构中的行政部门

1. 此处参阅 Günther Schmid：Entscheidung in Bonn. Die Entstehung der Ost- und Deutschlandpolitik 1969/1970. Köln 1979。

2. 此处参阅 Reimund Seidelmann：Außenpolitik，见：Andreas Boeckh（Hrsg.）：Internationale Beziehungen. Bd. 5. München/Zürich 1985，S. 54 – 60. Hier S. 59。

3. 对此详细述及的可参阅 Helga Haftendorn u. a.（Hrsg.）：Verwaltete Außenpolitik；参阅1993年《政治和当代史》期刊文章《联邦德国的外交和安全政策决策体系》（Helga Haftendorn：Das Außen- und sicherheitspolitische Entscheidungssystem der Bundesrepublik Deutschland，见：*Aus Politik und Zeitgeschichte*. 1993. B 43，S. 3 – 15）；Kai M. Schellhorn：Wie entstehen außenpolitische Entscheidungen?，见：Gottfried – Karl Kindermann（Hrsg.）：Grundelemente der Weltpolitik. S. 180 – 194. 欧洲政策的决策过程可参阅 Eckard Gaddum：Die deutsche Europapolitik in den 80er Jahren. Paderborn 1994. 作为经典一直可供参考的文献是：Hans – Peter Schwarz（Hrsg.）：Handbuch der deutschen Außenpolitik. München/Zürich 1975，特别是其中的 Teil A. Determinanten im Binnenbereich。

4. 可参阅 Lothar Wilke/Joachim Krause：Bürokratie und Außenpolitik，见：Haftendorn u. a.（Hrsg.）：Verwaltete Außenpolitik. S. 39 – 53。

5. 可参阅 Philip Manow：Informalisierung und Parteipolitisierung. Zum Wandel exekutiver Entscheidungsprozesse in der Bundesrepublik，见：Zeitschrift für Parlamentsfragen，1996，H. 1. S. 96 – 107。

6. 定义可参阅 Lars Kastning：Informelles Regieren. Annäherung an Begrifflichkeit und Bedeutungsgehalt，见：Hartwich/Wewer（Hrsg.）：Regieren in der Bundesrepublik，Bd. Ⅱ，S. 69 – 78。

7. 对此详细述及的可参阅 Haas – Hermann Hartwich/Göttrik Wewer （Hrsg.）：Regieren in der Bundesrepublik. Bd. Ⅱ。

8. Philip Manow：Informalisierung und Parteipolitisierung. S. 105；带有单个例证的详细论述可参阅 Wolfgang Rudzio：Informelle Entscheidungsmuster in Bonner Koalitionsregierungen，见：Hartwich/Wewer（Hrsg.）：Regieren in der Bundesrepublik. Bd. Ⅱ，S. 125 – 141，bes. zu Kohl S. 133ff；也可参阅 Gottrik Wewer：Spielregeln. Netzwerke. Entscheidungen，见：Hartwich/ Wewer（Hrsg.）：Regieren in der Bundesrepublik. Bd. Ⅱ，S. 9 – 29。

9. 参阅 Rudzio：Informelle Entscheidungsmuster. S. 126 – 132。

第一节　德意志联邦共和国政治体系中的正式及非正式决策结构

1. 在联邦总理府部长由朔伊布勒更换为塞特斯的情况下，联邦总理府第22工作小组主任施特恩在拟定"权限结构"中于 1989 年 4 月 19 日列出德国政策权限清单。见：B 136，20223，AZ 221 34900 De 1. Bd. 104. 也可参阅 Schmid：Entscheidung in Bonn. S. 179 – 221。

2. 关于 1974 年 3 月 14 日联邦德国和民主德国政府建立常设代表处的记录可参阅 Presse- und Informationsamt der Bundesregierung（Hrsg.）：Dokumentation zu den innerdeutschen Beziehungen. Abmachungen und Erklärungen，12. Aufl. Bonn 1989。

3. 对此还可参阅 Ludwig A. Rehlinger：Freikauf. Die Geschäfte der DDR mit politisch Verfolgten 1963 – 1989. Berlin u. a. 1991，hier S. 84 – 103。

4. 对此还可参见阿尔弗雷德·德雷格尔 1995 年 11 月 10 日在波恩和作者的谈话。

5. 对此参阅本书第三章第八节"扩大政府中枢：特殊渠道谈判和朔伊布勒的代理权"。

6. 可参阅 1991 年《政治和当代史》期刊文章《作为政府中枢的联邦总理府》（Ferdinand Müller – Rommel/Gabriele Pieper：Das Bundeskanzleramt

als Regierungszentrale，见：*Aus Politik und Zeitgeschichte*. 1991. B 21/22，S. 3EP）。还可参阅本书第三章第八节。

7. 关于区别可参阅 Klaus König：Politiker und Beamte. Zur personellen Differenzierung im Regierungsbereich. 见：Karl Dietrich Bracher u. a.（Hrsg.）：Staat und Parteien. Festschrift für Rudolf Morsey，Berlin 1992，S. 107 – 132。

8. 总理 1996 年 8 月 26 日在波恩和作者的谈话中特别提到这一点。

9. 对此可参阅第三章第一节"权力建构过程：波恩政府更迭"。

10. 梅尔特斯 1994 年 3 月 15 日在波恩和作者谈话中将总理处理问题的这种方法描述为特别具有归纳性的领会问题的形式；对此还可参阅艾瑟尔 1995 年 1 月 20 日在美因茨和作者的谈话以及与魏登菲尔德的谈话；对此的建议还可参阅 Wolfram Bickerich：Der Enkel. Analyse der Ära Kohl，Düsseldorf 1995，S. 23。

11. 联邦总理明确将工作人员和政界朋友如联邦议院议员和其他政治家区别开来。

12. 可参阅 1982 年 11 月 12 日《时代周报》文章《高座上的科尔》（Carl – Christian Kaiser：Kohl auf dem Kutschbock，见：*Die Zeit* v. 12. 11. 1982）；对此的依赖性也可参阅 1996 年 6 月 29/30 日文章《大多数食客的用餐时间》（Stefan Kornelius：Mahlzeit beim Meistesser，in：*SZ* v. 29/30. 6. 1996）。

13. 参见艾瑟尔于 1995 年 1 月 20 日在美因兹和作者的谈话；也可参照阿克曼于 1995 年 9 月 17 日在波恩和作者的谈话；也可参阅 Werner Maser：Helmut Kohl. Der deutsche Kanzler，Berlin/Frankfurt 1990. S. 214。

14. Ackermann：Mit feinem Gehör，S. 406.

15. 参见梅尔特斯 1996 年 8 月 26 日在波恩和作者的谈话。

16. 参阅 Ackermann：Mit feinem Gehör. S. 406。

17. 还包括 1983 年十亿贷款和 1987 年昂纳克访问波恩，对此可参照联邦总理 1996 年 8 月 26 日在波恩和作者的谈话。

18. 在我的访谈中我能一再确认，每个对话者都只了解相同事实的某一片段。只有从这些片段的组合中才能产生相对完整的认知。而每个人都认为他知道这一事件的整体关联。

19. 参阅 1985 年 7 月 26 日《时代周报》文章《权力中枢内的怀疑情绪》

（Carl – Christian Kaiser：Zweifel nisten in der Machtzentrale，见：*Die Zeit v.* 26. 7. 1985）。

20. 参阅 1990 年 9 月 12 日《法兰克福汇报》文章《当他给根舍打电话时，他立即被转接。电话是如何改变政治的。》（Helmut Herles：Wenn der Genscher anruft，stellt ihn sofort durch. Wie das Telefon die Politik verändert，见：*FAZ v.* 12. 9. 1990）；也可参阅 1985 年 7 月 26 日《时代周报》文章《权力中枢内的怀疑情绪》，文中提到："而且从中又造就了一种完全个人化的统治意识，他将其如此锁闭地加以守护，正如从前阿尔贝里希守护尼伯龙根宝藏一样。"

21. 参见艾瑟尔 1995 年 1 月 20 日在美因茨和作者的谈话和梅尔特斯 1996 年 8 月 26 日在波恩和作者的谈话。

22. 对此还可参考联邦总理与前维也纳市长赫尔穆特·茨尔克（Helmut Zilk）博士在德国 3 – Sat 电视台 1996 年 5 月 30 日节目"生活艺术家"（Lebenskünstler）中的访谈。

23. 此处也包括厨房和小别墅所雇用的员工。

24. 可参阅 Volker Busse：Bundeskanzleramt und Bundesregierung，Heidelberg 1994。

25. 参见曼弗雷德·沃尔内尔的个人推荐。

26. 诺伊尔担任了 7 年总理办公室主任。自 1987 年起，斯特凡·艾瑟尔作为总理办公室副主任负责总理个人通信和内政活动。布尔于 1986 年成为中心司处长并于 1989 年被调到了国防部；宾德特是科尔夫人汉内洛蕾·科尔（Hannelore Kohl）的侄子并于 1987 年调入青年、家庭、妇女和健康部。

27. 可参阅 Ackermann：Mit feinem Gehör. S. 123ff。

28. 参阅同上著作第 125 页。参见阿克曼 1995 年 9 月 17 日在波恩和作者的谈话。

29. 参见阿克曼 1995 年 9 月 17 日在波恩和作者的谈话。该观点也得到了朔伊布勒的肯定，参见其 1996 年 6 月 12 日在波恩和作者的谈话。

30. 正如阿克曼 1995 年 9 月 17 日在波恩和作者的谈话中讲到的；该观点也得到艾瑟尔的肯定，参见其 1995 年 1 月 20 日在美因茨和作者的谈话。

31. 小范围碰头会：每天有约 20 人参加，联邦总理府部长为主持人；"三人会谈"：每周一次，参加者包括联邦新闻局局长（政府发言人）、国务部长和总理本人。

32. 对此参阅 1983 年 6 月 23 日《斯图加特报》文章《科尔身边的美因兹黑手党》（Ada Brandes：Mainzer Mafia um Kohl，见：*Stuttgarter Zeitung* v. 23. 6. 1983）；也可参阅 1983 年 1 月 8 日《南德意志报》文章《新总理的风格》（Klaus Dreher：Der Stil des neuen Kanzlers，见：*SZ* v. 8. 1. 1983）。

33. 可参阅 Ackermann：Mit feinem Gehör, S. 10；还可参阅艾瑟尔 1994 年 1 月 6 日在圣奥古斯丁和作者的谈话，梅尔特斯 1995 年 3 月 15 日在波恩和作者的谈话以及贝格尔斯多夫 1994 年 5 月 19 日在波恩和作者的谈话。

34. 关于其人及其工作可参阅阿克曼自画像式著作 Mit feinem Gehör，尤其是第 9～15 页和第 173 页之后部分。作为基民盟/基社盟联邦议会党团新闻处处长，阿克曼在科尔团队拥有最丰富的波恩执政经验。

35. 科尔政府上台后其团队中唯一的新人。由于健康问题只任职至 1983 年 3 月 6 日。对此可参阅 Ackermann：Mit feinem Gehör, S. 199。

36. 参见贝格尔斯多夫 1994 年 5 月 19 日在波恩和作者的谈话。此处细节内容参见之后相关章节。

37. 参见联邦总理 1996 年 8 月 26 日在波恩和作者的谈话及参阅 Ackermann：Mit feinem Gehör. S. 242。

38. 背景可参阅 1983 年 7 月 8 日《时代周报》文章《总理的提词员们》（Rolf Zundel：Die Souffleure der Kanzler，见：*Die Zeit* v. 8. 7. 1983）。也可参阅 1985 年 9 月 17 日《世界报》（*Die Welt* v. 17. 9. 1985）。此外还有 1995 年 12 月 14 日在波恩和梅尔特斯、1995 年 9 月 18 日在波恩和普利尔的谈话和与魏登菲尔德的谈话。

39. 沃尔夫冈·贝格尔斯多夫协调了以下教授在此方面的准备工作：布拉赫尔（Bracher），希尔德布兰特（Hildebrand），施瓦茨（Schwarz），有时候还包括弗兰茨·伯克勒（Franz Böckle，波恩大学道德神学教授），马丁·昂纳克（Martin Honecker，波恩大学系统神学教授），霍斯特·默勒（Horst Möller，纽伦堡大学近代史教授），沃尔夫冈·耶格尔（Wolfgang Jäger，弗莱堡大学政治学教授）。

40. 自 80 年代中期起，沃尔夫冈·吉波夫斯基（Wolfgang Gibowski）受曼海姆选举研究组委托并削弱了内勒－诺伊曼（Noelle-Neumann）对联邦总理的影响。另外，内勒－诺伊曼在 80 年代都向基民盟联邦理事会报告政党政治议题的当前立场。

41. 科尔和斯蒂默尔有共同的博士导师，即瓦尔特·彼特·福克斯教授（Prof. Dr. Walter Peter Fuchs），他是海德堡中古史和近代史教授，后在埃尔郎根任教。科尔就是这样结识了斯蒂默尔。

42. 参阅 1985 年 8 月 24 日基督教周报《莱茵信使报》米夏埃尔·斯蒂默尔文章《告别错误的幻想》（Michael Stürmer：Abschied von falschen Illusionen，见：*Rheinischer Merkur/Christ und Welt* v. 24. 8. 1985）。

43. 科尔关于斯蒂默尔评价的表述参阅 1985 年 11 月 9 日《莱茵信使报》，科尔在该访谈中谈道："斯蒂默尔教授作为学者和政论家的言论都仅代表其个人的观点。对此，他同我本人一样重视。例如他在最近对于德国统一问题表达了自己的观点，这些观点和我的信念并不相符。"这种意见不合却远超出对某些议题观点上的差异，而更多地表现为私人矛盾。

44. 参见联邦总理 1996 年 8 月 26 日在波恩和作者的谈话；清单可参阅 1997 年第 9 期《明星周刊》（*Stern* 1997，Nr. 9）。

45. 对此可参阅 Dettling：Das Erbe Kohl，S. 118 – 129。

46. 参阅 Peter Haungs：Parteipräsidien als Entscheidungszentren der Regierungs-politik。

基民盟的例证可参阅 Hartwich/Wewer（Hrsg.）：Regieren in der Bundesrepublik. Bd. II，S. 113 – 123，这里是 S. 113。

47. 对此可参阅 1995 年 9 月在芝加哥举办的第 19 届德国研究协会年会上克雷·克莱门斯的文章《范式还是悖论？赫尔穆特·科尔及其在德国的政治领导》（Clay Clemens：Paradigma or Paradox? Helmut Kohl and Political Leadership in Germany. Paper for the 19. Annual Conference of the German Studies Association，Chicago. 21 – 24. 9. 1995）；克莱门斯 1997 年 4 月 4 日在伯明翰和作者的谈话中对此进行了补充。

48. 对此可参见贝格尔斯多夫 1994 年 5 月 19 日在波恩和作者的背景谈话。

49. Waldemar Schreckenberger：Der Regierungschef zwischen Politik und Administration. 见：Peter Haungs u. a.（Hrsg.）：Civitas. Paderborn 1992. S. 603 – 614. Hier S. 614。

50. 也可参阅 Jäger：Wer regiert die Deutschen. S. 50。

51. 也可参阅 Carl Bohret：Instrumente des Regierens in der Bundesrepublik Deutschland：Wandel und Kontinuität in der Regierungspraxis. 见：Hartwich/Wewer（Hrsg.）：Regieren in der Bundesrepublik. Bd. I. Opladen 1990. S. 113 – 130，hier S. 123。

52. 可参阅 Busse：Bundeskanzleramt. S. 112。

53. 可参阅 Siegfried Schöne：Von der Reichskanzlei zum Bundeskanzleramt Berlin 1968. S. 206 ff；Busse：Bundeskanzleramt. S. 116ff。

54. 对此可参阅 Müller – Rommel/Pieper： Das Bundeskanzleramt als Regierungszentrale，S. 5f。

55. 在勃兰特任联邦总理时期，联邦总理府部长艾姆克使联邦总理府的工作人员数量增加了约 150 人。

56. 对此可参阅 1983 年 12 月 15 日《世界报》文章《在联邦总理府内的嫉妒者缄默不语》（Manfred Schell：Im Kanzleramt sind die Neider stumm geworden，见：*Die Welt* v. 15. 12. 1983）。

57. 从 1982 年 10 月 4 日到 1984 年 11 月 15 日。

58. 关于上任初期具体的政府行为可参阅第三章第一节"权力建构过程"。

59. 参见施雷肯贝格尔 1997 年 1 月 30 日在施派尔和作者的谈话。

60. 同上。

61. 从 1982 年 10 月 4 日到 1987 年 3 月 12 日。

62. 从 1982 年 10 月 4 日到 1987 年 3 月 12 日。

63. 从 1987 年 3 月 12 日到 1989 年 9 月 26 日。

64. 从 1989 年 10 月 26 日到 1991 年 1 月 17 日。

65. 从 1982 年 10 月 4 日到 1984 年 11 月 5 日，其后担任联邦议院议长直至 1988 年。

66. 从级别来说并不是部长，而是议会国务秘书。

67. 可参阅 Busse：Das Bundeskanzleramt, S. 112. 加以补充的有：Dieter Schmalz：Die Verteilung der Entscheidungsbefugnisse innerhalb der Regierung，见：Verwaltungsrundschau，1982，S. 148 – 150；Manfred Achterberg：Innere Ordnung der Bundesregierung. 见：Handbuch des Staatsrechts der Bundesrepublik Deutschland. Bd. Ⅱ. Heidelberg 1987，S. 629 – 664。

68. 参见阿克曼 1995 年 9 月 17 日在波恩和作者的谈话。

69. 参见延宁格尔 1994 年 6 月 3 日在维也纳和作者的谈话。

70. 对此可参阅第三章第三节 "政府行为的操作层面"; 对此可参阅 1982 年 10 月 20 日《法兰克福汇报》文章《波恩不愿干扰东柏林》(Claus Gennrich: Bonn will Ost – Berlin keinen Anlaß zu Störungen geben, 见: *FAZ* v. 20. 10. 1982)。

71. 对此可参阅 1982 年 11 月 3 日《斯图加特报》文章《联邦总理府的新人举步维艰》(Sten Martenson: Die Neuen im Kanzleramt tun sich noch schwer. 见: *Stuttgarter Zeitung* v. 3. 11. 1982); 1982 年 10 月 20 日《法兰克福汇报》文章《波恩不愿干扰东柏林》; 1952 年 11 月 8 日《明镜周刊》(*Der Spiegel* v. 8. 11. 1952)。对此可参阅第三章第三节 "政府行为的操作层面" 以及巴泽尔 1997 年 3 月 5 日在慕尼黑和作者的谈话。

72. 参阅 1984 年 11 月 6 日《南德意志报》文章《科尔不愿其办公室重组》(Klaus Dreher: Kohl will sein Amt nicht umorganisieren, 见: *SZ* v. 6. 11. 1984)。

73. 参见朔伊布勒 1996 年 6 月 12 日在波恩和作者的谈话。朔伊布勒在紧急情况下对延宁格尔作出此建议。

74. 对科尔来说, 德雷格尔或许也是一位需要严肃对待的总理候选人竞争者; 也可参阅 1984 年 11 月 16 日《时代周报》文章《总理的大管家》(Carl – Christian Kaiser: Der Hausmeier des Kanzlers, 见: *Die Zeit* v. 16. 11. 1984); 1985 年 10 月 19 日《莱茵信使报》文章《将联邦总理府带出流言蜚语的男人》(Günter Müchler: Der Mann, der das Amt aus dem Gerede brachte, 见: *Rheinischer Merkur* v. 19. 10. 1985)。

75. 之后的评价可参阅 Filmer/Schwan: Schäuble, S. 115; 也可参阅 1989 年第 2 期《统治》文章《施密特和科尔担任德国总理期间官员们的组织和影响》(Phyllis Berry: The Organization and Influence of the Chancellory during the Schmidt and Kohl Chancellorship. in: *Governance*. 1989, No. 2, S. 339 – 355, hier S. 349); 此外还可参见施雷肯贝格尔 1997 年 1 月 30 日在施派尔和作者的谈话。

76. 对此可参阅 1982 年 12 月 6 日《南德意志报》文章《更少未来研究, 但并无务实的启发》(Klaus Dreher: Weniger Zukunftsforschung, aber nicht pragmatische Anstöße, 见: *SZ* v. 6. 12. 1982)。

77. 组织计划可参阅 1983 年 12 月 15 日《世界报》文章《在联邦总理府内

的嫉妒者缄默不语》（Manfred Schell：I m kanzleram geworden，见 *Die Welt v.* 15.12.1983）。

78. 参阅 1982 年 11 月 12 日《时代周报》文章《高座上的科尔》。

79. 巴泽尔从 1983 年 3 月 29 日到 1984 年 10 月 25 日任德国联邦议院议长。

80. 可参阅 Ulrich Renz：Wolfgang Schäuble. Bergisch Gladbach 1996. S. 36f。

81. 圈内人在内部一直只将德雷格尔称作"议会党团总统"（"Fraktionsprä – sident"）而非党团主席，因为他只主持工作而不在实践中对总理施加影响。

82. 背景资料参阅 Ulrich Deupmann：Wolfgang Schäuble. Ein Portrait. München 1992；此外还可参阅 Reitz：Schäuble。

83. 对此可参阅朔伊布勒 1996 年 6 月 12 日在波恩和作者的谈话；也可参阅 Filmer/Schwan：Kohl, S. 234；参阅 1985 年 2 月 19 日《斯图加特报》文章《沃尔夫冈·朔伊布勒——幸运的事故援助者》（Eduard Neumaier：Wolfgang Schäuble – Pannenhelfer mit Fortüne，见：*Stuttgarter Zeitung v.* 19.2.1985）。

84. 这种设计模仿韦斯特里克（Westrick）模式，他是艾哈德任总理时期即 1963～1966 年的联邦总理府部长。

85. 对此可参阅 1984 年 12 月 13 日《法兰克福汇报》文章《现在再次担任联邦总理府部长》（Jetzt wieder ein Bundesminister als Chef des Kanzleramtes，见：*FAZ v.* 13.12.1984）；也可参见施特恩 1995 年 12 月 15 日在波恩和作者的谈话。

86. 参见联邦总理 1996 年 9 月 30 日在波恩和作者的谈话；同样可参见朔伊布勒 1996 年 6 月 12 日在波恩和作者的谈话。

87. 朔伊布勒仍保留自己在德国联邦情报局和人事方面的职责。1987 年，欧洲政策和通讯技术管理职权转到新任议会国务秘书卢茨·G. 施塔文哈根（Lutz G. Stavenhagen）手中，他是弗里德里希·福格尔（Friedrich Vogel）的继任者，而福格尔则回到议会党团担任调解委员会主席；可参阅 Schaer：Von der Richtlinienkompetenz. S. 63。

88. 参见朔伊布勒 1996 年 6 月 12 日在波恩和作者的谈话。

89. 可参阅 1984 年 11 月 13 日《法兰克福汇报》文章《科尔在联邦总理府对更迭进行说明》（Kohl erläutert Wechsel im Kanzleramt，见：*FAZ v.* 13.11.1984）。

90. 也可参阅：Wer regiert die Deutschen，S. 49 – 58；对此还可参阅 Filmer/ Schwan：Schäuble. S. 114ff. 以及 1984 年 9 月 12 日《世界报》文章《在波恩的联邦总理府内更紧密的联系》（Manfred Schell：Engere Kommunikation im Bonner Kanzleramt，见：*Die Welt* v. 12. 9. 1984）。

91. 参见朔伊布勒 1996 年 6 月 12 日在波恩和作者的谈话。

92. 对此可参见朔伊布勒 1996 年 6 月 12 日在波恩和作者的谈话。

93. 朔伊布勒定期告知社民党联邦议院党团主席有关德国政策谈判的情况，而这些内容本应保密。

94. 可参阅 Busse：Das Bundeskanzleramt，S. 117. 对此还可参阅 Rudolf Seiten：Die Kabinettsarbeit in Bonn und Berlin，见：Werner Süß（Hrsg.）：Hauptstadt Berlin，Bd. 2：Berlin im vereinten Deutschland，Berlin 1995，S. 181 – 196，hier S. 194.

95. 可参阅　Schaer：Von der Richtlinienkompetenz，S. 72。

96. 朔伊布勒成为联邦政府内政部长。

97. 延宁格尔、朔伊布勒和塞特斯相继从党团的议会负责人升职进入联邦总理府，但在此过程中延宁格尔必须放弃联邦总理府国务部长的职位。

98. 也可参阅 Berry：The Organization. S. 352。

99. 可参阅 1993 年《政治和当代史》期刊文章《联邦德国的外交和安全政策决策体系》。

100. 上任伊始，联邦总理科尔将所有司长换成了他的亲信，而被换的司长都是政府公务员。在就职后，总理办公室只有少数人和司机是新委任的。

101. 克劳斯·策勒（Klaus Zeller）任职至 1983 年，伊默·施塔布赖特（Immo Stabreit）任职至 1987 年，彼得·哈特曼（Peter Hartmann）自 1987 年开始任职。

102. 参见联邦总理 1996 年 8 月 26 日在波恩和作者的谈话；科尔在此使用了"瑞士奶酪"这一比喻，对他而言联邦总理府像这种奶酪一样充满各种漏洞。

103. 参见联邦总理 1996 年 8 月 26 日在波恩与作者的谈话。

104. 直到 1991 年在联邦总理府内。

105. 可参阅 Ackermann：Mit feinem Gehör. S. 124。

106. 正如魏登菲尔德与作者的谈话。

107. 背景资料参阅 1985 年 4 月 14 日《斯图加特报》文章《霍斯特·特尔切克——坚定不移地站在科尔身旁》（Eduard Neumaier：Horst Teltschik – unbeirrt bei Helmut Kohl，见：*Stuttgarter Zeitung* v. 14. 4. 1985）；1983 年 11 月 26 日《世界报》文章《科尔的联络员》（Manfred Schell：Kohls Kommunikator，见：*Die Welt* v. 26. 11. 1983）；1985 年 2 月 7 日《南德意志报》文章《联邦总理的扳道工》（Udo Bergdoll：Des Kanzlers Weichensteller，见：*SZ* v. 7. 2. 1985）。

108. 参阅 1985 年 8 月 23 日《时代周报》文章《总理的右手》（Carl – Christian Kaiser：Die rechte Hand des Kanzlers，见：*Die Zeit* v. 23. 8. 1985）。

109. 自美因兹时期以来经常的参与者有：乌尔夫·芬克（Ulf Fink），巴尔杜尔·瓦格纳（Baldur Wagner），瓦恩弗里德·德特林（Warnfried Dettling），阿洛伊斯·沙尔特（Alois Schardt）；然后波恩附近欧伯多伦多夫（Oberdollendorf）论坛"在磨坊里"（In der Mühle）的参与者还包括：罗尔夫·聪德尔（Rolf Zundel），赫尔曼·拉多尔夫（Hermann Rudolph），维尔讷·佩尔格尔（Werner A. Perger），格尔德·巴赫尔（Gerd Bacher）；然后经常出现在联邦总理府小内阁大厅的有：彼得·格拉夫·基尔曼斯埃格（Peter Graf Kielmansegg），克里斯蒂安·哈克（Christian Hacke），约瑟夫·罗万（Joseph Rovan），特奥多尔·汉夫（Theodor Hanf），乌韦·卡斯特讷（Uwe Kästner），约翰内斯·路德维希（Johannes Ludewig），米夏埃尔·斯蒂默尔（Michael Stürmer）。从一开始一直参与的是维尔讷·魏登菲尔德（Werner Weidenfeld）。

110. 参见根舍 1997 年 3 月 14 日在波恩和作者的谈话。

111. 参阅 1982 年 11 月 3 日《斯图加特报》文章《联邦总理府新人举步维艰》（Sten Martenson：Die Neuen im Kanzleramt tun sich noch schwer，见：*Stuttgarter Zeitung* v. 3. 11. 1982）。

112. （特尔切克）这个名字（在根舍的长篇《回忆录》中）只在六处被提到并只有一句话；可参阅 Hans – Dietrich Genscher：Erinnerungen. Berlin 1995，S. 378，586，670，677，781，838。

113. Horst Teltschik：329 Tage，Berlin 1993.

114. 参见朔伊布勒 1996 年 6 月 12 日在波恩和作者的谈话。

115. 也可参阅 Garton Ash：Im Namen Europas. S. 153。

116. 对此可参阅附录中的组织结构图。

117. 此处案例可参见一封回复昂纳克信件的框架：B 137.10293，德国政策工作组组长于 1988 年 1 月 29 日写给德意志内部关系部第二司司长的信件附有关于报告途径和信息渠道的记录。

118. 1996 年 2 月 8 日，冯·里希特霍芬（von Richthofen）在布鲁塞尔和作者谈话中指出行政管理上的这个重要区别。

119. 对此可参阅 Klaus König：Vom Umgang mit Komplexität in Organ-isationen，S. 58。

120. 对于之前发生的事情可参照冯·里希特霍芬 1996 年 2 月 8 日在布鲁塞尔和作者的谈话。

121. 背景资料可参照施特恩 1995 年 12 月 14 日在波恩和作者的谈话。

122. 从 1974 年 5 月 16 日到 1980 年 12 月 1 日。

123. Der Chef des Bk 112 – 02000，见：B 136，18023，AZ 221 14103 Mi 6. Bd. 3。

124. 因此这种工作方式在机关部门里也经常被当作负面协调方式，对此可参阅 Fritz W. Scharpf：Planung als politischer Prozeß. Frankfurt/M. 1973. S. 85ff。

125. 对此也可参阅 Krause/Wilker：Bürokratie und Außenpolitik，S. 41；也可参阅 Günther Schmidt/Hubert Treiber：Bürokratie und Politik. Zur Struktur und Funktion der Ministerialbürokratie in der Bundesrepublik Deutschland. München 1975。

126. 对此的更多提示可参见有关外交部的章节。

127. 德意志内部关系部非常反对由德国政策工作组进行预先审查这一做法，特别是在德意志内部关系部提交给常设代表处的建议总是必须先经过德国政策工作组的时候，可参阅 Vermerk Ⅱ A 3 – 3800 – 13001/78 v. 15. 7. 1988. 见：B 137，10644，Akte 21. 21.

128. 确切的个人描写可参阅 Filmer/Schwan：Schäuble，S. 127。

129. 参见联邦总理 1996 年 8 月 26 日在波恩和作者的谈话。

130. 对此可参照第三章第五节"首脑决策：科尔第一份民族形势报告"。

131. 此处的例证可参见第三章第十四节"科尔的权力感：昂纳克访问波恩的政治筹划"。

132. 还在 1990 年夏天时冯·里希特霍芬就提意见说，一位"过去的反对派"埃佩尔曼（Eppelmann）应邀参加了总理庆祝活动，参见艾瑟尔 1994 年 1 月 6 日在圣奥古斯丁和作者的谈话。

133. 参见阿克曼 1995 年 9 月 17 日在波恩和作者的谈话中对此的评估。

134. 参见延宁格尔 1994 年 6 月 3 日在维也纳和作者的谈话。

135. 参见延宁格尔 1994 年 6 月 3 日在维也纳和作者的谈话。

136. 参见施特恩 1995 年 12 月 14 日在波恩和作者的谈话；同样可参见阿克曼 1995 年 9 月 17 日在波恩和作者的谈话中提到广为流传的舆论形势。

137. 参见朔伊布勒 1996 年 6 月 12 日在波恩和作者的谈话。

138. 参见朔伊布勒 1996 年 6 月 12 日在波恩和作者的谈话。

139. 参见施特恩 1995 年 12 月 14 日在波恩和作者的谈话；对此也可参见朔伊布勒的表述，见：Filmer/Schwan：Schäuble. S. 127。

140. 第五司有各种不同的名称：1982 年到 1983 年期间为"通讯联络和文献资料司"（"Kommunikation und Dokumentation"）；从 1983 年到 1987 年为"社会分析和政治计划、通讯联络司"（"Gesellschaftliche Analysen und politische Planung，Kommunikation"）；从 1987 年到研究截止期为"社会分析和政治计划、通讯联络和社会工作司"（"Gesellschaftliche und politische Analysen，Kommunikation und Öffentlichkeitsarbeit"）。也可参照附录中联邦总理府组织结构图表。

141. 对此可参阅 1982 年 12 月 6 日《南德意志报》文章《更少未来研究，但并无务实的启发》。

142. 另外，这些年里都没有发觉任何值得一提的紧张局面。对此可参照作者和贝格尔斯多夫（1994 年 5 月 19 日）和阿克曼（1995 年 9 月 17 日）的背景谈话。

143. 对此参阅 1983 年 6 月 23 日《斯图加特报》文章《科尔身边的美因兹黑手党》。

144. 参见艾瑟尔 1994 年 1 月 6 日在圣奥古斯丁和作者的谈话以及普利尔 1995 年 9 月 18 日在波恩和作者的谈话。

145. 联邦总理 1996 年 8 月 26 日在波恩和作者的谈话中提到了一件怪事：在职权移交后不久，人事委员会决定：科尔总理必须全盘接受施密特的演讲稿撰写团队，科尔当然没有这么做。

146 正如艾瑟尔 1996 年 7 月 27 日在菲斯滕费尔德布鲁克（Fürstenfeldbruck）和作者的谈话中所描述的。

147. 他从当时还由社民党所领导的研究部进入了反对党领袖科尔的团队。阿克曼说服他加入联邦总理府。卢茨（Lutz）一直担心此举会引起特尔切克的不满。科尔却早已将宝押到了普利尔身上；可参阅 1989 年 8 月 14 日和 1987 年 6 月 15 日的《明镜周刊》（*Der Spiegel* v. 14. 8. 1989 以及 v. 15. 6. 1987）。

148. 贝格尔斯多夫将他从阿登纳基金会挖来，他是饱学的法学家并在法国国家行政学院（ENA）受过培训；他非常具有语言天赋，在有限的时间内，尤其是从 1984 年到 1987 年底，他是科尔演讲稿撰写和拟定政治计划方面最重要的人；也可参阅 Ackermann：Mit feinem Gehör，S. 199。

149. 他同样是被从阿登纳基金会挖走的。

150. 米夏埃尔·梅尔特斯（Michael Mertes）是早逝的联盟党议会党团外交专家阿洛伊斯·梅尔特斯（Alois Mertes）之子。梅尔特斯曾担任环境部长瓦尔特·瓦尔曼（Walter Wallmann）的办公室主任。和联邦总理一样，他个人也对德国 – 犹太人关系非常感兴趣。

151. 和艾瑟尔一样，贝格尔斯多夫也是波恩布拉赫（Bracher）教授的学生。贝格尔斯多夫也将他升至该职位。

152. 演讲稿撰写团队和其所属的处在 80 年代被多次重组；从 1986 年起，新组建的第 52 处直接隶属于第五司；可参阅附录。

153. 参见普利尔 1995 年 9 月 18 日在波恩和作者的谈话。

154. 梅尔特斯直到最近才加入（担任第五司司长）。

155. 戈托（Gotto）也参与其中。

156. 参见贝格尔斯多夫 1994 年 5 月 19 日在波恩和作者的谈话。

157. 联邦总理府在 1975 年 1 月 14 日下达的指令，参见 B 137，9268。这份指令保存在德意志内部关系部 1983 年档案中，引导和指导时任德意志内部关系部部长的巴泽尔。

158. 在民主德国常设代表处和联邦总理代表之间的会谈双方包括（1983/1984 年）：联邦总理代表格默尔曼先生（Germelmann）和民主德国常设代表处第一秘书里歇尔（Richel），联邦总理代表格默尔曼先生和民主德国常设代表处参赞克勒策尔（Klötzer），联邦总理代表格默尔曼先生和民主德国常设代表处参赞克莱因（Klein），联邦总理代表齐尔希先生（Zilch）和民主德国常设代表处参赞克勒策尔，联邦总理代表施特恩（Stern）和民主德国常设代表处公使辛德勒（Schindler）或民主德国常设代表处参赞克勒策尔，延宁格尔－莫尔特（Jenniger－Moldt）或辛德勒（Schindler），可参阅评注"联邦总理府内与民主德国常设代表处的会谈"（»Gespräche Ständige Vertretung DDR im Kanzleramt»，见：B 137，9276，AZ 3450）。

159. 此处可参阅关于巴泽尔在德意志内部关系部通报文件夹 AL Ⅱ 中的通报，作者和日期不详（Vermerk zur Information von Barzel in Informationsmappe AL II BMB. in：B 137，9252，AZ 3360 ohne Datum，ohne Autor）。

160. 对此可参阅 BMB（Hrsg.）：Auskünfte zur Deutschlandpolitik A－Z，3. Aufl. 1988. S. 112f。
BMB（Hrsg）：DDR－Handbuch. 3. Aufl. Köln 1985，Bd. 1. S. 630.

161. 参见汉斯·奥托·布罗伊蒂加姆 1996 年 2 月 22 日在波茨坦和作者的谈话。

162. 参阅 1984 年 6 月 22 日《时代周报》文章《东柏林长达十年的常设代表处》（Carl－Christian Kaiser；Zehn Jahre Ständige Vertretung in Ostberlin，见：*Die Zeit* v. 22. 6. 1984）。

163. 可参阅 1993 年 3 月 12 日《每日镜报》文章《经受考验的外交官》（Hermann Rudolph：Ein Diplomat in der Feuerprobe，见：*Tagesspiegel* v. 12. 3. 1993）。

164. 对此可参阅第三章第八节"扩大政府中枢：特殊渠道谈判和朔伊布勒的代理权"和第九节"贸易结算授信额一揽子谈判方案"。

165. 参见朔伊布勒 1996 年 6 月 12 日在波恩和作者的谈话，此观点与作者和布罗伊蒂加姆 1996 年 2 月 22 日在波茨坦的谈话一致并应着重强调。

166. 对此可参阅第三章第十一节"职能部门原则：文化协定"。

167. 对此可参照后面章节中各自的例证。

168. 可参阅 1989 年 1 月 14 日《法兰克福评论报》文章《儿子已经在为 Concordia Wilhelmsruh 踢球了》（Karl－Heinz Baum：Der Sohn kickte schon mal für Concordia Wilhelmsruh，in：*FR* v. 14. 1. 1989）以及 1991

年 10 月穆茨格档案（Muntzinger Archiv 10/91）。

169. Günter Gaus：Wo Deutschland liegt. Eine Ortsbestimmung，Hamburg 1983. S. 255.

170. 对此可参阅第三章第八节"扩大政府中枢：特殊渠道谈判和朔伊布勒的代理权"。

171. 可参阅 1984 年 4 月 6 日赫尔贝克在联邦德国驻民主德国东柏林常设代表处成立十周年纪念日时写给联邦总理和联邦德意志内部关系部的信件（10. Jahrestag der Errichtung der Ständigen Vertretung. Brief Hellbeck an BK und BMB v. 6. 4. 1984. 见：B 137，9268）。

172. 参见扬森（Jansen）1995 年 11 月 10 日在波恩和作者的谈话中对此的评价。

173. 细节可参阅 Günter Berendt：Das Bundeskanzleramt. Frankfurt a. M.，Bonn 1967. S. 89 f。

174. 两人都已去世。

175. 对此可参阅第三章第四节"德国政策执行方案成形：总理个人的贡献"。

176. 参阅第三章第七节"有关增加军备的辩论：德德责任共同体"。

177. 参阅第三章第五节"首脑决策：科尔第一份民族形势报告"。

178. 对此可参阅西德当事人同基民盟和基民盟/基社盟议会党团的会谈内容（Potthoff：Die Koalition der Vernunft，abgedruckten Gespräche westdeutscher Akteure mit Vertretern der CDU bzw. CDU/CSU － Bundestagsfraktion）。

179. 参见联邦总理 1996 年 9 月 30 日在波恩和作者的谈话。

180. 参阅 1982 年 11 月 12 日《时代报》文章《高座上的科尔》。

181. Schreckenberger：Der Regierungschef zwischen Politik und Administration. S. 612.

182. 1983 年 12 月 15 日《世界报》文章《在联邦总理府内的嫉妒者缄默不语》；也可参阅 Schreckenberger：Veränderungen im parlamentarischen Regierungssystem. S. 150f；还可参阅 1988 年 6 月 16 日《法兰克福汇报》文章《权力漩涡中的喧嚣》（Claus Gennrich：Rumoren im Gefüge der Macht，in：*FAZ* v. 16. 6. 1988）。

183. 有关程序的细节可参阅 Busse：Bundeskanzleramt. S. 72ff。

184. 如可参阅 1988 年 5 月 26 日《南德意志报》文章《无须过多讨论的统治》（Regieren ohne viel zu diskutieren，见：*SZ* v. 26. 5. 1988）。

185. 可参阅 Bickerich：Der Enkel. S. 185。

186. 同上 S. 187f。

187. 对此可参阅 H. H. Brauswetter： Kanzlerprinzip. Ressortprinzip und Kabinettprinzip in der ersten Regierung Brandt 1969 – 1972. Bonn 1976。

188. 可参阅 Wewer：Richtlinienkompetenz und Koalitionsregierung，S. 147 f；Jäger：Wer regiert die Deutschen，S. 56ff。

189. 对此可参阅 Rudzio： Die Regierung der informellen Gremien. S. 339ff. Schmidt – Preuß：Das Bundeskabinett，S. 216 f。

190. 可参阅 Brauswetter：Kanzlerprinzip. S. 129 und 179；也可参阅 Prätorius：Institutionen. S. 530f。

191. 可参阅 Prätorius：Institutionen. S. 531。

192. 参阅 Schreckenberger：Informelle Verfahren。

193. 以下结果须在关于单个主题的章节中加以细化。关于整体程序可参阅 1988 年《管理》文章《联邦内阁，来自实践的报道》（Matthias Schmidt – Preuß： Das Bundeskabinett. Ein Bericht aus der Praxis，见：*Die Verwaltung* 1988. H. 1 – 4，S. 199 – 219）；也可参阅塞特斯写的关于该程序的文章：Rudolf Seiters：Die Kabinettsarbeit in Bonn und Berlin. S. 181 – 196。

194. 对此可参阅魏姆斯 1995 年 9 月 18 日在波恩和作者的谈话。

195. 对此也可参阅联邦政府事务条例第 17 条："当参与的联邦部长之间无法达成一致，或在他们因故没参会而他们的代表没有取得成果时，联邦各部之间的意见分歧要报告给联邦政府。在进行内阁讨论之前，联邦总理先与相关联邦部长在其主持的部长会议中讨论意见分歧。"

196. 参见温德伦 1994 年 11 月 23 日在瓦伦多夫（Warendorf）和作者的谈话。

197. 可参阅 1982 年 12 月 10 日《时代周报》文章《和谐与欢快——赫尔穆特·科尔的内阁风格》（Rolf Zundel：Mit Harmonie und Heiterkeit. Helmut Kohls Kabinett – Stil，in：*Die Zeit* v. 10. 12. 1982）。

198. 参见梅尔特斯 1996 年 8 月 26 日在波恩和作者的谈话。

199. 可参阅 Busse：Das Bundeskanzleramt，S. 76f。

200. 参见梅尔特斯 1997 年 3 月 14 日在波恩和作者的谈话。

201. 可参阅 Busse：Das Bundeskanzleramt，S. 81 zum Umlaufverfahren。

202. 联邦内阁每年都在联邦国防部里举行好几个小时的会议。

203. 参见维尔姆斯 1995 年 9 月 18 日在波恩和作者的谈话。

204. 参见在联邦总理府的背景谈话。

205. 这些话总是用来帮助在联邦总理府新上任的国务秘书和国务部长来适应新工作。如延宁格尔就通过政府发言人施托尔策（Stolze）的办公室送文案，见：B 136.18023 －，AZ 221 14103 Mi 6，Bd. 3 v. 25. 10. 1982。

206. 对此可参阅 Die Bundeshaushaltspläne im Untersuchungszeitraum 1982 － 1989，Bonn 1982 ff。

207. 可参阅记录 Ludwig A. Rehlinger：Freikauf；Wolfgang Brinkschulte u. a.：Freikaufgewinnler. Die Mitverdiener im Westen，Berlin 1993.；也可参阅 Garton Ash：Im Namen Europas. S. 212ff；基础是 1974 年 7 月 10 日联邦总理写给联邦德意志内部关系部的信件中的指令（Weisung v. 10. 7. 1974 Brief ChBk an BMB）；关于联邦德国在民主德国常设代表处（Betr. Ständige Vertretung der Bundesrepublik bei der DDR. 见：B 137. 10693. AZ 2193）。

208. 这一估计可参见温德伦 1994 年 11 月 23 日在瓦伦多夫和作者的谈话和维尔姆斯 1995 年 9 月 18 日在波恩和作者的谈话。

209. Jäger：Kanzlerdemokratie im Einigungsprozeß，S. 358.

210. 评注 2035/Pu v. 3. 6. 1986. 见：B 137. 10307. AZ 21. 9131。

211. 关于建立常设代表处的记录（Protokoll über die Errichtung der StäV. Ziff. 6）。

212. 总结可参阅 Hans － Peter Schwarz：Die Bundesregierung und die auswärtigen Beziehungen，见：Ders.（Hrsg.）：Handbuch der deutschen Außenpolitik，2. Aufl. 1976，S. 100。

213. 对此还可参阅 Peter Joachim Lapp：Das Bundesministerium für innerdeutsche Beziehungen，见：Weidenfeld/Korte（Hrsg.）：Handwörterbuch. S. 55 －60。

214. 对此的估计可参照施图特（Stute）1994 年 5 月 11 日在波恩和作者的谈话。

215. 对此的估计可参照温德伦 1994 年 11 月 23 日在瓦伦多夫和作者的谈

话以及维尔姆斯 1995 年 9 月 18 日在波恩和作者的谈话。

216. 与外交政策决策进程的联系可参阅 Wilke/Krause：Bürokratie und Außenpolitik. S. 45ff。

217. 参见巴泽尔 1997 年 3 月 5 日在慕尼黑和作者的谈话。细节可参阅 1982 年 10 月 20 日《法兰克福汇报》文章《波恩不愿干扰东柏林》；1982 年 10 月 28 日《明星周刊》文章《关于新路线的猜测》（Peter Pragal：Rätseln über die neue Linie，见：*Stern* v. 28. 10. 1982）；1982 年 10 月 29 日《世界报》文章《巴泽尔必须消除对德国统一问题的畏惧》（Günter Zehm：Barzel mß mit der Scheu vor der deutschen Frage aufräumen，见：*Die Welt* v. 29. 10. 1982）；1982 年 11 月 8 日《明镜周刊》文章《轻手轻脚》（Leise Sohlen，见：*Der Spiegel* v. 8. 11. 1982）。

218. 关于巴泽尔就职的更多细节可参阅第三章第三节"政府行为的操作层面：就职出访和德意志内部关系谈判日程"。

219. 延宁格尔的估计可参见 1994 年 6 月 3 日在维也纳和作者的谈话；也可参见巴泽尔 1997 年 3 月 5 日在慕尼黑和作者的谈话。

220. 从 1988 年起，他的继任者是瓦尔特·普里斯尼茨（Walter Priesnitz）。

221. 8 月底，巴泽尔就把亨尼希（Hennig）、雷林格（Rehlinger）和普吕克（Plück）叫来。他让亨尼希担任议会国务秘书的职位并让雷林格负责德意志内部关系部的管理领导工作。9 月，巴泽尔委托普吕克撰写科尔政府声明的德国政策部分。可参阅 Kurt Plück：Der schwarz – rot – goldene Faden. Vier Jahrzehnte erlebter Deutschlandpolitik，Bonn 1996. S. 312。

222. 可参阅普吕克 1994 年 6 月 8 日在波恩和作者的背景谈话以及多贝伊（Dobiey）1994 年 5 月 19 日在圣奥古斯丁和作者的背景谈话。

223. 参见普吕克 1994 年 6 月 8 日在波恩和作者的谈话。

224. 可参阅本研究附录中的组织结构图。

225. 其后也适用于文化领域；普吕克任职至 1988 年。

226. 他部门的一位负责人是格伦达尔·克努特（Gröndahl knut），他在 1990 年后被披露为国家安全部非正式工作人员，对此可参照马尔丽斯·扬森（Marlies Jansen）1995 年 11 月 10 日在波恩和作者的谈话。后来发现了很多格伦达尔为德意志内部关系部撰写的档案文件。

227. 普里斯尼茨（Priesnitz）从 1988 年 5 月 30 日起成为国务秘书。

228. 对此还可参阅 Rehlinger：Freikauf。

229. 对此还可参见延宁格尔 1994 年 6 月 3 日在维也纳和作者的谈话。

230. 对此还可参见朔伊布勒 1995 年 6 月 12 日在波恩和作者的谈话。

231. 关于更换部长一事和温德伦本人的事可参阅 Plück：Der schwarz - rot - goldene Faden，S. 337 - 342。

232. 参见联邦总理 1996 年 9 月 30 日在波恩和作者的谈话。

233. 可参见格默尔曼 1983 年 5 月 31 日任联邦总理府 221 处处长时所做批注 221 - 14103 - Mi6. 见：Bundeskanzleramt，AZ 13 - 14007 Or 47 Bd. 2。

234. 对此可参阅第三章第八节"扩大政府中枢：特殊渠道谈判和朔伊布勒的代理权"。

235. 对此可参阅第三章第十四节"科尔的权力感：昂纳克访问波恩的政治筹划"。

236. 关于背景可参阅 Plück：Der schwarz - rot - goldene Faden. S. 400 - 403。

237. 德意志内部关系部试图短期内自己去管理。可参阅 1990 年 1 月 19 日评注和 1990 年 10 月 10 日按语（Vermerk 11 A 3 v. 19. 1. 1990 und II A1 21. 21 v. 10. 10. 1990. 见：B 137. 10644）。也可参阅 1990 年 10 月 19 日《南德意志报（附刊）》文章《官方途径的终结》（Peter Meroth：Ende eines Dienstweges，见：*SZ Magazin* v. 19. 10. 1990）。

238. 对此可参阅"第二司"一节；还可参阅 Karlheinz Niclauß：Kanzlerdemokratie，Stuttgart 1988，S. 231。

239. 可参阅 Genscher：Erinnerungen，S. 468。

240. 参见维尔姆斯 1995 年 9 月 18 日在波恩和作者的谈话。

241. 可参阅相关第三章第一节"权力建构过程：波恩政府更迭"和第三节"政府行为的操作层面：就职出访和德意志内部关系谈判日程"。

242. 可参阅 Haftendorn：Das Außen- und sicherheitspolitische Entscheidungssystem，S. 5. 1985 年之前的处长是迪特尔·卡斯特鲁普（Dieter Kastrup），他的继任者是弗兰克·兰姆巴赫（Frank Lambach）；为人特点也可参阅 Kiesler/Elbe：Ein runder Tisch mit scharfen Ecken，S. 120。

243. 弗兰茨·普费弗（Franz Pfeffer）直至 1986 年是司长，其后是戈罗德·冯·布劳恩米尔（Gerold von Braunmühl），从 1987 年到 1989 年是赫尔曼·冯·里希特霍芬（Hermann von Richthofen）。

244. 可参阅 1991 年《议会问题期刊》文章《四方会谈：西方战胜国和联邦德国间多边协调委员会意义的变化》（Hildegard Bedarff：Die Viererrunde：Zum Bedeutungswandel multilateraler Koordinationsgremien zwischen den westlichen Siegermächten und der Bundesrepublik Deutschland，见：*Zeitschrift für Parlamentsfragen* 1991，H. 4，S. 555 – 567）；详情可见 Helga Haftendorn：Das institutionelle Instrumentarium der Alliierten Vorbehaltsrechte. Politikkoordinierung zwischen den Drei Mächten und der Bundesrepublik Deutschland，见：Dies. /Henning Riecke（Hrsg.）:》…die volle Macht eines souveränen Staates《：Die Alliierten Vorbehaltsrechte als Rahmenbedingung westdeutscher Außenpolitik 1949 – 1990，Baden – Baden 1996，S. 37 – 80。

245. 可参阅 Günther Schmid：Entscheidung in Bonn. Die Entstehung der Ost- und Deutschlandpolitik 1969/1970，2. Aufl. Köln 1980. S. 251ff。

246. 可参阅 Bedarff：Die Viererrunde. S. 564 – 566。

247. 在本研究时间范围内，多数时候是国务秘书于尔根·苏德霍夫（Jürgen Sudhoff）。

248. 从内部知情人角度的描述可参阅 1994 年《议会问题期刊》文章《联邦政府和多数派党团间的非正式程序：联盟谈话和联盟对话》（Waldemar Schreckenberger：Informelle Verfahren der Entscheidungsvorbereitung zwischen der Bundesregierung und den Mehrheitsfraktionen：Koalitionsgespräche und Koalitionsrunden，见：*Zeitschrift für Parlamentsfragen*. 1994，H. 3，S. 329 – 346，hier S. 339）。

249. 参阅《非正式程序》（Schreckenberger：Informelle Verfahren，S. 339 – 341）；Jäger：Wer regiert die Deutschen?，S. 56 – 58；还可参阅 Helmuth Schulze – Fielitz：Der informale Verfassungsstaat. Aktuelle Beobachtungen des Verfassungslebens der Bundesrepublik Deutschland im Licht der der Verfassungstheorie，Berlin 1984；整体可参阅 Hartwich/Wewer（Hrsg.）：Regieren in der Bundesrepublik，Bd. Ⅱ；历史角度可参阅 Wolfgang Rudzio：Die Regierung der informellen Gremien. Zum Bonner Koalitionsmanagement der sechziger Jahre，见：Rudolf Wildenmann（Hrsg.）：Sozialwissenschaftliches Jahrbuch für Politik，Bd. 3. München/Wien 1972，S. 339 – 366。

250. 参见联邦总理 1996 年 8 月 26 日在波恩和作者谈话中谈到的大量电话
通话；也参见根舍 1997 年 3 月 14 日在波恩和作者的谈话。对于科尔
和根舍的关系也可参阅第三章第一节 "权力建构过程：波恩政府更
迭"、第二节 "冲突调解程序：德国政策立场之争和第二份政府声
明"、第十八节 "党内及执政联盟的压力：决断之年 1989"。此外还
可参阅 Genscher：Erinnerungen. S. 472。

251. 参见根舍 1997 年 3 月 14 日在波恩和作者的谈话中达成的共识。

252. 在 1989 年尤其明显。可参阅第三章第十八节 "党内及执政联盟的压
力：决断之年 1989"。

253. 参见联邦总理 1996 年 8 月 26 日在波恩和作者的谈话。

254. 直到 1987 年是赫尔穆特·舍费尔（Helmut Schäfer），其后是汉斯－君
特·霍佩（Hans－Gunter Hoppe）。

255. 单个例证可参见各段落，这些段落分析并深入研究了报告的撰写。

256. 可参阅 Jäger：Wer regiert die Deutschen？, S. 57；Ismayr：Der Deutsche
Bundestag, S. 146 – 151；参阅《非正式程序》；还可参见施雷肯贝格
尔 1997 年 1 月 30 日在施派尔和作者的谈话。

257. 参见施雷肯贝格尔 1997 年 1 月 30 日在施派尔和作者的谈话。

258. 对于联盟会议轮次的区别和组成，可参阅 Rudzio：Informelle
Entscheidungsmuster. S. 134；Schmidt － Preuß：Das Bundeskabinett,
S. 216 – 219；参见政府发言人迪特尔·福格尔（Dieter Vogel）1993
年 1 月 5 日一封信的摘录；对于会议轮次的功能、组成和会议周期可
参阅 Patrick Horst：Haushaltspolitik und Regierungspraxis in den USA und
der Bundesrepublik Deutschland. Ein Vergleich des haushaltspolitischen
Entscheidungsprozesses beider Bundesrepubliken zu Zeiten der konservativen
Regierungen Reagan/Busch（1981 – 92）und Kohl（1982 – 93）. Frankfurt
a. M. u. a. 1995, S. 307 – 311。

259. 联邦总理 1996 年 8 月 26 日在波恩和作者的谈话，德雷格尔 1995 年
11 月 10 日在波恩和作者的谈话中所讲到的，朔伊布勒 1996 年 6 月 12
日在波恩和作者的谈话以及根舍 1997 年 3 月 14 日在波恩和作者的谈
话观点完全一致。

260. 此处细节可参阅 1993 年《议会问题期刊》文章《1983 年政府的建立和反
对派的形成》(Klaus Bohnsack：Regierungsbildung und Oppositionsformierung

1983，见：*Zeitschrift für Parlamentsfragen*，1993，H. 4，S. 476 – 486）和1987 年《议会问题期刊》文章《1987 年政府的建立——联合执政谈判和人事决定》（Eberhard Sandschneider：Regierungsbildung 1987. Koalitionsverhandlungen und Personalentscheidungen. 见：*Ebenda* 1987. H. 2. S. 203 –221）。对此可参阅第三章第二节"冲突调解程序：德国政策立场之争和第二份政府声明"和第十三节"巩固权力的过程：组阁和加强德国政策的主管权限"。

261. 参见联邦总理 1996 年 8 月 26 日在波恩和作者的谈话。

262. 可参阅第三章第一节"权力建构过程：波恩政府更迭"和第二节"冲突调解程序：德国政策立场之争和第二份政府声明"。

263. 这里指的是党主席科尔、施特劳斯和根舍；对此可参阅 1988 年 4 月 13 日《商报》文章《方针的权限和巨头对话》（Peter Heinacher：Richtlinienkompetenz und Elefantenrunde，见：*Handelsblatt* v. 13. 4. 1988）。

264. 参阅清单例证见 Rudzio：Informelle Entscheidungsmuster，S. 134 f。

265. 也可参阅 1983 年 3 月 28 日《世界报》。

266. 联邦总理回忆起非洲（纳米比亚政策），这是施特劳斯特别喜欢的一个话题，在这一点上根舍又反对施特劳斯的立场。参见联邦总理 1996 年 8 月 26 日在波恩和作者的谈话。

267. 可参阅第三章第六节"务实合作：十亿马克贷款担保和联手施特劳斯"。

268. 联邦总理指出施特劳斯在这些战略会谈上的特殊背景："当时，出于施特劳斯的愿望就设立了基民盟和基社盟之间所谓的战略会谈机制。到那时为止，两个姐妹党派之间一直只有每周的联盟会谈，但只有当党主席和党团主席明确被邀请时，施特劳斯才能去参加那些会议。与此相反，在战略会谈中他就能经常坐在桌旁并表达自己的观点。在这种战略会谈之前，他和科尔之间经常进行私人会谈，而且经常声音很大地争吵。"见：Diekmann/Reuth：Helmut Kohl. S. 126。

269. 参见根舍 1997 年 3 月 14 日在波恩和作者的谈话。

270. 可参阅 Fritz W. Scharpf：Positive und negative Koordination in Verhandlungssystemen，见：Adrienne Héritier（Hrsg.）：Policy – Analyse. Kritik und Neuorientierung. Opladen 1993，S. 57 – 83，hier S. 68；深入研究可参阅 Renate Mavntz/Fritz W. Scharpf：Policy Making

in the German Federal Bureaucracy，Amsterdam 1975，S. 100 – 105。

271. 参见联邦总理 1996 年 8 月 26 日和作者的谈话；朔伊布勒 1996 年 6 月 12 日在波恩和作者的谈话也表达了同样观点。

272. 但这更多是从 1984 年起才开始的。之前他还主持着德国政策协调委员会会议。对此可参阅第三章第四节"德国政策执行方案成形：总理个人的贡献"。

273. 从 1983 年底开始，他就完全从中抽离出来了；对此可参阅第三章第四节"德国政策执行方案成形：总理个人的贡献"。

275. 可参阅 Schwarz：Handbuch der deutschen Außenpolitik，S. 72；关于内阁委员会的一般论述可参阅 Prätorius：Institutionen und Regierungsprozeß，S. 531。

276. 可参阅 Aufstellung nach Stand 15. 7. 1982. 见：B 136. 20170，AZ 14470，Ka 1，Bd. l。

277. 背景资料参阅联邦总理代表施特恩 1983 年 4 月 20 日写给联邦德意志内部关系部的公函（Schreiben des BK（Stern）an BMB，见：B 137，9264，AZ3385 v. 20. 4. 1983）。

278. 见：B 137. 7661. AZ 3362 vom 18. 10. 1982. 1983 年 2 月 2 日联邦总理参与的部长会谈的提示。

279. 温德伦 1994 年 11 月 23 日在瓦伦多夫和作者的谈话中回忆起在他任期内两到三次联邦总理参与的这种部长会谈。布罗伊蒂加姆 1996 年 2 月 19 日在波茨坦和作者的谈话中也提到开始阶段的一些会议。具体档案例证可参阅第三章第四节"德国政策执行方案成形：总理个人的贡献"。

280. 参阅 1983 年 5 月 25 日《关于德意志内部关系状况的报告》（Bericht zum Stand der innerdeutschen Beziehungen v. 25. 5. 1983. AZ Ⅱ 1 – 3230. 见：B 137，9243，AZ 3230）；还有一个秘密的国务秘书委员会讨论家庭团聚和囚犯赎身问题。对此可参阅德国政策工作组组长冯·里希特霍芬 1985 年 10 月 2 日的评注，见：B 136，20238，AZ，221 – 34900 – No 7。

281. 一开始进行三方会谈。但外交部也必须参与其中，因此成了四方会谈。最终柏林代表处也要一直参与其中；故最初的三方会谈变成五方会谈。

282. 此处参阅 B 137，9264. AZ 3385 v. 21. 10. 1982，其中宣布德意志内部关系部对五方会谈提出的表态口径和提议。

283. 1989 年 4 月 14 日按语《德国和柏林问题决策和调查委员会》（Entscheidungs- und Beratungsgremien für Deutschland- und Berlinpolitische Fragen，Vermerk v. 14. 4. 1989），见：B 136，20 170，AZ 14470 Ka 1，Bd. 1。

284. 特别参见布罗伊蒂加姆 1996 年 2 月 22 日在波茨坦和作者的谈话；同样可参见冯·里希特霍芬 1996 年 2 月 8 日在布鲁塞尔和作者的谈话，多贝伊 1994 年 5 月 19 日在圣奥古斯丁和作者的谈话也持此观点。

285. 布罗伊蒂加姆 1996 年 2 月 22 日在波茨坦和作者的谈话中让作者注意其整体关联。

286. 参见朔伊布勒 1996 年 6 月 12 日在波恩和作者的谈话。进一步的研究明确佐证了朔伊布勒的论点。

287. B 137. 9253. AZ 3362 v. 13. 6. 1983.

288. B 137. 7661. AZ 3362 v. 18. 10. 1982.

289. 对此可参阅提议和评估见：B 137，10926，AZ. 21715 und AZ219131 v. 14. 11. 1987。

290. 整理汇编参阅 B 136，20170，A7，14470 Ka 1. Bd. 1（日期不详）；参见 1989 年 4 月 14 日联邦总理府 221 处按语（Vermerk Bk v. 14. 4. 1989 Ref. 221，in：B 136，20170，AZ14470 Ka 1，Bd. 1）；也可参见朔伊布勒 1996 年 6 月 12 日在波恩和作者的谈话。

291. 由于权力交叉，该党团也出现在"行政决策结构"一节中。

292. 参见联邦总理 1996 年 8 月 26 日在波恩和作者的谈话。

293. 从 1982 年 10 月 4 日到 1990 年 10 月 3 日，联盟党联邦议会党团德国政策发言人是爱德华·林特内尔（Eduard Lintner）（基民盟）；他的副手是格哈尔德·舒尔策（Gerhard Schulze）（基民盟）。德国和柏林问题工作组约有 20 人。

294. 对党团可参阅 Wolfgang Ismayr：Der Deutsche Bundestag. Funktionen. Willensbildung. Reformansätze. Opladen 1992. S. 83 – 152.

295. 参见朔伊布勒 1996 年 6 月 12 日在波恩和作者的谈话。

296. 参见德雷格尔 1995 年 11 月 10 日在波恩和作者的谈话。

297. 参见德雷格尔 1995 年 11 月 10 日在波恩和作者的谈话。

298. 对于这个时期的评估可参阅 Wulf Schönbohm：Die CDU wird moderne Partei，Stuttgart 1985，S. 156；也可参见克莱门斯于 1997 年 4 月 4 日在伯明翰和作者的谈话。

299. 可参阅 Haungs：Parteipräsidien. S. 114f.；也可参阅 Gros：Politikgestaltung im Machtdreieck。

300. 可参阅 Haungs：Patteipräsidien，S. 115；Reitz：Schäuble. S. 50f；1989 年 10 月 9 日《法兰克福汇报》文章《基民盟主席团不是内阁》（Rühe：Das CDU – Präsidium ist kein Kabinett，见：*FAZ* v. 9. 10. 1989）以及德特林于 1996 年 1 月 29 日在慕尼黑和作者的谈话。

301. 对此可参阅联邦理事会基民盟记录的评估。

302. 可参阅第三章第十七节"谈判策略：为人道主义减负的关联交易"。

303. 只要是他们作为总理的密使出席，其会谈就可纳入该分析中；对此可特别参照的分析是 Hans – Peter Mengele：Wer zu Späth kommt. . . Baden – Württembergs außenpolitische Rolle in den Umbruch – Jahren，Tübingen 1995，S. 71 – 99。

304. 可参阅 Manfred Rex 见：Aspekte der deutsch – deutschen Beziehungen 1970 bis 1987，in：Gert – Joachim Glaessner（Hrsg.）：Die DDR in der Ära Honecker，Opladen 1988，S. 43 – 55，hier S. 51 – 53；und BMB（Hrsg.）：Auskünfte zur Deutschlandpolitik. A – Z。

第二节　民主德国政治体制中的行政决策结构

1. 从有关民主德国当时政治参与者的出版物或从他们自身那里只能得到政治进程的较为模糊的图像；对此可参阅 Peter Przybylski：Tatort Politbüro. Bd. 1：Die Akte Honecker. Berlin 1991；Ders.：Tatort Politbüro. Bd 2：. Honecker，Mittag，Schalck – Golodkowski. Berlin 1992；Gerd – Rüdiger Stephan（Hrsg.）：Vorwärts nimmer，rückwärts immer. Interne Dokumente zum Zerfall von SED und DDR. Berlin 1994；Hannes Bahrmann/Peter – Michael Fritsch：Sumpf，Privilegien，Amtsmißbrauch，Schiebergeschäfte，Berlin 1991；Peter Krischey：Wandlitz/Waldsiedlung. Die geschlossene Gesellschaft，Berlin 1990；Daniel Küchenmeister（Hrsg.）：Honecker，Gorbatschow. Vieraugengespräche，Berlin 1993；Carl – Heinz Janson：Totengräber der DDR. Wie Günter Mittag den SED – Staat ruinierte，Düsseldorf 1991；Reinhold Ander/Wolfgang Herzberg：Der Sturz. Erich Honecker im

Kreuzverhör, Berlin 1990；Erich Honecker：Zu dramatischen Ereignissen, Hamburg 1992；Erich Krenz：Wenn Mauern fällen. Die friedliche Revolution. Vorgeschichte, Ablauf, Auswirkungen, Wien 1990；Günter Mittag：Um jeden Preis. Im Spannungsfeld zweier Systeme, Berlin 1991；Manfred Gerlach：Mitverantwortlich. Als Liberaler im SED – Staat, Berlin 1991；Günter Schabowski：Das Politbüro. Ende eines Mythos, Reinbeck 1990；Günter Schabowski：Der Absturz 1990；Brigitte Zimmermann/Hans – Dieter Schütt：Ohnmacht. DDR – Funktionäre sagen aus. Berlin 1992；Manfred Uschner：Die zweite Etage. Funktionsweise eines Machtapparates. Berlin 1993；Hans Modrow（Hrsg.）：Das große Haus, Berlin1994；Hans Modrow（Hrsg.）：Das große Haus von außen, Berlin 1996；Kurt Hager：Erinnerungen. Leipzig 1996；Johannes Kuppe：Deutschlandpolitik der DDR, in：Werner Weidenfeld/ Karl – Rudolf Korte（Hrsg.）：Handbuch zur deutschen Einheit, Neuausgabe, Frankfurt a. M./New York 1996, S. 190 – 204；Hartmut Zimmermann：DDR：Politisches System, 见：Ebenda, S. 105 – 119.

2. 参见联邦总理 1996 年 9 月 30 日在波恩和作者的谈话以及朔伊布勒 1996 年 6 月 12 日在波恩和作者的谈话。

3. 对此的分析可参阅 Thomas Ammer：Die Machthierachie der SED, 见：Deutscher Bundestag（Hrsg.）：Materialien der Enquete – Kommission, Bd. Ⅱ, 2. S. 803 – 867；Georg Brunner：Staatsapparat und Parteiherrschaft in der DDR, 见：Ebenda, S. 989 – 1029。

4. 还可参阅 Andreas Herbst u. a.：So funktionierte die DDR. Lexikon der Organisationen und Institutionen, Bd. 2, Reinbeck 1994, S. 809。

5. 民主德国宪法第一条。

6. 可参阅 Marcel Bulla：Zur Außenpolitik der DDR. Bestimmungfaktoren, Schlüsselbegriffe, Institutionen und Entwicklungstendenzen, Melle 1988, S. 26。

7. 对民主德国日常生活中德国统一社会党的普遍存在也可参阅 Thomas Ammer：Strukturen der Macht. Die Funktionäre im SED – Staat, 见：Jürgen Weber（Hrsg.）：Der SED-Staat. Neues über eine vergangene Diktatur. München 1994. S. 15 – 18。

8. 对政治局的重要性可参阅 Ammer：Die Machthierachie der SED, S. 830 –

838；Herbst u. a.：So funktionierte die DDR. 808 – 816；M. Rainer Lepsius：Handlungsräume und Rationalitätskriterien der Wirtschaftsfunktionäre in der Ära Honecker，见：Theo Pirker u. a：Der Plan als Befehl und Fiktion. Wirtschaftsführung in der DDR. Opladen 1995，S. 347 – 350。

9. 对政治局和中央委员会书记处的合作可参阅 Ammer：Die Machthierachie der SED，S. 830 – 838；也可对参阅 Gerd Meyer：Die DDR – Machtelite in der Ära Honecker. Tübingen 1991。

10. 可参阅 Bulla：Zur Außenpolitik der DDR，S. 27。

11. 对此也可参阅 BMB（Hrsg.）：DDR Handbuch，Bonn 1985，S. 1274。

12. 对此也可参阅 Wilhelm Bruns：Die Außenpolitik der DDR，Berlin 1985，S. 55。

13. 这个工作组显然有不同的称呼，例如联邦德国/西柏林工作组，联邦德国/柏林（西）工作组。在德国统一社会党中央档案中关于这个工作组的档案列于下列标题之下，即"德国统一社会党中央委员会政治局关于民主德国和联邦德国之间经济和科技合作工作组记录定本"（"Festlegungsprotokolle einer Arbeitsgruppe des Politbüros des ZK der SED über die ökonomische，wissenschaftlich – technische Zusammenarbeit zwischen der DDR und der BRD"）。此处可参阅 Deutscher Bundestag：Beschlußempfehlung und Bericht des 1. Untersuchungsausschusses nach Artikel 44 des Grundgesetzes，Drucksache 12/7600. S. 446。

14. 可参阅同上。

15. 同上。

16. 同上。

17. 对书记处的组织和职能的详细内容可参阅 Herbst u. a.：So funktionierte die DDR，S. 1218 – 1226。

18. 关于赫尔曼·阿克森也可参阅 Hermann Axen：Ich war ein Diener der Partei，Berlin 1996。

19. 对米塔格在民主德国经济体系中的重要性可参阅 Erhard Meyer：Der Bereich Günter Mittag. Das wirtschaftspolitische Machtzentrum，见：Hans Modrow（Hrsg.）：Das große Haus. Berlin 1994。

20. 对国务委员会可参阅如下描述 Herbst u. a.：So funktionierte die DDR. S. 994 – 997。

21. 对人民议院的历史、组织和功能也可参阅 Herbst u. a.：So funktionierte die DDR. S. 1144 – 1152。

22. 他在政府体系中的地位在民主德国宪法第76～80条以及民主德国1972年法令公报第一部分第253页中被确定下来。对民主德国政治体系的解释性信息可参阅文献 Herbst u. a.：So funktionierte die DDR，S. 637 – 702。

23. 民主德国1972年法令公报第一部分。

24. 对外交部的建立和功能的背景信息可参阅如下文献 Herbst u. a.：So funktionierte die DDR. S. 658 – 660。

25. 参见卡尔·赛德尔1991年7月8日与詹姆斯·麦克亚当斯的访谈，载于：Hoover Institution Archive，Stanford。

26. 可参阅 Bruns：Die Außenpolitik der DDR. S. 56。

27. 关于外贸部也可参阅 Herbst u. a.：So funktionierte die DDR，S. 660 – 662。

28. 可参阅1970年2月18日公布的外交部地位规定第三条（§ 3 der Verordnung über das Statut des Ministeriums für Auswärtige Angelegenheiten v. 18. 2. 1970. 见：GDI DDR. Teil II，1970. S. 173）。

29. 同上。

30. 对于国家机器和党机器的内容可参阅 Brunner：Staatsapparat und Parteiherrschaft in der DDR，S. 989 – 1029。

31. Bruns：Die Außenpolitik der DDR，S. 56. 此陈述也得到科布伦茨联邦档案馆相关档案资料的支持。东德外交部驻西德常设代表处即驻联邦总理府常设代表处成员的会谈表明，日常政治事务的问题如侵犯边界、离境和访问意愿、环境问题、办理采访手续、对政治家访问的组织安排明显更加重要。

32. Bruns：Die Außenpolitik der DDR. S. 55.

33. 参见联邦总理1996年8月26日在波恩和作者的谈话中所做估计；对此可参阅第三章第八节"扩大政府中枢：特殊渠道谈判和朔伊布勒的代理权"、第九节"贸易结算授信额一揽子谈判方案：首席谈判代表的较量"和第十五节"联邦总理的外交克制：人权与民主德国的相关信息"。

34. 昂纳克非常关心德国政策，汉斯·辛德勒和卡尔·赛德尔的描述可对此证明。可参阅 1991 年 10 月 3 日 A. 詹姆斯·麦克亚当斯与汉斯·辛德勒的访谈和 1991 年 7 月 8 日 A. 詹姆斯·麦克亚当斯与卡尔·赛德尔的访谈（Interview v. A. James McAdams mit Hans Schindler v. 3. 10. 1991，见：Hoover Institution Archives，Stanford；Interview v. A. James McAdams mit Karl Seidel v. 8. 7. 1991，见：Hoover Institution Archives，Stanford）。

35. 对于昂纳克的领导和执政风格可参阅 Pryzbylski：Tatort Politbüro，Bd. 1，S. 334 – 339。

36. 关于苏联对德国政策影响的详细内容可参阅 Fred Oldenburg：Das Dreieck Moskau – Ost-Berlin – Bonn 1975；Fred Oldenburg/Gerd – Rüdiger Stephan，Honecker kam nicht bis Bonn. Neue Quellen zum Konfliktzwischen Ost – Berlin und Moskau 1984，in：Deutschland Archiv. H. 8. 1995. S. 791 – 805。

37. Günter Schabowski：Das Politbüro. Ende eines Mythos. Reinbeck 1990. S. 89.

38. 同上，参阅第 93 页。也可参阅 Carl – Heinz Janson：Totengräber der DDR，S. 233。还可参见联邦总理 1996 年 8 月 26 日在波恩和作者的谈话，他尤其在昂纳克对波恩访问时有此印象，即两人关系非常密切。

39. 对此也可参阅 Przybylski：Tatort Politbüro. Bd. 2. S. 172. Janson：Totengräber der DDR，S. 161 ff。

40. 对此可参阅附录；通常来说，参与波恩会面的联邦政府代表是联邦总理府部长和联邦经济部（或者代理），民主德国的代表则是外贸部（或者代理）和民主德国在波恩的常设代表处。可参阅公报 Nr. 42/84. S. 372：Nr. 41/85，S. 356；Nr. 36/86，S. 283；Nr. 32/87，S. 268；Nr. 33/89. S. 295。

41. Günter Mittag：Um jeden Preis. S. 88.

42. 参见朔伊布勒 1996 年 6 月 12 日在波恩和作者的谈话。

43. 可参阅 B 137，10321. AZ 22. 451，FS – StäV Nr. 0107 v. 28. 1 1986。

44. Johannes Kuppe：Marschroute zum XL Parteitag festgelegt. Politische Aspekte des 11. ZK – Plenums，见：Deutschland Archiv，1986，H. l. S. 2。

45. 在其担任联邦总理府部长三周后，对此可参阅第三章第八节。

46. 他也必须辞去对民主德国国际政治经济研究所的领导。

47. 菲舍尔在政治上相对没有负担，这尤其表现在他在柏林墙倒塌后仍成为莫德罗政府的少数旧政府成员之一。

48. 在与西德政治人物的会谈中，菲舍尔对德国政策的表述非常谨慎并将自己局限在重复德国统一社会党官方话语的路线上。伯林说："他完全没有试图阐明自己在德意志内部关系上的观点。"Klaus Bölling：Die fernen Nachbarn，1983. S. 235.

49. 参见朔伊布勒 1996 年 6 月 12 日在波恩和作者的谈话。

50. 参见根舍 1997 年 3 月 14 日在波恩和作者的谈话。

51. 民主德国单方面将他们的常设代表升格为"特命全权大使"。

52. 参见朔伊布勒 1996 年 6 月 12 日在波恩和作者的谈话。

53. 可参阅里希特霍芬于 1984 年 2 月 16 日对延宁格尔和莫尔特会谈的按语，见：B 137，9275. AZ 3450。朔伊布勒和莫尔特之间的一次会谈也很有代表性，联邦总理府部长向民主德国常设代表通报了他与黑贝尔和菲舍尔的会谈内容。可参阅里希特霍芬 1984 年 12 月 12 日对朔伊布勒和莫尔特会谈所做的按语，见：B 137，9275，AZ 3450。

54. 正如朔伊布勒在如下文献中所复述的那样，Filmer/Schwan：Schäuble，S. 147。

55. 对此也可参阅昂纳克 1985 年 1 月给沙尔克的指示。该指示全权委托沙尔克"与朔伊布勒部长……展开非正式和严格保密的接触……前提是，这种接触不被公布，否则它就失去其价值"。刊印在：Filmer/Schwan：Schäuble，S. 138。

56. 可参阅联邦议院公报 BT – Drucksache 12/7600. S. 445。

57. 可参阅联邦议院公报 BT – Drucksache 12/7600. S. 447。

58. 可参阅联邦议院公报 BT – Drucksache 12/7600. S. 447。

59. 可参阅联邦议院公报 BT – Drucksache 12/7600. S. 447。

60. 联邦议院公报 BT – Drucksache 12/7600. S. 447。

61. 参见朔伊布勒 1996 年 6 月 12 日在波恩和作者的谈话。

62. 可参阅联邦议院公报 BT – Drucksache 12/7600，S. 450，S. 454；朔伊布勒 1996 年 6 月 12 日在波恩和作者的谈话中对此加以证实；对于朔伊布勒的评价可参阅 Reitz：Wolfgang Schäuble. S. 325 – 331。参阅联邦议院公报 BT – Drucksache 12/7600，S. 447。

63. 联邦议院公报 BT – Drucksache 12/7600，S. 447。

64. 可参阅联邦议院公报 BT – Drucksache. 12/7600，S. 447。沙尔克曾是民主德国国家安全部官员。对于他与米尔克（Mielke）及民主德国国家安全部的紧密联系也可参阅 Pryzbylski：Tatort Politbüro. Bd. 1. S. 140 f。

65. 陈述部分参阅 Filmer/ Schwan：Schäuble. S. 130。

66. 可参阅 Rehlingen：Freikauf. S. 45；关于福格尔个人情况及政治影响的补充内容参阅 Craig R. Whitney：Advokatus Diaboli. Wolfgang Vogel. Anwalt zwischen Ost und West. Berlin 1993。

67. Rehlingen：Freikauf. S. 26.

68. 可参阅同上 S. 46。

69. 可参阅 Filmer/Schwan：Schäuble. S. 134。

70. 对此也可参见雷林格描述福格尔如何在短期内使雷林格和福格尔作出的一个约定得到昂纳克确认。Rehlinger：Freikauf，S. 143 f.

71. 参见汉斯·辛德勒在 1991 年 10 月 3 日与詹姆斯·麦克亚当斯的一次访谈，见：Hoover Institution Archives. Stanford。

72. 参见朔伊布勒 1996 年 6 月 12 日在波恩和作者的谈话。

73. 可参阅 Filmer/Schwan：Schäuble. S. 235.

第三章　政府行为的发展过程

第一节　权力建构过程：波恩政府更迭

1. 按照 Helms 的观点，权力更迭在定义上就是一种重要的政府更迭。可参阅 Ludger Helms：Machtwechsel in der Bundesrepublik Deutschland. Eine vergleichende empirische Analyse der Regierungswechsel von 1966，1969 und 1982，in：Jahrbuch für Politik，1994. H. 2. S. 225 – 248。

2. 此处可参阅例证：Popitz：Prozesse der Machtbildung。

3. 背景资料参阅 Genscher：Erinnerungen，S. 427f。

4. 正如联邦总理 1996 年 8 月 26 日在波恩和作者的谈话中所讲到的。对此评估可参阅 1983 年第 6 期《欧洲档案》文章《波恩政府更迭——总理下台和提前举行新大选后外交政策的延续》（Wolfgang Wagner：Der Regierungswechsel in Bonn. Außenpolitische Kontinuität nach Kanzlersturz und vorzeitigen Neuwahlen，见：*Europa – Archiv*，1983. Nr. 6，S. 157 – 164）。

5. 同上；此外可参阅科尔授权的对政府更迭的描述：Diekmann/Reuth：

Helmut Kohl, S. 25 – 27；Dieter Grosser：Die Entwicklung in der Bundesrepublik 1969 – 1989，见：Ders. u. a.（Hrsg.）：Deutsche Geschichte in Quellen und Darstellung，Bd. 11，Stuttgart 1996. S. 5 – 171，S. 107 – 114；Gregor Schöllgen：Geschichte der Weitpolitik von Hitler bis Gorbatschow，1941 – 1991. München 1996，S. 377 f.

6. 对政府更迭及财政和预算政策的意义参阅 Gerhard Stoltenberg：Wendepunkte. Stationen deutscher Politik 1947 – 1990，Berlin 1997. S. 277 – 286。

7. 参阅 Peter Schindler 编纂的文献：Datenhandbuch zur Geschichte des Deutschen Bundestages 1949 – 1982，Baden – Baden 1984，S. 410. 舆论形势可参阅 1982 年 10 月 2/3 日文章《翻开新的一章》（Hans Ulrich Kempski：Das neue Kapitel wird aufgeschlagen，见：*SZ* v. 2. / 3. 10. 1982）；1982 年 10 月 8 日《时代周报》文章《没有鼓号》（Hermann Rudolph：Ohne Trommeln und Fanfaren，见：*Die Zeit* v. 8. 10. 1982）。

8. Schindler：Datenhandbuch 1949 – 1982，S. 409.

9. Deutscher Bundestag：Stenographische Berichte. Bd. 122，118. Sitzung，1. 10. 1982，S. 7159B – 7201 C.

10. 背景可参阅 1972 年《议会问题期刊》文章《建设性不信任投票－编年史和基本法第 67 条的注释》（Martin Müller：Das konstruktive Mißtrauensvotum. Chronik und Anmerkungen zum ersten Anwendungsfall nach Art. 67 GG. 见：*Zeitschrift für Parlamentsfragen*. 1972. H. 3，S. 275 – 291）。

11. 正如德雷格尔 1995 年 11 月 10 日在波恩和作者的谈话中所讲到的；也可参阅 Karl Hugo Pruys：Helmut Kohl. Die Biographie. Berlin 1995，S. 251。

12. Schindler：Datenhandbuch Bundestag 1949 – 1982. S. 410.

13. 背景资料可参阅 Wolfgang Jäger：Die Innenpolitik der sozial – liberalen Koalition 1974 – 1982，见：Ders. /Werner Link：Republik im Wandel，Stuttgart/Mannheim 1987. S. 9 – 272. 这里是 S. 213f。

14. 此处与如下文献相关：1983 年《议会问题期刊》文章《1981/82 年执政同盟危机和 1982 年政府更迭》（Klaus Bohnsack：Die Koalitionskrise 1981/82 und der Regierungswechsel 1982，见：*Zeitschrift für*

Parlamentsfragen，1983，H. 1. S. 5 – 32）；1987 年《政治季刊》文章《转折显然已经开始? 1980 – 1982 年执政联盟变更前波恩的自由民主党》（Johannes Merck: Klar zur Wende? Die FDP vor dem Koalitionswechsel in Bonn 1980 – 1982. 见: *Politische Vierteljahresschrift*，1987，11.4，S. 384 – 402）；Joseph Bücker/Helmut Schlimbach: Die Wende in Bonn. Deutsche Politik auf dem Prüfstand. Heidelberg 1983；Werner Süß: Wahl und Führungswechsel. Politik zwischen Legitimation und Elitekonsens. Zum Bonner Machtwechsel 1982/82. 见: Hans – Dieter Klingemann/Max Kaase（Hrsg.）: Wahlen und Politischer Prozeß. Analysen aus Anlaß der Bundestagswahl 1983，Opladen 1986，S. 40 – 83；也可参阅 1988 年第 241 期《政治观点》文章《1982 转折之年——社民党和自民党执政联盟终结各自应负的责任》（Wolfgang jäger: Die Wende 1982. Schuldzuweisungen für das Ende der sozial – liberalen Koalition，见: *Die politische Meinung* 1988. Nr. 241，S. 63 – 68）；Karlheinz Niclauß: Kanzlerdemokratie. Bonner Regierungspraxis von Konrad Adenauer bis Helmut Kohl. Stuttgart u. a. 1988. S. 218ff. 详细论证参见 Jäger: Die Innenpolitik der sozial – liberalen Koalition. S. 234 – 263；Klaus Bölling: Die letzten 30 Tage des Kanzlers Helmut Schmidt，Reinbek 1982；此外从更加偏向于政治家的视角出发，参见: Genscher: Erinnerungen，S. 445 – 464。

15. 此外还可参阅 Genscher: Erinnerungen. S. 447f. ; Jäger Die Innenpolitik der sozial – liberalen Koalition，S. 208f。

16. 施密特 1982 年 9 月 17 日讲话，参见: Deutscher Bundestag: Stenogr. Berichte. S. 7074 B C. D. S. 7075，A. B。

17. 同上 S. 7077 C，D。

18. 相关细节也可参阅 Friedrich Zimmermann: Kabinettstücke. Politik mit Strauß und Kohl 1976 – 1991. München/Berlin 1991. S. 104 – 137 Strauß: Erinnerungen. S. 554 – 560；Eduard Ackermann: Politiker，Bergisch Gladbach 1996，S. 123 f。

19. 参见联邦总理 1996 年 8 月 26 日在波恩和作者的谈话。

20. 施特劳斯终生都没有在这一点上原谅齐默尔曼，正如联邦总理 1996 年 8 月 26 日在波恩和作者谈话中所表达的。

21. 可参阅 Strauß: Erinnerungen，S. 558 – 560。

22. 例如 1982 年 9 月 24 日第 39 期《时代周报》阿伦斯巴赫民意调查（Allensbach – Umfrage 见：*Die Zeit* v. 24. 9. 1982. Nr. 39）；也可参阅 Dieter Roth：Der ungeliebte Kanzler，见：Reinhard Appel（Hrsg.）：Helmut Kohl im Spiegel seiner Macht. Bonn 1990，S. 285 – 299。

23. 参阅 Zimmer：Nationales Interesse，S. 83；参阅 1982 年 9 月 30 日《法兰克福汇报》文章《联盟党和自民党：保留国家问题》（Union und FDP: Die nationale Frage offenhalten，见：*FAZ* v. 30. 9. 1982）；参阅 1982 年 10 月 9 日《法兰克福评论报》文章《执政联盟再也不谈"两个国家"》（Koalition spricht nicht mehr von zwei Saaten，in：*FR* v. 9. 10. 1982）。联邦总理 1996 年 8 月 26 日在波恩和作者的谈话中也肯定了这一观点。特别是关于德国政策的段落也可参见朔伊布勒 1996 年 6 月 12 日在波恩和作者的谈话。执政联盟会谈时朔伊布勒在场，但延宁格尔却不在场，他作为联邦总理府国务部长是晚些时候才负责德国政策的。

24. 刊印于 1982 年 9 月 29 日《商报》（*Handelsblatt* v. 29. 9. 1982），带有校正内容报道见 1982 年 9 月 30 日《商报》。

25. 参阅 Clay Clemens：Reluctant Realists. The Christian Democrats and West German Ostpolitik，London 1989；还有 Zimmer：Nationales Interesse，S. 62 – 82。

26. 还可参阅 Werner Link：Die Außen- und Deutschlandpolitik in der Ära Schmidt 1974 – 1982. 见：Jäger/Ders.：Republik im Wandel. Stuttgart/Mannheim. S. 275 – 432，这里是 S. 373 – 380。

27. 谈判气氛和过程也可参阅 Ackermann：Mit feinem Gehör，S. 179 ff。

28. 参阅 Ackermann：Mit feinem Gehör，S. 183。

29. 同上，S. 184。

30. 受到科尔的委托，特尔切克事先电话通知了所有人：组建内阁的会议已较早举行。这次会议没有进行记录。

31. 参阅 1982 年 10 月 5 日《南德意志报》文章《一个急匆匆的男人》（Hartmut Palmer：Ein Mann in Eile，见：*SZ* v. 5. 10. 1982）；对访问法国一事，根舍在执政同盟谈判中做出了建议，正如 Genscher：Erinnerungen，S. 469。

32. 参阅 1983 年《议会问题期刊》文章《1983 年政府的组建和反对派的

形成》（Klaus Bohnsack：Regierungsbildung und Oppositionsformierung 1983. 见：*Zeitschrift für Parlamentsfragen*. 1983. H. 4. S. 476 – 486）。

33. 最初询问的是《莱茵邮报》总编辑 Joachim Sobotta 和《资本》杂志发行人 Johannes Gross；参阅 1982 年第 4 期《明镜周刊》（*Der Spiegel*. 1982，Nr. 41，S. 21）。

34. 正如联邦总理 1996 年 8 月 26 日在波恩和作者的谈话中所讲到的；参阅 1982 年 11 月 3 日《南德意志报》文章《联邦总理府新人举步维艰》。

35. 联邦总理就职时的公众形象可参阅 1982 年《时代周报》文章《高座上的科尔》；1982 年 12 月 10 日《时代周报》文章《和谐与欢快》；1982 年 12 月 9 日《法兰克福汇报》文章《对一位总理来说，联系现实至关重要》（Claus Genrich：Für einen Bundeskanzler ist es lebenswichtig, den Kontakt zur Wirklichkeit nicht zu verlieren，见：*FAZ* v. 9. 12. 1982）Wolfgang Wiedemeyer：Kohl und die Medien，见：Appel（Hrsg.）：Helmut Kohl. S. 271 – 283。

36. 参阅 Zimmermann：Kabinettstücke. S. 130 – 137。

37. 可参阅 Ackermann：Mit feinem Gehör, S. 178 以及魏登菲尔德与作者的谈话。

38. 可参阅如下文献 Bergsdorfs,»Notiz für Herrn Dr. Kohl« v. 27. 9. 1982，in：Weidenfeld – Privatarchiv, München。

39. 此处观点来自阿克曼 1995 年 9 月 17 日在波恩和作者的谈话，贝格尔斯多夫 1994 年 5 月 19 日在波恩和作者的谈话，德特林 1996 年 1 月 29 日在慕尼黑和作者的谈话以及魏登菲尔德与作者的谈话；也可参阅 Ackermann：Mit feinem Gehör, S. 186ff。

40. 此处援引第一位联邦总理府部长的观点 Schreckenberger：Der Regierungschef zwischen Politik und Administration, S. 612。

41. 联邦总理 1996 年 8 月 26 日在波恩和作者的谈话中指出这一点。

42. 背景资料参阅 1983 年 1 月 8 日《南德意志报》文章《新总理的风格》。

43. 正如魏登菲尔德与作者在一次谈话中的描述。

44. 参阅 Carl Bohret：Politische Vorgaben für ziel- und ergebnisorientiertes Verwaltungshandeln aus Regierungserklärungen，见：Hartwich/Wewer（Hrsg）：Regieren in der Bundesrepublik, Bd. I. S. 69 – 82；此外对此详

细描述可参阅第三章第五节"首脑决策：科尔第一份民族形势报告"。

45. Helmut Kohl，见：Deutscher Bundestag（Hrsg.）：Materialien der Enquete – Kommission，»Aufarbeitung von Geschichte und Folgen der SED – Diktatur in Deutschland«，Bd. V. 1. Baden – Baden 1995，S. 941。

46. 参阅 Adam：Kohl und die geistig – moralische Wende，S. 21。

47. 参与者圈子可参阅 Aufzeichnungen im Weidenfeld – Privatarchiv，München；德特林 1996 年 1 月 29 日和作者的谈话也谈到相关内容。

48. 对此也可参阅 Jäger：Wer regiert die Deutschen，S. 53。

49. 对此细节描述可参阅 Notiz "Regierungserklärung v. 13. 10. 1982"，见：Weidenfeld – Privatarchiv. München。

50. 正如戴特林 1996 年 1 月 29 日在慕尼黑和作者的谈话中所讲到的，以及魏登菲尔德与作者谈话的内容。

51. 对此参见阿克曼 1995 年 9 月 17 日在波恩和作者的谈话，贝格尔斯多夫 1994 年 5 月 19 日在波恩和作者的谈话以及魏登菲尔德与作者的谈话；也可参阅 1982 年 12 月 10 日《时代周报》文章《和谐与欢快》。

52. 正如魏登菲尔德与作者的谈话。

53. Schreiben Rehlingens v. 7. 10. 1982. 见：B 137，9278. AZ 3811. 1 – Ref. Ⅱ 1；该信件草稿由普吕克草拟，巴泽尔请他短时间内写好；正如普吕克 1994 年 6 月 8 日在波恩和作者的谈话以及巴泽尔 1997 年 3 月 5 日在慕尼黑和作者的谈话中所讲到的。

54. 参见第三章第三节"政府行为的操作层面：就职出访和德意志内部关系谈判日程"。

55. 正如普利尔 1995 年 9 月 18 日在波恩和作者的谈话以及梅尔特斯 1994 年 3 月 15 日在波恩和作者谈话中所讲到的。

56. 正如贝格尔斯多夫 1994 年 4 月 19 日在波恩和作者谈话中所讲到的。

57. 正如德雷格尔 1995 年 11 月 10 日在波恩和作者谈话中所讲到的。

58. 正如梅尔特斯 1995 年 12 月 14 日在波恩和作者谈话中所讲到的。

59. 魏登菲尔德撰写了内阁草案的欧洲部分。

60. 背景资料参阅 Eckart Gaddum：Die deutsche Europapolitik in den 80er Jahren，Paderborn u. a. 1994. S. 189 – 282。

61. 正如魏登菲尔德私人档案中记载的外交部拟定的草案（无日期和卷宗附录）。

62. 刊印于 1982 年 10 月 14 日第 93 期公报。

63. 参阅 Ackermann：Mit feinem Gehör，S. 189。

64. 参阅 König：Vom Umgang mit Komplexität，S. 62；更多参阅 Klaus von Beyme：Die großen Regierungserklärungen der deutschen Bundeskanzler von Adenauer bis Schmidt，München/Wien 1979；Walter E. Pfister：Regierungsprogramm und Richtlinien der Politik，Bern/Frankfurt a. M. 1974；Ismayer：Der Deutsche Bundestag，S. 239f. 。

65. 讲话稿及辩论内容参见：Deutscher Bundestag. Stenographischer Bericht，121. Sitzung v. Mittwoch，den 13. Oktober 1982；Plenarprotokoll 9/121，S. 7213ff. 对此的反应可参见 1982 年 10 月 14 日《南德意志报》文章《适度和中间派》（Franz Thoma：Maß und Mitte，见：*SZ* v. 14. 10. 1982）；参阅《时代周报》文章《怀揣希望的政策》（Rolf Zundel：Eine Politik der Sehnsucht，见：*Die Zeit* v. 22. 10. 1982）；明显有负面语义的文章参阅 1982 年 10 月 22 日《时代周报》文《没有性格的男人》（Fritz Raddatz：Der Mann ohne Eigenschaften，见：*Die Zeit* v. 22. 10. 1982）。

66. 此处参阅第三章第二节"冲突调解程序：德国政策立场之争和第二份政府声明"。

67. 刊印于 1982 年 10 月 14 日第 93 期公报。

68. 在政府声明结尾他也提出已包含在第一份草案中并在纲领上援引阿登纳的话："我们希望，这也是我们的目标，即我们将能借上帝之力使德国人民的生活蒸蒸日上并对欧洲和世界和平做出贡献。"这也符合科尔自我选择作为阿登纳孙辈的这一形象。

69. 参阅 1982 年 10 月 14 日第 93 期公报。

70. 同上 S. 853。

71. 这些段落的描述由斯蒂默尔撰写。

72. 参阅 1982 年 10 月 14 日第 93 期公报。

73. 参阅《明镜周刊》1982 年第 40 期。

74. 参阅 Genscher：Erinnerungen，S. 476f。

75. 以下引文均援引自公报 v. 14. 10. 1982，Nr. 93. S. 853－868. 对此的解释可参阅 Manuel Fröhlich：Sprache als Instrument politischer Führung. Helmut Kohls Berichte zur Lage der Nation im geteilten

Deutschland. München 1997。

76. 正如戴特林 1996 年 1 月 29 日在慕尼黑和作者的谈话以及魏登菲尔德
与作者谈话中所讲到的。

77. 同上。

78. 对于进行历史比较的德国政策方案可参阅 Klaus Gotto：Adenauers
Deutschland- und Ostpolitik 1954 – 1963. 见：Rudolf Morsey/Konrad Repgen
（Hrsg. ）：Adenauer Studien III，Mainz 1974；与勃兰特相关内容可参阅
Günther Schmid：Entscheidung in Bonn. Die Entstehung der Ost- und
Deutschlandpolitik 1969/1970，Köln 1979. 与概况相关可参阅 Christian
Hacke：Die Deutschlandpolitik der Bundesrepublik Deutschland，见：
Weidenfeld/Zimmermann（Hrsg. ）：Deutschland – Handbuch，S. 535 – 550。

79. 参阅 Barbara Junge/Horst Walther Lange：Zur Sprachpolitik der
Wende. Analyse einer Kohl – Rede，见：Franz Januschek（Hrsg. ）：
Politische Sprachwissenschaft. Zur Analyse von Sprache als kultureller
Praxis. Opladen 1985，S. 235 – 270；Walter Boehlich：Diese unsere
Regierungserklärung in dieser unserer Sprache，见：Kursbuch 1983. H. 73，
S. 37 – 43；Hans Uske：Die Sprache der Wende. Berlin/Bonn 1986。

80. 对科尔的历史理解参阅 Joachim Neander：Helmut Kohl. Geschichts- und
Menschenverständnis，见：Appel（Hrsg. ）：Helmut Kohl，S. 33 – 44；
Werner A. Perger：Kohl und die Geschichte，S. 59 – 71。

81. 德国政策工作组组长 1986 年 2 月 25 日给普利尔先生的评注，见：B
136，20167，AZ 14200。

82. 此处参阅迪特尔写给州长施特劳斯的一封对政府声明的抗议信。施特
劳斯将这封抗议信交给联邦总理府并转交总理科尔。Schreiben
v. 13. 10. 1982，见：B 136，18123，AZ 221 34900 De 1. Bd. 52.

83. 参阅 1982 年 10 月 15 日《法兰克福评论报》文章《昂纳克危险的梦》
（"Honecker：Gefährliche Träume"，见：FR v. 15. 10. 1982）以及 1982
年 10 月 19 日联邦总理政府声明的相关信息（见：SAPMO Barch，J IV
2/10. 02/3）。也可参阅常设代表处代表布罗伊蒂加姆 1982 年 10 月 21
日对政府声明反应的电报文件，见：B 137. 9270. AZ 3412 – Ref. Ⅱ 1。

84. 参见魏登菲尔德与作者的谈话。

85. 参见艾瑟尔 1994 年 1 月 6 日在圣奥古斯丁和作者的谈话。

86. 对于气氛的转折可参阅 Martin V. Sylvia Greiffenhagen：Ein schwieriges Vaterland，München/Leipzig 1993，S. 237 – 251；Werner Weidenfeld：Die Ratio der Wende stößt an ihre Grenzen，见：*Rheinischer Merkur/Christ und Welt* v. 12. 9. 1986。

87. 如可参阅文献 Werner Weidenfeld（Hrsg.）：Die Identität der Deutschen，Bonn 1983；也可参阅 Karl – Rudolf Korte：Der Standort der Deutschen，Köln 1990。

88. 参阅文献同上。

89. 这被看做是复仇主义的表现，可参阅民主德国外交部西方司关于政府声明的通报（Information über Regierungserklärung der Westabteilung MfAA）见：SAPMO Barch，J IV 2/10. 02/3。

90. 参阅切亚 1982 年 9 月 20 日给科尔的信件，见：Weidenfeld – Privatarchiv，München。

91. 参阅切亚 1982 年 9 月 29 日给科尔的信件，见：Weidenfeld – Privatarchiv，München。

92. 来自联邦总理府部长日期不详的政府声明草案，见：Weidenfeld – Privatarchiv. München。

93. 参阅 1982 年 10 月 14 日第 93 期公报。

94. 草案参阅 Weidenfeld – Privatarchiv. München。

95. 参阅德意志内部关系部国务秘书雷林格 1982 年 10 月 7 日的信件，in：B 137. 9278，AZ3811. 1 – Ref. Ⅱ 1。

96. 同上。

97. 参阅 Zimmer：Nationales Interesse，S. 64 – 68。

98. 摘引自 1982 年 10 月 15 日《法兰克福汇报》文章《根据共产主义的好习惯，阶级敌人的言论不能逐字逐句引用》（Hans Herbert Götz：Nach gutem kommunistischen Brauch wird der Klassenfeind nicht wörtlich zitiert，见：*FAZ* v. 15. 10. 1982）。

99. 同上。

100. 所有均可参阅 Weidenfeld – Privatarchiv. München。

101. 德意志内部关系部国务秘书雷林格 1982 年 10 月 7 日的信件，见：B 137. 9278. AZ 3811. 1 – Ref. Ⅱ 1。

102. 对此可见第三章第三节"政府行为的操作层面：就职出访和德意志内

部关系谈判日程"。

103. 第一司司长对政府声明的建议，没有日期和更多的归类，见：B
    137. 9278. AZ 3811. 1 – Ref. Ⅱ 1。

104. 对此可参阅 Silke Hahn：Vom zerrissenen Deutschland zur vereinigten
    Republik. Zur Sprachgeschichte der› deutschen Frage‹，见：Georg Stötzel：
    Kontroverse Begriffe. Geschichte des öffentlichen Sprachgebrauchs in der
    Bundesrepublik Deutschland，Berlin/New York 1995，S. 285 – 353，这
    里是 S. 307。

105. 也可参阅1982年10月14日《南德意志报》文章《适度和中间派》。

106. 参见1982年10月14日第93期公报。

107. 可参阅 Kurt Plück：Was sich gewendet hat. Zur Deutschlandpolitik der
    Regierung Kohl/Genscher. Eine Zwischenbilanz，见：Die politische
    Meinung，1984，H. 214，S. 20 – 27，这里是 S. 20。

108. 参阅《根舍回忆录》。

第二节　冲突调解程序：德国政策立场之争和第二份政府声明

1. 背景资料可参阅 Niclauß：Kanzlerdemokratie. Bonner Regierungspraxis，
   S. 226 – 229。

2. 参见梅尔特斯于1995年12月14日在波恩时和作者的谈话。

3. 关于事件的历史时代背景可参阅 Grosser：Die Entwicklung in der
   Bundesrepublik 1969 – 1989，S. 108 – 110；Niclauß：Kanzlerdemokratie. Bonner
   Regierungspraxis，S. 222ff。

4. 日期可参阅 Niclauß：Kanzlerdemokratie. Bonner Regierungspraxis，S. 224。

5. 参阅 Prozedere Schindler：Datenhandbuch zur Geschichte des Deutschen
   Bundestages 1949 – 1982，S. 416f；Ismayr：Der Deutsche Bundestag，
   S. 245f；Bücker/Schlimbach：Die Wende in Bonn，S. 167ff。

6. 参阅 Ismayr：Der Deutsche Bundestag，S. 245。

7. 参阅 Schindler：Datenhandbuch zur Geschichte des Deutschen Bundestages
   1949 – 1982，S. 417。

8. 同上。

9. 参阅 Karl Carstens：Erinnerungen und Erfahrungen，Boppard 1993。

10. 参见施雷肯贝格尔1997年1月30日在施派尔和作者的谈话；此外还可参
    阅 Ackermann：Mit feinem Gehör，S. 196f. ；Zimmermann：Kabinettstücke，

S. 142. ff. 。

11. 对当时情况参照诺伊泽尔 1996 年 10 月 3 日在慕尼黑和作者的谈话。

12. 德雷格尔曾说："为了明确联邦总统的决定基础，我做出如下补充：没有新选举的话，我们不准备在议院里支持这个或另一个政府。"霍佩表示，预算法的表决通过表明政府的额外信任度已被用完。出处同上，第 8595 页。

13. 参见诺伊泽尔 1996 年 10 月 3 日在慕尼黑和作者的谈话。

14. Carstens：Erinnerungen und Erfahrungen，S. 561.

15. 参见诺伊泽尔 1997 年 2 月 9 日给作者的一封信。

16. 参阅 Niclauß：Kanzlerdemokratie. Bonner Regierungspraxis，S. 227。

17. 关于大选可参阅 1983 年《政治和当代史》期刊文章《稳定和变革之间》（Manfred Güllner：Zwischen Stabilität und Wandel，见：*Aus Politik und Zeitgeschichte*，1983，B 14，S. 19 – 30）；1983 年《政治和当代史》期刊文章《稳定和变革之间》《一场关键的选举》（Werner Kaltefleiter：Eine kritische Wahl，见：同上，S. 3 – 17）；Hans – Dieter Klingemann/ Max Kaase（Hrsg.）：Wahlen und politischer Prozeß. Analysen aus Anlaß der Bundestagswahl 1983，Opladen 1986。

18. 参阅 1986 年 9 月 12 日第 38 期基督教周报《莱因信使报》文章《转折的理性达到了极限》（Werner Weidenfeld：Die Ratio der Wende stößt an ihre Grenzen，见：*Rheinischer Merkur* v. 12. 9. 1986，Nr. 38）。

19. 参阅 1983 年 3 月 11 日《时代周报》文章《出于自身权力的总理》（Rolf Zundel：Kanzler aus eigenem Recht，见：*Die Zeit* v. 11. 3. 1983）。

20. 参阅 Bohnsack：Regierungsbildung und Oppositionsformierung 1983，S. 476 – 486。

21. 参阅 Schreckenberger：Veränderungen im parlamentarischen System，S. 141ff。

22. 背景参阅 Schreckenberger：Informelle Verfahren der Entscheidungsvorbereitung zwischen der Bundesregierung und den Mehrheitsfraktionen，S. 330f。

23. 对 1983 年 3 月 23 日基民盟联邦理事会会议于 1984 年 4 月 11 日做出的结果报告；还可参阅 1983 年 1 月 19 日《世界报》文章《联盟党为德国政策做出定义》（Union definiert ihre Politik für Deutschland，见：*Die Welt* v. 19. 1. 1983）。

24. 印出的《联合执政协议》可参阅 1983 年 3 月 26 日《法兰克福评论报》（*Frankfurt Rundschau* v. 26. 3. 1983）；在慕尼黑的魏登菲尔德私人档案中也曾出现；此外德雷格尔 1995 年 11 月 10 日在波恩以及根舍 1997 年 3 月 14 日在波恩和作者的谈话也曾讲到。

25. 参阅自民党 1983 年 3 月 22 日晚关于联合执政谈判的记录，参见 ADG：Bundesvorsitzender Genscher, S. 13544；此外还可参见德雷格尔 1995 年 11 月 10 日在波恩和作者的谈话。

26. 参见根舍 1997 年 3 月 14 日在波恩和作者的谈话。

27. 参阅 1983 年 3 月 26 日《法兰克福评论报》。

28. 参见联邦总理 1996 年 8 月 26 日在波恩和作者的谈话。

29. 在这一背景下可参阅 Garton Ash：Im Namen Europas, S. 329 – 340, Clemens：Reluctant Realists。

30. 科尔也是这么认为的，见 Diekamm/Reuth：Helmut Kohl, S. 19。

31. 背景参阅 Zimmer：Nationales Interesse, S. 145ff。

32. 还可参阅第三章第十节"实力较量：科尔的领导风格和德波边界问题"和第十八节"党内及执政同盟的压力：决断之年 1989"。

33. 对各类问题可参阅 Jäger：Die Deutschlandpolitik der Bundesregierungen, S. 1595。

34. 这点在 1988 年变得特别急迫，如围绕联邦部长维尔姆斯巴黎演讲的争论。参阅第三章第十六节"对德国政策价值观基础的考验：联邦总理遇到党派政治挑战"。

35. 在围绕北约双重决议争论的最初几年，这点决定了德国政策；参阅第三章第七节"有关增加军备的辩论：德德责任共同体"。

36. 此外还可参阅第三章第十五节"联邦总理的外交克制：人权与民主德国的相关信息"和第十八节"党内及执政同盟的压力：决断之年 1989"。

38. 还可参阅 1983 年 3 月 26 日《南德意志报》文章《联盟党：让人民准备好增加军备——科尔和施特劳斯对与根舍谈判的外交计划》（Union：Bürger auf Nachrüstung vorbereiten. Außerpolitisches Konzept von Kohl und Strauß für Verhandlung mit Genscher，见：*SZ* v. 26. 3. 1983）。

39. 还可参阅 1983 年 6 月 3 日《法兰克福汇报》文章《面对面相处更融洽》（Claus Gennrich：Aug' in Auge versteht sich's besser，见：*FAZ*

v. 3. 6. 1983）。

40. 同上。

41. 参见联邦总理 1996 年 8 月 26 日在波恩和作者的谈话。

42. 梳理各党派对德国政策的立场作为 1987 年 1 月 12 日联邦总理府第 22 工作小组负责人施特恩向联邦总理府部长所做评注的附件，见 B 136，20219 AZ 221 34900 De 1，Bd. 96。按照名字将其分成"改革者"（"Reformists"）、"原教旨主义者"（"Fundamentalists"）和"中立派/调停者"（"Uncommitted/Mediators"），参阅 Clemens：Reluctant Realist，S. 316 – 318。

43. 该问号特意留在该句中；刊印于 1983 年 3 月 24 日 Quick；还可参阅 1983 年 3 月 26 日《南德意志报》文章《联盟党：让人民准备好增加军备——科尔和施特劳斯对与根舍谈判的外交计划》。

44. 参见被驱逐者联和会巴伐利亚州协会州集会演讲；刊印于：Kulturstiftung der deutschen Vertriebenen（Hrsg.）：Materialien zu Deutschlandfragen 1981/1982，Bonn 1982，S. 103ff；关于民主德国的反应可参阅 1983 年 1 月 31 日《新德意志报》以及 1983 年 2 月 2 日《法兰克福汇报》关于东方政策和德国政策的争论；还可参阅延宁格尔 1994 年 6 月 3 日在维也纳和作者的谈话。

45. 参阅 1983 年 3 月 29 日《南德意志报》文章《施特劳斯关于德国政策的大话》（Klaus Dreher：Große Worte von Strauß zur Deutschlandpolitik，见：*SZ* v. 29. 3. 1983）。

46. 参阅 1983 年 4 月 26 日《法兰克福汇报》文章《基社盟制定德国政策六点目录》（Die CSU legt Sechs – Punkte – Katalog zur Deutschlandpolitik，见：*FAZ* v. 26. 4. 1983）。在此之前，科尔收到施特劳斯寄的该目录。

47. 参见温德伦 1994 年 11 月 23 日在瓦伦多夫和作者的谈话。还可参阅 1983 年 4 月 1 日《威斯法伦新闻》文章《实践中与民主德国签订的条约需落到实处》（Vertrag mit Der DDR muss in der Praxis mit Leben erfüllt werden，见：*Westfälische Nachrichten* v. 1. 4. 1983）。

48. 刊印于 1983 年 4 月 26 日《法兰克福汇报》。

49. 参见根舍 1997 年 3 月 14 日在波恩和作者的谈话。

50. 可见德国政策工作组组长 1983 年 3 月 9 日给联邦总理府部长的信件，见：B 136，18124，AZ 221 34900 De 1，Bd. 55。

51. 同上。

52. 同上。关于易北河的问题还可参阅第三章第九节"贸易结算授信额一揽子谈判方案：首席谈判代表的较量"和第十七节"谈判策略：为人道主义减负的关联交易"。

53. 还可参阅第三章第三节"政府行为的操作层面：就职出访和德意志内部关系谈判日程"。

55. 关于死者和相关反响的背景可参阅 Zimmer：Nationales Interesse，S. 146；关于对政府行为的实际后果可参阅第三章第三节"政府行为的操作层面：就职出访和德意志内部关系谈判日程"。

56. 1983 年 4 月 29 日"赫尔伯特·黑贝尔 1983 年 4 月 28 日与联邦德国驻民主德国东柏林常设代表处负责人布罗伊蒂加姆会谈通报"，参见 SAPMO - Barch，J IV 2/10. 02/11。在此情况下，不可能对这段常设代表处记录的说法进行核对。

57. 参阅 1983 年 4 月 27 日《法兰克福汇报》文章《与民主德国关系有所缓和》（Entspannung im Verhältnis zur DDR，见：*FAZ* v. 27. 4. 1983）。

58. 还可参阅 Ismayr：Der Deutsche Bundestag, S. 131f. 。

59. 这里指的是昂纳克计划访问联邦德国一事。

60. 参见 1983 年 4 月 26 日基民盟/基社盟联邦议会党团会议记录，见：ACDP Bestand Ⅷ - 001 - 10792。

61. 同上。

62. 同上。

63. 同上。

64. 同上。

65. 参见梅尔特斯 1995 年 6 月 22 日在波恩和作者的谈话。

66. 从 1983 年 5 月 19 日到 1985 年 6 月 14 日担任政府发言人。

67. 还可参阅慕尼黑的魏登菲尔德私人档案中记载的 1983 年 5 月 4 日科尔政府声明的形成（Notiz：Entstehung der Regierungserklärung Helmut Kohls vom 4. 5. 1983，见：Weidenfeld - Privatarchiv München）。

68. 参见梅尔特斯 1995 年 12 月 14 日在波恩和作者的谈话。

69. 还可参阅 1983 年 7 月 8 日《时代周报》文章《总理的提词员们》。

70. 参阅 1983 年 4 月 27 日《图片报》文章《12 人一起参与撰写科尔的计划》（Mainhardt Graf Nayhauß：12 stricken mit an Kohls Programm，见：

Bild v. 27. 4. 1983）；还可参见与魏登菲尔德和普利尔 1995 年 9 月 18 日在波恩的背景谈话；相关材料还可参阅 Ackermann：Mit feinem Gehör，S. 198 – 200。

71. 参见施雷肯贝格尔 1997 年 1 月 30 日在施派尔和作者的谈话。

72. 参阅 1983 年 4 月 25 日《汉诺威汇报》文章《联邦总理科尔最爱用电话通话》（Almut Hauenschild：Bundeskanzler Kohl greift am liebsten zum Telefon，见：*Hannoversche Allgemeine Zeitung* v. 25. 4. 1983）。

73. 伯尼施的第一个职务行为就是订购了很多剪刀和固体胶棒。

74. 魏登菲尔德这样说道。还可参阅 1983 年 4 月 30 日《法兰克福汇报》文章《因为拒绝没有达成三方会谈》（Kein Dreier – Gespräch wegen der Absage，见：*FAZ* v 30. 4. 1983）。

75. 同上。

76. 草案评注参见德国政策工作组组长 1983 年 4 月 14 日给第二司司长的信件见：B 136，18124，AZ 221 34900 De 1，Bd. 56。

77. 德国政策工作组组长将德意志内部关系部草案作为自己草案的蓝本，所以发现地点同上。

78. 没有日期，见慕尼黑的魏登菲尔德私人档案。

79. 同上。

80. 参见 1983 年 5 月 5 日第 43 期公报，S. 397 – 412，hier S. 398。

81. 参见 1982 年 10 月 14 日第 93 期公报，S. 866。

82. 见慕尼黑的魏登菲尔德私人档案。

83. 参见 1983 年 5 月 5 日第 43 期公报，S. 397 – 412。

84. 见 B 136，18124，AZ 221 34900 De1。

85. 参见 1983 年 5 月 5 日第 43 期公报，S. 411。

86. 同上。

87. 解释还可参阅 1989 年《德国档案》文章《德国分裂 40 年——联邦政府政策中德国问题的分量》（Wolfram Pyta：Vierzig Jahre deutsche Teilung. Zum Stellenwert der deutschen Frage in der Politik der Bundesregierungen，见：*Deutschland Archiv*，1989，H. 10，S. 1106 – 1112）。

88. 见慕尼黑的魏登菲尔德私人档案。

89. 同上。

90. 参见 1983 年 5 月 5 日第 43 期公报，S. 411。

91. 见 B 136，18124，AZ 221 34900 De1。

92. 同上。

93. 同上。

94. 参见 1983 年 5 月 5 日第 43 期公报，S. 411。

95. 同上。

96. 参见普利尔 1995 年 9 月 18 日在波恩与作者的谈话。

97. 此外还可参阅 1983 年 5 月 4 日关于政府声明的通报，外交部西方部门 1983 年 5 月 12 日签署，见：SAPMO – Barch，J IV 2/10. 02/03。

98. 关于赛德尔和布罗伊蒂加姆 1983 年 5 月 11 日会谈的评注，见：SAPMO – Barch，vorl. SED 42177/1，Büro Mittag。

99. 参阅 Hacke：Weltmacht，S. 368 以及对这点特别突出强调的普吕克 1994 年 6 月 8 日在波恩与作者的谈话。

100. 1983 年 3 月 9 日的信件，见：B 136，18124，AZ 221 34900 De 1，Bd 55；由科尔亲手签名并转给施雷肯贝格尔让其答复。

101. 参见 1983 年 5 月 5 日第 43 期公报，S. 411。

102. 见 B 136，18124，AZ 221 34900 De 1。

103. 同上。

104. 参见 1983 年 5 月 5 日第 43 期公报，S. 411。

105. 同上。

106. 参见 1982 年 10 月 14 日第 93 期公报，S. 867。

107. 参见 1983 年 5 月 5 日第 43 期公报，S. 411。

108. 见 B 136，18124，AZ 221 34900 De 1。

109. 参见 1983 年 5 月 5 日第 43 期公报，S. 411。

110. 1983 年 3 月 25 日的草案，见魏登菲尔德慕尼黑私人档案。

111. 1983 年 4 月 30 日 General – Anzeiger 的《直至拒绝昂纳克来访的事实编年史》（Chronologie der Fakten bis zur Absage des Honecker – Besuchs 见：*General – Anzeiger* v. 30. 4. 1983）。

112. 可参阅 1983 年 7 月 8 日《时代周报》文章《总理的提词员们》。

第三节　政府行为的操作层面：就职出访和德意志内部关系谈判日程

1. Garton Ash：Im Namen Europas，S. 148 ff.

2. Zimmer：Nationales Interesse，bes. S. 83；Hacke：Die Deutschlandpolitik，

bes. S. 547. 参阅 Jäger：Die Deutschlandpolitik der Bundesregierungen，S. 1576ff。

3. Potthoff：Die Koalition der Vernunft, S. 14ff.

4. 中期报告中清楚表明该点，可参阅 Deutscher Bundestag（Hrsg.）：Bericht der Enquete – Kommission»Aufarbeitung von Geschichte und Folgen der SED – Diktatur in Deutschland «，12. Wahlperiode，Drucksache 12/7820. 也可参阅 Marlies Jansen：Enquete – Kommission，见：Weidenfeld / Korte（Hrsg.）：Handbuch yur deutschen Einheit，Neuausgabe，Frankfurt a. M. /New York 1996，S. 264 – 275，bes. 271f. 。

5. 刊印于：BGBI. 1973 Ⅱ，S. 423。

6. Joachim Nawrocki：Innerdeutsche Beziehungen，见：Weidenfeld/Korte（Hrsg.）：Handwörterbuch zur deutschen Einheit，S. 383 – 392，hier S. 387 – 389。

7. 可参阅 Bender：Episode oder Epoche，S. 185。

8. 从 1976 年 12 月 15 日到 1979 年 12 月 10 日，以及 1982 年 4 月 29 日到 1982 年 10 月 4 日期间担任联邦总理施密特的国会秘书。

9. 陪同他的还有德意志内部关系部的主任迈希斯纳和主任希尔特（Hirt）（对赎买犯人负责的）以及德国政策工作组组长冯·里希特霍芬（von Richthofen）。

10. 德国政策工作组组长冯·里希特霍芬 1982 年 9 月 20 日对国务部长先生提交的关于访问的总结性报告，见：Bundeskanzleramt，AZ 34900 Akte 4，Bd. 11。

11. 在东德记录中参见：民主德国统一社会党中央委员会总书记与国务委员会主席埃里希·昂纳克和联邦总理府国务部部长汉斯 – 于尔根·维什涅夫斯基 1982 年 9 月 13 日会谈按语（Vermerk über das Gespräch des Generalsekretärs des ZK der SED und Vorsitzenden des Staatsrates der DDR，Erich Honecker，mit dem Staatsminister beim BRD – Bundeskanzler，Hans – Jürgen Wischnewski，am 13. September 1982），见：SAPMO – BArch，DY30/J IV/2/2A/2510。

12. 关于文化谈判参阅章节：职能部门原则：文化协定（"Ressortprinzip：Das Kulturabkommen"）。

13. 从 1981 年 12 月 11 日到 13 日联邦总理施密特和昂纳克在那里会面，此外可参阅 Link：Die Außen- und Deutschlandpolitik，S. 378 – 381。

14. 德国政策工作组组长于 1982 年 9 月 20 日所写，见：Bundeskanzleramt，AZ 34900 Akte 4，Bd. 11。

15. 同上。

16. 同上。

17. 可见 SAPMO – BArch，DY30/J IV/2/2A/2510。

18. 关于"格拉要求"参阅 Link：Die Außen- und Deutschlandpolitik，S. 375。

19. 德国政策工作组组长于 1982 年 9 月 20 日所写，见：Bundeskanzleramt，AZ 34900 Akte 4，Bd. 11。

20. 可见 SAPMO – BArch，DY30/J IV/2/2A/2510。

21. 参见延宁格尔于 1994 年 6 月 3 日在维也纳和作者的谈话。冯·里希特霍芬于 1996 年 2 月 8 日在布鲁塞尔和作者的谈话中谈到，之前维什涅夫斯基曾经在联合国大会期间亲自向外交部长菲舍尔通报了他的继任者延宁格尔的情况。

22. 参见施特恩于 1995 年 12 月 15 日在波恩和作者的谈话和冯·里希特霍芬于 1996 年 2 月 8 日在布鲁塞尔与作者的谈话。

23. 对话的清单可以在东德记录中找到，参阅 Potthoff：Die Koalition der Vernunft，S. 16 – 18。

24. 可参阅 Deutscher Bundestag（Hrsg.）：Bericht der Enquete – Kommission，S. 140；参见多贝伊于 1995 年 5 月 19 日在圣奥古斯丁的背景谈话；参阅 Wilhelm Knabe：Westparteien und DDR – Opposition。八十年代联邦德国政党对前民主德国的无党派人士的影响参见 Deutscher Bundestag（Hrsg.）：Materialien der Enquete – Kommission，Bd. Ⅶ，2，S. 1110 – 1202。

25. 联邦总理就这样在调查委员会的听证会上，见：Deutscher Bundestag（Hrsg.）：Materialien der Enquete – Kommission，Bd. V，1，S. 932。

26. 黑贝尔于 1982 年 6 月 9 日给昂纳克的信件评注，见：SAPMO – BArch，J IV 2/10.02/13。

27. 基普于 1982 年 11 月 26 日访问东柏林；布罗伊蒂加姆写给延宁格尔、冯·里希特霍芬、德意志内部关系部雷林格和迈希斯纳的记录，AA：Ref. 210，BMWi – Sts von Würzen，FS StäV，FS – Nr. 1258v. 27. 11. 1982，见：B 288，308，AZ 35030090，Bd. 3。

28. 同上。

29. 参阅 1982 年 12 月 3 日《时代周报》文章《手势作为政策的替代物》（Carl - Christian Kaiser：Gesten als Politik - Ersatz，见：*Die Zeit* v. 3. 12. 1982）。

30. 参阅 Jäger：Die Deutschlandpolitik der Bundesregierungen，S. 1577；与民主德国进行会谈的汇编见：B 137，9252，AZ 3360；参阅由德国政策工作组组长于 1982 年 10 月 15 日为下一次五方会谈给国务部长所整理的主题，见：Bundeskanzleramt，AZ 34900 Akte 3，Bd. 72；在协调与民主德国联系的会议的结果评注一览可见 v. BMB Ⅱ 1 Gröndahl v. 1. 7. 1983，见：B 137，9253，AZ 3362 - Ref. Ⅱ 1。

31. 此外还有 Rainer Barzel：Geschichten aus der Politik. Persönliches aus meinem Archiv，Frankfurt a. M. / Berlin 1987，S. 177 - 181。

32. 参见巴泽尔于 1997 年 3 月 5 日在慕尼黑和作者的谈话。

33. 参阅 1982 年 10 月 11 日《法兰克福汇报》文章《昂纳克看到来自波恩的好的信号》（Honecker sieht gutes Zeichen aus Bonn，见：*FAZ* v. 11. 10. 1982）；1982 年 10 月 13 日《法兰克福评论报》文章《只有接待的服务人员与巴泽尔握手》（Nur Empfangsdame drückte Barzel die Hand，见：*FR* v. 13. 10. 1982）。

34. 参阅 1982 年 10 月 5 日《南德意志报》文章《一个急匆匆的男人》。

35. Barzel：Geschichten aus der Politik，S. 177f.

36. 彼得·洛伦茨（Peter Lorenz）1982 年成为联邦总理府议会国务秘书并兼任联邦政府对柏林全权代表。

37. 曼弗雷德·阿贝莱因（Manfred Abelein），德国联邦议院议员。

38. 参见赫尔伯特·黑贝尔于 1982 年 9 月 24 日写给昂纳克的信，见：SAPMO - BArch，J IV 2/10. 02/13。

39. Barzel：Geschichten aus der Politik，S. 179.

40. 参见巴泽尔于 1997 年 3 月 5 日在慕尼黑和作者的谈话。

41. 参阅 1982 年 11 月 8 日关于民主德国违反协议行为的记录（Aufzeichnungen über abredewidriges Verhalten der DDR v. 8. 11. 1982，Vermerk der Abt. Ⅱ 1 - 3362），见：B 137，9252。

42. 此外还在第二司信息手册中找到一处评注，见：B 137，9252，AZ 3360，Blatt 17。

43. 雷林格在 1982 年 11 月 2 日所做按语，见：B137，9252，AZ 3375。

44. 巴泽尔于 1982 年 10 月 24 日手书的指令，见：B137，9252，AZ 3375。

45. 迈希斯纳于 1982 年 11 月 9 日给部长所做按语，见：B137，9252，AZ 3375。

46. 此外可参阅 Scharpf：Planung als politischer Prozess，S. 85ff. 。

47. 可见：B 137，9252，AZ 3360。

48. 此外可参阅章节：总理的重要事务：科尔的第一份 "民族形势报告" （"Chefsache：Kohls erster Bericht zur Lage der Nation"）。

49. 参见巴泽尔于 1983 年 3 月 10 日给联邦总理的信，见：B137，10745，AZ 22. 811。

50. 背景报告：1982 年 10 月 28 日《明星周刊》文章《对新路线的猜测》（Rätseln über die neue Linie，见：*Stern* v. 28. 10. 1982）；1982 年 10 月 20 日《法兰克福汇报》文章《波恩政府需避免任何来自东柏林的干扰的动机》（Bonn will jeden Anlass für Ostberliner Störungen vermeiden，见：*FAZ* v. 20. 10. 1982）；参阅 1982 年《德国档案》文章《《基础条约》的借方和贷方》（Hacke：Soll und Haben des Grundlagenvertrags，见：*Deutschland Archiv*，1982，H. 12，S. 1282 – 1304，hier S. 1304）。巴泽尔于 1997 年 3 月 5 日在慕尼黑和作者的谈话中却否认该意图。

51. Barzel：Geschichten aus der Politik，S. 179.

52. 黑贝尔于 1982 年 10 月 22 日在给昂纳克的信件中提到了与高斯的谈话，见：SAPMO – BArch，J IV 2/10. 02/13。

53. 关于赛德尔和布罗伊蒂加姆于 1982 年 10 月 27 日的谈话的评注，见：SAPMO – BArch，vorl. SED 42177/1，Büro Mittag。

54. 民主德国常设代表处 1983 年 11 月 1 日撰写的题为《政府更替后联邦德国在选择领域中的文化政策的若干趋势》的按语（Ausarbeitung der DDR – StäV：Thema "Zu einigen Tendenzen in ausgewählten Bereichen der Kulturpolitik in der BRD nach dem Regierungswechsel" v. 1. 11. 1983），见：SAPMO – BArch，vorl. SED 37052，Gesprächsvermerke aus der StäV Bonn。

55. 1982 年 10 月 27 日，布罗伊蒂加姆将两次会议的情况告知了赛德尔。关于赛德尔和布罗伊蒂加姆谈话的评注，见：SAPMO – BArch，vorl. SED 42177/1，Büro Mittag。

56. 迄今为止每年一般一到两次。

57. 由格伦达尔 Ⅱ 1 – 3362 于 1982 年 10 月 27 日完成的结论评注，见：B 137，7661，AZ 3362。

58. 同上。

59. 同上。

60. 常设代表处代表布罗伊蒂加姆于 1982 年 9 月 28 日发送的电传文件，见：B 137，9270，AZ 3412 – Ref. Ⅱ 1。

61. 常设代表处代表布罗伊蒂加姆于 1982 年 10 月 11 日的电传文件，见：B 137，9270，AZ 3412 – Ref. Ⅱ 1。

62. 常设代表处代表布罗伊蒂加姆于 1982 年 10 月 21 日的电传文件，见：B 137，9270，AZ 3412 – Ref. Ⅱ 1。

63. 例如与格尔拉赫（Gerlach）于 1982 年 10 月 11 日的谈话，见：常设代表处代表布罗伊蒂加姆于 1982 年 10 月 11 日发送的电传文件，见：B 137，9270，AZ 3412 – Ref. II 1。

64. 参阅 Schöllgen：Geschichte der Weltpolitik, S. 387f. 。

65. 参见施特恩于 1995 年 12 月 14 日在波恩和作者的谈话中所做的评价。

66. 从联邦政府的角度来回顾 1983 年和 1984 年。参阅 1984 年 10 月 5 日亨尼希写给贝格尔斯多夫的关于联邦政府的回顾信件的附件（Bilanz der Bundesregierung in einer Anlage eines Briefes von Sts Hennig an Bergsdorf v. 5. 10. 1984），见：B 137，9252。

67. 有关论证参阅扬森于 1983 年 1 月 3 日的按语《德国政策热点论证》（Vermerk Jansen v. 3. 1. 1983,» Die aktuelle deutschlandpolitische Argumentation«），见：B 137，9276，AZ 3500。

68. 关于在民主德国政府更迭的感受可参阅 1982 年 10 月 8 日、9/10 日、14 日、22 日和 23/24 日的《新德意志报》（Neues Deutschland v. 8. 10. 1982；9/10. 10. 1982；14. 10. 1982；22. 10. 1982 und 23. / 24. 10. 1982）；此外可参阅 1983 年《德国档案》文章《坚持缓和政策 – 阿富汗战争后两个德国的关系》（Siegfried Kupper：Festhalten an der Entspannung. Das Verhältnis der beiden deutschen Staaten nach Afghanistan，见：Deutschland Archiv，1983，H. 10，S. 1045 – 1065）；Siegrid Meuschel：Legitimation und Parteiherrschaft in der DDR，Frankfurt a. M. 1992，S. 291 – 294；1983 年《德国档案》文章《第五次民主德国

统一社会党中央委员会会议的外交和德国政策》（Johannes L. Kuppe：Außen- und deutschlandpolitische Aspekte der 5. Tagung des ZK der SED，见：*Deutschland Archiv*，1983，H. 1，S. 6 – 10）。

69. 例如关于民主德国在联邦德国常设代表处公使辛德勒和联邦总理府分管司长施特恩 1983 年 2 月 9 日关于联邦总理府会谈的按语（Vermerk GL 22 über ein Gespräch zwischen Gesandtem Schindler von der StäV der DDR und MDgt Stern v. BK am 9. 2. 1983 im Kanzleramt），见：B 137，7650，AZ 3450 – 3455 – Ref. Ⅱ 1。

70. 参阅常设代表处于 1982 年 10 月 21 日发送的电传文件，见：B 137，9270，AZ 3412，以及 1982 年 9 月 28 日发送的电传文件，见：B 137，9270，AZ 3412；常设代表处于 1982 年 10 月 26 日发送的电传文件，» Hellbeck：Betr. Stellungnahme der DDR zur Politik der neuen Regierung«，见：B 137，9270，AZ 3412 – Ref. Ⅱ 1.；常设代表处于 1982 年 12 月 9 日的电传文件《与联邦德国驻民主德国东柏林常设代表处负责人布罗伊蒂加姆的会谈》（» Hellbeck：Betr. Gespräch mit dem Stv. Abtl. d. MfAA，Dr. Bräutigam«），见：B 137，9270，AZ 3412 – Ref. Ⅱ 1.；1982 年 11 月 4 日常设代表处副主任与马克斯·施密特（Max Schmidt）教授的会谈，见：B 137，9273。

71. 正如 1982 年 11 月 15 日常设代表处向通常联系的部门包括联邦总理府、外交部、经济部和德意志内部关系部发出的信件，见：B 137，9306，AZ 3400 – 3516. 1。

72. 背景参阅 Rehlinger：Frikauf，S. 85 – 88。

73. 同上，S. 88。

74. 同上。

75. 联邦议院公报 Deutscher Bundestag：Drucksache 12/7600，Anlagenband 3，Dokument 790（1982 年 10 月 6 日沙尔克对他与布罗伊蒂加姆会谈的评注）S. 3365f.；可参阅沙尔克与布罗伊蒂加姆 1982 年 11 月 9 日的会谈的评注，由沙尔克书写，见：SAPMO – BArch，vorl. SED 42177/1，Büro Mittag。

76. 参见布罗伊蒂加姆 1996 年 2 月 19 日在波恩和作者的谈话。

77. 关于高斯的角色参阅 Link：Die Außen- und Deutschlandpolitik，S. 353 – 378。

78. 冯·里希特霍芬 1982 年 10 月提出的建议，参阅冯·里希特霍芬 1996 年 2 月 8 日在布鲁塞尔与作者的谈话以及延宁格尔 1994 年 6 月 3 日在维也纳和作者的谈话。

79. 参见延宁格尔 1994 年 6 月 3 日在维也纳和作者的谈话。

80. 布罗伊蒂加姆在联邦议院调查委员会的表态，可参阅联邦议院公报 Deutscher Bundestag：Drucksache 12/7600，S. 452；会谈清单，见：B 137，9270，AZ 3412。

81. 1982 年 11 月 29 日在联邦总理府和国务秘书的会谈记录记载于：B 137，9276，AZ 3450。

82. 常设代表处 1983 年 2 月 25 日给联邦总理府的信件，见：B 137，9276，AZ 3450。

83. 里希特霍芬 1983 年 3 月 9 日给迈希斯纳的信件，同上。

84. 贺电的内容于 1983 年 3 月 16 日作为讯息送达常设代表处，同上。

85. 可参阅 1982 年《政治和当代史》期刊文章《基础条约的配套协议》（Gottfried Zieger：Die Folgevereinbarungen zum Grundlagenvertrag，见：*Aus Politik und Zeitgeschichte*，1982，B 40，S. 19 – 30）。

86. 由德国政策工作组组长 1982 年 12 月 8 日完成的 1982 年 12 月 8 日在联邦总理主持下的部长会议结果的按语，见：Bundeskanzleramt，34900 Akte 4，Bd. 12，Blätter 136 – 141。

87. 1982 年 12 月 13 日施特恩的按语，见：B 136，12239。

88. 声明刊印于 1982 年 12 月 22 日公报。

89. 温德伦 1983 年 7 月 20 日的信件，见：B 137，9252。

90. 1983 年 7 月 29 日的信件，见：B 137，9252。

91. 参见延宁格尔 1994 年 6 月 3 日在维也纳和作者的谈话。在总理和国务部长的会谈中，总理指出，首先试探一下东柏林的政治形势。在联邦议院选举前不进行具体谈判。

92. 在延宁格尔和莫尔特第一次会面期间，国务部部长对民主德国驻波恩常设代表处负责人提及他还未与联邦部长巴泽尔见面。莫尔特解释说他可休假后在 1983 年 1 月去会晤。当然民主德国方面也不着急，因为对他们来说德意志内部关系部不是其官方对话伙伴。参阅 1982 年 12 月 21 日德意志内部关系部评注（KK1 – 3470 v. 21. 12. 1982，见：B 137，7652，AZ 3460，3499 – Ref. II 1）。

93. 1982 年 12 月 3 日普吕克向常设代表处发送的关于会谈的 1383 号电传文件（Vermerk von MD Plück über das Gespräch, Telex der StäV, Nr. 1383, v. 3. 12. 1982），见：B 136, 21315, AZ 221 350 16 Ve 40, Sonderband Jenninger。

94. 可参阅 1982 年 12 月 3 日《南德意志报》文章《没有条件的谈判》（Klaus Dreher: Verhandeln ohne Bedingungen, 见: SZ v. 3. 12. 1982）。

95. 关于昂纳克和卡斯滕斯（Carstens）及根舍 1982 年 11 月 14 日在莫斯科的会谈记录见赫尔曼的记录，见：SAPMO – BArch, J IV 2/201/1448；表述相同的外交部发给联邦总理府电传文件的内容却没有供这次研究引用。

96. SAPMO – BArch, J IV 2/201/1448. 参阅第三章第三节"政府行为的操作层面：就职出访和德意志内部关系谈判日程"。

97. 所有对话的引文都来自德国政策工作组组长 1982 年 12 月 2 日谈话记录，可见：B 136, 21315, AZ 221 350 16 Ve 40。

98. 同上。

99. 关于 1983 年 4 月 26 日基民盟和基社盟联邦议会党团的会议记录参见：CDP Bestand VIII – 001 – 10792，参阅第三章第一节"权力建构过程：波恩政府更迭"。

100. 德国政策工作组组长 1982 年 12 月 2 日的谈话记录，见：B 136, 21315, AZ 221 350 16 Ve 40。

101. 同上。

102. 1982 年 11 月 29 日《商报》文章《最低货币兑换额》（Mindestumtausch, 见: Handelsblatt v. 29. 11. 1982）。

103. 见：B 136, 21315。

104. 同上。

105. 1982 年 11 月 29 日《商报》文章《最低货币兑换额》。

106. 1982 年 12 月 3 日《南德意志报》文章《没有条件的谈判》；1982 年 12 月 4 日《法兰克福汇报》文章《科尔期待昂纳克次年夏末的访问》（Kohl erwartet den Besuch Honeckers nächstens Jahr im Spätsommer, in: FAZ v 4. 12. 1982）；1982 年 12 月 4 日《柏林晨邮报》文章《有些不清晰》（Etwas unscharf, 见: Berliner Morgenpost v. 4. 12. 1982）；1982 年 12 月 8 日《世界报》文章《联盟党对虚假的表象提出警告》（Union warnt

vor falscher Optik，见：*Die Welt* v. 8. 12. 1982）。

107. 同上。

108. 见：B 136，21315。

109. 见：B 136，21315。

110. 根舍 1982 年 10 月 5 日在联合国大会会议期间同奥斯卡·菲舍尔会谈，正如他每年在纽约都会这样做。参阅：Innerdeutsche Beziehungen（1986），S. 25。

111. 见：B 136，21315。

112. 可参见施特恩 1995 年 12 月 14 日在波恩和作者的谈话。

113. 德国政策工作组组长 1982 年 12 月 7 日写的《关于 1982 年 12 月 8 日内阁通报的关键词——在她 1982 年 2 月 2 日访问东柏林之后》，见：B 136，12239。在内阁中延宁格尔却不提及这次访问。参见梅尔特斯 1995 年 12 月 14 日在波恩和作者的谈话。

114. Wagner：Der Regierungswechsel, S. 164.

第四节　德国政策执行方案成形：总理个人的贡献

1. 参见延宁格尔 1994 年 6 月 3 日在维也纳和作者的谈话，并且与布罗伊蒂加姆 1996 年 2 月 19 日在波茨坦和作者的谈话的观点一致。

2. 参见巴泽尔 1997 年 3 月 5 日在慕尼黑和作者的谈话。

3. 参见联邦总理 1996 年 8 月 26 日在波恩和作者的谈话。

4. 德国政策工作组组长 1982 年 12 月 8 日所写的结果评注，见：Bundeskanzleramt，AZ 34900，Akte 4，Bd. 12。该会议持续了 55 分钟。

5. 这里涉及的是纪念马丁·路德诞辰 500 周年活动。

6. 可参阅德国政策工作组组长 1983 年 12 月 8 日所做的对 1982 年 12 月 8 日部长会谈的记录，见：Bundeskanzleramt，AZ 34900 Akte 4，Bd. 12，由科尔签署；也可参阅全德研究院的材料：关于民主德国的路德奖，没有出版年代，范围广泛的材料也可见于：B 137，9270，AZ 3412 – Ref. Ⅱ 1。

7. 见：Bundeskanzleramt. AZ 34900，Akte 4，Bd. 12。

8. 正如科尔在部长会谈中的记录，见：Bundeskanzleramt，AZ 34900，Akte 4，Bd. 12。

9. 有关此冲突的内容可参阅第三章第三节“政府行为的操作层面：就职出访和德意志内部关系谈判日程”。

10. 见：Bundeskanzleramt. AZ 34900，Akte 4，Bd. 12。

11. 同上。

12. 1983 年 2 月 2 日在联邦总理主持下和西柏林市长参与下，部长会谈的结果由德国政策工作组组长于 1983 年 2 月 2 日写出按语，由科尔签字，见：Bundeskanzleramt，AZ 34900，Akte 4，Bd. 14。

13. 可参阅同上。

14. 可参阅同上。

15. 布罗伊蒂加姆也承担了这一任务。

16. 关于部长会谈结果的按语，见：Bundeskanzleramt，AZ 34900，Akte 4，Bd. 14。

17. 参见梅尔特斯 1995 年 12 月 14 日在波恩和作者的谈话；在十一轮谈判之后，终于在 1983 年 12 月 13 日通过在西柏林签署协议而成功结束了接管西柏林轻轨铁路运营的谈判。1984 年 2 月 9 日，柏林交通公司接管了轻轨铁路的运营工作。此外，在民主德国和苏联参与下，通过经济协议创造了西柏林长期经济便捷地供应天然气的前提条件；对此可参阅 1984 年 10 月 5 日德国政策总结，见：B 137，9252。

18. 有关此点的文献资料可见：B 137，7661，AZ 3362。实际上只有西柏林市长魏茨泽克参加了官方的路德纪念活动，联邦总统并未出席。对此可参阅 1983 年 3 月 12 日《法兰克福汇报》文章《在瓦尔特堡》（Auf der Wartburg，见：*FAZ* v. 12. 3. 1983）。

19. 见：Bundeskanzleramt，AZ 34900，Akte 4. Bd. 14。

20. 参阅附录中的文献资料。在第三章第七节"有关增加军备的辩论：德－德责任共同体"中对 1983 年 12 月 19 日电话通话进行了分析。

21. 对此可参阅附录中电话通话清单。

22. 联邦总理府部长与国务秘书沙尔克－哥罗德科夫斯基 1985 年 1 月 14 日的会谈，见：B 136，20551，AZ 221 350 14 Ge 19。

23. 见：SAPMO－BArch. vorl. SED 4166－1，Büro Honecker。

24. 参见附录中的清单。

25. 科尔 1982 年 11 月 19 日给昂纳克的信件，见：SAPMO－BArch，vorl. SED 41664，Büro Honecker。

26. 同上。

27. 关于该电话通话的评注是根据延宁格尔的报告由德国政策工作组组长

1983 年 1 月 14 日手写完成，见：Bundeskanzleramt, AZ 350 14 Akte 37 Bd. 3；民主德国统一社会党的记录见：SAPMO – BArch, vorl. SED 41664, Büro Honecker；也可参阅：Potthoff: Die Koalition der Vernunft, S. 101–111；部分摘录于 1994 年第 38 期《明镜周刊》。

28. 参见联邦总理 1996 年 8 月 26 日在波恩和作者的谈话；也可参阅 1983 年 2 月 5 日《法兰克福汇报》文章《科尔与昂纳克进行电话通话》（Kohl und Honecker telefonierten，见：*FAZ* v, 5. 2. 1983）。

29. 1983 年 1 月 24 日联邦总理府国务部长延宁格尔报告的内容，见：Bundeskanzleramt, AZ 350 14. Akte 37, Bd. 5。

30. 笔迹难以辨认的词语。

31. 由德国政策工作组组长为 1983 年 1 月 14 日总理会谈准备的要点："1. 祝愿新年万事如意。新的一年将成为政治上非常重要的一年，对两个德意志国家关系来说也是如此。"见：Bundeskanzleramt. AZ 350 14, Akte 37. Bd. 5。

32. 在要点中有："他们想通过电话通话强调正常状态。"见：同上；在东德记录中则提到："我认为，互相通电话的这种可能在这一点上以一种重要方式来强调我们关系的正常状态。"见：SAPMO – BArch. vorl. SED41664, Büro Honecker。

33. 要点中也写明科尔做完的状态，见：Bundeskanzleramt. AZ 350 14 Akte 37. Bd. 5。

34. 东德记录暗示了广泛的一致性："当然，我怀着特别的兴趣密切注意您在过去数周的公开表态，而且我相信，我能从我的方面去确定我们一致的态度，即我们双方也都在特别的程度上承担着确保欧洲和平的责任。而且这是我们的愿望，也在这种目标之下从《基础条约》中去继续发展和利用这一可能，以便积极推动合作得以实现。我不仅为了今天讲这点，而且也将视线放到 3 月 6 日之后即我们的选举之后。然后我将会再度提醒，对您对联邦德国回访的邀请自然还是有效的，而且邀请的成功当然也有赖于双方谨慎周详的准备工作。"见：SAPMO – BArch, vorl. SED 41664. Büro Honecker。

35. 1983 年 1 月 4～5 日召开的华沙公约组织政治顾问委员会会议可参阅 AdG 1983，S. 26245 ff.。

36. 苏联外交部长葛罗米柯 1983 年 1 月 16 日～18 日对波恩访问后前往东

柏林。

37. 在东德的记录中，科尔使和平政策与德意志内部关系之间的相互关系变得更加清晰："但是，我想说的是，在德国的人，无论在莱比锡还是在法兰克福，当然都会以此来衡量我们的作为，即我们在多大程度上将那些存在于我国且涉及人的问题认为是和平政策的真正措施。这就体现在旅客来往、人道主义努力等方面的改善。在我们看来，您也了解我们对最低货币兑换额的立场。"见：SAPMO – BArch, vorl. SED 41664. Büro Honecker。

38. 对此昂纳克在东德记录中说道："但是说实话，我们感兴趣的是至少能确定易北河的边界。"见：SAPMO – BArch. vorl. SED 41664, Büro Honecker。

39. 见：Bundeskanzleramt. AZ 350 14. Akte 37. Bd. 5。

40. 见：SAPMO – BArch, vorl. SF. D 41664. Büro Honecker。

41. 在 1982 年 10 月 28 日、11 月 26 日和 12 月 23 日，通过弗兰茨·约瑟夫·施特劳斯的朋友和基社盟前司库约瑟夫·梅尔茨（Josef März）深化了与民主德国外贸部商业协调部门（KoKo）领导人亚历山大·沙尔克－哥罗德科夫斯基的接触。1983 年 1 月 26 日和 27 日举行进一步会谈，中心议题是十亿贷款事宜；对此可参阅第三章第六节"务实合作：十亿马克贷款担保和联手施特劳斯"。

42. 见：SAPMO – BArch, vorl. SED 41664. Büro Honecker。

43. "按照《基础条约》存在两个德意志国家，它们在内政和外交方面主权独立。但我先暂不讨论此点。我现在只想请大家注意，当其他概念突然出现的话，这当然会引起某种混乱。"见：SAPMO – BArch. vorl. SED 41664, Büro Honecker。昂纳克此话影射科尔第一份政府声明。

44. 对此可参阅 1983 年 4 月 19 日《新德意志报》，刊印于：Innerdeutsche Beziehungen 1980 – 1986, S. 137；1983 年《德国档案》文章《取消而非推迟》（Peter Jochen Winters：Aufgehoben, nicht aufgeschoben, 见：*Deutschland Archiv*. 1983. H. 6. S. 561 – 566）；1983 年 4 月 19 日《波恩总汇报》的文章《联邦总理取消中午会面》（Kanzler sagte Treffen mit Mittag ab, 见：*Bonner General – Anzeiger* v. 19. 4. 1983）；AdG 1983, S. 26580。

45. 1983 年 4 月 14～15 日联邦总理到华盛顿进行工作访问。

46. 参见延宁格尔 1984 年 6 月 3 日在维也纳和作者的谈话。

47. 德国政策工作组组长 1983 年 5 月 25 日，见：B 136，20632。

48. 1983 年 4 月 18 日电话通话记录，见：SAPMO – BArch. vorl. SED 41664，Büro Honecker；也刊印于 Potthoff: Koalition der Vernunft, S. 112 – 118。

49. 1983 年 4 月 26 日基民盟/基社盟联邦议会党团会议，见：ACDP Bestand Ⅷ – 001 – 1070/2。

50. 1983 年 4 月 25 日莫尔特向联邦总理府递交一份报告，其中写着：布尔科特（Burkert）"是自然死亡，没有迹象显示其死亡是他人的外部暴力行为所致"。见：Innerdeutsche Beziehungen 1986，S. 28 und S. 137。

51. 见：SAPMO – BArch. vorl. SED 41664. Büro Honecker。

52. 昂纳克说："我们的机构当然会努力澄清此事。"见：同上。

53. 德国政策工作组组长 1983 年 5 月 25 日，见：B 136，20632。

54. 见：SAPMO – BArch. vorl. SED 41664，Büro Honecker。

55. 德国政策工作组组长 1983 年 5 月 25 日，见：B 136，20632。

56. 1983 年 4 月 19 日，欧洲安全与合作会议后续会议谈判重新开始。

57. 中立和不结盟国家（Neutral and Non – aligned states）。

58. 德国政策工作组组长 1983 年 5 月 25 日，见：B 136，20632。

59. 基民盟/基社盟联邦议会党团会议记录，见：ACDP Bestand Ⅷ – 0001 – 1070/2。

60. 正如在一次与联邦总理科尔会谈之后，总理府国务部长延宁格尔作为指令交代给里希特霍芬的；里希特霍芬将科尔的指示在 1983 年 9 月 14 日电话通知了国务秘书雷林格，见：B 137，9253，AZ 3362。

61. 对此可见梅尔特斯 1995 年 12 月 14 日在波恩和作者的谈话。

62. 参见梅尔特斯 1995 年 12 月 14 日在波恩和作者的谈话。

63. 对此也可参阅昂纳克和安德罗波夫 1983 年 5 月 3 日在莫斯科的会谈记录，见：SAPMO – BArch，IV 2/1/611；也可参阅 1983 年《德国档案》文章《取消而非推迟》。

64. 常设代表处向联邦总理府部长和延宁格尔 1983 年 4 月 29 日 0503 文件，关于布罗伊蒂加姆解释拒绝黑贝尔原因的谈话参见：Bundeskanzleramt，35014. Akte 39. Blätter 8/1 – 8/6。类似的谈话也可参阅有关黑贝尔的记录：SAPMO – BArch. J IV 2/10.02/11，该谈话中关于布罗伊蒂加姆的通报由他本人签字，可参阅：SAPMO‐BArch，J IV 2/10. 02/11。

65. 正如德意志内部关系部第二司司长迈希斯纳于 1983 年 5 月 2 日所做的评价，见：B 137，16380. AZ 3364；也可参阅 1983 年 4 月 30 日 0518 文件关于布罗伊蒂加姆和常设代表处的评价，见：B 137，16380. AZ 3364；德意志内部关系部 1983 年 5 月 11 日关于德意志内部关系的报告可参考：B 137，7702. AZ. 3812. 1。

66. 0518 文件常设代表处于 1983 年 4 月 30 日，见：B 137. 16380. AZ 3364。

67. 温德伦在与联邦德国代表团代表于 1983 年 7 月 1 日第一次会谈中提供了与民主德国持续谈判的证据。可参阅格伦达尔关于结果的按语 Ⅱ 1‐3263，见：B 137. 9253，AZ 3362‐Ref. Ⅱ 1。

第五节　首脑决策：科尔第一份民族形势报告

1. 在德国研究中也极少涉及此方面：Michael Garthe，Berichte zur Lage der Nation，见：Weidenfeld/Korte（Hrsg.）：Handwörterbuch zur deutschen Einheit. S. 19‐27；1983 年《德国档案》文章《目标的连续性——道路的变革。自 1949 年以来在政府声明反映下的德国政策》（Peter Juling：Kontinuität im Ziel-aber Wandel des Weges. Die Deutschlandpolitik im Spiegel der Regierungserklärungen seit 1949，见：*Deutschland Archiv* 1983. H. 9. S. 920‐926）。对此的唯一详细论著为 Fröhlich：Sprache als Instrument。

2. 这种批评性的评价可参见曾任科尔演讲稿撰写者的戴特林 1996 年 1 月 29 日在慕尼黑和作者的谈话。

3. 可参阅第三章第二节"冲突调解程序：德国政策立场之争和第二份政府声明"。

4. 该评价可参见艾瑟尔 1996 年 7 月 27 日在菲斯滕费尔德布鲁克和作者的谈话。艾瑟尔周末于联邦总理府收到长度超过一米的电传，晚些时候又收到施特劳斯的传真。在最初几年电传内容都会直接通报科尔。1985 年之后便逐渐减少。

5. 可参阅 Udo Bermbach：Regierungserklärung，见：Hans‐Helmut Röhring/Kurt Sontheimer（Hrsg.）：Handbuch des deutschen Parlamentarismus，München 1970. S. 421；分析的理论和系统范畴可参阅 Carl Böhret：

Politische Vorgaben für ziel- und ergebnisorientiertes Verwaltungshandeln aus Regierungserklärungen，见：Hartwich/Wewer（Hrsg.）：Regieren in der Bundesrepublik. Bd. Ⅲ. S. 69 – 82；Ismayr：Der Deutsche Bundestag. S. 402。

6. 可参阅 Ismayr. Bundestag. S. 402。

7. 参阅 1975 年第 1 期《议会问题杂志》文章《联邦政府的报告》（Hans – Ulrich Derlien：Das Berichtswesen der Bundesregierung，见：*Zeitschrift für Parlamentsfragen*. 1975，Nr. 1，S. 43）；同样可参阅 1979 年第 4 期《公共管理》文章《政府向议会提交的报告》（Joachim Linck：Berichte der Regierung an das Parlament，见：*Die öffentl. Verwaltung*，1979. Nr. 4. S. 116 – 124. Hier S. 117）。

8. 根据汉斯·特洛斯曼（Hans Trossmann）描述发生的改变可参阅 Der Bundestag：Verfassungsrecht und Verfassungswirklichkeit，见：Gerhard Leibholz（Hrsg.）：Jahrbuch des öffentlichen Rechts der Gegenwart. Neue Folge Bd. 28，Tübingen 1979，S. 17；相反观点可参阅 Bernd Guggenberger：Regierungserklärung，见：Uwe Andersen/ Wichard Wovke（Hrsg.）：Handwörterbuch des politischen Systems der Bundesrepublik Deutschland，Bonn 1992，S. 462。

9. Manfried Welan：Regierungserklärungen in Recht und Politik，见：Maximilian Gottschlich u. a.：Was die Kanzler sagten. Regierungserklärungen der zweiten Republik 1945 – 1987，Wien/Köln 1989，S. 69 – 86，hier S. 69；可参阅 Fröhlich：Sprache als Instrument，S. 12 – 34。

10. 可参阅 Busse：Bundeskanzleramt，S. 46；Schindler：Datenhandbuch zur Geschichte des Deutschen Bundestages 1983 – 1991，S. 474：Udo Bermbach：Regierungserklärung，见：Handbuch des deutschen Parlamentarismus，München 1970，S. 421 – 422；Hans Troßmann：Der Bundestag。Verfassungsrecht und Verfassungswirklichkeit，见：Jahrbuch des öffentlichen Rechts der Gegenwart，Neue Folge Bd. 28，1979，S. 17 – 18；Ismayr：Der Deutsche Bundestag，S. 239 – 240。

11. 对此修改后的形式可参阅：Carl Böhret：Politische Vorgaben für ziel- und ergebnisorientiertes Verwaltungshandeln aus Regierungserklärungen?，见：Hartwich/Wewer（Hrsg.）：Regieren in der Bundesrepublik，Bd. Ⅲ，

S. 69 – 82；Klaus von Beyme：Die großen Regierungserklärungen der deutschen Bundeskanzler von Adenauer bis Schmidt，München 1979。

12. 关于政府声明的一般功能也可参阅 Waldemar Schreckenberger：Veränderungen im parlamentarischen Regierungssystem，见：Bracher u. a.（Hrsg.）：Staat und Parteien. Berlin 1992. S. 133 – 157，hier S. 145；1989 年第 1 期《国家》文章《由处理组织的复杂性谈起：联邦总理府》（Klaus König：Vom Umgang mit Komplexität in Organisationen：Das Bundeskanzleramt，见：*Der Staat*，1989，Nr. 1，S. 49 – 70，hier S. 62）。

13. 可参阅 Carl Böhret：Instrumente des Regierens in der Bundesrepublik Deutschland：Wandel und Kontinuität in der Regierungspraxis，见：Hartwich/Wewer（Hrsg.）：Regieren in der Bundesrepublik. Bd. I，S. 115。

14. Walter E. Pfister：Regierungsprogramm und Richtlinien der Politik. S. 224.

15. Von Beyme：Die großen Regierungserklärungen der deutschen Bundeskanzler. S. 8；也可参阅 Nils Diederich：Aufgabenplanung，interne Arbeitsprogramme der Regierung，Regierungserklärungen，见：Klaus König（Hrsg.）：Koordination und integrierte Planung in den Staatskanzleien，Berlin 1976。

16. 可参阅 Hesse/Ellwe，见：Das Regierungssystem der Bundesrepublik Deutschland. Bd. 1. S. 265。

17. 德国作为整体和柏林问题委员会关于基民盟/基社盟、社民党和自民党党团关于民族形势报告的书面报告提案可参阅：联邦议院速记报告附件（Deutscher Bundestag：Anlagen zu den stenographischen Berichten Bd. 113，Bonn 1967，Drucksache V/1898）；可参阅 Schindler：Datenhandbuch 1983 – 1991，S. 508f.。过去背景可参阅 Fröhlich：Sprache als Instrument，S. 28 – 34；Garthe：Berichte zur Lage der Nation，S. 19ff.。

18. 1967 年 2 月 14 日基民盟/基社盟、社民党及自民党关于民族形势报告的书面报告提案可参阅联邦议院速记报告附件（Deutscher Bundestag：Anlage zu den stenogr. Berichten Bd. 109，Bonn 1966/1967，Drucksache V/1407）。

19. 1967 年 3 月 17 日联邦议院会议中，社民党议员弗兰茨·佐伊梅（Franz Seume）解释了党团内部提案的理由，可参阅联邦议院速记报告附件

（Deutscher Bundestag：Verhandlungen. Stenogr. Berichte Bd. 63. 100. Sitzung v. 17. 3. 1967，Bonn 1967，S. 4636 – 4638）。

20. 可参阅联邦总理府 223 处处长勒夫克（Löwke）1985 年 2 月 13 日做的关于第 22 处处长和德国政策工作组组长给联邦总理府部长的按语，见：B 136，18035，AZ 14200。

21. 可参阅 1974 年 1 月 5 日第 10 期公报，S. 85 – 92。最后标题为：1979 年 5 月 18 日公报，第 64 期，S. 593 – 604。

22. 朔伊布勒说，他从没参与过这一起草工作。此外他也无法回忆起他曾针对这一起草工作提出异议。参见朔伊布勒 1996 年 6 月 12 日在波恩和作者的谈话。

23. 参见魏登菲尔德和作者的谈话。

24. 参阅 1983 年 6 月 24 日第 68 期公报，S. 635。

25. 例如汉斯 – 约亨·福格尔（Hans – Jochen Vogel），他对第一份报告的回答是这样开始的：“联邦总理先生，您描述了民族形势。您讲到保卫和平却只字未提当前两个德意志国家在核军备竞赛方面所产生的危险。”见：Bundesministerium für innerdeutsche Beziehungen（Hrsg.）：Texte zur Deutschlandpolitik 1983，S. 145。

26. 在这个时期，与民意调查研究者内勒 – 诺伊曼的紧密联系也与此相关；参见贝格尔斯多夫 1994 年 5 月 19 日在波恩和作者的谈话；此外还可参阅 Wolfgang Bergsdorf：Herrschaft und Sprache，Pfullingen 1983。

27. 对此可参阅第三章第一节 “权力建构过程：波恩政府更迭” 和第二节 “冲突调解程序：德国政策立场之争和第二份政府声明”。

28. 参见 1984 年 10 月 5 日第 114 期公报，S. 1014。演讲稿文本几乎原文引自魏登菲尔德所写的草案。

29. 可参阅 1995 年 1 月 28 日《南德意志报》文章《全力以赴大讲空话》（Stefan Kornelius：Mit Volldampf in die Worthülse，见：*SZ* v. 28. 1. 1995）；此外还可参阅 Martin Greiffenhagen（Hrsg.）：Kampf um Wörter? Politische Begriffe im Meinungsstreit. München/Wien 1980；Erich Latniak/Manfred Opp de Hipt（Hrsg.）：Sprache statt Politik? Politikwissenschaftliche Semantik – und Rhetorikforschung，Opladen 1991。

30. 对此可参阅第三章第十节 “实力较量：科尔的领导风格和德波边界问题”。

31. 可参阅 Greiffenhagen：Kampf um Wörter. S. 5。

32. 1983 年 6 月 24 日第 68 期公报，S. 629。

33. Deutscher Bundestag：Materialien der Enquete – KommissionBd. V. 1. S. 918.

34. 可参阅 Friedrich Wilhelm Gester：Die Stare of die Union Address-eine Redetyp，见：Paul Goetsch/Gerd Hurm（Hrsg.）：Die Rhetorik amerikanischer Präsidenten seit F. D. Roosevelt，Tübingen 1993. S. 53 – 58.

35. 对此可参阅联邦总理施密特的演讲，共 588 句，见：1982 年 9 月 11 日第 83 期公报，S. 741 – 755。而科尔在 1983 年的演讲却只有 288 句。可参阅 Fröhlich：Sprache als Instrument，S. 56。

36. 参见普利尔 1995 年 9 月 18 日在波恩和作者的谈话。

37. 参见雷林格 1983 年 5 月 26 日所写的信件，见：B 136. 18033. AZ 14200。

38. 第 223 处处长 1985 年 2 月 13 日所写附注，见：B 136. 18035. AZ 14200。

39. 标题"处于分裂状态的德国"被保留。

40. 第 223 处处长 1985 年 2 月 13 日所写附注，见：B 136. 18035. AZ 14200。

41. 同上。

42. 参见朔伊布勒 1996 年 6 月 12 日在波恩和作者的谈话。

43. 德国政策工作组组长 1983 年 2 月 7 日所作的评注，见：Bundeskanzleramt，AZ 34900，Bd. 14，Blätter 55 – 71。

44. 德国政策工作组组长 1983 年 2 月 7 日对 1983 年 2 月 2 日部长会谈结果所做的按语可见：Bundeskanzleramt，AZ 34900，Akte 4. Bd. 14。

45. 还可参见普吕克 1994 年 6 月 8 日在波恩和作者关于背景的谈话和扬森 1995 年 11 月 10 日在波恩和作者的谈话。

46. 参见 1983 年 3 月 10 日巴泽尔写给科尔的信，见：B 137，10745，AZ 22. 811 – Ref. Ⅱ A。

47. 巴泽尔委托马尔丽斯·扬森撰写该草案，她与普吕克合作撰写。

48. 1983 年 5 月 25 日扬森所写的民族形势报告（BMB Ⅱ 2 – 3811. 1 Jansen，Bericht zur Lage der Nation 1983 v. 25. 5. 1983）；由温德伦和迈希斯纳 1983 年 5 月 24 日加以评论，见：B 137，10745，AZ 22. 811 –

Ref. Ⅱ A。

49. 同上。

50. 1983 年 5 月 27 日，德意志内部关系部 1983 年 5 月 25 日写的草案可见：B 136，18033，AZ 14200。

51. 1983 年 5 月 30 日发给联邦总理府部长施雷肯贝格尔的电报（223 - 14200 - La 21）可见：B 137，10745，AZ 22.811 - Ref. Ⅱ A。德意志内部关系部迈希斯纳手写记录了关于联邦总理将德意志内部关系部草案递送给总理府国务部长延宁格尔一事。

52. 参见司法部国务秘书金克尔（Kinkel）1983 年 6 月 3 日所写信件，见：B 137，10745，AZ 22.811 - Ref. Ⅱ A。

53. 联邦科研和科技部的电传 22 - 9203 - 61 o. D。见：B 137，10745，AZ 22.811 - Ref. Ⅱ A。

54. "谈到外交政治部分，第 21 工作小组主任认为：他必须给外交部多留几天时间。"德国政策工作组组长 1983 年 6 月 3 日在一份给延宁格尔的评注中这样写，见：B 136，18033，AZ 14200。

55. 参见卡斯特纳（Kaestner）1994 年 9 月 14 日在波恩和作者的谈话。

56. 施雷肯贝格尔与国务秘书雷林格的电话通话；第二司司长最终将相应的文件于 1983 年 6 月 8 日递交给联邦总理府的卢茨；信件 Ⅱ 1 - 3810 v. 8.6.1983，见：B 137，9284，AZ 3810 - Ref. Ⅱ 1。

57. 德国政策工作组组长 1983 年 6 月 3 日所写的有 1983 年 5 月 31 日一段的信件，见：B 136，18033，AZ 14200。

58. 同上。

59. 德国政策工作组组长 1983 年 6 月 3 日写给延宁格尔和贡德拉赫（Gundelach）的信件，见：B 136，18033，AZ 14200。

60. 参见魏登菲尔德和作者的谈话。

61. 同上。

62. 同上。

63. 参见梅尔特斯 1995 年 8 月 25 日在波恩和作者的谈话。

64. 联邦总理府 223 处处长勒夫克 1983 年 5 月 20 日写给联邦总理府部长的信件作为信息参考，223 - 142 - 00LA21，见：B 136，18033，AZ 14200。

65. 在本研究所涉及的时间段，根舍不让更改每年"处于分裂状态德国的民族形势报告"中外交政策段落的任何字句。参见联邦总理 1996 年 8 月 26 日和作者的谈话，与普利尔 1995 年 9 月 18 日在波恩和作者的谈话与此说法相一致。

66. 参见温德伦 1994 年 11 月 23 日在波恩和作者的谈话。

67. 参见梅尔特斯 1994 年 3 月 15 日以及普利尔 1995 年 9 月 18 日在波恩和作者的谈话。

68. 参见普利尔 1995 年 9 月 18 日在波恩和作者的谈话；同样可参见魏登菲尔德和作者的谈话。冯·里希特霍芬也至少参与过一次谈话。

69. 1983 年 6 月 14 日的草案，见：B 136，18033。

70. 刊印于 1983 年 6 月 24 日第 68 期公报，S. 629 – 635。

71. 参见普利尔 1995 年 9 月 18 日在波恩和作者的谈话。

72. Deutscher Bundestag：Materialien der Enquete – Kommission. Bd. V. 1. S. 940.

73. 参阅 1983 年 6 月 24 日第 68 期公报，S. 629。

74. 同上。

75. 同上。

76. 见：B 136，18033。

77. 可参阅 Rainer Pommer，见：Von der Teilung zur Wiedervereinigung. 40 Jahre Deutschlandpolitik von Konrad Adenauer bis Helmut Kohl，见：Günther Rüther（Hrsg.）：Politik und Gesellschaft in Deutschland，Köln 1994，S. 246 – 256.

78. 参阅 1983 年 6 月 24 日第 68 期公报，S. 629。

79. 见：B 136，18033。

80. 普利尔 1995 年 9 月 18 日在波恩和作者的谈话中这样回忆到；同样可参见魏登菲尔德和作者的谈话。

81. 参阅 1983 年 6 月 24 日第 68 期公报，S. 629。

82. 对此也可参阅 Zimmer：Nationales Interesse. S. 108。

83. 1993 年 6 月 24 日第 68 期公报，S. 630。

84. 对此也可参阅 Fröhlich：Sprache als Instrument，S. 189。

85. 他在"纪念日"标题下说："我们所有人都知道，自由、民主和自决是最高价值；它们永远是密不可分的。在《基本法》序言的意义上，这对于我们和我们的人民来说是巨大的希望。"

86. 参阅 1983 年 6 月 24 日第 68 期公报，S. 629。

87. 见：B 136，18033。

88. 1983 年贝格尔斯多夫研讨会 74 号会议记录《将德国问题放在新角度》
（Bergedorfer Gesprächskreis: Die deutsche Frage neu gestellt. 1983，
Protokoll Nr. 74）。

89. 德意志内部关系部 II 1 和 II 2 手写记录的按语，见：B 137，9243. AZ
3230 – Ref. II 1。

90. 见：B 136，18033。

91. 参阅 1983 年 6 月 24 日第 68 期公报，S. 629。

92. 同上。

93. 参见普利尔 1995 年 9 月 18 日在波恩和作者的谈话。

94. 见：B 136，18033。

95. 参见魏登菲尔德和作者的谈话。

96. 对此可参阅：Gotto：Adenauers Deutschlandpolitik，见：Morsey／Repgen
（Hrsg.）：Adenauer – Studien III. S. 3 – 91。

97. Werner Weidenfeld：Konrad Adenauer und Europa，Bonn 1976，S. 132.

98. 也可参阅 Hacke：Die Deutschlandpolitik. S. 549。

99. 对此解释可参阅 Fröhlich：Sprache als Instrument，S. 78 – 84。

100. 关于德国政策背景下的国籍问题可参阅 Hans von Mangold：
Staatsangehörigkeit，见：Weidenfeld／Korte（Hrsg.）：Handwörterbuch
zur deutschen Einheit，S. 622 – 630。

101. 1983 年 6 月 24 日第 68 期公报，Nr. 68，S. 632。

102. 同上。

103. 见：B 136，18033。

104. 1983 年 6 月 24 日第 68 期公报，S. 632。

105. 同上。

106. 同上。

107. 可参阅 1969 年 10 月 29 日第 132 期公报，S. 1121。

108. 见：B 136，18033。

109. 1983 年 6 月 24 日第 68 期公报，S. 632。

110. 见：B 136，18033。

111. 1983 年 6 月 24 日第 68 期公报，S. 632。

112. 见：B 136，18033。

113. 1983 年 6 月 24 日第 68 期公报，S. 632f. 。

第六节 务实合作：十亿马克贷款担保和联手施特劳斯

1. 正如 1983 年"处于分裂状态德国的民族形势报告"所描述，可参阅 1983 年 6 月 24 日第 68 期公报，S. 632。

2. 对于这种安全政策议事日程的德国政策的后果可参阅第三章第七节"有关增加军备的辩论：德德责任共同体"。

3. 里希特霍芬 1996 年 2 月 8 日在布鲁塞尔和作者的谈话中着重谈到这一方面。

4. 下面谈到此简称"十亿贷款"，虽然这里涉及的是联邦对银行贷款的担保。

5. 参见梅尔特斯 1996 年 9 月 27 日在波恩和作者的谈话中所描述的。

6. 此外还要算上施特劳斯和梅尔茨。

7. 可参阅 Strauß：Die Erinnerungen，S. 521 – 532；还有 Jürgen Nitz：Länderspiel. Ein Insider – Report，Berlin 1995；Mittag：Um jeden Preis，S. 82 – 87.

8. 可参阅 Potthoff：Die Koalition der Vernunft，S. 19 – 21；还有 Bickerich：Der Enkel，S. 47 – 65；还有 1991 年 4 月 12 日第 16 期《时代周报》彼得·西本莫根所写文章《幕后大戏》（Peter Siebenmorgen：Das große Spiel hinter der Kulisse，见：*Die Zeit* v. 12. 4. 1991，Nr. 16. ）。此外，作者西本莫根手中约有 1 万份所谓"沙尔克箱子"（"Schalck – Koffern"）档案；还可参阅 1993 年 3 月 31 日《法兰克福汇报》文章《充满诡计的德德贷款协议》（Wolfgang Stock：Deutsch – deutsche Kreditverhandlungen mit Tricks und Tücken，见：*FAZ* v. 31. 3. 1993）；Wolfgang Krieger：Franz Josef Strauß. Göttingen/Zürich 1995，S. 85 – 91；Wolfram Bickerich：Franz Josef Strauß. Düsseldorf 1996，S. 304 – 312.

9. 该会谈的沙尔克记录参见联邦议院决议建议（Deutscher Bundestag：Beschlußempfehlung）见：Drucksache 12/7600，Anlagenband 3. Dokumente，S. 794 – 798；也可参阅 Wolfgang Seiffert/Norbert Treutwe：Die Schalck – Papiere. München 1991。

10. 参见延宁格尔 1994 年 6 月 3 日在维也纳和作者的背景谈话；可参阅延宁格尔在沙尔克调查委员会的陈述，见：Deutscher Bundestag. Drucksache

12/7600，S. 458。

11. 对这一实践可参见延宁格尔 1994 年 6 月 3 日在维也纳和作者的谈话。

12. 联邦议院公报，见：*Drucksache* 12/7600，bes. S. 452 – 459。

13. 巴伐利亚州议会《关于在"贸易协调"领域和亚历山大·沙尔克－哥罗德科夫斯基在巴伐利亚州相关行为调查委员会的最终报告》（Bayerischer　Landtag：Schlußbericht　des　Untersuchungsausschusses betreffend bayerische Bezüge der Tätigkeit des Bereichs » Kommerzielle Koordinierung « und Alexander Schalck – Golodkowskis），见：12. Wahlperiode，Drucksache 12/16598. S. 27 – 38。其中也有施特劳斯办公室对与沙尔克联络评价的相关卷宗。

14. 可参阅 Garton Ash：Im Namen Europas. S. 225 ff. 以及 241 ff；Jäger：Die Deutschlandpolitik der Bundesregierungen. S. 1577；也可参阅 1990 年《德国档案》文章《德意志内部关系的金钱和政治》（Armin Volze：Geld und Politik in den innerdeutschen Beziehungen 1970 – 1989，见：*Deutschland Archiv*. 1990，H. 3，S. 382 – 387）。

15. 相反，赫特勒（Hertle）论证说联邦政府和施特劳斯"消息最为灵通"（"bestens infomiert"）；可参阅 Hans – Hermann Hertle：Die Diskussion derökonomischen Krisen in der Führungsspitze der SED。见：Pirker u. a.：Der Plan. S. 328；可参阅 Peter von der Lippe：Die gesamtwirtschaftlichen Leistungen der DDR – Wirtschaft in den offiziellen Darstellungen。民主德国官方统计数据作为统一社会党宣传和煽动的工具，见：Deutscher Bundestag（Hrsg.）：Materialien der Enquete – Kommission. Bd. Ⅱ. 1. S. 1973 – 2193。在德国经济研究所（DIW）1982 年 8 月 12 日第 32 期周报中也得到了很好论证。

16. 可参阅 1993 年《德国档案》文章《对外经济政策对两德关系的影响》（Jörg Roesler：Der Einfluß der Außenwirtschaftspolitik auf die Beziehungen DDR – Bundesrepublik，见：*Deutschland Archiv*，1993. H. 5，S. 558 – 572）；Lothar Fritze：Panoptikum DDR – Wirtschaft. S. 7 – 16；Deutscher Bundestag：Materialien der Enquete Kommission，Bd. Ⅱ，1；其中有：Gernot Gutmann，Harry Mayer Vorträge und Expertisen S. 803 – 2940；专论民主德国负债感受可参阅 1996 年《德国档案》文章《大诈骗？民主德国对西方债台高筑》（Armin Volze：Ein großer Bluff? Die Westverschuldung

der DDR. 见：*Deutschland Archiv*，1996，H. 5，S. 701 – 713）。

17. 可参阅第三章第三节"政府行为的操作层面：就职出访和德意志内部关系谈判日程"。

18. 可参阅第三章第三节"政府行为的操作层面：就职出访和德意志内部关系谈判日程"。

19. 参见联邦情报局（BND）1983 年 1 月 27 日的报告，见：Bundeskanzleramt. AZ 350 01，Akte 78. Bd. 3。其中提到："在昂纳克执政时期，还没有哪年像 1982 年那样在计划完成情况报告和国民经济计划之间存在如此严重的偏差。"在 1983 年 2 月 16 日报告中确认民主德国对贷款关系的兴趣，参见同上。

20. 汇编可参考 B 137，11073，AZ 3003。

21. 1967 年到 1978 年，赛费特（Seiffert）是民主德国国家和法律学学院国际经济法和比较法教授。

22. 所有都可参见：B 137. 11073. AZ 3003。特别可参阅 1983 年 10 月 21 日民主德国的外汇债务，见：Ⅱ 5 – 3003，见：B 137，11073，AZ 3003。也可参阅 1982 年《德国档案》文章《关于民主德国负债情况及其后果》（Wolfgang Seiffert：Zur Verschuldung der DDR und ihren Konsequenzen，见：*Deutschland Archiv*，1982. H. 12，S. 1241 – 1243）。

23. 可参阅同上。

24. 对此可参见延宁格尔 1994 年 6 月 3 日在维也纳和作者的谈话及延宁格尔未发表的手稿《连续性抑或其他？在政府更迭后 1982 年至 1984 年的德德关系》（Kontinuität, was sonst? Deutsch – deutsche Beziehungen nach dem Regierungswechsel 1982 bis 1984），他也在德国联邦议院沙尔克调查委员会中对此进行陈述。

25. 背景可见 Hertie：Die Diskussion，S. 320f；以及 Maria Haendcke – Hoppe：Interzonenhandel/Innerdeutscher Handel，见：Deutscher Bundestag（Hrsg.）：Materialien der Enquete – Kommission. Ⅱ. 1，hier 1551ff. 在 1981 年就曾首次削减原油供应。

26. 德国经济研究所（DIW）在一篇分析文章中批评了这一行为，可参考德国经济研究所 1982 年 8 月 12 日第 32 期周报；还可参见当时民主德国外贸银行行长维尔讷·波尔策（Werner Polze）教授和格勒青格（Grötzinger）在巴伐利亚州议会调查委员会所做的证词，参见《最终报告》，S. 29；联邦德国常设代表处档案再现了其中一些细节。这里记录了各银行的谨慎态度，见：B 288，388。

27. 可参阅 Haendcke – Hoppe – Arndt：Interzonenhandel，S. 1557。

28. 正如格勒青格在巴伐利亚州议会调查委员会所做的证词，参见《最终报告》，S. 30。

29. 对此联邦总理说，能够掩盖真实情况是由于民主德国巨大的宣传攻势，参见联邦总理 1996 年 8 月 26 日在波恩和作者的谈话。

30. 科尔对此说道："鉴于经济形势急剧恶化，当时的民主德国密使首次在与我们的会谈中明确承认了这一点，对我们提出了这样的问题，即是否存在通过财政援助进一步打开允许互访的大门这一可能性。"见：Diekmann/Reuth：Helmut Kohl，S. 30。

31. 参见 1991 年 1 月 2 日电视采访，摘自 1991 年 1 月 2 日《法兰克福汇报》文章《这与民主德国的偿付能力有关》（Es ging um Zahlungsfähi – gkeit der DDR，见：*FAZ* v. 2. 1. 1991）。

32. 摘自：1991 年 4 月 12 日第 46 期《时代周报》文章《与亚历山大·沙尔克 – 哥罗德科夫斯基的谈话》（Nikolaus Piper/Peter Siebenmorgen：Ein Zeit – Gespräch mit Alexander Schalck – Golodkowski. 见：*Die Zeit* v. 12. 4. 1991. Nr. 46）。

33. Mittag：Um jeden Preis. S. 82 f.

34. Kohl 见：Deutscher Bundestag：Materialien der Euquete – Kommission. Bd. V. 1，S. 919f.。

35. 可参阅 Jenninger：Kontinuität；参见 1983 年 3 月 19 日延宁格尔接受《明镜周刊》采访的内容（见：*Spiegel* v. 19. März 1983，S. 23）。关于施特劳斯的动机可参阅 Erinnerungen：S. 524f.。

36. 参见延宁格尔在沙尔克调查委员会所做的证词，参见联邦议院公报（Deutscher Bundestag：Drucksache 12/7600. S. 458）。

37. 1984 年 3 月 16 日第 30 期公报，S. 264。

38. 同上。

39. 参见 1982 年 10 月 1 日联邦议院全体会议记录（Rainer Barzel. 见：Bundestag：Plenarprotokolle 9/118，S. 7169，v. 1. 10. 1982）。

40. 对此也可参延宁格尔给抗议民众所写的很多答复信件，见：B 137，11074，AZ 3003。

41. 对拉姆斯多夫提出的争论可见 B 137，11074，AZ 3003；由德意志内部关系部议会国务秘书亨尼希手写的附加条款为："支持性贷款须与特殊的协约相联系。"

42. 有关已列举出的资料来源，下面特别提到谈判过程的文献资料：1991年 4 月 12 日第 16 期《时代周报》彼得·西本莫根所写文章《幕后大戏》；1993 年 3 月 31 日《法兰克福汇报》文章《充满诡计的德德贷款协议》。

43. 对此的例证参阅 Potthoff：Die Koalition der Vernunft，S. 20；Filmer/Schwan：Schäuble，S. 130。

44. 对此参阅第三章第三节"政府行为的操作层面：就职出访和德意志内部关系谈判日程"。

45. 苏黎世信贷和外贸银行为莱茵兰 - 普法尔茨州银行下属企业。

46. 威南德（Wienand）是巴尔的多年老友，参见巴伐利亚州议会《最终报告》（Bayer. Landtag：Schlußbericht，S. 34）。而延宁格尔是通过维什涅夫斯基（Wischnewski）得知威南德曾对与民主德国的一笔贷款进行探询。正如延宁格尔对社民党政治家威南德所进行的间谍刺探一样，参阅 1996 年 5 月 14 日《南德意志报》。

47. 对此可参阅巴伐利亚州议会《最终报告》 （Bayerischer Landtag：Schlußbericht. S. 34 – 38）；及 Bickerich：Der Enkel，S. 52 ff. 。

48. 对此还可参阅 Nitz：Länderspiel，S. 265。

49. 参见延宁格尔 1994 年 6 月 3 日在维也纳和作者的谈话中谈到他与维什涅夫斯基的会谈。

50. 参阅巴伐利亚州议会《最终报告》（Bayerischer Landtag：Schlußbericht. S. 34）。

51. 参阅联邦议院公报（Deutscher Bundestag：Drucksache 12/7600. S. 458）。

52. 对此还可参阅 Nitz：Länderspiel，S. 253 – 263。

53. 联邦总理府部长 1988 年 1 月 14 日与沙尔克 - 哥罗德科夫斯基的会谈，由杜伊斯贝格（Duisberg）1988 年 1 月 15 日加以评注，见：B 136，20551，AZ 221 350 14 Ge 19。

54. 参阅巴伐利亚州议会《最终报告》（Bayerischer Landtag：Schlußbericht，S. 35）；也可参阅 Bickerich：Der Enkel. S. 62 – 65；参阅 1994 年第 40 期《明镜周刊》文章《激动的小家伙》（Aufgeregter Pimpf，见：Der

Spiegel，1994，Nr. 40. S－49f）。

55. 可参阅 Nitz：Länderspiel；还可参阅 Gerhard Beil：Marketing statt Manismus in：Margarita Mathiopoulos，Das Ende der Bonner Republik. Stuttgart 1993，S. 121－127；参阅 1993 年 3 月 22 日第 12 期和 1995 年 2 月 6 日第 6 期《明镜周刊》。

56. 参阅 Reitz：Schäuble，S. 337－341，hier S. 340。

57. 参见联邦总理 1996 年 8 月 26 日在波恩和作者的谈话。朔伊布勒 1996 年 6 月 12 日在波恩和作者谈话也说他从未和总理具体谈过这一问题。

58. 正如维什涅夫斯基在巴伐利亚州调查委员会所做的证词，参见《最终报告》（Schlußbericht，S. 35）。

59. 对此可参阅第三章第三节"政府行为的操作层面：就职出访和德意志内部关系谈判日程"。

60. 参阅第三章第四节"德国政策执行方案成形：总理个人的贡献"。

61. 对此可参阅 Strauß：Erinnerungen，S. 521；也可参阅 Pruys：Helmut Kohl，S. 273－276. 西本莫根 1997 年 2 月 27 日在慕尼黑的谈话中向作者证实了该时间。

62. 可参阅 Bickerich：Der Enkel. S. 54。

63. 或许施特劳斯把时间搞错了。

64. 参阅联邦议院公报（Deutscher Bundestag：Drucksache 12/7600，Dokument 792. S. 220）。

65. 同上，Dokument 793。

66. 联邦总理 1996 年 8 月 26 日在波恩和作者的谈话中回忆起这个日期。

67. 施托克（Stock）1983 年 1 月初写了该文，参阅 1993 年 3 月 31 日《法兰克福汇报》。

68. 参见联邦总理 1996 年 8 月 26 日在波恩和作者的谈话。

69. 朔伊布勒注意到，今天看来容易忽视施特劳斯作为提议者这一角色。联邦总理和阿克曼都更倾向于分给施特劳斯参与者的角色；Diekmann/Reuth：Kohl，S. 30；Ackermann：Mit feinem Gehör. S. 235f. 。

70. 西本莫根依据对施特劳斯遗物论证，如他 1996 年 10 月 3 日以及 1997 年 2 月 27 日在慕尼黑与作者的谈话中所表达的那样。

71. 同上。

72. 也可参照阿克曼 1995 年 9 月 17 日在波恩和作者的谈话，以及

Ackermann：Mit feinem Gehör. S. 235。

73. 可参阅 1991 年 4 月 12 日第 16 期《时代周报》彼得·西本莫根所写文章《幕后大戏》；参阅 1993 年 3 月 31 日《法兰克福汇报》文章《充满诡计的德德贷款协议》；这次电话通话是 1983 年 1 月 24 日。

74. 第三章第三节"政府行为的操作层面"和第四节"德国政策执行方案成形"。

75. 参阅 Strauß：Erinnerungen. S. 522。

76. 同上。

77. 对此可参阅联邦议院公报（Deutscher Bundestag：Drucksache 12/7600，Dokument 794）；以及巴伐利亚州议会《最终报告》（Bayerischer Landtag：Schlußbericht. S. 30）。

78. Strauß：Erinnerungen，S. 523.

79. 同上，S. 523 f. 。

80. 参阅联邦议院公报（Deutscher Bundestag：Drucksache 12/7600，Dokument 794）。

81. 同上。

82. 可参阅同上。

83. 参阅联邦议院公报（Deutscher Bundestag：Drucksache 12/7600，S. 457 und Dokument 795）。

84. 可参阅 Strauß：Erinnerungen. S. 525；参阅 1993 年 3 月 31 日《法兰克福汇报》文章《充满诡计的德德贷款协议》。

85. Strauß：Erinnerungen. S. 526.

86. 正如延宁格尔 1994 年 6 月 3 日在维也纳和作者的谈话中讲到的。

87. 参阅联邦议院公报（Deutscher Bundestag：Drucksache 12/7600，Dokument 794）。

88. 可参阅同上，Dokument 796。

89. 延宁格尔 1994 年 6 月 3 日以及和多贝伊 1994 年 5 月 19 日在圣奥古斯丁的背景谈话。

90. 参见巴伐利亚州议会《最终报告》（Bayerischer Landtag：Schlußbericht. S. 32）。

91. 该信息来自 1991 年 4 月 12 日第 16 期《时代周报》彼得·西本莫根所写文章《幕后大戏》。

92. 对此可参见巴伐利亚州议会《最终报告》（Bayerischer Landtag: Schlußbericht, S. 32）；也可参阅 1983 年 7 月 30 日《巴伐利亚信使报》文章《议会国务秘书对财务部长弗里德里希·福斯的看法》（Stellungnahme des Parlamentarischen Staatssekretärs beim Bundesminister der Finanzen Dr. Friedrich Voss，见：*Bayern – Kurier* v. 30. 7. 1983）。

93. 参见延宁格尔在巴伐利亚州议会作证的陈述：《最终报告》（Schlußbericht, S. 31）。

94. 参见联邦总理 1996 年 8 月 26 日在波恩和作者的谈话。

95. 关于 1983 年 9 月 7 日为 1983 年 9 月 14、15 日召开的联邦议院预算委员会会议准备的评注可见：B 137, 11074, AZ 3003。1983 年 9 月 14 日，联邦议院德意志内部关系委员会从温德伦处得知十亿贷款信息，在此温德伦仅提供了技术细节信息，见：B 137, 7702 AZ, 3812.1。

96. 所指的是在黑森州行政法院，莱茵兰 – 普法尔茨州银行和德意志银行之间关于国内银行一同参与的外国子公司对民主德国提供自由金融贷款所需的审批程序。

97. 德国联邦银行 1983 年 9 月 8 日写给联邦总理府的信件，见：B 137, 11074, AZ 3003。

98. 同上。

99. 关于在东柏林昂纳克和米塔格告知政治局十亿贷款这一令人惊讶的事实的决定过程，以及那里反对过多依赖联邦德国财政的保留意见。可参阅 Mittag: Um jeden Preis. S. 84；Peter Przybylski: Tatort Politbüro, Bd. 1, S. 327f.；联邦议院《最终报告》（Bayerischer Landtag: Schlußbericht. S. 30）；Hertle: Die Diskussion, S. 328 ff.。

100. 参见延宁格尔 1994 年 6 月 3 日在维也纳和作者的谈话；温德伦说，他在 6 月份时就已经从延宁格尔那得知此事，而且是他在马焦雷湖（Lago Maggiore）度假时通过电话得知的，参见温德伦 1994 年 11 月 23 日在瓦伦多夫和作者的谈话。

101. 参见联邦总理 1996 年 8 月 26 日在波恩和作者的谈话；根舍 1997 年 3 月 14 日在波恩和作者的谈话中表达了相同观点。

102. 延宁格尔作为证人在巴伐利亚州议会调查委员会询问时也再度明确指出这一点，参见《最终报告》S. 30。

103. 这一描述参见巴泽尔 1997 年 3 月 5 日在慕尼黑和作者的谈话。

104. 从基民盟联邦理事会记录以及党团会议记录中无法获取关于科尔结束贷款谈判的相关信息。

105. 对此可参阅第三章第五节"首脑决策：科尔第一份民族形势报告"。

106. 参阅 1983 年 6 月 29 日《法兰克福汇报》文章《波恩政府重视德国政策》(Karl Feldmeyer：Bonn setzt deutschlandpolitisch Akzente，见：*FAZ v. 29. 6. 1983*）。

107. 因此，延宁格尔认为巴伐利亚州长有意向媒体透露了此消息，并利用这一泄密事件使自己引人注目；参见延宁格尔 1994 年 6 月 3 日在维也纳和作者的谈话。

108. 背景和过程可参阅 Garton Ash：Im Namen Europas，S. 154 f. 。

109. 可参阅记录证据来源于 Garton Ash：Im Namen Europas. S. 154；也可参见延宁格尔 1994 年 6 月 3 日在维也纳和作者的谈话。

110. 可参阅 Garton Ash：Im Namen Europas. S. 155。

111. 参见第二司司长迈希斯纳 1983 年 7 月 13 日对 1983 年 7 月 12 日德国政策协调会谈的评注，可见：B 137，9253，AZ 3362 – Ref. Ⅱ 1。

112. 参阅 Mittag：Um jeden Preis. S. 85；还可参阅 1983 年 8 月 10 日德国联邦情报局报告《民主德国内部对十亿贷款的反应》（BND – Bericht v. 10. 8. 1983 》DDR – interne Reaktion auf Milliardenkredit《），见：B 137，16380，AZ 3364；还可参阅 Hertle：Die Diskussion. S. 327f. 。

113. 可参阅 1983 年 7 月 4 日第 27 期《明镜周刊》文章《为了争取东部支持我们》（Um den Osten für uns zu gewinnen，见：*Der Spiegel v. 4. 7. 1983*，Nr. 27. S 19）；也可参见梅尔特斯于 1995 年 6 月 22 日在波恩和作者的谈话。

114. 对于延宁格尔的论证也可参阅温德伦手写的内阁会议记录（AZ 552/ Z7 –1407），见：B 137，11074，AZ 3003。

115. 对于背景和过程可参阅 1983 年 7 月 4 日第 27 期《明镜周刊》。

116. 参阅 1983 年 7 月 4 日第 27 期《明镜周刊》。

117. 参见梅尔特斯 1995 年 6 月 22 日和作者的谈话。

118. 可参阅 Ackermann：Mit feinem Gehör, S. 283。

119. 参见朔伊布勒 1996 年 6 月 12 日在波恩和作者的谈话。

120. 参见迈希斯纳 1983 年 7 月 7 日给国务秘书的评注，见：B 137，10928。

121. 同上。

122. 这里指的是施特劳斯。

123. 迈希斯纳 1983 年 7 月 7 日给国务秘书的评注，见：B 137，10928。

124. 第二司司长迈希斯纳 1983 年 7 月 13 日对在 1983 年 7 月 12 日德国政策跨部门协调会议的评注，见：B 137，9253，AZ 3362 – Ref. Ⅱ 1。在接下来 1983 年 8 月 15 日的会面中，十亿贷款一事没有再在这轮会谈中提及。对此可参阅国务部长在 1983 年 8 月 19 日对第 22 工作组 1983 年 8 月 12 日一份评注所做的亲笔记录，见：B 136，18237。

125. 参见德国政策工作组组长 1983 年 8 月 10 日记录，见：B 136，20238，AZ 221 – 34900 – No. 7。

126. 关于埃里希·昂纳克与弗兰茨·约瑟夫·施特劳斯 1983 年 7 月 24 日在胡贝图斯托克（Hubertusstock）会谈的记录，见：SAPMO – BArch，DY 30，J IV/962。

127. 扩建过境路段，扩大文化交往以及继续互换囚犯。关于该访问可参阅 Strauß：Erinnerungen. S. 536f. 。

128. 可参阅 Zimmer：Nationales Interesse，S. 159f. ；James McAdams：East Germany and Detente，Cambridge 1985. S. 187 f。

129. 可参阅 1983 年 7 月 29 日《法兰克福汇报》文章《兰布斯多夫明确批评向民主德国提供贷款这一做法》（Lambsdorff präzisiert seine Kritik am DDR – Kredit，见：*FAZ* v. 29.7.1983）；1983 年 8 月 2 日德意志内部关系部第二司的内部反应，见：B 137，11074，Akte 3003；以及 1983 年 8 月 1 日《法兰克福汇报》根舍的文章《十亿贷款是稳定的标志》（Genscher：Der Milliardenkredit ein Zeichen der Beständigkeit，见：*FAZ* v. 1. 8. 1983）。

130. 温德伦 1994 年 11 月 23 日在瓦伦多夫和作者的谈话中以及冯·里希特霍芬 1996 年 2 月 8 日在布鲁塞尔和作者的谈话中都对此提出了批评。

131. 温德伦在 1983 年 9 月 19 日《世界报》对其的访谈中这样说。具体还可参阅 1983 年 11 月 28 日《商报》；德国政策工作组组长 1983 年 11 月 29 日关于总理府国务部长延宁格尔处举行会谈的评注，该会谈是关于 1983 年 11 月 29 日向民主德国提供贷款可能性的非正式询问，见：B 136. 21518。

132. 参见施托滕贝格（Stoltenberg）1983 年 9 月 21 日给温德伦的信，见：B 136，18237。

133. 德意志内部关系部 1984 年 1 月 27 日对民主德国外汇债务的评注，IV 1 - 284223，见：137，11073，Akte 3003。

134. 可参阅 1983 年 10 月 21 日 B 137，11073，AZ 3003；也可参阅 1983 年 9 月 28 日第 22 期《明镜周刊》文章《民主德国的新贷款》（Neuer DDR - Kredit，见：*Der Spiegel* v. 28. 9. 1983，Nr. 22. S. 10)。

135. 德意志内部关系部第二司 1983 年 11 月 21 日所做的关于 1983 年 11 月 18 日在联邦总理府举行的德国政策跨部门协调会议的评注，见：B 137，9253。

136. 参见德国政策工作组组长 1983 年 12 月 19 日给延宁格尔的评注，见：Bundeskanzleramt 34900. Akte4，Bd. 15 F Bd. 16。

137. 612 处 1984 年 2 月 1 日对联邦情报局给联邦总理报告的评注，见：Bundeskanzleramt，35001，Akte 78. Bd. 4 f 5. Blätter 76/77。

138. 同上。

139. 参见 1984 年 7 月 9 日第 28 期《明镜周刊》文章《埃里希可以在家待着了》（*Der Spiegel* v. 9. 7. 1984. Nr. 28，S. 17ff)。

140. 可参阅 Bickerich：Der Enkel. S 60 中对施特劳斯与沙尔克 1983 年 11 月 2 日在施特劳斯慕尼黑住所会面的记录。

141. 参见延宁格尔 1994 年 6 月 3 日在维也纳和作者的谈话。

142. 可参阅第三章第七节"有关增加军备的辩论：德 - 德责任共同体"。

143. 联邦新闻局 1984 年 7 月 25 日向媒体发布的通告，也可参见 1984 年 6 月 25 日为内阁会议所准备的各类不同议题文件中，见：B 136，18237。

144. 参阅联邦新闻局 1984 年 10 月第 6 期《政治》。

145. 参见冯·魏茨泽克 1983 年 9 月 20 日写给科尔的信，见：Bundeskanzleramt，21 - 35003，（32），Bd. 1，Blätter 163/1 - 163/10。

146. 有关陈述可参阅 Volker Ronge：Übersiedler，见：Weidenfeld/Korte（Hrsg.）：Handwörterbuch zur deutschen Einheit，S. 674 - 679。也可参阅附录中的数据。

147. Ludwig A. Rehlinger：Freikauf. S. 115f.

148. 可参阅 1984 年《德国档案》文章《德国的选择》（Ilse Spittmann：

Die deutsche Option，见：*Deutschland Archiv*. 1984. H. 4，S. 449 – 455）。

149. 同上。

150. 也能决定性地减少巴伐利亚的环境污染。因此施特劳斯个人也积极投身净化勒登河一事中。

151. 对此可参阅第三章第十一节"职能部门原则：文化协定"。

152. 可参阅 1983 年《德国档案》文章《十亿贷款》（Ilse Spittmann：Der Milliardenkredit. 见：*Deutschland Archiv*. 1983，H. 8，S 785 – 788）。

153. 参见联邦总理府部长朔伊布勒 1985 年 2 月 25 日的信件，见：B 137. 9252。

154. 寄给联邦总理府的抗议信件收于：B 137，11074，AZ3003。

155. 也可参阅 Peter Boenisch：Kohl und Strauß，见：Appel，S. 161 – 167。在此处对抗是主要议题。

156. 正如沙尔克在巴伐利亚州议会所做的证词，参见《最终报告》，S. 30。

157. 参见巴伐利亚州议会《最终报告》，S. 30。这一点与施特劳斯在他的回忆录中（S. 467）以及他个人对贷款给出说明是相符的，该说明参见由巴伐利亚州长办公厅移交给调查委员会的文件。对此的长期考虑也可参见布罗伊蒂加姆 1996 年 2 月 19 日在波茨坦和作者的谈话。

158. 参见 1994 年 6 月 3 日在维也纳和延宁格尔以及 1994 年 5 月 19 日在波恩和贝格尔斯多夫关于背景的谈话。

159. 参见德雷格尔 1995 年 11 月 10 日在波恩和作者的谈话。

160. 正如施特劳斯的评价；对此还可参见西本莫根 1997 年 2 月 27 日在慕尼黑和作者的谈话。

161. 摘录自 1983 年 7 月 13 日《法兰克福评论报》。对此的解释也可参阅 1983 年 7 月 1 日《法兰克福汇报》文章《十亿贷款——科尔关于此的设想》（Karl Feldmeyer：Der Milliardenkredit-was Kohl sich dabei denkt，见：*FAZ* v. 1. 7. 1983）；以及 1983 年 7 月 8 日第 28 期《时代周报》文章《去跳探戈吧》（Zum Tango，见：*Die Zeit* v. 8. 7. 1983. Nr. 28）。

162. 参见阿克曼 1995 年 9 月 17 日在波恩和作者的谈话，冯·里希特霍芬 1996 年 2 月 8 日在布鲁塞尔以及布罗伊蒂加姆 1996 年 2 月 19 日在波茨坦和作者的谈话。

163. Filmer/Schwan：Kohl. S. 273.

164. Mittag：Um jeden Preis. S. 84.

165. 参见关于赛德尔（民主德国外交部）和布罗伊蒂加姆 1983 年 7 月 8 日在东柏林会谈的按语，见：SAPMO – BArch. vorl. SED 42177/1. Büro Mittag。

166. 施特劳斯后来说："在德国政策中，没有任何转折可以回溯到 1969 年 10 月之前"，参见 1983 年 8 月 25 日《世界报》。

167. 对于这两人之间充满矛盾心理的关系可参阅 Genscher：Erinnerungen，S. 471 – 473。

168. 1983 年 12 月 19 日科尔和昂纳克的电话通话；摘自 1994 年第 38 期《明镜周刊》，S. 18 – 21。

169. 可参阅沙尔克的表述，见：Pirker：Der Plan als Befehl，S. 171。

170. 从 1984 年 11 月 15 日起。

171. 参阅 Nawrocki：Die Beziehungen zwischen den beiden Staaten in Deutschland，Berlin 1988. S. 63。

172 可参阅 1983 年 6 月 24 日《新德意志报》。作者只在报告开头对关于民族统一的段落展开论战。德国统一社会党中央机关报让德国共产党主席赫尔伯特·米斯（Herbert Mies）来做出原本的评论；也可参阅 1983 年《德国档案》文章《十亿贷款》。

173. 1994 年 3 月 16 日第 30 期公报，S. 264。

174. 参见延宁格尔在德联邦议院沙尔克调查委员会再次作的证词，见：Drucksache 12/7600 S. 458。

175. 可参阅 Jörg Roesler：Der Einfluß der Außenwirtschaftspolitik。

176. 对沙尔克的访谈，见：Hoover Institution. Stanford。

第七节　有关增加军备的辩论：德德责任共同体

1. 1982 年 10 月 14 日第 93 期公报，S. 860。对此可参阅第三章第一节"权力建构过程：波恩政府更迭"。还可参阅 Wagner：Der Regierungswechsel in Bonn，S. 159f.。

2. 1982 年 10 月 14 日第 93 期公报，S. 860。

3. 同上。

4. 辅助信息：1979 年 12 月 12 日北约双重决议是对苏联增加部署 SS – 20 导弹的反应。北约决定用潘兴Ⅱ式导弹和陆基巡航导弹来建立欧洲战略对抗力量。与此相关的是向苏联提出削减该类武器谈判的建议。该谈判从 1980 年秋天至 1987 年 12 月，其间曾经一度中断。

5. 参见联邦总理科尔在德国联邦议院调查委员会听证会所做的证词，见：Deutscher Bundestag：Materialien der Enquete – Kommission. Bd. V，1. S. 918。对内政背景的详细说明可参阅 Stephan Layritz：Der Nato – Doppelbeschluß. Westliche Sicherheitspolitik im Spannungsfeld von Innen-，Bündnis- und Außenpolitik，S. 286ff；Jäger：Die Innenpolitik der sozialliberalen Koalition. S. 250；Helga Haftendorn：Sicherheit und Stabilität。Außenbeziehungen der Bundesrepublik zwischen Ölkrise und Nato – Doppelbeschluß，München 1986；Thomas Risse – Kappen：Null – Lösung. Entscheidungsprozesse zu den Mittelstreckenwaffen 1970 – 1987，Frankfurt a. M/New York 1988.

6. 对此可参阅 Genscher：Erinnerungen. S. 463；以及 Filmer/Schwan：Kohl，S. 278。

7. 整体关联也可参阅 Elizabeth Pond：Beyond the Wall. Germany's Road to Unification，Washington 1993，S. 33 – 56；以及 Bender：Episode oder Epoche. S. 243 ff. 。

8. 可参阅 Zimmer：Nationales Interesse，S. 151。

9. 扬森 1995 年 11 月 10 日在波恩和作者的谈话将这次会见描述为纯粹的作秀行为。

10. 可参阅 Zimmer：Nationales Interesse，S. 152 ff. 。

11. 如同瑞典政府建立中欧无核武器区的提议，昂纳克也向联邦政府做出这样的提议；可参阅昂纳克和科尔的信件往来，1983 年《德国档案》（ *Deutschland Archiv.* 1983. H. 4. S. 445f）。

12. 参见朔伊布勒 1996 年 6 月 12 日在波恩和作者的谈话。

13. Zimmer：Nationales Interesse，S. 156.

14. 1983 年 4 月 26 日基民盟/基社盟党团会议记录，见：ACDP Ⅷ 001 – 1070/2。

15. 同上。

16. 参阅 Jäger Die Deutschlandpolitik der Bundesregierungen，S. 1573 – 1577。

17. 可参阅 1983 年《政治和当代史》文章《当前的安全政策讨论》（Gerhard Wettig：Die aktuelle sicherheitspolitische Diskussion，见：*Aus Politik und Zeitgeschichte*，1983，B 35. S. 19 – 35）。

18. 可参阅 Zimmer：Nationales Interesse，S. 164；1983 年 10 月 9 日《新德意志报》（*Neues Deutschland* v. 9. 10. 1983）；1983 年 10 月 5 日书信，收于：Bundesministerium für innerdeutsche Beziehungen（Hrsg. ）：Texte zur Deutschlandpolitik. Bd. Ⅲ/1，S. 242 – 244。

19. 信件收于：Bundesministerium für innerdeutsche Beziehungen（Hrsg. ）：Texte zur Deutschlandpolitik，Bd. Ⅲ/1，S. 255 – 259；也可参阅联邦议院调查委员会报告（Deutscher Bundestag：Bericht der Enquete – Kommission，S. 134）。

20. Zimmer：Nationales Interesse，S. 165.

21. 1983 年 6 月 24 日第 68 期公报，S. 632。

22. 庞德（Pond）1994 年 5 月 3 日在美因兹和作者的谈话也作出该评价。

23. 该评价可参阅 Heinrich Windelen：Deutschlandpolitik 1982 – 1987，S. 38；还可参见埃德温娜·坎贝尔（Edwina Campbell）1993 年 12 月 17 日在华盛顿和作者的谈话。

24. 1984 年和 1985 年意大利、希腊、法国、加拿大、瑞典和奥地利的政府首脑先后访问东柏林。

25. 参见 1986 年 1 月 30 日对昂纳克的访谈；Bundesministerium für innerdeutsche Beziehungen（Hrsg. ）：Texte zur Deutschlandpolitik，Bd. Ⅲ/4，S. 56。

26. 也可参阅 1983 年《政治和当代史》文章《和平运动和德国政策》（Wilfried von Bredow：Friedensbewegung und Deutschlandpolitik，见：*Aus Politik und Zeitgeschichte*，1983，B 46，S. 34 – 46）。

27. 这一时期关于和平的讨论可参阅 Karl – Rudolf Korte：Der Standort der Deutschen. Köln 1990，S. 82 – 102。

28. 可参阅 Windelen：Deutschlandpolitik，S. 41；社民党的方案可参阅 Vogtmeier：Egon Bahr，S. 275 – 283。

29. 参见延宁格尔 1994 年 6 月 3 日在维也纳和作者的谈话。科尔多次将此形容为他政治生涯中"最为困难的情况之一"，参见 1994 年 9 月 29 日《法兰克福汇报》；以及 Diekmann/Reuth：Helmut Kohl，S. 26 – 29。

30. 同上；关于联邦总理科尔第一次访问莫斯科也可参见第三章第六节"务实合作：十亿马克贷款担保和联手施特劳斯"。

31. 1983 年 4 月 26 日基民盟/基社盟党团会议记录，见：ACDP Ⅷ 001 – 1070/2。

32. 参见延宁格尔 1994 年 6 月 3 日在维也纳和作者的谈话。

33. 同上。因此科尔"在外交上的杰出成就"也得到了美国的承认。

34. 科尔对统一目标的坚持只是老路线的新部分，参阅 1983 年 7 月 14 日《法兰克福汇报》。

35. 例如可参阅 1983 年 9 月 19 日《明镜周刊》文章《基民盟对总理的怀疑——导弹与赫尔穆特·科尔的两难境地》（CDU – Zweifel am Kanzler. Die Raketen und Helmut Kohls Dilemma，见：*Der Spiegel* v. 19. 9. 1983，S. 20）。

36. 原则上可参阅 Michael J. Inacker：Politik in der Wendezeit. Die Sicherheitspolitik der Regierung Kohl，见：Appel（Hrsg.）：Helmut Kohl，S. 73 – 111，hier S. 78。还可参阅 Layritz：Der Nato – Doppelbeschluß，S. 352ff。

37. 例如可参阅德意志内部关系部第二司 1983 年 10 月 12 日《在面临做出是增加军备还是裁减军备决定的情况下德意志内部关系的继续》（BMB AL II v. 12. 10. 1983 »Fortentwicklung der innerdeutschen Beziehungen auch im Lichte der bevorstehenden Entscheidungen in der Nachrüstungs- und Abrüstungsfrage«），见：B 137，9253，AZ 3362 – Ref. II 1。

38. 关于 1983 年 11 月 18 日在联邦总理府举行的德国政策跨部门协调会议的评注，由迈希斯纳于 1983 年 11 月 21 日完成，见：B 137，9253。

39. 同上。

40. 在记名投票中，513 票中有 286 票支持基民盟/基社盟和自民党的提案，226 票否决。一票弃权。可参阅 Risse – Kappen：Null – Lösung. S. 118；Layritz：Der Nato – Doppelbeschluß，S. 370ff. 。各议会党团向联邦议院呈交了三份提案供选择：绿党党团提案，北约双重决议和中程核武器谈判的状态，参见 1983 年 11 月 17 日联邦议院公报（Bundestags – Drucksache 10/617 v. 17. 11. 1983）；社民党党团提案，北约双重决议和中程核武器谈判的状态，参见 1983 年 11 月 20 日联邦议院公报（Bundestags – Drucksache 10/621 v. 20. 11. 1983）；基民盟/基社盟和自民党党团提案，执行 1979 年 12 月 12 日北约双重决议的两个部分，参见 1983 年 11 月 18 日联邦议院公报（Bundestags – Drucksache，10/620 v. 18. 11. 1983）。

41. 科尔想做一个能载入教科书的演讲；联邦总理极少使用这种措辞表述，

如他在晚宴中为昂纳克来访致辞所做的准备；参见梅尔特斯 1996 年 8 月 26 日在波恩和作者的谈话。

42. Deutscher Bundestag：Verhandlungen. Bd. 126. S. 2321 – 2330，hier S. 2322.

43. 在 1983 年 11 月 15 日邮政协定中，民主德国承诺更快地传送邮件，降低遗失率，使礼物寄送更加简便并扩大长途电话往来业务。

44. Deutscher Bundestag：Verhandlungen. Bd. 126. S. 2328.

45. 参阅 Schöllgen：Geschichte der Weltpolitik，S. 358 – 388。

46. 关于 20 世纪 80 年代上半叶美苏关系的发展可参阅 Ernst – Otto Czempiel/Carl – Christoph Schweitzer：Weltpolitik der USA nach 1945，2. Aufl. Bonn 1987，S. 383 – 404；Lothar Rühl：Fragen der Sicherheit zwischen Ost und West，见：Wolfgang Wagner u. a. （Hrsg.）：Die Internationale Politik 1983 – 1984，München 1986，S. 92 – 110；以及 Ernst – Otto Czempiel：Machtprobe. Die USA und die Sowjetunion in den achtziger Jahren. München 1989，S. 127 – 237；还可参阅 Raymond L. Garthoff：The Great Transition：American – Soviet Relations and the End of the Cold War. Washington 1994，S. 7 – 194。

47. 参见附录。

48. 参见科尔 1983 年 12 月 14 日给昂纳克的信件，见：SAPMO – BArch，Ⅳ 2/2.035/87，Büro Axen。

49. 同上。

50. 对此可见德意志内部关系部第二司 1983 年 12 月 12 日给德意志内部关系部国务秘书的信件，雷林格亲笔写道："在 12 月 14 日内阁会议之前，与国务部长延宁格尔博士讨论德意志内部关系部的保留意见"，见：B 137，16380，AZ 3364。

51. 参见 1983 年 11 月 26/27 日《新德意志报》（*Neues Deutschland* v. 26. / 27. 11. 1983，S. 3）。

52. 里奇韦（Ridgway）1993 年 12 月 17 日在华盛顿和作者的谈话中谈到这一评价。

53. 布罗伊蒂加姆 1983 年 11 月 25 日的电传，见：B 137，9306，AZ 3400 – 3516. 1。

54. 同上。

55. 对此可继续参阅 1984 年 "处于分裂状态德国的民族形势报告"；以及

Zimmer：Nationales Interesse，S. 166。1983 年 1 月 24 日，里希特霍芬就在给延宁格尔的一份评注中坚持了责任共同体这一概念："充满魅力的概念，因为它呼吁政治伦理。维护和平的共同责任，保证共同的历史，维护文化遗产，共同解决跨地区问题，欧洲的共同性"，见：B 136，20238，AZ 221 – 34900 – No 7。

56. 可参阅 Zimmer：Nationales Interesse，S. 167；参阅 1984 年《政治与现代史》文章《德德关系和东西方冲突》（Bernard von Plate：Deutsch - deutsche Beziehungen und Ost – West – Konflikt，见：*Aus Politik und Zeitgeschichte*，1984，B 15，S. 27 – 39）；以及 Schöllgen：Geschichte der Weltpolitik，S. 377f. 。

57. 例如在德国政策工作组组长里希特霍芬 1983 年 11 月 25 日按语中对联邦总理 1983 年 11 月 21 日政府声明反应的提示中所记录的，见：B 137，7650，AZ 3450 – 3455 – Ref. Ⅱ 1；参阅德意志内部关系部第二司 1983 年 12 月 5 日评注中由联邦部长温德伦强调和评论的内容，见：B 137，16380，AZ 3364。

58. 参见特尔切克 1983 年 12 月 2 日做准备工作时的按语，见：B 137，16488，AZ 4312；在联邦部长根舍领导下，1983 年 12 月 12 日在布鲁塞尔举行的四国部长关于德国作为整体和柏林问题的会谈，见：B 137，16488，AZ 4312。

59. 可参阅民主德国领导层与反对派运动的整体联系以及联邦德国和平运动的反应，可参阅联邦议院调查委员会材料（Deutscher Bundestag：Materialien der Enquete – Kommission. Bd. Ⅶ，1 und 2）；还可参阅联邦议院调查委员会报告（Deutscher Bundestag：Bericht der Enquete – Kommission，S. 139）。

60. 西德记录可参阅德国政策工作组组长 1984 年 1 月 3 日的亲笔评注，见：B 136. 20632；东德记录可参见昂纳克与科尔 1983 年 12 月 19 日的会谈，见：SAPMO – BArch，vorl. SED 41664，Büro Honecker；印于 Potthoff：Die Koalition der Vernunft，S. 224 – 236。

61. 对此可参阅第三章第四节"德国政策执行方案成形：总理个人的贡献"。

62. 德国政策工作组组长 1984 年 1 月 3 日对昂纳克与科尔 1983 年 12 月 19 日会谈所做的亲笔按语，见：B 136. 20632。在该按语中，延宁格尔在记录谈话的主要内容时还加入了其个人评语。德国统一社会党的原文记录和联邦总理府评注的主要关键词没有差别。

63. 同上。

64. 同上。

65. SAPMO – BArch, vorl. SED 41664, Büro Honecker.

66. 参见联邦总理 1996 年 8 月 26 日在波恩和作者的谈话。

67. 参见下列书籍对科尔的描述：Diekmann/Reuth：Helmut Kohl, S. 54。

68. 参见朔伊布勒 1996 年 6 月 12 日在波恩和作者的谈话中的描述。

69. 该记录出自：Bundeskanzleramt, 350 14, Akte 37, Bd. 5。谈话开始时的轶事也可参阅 Diekmann/Reuth：Helmut Kohl, S. 54f. 。

70. 参见联邦总理 1996 年 8 月 26 日在波恩和作者的谈话。

71. 参阅 1984 年 2 月 15 日《巴登州最新新闻》文章《德德关系在莫斯科》（Jürgen Lorenz：Deutsch – deutsch in Moskau, 见：*Badische Neueste Nachrichten* v. 15. 2. 1984）；1984 年 2 月 15 日《波恩评论》文章《德德峰会》（Jürgen Merschmeier：Deutsch – deutscher Gipfel, 见：*Bonner Rundschau* v. 15. 2. 1984）；1984 年 2 月 16 日《世界报》文章《昂纳克带着准备好的文稿会见联邦总理》（Bernt Conrad：Honecker kam zum Kanzler mit fertigem Text, 见：*Die Welt* v. 16. 2. 1984）。

72. 参见 1984 年 2 月 15 日在联邦总理府的会谈，见：B 137, 9275, AZ 3450。延宁格尔也在 1984 年 2 月 16 日举行的德国政策协调会中做了报告，见：B 137, 9254, AZ 3362。

73. 1984 年 2 月 12 日由 22 工作小组负责人为与昂纳克总书记会谈准备的讲话便条，见：B 136, 30155, AZ 212 – 30104 – S25 So 17。

74. 同上。

75. 同上。

76. 参见联邦总理 1996 年 8 月 26 日在波恩和作者的谈话。

77. 参见延宁格尔 1994 年 6 月 3 日在维也纳和作者的谈话。

78. 特尔切克 1984 年 2 月 20 日做的关于 1984 年 2 月 13 日昂纳克与科尔在莫斯科会谈的评注，见：Bundeskanzleramt. 350 14, Akte 37, Bd. 5。

79. 由约阿希姆·赫尔曼完成的关于 1984 年 2 月 13 日昂纳克与科尔在莫斯科会谈的记录，见：SAPMO – BArch, J IV 836；也收于 Potthoff：Die Koalition der Vernunft, S. 237 – 241。

80. 见：Bundeskanzleramt, 350 14 Akte 37, Bd. 5。

81. 可参阅 AdG 1984, S. 27339 ff. 。

82. 特尔切克所做的关于 1984 年 2 月 20 日会谈的评注，见：Bundeskanzleramt, 350 14, Akte 37, Bd. 5。

83. 同上。

84. 东德记录：由约阿希姆·赫尔曼完成的关于 1984 年 2 月 13 日昂纳克与科尔在莫斯科的会谈记录，见：SAPMO – BArch, J IV 836；也印于 Potthoff: Die Koalition der Vernunft, S. 237 – 241。

85. 对此更多可参见本节以下内容。

86. 见：Bundeskanzleramt, 350 14, Akte 37, Bd. 5。

87. 见：SAPMO – BArch, J Ⅳ 836。

88. 联邦总理在准备的讲话便条上记下了他认为尤其重要的这点。

89. 见：Bundeskanzleramt, 350 14, Akte 37, Bd. 5。

90. 这里指的是律师福格尔。

91. 德国政策工作组组长里希特霍芬 1984 年 2 月 13 日所做的按语，见：B 136, 20238, AZ 221 – 34900 – No 7。

92. 见：Bundeskanzleramt, 350 14, Akte 37, Bd. 5。

93. 同上。

94. 同上。

95. 联邦部长温德伦 1984 年 2 月 22 日写给联邦总理科尔的信件，见：B 136, 18 126, AZ 221 34900 De l, Bd. 61。

96. 同上。

97. 同上。

98. 科尔 1984 年 3 月 26 日写给温德伦的信件以及德国政策工作组组长 1984 年 3 月 16 日通过延宁格尔转给联邦总理的信件草稿，见：B 136, 18126, AZ 221 34900De l, Bd. 61。

99. 参见德意志内部关系部第二司司长迈希斯纳 1984 年 1 月 12 日所做的按语，见：B 137, 16380, AZ 3364。

100. 对此可见第三章第八节"扩大政府中枢：特殊渠道谈判和朔伊布勒的代理权"。

101. 参见联邦总理 1996 年 8 月 26 日在波恩和作者的谈话。

102. 对此可参阅 Fröhlich: Sprache als Instrument, S. 58f. 。

103. 参阅 1983 年 12 月 6 日第 223 处处长所做的按语，见：B 136，18034，AZ 14200。

104. 德意志内部关系部第一司司长普吕克 1984 年 1 月 18 日给联邦总理府关于划分段落草案意见的信件，见：B 136，18034，AZ 14200。

105. 第 223 处处长 1983 年 12 月 6 日所做的按语，见：B 136，18034，AZ 14200。

106. 德国政策工作组组长 1984 年 1 月 12 日所做的按语，见：B 136，18034，AZ 14200。

107. 第 223 处处长勒夫克 1984 年 1 月 13 日所做的按语，见：B 136，18034，AZ 14200。关于完成该报告的程序可参阅第三章第五节"首脑决策：科尔第一份民族形势报告"。

108. 德国政策工作组组长里希特霍芬 1984 年 2 月 17 日所做的按语，2035/wi。见：B 136，18034，A7 14200。

109. 关于 1984 年 2 月 19 日"民族形势报告"的草案见：B 136，18034，AZ 14200。

110. 魏登菲尔德在慕尼黑私人档案中有许多与此相关的文稿，但都没有标注日期。

111. 刊印于 1984 年 3 月 16 日第 30 期公报中，S. 261 – 268。

112. 特别关于德意志内部关系部分的论述可参阅 Fröhlich：Sprache als Instrument，S. 122f。

113. 1984 年 2 月 17 日草案，见：B 136，18034，AZ 14200。

114. 参见魏登菲尔德与作者的谈话。

115. 1984 年 3 月 16 日第 30 期公报，S. 261。

116. 例如，1978 年 3 月 9 日对"民族形势报告"的联邦议院辩论中，当时的反对党领袖科尔就用了这一描述。关于这一套话的作者不止一个，既有演讲稿撰写者也有演讲稿顾问。但魏登菲尔德在 70 年代中期就已参与撰写科尔的演讲稿了。

117. 同上。

118. 同上。

119. 1984 年 2 月 19 日草案，见：B 136，18034，AZ 14200。

120. 这也是第一次讨论演讲的主题，对此参见魏登菲尔德与作者的谈话。

121. 1984 年 2 月 17 日草案，见：B 136，18034，AZ 14200。

122. 1984 年 3 月 16 日第 30 期公报，S. 261 f.。

123. 同上，S. 265。

124. 刊印于：Bundesministerium für innerdeutsche Beziehungen（Hrsg.）：Texte zur Deutschlandpolitik. Bd. Hl/2. S. 45 – 47。绿党党员没有参与草案的制订并在联邦议院表决中投了反对票；可参阅 Zimmer：Nationales Interesse，S. 128 f.。

125. 对此可参阅议员维尔讷和海曼关于决议提案的报告，联邦议院公报（Bundestags – Drucksache 10/914）。

126. 鲁道夫·冯·塔登（Rudolf von Thadden）1981 年在联邦议院德意志内部关系委员会一次听证会上创造了这一概念。可参阅 Rudolf von Thadden：Das schwierige Vaterland，见：Weidenfeld（Hrsg.）：Die Identität der Deutschen. S. 58 – 63. 这里是 S. 58；也可参阅 Zimmer：Nationales Interesse，S. 166，那里的注释 105。

127. 最后在 1983 年 12 月 14 日。

128. 对此也可参阅 Fröhlich：Sprache als Instrument，S. 163。

129. 1984 年 3 月 16 日第 30 期公报，S. 265。

130. 1984 年 2 月 19 日草案，见：B 136，18034，AZ 14200。

131. 1984 年 3 月 16 日第 30 期公报，S. 265。

132. 1984 年 2 月 19 日草案，见：B 136，18034，AZ 14200。

133. 1984 年 3 月 16 日第 30 期公报，S. 266。

134. 同上，S. 266。

135. 同上。

136. 同上。

137. 对此可见第三章第八节"扩大政府中枢：特殊渠道谈判和朔伊布勒的代理权"。

138. 1984 年 3 月 16 日第 30 期公报，S. 266。

139. 对此可见 1984 年 3 月 16 日常设代表处的电传 AZ 3530，见：B 137，9314；库珀（Kuppe）博士 1984 年 5 月 8 日起草了全德研究院《民主德国和其他华约国家对 1984 年 3 月 15 日联邦政府民族形势报告的反应》（»Zur Reaktion der DDR und anderer Staaten des Warschauer Paktes auf den Bericht der Bundesregierung zur Lage der Nation vom 15. 3. 1984），见：B 136，18034，AZ 1420；1984 年 3 月 16 日德通社在《新德意志

报》的报道。

140. 可参阅 Jäger：Die Deutschlandpolitik der Bundesregierungen. S. 1579；Zimmer：Nationales Interesse，S. 178。

141. Bundesministerium für innerdeutsche Beziehungen（Hrsg）：Texte zur Deutschlandpolitik，Bd. Ⅲ／2，S. 292.

142. 参见 1984 年 7 月 27 日《真理报》，摘自：Bundesministerium für innerdeutsche Beziehungen（Hrsg.）：Die Entwicklung der Beziehungen zwischen der Bundesrepublik Deutschland und der Deutschen Demokratischen Republik 1980 – 1986. Eine Dokumentation，S. 180 ff. 。

143. 对此的例证可见 Eberhard Schulz／Peter Danylow：Bewegung in der deutschen Frage? Die ausländischen Besorgnisse über die Entwicklung in den beiden deutschen Staaten，2. Aufl. Bonn 1985。

144. 对此更多可见于第三章第十节 "实力较量：科尔的领导风格和德波边界问题"。

145. 对民主德国的认知：1983 年 7 月 14 日常设代表处副主任赫尔贝克撰写了 "民主德国当前舆论形势报告"，见：B 137，9276 AZ 3500。

146. 例如可见 Schulz／Danylow：Bewegung，S. 184 f. 。

147. 关于会谈进程的官方新闻公报可参阅 1984 年 4 月 13 日第 42 期公报，S. 372。

148. 对此可参阅第三章第四节 "德国政策执行方案成形：总理个人的贡献"。

149. 参见 1984 年 3 月 20 日格伦达尔所做在司长迈希斯纳处商讨准备政治局委员米塔格博士到访的评注，见：B 137，16380，AZ 3364；德国政策工作组组长 1984 年 3 月 26 日为国务部长延宁格尔做的记录，2035／wi，见：Bundeskanzleramt，AZ 34900，Akte 4，B 16。

150. 1984 年 4 月 6 日米塔格同志与联邦德国总理赫尔穆特·科尔在波恩会谈的记录，没有签名，见：SAPMO – BArch，DY 30／J IV／2A／2644；也印于：Nakath／Stephan：Von Hubertusstock，S. 179 – 190。

151. 联邦总理与民主德国国务委员会成员君特·米塔格博士 1984 年 4 月 6 日 9 点 30 分至 10 点 10 分在联邦总理府会谈的按语，AL 2，22 – 35016 Ve 40 NA 2 v. 9. 4. 1984。见：B 137，9260，AZ 3375。

152. 关于米塔格 – 科尔 1984 年 4 月 6 日会谈的记录，见：SAPMO –

BArch，DY30/J IV 2/2 A2644。

153. 特尔切克 1984 年 4 月 9 日所写关于 1984 年 4 月 6 日科尔和米塔格会谈的按语，AL 2. 22 – 35016 Ve 40 Na 2，见：B 137，9260，AZ 3375。

154. 同上。

155. SAPMO – BArch. DY30/J IV 2/2 A2644。

156. 见：B 137，9260，AZ 3375。与东德记录的一致。

157. 同上。

158. 见：SAPMO – BArch，DY30/J IV 2/2 A2644。

159. 见：B 137，9260. AZ 3375。

160. 原文有打字错误，此处应为 "es"。

161. 关于 1984 年 5 月 2 日在联邦总理府举行的德国政策跨部门协调会议的评注由迈希斯纳完成，温德伦 1984 年 5 月 8 日签署，见：B 337，9254，AZ 3362 – Ref. Ⅱ 1。

162. 对此特别简明扼要并对舆论产生效果的文章可参阅 1982 年第 17 期《德国档案》《在德国发生了什么？和平运动和环境保护团体让德国问题再度流行》（Pierre Hassner：Was geht in Deutschland vor? Wiederbelebung der deutschen Frage durch Friedensbewegung und alternative Gruppen，in：*Europa – Archiv.* 1982. Nr. 17，S. 517 – 526）；1983 年 10 月 31 日《新闻周刊》文章《德国问题再度归来》（Pierre Lellouche：The German Question Returns，in：*Newsweek* v. 31. 10. 1983，S. 4）；以及 Körte：Der Standort der Deutschen。

163. 刊印于 1994 年 9 月 20 日《世界报》。

164. 可参阅 1984 年 9 月 29 日《法兰克福汇报》文章《安德烈奥蒂碰到了这样的事》（Dem Herrn Andreotti ist es halt passiert，in：*FAZ* v. 29. 9. 1984）。

165. 例如可参阅 1984 年 5 月 18 日德国政策工作组组长为国务部长延宁格尔准备访问所做的记录，见：Bundeskanzleramt，AZ 34900，Akte 4，Bd. 16。

166. 参阅 1984 年 8 月 31 日《法兰克福汇报》文章《波恩不动声色地等待昂纳克的决定》（Bonn wartet gelassen auf Honeckers Entscheidung，in：*FAZ* v. 31. 8. 1984）。

167. 参见延宁格尔 1994 年 6 月 3 日在维也纳和作者的谈话。

168. 同上。

169. 参见延宁格尔 1994 年 6 月 3 日在维也纳关于背景的谈话。

170. 对此可参阅如下档案：Garton Ash：Im Namen Europas，dort S. 701；1984 年 9 月 5 日联邦情报局情报（*BND – Meldung* v. 5. 9. 1984），见：B 137，16583；也可参阅 1995 年《德国档案》文章《昂纳克并未来到波恩 – 1984 年东柏林和莫斯科之争的新由来》（Fred Oldenburg：Honecker kam nicht bis Bonn. Neue Quellen zum Konflikt zwischen Ost – Berlin und Moskau 1984. in：*Deutschland Archiv.* 1995，H. 8，S. 791 – 805）。

171. 可参阅 Garton Ash：Im Namen Europas，S. 250。

172. 参见德通社 1984 年 9 月 4 日报道；Bundesministerium für innerdeutsche Beziehungen（Hrsg.）：Texte zur Deutschlandpolitik，Bd. 111/2，S. 329。

173. 正如汉斯·辛德勒 1991 年 10 月 3 日在和詹姆斯·麦克亚当斯谈话中所回忆到的那样，Hoover – Institution，Stanford。

174. 参阅 1984 年 8 月 23 日《世界报》。

175. 许多例子之一：里希特霍芬与辛德勒 1984 年 11 月 2 日的会谈，里希特霍芬再次强调所有已在最近 "处于分裂状态德国的民族形势报告" 中为人熟知的描述。他强调："我们不追求德国的特殊道路。我们既不想向民主德国提出过分要求，也不想使民主德国不稳定甚至使其脱离东方联盟。"见：B 137，9275，AZ 3450。

176. 第 22 工作组组长关于德国政策工作组组长和国务部长延宁格尔 1984 年 9 月 5 日举行的跨部门协调会议的文件，见：Bundeskanzleramt，AZ 34900，Akte 4，Bd. 17，Blätter 410 –417。

177. 1984 年 9 月 10 日所写的关于 1984 年 9 月 7 日在联邦总理府举行的德国政策跨部门协调会议的评注，见：B 137，9254，AZ 3362 – Ref. Ⅱ 1。

178. 联邦新闻局的详细新闻文件《关于推迟昂纳克访问外国新闻媒体的反应》（"Ausländisches Presseecho zur Verschiebung des Honecker – Besuchs"）。

179. 正如汉斯·辛德勒 1991 年 10 月 3 日在和詹姆斯·麦克亚当斯谈话中所回忆的，Hoover – Institution，Stanford。

180. 可参阅 1984 年 12 月 28 日《时代周报》文章《倒退但并非路线变化》

（Joachim Nawrocki：Rückschläge，aber kein Kurswechsel，in：*Die Zeit* v. 28 12. 1984）；1984 年《政治与当代史》文章《德德关系和东西方之争》；此外，波恩的外交官们担忧："为了不让这种认为东西方关系并不是那么差的论据支持正处于美国选战中的里根，莫斯科可能还会阻止此次访问。"参见常设代表处 1984 年 6 月 5 日电传，同时《纽约时报》1984 年 6 月 3 日发表一篇文章，见：B 137，9308，AZ 3523。

181. Zimmer：Nationales Interesse，S. 165.

第八节　扩大政府中枢：特殊渠道谈判和朔伊布勒的代理权

1. 背景也可参阅 Reitz：Schäuble，S. 36 – 39。作为补充还可参阅 Jäger：Wer regiert die Deutschen，S. 54 – 56。

2. 参见朔伊布勒 1996 年 6 月 12 日在波恩和作者的谈话。

3. 同上。

4. 同上。

5. 例如参阅 »Amnestie – Flop«；对此可参阅 Reitz：Schäuble，S. 39 – 44 以及 Niclauß：Kanzlerdemokratie（1988），S. 230 – 242。

6. 参阅 Berry：The Organization，S. 352。

7. 接下来的评价可参见阿克曼 1995 年 9 月 17 日在波恩和作者的谈话，里希特霍芬 1996 年 2 月 8 日在布鲁塞尔和作者的谈话以及布罗伊蒂加姆 1996 年 2 月 19 日在波茨坦和作者的谈话。

8. 参见朔伊布勒 1996 年 6 月 12 日在波恩和作者的谈话以及布罗伊蒂加姆 1996 年 2 月 19 日在波茨坦和作者的谈话。

9. 这也解释了朔伊布勒对德国政策工作组非常正面评价的段落，见：Filmer/Schwan：Schäuble，S. 127f. 。

10. 参见朔伊布勒 1996 年 6 月 12 日在波恩和作者的谈话。

11. 朔伊布勒自己也拒绝这对概念，尤其是它们更像为 90 年代而量身定做的。可参阅 1996 年 8 月 5 日《焦点周刊》（*Focus* v. 5. 8. 1996，S. 29）。

12. 关于美国总统制的中间人权力也可参阅 Samuel Kernell/Samuel L. Popkin：Chief of Staff. Twenty – five Years of Managjng the Presidency，Berkeley/Los Angeles 1986，尤其是 S. 10f。

13. 参见联邦总理 1996 年 8 月 26 日在波恩和作者的谈话。

14. 如对此可参见第三章第九节"贸易结算授信额一揽子谈判方案：首席谈判代表的较量"。

15. 参见布罗伊蒂加姆 1996 年 2 月 19 日在波茨坦和作者的谈话；也可参阅第三章第三节"政府行为的操作层面：就职出访和德意志内部关系谈判日程"。

16. 对此可参阅德意志内部关系部第二司 1984 年 11 月 13 日所做的关于内部关系部权限的按语，涉及 1984 年 10 月 30 日的评注，见：B 137，10928。

17. 可参阅 1984 年 12 月 10 日《明镜周刊》文章《还能帮助很多人》（Noch viel helfen，in：*Der Spiegel* v. 10. 12. 1984）以及 1984 年 11 月 30 日《法兰克福评论报》文章《朔伊布勒前往民主德国》（Schäuble reist in die DDR，in：*Frankfurter Rundschau* v. 30. 11. 1984）；还可参见温德伦 1994 年 11 月 23 日在瓦伦多夫和作者的谈话。

18. 关于 1984 年 11 月 23 日在德意志内部关系部举行的德国政策跨部门协调会议的评注，由迈希斯纳于 1984 年 11 月 26 日完成，见：B 137，9254，AZ 3362 – Ref. Ⅱ 1。

19. 可参阅 Popitz：Prozesse der Machtbildung，S. 23 – 29。

20. 1985 年 1 月 16 日德国政策工作组组长所做的关于 1985 年 1 月 14 日在联邦总理府举行的扩大的三方小组会议的按语，见：B 136，20169，AZ 221 142 23 Sta 8。

21. 参见朔伊布勒 1996 年 6 月 12 日在波恩和作者的谈话。

22. 对此可参阅第 13 工作组 1985 年 1 月 24 日给联邦总理府司长请求给予投票的信件，见：B 136，20170，AZ 14470 Ka 1，Bd. 1；在关于结果的记录中，朔伊布勒拒绝了国务秘书们 1985 年 2 月 25 日的讨论，见：B 136，20170，AZ 14470 Ka l，Bd. 1。

23. 参见他在联邦议院调查委员会所做的证词，见联邦议院公报（Deutscher Bundestag：Drucksache 12/7600，S. 453）。

24. 在没有进一步提供出处的情况下，沙尔克与朔伊布勒会谈记录摘录刊印在 Filmer/Schwan：Schäuble。对沙尔克非法录制会谈的过程可参阅 Peter Ferdinand Koch：Das Schalck – Imperium lebt. Deutschland wird gekauft，München/Zürich 1992，S. 174。

25. 参见朔伊布勒 1996 年 6 月 12 日在波恩和作者的谈话。

26. 德国政策工作组一位官员经常用车去科隆/波恩机场接他，参见施特恩 1995 年 12 月 15 日在波恩和作者的谈话。

27. 所有数字都来自 Filmer/Schwan：Schäuble，S. 130f；也可参阅联邦议院调查委员会，参阅联邦议院公报（Deutscher Bundestag：Drucksache 12/7600，S. 452f）；也可参阅 Reitz：Schäuble，S. 325 – 331。

28. 参见联邦总理 1996 年 9 月 30 日在波恩和作者的谈话，朔伊布勒 1996 年 6 月 12 日在波恩和作者的谈话中证实了该说法。

29. 参见朔伊布勒 1996 年 6 月 12 日在波恩和作者的谈话。施特劳斯对朔伊布勒讽刺沙尔克道："这是完全理性的一个人，而且他还能阅读和书写。"

30. 可参阅联邦议院公报（Deutscher Bundestag：Drucksache 12/7600，S. 453）；Filmer/Schwan：Schäuble，S. 134。

31. 参阅联邦议院公报（Deutscher Bundestag：Drucksache 12/7600，S. 453）。

32. 参见朔伊布勒 1996 年 6 月 12 日在波恩和作者的谈话。

33. Filmer/Schwan：Schäuble，S. 135.

34. 同上，S. 135。

35. 参见沙尔克接受莱普修斯（Lepsius）访问时谈到的，见：Pirker/Lepsius：Der Plan，S. 171f. 。

36. 对此的关系可参阅 Reitz：Schäuble，S. 325 – 331；也参见联邦议院调查委员会公报，参阅联邦议院公报（Deutscher Bundestag：Drucksache 12/7600，S. 454）。

37. 可参阅 Strauß：Erinnerungen，S. 522f. ，沙尔克对施特劳斯的看法，见：Pirker/Lepsius Der Plan，S. 171。

38. Reitz：Schäuble. S. 325.

39. 也可参阅同上的诠释，S. 329。

40. 例如可参见布罗伊蒂加姆 1984 年 6 月 15 日与马克斯·施密特（Max Schmidt）的会谈，见：SAPMO – Barch，J IV 2/10.04/15。也可参见布罗伊蒂加姆 1984 年 7 月 18 日与黑贝尔的会谈，见：SAPMO – BArch，J IV 2/10.04/15。

41. 参见 1984 年 11 月 20 日德国政策工作组组长所做关于民主德国驻联邦德国波恩常设代表处负责人莫尔特与联邦总理府部长/联邦部长朔伊布

勒 1984 年 11 月 19 日在联邦总理府举行会谈的评注，见：B 137，9276，AZ 3450。

42. 同上。对于延宁格尔当选联邦议院议长，奥斯卡·菲舍尔（Oskar Fischer）写道："因为延宁格尔迄今为止对民主德国多持客观态度，所以我建议，由我们在波恩的常设代表处以附件形式转达我们对延宁格尔的祝贺。"这件事菲舍尔询问了昂纳克，昂纳克对此表示同意。从而民主德国人民议院主席霍斯特·辛德曼（Horst Sindermann）也就能寄出他的贺信，见：SAPMO – BArch. J IV/2/1004/4。

43. 常设代表处发出的关于 1984 年 11 月 28 日布罗伊蒂加姆与黑贝尔会谈的电传（FS Nr. 1965），见：B 137，9268，AZ 3410 Ref. Ⅱ 1。

44. 此处的一个例子：莫尔特希望询问朔伊布勒关于他就职后在波恩与菲舍尔及黑贝尔会谈的经过，此外还转交一份《华沙条约盟国外交部长委员会柏林会议上关于友谊、合作和互相支持的公报》（Kommunique der Berliner Tagung des Komitees der Minister für auswärtige Angelegenheiten der Teilnehmerstaaten des Warschauer Vertrages über Freundschaft, Zusammenarbeit und gegenseitigen Beistand），这份文件他本来也可以寄给朔伊布勒的。可参阅 1984 年 12 月 12 日德国政策工作组组长所写的关于朔伊布勒与莫尔特 1984 年 12 月 12 日会谈的评注，见：B 137，9275，AZ 3450。

45. 参见延宁格尔 1994 年 6 月 3 日在维也纳和作者关于背景的谈话。

46. 参见朔伊布勒 1996 年 6 月 12 日在波恩和作者的谈话；也可参阅 Filmer/Schwan：Schäuble, S. 147。

47. 联邦德国内部关系部第二司司长迈希斯纳 1984 年 12 月 10 日对此的评注，见：B 137，10928。

48. 同上。

49. 对此可参见梅尔特斯 1995 年 12 月 14 日在波恩和作者的谈话。

50. 对此可见 1984 年 12 月 3 日（周一）常设代表处所做评注，见：B 288，294；也可参阅 Ackermann：Mit feinem Gehör, S. 238；也可参见阿克曼 1995 年 9 月 17 日在波恩和作者的谈话。

51. 朔伊布勒 1996 年 6 月 12 日在波恩和作者的谈话中证实了这些主题。

52. 参见沙尔克的记录笔记，见：Filmer/Schwan：Schäuble, S. 136。

53. 1984 年 12 月 1 日来自贝尔瑙（Bernau）县的一位逃亡者在柏林墙被击毙。

54. 可参阅 Filmer/Schwan：Schäuble，S. 136。

55. 可参阅 1984 年 12 月 3 日《世界报》文章《朔伊布勒谈到柏林墙边的谋杀》（Schäuble bringt Mauer - Mord zur Sprache，in：*Die Welt* v. 3. 12. 1984）。

56. 可参阅 Filmer/Schwan：Schäuble，S. 137。

57. 由里希特霍芬 1984 年 12 月 7 日完成的他与菲舍尔会谈的按语，见：B 136，25261，AZ PSt 34900，Akl，Bd. 5。

58. 关于 1984 年 12 月 6 日菲舍尔和朔伊布勒会谈的报告、按语和记录见：SAPMO - BArch，J IV 2/2A/2713。

59. 1984 年 12 月 7 日德国政策工作组组长所写的关于菲舍尔和朔伊布勒 1984 年 12 月 6 日会谈的按语，见：E 136，25261，AZ PST34900，Akl，Bd. 5。

60. 可参阅 1984 年 12 月 7 日《法兰克福汇报》文章《朔伊布勒也希望与民主德国冷静地谈谈》（Auch Schäuble will mit der DDR vernünftig reden，in：*FAZ* v. 7. 12. 1984）。

61. 联邦特别任务部长兼联邦总理府部长入境停留的指示，见：SAPMO - BArch，J IV 2/10.04/15。菲舍尔从中逐字引用了整段话。

62. 布罗伊蒂加姆 1996 年 2 月 19 日在波茨坦和作者的谈话中让作者对此加以注意。

63. 布罗伊蒂加姆 1996 年 2 月 19 日在波茨坦和作者的谈话中指出了这种总的联系。

64. 1984 年 12 月 7 日德国政策工作组组长所写的关于菲舍尔和朔伊布勒 1984 年 12 月 6 日会谈的评注，见：B 136，25261，AZ PST 34900，Akl，Bd. 5。

65. 关于菲舍尔和朔伊布勒会谈的报告、按语和记录，见：SAPMO - BArch，J IV2/2A/2713。

66. 对此可见第三章第九节"贸易结算授信额一揽子谈判方案：首席谈判代表的较量"和第十七节"谈判策略：为人道主义减负的关联交易"。

67. 这份共计 11 页文件的标题是"如何理解对民主德国国籍的尊重？"两份附件都在 1984 年 12 月 10 日德国政策工作组组长所写的关于朔伊布勒和黑贝尔 1984 年 12 月 6 日会谈的评注中，见：B 136，25261，AZ PST 34900，Akl，Bd. 5。

68. 参见温德伦 1984 年 11 月 28 日对第二司司长 1984 年 12 月 10 日所写按语的亲笔记录，见：B 137，10928。

69. 同上。

70. 同上。

71. 对此尤其可参见 1984 年 12 月 14 日德国统一社会党德雷斯顿地区第一书记莫德罗在《国际先驱论坛报》（*Herald Tribune*）所做的访谈。这份访谈作为相关文献经常出现在这个时期政府档案中。

72. 同上。

73. 1986 年 1 月 16 日德国政策工作组组长所写的关于 1985 年 1 月 14 日在联邦总理府举行的扩大的三方小组会议的按语，见：B 136，20169，AZ 221 142 23 Sta 8。

74. 关于沙尔克和朔伊布勒 1985 年 1 月 14 日会谈的按语可见：B 136，20551，AZ 221 - 350 14 Ge 19，Bd. 1；也可参见沙尔克的录音，可见 Filmer/Schwan：Schäuble，S. 140。

75. 对此可见第三章第十节"实力较量：科尔的领导风格和德波边界问题"。

76. 关于讨价还价之前的过程和主题寻找可参见联邦总理 1996 年 9 月 30 日在波恩和作者的谈话和朔伊布勒 1996 年 6 月 12 日在波恩和作者的谈话。

77. 参见联邦总理 1996 年 9 月 30 日在波恩和作者的谈话。

78. 对此尤其可参阅第三章第九节"贸易结算授信额一揽子谈判方案：首席谈判代表的较量"。

79. 对此可参阅 Doris Cornelsen u. a.：Die Bedeutung des innerdeutschen Handels，Berlin 1984。

80. 参见朔伊布勒 1985 年 3 月 7 日在扩大的三方小组会议中所说的，德国政策工作组组长 1985 年 3 月 8 日所写的按语，见：B 136，20169，AZ 221 142 23 Sta 8。

81. 与此相关的细节可见第三章第九节"贸易结算授信额一揽子谈判方案：首席谈判代表的较量"。

82. 对此可参阅 1986 年《德国档案》文章《申请避难者潮作为制衡柏林的杠杆》（Peter Jochen Winters：Der Asylantenstrom als Hebel gegen Berlin，in：*Deutschland Archiv*，1986，H. 9，S. 913 - 915）。

83. 参见联邦总理 1996 年 9 月 30 日在波恩和作者的谈话。

84. 参见朔伊布勒对莫斯科到访所做的准备（参见朔伊布勒 1996 年 6 月 12 日在波恩和作者的谈话）。

85. 对此可见第三章第十节"实力较量：科尔的领导风格和德波边界问题"。

86. 参见联邦总理 1996 年 9 月 30 日在波恩和作者的谈话。

87. 参见德国政策工作组组长 1985 年 3 月 11 日所写的关于约见民主德国常设代表处代办的评注，见：B 137，7652，AZ 3460，3499 – Ref. II 1。

88. 1984 年 12 月 11 日，班格曼（Bangemann）也与米塔格和昂纳克在莫斯科进行了会谈，见：B 137，7652，AZ 3460，3499 – Ref. II 1。

89. 与昂纳克总书记 1985 年 3 月 11 日会谈的讲话便条，见：B 136，30155，AZ 213 – 30104 So 17。

90. 由联邦总理检查的讲话便条，见：B 137，16380，AZ 3364。

91. 与昂纳克总书记 1985 年 3 月 11 日会谈的讲话便条，见附件，见：B 136，30155，AZ 213 – 30104 So 17。

92. 参见联邦总理 1996 年 9 月 30 日在波恩和作者的谈话。

93. 参阅 Genscher：Erinnerungen，S. 489。

94. 同上。

95. 关于 1985 年外交政策可参阅 Niclauß：Kanzlerdemokratie（1988），S. 230 – 242。

96. 参见联邦总理 1996 年 8 月 26 日在波恩和作者的谈话以及朔伊布勒 1996 年 6 月 12 日在波恩和作者的谈话。

97. 参见第二司司长迈希斯纳 1985 年 3 月 19 日所写的评注，见：B 137，16380，AZ 3364。

98. 同上。

99. 同上。

100. 同上。

101. 参阅第三章第九节"贸易结算授信额一揽子谈判方案：首席谈判代表的较量"。

102. 参阅第三章第九节"贸易结算授信额一揽子谈判方案：首席谈判代表的较量"以及第十二节"决策压力：1986～1987 年联邦议院竞选期间的政府行为"。

103. 参阅第三章第十一节"职能部门原则：文化协定"。

104. 1985 年 3 月 26 日，总理也在联邦议院德意志内部关系委员会对此做了报告，见：B 137，10928。

105. 第二司司长迈希斯纳 1985 年 3 月 19 日所做按语，见：B 137，16380，AZ 3364。

106. 科尔和昂纳克 1985 年 3 月 12 日在莫斯科会谈的记录，见：SAPMO – BArch，J Ⅳ 2/2A/2739；也刊印于 Potthoff：Die Koalition der Vernunft，S. 305 – 310。

107. 这点至少还在德意志内部关系部的按语中用两句话来简述，见：B137，16380，AZ 3364。在联邦总理开始会谈这一背景下，科尔在这次会面中理应首先以轻松的会谈气氛开场。

108. 记录于：SAPMO – BArch，J Ⅳ 2/2A/2739。

109. 昂纳克 1985 年 9 月 19 日这样向维利·勃兰特（Willy Brandt）解释，见：Potthoff：Die Koalition der Vernunft，S. 341，并可参见 1985 年 4 月 29 日政治局会议："那种由昂纳克总书记在与赫尔穆特·科尔的会面中所使用的表达方式"也就首次在民主德国统一社会党与联邦德国社民党之间的共同文件中被采纳，见：SAPMO – BArch，Ⅳ 2/2.039/29，Büro Egon Krenz；此外也可参阅 1985 年 3 月 14 日《法兰克福汇报》文章《科尔和昂纳克希望产生推动力》（Kohl und Honecker hoffen auf Impulse，in：FAZ v. 14. 3. 1985）。

110. 参见朔伊布勒 1996 年 6 月 12 日在波恩和作者的谈话。

111. 同上。

112. 可参阅如下解释：Potthoff：Die Koalition der Vernunft，S. 26。

113. 对于该声明的完成也可参阅 1985 年 3 月 18 日《明镜周刊》文章《昂纳克的访问》（Honecker – Besuch，in：Der Spiegel v. 18. 3. 1985）。

114. 刊印于：Bundesministerium für innerdeutsche Beziehungen（Hrsg.）：Innerdeutsche Beziehungen，S. 212。

115. 1984 年第 30 期公报，S. 266。

116. Bundesministerium für innerdeutsche Beziehungen（Hrsg.）：Innerdeutsche Beziehungen. S. 89；对此的评论可参阅 Garton Ash：Im Namen Europas，S. 251f. 。

117. BGBl. 1973 Ⅱ，S. 4223f.

118. 刊登于 1985 年 2 月 28 日公报上的民族形势报告；华沙条约，见：BGBl。
1972，Ⅱ，S. 362 f. 。

119. 参见朔伊布勒 1996 年 6 月 12 日在波恩和作者的谈话。

120. 根舍 1997 年 3 月 14 日在波恩和作者的谈话中也批评了这份没有他参与完成的声明。

121. 基民盟/基社盟 1987 年 3 月 10 日党团会议记录，见：ACDP Ⅷ 0001/1078/1。

第九节　贸易结算授信额一揽子谈判方案：首席谈判代表的较量

1. 参见朔伊布勒 1996 年 6 月 12 日在波恩和作者的谈话。

2. 如 1984 年 7 月 17 日评注Ⅱ 5，见：B 137，10412，AZ 37 13。

3. 背景可参阅 1987 年《政治与文化》文章《德国联邦银行向民主德国提供贷款的批准实践——德意志内部结算往来中的贸易结算授信额》（Jochen Plassmann：Genehmigungspraxis der Deutschen Bundesbank bei der Kreditgewährung an die DDR. Der Swing im innerdeutschen Verrechnungsverkehr, in: *Politik und Kultur*, 1987, H. 1, S. 51 – 60）。

4. 可参阅 Mana Hacndcke – Hoppe – Arndt：Interzonenhandel/Innerdeutscher Handel, in: Deutscher Bundestag（Hrsg.）：Materialien der Enquete – Kommission, Bd. V, 2, S. 1544 – 1571, hier S. 1559；详细可参阅 Hansjörg Buck：Der innerdeutsche Handel. Bedeutung, Rechtsgrundlagen, Geschichte, Organisation, Entwicklung. Probleme und politisch – ökonomischer Nutzen, in: Deutsche Richterakademie（Hrsg.）：Innerdeutsche Rechtsbeziehungen, Heidelberg 1988, S. 277ff. 。

5. 参阅 1989 年《政治与当代史》文章《80 年代末期德德经济关系》（Horst Lambrecht：Die deutsch – deutschen Wirtschaftsbeziehungen zum Ende der 80er Jahre, in: *Aus Politik und Zeitgeschichte*, 1989, B 39. S. 15 – 27, hier S. 16）；原则上可参阅 Manfred Melzer/Arthur A. Stahnke：The GDR Faces the Economic Dilemmas of the 1980's, in: East European Economics：Slow Growth in the 1980's, Bd. 3：Country Studies on Eastern Europe and Yugoslavia, Washington 1986。

6. 背景：1984 年 7 月 17 日评注Ⅱ 5，见：B 137，10412，AZ 37 13；Roesler：Der Einfluß der Außenwirtschaftspolitik, S. 563；Link：Die Außen-und Deutschlandpolitik, S. 358 – 359；Mittag：Um jeden Preis. S. 94 – 95。

7. 对此还可参阅 Zürn：Interessen und Institutionen，S. 281f.。

8. 可参阅 1983 年 5 月 25 日联邦财政部长为 1983 年 5 月 25 日内阁会议准备的"与民主德国非商业支付和结算往来"的提案，见：B 136，12243。

9. 对此可参阅 Bundesministerium für innerdeutsche Beziehungen（Hrsg.）：DDR – Handbuch，Bd. 2，1985，S. 1534。

10. 同上。

11. 对此可参阅第三章第八节"扩大政府中枢：特殊渠道谈判和朔伊布勒的代理权"。

12. 对此可参见朔伊布勒 1996 年 6 月 12 日在波恩和作者的谈话。

13. 1984 年，民主德国只在可能的 6.9 亿结算单位贸易结算授信额中利用了 2.1 亿结算单位，在 1985 年 2 月上半月只用了 5.6 千万结算单位，见：B 137，10300，AZ 21，712 v. 26. 2. 1985。

14. 正如 Haendcke – Hoppe – Arndt：Interzonenhandel，S. 1559。

15. 例如 1985 年 2 月 11 日由第 223 处处长勒夫克所写的关于 1985 年 2 月 11 日举行的内政部会谈的结果评注，见：B 136，21757，AZ223 35100 Be 9，Bd. 2。

16. 在场的有：朔伊布勒、温德伦、朔尔茨（Scholz）、伏尔岑（v. Würzen）、梅耶－兰德鲁特（Meyer – Landrut）、布罗伊蒂加姆、迈希斯纳、里希特霍芬。

17. 以下见解均可参见 1985 年 1 月 16 日德国政策工作组组长所写的关于 1985 年 1 月 14 日在联邦总理府举行的扩大的三方小组会议的评注，见：B 136，20169，AZ221 142 23 Sta 8。

18. 同上。

19. 同上。

20. 同上。

21. 参阅 Filmer/Schwan：Schäuble，S. 138；参见朔伊布勒 1996 年 6 月 12 日在波恩和作者的谈话；关于程序可参阅联邦议院公报（Deutscher Bundestag：Drucksache 12/7600，S. 454）。

22. 同上。

23. 可参阅 Filmer/Schwan：Schäuble，S. 140。

24. 关于沙尔克与朔伊布勒 1985 年 1 月 14 日会谈的按语，见：B 136，

20551，AZ 221 – 350 14 Ge 19，Bd. 1。

25. 同上。

26. 1985 年 2 月 11 日德意志内部关系部第二司司长迈希斯纳所写的关于 1985 年 2 月 8 日在德意志内部关系部举行的德国政策跨部门协调会议的按语，见：B 137，10300，AZ 3362。

27. 对此可参阅 1985 年 3 月 6 日第 22 工作小组负责人为朔伊布勒 1985 年 3 月 7 日举行的扩大三方小组会议所准备的讲话便条，见：Bundeskanzleramt，Akte 34900 Akte 4，Bd. 17，Blätter 106 – 113。

28. 班格曼和朔伊布勒对此进行了密集协商，参见朔伊布勒 1996 年 6 月 12 日在波恩和作者的谈话。

29. 他在 1985 年 3 月 1 日与民主德国统一社会党政治局委员和中央委员会国际联络部书记赫尔曼·阿克森（Hermann Axen）在联邦总理府的会谈中也获得这一印象，参见 1985 年 3 月 4 日的记录，见：B 136，21341。

30. 1985 年 3 月 8 日德国政策工作组组长所做的关于 1985 年 3 月 7 日在联邦总理府举行的扩大的三方小组会议的记录，见：B 136，20169，AZ 221 142 23 Sta 8。

31. 同上。

32. 自 1984 年 6 月 24 日，他作为格拉夫·拉姆斯多夫的继任者就职。

33. 见：B 137，10928，1985 年 2 月 28 日所做的关于 1985 年 3 月 7 日在联邦总理府举行的国务秘书会议的评注。

34. 关于 1985 年 3 月 13 日昂纳克和班格曼在莱比锡会谈的按语，标有"E. H. 15. 3. 1985"，见：SAPMO BArch IV 2/2. 039/302 Büro Egon Krenz；没有可供比较的西德记录。

35. 复述可参阅 1985 年 3 月 18 日《明镜周刊》。

36. 对此可参阅第三章第八节"扩大政府中枢：特殊渠道谈判和朔伊布勒的代理权"。

37. 第二司司长迈希斯纳 1985 年 3 月 19 日所写的评注，见：B 137，16380，AZ 3364。

38. 更多可参阅第三章第十二节"决策压力：1986～1987 年联邦议院竞选期间的政府行为"。

39. 收录于 SAPMO – Barch，J IV 2/10. 04/15。

40. 1985 年 3 月 22 日备忘录，见：SAPMO – BArch, J IV 2/10. 04/15。

41. 1985 年 4 月 10 日民主德国备忘录。

42. 1985 年 4 月 25 日德国政策工作组组长所写的关于 1985 年 4 月 15 日在联邦总理府举行的扩大的三方小组会议的评注，见：B 136. 20169, AZ 14223, Sra 8。

43. 同上。

44. 参见朔伊布勒 1996 年 6 月 12 日在波恩和作者的谈话。

45. 可参阅 1985 年 5 月 15 日《法兰克福汇报》文章《东柏林的承诺将使泰米尔问题变成什么样》（Was wird aus den Zusagen Ost – Berlins in der Tamilen – Frage?, in：*FAZ* v. 15. 5. 1985）。

46. 同上。

47. 在场的有国务秘书伏尔岑博士、司长迈希斯纳和德国政策工作组组长里希特霍芬，里希特霍芬还负责记录。民主德国方面有国务秘书拜尔（Beil），民主德国驻联邦德国波恩常设代表处负责人莫尔特和米塔格办公室主任克勒姆克（Krömke）；可参阅德国政策工作组组长所写的关于 1985 年 4 月 19 日会谈的评注，见：B 136, 18786。

48. 西德方面在场的有：联邦部长班格曼、联邦部长朔伊布勒、特尔切克；民主德国方面有：国务秘书拜尔，莫尔特和克勒姆克；德国政策工作组组长所写的关于 1985 年 4 月 19 日会谈的记录按语，见：B 136, 18786。

49. 同上。

50. 同上。

51. 关于策略可参见朔伊布勒 1996 年 6 月 12 日在波恩和作者的谈话。

52. 科尔 1985 年 5 月 15 日写给昂纳克的信，见：SAPMO – BArch, IV 2/ 2. 035/87。

53. 布罗伊蒂加姆 1985 年 5 月 26 日与昂纳克会谈，对此可参见常设代表处于 1985 年 6 月 26 日所发的电传 Nr. 09393，见：Bundeskanzleramt 21 – 35003（32），Bd. 2, Blätter 87 – 89；或者还可参见布罗伊蒂加姆 1985 年 5 月 17 日与赛德尔的会谈，参见常设代表处所发的电传 Nr. 0663，见：Bundeskanzleramt, AZ 34900, Akte4, Bd. 18, Blatt 147 以及见：SAPMO – BArch, J IV 2/10. 04/15。

54. 布罗伊蒂加姆 1985 年 5 月 17 日与赛德尔的会谈中将此转交给赛德尔，

见：SAPMO - BArch，J IV 2/10.04/15。

55. 1985 年 6 月 11 日，国务秘书梅耶 - 兰德鲁特在扩大的三方小组里这样汇报了在里斯本举行的四方会谈情况。可参阅德国政策工作组组长 1985 年 6 月 28 日所写的按语，见：B 136，20169，AZ 14223. Sta 8。1985 年 7 月 30 日，根舍才在赫尔辛基与菲舍尔直接讨论了泰米尔人问题。

56. 参阅沙尔克所做的按语背景可见：Filmer/Schwan：Schäuble，S. 141 f；朔伊布勒对此没有给出任何按语。

57. 可参阅第三章第八节"扩大政府中枢：特殊渠道谈判和朔伊布勒的代理权"；参阅 1985 年 3 月 2 日《法兰克福汇报》文章《昂纳克的"格拉要求"取决于易北河边界走向》（Am Verlauf der Elbgrenze hingen Honeckers Geraer Forderungen，in：*FAZ* v. 2. 3. 1985）。

58. Filmer/Schwan：Schäuble，S. 142.

59. 对此可见第三章第十七节"谈判策略：为人道主义减负的关联交易"。

60. 对联邦总理在德国政策方面基本立场的隐喻。

61. 参见联邦总理 1996 年 9 月 30 日在波恩和作者的谈话。

62. 关于施特劳斯和沙尔克 1985 年 6 月 10 日会谈的按语；评注递交给米塔格并从他那转交给昂纳克，见：SAPMO - BArch，vorl. SED 42181，Büro Mittag。

63. 同上；也可参阅 Filmer/Schwan：Schäuble，S. 143。

64. 1985 年 6 月 28 日德国政策工作组组长写的关于 1985 年 6 月 11 日扩大的三方小组的按语，见：B 136，20169，AZ 14 223，Sta 8。

65. 同上。

66. 同上。

67. 同上。

68. 同上。

69. 对此可见德意志内部关系部司长迈希斯纳 1985 年 6 月 14 日按照他根据朔伊布勒指示获得的关于里希特霍芬相关信息的按语，见：B 137，10928。

70. 朔伊布勒想通过这种方式明确知道他的立场，见：同上。

71. 朔伊布勒这样对他与联邦总理 1985 年 6 月 24 日在扩大的三方小组中的会谈进行了汇报，对此可见德国政策工作组组长 1985 年 6 月 28 日所写的评注，见：B 136，20169，AZ 14223。这恰恰符合科尔对朔伊布勒在预备谈判阶段所表露的立场。

72. 对这次会面的按语可见于 Filmer/Schwan：Schäuble，S. 145。

73. 由会谈对话伙伴 1985 年 6 月 24 日通过电话口述，参见德国政策工作组组长的评注，见：B 136，20551，AZ 221 – 350 14 Ge l9. Bd. l。

74. 德国政策工作组组长 1985 年 6 月 25 日所写的按语，见：B 136，20551，AZ 221 – 350 14 Ge l9，Bd. 1；电话通话也可参阅 Filmer/ Schwan：Schäuble，S. 145。

75. 见：B 136，20551，AZ221 – 350 14 Ge l9，Bd. 1。

76. 同上。

77. 1985 年 6 月 28 日德国政策工作组组长所写的关于扩大的三方小组 1985 年 6 月 24 日在联邦总理府会谈的按语，见：B 136，20169，AZ 14223 Sta 8。

78. 1985 年 7 月 5 日德国政策工作组组长所写的关于 1985 年 7 月 4 日电话会谈的按语，见：B 136，20551，AZ 221 350 14 Ge l9。

79. 同上。

80. 同上。

81. 对此可见第三章第十二节"决策压力：1986～1987 年联邦议院竞选期间的政府行为"。

82. 参阅 1985 年 7 月 9 日的公报。

83. 如可参阅 1985 年 7 月 6 日《法兰克福汇报》文章《波恩给东柏林更多无息透支贷款》（Bonn gesteht Ost-Berlin höheren zinslosen überziehungskredit zu，in：*FAZ* v. 6. 7. 1985）；1985 年 7 月 8 日《南德意志报》文章《所有事都是相互关联的》（Alles hängt mit allem zusammen，in：*SZ* v. 8. 7. 1985）；1985 年 7 月 8 日《法兰克福评论报》文章《遵守条约》（Verträge werden gehalten，in：*FR* v. 8. 7. 1985）。

84. 可参阅 1985 年 7 月 8 日的《南德意志报》。

第十节　实力较量：科尔的领导风格和德波边界问题

1. 对此可参阅 Niclauß：Kanzlerdemokratie（1988），S. 240f；关于形象可参阅 1985 年 7 月 5 日《时代周报》文章（H. J. Ginsburg：Mit Kohl in den Keller，in：*Die Zeit* v. 5. 7. 1985）；1985 年《议会问题期刊》文章《竞选结果调查：声势浩大的选民活动和稳定的结构》（Umfrageergebnisse

bei FG Wahlen：Starke Wählerbewegungen und stabile Strukturen，in：*Zeitschrift für Parlamentsfragen*，1985，H. 3，S. 411 – 430）；Dieter Roth：Der ungeliebte Kanzler，in：Appel（Hrsg.）：Helmut Kohl im Spiegel seiner Macht，Bonn 1990，S. 285 – 299。

2. 对此原则上可参阅 1986 年第 2 期政治教育小册子，该材料有全面的文件资料记录，还可参阅 Ullrich Gill/Winfried Steffani（Hrsg.）：Eine Rede und ihre Wirkung，Berlin 1986；对联邦总理的历史观可参阅 Siebenmorgen：Helmut Kohl und die Chance der Geschichte，S. 301 – 315。

3. 美国总统里根和联邦总理科尔在埋葬着纳粹冲锋队成员的比特堡（Bitburg）士兵公墓会面。这一访问计划和与其相联系的和解姿态遭到批评攻击。

4. 此外，对过去纳粹集中营贝尔根 – 贝尔森（Bergen – Belsen）的访问列入德国投降 40 周年纪念活动时间表中。

5. 对此可参阅 1985 年 4 月 22 日《法兰克福汇报》文章《计划对德国的访问使里根陷入第二个总统任期第一次危机》（Leo Wieland：Die geplante Deutschland – Reise führt Reagan in die erste Krise seiner zweiten Amtszeit，in：*FAZ* v. 22. 4. 1985）。

6. 对此评价可参阅 Wolfgang Wiedemeyer：Kohl und die Medien，S. 270 – 283。记录可参阅 Bernhard Vogel：Das Phänomen. Helmut Kohl im Urteil derPresse 1960 – 1990. Stuttgart 1990。

7. 见：SAPMO – BArch，vorl. SED 42181。

8. 关于与布罗伊蒂加姆 1985 年 7 月 5 日会谈的通报，1985 年 7 月 8 日由马克斯·施密特完成的评注，见：SAPMO – BArch，J IV 2/10. 04/15。

9. 由沙尔克完成的关于施特劳斯与沙尔克 1985 年 6 月 10 日会谈的按语转交给了米塔格，见：SAPMO – BArch，vorl. SED 42181。

10. 可参阅第三章第七节"有关增加军备的辩论：德德责任共同体"。

11. 对于联盟党内基本立场可参阅第三章第二节"冲突调解程序：德国政策立场之争和第二份政府声明"中的细节。

12. 整体讨论可参阅 Zimmer：Nationales Interesse，S. 130 – 136。

13. 关于联盟党内阵营可参阅第三章第二节"冲突调解程序：德国政策立场之争和第二份政府声明"；补充的有 Clemens：Reluctant Realists，S. 288ff；关于奥德 – 尼斯河边界参阅 S. 79ff；关于勃兰特的新东方政策可参阅 S. 59ff；Clemens：Deutschland – politik and Reunification 1985 – 1989，Occasional Paper No. 5，Washington 1992；也可参阅 1985 年 1 月 4 日《时代周报》文章《行进中的痴心妄想者》（Gunter Hofmann：Die Wunschdenker auf dem Vormarsch，in：*Die Zeit* v，4. 1. 1985）。其中有：a. 连续派（"根舍派"）有延宁格尔、布吕姆（Blüm）、鲁厄（Rühe）和汉斯·克莱因（Hans Klein）；b. 同道者：明显是最大的群体。他们并不令人特别感兴趣，也没有真正的代言人并首先是不要破坏总理的任何计划；c. 无家可归者：老西里西亚人胡普卡（Hupka）、切亚（Czaja）、绍尔（Sauer），还有林特内尔（Lintner）和托登赫费尔（Todenhöfer）。也可参阅 1984 年 4 月 9 日《南德意志报》文章《德国政策中的两个思想流派》（Klaus Dreher：Zwei Denkrichtungen in der Deutschlandpolitik，in：*SZ* v. 9. 4. 1984）。

14. 参阅 1985 年 6 月 21 日《时代周报》文章《东方政策的转折是否来到？》（Rolf Zundel：Kommt die Wende in der Ostpolitik?，in：*Die Zeit* v. 21. 6. 1985）。

15. 对此原则上可参阅 Dieter Korger：Die Polenpolitik der Bundesregierung von 1982 – 1991，Bonn 1993；法律背景可参阅 Dieter Blumenwitz：Oder – Neiße – Linie，in：Weidenfeld/Korte（Hrsg.）：Handbuch zur deutschen Einheit，S. 503 – 511。

16. 对此原则可参阅 Hacker：Friedensvertrag，S. 338 – 347。

17. 关于讨论可参阅 1984 年 11 月 26 日《法兰克福汇报》文章《青年联盟改变了德国政策》（Kail Feldmeyer：An der Deutschlandpolitik hat sich die Junge Union verhoben，in：*FAZ* v. 26. 11. 1984）；1984 年 11 月 27 日《南德意志报》文章《政治迷雾中的青年联盟》（Robert Leicht：Die Junge Union im politischen Zwielicht，in：*SZ* v. 27. 11. 1984）。

18. 摘录自 1994 年 11 月 26 日的《法兰克福汇报》，S. 3。

19. 同上。

20. 同上。

21. 对此也可参阅 1985 年 5 月 24 日《时代周报》文章《基督教会长老和民粹主义者》（Gunter Hofmann：Der Präses und der Populist，in：*Die Zeit* v. 24. 5. 1985）；关于科尔对魏茨泽克德国政策立场的批评也可参阅 Diekmann/Reuth：Helmut Kohl，S. 181。

22. 1985 年 1 月 16 日德国政策工作组组长里希特霍芬所写的关于 1985 年 1 月 14 日扩大的三方小组会议的按语，见：B 136，20169，AZ 221 142 23 Sta8。

23. 根舍的立场可参阅他的回忆录，在书中他虽然在外交政策上从没有直接批评科尔，却一再郑重说明他长期对确定边界必要性的坚信不疑，可参阅 S. 14，S. 656，S. 660，S. 674，S. 678，S. 681，S. 690，S. 719，S. 725，S. 762。与《十点纲领》相关他写道："……那么我们对东部边界的态度就不可不清晰……如果我们在此保持沉默的话，那么我们就承认了民主德国在波兰西部边界担保人的角色……因此明确的、在此事上有约束力的允诺是必要的"（S. 673）；背景可参阅 Korger：Die Polenpolitik，S. 63 – 65；以及 1990 年 3 月 9 日第 11 期《时代周报》文章《缓慢告别不变的想法——总理和波兰边界问题》（Gunter Hofmann：Zäher Abschied von einer fixen Idee. Der Kanzler und die polnische Grenzfrage，in：*Die Zeit* v. 9. 3. 1990，Nr. 11）。

24. 参见联邦总理 1996 年 9 月 30 日在波恩和作者的谈话。

25. 细节可参阅第三章第八节"扩大政府中枢：特殊渠道谈判和朔伊布勒的代理权"。

26. 也可参阅 1985 年 1 月 15 日《法兰克福汇报》梅尔特斯文章《复仇主义的指责对准西方大国》（Mertes：Die Revanchismusvorwürfe sind auch gegen die Westmächte gerichtet，in：*FAZ* v. 15. 1. 1985）。

27. 可参阅 1985 年 1 月 15 日的《法兰克福汇报》。

28. 同上。

29. 对此可参阅报纸评价，见：Schulz/Danylow：Bewegung in der deutschen Frage?，S. 125 – 140。

30. 如 1985 年 6 月 14 日《法兰克福汇报》；1985 年 2 月 1 日《法兰克福评论报》；1985 年 1 月 29 日《南德意志报》。

31. 细节可参阅 Zimmer：Nationales Interesse，S. 133 – 136。

32. 这对基社盟来说是不可接受的，参阅 1985 年 10 月 17 日《法兰克福汇报》。

33. 对此的基础是爱德华·林特纳作为联邦议院基民盟/基社盟党团德国政策和柏林问题工作组组长 1985 年 10 月 4 日寄给联邦部长朔伊布勒的共同决议草案，见：B 136，20212，AZ221 34900 De l，Bd. 80。

34. 参阅 1985 年 10 月 24 日《南德意志报》文章《葬礼之后尴尬的沉默》（Udo Bergdoll：Betretenes Schweigen nach dem Begräbnis, in：*SZ* v. 24. 10. 1985）。

35. 参见温德伦 1994 年 11 月 23 日在瓦伦多夫和作者的谈话；也可参阅 1986 年 3 月 6 日德意志内部关系部第二司由格伦达尔给温德伦写的理由清单，见：B 137，10329，AZ 22. 811。

36. 参阅 1985 年 10 月 23 日《新苏黎世报》文章《波恩执政同盟各党放弃德国政策决议》（Verzicht der Bonner Koalitionsparteien auf eine deutschlandpolitische Resolution, in：*NZZ* v. 23. 10. 1985）；也可参阅 Zimmer：Nationales Interesse，S. 135。

37. 对此可参阅 Brocke：Deutschlandpolitische Positionen，S. 36。

38. 参阅 1985 年《德国档案》埃贡·巴尔文章《在分裂中寻找历史机遇》（Egon Bahr：Die Chancen der Geschichte in der Teilung suchen, in：*Deutschland Archiv*，1985，H. 8，S. 874 ff）。

39. 社民党联邦议会党团 1985 年 5 月 17 日通报。

40. 可参阅温德伦手稿，S. 43；也可参阅 Brocke：Deutschlandpolitische Positionen，S. 165 – 170。

41. 对此可参阅 1985 年 3 月 2 日《法兰克福汇报》文章《环境保护、关税、费用、连带条件、人权——执政同盟德国政策工作计划》（Umweltschutz, Zoll, Gebühren, Haftbedingungen, Menschenrechte. Ein Arbeitsprogramm der Koalition zur Deutschlandpolitik, in：*FAZ* v. 2. 3. 1985）。

42. 参见参阅 1985 年 6 月 21 日《时代周报》文章《东方政策的转折是否来到?》。

43. 以下评价的背景可参阅梅尔特斯 1995 年 12 月 14 日在波恩和作者的谈话，艾瑟尔 1995 年 1 月 20 日在美因茨和作者的谈话以及德特林 1996 年 1 月 29 日在慕尼黑和作者的谈话。

44. 联邦总理 1996 年 9 月 30 日在波恩和作者的谈话中指出了这种有规律的高涨。

45. 也可参阅 1985 年 2 月 7 日《南德意志报》文章《联邦总理的掌舵人》（Udo Bergdoll：Des Kanzlers Weichensteller, in：*SZ* v. 7. 2. 1985）。

46. 接下来并未分析该演讲。对政府行为的分析来说，演讲的邀请和口号的纠葛处于中心位置。用诠释 1985 年 2 月 28 日 "处于分裂状态德国的民族形势报告"的例子来研究边界讨论的价值观角度。

47. 1964 年 3 月 22 日，他在波恩举行的东德同乡会代表大会上作了讲话，见：AdG，1964，S. 1136。

48. 背景可参阅 Herbert Hupka：Unruhiges Gewissen. Ein deutscher Lebenslauf. Erinnerungen，München 1994，这里是 S. 336 – 344。更多信息可参阅 Herbert Czaja：Unterwegs zum kleinsten Deutschland？Marginalien zu 50 Jahren Ostpolitik，Frankfurt a. M. 1996，S. 623ff. 。

49. 可参阅 Hupka：Unruhiges Gewissen，S. 337。

50. 反应可参阅 Schulz/Danylow：Bewegung in der deutschen Frage，S. 154 ff. ；还可参阅 1984 年 12 月 20 日《法兰克福评论报》；1985 年 1 月 7 日《法兰克福汇报》。

51. 如可参阅 1985 年 2 月 2 日《新苏黎世报》；1985 年 2 月 4 日第 6 期《明镜周刊》。

52. 参见温德伦 1994 年 11 月 23 日在瓦伦多夫和作者的谈话；也可参阅 Hupka：Unruhiges Gewissen，S. 339。

53. 参阅 1985 年 1 月 22 日在西柏林举行的基民盟/基社盟党团会议的记录，见：ACDP Bestand VIII – 001 – 107/2。

54. 可参阅 1985 年 1 月 25 日《时代周报》第 5 期文章《迪特里希·施特罗特曼的最后一击》（Das letzte Aufgebot von Dietrich Strothmann，in：*Die Zeit* v. 25. 1. 1985，Nr. 5）；Hupka. Unruhiges Gewissen，S. 339。

55. 摘录自 Hupka：Unruhiges Gewissen，S. 340。

56. 对此还有胡普卡与阿洛伊斯·梅尔特斯的争论，出处同上，S. 314 – 317。

57. 各种反应可参阅 Schulz/Danylow：Bewegung in der deutschen Frage，S. 154 ff. 。

58. 如可参阅 1985 年 1 月 29 日《新苏黎世报》文章《围绕西里西亚被逐出家园者的新骚动》（Neuer Wirbel um die schlesischcn Vertriebenen，in：*NZZ* v. 29. 1. 1985）。

59. 对于设备的评价可参见德特林 1996 年 1 月 29 日在慕尼黑和作者的谈话；也可参阅 Siebenmorgen：Helmut Kohl und die Chance der Geschichte，S. 306f. 。

60. 关于西里西亚人的讨论可参阅 Brocke：Deutschlandpolitische Positionen，S. 102 – 105。

61. 参阅 1985 年联邦议院速记报告（Deutscher Bundestag：Stenogr. Berichte，Bd. 131，1985，S. 8811）。

62. 同上，S. 8812。

63. 参阅联邦总理 1996 年 9 月 30 日在波恩和作者的谈话。

64. 同上。

65. 参阅 1985 年 3 月 5 日《南德意志报》克劳斯·德雷尔文章《根舍的闪电访问和该访问的来历》（Klaus Dreher：Genschers Blitzreise und ihre Vorgeschichte，in：*SZ* v. 5. 3. 1985）。

66. 参见联邦总理 1996 年 9 月 30 日在波恩和作者的谈话。

67. 背景可参阅 1982 年 10 月 29 日《莱茵信使报》文章《戒掉否定》（Walter Bajohr：Entwöhnung vom Nein，in：*Rheinischer Merkur* v. 29. 10. 1982）。

68. 对此可参阅 Zimmer：Nationales Interesse，S. 130ff；参阅 1985 年 2 月 27 日《法兰克福汇报》文章《德国政策里的矛盾》（Gegensätze in der Deutschlandpolitik，in：*FAZ* v. 27. 2. 1985）。

69. 参阅 1985 年 3 月 5 日《南德意志报》克劳斯·德雷尔文章《根舍的闪电访问和该访问的来历》。

70. 参见德雷格尔 1995 年 11 月 10 日在波恩和作者的谈话中的评价。

71. 参见贝格尔（Berger）1995 年 11 月 10 日在波恩和作者的谈话。

72. 背景可参阅 Brocke：Deutschlandpolitische Positionen，S. 161 – 165。

73. 1985 年 2 月 26 日基民盟/基社盟党团会议记录，见：ACDP Bestand Ⅷ – 001 – 1073/2。

74. 他说：“我的朋友，海因里希·温德伦和福尔克尔·鲁厄在他们的文章中再度从执政同盟的视角非常清楚地强调了我的立场（掌声）……”，参阅联邦议院速记报告（Deutscher Bundestag：Stenogr. Berichte Bd. 131，1985，S. 8817）。

75. 1985 年 2 月 26 日基民盟/基社盟党团会议记录，见：ACDPBcstand Ⅷ – 001 – 1073/2。

76. ACDP Bestand Ⅷ – 001 – 1073/2.

77. 参见联邦总理 1996 年 9 月 30 日在波恩和作者的谈话。

78. 参阅联邦议院速记报告（Deutscher Bundestag：Stenogr. Berichte Bd. 131，1985，S. 8817）。

79. ACDP Bestand Ⅷ – CI01 – 1073／2.

80. 同上。

81. 也可参阅 1985 年 2 月 27 日《法兰克福汇报》文章《德国政策里的矛盾》。

82. 可参阅 Siebenmorgen：Helmut Kohl und die Chance der Geschichte，S. 507。

83. 1984 年 11 月 22 日寄给斯蒂默尔的信件，该信附件为章节划分，见：B 136，18035，AZ 14200。

84. 1984 年 12 月 14 日，第 223 处处长勒夫克博士给联邦总理府部长写的信件，见：B 136，18035，AZ 14200。

85. 1985 年 1 月 16 日德国政策工作组组长所写的关于 1985 年 1 月 14 日扩大的三方小组会谈的评述，见：B 136，20 169，AZ 221 142 23 Sta 8。

86. 迈希斯纳 1985 年 1 月 15 日给里希特霍芬的信件，见：B 136，18035，AZ 14200。

87. 见：B 136，18035，AZ 14200。

88. 德国政策工作组组长写于 1985 年 1 月 31 日，见：B 136，18035，AZ 14200。

89. 第 51 工作小组负责人卢茨 1985 年 2 月 8 日给联邦总理府部长写的信件，见：B 136，18035，AZ 14200。

90. 对此可参见梅尔特斯 1995 年 6 月 22 日在波恩和作者的谈话。

91. 参见联邦总理 1996 年 9 月 30 日在波恩和作者的谈话。

92. 没有日期的字条，参见魏登菲尔德在慕尼黑的私人档案。在特尔切克领导下，经常在联邦总理府中举行头脑风暴会议。对此可参阅第二章第一节"德意志联邦共和国政治体制中的正式及非正式决策结构"。

93. 德国政策工作组组长写于 1985 年 1 月 31 日，见：B 136，18035，AZ 14200。

94. 最终草案（»Letzter Entwurf Gr. 51«），没有日期，见：B 136，18035，AZ 14200。

95. 正如在文章结尾处，可参阅 1985 年 2 月 28 日第 24 期公报，S. 197。

96. 参见作者与魏登菲尔德的谈话。

97. 参阅 1985 年 2 月 28 日第 24 期公报，S. 197 – 204，这里是 S. 197。

98. 对报告所有段落的深入解释可参阅 Fröhlich：Sprache als Instrument，

S. 86 – 89。

99. 最终草案（»Letzter Entwurf Gr. 51«），见：B 136，18035，AZ 14200。深入解释可参阅 Fröhlich: Sprache als Instrument，S. 86 – 89。

100. 参阅 1985 年 2 月 28 日第 24 期公报，Nr. 24. S. 201 f.。

101. 同上，S. 200。

102. 同上。

103. 但这段并不仅仅针对社民党的反对派；也可参阅 1985 年 1 月 30 日《新德意志报》文章，其中提出更改或取消《基本法》第 116 条的要求。对此也可参阅 1985 年《德国档案》文章《对国籍的尊重能是什么而不应是什么》（Wolfgang Seiffert：Was Respektierung der Staatsan – gehörigkeit sein kann und was sie nicht sein darf，in：*Deutschland Archiv*，1985，H. 3，S. 229f）。

104. 参见作者与魏登菲尔德的谈话。

105. 参见普利尔 1996 年 9 月 30 日在波恩和作者的谈话。

106. 同上。

107. 同上。

108. 参阅 1985 年 2 月 28 日第 24 期公报，S. 200f.。

109. 同上，S. 200。

110. 德国政策工作组组长写于 1985 年 1 月 31 日，见：B 136，18035，AZ 14200。

111. 公报，S. 200。

112. 公报，S. 200。

113. 德国政策工作组组长写于 1985 年 1 月 31 日，见：B 136，18035，AZ 14200。

114. 对此详细可参阅 Hacker: Friedensvertrag，S. 338 – 347。

115. 对于联系被驱逐者联合会有同样重要的功能可参阅 Hanns Werner Schwarze：Die Ostpolitik，in：Appel（Hrsg. ）：Helmut Kohl，S. 120。

116. 1985 年 2 月 28 日公报，Nr. 24，S. 200。

117. 同样也由如下文献加以诠释 Angela Nacken：Gewichte，Gegengewichte und neue Nuancen in der Bonner Polen-Politik，见：*FAZ* v. 1. 3. 1985，S. 6。

118. 1985 年 2 月 28 日第 24 期公报，S. 200。

119. 可参阅联邦议院速记报告（Deutscher Bundestag：Stenogr. Berichte Bd. 5，1985. S. 9017ff）。

120. 同上。

121. 一周后根舍飞往华沙。科尔的讲话就像一把为外交部长开门的钥匙，参阅 1985 年 3 月 5 日《南德意志报》克劳斯·德雷尔文章《根舍的闪电访问和该访问的来历》。

122. 可参阅 Jäger Deutschlandpolitik der Bundesregierungen，S. 1598。

123. 参阅 1983 年 4 月 27 日《法兰克福新报》文章《科尔不希望德国政策和外交政策有转变》（Kohl will keine Wende in der Deutschland- und Außenpolitik，in：*Frankfurter Neue Presse* v. 27. 4. 1983）。

第十一节　职能部门原则：文化协定

1. 参见联邦总理 1996 年 8 月 26 日在波恩和作者的谈话。

2. 刊印于 Peter März：Dokumente zu Deutschland 1949 – 1989，München 1996，S. 142。

3. 刊印于 Bundesministerium für innerdeutsche Beziehungen（Hrsg.）：Texte zur Deutschlandpolitik，Bd. III/4，S. 216 – 221。

4. 对此可参阅第三章第三节"政府行为的操作层面：就职出访和德意志内部关系谈判日程"。

5. 参阅德国政策工作组组长里希特霍芬对联邦总理府部长访问过程的总结，见：Bundeskanzleramt，AZ 34900，Akte 4，Bd. 11 v. 20. 9. 1982。

6. 对此的编年史可参阅 1982 年《德国档案》（*Deutschland Archiv*，1982，H. 10，S. 1119）。十个月前即 1981 年 12 月，施密特和昂纳克在韦尔贝林湖就此实现了突破。在公报中有如下的段落，科尔/根舍政府将其几乎一字不变用在文化协定序言中："双方讨论了在文化合作以及在其他领域交流的更多可能性。在现存可能的框架内，他们一致宣告对此相互加强的意图，这样可加深对彼此文化和社会生活的认识。"参见 1981 年 12 月 14 日《新德意志报》；对此可参阅 1986 年《政治与当代史》文章《有对比的合作——关于与民主德国协定框架内的文化联系》（Manfred Jäger：Kooperation mit Kontrasten. Über Kulturzusammenhänge im Rahmen eines Abkommens mit der DDR，in：*Aus Politik und Zeitgeschichte*，1986，B 24/25，S. 3 – 15，这里为 S. 3）。

7. 德意志内部关系部 1982 年 9 月 29 日所写的评注 II 6 AZ 3000，见：B

137, 9252, AZ 3360。

8. 德国政策工作组组长，见：Bundeskanzleramt, AZ 34900, Akte 4, Bd. 11。

9. 语境和背景可参阅《有对比的合作》；1986 年《德国档案》文章《关于德意志内部的文化协定》（Peter Jochen Winters: Zum innerdeutschen Kulturabkommen, in: *Deutschland Archiv*, 1986, H. 2, 5. S. 113 – 117），接下来可参阅 S. 114；Hans H. Mahnke: Das Kulturabkommen zwischen den beiden deutschen Staaten v. 6. Mai 1986, in: *Recht in Ost und West*, 1986, S. 340 – 343；Klaus – Eberhard Murawski: Die Kulturbeziehungen zwischen der Bundesrepublik und der DDR, in: Erika Lieser – Triebnigg/ Siegfried Mampel（Hrsg.）: Kultur im geteilten Deutschland, Berlin 1984, S. 45 – 58。

10. 对此的立场在布罗伊蒂加姆 1983 年 9 月 20 日谈判开始时就得以陈述，见：B 137, 15922, AZ 7004, S. 8 – 9。

11. 对此可参见 1985 年 12 月 19 日《联邦赔偿和权利人清算法》的修订案，见：BGBl, Teil l, Jg. 1985, S. 2460。

12. 参阅为布罗伊蒂加姆准备的在开始第一轮谈判前的战略文件，1984 年 6 月 25 日的按语，见：B 137, 9257, AZ 3362.5 – Ref. II 1, S. 7。

13. 同上。

14. 参见文化协定的第 13 条文字内容。

15. 对此可参阅 1984 年 6 月 25 日为布罗伊蒂加姆准备的战略文件，见：B 137, 9257, AZ 3362.5 – Ref. III。

16. 同上。

17. 关于动机、利益和战略可参阅 1983 年 9 月 20 日第一轮谈判记录，由西德代表团 1983 年 9 月 29 日完成，见：B 137, 15922, AZ 7004 – Ref. III 3；也可参阅德意志内部关系部部长与各部国务秘书 1983 年 1 月 18 日举行的跨部门协调会议，见：B 137, 7661, AZ 3362。

18. 关于动机可参阅 Kurt Plück: Innerdeutsche Beziehungen auf kommunaler und Verwaltungsebene, in Wissenschaft, Kultur und Sport und ihre Rückwirkungen auf die Menschen im geteilten Deutschland, in: Deutscher Bundestag（Hrsg.）: Materialien der Enquete – Kommission. Bd. V. 3. S. 2015 – 2064, 这里是 S. 2041 – 2045；Klaus – Eberhard Murawski: Die

Kulturbeziehungen zwischen der BundesrepublikDeutschland und der DDR，in：Lieser – Triebnigg/Mampel（Hrsg.）：Kultur im geteilten Deutschland. S. 45 – 58；Ders.：Das Kulturabkommen mit der DDR，in：Gegenwartsfragen，Nr. 53，Geschichte und nationale Identität，Kiel 1986，S. 133 – 143；Kurt Plück：Das Kulturabkommen. Entwicklung，Ziele，Praxis，in：Mare Balticum，Ostseegesellschaft 1988，S. 88 – 90。

19. 例如可参阅 1985 年 12 月 6 日《南德意志报》文章《下垂绳索上的平衡动作》（Albrecht Hinze：Balanceakt auf einem durchhängenden Seil，in：*SZ* v. 6. 12. 1985）。

20. 参见温德伦 1994 年 11 月 23 日在瓦伦多夫和作者的谈话。

21. 正如布罗伊蒂加姆 1996 年 2 月 22 日在波茨坦和作者的谈话中所讲到的。

22. Winters：Zum innerdeutschen Kulturabkommen，S. 117.

23. 对此可参见多贝伊 1994 年 5 月 19 日以及温德伦 1994 年 11 月 23 日与作者关于背景的谈话。

24. 巴登－符腾堡州科学和艺术部以及汉萨自由市汉堡文化局；对此可参阅 1985 年 11 月 27 日评注 Ⅱ 6 – 3000，见：B 137，14941，AZ 1303 - Ref Z A 2。

25. 温德伦 1994 年 11 月 23 日在瓦伦多夫和作者的谈话中将这些方面明确作为重点。在关于固定条款特殊团体的专家会谈中，民主德国首次公开接受德意志内部关系部工作人员作为代表团团长和联邦政府发言人；对此可参见穆拉夫斯基（Murawski）1984 年 7 月 9 日所写的按语，见：B 137，15922，AZ 7004 – Ref. Ⅲ 3；不过温德伦在页边空白处写了："不——联邦环境局的冯·贝格先生（von Berg）。"显然，他不久前在环境协定谈判中被接受为代表团团长。

26. B 137，14938，AZ 1303 – Ref Z.

27. 也可参阅施图本劳赫（Stubenrauch）1985 年 11 月 5 日所写的按语，见：B 137，14941，AZ 1303-Ref Z A 2；温德伦 1986 年 5 月 16 日给联邦财政部的信件，见：B 137，14938，AZ1303 – Ref Z。

28. 对此可见德意志内部关系部穆拉夫斯基（Murawski）1982 年 10 月 15 日的按语 Ⅱ 6 – 300 – 18. 037，见：B 136，18615，AZ 22 – 350 – 14 Gr 14，Bd 6。

29. 例如可参阅关于德意志内部关系部/联邦教育和科学部 1986 年 6 月 18 日的合作条约草案，见：B 137，14938，AZ 1303 – Ref. Z。

30. 对此可参阅 Heinz Laufer：Das föderative System der Bundesrepublik Deutschland, Bonn 1992, S. 91 – 93。

31. 记录在德意志内部关系部第二司 1982 年 9 月 29 日的评注中，见：B 137，9252，AZ 3360。

32. 第二司 1982 年 9 月 29 日的按语，见：B 137，9252，AZ 3360。

33. 1982 年 10 月 21 日的电传，见：B 137，9270，AZ 3412，也可参阅 1983 年 1 月 21 日他发给联邦总理府部长的电传，见：B 136，18615，AZ 22 – 350 – 14 Gr 14，Bd. 6，他在电传中告知联邦总理府部长，民主德国不想在 1983 年 3 月 6 日前开始谈判。

34. 背景可参阅第三章第三节 "政府行为的操作层面：就职出访和德意志内部关系谈判日程" 和第六节 "务实合作：十亿马克贷款担保和联手施特劳斯"。

35. 参见民主德国外交部德国司副司长鲍姆加特尔（Baumgärtel）博士与联邦德国常设代表处的一次会谈；FS v. 22. 10. 1982，见：B 137，9269。

36. 关于跨部门协调会议的按语，见：B 137，9264，AZ 3385。

37. SAPMO – BArch, vorl. SED 42177/1；Büro Mittag.

38. 同上。

39. 沙尔克 1982 年 11 月 9 日所写的评注，写的是同一天他与布罗伊蒂加姆的会谈，见：SAPMO – BArch, vorl. SED 42 177/1 Büro Mittag。

40. SAPMO – BArch, vorl. SED 41664, Büro Honecker. 在之后的电话通话中，并未谈到该话题。

41. 巴泽尔 1982 年 11 月 26 日给延宁格尔的信件，见：B 136，18615，AZ 22 – 350 – 14 Gr 14，Bd. 6。

42. 正如迈希斯纳在德意志内部关系部职能部门会议中将巴泽尔的意图描述出来，按语是由第 22 工作组所写的；撰写者在按语中以引用原话方式描述了巴泽尔的无理要求，这也显示了该过程的敏感性，可参阅第 22 工作组 1982 年 12 月 10 日所写的按语，见：B 136，18615，AZ 22 – 350 – 14，Gr. 14 Bd. 6。

43. 延宁格尔 1983 年 1 月 7 日给巴泽尔的信件，见：B 136，18615，AZ 22 – 350 – 14 Gr 14，Bd. 6。

44. 参见联邦总理 1996 年 8 月 26 日在波恩和作者的谈话，并且和延宁格尔 1994 年 6 月 3 日在维也纳和作者的谈话内容相符。

45. 参见联邦总理 1996 年 8 月 26 日在波恩和作者的谈话。

46. 1983 年 1 月 18 日的跨部门协调会议，见：B 137，7661，AZ 3362，v. 19. 1. 1983；巴泽尔 1983 年 2 月 2 日给延宁格尔的信件，见：B 136，18615，AZ 22 – 350 – 14 Gr 14，Bd. 6。

47. 参见布罗伊蒂加姆 1996 年 2 月 19 日在波茨坦和作者的谈话；1983 年 8 月 23 日常设代表处发给联邦总理府部长的电传（Nr. 1183），见：B 136，18615，AZ 22 – 350 – 14 Gr 14，Bd. 6。

48. 对此可参阅关于 1983 年 9 月 3 日在柏林重新开始与联邦德国文化谈判的报告，见：SAPMO – BArch，DY 30 vorl. SED 41987。

49. 1983 年 9 月 5 日德国政策工作组组长的按语，见：B 137，16380。

50. 参见对布罗伊蒂加姆谈判策略的按语，由第 22 工作组施特恩 1983 年 8 月 30 日在德意志内部关系部做记录，见：B 136，18615，AZ 22 – 350 – 14 Gr 14. Bd. 7；也可参阅为布罗伊蒂加姆准备的作为 1983 年 9 月 15 日第 22 工作组按语附件的详细讲话便条，见：同上。

51. 1983 年 9 月 20 日会议记录，见：B 137，15922，AZ 7004。

52. 1983 年 11 月 3 日会议记录，见：B 137，9257，AZ 3362. 5 – Ref. Ⅱ 1 S. 6。

53. 1984 年 3 月 5 日会议记录，见：B 137，9257，AZ 3362. 5。

54. 1983 年 5 月 4 日会议记录，见：B 137，9257，AZ 3362. 5-Ref. Ⅱ 1 S. 2。

55. B 137，9257，AZ 3362. 5。

56. B 137. 9257. AZ 3362. 5。

57. 温德伦 1984 年 7 月 2 日在联邦总理府举行的德国政策跨部门协调会议中作了这样的报告，见：B 137，9254，AZ 3362。58 B 137，9257，AZ 3362. 5.

59. 关于 1984 年 9 月 7 日在联邦总理府举行的德国政策跨部门协调会议的按语，见：B 137，9254，AZ 3362 – Ref. Ⅱ 1。

60. 德国政策工作组组长 1984 年 8 月 31 日给延宁格尔的一份记录，见：B 136，18617，AZ 22 – 350 – 14Gr. 14，Bd. 11。

61. 还包含在 1985 年 2 月 21 日对照表中，见：Bundeskanzleramt AZ 34900，

Akte 4，Bd. 18，Blätter 122 – 142。

62. 可参阅第 22 工作组对 1985 年 1 月 10 日仍未解决要点的按语，见：B 136，20605，AZ 22 350 14 Gr 14，Bd. 13。

63. 参见 1984 年 11 月 22 日会议记录，见：B 137，9257，AZ 3362. 5。

64. 会谈记录可参阅 Potthoff: Die Koalition der Vernunft, S. 289 – 304，这里是 S. 293 及 S. 301。

65. 参见朔伊布勒自己完成的关于 1985 年 1 月 14 日在民主德国外交部会面的按语，见：B 136，20551，AZ 221 350 14 Ge 19。

66. 对此可参阅第三章第八节"扩大政府中枢：特殊渠道谈判和朔伊布勒的代理权"。

67. 参见由朔伊布勒亲笔修改的他与沙尔克 1985 年 1 月 14 日会谈的按语，见：B 136，20551，AZ 221 350 14 Ge 19。

68. 由里希特霍芬 1985 年 1 月 25 日完成的按语，见：B 137，9275，AZ 3450。

69. 同上。

70. 1984 年 11 月 22 日会议记录，见：B 137，9257，AZ 3362. 5 – Ref. II 1，S. 7f. 。

71. 同上，S. 8。

72. 对此可参阅 1985 年 2 月 15 日德意志内部关系部穆拉夫斯基所写并交给部长先生的按语，见：B 137，15922，AZ 7004。

73. 关于 1985 年 5 月 21 日德意志内部关系部举行的跨部门协调会议的按语，由里希特霍芬于 1983 年 5 月 21 日完成，见：B 136，20169，AZ 14223，Sta8。

74. 对此可见联邦德国驻民主德国东柏林常设代表处负责人布罗伊蒂加姆 1985 年 8 月 28 日所发的电传，见：B 137，10284，AZ 21.28。1985 年 6 月 22 日，波恩《权利人破产清算法》修订案呈送内阁，因此它必须加以修改，这在个别谈判进行中显得可取。因迄今适用的《权利人破产清算法》是阻碍归还给民主德国的，该法规定暂时搁置归还行为直到重新统一或签署和平条约为止。

75. 从联邦总理府 1985 年 6 月 7 日评注中得知，出于内容上的原因拟定德意志内部关系部穆拉夫斯基为代表团团长，且民主德国并不想将此作为原则问题来看，见：B 137，10284，AZ 21.28；但辛德勒还是向驻东柏林常设代表处施加了压力："……民主德国无法接受穆拉夫斯基博士作为我们代表团的团长。我们熟知民主德国对德意志内部关系部的态度……民主德国必须从他的任命看到我们努力让德意志内部关系部作为谈判伙伴逐步参与其中。"常设代表处 1985 年 6 月 14 日的按语，见：B 137，10301，AZ 21.8131。

76. 对此可见第三章第八节"扩大政府中枢：特殊渠道谈判和朔伊布勒的代理权"。

77. 1985 年 3 月 11 日的讲话便条，见：B 136，20577，AZ 221 350 14 Ge 29 Bd. 1。

78. 可参阅第三章第八节"扩大政府中枢：特殊渠道谈判和朔伊布勒的代理权"；此外关于会谈过程也可参阅联邦总理 1996 年 8 月 26 日在波恩和作者的谈话以及朔伊布勒 1996 年 6 月 12 日在波恩和作者的谈话中对此的评价。

79. 迈希斯纳 1985 年 3 月 19 日所写的按语，见：B 137，16380，AZ 3364；东德的评价可参阅 SAPMO – BArch，J IV 2/2A/2739，Akten Politbüro；昂纳克 1985 年 3 月 19 日向政治局进行了与原文完全一致的汇报，见：SAPMO – BArch，IV 2/2.039/23，Büro Egon Krenz。

80. 参见联邦总理 1996 年 8 月 26 日在波恩和作者的谈话以及朔伊布勒 1996 年 6 月 12 日在波恩和作者的谈话。

81. 对此可见第三章第九节"贸易结算授信额一揽子谈判方案：首席谈判代表的较量"。

82. 德国政策工作组组长 1985 年 4 月 19 日所写的会谈过程按语，见：B 137，9260，AZ 3375。

83. 德国政策工作组组长 1985 年 4 月 19 日所写的会谈过程按语，见：B 137，9260，AZ 3375。

84. 布罗伊蒂加姆也向赛德尔汇报了科尔和昂纳克在莫斯科举行的会谈。他也将此告知在联邦总理府举行的扩大的三方小组会议（1985 年 4 月 15 日举行的跨部门协调会议），见：B 136，20169，AZ 14223 Sta 8，里希特霍芬 1985 年 4 月 25 日完成的按语。在该会谈中，朔伊布勒重复道："他明确询问了昂纳克总书记关于柏林（西）如何实际参与的问题。"来源同上。

85. 关于这些问题可参阅第 22 工作组组长对 1985 年 7 月 10 日德意志内部

关系部举行的会谈的按语，见：B 136，20605，AZ 22350 14 Gr 14，Bd. 15。

86. 关于 1985 年 5 月 22 日会议的记录，见：B 137，10284，AZ 2128。

87. 参见尼尔（Nier）与布罗伊蒂加姆 1985 年 7 月 12 日举行的非正式会谈，此按语由第 22 工作组于 1985 年 7 月 16 日所做，见：B136，20605，AZ 22350 14 Gr 14，Bd. 15。

88. 布罗伊蒂加姆在与公使谈话后就在一次社交活动中报告了这一事实情况。在这种联系下，公使公开谈到"在柏林（西）非法活动的机构"，这里指的就是该基金会。见：B 137，10284，AZ 2128。

89. 正如国务秘书梅耶－兰德鲁特在扩大的三方小组会议中所说的（1985 年 4 月 15 日的跨部门协调会议），见：136，20169，AZ 14223 Sta 8；评注由里希特霍芬 1985 年 4 月 25 日完成。

90. SAPMO – BArch vorl. SED 37077/1, Zentrale Staatsorgane MfAA Abt BRD/Abt Westberlin Ablage Rettner. 也可参见迈希斯纳所做的关于赛德尔和辛德勒与布罗伊蒂加姆 1985 年 8 月 22 日会谈结果的按语，见：B 137，10291。

91. 常设代表处赫尔贝克 1985 年 8 月 22 日所发的电传，见：B 137，10284，AZ 2.28。

92. 民主德国想建立一个至今在苏维埃阵营里唯一的为与苏联开展文化合作而设的同等的政府委员会，用来均衡签署德意志内部文化协定一事。对此可参阅德意志内部关系部第二司扬森 1985 年 8 月 28 日所写的按语，见：B 137，10677，AZ21. 2249；也可参阅 1986 年 6 月 3 日的《新德意志报》。

93. 对此可参阅第三章第十节"实力较量：科尔的领导风格和德波边界问题"。

94. 1985 年 7 月 25 日举行的德国政策跨部门协调会议，参见由第 22 工作小组负责人 1985 年 9 月 4 日所写的按语，见：B 136，20606，AZ 22 350 14 Gr 14 Bd. 16。

95. 关于对 1985 年 8 月 29 日职能部门会谈的准备可参阅哈尔曼（Haarmann）1985 年 8 月 29 日所写的按语，见：B 136，20606，AZ 22 350 14 Gr 14 Bd. 16。

96. 1985 年 7 月 19 日布罗伊蒂加姆与赛德尔的会谈，见：SAPMO – BArch

vorl SED 37077/1；1985 年 9 月 18 日的评注，见：B 137，10284，AZ 21.28-Ref. Ⅱ A1；对此还可参阅他 1985 年 7 月 25 日在联邦总理府举行的德国政策跨部门协调会议上的报告，见：B 136，20169，AZ 14223 Sta 8。

97. 这里尤其参见 1985 年 7 月 25 日会议（出自 1985 年 8 月 21 日按语：B 137，10284，AZ 21.28）和 1985 年 10 月 18 日会议，见：B 137，10300，AZ 21.712。

98. 记录在 1985 年 12 月 3 日第 22 工作组的按语中（由图尼希－尼特纳 Thunig－Nittner 撰写），见：B 136，25084，AZ 514－350 14 Ku 67，Bd. 1。

99. 同上。

100. 同上。

101. 参见 1985 年 9 月 11 日第 12 轮谈判记录，见：B 136，20606，AZ 22 350 14 Gr 14 Bd. 16。

102. 对此可参阅 1985 年 11 月 19 日布罗伊蒂加姆的按语，他在其中转达：民主德国接受了所有项目建议，见：B 137，10284，AZ 21.28。

103. 1986 年 5 月 7 日公报。

104. 对此可参阅 Laufer: Das föderative System, S. 88。

105. 这种立场可参见第 22 工作小组负责人所写的关于朔伊布勒在 1985 年 9 月 19 日扩大的三方小组会议讲话所做准备的按语，见：Bundeskanzleramt 34900，Akte 4. Bd. 19 F.。

106. 第 22 工作小组负责人在给朔伊布勒的评注中这样表达了意见，见：同上。

107. 可参阅 1985 年 10 月 18 日跨部门协调会议的提示，见：B 137，10300，AZ 21.712。

108. 1985 年 11 月 27 日评注，见：B 137，14941，AZ 1303。

109. 同上。

110. 对此可参阅 B 137，14941，AZ 1303，协商中；此外还可参阅"联邦部长个人报告；文化协定文本信息要报"（» Zur persönlichen Unterrichtung der Bundesminister; Informationsvorblatt zum Text des Kulturabkommens«），见：B 136，12 302，AZ 14301。也可参阅温德伦与作者关于背景的会谈。

111. 对此以及关于内阁会议的更多经过可参见梅尔特斯 1996 年 7 月 7 日在波恩和作者的谈话以及温德伦 1994 年 11 月 23 日在瓦伦多夫和作者的谈话，也可参阅 1985 年 12 月 5 日《法兰克福汇报》文章《与民主德国签订文化协定的条件已成熟》(Das Kulturabkommen mit der DDR ist unterschriftsreif, in: *FAZ* v. 5. 12. 1985)。

112. 参阅 1985 年 12 月 18 日《南德意志报》文章《关于与民主德国的文化协定的联邦德国的新争论》（Neue Kontroverse in Bonn über das Kulturabkommen mit der DDR, in: *SZ* v. 18. 12. 1985)。

113. 对与社民党的内政争论可参阅联邦议院公报（Deutscher Bundestag: Verhandlungen des Deutschen Bundestages. Bd. 324, 1985, Drucksache 10/3921）以及 1985 年 11 月 11 日联邦政府的回答，参阅联邦议院公报（Deutscher Bundestag: Verhandlungen des Deutschen Bundestages, Bd. 325, 1985, Drucksache 10/4207)。

114. 参见朔伊布勒 1996 年 6 月 12 日在波恩和作者的谈话以及布罗伊蒂加姆 1996 年 2 月 19 日在波恩和作者的谈话。

115. 背景可参阅 1986 年 3 月 5 日《法兰克福汇报》文章《与民主德国谈判中其他国家的参与备受争议》（Strittig ist noch die Beteiligung der Länder bei Verhandlungen mit der DDR, in: *FAZ* v. 5. 3. 1986)。

116. 1986 年 3 月 15 日第 27 期公报，S. 203。

117. 德意志内部关系部 1986 年 3 月 20 日急件，见：B 137, 14941, AZ 1303。

118. 可参阅对沙尔克与朔伊布勒 1986 年 2 月 4 日在沙尔克私人住所的会谈过程所做的按语；由德国政策工作组组长 1986 年 2 月 6 日完成并且由朔伊布勒以这一形式签署，见：B 136, 20551, AZ 221 350 14 Ge19；米塔格于 1986 年 2 月 4 日所写的按语中复述了沙尔克的观点，见：SAPMO - BArch, vorl. SED 42 168。

119. 对此可参阅联邦总理府 1986 年 3 月 25 日给布罗伊蒂加姆的电传按语，见：B 137, 14941, AZ 1303。

120. 联邦德国驻民主德国东柏林常设代表处副主任赫尔贝克 1986 年 3 月 25 日给联邦总理府发的电传，见：B 137, 10284, AZ 21. 28。

121. 布罗伊蒂加姆作为代表团团长做演讲；可参阅 1986 年 4 月 7 日的按语，见：B 137, 10284, AZ 2128。

122. 刊印于 1986 年 3 月 15 日第 27 期公报，S. 201 – 208。

123. 参见多贝伊 1994 年 5 月 19 日在圣奥古斯丁和作者的谈话。

124. 图尼希－尼特纳（Thunig – Nittner）1985 年 4 月 21 日给联邦总理府部长的按语，见：B 136，20607，AZ 22 350 14 Gr 14，Bd. 18。

125. 1986 年 4 月 17 日联邦总理府给常设代表处所发电传中其关于 1986 年 4 月 15 日参加者的建议，见：B 137，10284，AZ 2128。民主德国方面只是对吉拉德特（Girardet）的参与表示反感，后者在谈判中一直作为常设代表处代表在场。可参阅 1986 年 4 月 28 日的常设代表处电传，见：B 137，10284，AZ 2128。

126. 刊印于 1986 年 3 月 15 日第 27 期公报，S. 201 – 208。这里是 S. 203.

127. 由普利尔 1986 年 2 月 26 日给魏登菲尔德信件附件中的草案，见：Weidenfeld – Pribatarchiv，München。

128. 1985 年 12 月 16 日有附录的第 223 处按语，见：B 136，20166，AZ 14200。

129. 1986 年 3 月 15 日第 27 期公报，S. 203。

130. 参见里希特霍芬 1986 年 1 月 13 日寄给德意志内部关系部迈希斯纳供其批评审阅的草案，见：B 136，20166，AZ 14200。

131. 1996 年 3 月 15 日第 27 期公报，S. 203。

132. 讲稿刊印在：Bundesministerium für innerdeutsche Beziehungen （Hrsg.）：Texte zur Deutschlandpolitik，Bd. Ⅲ/4. S. 181 – 202，这里是 S. 197。

第十二节　决策压力：1986～1987 年联邦议院竞选期间的政府行为

1. 选举日期定为 1986 年 1 月 25 日。

2. 1986 年 3 月 15 日第 27 期公报，S. 207。

3. 同上，S. 97 – 103。

4. 摘录自段落Ⅲ，"为了大家的幸福，我们想继续巩固和扩大进步和与民主德国的关系网"。

5. 已修订的演讲稿草案可见魏登菲尔德在慕尼黑的私人档案。在终稿中有如下内容："第一，我们要求在纵贯德国中部边界上的人性及和平。高墙、铁丝网和开枪指令必须消失。第二，我们要求两德内的自由流动。人的旅行自由，未加阻碍的信息交流和观点交流，这也应最终在两个德意志国家间实现。书籍、报纸、电影还有科学家的话语和艺术家的作品必须属于自由交流的内容。第三，我们要求保障人权并保证我们在民主德国同胞的基本权益。"见：1986 年 3 月 15 日第 27 期公报，S. 207。

6. 对此可参见普利尔 1986 年 2 月 21 日的评注，见：B 136，20167，AZ 14200。

7. 普利尔 1986 年 2 月 26 日写给魏登菲尔德的信，附件中有该报告的修订版，可查阅在慕尼黑的魏登菲尔德私人档案。魏登菲尔德的按语："不，昂纳克在文字中被提到了两次。"

8. 从语言上确切来说，只有 1987 年是选举年，但从政治上来说自 1986 年春天起就可称为选举年了。

9. 1986 年 3 月 15 日第 27 期公报，S. 208。具体指社民党和德国统一社会党的会谈；对此可参阅第三章第七节"有关增加军备的辩论：德－德责任共同体"和第十节"实力较量：科尔的领导风格和德波边界问题"。对于背景可见：Vogtmeier：Egon Bahr，S. 265－287。

10. 对于背景可参阅 1986 年《德国档案》文章《申请避难者潮作为制衡柏林的杠杆》。

11. 对此可见第三章第九节"贸易结算授信额一揽子谈判方案：首席谈判代表的较量"。

12. 可参阅 1985 年 12 月 22 日《每日镜报》。

13. 该声明的文献资料可参阅 1986 年《德国档案》（*Deutschland Archiv*，1986，H. 9，S. 1013ff）。

14. 参见联邦情报局局长 1986 年 9 月 9 日报告，见：Bundeskanzleramt，AZ 35001，Akte 78，Bd. 11 F 12；Blätter 83/0－83/4。

15. 例如可参见扬森 1986 年 8 月 28 日为准备德国政策跨部门协调会议所写的按语，见：B 137，10677，AZ21.2249－Ref. Ⅱ A 1。

16. 同上。

17. 同上。

18. 德国政策工作组组长 1986 年 5 月 7 日写的按语，见：B 136，21759，AZ 223 351 00 BE9，Bd. 7。

19. 参见朔伊布勒 1996 年 6 月 12 日在波恩和作者的谈话。

20. 在德意志内部关系部的会面，参见第二司司长迈希斯纳 1986 年 1 月 14 日写给部长的按语，见：B 137，10686。

21. 摘自 1986 年 2 月 3 日《世界报》。

22. 可参阅 Winters：Der Asylantenstrom，S. 914。

23. 摘自德国政策工作组组长 1986 年 1 月 20 日所写的会谈按语，见：B 136，21758，AZ 223 351 00 Be 9，Bd. 6。

24. 同上。

25. 可参阅联邦内政部关于 1986 年 1 月 21 日在联邦内政部举行的职能部门会谈的电传，附有给民主德国答复的非正式文件草案，见：B 137，10677，AZ 21. 2249-Ref. Ⅱ A 1。

26. 同上。

27. 同上。

28. 常设代表处 1986 年 1 月 23 日所发的电传，见：B 137，10677，AZ 212249 – Ref. Ⅱ A 1。

29. 同上。

30. 同上。

31. 1986 年 2 月 4 日给米塔格的按语，见：SAPMO – BArch，vorl. SED 42 168。

32. 参见朔伊布勒 1996 年 6 月 12 日在波恩和作者的谈话。

33. 1986 年 2 月 6 日里希特霍芬所写按语，由朔伊布勒签署，见：B 136，20551，AZ 221 350 14 Ge 19。

34. 访问对政府行为的重要性可参阅第三章第十五节"联邦总理的外交克制：人权与民主德国的相关信息"。

35. 参见德国政策工作组组长 1986 年 2 月 20 日写的会谈记录，见：B 136，18780。对此也可参阅德意志内部关系部第二司司长 1986 年 2 月 20 日对会谈进程写的按语，其内容被德国政策工作组组长里希特霍芬转交给德意志内部关系部第二司司长，见：B 137，10285，AZ 21. 511；该会谈的东德记录可见：SAPMO – BArch DY 30/J Ⅳ/J114，Bestand Erich Honecker。朔伊布勒 1986 年 2 月 14 日就已在波恩向阿克森表达了他对 1986 年 2 月 1 日规定中"漏洞"的惊讶。可参阅德国政策工作组组长 1986 年 2 月 17 日对会谈所写按语，见：B 137，10291。

36. 同上；也可参阅德意志内部关系部第二司司长 1986 年 2 月 24 日所写按语，见：B 137，10285，AZ 21. 511-Ⅱ A 1。

37. 德国政策工作组组长 1986 年 2 月 20 日所写的会谈按语，见：B 136，18780。

38. 参见朔伊布勒 1996 年 6 月 12 日在波恩和作者的谈话。

39. 可参阅 1986 年 4 月 4 日第 15 期《时代周报》文章《联邦总理走在崎岖的路上》（Carl - Christian Kaiser：Die steinige Strecke des Kanzlers，in：*Die Zeit* v. 4. 4. 1986，Nr. 15）。

40. 参见朔伊布勒 1996 年 6 月 12 日在波恩和作者的谈话。

41. 对此可参阅在里希特霍芬的询问下由国务秘书雷林格为朔伊布勒准备的关键词清单，见 1986 年 3 月 7 日的记录，见：B 137，10928。

42. 对此可参阅 Dietrich Thränhardt：Geschichte der Bundesrepublik，Frankfurt a. M. 1996. S. 296－309，这里是 S. 305f. 。

43. 对此可见 1986 年 3 月 18 日评注（Ref. 221），见：B 136，25263，AZ PST 34900，AK1，Bd. 12. ；也可参阅 Potthoff：Die Koalition der Vernunft，S. 393－397。

44. 这里指的是政治局。

45. 参阅 1986 年 3 月 18 日按语，见：SAPMO - BArch，J IV/885。关于迪普根（Diepgen）会谈的评注可参阅同上。

46. 1986 年 3 月 17 日常设代表处所发电传，见：B 137，10737，AZ 22. 761。

47. 1986 年 4 月 4 日德国政策工作组组长所写的会谈主导思想，见：B 136，21342。

48. 德国政策工作组组长 1986 年 4 月 10 日所写的会谈按语，见：B 136，21342；东德记录可参阅 SAPMO - BArch，J NL 23/8，Bestand Günter Mittag。

49. 参见联邦总理 1996 年 9 月 30 日在波恩和作者的谈话。

50. 多贝伊 1986 年 6 月 18 日撰写的评注（终稿），见：B 137，10687。

51. 国务秘书梅耶－兰德鲁特在 1986 年 4 月 11 日跨部门协调会议中这样说道，出处同上；对此也可见朔伊布勒与英国大使 1986 年 7 月 8 日的会谈，参见德国政策工作组组长 1986 年 7 月 8 日所写按语，见：B 136，20217，AZ 221 34900 Del，Bd. 94。

52. 对与其他历次选战的对比可参阅 Jochen Staadt：Die SED im Bundestagswahlkampf 1986/87. Ein Fallbeispiel，见：Klaus Schröder（Hrsg. ）：Geschichte und Transformation des SED - Staates，Berlin 1994. S. 286－308。

53. 对此可参阅 1986 年 5 月 9 日《法兰克福汇报》文章《劳和拉封丹在昂纳克那里》（Rau und Lafontaine bei Honecker, in：*FAZ* v. 9. 5. 1986）；还可参阅 Staadt：Die SED im Bundestagswahlkampf, S. 289。

54. 见：SAPMO – BArch, J Ⅳ/885。

55. 同上。

56. 参见布罗伊蒂加姆与司长赛德尔 1986 年 6 月 27 日的会谈，而此又与联邦总理府 1986 年 6 月 24 日所发的电传文件有关，见：B 137，10677，AZ212249 – Ref. Ⅱ A 1；可参阅布罗伊蒂加姆 1986 年 6 月 18 日所发的补充电传，见：同上。

57. 对此可参阅第三章第十四节"科尔的权力感：昂纳克访问波恩的政治筹划"。

58. 由德国政策工作组组长里希特霍芬 1986 年 7 月 3 日完成的按语，见：B 136，20169，AZ 221 14223 Sta 8，Bd. 1。

59. 可参阅同上。

60. 可参阅同上。

61. 参阅 1986 年 7 月 28 日菲舍尔写给昂纳克的信件，见：SAPMO – BArch，Ⅳ 2/2.039/302，Büro Egon Krenz。在这个档案中还有各种不同的关于难民的话题以及对民主德国"诽谤活动"的新闻公报的草案，它们明显是政治局内部自己撰写的。

62. 参见对波恩四方会谈经过的复述，见 1986 年 7 月 28 日按语，210 – 501.40，见：B 137，10677，AZ 21.2249-Ref. Ⅱ A1。

63. 参见梅尔特斯 1995 年 6 月 22 日在波恩和作者的谈话。

64. 参见兰姆巴赫（Lambach）1986 年 7 月 28 日所写按语，见：B 137，10677，AZ 212249；也可参阅相似的朔伊布勒与美国大使伯特（Burt）1986 年 8 月 1 日的关键会谈，对此可参见德国政策工作组组长 1986 年 8 月 4 日所写按语，见：B 136，20217，AZ 221 34900 De 1，Bd. 93；还可参见里奇韦 1993 年 12 月 17 日在华盛顿和作者的谈话。

65. 外交部的电传，兰姆巴赫 1986 年 8 月 8 日所发，见：B 137，10677，AZ 21.2249 – Ref. Ⅱ A 1。

66. 参见德国统一社会党 1986 年 7 月 30 日的记录，见：SAPMO – BArch，vorl. SED 42 168。

67. 阿克曼 1986 年 8 月 5 日所写按语（Ⅱ 1），见：B 137，10677，AZ

21. 2249 – Ref. Ⅱ A 1。起草不同领域的报告来完成可能对策的详细思考。可参阅附刊 Ⅱ 1 – 212249：Asyl，参见同上，还可参阅 1986 年 7 月 22 日特刊。

68. 参见阿克曼 1986 年 8 月 5 日评注（Ⅱ 1），见：B 137，10677，AZ 21. 2249 – Ref. Ⅱ A 1。

69. 第 22 工作组主任施特恩 1986 年 8 月 7 日所写按语（223 – 351 OO – Be 9），见：B 137，10677 AZ 21. 2249 – Ref. Ⅱ A l。

70. 同上。

71. 同上。

72. 确切地说是 1986 年 8 月 26 日。

73. 对此相关联的是 1986 年 8 月 20 日所写的 1986 年 8 月 19 日于联邦总理府举行的联邦各部间难民委员会会议按语，见：B 137，10677，AZ 21. 2249。

74. 常设代表布罗伊蒂加姆 1986 年 8 月 22 日所发的电传，见：B 137，10677，AZ 21. 2249 – Ref. Ⅱ A 1。

75. 同上。也可参阅德意志内部关系部扬森对相同电传 1986 年 8 月 26 日所写按语，见：B 137，10677，AZ 21. 2249。

76. 由德意志内部关系部扬森 1986 年 8 月 26 日所写的关于布罗伊蒂加姆 1986 年 8 月 22 日所发电报的按语，见：B 137，10677，AZ 21. 2249。

77. 参见朔伊布勒 1996 年 6 月 12 日在波恩和作者的谈话。

78. 可参阅 1986 年 9 月 10 日《南德意志报》文章《波恩不期望民主德国做出让步》（Bonn erwartet kein Einlenken der DDR，in：*SZ* v. 10. 9. 1986）。

79. 对此可参阅 1986 年《德国档案》，见：*Deutschland Archiv*，1986，H. 9，S. 1013。

80. 参阅辛德勒的评注，日期不详，见：SAPMO – BArch，J Ⅳ/841。也刊印于 Potthoff：Die Koalition der Vernunft，S. 444 – 452。没有相应的西德记录。除朔伊布勒之外，西德只有布罗伊蒂加姆参加了秘密会面。会谈内容只能间接通过德国政策协调委员会查明。

81. 按照民主德国记录，昂纳克在与巴尔 1986 年 9 月 5 日会谈中这样说道，见：SAPMO – BArch，Ⅳ 2/2. 035/89 Büro Axen。

82. 见：SAPMO – BArch，J Ⅳ/841。

83. 同上。

84. 同上。

85. 同上。

86. 同上。

87. 同上。

88. 对联邦政府相应的猜测可参阅 1986 年 9 月 9 日《世界报》文章《昂纳克在联邦议院选举后才肯做出让步》（Honecker will erst nach Bundestagswahl einlenken，in：*Die Welt* v. 9. 9. 1986）；1986 年 9 月 6 日《法兰克福评论报》文章《民主德国不愿帮忙》（DDR wird nicht helfen，in：*FR* v. 6. 9. 1986）。

89. 德国政策工作组组长（里希特霍芬）1986 年 9 月 8 日所写按语，见：B 136，20169，AZ 221 – 142 23 – Sta 8。

90. 参见朔伊布勒 1996 年 6 月 12 日在波恩和作者的谈话。

91. 参见施塔特（Staadt）关于苏联驻民主德国大使库奇马索夫（Kotschcmassow）1986 年 9 月 18 日上午会谈的评论；可参阅 Staadt：Die SED im Bundestagswahlkampf，S. 289。

92. 关于这次会面的背景也可参阅 Garton Ash：Im Namen Europas，S. 487 f；参阅 1994 年 9 月 5 日《法兰克福汇报》文章《埃贡·巴尔的 "双零解决方案"》（Volker Zastrow：Egon Bahrs doppelte Null – Lösung，in：*FAZ* v. 5. 9. 1994）；Staadt：DieSED im Bundestagswahlkampf. S. 291 f. 。

93. "联邦总理府部长朔伊布勒几天前告诉他说，他在这个问题上与昂纳克进行了一次建设性谈话。并就布罗伊蒂加姆和民主德国外交部代表继续进行会谈一事达成一致)。" 参见关于昂纳克与巴尔 1986 年 9 月 5 日会面的民主德国记录，见：SAPMO – BArch，Ⅳ 2/2.035/89，Büro Axen。1993 年巴尔却回顾并就此解释道，他直到更晚时才获知朔伊布勒的谈判；可参阅 Egon Bahr：Die Deutschlandpolitik der SPD nach dem Kriege，见：Dieter Dowe（Hrsg.）：Die Ost – und Deutschlandpolitik der SPD in der Opposition 1982 – 1989. Bonn 1993，S. 31；可参见朔伊布勒 1996 年 6 月 12 日在波恩和作者的谈话。

94. SAPMO – BArch，Ⅳ 2/2.035/89.

95. 同上。

96. 同上。

97. 对此可参阅 Hans – Jochen Vogel：Nachsichten. Meine Bonner und Berliner

Jahre，München 1996，S. 250。

98. 对此可参阅 1994 年 9 月 5 日《法兰克福汇报》察斯特罗（Zastrow）的文章，其中完全援引了施塔特的分析；对此也可参阅 1994 年 2 月 1 日《法兰克福汇报》文章《来自东柏林的对劳的竞选助力》（Wahlkampfhilfe für Rau aus Ost – Berlin?，in：*FAZ* v. 1. 2. 1994）；1994 年 2 月 5 日《法兰克福汇报》文章《劳驳斥了一伙人的批评》（Rau weist Vorwurf der Kumpanei zurück，in：*FAZ* v. 5. 2. 1994）。

99. 见：SAPMO – BArch，Ⅳ 2/2. 035/89，Büro Axen。实际上来自莫斯科的压力阻止了计划中的波恩访问，对此可见第三章第七节"有关增加军备的辩论：德 – 德责任共同体"以及第八节"扩大政府中枢：特殊渠道谈判和朔伊布勒的代理权"。

100. 见：SAPMO – BArch，Ⅳ 2/2. 035/89。

101. 对整体进程可参阅 Staadt：Die SED im Bundestagswahlkampf，S. 294 – 302。

102. 同上。S. 296.

103. 对于确定日期可参阅 1986 年 9 月 19 日 General – Anzeiger 文章《新闻报道的第二页才引起了轰动》（Der Knüller stand erst auf Seite zwei der Pressemeldung，in：*General – Anzeiger* vom 19. 9. 1986）。

104. 参见朔伊布勒 1996 年 6 月 12 日在波恩和作者的谈话。

105. 对此可参见布罗伊蒂加姆附有给联邦总理讯息的 1986 年 9 月 18 日电传，见：B 137，10677，AZ 21. 2249。

106. 可参见 1986 年 9 月 19 日关于同一天在联邦总理府举行民主德国常设代表处二秘索尔（Sore）和联邦总理府第 222 处处长齐尔希（Zilch）的会谈，见：B 137，10677，AZ 21. 2249。

107. 关于背景的新闻报道可参阅 1986 年 9 月 19 日《法兰克福评论报》文章《民主德国在避难申请问题上做出让步》（DDR lenkt in der Asylfrage ein，in：*FR* vom 19. 9. 1986）；1986 年 9 月 20 日《法兰克福汇报》文章《在民主德国决定后波恩如释重负》（Erleichterung in Bonn nach der Entscheidung der DDR，in：*FAZ* v. 20. 9. 1986）；1986 年 9 月 20 日《南德意志报》文章《即将签署的条约让波恩看到机遇》（Bonn sieht Chancen für geplante Verträge，in：*SZ* v. 20. 9. 1986）；1986 年 9 月 22 日《明镜周刊》文章《福音》（Frohe Botschaft，in：*Der*

Spiegel v. 22. 9. 1986）。

108. 参见朔伊布勒 1996 年 6 月 12 日在波恩和作者的谈话。

第十三节 巩固权力的过程：组阁和加强德国政策的主管权限

1. 可参阅 Forschungsgruppe Wahlen：Sieg ohne Glanz. Eine Analyse der Bundestagswahl 1987，见：Max Kaase/Hans – Dieter Klingemann（Hrsg.）：Wahlen und Wähler. Analysen aus Anlaß der Bundestagswahl 1987，Opladen 1990，S. 689 – 734，这里是 S. 721 – 728。

2. 对于竞选、竞选议题和选举结果的信息可参阅 Kaase/Klingemann（Hrsg.）：Wahlen und Wähler。

3. 摘引自 1987 年 1 月 6 日《法兰克福汇报》文章《总理一句话引发的风波》（Aufregung über ein Wort des Kanzlers, in：*FAZ* v. 6. 1. 1987）。

4. 内涵可参阅 1987 年 1 月 8 日《法兰克福汇报》文章《向自己国家提问》（Günther Gillessen：Fragen an den eigenen Staat, in：*FAZ* v. 8. 1. 1987）。

5. 摘引自 1987 年 1 月 12 日《新鲁尔报》文章《现在选战全面打响》（Wahlkampf jetzt voll entbrannt, in：*Neue Ruhr – Zeitung* v. 12. 1. 1987）。

6. 对于批评可参阅 1987 年 1 月 7 日《南德意志报》文章《波恩在与民主德国保持良好关系上的利益》（Bonn：Interesse an guten Beziehungen zur DDR, in：*SZ* v. 7. 1. 1987）。

7. 参见联邦总理科尔 1996 年 9 月 30 日在波恩和作者的谈话；参见讲稿撰写人艾瑟尔 1995 年 1 月 20 日在美因兹和作者的谈话以及梅尔特斯 1996 年 9 月 27 日在波恩和作者的谈话。

8. 对此可参阅 Helmut Norpoth/Christian Goergen：Regierungspopularität auf Kredit, in：Kaase/Klingemann（Hrsg.）：Wahlen und Wähler. S. 345 – 376；以及 1986 年 9 月 19 日《时代周报》文章（Gunter Hofmann：Ein Kanzler mit niedrigem Profil, in：*Die Zeit* v. 19. 9. 1986）。

9. 德雷格尔 1995 年 11 月 10 日在波恩和作者的谈话中就糟糕的选举结果和大选后联盟党内部低落的情绪做出了激烈表述。

10. 对预测可参阅 Niclauß：Kanzlerdemokratie（1988），S. 262£；Ackermann：Mit feinem Gehör, S. 266 – 269.

11. 对此带有大量细节的陈述可参阅 1987 年《议会问题期刊》文章《1987 年组建政府的过程：执政同盟谈判和人事决定》（Eberhard Sandschneider：Regierungsbildung 1987：Koalitionsverhandlungen und

Personalentscheidungen，in：*Zeitschrift für Parlamentsfragen*，1987，H. 2，S. 203 – 221）。

12. 在阿登纳 1961 年进行了最后一次组阁后。

13. 即使在此之前，似乎减少了联盟党和自民党之间预算的共同主题。可参阅 1986 年 9 月 12 日《莱因信使报》文章《转变的理智达到了极限》（Werner Weidenfeld：Die Ratio der Wende stößt an ihre Grenzen，in：*Rheinischer Merkur/Christ und Welt* v. 12. 9. 1986）。

14. 对此可参阅 1987 年 2 月 13 日《南德意志报》。

15. 可参阅 1987 年 2 月 13 日《世界报》。

16. 对此可参阅 Genscher：Erinnerungen，S. 524 – 526。

17. 对此可参阅 Schöllgen：Geschichte der Weltpolitik，S. 390 – 411。

18. 背景可参阅 Inacker：Politik in der Wendezeit，S. 91 f. 。

19. 参见联邦总理 1996 年 9 月 30 日在波恩和作者的谈话。

20. 可参阅 1987 年 2 月 14 日《法兰克福汇报》文章《关于外交政策的统一？》（Einigung über Außenpolitik?，in：*FAZ* v. 14. 2. 1987）。

21. Genscher：Erinnerungen，S. 533.

22. 施雷肯贝格尔指出，只有那些最重要的谈判要点被记录在联邦总理府部长关于结果的记录中。可参阅 Schreckenberger：Veränderungen im parlamentarischen Regierungssystem，S. 143。

23. 第 22 工作组主任于 1987 年 2 月 3 日所写评注，见：B 136，20219，AZ 221 34900 De 1，Bd. 96。

24. 参见朔伊布勒 1996 年 6 月 12 日在波恩和作者的谈话。对于科尔的评价可参阅第三章第二节"冲突调解程序：德国政策立场之争和第二份政府声明"。

25. 朔伊布勒在德国电视二台 1987 年 2 月 1 日电视节目"波恩展望"（Bonner Perspektiven）中所谈到的，见：BPA – Nachrichtenabt. ，Ref. Ⅱ R 3 v. 2. 2. 1987。

26. 参阅 1987 年 3 月 13 日《时代周报》文章《向右的路线修正》（Gunter Hofmann：Kurskorrektur nach rechts，in：Die Zeit v. 13. 3. 1987）。正如联邦总理 1996 年 9 月 30 日在波恩和作者的谈话中回忆不起来相关事情，但也不想排除其可能性。

27. 可参阅第三章第十节"实力较量：科尔的领导风格和德波边界问题"。

28. 联邦总理府第 22 工作组主任 1986 年 12 月 4 日说："正如我从外交部那里听到的，那里正在为联邦部长根舍准备一份关于德国政策的文件，该文件要作为与联邦总理进行会谈的基础。这次会议预计于 12 月 5 日举行。"见：B 136，20218，AZ 221 34900 De 1，Bd. 95。

29. 第 22 工作组主任 1986 年 12 月 4 日所写的按语，见：B 136，20218，AZ 221 34900 De l，Bd. 95。

30. 同上。

31. 同上。

32. 参见联邦总理 1996 年 9 月 30 日在波恩和作者的谈话。

33. 可参阅 1987 年 2 月 13 日《南德意志报》；1987 年 2 月 14/15 日《南德意志报》；Sandschneider：Regierungsbildung 1987，S. 207；Ackermann：Mit feinem Gehör. S. 266。

34. 可参阅 Ackermann：Mit feinem Gehör，S. 267。

35. 正如施特劳斯提出的要求，可参阅 Sandschneider. Regierungsbildung 1987，S. 207。

36. 之前是：默勒曼（Möllemann）和调入联邦总理府的施塔文哈根（Stavenhagen），之后是：舍费尔（Schäfer）和亚当·施万泽（Adam - Schwänzer）。

37. Genscher：Erinnerungen，S. 532；整体背景也可参阅 1987 年 3 月 13 日《时代周报》文章《向右的路线修正》。

38. 可参阅 Sandschneider：Regierungsbildung，S. 208。前一天科尔还必须在党团会议中道歉说，他可能直到他再度当选之前，也就是在后天才能通知他的人事决定。见：ACDP，Bestand Ⅷ - 001 - 1078/1。

39. 参阅 Sandschneider：Regierungsbildung 1987，S. 210。

40. 参阅 1987 年 3 月 12 日《南德意志报》以及 Sandschneider：Regierungsbildung 1987，S. 210；以及 Ackermann：Mit feinem Gehör，S. 267。

41. 参见温德伦 1994 年 11 月 23 日在瓦伦多夫和作者的谈话。

42. 科尔对此说道："我们在台上还需要一位女性。"可参见联邦总理 1996 年 9 月 30 日在波恩和作者的谈话。

43. 参见维尔姆斯 1995 年 9 月 18 日在波恩和作者的谈话。

44. 同上。

45. 对此更多内容参见下面各节。维尔姆斯 1987 年 3 月 13 日还充满胜利信心地在德国广播中回答下面问题："那就是说，德国政策接下来将比迄今更多地由总理府来决定了么？""我觉得没有理由为此感到担心……"见：BPA – Nachrichtenabt. , Ref. Ⅱ R 3, V. 13. 3. 1987。

46. 参见联邦总理科尔 1987 年 3 月 11 日党团会议记录中的言论，见：ACDP Bestand Ⅷ – 001 – 1078/1, S. l0f. 。

47. 从 1976 年以来基民盟/基社盟党团主席就在德国联邦议院预算委员会中；自政府更迭后，他就是审计委员会主席。

48. 参见 1987 年 3 月 10 日党团会议记录，见：ACDP Bestand Ⅷ – 0001 – 1078/1。

49. 可参阅 Pruys：Helmut Kohl. S. 331 f. ；Reitz：Wolfgang Schäuble, S. 321；对此详细叙述的有 Zimmer：Nationales Interesse, S. 194 – 197；参阅 1986 年 11 月 6 日《法兰克福汇报》文章《向科尔发出的关于德国政策的呼吁》（Deutschlandpolitischer Appell an Kohl, in：*FAZ* V. 6. 11. 1986）；参见 1986 年 11 月 11 日《法兰克福汇报》文章（Karl Feldmeyer：Reykjavik als Anstoß zur Wiedervereinigung, in：*FAZ* v. 11. 11. 1986）。

50. 详细例证可参阅 Zimmer：Nationales Interesse, S. 194 – 199。

51. 弗里德曼（Friedmann）1987 年 5 月 16 日交给党团主席德雷格尔他的关于"安全政策和德国政策"这一主题的特别会议方案，见：B 136, 20219, AZ 221 34900 De 1, Bd. 96。

52. 1987 年 3 月 10 日党团会议记录，见：ACDP Bestand Ⅷ – 0001 – 1078/1。

53. 同上。

54. 接下来科尔又再度列举了那些协议。

55. 1987 年 3 月 10 日党团会议记录，见：ACDP Bestand Ⅷ – 0001 – 1078/1。

56. 参见议员弗里德曼、阿贝莱因（Abelein）、切亚、维尔讷（Werner）和耶格尔（Jäger）发表的关于德国政策和东方政策的文章。

57. 参见联邦总理 1996 年 9 月 30 日在波恩和作者的谈话。

58. 参阅基民盟/基社盟德国政策工作组秘密会议记录，见：B 136, 20220, AZ221 34900 De 1, Bd. 98。

59. 对此又可参阅 1986 年 10 月 10 日《时代周报》文章《几乎不优雅但是很成功》（Rolf Zundel：Kaum elegant, aber erfolgreich, in：*Die Zeit* v. 10. 10. 1986）。

60. 对于对比和整体进程也可见第三章第一节"权力建构过程：波恩政府更迭"、第二节"冲突调解程序：德国政策立场之争和第二份政府声明"和第五节"首脑决策：科尔第一份民族形势报告"。

61. 对于背景可参阅 1987 年《快》文章《为准备总理讲稿工作 36 天》(Mainhardt Graf Nayhauß：36 Tage Arbeit an der Rede des Kanzlers，in：*Quick*. 1987. H. 14，S. 116 – 118)；此外还可参见朔伊布勒 1996 年 6 月 12 日在波恩和作者的谈话，同样还可参见普利尔 1995 年 9 月 18 日在波恩和作者的谈话以及艾瑟尔 1996 年 7 月 27 日在菲斯滕费尔德布鲁克和魏登菲尔德与作者的谈话。

62. 刊印于 1987 年 3 月 19 日第 27 期公报，S. 205 – 220。

63. 参见温德伦和作者的谈话。

64. 参见在联邦总理府举行的主题为"第 11 届议会任期的政治挑战"会谈；经常参与的成员有：博努斯教授（明斯特大学）、科斯洛夫斯基教授（维藤/黑尔德克大学）、屈恩哈特博士（波恩大学编外讲师）、施密特欣教授（苏黎世大学）、魏登菲尔德教授（美因茨大学）；自 1986 年 10 月起的会谈材料和报告可参见在慕尼黑的魏登菲尔德私人档案，其他参见第二章"德国政策决策结构中的行政部门"所提到的由贝格尔斯多夫提议发起的教授会议，该会议并未因此而受到限制。

65. 同上。但是卢茨团队中除魏登菲尔德之外都没有直接参与撰写政府声明。

66. 党团会议是在 1987 年 3 月 11 日举行的，这样批评就能直接进入有关演讲稿的会谈中。

67. 数据说明参阅 1987 年《快》文章《为准备总理讲稿工作 36 天》。

68. 对此可参见艾瑟尔 1994 年 1 月 6 日在圣奥古斯丁和作者的谈话以及梅尔特斯 1995 年 12 月 22 日在波恩和作者的谈话。

69. 参与的工作人员一致意识到，默勒曼部长在这次编辑会议中明显最为聪明并在他的教育政策职权范围内提出了最多修改意见。与此同时，其他部长们却在没有工作人员参与的情况下对独立修改感到吃力，并且缺少政治洞察力。

70. 对此可参阅第三章第二节"冲突调解程序：德国政策立场之争和第二份政府声明"；刊印于 1983 年 5 月 5 日第 43 期公报，S. 397 – 412。

71. 1987 年 3 月 19 日公报，S. 215。

72. 同上。

73. 同上。

74. 例如可参阅1987年3月20日《法兰克福汇报》文章《原则与无路可走》（Karl Feldmeyer: Grundsätze und kein Weg, in: *FAZ* v. 20. 3. 1987）；对于在民主德国赞赏对话政策的新闻报道可参阅德意志内部关系部第二司扬森1987年3月26日所写按语，见：B 137, 10329, AZ 22. 814。

75. 选举之后，司库基普和莱茵兰－普法尔茨州州长就马上前往东柏林，对此可参阅1987年2月20日《时代周报》文章《与联邦德国的新接触》（Marlies Menge: Neue Kontakte zur Bundesrepublik, in: *Die Zeit* v. 20. 2. 1987）；参阅1987年2月16日《时代周报》文章《迅速继续德意志内部对话》（Peter Jochen Winters: Innerdeutscher Dialog rasch fortgesetzt, in: *FAZ* v. 16. 2. 1987）。

76. 1987年3月19日公报，S. 215。

77. 同上。

78. 德国政策工作组组长所写的关于1987年3月30日朔伊布勒和昂纳克就双边问题会谈的按语，见：B 136, 25274, AZ PSt－350 16 Ge 11。

79. 由赛德尔完成的记录可参阅 SAPMO－BArch. J IV 1874；也刊印于 Potthoff: Die Koalition der Vernunft, S. 515－525。

80. 少数话题在接下来的章节里面变得重要，它们被纳入相应的谈判中。

81. 而且民主德国方面没有菲舍尔、赫尔曼和赛德尔。

82. 参见朔伊布勒1996年6月12日在波恩和作者的谈话。

83. 1987年3月19日公报，S. 214。

84. 可参阅1986年《德国档案》文章《德国统一社会党政治战略中柏林的角色》（Wolfgang Seiffert: Zur Rolle Berlins in der politischen Strategie der SED, in: *Deutschland Archiv*, 1986, H. 12, S. 1273－1274）；此外还可参阅德国政策工作组组长1986年10月30日写的邀请市长参加柏林（东）建城750周年庆祝活动理由清单，见：B 136, 21778, AZ 35 100 Be 41, Bd 1。

85. 参见朔伊布勒1996年6月12日在波恩和作者的谈话；以及1986年11月3日德国政策工作组组长所写的关于朔伊布勒1986年11月3日与西方三大国大使会谈的按语，见：B 136, 21778, AZ 35100Be 41, Bd. 1。

86. 德国政策工作组组长杜伊斯贝格（Duisberg）1987年3月30日所写按

语，见：B 136，25274，AZ PSt－350 16 Ge 11。

87. 对此可见第三章第十四节"科尔的权力感：昂纳克访问波恩的政治筹划"。

88. 参见 1987 年 3 月 31 日党团会议记录，见：ACDP Bestand Ⅷ－001－1078/1。

89. 对此可参阅第三章第六节　务实合作：十亿马克贷款担保和联手施特劳斯"及第九节"贸易结算授信额一揽子谈判方案：首席谈判代表的较量"。

90. 参见 1987 年 3 月 31 日基民盟/基社盟联邦议会党团会议记录，见：ACDP Bestand Ⅷ－001－1078/1。

91. 同上。

92. 同上。

93. 同上。

94. 例如只有米夏埃尔·梅尔特斯（Michael Mertes）加入了演讲稿撰写组；克劳斯·卢茨（Claus A. Lutz）离开了办公室；事实上他从 1985 年起就对演讲稿的形成不再有影响；瓦尔特·诺伊尔（Walter Neuer）取代弗兰茨－约瑟夫·宾德特（Franz－Josef Bindert）成为科尔的办公室主任；斯特凡·艾瑟尔（Stepan Eisel）从演讲稿撰写组调到总理办公室担任副主任；巴尔杜尔·瓦格纳（Baldur Wagner）成为联邦总理府第三司（内部事务、社会政策）司长。

95. 参见联邦总理府部长 1987 年 7 月 17 日写给所有联邦部长的信件，见：B 137，10693，AZ 2193。

96. 同上。

97. 对此可见第二章第一节"德意志联邦共和国政治体制中的正式及非正式决策结构"。

98. 对此可参见 1987 年 9 月 24 日德意志内部关系部司长级的讨论，见：B 137，10693，AZ 2193。

99. 可参阅 1987 年 7 月 10 日撰稿人许勒尔博士（Schüler）写给摩根施特恩博士（Morgenstern）的信，作为 1987 年 9 月 24 日由阿克曼完成的按语的附件，见：B 137，10693。

100. 参见 1987 年 10 月 16 日的讲话便条（Ⅱ Al－21.912），见：B 137，10693。

101. 1987 年 10 月 16 日"给所有联邦部长"的信件草案，见：B 137，10693。

102. 国务秘书 1987 年 10 月 8 日写给部长魏姆斯女士的信件，见：B 137，10693。

103. 同上。

104. 同上。

105. 同上。

106. 参见德意志内部关系部 1987 年 10 月 23 日给阿克曼的亲笔记录，此处记录的是 1987 年 10 月 23 日一次电话通话，见：B 137，10693。

107. 1987 年 7 月 16 日和 1974 年 7 月 10 日信件。

108. 见：B 137，10693。

109. 同上。

110. 例如在与民主德国执行科学技术合作协定的过程中，联邦总理同样没有明确德意志内部关系部在其对联邦教育和科学部指令中的特别权限。对此可见罗伊施（Reusch）1989 年 8 月 18 日所写的信件，见：B 137，10693。

111. 菲舍尔 1987 年 11 月 30 日写给根舍的信。见：B 137，10644，AZ 21.21。

112. 同上。

113. 同上。

114. 同上。

115. 对此可参阅德意志内部关系部 1987 年 12 月 16 日的评注（Ⅱ A 3 - 3910），见：B 137，10644，AZ2121。

116. 由维尔姆斯亲笔修改并于 1987 年 12 月 15 日寄给朔伊布勒的信件，见：B 137，10644. AZ 2121。

117. 根舍 1987 年 12 月 15 日给菲舍尔的信件，见：B 137，10644，AZ 2121；对此也可见扬森 1987 年 12 月 21 日所写的评注（Ⅱ A 2 - 22.21），见：B 137，10644，AZ 21.21。

118. 朔伊布勒 1988 年 1 月 25 日给联邦部长维尔姆斯的信件，见：B 137，10644，AZ2121。

第十四节 科尔的权力感：昂纳克访问波恩的政治筹划

1. 对此可见第三章第七节"有关增加军备的辩论：德德责任共同体"。

2. 同上，还可参阅 1995 年《德国档案》文章《昂纳克并未来到波恩——1984 年东柏林和莫斯科之争的新由来》；1994 年第 54 期《联邦东方科学和国际研究所报道》文章《莫斯科－东柏林－波恩三角关系》（Ders.：Das Dreieck Moskau – Ost-Berlin – Bonn. 1975 – 1989. Aus den Akten des SED – Archivs. Berichte des Bundesinstituts für ostwissenschaftliche und internationale Studien，Nr. 54，Bonn 1994）；对背景也可参阅卡尔·赛德尔（Karl Seidel）和汉斯·辛德勒与麦克亚当斯（McAdams）1991 年 7 月 8 日的会谈，见：Hoover – Institution Aktenauswertung，Stanford。

3. 可参阅第三章第七节"有关增加军备的辩论：德德责任共同体"和第八节"扩大政府中枢：特殊渠道谈判和朔伊布勒的代理权"。

4. 参阅 Garton Ash：Im Namen Europas. S. 252f；在与埃贡·克伦茨（Egon Krenz）会谈之后；也可参阅 Oldenburg：Das Dreieck。

5. 关于昂纳克与巴尔 1986 年 9 月 5 日会谈的按语，见：SAPMO – BArch，IV 2/2.035/89，Büro Axen。

6. 对此可参见民主德国外交部一位工作人员的答复，这一答复在 1987 年 7 月 31 日联邦情报局给国务秘书施雷肯贝格尔的报告中被引用：1987 年 7 月 20 日，昂纳克和多勃雷宁（Dobrinyn）在东柏林的会议中做出临时决定，见：Bundeskanzleramt，AZ 35001，Akte 78，Bd. 14 F 14a。多勃雷宁是苏共中央国际关系部新部长。

7. 所指的也是将戈尔巴乔夫政策与戈培尔政策的对比，科尔在一次访谈中因疏忽而说出此话，可参阅第三章第十八节"党内及执政同盟的压力：决断之年 1989"。

8. 可参阅 Garton Ash：Im Namen Europas，S. 253。此时为政治上的缓和时期。

9. 关于波恩和莫斯科的关系以及联邦总理和联邦总统之间的关系可参阅第三章第十八节"党内及执政同盟的压力：决断之年 1989"。

10. 德国政策工作组组长杜伊斯贝格 1987 年 7 月 28 日所写的按语，见：B 136，20558，AZ 221 350 14 Ge 28 Na。

11. 该文件可参阅 Hans – Hermann Herde u. a.（Hrsg.）：Der Staatsbesuch，Berlin 1991；也可见：SAPMO – BArch. DY 30/J IV 2/2 A/3045。

12. 参见 1987 年 8 月 3 日政治局会议记录，其中记录了最重要的六点；见：SAPMO – BArch，IV 2/2.039/52，Büro Krenz。

13. 参见加顿·阿什 1992 年 5 月 8 日在柏林与库尔特·哈格尔（Kurt Hager）的会谈，以及与埃贡·克伦茨（Egon Krenz）1992 年 9 月 29 日在柏林的会谈，见：Garton Ash：Im Namen Europas, S. 253。

14. 不一致和重要补充将在下面的分析中予以强调。

15. 对此参见科尔在调查委员会听证会上的证词，见：Deutscher Bundestag（Hrsg.）：Materialien der Enquete – Kommission, Bd. V. l, S. 920f；而且也在如下文献中加以总结 Dieckmann/Reuth：Helmut Kohl. S. 31 f.；以及 Reitz：Wolfgang Schäuble, S. 315 – 317；Filmer/Schwan：Schäuble, S. 162 – 177。

16. 联邦总理 1996 年 8 月 26 日在波恩与作者及朔伊布勒 1996 年 6 月 12 日在波恩与作者谈话的观点一致；此外可参见艾瑟尔 1995 年 1 月 20 日在美因茨和作者的谈话。

17. 朔伊布勒说："在波恩迎接昂纳克的那天他对我说，对他来说那是他政治生涯中最痛苦的时刻之一。"见：Filmer/Schwan：Schäuble, S. 163。在另一处他谈到："在 1987 年邀请昂纳克前往波恩这一决定是他任总理以来从人性上最困难的决定之一，这个决定使得他沮丧压抑。"参阅 1994 年 5 月 14 日《美因茨汇报》。

18. 科尔 1993 年 11 月 4 日在调查委员会听证会上，见：Deutscher Bundestag（Hrsg.）：Materialien der Enquete – Kommission, Bd. V. l. S. 920。

19. 朔伊布勒 1996 年 6 月 12 日在波恩和作者的谈话中明确指出了这一点。

20. Ackermann：Mit feinem Gehör, S. 273.

21. 参见阿克曼 1995 年 1 月 20 日在美因茨和作者的谈话。

22. 参见联邦总理 1996 年 8 月 26 日在波恩和作者的谈话；正如联邦总理科尔 1995 年 5 月 14 日在《美因茨汇报》访谈中所讲的。此外还可参见贝格尔斯多夫 1994 年 5 月 19 日在波恩和作者的谈话。

23. 参见贝格尔斯多夫 1994 年 5 月 19 日在波恩和作者的谈话；参见阿克曼 1995 年 9 月 17 日在波恩和作者的谈话。

24. 与迪普根没有进行访问交流。

25. 对此联邦政府向民主德国常驻代表格林克（Glienke）递交了一份非正式文件，文件中严正抗议民主德国人民警察侵犯记者的行为，对此参见 1987 年 6 月 10 日所写按语（22 – 35016 – Vc36），见：B 136, 25264, AZ PST 34900 Akl, Bd 14。

26. 可参阅 Gottfried Zieger：Die Haltung von SED und DDK zur Einheit Deutschlands 1949 – 1987，Köln 1988，S. 231。

27. 参见朔伊布勒 1996 年 6 月 12 日在波恩和作者的谈话。

28. 同上。

29. 同上。

30. 同上。

31. 同上。

32. 但正如魏格尔所描述的，尽管如此施特劳斯仍持保留态度。例如施特劳斯在准备昂纳克访问的一次会谈中"多次'轻声'指出，科尔不应迎接昂纳克。科尔对此回答道，该邀请是他的前任施密特发出的，他要遵守该约定。然后施特劳斯说，不应该如此，因为昂纳克双手上沾满鲜血。科尔短暂停顿后对此回答说：'那么在慕尼黑和你长期在一起的黑人酋长们手上又有什么呢？'这时，施特劳斯就爆发了，他将玻璃杯扔出桌面。于是会谈结束，而且基民盟成员施托滕贝格认为这一切都令人尴尬，不能让记者们知道此事。"参见 1996 年 5 月 4/5 日《南德意志报》。

33. 背景是鉴于 1987 年"双零解决方案"而出现的不同安全政策路线，而正如接下来将诠释的那样，这就导致了在执政同盟及基民盟/基社盟党团中的激烈纷争。如果相信奥托·莱因霍尔德（Otto Reinhold）所写的关于他与根舍 1987 年 6 月 2 日会谈的记录，那么这种联系就十分清楚："首先他（根舍。作者注）解释说，他在下周末将去哈勒（Halle）参加亨德尔（Handel）音乐节。在此次私人访问准备过程中，就考虑和埃里希·昂纳克进行会谈并与奥斯卡·菲舍尔共同进餐。他（根舍。作者注）与科尔就此进行了交谈。科尔原则上同意这些会谈，但是请他顾及基民盟/基社盟党团中的情况，目前与这种会谈保持距离。必须承认的是，他在围绕"双零解决方案"的讨论中取得了胜利。现在这样的会谈将会明显增加基民盟/基社盟党团中的混乱。"见：SAPMO - BArch DY30/J IV2/9. 08/12。

34. 参见根舍 1997 年 3 月 14 日在波恩和作者的谈话。

35. 可参阅 AdG 1987，S. 31275 以及 31736。

36. 可参阅杜伊斯贝格 1987 年 4 月 2 日所写关于联邦总理与米塔格的会谈的按语，见：B 136，21343。

37. 对此也可参阅 1987 年第 23 期《欧洲档案》文章《埃里希·昂纳克访问联邦德国》（Karl Wilhelm Fricke：Der Besuch Erich Honeckers in der Bundesrepublik Deutschland, in：*Europa – Archiv* 1987，Nr. 23），S. 683 – 690，这里是 S. 686。

38. 数据概览见附件。

39. 关于君特·米塔格同志与联邦德国总理赫尔穆特·科尔 1987 年 4 月 1 日在波恩会谈的记录，见：SAPMO – BArch，J NL23/9。

40. 联邦总理委托杜伊斯贝格 1987 年 4 月 2 日所发的电传（FS – Nr. 449），这里参见联邦总理与米塔格博士的会谈，见：B 136，20574，AZ 221 – 35014 – Ge28。

41. 按照梅尔特斯的说法（参见他 1994 年 3 月 15 日在波恩和作者的谈话），科尔经常使用这一说法。

42. 摘自 1987 年 9 月 13 日《每日镜报》。

43. 摘自 1987 年 6 月 2 日《法兰克福汇报》。

44. 决策程序的背景和过程可参阅 Thomas Risse – Kappen：Null – Lösung. Entscheidungsprozesse zu den Mittelstreckenwaffen 1970 – 1987，Frankfurt a. M. 1988，S. 150 – 170。

45. Genscher：Erinnerungen，S. 556 – 568.

46. 参见德雷格尔 1995 年 11 月 10 日在波恩和作者的谈话。

47. 摘自 1987 年 9 月 4 日《时代周报》文章《旧恨难忘》（Robert Leicht：Alte Feindschaft rostet nicht, in：*Die Zeit* v. 4. 9. 1987）。

48. 对于背景可参阅 Inacker：Politik in der Wendezeit，S. 91 – 100；也可参阅 Ackermann：Mit feinem Gehör，S. 278。

49. 参见卡斯特纳 1994 年 9 月 14 日在波恩和作者的谈话。

50. 便条，属于 1987 年 8 月 19 日政治局会议文件资料（lfd. S. 137），见：SAPMO – BArch，IV 2/2. 039/83，Büro Krenz。

51. 德国政策工作组组长杜伊斯贝格 1987 年 8 月 19 日所写按语，涉及联邦总理府部长与沙尔克 1987 年 8 月 17 日的会谈，见：B 136，20574，AZ 221 – 35014 – Ge 28。

52. 同上。

53. 关于易北河问题可参阅第三章第十七节"谈判策略：为人道主义减负的关联交易（以过境贸易协定为例）"；此外可参阅此节的公报谈判。

54. 例如可参阅常设代表处的电传，由布罗伊蒂加姆 1986 年 2 月 24 日发给联邦总理府部长，见：B 137，10285，AZ 21. 311 – 11 A 1。

55. 同上。

56. 可参阅 1986 年《德国档案》文章《辛德曼在波恩》（Helmut Lölhöffel：Sindermann in Bonn，in：*Deutschland Archiv*，1986，H. 3，S. 225 ff）。

57. 参见海因里希·温德伦 1994 年 11 月 23 日和作者的谈话。

58. 参见朔伊布勒 1996 年 6 月 12 日在波恩和作者的谈话。魏茨泽克明显有意让朔伊布勒在紧闭的门前长时间等待，因为他知道其使命。

59. 参见朔伊布勒 1996 年 6 月 12 日在波恩和作者的谈话。

60. 参见 Bundesministerium für innerdeutsche Beziehungen（Hrsg.）：Der Besuch von Generals – ekretär Honecker in der Bundesrepublik Deutschland. Eine Dokumentation，Bonn 1988，S. 11。那里记录了关于该访问的所有重要文件。

61. 1987 年 3 月 30 日德国政策工作组组长杜伊斯贝格所写的关于朔伊布勒与菲舍尔 1987 年 3 月 26/27 日在东柏林会谈的按语，见：B 136，20574，AZ 221 – 35014 – Ge 28。

62. 关于德国统一社会党中央委员会总书记兼民主德国国务委员会主席埃里希·昂纳克同志与联邦特别任务部长和联邦总理府部长沃尔夫冈·朔伊布勒博士 1987 年 3 月 27 日在国务委员会会谈的记录，见：SAPMO – BArch，J IV 1874。

63. 德国政策工作组组长杜伊斯贝格 1987 年 3 月 30 日所写的按语、总结和结果，见：B 136，20574，AZ 221 – 35014 – Ge 28。

64. 关于君特·米塔格同志与联邦德国总理赫尔穆特·科尔 1987 年 4 月 1 日在波恩的会谈记录，见：SAPMO – BArch，J NL23/9。

65. 受杜伊斯贝格的委托，1987 年 4 月 2 日联邦总理所发电传（FS – Nr. 449），这里记录了联邦总理与米塔格博士的会谈，见：B 136，20574，AZ 221 – 35014 – Ge28。

66. 参见朔伊布勒 1996 年 6 月 12 日在波恩和作者的谈话。

67. 受杜伊斯贝格的委托，1987 年 4 月 2 日联邦总理所发电传（FS – Nr. 449），这里记录了联邦总理与米塔格博士的会谈，见：B 136，20574，AZ 221 – 35014 – Ge28。

68. 1987 年 6 月 24 日德国政策工作组组长杜伊斯贝格所写的关于 1987 年 6

月 23 日联邦总理府部长与国务秘书沙尔克－哥罗德科夫斯基在联邦总理府会谈的按语；由朔伊布勒用红色加以标记；见：B 136，20574，AZ 221－35014－Ge 28。莫尔特 1987 年 7 月 3 日与朔伊布勒的会谈中确定了约定时间为 1987 年 7 月 22 日；对此可参阅德国政策工作组组长杜伊斯贝格 1987 年 7 月 6 日所写的评注，见：B 136，20574，AZ 221－35014－Ge 28。

69. 参见扬森 1995 年 11 月 10 日在波恩和作者的谈话。她将通报文档整理到一起。

70. 参见联邦总理 1996 年 8 月 26 日在波恩和作者的谈话以及朔伊布勒 1996 年 6 月 12 日在波恩和作者的谈话。

71. 参见朔伊布勒 1996 年 6 月 12 日在波恩和作者的谈话。

72. 参见阿克曼 1996 年 9 月 17 日在波恩和作者的谈话。

73. 1987 年 3 月 15 日联邦总理府的命令 221－350 14 － Ge 28（Na 3），见：B 136，20561，AZ 35014。

74. 同上。

75. 这引自阿伦斯巴赫民意调查研究所一份秘密研究："埃里希·昂纳克访问联邦德国的总结"。这是受联邦总理府委托的，见：B 136，20576，AZ 221－35014－Ge 28 Na 22。

76. 德国政策工作组组长杜伊斯贝格 1987 年 5 月 20 日所写的按语，关于 1987 年 5 月 19 日联邦总理府部长与国务秘书沙尔克－哥罗德科夫斯基在联邦总理府的会谈，见：B 136，20574，AZ 221－35014－Ge 28。

77. 同上。

78. 对此可参阅沙尔克与施特劳斯会谈的指示，见：Nakath/Stephan：Von Hubertusstock nach Bonn，S. 310－312。

79. 关于民主德国常设代表处负责人代表汉斯·辛德勒 1984 年 8 月 23 日造访联邦总理府的按语，该按语由德国政策工作组组长 1984 年 8 月 24 日完成，见：B 136，20566，还可参见延宁格尔 1994 年 6 月 3 日在维也纳和作者的谈话。

80. 关于这一关系可参见朔伊布勒 1996 年 6 月 12 日在波恩和作者的谈话。

81. 参见德国政策工作组组长里希特霍芬 1986 年 4 月 7 日为准备昂纳克的访问所写的条约草案，见：B 136，20574，AZ 221－35014－Ge 28。

82. 参见德国政策工作组组长里希特霍芬 1984 年 8 月 10 日在他写给特尔

切克按语上面亲笔添加的内容，见：B 136，20556，AZ 35014。

83. 参见扬森 1995 年 11 月 10 日在波恩和作者的谈话。

84. 联邦总理府部长 1987 年 5 月 25 日为联邦总理完成的按语，见：B 136，20574，A7221 – 35014 – Ge 28。

85. 对此可见由联邦总理府部长 1987 年 5 月 25 日为联邦总理完成的按语，见：B 136，20574，A7221 – 35014 – Ge 28。

86. 1987 年 3 月 30 日德国政策工作组组长杜伊斯贝格所写的关于 1987 年 3 月 27 日在柏林（东）与昂纳克总书记就双边问题会谈的按语，见：B 136，20574，AZ 221 – 35014 – Ge 28。以及东德记录：由赛德尔完成的这次会面的记录，日期不详，见：SAPMO – BArch，J IV 1874；对此可参阅第三章第十三节 "巩固权力的过程：组阁和加强德国政策的主管权限"。

87. 受杜伊斯贝格委托，1987 年 4 月 2 日联邦总理所发电传（FS – Nr. 449）记录了联邦总理与米塔格博士的会谈，见：B 136，20574，AZ 221 – 35014 – Ge28；此外还可参见：SAPMO – BArch，J NL 3/9，Bestand Mittag。

88. 1987 年 6 月 24 日德国政策工作组组长杜伊斯贝格所写的关于 1987 年 6 月 23 日联邦总理府部长与国务秘书沙尔克 – 哥罗德科夫斯基在联邦总理府会谈的按语；由朔伊布勒用红色加以标记；见：B 136，20574，AZ 221 – 35014 – Ge 28。这次会面中朔伊布勒带着来访者穿过联邦总理府并通过窗户指给他看在波恩的国务访问是如何安排的，对此可参阅 Reitz：Wolfgang Schäuble，S. 316。

89. 有签字的行程计划，作为德国政策工作组组长杜伊斯贝格 1987 年 6 月 24 日所写按语的附录，见：B 136，20 574，AZ 221 – 35014 – Ge28。

90. 所有内容都可参见德国政策工作组组长 1987 年 6 月 24 日所写的按语，见：B 136，20574，AZ 221 – 35014 – Ge 28。

91. 朔伊布勒作为联邦总理府部长在东柏林首次与福格尔和沙尔克的会谈，他马上关注此事，晚些时候在他与昂纳克在民主德国的会谈中也是如此。

92. 参见朔伊布勒于 1996 年 6 月 12 日在波恩和作者的谈话。

93. 可参阅 1987 年 6 月 24 日德国政策工作组组长杜伊斯贝格所写的关于 1987 年 6 月 23 日联邦总理府部长与国务秘书沙尔克 – 哥罗德科夫斯基

在联邦总理府会谈的按语，见：B 136，20574，AZ 221 – 35014 – Ge 28。

94. 同上。

95. 参见朔伊布勒 1996 年 6 月 12 日在波恩和作者的谈话。

96. 对联邦政府的抗议可参阅朔伊布勒分别与沙尔克和莫尔特的会谈：德国政策工作组组长杜伊斯贝格 1987 年 7 月 6 日所写的关于国务秘书沙尔克电话通话的按语，见：B 136，20574，AZ 221 – 35014 – Ge 28。以及沙尔克 1987 年 7 月 7 日对此的解释，出处同上。1987 年 7 月 7 日德国政策工作组组长杜伊斯贝格所写的关于朔伊布勒与莫尔特 1987 年 7 月 7 日会谈的按语，见：B 136，20574，AZ221 – 35014 – Ge28；奥斯卡·菲舍尔 1987 年 7 月 8 日写给埃里希·昂纳克的信，提到朔伊布勒与莫尔特的会谈，见：SAPMO – BArch，IV 2/2.039/303，Büro Krenz。

97. 1987 年 7 月 9 日德国政策工作组组长杜伊斯贝格所写的关于 1987 年 7 月 8 日联邦总理府部长与沙尔克在联邦总理府会谈的按语，由朔伊布勒用红色加以标记，见：B 136，20574，AZ 221 – 35014 – Ge 28；沙尔克的秘书在同一天电话通知说，民主德国同意车票价格优惠的提议；可参阅同上，德国政策工作组组长杜伊斯贝格所写评注的附件。

98. 对此可参阅联邦总理府受施特恩委托 1987 年 7 月 15 日所发的电传"国务秘书布罗伊蒂加姆在与赛德尔先生在预定会谈中应谈及的要点清单"，见：B 136，20574，AZ 221 – 35014 – Ge 28。关于朔伊布勒与沙尔克 1987 年 8 月 17 日会面参见德国政策工作组组长杜伊斯贝格 1987 年 8 月 19 日所写的按语，见：B 136，20574，AZ 221 – 35014。

99. 1987 年 8 月 19 日德国政策工作组组长杜伊斯贝格所写的关于 1987 年 8 月 17 日联邦总理府部长与国务秘书沙尔克会谈的按语，见：B 136，20574，AZ 221 – 35014 – Ge 28。

100. 1987 年 8 月 31 日德国政策工作组组长杜伊斯贝格所写的关于 1987 年 8 月 27 日扩大的三方小组会议按语，见：B 136，20169，AZ 221 – 14223 – Sta 8。

101. 同上。

102. 同上。

103. 对此可参阅第三章第十七节"谈判策略：为人道主义减负的关联交易"。

104. 1987 年 8 月 31 日德国政策工作组组长杜伊斯贝格所写的关于 1987 年 8 月 27 日扩大的三方小组会议按语，见：B 136，20169，AZ 221 - 14223 - Sta 8。

105. 1987 年 8 月 19 日德国政策工作组组长杜伊斯贝格所写的关于 1987 年 8 月 17 日联邦总理府部长与国务秘书沙尔克会谈的按语，见：B 136，20574，AZ 221 - 35014 - Ge 28。

106. 同上。

107. 德国政策工作组组长杜伊斯贝格 1987 年 8 月 20 日所写的按语，提到了德意志内部关系，见：B 137，10286，AZ 21.511 - Ⅱ A 1。

108. 出发点是对 1987 年 7 月 22 日举行的德国政策跨部门协调会议的准备，对此可参阅德国政策工作组组长杜伊斯贝格 1987 年 7 月 14 日所做的概览评注"访问日程，组织问题"，由朔伊布勒用红色加以标记，见：B 136，20575，AZ 221 - 35014 - Ge28 Na 22；也可参阅关于 1987 年 7 月 20 日在联邦总理府举行的司长级准备会议 1987 年 7 月 20 日所写的短评注，见：B 137，10286，AZ 21.S11 - Ⅱ A 1；关于民主德国先遣代表团可参阅德国政策工作组组长杜伊斯贝格 1987 年 8 月 4 日所写的评注，见：B 136，20575，AZ 221 - 35014 - Ge 28 Na 22，以及第 22 工作组主任施特恩 1987 年 8 月 11 日所写的关于与民主德国先遣小组会谈结果的评注，见：B 136，20560，AZ 221 - 35014 - Ge 28；与民主德国先遣小组会谈结果参见联邦总理府施特恩于 1987 年 8 月 11 日所写的评注，见：B 137，10286，AZ 21.511 - Ⅱ A 1。

109. 德国政策工作组组长杜伊斯贝格 1987 年 6 月 24 日所写评注，见：B 136，20574，AZ 221 - 35014 - Ge 28。

110. 参见总理办公室的评注，艾瑟尔 1987 年 7 月 21 日所写的关于 1987 年 7 月 21 日准备昂纳克访问的会谈记录，见：B 136，20560，AZ 221 - 35014 - Ge 28。

111. 联邦总理府施特恩 1987 年 8 月 11 日所写按语，见：B 137，10286，AZ 21.511 - 11 AI。

112. 1987 年 7 月 21 日德国政策工作组组长在关于 1987 年 7 月 20 日职能部门会议的按语中亲笔写道，见：B 136，20575，AZ 221 - 35014 - Ge 28 Na 22。

113. 联邦部长魏姆斯亲笔记录道："一位外交部代表加入小代表团在联盟

党中遭反对"；1987 年 7 月 21 日扬森所写的关于 1987 年 7 月 20 日在联邦总理府中举行的职能部门会谈的按语（ⅡA 2），见：B 137，10286，AZ 21.511 – 11 A1。

114. 德国政策工作组组长在 1987 年 7 月 21 日所写的关于在 1987 年 7 月 20 日职能部门会议的评注中亲笔记录道，见：B 136，20575，AZ 221 – 35014 – Ge 28 Na 22。

115. 德国政策工作组组长杜伊斯贝格 1987 年 8 月 4 日所写的按语，杜伊斯贝格亲笔记录："联邦总理同意——与民主德国代表团已达成一致"，见：B 136，20575，AZ 221 – 35014 – Ge 28Na 22。

116. 同上。

117. 德国政策工作组组长杜伊斯贝格 1987 年 8 月 4 日写给特尔切克的按语，其中提到对昂纳克总书记访问的准备，这里记录了与民主德国先遣代表团的会谈；杜伊斯贝格亲笔记录，见：B 136，20575，AZ 221 – 35014 – Ge 28 Na 22。

118. 参见科尔 1996 年 8 月 26 日在波恩和作者的谈话。

119. 科尔也将这个主意付诸实践，在此他让昂纳克和米塔格面临着可能出现的继任者问题；可参阅科尔对此在调查委员会听证会上的证词，见：Deutscher Bundestag：Materialien der Enquete – Kommission，Bd. V，1，S. 936。

120. 所有细节都做了准备，也事先弄清楚了昂纳克的好恶："昂纳克不喜欢吃鱼或有壳的软体动物。尽管他自己也是猎人，但他不喜欢吃野味。他最喜欢味道浓且有地方特色的菜肴"，参见德国政策工作组组长 1987 年 8 月 12 日所写的按语，见：B 136，20560。

121. 由德意志内部关系部扬森 1987 年 7 月 21 日写给部长魏姆斯女士的关于 1987 年 7 月 20 日在联邦总理府举行的职能部门会议的按语，见：B 137，10286，AZ 21.511 – Ⅱ A 1。在另一个地方司长多贝伊对同一事件记录如下："这点在政治上是完全不可接受的（而且肯定会碰到联盟党德国政策政治人物的批评！）"，参见德意志内部关系部扬森 1987 年 8 月 14 日写给部长魏姆斯女士的按语，见：B 137，10286，AZ 21.511。

122. 德国政策工作组组长杜伊斯贝格 1987 年 8 月 14 日所写按语，这里记录了准备情况，由朔伊布勒用红色加以标记，见：B 136，20575，AZ

221 – 35014 – Ge 28 Na 22。

123. 1987 年 8 月 31 日德国政策工作组组长杜伊斯贝格所写的关于 1987 年 8 月 27 日扩大的三方小组会议的按语，见：B 136，20169，AZ 221 – 14223 – Sta 8。

124. 同上。

125. Genscher：Erinnerungen，S. 551 f.

126. 杜伊斯贝格 1987 年 6 月 29 日亲笔所写的按语，见：B 136，20574，AZ 221 – 35014 – Ge 28。一天后，昂纳克也在政治局会议上告知了访问时间，见：SAPMO – BArch，IV 2/2.039/50，Büro Krenz。

127. 同上。

128. 关于背景可参阅 Bedarff：Die Viererrunden，S. 565。

129. 德国政策工作组组长杜伊斯贝格 1987 年 7 月 28 日所写评注，见：B 136，20558，AZ 221350 14 Ge 28 NA 1。

130. 同上。

131. 参见梅尔特斯 1995 年 6 月 22 日在波恩和作者的谈话。

132. 关于背景也可参阅 1987 年 8 月 31 日《明镜周刊》文章《未来将给民主德国来访者 100 德国马克》（Künftig 100 Mark für Besucher aus der DDR，in：*Der Spiegel* v. 31. 8. 1987，S. 20 – 26）。

133. 对此也可参阅 1987 年 9 月 1 日举行的内阁会议，其中也讨论了在德意志内部访问交通中使旅行更加便利的事宜；参见梅尔特斯 1995 年 6 月 22 日在波恩和作者的谈话。

134. 可参阅 1987 年 8 月 31 日《明镜周刊》；另外还可参见梅尔特斯 1995 年 6 月 22 日在波恩和作者的谈话。

135. 同上。

136. 参见朔伊布勒 1996 年 6 月 12 日在波恩和作者的谈话。

137. 参见德国政策工作组组长 1987 年 8 月 31 日所写的按语，见：B 136，20169，AZ 221 – 14223 – Sta 8。

138. 刊印于：联邦新闻局 1987 年 8 月 26 日所发消息。

139. 可参阅 1987 年 9 月 7 日《法兰克福汇报》文章《朔伊布勒警告不要对昂纳克的到访给予过高期望》（Schäuble warnt vor zu hohen Erwartungen an Honeckers Besuch，in：*FAZ* v. 7. 9. 1987）。

140. 也可参阅 1987 年 9 月 3 日《法兰克福汇报》文章《科尔在基民盟／基

社盟党团面前》（Kohl vor der CDU/CSU – Fraktion，in：*FAZ* v. 3. 9. 1987）；也可参阅 1987 年 9 月 14 日《明镜周刊》文章《火与水》（Feuer und Wasser，in：*Der Spiegel* v. 14. 9. 1987）。

141. 参见 1987 年 9 月 2 日基民盟/基社盟党团会议记录，见：ACDP Bestand Ⅷ – 001 – 1078/1 – 2。

142. 同上。

143. 同上。

144. 同上。

145. 参见维尔姆斯 1995 年 9 月 18 日在波恩和作者的谈话。

146. 基民盟/基社盟党团会议的记录（见上面），见：ACDP Bestand Ⅷ – 001 – 1078/1 – 2。

147. 同上。

148. 同上。

149. 可参阅 1987 年 9 月 3 日《世界报》文章《以与昂纳克的会面为开端》（Treffen mit Honecker als Auftakt，in：*Die Welt* v. 3. 9. 1987）。

150. 摘于 1987 年 9 月 4 日《世界报》文章《供电贸易已与昂纳克商定并纳入计划》（Strom – Geschäft ist mit Honecker fest eingeplant，in：*Die Welt* v. 4. 9. 1987）。

151. 可参阅同上。访问西德后昂纳克将于 1987 年秋访问比利时。

152. 参阅 1984 年 9 月 4 日草案，见：B 136，20556，AZ 35014。

153. 参阅 1986 年 3 月 6 日草案，见：B 136，20566。

154. 德国政策工作组组长杜伊斯贝格 1987 年 7 月 6 日所写按语，见：B 136，20574，AZ 221 – 35014 – Ge 28。该草案可见：B 137，10287，AZ 21. 511。政治局于 1987 年 6 月 30 日表决通过该草案，见：SAPMO – BArch，DY 30/JIV 2/2/2227。

155. 常设代表处代表布罗伊蒂加姆 1987 年 7 月 17 日所发电传，见：B 136，20558，AZ 221 – 35014 – Ge 28 NA 1。

156. 参见朔伊布勒 1996 年 6 月 12 日在波恩和作者的谈话。

157. 杜伊斯贝格 1987 年 7 月 23 日所写的评注中提出此建议并且联邦总理府部长也用红笔写道"是的，我也赞成。"表示同意，见：B 136，20575，AZ 221 – 35014 – Ge 28 Na 22。

158. 同上。参见朔伊布勒的亲笔记录。

159. 第 21 工作组哈特曼博士 1987 年 7 月 30 日所写的评注，见：B 136，20575，AZ 221 - 35014 - Ge 28 Na 22。

160. 对此可参阅联邦德国内部关系部第二司扬森 1987 年 8 月 1 日写给国务秘书先生的评注，见：B 137，10287，AZ 21. 511。

161. 同上。

162. 同上。

163. 联邦总理委托杜伊斯贝格 1987 年 8 月 11 日写给外交部处长卡斯特鲁普博士和德意志内部关系部司长多贝伊博士的信件，见：B 137，10287，AZ 21. 511。

164. 凯赛勒（Kaesler）所写的对民主德国 1987 年 7 月 3 日草案的评语，Ref. 221 BK v14. 8. 1987/2244/wi，见：B 136，20575，AZ 221 - 35014 - Ge 28 Na22.；德国政策工作组组长杜伊斯贝格 1987 年 8 月 14 日所写评注，见：B 136，20575，AZ 221 - 35014 - Ge 28 Na 22。

165. 德国政策工作组组长杜伊斯贝格 1987 年 8 月 19 日所写的关于联邦总理府部长与沙尔克于 1987 年 8 月 17 日会谈的按语，见：B 136，20574，AZ 221 - 35014 - Ge 28。

166. 对此可参阅第三章第八节"扩大政府中枢：特殊渠道谈判和朔伊布勒的代理权"。

167. 西德谈判代表上一次也在文化协定中如此实施。可参阅第三章第十一节"职能部门原则：文化协定"。

168. 对此可参阅德国政策工作组组长杜伊斯贝格 1987 年 8 月 24 日写给联邦总理府部长的按语，见：B 136，20574，AZ 221 - 35014 - Ge 28。关于第一轮会谈结果的草案作为 1987 年 8 月 21 日凯赛勒给德意志内部关系部多贝伊信件的附件 221 - 350 14 - Ge 28（NA15），见：B 136，20570。

169. 关于背景：迄今为止，柏林协定作为充分的条约基础扩大了德意志内部贸易。民主德国想要签订一份类似与苏联和其他西欧国家协定那样的经济框架协定。1985 年 4 月 8 日，米塔格在与科尔会谈中详细讨论了这一想法并在原则上得到了科尔的积极反应。在班格曼与米塔格 1987 年 3 月 15 日在莱比锡举行的会谈中，米塔格再次提到这一建议。但迄今为止经济部和柏林市政府却对此踩了刹车。通过某些关键要点可以使各部之间达成一致：确保西柏林的参与并作为会议举办地及其经济参与，德意志内部贸易在机构和程序上并无缩减，完全保障柏林协定的条约基础，保障欧共体和关税及贸易总协定在德意志内部贸易中的特殊地位。可参阅德国政策工作组组长杜伊斯贝格 1987 年 8 月 26 日为朔伊布勒准备工作所写的，见：B 136，20169，AZ 221 – 14223。

170. 公报终稿被刊印于：Bundesministerium für innerdeutsche Beziehungen（Hrsg.）：Der Besuch von Generalsekretär Honecker in der Bundesrepublik Deutschland. S. 36 – 44。

171. 朔伊布勒与沙尔克的会谈于 1987 年 9 月 2 日举行，莫尔特 1987 年 9 月 4 日与朔伊布勒会面，可参阅德国政策工作组组长杜伊斯贝格 1987 年 9 月 7 日所写按语，见：B 136，20574，AZ 221 – 35014 – Ge 28 Na 22。

172. Bundesministerium für innerdeutsche Beziehungen（Hrsg.）：Der Besuch, S. 40.

173. 见：B 136，20574。

174. Bundesministerium für innerdeutsche Beziehungen（Hrsg.）：Der Besuch, S. 41.

175. 朔伊布勒 1987 年 9 月 2 日向沙尔克做了同意的表态，可参阅德国政策工作组组长杜伊斯贝格 1987 年 9 月 7 日所写的按语，见：B 136，20574，AZ 221 – 35014 – Ge 28。

176. Bundesministerium für innerdeutsche Beziehungen（Hrsg.）：Der Besuch, S. 42.

177. 也可参阅 1987 年第 23 期《欧洲档案》文章《埃里希·昂纳克对联邦德国的访问》（Karl Wilhelm Fricke：Der Besuch Erich Honeckers in der Bundesrepublik Deutschland, in: *Europa – Archiv*, 1987, Nr. 23），S. 683 – 690，这里是 S. 688；此外批评意见可参阅 1987 年第 4 期《外交政策》文章《在昂纳克访问后 – 接下来会怎样呢？》（Wilhelm Bruns：Nach dem Honecker – Besuch-und wie weiter?, in: *Außenpolitik*, 1987, Nr. 4），S. 345 – 355，这里是 S. 348 – 352。

178. Bundesministerium für innerdeutsche Beziehungen（Hrsg.）：Der Besuch, S. 36.

179. 刊印于 1987 年第 83 期公报，S. 710 – 713。

180. 在这种情况下，阿克曼组织了全部媒体工作，参见他 1995 年 9 月 17 日在波恩和作者的谈话。

181. 参见联邦总理 1996 年 8 月 26 日在波恩和作者的谈话。

182. 参见梅尔特斯 1995 年 6 月 22 日在波恩和作者的谈话。

183. 1987 年 9 月 2 日党团会议记录，见：ACDP Bestand Ⅷ－001－1078/1－2。

184. 参见普利尔 1995 年 9 月 18 日在波恩和作者的谈话。1983 年 11 月 22 日对执行“北约双重决议”的政府声明也同等重要。

185. 1987 年 9 月 8 日加密电报报告，见：B 136，20570。

186. 下面段落的背景信息可参见贝格尔斯多夫 1995 年 5 月 19 日在波恩和作者的谈话，艾瑟尔 1994 年 1 月 6 日在圣奥古斯丁和作者的谈话，梅尔特斯 1994 年 3 月 15 日在波恩以及普利尔 1995 年 9 月 18 日在波恩和作者的谈话。

187. 第 223 处 1987 年 8 月 25 日；关于昂纳克的访问；这里是联邦总理的致辞，见：B 136，20568，AZ 221 350 14 Ge 28 NAH。

188. 对此存在着不同且互相矛盾的回忆：朔伊布勒在一个文本中还忠诚地为他的德国政策工作组的抱怨说话，在另一个文本中他就不加干预；参见普利尔 1995 年 9 月 18 日在波恩和作者的谈话，艾瑟尔 1995 年 1 月 20 日在美因兹和作者的谈话，梅尔特斯 1996 年 9 月 27 日在波恩和作者的谈话以及朔伊布勒 1996 年 6 月 12 日在波恩和作者的谈话。

189. 接下来的信息可参见普利尔 1995 年 9 月 18 日在波恩和作者的谈话以及梅尔特斯 1995 年 6 月 22 日在波恩和作者的谈话；对此可参阅在普利尔私人档案中的演讲草稿。

190. 施瓦茨（Schwarz）教授的部分晚些才加进来，最初只有希尔德布兰特（Hildebrand）教授的部分。

191. 该演讲稿刊印于：Bundesministerium für innerdeutsche Beziehungen（Hrsg.）：Texte zur Deutschlandpolitik，Bd. Ⅲ/5. S. 194－199，这里是 S. 195。

192. 对此可见第三章第十六节“对德国政策价值观基础的考验：联邦总理遇到党派政治挑战”。

193. Bundesministerium für innerdeutsche Beziehungen（Hrsg.）：Texte zur Deutschlandpolitik，Bd. Ⅲ/5，S. 197。

194. 所有摘引来自同上。

195. 同上。

196. 德国政策工作组组长的草案参见第 223 处于 1987 年 8 月 25 日所写，见：B 136，20568，AZ 221 350 14 Ge 28 NA 14。

197. 同上。

198. 同上。

199. 同上。

200. Bundesministerium für innerdeutsche Beziehungen（Hrsg.）：Texte zur Deutschlandpolitik，Bd. Ⅲ/5，S. 194.

201. 见：B 136，20568，AZ 221 350 14 Ge 28 NA 14。

202. 刊印于：Bundesministerium für innerdeutsche Beziehungen（Hrsg.）：Texte zur Deutschlandpolitik. Bd. Ⅲ/5. S. 272 – 288。

203. 同上。

204. 同上。

205. 同上。

206. 同上。

207. 同上。

208. 见：B 136，20568，AZ 221 350 14 Ge 28 NA 14。

209. Bundesministerium für innerdeutsche Beziehungen（Hrsg.）：Texte zur Deutschlandpolitik，Bd. Ⅲ/5，S. 275.

210. 语言分析可参阅 1987 年《德国档案》文章《民主德国言语上的胜利》（Horst Dieter Schlosser：Verbal ein Sieg der DDR，in：*Deutschland Archiv*，1987，H. 11，S. 1126 – 1128）；下面的摘引与昂纳克的致辞有关，见：Bundesministerium für innerdeutsche Beziehungen（Hrsg.）：Texte zur Deutschlandpolitik，Bd. Ⅲ/5，S. 199 – 211。

211. 从定量角度看概念的使用："在那之后，赫尔穆特·科尔所用'德国'和'和平'出现的比率是 34 比 13，与此同时埃里希·昂纳克用的比率则是 7 比 17，即在相当程度上正好相反，这不可能是完全偶然的，因为两份演讲稿都是精心准备并且没有任何突发灵感。"见：Schlosser：Verbal ein Sieg der DDR，S. 1127。

212. 该会谈于 1988 年 2 月 4 日举行。记录刊印见：SAPMO – BArch，ZPA2/2，035/83。

213. 参见联邦总理 1996 年 8 月 26 日在波恩和作者的谈话。

214. 对此参见朔伊布勒 1996 年 6 月 12 日在波恩和作者的谈话，在那天联邦总理府一个平常的早晨却笼罩着压抑的气氛，联邦总理以他随便的方式训斥朔伊布勒，说他在所有事上自讨苦吃。

215. 可参阅 1987 年 9 月 5 日《法兰克福汇报》文章《波恩遵循同等礼宾接待的访问》（Bonn orientiert sich in Besuchen gleichen protokollarischen Ranges，in：*FAZ* v. 5. 9. 1987）。

216. 可参阅 1987 年 9 月 8 日《法兰克福汇报》文章《科尔和昂纳克在访问第一天就展现了很多良好愿望》（Kohl und Honecker zeigen gleich am ersten Besuchstag viel guten Willen vor，in：*FAZ* v. 8. 9. 1987）。在访问过程中，联邦总理科尔也联系到了在莫斯科签署的《和平与安全政策共同宣言》。

217. Filmer/Schwan：Schäuble，S. 163.

218. 对此可参阅 Ackermann：Mit feinem Gehör，S. 273 – 275；也可参阅 Maser：Helmut Kohl，S. 256 – 260。

219. 朔伊布勒 1996 年 6 月 12 日和作者的谈话中以及维尔姆斯 1995 年 9 月 18 日在波恩和作者的谈话中都观点一致地对此进行了评论。

220. 有对国际话题进行会谈建议的会谈目标可参阅外交部 1987 年 8 月 11 日 DG 212 –341，见：B 136，20566；德意志内部关系部的建议参见维尔姆斯部长 1987 年 8 月 12 日写给朔伊布勒的信件，该信有内容丰富的附件，见：B 136，20563。

221. 参见联邦总理 1996 年 8 月 26 日在波恩和作者的谈话。

222. 1987 年 8 月 21 日所写的关于 1987 年 8 月 20 日在联邦总理府举行的会议结果的简短评注；讲话便条，见：B 136，20567。

223. 对此可参阅德国政策工作组组长为科尔和朔伊布勒会谈准备所收集的丰富的会议文件资料；德国政策工作组组长 1987 年 9 月 1 日，见：B 136，20567。

224. 德国政策工作组组长 1987 年 9 月 7 日所写评注，见：B 136，20574，AZ 221 – 35014 – Ge 28 NA22。

225. 科尔与昂纳克首次会谈的参与者包括：联邦德国方面有科尔、班格曼、维尔姆斯、朔伊布勒、布罗伊蒂加姆、奥斯特（Ost）、伏尔岑、雷林格、施特恩、诺伊尔、卡斯特鲁普、多贝伊、杜伊斯贝格和霍夫施泰特尔（Hofstetter）；民主德国代表有昂纳克、米塔格、菲舍尔、拜尔（Beil）、赫尔曼、尼尔、莫尔特、雷特纳（Rettner）、克勒姆克、克拉巴奇（Krabatsch）、梅耶（Meyer）、尼可拉斯（Niklas）和赛德尔。下面的引文与第 22 组组长 1987 年 9 月 10 日所写评注相关，西德记录：B 137，10286，AZ 21.511；东德记录：SAPMO – BArch，J IV/894；也可参阅 Potthoff：Die Koalition der Vernunft，S. 582 – 592。

226. AdG 1987，S. 31406 f.

227. 由第 22 组组长施特恩 1987 年 9 月 10 日完成的关于代表团内部会谈的评注，见：B 137，10286，AZ 21.511。

228. 同上。

229. 同上。

230. 见：SAPMO – BArch，J IV/894。

231. 1987 年 9 月 7 日由埃里希·昂纳克在第一页上签署，可参阅关于联邦总理 1987 年 9 月 10 日第一次会谈的评注，见：B 136，20572。

232. 见：SAPMO – BArch.，J IV/894。

233. 见：B 137，10286，AZ 21.511。

234. 第 22 组组长 1987 年 9 月 10 日所写的评注，见：B 137，10286，AZ 21.511。

235. 见：SAPMO – BArch，J IV/894。

236. 第 22 组组长 1987 年 9 月 10 日所写的评注，见：B 137，10286，AZ 21.511。

237. 见：SAPMO – Barch，J IV/894；也可参阅 Porthoff：Die Koalition der Vernunft，S. 576 – 581。

238. 1987 年 9 月 11 日联邦情报局局长发给联邦总理的电传，见：Bundeskanzleramt，35001，Akte 78，Bd. 15 F 16。

239. 刊印于：Bundesministerium für innerdeutsche Beziehungen（Hrsg.）：Der Besuch，S. 21 – 23。

240. 同上。

241. 同上。

242. 同上。

243. 同上。

244. 同上。

245. 德国政策工作组组长 1987 年 9 月 1 日准备的会谈文件资料，见：B 136，20567。

246. 魏登菲尔德在与作者的谈话中尤其提请注意此点。

247. 德国政策工作组组长杜伊斯贝格 1987 年 9 月 8 日所写评注，见：Bundeskanzleramt，AZ 35014，Akte 41，Bd. 1。下面的引文与此相关。

248. 见：SAPMO – BArch，J IV/894；也可参阅 Potthoff：Die Koalition der Vernunft，S. 592 – 600。下面的引文与此相关，附有东德评注的提示。

249. 德国政策工作组组长杜伊斯贝格 1987 年 9 月 8 日所写按语，见：Bundeskanzleramt，AZ 35014，Akte 41，Bd. 1。

250. 德国政策工作组组长杜伊斯贝格 1987 年 9 月 8 日所写按语 AZ 22 – 35014 De 34/1/87，见：Bundeskanzleramt，AZ 35014，Akte 41，Bd. 1。

251. 见：SAPMO – BArch，J IV/894。

252. 见：Bundeskanzleramt，AZ 35014，Akte 41，Bd. 1。

253. 见：SAPMO – BArch，J IV/894。

254. 同上。

255. 见：Bundeskanzleramt，AZ 35014，Akte 41，Bd. 1。

256. 同上。

257. 基尔、汉诺威、汉堡。

258. 见：Bundeskanzleramt，AZ 35014，Akte 41，Bd. 1。

259. 同上。

260. 同上。

261. 也不在东德记录中。

262. 在他对联邦德国访问的最终报告附录中也有一份标题为"对访问期间阐述的要求应递交决议建议"的清单。例如包括昂纳克对奖学金的要求。这份清单同时也显示了将新话题纳入会谈的狭小空间。可参阅 SAPMO – BArch，J IV 894。

263. 见：Bundeskanzleramt，AZ35014，Akte 41，Bd. 1。

264. 同上。

265. 联邦总理 1988 年秘密前往民主德国。

266. 参见朔伊布勒 1996 年 6 月 12 日在波恩和作者的谈话。

267. 魏登菲尔德强调让作者注意这种关系。

268. 对此可参阅 1987 年 9 月 9 日《法兰克福新报》文章《在哥德斯堡晚宴后才上开胃菜》（In der Godesberger Redoute kam das Pikante erst nach dem Essen, in: Frankfurter Neue Presse v. 9. 9. 1987）。

269. 在随附的信件中他解释了原因："……我可以将所附关于我与昂纳克先生会谈的评注作为个人消息呈交给你。我没有考虑将其归入'秘密'或类似级别，因为我不希望它落入所有可能接触的官员手中。"参见延宁格尔 1987 年 9 月 16 日写给朔伊布勒的信件，见：B 136, 20657。

270. 由托马斯·贡德拉赫（Thomas Gundelach）完成的会谈评注，见：B 136, 20567。会谈的参加者有：民主德国参与的包括国务秘书赫尔曼（Herrmann）、莫尔特、赛德尔，联邦德国方面有国务秘书布罗伊蒂加姆等。

271. 见：SAPMO – BArch, J IV/894。由赛德尔完成。

272. 当时的联邦议院议长延宁格尔 1994 年 6 月 3 日在维也纳和作者的谈话中将此作为这个背景下的重点。

273. 由托马斯·贡德拉赫完成的会谈按语，见：B 136, 20567。

274. 见：SAPMO – BArch, J IV/894。

275. 为民主德国成立 38 周年应使特赦生效。细节可见：AdG 1987, S. 31275 和 31736。

276. 见：SAPMO – Barch, J IV/894；也刊印于 Potthoff: Die Koaltinon der Vernunft, S. 600 – 603。

277. 德国政策工作组组长杜伊斯贝格 1987 年 9 月 14 日所写按语，见：Bundeskanzleramt, AZ 35014, Akte 41, Bd. 1。

278. 同上。

279. 见：SAPMO – BArch, J IV/894。

280. 见：Bundeskanzleramt, AZ 35014, Akte 41, Bd. 1。

281. 阿尔布雷西特 1994 年 9 月 12 日给波特霍夫（Potthoff）的信中对此加以表述；可参阅 Potthoff: Die Koalition der Vernunft, S. 602 Anm. 33 和 S. 570 Anm. 8。

282. 荷兰和联邦德国之间埃姆斯河入海口地区（多拉德河）边界走向规定。该边界走向有时离德国的河岸近，有时离荷兰的河岸近，有时则在中间。

283. 德国政策工作组组长杜伊斯贝格 1987 年 9 月 14 日所写评注，见：Bundeskanzleramt，AZ 35014，Akte 41，Bd. 1。

284. 联邦总理府第 22 工作组主任 1987 年 9 月 10 日对此完成的评注，见：B 136，20572。东德记录见：SAPMO － BArch，J IC/894；也可参阅 Potthoff：Die Koalition der Vernunft，S. 604 － 606。

285. 联邦总理府第 22 工作组主任施特恩 1987 年 9 月 10 日完成的评注 221 － 350 16 － Ge 28，见：B 136，20572。

286. 可参阅 Peter Jochen Winters：Verträge und Vereinbarungen，见：Weidenfeld/Korte（Hrsg.）：Handwörterbuch zur deutschen Einheit，Frankfurt a. M. 1992，S. 723 － 731，这里是 S. 729。

287. 1987 年 9 月 10 日，科尔就利用联邦议院讨论预算的机会探讨昂纳克访问的事宜。对此可参阅演讲稿文本，见德国联邦议院速记报告（Deutscher Bundestag：Stenographische Berichte Bd. 142，Plenarprotokolle 11/22 － 11/40，S1593 － 1597）。

288. 参见朔伊布勒 1996 年 6 月 12 日在波恩和作者的谈话。

289. 中程核导弹条约于 1987 年 12 月 8 日缔结。

290. 刊印于 1987 年 10 月 16 日第 106 期公报，S. 909 － 916，这里是 S. 914；对此可参阅 Fröhlich：Sprache als Instrument，S. 177 ff.。

291. 1987 年 10 月 16 日第 106 期公报，S. 914。

292. 同上。S. 915。

293. 1988 年和 1989 年由梅尔特斯主管。

294. 这是由来自外交部的质询引发的，因为外交部国务秘书苏德霍夫（Sudhoff）想知道联邦部长根舍具体在何时得到草案；可参阅 1987 年 10 月 9 日的亲笔评注，见：B 136，20167，AZ 14200；此外还可参见普利尔 1995 年 9 月 18 日在波恩和作者的谈话。

295. 也可参阅 Fröhlich：Sprache als Instrument，S. 133 － 135。

296. 1987 年 10 月 16 日第 106 期公报，S. 910。

297. 同上。

298. 同上。

299. 例如“这次访问有一种特殊的人性及政治的维度”。

300. 标题可参阅 1987 年 9 月 18 日《时代周报》文章《对未来的投资》（Carl － Christian Kaiser：Eine Investition in die Zukunft，in：*Die Zeit*

v. 18. 9. 1987）。

301. 对于评价也可参阅 1987 年《德国档案》文章《埃里希·昂纳克在联邦德国》（Peter Jochen Winters：Erich Honecker in der Bundesrepublik, in：*Deutschland Archiv*，1987，H. 10，S. 1009 – 1016）；此外还可参阅 Hacke：Die Deutschlandpolitik der Bundesrepublik Deutschland，这里是 S. 548；民主德国的观点可参阅 Bernard von Plate：Die Außenpolitik und internationale Einordnung der DDR，见：Weidenfeld/Zimmermann（Hrsg.）：Deutschland – Handbuch，München1989，S. 589 – 604，这里是 S. 599 – 600。

302. Günter Mittag：Um jeden Preis，S. 89.

303. 关于 1987 年 9 月 15 日昂纳克总书记对联邦德国正式访问的报告，见：SAPMO – BArch，J IV/894。

304. 德意志内部关系部第二司扬森 1987 年 8 月 8 日写给联邦部长魏姆斯女士的按语，涉及民主德国先遣代表团，联邦总理 1987 年 8 月 7 日的最终讲话，见：B 137，10286，AZ 21. 511 – Ⅱ A 1；也可参见扬森 1995 年 11 月 10 日在波恩和作者的谈话。

第十五节　联邦总理的外交克制：人权与民主德国的相关信息

1. 该演讲稿作为单行本由德意志内部关系部出版。

2. 科尔在演讲稿草案边上写上几乎肯定归纳为一个概念的评论，这是为了将这一角度更确定地写入演讲稿；可参见普利尔 1987 年 9 月 17 日在波恩和作者的谈话。

3. 对此尤其可参阅第三章第十八节"党内及执政同盟的压力：决断之年 1989"。

4. 对此的批评意见可参阅 1987 年《德国档案》文章《第二份基础条约可提供新动力》（Werner Weidenfeld：Zweiter Grundlagenvertrag könnte neue Impulse geben，in：*Deutschland Archiv*，1987，H. 2，S. 148 – 153）。

5. Bender：Episode oder Epoche? S. 202.

6. 对此可见 Meuschel：Legitimation und Parteiherrschaft，S. 291 – 305。

7. 对此可参阅附录。

8. 可参阅 Meuschel：Legitimation und Parteiherrschaft，S. 297 ff. 。

9. 可参阅 Ilse Spittmann：Die DDR unter Honecker，Köln 1990，S. 129；Zimmer：Nationales Interesse，S. I99ff. 。

10. 可参阅 Spittmann：Die DDR unter Honecker，S. 131。

11. 常设代表处 1988 年 1 月 29 日写给联邦总理的形势报告（FS Nr. 0161），见：B 288，115，AZ 11 – 35004 – La4，Bd. 5。

12. 可参阅 1988 年《德国档案》文章《忍耐的限度》（Gisela Helwig：Die Grenze der Geduld，in：*Deutschland Archiv*，1988，H 5，S. 465 – 469，这里是 S. 465）。

13. 参阅 1988 年《德国档案》文章《国家政权和异见者》（Karl – Wilhelm Fricke：Die Staatsmacht und die Andersdenkenden，in：*Deutschland Archiv*，1988，H. 3，S. 225 – 227，这里是 S. 225）。

14. 朔伊布勒和沙尔克之间同时进行的过境谈判对此加以证明。对此可参阅第三章第十七节"谈判策略：为人道主义减负的关联交易"。

15. 例如联邦经济部长豪斯曼（Haussmann）拒绝参加 1989 年莱比锡春季博览会，可参阅 AdG 1989，S. 33141；豪斯曼也曾突然拒绝与昂纳克的会谈，理由是柏林墙发生的"严重事件"及其他事件。他把这与 1989 年 3 月 10 日再度发生柏林墙逃跑事件开火联系起来。之前 1989 年 2 月 6 日克里斯·居夫洛伊（Chris Gueffroy）在柏林墙也被枪击而死。对此可参阅 Potthoff：Die Koalition der Vernunft，S. 861（劳与昂纳克于 1988 年 3 月 12 日的会谈）。

16. 在内阁中，朔伊布勒提醒他的同事们注意热点问题质询并通知由谁来代表联邦政府；参见梅尔特斯 1995 年 12 月 14 日在波恩和作者的谈话。

17. 1987 年 12 月 9 日，1988 年 2 月 3 日和 1988 年 10 月 13 日，所有都刊印于：Bundesministerium für innerdeutsche Beziehungen（Hrsg.）：Texte zur Deutschlandpolitik，Bd. Ⅲ/5，Bd. Ⅲ/6。

18. Jäger Die Deutschlandpolitik der Bundesregierungen，S. 1586.

19. 1987 年联邦议院选举后的政府声明就可以在这个方向上加以诠释；对此可参阅同上。

20. 德国政策工作组组长 1987 年 11 月 26 日所写的关于朔伊布勒和费尔费（Felfe）会谈的评注，见：B 137，10291。朔伊布勒和费尔费的会谈见：SAPMO – BArch，DY 30/J Ⅳ J/114。

21. 对此可参阅第三章第十六节"对德国政策价值观基础的考验：联邦总理遇到党派政治挑战"。

22. 参阅第三章第十七节"谈判策略：为人道主义减负的关联交易"。

23. 在此背景下，朔伊布勒提及科尔时也不想夸大为兄弟关系的印象。参见朔伊布勒 1996 年 6 月 12 日在波恩和作者的谈话。

24. 参见朔伊布勒 1996 年 6 月 12 日在波恩和作者的谈话。

25. 来自联邦德国的客人包括：鲁道夫·沙尔平（Rudolf Scharping），奥斯卡·拉封丹（Oskar Lafontaine），克劳斯·冯·多纳尼（Klaus von Dohnanyi），克劳斯·韦德迈尔（Klaus Wedemeier），迪特尔·施珀里（Dieter Spöri），奥托·格拉夫·拉姆斯多夫（Otto Graf Lambsdorff），艾伯哈德·迪普根（Eberhard Diepgen），伯恩哈德·福格尔（Bernhard Vogel），福尔克尔·鲁厄，汉斯－约亨·福格尔（Hans－Jochen Vogel），阿尔弗雷德·德雷格尔，马丁·班格曼（Martin Bangemann），比约恩·恩格霍姆（Björn Engholm），洛塔尔·施佩特（Lothar Späth），海宁·福舍劳（Henning Voscherau），约翰内斯·劳（Johannes Rau），马克斯·施特赖布尔（Max Streibl），恩斯特·阿尔布雷西特和瓦尔特·蒙佩尔（Walter Momper），对此可参阅 Nakath/Stephan：Hubertusstock，S. 33。

26. 对此可参见大量会谈资料：Detlev Nakath/Gerd－Rüdiger Stephan：Countdown zur deutschen Einheit. Eine dokumentierte Geschichte derdeutsch－deutschen Beziehungen 1987－1990，Berlin 1996。

27. 德国政策工作组组长杜伊斯贝格 1988 年 6 月 21 日受委托所写的信件，见：B 136，21314，AZ 221 350 16Ve 40，Bd2。

28. 对此可参阅 Deutscher Bundestag：Verhandlungen des Deutschen Bundestages，Bd. I，143，1987/88，S. 3952－3963。1988 年 10 月 13 日德国联邦议院热点问题质询关于民主德国妨碍新闻记者的主题；可参阅 Bundesministerium für innerdeutsche Beziehungen（Hrsg.）：Texte zur Deutschlandpolitik，Bd. III/6，S. 37－46 以及 S. 359－369。

29. 摘自 Deutscher Bundestag（Hrsg.）：Bericht der Enquete－Kommission，S. 144；以及 Jäger Die Deutschlandpolitik der Bundesregierungen，S. 1588。常设代表处于 1988 年 1 月 29 日给联邦总理府传送了一份形势总结报告：《在针对与卢森堡/李卜克内西游行相关的反对派的行动之后民主德国的形势》，见：B 288，115，AZ 11－35004－U4，Bd. 5。

30. 对此原则上可参阅 Rehlinger：Freikauf。

31. 可参阅 Fricke：Die Staatsmacht，S. 226。

32. 见：SAPMO－BArch，IV 2/2.035/83，也刊印于：Potthoff：*Die Koalition derVernunft*，S. 688－696，这里是 S. 689。

33. 摘自 Potthoff：*Die Koalition der Vernunft*，S. 699f；东德记录可参见：SAPMO－BArch，DY 30/J IV/924。

34. 德国政策工作组组长 1988 年 3 月 24 日所写按语，见：B 136，20221，AZ 221 34900 De l，Bd. 101。

35. 可参阅为 1988 年 4 月 7 日会谈准备的建议，由民主德国外交部联邦德国司完成，见：SAPMO－BArch，IV 2/2.039/303，Büro Krenz。

36. 1988 年 4 月 13 日所写的按语；昂纳克 1988 年 4 月 14 日签字，见：同上。

37. 鲁厄在与昂纳克的会谈中也坦率承认了这一点。

38. 关于昂纳克与基民盟/基社盟联邦议会党团副主席鲁厄 1988 年 4 月 28 日在柏林国务委员会进行会谈的记录，见：SAPMO－BArch，IV2/2.039/303，Büro Krenz。也可参阅见：SAPMO－BArch，DY 30/J IV/925，Bestand Erich Honecker。

39. 1988 年 4 月 29 日按语，见：B 288，311，AZ 11－35016－Ko28。

40. 同上。

41. 见：SAPMO－BArch，DY 30/J IV/925。

42. 对此可参阅鲁厄与赫尔曼·阿克森 1988 年 4 月 28 日的会谈，见：SAPMO－BArch，IV 2/2.039/303，Büro Krenz 并且签有 "E. H. 28.4.1988" 的文件参见：SAPMO－BArch，IV 2/2.035/84。

43. 见：SAPMO－BArch，DY 30/J IV/925。Bestand Erich Honecker。

44. 见：B 288，311，AZ 11－35016－Ko28。

45. 关于阿克森与鲁厄 1988 年 4 月 28 日会谈的按语，见：SAPMO－BArch，IV2/2.035/84. Büro Axen。

46. 见：B288，311，AZ 11－35016－Ko28。

47. 摘录于 Potthoff：*Die Koalition der Vernunft*，S.786f，这里是 S.790（西德按语）。同时联邦德国青年、家庭、妇女与健康部部长丽塔·聚斯穆特女士（Rita Süssmuth）对民主德国进行了正式访问。不久联邦教育和科学部部长于尔根·默勒曼（Jürgen Möllemann）也访问了民主德国。

48. 见：SAPMO－BArch，DY 30/J 1V/928。

49. 德国政策工作组组长杜伊斯贝格 1988 年 6 月 30 日所写的评注，见：B

136，20241，AZ 221 349 00 Spr. 2。

50. 朔伊布勒 1996 年 6 月 12 日在波恩和作者的谈话中多次强调了这点。

51. 德国政策工作组组长 1987 年 11 月 24 日所写的评注，见：B 136，20551，AZ 221 – 350 14Ge 19，Bd. L。

52. 受联邦总理科尔的委托，聚斯穆特对此进行了考察。她明确指出，为了抵制有目的的招徕尝试，如对医生，内部会谈中必须考虑这些。对此可参阅雷特纳 1988 年 6 月 6 日写给昂纳克的信件，见：SAPMO – BArch，IV 2/2.035/84。对此的评价也可参阅 Garton Ash：Im Namen Europas，S. 272 – 274。

53. 对此可参阅第三章第八节"扩大政府中枢：特殊渠道谈判和朔伊布勒的代理权"和第九节"贸易结算授信额一揽子谈判方案：首席谈判代表的较量"。

54. 关于这种立场也可参阅 Filmer/Schwan：Schäuble，S. 223。

55. 可参阅联邦议院调查委员会报告（Deutscher Bundestag：Bericht der Enquete – Kommission，S. 137f.）；其中也可参见社民党党团成员以及法伦巴赫（Faulenbach）、古特蔡特（Gutzeit）和韦伯（Weber）等专家的特殊表决，S. 136 – 145。对此还有特尔切克、亨尼希和维尔姆斯要求民主德国领导层进行改革。参阅 1988 年 8 月 9 日《法兰克福汇报》。

56. 参阅 1995 年第 36 期《焦点周刊》文章《缺乏信任》（Es mangelt an Vertrauen，in：*Focus* 1995，Nr. 36）。

57. 联邦情报局 1988 年 1 月 31 日的报告，见：Bundeskanzleramt，AZ 35001，Akte 78，Bd. 17。

58. 参阅 1988 年《德国档案》文章《昂纳克的继任问题愈发复杂》（Kail Wilhelm Fricke：Die Nachfolge Honeckers komplizierte sich，in：*Deutschland Archiv*，1988，H. 10，S. 1034 – 1037）。

59. 参见施特恩 1995 年 12 月 14 日在波恩和作者的谈话。

60. 正如经济学家分析指出的，对此可参阅 Bundesministerium für inner – deutsche Beziehungen（Hrsg.）：Materialien zum Bericht zur Lage des Nation im geteilten Deutschland，Bonn 1987。联邦总理府和财政部对民主德国经济认识水平的不同和批评意见可参阅 Dieter Grosser：Das Wagnis der Währungs-，Wirtschafts- und Sozialunion. Politische Zwange im Konflikt

mit ökonomischen Regeln, Stuttgart 1998。

61. 参见联邦总理 1996 年 9 月 30 日在波恩和作者的谈话。

62. 参见施特恩 1995 年 12 月 15 日在波恩和作者的谈话。

63. 可参阅 1995 年《德国档案》文章《谁知道什么？民主德国经济的衰落》（Maria Haendcke – Hoppe – Arndt：Wer wußte was? Derökonomische Niedergang der DDR, in：*Deutschland Archiv*, 1995, H. 6, S. 588 – 602）；对此可参阅 1992 年《德国档案》文章《许雷尔的危机分析》（Schürers Krisen – Analyse, in：*Deutschland Archiv*, 1992, H. 10, S. 1112 – 1120）；以及 Jürgen Gros：Entscheidung ohne Alternativen? Die Wirtschafts –, Finanz – und Sozialpolitik im deutschen Vereinigungsprozeß 1989/1990, Mainz 1994, S. 24 – 41；1992 年《德国档案》文章《国家破产——德国统一社会党统治的国家经济的衰落》（Hans – Hermann Hertle：Staatsbankrott. Derökonomische Untergang des SED – Staates, in：*Deutschland Archiv*, 1992, H. 10, S. 1019 – 1030）。

64. 对此也可参阅 Andreas Busch：Die deutsch – deutsche Währungsunion. Politisches Votum trotz ökonomischer Bedenken, 见：Ulrike Liebert/Wolfgang Merkel（Hrsg.）：Die Politik zur deutschen Einheit, Opladen 1991, S. 185 – 207, 这里是 S. 185f. 。

65. 对福克（Forck）主教的表述可参阅：Helwig：Die Grenze, S. 466。

66. 第 22 工作组主任施特恩 1988 年 6 月 10 日所写的按语 221 – 349 00 – Spr. 2, 见：B 136, 20241, AZ34900；Juni 1988, Bd. 1.

67. 德国政策工作组组长杜伊斯贝格 1988 年 6 月 30 日所写的按语，见：B 136, 20241, AZ 221 349 OO Spr 2。

68. 德国政策工作组组长杜伊斯贝格 1988 年 9 月 16 日所写的按语，见：B 136, 20241, AZ 221 349 Juni 88, Bd. 1。

69. 1988 年 11 月 3 日德国政策工作组组长所写的关于 1988 年 11 月 2 日扩大的三方小组会谈的按语，见：B 136, 20169, AZ 221 – 142 23 – Sta 8。

70. 对此直观的例子可参见：1988 年 3 月 7 日对出境问题的文件 FS Nr. 0368；1988 年 4 月 25 日关于新教教堂情况的文件 FS Nr. 0737/0738；1988 年 9 月 20 日关于民主德国领导人形势评估的文件 FS Nr. 1907；1988 年 10 月 12 日关于民主德国人们对形势认知的第二司所写的按语；1988 年 10 月 12 日关于民主德国人民中增长的忠诚问题的

文件 FS Nr. 2060，所有的都可参见：B288，115，AZ 11 – 35004 – La4。

71. 对此加以归类整理可参阅 Werner Weidenfeld/Manuela Glaab：Die deutsche Frage im Bewußtsein der Bevölkerung in beiden Teilen Deutschlands，见：Deutscher Bundestag（Hrsg.）：Materialien der Enquete – Kommission，Bd. V. 3. S. 2798 – 2962，这里尤其是 S. 2810ff.。

72. 可参阅 1987 年《德国档案》文章《展望与局限》（Gerhard Herdegen：Perspektiven und Begrenzungen，in：*Deutschland Archiv*，1987，H. 12，S. 1259f）。Ders. /Martin Schultz：Einstellungen zur deutschen Einheit，见：Weidenfeld/Korte（Hrsg.）：Handbuch zur deutschen Einheit，S. 252 – 269，这里是 S. 252 – 262。

73. 参阅 1988 年《德国档案》文章《展望与局限》第二部分（Gerhard Herdegen：Perspektiven und Begrenzungen. Teil 2，in：*Deutschland Archiv*，1988，H. 4，S. 391 ff）。

74. 关于民主德国的景象可参阅 1990 年《德国档案》文章《我们扭曲的民主德国形象》（Hartmut Jäckel：Unser schiefes DDR – Bild，in：*Deutschland Archiv*，1990，H. 10，S. 1557；1995 年第 103 期《阿登纳基金会内部研究》文章《民主德国形象，政治和媒体中的评价》（Jens Hacker u. a.：Das DDR – Bild，Einschätzungen und Wahrnehmungen in Politik und Medien，in：*KAS interne Studien* 1995，Nr. 103）；Jens Hacker：Deutsche Irrtümer. Schönfärber und Helfershelfer der SED – Diktatur im Westen，Berlin/Frankfurt a. M. 1992；1989 年《德国档案》文章《一个德国和另一个德国》（Wilhelm Bleek：Das eine und das andere Deutschland，in：*Deutschland Archiv*，1989，H. 4，S. 375）；1991 年《德国档案》文章《感知问题——扭曲的民主德国形象以及为什么到最后都如此》（Wilfried von Bredow：Perzeptions – Probleme. Das schiefe DDR – Bild und warum es bis zum Schluß so blieb，in：*Deutschland Archiv*，1991，H. 2，S. 147 ff）；也可参阅 Karl – Rudolf Korte：über Deutschland schreiben. Schriftsteller sehen ihren Staat，München 1992，S. 48 – 79；参阅 1988 年《政治和当代史》文章《德国形象》（ders.：Deutschlandbilder，in：*Aus Politik und Zeitgeschichte* 1988，B 3，S. 45 – 53）。

75. 对此可参阅 1986 年《外交事务》文章《德国内部的缓和——新的平衡》（James McAdams：Inter – German Détente. A New Balance，in：*Foreign*

Affairs, Herbst 1986, S. 136 – 153) 以及 Der.：East Germanv and Détente. Building Authority after the Wall, Cambridge 1985。

76. Wolfgang Seiffert：Das ganze Deutschland, München 1986, Hermann von Berg：Vorbeugende Unterwerfung, München 1988；Franz Loeser, Die DDR auf dem Weg in das Jahr 2000, Köln 1987.

77. 基本思想可参阅 von Bredow：Perzeptions – Probleme, S. 150，也可参阅 Garton Ash：Im Namen Europas, S. 273f. 。

78. 1989 年 3 月 20 日卡克（Kaack）所做的按语，由维尔姆斯和国务秘书签署，见：B 137, 10644, AZ21. 21。

79. 如在昂纳克访问的准备阶段由沃尔夫冈·赛费特（Wolfgang Seiffert）所做的立场描述，参阅 1987 年《德国档案》文章《在苏联利益紧张状态下统一社会党的德国政策》（Die Deutschlandpolitik der SED im Spannungsfeld der sowjetischen Interessenlage, in：*Deutschland Archiv*, 1987, H. 3, S. 277 – 284）。

80. 参见联邦总理 1996 年 9 月 30 日在波恩和作者的谈话，朔伊布勒 1996 年 6 月 12 日在波恩和作者的谈话以及布罗伊蒂加姆 1996 年 2 月 19 日在波茨坦和作者的谈话。

81. 对此可参阅 1982 年 8 月 1 日《晨报》文章《科尔想在秋天访问民主德国》（Kohl will im Herbst in die DDR reisen, in：*Morgenpost* v. 1. 8. 1982），更多报告见：B 288, 308, AZ 35030090, Bd. 3。

82. 另一次他被拒绝入境。在调查委员会那里他提到两次出访，对此可参阅联邦议院调查委员会材料（Deutscher Bundestag：Materialien der Enquete – Kommission, Bd. V1, S. 930）。

83. 参阅 Filmer/Schwan：Schäuble, S. 215。

84. Erich Honecker：Moabiter Notizen, Berlin 1994, S. 47。朔伊布勒优先考虑将教会代表作为民主德国形势的信息提供人。他最重要的对话者之一就是施托尔佩（Stolpe），参见他 1996 年 6 月 12 日在波恩和作者的谈话。

85. 参见贝格尔斯多夫 1994 年 5 月 19 日在波恩和作者的谈话。

86. 在科尔的私人旅行中随行的有：他的夫人、他两个儿子之一，政府发言人奥斯特和贝格尔斯多夫。

87. 参见联邦总理 1996 年 9 月 30 日在波恩和作者的谈话。

88. 见：SAPMO – BArch，DY 30/1V 2/2.039/192；Büro Krenz。

89. 见：SAPMO – BArch，DY 30/1V 2/2.039/281；Büro Krenz。

90. 可参阅联邦议院调查委员会材料（Deutscher Bundestag：Materialien der Enquete – Kommission，Bd. V1，S. 930）。

91. 同上。S. 936。

92. 同上。S. 926 f.。

93. 对此可见第三章第十七节"谈判策略：为人道主义减负的关联交易"。

94. Eberhard Schulz：Verständigung mit Polen. Eine noch unbewältigte Aufgabe der deutschen Politik，见：Horst Ehmke u. a.（Hrsg.）：Zwanzig Jahre Ostpolitik. Bilanz und Perspektiven，Bonn 1986，S. 215 – 228，这里是 S. 212；对该思想的深入阐述可参阅 Garton Ash：Im Namen Europas，S. 267；还可参阅第三章第十八节"党内及执政同盟的压力：决断之年 1989"。

95. 可参阅联邦议院调查委员会材料（Deutscher Bundestag（Hrsg.）：Materialien der Enquete – Kommission，Bd. V 1，S. 928）。

96. 参见朔伊布勒 1996 年 6 月 12 日在波恩和作者的谈话。

97. 摘引自 Garton Ash：Im Namen Europas，S. 274。

第十六节　对德国政策价值观基础的考验：联邦总理遇到党派政治挑战

1. 维利·勃兰特在 1988 年 9 月 11 日报告中谈到在 1937 年边界内德意志重新统一时称之为"德意志第二共和国特殊的弥天大谎"，正如他在 1984 年就已暗示并做出自己的解释。对此可参阅 1988 年 9 月 15 日《法兰克福评论报》以及 Dieter Groh/Peter Brandt：» Vaterlandslose Gesellen «. Sozialdemokratie und Nation 1860 – 1990，München 1992. S. 320；参阅 1990 年 12 月 15 日《法兰克福汇报》文章《维利·勃兰特和"弥天大谎"》（Willy Brandt und die "Lebenslüge"，in：*FAZ* v. 15. 12. 1990）。巴尔将该术语"弥天大谎"写进手稿中，可参阅 Vogtmeier：Egon Bahr. S. 287；原则上还可参阅 Tilman Fichter：Die SPD und die Nation. Vier sozialdemokratische Generationen zwischen nationaler Selbstbestimmung und Zweistaatlichkeit，Frankfurt a. M. 1993。

2. 参阅 Garton Ash：Im Namen Europas，尤其是 S. 483 – 501；批评观点可参阅 Jäger Die Deutschlandpolitik der Bundesregierungen，S. 1598 – 1603；诠释性观点可参阅 Potthoff：Die Koalition der Vernunft，S. 47 – 52。

3. 可参阅第三章第十三节"巩固权力的过程：组阁和加强德国政策的主管权限"；如弗里德曼（Friedmann）的提议。

4. 可参阅 Groh/Brandt：»Vaterlandslose Gesellen«，S. 327；以及 1988 年 8 月 19 日《莱茵信使报》文章（Jürgen Wahl：Wenn plötzlich der Abriß der Mauer drohte，见：Rheinischer Merkur v. 19. 8. 1988）。

5. 如通过社会与科学研究所政治学家们的呼吁，该呼吁在联邦议院各党派德国政策发言人那里都获得广泛支持，参阅 1988 年 11 月 8 日《法兰克福评论报》。

6. 对此可参阅 Potthoff：Die Koalition der Vernunft，S. 47。

7. 对此可参阅第三章第十一节"职能部门原则：文化协定"。

8. 可参阅 Horst Ehmke：Mittendrin. Von der großen Koalition zur deutschen Einheit，Berlin 1994，S. 349。

9. 可参阅 Garton Ash：Im Namen Europas，S. 468。

10. 可参阅如下作者的立场 Dieter Dowe（Hrsg.）：Die Ost- und Deutschlandpolitik der SPD in der Opposition 1982 – 1989，Bonn 1993；被 Vogtmeier：Egon Bahr 相对化。对此的基本比较可参阅 Rudolf Horst Brocke：Deutschlandpolitische Positionen der Bundestagsparteien. Svnopse，Erlangen 1985。

11. 对此可参阅第三章第十一节"职能部门原则：文化协定"。

12. 如朔伊布勒 1986 年 2 月 16 日在德国电视二台的节目波恩视角（Bonner Perspektiven）中所说的，见：BPA – Nachrichtenabt. v. 17. 2. 1986。

13. 1986 年 3 月 15 日第 27 期公报，S. 203 f. 。

14. 可参阅 Thomas Mayer/Johano Strasser：Der Streit um das Streitpapier. Zwei Mitarbeiter äußern sich，见：Die Neue Gesellschaft/Frankfurter Hefte，1992，Nr. 6，S. 552 – 556，这里是 S. 554；以及 Carsten Tessmer：Innerdeutsche Parteibeziehungen vor und nach dem Umbruch in der DDR，Nürnberg 1991，S. 91；Vogtmeier：Egon Bahr，S. 284 – 287。

15. 该文件及其他刊印于：Bundesministerium für innerdeutsche Beziehungen（Hrsg.）：Texte zur Deutschlandpolitik，Bd. Ⅲ/5，S. 171 – 181。

16. 彼得·本德尔（Peter Bender）认为，其中恰恰存在着社民党和统一社会党令人吃惊的意见统一之处；可参阅 Peter Bender：Sicherheitspartnerschaft und friedliche Koexistenz. Zum Dialog zwischen SPD

und SED，见：Die Neue Gesellschaft/Frankfurter Hefte，1986，H. 4. S. 342 – 346，这里是 S. 342。

17. 对此可参阅联邦议院调查委员会报告（Deutscher Bundestag（Hrsg.）：Bericht der Enquete – Kommisston，Drucksache 12/7820，S. 134）。

18. 如可参阅 1987 年 8 月 27 日《世界报》文章《一份屈辱的文件》（Peter Philipps：Ein schmachvolles Papier，in：*Die Welt*，27.8 1987）；参阅 1987 年 8 月 28 日《莱茵信使报》文章《有用的白痴》（Walter Bajohr：Nützliche Idioten，in：*Rheinischer Merkur/Christ und Welt* v. 28.8. 1987）；参阅 1987 年 8 月 30 日《新苏黎世报》文章《成问题的社民党与统一社会党和平谈判》（Christian Kind：Fragwürdige Friedensgespräche von SPD und SED，in：*NZZ* v. 30.8. 1987）；对此深入研究的还有 1988 年《德国档案》文章《希望的文件，但并非成功的保障——社民党和统一社会党共同文件的解释和论证》（Thomas Meyer：Dokument der Hoffnung，nicht Garantie des Gelingens. Erläuterungen und Argumente zum gemeinsamen Papier von SPD und SED，in：*Deutschland Archiv*，1988，H. 1，S. 32 – 39）；1988 年《德国档案》文章《关于"意识形态文件"的批评性评价，但对话不能被放弃》（Dieter Haack：Kritische Anmerkungen zum Ideologie – Papier «. Aber：Der Dialog ist unverzichtbar，in：*Deutschland Archiv*，1988，H. 1 S. 40 – 47）；1988 年《德国档案》文章《对话是被当作无休止的历史还是学习过程？论社民党和统一社会党文件的矛盾》（Jürgen Schnappertz：Dialog als unendliche Geschichte oder als Lernproze über die Ambivalenzen des SED – SPD – Papiers，in：*Deutschland Archiv*，1988，H. 1，S. 47 – 51）；参阅 1988 年《德国档案》文章《不应放弃普遍性要求》（Martin Kriele：Universalitätsansprüche darf man nicht aufgeben，in：*Deutschland Archiv*，1988，H. 1，S. 51 – 52）；Wolfgang Brinkel/Jo Rodejohann（Hrsg.）：Das SPD/SED – Papier. Der Streit der Ideologie und die gemeinsame Sicherheit. Das Originaldokument mit Beitragen von Erhard Eppler u. a.，Freiburgi. Br. 1988。

19. 可参阅 1987 年 9 月 1 日发给部长女士的按语 II A 2 – 22.451，见：B 137，10321，AZ 22.451；以及常设代表处 1987 年 9 月 1 日发给联邦总理府部长、德意志内部关系部、外交部和柏林代表的电传 Nr. 1461，见：B 137，10321，AZ 22.451。

20. 1987 年 9 月 1 日给部长女士的按语 ⅡA 2 – 22.451，见：B 137，10321，AZ 22.451。

21. 正如普利尔 1995 年 9 月 18 日在波恩和作者的谈话中讲到的。

22. 联邦总理赫尔穆特·科尔博士 1987 年 9 月 7 日哥德斯堡晚宴致辞，刊印于：Bundesministerium für innerdeutsche Beziehungen（Hrsg.）：Texte zur Deutschlandpolitik, Bd. Ⅲ/5, S. 194 – 199，这里是：S. 197。

23. 同上，S. 171。

24. 同上，S. 196 f.。

25. 同上，S. 195。

26. 所指的是这两个体系。

27. Bundesministerium für innerdeutsche Beziehungen（Hrsg.）：Texte zur Deutschlandpolitik, Bd. Ⅱ 1/5, S. 177f.

28. 对此可参阅德国政策工作组组长 1987 年 9 月 8 日所写按语。该评注是关于 1987 年 9 月 7 日联邦总理先生与总书记昂纳克的小范围会谈，见：Bundeskanzleramt, AZ 35014, Akte 14, Bd. 1, Blätter 11 – 20；德国政策工作组组长 1987 年 9 月 14 日所写评注。该评注是关于 1987 年 9 月 9 日联邦总理先生与总书记昂纳克的会谈，见：Bundeskanzleramt, AZ 35014, Akte 14, Bd. 1, Blätter 26 – 30。

29. 参见联邦总理 1996 年 9 月 30 日在波恩和作者的谈话。

30. 对自民党的德国政策可参阅 Jäger：Die Deutschlandpolitik der Bundesregierungen, S. 1603-1604；Jens Hacker：Deutsche Irrtümer. Schönfärber und Helfershelfer der SED – Diktatur im Westen, Berlin u. a. 1992, S. 219 – 228；Peter Juling：Deutschlandpolitik der PDP，见：Weidenfeld/Korte（Hrsg.）：Handwörterbuch zur deutschen Einheit, S. 202 – 207。

31. 奥托·莱因霍尔德（Otto Reinhold）给埃里希·昂纳克关于 1987 年 8 月 31 日与汉斯 – 迪特里希·根舍会面的通报，见：SAPMO – BArch, DV 30/J Ⅳ/J 126；也刊印于：Nakath/Stephan：Hubertusstock, S. 329 – 332。

32. 参见维尔姆斯 1995 年 9 月 18 日在波恩和作者的谈话。

33. 如 1988 年 1 月 30/31 日《世界报》文章《重新统一的要求不是计划好的——朔尔茨批评维尔姆斯在巴黎的发言》（Hans Krump：

Wiedervereinigungsgebot steht nicht zur Disposition. Senator Scholz kritisiert Wilms – Äußerungen in Paris, in：*Die Welt* v. 30. /31. 1. 1988）；1988 年 4 月 13 日《世界报》文章《最优先的目标》（Enno v. Loewenstein：Das vordringlichste Ziel, in：*Die Welt* v. 13. 4. 1988）；1988 年 1 月 27 日《法兰克福汇报》文章《误解德国》（Johann Georg Reißmüller：Falsches über Deutschland, in：*FAZ* v. 27. 1. 1988）。

34. Bundesministerium für innerdeutsche Beziehungen（Hrsg.）：Texte zur Deutschlandpolitik, Bd. Ⅲ /6. S. 22ff.

35. 1985 年 9 月 12 日第 96 期公报，S. 839。

36. 可参阅 Zimmer：Nationales Interesse. S. 85 – 93；对此还有 Clay Clemens：CDU Deutschlandpolitik and Reunification 1985 – 1989. Alois Mertes Memorial Lecture1992（= German Historical Institute Washington. D. C., Occasional Paper No. 5），Washington. D. C. 1992，S. 8 以及 S. 11；以及克莱门斯 1997 年 4 月 4 日在伯明翰和作者的谈话中讲到的。

37. 正如议员托登赫费尔（Todenhöfer）1988 年 4 月 12 日党团会议上所说的，见：ACDP Bestand Ⅷ – 0001 – 1080/1。

38. 参见梅尔特斯 1996 年 9 月 27 日在波恩和作者的谈话。

39. 对此可见第三章第十三节"巩固权力的过程：组阁和加强德国政策的主管权限"；此外贝格尔斯多夫 1994 年 5 月 19 日在波恩和作者的谈话中这样评价道。

40. 1988 年 1 月 29 日《法兰克福汇报》文章（Kail Feldmeyer：Visionen jenseits des Zeithorizonts, in：*FAZ* v. 29. 1. 1988）。费尔德梅耶（Feldmeyer）是部长维尔姆斯女士的主要批评者之一；也可参阅 1988 年第 7 期《明镜周刊》文章《基民盟：和统一旧梦道别》（CDU：Abschied von alten Einheits – Träumen, in：*Der Spiegel*, 1988. Nr. 7, S. 18 – 21）；1988 年 3 月 9 日《法兰克福汇报》文章《自由和统一》（Johann Georg Reißmüller：Freiheit und Einheit, in：*FAZ* v. 9. 3. 1988）。

41. 参见联邦总理 1996 年 9 月 30 日在波恩和作者的谈话以及魏姆斯 1995 年 9 月 18 日在波恩和作者的谈话。

42. 同上。

43. 对此可参阅第三章第十一节"职能部门原则：文化协定"。

44. 参见扬森 1995 年 11 月 10 日在波恩和作者的谈话。

45. 多罗特·魏姆斯的读者来信，参阅 1988 年 2 月 2 日《法兰克福汇报》。

46. 1988 年 2 月 17 日塞特斯的信件，作为草案的附件见：ACDP Bestand Ⅷ-006-116/2。

47. 盖斯勒的建议得到了党主席科尔的认可。

48. 对此可参阅盖斯勒 1993 年 11 月 10 日给德国联邦议院基民盟/基社盟党团成员的信件。

49. 接下来的表述参见梅尔特斯 1996 年 8 月 26 日在波恩和作者的谈话，普利尔 1996 年 9 月 30 日在波恩和作者的谈话以及艾瑟尔 1996 年 7 月 27 日在菲斯滕费尔德布鲁克和作者的谈话。

50. 盖斯勒对此针锋相对地写道，他"在数小时会谈中和联邦总理一起逐页仔细地加以整理"该草案。摘引于 1988 年 3 月 21 日第 12 期《明镜周刊》。

51. 见：ACDP Bestand Ⅷ-006-115/2。

52. 同样的表述也可参见哥德斯堡晚宴致辞，见：Bundesministerium für innerdeutsche Beziehungen（Hrsg.）: Texte zur Deutschlandpolitik, Bd. Ⅲ/5. S. 195。

53. Bundesministerium für innerdeutsche Beziehungen（Hrsg.）: Texte zur Deutschlandpolitik, Bd Ⅲ/4. S. 90.

54. Bundesministerium für innerdeutsche Beziehungen（Hrsg.）: Texte zur Deutschlandpolitik, Bd. Ⅲ/5, S. 274.

55. 见：ACDP Bestand Ⅷ-006-116/2。

56. 1983 年 6 月 24 日第 68 期公报，S. 632。

57. 1983 年 6 月 24 日第 68 期公报，S. 629。

58. 见：ACDP Bestand Ⅷ-006-116/2。

59. Bundesministerium für innerdeutsche Beziehungen（Hrsg.）: Texte zur Deutschlandpolitik, Bd. 111/5, S. 195.

60. 如还可参见 1988 年 3 月 24 日《法兰克福汇报》文章《还需讨论优先权的问题》（Über Prioritäten muß noch diskutiert werden, in: *FAZ* v. 24. 3. 1988）。

61. 见：ACDP Bestand Ⅷ-006-116/2。

62. 正如在阿贝莱因、朔尔茨、弗里德曼和切亚所写的文章。可参阅 1988

年 2 月 23 日党团会议记录，见：ACDP Bestand Ⅷ － 001 － 1080/1。

63. 正如马丁·温特（Martin Winter）对《法兰克福汇报》一篇评论的解释和评论。详细内容可参阅 1988 年 2 月 19 日《法兰克福评论报》文章（Martin Winter：Ein ostpolitisches Godesberg auf Raten，in：*FR* v. 19. 2. 1988）；也可参阅 Jean － Paul Picaper/Günter Oelzte von Lobenthal（Hrsg.）：Die offene deutsche Frage，Berlin 1987；基社盟的立场可参阅 Dietrich Grill/Franz Grüber：Die deutsche Frage aus der Sicht der CSU，见：Blumenwitz/Zieger：Die deutsche Frage im Spiegel der Parteien，Köln 1989。关于施特劳斯、林特纳和巴泽尔对草案的批评可参阅林特纳 1988 年 3 月 2 日信中对巴泽尔对基民盟德国政策文件表决意见的评注，见：ACDP Bestand Ⅷ － 0006 － 116/2。

64. 1988 年 2 月 23 日联邦议院基民盟/基社盟党团会议记录，见：ACDP Bestand Ⅷ － 001 － 1080/1。

65. 同上。

66. 见：ACDP Bcs. taud Ⅷ － 001 － 1080/1。

67. 如缺少关于德国统一的信件和 1972 年 5 月 17 日联邦议院决议。

68. 原则纲领"自由、团结、正义"（»Freiheit. Solidarität，Gerechtigkeit«）；26. Bundesparteitag，23. － 25. 10. 1978，Ludwigshafen. darin Abschnitt VI. Deutschland in der Welt，Art. 131 － 162；刊印于：Peter Hintze（Hrsg.）：Die CDU. Parteiprogramme. Eine Dokumentation der Ziele und Aufgaben，Bonn 1995。

69. 参见联邦总理 1996 年 9 月 30 日在波恩和作者的谈话。

70. 可参阅 Reitz：Schäuble. S. 44 － 51；以及内部视角可参阅 Ackermann：Mit feinem Gehör，S. 297 － 300；1988 年 7 月 16 日《法兰克福汇报》文章（Claus Gennrich：Rumoren im Gefüge der Macht，in：*FAZ* v. 16. 7. 1988）。这些问题在 1988 年和 1989 年间达到高潮并导致 1989 年鲁厄接替盖斯勒为新干事长，可参阅 1990 年 3 月 1 日《法兰克福汇报》文章《总理选举协会已死》（Wolfgang Jäger：Der Kanzlerwahlverein ist tot，in：*FAZ* v. 1. 3. 1990）；此外可见第三章第十八节"党内及执政同盟的压力：决断之年 1989"。

71. 背景可参阅 1988 年 2 月 27/28 日《南德意志报》文章《总理的小人物感到被忽视》（Hermann Rudolph：Des Kanzlers Fußvolk fühlt sich

vernachlässigt. Die Geißler – Papiere sollen CDU auf ihren Parteitag vorbereiten und wieder selbstbewußt machen，in：*SZ* v. 27. ／28. 2. 1988）；1996 年 10 月 18 日《时代周报》文章《普遍的现实主义和对权力的意愿》（Franz Walter：Katholischer Realismus und der Wille zur Macht，in：*Die Zeit* v. 18. 10. 1996）；1993 年《政治和当代史》文章《基民盟》（Werner A. Perger：Die CDU，in：*Aus Politik und Zeitgeschichte*，1993，B 5，S. 3 – 9）。

72. 参见魏登菲尔德与作者的谈话。

73. 可参阅 1988 年 4 月 9 日《南德意志报》文章《在不可靠基础上的争吵》（Hermann Rudolph：Ein Streit auf unsicherem Boden，in：*SZ* v. 9. 4. 1988）。

74. 正如聚斯穆特、布吕姆（Blüm）、施佩特（Späth）、芬克（Fink）、艾尔曼（Eylmann）和吕厄；可参见艾瑟尔 1995 年 1 月 20 日在美因茨和作者的谈话，德特林 1996 年 1 月 29 日在慕尼黑和作者的谈话以及魏登菲尔德和作者的谈话；Clemens：CDU Deutschlandpolitik and Reunification，S. 12 – 15。

75. 在委员会成员中明显只有卡尔·拉默斯（Karl Lamers）支持他；1988 年 4 月 15 日《莱茵信使报》文章（Die Nation muß erfahrbar bleiben，in：*Rheinischer Merkur／Christ und Welt* v. 15. 4. 1988）他在党团会议中并未报到。

76. 对此也可参阅 1988 年 2 月 27/28 日《南德意志报》文章《总理的小人物感到被忽视》。

77. 对此可参阅第三章第十八节"党内及执政同盟的压力：决断之年 1989"。

78. 正如例如议员维尔讷在 1988 年 2 月 23 日党团会议上所说的，见：ACDP Bestand Ⅷ – 001 – 1080/1。

79. 所指的是与官方政府政策的分歧。

80. 带有"1988 年 4 月 14 日昂纳克同意"字样的 1988 年 4 月 13 日评注，见：SAPMO – BArch，IV 2/2. 039/303，Büro Krenz。

81. 受摩根施特恩（Morgenstern）的委托给赫尔曼·阿克森，1988 年 4 月 26 日给国际政治和经济司的文件，见：SAPMO – BArch，IV 2/2. 035/ 84，Büro Axen。

82. 基民盟 1988 年 3 月 22 日新闻通报。

83. 林特纳 1988 年 3 月 8 日给干事长盖斯勒的信件，见：ACDP Bestand Ⅷ –
    006 – 116/2。

84. 1988 年 4 月 12 日基民盟/基社盟联邦议会党团会议记录，见：ACDP
    Bestand Ⅷ – 001 – 1080/1。

85. 基民盟联邦理事会 1988 年 4 月 20 日交给第 36 届联邦议院基民盟办事
    处主要提案；由联邦理事会在其 1988 年 4 月 17/18 日会议上表决通
    过；对此还可参阅 1988 年 4 月 19 日《南德意志报》文章《基民盟调
    解了德国政策之争》（CDU legt Streit um Deutschlandpolitik bei，in：*SZ*
    v. 19. 4. 1988）。

86. 参见普利尔 1996 年 9 月 30 日在波恩和作者的谈话。

87. 参阅 1988 年 4 月 19 日《南德意志报》文章《基民盟调解了德国政策
    之争》。

88. 关于背景还可参阅 Hupka：Unruhiges Gewissen，S. 402 ff. 。

89. 刊印于 1988 年第六期基民盟文件。

90. 在 1989 年 "民族形势" 报告中，这个概念在科尔任期内首次写入官方
    政府文件；对此可参阅第三章第十八节 "党内及执政同盟的压力：决
    断之年 1989"。

91. 背景可参阅 Hupka：Unruhiges Gewissen，S. 406。

92. 参见朔伊布勒 1996 年 6 月 12 日在波恩和作者的谈话中讲到的。

93. 对此的数据参见附录。

94. 背景可参阅第三章第十八节 "党内及执政同盟的压力：决断之年
    1989"。

95. 梅尔特斯在与总理会谈后得知此事，对此可参见梅尔特斯 1995 年 12
    月 14 日在波恩和作者的谈话。

96. 关于约定日期和背景可参阅例如德国政策工作组组长杜伊斯贝格 1988
    年 8 月 26 日给联邦总理府部长的评注："为了他们与塞特斯的会谈"，
    见：B 136. 20168，AZ 14200。以及 223 处处长卡斯（Kass）1988 年 1
    月 19 日所写评注，见：B 136，20168，AZ 14200。

97. 德意志内部关系部第二司司长代表，1988 年 7 月 21 日作为对联邦总理
    信件反应的文件，223 – 14200 – La 21（Stern）v. 20. 7. 1988。见：B
    137，10916，AZ 21. 142。

98. 接下来的单个信息参见梅尔特斯 1995 年 12 月 14 日在波恩和作者的谈话。

99. 参见梅尔特斯 1995 年 12 月 14 日在波恩和作者的谈话。

100. 同上。

101. 也可参阅 Fröhlich：Sprache als Instrument，S. 64。

102. 1988 年 12 月 2 日第 169 期公报，S. 1501。

103. 参见梅尔特斯 1995 年 12 月 14 日在波恩和作者的谈话。

104. 这也完全取决于德意志内部关系部的政治路线。1988 年 9 月初，政治司司长多贝伊就曾欢呼。他建议将 1988 年 9 月 7 日《法兰克福汇报》文章《科尔想更清楚表达改革意图的关系》（"Kohl will den inneren Zusammenhang der Reformvorhaben deutlicher machen"）作为"处于分裂状态德国的民族形势"报告的范本，见：B 137，10916，AZ 21. 142 – Ref. II A1。

105. 1988 年 12 月 2 日第 169 期公报，S. 1501 – 1507，这里是 S. 1501。

106. 同上，S. 1505。

107. 同上。

108. 1988 年 12 月 2 日《新德意志报》。

109. 媒体反应可参阅 1988 年 12 月 2 日《法兰克福汇报》文章《联邦议院中第一次就重新统一这一远景目标公开争论》（Im Bundestag erstmals offener Streit über das Fernziel Wiedervereinigung，in：*FAZ* v. 2. 12. 1988）；1988 年 12 月 2 日《南德意志报》文章《德国政策的协调一致》（Deutschlandpolitische übereinstimmung，in：*SZ* v. 2. 12. 1988）；1988 年 12 月 2 日《每日镜报》文章《民族形势》（Lage der Nation，in：*Tagesspiegel* v. 2. 12. 1988）。

110. 刊印于：Bundesministerium für innerdeutsche Beziehungen（Hrsg. ）：Texte zur Deutschlandpolitik，Bd. Ⅲ/6，S. 494f. 。

111. 草案来自：ACDP Bestand Ⅷ – 006 – 116/2。

112. 1988 年 12 月 2 日第 169 期公报，S. 1503。

113. 对此可参阅 Fröhlich：Sprache als Instrument，S. 200 – 203。

114. 1988 年 12 月 2 日第 169 期公报，S. 1501。

115. 同上，S. 1501 f. 。

116. 同上，S. 1502。

117. 同上。

118. 解释也可参阅 Clemens：CDU Deutschlandpolitik and Reunification，S. 10。

119. 1988 年 12 月 2 日第 169 期公报，S. 1506。

120. 同上。

121. 同上。

122. 对此可参阅接下来的第十七节"谈判策略：为人道主义减负的关联交易"。

123. 1988 年 12 月 2 日第 169 期公报，S. 1504。

124. 同上，S. 1505。

125. 参见梅尔特斯 1995 年 12 月 14 日在波恩和作者的谈话。

第十七节　谈判策略：为人道主义减负的关联交易（以过境贸易协定为例）

1. 深入叙述可参阅 Peter Jochen Winters：Verträge und Vereinbarungen，见：Weidenfeld/Korte（Hrsg.）：Handwörterbuch zur deutschen Einheit，S. 723 – 731。

2. 对此可参阅第三章第十四节"科尔的权力感：昂纳克访问波恩的政治筹划"。

3. 参见朔伊布勒于 1996 年 6 月 12 日在波恩和作者的谈话。

4. 朔伊布勒于 1996 年 6 月 12 日在波恩和作者的谈话中对谈判预备阶段做了表述。

5. 参见朔伊布勒于 1996 年 6 月 12 日在波恩和作者的谈话。

6. 对此可参阅第三章第九节"贸易结算授信额一揽子谈判方案：首席谈判代表的较量"。

7. 可参阅第三章第十四节"科尔的权力感：昂纳克访问波恩的政治筹划"。

8. 德国政策工作组组长杜伊斯贝格 1987 年 11 月 24 日所写的关于联邦总理府部长与国务秘书沙尔克－哥罗德科夫斯基 1987 年 11 月 23 日在联邦总理府会谈的评注；由朔伊布勒签署，见：B 136，20 551，AZ 221 350 14 Ge 19。

9. 德国政策工作组组长 1988 年 1 月 15 日所写评注，见：B 136，20551，AZ 221 – 350 14 Ge 19，Bd. 1。朔伊布勒 1988 年 1 月 14 日在东柏林与沙尔克进行了会谈。他后来向杜伊斯贝格就会谈内容进行了汇报。

10. 对此可见第三章第十四节"科尔的权力感：昂纳克访问波恩的政治筹划"。

11. 参见朔伊布勒 1996 年 6 月 12 日在波恩和作者的谈话中讲到的；同样参见联邦总理 1996 年 9 月 30 日在波恩和作者的谈话。

12. 参见朔伊布勒 1996 年 6 月 12 日在波恩和作者的谈话。

13. 原则上可参见 Link：Die Außen-und Deutschlandpolitik in der Ära Schmidt，S. 360 – 363。

14. 同上，S. 362。

15. 也可参阅第 22 组组长 1987 年 2 月 3 日为执政联盟谈判所拟定的稿件，见：B 136，20219，AZ 221 34900 DE 1，Bd. 96。

16. 对此可参阅 Dieter Schröder：Die Elbe – Grenze. Rechtsfragen und Dokumente，Baden – Baden 1986。该书与社民党的意见相符。

17. 参见朔伊布勒 1996 年 6 月 12 日在波恩和作者的谈话。

18. 对此可参阅第三章第十四节"科尔的权力感：昂纳克访问波恩的政治筹划"。

19. 参见阿尔布雷西特 1994 年 9 月 12 日给波特霍夫的信，刊印于：Potthoff：Die Koalition der Vernunft，S. 570。

20. 对此可见第三章第十四节"科尔的权力感：昂纳克访问波恩的政治筹划"。

21. 参见德国政策工作组组长寄给联邦总理的关于州长福格尔博士和昂纳克总书记 1988 年 4 月 21 日在东柏林会谈的按语，科尔像经常做的那样标记了"朔伊布勒，特尔切克"，以便该评注能顺利到达他们的办公桌上。为了布置任务，他为这两个人在如下的表述后面画了一个大而粗的问号："昂纳克总书记相当详细地就易北河边界做出了表述：关于这点还必须与下萨克森进行商议。州长阿尔布雷西特博士与他在波恩的谈话中大概误解了。事实上商讨的是鉴于法律问题也许可以用像四大国柏林条约中的类似表述。"1988 年 4 月 26 日所写按语，见：B 136，20236，AZ 221 34900 De 1，Bd. 1；对此可参阅东德记录：Potthoff：Die Koalition der Vernunft，S. 749。

22. 参见朔伊布勒 1996 年 6 月 12 日在波恩和作者的谈话。

23. 第 22 工作组主任 1987 年 10 月 30 日所写的关于联邦总理府部长朔伊布勒和民主德国常设代表处负责人莫尔特 1987 年 10 月 29 日在联邦

总理府会谈的评注，见：B 136，20453，AZ 221 350 08 EL 1，Bd. 24。

24. 朔伊布勒也向记者菲尔默（Filmer）和施万（Schwan）讲述了谈判经过的一部分。对此可参阅 Filmer/Schwan：Schäuble，S. 214 – 236。

25. 沙尔克与朔伊布勒 1987 年 10 月 31 日会谈的按语，见：SAPMO – BArch，vorl. SED 42168。对此缺少西德记录。只呈交了一份为朔伊布勒准备的条约草案：德国政策工作组组长 1987 年 10 月 30 日所写的文件，见：B 136，20551，AZ221 – 350 14 Ge 19，Bd. 1。

26. 德国政策工作组组长 1987 年 11 月 24 日所写的文件，见：B 136，20551，AZ221 – 350 14 Ge 19，Bd. 1。

27. 对此可参见德国政策工作组组长 1988 年 1 月 15 日所写文件，见：B 136，20551，AZ 221 – 350 14 Ge 19，Bd. 1。该建议是机密的，朔伊布勒没有将其明确转达给杜伊斯贝格。在杜伊斯贝格的记录中只有："他（朔伊布勒。——作者注）暗示也许能实现基于和睦确定边界基础上的解决方案。"这或许在结论中会比盟国协议的解释要有价值得多；可参阅民主德国关于易北河边界走向立场的拟定文稿，见：SAPMO – BArch，J IV 2/2A/3209；以及 Filmer/Schwan：Schäuble，S. 218。

28. 德国政策工作组组长 1988 年 1 月 15 日所写文件，见：B 136，20551，AZ221 – 350 14 Ge 19，Bd. 1。

29. 正如朔伊布勒讲到的。见：Filmer/Schwan：Schäuble，S. 218。朔伊布勒没有为了记录将这些论据转给杜伊斯贝格。他只告知了后者结果。

30. 德国政策工作组组长 1988 年 1 月 15 日所写文件，见：B 136，20551，AZ221 – 350 14 Ge 19，Bd. 1。

31. 德国政策工作组组长 1988 年 5 月 5 日所写文件，见：B 136，20551，AZ221 – 350 14 Ge 19，Bd. 1。

32. 在德国统一社会党的记录中还有补充：朔伊布勒向沙尔克指出，如果对河流而言，中央的方案达成一致，联邦政府就必须预计到有人到宪法法院起诉。见：SAPMO – BArch，vorl. SED 42168。

33. 米塔格 1988 年 1 月 20 日写给昂纳克的信件，见：SAPMO – BArch，vorl. SED 42168。

34. 朔伊布勒与沙尔克 1987 年 5 月 5 日举行的会谈，德国政策工作组组长 1988 年 5 月 5 日所写的文件，见：B 136，20551，AZ221 - 350 14 Ge 19，Bd. 1。

35. 他和施托滕贝格（Stoltenberg）事先约定大约 8 亿德国马克。

36. 参见朔伊布勒 1996 年 6 月 12 日在波恩和作者的谈话。附属约定和论证仅有限地来自德国政策工作组组长记录，因杜伊斯贝格从来没有在东柏林在场且朔伊布勒仅在事后为了评注才向杜伊斯贝格介绍会谈结果。

37. 德国政策工作组组长 1988 年 5 月 5 日所写文件，见：B 136，20551，AZ221 - 350 14 Ge 19，Bd. 1。

38. 德国政策工作组组长 1988 年 6 月 7 日所写文件，见：B 136，20551，AZ221 - 350 14 Ge 19，Bd. 1。

39. 同上。

40. 同上。

41. 可参阅德国政策工作组组长 1988 年 6 月 23 日所写文件，见：B 136，20551，AZ221 - 350 14 Ge 19，Bd. 1。

42. 同上。

43. 同上。

44. 1988 年 6 月 23 日德国政策工作组组长所写的关于 1988 年 6 月 16 日会谈的评注，见：B 136，20551，AZ 221350 14 Ge 19。

45. 对此可见德国政策工作组组长 1988 年 7 月 5 日所写的内部评价，见：B 136，20551，AZ 221 350 14 Ge 19。

46. 对此可参阅德国政策工作组组长 1988 年 7 月 5 日给联邦总理府部长所写评注，见：B 136，20551，AZ 221 350 14 Ge 19；也可参阅 1988 年 7 月 1 日第 222 处齐尔希（Zilch）写给德国政策工作组组长关于联邦财政部 1988 年 6 月 27 日核算过境总支付信件的条约草案，见：B 136，20551，AZ 221 350 14 Ge 19。

47. "声明：德意志联邦共和国诧异地意识到，迄今为止还不可能从现存事实和法律形势出发去实现在易北河河流中线上确定意见一致的边界走向。从而也就不存在前提条件去规范那些众所周知有待处理的现实问题。"参见作为德国政策工作组组长 1988 年 7 月 5 日所写按语的附件，见：B 136，20551，AZ221 350 14 Ge 19。

48. 正如在德国政策工作组组长 1988 年 7 月 5 日按语的附件中所提到的，见：B 136，20551，AZ221 350 14 Ge 19。

49. 1987 年 9 月 17 日扩大的三方小组会议，德国政策工作组组长 1988 年 9 月 18 日所写按语，见：B 136，20169，AZ 221 - 142 23 - Sta 8。

50. 正如在为联邦总理与昂纳克在波恩会谈准备的会谈文件中再次出现的；德国政策工作组组长 1987 年 9 月 1 日所写文件，见：B 136，20567。

51. 这明显是昂纳克独自做出的决定。这个通报令民主德国外交部（赛德尔作为司长）感到惊讶，正如赛德尔 1988 年 3 月 21 日与杜伊斯贝格会谈中坦率承认的，可参阅德国政策工作组组长 1988 年 3 月 24 日所写按语，见：B 136，20211，AZ 221 34900 De 1，Bd. 101。

52. 德国政策工作组组长 1988 年 7 月 5 日所写文件，见：B 136，20551，AZ221 - 350 14 Ge 19。

53. 对此可见德国政策工作组组长 1988 年 8 月 24 日所写的关于朔伊布勒和沙尔克 1988 年 8 月 23 日会谈的按语，见：B 136，20551，AZ 221 350 14。

54. 民主德国政府 1988 年 11 月 30 日发布了新的旅行规定，1989 年 4 月 1 日该规定添加补充条款。该规定本应给予更多法律安全保障并对内和对外得以展示，但其中却仅规定谁有权提交出国旅行申请，没有规定谁的申请有权获得批准。对此可参阅 1989 年《德国档案》文章《修订》（Gisela Helwig：Nachbesserungen，in：*Deutschland Archiv*，1989，H. 4，S. 465ff）。

55. 德国政策工作组组长 1988 年 8 月 24 日所写的关于朔伊布勒和沙尔克 1988 年 8 月 23 日会谈的按语，见：B 136，20551，AZ 221 350 14 Ge 19。

56. 对此可见第三章第九节"贸易结算授信额一揽子谈判方案：首席谈判代表的较量"。

57. 参见朔伊布勒 1996 年 6 月 12 日在波恩和作者的谈话。

58. 1988 年 8 月 30 日的政治局会议，见：SAPMO - BArch，DY 30/J IV 2/2/2291。

59. 参见朔伊布勒 1996 年 6 月 12 日在波恩和作者的谈话。

60. 如在 1988 年 5 月 5 日，见：SAPMO - BArch，vorl. SED 42181。

61. 参见朔伊布勒 1996 年 6 月 12 日在波恩和作者的谈话。

62. 德国政策工作组组长 1988 年 9 月 1 日所写文件，见：B 136，20169，AZ 221 – 142 23 – Sta 8。

63. 参见朔伊布勒 1996 年 6 月 12 日在波恩和作者的谈话。

64. 1988 年 10 月 24 ~ 27 日。

65. 1988 年 9 月 1 日德国政策工作组组长所写的关于 1988 年 8 月 31 日扩大的三方小组会议文件，见：B 136，20169，AZ 221 – 142 23 – Sta 8。

66. 同上。

67. 为了给会面做准备，1988 年 9 月 12 日在柏林与民主德国就这些文本达成一致；可参阅德国政策工作组组长 1988 年 9 月 6 日为准备所做的按语（由朔伊布勒用红色做了标注），见：B 136，20551，AZ 221 350 14 Ge 19；此外还可参见德国政策工作组组长 1988 年 9 月 13 日给朔伊布勒的评注，见：B 136，20551，AZ 221 350 14 Ge 19；德国政策工作组组长 1988 年 9 月 15 日为结果评注所写的心得，见：B 136，20551，AZ 221 – 35014 – Ge 19。

68. 对此可见德国政策工作组组长 1988 年 9 月 16 日所写按语，见：B 136，20241，AZ221 34900。

69. 刊印于：Bundesministerium für innerdeutsche Beziehungen（Hrsg.）：Texte zur Deutschlandpolitik，Bd. HI/6，S. 354ff.。

70. 只有法国大使详细询问了包括计划中的扩建柏林到汉诺威铁路线路的为过境交通提升的支出是否会影响到空运交通，朔伊布勒对此加以否认；参见德国政策工作组组长 1988 年 9 月 16 日所写的关于联邦部长朔伊布勒博士与三大国大使 1988 年 9 月 9 日举行会谈的按语，见：B 136，20241，AZ 221 34900 Juni 88，Bd. 1。

71. 参阅 1988 年 9 月 17 日《法兰克福汇报》文章《波恩对民主德国的行为感到心烦意乱》（Feldmayer：Bonn verstört über das Verhalten der DDR，in：*FAZ* v. 17. 9. 1988）。

72. 同上。

73. 同上。

74. 对此可参阅 1988 年 10 月 6 日《法兰克福汇报》文章《签订过境条约》（Transit – Vereinbarung unterzeichnet，in：*FAZ* v. 6. 10. 1988）；1988 年《德国档案》文章《联邦政府对与民主德国关于交通问题谈判结果的通报》（Mitteilung der Bundesregierung zum Ergebnis der Verhandlungen mit der DDR zur Verkehrsfrage, in: *Deutschland Archiv*, 1988, H. 11, S. 1321 – 1237）。

75. 可参见梅尔特斯 1995 年 6 月 22 日在波恩和作者的谈话。

76. 刊印于: Bundesministerium für innerdeutsche Beziehungen（Hrsg.）: Texte zur Deutschlandpolitik, Bd. III/6, S. 334 – 357。

77. 对此可参阅 Ackermann: Mit feinem Gehör, S. 269f.。

78. 朔伊布勒 1996 年 6 月 12 日在波恩和作者的谈话中指出了这种关系。

79. 例如在扩大的三方小组会谈中的一份主题汇编，由联邦部长魏姆斯 1988 年 11 月 2 日报告，见: 德国政策工作组组长 1988 年 11 月 3 日所写评注，见: B 136, 20169, AZ 221 – 142 23 – Sta 8。

80. 也可参阅德意志内部关系部第二司司长多贝伊 1988 年 10 月 27 日给部长女士和国务秘书的评注"当前德意志内部关系的成果和回报"，见: B137, 10686。

81. 参见多贝伊 1994 年 5 月 19 日在圣奥古斯丁和作者的谈话。

82. 由多贝伊 1994 年 5 月 19 日在圣奥古斯丁和作者的谈话中得出的印象。

83. 参见由德国政策工作组组长 1988 年 11 月 14 日总结的关于结果的评注，见: B 137, 10294。

84. 可参阅 1988 年《德国档案》文章《昂纳克的继任问题愈发复杂》。

85. 1988 年 11 月 14 日德国政策工作组组长所写的关于 1988 年 11 月 9 日会面的记录评注，见: B 137, 10294。

86. 德国政策工作组组长 1988 年 11 月 14 日所写的记录笔记存放于 B 137, 10294, 东德记录存放于 SAPMO – BArch, IV 2/2.035/80（也刊印于 Potthoff: Die Koalition der Vernunft, S. 818 – 829）。

87. 关于科尔和根舍在这点上的分歧可参阅 Genscher: Erinnerungen, S. 581 – 621。

88. 德国政策工作组组长 1988 年 11 月 14 日所写文件，见: B 136, 21321, AZ221 – 350 16 – Ve 40。

89. 见: SAPMO – BArch, IV 2/2.035/80。

90. 德国政策工作组组长 1988 年 11 月 14 日所写文件，见: B 136, 21321, AZ221 – 350 16 – Ve 40。

91. 东德记录中写着"完全不真实"。

92. 所指的是联邦部长维尔姆斯女士的演讲，她于 1988 年 3 月严厉批评了民主德国政府机关对持不同政见者的行为，可参阅 AdG 1988，S. 32601 以及 S. 32773ff.。Hans Günter Hoppe，MdB，FDP，Vors. des Innerdeutschen Ausschusses。

93. 德国政策工作组组长 1988 年 11 月 14 日所写文件，见：B 136，21321，AZ221 – 350 16 – Ve 40。

94. 见：SAPMO – BArch，IV 2/2.035/80。

95. 东德记录中写道："联邦德国媒体说民主德国非常渴望得到外汇。"

96. 1988 年 1 月 17 日纪念罗莎·卢森堡和卡尔·李卜克内西遇害的活动。

97. 德国政策工作组组长 1988 年 11 月 14 日所写文件，见：B 136，21321，AZ221 – 350 16 – Ve 40。

98. 见：SAPMO – BArch，IV 2/2.035/80。

99. 德国政策工作组组长杜伊斯贝格 1988 年 11 月 14 日所写文件，见：B 137，10294。

100. 在那里说道："联邦总理科尔和总书记昂纳克强调了通过报刊、电台和电视对睦邻友好关系的继续发展提供全面客观信息的重要意义。双方要相应地保证给记者工作以最大支持。"对此可参阅 Peter Jochen Winters：Journalisten，见：Weidenfeld/Korte（Hrsg.）：Handwörterbuch zur deutschen Einheit，S. 400 – 406。

101. 德国政策工作组组长杜伊斯贝格 1988 年 11 月 14 日所写文件，见：B 137，10294。

102. 同上。

103. 对此也可参阅政治局 1988 年 11 月 15 日通过的关于朔伊布勒正式访问的报告。谈判主题被准确提出。结论的第一点内容是："应该准备在民主德国或联邦德国进行一次两国国防部长的会面"，这明显是最重要的消息，见：SAPMO – BArch，IV 2/2.039/67，Büro Krenz。

104. 参阅 1988 年 11 月 11 日《南德意志报》文章《民主德国准备改造易北河》（Albrecht Hinze：DDR zur Sanierung der Elbe bereit，in：SZ v. 11. 11. 1988）。

105. 参见朔伊布勒 1996 年 6 月 12 日在波恩和作者的谈话。

第十八节　党内及执政同盟的压力：决断之年 1989

1. 参见朔伊布勒 1996 年 6 月 12 日在波恩和作者的谈话。

2. 可参阅带有文献出处信息的概览：Karl – Rudolf Korte：Die Chance genutzt? Die Politik zur Einheit Deutschlands，Frankfurt am Main 1994。

3. 可参阅同上；同时决断之年 1989 年概览性的文献还有 Elke Bruck/Peter M. Wagner：Zwei – plus – Vier – intern. Die internationalen Aspekte desVereinigungsprozesses aus Sicht der Akteure. Ein Literaturbericht，见：Dies. （Hrsg.）：Wege zum 2 + 4 – Vertrag. Die äußeren Aspekte der deutschen Einheit，München 1996，S. 153 – 181。此外还有 Werner Weidenfeld mit Peter M. Wagner und Elke Druck：Außenpolitik für die deutsche Einheit. Die Entscheidungsjahre 1989/90，Stuttgart 1998。

4. 可参阅 Hansjoas/Martin Kohli （Hrsg,）：Der Zusammenbruch der DDR. Frankfurt a. M. 1993；关于国际环境可参阅 Gregor Schöllgen：Geschichte der Weltpolitik von Hitler bis Gorbatschow 1941 – 1991，München 1996，S. 389 – 426。

5. 参见科尔和狄克曼/罗伊特的访谈，可参阅 Diekmann/Reuth：Helmut Kohl，S. 39。

6. 详细可参阅 Weidenfeld：Außenpolitik für die deutsche Einheit。

7. 原则上可参阅 Garton Ash：Im Namen Europas. S. 148 – 188。

8. 对此可见第三章第七节 "有关增加军备的辩论：德德责任共同体"；Schöllgen：Geschichte der Weltpolitik，S. 390 – 406。

9. 截至 1988 年苏联的德国政策可参阅 1988 年《欧洲档案》文章《戈尔巴乔夫对联邦德国的政策》（Paul E. Zimmer：Gorbatschows Politik gegenüber der Bundesrepublik Deutschland. Eine Zwischenbilanz，in：*Europa – Archiv*，1988，Nr. 8，S. 223 – 243）；Garton Ash：Im Namen Europas. S. 148 – 188；Oldenburg：Das Dreieck Moskau – Ost-Berlin – Bonn。

10. 参阅 1986 年 10 月 27 日《新闻周刊》。

11. 对此可参阅 Ackermann：Mit feinem Gehör，S. 265；背景也可参阅 Genscher：Erinnerungen，S. 518f. 。

12. Genscher：Erinnerungen，S. 521.

13. 关于他的个人准备可参阅 Genscher：Erinnerungen，S. 490 – 494。过程参阅同上 S. 493 – 505。

14. 可参阅 Genscher：Erinnerungen，S. 543 – 546；Garton Ash：Im Namen

Europas，S. 162。

15.　Strauß：Die Erinnerungen，S. 612 – 626. 勃列日涅夫首次邀请施特劳斯前往莫斯科访问。因此，施特劳斯受邀前往莫斯科并不需要联邦总理的特别帮助；参见西本莫根 1996 年 10 月 3 日在慕尼黑与作者的谈话。

16.　作为先驱，洛塔尔·施佩特最终通知了总理，对此可参阅 Garton Ash：Im Namen Europas，S. 166f.。整体进程可参阅：Michail Gorbatschow：Erinnerungen，Berlin 1995，S. 702f.。

17.　关于接下来协调一致的访问外交的背景可参阅布雷西（Blech）1996 年 10 月 3 日和 1997 年 3 月 20 日在慕尼黑与作者的谈话。

18.　对此可参阅 Friedbert Pflüger：Richard von Weizsäcker. Ein Portrait aus der Nähe，Stuttgart 1990，S. 426f；也可参阅如下文献中的科尔 Diekmann/Reuth：Helmut Kohl，S. 181。

19.　可参阅布雷西 1996 年 10 月 3 日在慕尼黑与作者的谈话。并没有出现关于联邦总统是否在总理之前前往波兰的询问。虽然在总统府中“关于气氛”听说存在此类联想，但并没有正式提议，因为魏茨泽克并没有就此作出回应。

20.　Gorbatschow：Erinnerungen，S. 705.

21.　可参阅 1989 年第 3 期《外交政策》文章《戈尔巴乔夫的改革政策和东西方关系观点》（Horst Teltschik：Die Reformpolitik Gorbatschows und die Perspektiven der West – Ost – Beziehungen，in：*Außenpolitik*，1989，Nr. 3，S. 211 – 225）。

22.　正如特尔切克从莫斯科返回后立即在平常的信息会议中与外部顾问一起汇报的，对此可参阅慕尼黑的魏登菲尔德私人档案中的记录。

23.　同上。

24.　也可参阅 Teltschik：Die Reformpolitik Gorbatschows. S. 221；1988 年 11 月 1 日的公报，S. 1271。

25.　访问和会谈的中心议题是关于安全政策和削减军备政策的话题。

26.　Dickmann/Reuth：Helmut Kohl，S. 39.

27.　关于六个条约可参阅 Garton Ash：Im Namen Europas，S. 168 以及 Teltschik：Die Reformpolitik。

28.　正如 Ackermann：Mit feinem Gehör，S. 285。

29.　正如特尔切克从莫斯科返回后立即向顾问小组汇报的，对此可参见魏登菲尔德慕尼黑私人档案中的记录。

30. 参阅 Zelikow/Rice：Germany Unified，S. 33。

31. 可参阅如下会谈记录 B 136，30162，AZ 213 – 30104 So 17，Bd. 5。

32. Bundesministerium für innerdeutsche Beziehungen（Hrsg.）：Texte zur Deutschlandpolitik，1988，Bd. Ⅲ/6，S. 374.

33. 参见联邦总理 1996 年 9 月 30 日在波恩和作者的谈话。

34. Bundesministerium für innerdeutsche Beziehungen（Hrsg.）：Texte zur Deutschlandpolitik 1988，Bd. tlL/6，S. 383f.

35. 政治局 1988 年 11 月 1 日文件，见：SAPMO – Barch，IV 2/2.039/67，Büro Krenz。

36. 同上。

37. 正如特尔切克在访问莫斯科之后的评价，参阅慕尼黑的魏登菲尔德私人档案中的记录。

38. 参阅联邦总理和总书记 1988 年 10 月 25 日会谈的记录，由卡斯特纳 1988 年 10 月 27 日完成，见：B 136，30162，AZ 213 – 30104 So 17，Bd. 5。

39. 同上。

40. 对于该次访问在公众中的反响可参阅 Zelikow/Rice：Germany Unified，S. 32f.。全面陈述可参阅 Rafael Biermann：Zwischen Kreml und Kanzleramt. Wie Moskau mit der deutschen Einheit rang. Paderborn 1997，S. 128 – 147。

41. 刊印于：1989 年 6 月 15 日第 61 期公报，S. 542ff.。

42. 1989 年 6 月 15 日第 61 期公报，S. 542。

43. 1989 年 6 月 17 日第 63 期公报，S. 559。

44. 解释可参阅 1989 年《德国档案》文章《在东西方接近时期的德波关系》（Magarditsch A. Hatschikan/Wolfgang Pfeiler：Deutsch – sowjetische Beziehungen in einer Periode der Ost – West – Annäherung，in：*Deutschland Archiv*，1989，Ⅱ.8，S. 883 – 889，这里是 S. 884）；Teltschik：Die Reformpolitik，S. 223。加顿·阿什（Garton Ash）使人们注意到，自决的义务是如何通过共同声明的描述被加以限制的，可阅 Garton Ash：Im Namen Europas，S. 172f.。

45. 按照苏联信息来源的评价可参阅 Zelikow/Rice：Germany Unified，

S. 34。

46. 对于总理个人的评价可参阅 Diekmann/Reuth：Helmut Kohl，S. 43 – 45。

47. 关于联邦总理与中央委员会总书记兼最高苏维埃主席 1989 年 6 月 12 日在波恩会谈的按语，由特尔切克 1989 年 6 月 13 日完成，见：Bundeskanzleramt，AZ 21 – 30130 S25 – De2/4/89。

48. 同上。

49. 同上，S. 40 – 45。参见联邦总理 1996 年 9 月 30 日在波恩和作者的谈话。对外交部长的评价可参阅 Genscher：Erinnerungen，S. 629 – 632。

50. 1989 年 6 月 15 日第 61 期公报，S. 540。

51. 戈尔巴乔夫在他的回忆录中也不泄露任何幕后情况。他写到通过访问而使双边关系达到新高度，但却省略了他个人的印象，可参阅 Gorbatschow：Erinnerungen，S. 706 – 710。

52. 对此可参阅 Pond：Beyond the Wall，S. 56 – 84；Zelikow/Rice：Germany Unified. S. 63 – 101。

53. 数据源自对现实问题的信息和结论，见：SAPMO – Barch，IV 2/2. 039，Bd. 307；也可参阅 Mitter/Wolle：Ich liebe Euch，S. 82ff. 。

54. 关于背景也可参阅 Klaus Werner：Die Lage der DDR – Wirtschaft am Vorabend der Währung –，Wirtschafts – und Sozialunion，见：Rüdiger Pohl（Hrsg.）：Herausforderung Ostdeutschland，Berlin 1995. S. 35 – 51；也可参阅 Gros：Entscheidung ohne Alternative，S. 24 – 41。

55. 可参阅 Grosser u. a.：Die sieben Mythen，S. 36。

56. 整体进程可参阅 Karl Wilhelm Fricke：Die Wiederherstellung der staatlichen Einheit Deutschlands，见：Wolfgang Wagner u. a.（Hrsg.）：Die Internationale Politik1989 – 1990，München 1992，S. 86 – 100；以及 Jarausch：Die unverhoffte Einheit，其中主要评价了东德的信息来源。

57. 常设代表处 1989 年 7 月 24 日报告，FS Nr. 1553，见：B 288，124，AZ U – 3S005 – Pa4。

58. 对此可参阅 Grosser：Das Wagnis der Währungs-，Wirtschafts- und Sozialunion。

59. 常设代表处 1989 年 6 月 27 日报告，FS 1356，见：B 288，124. AZ 11 – 35005 – Pa4，Bd. 11。

60. 常设代表处 1989 年 6 月 27 日报告，FS Nr. 1356，见：B 288，124，AZ 11 – 35005 – Pa4，Bd. 11。民主德国国家安全机关也得到了常设代表处这份详细背景报告。上将弗雷茨·施特莱茨（Fritz Streletz）将标题为"联邦德国关于民主德国第八次中央委员会全体大会之后内部形势报告"的文件寄给了埃里希·米尔克（Erich Mielke），作为第 13 号文件刊印于：Stephan（Hrsg.）：Vorwärts immer，rückwärts nimmer. S. 89 – 94。

61. 1989 年 1 月 16 日《德德爬行速度》（Hermann Rudolph：Deutsch – deutscher Kriechgang，in：*SZ* v. 16. 1. 1989.）。

62. 如最后一个柏林墙牺牲者克里斯·居夫洛伊（Chris Gueffroy）1989 年 2 月 6 日逃亡时被枪射死之后。

63. 这样作出评判的还可参阅 Teltschik：329 Tage，S. 28。

64. 例如 1989 年 2 月 7 日扩大的三方小组会议上，德国政策工作组组长 1989 年 2 月 9 日所写文件，见：B 136，20169，AZ 221 – 142 23 – Sta 8；但是同样可见 1989 年 6 月 23 日文件，见：B 136，20169，AZ 221 – 142 23 – Sta 8。

65. 参见朔伊布勒 1996 年 6 月 12 日在波恩和作者的谈话；对此可参阅第三章第十五节"联邦总理的外交克制：人权与民主德国的相关信息"。

66. 1989 年 3 月 1 日的会面由德国政策工作组组长 1989 年 3 月 2 日做了记录，见：B 136，20551，AZ 221 – 350 14 Ge 19，Bd 2。

67. 自 1989 年 1 月 29 日选举胜利之后，那里就由社民党市长蒙佩尔（Momper）管理。

68. 1989 年 4 月 7 日第 22 组组长所写的关于 1989 年 4 月 7 日会谈的评注，见：B 137，10293。

69. 参见塞特斯 1996 年 3 月 13 日在波恩和作者的谈话。

70. 参见塞特斯 1996 年 3 月 13 日在波恩和作者的谈话。

71. 对此更多的叙述可见后面关于科尔决策行为一节。

72. 可参阅 Diekmann/Reuth：Helmut Kohl，S. 57。

73. 德国政策工作组组长 1989 年 4 月 21 日所写文件，见：B 136，20223，AZ 221 34900 De1，Bd. 104。

74. 同上。

75. 如钾化合物废水、铁路谈判和柏林南部过境通道问题；德国政策工作组组长 1989 年 5 月 17 日所写记录，见：B 136，20551，AZ 221 – 350 14 Ge 19，Bd. 2。

76. 同上，由杜伊斯贝格 1989 年 5 月 17 日亲笔添进了记录中。

77. 布罗伊蒂加姆从 1989 年 2 月 2 日起就按程序被调回外交部工作。这一调任不涉及政治原因，参见布罗伊蒂加姆 1996 年 2 月 19 日在波茨坦和作者的谈话。

78. 德国政策工作组组长 1989 年 6 月 28 日所写文件，见：B 136，20169，AZ 221 – 142 23 – Sta 8。

79. 为塞特斯 1989 年 7 月 3 日／4 日访问东柏林准备的谈话便条，见：B 137，10294。

80. 联邦部长塞特斯 1989 年 7 月 4 日致辞，见：B 137，10294。

81. 德国政策工作组组长 1989 年 7 月 5 日所写文件，见：B 136，21328，AZ 221 350 16 VE 40。

82. 1989 年 1 月 16 日《南德意志报》文章《德德爬行速度》。

83. 基社盟主席施特劳斯 1988 年 10 月 3 日去世。1988 年 11 月 19 日魏格尔（Waigel）作为他的继任者当选为基社盟主席。对魏格尔以 1937 年德国边界为题的演讲可在本章稍后位置看到。

84. 对此可见 AdG 1989，S. 33535f，也可参阅 Antonius John：Rudolf Seiters. Einsichten in Amt，Person und Ereignisse，Bonn 1991，S. 60f 以及 S. 67；Diekmann／Reuth：Helmut Kohl，S. 57 f.。关于边界的讨论可参阅后面关于 1989 年民族形势报告小节。

85. 见：B 136，21328，AZ 221 350 16 Ve 40。

86. 同上。

87. 例如在常设代表处 1989 年 9 月 20 日报告中，FS Nr. 2034，见：B 288，116，AZ 11 – 35004 – La4，Bd. 7。

88. 也可参阅 Teltschik：329 Tage，S. 12。

89. 细节可参阅 Axel Schützsack：Exodus in die Einheit. Die Massenflucht aus der DDR 1989，Melle 1990；Fischer DDR – Almanach. S. 138 – 142。还可参阅 Schöllgen：Geschichte der Weltpolitik，S. 422 – 424；关于逃亡活动的周期可参阅 Jarausch：Die unverhoffte Einheit，S 45。

90. 关于在匈牙利的决定进程可参阅 Siegfried Kurz：Ungarn 1989，见：

Grosser u. a.：Mythen，S. 123 – 163。

91. 参见梅尔特斯 1995 年 8 月 25 日在波恩和作者的谈话。

92. 可参阅 Ackermann：Mit feinem Gehör，S. 302。

93. Diekmann/Reuth：Helmut Kohl，S. 60.

94. 数据可参阅 Ackermann：Mit feinem Gehör，S. 295f. 。

95. 自 1989 年 5 月 30 日起为雷林格的继任者。

96. 所指的是 1988 年 11 月 30 日旅行规定。

97. 福格尔 1989 年 8 月 7 日所写信件；当面交给了国务秘书普里斯尼茨（Priesnitz）并由其传真给杜伊斯贝格，见：B 137，15797。

98. 德国政策工作组组长 1989 年 8 月 8 日所写文件，见：B 137，15797。

99. 关于内阁的调查可参阅第 22 组组长 1989 年 8 月 8 日所写的讲话便条，见：B 136，19871；对此也可参见 1996 年 8 月 25 日与梅尔特斯的谈话。

100. 德国政策工作组组长 1989 年 8 月 8 日所写文件，见：B 137，15797。

101. 联邦总理科尔 1989 年 8 月 14 日写给昂纳克的信件，见：B 137，15797。

102. 昂纳克 1989 年 8 月 17 日写的信件，见：B 137，15797。

103. 塞特斯与克罗利克夫斯基（Krolikowski）1989 年 8 月 18 日在东德外交部会谈；德国政策工作组组长 1989 年 8 月 21 日所写文件，见：B 137，15797。

104. 正如贝特乐（Bertele）1989 年 8 月 22 日的按语中坚持的，见：B 288，355，AZ 11 – 35016 Ve 33；也可参阅 Dickmann/Reuth：Helmut Kohl，S. 62。

105. 见：B 288，355，AZ 11 – 35016 Ve 33。

106. 可参阅 Diekmann/Reuth：Helmut Kohl，S. 68。

107. 1989 年 8 月 20 日信件，见：B 288，355，AZ 11 – 35016 Ve 33。

108. 这一表述可参阅 Genscher：Erinnergen，S. 637。

109. 对此可参阅常设代表处负责人贝特乐 1989 年 8 月 24 日写给塞特斯、杜伊斯贝格、普里斯尼茨和外交部的信件，见：B 288，355，AZ 11 – 35016 Ve 33。

110. 同上。关于德国统一社会党决定的背景可参阅 Jarausch：Die unverhoffte Einheit，S. 37；还可参阅 Hans – Hermann Hertle：Chronik

des Mauerfalls. Die dramatischen Ereignisse um den 9. November 1989, Berlin 1996. S. 65 – 76。

111. 参见梅尔特斯 1995 年 8 月 25 日在波恩和作者的谈话。

112. 参见 1989 年 8 月 15 日和 1989 年 8 月 22 日国务秘书的职能部门会议的基本内容，见：B 137，15797。

113. 参见梅尔特斯 1995 年 8 月 25 日在波恩和作者的谈话。

114. 同上。

115. 可参阅 Ackermann：Mit feinem Gehör, S. 302；Diekmann/Reuth：Helmut Kohl, S. 74；Genscher：Erinnerungen, S. 637 – 640；Gyula Horn：Freiheit, die ich meine. Erinnerungen des ungarischen Außenministers, der den Eisernen Vorhang öffnete, Hamburg 1991, S. 308 – 333。

116. 具体与布达佩斯和东柏林于 1969 年 6 月 20 日签署的关于旅行交通协定的规定相关。

117. 可参阅 Genscher：Erinnerungen, S. 638 以及 Diekmann/Reuth：Helmut Kohl, S. 75。

118. 关于经过和背景可参阅 Genscher：Erinnerungen, S. 650ff. , Diekmann/Reuth：Helmut Kohl, S. 90ff. ；以及 John：Seiters, S. 87 – 104。在约翰（John）的书中对事件的再现与政府档案的评注完全相符。区别只在于根舍将成果归功于自己的解释。对这一部分进行批评性表述的有 Diekmann/Reuth：Helmut Kohl, S. 91。约翰更多将成果归功于塞特斯。阿克曼 1995 年 9 月 17 日在波恩和作者的谈话中也对根舍的行为进行了明确批评，说他特别爱出风头并利用了塞特斯。

119. 对此可参见塞特斯 1996 年 3 月 13 日在波恩的谈话。

120. 最终在场的还有特尔切克、杜伊斯贝格、苏德霍夫和普里斯尼茨。

121. 也可参阅 Ackermann：Mit feinem Gehör, S. 305。

122. 参见联邦总理 1996 年 9 月 30 日在波恩和作者的谈话。

123. 参见阿克曼 1995 年 9 月 17 日在波恩和作者的谈话；可参见塞特斯 1996 年 3 月 13 日在波恩的谈话。

124. 参见联邦总理 1996 年 9 月 30 日在波恩和作者的谈话。

125. Genscher：Erinnerungen, S. 21.

126. Diekmann/Reuth：Helmut Kohl, S. 93.

127. 不需要民主德国离境许可并且不需要交出旅行文件。

128. 1989 年 10 月 3 日会议记录，见：ACDP Bestand Ⅷ - 001 - 1086/1。

129. 德国政策工作组组长 1989 年 10 月 6 日所写文件，见：B 137，15797。

130. 同上。

131. 同上。

132. 1989 年 10 月 6 日德国政策工作组组长所写的关于 1989 年 10 月 3 日、4 日和 5 日会谈的评注，见：B 137，15797。

133. 同上。

134. 可参阅 Jarausch：Die unverhoffte Einheit, S. 56 - 115；Pond：Beyond the Wall, S. 100 - l39；Korte：Die Chance genutzt?, S. 24 - 56。

135. 参见苏联对大规模逃亡的反应；参阅德国联邦议院德意志内部关系委员会 1989 年 10 月 4 日会议的手稿，见：B 137，10729。

136. 参见梅尔特斯 1996 年 7 月 7 日在波恩和作者的谈话。

137. 同上。

138. 对此可参见德国统一社会党思想家奥托·莱因霍尔德（Otto Reinhold）1989 年 8 月发表的言论；摘录自 1989 年第 33 期《明镜周刊》。

139. 对此可参阅 1989 年《德国档案》文章《我们希望出来——我们却停留在这儿》（Gisela Helwig：Wir wollen raus-wir bleiben hier, in：*Deutschland Archiv*，1989，H 10，S. 1073 - 1075）；参阅 1989 年《德国档案》文章《过渡社会》（Ilse Spittmann：Eine übergangsgesellschaft, in：*Deutschland Archiv*，1989，H. 11，S. 1201 - 1205）。

140. 参见联邦总理 1996 年 9 月 30 日在波恩和作者的谈话。

141. 可参阅 1989 年 10 月 17 日会议记录，见：ACDP Bestand Ⅷ - 001 - 1086/1。

142. 可参阅 1989 年 10 月 17 日会议记录，见：ACDP Bestand Ⅷ - 001 - 1086/1。

143. 参见联邦总理 1996 年 9 月 30 日在波恩和作者的谈话。

144. 关于 1989 年 10 月 22 日科尔和布什之间的电话通话可参阅 Rice/Zelikow：Germany Unified, S. 93f. 。

145. 可参阅 Egon Krenz：Wenn Mauern fallen, Wien 1990, S. 141 - 145；Günter Schabowski：Der Absturz, Berlin 1991, S. 267 - 271。

146. 中央委员会上的发言可参阅 AdG, 1989, S. 33937f。

147. 参见联邦总理 1996 年 9 月 30 日在波恩和作者的谈话。

148. 1989 年 10 月 18 日常设代表处所发电传 Nr. 2310，见：B 288，124，AZ Ⅱ – 35005 – Pa4，Bd. 11。

149. 参见 1989 年 10 月 24 日德国政策工作组组长所发的关于 1989 年 10 月 23 日塞特斯与瓦尔特斯会谈的电报，见：B 136，20241，AZ 221 34900。

150. 评注摘自社民党文件 Wer im Glashaus sitzt, Bonn 1994；也可参阅 Diekmann／Reuth：Helmut Kohl, S. 108f. 。

151. 1989 年 10 月 26 日对旅行规定的按语，见：B 137，10736。

152. 1989 年 10 月 24 日塞特斯与三大国大使的会谈，德国政策工作组组长 1989 年 10 月 30 日所写按语，见：B 136，20241，AZ 221 34900 Juni 88，Bd. 1。

153. 见：SAPMO – BArch，IV 2/1/704；也刊印于 Potthoff：Die Koalition derVernunft, S. 975 – 981；关于会谈的陈述也可参阅 John：Rudolf Seiters, S. 114f；Ackermann：Mit feinem Gehör, S. 307；节选也刊印于 1990 年第 48 期《明镜周刊》，S. 108 – 110；也可参阅 Diekmann／Reuth：Helmut Kohl, S. 109f 中词句相同的段落。

154. SAPMO – BArch，IV 2/1/704.

155. 克伦茨在他首次讲话中宣布要进行旅行法草拟工作。该草案于 1989 年 11 月 6 日在《新德意志报》公布，并在民众猛烈抗议后于 1989 年 11 月 7 日由人民议院驳回。

156. 会谈在 SAPMO – BArch，IV 2/1/704。

157. 同上。

158. 参见联邦总理在如下文献中所说的，见：Diekmann／Reuth：Helmut Kohl, S. 111。

159. 可参阅 1992 年《德国档案》文章《许雷尔的危机分析》（Schürers Krisen – Analyse, in：Deutschland Archiv, 1992, H. 10, S. 1112 – 1120）。

160. 背景可参阅 Wolfgang Jäger：Kanzlerdemokratie im Einigungsprozeß 1989/ 90，见：Theo Stammen u. a. （Hrsg.）：Politik, Bildung, Religion, Paderborn 1996, S. 353 – 360，这里是 S. 355. ；此外可参阅 Hertle：Chronik des Mauerfalls, S. 100 – 108；也可参阅 Diekmann／Reuth：Helmut Kohl, S. 116。

161. 对此可参阅下一小节。

162. 德国政策工作组组长 1989 年 11 月 6 日所写按语，见：B 136，20169，AZ 221 – 142 23 – Sta 8。

163. 1989 年 11 月 9 日公报，S. 723 – 739。

164. 正如 Diekmann/Reuth：Helmut Kohl，S. 117；对此也可参见梅尔特斯 1996 年 9 月 27 日的谈话。

165. 1989 年 11 月 7 日会议记录，见：ACDP Bestand Ⅷ – 001 – 1086/1。

166. 同上。

167. 同上。

168. 对此细节可参阅 Hertle：Der Fall der Mauer. Die unbeabsichtigte Selbstauflösung des SED – Staates，Opladen/Wiesbaden 1996。

169. 对此可参阅 1993 年 8 月 17 日《法兰克福汇报》文章《被戈尔巴乔夫抛弃》（Ralf Georg Reuth：Von Gorbatschow im Stich gelassen，in：*FAZ* v. 17. 8. 1993）；Hertle：Chronik des Mauerfalls，S. 141 – 157；Egon Krenz：Wenn Mauern fallen，S. 230。

170. 常设代表处 1989 年 11 月 8 日发给联邦总理府的电传 Nr. 2498，见：B 288，355，AZ11 – 35016 Ve 33。

171. Diekmann/Reuth：Helmut Kohl，S. 127.

172. 也可参阅 Jager：Kanzlerdemokratie im Einigungsprozeß，S. 354f.。

173. 总体上对这个时期舆论氛围可参阅如下文献中的资料 Weidenfeld/Korte：Die Deutschen. Profil einer Nation，Stuttgart 1991。

174. 也可参阅 Hans – Hermann Hartwich：Die Bundesregierung im Prozeß der deutschen Vereinigung（1989/90），见：Ders. /Wewer（Hrsg.）：Regieren in der Bundesrepublik，Bd. Ⅲ. S. 237 – 273，这里是 S. 250f.。

175. 对此可见阿伦斯巴赫民意调查研究所提出有关总理的问题："您在总体上同意科尔的政策还是不同意呢？" 1989 年的支持率只有 27%；而 1982 年是 37%，1983 年是 42%，到 1988 年降到 29 %，然后 1990 年升为 41%，见：Allensbacher Jahrbuch der Demoskopie，Bd. 8（1978 – 1983），S. 240 以及 Bd. 9（1984 – 1992），S. 684。

176. 可参阅 Ackermann：Mit feinem Gehör，S. 288。

177. 1989 年 3 月 27 日《明镜周刊》文章《与科尔保持距离的合作者》

（Die Partner auf Distanz zu Kohl，in：*Der Spiegel* v. 27. 3. 1989）。

178. 1989 年 3 月 20 日第 12 期《明镜周刊》封面文章。

179. 关于背景可参阅 1989 年 4 月 11 日《法兰克福汇报》文章《总理继续
   认为应进行内阁重组的协商》（Der Kanzler setzt die Beratungen über
   eine Kabinettsumbildung fort，in：*FAZ* v. 11. 4. 1989）；关于准备阶段可
   参阅 1988 年 4 月 22 日《时代周报》文章《每个人都为自己，但没有
   人为大家》（Gunter Hofinann：Jeder für sich, keiner für alle，in：*Die
   Zeit* v. 22. 4. 1988）。

180. 联邦总理在联邦新闻发布会上的声明，见：1989 年 4 月 15 日第 34 期
   公报，S. 297。

181. 参见朔伊布勒 1996 年 6 月 12 日在波恩和作者的谈话。

182. 背景也可参阅 Diekmann/Reuth：Helmut Kohl，S. 75 – 80；Reitz：
   Wolfgang Schäuble，S. 44 – 51。

183. 科尔知道应该会在周一欧洲选举后的主席团中宣告政变。在与
   Diekmann/Reuth 的会谈中，他只谈及 1989 年 8 月 28 日举行的理事会
   会议的意义，该会议上宣布免去盖斯勒职务的消息。

184. 联邦总理 1996 年 9 月 30 日在波恩和作者的谈话中让作者注意到盖斯
   勒显然没有认真对待这封信。因此科尔几周后又寄给盖斯勒一封信，
   信中只强调指出第一封信的存在；该信件重印于 Reitz：Schäuble，
   S. 48f. 。

185. 他既没有在谈话中也没有在口述回忆录中对此加以承认。朔伊布勒在
   与作者的谈话中证实了这一估计；艾瑟尔和梅尔特斯也对此加以证
   实。但所有人都一致说总理今天不想再承认此事。

186. 例如可参阅 1989 年 4 月 3 日第 14 期《明镜周刊》文章《科尔先生，
   请您坐等此事自行结束》（Bitte aussitzen, Herr Kohl，in：*Der Spiegel*
   v. 3. 4. 1989，Nr. 14）。

187. 也可参阅 Diekmann/Reuth：Helmut Kohl，S. 70；Ackermann：Mit
   feinem Gehör，S. 302。

188. 参见联邦总理 1996 年 9 月 30 日在波恩和作者的谈话。

189. 1989 年 10 月 17 日联邦议会党团会议，见：ACDP Bestand – 001 –
   1086/1。

190. 可参阅 Ronge：Übersiedler。

191. 民意调查数据：1989 年《德国档案》文章《联邦德国的外来移民》（Gerhard Herdegen：Aussiedler in der BRD, in：*Deutschland Archiv*, 1989, H. 8, S. 912 – 924）；《德国档案》文章《觉醒中的民主德国》（Richard Hilmer/Anne Köhler：Die DDR im Aufbruch, in：*Deutschland Archiv*, 11. 12, S. 1389 – 1393）；1989 年 9 月测试性名义调查，见：BPA – Dokumentation 1989, III, S. 4246ff；1989 年《明镜周刊》文章《桶已经满了》（Das Faß läuft über, in：*Der Spiegel* v. 18. 91. 1989）；Weidenfeld/Korte：Die Deutschen, S. 187 – 196。

192. 1989 年 9 月 4 日《法兰克福汇报》文章《科尔为难民辩护》（Kohl nimmt Flüchtlinge in Schutz, in：*FAZ* v. 4. 9. 1989）。

193. 1989 年 8 月 31 日、1989 年 10 月 17 日和 1989 年 11 月 7 日。

194. 所有都来自 BPA – Dokumentation 1989, IX, S. 238ff 以及 S. 358ff. 。

195. 对此和接下来的内容可参阅德国联邦议院速记报告（Deutscher Bundestag: Stenogr. Berichte 11/156, S. 11723 – 11733）。

196. 也可参阅 Schützsack：Exodus in die Einheit, S. 46f. 。

197. 也可参阅 Jarausch：Die unverhoffte Einheit, S. 49 以及解释如下 Siebenmorgen：Helmut Kohl und die Chance der Geschichte, S. 308。

198. 1989 年 9 月 13 日《法兰克福评论报》文章《因为假的留下了，所有人都想走》（Norbert Gansel：Wenn alle gehen wollen, weil die Falschen bleiben, in：*FR* v. 13. 9. 1989）；可参阅 Vogtmeier：Egon Bahr, S. 319；艾哈德·埃普勒尔（Erhard Eppler）在 1989 年 6 月 17 日超越党派界线并得到很多人尊敬的演讲中做了具体细致的阐述，参阅 1989 年 6 月 20 日第 64 期公报，S. 566 – 571。1989 年 6 月 4 日，福格尔与作者在菲斯滕费尔德布鲁克谈话中也指出这一背景。他在此强调了那时社民党内的不同流派。

199. 参见联邦总理 1996 年 9 月 30 日在波恩和作者的谈话以及 Diekmann/Reuth：Helmut Kohl, S. 81。

200. 可参阅 Genscher：Erinnerungen, S. 641。

201. 可参阅 Diekmann/Reuth：Helmut Kohl, S. 80。

202. 根舍和霍恩（Horn）都没有写到关于在居姆尼希宫（Gymnich）举行的首次谈判中提到的所谓金钱要求，可参阅 Genscher：Erinnerungen, S. 640；Horn：Freiheit, die ich meine, S. 316 – 319,

但是科尔却对此发表了意见，见：Diekmann/Reuth：Helmut Kohl，S. 74：“他（科尔）多次问内梅特匈牙利是否对此期待回报，每次后者都以这样的话语表示拒绝：‘匈牙利不贩卖人口。’尽管如此联邦政府还是为匈牙利提供了五亿德国马克贷款，关于该贷款已进行了很长时间谈判。此外，波恩承诺废除必须持有签证方可出入境的规定并向匈牙利保证德国支持匈方努力加入欧共体。”

203. Genscher：Erinnerungen，S. 641.

204. 1989 年 9 月 12 日《法兰克福汇报》文章《科尔在不来梅再次当选基民盟主席》（Kohl in Bremen als CDU – Vorsitzender wiedergewählt，in：*FAZ* v. 12. 9. 1989）。

205. 对于党代表大会和选举结果可参阅 Ackermann：Mit feinem Gehör，S. 300 以及 Diekmann/Reuth：Helmut Kohl，S. 80f. 。

206. CDU（Hrsg.）：37. Bundesparteitag der CDU. Niederschrift，Bremen 11. – 13. 9. 1989，S. 17 – 35.

207. 对此可参阅 1989 年 4 月 17 日第 16 期《明镜周刊》文章《科尔——我只好这样做》（Kohl – Ich kann nicht anders，in：*Der Spiegel* v. 17. 4. 1989，Nr. 16）。

208. 背景可参阅 Bergdoll：Kohl und Genschers FDP，S. 201 – 211。

209. 科尔却一再推迟具体访问日期。民众认为科尔想通过推迟访问阻止联邦总统计划于 1989 年 9 月 1 日希特勒对波兰发动袭击 50 周年纪念日对波兰的访问。

210. 对此可参阅 1989 年 8 月 31 日、1989 年 10 月 17 日和 1989 年 11 月 7 日基民盟/基社盟联邦议会党团会议，见：ACDP Bestand Ⅷ – 001 – 1086/1。

211. 也可参阅 1989 年 3 月 27 日第 13 期《明镜周刊》文章《与科尔保持距离的合作者》。

212. 对此的报告可参阅 1989 年 7 月 3 日《南德意志报》以及 1989 年 7 月 3 日《法兰克福汇报》文章；也可参阅 1989 年第 29 期《明镜周刊》。关于联盟党内部对奥德－尼斯河边界的讨论可参阅 Clay Clemens：CDU Deutschlandpolitik and Reunification 1985 – 1989. Alois Mertes memorial Lecture 1992（German Historical Institute Washington，D. C. Occasional paper Nr. 5），Washington 1992；以及 Gartou Ash：Im

Namen Europas, S. 319 – 340。

213. 可参阅 Garton Ash：Im Namen Europas. S. 338。

214. 安娜贝格山（Annaberg）也是西里西亚起义的象征；对此可参阅马佐维耶茨基（Mazowiecki）总理的论述，见：Diekmann/Reuth：Helmut Kohl, S. 119 – 121。

215. 对此可参阅博尔（Bohl）1989 年 10 月 17 日在基民盟/基社盟联邦议会党团会议中的声明，他宣布因联邦总理访问波兰而导致的计划变动。见：ACDP Bestand Ⅷ – 001 – 1086/1。

216. 1989 年 9 月 28 日第 98 期公报，S. 849 – 853。

217. 第 1 条第 2 段和第 3 段，见：BGBL. 1972 Ⅱ，S. 362 f.。

218. 参阅 Genscher：Erinnerungen, S. 15 以及 S. 653。

219. 尤其可见第三章第十节“实力较量：科尔的领导风格和德波边界问题”。

220. 参阅 Teltschik：329 Tage, S. 14。

221. 可参阅 Genscher：Erinnerungen, S. 15 以及 S. 653。Diekmann/Reuth：Helmut Kohl, S. 117 – 124.

222. 根舍 1997 年 3 月 14 日在波恩和作者的谈话中对这一时期称为执政联盟危机表示惊讶。

223. 对此原则上可参阅 Blumenwitz：Oder – Neiße – Linie, S. 503 – 511；以及 Klein：Deutschlands Rechtslage, S. 236 – 242。

224. 第 4 条：“该条约不涉及由签约双方更早所签署的或涉及它们的双边或者多边国际协议。”

225. 联邦议会党团 1989 年 11 月 7 日会议记录，见：ACDP Bestand Ⅷ – 001 – 1086/1。

226. 关于执政联盟政策争论的背景可参阅 1989 年 11 月 9 日《南德意志报》文章《夜晚的威胁手势》（Udo Bergdoll：Nächtliche Drohgebärden, in：SZ v. 9. 11. 1989）以及 1989 年 11 月 9 日《法兰克福汇报》文章《执政联盟找到了关于波兰西部边界的妥协公式》（Die Koalition findet eine Kompromißformel zu Polens Westgrenze, in：FAZ v. 9. 11. 1989）。

227. 也可参阅 Clemens：CDU – Deutschlandpolitik, S. 21。

228. 参阅联邦议院速记记录（Deutscher Bundestag：Stenogr. Bericht, 11/150，S. 13061）。

229. 基民盟／基社盟和自民党联邦议会党团 1989 年 11 月 8 日就 "处于分裂状态德国的民族形势报告" 提交的决议提案，见：Deutscher Bundestag：Anlagen zu den stenogr. Berichten Bd. 392，Drucksache 11/5589。

230. 同上。

231. 同上。

232. 参见梅尔特斯 1995 年 12 月 14 日在波恩和作者的谈话中以及普利尔 1996 年 9 月 30 日在波恩和作者谈话中一致讲到的。

233. 参见梅尔特斯 1989 年 10 月 12 日给特尔切克的按语，见：Bundeskanzleramt，AZ 512 34900 Bu 4。演讲刊印于 1989 年 10 月 24 日第 111 期公报，S. 953 – 957。

234. 参阅第二司 1989 年 9 月 26 日给特尔切克的文件，见：Bundeskanzleramt，AZ 512 34900 Bu 4。

235. 对报告最初的准备开始得相对较晚，在联邦总理与各党团直到 1989 年 9 月 28 日进行协调后才将报告的日期确定下来。可参阅德国政策工作组组长 1989 年 9 月 29 日给多贝伊的信中所写的，见：B 137，10916，AZ 21. 142。

236. 参见梅尔特斯 1995 年 12 月 14 日在波恩和作者的谈话以及普利尔 1996 年 9 月 30 日在波恩和作者的谈话。

237. 刊印于 1989 年 11 月 9 日第 123 期公报，S. 1053 – 1060。

238. 同上，S. 1054。

239. 同上，S. 1054。

240. 解释也可参阅 Fröhlich：Sprache als Instrument，S. 146。

241. 德意志内部关系部 1989 年 10 月 17 日所写信件，见：B 137，10916，AZ 21. 142。

242. 1989 年 11 月 9 日第 123 期公报，S. 1058。

243. 关于该概念的历史可参阅 1990 年《德国档案》文章《这会引起什么后果呢？重新统一？》（Helmut Berschin：Quo vadis, Wiedervereinigung？Wege eines Wortes，in：*Deutschland Archiv*，1990，8，S. 1266 – 1272）；以及 Silke Hahn：Vom zerrissenen Deutschland zur vereinigten Republik. Zur Sprachgeschichte der deutschen Frage，见：Georg Stötzel：Kontroverse Begriffe. Geschichte des öffentlichen Sprach –

gebrauchs in der Bundesrepublik Deutschland, Berlin/New York 1995, S. 285 – 354，这里是 S. 322 – 327。

244. 参见梅尔特斯 1995 年 12 月 14 日在波恩和作者的谈话。

研究资料与研究方法理论框架

1. 详细清单可参阅引文出处目录。那里也列出了相应的引文。

2. Arnulf Baring: Machtwechsel. Die Ära Brandt – Scheel, München 1984, S. 16.

3. Bundesministerium für innerdeutsche Beziehungen (Hrsg.): Texte zur Deutschlandpolitik, Reihe III. Bd. 1 – 8b, Bonn 1985ff.

4. Deutscher Bundestag (Hrsg.): Materialien der Enquete – Kommission » Aufarbeitungvon Geschichte und Folgen der SED – Diktatur in Deutschland«, Baden – Baden 1995；这里尤其是卷五，1 – 3: Deutschlandpolitik, innerdeutsche Beziehungen und internationale Rahmenbedingungen。

5. Wolfgang Jäger: Die Deutschlandpolitik der Bundesregierungen der CDU/CSU – FDP – Koalition (Kohl – Genscher), die Diskussion in den Parteien und in der Öffentlichkeit 1982 – 1989，见：Ebenda, Bd. V, 2: Deutschlandpolitik, innerdeutsche Beziehungen und internationale Rahmenbedingungen. , S. 1572 – 1611。

6. Matthias Zimmer: Nationales Interesse und Staatsräson. Zur Deutschlandpolitik der Regierung Kohl 1982 – 1989, Paderborn u. a. 1992，其中也有一份对研究现状的详细文献概览。

7. Garton Ash: Im Namen Europas；还有在下面的书中也能对统一之前的历史得到相对详细的印象：Elizabeth Pond: Beyond the Wall, Washington 1993。

8. Peter Bender: Episode oder Epoche. Zur Geschichte des geteilten Deutschland, München 1996.

9. Ernst Mart 见：Zwischenbilanz. Deutschlandpolitik der 80er Jahre, Stuttgart 1986；Joachim Nawrocki: Die Beziehungen zwischen den beiden Staaten in Deutschland, Berlin 1986。新现实主义学说传统可见 Ting – Fu Hung: Die Ost- und Deutschlandpolitik der Regierung Kohl/Genscher in den Jahren 1984/85 , München 1989. 对没有观察科尔德国政策过去的研究成果扩展

阅读：Wilhelm Bruns：Von der Deutschland – Politik zur DDR – Politik？．Opladen 1989。

10. 概览可参阅 Werner Weidenfeld（Hrsg.）：Politische Kultur und deutsche Frage. Materialien zum Staats- und Nationalbewußtsein in der Bundesrepublik Deutschland，Köln 1989。

11. Helga Hagendorn：Sicherheit und Stabilität. Außenbeziehungen der Bundesrepublik zwischen Ölkrise und Nato – Doppelbeschluß，München 1986；Fred Oldenburg：Das Dreieck Moskau – Ost-Berlin – Bonn. 1975 – 1989. Aus den Akten des SED – Archivs. Berichte des Bundesinstituts für ostwissenschaftliche und internationale Studien，Bonn 1994，Nr. 54.

12. 每月出版的杂志《德国档案》提供了关于议事日程的概览。

13. Rudolf Horst Brocke：Deutsch landpolitische Positionen der Bundestagsparteien，Erlangen 1985；此外还有对各党派讨论德国政策的文章，in：Weidenfeld/Korte（Hrsg.）：Handwörterbuch zur deutschen Einheit，S. 191 – 228；Dieter Dowe（Hrsg.）：Die Ost- und Deutschlandpolitik der SPD in der Opposition 1982 – 1989，Bonn 1993；也可参阅 Jäger Die Deutschlandpolitik der Bundesregierungen。

14. Christian Hacke：Weltmacht wider Willen. Die Außenpolitik der Bundesrepublik Deutschland，akt. u. cm Neuausgabe Frankfurt a. M. u. a. 1993；Wolfram Haurieder：Deutschland，Europa，Amerika. Die Außenpolitik der Bundesrepublik Deutschland，2. Aufl. Paderborn 1995.

15. Dietrich Thränhardt：Geschichte der Bundesrepublik Deutschland，erw. Neuausgabe Frankfurt a. M. 1996；Henry Ashby Turner：Geschichte der beiden deutschen Staaten seit 1945，München 1989. 对从 1982 年起的实现只留下约 30 页内容。或借助出自如下书籍的文献 Dieter Grosser：Die Entwicklung in der Bundesrepublik 1969 – 1989，见：Ders. u. a.（Hrsg.）：Deutsche Geschichte in Quellen und Darstellung，Bd. 11：Bundesrepublik und DDR 1969 – 1990，Stuttgart 1996，S. 5 – 171。

16. 对此的概览可见研究文献索引中的内容；可参阅 Porthoff：Die Koalition der Vernunft；Detlef Nakath/Gerd – Rüdiger Stephan：Von Hubertusstock nach Bonn. Eine dokumentierte Geschichte der deutsch – deutschen Beziehungen auf höchster Ebene 1980 – 1987，Berlin 1995；Dies. :

Countdown zur deutschen Einheit. Eine dokumentierte Geschichte der deutsch – deutschen Beziehungen 1987 – 1990, Berlin 1996; Gerd – Rüdiger Stephan (Hrsg.): Vorwärts immer, rückwärts nimmer! Interne Dokumente zum Zerfall von SED und DDR 1988/1989, Berlin 1994; Daniel Küchenmeister (Hrsg.): Honecker – Gorbatschow. Vieraugengespräche, Berlin 1993。

17. 正如例如 Potthoff：Die Koalition der Vernunft。

18. 对此也可见 Hans – Hermann Hertle：Chronik des Mauerfalls. Die dramatischen Ereignisse um den 9. November 1989, Berlin 1996。这是一份以德国统一社会党档案为出发的文献来源分析。

19. Franz Josef Strauß：Die Erinnerungen, Berlin 1989; Hans – Dietrich Genscher：Erinnerungen, Berlin 1995; 许多段落都涉及 80 年代德国政策，但并不是回忆录：Werner Filmer/Heribert Schwan：WolfgangSchäuble. Politik als Lebensaufgabe, München 1992; Dies：Helmut Kohl. 4. Aufl. Düsseldorf 1990; Antonius John：Rudolf Seiters. Einsichten in Amt, Person, Ereignisse, Bonn/Berlin 1991; Ulrich Renz：Wolfgang Schäuble. Bergisch Gladbach 1996。

20. Egon Krenz：Wenn Mauern fallen. Die Friedliche Revolution：Vorgeschichte – Ablauf-Auswirkungen, Wien 1990; Günter Mittag：Um jeden Preis. Im Spannungsfeld zweier Systeme, Berlin/Weimar 1991; Jürgen Nitz：Länderspiel Ein Insider – Report, Berlin 1995; Peter Przybylski：Tatort Politbüro, Bd. 2. Honecker, Mittag, Schalck – Golodkowski, Berlin 1992; Erich Honecker：Moabiter Notizen, Berlin 1994; Kurt Hager：Erinnerungen, Leipzig 1996.

21. Kai Diekmann/Ralf Georg Reuth：Helmut Kohl. Ich wollte Deutschlands Einheit, Berlin 1996; 对此可见 Uwe Thaysen：Helmut Kohl. Garant für die Harmlosigkeit, 见：Zeitschrift für Parlamentsfragen, 1996, H. 4. S. 733 – 742。

22. 对于从西德的、国际的和民主德国的特殊视角进行的文献概览可参阅 Elke Bruck/Peter M. Wagner：» Zwei – plus – Vier «. – intern. Die internationalen Aspekte des Vereinigungs prozesses aus der Sicht der Akteure. Ein Literaturbericht, 见：Dies (Hrsg.)：Wege zum 2 + 4 –

Vcrtrag. Die äußeren Aspekte der deutschenEinheit，München 1996. S. 153 - 181。也可参阅同上 S. 7 - 24. 其中分析的文献开始于 1989 夏天的事件。也可参考 Weidenfeld：Außenpolitik für die deutsche Einheit。

23. 对此可见 Philip Manow：Informalisierung und Parteipolitisierung：Zum Wandel exekutiver Entscheidungsprozesse in der Bundesrepublik，见：Zeitschrift für Parlaments fragen，1996，H. 1. S. 96 - 107。那里也有来自其他政策领域的例子。

24. Helga Haftendorn：Zur Theorie außenpolitischer Entscheidungsprozesse. 见：Volker Rittberger（Hrsg.）：Theorien der Internationalen Beziehungen. Bestandsaufnahme und Forschungsperspektiven. Opladen 1990（Politische Vierteljahresschrift，Sonderheft 21），S. 401 - 423，这里是 S. 403；也可参阅 Charles F. Hermann：Decision Structure and Process Influences on Foreign Policy，见：Maurice A. East u. a.（Hrsg.）：Why Nations Act：Theoretical Perspectives for Comparative Foreign Policy Studies，Beverly Hills 1978，S. 69 - 102；John A. Vasquez：Explaining and Evaluating Foreign Policy：A New Agenda for Comparative Foreign Policy. 见：Ders.（Hrsg.）：Evaluating U. S. Foreign Policy，New York 1986，S. 205 - 229。

25. 对此的概览可见 Claudia Hoffmann：Entscheidungsgestaltung. Neue Perspektiven außenpolitischer Entscheidungstheorie und Planung，München 1993；以及可见 James E. Dougherty/Robert L. Pfaltzgraff：Contending Theories of International Relations. A Comprehensive Survey，3. Aufl. New York 1990；Henning Behrens：Politische Entscheidungsprozesse. Konturen einer politischen Entscheidungstheorie，Opladen 1980；对当前的概览而言，首次有关元理论的方法可见 Ulrich Druwe/Volker Kunz（Hrsg.）：Handlungs - und Entscheidungstheorie in der Politikwissenschaft，Opladen 1996。

26. 区别于集体的国内参与者和国际参与者。

27. 区别研究可见于 Haftendorn：Zur Theorie außenpolitischer Entscheidungsprozesse，S. 406；概览也可见于如下书籍中德国政策决策过程的例子 Angelika Fischer：Entscheidungsprozeß zur deutschen Wiedervereinigung. Der Außen- und deutschland - politische Entscheidungsprozeß der Koalitionsregierung in den

Schicksalsjahren 1989/90, Frankfurt a. M. u. a. 1995；对于在新建构主义语境中决策理论外交政策分析的批评性归类可参阅 Gerald Schneider: Die bürokratische Politik der Außenpolitikanalyse, 见: Zeitschrift für Internationale Beziehungen 1997. H. l. S. 107 – 123。

28. 可参阅 Hans J. Morgenthau: Macht und Frieden: Grundlegung einer Theorie der internationalen Politik, Gütersloh 1963; Gottfried – Karl Kindermann: Philosophische Grundlagen und Methodik der Realistischen Schule von der Politik, 见: Dieter Oberndörfer (Hrsg.): Wissenschaftliche Politik. Eine Einführung in Grundfragen ihrer Tradition und Theorie, Freiburg 1962。

29. 可参阅 Anatol Rapoport: Fights, Games and Debates, Ann Arbor/Mich. 1960; Steven J. Brams: Games Theory and Politics, New York 1975。

30. 可参阅 Edward S. Quade (Hrsg.): Analysis for Military Decision, Santa Monica 1964。

31. 可参阅 Glenn H. Snyder/Paul Diesing: Conflict Among Nations: Bargaining, Decision Making and System Structure in International Crisis, Princeton 1977; Steven J. Brams: Rational Politics: Decision, Games and Strategy, Washington 1985。

32. 可参阅 Robert Axelrod/Robett O. Keohane: Achieving Cooperation under Anarchy. Strategies and Institutions, 见: Kenneth A. Oye (Hrsg.): Cooperation under Anarchy, Princeton 1986, S. 226 – 254. 这里是 S. 229。

33. Haftendorn: Zur Theorie außenpolitischer Entscheidungsprozesse, S. 410.

34. 可参阅 Richard Snyder u. a. : Foreign Policy Decision Making: An Approach to the Study of International Politics, Princeton 1962。

35. 对此还有 Behrens/Noack: Theorien der Internationalen Politik, S. 112 – 134, 这里是 S. 115 – 121。

36. 可参阅 James N. Rosenau: Pre – Theories and Theories of Foreign Policy, 见: Barry Farrell (Hrsg.): Approaches to Comparative and International Politics, Evanston 1966. S. 27 – 92。

37. 这里尤其可见 Karl W. Deutsch: Politische Kybernetik. Modelle und Perspektiven, Freiburg 1973.

38. 细节可见 Haftendorn：Zur Theorie außenpolitischer Entscheidungsprozesse. S. 411.

39. 对此可见 Graham T. Allison/Morton H. Halper 见：Bureaucratic Politics：A Paradigm and Some Policy Implications，见：Raymond Tanter und Richard H. Ullman（Hrsg.）：Theory and Policy in International Relations，Princeton 1972. S. 40 − 79。

40. 这个领域的经典著作是：Graham T. Allison：The Essence of Decision，Boston 1971。

41. 对此可见 Graham T. Allison：Begriffliche Modelle und das Wesen der Entscheidung，见：Haftendorn（Hrsg.）：Theorie der Internationalen Politik. S. 255 − 274；此外可见 Haftendorn：Zur Theorie außenpolitischer Entscheidungsprozesse. S. 264 − 269。

42. 同上，S. 264 − 269。

43. 这里尤其是 "negative Koordination（消极协调）"：职能部门致力于避免继续消极的协调并制定出针对性的策略：可参阅 Renate Mayntz/Fritz W. Scharpf（Hrsg.）：Policy − Making in the German Federal Bureaucracy，Amsterdam 1975；Fritz W. Scharpf：Positive und negative Koordination in Verhandlungssystemen，见：Adrienne Héritier（Hrsg.）：Policy Analyse：Kritik und Neuorientierung，Opladen 1993（Politische Vierteljahresschrift，Sonderheft21），S. 57 − 83。

44. 可参阅 Haftendorn：Zur Theorie außenpolitischer Entscheidungsprozesse. S. 414；Helga Haftendorn：Die Alliierten Vorbehaltsrechte und die Außenpolitik der Bundesrepublik Deutschland，见：Dies. / Henning Riecke（Hrsg.），»... die volle Machteines souveränen Staates... « Die Alliierten Vorbehaltsrechte als Rahmenbedingung westdeutscher Außenpolitik 1949 − 1990，Baden − Baden 1996，S. 9 − 26；以及 MargaretG. Hermann：Explaining Foreign Policy Behavior using the Personality Characteristics of Political Leaders. 见：International Studies Quarterly 1980，H. 24. S. 7 − 46；Dies.：Personality and Foreign Policy Decision Making：A Study of 53 Heads of Government，见：Donald Sylvan/ Steve Chan（Hrsg.）：Foreign Policy Decision Making：Perception, Cognition and Artificial Intelligence，New York 1984. S. 53 − 80。

45. 可参阅 Robert Jervis：Perception and Misperception in International

Politics, Princeton 1976; Karl – Rudolf Korte: Was denken die anderen über uns? Fremdbilder als notwendiges Korrektiv der deutschen Außenpolitik，见: Internationale Politik. 1997, H. 2, S. 47 – 55。

46. 可参阅 Haftendorn: Zur Theorie außenpolitischer Entscheidungsprozesse, S. 414; Jervis: Perception, S. 31。

47. 可参阅 Jervis: Perception. S. 31 以及 Kenneth N. Boulding: The Image. Knowledge in Life and Society, Ann Arbor 1956。

48. 可参阅 Steve Chan: Rationality, Bureaucratic Politics and Belief Systems: Explaining the Chinese Policy Debate，见: Journal of Peace Research. 1979, H. 16, S. 333 – 347。

49. 可参阅 Jakob Schissler/Chnstian Tuschhoff: Kognitive Schemata: Zur Bedeutungneuer sozialpsychologischer Forschungen für die Politikwissenschaft，见: Aus Politik und Zeitgeschichte, 1988, B 52/53. S. 3 – 13。

50. 对此可见 Michael Jochum: Eisenhower und Chruschtschow: Gipfeldiplomatie im Kalten Krieg 1955 – 1960, Paderborn u. a. 1996. S. 25 – 41。

51. 可参阅 Richard Ned Lebow/Janice Gross Ste 见: The Limits of Cognitive Models: Carter, Afghanistan and Foreign Policy Behavior, Verv. Manuskript 1989. 说明摘引自 Haftendorn: Zur Theorie außenpolitischer Entscheidungsprozesse, S. 416。

52. 在此尤其有用的有: Günther Schmid: Entscheidung in Bonn. Die Entstehungder Ost – und Deutschlandpolitik 1969/1970, 2. Aufl. Köln 1980; Reinhold Roth: Außenpolitische Innovation und politische Herrschaftssicherung. Eine Analyse von Struktur und System funktion des außenpolitischen Entscheidungsprozesses am Beispiel der sozialliberalen Koalition 1969 bis 1973, Meisenheim 1976; 以当代史为导向，没有考虑决策理论的方法，可参阅 Hans Buchheim: Deutschlandpolitik 1949 – 1972. Der politisch – diploma tische Prozeß, Stuttgart 1984. 对于关联到方法和主题取向的经典著作可参阅 Arnulf Baring: Außenpolitik in Adenauers Kanzlerdemokratie. Bonns Beitrag zur Europäischen Verteidigungsgemeinschaft, München/Wien 1969。

53. 对于 Hartwich, Jäger, Lehmbruch 文章的相关资料在附录 "Regierungsstil

des Bundeskanzlers Helmut Kohl（联邦总理科尔的执政风格）"小节中。

54. 对系统及以问题为导向的政府行为研究始终极有吸引力：Baring：Außenpolitik in Adenauers Kanzlerdemokratie；Helga Haftendorn u. a.（Hrsg.）：Verwaltete Außenpolitik. Sicherheits – und entspannungspolitische Entscheidungsprozesse in Bonn，Köln 1978；其中尤其是以下作者的贡献：Joachim Krause/Lothar Wilker：Bürokratie und Außenpolitik, S. 39 – 53；HelgaHaftendorn：Das Außen- und sicherheitspolitische Entscheidungssystem der Bundesrepublik Deutschland，见：Aus Politik und Zeitgeschichte，1983，B 43, S. 3 – 15. 也可参阅 Kai M. Schellhorn：Wie entstehen außenpolitische Entscheidungen?，见：Gottfried – Karl Kindermann（Hrsg.）：Grundelemente der Weltpolitik，4. Aufl. München1991, S. 180 – 194。关于政治体系进程和德国政策决策系统语境中的重要机构，接下来的评注在"执政风格"小节中。

55. 如下作者传达了一种概览 Heinz – Josef Sprengkamp：Regierungszentralen in Deutschland. Bibliographie mit Annotierungen，Speyerer Forschungsberichte 84，1992；此外对进程的基本理解可见 Volker Busse：Bundeskanzler und Bundesregierung. Aufgaben，Organisation. Arbeitsweise；mit Blick auf Vergangenheit und Zukunft，Heidelberg 1994；特别对 80 年代可参阅 Ferdinand Müller – Rommel/Gabriele Pieper：Das Bundeskanzleramt als Regierungszentrale，见：Aus Politik und Zeitgeschichte，1991，B 21/22, S. 3 – 13。

56. 关于当前的谈判理论现状的概览：Richard Ned Lebow：The Art of Bargaining，Baltimore/London 1996。

57. 对形成概念可参阅 Günther Schmid：Diplomatie als Form außenpolitischer Entscheidungsverwirklichung，见：Kindermann：Grundelemente der Weltpolitik，S. 195 – 211。

58. 正如 Fred Iklé：Strategie und Taktik des diplomatischen Verhandeln?，Gütersloh 1965，S. 44. 对于结构和环境的变化可参阅 Gudrun Schwarzer：Friedliche Konfliktregulierung：Saarland – Osterreich – Berlin，见：Zeitschrift für Internationale Beziehungen，1994. H. 2. S. 243 – 277。

59. 可参阅 Michael Zürn：Interessen und Institutionen in der internationalen Politik. Grundlegung und Anwendungen des situationsstrukturellen Ansatzes，

Opladen 1992，这里尤其是德国内部贸易的案例，S. 249 - 305；关于方法及谈判理论问题的概览实例可见于 Sven Behrendt：Die Erklärung des Gaza - Jericho - Abkommens anhand eines situationsstrukturellen Ansatzes, Konstanz 1995（unveröffentl. Manuskript）. 尤其是 S. 7 - 63。

60. 对此可见 Lebow：The Art of Bargaining. S. 15 ff。

61. 同上，S. 13ff。

62. 也被称为讨价还价（Bargaining），同上，S. ll0ff。

63. 同上，S. 135ff。

64. 可参阅同上，S. 56 - 60。

65. 可参阅同上，S. 58。

66. 对此也可参阅 Iklé：Strategie，S. 44。

67. 也正如 Victor Kremenyuk（Hrsg.）：International Negotiations：Analysis, Approaches, Issues, San Francisco/Oxford 1991. S. 22；在合作意义上那些联络沟通行为处于中心位置，对此可参阅 H. Müller：Internationale Beziehungen，S. 29。

68. 可参阅 Dean Pruitt：Strategy in Negotiation，见：Kremenyuk：International Negotiations，S. 78 - 89，这里是 S. 78 ff。

69. 可参阅 Roger Fischer/William Ury：Das Harvard - Konzept. Sachgerecht verhandeln-erfolgreich verhandeln, Frankfurt a. M. 1991, S. 23ff。

70. 同上，S. 30ff。

71. 对此可见 Scharpf：Verhandlungssysteme. 在此所指的是对团队工作充满信任的信息交流。

72. 对此更多的可见 Scharpf：Koordination durch Verhandlungssysteme, S. 69 - 75。

73. 对此可见 Scharpf：Einführung，见：Benz：Horizontale Politikverflechtung, S. 11 - 28，这里是 S. 21。

74. 同上，S. 21。

75. Volker von Prittwitz：Politikanalyse, Opladen 1994, S. 164.

76. 也可参阅 Reinhard Zintl：Kooperation und Aufteilung des Kooperationsgewinns bei horizontaler Politikverflechtung，见：Benz：Horizontale Politikverflechtung, S. 97 - 146. 这里是 S. 102 - 105。

77. 对于交涉可见：Oran R. Young（Hrsg.）：Bargaining：Formal Theories of Negotiation, Urbana 1975；以及 Lebow：The Art of Bargaining。

78. 也可参阅 H. Müller：Internationale Beziehungen，S. 27。

79. 对此可见 Hans – Hermann Hartwich/Göttrik Wewer（Hrsg.）：Regieren in der Bundesrepublik，Bd. I：Konzeptionelle Grundlagen und Perspektiven der Forschung，Bd. II：Formale und informale Komponenten des Regierens in den Bereichen Führung，Entscheidung，Personal und Organisation. Bd. III：Systemsteuerung und Staatskunst，alle Opladen 1990ff。

80. 可参阅 Hesse/Ellwe，见：Das Regierungssystem，S. 259；以下文献对此提供了概览 Werner Jann：Staatslehre，Regierungslehre，Verwaltungslehre，见：Bandemer/Wewer：Regierungssystem，S. 33 – 56：Karl – Rudolf Korte：Das politische System derBundesrepublik Deutschland，见：Manfred Mols u. a.（Hrsg.）：Politikwissenschaft. Eine Einführung，2. Aufl. Paderborn u. a. 1996，S. 71 – 101。

81. 对不同方法的区别可参阅 Axel Murswieck：Parlament，Regierung und Verwaltung. Parlamentarisches Regierungssystem oder Politisches System？，见：Bandemer/Wewer：Regierungssystem und Regierungslehre，S. 149 – 157，这里是 S. 149。

82. 可参阅作为经典著作的 Karl Loewenste：Verfassungslehre，Tübingen 1959；Ferdinand Hermens：Verfassungslehre，Köln 1968：Carl Joachim Friedrich：Der Verfassungsstaat der Neuzeit，Berlin 1953。

83. 如下作者提供了下面所采用发展方向的概览 Hans – Hermann Hartwich：Regierungsforschung. Aufriß der Problemstellungen，见：Ders. /Wewer（Hrsg.）：Regieren in der Bundesrepublik，Bd. I. Opladen 1990，S. 9 – 20。

84. 重新刊印于同上，S. 43 – 64。这里是 S. 47。

85. 概念和分类模式可见于 Murswieck：Parlament，S. 150ff。

86. 可参阅同上，S. 153。

87. 对此概览可见 Hans Christian Pfohl/Bert Rürup（Hrsg.）：Anwendungsprobleme moderner Planungs- und Entscheidungstechniken. Königstein 1978；Joseph H. Kaiser（Hrsg.）：Planung I，Baden Baden 1965。

88. 对此可见 Renate Mayntz/Fritz W. Scharpf：Planungsorganisation，München 1973。

89. Murswiek：Parlament, S. 154.

90. 可参阅 Scharpf：Koordination durch Verhandlungssysteme。

91. 对此的经典著作可见 Ernst – Wolfgang Böckenförde：Die Organisationsgewalt im Bereichder Bundesregierung. Eine Untersuchung zum Staatsrecht der Bundesrepublik Deutschland, Berlin 1964。

92. Theodor Eschenburg：Die Richtlinien der Politik im Verfasssungsrecht und m der Verfasssungswirklichkeit, 见：Theo Stammen（Hrsg.）：Strukturwandel der modernen Regierung, Darmstadt 1979, S. 361 – 392，这里是 S. 365 und 369。

93. 正如 Franz Knöpfle：Inhalt und Grenzen der Richtlinien der Politik des Regierungschefs, 见：Deutsches Verwaltungsblatt 1965, S. 857 – 862，这里是 S. 860。

94. Hesse/Ellwe 见：Das Regierungssystem, S. 281。

95. Wilhelm Hennis：Richtlinienkompetenz und Regierungstechnik. 见：Politik alspraktische Wissenschaft. Aufsätze zur politischen Theorie und Regierungslehre, München 1968, S. 161 ff.；由如下作者加以延续 Hartmut H. Brauswetter：Kanzlerprinzip, Ressortprinzip und Kabinettprinzip in der ersten Regierung Brandt 1969 – 1972, Bonn 1976。

96. 正如 Karl Dietrich Bracher：Die Kanzlerdemokratie, 见：Richard Löwenthal/HansPeter Schwarz（Hrsg.）：Die zweite Republik. 25Jahre Bundesrepublik Deutschland. Eine Bilanz, Stuttgart 1974。

97. Jost Küpper：Die Kanzlerdemokratie. Voraussetzungen, Strukturen und Änderungen des Regierungsstils der Ära Adenauer, Frankfurt a. M. 1986；Karlheinz Niclauß：Kanzlerdemokratie. Bonns Regierungspraxis von Konrad Adenauer bis Helmut Kohl, Stuttgart u. a. 1988。

98. 尤其受到以下作者之间的启发 Peter Haungs：Kanzlerdemokratie in der Bundesrepublik Deutschland. Von Adenauer bis Kohl, 见：Zeitschrift für Politik, 1986, Nr. 33, S. 45f; Ders. ：Kanzlerprinzip und Regierungstechnik im Vergleich：Adenauers Nachfolger, 见：Aus Politik und Zeitgeschichte, 1989, B 1/2. S. 28 – 39；Hans – Peter Schwarz：Adenauers Kanzlerdemokratie und Regierungstechnik, 见：同上, S. 15 – 27；Wolf gang Jäger Von der Kanzlerdemokratie zur Koordinationsdemokratie, 见：

Zeitschrift für Politik, 1988, Nr. 35. S. 15 – 32; Anselm Doering – Manteuffel: Strukturmerkmale der Kanzlerdemokratie, 见: Der Staat, 1991. Nr. 1. S. 1 – 18。

99. 最后可见 Wolfgang Jäger: Wer regiert die Deutschen? Innenansichten der Parteiendemokratie, Zürich/Osnabrück 1994. 如下作者属于坚持总理民主概念的学派 Werner Kaltefleiter: Die Kanzlerdemokratie des Helmut Kohl, 见: Zeitschrift für Parlamentsfragen 1996, H. 1. S. 27 – 37; 对此也在对比角度中可见 Stephen Padgett: Introduction: Chancellors and the Chancellorship, 见: Ders. (Ed.): Adenauer to Kohl. The Development of the German Chancellorship, London 1994, S. 1 – 19。

100. 可参阅 J. Blondel: The Organization of Governments. A Comparative Analysis of Governmental Structures, London u. a. 1982; 补充可见 Ludger Helms: Das Amt des Bundeskanzlers in historisch und international vergleichender Perspektive, 见: Zeitschrift für Parlamentsfragen, 1996. H. 4. S. 697 – 711。

101. 对此可见 Ferdinand Müller – Rommel: The Centre of Government in West – Germany, 见: European Journal of Political Research 1988, Nr. 16. S. 171 – 190; Göttrik Wewer: Richtlinienkompetenz und Koalitionsregierung: Wo wird die Politik definiert?, 见: Hartwich/Wewer (Hrsg.): Regieren in der Bundesrepublik, Bd. I, S. 145 – 150。

102. 正如 Jäger/Link: Republik im Wandel 1974 – 1982 (Geschichte der Bundesrepublik, Bd. 5/11), Stuttgart/Mannheim 1987。

103. 关于总理民主的单本文献在上面已经列举过。讨论分析统一年 1990 年，而且部分在 1989 年就已投入的进程分析成了例外，例如 Wolfgang Jäger: Kanzlerdemokratie im Einigungsprozeß 1989/90, 见: Theo Stammen u. a. (Hrsg.): Politik, Bildung, Religion, Paderborn 1996; 此外还有 Hartwich: Die Bundesregierung im Prozeß der deutschen Vereinigung; 但是也有 Gerhard Lehmbruch: Die deutsche Vereinigung. Strukturen der Politikentwicklung und strategische Anpassungsprozesse, 见: Beate Kohler – Koch (Hrsg.): Staat und Demokratie in Europa, Opladen 1992. S. 22 – 46。

104. 这些在关于媒体档案（附录）的系统性报纸评估中已被考虑进去并在

本研究中已得到考虑。例如，对此当前文献可见 Wilhelm Hennis：Totenrede des Perikles auf ein blühendes Land，见：*FAZ* v. 27. 9. 1997。

105. 对此可见 Reinhard Appel（Hrsg.）：Kohl im Spiegel seiner Macht，Bonn 1990；Wolfram Bickerich：Der Enkel. Analyse der Ära Kohl，Düsseldorf 1995；Oskar Fehrenbach：Helmut Kohl. Wer sonst，München 1990；Werner Filmer/Heribert Schwan：Helmut Kohl，2. Aufl. Düsseldorf u. a. 1990；Klaus Hoffmann：Helmut Kohl. Eine politische Biographie，München 1991；Werner Maser：Helmut Kohl. Der deutsche Kanzler，Frankfurt a. M. 1990；Karl Hugo Pruys：Helmut Kohl. Die Biographie，Berlin 1995。

106. 例如，对此可见 Rüdiger Altmann：Der Kanzler im Spiegel seiner Macht，见：Appel（Hrsg.）：Kohl im Spiegel seiner Macht，S. 9 – 20。

107. 可参阅 Klaus König：Vom Umgang mit Komplexität in Organisationen. Das Bundeskanzleramt，见：Der Staat 1989，Nr. 1. S. 49 – 70；Ders. ：Formalisierung und Informalisierung im Regierungszentrum，见：Hartwich/Wewer（Hrsg.）：Regieren in der Bundesrepublik，Bd. II. Opladen 1991. S. 203 – 220；Waldemar Schreckenberger：Veränderungen im parlamentarischen Regierungssystem，见：Karl Dietrich Bracher u. a. （Hrsg.），Staat und Parteien，Berlin 1992，S. 133 – 157；Ders. ：Der Regierungschef zwischen Politik und Administration，见：Peter Haungs u. a. （Hrsg.）：Civitas，Paderborn 1992，S. 603 – 614；从外国的视角可见于 Phyllis Berry：The Organization and Influence of the Chancellory during the Schmidt and Kohl Chancellorship 见：Governance 1989，Nr. 2，S. 339 – 355；原则上可参阅 Thomas Ellwe：Regieren und Verwalten. Eine kritische Einführung，Opladen 1976。

108. 正如 Warnfried Dettling：Das Erbe Kohls. Bilanz und Perspektive，Frankfurt a. M. 1994；Alexander Gauland：Helmut Kohl. Ein Prinzip，Berlin 1994. S. 48 – 52；Heiner Geiäler：Gefährlicher Sieg：Die Bundestagswahlen und ihre Folgen，Köln 1995，S. 31 以及 S. 151；Herbert A. Henzler/Lothar Späth：Sind die Deutschen noch zu retten? Von der Krise in den Aufbruch，München 1995，S. 163 – 173：Clay Clemens：Paradigm or Paradox? Helmut Kohl and Political Leadership in Germany.

Paper for the 19. Annual Conference of the German Studies Association, Chicago 1995; Stephen Padgett (Ed.): Adenauer to Kohl. The Development of the German Chancellorship, London 1994; 也可参阅 Carlos Huneeus: How to build a Modern Party: Helmut Kohl's Leadership and the Transformation of the CDU, 见: German Politics, 1996. S. 432 – 459。

原始资料目录

档案卷宗资料

分组编号是按其各自地点排列的。由于联邦政府的多数档案在我们研究期间还没有进行编档整理，那些编码可能在保密期之后会发生改变。因此我们在注释系统中尽可能完整描述所应用的单项档案的特性。在此期间，联邦档案馆民主德国党派与群众组织档案基金会的部分文档库存（SAPMO – BArch 、ZPA）已公开出版，因此下文可以从"已刊印的资料来源、材料和文件汇编"清单中提取利用。这些编号也可能随着时间推移因档案管理的原因而发生变化。

联邦政府的档案

B 136（汉格拉尔联邦临时档案馆）

在该联邦档案馆编号下存放的都属于联邦总理府职权范围内的档案。在本书研究时间范围内，联邦总理府第二司即"外交和德意志内部关系、外部安全司"中有关德国政策工作进程的文件以及 1982～1989 年在二司工作的德国政策参与者汇编的文档已全部得到利用。此外还包括总理府其他司或其他联邦部委为某个单独事件而提供的档案库存。

B 137（科布伦茨联邦档案馆）

在该联邦档案馆编号下存放的是德意志内部关系部职权范围内的全部档案。从 1982 年到 1989 年的该库全部档案已被利用。

B 288（科布伦茨联邦档案馆）

在该联邦档案馆编号下存放的是联邦德国驻民主德国东柏林常设代表处的档案库存。从 1982 年到 1989 年全部档案已被利用。

联邦总理府（波恩）

可以在联邦总理府可以对所有带有保密等级的机密文件与档案进行审阅与整理。其中包括保密等级"机密（VS）－只供公务使用"（Nfd）、"机密（VS）－保密（vertraulich）"和"机要（geheim）"。这些档案能够在联邦总理府机要档案室中查阅。在引用时这些文档将带有"联邦总理府"字样以及各自档案编号作为附注。

基民盟/基社盟的档案

基督教民主政治档案馆（ACDP，圣奥古斯丁）。

基民盟/基社盟议会党团会议纪要（1982 年 10 月～1989 年 11 月）。

基民盟联邦主席办公室（康拉德·阿登纳大厦，波恩）。

基民盟联邦理事会会议纪要（1982 年 10 月～1989 年 11 月）。

德国统一社会党档案

联邦档案馆民主德国党派和群众组织档案基金会，前身为党中央档案馆（ZPA）中的民主德国党派和群众组织档案基金会。

在 1982～1989 年政治局和中央委员会会议纪要、中央委员会西方部文档以及昂纳克、克伦茨、哈格尔、阿克森、米塔格和沙尔克－哥罗德科夫斯基办公室的档案已被利用。

私人档案

维尔讷·魏登菲尔德的私人档案以及文件汇编，慕尼黑；

施特凡·艾瑟尔、米夏埃尔·梅尔特斯和诺贝特·普利尔的文件材料以及演讲稿草案。

已刊印的资料来源、材料及文件汇编

巴伐利亚州议会：民主德国商业协调部门及沙尔克－哥罗德科夫斯基关于巴伐利亚州事务调查委员会的最终报告，第 12 个委员会任期，印刷品 12/16598。

贝格尔斯多夫的会谈小组：新的德国问题，1983 年，纪要编号：74。

联邦政府 1983 年 6 月 23 日"关于分裂状态德国的民族形势报告"，载 1983 年 6 月 24 日第 68 期《公告》，第 629～635 页。

联邦政府 1984 年 3 月 15 日 "关于分裂状态德国的民族形势报告"，载 1984 年 3 月 16 日第 30 期《公告》，第 261～268 页。

联邦政府 1985 年 2 月 27 日 "关于分裂状态德国的民族形势报告"，载 1985 年 2 月 28 日第 24 期《公告》，第 197～204 页。

联邦政府 1986 年 3 月 14 日 "关于分裂状态德国的民族形势报告"，载 1986 年 3 月 15 日第 27 期《公告》，第 201～208 页。

联邦政府 1987 年 10 月 15 日 "关于分裂状态德国的民族形势报告"，载 1987 年 10 月 16 日第 106 期《公告》，第 909～916 页。

联邦政府 1988 年 12 月 1 日 "关于分裂状态德国的民族形势报告"，载 1988 年 12 月 2 日第 169 期《公告》，第 1501～1507 页。

联邦政府 1989 年 11 月 8 日 "关于分裂状态德国的民族形势报告"，载 1989 年 11 月 9 日第 123 期《公告》，第 1053～1060 页。

Bundesministerium für innerdeutsche Beziehungen (Hrsg.): Auskünfte zur Deutschlandpolitik A-Z, 3. Aufl. Bonn 1988.

Bundesministerium für innerdeutsche Beziehungen (Hrsg.): Die Entwicklung der Innerdeutschen Beziehungen zwischen der Bundesrepublik Deutschland und der Deutschen Demokratischen Republik 1980–1986. Eine Dokumentation, Bonn 1986.

Bundesministerium für innerdeutsche Beziehungen (Hrsg.): Die Grenzkommission. Eine Dokumentation über Grundlagen und Tätigkeit, Bonn 1986.

Bundesministerium für innerdeutsche Beziehungen (Hrsg.): Materialien zum Bericht zur Lage der Nation im geteilten Deutschland 1987, Bonn 1987.

Bundesministerium für innerdeutsche Beziehungen (Hrsg.): Der Besuch von Generalsekretär Honecker in der Bundesrepublik Deutschland. Dokumentation zum Arbeitsbesuch des Generalsekretärs der SED und Staatsratsvorsitzenden der DDR, Erich Honecker, in der Bundesrepublik Deutschland im September 1987, Bonn 1988.

Bundesministerium für innerdeutsche Beziehungen (Hrsg.): Ottfried Hennig. Reden zur Deutschen Frage, Bonn 1988.

Bundesministerium für innerdeutsche Beziehungen (Hrsg.): Jahresbericht 1985, Bonn 1986.

Bundesministerium für innerdeutsche Beziehungen (Hrsg.): Jahresbericht 1986, Bonn 1987.

Bundesministerium für innerdeutsche Beziehungen (Hrsg.): Jahresbericht 1987, Bonn 1988.

Bundesministerium für innerdeutsche Beziehungen (Hrsg.): Texte zur Deutschlandpolitik. Reihe III, Bd. 1–8b, Bonn 1985 ff.

Bundesminister der Verteidigung (Hrsg.): Weißbuch 1983. Zur Sicherheit der Bundesrepublik Deutschland, Bonn 1983.

CDU-Bundesgeschäftsstelle (Hrsg.): 37. Bundesparteitag der Christlich-Demokratischen Union Deutschlands, Bremen, 11.–13. September 1989. Niederschrift, Bonn 1989.

Deutscher Bundestag: Verhandlungen. Stenographische Berichte, Jahrgänge 1982–1989.

Deutscher Bundestag: Antrag der Fraktionen der CDU/CSU, SPD, FDP betr. Bericht über die Lage der Nation vom 14. Februar 1967, Drucksache 5/1407, Anlagenband 109.

Deutscher Bundestag: Beschlußempfehlung und Bericht des 1. Untersuchungsausschusses nach Artikel 44 des Grundgesetzes, Drucksache 12/7600, Anlagenband 3.

Deutscher Bundestag: Entschließungsantrag der Fraktionen der CDU/CSU und FDP zum Bericht zur Lage der Nation im geteilten Deutschland vom 8. November 1989, Drucksache 11/5589, Anlagenband 392.

Deutscher Bundestag: Schriftlicher Bericht des Ausschusses für gesamtdeutsche und Berliner Fragen über den Antrag der Fraktionen der CDU/CSU, SPD, FDP betr. Bericht zur Lage der Nation, Drucksache 5/1898, Anlagenband 113.

Deutscher Bundestag (Hrsg.): Bericht der Enquete-Kommission »Aufarbeitung von Geschichte und Folgen der SED-Diktatur in Deutschland«, 12. Wahlperiode, Drucksache 12/7820.

Deutscher Bundestag (Hrsg.): Materialien der Enquete-Kommission »Aufarbeitung von Geschichte und Folgen der SED-Diktatur in Deutschland« (12. Wahlperiode des Deutschen Bundestages), 18 Bde., Baden-Baden 1995.

Fischer Weltalmanach, Sonderband DDR, Frankfurt 1990.

Gemeinsame Erklärung zum Gespräch zwischen Helmut Kohl und Erich Honecker vom 12. März 1985, in: Deutschland Archiv, 1985, H. 4, S. 446.

Gesamtdeutsches Institut (Hrsg.): Material zur Luther-Ehrung in der DDR, Bonn o. J.

Hintze, Peter/ Langguth, Gerd (Hrsg.): Helmut Kohl. Der Kurs der CDU: Reden und Beiträge des Bundesvorsitzenden 1973–1993, Stuttgart 1993.

Hintze, Peter/ Langguth, Gerd (Hrsg.): Die CDU-Parteiprogramme. Eine Dokumentation der Ziele und Aufgaben, Bonn 1995.

Küchenmeister, Daniel (Hrsg.): Honecker-Gorbatschow. Vieraugengespräche, Berlin 1993.

Kulturstiftung der deutschen Vertriebenen (Hrsg.): Materialien zu Deutschlandfragen. Politiker und Wissenschaftler nehmen Stellung, 1981/82 ff., Bonn 1982 ff.

Kulturstiftung der deutschen Vertriebenen (Hrsg.): Erklärungen zur Deutschlandpolitik. Eine Dokumentation von Stellungnahmen, Reden und Entschließungen des Bundes der Vertriebenen – Vereinigte Landsmannschaften und Landesverbände. Teil III, 1979 bis 1986, Bonn 1987.

März, Peter (Bearb.): Dokumente zu Deutschland 1944–1994, München 1996.

Morsey, Rudolf/Schwarz, Hans-Peter (Hrsg.): Teegespräche 1950–1963, 4 Bde., Berlin 1984, 1986, 1988, 1992.

Nakath, Detlef/Stephan, Gerd-Rüdiger: Von Hubertusstock nach Bonn. Eine dokumentierte Geschichte der deutsch-deutschen Beziehungen auf höchster Ebene 1980–1987, Berlin 1995.

Nakath, Detlef/Stephan, Gerd-Rüdiger: Countdown zur deutschen Einheit. Eine dokumentierte Geschichte der deutsch-deutschen Beziehungen 1987–1990, Berlin 1996.

Noelle-Neumann, Elisabeth/Piel, Edgar (Hrsg.): Allensbacher Jahrbuch der Demoskopie 1978–1983, Bd. 8, München 1983.

Noelle-Neumann, Elisabeth/Köcher, Renate (Hrsg.): Allensbacher Jahrbuch der Demoskopie 1984–1992, Bd. 9, München 1993.

Potthoff, Heinrich: Die »Koalition der Vernunft«. Deutschlandpolitik in den 80er Jahren, München 1995.

Presse- und Informationsamt der Bundesregierung: Bulletin, Jahrgänge 1982–1989.

Presse- und Informationsamt der Bundesregierung (Hrsg.): Bundeskanzler Helmut Kohl. Reden 1982–1984, Bonn 1984.

Presse- und Informationsamt der Bundesregierung (Hrsg.): Die Freiheit: Kern der deutschen Frage. Bericht der Bundesregierung zur Lage der Nation im geteilten Deutschland, Bonn 1985.

Presse- und Informationsamt der Bundesregierung (Hrsg.): Helmut Kohl, Reden zu Fragen unserer Zeit, Bonn 1986.

Presse- und Informationsamt der Bundesregierung (Hrsg.): Deutschland 1989 (Dokumentation über die Berichterstattung über die Ereignisse in der DDR und die deutschlandpolitische Entwicklung), Bonn 1990.

Regierungserklärung des Bundeskanzlers vor dem Deutschen Bundestag vom 13. Oktober 1982, in: Bulletin, 14.10. 1982, Nr. 93, S. 853–868.

Regierungserklärung des Bundeskanzlers vor dem Deutschen Bundestag vom 04. Mai 1983, in: Bulletin, 05.05. 1983, Nr. 43, S. 397–412.

Regierungserklärung des Bundeskanzlers vor dem Deutschen Bundestag vom 18. März 1987, in: Bulletin, 19.03. 1987, Nr. 27, S. 205–220.

Schindler, Peter: Datenhandbuch zur Geschichte des Deutschen Bundestages 1949 bis 1982, 3. durchges. Aufl. Baden-Baden 1984.

Schindler, Peter: Datenhandbuch zur Geschichte des Deutschen Bundestages 1980 bis 1984, Baden-Baden 1986.

Schindler, Peter: Datenhandbuch zur Geschichte des Deutschen Bundestages 1980 bis 1987, Baden-Baden 1988.

Schindler, Peter: Datenhandbuch zur Geschichte des Deutschen Bundestages 1983 bis 1991, Baden-Baden 1994.

Schürers Krisen-Analyse, in: Deutschland Archiv, 1992, H. 10, S. 1112–1120.

SPD-Dokumentation: Wer im Glashaus sitzt, Bonn 1994.

Stephan, Gerd-Rüdiger (Hrsg.): Vorwärts immer, rückwärts nimmer! Interne Dokumente zum Zerfall von SED und DDR 1988/89, Berlin 1994.

参考文献

Achterberg, Manfred: Innere Ordnung der Bundesregierung, in: Handbuch des Staatsrechts der Bundesrepublik Deutschland, Heidelberg 1987, Bd. II, S. 629–664.

Ackermann, Eduard: Mit feinem Gehör. Vierzig Jahre in der Bonner Republik, Bergisch Gladbach 1994.

Ackermann, Eduard: Politisches. Vom richtigen und falschen Handeln, Bergisch Gladbach 1996.

Adam, Konrad: Kohl und die geistig-moralische Wende, in: Reinhard Appel (Hrsg.): Helmut Kohl im Spiegel seiner Macht, Bonn 1990, S. 21–31.

Allison, Graham T.: The Essence of Decision. Explaining the Cuban Missile Crisis, Boston 1971.

Allison, Graham T.: Begriffliche Modelle und das Wesen der Entscheidung, in: Helga Haftendorn (Hrsg.): Theorie der Internationalen Politik. Gegenstand und Methoden der Internationalen Beziehungen, Hamburg 1975, S. 255–274.

Allison, Graham T./Halperin, Morton H.: Bureaucratic Politics: A Paradigm and Some Policy Implications, in: Raymond Tanter/Richard H. Ullman (Hrsg.): Theory and Policy in International Relations, Princeton 1972, S. 40–79.

Altmann, Rüdiger: Der Kanzler im Spiegel seiner Macht, in: Reinhard Appel (Hrsg.): Helmut Kohl im Spiegel seiner Macht, Bonn 1990, S. 9–20.

Ammer, Thomas: Strukturen der Macht. Die Funktionäre im SED-Staat, in: Jürgen Weber (Hrsg.): Der SED-Staat. Neues über eine vergangene Diktatur, Münch. 1994, S. 15–18.

Ammer, Thomas: Die Machthierarchie der SED, in: Deutscher Bundestag (Hrsg.): Materialien der Enquete-Kommission »Aufarbeitung von Geschichte und Folgen der SED-Diktatur in Deutschland« (12. Wahlperiode des Deutschen Bundestages), Bd. II, 2: Machtstrukturen und Entscheidungsmechanismen im SED-Staat und die Frage der Verantwortung, Baden-Baden 1995, S. 803–867.

Ander, Reinhold/Herzberg, Wolfgang: Der Sturz. Erich Honecker im Kreuzverhör, Berlin 1990.

Andersen, Uwe/Woyke, Wichard (Hrsg.): Handwörterbuch des politischen Systems der Bundesrepublik Deutschland, Opladen 1992.

Appel, Reinhard (Hrsg.): Helmut Kohl im Spiegel seiner Macht, Bonn 1990.

Assel, Hans-Günther: Kritische Bemerkungen zu Denkansätzen in der politischen Bildung. Rückblick nach einem Dezennium, in: Aus Politik u. Zeitgeschichte, 1979, B 1, S. 3–38.

Attali, Jacques: Verbatim I, 1981–1986, Paris 1993.

Axelrod, Robert/Keohane, Robert O.: Achieving Cooperation Under Anarchy. Strategies and Institutions, in: Kenneth A. Oye (Hrsg.): Cooperation under Anarchy, Princeton 1986, S. 226–254.

Axen, Hermann: Ich war ein Diener der Partei. Autobiographische Gespräche mit Harald Neubert, Berlin 1996.

Bahr, Egon: Die Chancen der Geschichte in der Teilung suchen, in: Deutschland Archiv, 1985, H. 8, S. 874–878.

Bahr, Egon: Die Deutschlandpolitik der SPD nach dem Kriege, in: Dieter Dowe (Hrsg.): Die Ost- und Deutschlandpolitik der SPD in der Opposition 1982–1989, Bonn 1993, S. 11–40.

Bahrmann, Hannes/Fritsch, Peter-Michael: Sumpf, Privilegien, Amtsmißbrauch, Schiebergeschäfte, Berlin 1991.

Bandemer, Stephan von/Wewer, Göttrik (Hrsg.): Regierungssystem und Regierungslehre. Fragestellungen, Analysekonzepte, Forschungsstand, Opladen 1989.

Baring, Arnulf: Außenpolitik in Adenauers Kanzlerdemokratie. Bonns Beitrag zur Europäischen Verteidigungsgemeinschaft, München/Wien 1969.

Baring, Arnulf: Machtwechsel: Die Ära Brandt-Scheel, München 1984.

Barzel, Rainer: Geschichten aus der Politik: Persönliches aus meinem Archiv, Berlin 1987.

Bedarff, Hildegard: Die Viererrunde: Zum Bedeutungswandel multilateraler Koordinationsgremien zwischen den westlichen Siegermächten und der Bundesrepublik Deutschland, in: Zeitschrift für Parlamentsfragen, 1991, H. 4, S. 555–567.

Behrend, Manfred: Franz Josef Strauß. Eine politische Biographie, Köln 1995.

Behrendt, Günther: Das Bundeskanzleramt, Frankfurt a. M./Bonn 1967.

Behrendt, Sven: Die Erklärung des Gaza-Jericho-Abkommens anhand eines situationsstrukturellen Ansatzes, Konstanz 1995 (unveröffentlichtes Manuskript).

Behrens, Henning: Politische Entscheidungsprozesse. Konturen einer politischen Entscheidungstheorie, Opladen 1980.

Behrens, Henning/Noack, Paul: Theorien der Internationalen Politik, München 1984.

Beil, Gerhard: Marketing statt Marxismus, in: Margarita Mathiopoulos (Hrsg.): Das Ende der Bonner Republik, Stuttgart 1993, S. 121–127.

Bender, Peter: Sicherheitspartnerschaft und friedliche Koexistenz. Zum Dialog zwischen SPD und SED, in: Die Neue Gesellschaft/Frankfurter Hefte, 1986, H. 4, S. 342–346.

Bender, Peter: Die »Neue Ostpolitik« und ihre Folgen. Vom Mauerbau bis zur Vereinigung, 3. überarb. und erw. Neuausgabe München 1995.

Bender, Peter: Episode oder Epoche? Zur Geschichte des geteilten Deutschland, München 1996.

Berg, Herrmann von: Vorbeugende Unterwerfung. Politik im realen Sozialismus, München 1988.

Bergdoll, Udo: Kohl und Genschers FDP. Portrait einer Zerrüttung, in: Reinhard Appel (Hrsg.): Helmut Kohl im Spiegel seiner Macht, Bonn 1990, S. 201–211.

Bergsdorf, Wolfgang: Herrschaft und Sprache. Studie zur politischen Terminologie der Bundesrepublik Deutschland, Pfullingen 1983.

Bergsdorf, Wolfgang: Deutschland im Streß. Politische und gesellschaftliche Herausforderungen nach der Wende, München u.a. 1993.

Bermbach, Udo: Regierungserklärung, in: Hans-Helmut Röhring/Kurt Sontheimer (Hrsg.): Handbuch des deutschen Parlamentarismus, München 1970, S. 530.

Berry, Phyllis: The Organization and Influence of the Chancellory during the Schmidt and Kohl Chancellorship, in: Governance, 1989, Nr. 2, S. 339–355.

Berschin, Helmut: Quo vadis, Wiedervereinigung? Wege eines Wortes, in: Deutschland Archiv, 1990, H. 8, S. 1266–1272.

Beyme, Klaus von: Die großen Regierungserklärungen der deutschen Bundeskanzler von Adenauer bis Schmidt, München/Wien 1979.

Beyme, Klaus von: Die Zukunft der parlamentarischen Demokratie, in: Ders. u.a. (Hrsg.): Politikwissenschaft. Eine Grundlegung, Bd. II: Der demokratische Verfassungsstaat, Stuttgart u.a. 1987, S. 306–332.

Beyme, Klaus von: Informelle Komponenten des Regierens, in: Hans-Hermann Hartwich/ Göttrik Wewer (Hrsg.): Regieren in der Bundesrepublik, Bd. II: Formale und informale Komponenten des Regierens, Opladen 1991, S. 31–50.

Beyme, Klaus von: Regierungslehre zwischen Handlungstheorie und Systemansatz, in: Hans-Hermann Hartwich/Göttrik Wewer (Hrsg.): Regieren in der Bundesrepublik, Bd. III: Systemsteuerung und »Staatskunst«, Opladen 1991, S. 19–34.

Bickerich, Wolfram: Der Enkel. Analyse der Ära Kohl, Düsseldorf 1995.

Bickerich, Wolfram: Franz Josef Strauß. Die Biographie, Düsseldorf 1996.

Biermann, Rafael: Zwischen Kreml und Kanzleramt. Wie Moskau mit der deutschen Einheit rang, Paderborn u. a. 1997.

Bleek, Wilhelm: Das eine und das andere Deutschland, in: Deutschland Archiv, 1989, H. 4, S. 375–383.

Blondel, Jean: The Organization of Governments. A Comparative Analysis of Governmental Structures, London u. a. 1982.

Blondel, Jean: Political Leadership. Towards a General Analysis, Newbury/London 1987.

Blumenwitz, Dieter: Oder-Neiße-Linie, in: Werner Weidenfeld/Karl-Rudolf Korte (Hrsg.): Handbuch zur deutschen Einheit, Frankfurt/New York 1993, S. 503–511.

Böckenförde, Ernst-Wolfgang: Die Organisationsgewalt im Bereich der Bundesregierung. Eine Untersuchung zum Staatsrecht der Bundesrepublik Deutschland, Berlin 1964.

Boehlich, Walter: Diese unsere Regierungserklärung in dieser unserer Sprache, in: Kursbuch, 1983, H. 73, S. 37–43.

Böhret, Carl: Instrumente des Regierens in der Bundesrepublik Deutschland: Wandel und Kontinuität in der Regierungspraxis, in: Hans-Hermann Hartwich/Göttrik Wewer (Hrsg.): Regieren in der Bundesrepublik, Bd. I: Konzeptionelle Grundlagen und Perspektiven der Forschung, Opladen 1990, S. 113–130.

Böhret, Carl: Politische Vorgaben für ziel- und ergebnisorientiertes Verwaltungshandeln aus Regierungserklärungen, in: Hans-Hermann Hartwich/Göttrik Wewer (Hrsg.): Regieren in der Bundesrepublik, Bd. III: Systemsteuerung und »Staatskunst«. Theoretische Konzepte und empirische Befunde, Opladen 1991, S. 69–82.

Bölling, Klaus: Die letzten 30 Tage des Kanzlers Helmut Schmidt: Ein Tagebuch, Reinbek bei Hamburg 1982.

Bölling, Klaus: Die fernen Nachbarn. Erfahrungen in der DDR, 2. Aufl. Hamburg 1984.

Boenisch, Peter: Kohl und Strauß, in: Reinhard Appel (Hrsg.): Helmut Kohl im Spiegel seiner Macht, Bonn 1990, S. 161–167.

Bohnsack, Klaus: Die Koalitionskrise 1981/82 und der Regierungswechsel 1982, in: Zeitschrift für Parlamentsfragen, 1983, H. 1, S. 5–32.

Bohnsack, Klaus: Regierungsbildung und Oppositionsformierung 1983, in: Zeitschrift für Parlamentsfragen, 1983, H. 4, S. 476–486.

Boulding, Kenneth N.: The Image. Knowledge in Life and Society, Ann Arbor 1956.

Bracher, Karl Dietrich: Die Kanzlerdemokratie, in: Richard Löwenthal/Hans-Peter Schwarz (Hrsg.): Die zweite Republik. 25 Jahre Bundesrepublik Deutschland – eine Bilanz, Stuttgart 1974, S. 179–202.

Bracher, Karl Dietrich u. a. (Hrsg.): Staat und Parteien. Festschrift für Rudolf Morsey, Berlin 1992.

Brams, Stephen J.: Games Theory and Politics, New York 1975.

Brams, Stephen J.: Rational Politics: Decision, Games and Strategy, Washington 1985.

Brauswetter, Hartmut H.: Kanzlerprinzip, Ressortprinzip und Kabinettsprinzip in der ersten Regierung Brandt 1969–1972, Bonn 1976.

Bredow, Wilfried von: Friedensbewegung und Deutschlandpolitik, in: Aus Politik und Zeitgeschichte, 1983, B 46, S. 34–46.

Bredow, Wilfried von: Perzeptions-Probleme. Das schiefe DDR-Bild und warum es bis zum Schluß so blieb, in: Deutschland Archiv, 1991, H. 2, S. 147–154.

Brinkel, Wolfgang/Rodejohann, Jo (Hrsg.): Das SPD/SED-Papier. Der Streit der Ideologien und die gemeinsame Sicherheit. Das Originaldokument mit Beiträgen von Erhard Eppler u. a., Freiburg im Breisgau 1988.

Brinkschulte, Wolfgang u. a.: Freikaufgewinnler. Die Mitverdiener im Westen, Berlin 1993.

Brocke, Rudolf Horst: Deutschlandpolitische Positionen der Bundestagsparteien – Synopse, Erlangen 1985.

Bruck, Elke/Wagner, Peter M.: Zwei-plus-Vier-intern. Die internationalen Aspekte des Vereinigungsprozesses aus Sicht der Akteure. Ein Literaturbericht, in: Dies. (Hrsg.): Wege zum 2+4-Vertrag. Die äußeren Aspekte der deutschen Einheit, München 1996.

Bruck, Elke/Wagner, Peter M. (Hrsg.): Wege zum »2+4«-Vertrag. Die äußeren Aspekte der deutschen Einheit, München 1996.

Brunner, Georg: Staatsapparat und Parteiherrschaft in der DDR, in: Deutscher Bundestag (Hrsg.): Materialien der Enquete-Kommission »Aufarbeitung von Geschichte und Folgen der SED-Diktatur in Deutschland« (12. Wahlperiode des Deutschen Bundestages), Bd. II, 2: Machtstrukturen und Entscheidungsmechanismen im SED-Staat und die Frage der Verantwortung, Baden-Baden 1995, S. 989–1029.

Bruns, Wilhelm: Die Außenpolitik der DDR, Berlin 1985.

Bruns, Wilhelm: Nach dem Honecker-Besuch – und wie weiter?, in: Außenpolitik, 1987, Nr. 4, S. 345–355.

Bruns, Wilhelm: Von der Deutschland-Politik zur DDR-Politik? Prämissen, Probleme, Perspektiven, Opladen 1989.

Buchheim, Hans: Deutschlandpolitik 1949–1972. Der politisch-diplomatische Prozeß, Stuttgart 1984.

Buck, Hansjörg F.: Der innerdeutsche Handel: Bedeutung, Rechtsgrundlagen, Geschichte, Organisation, Entwicklung, Probleme und politisch-ökonomischer Nutzen, in: Deutsche Richterakademie (Hrsg.): Innerdeutsche Rechtsbeziehungen, Heidelberg 1988 (Justiz und Recht, Schriften der Deutschen Richterakademie Bd. 4), S. 211–302.

Bücker, Joseph/Schlimbach, Helmut: Die Wende in Bonn. Deutsche Politik auf dem Prüfstand, Heidelberg 1983.

Bürklin, Wilhelm/Welzel, Christian: Theoretische und methodische Grundlagen der Politikwissenschaft, in: Manfred Mols u.a. (Hrsg.): Politikwissenschaft. Eine Einführung, Paderborn u.a. 1994, S. 307–346.

Bulla, Marcel: Zur Außenpolitik der DDR. Bestimmungsfaktoren, Schlüsselbegriffe, Institutionen und Entwicklungstendenzen, Melle 1988.

Bundesministerium für innerdeutsche Beziehungen (Hrsg.): DDR-Handbuch, Bd. 1, 3. Aufl. Köln 1985.

Bundesministerium für innerdeutsche Beziehungen (Hrsg.): DDR-Handbuch, Bd. 2, 3. Aufl. Köln 1985.

Busch, Andreas: Die deutsch-deutsche Währungsunion. Politisches Votum trotz ökonomischer Bedenken, in: Ulrike Liebert/Merkel, Wolfgang (Hrsg.): Die Politik zur deutschen Einheit. Probleme, Strategien, Kontroversen, Opladen 1991.

Busse, Volker: Bundeskanzleramt und Bundesregierung. Aufgaben, Organisation, Arbeitsweise; mit Blick auf Vergangenheit und Zukunft, Heidelberg 1994.

Carstens, Karl: Erinnerungen und Erfahrungen, Boppard 1993.

Carr, Edward H.: Was ist Geschichte?, 4. Aufl. Stuttgart u.a. 1974.

Chan, Steve: Rationality, Bureaucratic Politics and Belief Systems: Explaining the Chinese Policy Debate, in: Journal of Peace Research, 1979, H. 16, S. 333–347.

Clay, Clemens: Reluctant Realists. The Christian Democrats and West German Ostpolitik, London 1989.

Clay, Clemens: CDU Deutschlandpolitik and Reunification 1985–1989. Alois Mertes Memorial Lecture 1992 (=German Historical Institute Washington, D.C., Occasional Paper No. 5), Washington, D.C. 1992.

Clay, Clemens: The Chancellor as Manager: Helmut Kohl, the CDU and Governance in Germany, in: West European Politics, 1994, Nr. 4, S. 28–51.

Clay, Clemens: Paradigm or Paradox? Helmut Kohl and Political Leadership in Germany. Paper for the 19. Annual Conference of the German Studies Association, Chicago 1995.

Cornelsen, Doris: Die Bedeutung des innerdeutschen Handels, Berlin 1984.

Czaja, Herbert: Unterwegs zum kleinsten Deutschland? Marginalien zu 50 Jahren Ostpolitik, Frankfurt a. M. 1996.

Czempiel, Ernst-Otto/Schweitzer, Carl-Christoph: Weltpolitik der USA nach 1945, 2. Aufl. Bonn 1987.

Czempiel, Ernst-Otto/Schweitzer, Carl-Christoph: Machtprobe. Die USA und die Sowjetunion in den achtziger Jahren, München 1989.

Derlien, Hans-Ulrich: Das Berichtswesen der Bundesregierung – Ein Mittel der Kontrolle und Planung, in: Zeitschrift für Parlamentsfragen, 1975, H. 1, S. 42–47.

Derlien, Hans-Ulrich: Regieren – Notizen zum Schlüsselbegriff der Regierungslehre, in: Hans-Hermann Hartwich/Göttrik Wewer (Hrsg.): Regieren in der Bundesrepublik, Bd. I: Konzeptionelle Grundlagen und Perspektiven der Forschung, Opladen 1990, S. 78–88.

Dettling, Warnfried: Das Erbe Kohls. Bilanz und Perspektive, Frankfurt a. M. 1994.

Deupmann, Ulrich: Wolfgang Schäuble. Ein Portrait, München 1992.

Deutsch, Karl: Politische Kybernetik. Modelle und Perspektiven, Freiburg 1973.

Diederich, Nils: Aufgabenplanung, interne Arbeitsprogramme der Regierung, Regierungserklärungen, in: Klaus König (Hrsg.): Koordination und integrierte Planung in den Staatskanzleien. Vorträge und Diskussionsbeiträge der verwaltungswissenschaftlichen Arbeitstagung 1975 der Hochschule für Verwaltungswissenschaften Speyer, Berlin 1976, S. 65–81.

Diekmann, Kai/Reuth, Ralf Georg: Helmut Kohl. Ich wollte Deutschlands Einheit, Berlin 1996.

Dirks, Walter: Der restaurative Charakter der Epoche, in: Frankfurter Hefte, 1950, Nr. 9, S. 942–954.

Doering-Manteuffel, Anselm: Strukturmerkmale der Kanzlerdemokratie, in: Der Staat, 1991, Nr. 1, S. 1–18.

Domes, Jürgen: Bundesregierung und Mehrheitsfraktion. Aspekte des Verhältnisses der Fraktion der CDU/CSU im zweiten und dritten Deutschen Bundestag zum Kabinett Adenauer, Köln/Opladen 1964.

Dougherty, James E./Pfaltzgraff, Robert L.: Contending Theories of International Relations. A Comprehensive Survey, 3. Aufl. New York 1990.

Dowe, Dieter (Hrsg.): Die Ost- und Deutschlandpolitik der SPD in der Opposition 1982–1989, Bonn 1993.

Druwe, Ulrich/Kunz, Volker (Hrsg.): Handlungs- und Entscheidungstheorie in der Politikwissenschaft, Opladen 1996.

Easton, David: A Systems Analysis of Political Life, New York 1965.

Ehmke, Horst: Mittendrin. Von der großen Koalition zur deutschen Einheit, Berlin 1994.

Ellwein, Thomas: Politik und Planung, Stuttgart 1968.

Ellwein, Thomas: Regieren und Verwalten. Eine kritische Einführung, Opladen 1976.

Ellwein, Thomas: Koordination in der öffentlichen Verwaltung. Ein Versuch in pragmatischer Absicht, in: Ders. u.a. (Hrsg.): Jahrbuch zur Staats- und Verwaltungswissenschaft, Bd. 5, 1991, S. 99–124.

Eschenburg, Theodor: Die Richtlinien der Politik in Verfassungsrecht und in der Verfassungswirklichkeit, in: Theo Stammen (Hrsg.): Strukturwandel der modernen Regierung, Darmstadt 1967, S. 361–392.

Fehrenbach, Oskar: Helmut Kohl – wer sonst?, München 1990.

Fichter, Tilman: Die SPD und die Nation. Vier sozialdemokratische Generationen zwischen nationaler Selbstbestimmung und Zweistaatlichkeit, Frankfurt a. M. 1993.

Filmer, Werner/Schwan, Heribert: Hans-Dietrich Genscher, Düsseldorf u.a. 1988.

Filmer, Werner/Schwan, Heribert: Helmut Kohl, 4. Aufl. Düsseldorf u.a. 1990.

Filmer, Werner/Schwan, Heribert: Wolfgang Schäuble. Politik als Lebensaufgabe, München 1992.

Fischer, Angela: Entscheidungsprozeß zur deutschen Wiedervereinigung. Der außen- und deutschlandpolitische Entscheidungsprozeß der Koalitionsregierung in den Schicksals-jahren 1989/90, Frankfurt a.M. u.a. 1996.

Fisher, Roger/Ury, William: Das Harvard-Konzept. Sachgerecht verhandeln – erfolgreich verhandeln, Frankfurt a. M./New York 1991.

Forschungsgruppe Wahlen: Starke Wählerbewegungen und stabile Strukturen, kein Test für Bonn – Landtagswahlen 1985, in: Zeitschrift für Parlamentsfragen, 1985, H. 3, S. 411–430.

Forschungsgruppe Wahlen: Sieg ohne Glanz. Eine Analyse der Bundestagswahl 1987, in: Max Kaase/Hans-Dieter Klingemann (Hrsg.): Wahlen und Wähler. Analysen aus Anlaß der Bundestagswahl 1987, Opladen 1990, S. 689–734.

Frei, Daniel (Hrsg.): Überforderte Demokratie?, Zürich 1978.

Fricke, Karl-Wilhelm: Der Besuch Erich Honeckers in der Bundesrepublik Deutschland, in: Europa-Archiv, 1987, Nr. 23, S. 683–690.

Fricke, Karl-Wilhelm: Die Staatsmacht und die Andersdenkenden, in: Deutschland Archiv, 1988, H. 3, S. 225–227.

Fricke, Karl-Wilhelm: Die Nachfolge Honeckers komplizierte sich, in: Deutschland Archiv, 1988, H. 10, S. 1034–1037.

Fricke, Karl-Wilhelm: Die Wiederherstellung der staatlichen Einheit Deutschlands, in: Wolfgang Wagner u.a. (Hrsg.): Die Internationale Politik 1989–1990, München 1992, S. 86–100.

Friedrich, Carl Joachim: Der Verfassungsstaat der Neuzeit, Berlin 1953.

Fritze, Lothar: Panoptikum DDR-Wirtschaft, München 1993.

Fröhlich, Manuel: Sprache als Instrument politischer Führung. Helmut Kohls Berichte zur Lage der Nation im geteilten Deutschland, München 1997.

Gaddum, Eckart: Die deutsche Europapolitik in den 80er Jahren. Interessen, Konflikte und Entscheidungen der Regierung Kohl, Paderborn u.a. 1994.

Garthe, Michael: Berichte zur Lage der Nation, in: Werner Weidenfeld/Karl-Rudolf Korte (Hrsg.): Handwörterbuch zur deutschen Einheit, Frankfurt a. M./New York 1992, S. 19–27.

Garthoff, Raymond L.: The Great Transition. American-Soviet Relations and the End of the Cold War, Washington D. C. 1994.

Garton Ash, Timothy: Im Namen Europas. Deutschland und der geteilte Kontinent, München/Wien 1993.

Gauland, Alexander: Helmut Kohl. Ein Prinzip, Berlin 1994.

Gaus, Günter: Wo Deutschland liegt. Eine Ortsbestimmung, Hamburg 1983.

Geißler, Heiner: Ein gefährlicher Sieg. Die Bundestagswahlen und ihre Folgen, Köln 1995.

Genscher, Hans Dietrich: Erinnerungen, Berlin 1995.

Gerlach, Manfred: Mitverantwortlich. Als Liberaler im SED-Staat, Berlin 1991.

Gester, Friedrich Wilhelm: Die State of the Union Address – ein Redetyp, in: Paul Goetsch/ Gerd Hurm (Hrsg.): Die Rhetorik amerikanischer Präsidenten seit F. D. Roosevelt, Tübingen 1993, S. 53–58.

Gill, Ulrich/Steffani, Winfried (Hrsg.): Eine Rede und ihre Wirkung, Berlin 1986.

Göhler, Gerhard: Institutionenlehre und Institutionentheorie in der deutschen Politikwis-senschaft nach 1945, in: Ders. (Hrsg.): Grundfragen der Theorie politischer Institu-tionen. Forschungsstand – Probleme – Perspektiven, Opladen 1987, S. 15–47.

Gotto, Klaus: Adenauers Deutschland- und Ostpolitik 1954–1963, in: Rudolf Morsey/ Konrad Repgen (Hrsg.): Adenauer Studien III: Untersuchungen und Dokumente zur Ostpolitik und Biographie, Mainz 1974.

Graß, Karl Martin: Partei, Fraktion, Regierung. Bemerkungen zu einem schwierigen Verhältnis, in: Peter Haungs u.a. (Hrsg.): Civitas. Widmungen für Bernhard Vogel zum 60. Geburtstag, Paderborn u.a. 1992, S. 549–561.

Greiffenhagen, Martin (Hrsg.): Kampf um Wörter? Politische Begriffe im Meinungsstreit, Bonn 1980.

Greiffenhagen, Martin und Sylvia: Ein schwieriges Vaterland. Zur politischen Kultur im vereinten Deutschland, München/Leipzig 1993.

Grill, Dietrich: Die deutsche Frage aus der Sicht der CSU, in: Dieter Blumenwitz/ Gottfried Zieger (Hrsg.): Die deutsche Frage im Spiegel der Parteien, Köln 1989, S. 153–163.

Groh, Dieter/Brandt, Peter: »Vaterlandslose Gesellen«. Sozialdemokratie und Nation 1860–1990, München 1992.

Gros, Jürgen: Entscheidung ohne Alternativen? Die Wirtschafts-, Finanz- und Sozialpolitik im deutschen Vereinigungsprozeß 1989/1990, Mainz 1994.

Gros, Jürgen: Politikgestaltung im Machtdreieck Partei, Fraktion, Regierung. Zum Verhältnis von CDU-Parteiführungsgremien, Unionsfraktion und Bundesregierung 1982–1989 an den Beispielen der Finanz-, Deutschland- und Umweltpolitik, München 1997 (Dissertation).

Gross, Johannes: Die Begründung der Berliner Republik. Deutschland am Ende des 20. Jahrhunderts, Stuttgart 1995.

Grosser, Alfred/Müller, Konrad R.: Die Kanzler, Bergisch-Gladbach 1989.

Grosser, Dieter: Die Entwicklung in der Bundesrepublik 1969–1989, in: Ders. u.a. (Hrsg.): Deutsche Geschichte in Quellen und Darstellung, Bd. 11: Bundesrepublik und DDR 1969–1990, Stuttgart 1996, S. 5–171.

Grosser, Dieter: Das Wagnis der Währungs-, Wirtschafts- und Sozialunion. Politische Zwänge im Konflikt mit ökonomischen Regeln, Stuttgart 1998.

Grosser, Dieter u.a.: Die sieben Mythen der Wiedervereinigung. Fakten und Analysen zu einem Prozeß ohne Alternative, München 1991.

Gruber, Franz: Die deutsche Frage aus der Sicht der CSU, in: Dieter Blumenwitz/ Gottfried Zieger (Hrsg.): Die deutsche Frage im Spiegel der Parteien, Köln 1989, S. 165–172.

Guggenberger, Bernd: Regierungserklärung, in: Uwe Andersen/Wichard Woyke (Hrsg.): Handwörterbuch des politischen Systems der Bundesrepublik Deutschland, Opladen 1992, S. 462.

Guggenberger, Bernd/Offe, Klaus: Politik aus der Basis – Herausforderung der parlamentarischen Mehrheitsdemokratie, in: Dies. (Hrsg.): An den Grenzen der Mehrheitsdemokratie. Politik und Soziologie der Mehrheitsregel, Opladen 1984, S. 8–19.

Güllner, Manfred: Zwischen Stabilität und Wandel, in: Aus Politik und Zeitgeschichte, 1983, B 14, S. 19–30.

Haack, Dieter: Kritische Anmerkungen zum »Ideologie-Papier«. Aber: Der Dialog ist unverzichtbar, in: Deutschland Archiv, 1988, H. 1, S. 40–47.

Hacke, Christian: Soll und Haben des Grundlagenvertrages, in: Deutschland Archiv, 1982, H. 12, S. 1282–1304.

Hacke, Christian: Weltmacht wider Willen. Die Außenpolitik der Bundesrepublik Deutschland, akt. u. erw. Neuausgabe Frankfurt a. M. u.a. 1993.

Hacke, Christian: Die Deutschlandpolitik der Bundesrepublik Deutschland, in: Werner Weidenfeld/Hartmut Zimmermann (Hrsg.): Deutschland-Handbuch. Eine doppelte Bilanz 1949–1989, München u.a. 1989, S. 335–350.

Hacker, Jens: Friedensvertrag, in: Werner Weidenfeld/Karl-Rudolf Korte (Hrsg.): Handwörterbuch zur deutschen Einheit, Frankfurt a. M./New York 1992, S. 338–347.

Hacker, Jens: Deutsche Irrtümer. Schönfärber und Helfershelfer der SED-Diktatur im Westen, Berlin/Frankfurt a. M. 1992.

Hacker, Jens u.a.: Das DDR-Bild. Einschätzungen und Wahrnehmungen in Politik und Medien, St. Augustin 1995 (KAS interne Studie Nr. 103).

Haendcke-Hoppe-Arndt, Maria: Interzonenhandel/Innerdeutscher Handel, in: Deutscher Bundestag (Hrsg.): Materialien der Enquete-Kommission »Aufarbeitung von Geschichte und Folgen der SED-Diktatur in Deutschland« (12. Wahlperiode des Deutschen Bundestages), Bd. V, 2: Deutschlandpolitik, innerdeutsche Beziehungen und internationale Rahmenbedingungen, Baden-Baden 1995, S. 1543–1571.

Haendcke-Hoppe-Arndt, Maria: Wer wußte was? Der ökonomische Niedergang der DDR, in: Deutschland Archiv, 1995, H. 6, S. 588–602.

Haftendorn, Helga: Sicherheit und Stabilität. Außenbeziehungen der Bundesrepublik zwischen Ölkrise und NATO-Doppelbeschluß, München 1986.

Haftendorn, Helga: Zur Theorie außenpolitischer Entscheidungsprozesse, in: Volker Rittberger (Hrsg.): Theorien der internationalen Beziehungen. Bestandsaufnahme und Forschungsperspektiven, Opladen 1990 (Politische Vierteljahresschrift, Sonderheft 21), S. 401–423.

Haftendorn, Helga: Das außen- und sicherheitspolitische Entscheidungssystem der Bundesrepublik Deutschland, in: Aus Politik und Zeitgeschichte, 1993, B 43, S. 3–15.

Haftendorn, Helga: Das institutionelle Instrumentarium der Alliierten Vorbehaltsrechte. Politikkoordinierung zwischen den Drei Mächten und der Bundesrepublik Deutschland, in: Dies./Henning Riecke (Hrsg.): » ... die volle Macht eines souveränen Staates...« Die Alliierten Vorbehaltsrechte als Rahmenbedingung westdeutscher Außenpolitik 1949–1990, Baden-Baden 1996, S. 37–80.

Haftendorn, Helga u.a. (Hrsg.): Verwaltete Außenpolitik. Sicherheits- und entspannungspolitische Entscheidungsprozesse in Bonn, Köln 1978.

Hager, Kurt: Erinnerungen, Leipzig 1996.

Hahn, Silke: Vom zerrissenen Deutschland zur vereinigten Republik. Zur Sprachgeschichte der »deutschen Frage«, in: Georg Stötzel/Martin Wengeler (Hrsg.): Kontroverse Begriffe. Geschichte des öffentlichen Sprachgebrauchs in der Bundesrepublik Deutschland, Berlin/New York 1995, S. 285–353.

Hanrieder, Wolfram: Deutschland, Europa, Amerika. Die Außenpolitik der Bundesrepublik Deutschland, 2. Aufl. Paderborn 1995.

Hartwich, Hans-Hermann: Regierungsforschung. Aufriß der Problemstellungen, in: Ders./Göttrik Wewer (Hrsg.): Regieren in der Bundesrepublik, Bd. I: Konzeptionelle Grundlagen und Perspektiven der Forschung, Opladen 1990, S. 9–20.

Hartwich, Hans-Hermann: Die Bundesregierung im Prozeß der deutschen Vereinigung (1989/90), in: Ders./Göttrik Wewer (Hrsg.): Regieren in der Bundesrepublik, Bd. III: Systemsteuerung und »Staatskunst«. Theoretische Konzepte und empirische Befunde, Opladen 1991, S. 237–273.

Hartwich, Hans-Hermann/Wewer, Göttrik (Hrsg.): Regieren in der Bundesrepublik, Bd. I: Konzeptionelle Grundlagen und Tendenzen der Forschung, Opladen 1990.

Hartwich, Hans-Hermann/Wewer, Göttrik (Hrsg.): Regieren in der Bundesrepublik, Bd. II: Formale und informale Komponenten des Regierens in den Bereichen Führung, Entscheidung, Personal und Organisation, Opladen 1991.

Hartwich, Hans-Hermann/Wewer, Göttrik (Hrsg.): Regieren in der Bundesrepublik, Bd. III: Systemsteuerung und »Staatskunst«. Theoretische Konzepte und empirische Befunde, Opladen 1991.

Hassner, Pierre: Was geht in Deutschland vor? Wiederbelebung der deutschen Frage durch Friedensbewegung und alternative Gruppen, in: Europa-Archiv, 1982, Nr. 17, S. 517–526.

Hatschikan, Magarditsch A./Pfeiler, Wolfgang: Deutsch-sowjetische Beziehungen in einer Periode der Ost-West-Annäherung, in: Deutschland Archiv, 1989, H. 8, S. 883–889.

Haungs, Peter: Kanzlerdemokratie in der Bundesrepublik Deutschland: Von Adenauer bis Kohl, in: Zeitschrift für Politik, 1986, Nr. 1, S. 44–66.

Haungs, Peter: Kanzlerprinzip und Regierungstechnik im Vergleich: Adenauers Nachfolger, in: Aus Politik und Zeitgeschichte, 1989, B 1/2, S. 28–39.

Haungs, Peter: Parteipräsidien als Entscheidungszentren der Regierungspolitik – Das Beispiel der CDU, in: Hans-Hermannn Hartwich/Göttrik Wewer (Hrsg.): Regieren in der Bundesrepublik, Bd. II: Formale und informale Komponenten des Regierens in den Bereichen Führung, Entscheidung, Personal und Organisation, Opladen 1991, S. 113–123.

Helms, Ludger: »Machtwechsel« in der Bundesrepublik Deutschland. Eine vergleichende empirische Analyse der Regierungswechsel von 1966, 1969 und 1982, in: Jahrbuch für Politik, 1994, H. 2, S. 225–248.

Helms, Ludger: Das Amt des deutschen Bundeskanzlers in historisch und international vergleichender Perspektive, in: Zeitschrift für Parlamentsfragen, 1996, H. 4, S. 697–711.

Helwig, Gisela: Die Grenze der Geduld, in: Deutschland Archiv, 1988, H. 5, S. 465–469.

Helwig, Gisela: Nachbesserung, in: Deutschland Archiv, 1989, H. 4, S. 353–356.

Helwig, Gisela: Wir wollen raus – wir bleiben hier, in: Deutschland Archiv, 1989, H. 10, S. 1073–1075.

Hennis, Wilhelm: Politik als praktische Wissenschaft, München 1968.

Hennis, Wilhelm: Richtlinienkompetenz und Regierungstechnik, in: Ders.: Politik als praktische Wissenschaft. Aufsätze zur politischen Theorie und Regierungslehre, München 1968, S. 161–188.

Hennis, Wilhelm: Demokratisierung. Zur Problematik eines Begriffs, in: Ders.: Die mißverstandene Demokratie. Demokratie – Verfassung – Parlament. Studien zu deutschen Problemen, Freiburg i. Br. 1973, S. 26–51.

Hennis, Wilhelm u.a. (Hrsg): Regierbarkeit. Studien zu ihrer Problematisierung, 2 Bde., Stuttgart 1977 und 1979.

Henzler, Herbert A./Späth, Lothar: Sind die Deutschen noch zu retten? Von der Krise zum Aufbruch, München 1995.

Herbst, Andreas u.a.: So funktionierte die DDR. Lexikon der Organisationen und Institutionen, Bd. 2, Reinbeck 1994.

Herdegen, Gerhard: Perspektiven und Begrenzungen. Eine Bestandsaufnahme der öffentlichen Meinung zur deutschen Frage, Teil 1: Nation und deutsche Teilung, in: Deutschland Archiv, 1987, H. 12, S. 1259–1273.

Herdegen, Gerhard: Perspektiven und Begrenzungen. Eine Bestandsaufnahme der öffentlichen Meinung zur deutschen Frage, Teil 2: Kleine Schritte und fundamentale Fragen, in: Deutschland Archiv, 1988, H. 4, S. 391–403.

Herdegen, Gerhard: Aussiedler in der Bundesrepublik Deutschland, in: Deutschland Archiv, 1989, H. 8, S. 912–924.

Herdegen, Gerhard/Schultz, Martin: Einstellungen zur deutschen Einheit, in: Werner Weidenfeld/Karl-Rudolf Korte (Hrsg.): Handbuch zur deutschen Einheit, Frankfurt a.M./New York 1993, S. 252–269.

Hermann, Charles F.: Decision Structure and Process Influences on Foreign Policy, in: Maurice A. East u.a. (Hrsg.): Why Nations Act: Theoretical Perspectives for Comparative Foreign Policy Studies, Beverly Hills 1978, S. 69–102.

Hermann, Margaret G.: Explaining Foreign Policy Behaviour Using the Personality Characteristics of Political Leaders, in: International Studies Quarterly, 1980, H. 24, S. 7–46.

Hermann, Margaret G.: Personality and Foreign Policy Decision Making: A Study of 53 Heads of Government, in: Donald A. Sylvan/Steve Chan (Hrsg.): Foreign Policy Decision Making: Perception, Cognition and Artificial Intelligence, New York 1984, S. 53–80.

Hermens, Ferdinand A.: Verfassungslehre, Köln 1968.

Herrmann, Ludolf: Halbzeit für Kohl. Der Wechsel und die Wende – eine prognostische Bilanz (I), in: Die politische Meinung, 1985, Nr. 218, S. 12–23.

Hertle, Hans-Herrmann: Die Diskussion der ökonomischen Krisen in der Führungsspitze der SED, in: Theo Pirker u.a.: Der Plan als Befehl und Fiktion. Wirtschaftsführung in der DDR, Opladen 1995, S. 309–345.

Hertle, Hans-Herrmann: Staatsbankrott. Der ökonomische Untergang des SED-Staates, in: Deutschland Archiv, 1992, H. 10, S. 1019–1030.

Hertle, Hans-Herrmann: Chronik des Mauerfalls. Die dramatischen Ereignisse um den 9. November 1989, Berlin 1996.

Hertle, Hans-Herrmann: Der Fall der Mauer. Die unbeabsichtigte Selbstauflösung des SED-Staates, Opladen/Wiesbaden 1996.

Hertle, Hans-Herrmann u.a. (Hrsg.): Der Staatsbesuch, Berlin 1991.

Hesse, Joachim Jens/Ellwein, Thomas: Das Regierungssystem der Bundesrepublik Deutschland, Bd. 1, 7. Aufl. Opladen 1992.

Hilmer, Richard/Köhler, Anne: Die DDR im Aufbruch, in: Deutschland Archiv, 1989, H. 12, S. 1389–1393.

Hintze, Peter (Hrsg.): Die CDU-Parteiprogramme. Eine Dokumentation der Ziele und Aufgaben, Bonn 1995.

Hoffmann, Claudia: Entscheidungsgestaltung. Neue Perspektiven außenpolitischer Entscheidungstheorie und Planung, München 1993.

Hoffmann, Klaus: Helmut Kohl. Eine politische Biographie, München 1991.

Honecker, Erich: Zu dramatischen Ereignissen, Hamburg 1992.

Honecker, Erich: Moabiter Notizen, Berlin 1994.

Horn, Gyula: Freiheit, die ich meine. Erinnerungen des ungarischen Außenministers, der den Eisernen Vorhang öffnete, Hamburg 1991.

Horst, Patrick: Haushaltspolitik und Regierungspraxis in den USA und der Bundesrepublik Deutschland. Ein Vergleich des haushaltspolitischen Entscheidungsprozesses beider Bundesrepubliken zu Zeiten der konservativen Regierungen Reagan/Bush (1981–92) und Kohl (1982–93), Frankfurt a. M. u.a. 1995.

Hübner, Emil: Parlament und Regierung in der Bundesrepublik Deutschland, München 1995.

Huneeus, Carlos: How to Build a Modern Party. Helmut Kohl's Leadership and the Transformation of the CDU, in: German Politics, 1996, No. 3, S. 432–459.

Hung, Ting-Fu: Die Ost- und Deutschlandpolitik der Regierung Kohl/Genscher in den Jahren 1984/85, München 1989.

Hupka, Herbert: Unruhiges Gewissen. Ein deutscher Lebenslauf. Erinnerungen, München 1994.

Iklé, Fred: Strategie und Taktik des diplomatischen Verhandelns, Gütersloh 1965.

Inacker, Michael J.: Politik in der Wendezeit. Die Sicherheitspolitik der Regierung Kohl, in: Reinhard Appel (Hrsg.): Helmut Kohl im Spiegel seiner Macht, Bonn 1990, S. 73–111.

Ismayr, Wolfgang: Der Deutsche Bundestag. Funktionen, Willensbildung, Reformansätze, Opladen 1992.

Jäckel, Hartmut: Unser schiefes DDR-Bild. Anmerkungen zu einem noch nicht verjährten publizistischen Sündenfall, in: Deutschland Archiv, 1990, H. 10, S. 1557–1565.

Jäger, Manfred: Kooperation mit Kontrasten. Über Kulturzusammenhänge im Rahmen eines Abkommens mit der DDR, in: Aus Politik und Zeitgeschichte, 1986, B 24/25, S. 3–15.

Jäger, Wolfgang: Die Innenpolitik der sozial-liberalen Koalition 1974–1982, in: Ders./ Werner Link: Republik im Wandel 1974–1982. Die Ära Schmidt (Geschichte der Bundesrepublik Deutschland Bd. 5/II), Stuttgart/Mannheim 1987, S. 9–272.

媒体资料的分析使用

报刊文章中的文献证明资料参见各章节的注释。

新闻媒体档案、剪报汇编

－联邦议院新闻媒体文献资料，波恩。
－联邦政府新闻与信息局的中央文献系统，波恩。
－康拉德—阿登纳基金会基督教民主政治档案馆中新闻媒体文献资料，圣奥古斯丁。

系统分析使用的报纸与杂志

－《波恩总汇报》（Bonner Generalanzeiger）
－《法兰克福汇报》（Frankfurter Allgemeine Zeitung ，FAZ）
－《法兰克福评论报》（Frankfurter Rundschau ，FR）
－《商报》（Handelsblatt）
－《新苏黎世报》（Neue Zürcher Zeitung，NZZ）
－《国会周报》（Das Parlament）
－《莱茵信使报/基督教与世界》（Rheinischer Merkur/Christ und Welt）
－《明镜周刊》（Der Spiegel）
－《南德意志报》（Süddeutsche Zeittung SZ）
－《世界报》（Die Welt）
－《时代周报》（Die Zeit）

访　　谈

标注的是各个访谈日期与地点。访谈对象在本研究时间段内担任的政治职务，可以从"人名索引"中进一步了解。

美国斯坦福大学胡佛研究所档案馆中收藏有 55 名民主德国历史的见证人及参与者长达多小时的访谈记录文档（部分经过翻译转换）。这些访谈是由美国和德国学者 1990～1993 年主持进行的。访谈供本书研究使用。本研究的文字部分标明访谈者的姓名及胡佛研究所的附注，从而不再单独列出清单。

按字母顺序列出访谈者：[①]

－爱德华·阿克曼博士，1995 年 9 月 17 日，波恩

－莱纳·巴泽尔博士，1997 年 3 月 5 日，慕尼黑

－马尔库斯·贝格尔（Markns Berger），1995 年 11 月 10 日，波恩

－沃尔夫冈·贝格尔斯多夫教授，1994 年 5 月 19 日，波恩

－克劳斯·布雷西博士，1996 年 10 月 3 日，慕尼黑；1997 年 3 月 20 日接受电话采访

－汉斯·奥托·布罗伊蒂加姆博士，1996 年 2 月 19 日，波茨坦

－埃德温娜·坎贝尔博士，1993 年 12 月 17 日，华盛顿

－克莱·克莱门斯教授，1994 年 10 月 1 日，达拉斯；1997 年 4 月 4 日，伯明翰

－瓦恩弗里德·德特林博士，1996 年 1 月 29 日，慕尼黑

－布克哈德·多贝伊博士，1994 年 5 月 19 日，圣奥古斯丁

－阿尔弗雷德·德雷格尔博士，1995 年 11 月 10 日，波恩

－克劳斯－于尔根·杜伊斯贝格博士（因为他在此期间是驻阿根廷大

---

① 尽管作者多次尝试，但联邦总理府中德国政策的重要参与者霍斯特·特尔切克还是不愿接受访谈。

使，所以只能进行短暂的电话通话）

　　－施特凡·艾瑟尔博士。1994 年 1 月 6 日，圣奥古斯丁；1995 年 1 月 20 日，美因茨；1996 年 7 月 27 日，菲斯滕费尔德布鲁克

　　－汉斯－迪特里希·根舍，于 1997 年 3 月 14 日，波恩

　　－马利斯·扬森博士，1995 年 11 月 10 日，波恩

　　－菲利普·延宁格尔博士，于 1994 年 6 月 3 日，维也纳

　　－乌韦·卡斯特纳博士，于 1994 年 9 月 14 日，波恩

　　－联邦总理赫尔穆特·科尔博士，于 1996 年 8 月 26 日，波恩；1996 年 9 月 30 日，波恩

　　－米夏埃尔·梅尔特斯，1994 年 3 月 15 日、1995 年 6 月 22 日、1995 年 8 月 25 日、1995 年 12 月 14 日、1996 年 8 月 26 日、1996 年 9 月 27 日，波恩

　　－汉斯·诺伊泽尔，1996 年 10 月 3 日，慕尼黑（以及通信往来）

　　－库尔特·普吕克博士，1994 年 6 月 8 日，波恩

　　－伊丽莎白·庞德博士，1994 年 5 月 3 日，美因茨

　　－诺贝特·普利尔博士，于 1995 年 9 月 18 日、1996 年 9 月 30 日，波恩

　　－罗扎妮·里奇韦博士，1993 年 12 月 17 日，华盛顿

　　－赫尔曼·冯·里希特霍芬博士，1996 年 2 月 8 日，布鲁塞尔

　　－沃尔夫冈·朔伊布勒博士，1996 年 6 月 12 日，波恩（以及通信往来）

　　－瓦尔德马尔·施雷肯贝格尔教授，1997 年 1 月 30 日，施派尔

　　－鲁道夫·塞特斯，1996 年 3 月 13 日，波恩（于尔根·格罗斯博士主持访谈）

　　－彼得·西本莫根博士，1996 年 10 月 3 日、1997 年 2 月 27 日，慕尼黑

　　－恩斯特·施特恩，1995 年 12 月 15 日，波恩

　　－亚历克斯·施图特，1994 年 5 月 11 日、1994 年 5 月 19 日，波恩

　　－汉斯－约亨·福格尔博士，1996 年 6 月 4 日，菲斯滕费尔德布鲁克

　　－维尔讷·魏登菲尔德教授，美因茨和慕尼黑与作者进行长期的对话交流

　　－多罗特·魏姆斯博士，1995 年 9 月 18 日，波恩

　　－海因里希·温德伦，1994 年 11 月 23 日，瓦伦朵夫（Warendorf）接受访谈

联邦总理府组织机构图

地址：Adenaueralle 141, 5300 Bonnl
长途电话：官方电话（0228）56-1、分机：654
状态：1985年6月15日

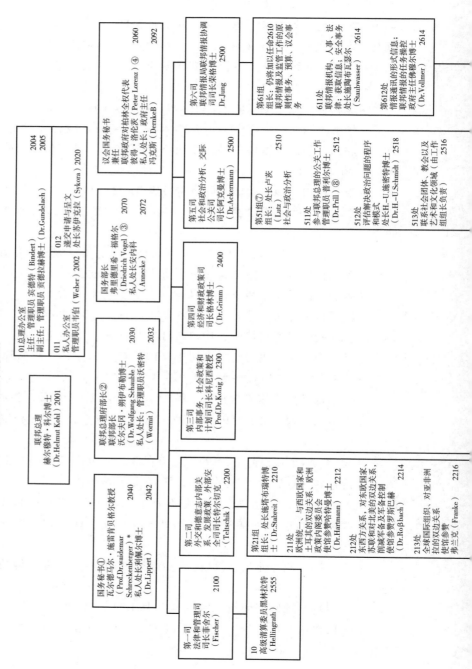

联邦总理
赫尔穆特·科尔博士
（Dr.Helmut Kohl）2001

01.总理办公室
主任：管理职员 宾德特（Bindert）2004
副主任：管理职员 贡德拉赫博士（Dr.Gundelach）2005
011 私人办公室
管理职员韦伯（Weber）2002
012 递交申请与呈文
处长苏伊克拉（Sykora）2020

联邦总理府部长②
联邦部长
沃尔夫冈·朔伊布勒博士
（Dr.Wolfgang Schauble）2030
私人处长：管理职员沃密特
（Wormit）2032

议会国务秘书
兼任
联邦政府对柏林全权代表
彼得·洛伦茨（Peter Lorenz）④ 2060
私人处长：政府主任
冯克斯B（DemkeB）2092

国务部长
弗里德里希·福格尔
（Driedrich Vogel）③ 2070
私人处长安内科
（Annecke）2072

国务秘书①
瓦尔德马尔·施雷肯贝格尔教授
（Prof.Dr.waidemar Schreckenberger）*
私人处长利佩尔博士
（Dr.Lippert）2040 / 2042

第一司 法律和管理司 司长菲舍尔（Fischer）2100

10 高级清算委员黑林拉特（Hellingrath）2555

第二司 外交事务内部关系、发展政策、外部安全司 司长特尔切克（Teltschik）2200
第21组 组长：处长施泰布赖特博士（Dr.Staibreit）2210
211处 欧洲统一、与西欧国家和土耳其的双边关系、欧洲政策内阁委员会使馆参赞哈特曼博士（Dr.Hartmann）2212
212处 东西方关系、对东欧国家、苏联和对北美的双边关系、削减军备及军备控制使馆参赞罗斯巴赫（Dr.Roβbach）2214
213处 全球国际组织、对亚非拉双边关系 使馆参赞弗兰克（Franke）2216

第三司 内部事务、社会政策和计划司 司长科尼西教授（Prof.Dr.Konig）2300

第四司 经济和财政政策司 司长格林博士（Dr.Grimm）2400

第五司 社会和政治分析、交际、公关司 司长阿克曼博士（Dr.Ackermann）2500
第51组⑦ 组长：处长卢茨（Lutz）社会与政治分析 2510
511处 参与联邦总理的公关工作管理职员普雷利尔博士（Dr.Prall）⑧ 2512
512处 评估解决政治问题的程序和模式 处长H.-U.施密特博士（Dr.H.-U.Schmidt）2518
513处 联系社会团体、教会以及艺术和文化领域（由工作组组长负责）2516

第六司 联邦情报局联邦报协调局 司长荣格博士（Dr.Jung）2500
第61组 组长：仍将加以任命 2610 联邦情报及监管工作的原则性事务、预算、议会事务
611处 联邦情报机构、人事、法律；获取信息、安全事务 处长施陶布瓦塞尔（Staubwasser）2614
第612处 情报通讯的形式信息：联邦情报的任务操控政府主任佛穆尔博士（Dr.Vollmer）2614

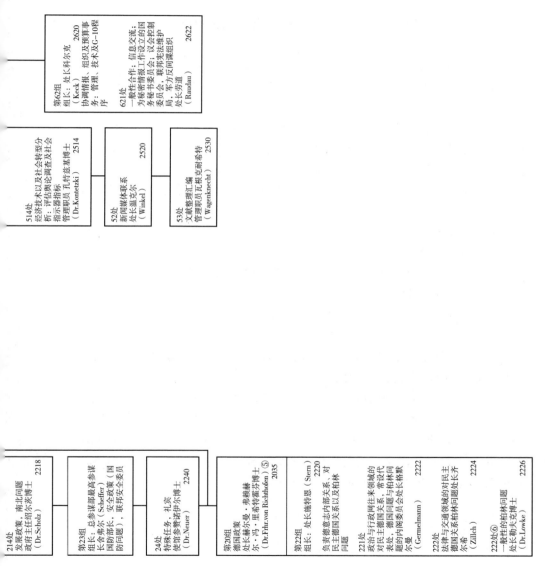

第62组 组长：处长科尔克 2620（Keck）
协调情报、组织及预算事务；管理、技术及C—10程序

621处 一般性合作；信息交流；为秘密情报工作设立的国务秘书委员会；议会控制委员会，联邦宪法维护局，军方反间谍活动 处长劳道 2622（Raudau）

514处 经济技术以及社会转型分析；评估器论调查及社会指示器组 管理职员 孔特兹基博士 2514（Dr.Kontetzki）

52处 新闻媒体联系 处长温克尔 2520（Winkel）

53处 文献整理汇编 管理职员 瓦根克耐希特 2530（Wagenknecht）

214处 发展政策、南北问题 政府主任绍尔次博士 2218（Dr.Scholz）

第23组 组长参谋长舍弗尔（Scheffer）国防部长、安全政策（国防问题），联邦安全委员会

24处 特殊任务，礼宾 使馆参赞诺伊尔博士 2240（Dr.Neuer）

第20组 德国政策 处长赫尔曼·冯·里希特霍芬博士（Dr.Frhr.von Richthofen）⑤ 2035

第22组 组长：处长施特恩（Stern）2220 负责德意志内部关系、对民主德国关系以及柏林问题

221处 政治与行政网往来领域的对民主德国关系，常设代表处、德国问题与柏林问题的内阁委员会处长格默尔曼 2222（Germelmann）

222处 法律与交通领域的对民主德国关系柏林问题处齐尔希 2224（Zilch）

220处⑥ 一般性的柏林问题 处长勒夫克博士 2226（Dr.Lowke）

对联邦总理府组织机构图的注释

1 到 1984 年为止，该职位一直由国务部长延宁格尔担任，之后变为由公务员系列的国务秘书担任该职。施雷肯贝格尔 1989 年退下后该职位就取消。

2 该职位是随着沃尔夫冈·朔伊布勒 1984 年就职而新设置的。他的前任瓦尔德马尔·施雷肯贝格是以国务秘书的身份担任联邦总理府部长的。1989 年鲁道夫·塞特斯接替朔伊布勒担任联邦总理府部长。

3 1987 年卢茨·施塔文哈根接替弗里德里希·福格尔担任联邦总理府国务部长。

4 彼得·洛伦茨任期至 1987 年。在其之后继任该职位的是莉泽洛特·贝格尔（1987 – 1989）与君特·施特拉斯迈尔。

5 赫尔曼·冯·里希特霍芬担任德国政策工作组组长直到 1986 年，之后由杜伊斯贝格接任。

6 直到 1986 年 223 处由勒夫克（Löwke）领导。他的继任者是卡斯利。

7 "参与联邦总理公关工作"的第 511 处最初属于第 51 组。1989 年戈托接替了原分管司长卢茨的工作。

8 普利尔最初领导着第 511 处。在联邦总理府重组过程中，该处于 1986 年首先变为独立的第 52 处，负责"参与联邦总理公关工作"。在 1987 年进一步重组中，第 52 组（分管司）"交流与公关工作；政治规划；新闻处"在普利尔领导下建立起来。此后在梅尔特斯领导下"参与联邦总理公关工作"的第 521 处就进一步并入至该部门中。

对德意志内部关系部组织机构图的注释

1 莱纳·巴泽尔于 1983 年为由海因里希·温德伦接替。1987 年接替温德伦的是部长多罗特·魏姆斯。

2 路德维希·雷林格于 1988 年由瓦尔特·普里斯尼茨接替。

3 耶格尔作为 Z 司司长任职至 1982 年，他的继任者是鲍姆格特尔（1983 年）、赫斯（Heß）（1985 年）、普里斯尼茨（1986 年）和文德里希（Wunderlich）（1988 年）。

4 至 1989 年第一司司长为普吕克，他的继任者是布德（Bude）。

5 至 1986 年第二司司长为迈希斯纳。他的继任者是普里斯尼茨（1986 年）和多贝伊（1986 年）。普里斯尼茨接替迈希斯纳后，第二司进行了一次重组，增设了两个处作为新部门。

6 温克尔曼作为第三司司长任职至 1985 年，他的继任者是施密德（Schmid）。

德意志内部关系部组织机构图

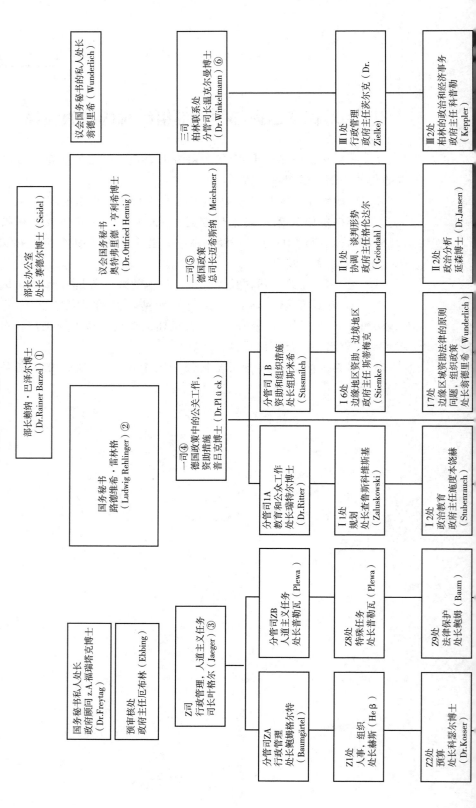

状态：1982年12月7日

部长赖纳·巴泽尔博士（Dr.Rainer Barzel）①

部长办公室
处长赛德尔博士（Seidel）

国务秘书人事私人处长
政府顾问同 z.A.帛瑞塔克博士（Dr.Freytag）

预审核处
政府主任厄布林（Ebbing）

国务秘书路德维希·雷林格（Ludwig Rehlinger）②

议会国务秘书奥特弗里德·亨利希·亨尼希博士（Dr.Ottfried Hennig）

议会国务秘书的私人处长翁德里希（Wunderlich）

乙司
行政管理、人道主义任务
司长叶格尔（Jaeger）③

分管司ZA
行政管理
处长鲍姆格尔特（Baumgärtel）

分管司ZB
人道主义任务
处长普勒瓦（Plewa）

Z1处
人事，组织
处长赫斯（Heβ）

Z8处
特殊任务
处长普勒瓦（Plewa）

Z2处
预算
处长科塞尔博士（Dr.Koser）

Z9处
法律保护
处长鲍姆（Baum）

一司④
德国政策中的公关工作，资助措施
普吕克博士（Dr.Plück）

分管司IA
教育和公众工作
处长瑞特尔博士（Dr.Ritter）

分管IB
资助和组织措施
处长组斯米希（Süssmilch）

I 1处
规划
处长查鲁斯科维斯基（Zaluskowski）

I 6处
边缘地区资助、边境地区
政府主任斯蒂梅克（Stiemke）

I 2处
政治教育
政府主任施度本饶赫（Stubenrauch）

I 7处
边缘区域资助法律的原则问题、组织政策
处长翁德里希（Wunderlich）

二司⑤
德国政策
司长迈希斯纳（Meichsner）

II 1处
协调、谈判形势
政府主任格伦达尔（Gröndahl）

II 2处
政治分析
延森博士（Dr.Jansen）

三司
柏林联系处
分管司长温克尔曼博士（Dr.Winkelmann）⑥

III 1处
行政管理
政府主任茨尔克（Dr.Zielke）

III 2处
柏林的政治治和经济事务
政府主任科普勒（Keppler）

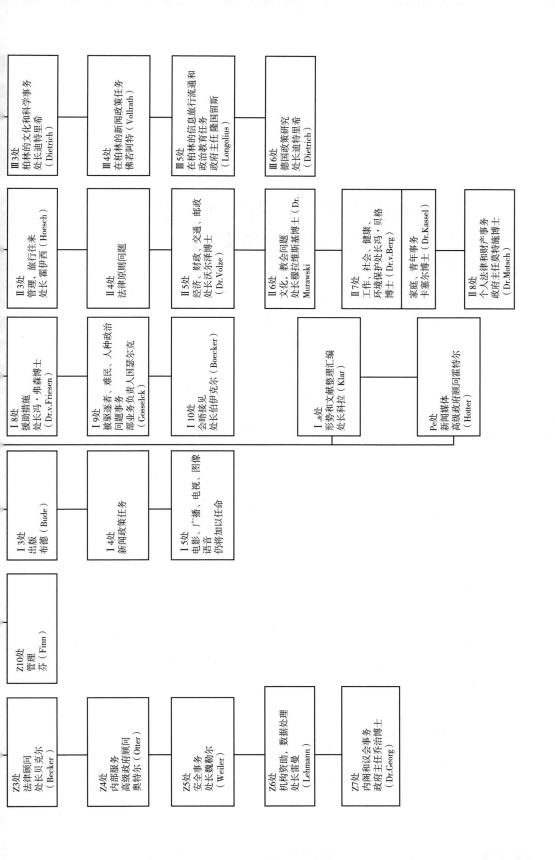

III 3处
柏林的文化和科学事务
处长迪特里希
（Dietrich）

III 4处
在柏林的新闻政策任务
佛若阿特（Vollrath）

III 5处
在柏林的信息旅行流通和
政治教育主任隆国留斯
（Longolius）

III 6处
德国政策研究
处长迪特里希
（Dietrich）

II 3处
管理、旅行任米
处长 霍伊西（Hoesch）

II 4处
法律原则问题

II 5处
经济、财政、交通、邮政
处长沃尔泽博士
（Dr.Volze）

II 6处
文化、教会问题
处长慕拉维斯基博士（Dr. Murawski）

II 7处
工作、社会、健康、
环境保护处长冯·贝格
博士（Dr.v.Berg）

家庭、青年事务
卡塞尔博士（Dr.Kassel）

II 8处
个人法律和财产事务
政府主任莫特施博士
（Dr.Motsch）

I 8处
援助措施
处长冯·弗森博士
（Dr.v.Friesen）

I 9处
被驱逐者、难民、人种政治
问题事务
部业务负责人贵兹尔克
（Gosselck）

I 10处
会晤接见
处长伯伊克尔（Boecker）

I a处
形势和文献整理汇编
处长科拉（Klar）

Pe处
新闻媒体
高级政府顾问霍特尔
（Hotter）

I 3处
出版
布德（Bude）

I 4处
新闻政策任务

I 5处
电影、广播、电视、图像
语音
仍将加以任命

Z10处
管理
芬（Finn）

Z3处
法律顾问
处长贝克尔
（Becker）

Z4处
内部服务
高级政府顾问
奥特尔（Otter）

Z5处
安全事务
处长魏勒尔
（Weiler）

Z6处
机构资助、数据处理
处长雷曼
（Lehmann）

Z7处
内阁和议会事务
政府主任乔治博士
（Dr.Georg）

德意志内部关系相关领域的
数据资料与文献

从民主德国到联邦德国的旅行者

单位：千

年　份	退休人员旅行	因家庭紧急事务的旅行	总　　计
1982	1554	46	1600
1983[①]	1463	64	1527
1984	1546	61	1607
1985	1600	66	1666
1986	1516	244	1760
1987[②]	3800	1200	5000
1988	6700	1100	7800
1989[③]			

数据来源：Kurt Plück：Innerdeutsche Beziehungen auf kommunaler und Verwaltungsebene, in Wissenschaft, Kultur und Sport und ihre Rückwirkungen auf die Menschen im geteilten Deutschland, in: Deutscher Bundestag（Hrsg.）：Materialien der Enquete – Komission »Aufarbeitung von Geschichte und Folgen der SED – Diktatur in Deutschland«（12. Wahlperiode des Deutschen Bundestages），Baden – Baden 1995, Bd. V, 3, S. 2024 – 2026.

①在逐渐放宽德意志内部旅行往来的过程中，到1986年因紧急家庭事务而进行的旅行往来增加了四倍。这一数字增长具有政治与社会学方面的启发意义。

②1987年旅行往来的规模超过战后以来全部旅行规模，这也证明几十年的分隔和疏远使得统一与团结的愿望只增不减。

③在此省略1989年数量指标：仅1989年11月和12月估计就有超过一千万访客来自民主德国。在昂纳克访问前夕，退休人员的往来数量，尤其是60岁以下旅行者的数量大幅提升。这类旅行者大多不必再出示在联邦德国有紧急家庭事务的相关证明。

从联邦德国到民主德国的旅行者

单位：千

年份	A	B①	C②	D③
1982	2200	1700	299	4199
1983	2200	1700	310	4210
1984	2500	1600	343	4443
1985	2600	1900	319	4819
1986	3800	1800	325	5925
1987	5500			

数据来源：Kurt Plück：Innerdeutsche Beziehungen auf kommunaler und Verwaltungsebene, in：Wissenschaft, Kultur und Sport und ihre Rückwirkungen auf die Menschen im geteilten Deutschland, in：Deutscher Bundestag（Hrsg.）：Materialien der Enquete – Komission »Aufarbeitung von Geschichte und Folgen der SED – Diktatur in Deutschland«（12. Wahlperiode des Deutschen Bundestages），Baden – Baden 1995, Bd. V, 3, S. 2024 – 2026.

注：A：从西德进入民主德国并在东柏林多日停留的旅行。B：从西柏林进入东柏林并在民主德国多日停留的旅行。C：到民主德国边界附近地区旅行。D：以上各项总计。

①到 1961 年为止，对于从西柏林进入东柏林及民主德国的多日旅行的访客人数没有特别的统计数据，而这种可能性也随着柏林墙的建立被禁止。鉴于西柏林市政府与民主德国签署的各种不同"过境证件协议"，从 1963 年 12 月到 1966 年 6 月约有 560 万西柏林一日访客进入东柏林。在往来协议的谈判过程中，民主德国从 1972 年起放宽西柏林人进入东柏林和民主德国的旅行限制。而访问数量的下降归因于 1980 年后民主德国政府颁布的提高强制货币兑换额的规定，正如其他所有类别的东西德旅行往来一样。

②联邦德国和民主德国之间签署往来协议同时包括一项关于"边界附近地区往来"的协议，该协议为来自于西德边境地区的访客进入民主德国边界附近区域提供了可能。

③在此没有纳入西德人在苏联控制区的柏林进行一日停留的数据。直到 1961 年由于未加管制的市内人员流动而没有可靠的数据指标。从 1967 年起该数据预计每年为 140 万，从 1981 年起预计每年 110 万。在此该数据主要涉及以旅行为目的的访客。而那些为了与在东柏林或民主德国的亲戚和朋友会面而到东部地区的人数，在 1972 年之前应该不是小数目。

联邦总理赫尔穆特·科尔与民主德国统一社会党有关领导的接触

在本研究的时间范围内（1982 年 10 月 1 日到 1989 年 11 月 9 日）
会　晤
1984 年 2 月 13 日　在莫斯科与昂纳克

1984 年 4 月 6 日　在波恩与米塔格

1985 年 3 月 12 日　在莫斯科与昂纳克

1985 年 4 月 18 日　在波恩与米塔格

1986 年 2 月 19 日　在波恩与辛德曼

1986 年 3 月 15 日　在斯德哥尔摩与昂纳克

1986 年 4 月 9 日　在波恩与米塔格

1987 年 4 月 1 日　在波恩与米塔格

1987 年 9 月 7/8 日　在波恩与昂纳克

1987 年 11 月 25 日　在波恩与费尔费

1989 年 4 月 7 日　在波恩与米塔格

通话
1983 年 1 月 24 日　与昂纳克

1983 年 4 月 18 日　与昂纳克

1983 年 12 月 19 日　与昂纳克

1989 年 10 月 26 日　与克伦茨

信件往来
1982 年 11 月 29 日　科尔致昂纳克

1982 年 12 月 7 日　昂纳克致科尔

1983 年 2 月 4 日　昂纳克致科尔

1983 年 2 月 16 日　科尔致昂纳克.

1983 年 4 月 29 日　昂纳克致科尔.

1983 年 8 月 26 日　科尔致昂纳克

1983 年 10 月 5 日　昂纳克致科尔

1983 年 10 月 24 日　科尔致昂纳克

1983 年 12 月 14 日　科尔致昂纳克.

1984 年 2 月 17 日　昂纳克致科尔

1985 年 1 月 8 日　科尔致昂纳克

1985 年 4 月 11 日　昂纳克致科尔

1985 年 5 月 15 日　科尔致昂纳克

1985 年 6 月 25 日　昂纳克致科尔

1985 年 9 月 13 日　昂纳克致科尔

1985 年 9 月 26 日　科尔致昂纳克

1985 年 9 月 27 日　科尔致昂纳克

1986 年 5 月 15 日　科尔致昂纳克

1986 年 5 月 30 日　昂纳克致科尔

1986 年 7 月 14 日　科尔致昂纳克

1986 年 10 月 29 日　科尔致昂纳克

1987 年 3 月 1 日　昂纳克致科尔

1987 年 4 月 3 日　昂纳克致科尔

1987 年 12 月 14 日　昂纳克致科尔

1988 年 3 月 23 日　科尔致昂纳克

1988 年 7 月 21 日　昂纳克致科尔

1988 年 10 月 19 日　科尔致昂纳克

1989 年 2 月 10 日　昂纳克致科尔

1989 年 8 月 14 日　科尔致昂纳克

1989 年 8 月 30 日　昂纳克致科尔

致　　谢

　　全面地查阅和研读档案，一个政治学研究者在日常工作中多久才会出现一次这样的机会呢？这里指的是距今只有若干年的当时联邦政府的档案。当我亲临联邦总理府、联邦档案馆及其分支机构，并且意识到我必须从长达约八年的研究时段里挑选梳理出成千上万件文档卷宗时，我对于刚接触档案时的那种热忱无疑有所减弱。如果没有"德国"研究小组同事帮助的话，这本书不可能出版，肯定也不会在此刻就能问世。

　　因此，我首先要特别感谢那些美因茨大学和慕尼黑大学的同事们对我的支持和鼓励。在我于波恩、汉格拉尔、科布伦茨、柏林和波茨坦对具体档案进行挑选梳理的过程中，对我提供多年帮助的有于尔根·格罗斯博士（Dr. Jürgen Gros）、玛努埃拉·格拉布博士（Dr. Manuela Glaab）以及从1995年至今一直帮助我的托马斯·保尔森博士（Dr. Thomas Paulsen）。每当我埋头于堆积成山的档案与批注中，对寻找某个记录已经感到绝望时，格罗斯总是能找到它们。

　　耗费时日的讨论辩难对于撰写初稿来说必不可少，对此，为我提供支持的还有彼得·瓦格纳博士（Dr. Peter M. Wagner）和埃尔克·布鲁克（Elke Bruck）。在我研究的各个阶段，上述五位同事作为富有助益的资料专家、建议者以及批评性读者对我的研究是不可或缺的。

　　我要感谢维尔讷·魏登菲尔德教授。他作为德国政策领域政府行为的顾问型角色对我来说不仅是异常宝贵并且可靠的信息来源。更确切地说，他还作为项目发起者激发了我对此项研究的关键性学术动力。他最终为我提供了自由空间，以便我能将此书的部分观点作为取得大学任教资格论文的观点。慕尼黑大学社会科学系于1997年夏季学期授予我在政治学专业的任教资格。

　　此外，在获取档案资料的过程中，提供帮助的有亚历克斯·施图特（Alex F. Stute）（德国联邦内政部）、弗兰克·格姆（Frank Gehm）、威廉·洛森（Wilhelm Loosen）（联邦总理府）、梅希特希尔德·布兰德斯（Mechthild Brandes）（科布伦茨联邦档案馆）以及君特·布赫施塔普博士（Dr. Günter Buchstab）（康拉德—阿登纳基金会基督教民主政治档案馆）。

　　我还要要感谢很多人，因为与他们从各种特殊角度展开的讨论，从而得到了珍贵的帮助：沃尔夫冈·贝格尔斯多夫教授（Prof. Dr. Wolfgang Bergsdorf）、施特凡·希瑟尔博士（Dr. Stephan Hisel）、彼得·菲舍尔－博林（Peter Fischer – Bollin）、迪特尔·格鲁瑟尔教授（Prof. Dr. Dieter Grosser）、米夏埃尔·约胡姆博士（Dr. Michael Jochum）、迪特尔·科尔格（Dieter Korger），格尔德·朗古特教授（Prof. Dr. Gerd Langguth）、米夏埃尔·梅尔特斯（Michael Mertes），曼弗雷德·施佩克（Manfred Speck）。

　　苏珊娜·普勒特（Susanne Plett）耐心而可靠地完成了本书在排印前的许多最终修改。此外，我还要为在很多组织性问题中得到的热心帮助而表示感谢：安德烈亚斯·布莱特尔（Andreas Blättle）、阿克塞尔·迪姆勒（Axel Dümmler）、玛努埃尔·弗罗利希（Manuel Fröhlich）、马尔库斯·加恩（Markus Garn）、马克斯·格拉斯尔（Max Grasl）、丽贝卡·海涅曼（Rebecca Heinemann）、伊内斯·亨尼希（Ines Hennig）、诺贝特·希姆勒尔（Norbert Himmler）、施特凡·欣特迈尔（Stefan Hintermeier）、安德烈亚斯·基斯林（Andreas Kießling）、马丁·科勒尔（Martin Köhler）、伊福·林瑙（Ivo Lingnau）、菲利克斯·卢茨博士（Dr. Felix Ph. Lutz）、安格拉·毛厄尔（Angela Mauer）以及约翰娜·施密特（Johanna Schmidt）。

　　最后，我要感谢我的家庭，我的妻子和孩子们。如果没有宽容理解的家庭环境，如此高强度的研究项目，一个学术委员日常教学工作之外的额外任务是无法完成的。他们在做出巨大自我牺牲的前提下成全了我的研究工作，对此我要特别表示感谢。

各类名称缩写一览表
（以外文首写字母为序）

AA   Auswärtiges Amt   （联邦德国）外交部

AdG   Archiv der Gegenwart   当代档案馆

AL   Abteilungsleiter   司长

ASD   Arbeitsstab Deutschlandpolitik   德国政策工作组

AZ   Aktenzeichen   档案标识

BGB   Bürgerliches Gesetzbuch   《民法典》

BK/Bk   Bundeskanzleramt   联邦总理府

BLN   Bericht zur Lage der Nation   "民族形势报告"

BM   Bundesminister   联邦部长

BMA   Bundesministerium für Arbeit und Sozialordnung   联邦劳动和
            社会秩序部

BMB   Bundesministerium für innerdeutsche Beziehungen   德意志内部
            关系部

BMBau   Bundesministerium für Raumordnung，Bauwesen und Städtebau
            联邦区域规划 、建筑和城市建设部

BMBW   Bundesministerium für Bildung und Wissenschaft   联邦教育和
            科学部

BMJFFG   Bundesministerium für Jugend，Familie，Frauen und Gesundheit
            联邦青年、家庭、妇女和健康部

BMFT   Bundesministerium für Forschung und Technologie   联邦科研和
            科技部

BMG   Bundesministerium für Gesundheit   联邦健康部

BMI   Bundesministerium des Innern   联邦内政部

BMJ   Bundesministerium für Justiz   联邦司法部

BML   Bundesministerium für Ernährung，Landwirtschaft und Forsten 联邦营养和农林业部

BMPT   Bundesministerium für Post und Telekommunikation   联邦邮政和电信部

BMU   Bundesministerium für Umwelt und Reaktorsicherheit   联邦环境和反应堆安全部

BMV   Bundesministerium für Verkehr   联邦交通部

BMVg   Bundesverteidigungsministerium   联邦国防部

BMWi   Bundesministerium für Wirtschaft   联邦经济部

BMZ   Bundesministerium für wirtschaftliche Zusammenarbeit und Entwicklung   联邦经济合作和发展部

BND   Bundesnachrichtendienst   联邦情报局

BPA   Bundespresseamt   联邦新闻局

BRD   Bundesrepublik Deutschland   德意志联邦共和国

CDU   Christlich Demokratische Union   基督教民主联盟

ChBK   Chef des Bundeskanzleramtes   联邦总理府部长

CSU   Christlich Soziale Union   基督教社会联盟

DDR   Deutsche Demokratische Republik   德意志民主共和国

DIW   Deutsches Institut für Wirtschaftsforschung   德国经济研究所

DKP   Deutsche Kommunistische Partei   德国共产党

EKD   Evangelische Kirche in Deutschland   德国新教教会

FAZ   Frankfurter Allgemeine Zeitung   《法兰克福汇报》

FDP   Freie Demokratische Partei Deutschlands   德国自由民主党

FR   Frankfurter Rundschau   《法兰克福评论报》

GL   Gruppenleiter   组长

GS   Generalsekretär   总书记或干事长

GOBReg   Geschäftsordnung der Bundesregierung   联邦政府议事章程

INF   Intermediate Nuclear Forces   中程核武器

IPW   Institut für internationale Politik und Wirtschaft（DDR）   国际政治与经济研究所（民主德国）

KPdSU   Kommunistische Partei der Sowjetunion   苏联共产党

KSZE   Konferenz über Sicherheit und Zusammenarbeit in Europa 欧洲
              安全与合作会议

KVAE   Konferenz für vertrauensbildende Maßnahmen und Abrüstung in
              Europa 欧洲建立信任措施和裁军会议

LASD   Leiter Arbeitsstab Deutschlandpolitik 德国政策工作组组长

LDPD   Liberaldemokratische Partei Deutschlands（DDR） 德国自由
              民主党（民主德国）

LV Berlin   Landesvertretung Berlin 驻柏林州代表处

MAH   Ministerium für Außenhandel（DDR） 对外贸易部（民主德国）

MBFR   Mutual Balanced Force Reductions 相互均衡裁军

MDgt   Ministerialdirigent 分管司长

MDir/MD   Ministerialdirektor 司长或总司长

MfAA   Ministerium für Auswärtige Angelegenheiten（DDR） 外交部
              （民主德国）

MP   Ministerpräsident 总理或部长会议主席或州长

MR   Ministerialrat 处长

ND   Neues Deutschland 《新德意志报》

NZZ   Neue Zürcher Zeitung 《新苏黎世报》

PStS   Parlamentarischer Staatssekretär 议会国务秘书

RCDS   Ring christlich demokratischer Studenten 基督教民主学生协会

RD   Regierungsdirektor 政府办公厅主任

RL   Referatsleiter 处长

SAPMO   Stiftung Archiv Parteien- und Massenorganisationen der DDR im
              Bundesarchiv 联邦档案馆民主德国党派与群众组织档案基
              金会

SDI   Strategie Defense Initiative 战略防御计划

SED   Sozialistische Einheitspartei Deutschlands 德国统一社会党

SPD   Sozialdemokratische Partei Deutschlands 德国社会民主党

StäV   Ständige Vertretung 常设代表处

StM   Staatsminister 国务部长

St/StS   Staatssekretär 国务秘书

SZ   Süddeutsche Zeitung 《南德意志报 》

TSI	Treuhandstelle für Industrie und Handel	工商信托局
VE	Verrechnungseinheit	结算单位
WTZ	Abkommen über wissenschaftlich – technische Zusammenarbeit	

《科技合作协定》

ZPA	Zentrales Parteiarchiv	党中央档案馆
ZK	Zentralkomitee	中央委员会

德国政策大事年表（1982～1989 年）

1982 年

5 月 24 日　汉斯·奥托·布罗伊蒂加姆作为克劳斯·伯林的继任者在东柏林就任德意志联邦共和国常驻代表。

6 月 18 日　达成包括逐步减少"贸易结算授信额"在内的德意志内部关系若干协议。

10 月 1 日　举行对联邦总理赫尔穆特·施密特（社民党）的建设性不信任投票；在组成联盟党和自民党联合政府后，基民盟主席赫尔穆特·科尔由联邦议院以 256 票对 235 票、4 票弃权的投票结果当选为施密特的继任者。科尔在同一天宣誓就职。

10 月 13 日　联邦总理科尔在联邦议院发表政府声明。

11 月 14 日　民主德国国务委员会主席埃里希·昂纳克和联邦总统卡尔·卡斯滕斯于莫斯科借参加已故苏联国家元首和党首勃列日涅夫葬礼之机举行会晤。

11 月 29 日　联邦总理科尔致信民主德国国务委员会主席昂纳克

12 月 2 日　联邦总理府部长菲利普·延宁格尔（基民盟）与民主德国外交部部长奥斯卡·菲舍尔、中央委员会经济书记君特·米塔格举行会晤。

12 月 7 日　民主德国国务委员会主席昂纳克致信联邦总理科尔。

1983 年

1 月 24 日　联邦总理科尔与民主德国国务委员会主席昂纳克进行电话交谈。

2 月 4 日　在致联邦总理科尔的信函中，民主德国国务委员会主席昂纳克建议共同支持瑞典首相奥洛夫·帕尔梅（Olof Palme）关于在欧洲建立无核武器区的倡议。

2 月 16 日　在对民主德国国务委员会主席昂纳克 2 月 4 日信函的答复

中，联邦总理科尔拒绝了瑞典关于无核武器区的提议。.

3 月 6 日　联邦德国提前举行联邦议院选举。其结果是确认自 1982 年 10 月起由联邦总理科尔领导的联盟党和自民党联合政府。绿党以 5.6% 的得票率首次进入议会。

3 月 13 日　民主德国国务委员会主席昂纳克在莱比锡博览会上宣布，他将在 1983 年年内对联邦德国进行访问。

4 月 16 日　联邦德国公民布尔科特在德雷维茨边界检查站死于心脏衰竭；对该事件的调查是民主德国当局准许的。

4 月 18 日　联邦总理科尔与民主德国国务委员会主席昂纳克通话。

4 月 28 日　民主德国国务委员会主席昂纳克以对布尔科特事件的新闻评论为由宣布取消计划中的对联邦德国访问。

4 月 29 日　民主德国国务委员会主席昂纳克致信联邦总理科尔。

5 月 4 日　联邦总理科尔在联邦议院发表政府声明。

5 月 12 日　绿党 6 名联邦议员在东柏林亚历山大广场举行示威号召东西方裁军；经民主德国当局审讯后他们被遣送出境。

5 月 28 日　社民党联邦议会党团主席汉斯－约亨·福格尔在民主德国会见民主德国国务委员会主席昂纳克。自此开始每年进行一次会晤。

6 月 8 日　罗兰·雅恩（Roland Jahn）被强制遣送出境，他是耶拿和平组织的成员。.

6 月 23 日　联邦总理科尔在联邦议院作了他第一个"处于分裂状态德国的民族形势报告"。

6 月 29 日　联邦政府为一笔给民主德国的十亿马克贷款作了担保，巴伐利亚州州长弗兰茨·约瑟夫·施特劳斯（基社盟）最先提议提供此项贷款（第一笔十亿贷款），并部分地抵制了来自本阵营的批评。

7 月 4～7 日　联邦总理科尔和外交部长根舍前往莫斯科进行国事访问。力争使德苏关系达到新的高度。

7 月 6 日　德国统一社会党政治局和部长会议要求联邦政府出于德德关系而重新考虑"北约双重决议"的实施。

7 月 24～27 日　巴伐利亚州州长施特劳斯对民主德国进行私人访问；与民主德国国务委员会主席昂纳克进行会晤。

8 月 26 日　联邦总理科尔致信民主德国国务委员会主席昂纳克。

9 月 1 日　东柏林民主德国和平运动的"警哨"被人民警察解散。两个德意志国家的新教教会以二战爆发纪念日为契机，在一封共同信件中要求联邦总理科尔和民主德国国务委员会主席昂纳克与他们各自的盟国一道推动裁军，尤其是关于中程核武器系统的日内瓦谈判。

西德和平运动人士封锁阻断了美国军队的一个武器库。

9 月 15 日　民主德国国务委员会主席昂纳克在东柏林会见西柏林市长理查德·冯·魏茨泽克（基民盟）。

9 月 20 日　重新启动 1975 年 10 月中断的联邦德国和民主德国之间的文化谈判。其目标是达成一份使文化和科学关系建立在国际法约束力基础上的协议。

9 月 28 日　民主德国开始拆除在德意志内部边境的自动开火装置，该工作将于 1984 年 11 月 30 日结束。

10 月 5 日　民主德国国务委员会主席昂纳克在公开信中要求联邦总理科尔表态反对部署美国导弹。昂纳克对此提议建立"理性联盟"。

10 月 24 日　在对民主德国国务委员会主席昂纳克 10 月 5 日来信的回信中，联邦总理科尔支持建立"理性联盟"。

11 月 15 日　两个德意志国家签署了一份新的邮政和通信协议。它计划将联邦德国给民主德国的一揽子支付额从每年 8.5 千万德国马克增加到 2 亿德国马克。

11 月 22 日　联邦议院以 286 票对 226 票、1 票弃权通过了按照 1979 年"北约双重决议"部署新的美国中程导弹。

11 月 24 日　民主德国国务委员会主席昂纳克表示支持限制由联邦议院增加军备决议"所产生的损害"。

12 月 14 日　联邦总理科尔在一封信中，呼吁民主德国国务委员会主席昂纳克建立"责任共同体"。

12 月 19 日　联邦总理科尔与民主德国国务委员会主席昂纳克通话。

1984 年

1 月 9 日　西柏林的轻轨铁路交由西部管理。

1 月 20~22 日　在东柏林美国使馆中寻求政治避难的 6 位民主德国公民在与民主德国政府部门谈判后可以前往西柏林。

2 月 13 日　联邦总理科尔与民主德国国务委员会主席昂纳克借参加苏联国家和党的元首安德罗波夫葬礼之机于莫斯科举行会晤。

2 月 17 日 民主德国国务委员会主席昂纳克致信联邦总理科尔。

3 月 8 日 社民党联邦议会党团代表团在东柏林访问民主德国人民议院。

3 月 11 日 民主德国国务委员会主席昂纳克在莱比锡春季博览会上宣布，他可能于秋天访问联邦德国。

3 月 14 日 在民主德国国务委员会主席昂纳克与社民党联邦议会党团主席福格尔每年一度的会谈中，决定建立德国统一社会党和社民党共同工作小组，就建立无化学武器区进行讨论。

3 月 15 日 联邦总理科尔在联邦议院作了他第二次"处于分裂状态德国的民族形势报告"。

4 月 3 日 下萨克森州州长恩斯特·阿尔布雷西特与民主德国经济部长君特·米塔格在汉诺威会面。

4 月 6 日 在做出可很快离境的保证后，在布拉格联邦德国大使馆逗留了 5 周的 33 位民主德国公民返回民主德国。

联邦总理科尔在波恩会见民主德国经济部长米塔格。米塔格也与巴伐利亚州州长施特劳斯举行会谈。

5 月 20～22 日 联邦外交部长根舍访问苏联。

5 月 23 日 联邦大会以绝对多数票选举魏茨泽克（基民盟）为联邦总统。

6 月 25 日 东柏林联邦德国常设代表处临时关闭，有 55 名民主德国公民在此逗留，他们想强行得到离境许可。在得到不会受到惩罚的保证以及由民主德国当局善意地审查其离境申请之后，他们于 7 月 5 日离开常设代表处；之后不久他们得以出境。

7 月 25 日 联邦总理府部长菲利普·延宁格尔（基民盟）宣布向民主德国提供 9.5 亿马克的贷款以及民主德国方便德意志内部交通往来的措施（第二次十亿马克贷款）。

8 月 1 日 东柏林降低想到民主德国旅行的退休人员的最低货币兑换额，并延长西德人和西柏林人在民主德国允许停留的时间。将来不仅允许东德退休人员访问在联邦德国的亲戚，而且也允许他们访问在联邦德国的熟人。边界附近地区的交通往来也准许颁发多次出入境许可证。

8 月 17 日 民主德国国务委员会主席昂纳克与苏联领导人在莫斯科会面。后者不同意计划中的昂纳克对联邦德国的访问。

8 月 23 日 联邦总理科尔向民主德国国务委员会主席昂纳克传递了讯息，该讯息是由联邦总理府部长延宁格尔（基民盟）向商业协调部门会主任亚历山大·沙尔克－哥罗德科夫斯基转达的。

9 月 4 日 民主德国国务委员会主席昂纳克宣布取消他计划于 9 月底对联邦德国的访问。他提出的理由是访问前夕联邦德国媒体讨论中的态度。

9 月 20 日 3 月 14 日决定组建的德国统一社会党和社民党共同工作组开始进行关于中欧无化学武器区会谈。

11 月 15 日 沃尔夫冈·朔伊布勒（基民盟）就任联邦特别任务部长兼联邦总理府部长。他的前任延宁格尔（基民盟）于 11 月 5 日成为莱纳·巴泽尔（基民盟）的继任者就任联邦议院议长。

12 月 31 日 1984 年民主德国不同寻常地颁发了很多离境许可：共40900 人（1983 年：11300 人；1985 年：24900 人）。

1985 年

1 月 8 日 联邦总理科尔致信民主德国国务委员会主席昂纳克。

1 月 9～12 日 北莱茵－威斯特法伦州州长约翰内斯·劳（社民党）访问民主德国；与民主德国国务委员会主席昂纳克举行会谈。

1 月 14 日 联邦总理府部长朔伊布勒与商业协调部门领导人沙尔克－哥罗德科夫斯基和民主德国律师沃尔夫冈·福格尔在东柏林会面。

1 月 15 日 在保证免于刑事处罚并办理其离境申请之后，自 1984 年10 月 2 日起逗留在联邦德国驻布拉格大使馆的 168 名民主德国公民中的最后一批人也返回民主德国。

1 月 20 日 罗纳德·里根第二次当选为美国总统。

2 月 6 日 在联邦议院对本年度西里西亚同乡会口号产生争议的质询时，基民盟/基社盟联邦议会党团副主席福尔克尔·鲁厄承诺把《华沙条约》（1970 年 12 月）中的边界保证与德国统一"在政治上联系起来"。

2 月 27 日 联邦总理科尔在联邦议院作了他第三次"处于分裂状态德国的民族形势报告"。

3 月 11 日 米哈伊尔·戈尔巴乔夫成为苏共总书记。他是去世的苏联国家和党的元首康斯坦丁·契尔年科的继任者。

3 月 12 日　联邦总理科尔和民主德国国务委员会主席昂纳克在参加苏联国家元首和党首契尔年科葬礼期间于莫斯科举行会谈。

3 月 18 日　德国新教教会和民主德国新教联盟在战争结束 40 周年之际发表共同的"和平宣言"。

4 月 11 日　民主德国国务委员会主席昂纳克致信联邦总理科尔。

4 月 18 日　联邦总理科尔在波恩会见民主德国经济部长米塔格。

5 月 4～5 日　民主德国国务委员会主席昂纳克与新任苏共总书记戈尔巴乔夫会面。

5 月 15 日　联邦总理科尔致信民主德国国务委员会主席昂纳克。

5 月 16 日　社民党联邦议会党团主席福格尔与民主德国国务委员会主席昂纳克会面。

联邦总理科尔宣布，尽管西里西亚同乡会机关报因联邦总统魏茨泽克 5 月 8 日在战争结束日的讲话对魏茨泽克进行了大肆攻击，他还是打算去参加西里西亚人在汉诺威的集会。

6 月 16 日　联邦总理科尔在西里西亚人在汉诺威的集会上强调了边界的不可侵犯性。

6 月 19 日　社民党和德国统一社会党的代表介绍了"建立欧洲无化学武器区条约的框架。"

6 月 24 日　联邦总理府部长朔伊布勒与商业协调部门领导人沙尔克－哥罗德科夫斯基进行了电话通话。

6 月 25 日　民主德国国务委员会主席昂纳克致信联邦总理科尔。

7 月 4 日　联邦总理府部长朔伊布勒与商业协调部门领导人沙尔克－哥罗德科夫斯基进行了电话通话。

7 月 5 日　就 1986 到 1990 年德意志内部贸易达成新的协议（贸易结算授信额：8.5 亿马克）。

8 月 19 日　科隆宪法保卫局反间谍小组主任哈恩－约阿希姆·蒂德格（Harn－Joachim Tiedge）叛逃到民主德国。

9 月 13 日　民主德国国务委员会主席昂纳克致信联邦总理科尔。

9 月 16 日　民主德国国务委员会主席昂纳克向联邦总理科尔提议就建立中欧无化学武器区问题开始谈判。相反，科尔在其 10 月 2 日的回信中主张在日内瓦裁军会议框架内派代表就全球禁止化学武器悬而未决的问题进行谈判。

9月18～20日 社民党主席维利·勃兰特应民主德国国务委员会主席昂纳克的邀请访问民主德国。

9月26日 联邦总理科尔致信民主德国国务委员会主席昂纳克。

9月27日 联邦总理科尔致信民主德国国务委员会主席昂纳克。

11月1日 民主德国拆除了所有德意志内部边界上的地雷。

11月8日 民主德国政府给联邦政府照会。

11月19日 联邦政府给民主德国政府照会。

1986年

2月4日 联邦总理府部长朔伊布勒与商业协调部门领导人沙尔克－哥罗德科夫斯基在其东柏林的私人住所会面。

2月19～22日 民主德国人民议院主席霍斯特·辛德曼应社民党联邦议会党团的邀请访问联邦德国。辛德曼也与联邦总理科尔举行会谈。

3月1日 与民主德国的直拨电话业务扩展到1500个地方电话网中的1106个。

3月14日 联邦总理科尔在联邦议院作了第四次"处于分裂状态德国的民族形势报告"。

3月15日 联邦总理科尔与民主德国国务委员会主席昂纳克在参加遇刺的瑞典首相帕尔梅的葬礼而逗留斯德哥尔摩期间举行会谈。

4月3日 柏林市政府与民主德国交换了之前各自保存在城市另一方的历史文物。

4月9日 联邦总理科尔在波恩会见民主德国经济部长米塔格。

4月17～21日 德国统一社会党举行第11次党代表大会，此次会议维持了人事上和政策上的连续性。民主德国国务委员会主席昂纳克提醒维护和平是"当前最重要的任务"。4月18日苏联国家和党的元首戈尔巴乔夫向党代会阐明了新的裁军建议。

5月6日 在东柏林签署联邦德国和民主德国文化协定。该协定规范了在文化、艺术、教育和科学领域的合作。

5月15日 联邦总理科尔致信民主德国国务委员会主席昂纳克。

5月26日 民主德国强化了对西方驻东柏林外交官跨界前往西柏林的管控措施。三个西方盟国认为此举违反了它们对柏林的四大国地位并威胁要中断外交关系。6月，民主德国撤销了大多数措施。

5 月 28 日 社民党联邦议会党团主席福格尔会见民主德国国务委员会主席昂纳克。

5 月 30 日 民主德国国务委员会主席昂纳克致信联邦总理科尔。

6 月 23 日 联邦外交部长根舍（自民党）与德国统一社会党中央委员会社会科学院院长奥托·莱因霍尔德在波恩举行会谈。

7 月 14 日 联邦总理科尔致信民主德国国务委员会主席昂纳克。

7 月 20～22 日 联邦外交部长根舍在莫斯科与苏联国家和党的元首戈尔巴乔夫达成一致，要在德苏关系中"掀开新的一页"。

7 月 26 日 联邦总理科尔在访谈中批评民主德国让外国避难者经西柏林混入联邦德国的行径。

8 月 8 日 联邦外长根舍（自民党）与德国统一社会党中央委员会社会科学研究院院长莱因霍尔德在波恩举行会谈。

8 月 10 日 东柏林外交部在关于外国避难者的声明中称，没有理由拒绝将民主德国作为外国人的旅行过境国。

8 月 13 日 在柏林帝国议会大厦举行建立柏林墙 25 周年纪念会；演讲人有联邦总理科尔和社民党主席勃兰特等。

9 月 18 日 在联邦政府一再抗议之后，民主德国强化了过境法规。之前通过东柏林进入联邦德国寻求避难的浪潮从而得以遏制。

10 月 6 日 萨尔路易（Saarlouis）和艾森许滕施塔特（Eisenhüttenstadt）建立首个德德伙伴城市。

10 月 21 日 在波恩新闻发布会上，社民党主席团成员埃贡·巴尔和德国统一社会党政治局委员赫尔曼·阿克森介绍两党关于建立中欧无核区的共同建议。联邦政府认为在安全政策上这"极成问题"。

10 月 29 日 联邦总理科尔致信民主德国国务委员会主席昂纳克。

10 月 30 日 "立场——来自联邦德国的绘画"在东柏林开幕，此展首次展示联邦德国的当代艺术。

11 月 4 日 在维也纳欧洲安全与合作会议第三次后续会议的开幕式时，联邦外长根舍（自民党）与民主德国外交部长菲舍尔举行会谈。

11 月 12 日 通过互换照会，联邦德国和民主德国就"返还因战争而外流的文物"达成共识。

12 月 6 日 "民主德国的图书"展览在萨尔布吕肯开幕，展示民主德国出版社 2 万多种书籍。

12 月 30 日　联邦外长根舍（自民党）与民主德国驻联邦德国常设代表处代表埃瓦尔德·莫尔特在波恩举行会谈。

1987 年

1 月 4 日　联邦总理科尔在多特蒙德召开的基民盟全国集会讲话中，将民主德国描述为将 2000 名"政治犯关押在监狱和集中营"的政权。由于使用了"集中营"一词，两天后民主德国驻波恩常设代表提出正式抗议。

1 月 6 日　民主德国外交部发言人通报说，在过去的一年中"有573000 名民主德国公民因紧急家庭事务而获得访问联邦德国"的许可。

1 月 25 日　联邦议院选举确认联邦总理科尔领导下的联盟党和自由党联合执政。基民盟/基社盟获得 44.3% 的选票，社民党获得 37%，自民党获得 9.1%，绿党获得 8.3% 选票。

3 月 1 日　民主德国国务委员会主席昂纳克给联邦总理科尔寄送非正式文件和信件。其中建议东柏林和波恩签署一份关于中程核武器的特殊协议。

3 月 12 日　常设代表处负责人布罗伊蒂加姆向民主德国国务委员会主席昂纳克口头转达联邦总理科尔的讯息。

3 月 15 日　巴伐利亚州州长施特劳斯（基社盟）和民主德国国务委员会主席昂纳克在莱比锡会面。

3 月 18 日　联邦总理科尔在德国联邦议院发表政府声明。

3 月 27 日　联邦总理府部长朔伊布勒与民主德国国务委员会主席昂纳克 举行会谈。

4 月 1 日　联邦总理科尔在波恩会见民主德国经济部部长米塔格。

4 月 3 日　民主德国国务委员会主席昂纳克致信联邦总理科尔，再次建议在中欧设立无核武器区。

4 月 13 日　民主德国国务委员会主席昂纳克宣布将不参加在西柏林举行的建城 750 周年庆祝活动，因为市长迪普根（基民盟）建议联邦总理不去参加在东柏林的庆祝活动。

4 月 15 日　民主德国国家人民军持续数日的军事演习结束，首次有欧安会议签字国观察员参加，包括联邦国防军两名军官。

4 月 29 日　西柏林市长迪普根（基民盟）在议会声明，将不参加在柏林（东）的市长会面。他"因另有公务"而无法接受东柏林市长艾哈德·克拉克（Erhard Krack）的邀请。

5 月 1 日　巴伐利亚州州长施特劳斯（基社盟）与商业协调部门领导人沙尔克－哥罗德科夫斯基进行会面。

5 月 6 日　民主德国外交部发言人声明，西柏林市长迪普根（基民盟）参加东柏林的纪念活动是不可想象的。同一天迪普根正式拒绝参加该活动。

德国电视一台（ARD）和电视二台（ZDF）与民主德国部长会议国家电视委员会签署关于两个德意志国家电视台更紧密合作的协议。

5 月 10～31 日　通过系列活动"杜伊斯堡口音"，首次在联邦德国全面展示民主德国文化。

5 月 15 日　社民党联邦议会党团主席福格尔与民主德国国务委员会主席昂纳克在韦尔贝林湖会晤。

6 月 1～5 日　在以建城 750 周年庆祝活动为题的东柏林国际市长会议上，有 11 位联邦德国的市长参加。

6 月 2 日　联邦外长根舍（自民党）与德国统一社会党中央委员会社会科学研究院院长莱因霍尔德在波恩举行会谈。

6 月 8 日　在东柏林勃兰登堡门前参加西柏林帝国议会大厦前摇滚音乐会的青年与警察发生冲突。

6 月 12 日　美国总统里根在纪念柏林建城 750 周年之际访问柏林。他要求苏联国家和党的元首戈尔巴乔夫推倒柏林墙。

7 月 7 日　在致民主德国国务委员会主席昂纳克的信中，常驻民主德国的 20 名西方记者抗议 6 月 8 日摇滚音乐会骚乱期间"安全部门的暴力介入"，并将其称为"迄今对《赫尔辛基最后文件》的罕见抵触"。

8 月 26 日　民主德国访客在进入联邦德国时每人每年都将会得到一次 100 德国马克的欢迎金，而不是像迄今那样得到两次各 30 马克。联邦总理科尔在新闻媒体前宣布，准备在特定条件下放弃潘兴 1A 式导弹。

8 月 27 日　社民党和德国统一社会党的共同文件《意识形态争执与共同安全》在东柏林和波恩公开发表。

9 月 7～11 日　民主德国国务委员会主席昂纳克对联邦德国进行正式工作访问；签署关于科学技术、环境保护和辐射防护领域合作协定。会谈结束后，昂纳克访问北莱茵－威斯特法伦州、莱茵兰－普法尔茨州、萨尔州和巴伐利亚州。

10 月 13 日 联邦总理科尔在联邦议院作了他第五次"处于分裂状态德国的民族形势报告"。

10 月 21 日 自柏林分裂后两位柏林市长首次会面：西柏林市长迪普根（基民盟）和东柏林市长艾哈德·克拉克在纪念建城 750 周年庆祝活动时会面。

10 月 31 日 联邦总理府部长朔伊布勒与商业协调部门领导人沙尔克 – 哥罗德科夫斯基在联邦总理府会面。

11 月 9 日 在文化协定基础上，联邦政府代表和民主德国政府代表就 1988/1989 年间约 100 项文化合作项目达成共识。

11 月 23 日 联邦总理府部长朔伊布勒和联邦总理府德国政策工作组组长克劳斯 – 于尔根·杜伊斯贝格在联邦总理府会见商业协调部门领导人沙尔克 – 哥罗德科夫斯基。

11 月 25 日 新教锡安教会在东柏林的房屋被民主德国国家安全部斯塔西（Stasi）搜查。国家安全部还逮捕了民主德国和平与环境运动的成员。之后几天在德累斯顿、哈勒、魏玛和维斯马等城市也对异见人士采取进一步举措。

12 月 12 日 据民主德国的说法，在民主德国 38 周年国庆大规模的大赦中共释放 24621 位服刑人员。

12 月 14 日 民主德国国务委员会主席昂纳克致信联邦总理科尔。

1988 年

1 月 11 日 联邦总理科尔公布了由民主德国国务委员会主席昂纳克所通报的 1987 年旅行交通的官方数字："按其统计，有 5062914 人次访问了联邦德国包括西柏林，其中 1286896 人次低于退休年龄。"

1 月 14 日 联邦总理府部长朔伊布勒和联邦总理府德国政策工作组组长杜伊斯贝格在联邦总理府会见商业协调部门领导人沙尔克 – 哥罗德科夫斯基。

2 月 2 日 东柏林歌曲作者施特凡·克拉夫奇克和他的妻子、女导演弗赖娅·克利尔（Freya Klier）被从监狱中释放，并强迫他们前往联邦德国。

2 月 11 日 西柏林市长迪普根（基民盟）与民主德国国务委员会主席

昂纳克会面。此间宣布旅行和访问的问题得到改进。

3 月 13 日 西柏林市长迪普根（基民盟）与民主德国国务委员会主席昂纳克在东柏林会面 。

3 月 23 日 联邦总理科尔致信民主德国国务委员会主席昂纳克。

3 月 31 日 签署了一项西柏林和民主德国之间地域交换的协议。

4 月 5 日 社民党、德国统一社会党和捷克斯洛伐克共产党发表共同声明，其中建议建立中欧无化学武器区。

4 月 21 日 莱茵兰－普法尔茨州州长伯恩哈德·福格尔（基民盟）与民主德国国务委员会主席昂纳克在东柏林会晤。

4 月 28 日 基民盟/基社盟联邦议会党团副主席鲁厄和民主德国国务委员会主席昂纳克在东柏林会面。

4 月 29 日 社民党联邦主席福格尔会见民主德国国务委员会主席昂纳克。

5 月 5 日 联邦总理府部长朔伊布勒和联邦总理府的德国政策工作组组长杜伊斯贝格一起在联邦总理府会见商业协调部门领导人沙尔克－哥罗德科夫斯基。

5 月 26 日 德国新教教会和民主德国新教教会联盟为 1938 年 11 月 9 日对德国犹太人大屠杀 50 周年纪念日发表"共同宣言"。

5 月 27 日 基民盟/基社盟联邦议会党团主席阿尔弗雷德·德雷格尔与民主德国国务委员会主席昂纳克在东柏林会晤。

5 月 27～29 日 联邦总理科尔对民主德国进行私人访问。他访问了埃尔福特、哥达（Gotha）、魏玛、德累斯顿和萨尔费尔德（Saalfeld）/格拉（Gera）等城市。

6 月 6 日 联邦总理府部长朔伊布勒和联邦总理府德国政策工作组组长杜伊斯贝格一起在联邦总理府会见商业协调部门领导人沙尔克－哥罗德科夫斯基。

民主德国国务委员会主席昂纳克会见德国犹太人中央理事会主席海因茨·加林斯基。民主德国宣布原则上准备对犹太人进行赔偿。

6 月 16 日 联邦总理府部长朔伊布勒在联邦总理府会见商业协调部门领导人沙尔克－哥罗德科夫斯基。

6 月 21 日 霍斯特·诺伊格鲍尔接替莫尔特任民主德国在波恩常设代表处负责人。

7月7日 德国统一社会党政治局委员阿克森与社民党主席团成员巴尔共同建议设立"中欧信任和安全区"。

7月21日 民主德国国务委员会主席昂纳克致信联邦总理科尔。

8月6日 迪普根（基民盟）参观在德绍的西柏林包豪斯档案馆展览；西柏林市长首次在民主德国的公开活动中发表演讲。

8月9日 民主德国国防部长海因茨·凯赛勒在报纸文章中建议两个德意志国家国防部和军事专家之间举行会谈。

8月23日 联邦总理府部长朔伊布勒在联邦总理府会见商业协调部门领导人沙尔克－哥罗德科夫斯基。

9月14日 民主德国和联邦德国签署关于过境交通新规则的协议；过境总支付由每年5.25亿德国马克提升到8.6亿德国马克（1990～1999年）。

联邦总理府部长朔伊布勒在联邦总理府会见商业协调部门领导人沙尔克－哥罗德科夫斯基。

9月15～16日 联邦总理科尔、外长根舍和国防部长鲁佩特·朔尔茨访问苏联。

10月1日 戈尔巴乔夫当选为苏联国家总统。

10月10日 安保人员在东柏林阻止约200人参加的静坐游行，他们抗议对教会报纸进行审查。西方电视记者在报道过程中也遭到暴力阻拦。

10月19日 联邦总理科尔致信民主德国国务委员会主席昂纳克。

10月20日 在德意志内部文化交流框架内，联邦德国首次书展在东柏林开幕，有413家出版社约3000种出版物参展。之后，在罗斯托克、德累斯顿和魏玛也进行了该展。

10月24～27日 联邦总理科尔访问苏联。

10月28日 德国犹太人中央理事会主席加林斯基与民主德国犹太人团体联合会主席西格蒙德·罗特施泰因（Siegmund Rotstein）在德雷斯顿讨论关于犹太人团体之间更好合作的事宜。

11月10日 为重建被摧毁的东柏林新犹太教堂举行奠基仪式。

12月1日 联邦总理科尔在联邦议院作了第六次"处于分裂状态德国的民族形势报告"。

12月14日 公布了关于"西方旅行"规则的新规定，该规定自1989年1月1日起生效。其中虽然为民主德国公民在旅行申请被拒情况下提供了申诉权利，但同时又限制了联姻亲戚的旅行可能性。在民众和教会进行抗议之后，该旅行规定从 1989 年 4 月 1 日起加以变更：扩大了人员圈子和访问缘由。

1989 年

1 月 15 日 按照民主德国官方的说法，有 25 万人参加了东柏林"捍卫社会主义与和平的战斗示威"。在莱比锡则举行了数百人参加的反示威（超过 80 人被逮捕）。

2 月 2 日 弗兰茨·贝特乐接替布罗伊蒂加姆派驻东柏林任常设代表处主任。

2 月 6 日 20 岁的克里斯·格弗罗伊（Chris Gueffroy）夜间试图从东柏林逃往西柏林时被民主德国边防士兵击毙。他是最后一位"柏林墙枪击"的牺牲者。

2 月 10 日 民主德国国务委员会主席昂纳克致信联邦总理科尔。

2 月 23 日 巴登 - 符腾堡州州长洛塔尔·施佩特（基民盟）和民主德国国务委员会主席昂纳克在东柏林会面。

3 月 1 日 联邦总理府部长朔伊布勒在联邦总理府会见商业协调部门领导人沙尔克 - 哥罗德科夫斯基。

3 月 11～13 日 为了抗议两天前民主德国边防士兵对逃亡公民的枪击的抗议，联邦经济部部长赫尔穆特·豪斯曼和联邦建设部部长奥斯卡·施奈德（Oscar Schneider）取消了访问莱比锡春季博览会的计划。

3 月 16 日 因联邦经济部部长豪斯曼和联邦建设部部长施奈德取消了访问莱比锡春季博览会的计划，民主德国取消了对联邦环境部长克劳斯·特普菲尔（Klaus Töpfer）的邀请。

4 月 7 日 联邦总理科尔在波恩会见民主德国经济部部长米塔格。

4 月 21 日 鲁道夫·塞特斯（基民盟）成为联邦总理府部长朔伊布勒的继任者，后者出任联邦内政部部长。

4 月 27 日 下萨克森州州长恩斯特·阿尔布雷西特（基民盟）和民主德国国务委员会主席昂纳克在东柏林会面。

5 月 7 日 如 1950 年以来的一贯做法，民主德国按照统一的候选人名单进行了地方选举。按照选举委员会的说法，首次没有达到 99% 的标志线。后来公众计票观察员声称存在选举舞弊。

5 月 11 日 联邦内政部长 朔伊布勒和新任联邦总理府部长塞特斯在联邦总理府会见商业协调部门领导人沙尔克－哥罗德科夫斯基。

6 月 10 日 在《华盛顿邮报》的访谈中，民主德国国务委员会主席昂纳克谈及德意志内部边界，认为该边界将一直存在下去，直到"导致确保该边界的原因被消除"。

7 月 4 日 联邦总理府部长塞特斯（基民盟）和民主德国国务委员会主席昂纳克在东柏林会面。此外塞特斯还与民主德国外交部部长菲舍尔举行会谈。

联邦总理府德国政策工作组组长杜伊斯贝格与民主德国外交部联邦德国司司长卡尔·赛德尔举行会晤。

8 月 8 日 联邦总理府德国政策工作组组长杜伊斯贝格与民主德国驻波恩常设代表处负责人洛塔尔·格林克举行会谈。

8 月 9 日 联邦总理府部长塞特斯呼吁希望离境的民主德国居民，不要采取经联邦德国外交代表机构的途径离境。

导致该呼吁的原因是在过去数月中越来越多民主德国居民试图经由联邦德国在东柏林的常设代表处、在华沙、布达佩斯和布拉格的大使馆来强行达到离境前往联邦德国的目的。其形势部分达到了十分激化的程度，迫使这些使馆不得不关闭了与公众交往。

8 月 11 日 民主德国外交副部长库尔特·尼尔与联邦总理府德国政策工作组组长杜伊斯贝格会谈。

8 月 14 日 联邦总理科尔致信民主德国国务委员会主席昂纳克。

8 月 18 日 联邦总理府部长塞特斯（基民盟）与民主德国国务秘书兼外交部第一副部长维尔讷·克罗利克夫斯基在东柏林会面。

8 月 19 日 661 名在匈牙利度假的民主德国居民通过一个开放的边境大门越过边境前往奥地利。之前数周还从未有如此多的民主德国居民在一天内通过匈牙利逃往奥利地并前往联邦德国。

8 月 28 日 1400 名民主德国居民在布达佩斯临时收容所等待离境。

8 月 30 日 在德国奥地利边境建起四个帐篷城作为民主德国难民临时收容所。民主德国国务委员会主席昂纳克致信联邦总理科尔。.

9 月 2 日 匈牙利临时收容所内有离境意愿的民主德国居民数量超过了 3500 人。

9 月 9 日 民主德国成立民权联合组织"新论坛"，随即被民主德国内政部归为国家敌对组织。

9月11日 匈牙利为数周以来苦苦等待离境的民主德国公民开放了通往奥地利的边境。

9月12日 民主德国成立民权运动"现在就实行民主"。

9月30日 约7000名民主德国难民，其中超过800人在华沙，约6000人在布拉格，获得许可经民主德国前往联邦德国。联邦外长根舍（自民党）和联邦总理府部长塞特斯（基民盟）向在布拉格使馆避难的人们通报了此事。

10月3日 民主德国第二次准许其公民从布拉格大规模离境。同时东柏林阻止了向捷克斯洛伐克的自由入境。

10月4日 东柏林开始举行民主德国成立40周年官方庆祝活动。

10月6日 民主德国国务委员会主席昂纳克在庆祝民主德国成立40周年的祝词中说，民主德国必将跨越通向2000年的门槛，未来是属于社会主义的。苏联国家和党的元首戈尔巴乔夫在其致辞中强调了没有一个国家能够逃避目前面临的深刻变革。与庆祝活动同时所进行的各种示威活动被维持秩序人员驱散，部分地使用了暴力。

10月7日 苏联国家总统戈尔巴乔夫在会谈中警告民主德国国务委员会主席昂纳克，不要去拒绝必要的改革和变化，并说出了这样的话，"谁来得太晚，谁就会受到生活的惩罚"。

民主德国成立社会民主党（SDP）。

10月9日 在莱比锡爆发了自1953年6月17日以来民主德国最大规模的示威活动。这种具有危机性质的发展促使联邦总理科尔决定与民主德国国务委员会主席昂纳克直接打电话沟通。

10月18日 民主德国国务委员会主席昂纳克从其德国统一社会党总书记的位置和德国统一社会党政治局的职位上辞职。埃贡·克伦茨成为德国统一社会党新任总书记。

10月24日 民主德国人民议院举行第十次大会。昂纳克被解除了国务委员会和国家国防委员会主席的职务。他在这两个职位上的继任者是克伦茨。

10月26日 联邦总理科尔与民主德国国务委员会主席克伦茨通话。

10月30日 成立"民主觉醒"党。莱纳·埃佩尔曼和安格拉·默克尔（Angela Merkel）属于其领导成员。

11 月 4~5 日　民主德国历史上最大规模的群众示威活动于东柏林聚集了约一百万人。

由于放松离境规定，在周末有超过 15000 名民主德国难民前往联邦德国。在联邦德国驻布拉格使馆避难的 500 多名难民被允许直接经由捷克斯洛伐克前往西方。

11 月 7 日　总理维利·斯多夫领导的民主德国政府辞职。

11 月 8 日　在德国统一社会党中央委员会第十次大会开始时，政治局全体成员在东柏林宣布辞职。中央委员会选出规模缩小的新政治局。

德累斯顿专区领导汉斯·莫德罗被推荐为新的总理。

联邦总理科尔在联邦议院作了第七次"处于分裂状态德国的民族形势报告"。联邦议院压倒性多数赞成对奥德－尼斯河边界的保证。只有联盟党的 26 名议员坚持 1937 年的国界。

11 月 9 日　民主德国开放通往联邦德国和西柏林的边界通道。

人名索引
（以外文姓氏首写字母为序）

A

曼弗雷德·阿贝莱因（Abelein, Manfred），基民盟，1965～1990 年任联邦议院议员 103，218，223，224，305

彼得·阿布拉西莫夫（Abrassimow, Pjotr A.），1975～1983 年任苏联驻民主德国大使 181

爱德华·阿克曼 司长（Ackermann, Eduard），1982～1994 年任联邦总理府第五司（社会和政治分析、交流与公共关系）司长 19，20，34，68，73，92，152，153，188，220，287，317，411

拉迪斯拉夫·阿达麦茨（Adamec, Ladislav），至 1989 年 12 月任捷克斯洛伐克总理 408

恩斯特·阿尔布雷西特（Albrecht, Ernst），基民盟，1976～1990 年任下萨克森州州长 54，89，213，322，324，328，374～377，415，417，435

朱利奥·安德烈奥蒂（Andreotti, Giulio），1983～1989 年任意大利外长 179

尤里·安德罗波夫（Andropow, Jurij W.），1982～1984 年任苏共中央委员会总书记，1983～1984 年任苏联国家主席 151，164，166，167，170，181，286

汉斯·阿佩尔（Apel, Hans），社民党，1965～1990 年任联邦议院议员，1985 年 3 月 10 日柏林市长选举第一候选人 217，230

赫尔曼·阿克森（Axen, Hermann），1970～1989 年任民主德国德国统一社会党政治局委员，1966～1989 年任德国统一社会党中央委员会国际联络部书记 56，57，61，263，264，287，340

B

E

霍斯特·艾姆克（Ehmke, Horst），社民党，1977～1991 年任社民党联邦议会党团副主席，1969 年任总理府部长兼特别任务部部长　26，65

施特凡·艾瑟尔（Eisel, Stephan），演讲稿撰写人，1983～1987 年在联邦总理府第五司任职，1987 年起任总理办公室副主任　20，35，274，275，459，462～464，472，473，498，520

弗兰克·埃尔伯（Elbe, Frank），1987～1992 年任外交部根舍外长办公室主任　418

沃尔弗拉姆·恩格斯（Engels, Wolfram），法兰克福大学国民经济学家；克隆斯贝格尔学者圈（Kronberger Kreis）成员；后为《经济周刊》出版人　92

比约恩·恩格霍姆（Engholm, Björn），社民党，1983～1988 年任石勒苏益格－荷尔斯泰因社民党州议会党团主席，1988～1993 年任石勒苏益格－荷尔斯泰因州州长　624

莱纳·埃佩尔曼（Eppelmann, Rainer），民主德国反对派人士，1974～1989 年任东柏林撒玛利亚教会牧师，1989 年参与成立民主觉醒党，1990 年任民主德国裁军和国防部部长　339

艾哈德·埃普勒尔（Eppler, Erhard），社民党，1961～1976 年任联邦议院议员，1984～1989 年任主席团成员　660

约瑟夫·埃特尔（Ertl, Josef），自民党，1961～1987 年任联邦议院议员，1969～1983 年任联邦营养、农林业部部长　66

霍斯特·艾尔曼（Eylmann, Horst），基民盟，1983 年起任联邦议院议员　637

F

瓦伦丁·法林（Falin, Valentin M.），1978 年起任苏共中央委员会信息司副司长，1988～1991 年任苏共中央国际部部长　235，241，246，393

维尔讷·费尔费（Felfe, Werner），1976～1988 年任民主德国政治局委员，1981～1988 年任德国统一社会党中央委员会负责农业的书记　336

乌尔夫·芬克（Fink, Ulf），基民盟，1981～1989 年任柏林市负责健康和社会事务的市政委员，1983～1987 年任基民盟联邦社会政策专业委员会主席，自 1987 年之后任基督教民主雇主社会委员会（CDA－Sozialausschüsse）联邦主席　470

奥斯卡·菲舍尔（Fischer, Oskar），1975～1990 年任民主德国外交部长，1971～1989 年为德国统一社会党中央委员会委员　7，57，58，61，62，100，108～113，

G

H

J

K

L

M

N

O

P

S

员，1976年起任人民议院主席和国务委员会副主席 247，255，262，265，291，325，326

霍斯特·泽勒（Sölle, Horst），1965～1986年任民主德意志外贸和德意志内部贸易部部长 58

洛塔尔·施佩特（Späth, Lothar），基民盟，1981～1989年任基民盟联邦副主席，1978～1992年任巴登－符腾堡州州长 187，213，218，294，415，416，418，419

迪特尔·施珀里（Spöri, Dieter），社民党，1988年起任巴登－符腾堡州议会党团主席 624

贝恩特·冯·施塔登（Staden, Berndt von），1979～1981年任联邦总理府司长，1981～1983年任外交部国务秘书，1982～1986年任德美合作协调人 105

卢茨·施塔文哈根（Stavenhagen, Lutz G.），基民盟，1976年起任联邦议院议员，1985～1987年任外交部国务部部长，1987～1991年任联邦总理府国务部部长 19

恩斯特·施特恩（Stern, Ernst），处长，联邦总理府第22组组长 101，109，260，318

曼弗雷德·施托尔佩（Stolpe, Manfred），1982年起任新教教会柏林－勃兰登堡教会监理会主席 629

格哈尔德·施托滕贝格（Stoltenberg, Gerhard），基民盟，1957～1971年、1983年起任联邦议院议员，1982～1989年任联邦财政部长，1989～1992年任联邦国防部部长 67，83，85，101，114，116，121，147，148，150，152，154，288，301，304，373，374，376，382，415，419

迪特尔·施托尔策（Stolze, Dieter），1982～1983年任联邦新闻局局长（政府发言人） 20，34，39，69，71，73，92，115

维利·斯多夫（Stoph, Willi），1953～1989年任统一社会党政治局委员，1964～1973年任总理，1973～1976年任国务委员会主席

君特·施特拉斯迈尔（Straßmeier, Günther），联邦总理府议会国务秘书，1989～1990年兼任联邦政府对柏林的全权代表 24，38

弗兰茨·约瑟夫·施特劳斯（Strauß, Franz Josef），基社盟，1961～1988年任党主席，至1988年任巴伐利亚州州长 20，30，48，49，54，63，64，66，67，69，81，85～90，93，96，98，108，112，123，138，139，142～148，150，151，153～155，157～161，181，184，186，187，189，201，207～209，212，213，217，226，239，267，269，270，276，288，294，301，305，382，391，432，435，437，442

马克斯·施特赖布尔（Streibl, Max），基社盟，1977～1988年任财政部国务部长，1988～1993年任巴伐利亚州州长 624

理查德·施蒂克伦（Stücklen, Richard），基社盟，1949～1990年任联邦议院议员，1983～1990年任联邦议院副主席 65

米夏埃尔·斯蒂默尔（Stürmer, Michael），1973年起任埃尔朗根大学中世纪史和

T

V

W

Z

内容索引

C

D

G

H

I

O

R

作者简介

卡尔－鲁道夫·科尔特（Karl－Rudolf Korte）　政治学和哲学博士，1958 年生于哈根，先后在美因茨大学和图宾根大学学习政治学、日耳曼文学和教育学；1984 年通过国家考试，1988 年在美因茨大学获博士学位，1991 年在哈佛大学任肯尼迪研究员，1997 年在慕尼黑大学通过政治学教授资格答辩，曾任慕尼黑应用政治研究中心德国研究组主任，慕尼黑大学政治学系编外教师；出版多部关于德国政治体制、比较民主研究、德国统一进程和欧洲一体化的著作，1998 年出版《联邦德国选举制度》一书。

译者简介

刘宏宇　德国波鸿鲁尔大学文科硕士，德国波恩大学哲学博士。

审校者简介

刘立群　北京外国语大学德语系教授，1993～2008 年在中国社科院欧洲所工作；中国欧洲学会理事，德国研究分会副会长兼秘书长。

校订者（按姓氏笔划顺序排列）

丁思齐　王海涛　刘惠宇　孙浩林　孙嘉惠　李以所
李倩瑗　李微　邹露　张浚　陈扬　赵柯
赵飘　唐卓娅　黄萌萌　詹佩玲　窦明月